NOUVELLE HISTOIRE DE LA LANGUE FRANÇAISE

Collectif dirigé par
JACQUES CHAURAND

Nouvelle histoire
de la
LANGUE FRANÇAISE

Ouvrage publié avec le concours
du Centre national du livre

ÉDITIONS DU SEUIL

Ce livre est édité sous la responsabilité de Jean-Luc Giribone

ISBN 2-02-023586-2

© Éditions du Seuil, janvier 1999

LES AUTEURS

Étienne BRUNET	Université de Nice
Robert CHAUDENSON	professeur à l'Université de Provence
Jacques CHAURAND	professeur émérite de l'Université de Paris XIII
Geneviève CLERICO	professeur de linguistique française à l'Université de Rennes II
Françoise GADET	professeur en sciences du langage à l'Université de Paris X-Nanterre
Jean-Marie KLINKENBERG	professeur à l'Université de Liège, président du Conseil supérieur de la langue française
Serge LUSIGNAN	professeur à l'Université de Montréal
Jacques-Philippe SAINT-GÉRAND	professeur de sciences du langage à l'Université Blaise-Pascal de Clermont-Ferrand II
Jean-Pierre SEGUIN	professeur émérite à l'Université de Poitiers
Marie-Rose SIMONI-AUREMBOU	directrice de recherche au CNRS

AVERTISSEMENT

Certains lecteurs seront peut-être surpris par l'orthographe de quelques mots. Il n'y a pas eu erreur ou négligence de notre part. Nous avons appliqué les rectifications orthographiques de 1990 approuvées par l'Académie française.

Ainsi : abime, abimer ; ambigüe, ambigüité ; aout ; apparaitre, disparaitre, paraitre ; après-midi, pl. des après-midis ; assoir ; boite, emboiter ; bruler ; céder, il cèdera (et autres verbes de ce type) ; chaine, déchainer, enchainement ; connaitre, reconnaitre ; cout, couter ; croute ; dégout ; diner ; évènement ; flute ; fraiche, rafraichir ; gout, gouter ; ile ; maitre, maitresse, maitrise ; mure (fém. de mûr) ; naitre ; il plait ; sure (fém. de sûr), surement ; sursoir ; trainer, entrainer ; traitre.

INTRODUCTION

Chacun de nous a la possibilité de prendre conscience des changements que le temps impose à notre langue. D'une génération à l'autre, des expressions cessent d'être utilisées, des tournures qui choquaient sont devenues courantes ; il nous arrive de demander à de plus jeunes ce qu'ils veulent dire avec leurs mots que nous entendons pour la première fois. Et pourtant la part de nouveauté n'est généralement pas assez massive pour que nous cessions de nous comprendre. Ainsi des fragments d'histoire proche sont à notre portée. Ils montrent que ce que le linguiste appelle une « synchronie » est fait d'éléments extrêmement divers, que continuité et innovation s'y côtoient, tendent à se compénétrer et que nous devons prendre en compte toutes sortes de facteurs si nous voulons caractériser cet ensemble à référence temporelle qu'est un état de langue.

Une langue se transmet. Mais non comme un objet qui passe de main en main ; elle ne se transmet pas tout d'un coup et son développement chez chacun de ceux qui la parlent est fait de périodes d'acquisition et de maturation. Elle ne se transmet pas non plus intégralement. La transmission consiste dans une aptitude à acquérir plus encore que dans un savoir aux limites arrêtées. C'est pourtant au départ un savoir, même s'il est à ajuster, car les mots et leurs agencements typiques nous viennent d'ailleurs que de nous-mêmes. La langue est liée à notre histoire individuelle, mais l'individu exploite, en l'adaptant à des circonstances nouvelles et particulières, ce qu'il a reçu. Son environnement et la société à laquelle il appartient sont déterminants.

« Fau pa le dire » : à trois ans le petit Louis XIII parlait ainsi. Il parlait comme des quantités de Français ont parlé avant lui et parleront après lui. Un certain nombre d'entre eux apprendront toutefois que les circonstances appellent éventuellement un « meilleur » usage, et que *fau pa le dire* doit céder la place à « il ne faut pas le dire », au moins quand on écrit. Pour lui, comme pour d'autres petits Français jusqu'à nos jours, *délumé* s'oppose à *alumé*. Le groupe *pl* ainsi que quelques autres n'ont été distingués que progressivement. *Pleut* apparait sous une forme réduite : *i ne peu pu*. Quelques mois après, la forme pleine, *pleu*, est acquise alors que *pu* pour *plus* continue plus longtemps à se dire[1]. Combien de sujets du roi ont-ils continué à parler comme lui-même le faisait à trois ans ? Ce que nous appelons français ne s'applique-t-il qu'à la langue acquise à un âge suffisant et gardée intacte ? Qu'à ce qu'un nombre limité de gens ont eu la possibilité d'acquérir et de maitriser ?

Alors que dans les exemples précédents le petit roi dit à peu près la même chose que les enfants des siècles suivants, les phrases *je me veu boté* ou *pou ce qui ne fé pas beau* portent la marque d'une époque : l'ordre *je veux me...* a supplanté *je me veux...* et *pa(r)ce que* a remplacé *pou(r) ce que...* Non que les personnes qui s'expriment comme le petit roi ne soient plus comprises ; leur façon de dire sera seulement étiquetée « archaïque », à quoi on ajoutera peut-être « solennel » dans le premier cas. Dans les parties profondes de la langue, les changements se font très lentement : ils sont trop lents pour être perçus nettement par les usagers. Pendant longtemps, des tournures ou des formes, avant d'être éliminées, sont en concurrence, gardent dans la mémoire au moins une existence passive, réanimées seulement peut-être par un souvenir ou le détail d'une conversation. Les changements n'ont jamais la minceur de l'évènement. L'histoire de la langue est une histoire sans dates, ou du moins où les dates n'ont la valeur que de repères relatifs. On peut dater un document, la fondation d'une institution, la formulation d'une règle, mais leur portée exacte reste pour nous d'une grande incertitude. Dans l'histoire d'une langue, la diffusion, la généralisation ont plus d'importance qu'une première attestation fortuite.

Entre Louis XIII et nous, nous percevons une remarquable continuité. Elle n'est altérée que par quelques modifications de détail : nous ne sommes pas dans l'illusion, c'est bien notre langue. Mais un autre aspect, aussi peu illusoire, ne peut pas être passé sous silence. Si nous remontons quelques générations, nous rencontrons une situation compliquée. La majorité des habitants du territoire que nous appelons la France ne parlaient pas ce que nous appelons le français ou ne le parlaient qu'à titre de seconde langue. Leur idiome habituel, leur langage maternel était un dialecte, une langue romane ou non, qui pouvait n'avoir que peu de points communs avec le français. Si les sociétés vivaient en vase clos, il faudrait aller chercher les purs francophones là où ils se tenaient pour établir une continuité qui ne soit jamais troublée. L'idée d'unité est-elle un de ces mythes que les sociétés se plaisent à créer pour assoir leur prestige ou se donner légitimité et assurance ? L'uniformité, d'ailleurs relative, que nous constatons, n'est pas un phénomène ancien ni tout à fait naturel. Elle fait penser au fleuve canalisé qui a commencé par être une juxtaposition de bras d'importance diverse et qui tendaient à se multiplier : il a fallu creuser, rectifier le cours pour les réunir.

En dépit des obscurités qui subsistent, nous avons présenté l'histoire comme un déroulement qui suit l'ordre des siècles : périodisation évidemment arbitraire mais qui a l'avantage de regrouper des temporalités divergentes, et qui est en accord avec notre manière d'envisager le passé. Dans ce cadre viennent se regrouper ce qui appartient en propre à la langue comme ce qui y touche moins directement mais peut servir au lecteur de repère. Même si c'est le français dit « classique » qui nous intéresse, il sera difficile de ne pas prononcer le nom de Louis XIV.

L'histoire est dépendante des documents sur lesquels elle se fonde. L'histoire de la langue, jusqu'à une époque toute récente, ne pouvait être que celle de l'écrit. Or, l'écrit est-il seul représentatif de la langue ? L'écriture, pendant des siècles, a été réservée à un petit nombre d'initiés et son déchiffrage n'était à la portée que de peu de lecteurs. Le plus grand nombre en était réduit à entendre la lecture de ceux qui avaient reçu une instruction suffisante. Les textes médiévaux ont été écrits par des copistes dont l'écriture présente des variantes, et qui introduisaient selon des proportions diverses des traits de leur région. Où est la belle uniformité à laquelle nous ont habitués une orthographe unifiée et les moyens plus récents de diffusion ? Grâce aux travaux des philologues, nous sommes à même d'avoir une appréciation plus juste de l'unité dans la diversité et d'apercevoir les règles immanentes auxquelles se conformaient les gens de cette époque quand ils écrivaient. Lorsqu'il y a changement, il faut que, dans une histoire, les observations isolées tendent à se regrouper en suites ordonnées, qu'un fil explicatif amène le lecteur à constater qu'il est en présence d'états successifs d'une réalité qui n'a fait qu'évoluer. On se doute que l'ancien français ne saurait être, pour ceux qui parlent français et qui sont cultivés, une langue tout à fait étrangère : cette présomption a besoin néanmoins d'être confirmée.

Le développement de l'imprimé à partir du XVIe siècle a inauguré une autre ère dans l'histoire de l'écrit. L'expansion du français, amorcée dans la période précédente, s'est poursuivie de plus belle. La représentation stéréotypée de la langue doit encore aujourd'hui beaucoup à ce qui s'est passé au cours de cette période. L'acte de parler et d'écrire est devenu l'objet de prises de conscience et de jugements comme il ne l'avait jamais été auparavant. La tentation est grande de substituer alors à la langue elle-même les idées sur la langue. La substitution la plus voyante et la plus commune consiste à présenter une norme ou même une surnorme en guise de langue réelle. Il appartient à l'histoire de contribuer à faire des documents une juste analyse, de tirer de l'ombre ce qui a été marginalisé et de le rétablir à côté de ce qui bénéficie des feux de la rampe.

La découverte de l'oral marque une nouvelle étape : ce n'est pas une petite chose puisque nous voyons avec elle la fin de l'une de nos frustrations. Les nouveautés sont si nombreuses qu'il sera impossible de les traiter toutes avec la même ampleur. Elles tiennent aux voies d'accès à la connaissance autant qu'à ses objets : application à la langue de techniques et de méthodes plus performantes, multiplication d'emprunts dont nous cultivons le cheminement jusqu'à leur adoption et leur adaptation définitives, révélations que réservent la dialectologie et le langage de territoires, où le français s'est implanté et a eu une histoire particulière. La culture et le savoir élargissent l'expérience de la langue dans le temps et dans l'espace. Nous ne cessons de vérifier que le monde de nos expériences journalières et celui de nos références au passé ne sont pas complètement séparés. Le changement des significations comme la naissance de nouvelles unités ouvrent à la fois sur les modes d'expression antérieurs et sur les domaines où les contemporains ont dû tirer du découpage de leurs représentations le découpage de ce que signifiaient leurs mots. L'évènement isolé, l'objet d'abord fuyant, se trouve pourvu d'un contenu plus ferme quand se dévoile son appartenance à un déroulement qui épouse l'écoulement du temps ou qu'il est replacé dans un groupe de faits où se reconnait la même tendance. La vision de la longue durée découvre des relations que ne faisait pas apparaitre une chronologie trop brève : l'histoire est faite de synchronies successives, où tout se tient, mais parce qu'elle s'attache à suivre les mouvements, elle éclaire aussi des provenances et des aboutissements que relient des tendances profondes.

Pour guider le lecteur dans son itinéraire au milieu d'une masse énorme de faits, nous dirons que notre histoire est conçue comme un jeu de *continuums* :

– *continuum* temporel qui fait que, malgré ses modifications, la langue se transmet ;

– *continuum* géographique qui rattache à un même ensemble des variétés nées dans l'éloignement ;

– *continuum* social enfin qui fait reconnaitre à travers des niveaux différents et des langages spéciaux les mêmes structures grammaticales ou phoniques.

La variabilité qui apparait dès que nous envisageons une langue naturelle a sa place dans tous ces *continuums*. Les changements qu'aggrave et qu'accélère le manque de suivi dans les relations peuvent amener jusqu'à la rupture. Une rupture est à l'origine du français comme

elle est à l'origine des autres langues romanes. Un bas langage seulement oral, le *roman rustique*, s'est détaché du latin, et dans le même
mouvement, la langue d'oïl du Nord de la Gaule s'est détachée de la
langue d'oc, rupture de *continuums* qui se maintenaient tant bien que
mal dans le latin tardif. Notre histoire tiendra le plus grand compte de
la *variabilité*. Elle sera polyphonique dans la mesure où chacun des
contributeurs en présentera une partie selon ce qui apparait du point de
vue où il se place et selon ce que lui aura appris son expérience. La
variété sans cesse renaissante sera une invitation permanente à renouveler les perspectives.

Jacques Chaurand

PREMIÈRE PARTIE

PRÉHISTOIRE, PROTOHISTOIRE

ET FORMATION DE L'ANCIEN FRANÇAIS

Jacques Chaurand

1. LATINITÉ TARDIVE OU ROMANITÉ PRÉCOCE ?

LES STRUCTURES LATINES ÉBRANLÉES

Les Gaulois et les peuples qui les ont précédés sur notre sol ont laissé quelques survivances dans notre langue. Elles sont nombreuses dans le domaine onomastique, noms de personnes et noms de lieux, ex. Condé, de *condate* le « confluent », *dunum* la « place forte » comme dans Verdun. Habiles travailleurs du bois, les Gaulois nous ont transmis plusieurs noms d'arbres dont ceux du bouleau, du chêne, de l'if. Alors que les Romains avaient privilégié le cuir et la terre cuite pour la conservation et le transport des liquides (l'outre, l'amphore), les Gaulois fabriquaient des tonneaux, et leur technique se répandra largement (gaulois *tonna* « tonne »).

On ne peut établir entre les survivances, essentiellement lexicales, de ce gaulois que nous connaissons mal et les débuts du français, une continuité comparable à celle que nous observons quand nous partons du latin tardif. Après la conquête de la Gaule par Jules César, au milieu du Ier siècle av. J.-C., les Romains, s'ils ne se sont pas implantés en grand nombre, ont procédé à une acculturation assez efficace pour que seuls quelques éléments antérieurs à la romanisation soient parvenus jusqu'à nous.

Quand a-t-on cessé de parler gaulois ? La réponse n'est pas simple car elle dépend des milieux considérés. Un siècle et demi de paix romaine, notamment sous les Flaviens et les Antonins, a sans doute été très favorable à la romanisation. De la Narbonnaise, déjà latinisée avant que le processus ne commence dans les régions situées au Nord, jusqu'à la Gaule Belgique, le mouvement a connu sans doute des degrés et des étapes. Les habitants des campagnes, et surtout ceux qui vivaient à l'écart des voies de communication, ont mis plus longtemps à être touchés par le processus. On peut penser néanmoins que vers le Ve siècle il était parvenu à son terme[1]. Mais quel est ce latin qui pénétrait peu à peu dans tous les milieux ? Assurément pas le latin classique, appris à l'école, mais le langage de tous les jours, le *sermo quotidianus*, mouvant, souple, indéfiniment adaptable aux contextes et aux situations, et en incessante évolution comme le sont les langages parlés en dehors des formes rituelles.

Si nous prenons un code de bonne prononciation comme l'*Appendix Probi*, document daté généralement du IIIe siècle, nous trouvons une série de prononciations déclarées fautives, ce qui est d'abord une preuve de leur existence. D'autre part, elles représentent un des maillons dans une chaine évolutive qui conduit aux aboutissements fournis par les langues romanes. Ainsi, ce texte nous fournit des exemples de prononciations déviantes qui se démarquent des pratiques antérieures et qu'il faut rectifier. Dans le domaine vocalique, il faut continuer à dire *vinea* et non se laisser aller à dire *vinia* « vigne ». Les voyelles placées entre la syllabe accentuée et la syllabe finale ont tendance à disparaitre (syncope), mais la consigne est donnée de les maintenir : il faut dire *tabula* et non *tabla* « table ». Certaines consonnes, en position faible, disparaissent : *mesa* « table » tend à se substituer à *mensa* (groupe -*ns*-), « pêche » à *persica* (groupe -*rs*-). La consonne nasale finale est tombée : il faut dire *passim* et non *passi* « çà et là ». La bilabiale /w/ écrite *u* disparait au contact de /o/ : *paor* « peur » a remplacé *pavor*.

Ces « fautes » caractérisent des tendances très répandues à l'époque où elles sont condamnées. Elles ne sont pas propres à une région particulière de la Romania, mais elles guettent le locuteur qui ne se surveille pas avec assez de soin. Les formes stigmatisées s'écartent des formes normées en ce qu'elles altèrent la correspondance entre ce qui s'entend, et ce qui, traditionnellement, s'écrit : le modèle graphique peut donc servir de point d'appui pour éviter la « faute ». Des indices de plusieurs de ces types de fautes sont détectables dans les siècles précédents : la tendance qu'elles révèlent ne s'est pas réalisée dans tous les cas puisque nous savons qu'au moins des grammairiens normatifs continuent à mettre leurs lecteurs en garde contre elles. Il arrive que des formes savantes ou mi-savantes s'écartent d'un schéma évolutif désigné comme « règle » ou comme « loi » : *pensare* a abouti à « peser » par réduction du groupe -*ns*- en -*s*- et à « penser », qui atteste l'existence d'un courant plus conservateur.

Des faits d'une extrême importance se sont produits entre le IIe et le Ve siècle et ont profondément modifié l'aspect de la langue. Le système vocalique classique reposait sur des « quantités » : un même timbre vocalique pouvait être bref (˘) ou long (¯) ; avec cinq timbres était ainsi obtenu un jeu de dix voyelles. Or ces quantités ont cessé peu à peu d'être perçues et les distinctions qu'elles véhiculaient ont tendu à être confiées aux timbres. En classant de haut en bas les voyelles selon leur aperture et de gauche à droite selon leur point d'articulation, en avant ou en arrière de la bouche, nous obtenons le schéma évolutif suivant :

ī	/ĭ			ŭ	/ū	→	/i/					/u/
	ĕ	/ē	ŏ	/ō		→		/e/			/o/	
								/ɛ/		/ɔ/		
		ă	/ā			→			/A/			

Le processus, appelé « bouleversement vocalique », a eu pour conséquence une confusion entre *ē* et *ĭ*, devenus tous deux /e/, et *ō* et *ŭ*, devenus tous deux /o/. Parallèlement, l'accent, qui semble avoir été marqué jusqu'au IIe siècle par une différence de hauteur, s'est caractérisé désormais par un renforcement d'intensité, et cet accent a tendu à allonger la voyelle, surtout dans la Gaule du Nord, où l'aggravation de ce phénomène a été imputée à une influence germanique. À titre d'exemple, les parfaits de certains verbes se distinguaient des présents de l'indicatif par la quantité de la voyelle radicale : *vĕnit* « il vient » / *vēnit* « il vint ». Une fois accompli le bouleversement vocalique, le locuteur, qui ne dispose plus des oppositions de longueur, doit faire correspondre le présent « (il) vient » à /vɛnit/ et le parfait « (il) vint » à /venit/ : un timbre différent marque le passage d'un temps grammatical à un autre.

Les choses sont allées plus loin. Les voyelles ouvertes /ɛ/ et /ɔ/, devenues plus longues sous l'accent, ont eu tendance à se diphtonguer, à moins qu'un groupe de consonnes n'ait créé une « entrave » : /vɛnit/ a abouti à *il vient* comme /pɛde/ à *piet* « pied » ou /feru/ à /fjer/ mais *ferru* a abouti à /fɛr/ « fer », *(h)erba* à /ɛrbe/ « herbe ». Cette série de diphtongues s'est formée la première (IIIe-IVe s.) et elle a été suivie par d'autres qui caractérisent plus nettement la langue du Nord de la Gaule romane.

À partir de quel moment n'a-t-on plus affaire à du latin ? Les avis sont partagés. Les philologues se sont attachés à construire, grâce à une remontée dans le temps, à partir de traits observables par la suite, une chronologie relative où les faits phonétiques s'enchaînent selon une causalité rigoureuse : par exemple, *k* initial ou appuyé sur une consonne, combiné à *a*, aboutit à /tʃ/, qui s'est réduit à /ʃ/, comme pour *chat* (de *cattu*) ; mais *k* devant *o* garde son articulation (*cou*, de *collum*). L'évolution vers /tʃ/, qui résulte d'une palatalisation, a donc eu lieu lorsque la diphtongue *au* n'était pas encore réduite à *o*, puisque *causa* est devenu « chose » ; si cette réduction a eu lieu dans la deuxième moitié du Vᵉ siècle, cette époque est en principe le *terminus ad quem* de cette « palatalisation ». Le changement s'est-il produit tout d'un coup ou par étapes ? Selon la réponse, la dislocation de la Romania aurait pu avoir lieu dès le Vᵉ siècle, entrainant des fragmentations dialectales et une coupure définitive entre langue d'oc et langue d'oïl. Certains historiens tendent à avoir une autre approche. Le document écrit et l'information qu'il contient sont pour eux une base essentielle. Or l'écriture garde au moins une apparence de latinité et ne laisse passer qu'en nombre limité les traits du langage oral. Ainsi, l'estimation a pu varier de plusieurs siècles, et la naissance d'une langue distincte, en l'espèce le protofrançais, a pu être retardée jusqu'au IXᵉ siècle, époque où son existence est indubitable.

Quand a-t-on cessé de parler latin[1] ? Une réponse précise risquerait de méconnaitre la possible variabilité, les différences notables qu'il peut y avoir entre les territoires, les milieux, selon leur acculturation. Les traits se diversifient de plus en plus au VIIIᵉ siècle, et la Galloromania se verra partagée en deux domaines, *oc* et *oïl*, morcelés eux-mêmes en plusieurs dialectes.

FORCES DE DISLOCATION, PUISSANCE DE COHÉSION

On désigne par *invasions germaniques* une série complexe d'évènements dont les conséquences linguistiques furent de première importance. Le *limes* romain n'a pas contenu les envahisseurs. Un flot d'immigrants a submergé certaines parties du territoire : Alamans en Suisse alémanique et en Alsace, Francs dans la Lorraine germanophone et la Flandre ; des colonies de Saxons ont laissé des traces sur la côte nord-ouest, en Normandie et dans le Boulonnais. Mais dans la plus grande partie du territoire les Gallo-Romains n'ont pas disparu. Ils ont continué à constituer la majorité de la population, même là où l'on présume que les nouveaux venus ont été plus nombreux qu'ailleurs, c'est-à-dire dans le Nord et l'Est de la France. C'est là que la langue, restée romane, a été la plus marquée par les contacts, et ces contacts ont eu des conséquences durables dans le lexique. Il est resté peu de traces du passage des Wisigoths dans le Midi de la France où les emprunts au gotique ne sont pas très nombreux ; les Burgondes, implantés dans la Burgundia, nom qui a donné *Bourgogne*, se sont rapidement assimilés. En revanche, les mots franciques se sont introduits en grand nombre dans le Nord et dans l'Est, et les limites de leur extension ont souvent dépassé celles de la zone d'implantation habituellement attribuée aux

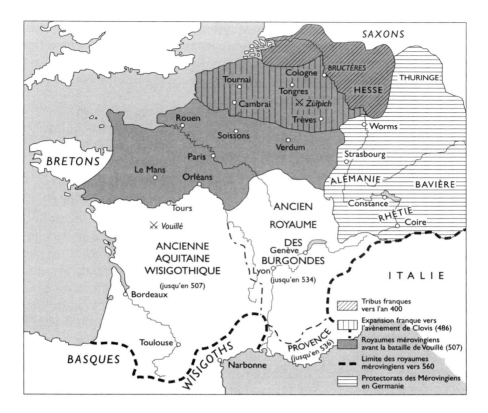

CARTE 1. L'expansion des Francs

Les Francs ne constituaient une unité ni sur le plan linguistique ni sur le plan politique. Quand on parle d'eux, on désigne un regroupement de peuplades qui habitaient d'abord la basse vallée du Rhin. Des idiomes franciques sont à l'origine des dialectes allemands du Nord-Ouest et du néerlandais.
Les Francs qui, avec Clovis, occupèrent la Gaule du Nord, furent sans doute vite romanisés, mais leur contact eut pour résultat de nombreux emprunts lexicaux. *Franc* est entré dans la langue comme ethnique. Les Francs, qui ont formé, après la chute de l'Empire romain, la classe dirigeante dans les régions qu'ils occupaient, se distinguaient des *serfs*, et leur nom a pris des connotations avantageuses : il a signifié « libre » et même dans les textes médiévaux « courageux » ou « généreux ».
Bien moindres ont été, sur le plan linguistique, les traces laissées par deux autres peuples :
— les Burgondes, originaires du Nord de l'Europe, s'établirent dans la vallée de la Saône et du Rhône et ont donné leur nom à la *Burgundia*, la Bourgogne ;
— les Wisigoths, venus par la vallée du Danube, s'implantèrent dans le Sud-Ouest de la Gaule et en Espagne, mais, peu nombreux, ils se fondirent à la population romane. Leur dynastie disparut avec les invasions arabes au VIIIe siècle. [D'après Lucien Musset, *Les Invasions germaniques*, Paris, PUF, 1969 ; 1re éd. 1965.]

Francs qui, partis de la région de Cambrai et de Tournai, sont venus occuper ce qui s'appellera Champagne, Picardie et Haute-Normandie. L'implantation n'a pas été massive mais les nouveaux venus constituaient souvent la classe dirigeante, ce qui ne pouvait être sans conséquence sur le plan linguistique.

L'emprunt aux langues germaniques, jusque-là très réduit, s'est fait plus fréquent aux VIe et VIIe siècles. On relève parmi les emprunts attestés à cette époque, et qui se sont répandus parfois même au-delà de la Galloromania :

– des termes de droit, *ban* « proclamation pour ordonner ou pour défendre », *franc* « libre », le verbe *saisir* « entrer en possession de » ;

– la couleur est représentée par les adjectifs *bleu*, *brun*, le monde des animaux par *épervier*, le vocabulaire de la chasse par *trappe* « piège pour les oiseaux », celui de l'habillement par *gants* (de *wantos*).

L'influence germanique est loin d'avoir été partout égale, et cette inégalité a été l'un des facteurs de la différenciation dialectale, comme en témoigne par exemple la géographie des mots désignant l'osier. Les types provenant du gaulois *abanko* (FEW XXIV 2 b) et *worrike* (FEW XIV 632 a), du latin *vimen* (*id.* 459 b) et du francique *auseria* (*id.* XV 24 a) attesté depuis le VIIIe siècle, se sont partagé le territoire gallo-roman : les deux premiers correspondent essentiellement à la zone dite francoprovençale (*avan, vorgine*), le troisième est de répartition méridionale (*vime*) ; la langue générale a adopté le type d'origine francique « osier », mais l'aire ne s'étend pas plus au sud que le Poitou et le Berry [1].

Les contacts avec les peuples germaniques ont introduit un phonème, le *h* aspiré, dans la partie septentrionale de la Gaule. Menacé dès le XIIIe siècle en ancien français, il a été réduit au rôle de signe démarcatif en frontière de syllabe. En principe la lettre h, quand elle est d'origine latine, est un pur signe graphique, notre *h* muet (un *homme*) ; quand elle est d'origine germanique, elle se marque généralement dans la prononciation par une absence de liaison ; c'est notre *h* aspiré, ex. le *heaume*, mais dès le Moyen Âge apparaissent des exemples d'élision (*l'eaume*).

Une autre conséquence des mêmes contacts est le traitement des mots germaniques à initiale W, qui a entraîné la refaçon de mots latins à initiale V. Cette consonne latine, primitivement bilabiale /w/, était devenue labiodentale /v/. Les emprunts germaniques ont introduit une consonne voisine de l'ancienne bilabiale /w/ mais son articulation forte l'a fait précéder d'un élément g : ainsi *werra*, attesté pour la première fois en 868, a donné *guerre*, d'abord au sens de « troubles, dissensions » [2]. Selon le même processus, le latin *vadu(m)* « gué » croisé avec le francique *wad* « mare » a abouti à **gwadu* puis /ga/ et /ge/ ; mais dans les parlers du Nord-Est et de l'Est *w* a été conservé, d'où /we/.

Le déclin des écoles gauloises, surtout dans la Gaule du Nord, à l'époque mérovingienne, a contribué, avec l'influence inégale des parlers germaniques, d'ailleurs eux-mêmes très divers, à aggraver la différenciation dialectale. Le latin allait-il être morcelé comme l'Empire ? Le tandem formé par Clovis et saint Remi est symptomatique ; d'un côté la force, le pouvoir des grands laïcs, de l'autre, un pouvoir « spirituel » dont les premiers ne pouvaient se passer. Le latin, en tant que langue de l'écrit, n'a rien perdu de son prestige au VIᵉ siècle, et la latinisation se poursuit en Gaule malgré les invasions germaniques. Parmi les facteurs qui ont permis de maintenir une cohésion dans le chaos, une place doit être faite à l'expansion du christianisme : la *koinè* chrétienne a pris le relais du parler directeur qui se trouvait à Rome, une fois que l'évangélisation, qui s'était d'abord faite en grec dans la vallée du Rhône, eut adopté le latin (vers 300).

Le latin de la tradition scolaire avait tendance à maintenir sa fixité et à respecter une norme au nom de laquelle les néologismes et les emprunts pouvaient être condamnés ; celui des chrétiens était plus libre, plus souple, plus ouvert aux innovations. Les chrétiens avaient plus à cœur de garantir la communication que de défendre la pureté de la langue contre les écarts qui pouvaient être considérés comme des altérations. Ils étaient ainsi amenés à accepter des formes et des tours récents ou qui avaient été marginalisés depuis longtemps. Le christianisme a été un extraordinaire stimulant des forces vives de la langue. La nouvelle religion introduisait, avec des emprunts à l'hébreu ou des mots et constructions calqués sur le grec, une foule de néologismes de forme et de sens, irritants pour les puristes, mais d'une extension inévitable du moment qu'ils étaient portés par un mouvement qui touchait tous les milieux, et qui était doué d'une cohérence interne.

Une prédilection s'est manifestée pour les noms d'action en *-tio*, ex. *consummatio* « achèvement », les noms d'agent en *-tor*. Les types de dérivation verbale les plus productifs – et ils n'ont pas cessé de l'être – sont en *-ficare* > *-fier*, qui marque le changement d'état (*clarificare*) et en *-izare*, fr-*iser* d'après le suffixe grec ιζειν (*izein*). Dans le domaine lexical, la faveur qu'ont connue les emprunts au grec tels *parabola*, *parabolare* > *parole*, *parler*, est significative.

Latin évolué, mais toujours latin que celui de Grégoire de Tours (538-594). L'œuvre de cet écrivain, qui a le souci d'être lisible pour les hommes de son temps, contient de nombreux traits qui rapprochent son expression des états de langue ultérieurs. Elle nous fait assister, entre autres, à la naissance d'une forme composée qui annonce notre passé composé : *habeo* + participe passé sert à exprimer l'accompli, *habemus promissum* « nous avons promis ». À côté des formes de futur classique, qui sont en déclin, se développent des périphrases. Celle qui combine *habeo* « j'ai » et l'infinitif devait être usitée à l'oral, mais reste exceptionnelle à l'écrit. Nous n'entrerons pas dans le détail de la flexion nominale où la répartition des cas de la déclinaison classique est profondément perturbée. Le neutre n'est plus distinct du masculin. Des acquis importants se remarquent aussi sur le plan lexical : *mitto* par exemple peut signifier désormais comme en français « je mets, je place » et non plus seulement « j'envoie ».

Dans la langue parlée de cette époque se développent sans doute bien d'autres traits qui ne deviendront courants à l'écrit que plus tard : passif périphrastique avec l'auxiliaire *être* en dehors des temps du parfait qui le possédaient déjà (on tend à distinguer *amatus sum* et *amatus fui*), *habet* impersonnel au sens de « il y a », périphrases jussives et factitives avec le verbe *facio* « je fais », tournures attestées anciennement mais marginalisées.

L'ANCRAGE DE L'ÉCRITURE

Quand un rédacteur gallo-romain confiait un texte à l'écriture, il avait à sa disposition des modèles légués par l'école. L'alphabet latin imposait ses limites aux éléments qui entraient dans les combinaisons. L'évolution des sons avait créé des décalages qui devaient s'aggraver ; elle ne se faisait pas dans tous les cas et partout au même rythme. Bien des mots savants ou demi-savants étaient reconnaissables.

Au VIᵉ siècle vécut un roi mérovingien, Chilpéric Iᵉʳ (539-584) qui fut un lettré, au moins par le désir. Dans ses œuvres, écrites en latin, il abordait tous les genres, grammaire, poésie, droit, théologie. Grégoire de Tours, qui se présente lui-même comme dépourvu de science selon le topos traditionnel de la modestie, ne s'en montra pas moins des plus sévères quand Chilpéric lui donna lecture de ses écrits : les vers étaient boiteux ; l'auteur mettait des syllabes longues pour des syllabes brèves et inversement. Mais qui à cette époque respectait encore les oppositions quantitatives du latin classique dans le langage ordinaire ? Elles ne pouvaient être apprises que dans les écoles, et le roi ne les avait apparemment guère fréquentées. Or il voulut compléter l'alphabet latin en lui ajoutant quatre caractères qui, à son avis, lui manquaient. Des innovations lui semblaient utiles. Quand des rédacteurs ne disposent pas du signe approprié, ils en sont réduits au bricolage et à l'instabilité. Mais Chilpéric était-il qualifié pour départager le mouvement profond de l'éphémère ? En dépit de sa puissance souveraine, il semble ne pas avoir obtenu les résultats qu'il souhaitait. Les liens entre latin classique et latin parlé étaient encore trop étroits pour que des suggestions de réforme ne se heurtent pas à des obstacles difficilement surmontables.

Dans la Galloromania, on constate un maintien de la morphologie romane, elle-même directement issue du latin : c'est donc que les modèles n'avaient pas complètement disparu de la pensée des locuteurs. Mais cette morphologie a subi des refaçons que lui imposait une évolution phonique échappant à la conscience. Dans la prononciation, deux sortes de changements étaient intervenus :

– Certains ne faisaient que substituer à un son apparaissant dans une position donnée un autre appartenant déjà au système de la langue. Ainsi, la sonorisation des consonnes sourdes *k*, *t*, *p* devenues *g*, *d*, *b* entre voyelles peut se marquer par un transfert de lettres (*festugo* au lieu de *festuca* « fétu » avec changement de genre et de déclinaison). L'écriture a subi le contrecoup du bouleversement vocalique : *auctureta* se lit comme *auctoritas* ; *e* fermé s'écrit souvent *i*, comme dans *dibeo*, *mercide* au lieu de *debeo*, *mercede*. Ces adaptations ne sont jamais constantes : la forme normée ancienne continue à apparaitre.

– D'autres changements introduisaient de nouveaux sons auxquels ne correspondait aucun signe. Les palatalisations notamment mettent en défaut le système latin ; ainsi *k* + *e, i* se prononce *ts* et rejoint ainsi *t* appuyé sur consonne + *i* : ce son est transcrit tantôt par -*ci*, tantôt par -*ti*, ex. *tercia* pour *tertia* « troisième », *Frantia* pour *Francia* « France ». Quand les chuintantes /ʃ/ et /ʒ/ ont apparu dans une grande partie de la Galloromania comme deuxième élément de groupes /tʃ/ /dʒ/, elles n'ont pu être transcrites que par des moyens de fortune [1] : le groupe *ch* en est un. Si en ancien français *i* a cessé d'être confondu avec *e* fermé comme en latin mérovingien, cette lettre reste polyvalente, tantôt voyelle tantôt consonne avec la valeur /dʒ/ puis /ʒ/ écrit *j* par la suite. Prolongeant le système graphique d'une langue où le vocalisme était dominé par la quantité, le français a hérité d'un seul caractère, *e*, pour marquer *e* fermé, *e* ouvert et, dans certaines positions inaccentuées, *e* central. La voyelle finale écrite ne permet pas de distinguer le nom *corone* « couronne » du participe passé régime *coroné* « couronné ». Certaines homographies ambigües ont duré pendant des siècles.

2. ÉMERGENCE D'UNE LANGUE

VIIIᵉ-IXᵉ SIÈCLE

LES PLUS ANCIENS DOCUMENTS

Jusqu'ici nous n'avons fait que reconnaitre les parts d'un héritage. Quand nous en arrivons aux VIIIᵉ-IXᵉ siècles, nous sommes en droit de considérer qu'une nouvelle langue est en train de naitre. Une série de documents nous informe sur une situation qui ne se caractérise plus seulement par des variantes à l'essai, mais nous achemine vers une refonte systématique. Le recueil des *Gloses de Reichenau* (VIIIᵉ s.) nous apprend le premier qu'une foule de mots n'étaient plus compris et qu'il fallait les remplacer par d'autres qui correspondaient à l'usage contemporain. Ainsi, le latin biblique du IVᵉ siècle doit être réinterprété au VIIIᵉ, faute de quoi il n'atteint plus la masse des lecteurs de l'époque. La solution qui consistait à le pourvoir de gloses à l'usage de ceux qui savaient lire, mais aussi, par leur intermédiaire, de leurs auditeurs, a paru remédier à cet inconvénient.

Dans ces gloses, les survivances gauloises sont insignifiantes. Les emprunts germaniques, peu nombreux, furent rapidement absorbés dans le vocabulaire roman. Nous assistons essentiellement à un vaste mouvement de vocabulaire à l'intérieur du monde roman. Nous savons que désormais pour dire « sur la place du marché », il faut employer *in mercato* et non plus *in foro*, que *causa* a supplanté *res* (« chose ») et que le mot populaire *formaticum* « fromage » a évincé *caseum*. Les exemples seraient innombrables. Quelques répartitions dialectales s'esquissent : *berbices* « brebis » et son dérivé *berbicarius* « berger » sont caractéristiques de la Gaule du Nord. Par contre, *danea* « aire de grange » et *exdarnatus* « insensé » sont des mots du Nord-Est.

Pour ce qui concerne la grammaire, nous nous contenterons de faire quelques remarques :

– le comparatif synthétique latin en *-ior* est glosé par une tournure analytique où *plus* précède l'adjectif : *saniore* se dit désormais *plus sano* « plus sain » ;

— la série des adverbes de manière à suffixe *-mente*, «-ment », fait son apparition : *singulariter* : *solamente* « seulement ». La valeur primitive de *mente* « esprit » est oubliée et n'a laissé comme trace que le genre féminin de l'adjectif qui constitue le radical ;

— nous voyons le système démonstratif latin, dont le paradigme est triple (*hic, iste, ille*) se réduire à deux types *iste* et *ille* qui fourniront les démonstratifs *cist* et *cil* de l'ancien français, d'où proviennent nos formes *celui, cet*, etc.

Toutefois, le glossateur, du moment qu'il se livre à l'écrit, reste timide : ses substitutions sont essentiellement lexicales. Pour refaire un latin d'apparence correcte, il donne aux mots des formes qui respectent les flexions apprises à l'école : il nous livre des neutres, des génitifs pluriels, des passifs synthétiques, que nous savons sortis de l'usage courant à cette époque. Il ne va donc pas plus loin qu'une substitution de terme à terme, et ne rejette pas les habitudes du latin normé, bien antérieur à l'époque où il rédige. Quand il écrit *iste* et *ille*, il ne peut pas ignorer les formes renforcées par *ecce, eccistam, eccillum* attestées déjà dans la langue de conversation au temps de Plaute (IIe siècle av. J.-C.) mais marginalisées dans la langue littéraire.

Une courte parodie de la loi salique rédigée en Gaule du Nord vers 770 fait apparaitre des formes telles que *bottilia* pour *butticula* « bouteille » et d'authentiques articles : *lo cabo* « la tête », *la tercia* « la troisième ». Un deuxième document nous conduit aux alentours de 790 : ce sont des *Laudes Royales* de Soissons qui contiennent des acclamations en l'honneur des deux fils de Charlemagne, Pépin le Bossu et Charles[1]. Les assistants s'écriaient, en invoquant Dieu : *Tu lo juva ! Tu los juva !* « Toi aide-le ! Toi aide-les ! » Le schéma de la formule est déjà conforme aux habitudes médiévales : emploi du pronom sujet avec l'impératif, du pronom personnel *lo*, plur. *los*, du latin *illum*, plur. *illos* en position faible devant le verbe. Pour cette dernière forme, le copiste n'a pas cherché à « faire latin ». Le glossateur du VIIIe siècle employait *illum* sans aphérèse parce que, pour lui, écrire, c'était tant bien que mal écrire en latin et retrouver ainsi un ancrage graphique : *lo* transcrit abruptement ce qui se dit.

La date que nous rencontrons ensuite, 813, est capitale. Cette année-là eut lieu à Tours un concile dont l'un des actes contenait un article célèbre enjoignant aux prédicateurs de *transferre* (*transcrire* ou *traduire*, là est la question cruciale) leurs homélies dans la langue vulgaire du lieu, c'est-à-dire le « tudesque » ou le « roman rustique ». La seule dénomination *lingua romana rustica* n'impliquait pas nécessairement un changement de langue ; *romanus* pouvait désigner jusque-là ce que nous appelons aujourd'hui « latin » ; quant à l'adjectif *rusticus*, il aurait pu ne viser qu'un style. À *urbanus*, le niveau de langue élevé, s'est toujours opposé *rusticus*, le plus humble, celui qui correspond à la pratique de la majorité de la population, dont ne sont exceptés que les lettrés, les *litterati* formés à l'écriture. C'est plutôt le verbe *transferre* qui révèle la prise de conscience d'un changement de langue, car il s'applique à une opération comparable à une traduction. Parler en latin au peuple chrétien, c'est désormais se vouer à une inefficacité totale : pour instruire, il faut traduire. C'est la langue désignée comme « roman rustique » qui est à l'origine du français et de multiples idiomes romans.

Un changement aussi important ne pouvait se réaliser du jour au lendemain. Dans beaucoup de lieux, l'usage a précédé l'injonction, justifié qu'il était par la nécessité. La simple transposition du latin en « roman rustique » supposait l'existence d'un vocabulaire tout prêt pour suggérer les notions indispensables, une sélection des moyens d'expression, des expériences visant à rendre familiers des emprunts à la langue-source, ainsi que des adaptations de la langue-cible à de nouvelles significations. L'année 813 marque autant la fin d'une phase préparatoire que le début d'une période où les langues « vulgaires » ont assuré de plein droit la communication que nécessite la prédication. Ce temps des essais est contemporain des *Gloses de Reichenau*, où le roman rustique doit encore avoir une apparence latine.

De plus, la décision prise au concile de Tours est indissociable d'un contexte culturel, celui qui a été appelé depuis Jacques Ampère « renaissance carolingienne » ; il favorisait une prise de conscience plus nette de la différence linguistique. Déjà depuis la deuxième moitié du VIIIe siècle, un mouvement de restauration du latin d'après les modèles transmis par l'école avait pris naissance. On l'a souvent remarqué : la renaissance carolingienne a aggravé considérablement l'écart entre latin rénové et idiome vernaculaire. Deux univers linguistiques plus isolés l'un de l'autre qu'auparavant se sont établis. Le souci d'une norme fixe et précise, la référence au passé, un idéal de correction sauvegardant l'unité caractérisent l'un ; un aspect moins ordonné, une large ouverture à la variation et à l'innovation marquaient le mode de fonctionnement de l'autre. Une dialectique s'est alors instaurée : elle rappelait celle qui, à l'intérieur même du latin, faisait se côtoyer en s'opposant des niveaux de langue de plus en plus séparés ; elle devait resurgir sous des formes diverses au cours de l'histoire du français. Au Moyen Âge, elle a été suggérée par une opposition symbolique entre une langue maternelle, celle de l'enfance, de la nature et des improvisations, et une langue paternelle, celle qu'on apprend à l'école et qui ouvre à l'abstraction [1].

À partir de la fin du VIIIe siècle, l'enseignement commença à se réorganiser. Charlemagne chargea le clergé de fonder des écoles pour les enfants (capitulaire de 789) : une langue de culture était apprise désormais à l'école, le latin, et elle devait transporter l'enfant hors de l'expérience quotidienne. Y avait-il lieu de se préoccuper des formes dégradées du latin confinées dans le langage parlé, où elles servaient à des échanges terre à terre entre des gens sans importance politique et sans culture ? Un pas avait été fait : le langage appelé « roman rustique » était reconnu comme différent et il était impossible pour des clercs soucieux d'évangélisation de ne pas tenir compte de son existence. Mais l'idiome qui servait à la traduction était loin d'avoir la dignité de la langue du texte à traduire ; il n'avait qu'une utilité pratique liée aux circonstances. Au contraire, l'apprentissage d'une correction linguistique en accord avec la tradition prestigieuse du latin paraissait garantir une solidité à l'épreuve des atteintes du temps, du moment qu'un enseignement était assuré et qu'une écriture normée fixait les formes. Le clergé se trouvait dans une position ambigüe : il ne pouvait être complètement indifférent au langage parlé et vivant, mais il devait aussi protéger la langue consacrée contre les altérations dues aux contacts avec celui-ci. Étant donné l'importance des textes légués par le passé dans la vie religieuse et institutionnelle, on comprend que le poids n'ait pas été égal et que le roman rustique ait été longtemps maintenu dans une position marginale.

LES « SERMENTS DE STRASBOURG » ET LA « SÉQUENCE DE SAINTE EULALIE »

Les historiens se sont demandé à partir de quelle date ils avaient le droit de parler de « France ». Les historiens de la langue se sont montrés plus hardis : les *Serments de Strasbourg* sont considérés comme l'acte de naissance du français, ou, pour le moins, comme le témoignage de l'existence d'un protofrançais. Cet acte était inconcevable sans le partage de l'empire carolingien qui fut convenu en 842. À défaut de droit des peuples à disposer d'eux-mêmes ou de droit fondé sur l'existence d'une communauté linguistique, la décision revenait aux souverains, et le souverain était entouré de ses fidèles sur lesquels il s'appuyait et qu'il récompensait de leurs services. La langue du document a été déterminée par la part de Charles le Chauve, le *regnum Caroli*, royaume où la majorité de la population pratiquait le roman et où cet idiome devenait la marque du pouvoir royal face à la part germanophone de Louis ; celle de Lothaire était plurilingue (cf. Balibar, 1985).

Au mois de février 842, Louis le Germanique et son jeune frère

Charles se rencontrèrent à Strasbourg pour s'entendre et unir leurs forces contre leur aîné Lothaire, dont la défaite l'année précédente à Fontenoy-en-Puisaye n'avait pas modéré les prétentions. Avant de s'engager par un serment, les deux frères exposèrent à leurs partisans rassemblés les motifs de leur conduite. Louis, le plus âgé, parla le premier en *lingua teudisca*, Charles ensuite, en *lingua romana*. L'historien Nithard a rédigé en latin la teneur de ces discours. En revanche, il a transmis en langue vulgaire le texte des serments qui furent prononcés après. Louis et Charles étaient tous deux bilingues. Louis le Germanique prononça le serment en langue romane :

> *Pro Deo amur et pro Christian poblo et nostro commun saluament...*
> « Pour l'amour de Dieu et pour le salut commun du peuple chrétien et le nôtre... »

Charles le Chauve prononça ensuite le même serment en francique. La procédure ne fut pas la même pour les troupes des deux princes. Celles de Louis prononcèrent le serment en francique, celles de Charles en langue romane :

> *Si Loduwigs sagrament que son fradre Karlo iurat conservat...*
> « Si Louis tient le serment qu'il a juré à son frère Charles... »

Les formules utilisées dans les deux langues n'ont pas été forgées pour la circonstance ; elles ne font que reprendre les expressions latines traditionnelles. Le modèle latin de ces formules de serment ne fait que mieux ressortir les innovations en chaine qui se manifestaient dans le texte roman :

– La chute des voyelles finales autres que *a* est systématique, ex. *amur*, *Christian*, lat. *amore*, *Christiano* ; il n'y a d'exception que lorsque des groupes consonantiques ont besoin d'une voyelle de soutien, ex. *nostro* « notre ». *A* inaccentué est conservé en finale, mais l'alternance *fradre / fradra* laisse supposer que cette voyelle est de timbre incertain.

« SÉQUENCE DE SAINTE EULALIE » (v. 882)

Texte copié à la suite d'un recueil de sermons de Grégoire de Naziance.
C'est le plus ancien poème de langue française qui soit parvenu jusqu'à nous (IXe siècle). On remarquera que les formes atones ont tendance à constituer une unité graphique avec ce qui les précède ou ce qui les suit : *laveintre* (l. 2) « la vaincre, avoir raison d'elle » ; *poro* « pour cela, pour cette raison » (l. 6). [Bibliothèque de Valenciennes.]

Buona pulcella fut eulalia. Bel auret corps bellezour anima
Voldrent la ueintre li dõ inimi. Voldrent la faire diaule seruir
Elle nont eskoltet les mals conselliers. Quelle dõ raneiet chi maent sus en ciel
Ne por or ned argent ne paramenz. por manatce regiel ne preiement
Niule cose non la pouret omq; pleier. La polle sempre n amast lo dõ menestier
E poro fut presentede maximiien. Chi rex eret a cels dis soure pagiens
Il li enortet dont lei nonq; chielt. Qued elle fuiet lo nom xp̃iien
Ellent adunet lo suon element. Melz sostendreiet les empedementz
Quelle p̃ derse sa uirginitet. Poros furet morte a grand honestet
Enz enl fou la getterent com arde tost. Elle colpes n auret por o nos coist
Por o nos uoldret concreidre li rex pagiens. Ad une spede li roueret tolir lo chieef
La domnizelle celle kose non contredist. Volt lo seule lazsier si ruouet krist
In figure de colomb uolat a ciel. Tuit oram que por nos degnet preier
Qued auuisset de nos xp̃s mercit. Post la morte & a lui nos laist uenir
   Par souue clementia

RITHMUS TEUTONICUS DE PIE MEMORIE HLUDUICO REGE
      FILIO HLUDUICI AEQ; REGIS.
Einan kuning uueiz ih. Heizsit her hluduig.
Ther gerno gode thionot. Ih uueiz her imos lonot.
Kind uuarth her faterlos. Thes uuarth imo sar buoz.
  Holoda inan truhtin. Magaczogo uuarth her sin.
  Gab her imo dugidi. Fronisc githigini.
  Stual hier in urankon. So bruche her es lango.
Thaz gideildher thanne. Sar mit karlemanne.

– Le traitement des dentales intervocaliques est caractéristique lui aussi : *t* dans *potere* « pouvoir » est sonorisé en *d* mais la dentale dans cette position est représentée aussi par *dh* qui, pense-t-on, correspond à une interdentale d'un type voisin du *th* doux anglais, avant qu'elle ne disparaisse au XIe siècle, ex. *cadhuna, aiudha* « chacune », « aide ».

– L'écriture ne marque pas les diphtongues que nous nous attendons à trouver. Héritière peut-être de l'écriture mérovingienne, elle transcrit par *i* les *e* fermés, ex. *cist*, ancien français *cest* « cet ».

– La forme périphrastique infinitif + *habeo* « (j')ai » a définitivement évolué en un temps simple à valeur de futur : *saluarai* « sauverai », *prindrai* « prendrai ».

– La flexion à deux cas est respectée : on remarquera *Deus* sujet en face de *Deo* régime, et de même *Karlus / Karlo*.

La plupart de ces traits étaient déjà observables isolément : ils se trouvent ici rassemblés dans un texte où le souci de la forme est présent. Nous ajouterons seulement quelques autres faits attestés une première fois et qui se perpétueront : *om* du latin *homo* « homme », pris dans un sens généralisé au cas sujet, annonce notre pronom indéterminé *on* ; *fazet*, du latin *faciat*, subjonctif du verbe *faire*, joue ici le rôle de suppléant du verbe précédent *saluar*, tournure qui sera courante en ancien français.

Gaston Paris, pour sa part, pensait que les formules de 842 n'étaient peut-être pas le premier écrit en français. Il avait à l'esprit les dispositions du concile de Tours qui prescrivaient la traduction des sermons dans la langue vulgaire appropriée : « Plus d'un prêtre, écrit-il, a aidé sa mémoire par l'écriture », et il mentionne un peu plus loin le fragment d'homélie sur Jonas du Xe siècle, parvenu jusqu'à nous par miracle, puisque la page où il avait été écrit n'a été préservée que parce qu'elle servait à consolider une reliure. Gaston Paris ajoute : « Il est à croire que la fantaisie de noter quelque chanson, quelque récit, quelque souvenir dans la langue des laïques sera venue à plus d'un clerc. »

Mais les utilisations comme « pense-bête » ne mettent pas sur la voie des formules de serment prononcées dans une circonstance décisive par des personnages aussi importants que les descendants de Charlemagne. Formuler un serment qui engage des intérêts suprêmes est tout autre chose que de transcrire sur le parchemin des sons qui seront tant bien que mal déchiffrés par un lecteur dans un souci d'information entre individus. Il faut une expression qui ait une valeur reconnue, institutionnalisée, c'est-à-dire le contraire d'une fantaisie se présentant tout d'un coup à l'esprit.

Nous savons que le discours politique en protofrançais a existé et qu'il est presque aussi ancien que le sermon, même si nous ne connaissons pas la teneur des textes. Pendant son règne, inauguré après les *Serments de Strasbourg*, Charles le Chauve a cherché à maintenir le contact avec ses partisans répandus dans le royaume, de la Flandre au Nord de l'Aquitaine. Il tenait des assemblées qui lui permettaient de communiquer avec une aristocratie élargie : les *annuntiationes* royales étaient proclamées à haute voix en roman. Le scénario des *Serments de Strasbourg* se reproduisit en 860 à Coblence, à cela près que chacun des deux frères réconciliés employa lui-même devant ses fidèles la langue qui symbolisait son pouvoir selon le lot qui lui était échu[1]. Une *koinè* du pouvoir central était en germe. Mais les successeurs de Charles le Chauve semblent n'avoir eu ni la même autorité, ni les mêmes préoccupations, et il faudra attendre Hugues Capet, dont l'avènement eut lieu en 987, pour trouver un roi qui ne s'exprime qu'en roman.

Le second texte en français, la *Séquence de sainte Eulalie*, date d'environ 882 ; originaire de la région picarde, il inaugure une littérature hagiographique qui sera très abondante dans l'ancienne langue. Le manuscrit est cette fois l'original. Le poème français, écrit sobrement, vise des gens simples, désireux de connaitre l'histoire de la sainte pour nourrir leur admiration et leur espoir dans son intervention ; les textes latins qui y correspondent s'adressent visiblement à des clercs lettrés à qui le souvenir des vertus de la sainte suggère des formules à effet qui leur plaisent. Voici les premiers vers de la *Séquence* :

> *Buona pulcella fut Eulalia Bel auret corps bellezour anima*
> *Voldrent la ueintre li deo inimi Voldrent li faire diaule servir...*
> « Eulalie était une jeune fille pleine de vertu. Elle avait un beau corps et une âme plus belle. Les ennemis de Dieu voulurent avoir raison d'elle. Ils voulurent lui faire servir le diable... »

Plusieurs traits caractéristiques qui manquaient aux *Serments* se trouvent dans la *Séquence*. La gamme des diphtongues des débuts de l'ancien français se déploie dans sa diversité. La plupart correspondent à des voyelles accentuées et libres :

> *ie* < /ɛ/, *ciel*, latin *caelum*
> *uo* < /ɔ/, *buona*, latin *bona* ; *ruovet* « demande », latin *rogat*
> *ei* < /e/, *concreidre*, formé à partir de *creidre* « croire », latin *credere*
> *ou* < /o/, *bellezour* « plus belle », latin *bellatiore*

La diphtongue *ie* provient aussi de *a* en contact avec un élément palatalisé : *regiel* « royal », *pagiens* « païens » où *g* = /j/, comme dans

Maximiien, Chrestiien. Quand il n'est ni devant une nasale, ni en contact avec un élément palatalisé, *a* accentué et libre aboutit à *e*, ex. *presentede* « présentée, amenée », latin *praesentata, espede* « épée », latin *spatha*.

Le continuateur de *a* inaccentué final est rendu tantôt par *e*, tantôt par *a*, dont on trouvera des exemples encore au XIIe siècle. La vocalisation de *l* devant consonne n'est jamais prise en compte : peut-être le processus est-il en cours. Le son /k/ est transcrit *c* devant *o*, dans *cose* « chose », *ch* devant *i*, ex. *chi* « qui » ; comment faut-il le lire dans *chielt*, latin *calet* « il importe », et dans *chief*, latin **capu* « tête » ? La lecture picarde en fera un /k/. On peut dire cependant que des *Serments* à la *Séquence*, l'écriture s'est, dans son ensemble, à la fois individualisée et assurée.

On remarquera aussi l'emploi de l'article comme prédéterminant du nom. L'article donne une information sur l'extension du signifié du nom auquel il s'adjoint, avec la possibilité d'être séparé de lui par un adjectif. Sans doute a-t-il continué à donner des indications sur le cas (*li* s'oppose à *le*, *uns* à *un*) ; il contribue aussi à marquer le nombre, ainsi que le genre, au moins au singulier. Il revient à la *Séquence* d'offrir les premiers emplois : *Deo* « Dieu » au cas régime détermine *li Deo inimi, lo Deo menestier*. La désignation de personnages cités est anaphorisée par un nom précédé de l'article défini : *les mals conselliers* renvoie à *li Deo inimi, li rex paiens* à *Maximiien*. Si une personne ou un objet sont introduits pour la première fois dans le récit, l'article indéfini précède leur dénomination : ex. *ad une espee* « avec une épée ».

3. DU PROTOFRANÇAIS À L'ANCIEN FRANÇAIS CLASSIQUE

LA LANGUE D'OÏL

S'il est vrai que les langues n'atteignent jamais une homogénéité parfaite, l'ancien français, héritier d'un latin parlé déjà diversifié, est resté très loin de cette perfection. Dans l'espace que les philologues ont appelé « galloroman », une coupure s'est établie entre domaine d'oc, au Sud, et domaine d'oïl au Nord ; à partir de l'époque carolingienne, elle n'a cessé de s'aggraver. Vers la fin du XII⁰ siècle s'établissent des répartitions géographiques qui n'ont pas beaucoup changé jusqu'aux enquêtes dialectologiques du XIX⁰ siècle : à cette date, le poitevin et le saintongeais sont passés au domaine d'oïl, et une frontière, d'abord abrupte, d'ouest en est se poursuit par une zone intermédiaire allongée qui a reçu le nom de Croissant, puis, dans le Lyonnais, par un groupe de parlers originaux auxquels on a donné le nom de francoprovençal.

Quand nous disons « protofrançais » pour désigner l'état de langue qui s'est manifesté avec les *Serments de Strasbourg*, « ancien français » pour désigner celui qui apparait dans la *Vie de saint Alexis* au XI⁰ siècle, nous envisageons la langue d'oïl ; mais, à l'intérieur même de ce domaine, des traits phoniques et morphologiques différencient des variétés qui ont reçu par la suite le nom de « dialectes ». Nous n'atteignons la langue d'oïl proprement dite qu'en passant par des textes qui contiennent des particularités dialectales parfois très anciennes. On comprendra cependant qu'il existe une distance entre le dialecte alors parlé dans des milieux très divers et les formes que nous recueillons dans les textes, composés et copiés par des gens instruits qui faisaient partie du milieu des clercs. Ces formes constituent une *scripta* où se mêlent à des traits vernaculaires les habitudes d'une tradition écrite qui n'appartient pas nécessairement à une seule région et n'accueille pas immédiatement les innovations de l'oral. Nous avons de la peine à nous faire une idée de l'état de langue du X⁰ siècle, faute de disposer de textes suffisamment amples et nombreux. Deux seulement nous sont parvenus : *La Passion de Clermont*, où les copistes ont mêlé des traits d'oïl et d'oc dans une œuvre qui semble avoir été adaptable aux parlers de plusieurs régions. Il en est de même pour la *Vie de saint Léger*, où ont été relevées des formes bourbonnaises (De Poerck, 1963) mais aussi des wallonismes. Au siècle suivant, la conquête de l'Angleterre par les Normands (1066) recula les frontières du domaine d'oïl qui compta désormais un dialecte de plus, importé celui-là, l'anglo-normand. À des apports normands, presque exclusifs d'abord, se joignirent par la suite des apports angevins, tandis que des contacts avec des parlers autochtones contribuèrent à façonner l'originalité de ce dialecte. Nous devons à la grande activité dans la lecture et l'écriture du français qui s'est déployée là, et qui est demeurée plus libre vis-à-vis des normes continentales, des documents du plus haut intérêt pour l'histoire de la langue.

Avons-nous raison de parler de « français » et de souligner une communauté de langue, ainsi qu'une continuité, de la *Séquence d'Eulalie* à Chrétien de Troyes ? Pour mieux en juger, il faut tenir compte du fait que la différenciation est allée en s'accentuant : par exemple, la grande fracture entre parlers de l'Ouest où *ei* s'est maintenu dans *aveir* « avoir », *dreit* « droit », et ceux de l'Est où *ei* est passé à *oi*, a eu lieu au XIIᵉ siècle. Sur l'enseignement du français à date ancienne, nous sommes très peu renseignés. Une information transmise par Guibert de Nogent n'en sera estimée que plus précieuse. Vers 1100, un moine de Barisis, près de Coucy-le-Château, dont la *cella* dépendait de l'abbaye de Saint-Amand, avait recueilli chez lui deux garçons qui ne savaient parler qu'en langue germanique, pour leur apprendre le français. Les deux élèves ont certainement connu à Barisis un français mêlé de traits picards[1]. Ch.-Th. Gossen précise pour les lecteurs de sa *Grammaire de l'ancien picard* qu'il leur expose « l'élément picard de la *scripta* franco-picarde » et non « le dialecte picard du Moyen Âge » (p. 45) : le franco-picard désigné par Gossen doit être proche de ce que le texte de Guibert de Nogent appelle « langue française ».

Nous avons d'autre part l'habitude d'associer la notion de français à la prépondérance de Paris. Or, les témoignages qui peuvent aller dans ce sens ne remontent pas au-delà du XIIIᵉ siècle. La part de langue commune dans la *Séquence de sainte Eulalie* est déjà considérable et la continuité entre cette œuvre et celles de l'ancien français classique s'impose. Faut-il invoquer pour autant un parler directeur au centre du domaine d'oïl ? Dans son commentaire de la *Chanson de Roland*, J. Bédier repousse toute refaçon du texte anglo-normand d'Oxford et remarque : « Où sont les modèles ? les documents ? Faut-il rappeler que nous ne possédons pas un seul document du XIIᵉ siècle qui ait été écrit

Limite des langues non romanes
Limite oïl / oc / francoprovençal
Zone intermédiaire oïl / oc
Limites internes

CARTE 2. Langues et parlers régionaux

La carte établie d'après les enquêtes des XIXe et XXe siècles fait voir aux
extrémités du territoire les zones où sont parlées les langues régionales, et
celles où sont parlés les dialectes des domaines d'oc et d'oïl, avec la marche
intermédiaire du Croissant et la zone francoprovençale. Le parler de l'Ile-de-
France est, dans sa différence, une variété parmi les autres. La notion de
dialecte, qui apparait au XVIe siècle, et qui a été revue et corrigée au XIXe,
n'est pas très exactement adaptée à la conscience linguistique médiévale,
sensible à la diversité mais qui témoigne de chevauchements. Pour Roger
Bacon (v. 1260), la langue qu'il appelle *Gallicana* se divise en plusieurs idiomes
(*idiomata*) dont les principaux sont le picard, le normand, le bourguignon et
le parisien ; la différence engendrerait principalement un sentiment d'horreur
(*horrescit*) chez les interlocuteurs. Quoi qu'il en soit, quelques massifs que nous
qualifierons de dialectaux se sont mis en place à partir de la fin du XIIe siècle,
et la carte, moyennant quelques précautions, est utilisable à la fois pour
le Moyen Âge et pour des époques plus rapprochées de nous.

dans l'Ile-de-France, ou en Beauvaisis, ou en Champagne ? Les manuscrits venus jusqu'à nous sont tous normands ou anglo-normands[1]. »
Vide étrange du parler présumé directeur alors que nous avons la
preuve que dans les régions périphériques de l'Est et surtout de l'Ouest,
le langage vernaculaire, représentant le roman parlé dans le Nord de la
Gaule, s'écrivait. Prenons le passage de *ou* à *eu* dans des mots tels que
flour/fleur, *envious/envieus* : il est attesté dès le XIe siècle en picard et
ne gagne qu'ensuite les parlers de la région parisienne (XII et XIIIe s.).
Quant au passage de *ei* à *oi* mentionné ci-dessus, la région parisienne
s'est trouvée au point de jonction des deux aires *ei* et *oi* : la « langue du
roi », jouant cette fois un rôle de direction, a pu opérer après coup des
filtrages et des sélections entre des variantes qui se faisaient concurrence. La prépondérance grandissante d'une centralisation normative
semble aller de pair avec une différenciation toujours plus marquée ;
mais nous n'en sommes pas encore à la recherche d'une uniformité.

Quelques textes, souvent cités, attestent le mouvement qui s'est
produit au cours de la seconde moitié du XIIe siècle, au moins dans la
langue littéraire. La reine mère et son fils Philippe-Auguste ont reproché au trouvère Conon de Béthune d'avoir dit des mots d'Artois. La
scène s'est passée devant les Champenois et en particulier la comtesse
Marie de Champagne. Le poète en a été ulcéré et a reproché à ses critiques de manquer à la courtoisie. Il n'a pas le langage de la région parisienne : il n'a pas été élevé à Pontoise, mais il juge la variété qu'il
emploie très compréhensible en français. Vers 1173, Guernes de Pont-
Sainte-Maxence, auteur de la *Vie de saint Thomas Becket*, vante la
qualité de sa langue parce qu'il est né en France. Un poète qui a écrit
pour Marie de Champagne à la même époque, Chrétien de Troyes, a
été reconnu avec Raoul de Houdenc comme l'un des représentants du
« bel françois », catégorie à la fois langagière et esthétique[2]. Dans son
Chevalier de la Charete, il imagine les dames de la cour du roi Artu
« *bien parlant an lengue françoise* ». On ne peut pas dire que les traits
champenois abondent dans son œuvre. Quand Aymon de Varennes,
poète lyonnais, compose en français son roman *Florimond*, il ne fait
qu'adopter la *koinè* littéraire pratiquée par les grands romanciers de
l'époque : quand on a le projet d'écrire un roman courtois, le choix du
« français » est concevable. Une coloration régionale est admise mais
elle n'est pas recherchée. L'invention par les philologues du XIXe siècle
d'un dialecte prédestiné, le francien, celui de l'Ile-de-France, a été un
artifice pour sauvegarder la continuité, au moins sur le plan phonétique. En très gros, l'ancien français a une base géographique, le
domaine d'oïl, et une assise sociologique : il est la langue commune
d'un milieu dirigeant qui s'est élargi avec le développement de la bour-

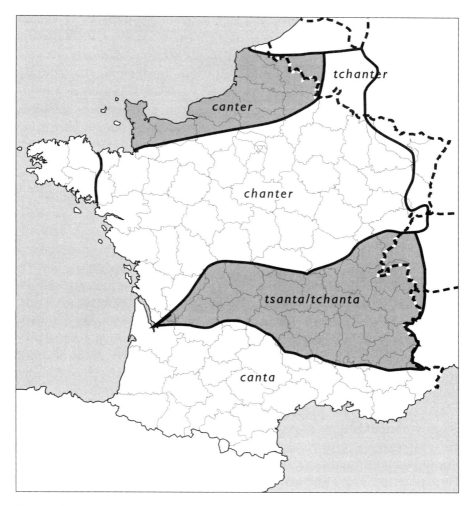

Carte 3. Le verbe « chanter »

Les deux syllabes des formes qui proviennent du verbe latin *cantare*
contiennent chacune un trait qui caractérise une région :
1° L'évolution en /E/ de /A/ accentué oppose le domaine d'oïl à l'occitan et au
francoprovençal.
2° La consonne initiale /k/ a eu divers aboutissements. Elle a pu se maintenir en
normano-picard et en occitan. Elle est représentée par /tʃ/ réduit à /ʃ/ dans la
zone centrale du domaine d'oïl ; /tʃ/ a subsisté tel quel en wallon. Elle a donné
/ts/ ou /tʃ/ dans la zone nord-occitane et en francoprovençal.
Dans les parlers normands modernes, l'aboutissement attendu *canter* a souvent
été masqué par un emprunt au français *chanter* (cf. ALF c. 273).

geoisie urbaine. La *koinè* littéraire du XIIe siècle en est le reflet : elle peut être colorée dialectalement, mais elle n'est jamais l'expression d'un peuple de paysans, voué entièrement à la diversité dialectale.

Les premières productions écrites en français qui sont parvenues jusqu'à nous ne représentent que quelques rares exemples car dans la communication écrite règne essentiellement le latin. Elles relèvent d'un usage oralisé, formule de serment, cantique ou sermon. Du côté du latin, la palette est beaucoup plus variée, et même si la lecture à haute voix se fait selon les habitudes de prononciation propres à chaque pays, il existe dans le monde cultivé médiéval un accord relatif sur les formes écrites. Le français, un des continuateurs du latin qui était parlé en Gaule et qui n'avait pas de tradition écrite, ne pouvait faire autrement que d'exploiter ce qui existait déjà.

LES VOYELLES

En latin classique, il y avait sensiblement correspondance entre l'inventaire des sons et celui des lettres que fournissait l'alphabet. En adoptant l'alphabet latin, le français était amené à rompre cette correspondance, en raison notamment de la formation de nouveaux sons. Réciter *a é i o u*, c'est faire l'inventaire des lettres et non pas des sons. Le système vocalique était passé de cinq voyelles orales, *a é i o u*, prononcé *ou*, à dix pour le moins. Si nous les classons en allant des plus fermées aux plus ouvertes, la palette contenait désormais trois voyelles palatales /i/e/ɛ/, trois vélaires /u/o/ɔ/ ; une voyelle très ouverte à point d'articulation moins précis /A/, plus trois palatales arrondies presque aussi antérieures que les palatales, série que le français s'était constituée à partir de /y/ – écrit *u*. Ainsi, le latin *muru* « mur » a eu pour aboutissement /myr/, sauf dans quelques parlers francoprovençaux et en wallon liégeois. Pour marquer le son /u/, qui a réapparu à partir du XIe siècle après une éclipse temporaire, notamment par fermeture de certains /o/, il a fallu avoir recours à des expédients.

Vers 1100, le copiste anglo-normand du *Saint Alexis* écrit *hume* pour /um/ « homme » (v. 493), *u* pour /u/ « où » (adverbe relatif, vers 570). À partir de la première moitié du XIIIe siècle s'est développé l'emploi du digramme *ou* qui transcrivait d'abord une diphtongue /ou/ de /o/ + *l* vocalisé, ex. *mout* du latin *multu* « beaucoup ». Un phénomène du même genre s'est produit pour une autre diphtongue provenant soit de /ɔ/ accentué passé à *uo* puis *ue*, soit de /o/ accentué, passé à *ou* puis à *eu*, qui s'est réduite par des voies différentes à /ɸ/ vers la fin du XIIe siècle, timbre qui a pu s'ouvrir en /œ/ en position couverte :

/φ/ « peu » vs /ɔ/ « peur ». L'orthographe a retenu le plus souvent le digramme *eu* ; le digramme *ue* a subsisté néanmoins dans quelques cas où il avait l'avantage de ne pas risquer d'altérer la lecture de *c* et de *g*, ex. *cueillir*, *orgueil* ; ces consonnes auraient été lues devant *e* l'une comme une sifflante (*celui*), l'autre comme une chuintante (*gel*).

La lettre *e* est particulièrement équivoque ; elle transcrit /e/ et /ɛ/ et rien à la lecture ne permet de les distinguer. Et pourtant, le timbre de la voyelle n'était pas le même dans *pert* (/pɛrt/) « perd » que dans *vert* (/vert/). Nous constatons que les poètes ne confondaient pas les deux timbres dans leurs laisses assonancées. Dans la seconde moitié du XIIᵉ siècle, /e/ s'est ouvert en /ɛ/ en position couverte : *pert* rime désormais avec *vert* ; le lecteur est donc informé du timbre à la fois par la lettre et par un élément de l'environnement. En outre, le son écrit *e* qui provenait de *a* accentué latin n'assonne habituellement qu'avec lui-même dans les poèmes du XIIᵉ siècle : est-ce le timbre, est-ce la longueur qui constituait alors le trait pertinent ? Par la suite ce son s'est confondu avec /e/. Enfin *e* inaccentué, interne ou final, considéré comme un *e* central, est symbolisé par /ə/ dont la prononciation est suggérée par la voyelle finale de l'allemand *Gabe*. Ainsi, à la seule lettre *e* ont pu correspondre quatre sons distincts.

Toutes les voyelles précédemment citées sont orales, c'est-à-dire que, dans leur articulation, la bouche est le seul résonateur par lequel s'écoule la colonne d'air. S'y sont ajoutées, en ancien français, des voyelles nasales. Au contact des consonnes /m/, /n/ et /ɲ/ une partie de l'écoulement de l'air se fait par la cavité nasale. Ainsi *a* et *e* se sont nasalisés au XIᵉ siècle, *o* au XIIᵉ, *i* et *u* seulement à partir du XIIIᵉ siècle. Au Moyen Âge, la consonne qui suit la voyelle nasalisée continue à se prononcer /bɔn/ « bon ». L'orthographe qui consiste à redoubler *m* ou *n* comme dans *homme, bonne* se justifie en ce qu'elle indique à la fois la nasalisation de la voyelle et la prononciation de la consonne.

Avant la nasalisation, la voyelle au contact de la nasale a eu tendance à se fermer : ainsi lat. *pane* > **paen*, d'où notre mot « pain ». Après la nasalisation au contraire, la tendance a été à l'ouverture : *vent* a pu se prononcer /vã/ dès 1100 environ, tandis que le wallon et le picard conservaient la prononciation ancienne /ɛ̃/. Il en est résulté que, dans notre orthographe, au phonème /ã/ correspondent à la fois *an* et *en*.

Il y a eu ensuite réapparition de /ɛ̃/, aboutissement de *ai, ei*, *i* + nasale. Les degrés d'aperture de la voyelle dans les groupes *ien/ian*, ex. *bien/bian*, puis le retrait de la nasalisation en position libre à partir du XVIᵉ siècle, ex. /ɔ̃m/ > /ɔm/, ont été, au cours de l'histoire de la langue, des marqueurs de bon usage oral.

En plus des voyelles simples, l'ancien français disposait d'une panoplie de diphtongues orales ou nasales d'origine diverse (*ai* / *ain*, *au*, *ei* / *ein*, *ie* / *ien*, etc.) et de triphtongues (*iau*, *ieu*). En position tonique, les diphtongues étaient d'abord accentuées sur leur premier élément : on note ainsi les assonances *tost : coist* (*Eulalie*, 19-20), où *coist* « brula » est une forme du verbe « cuire » ; *venut*, *batut* assonnent avec *luist* (« luit ») et *lui* dans le *Roland*, l. CXX. Toutes ces diphtongues se sont réduites en ancien français. L'accent a basculé sur le deuxième élément et /oɛ/, /yi/ sont passés à /wɛ/, /ɥi/ ; *ai* est passé à /ɛi/ puis /ɛ/ ; des indices de réduction de *au* (dont le deuxième élément provient de *l* vocalisé) à /o/ se remarquent déjà au XIIIe siècle où les graphèmes *au* et *o* pouvaient être employés l'un pour l'autre (*Rôles de taille parisiens*, 1292) : le français acquiert peu à peu son caractère de langue sans diphtongue.

Les consonnes

La palatalisation avait donné naissance à deux nouveaux sons : /ʎ/ souvent écrit *ill* comme dans *paille*, et /ɲ/ écrit *(i)gn* comme dans *besoigne* « besogne » [1]. En position finale le premier s'est réduit à *l* en picard dès le XIIIe siècle, comme dans *solel* « soleil ». Ailleurs il s'est bien maintenu à l'Ouest et au Sud, mais semble s'être affaibli à la fin du Moyen Âge : son passage à /j/ est explicitement attesté au XVIIe siècle dans les *Mazarinades*.

Une palatalisation partielle de *k*, *g* + *a* en position forte avait donné naissance à des affriquées /tʃ/ et /dʒ/ : on disait *tchéval* « cheval » ou *djambe* « jambe ». Ces affriquées se sont réduites à /ʃ/ et à /ʒ/ à la fin du XIIe siècle, sauf dialectalement comme en wallon. La répartition de ces chuintantes est différente dans le domaine normano-picard du fait que *k*, *g* + *a* étymologiques s'y sont maintenus, d'où *quesne* en face de *chesne* (lat. *cassanu*), *gardin* en face de *jardin*, etc. En revanche *k* + *e*, *i* s'y est palatalisé en /tʃ/ réduit à /ʃ/, d'où *merchi* pour « merci », *douche* pour « douce ». L'équivocité même de la lettre *c* était très appréciable pour des lectures interdialectales : dans *merci*, de lat. *mercede*, /k/ était devenu /ts/ puis /s/ en français central, mais /tʃ/ puis /ʃ/ en normano-picard. Le digramme *ch* est devenu le signe indiquant /ʃ/, non sans des hésitations.

La chuintante sonore /ʒ/ n'a jamais reçu de marque spécifique en ancien français et c'est la lettre *i* – quand ce n'est pas *g* + *e*, *i* – qui a reçu cette valeur en plus de celle qu'elle avait déjà. Or *i* était par lui-même peu distinct quand il était suivi ou précédé d'une lettre à deux jambages comme dans *iu* ou *ui*. Pour faciliter la lecture, les copistes ont pris l'habitude de mettre sur la lettre *i* un accent là où nous mettons un point : *uit* du verbe *vivre* se distingue mieux ainsi de *iut* (jut) du verbe *gésir*.

Aucun moyen ne permet encore de distinguer *uit* « huit » et *uit* « vit ». Aussi à l'initiale a-t-on fait parfois précéder d'un *h* le digramme *ui* transcrivant une ancienne diphtongue devenue /ɥi/ : *hui, huit*. Dans la mesure où ces aménagements orthographiques étaient entrés dans la pratique, il ne devait plus y avoir de confusion entre *jut, vit* et *huit*. Il faudra attendre le XVIe siècle pour que se répande peu à peu une marque spécifique qui permette de différencier la consonne *j* de la voyelle *i*. Un développement du même ordre s'est produit pour la consonne *v* et la voyelle *u*.

Les données de la tradition graphique et les innovations phoniques successives ne se sont jamais parfaitement accordées. Dans la première moitié du XIIIe siècle, quelques copistes se sont distingués par la recherche de la cohérence ou de la simplicité. L'usage de Guiot, dont l'atelier se trouvait à Provins, est tout à fait intéressant à cet égard : le mot « femme » qui rime avec *ame* et *dame* est écrit *fame* ; quand la prononciation est /ã/, le copiste a une préférence pour *an*, ex. *santier, mantir* « sentier, mentir » ; *rr* a pu garder son allongement ; *ss* permet de distinguer nettement la sourde /s/ de la sonore /z/. On lit en revanche *antrer* et *entrer*, *assez* et *asez*, où il apparait que ce comportement en est resté à l'état de tendance. Par la suite, des tendances opposées se sont manifestées. À l'époque du moyen français, on a parfois réinséré des consonnes étymologiques (*dette* écrit *debte*), voulant ainsi faire dire à l'écriture plus que le mot tel qu'il était prononcé (XIVe-XVe s.).

DÉCOUPAGE ET ACCENTUATION

En règle générale, un mot latin n'est pas concevable sans un accent tonique qui porte sur la pénultième dans les paroxytons (*mare* « mer ») et sur l'antépénultième dans les proparoxytons (*lepore* « lièvre »). La chute des voyelles finales autres que *a* a eu pour conséquence la multiplication en français de mots avec accent sur la finale, ou oxytons. Le découpage de la phrase s'est de plus notablement modifié. En général, le mot n'est pas pris isolément : il appartient à un groupe. Si c'est un nom, il est le plus souvent précédé d'un élément inaccentué, l'article, qui peut être lui-même précédé d'un autre élément inaccentué, la préposition. Devant le verbe à un mode personnel s'assemblent des pronoms inaccentués. L'accent marque moins l'individualité du mot pris en lui-même qu'il ne découpe un groupe dont fait partie le mot. Quand le copiste du *Saint Léger* écrit d'un seul tenant *enlaciutat* « dans la ville », il figure le groupe accentuel qu'il entend et qui se confond avec le second hémistiche d'un vers commençant par *ne pot intrer* « ne put entrer » (l. XXXIV).

Dans la période la plus ancienne de la langue, on trouve des groupes d'une économie particulière. Les monosyllabes inaccentués font bloc soit avec ce qui précède (et nous avons une enclise), soit avec ce qui suit, comme s'il y avait eu oscillation entre deux procédés. Nous lisons dans l'*Alexis* (XIᵉ s.) *en terrel metent* « ils le mettent en terre » et encore dans le *Roman de Thèbes* (XIIᵉ s.) *fairel* « le faire » (8262), alors que des exemples de ce genre sont devenus exceptionnels au XIIᵉ siècle. En revanche, des groupements de monosyllabes qui réunissent un pronom inaccentué à un autre pronom, à une négation ou à un connecteur tel que *si*, ont donné naissance à un jeu d'enclises : *jol* puis *jel* « je le », *nel* « ne le », *nes* « ne les », *sil* puis *sel* « si le », etc. *Nel*, constant dans l'*Alexis*, est devenu facultatif au XIIᵉ siècle et n'a disparu qu'au XIVᵉ siècle. De nos jours, dans « je te le dis », les voyelles écrites des pronoms ne sont pas toutes prononcées, mais pour apprécier l'enclise médiévale, il faut observer que *e* final ne s'était pas effacé, que *je* était accentué et constituait un des pôles auxquels se rattachaient les éléments inaccentués. On pouvait dire alors *jel te di*, l'ordre des pronoms étant alors *le te* : *jel*, qui faisait partie des enclises habituelles, formait une première unité, *te di* une seconde.

À la même tendance se rattachent les formes contractes de l'article. Devant consonne, les groupes *a*, *de*, *en* + l'article masculin *le* se sont contractés en *al*, *del*, *el* au singulier, *as*, *des*, *es* au pluriel, ex. *a l'empereeur* (devant un nom à initiale vocalique, l'article ne se contracte pas) /*al roi*, devenu *au roi* (avec nom à initiale consonantique, l'article prend la forme contracte). Il en est resté les masculins singuliers *au*, *du* et les pluriels *aux*, *des*, ex. « au commencement », mais « à la fin » ; *ès* ne s'est maintenu que dans les archaïques *ès lettres*, *ès qualités*, etc.

Faiblesse de l'accent de mot et importance de l'environnement se sont conjuguées pour faire du discours une séquence de groupes où les noms et les verbes apparaissent habituellement précédés de formes qui perdent de leur autonomie et sont des indices grammaticaux plutôt que des signifiants chargés d'un sémantisme lourd.

Déclin de la flexion nominale

Une phrase n'est compréhensible que si une hiérarchie s'établit entre ses membres. Quand les noms se déclinent, ils présentent dans leur forme une marque indiquant leur fonction grammaticale. L'adjectif qui se rapporte à eux peut à son tour prendre une marque en accord avec la fonction du nom, et le lecteur est ainsi invité à grouper les deux mots. L'ancien français a hérité d'une déclinaison réduite : sur les cinq cas latins, il en est resté deux, cas sujet et cas régime, qui le plus souvent continuent formellement le nominatif et l'accusatif. Mais nous constatons que la portée de la déclinaison est déjà affaiblie : les féminins en -*a* du latin tardif n'opposaient plus qu'un singulier à un pluriel, *rosa* / *rosas* ; pareillement en ancien français, les féminins en *e* ne varient plus qu'en nombre : -*e*, -*es*. La flexion ne touche donc que des noms masculins et quelques féminins.

La procédure la plus usuelle consiste à ajouter un -*s*, marque du cas sujet singulier et du cas régime pluriel, la forme restant nue aux deux autres cas. L'opposition ne porte donc que sur deux formes, les prédéterminants et, en premier lieu, l'article, apportant un supplément de distinction :

	Singulier	Pluriel
Cas sujet	*(li) murs*	*(li) mur*
Cas régime	*(le) mur*	*(les) murs*

Pour s'appliquer, le modèle doit satisfaire à des conditions qui en restreignent ou en modifient l'application : il faut que la forme nue soit terminée par une voyelle, un *n* non appuyé ou un *r*. Que *s* final soit précédé d'une dentale, encore présente ou disparue (*escu* / *escuz*, lat. *scutum*), ou de *n* appuyé sur consonne (*diurnos* > *jorz*) ou de *l* palatal (*filios* > *fiz*) et nous avons *z*, lettre qui correspond à *ts*. Qu'il soit précédé d'une labiale, d'une labiodentale ou d'une vélaire et la consonne précédant *s* s'efface : un *bœuf*, un *œuf* s'opposent encore à des *bœu(f)s*, des *œu(f)s*. Qu'il soit précédé d'un *l* mouillé ou non, et cet *l* se vocalise en *u* : c'est là l'origine de nos pluriels *chevaux* ou *travaux* en face de *cheval*, *travail*. Un groupe peu nombreux est constitué de noms masculins où la différence de flexion n'est pas marquée seulement à la finale ; le plus souvent elle est alors due à un balancement d'accent dans l'étymon latin comme dans les noms en -*ator* / -*atorem*, qui ont abouti à -*ere* / -*eeur*, ex. *emperere* / *empereeur*. Quant aux adjectifs, la classe la plus nombreuse se caractérise par une différence de forme entre le masculin et le féminin ; le premier se décline à la manière des noms masculins, le second est terminé par *e* qui continue *a* final latin : *bon* / *bone*. L'adjectif dit épicène a la même forme aux deux genres, au moins au singulier : c'est là l'origine de *grand-mère*, *grand-porte*, etc.

L'opposition fondamentale vise à distinguer seulement le sujet des divers compléments. On se sert habituellement de l'exemple *Pierre frappe Paul* pour montrer à quel point l'ordre des termes est pour nous décisif dans la phrase simple ; que Paul se place en tête, et le rapport entre les actants est inversé. Le déclin de la flexion va donc s'accompagner, dans un mouvement très progressif comportant même une période de chevauchement, d'une contrainte de plus en plus marquée sur l'ordre des mots. Si, en ancien français, la déclinaison est fonctionnelle, l'ordre des termes ne doit pas être absolument fixe. Plusieurs ordres sont possibles. Les deux les plus courants sont SVC (Sujet Verbe Complément) et CVS (Complément Verbe Sujet). Vers 1173, Guernes de Pont-Sainte-Maxence écrit :

> *L'arcevesque ne puet flechir li reis Henris* (*Vie de saint Thomas Becket*, 1183)
> « Le roi Henri ne peut fléchir l'archevêque ».

Le cas régime permet de comprendre d'emblée qu'on est dans le schéma CVS.

Suivant que nous adoptons le manuscrit A ou le manuscrit B de *Floire et Blancheflor* (entre 1150 et 1200), nous lisons :

> *(Floires dist) l'amiraill du sien donroit*

ou

> *l'amiranz du sien li donra.*

Selon la première version, c'est Floire qui fait des dons à l'émir (*l'amiraill*, cas régime) en les prenant sur ses biens (*du sien*) ; selon la seconde, c'est l'émir (*amiranz*, cas sujet) qui devient le donateur (éd. Leclanche, 3250 et 2983). Il reste à apprécier la convenance de chacune des versions par rapport au contexte. Jusqu'à la première moitié du XIIIe siècle, les cas restent un adjuvant non négligeable pour la lecture de nombreux textes continentaux. Le respect de la déclinaison est associé à des facteurs de plusieurs ordres. La chronologie d'abord : au XIIIe les « fautes », ou ce que nous appelons ainsi, se multiplient. La situation géographique ensuite : les parlers de l'Ouest, en particulier l'anglo-normand qui précède généralement les parlers continentaux dans l'innovation, prennent d'abord leurs distances. Les copistes du Nord-Est et de l'Est continuent à suivre des règles que ceux de l'Ouest ont oubliées.

Dans la *Chanson de Roland*, selon le manuscrit d'Oxford (deuxième quart du XIIe s.), les moyens de repérage sont à chercher ailleurs que dans le respect des cas. La diversité des formes subsiste, mais leur distribution n'est plus régie par la fonction. Quand le poète a besoin d'une assonance en *oe*, il préfère *soer*, cas sujet, à *seror*, cas régime, et il écrit au vers 312 : *si ai jo vostre soer* « j'ai (pour épouse) votre sœur ». S'il a besoin de construire un premier hémistiche de quatre syllabes, il préfère *sun compaignun* à *sis compaing* comme au vers 1160 :

> *Sun compaignun apres le va suivant*
> « Son compagnon marche à sa suite ».

Deux siècles plus tard, les œuvres de Jean de Condé, poète picard de la première moitié du XIVe siècle, offrent au contraire des applications correctes des règles de la flexion nominale. Le poète, ménestrel de profession à la cour de Guillaume de Hainaut, a reçu une excellente formation ; la déclinaison toutefois est devenue alors un luxe, appréciable sans aucun doute, mais n'a plus d'assise profonde dans la langue. Sa disparition est considérée comme l'une des caractéristiques du moyen français, quelques exceptions mises à part.

Deux facteurs ont contribué à rendre inefficace la flexion bicasuelle : l'affaiblissement de *s* final à partir de la fin du XIIe siècle et les règles relatives à l'ordre des termes. Si nous envisageons le vers suivant du *Couronnement de Louis*, chanson de geste du XIIe siècle :

Tant ama Deus Guillelme le membré (310)
« Dieu aima tant le renommé Guillaume... »

on peut penser que la finale du cas sujet *Deus* est articulée avec force puisque le mot est à la césure dans un décasyllabe de structure 4 + 6. Mais les deux ordres canoniques des termes dans la phrase simple sont essentiellement SVC ou CVS, le sujet restant proche du verbe. La phrase peut donc s'interpréter au seul vu de l'ordre des termes : *tant*, régime adverbial, entraine la postposition de *Deus* sujet. Une forme correcte aide à la compréhension, mais seulement à titre d'adjuvant. Qui a intériorisé le schéma canonique attend le sujet, et sa forme n'est plus qu'une confirmation.

Le déclin de la flexion nominale est marqué par la prédominance du cas régime, qui a fini par subsister seul. Un mot à forme unique, le plus souvent celle de l'ancien cas régime, tend à correspondre à un concept, indépendamment de sa fonction dans la phrase. On reconnait dans *le (un) mur / les (des) murs*, ou dans *le (un) cheval / les (des) chevaux*, les anciens cas régimes. Le cas sujet n'a survécu que dans quelques noms désignant des personnes : *ancêtre, fils, prêtre, sœur, traître*. Cela s'explique par le fait que les personnes sont plus souvent agissantes que les choses, et que leur nom est utilisé en apostrophe, donc au cas sujet : « ma sœur », « traitre ». Parfois, les deux formes ont subsisté et ont reçu des significations différentes : *sire* sujet n'est plus le même mot que *seigneur* régime ; *compain* a donné notre *copain* qui ne se confond pas avec *compagnon*. Après une période de concurrence inégale, une spécialisation a permis le maintien de quelques formes de la catégorie la moins nombreuse et vouée à la disparition.

La forme du cas régime correspondait à toutes les sortes de compléments. Déjà à l'époque latine, la tendance était de marquer le datif et le génitif par des prépositions, ce qui affaiblissait la fonction du cas. On note cependant en ancien français des exemples de cas régime absolu :

— continuant un datif, ex. *demander le roi* « demander au roi »

Gerbert le conte. I (= uns) escuiers gentils (Gerbert de Metz, éd. P. Taylor, 5175)
« un noble écuyer le dit à Gerbert » ;

— continuant un génitif, ex. *la cort le roi* « la cour du roi », *la mort le roi Artu* « la mort du roi Arthur ». La tournure apparait quand le déterminant est un nom propre ou un nom désignant une personne suffisamment définie. La construction avec la préposition *a* est un substitut du cas régime absolu, ex. *la chambre a la pucele* « la chambre de la jeune fille », type conservé de nos jours *dans un fils à papa* et bien d'autres exemples souvent qualifiés de « populaires ». Celle avec *de* s'employait plutôt à l'origine quand le déterminant désignait un animal ou une chose ; puis elle s'est étendue peu à peu à tous les autres cas.

LES ACCOMPAGNATEURS DU NOM

Le nom est souvent accompagné de prédéterminants et d'adjectifs qui sont pourvus eux-mêmes de marques grammaticales, nombre, cas, genre. Son apparition reste toutefois liée à certaines configurations. Dans les tours négatifs et attributifs, dans les locutions verbales et adverbiales, tant que la notion reste en deçà d'un seuil d'actualisation et que les limites de son extension ne sont pas précisées, le nom tend à se suffire à lui-même. Quelques passages du *Saint Alexis* aideront à saisir le seuil à partir duquel émergent les articles :

— Eufémien et sa femme n'avaient pas d'enfant : *enfant n'ourent* (22) (article) ;

— ils demandent au Ciel d'en avoir un : *Enfant nos done* (25) « Donne-nous un enfant ». L'enfant n'est encore que souhaité (article en ancien français, article indéfini aujourd'hui) ;

— le roi du ciel leur donne un fils : *un fil lour donet* (28) ;

— leur fils est en âge d'être au service de l'empereur : *Puis vait li enfes l'emperedour servir* (35) « Puis le jeune homme va servir l'empereur ». Le jeune homme est désormais identifié.

Le même texte fournit bien d'autres exemples : prendre *congiet* (598) est conforme au modèle d'une foule de locutions verbales où l'absence de l'article va de pair avec le caractère de plus en plus figé des éléments.

L'article partitif commence à s'employer au XIIᵉ siècle mais il est exceptionnel : quand Chrétien de Troyes dit que Perceval verse *del vin* « du vin » dans la coupe d'argent, « vin » et « coupe » sont aussi bien définis l'un que l'autre : le héros a vu précédemment le vin dans le tonnelet ainsi qu'un hanap d'argent, et il verse dans le hanap de ce vin qu'il avait vu. S'il s'était agi seulement de *verser du vin* au sens où nous l'entendons, le poète aurait dit *verser vin*.

Les possessifs et les démonstratifs continuent formellement ceux qu'avait légués le latin tardif. Et pourtant on remarque une part d'innovation : le latin ne connaissait pas les mots inaccentués qui précèdent et prédéterminent le nom. Suivant que la forme est accentuée ou non, il en est résulté deux paradigmes. Le paradigme inaccentué de la première personne a fourni les prédéterminants possessifs *mes / mon* au masculin singulier : *messire* sujet s'oppose à *monseigneur* régime ; au pluriel *mi* sujet, *mes* cas régime. Le féminin ne connait qu'une opposition de nombre *ma / mes*. Le paradigme accentué correspondant a fourni *mien* au masculin, *meie* puis *moie* au féminin. Pour les démonstratifs nous avons l'habitude de distinguer une série consacrée aux emplois pronominaux (*celui-ci*) et une autre aux prédéterminants appelés adjectifs (*ce*, *cette*). Cette distinction n'existait pas à l'origine et les mêmes formes étaient utilisées quel que soit l'emploi. Seul *ço*, du neutre latin *ecce hoc*, affaibli en *ce*, avait des fonctions exclusivement pronominales.

Les deux paradigmes de l'ancien français s'organisaient selon l'espace ou en fonction de l'énonciateur, la proximité étant dévolue au type *cist*, l'éloignement à *cil*, lat. *(ec) cite, eccille*. Dans les *Serments, d'ist di en avant* réfère au moment où parle le locuteur, « à partir de ce jour », *cist meon fradre* désigne une personne qu'il peut montrer près de lui « mon frère que voici ». Au contraire, dans *Eulalie, a cels dis* (12) « en ce temps-là » renvoie à une époque éloignée pour les locuteurs du IXᵉ siècle, le temps de l'Empire romain[1].

Au registre de la proximité se rapporte en particulier la sphère de la première personne qui tient lieu de repère : *ceste lasse* signifie dans un contexte de déploration ou d'imploration « la malheureuse que je suis ».

De ceste lasse aiez mercy (7366, *Galeran de Bretagne*, éd. Foulet).

Mais dès les plus anciens textes, la notion de distance a pu gagner en abstraction et devenir contextuelle aussi bien que déictique : *cil* a tendu à devenir un anaphorique qui reprend ou annonce les éléments d'un récit.

Une originalité des démonstratifs est qu'ils ajoutent aux formes de singulier un datif, qui les apparente aux pronoms personnels. Comme nous avons, pour le pronom personnel *lui* masculin et *li* féminin en face de *le* et de *la* (*a lui* / *a li*), nous avons pour le démonstratif *celui* / *cestui* masculin à côté de *cel* / *cest* et *celi* / *cesti* féminin à côté de *cele* / *ceste*. Ces formes sont employées comme compléments seconds démonstratifs ou prépositionnels : *mostrer celi* signifie « montrer à celle (que...) » (*Conte du Graal*, 2313, 4041). Cependant, si elles prolongent morphologiquement des formes de datif latin, elles n'indiquent plus systématiquement la même fonction. Presque tous les exemples de *celoi* / *celui* dans *Roland* font partie d'une locution du type *n'i a celui* (*qui ne...*) au sens de « il n'y en a pas un qui ne... » : *n'i ad celoi qui durement ne plort* 1814 « il n'y en a pas un qui ne pleure amèrement ». À quoi correspondent des variantes avec *cel* : *n'en i a cel...*

Dans le système qui se met en place très progressivement au cours du Moyen Âge, le départ entre les deux paradigmes se fait d'après les fonctions, d'abord indistinctes, celle des prédéterminants – nos adjectifs démonstratifs – et celle des pronoms. Cependant, l'opposition fonctionnelle systématique entre les deux flexions n'appartient pas encore à l'ancien français – elle sera systématique après le XVe siècle. Les pluriels *cil* et *cels* « ceux » au masculin, comme au féminin *cele* et *celes*, sont devenus les antécédents privilégiés devant une proposition relative. Dans ces tours, très grammaticalisés, la valeur déictique du démonstratif n'est plus perceptible. Pour redonner vie à l'opposition qui s'était estompée, on aura recours à des adverbes de lieu, devenus particules démonstratives : *-ci* et *-là*.

L'ORDRE DES MOTS

La déclinaison est, nous l'avons vu, une survivance. L'ordre qui consiste à commencer par le verbe, sans être le plus courant, était bien représenté dans les plus anciens textes. Il était adopté dans la formule introductrice du style direct : un verbe tel que « dire » fait prévoir que dans ce cas le verbe s'accompagne d'un sujet désignant une personne et la marque morphologique faisait double emploi. Les formules, dans la chanson de geste, sont liées au volume du nom : *Dist Oliver* « Olivier dit » mais *Ço dist Rollant* « Roland dit ceci », car le schéma rythmique appelle des groupes de 4 ou 6 syllabes. Cet ordre était habituel dans les incises où il s'est maintenu (notre *dit-il*), sans y être obligatoire.

La postposition du sujet peut aussi correspondre à une incomplétude qui fait attendre un second membre de phrase. D'où la phrase interrogative, où le verbe est suivi du sujet, nom ou pronom :

> *Est vostre sire ancor levez ?* (*Conte du Graal*, 8022)
> « Votre seigneur est-il déjà levé ? »

La reprise du sujet par un pronom dans la phrase interrogative est très tôt attestée en ancien français :

L'aveir Carlum est il apareillez ? (*Roland*, 644)
« Le trésor de Charles est-il préparé ? »

Le pronom *il* est un sujet marqué ; la phrase est ainsi répartie en deux zones entre lesquelles *il* établit une liaison ; *aveir* est un point de départ plutôt qu'un élément directement articulé avec le verbe. Dans cette économie, la marque formelle du nom, autrement dit la forme flexionnelle, avait, on le voit, perdu de sa raison d'être.

Dans la phrase assertive, l'ordre devenu pour nous habituel (SVC) est bien représenté, surtout dans les subordonnées, mais un autre ordre l'emporte par le nombre : il consiste à commencer par un complément ou un adverbe de liaison. Dans ce type de phrase (CVS), le pronom personnel sujet n'est le plus souvent pas exprimé. Quel que soit le type de phrase, l'attaque ne se fait pas d'ordinaire par le verbe qui, en ancien français classique, occupe une place centrale. Le régime initial est beaucoup plus souvent un adverbe de liaison, en rapport avec les éléments précédents. Si Chrétien de Troyes, par exemple, veut comparer les amoureux du temps jadis à ceux d'aujourd'hui, il commence par un régime adverbial qui souligne une opposition déjà indiquée par l'emploi d'un présent après une suite d'imparfaits :

Or est Amors tornee a fable (*Yvain*, 24)
« L'amour est maintenant tourné en dérision ».

L'auteur joue avec les deux possibilités quand, dans *Cligès*, il veut suggérer un monde à l'envers :

Et li luz (cas sujet, *z* final) *fuit por le veiron* (cas régime)
Et le lyon (cas régime) *chace li cerfs* (cas sujet, -*s* final) (3810-3811)
« Le brochet fuit devant le vairon et le cerf poursuit le lion ».

On voit qu'en l'occurrence Chrétien met à profit le jeu de variantes morphologiques en le soulignant par une structure en chiasme.

Il ne serait pas pertinent d'assimiler à de purs facteurs morphologiques la cause profonde des transformations de la phrase. Deux mouvements ont traversé l'ancien français : l'élimination de la déclinaison a donné au mot une indépendance qu'il ignorait jusque-là ; le développement de quelques schémas intériorisés (CVS, SVC, entre autres) a eu pour conséquence une indifférence croissante à la flexion [1].

4. LES RÉUSSITES DE L'ANALOGIE

L'ANALOGIE DANS LA CONJUGAISON

La conjugaison des verbes de l'ancien français frappe par sa complexité. Les locuteurs devaient avoir en mémoire de très nombreuses formes sans pouvoir prendre appui sur des régularités qui en auraient facilité la reconnaissance et le maniement. Pour nous, les formes des temps simples comportent généralement un radical, chargé d'un sens, suivi d'une partie qui regroupe les marqueurs temporels (ex. *r* du futur) et les désinences personnelles. Dans l'imparfait *je chantais*, nous dissocions facilement un radical *chant-* qui se retrouve dans le reste de la conjugaison, et *-ais*, marque de l'imparfait, qui vaut pour tous les verbes.

La situation est différente en ancien français et quelques survivances nous aideront à nous en faire une idée. Nous avons gardé dans un petit nombre de verbes des paradigmes à alternances de radical, ex. *il tient / nous tenons, il doit / nous devons*. Les exemples de cette alternance étaient beaucoup plus nombreux en ancien français. Quand la voyelle radicale *e / a / o* ne se trouvait pas devant un groupe de consonnes formant entrave (comme *-nt-* dans *chanter*), elle s'était diphtonguée : *tenet, debet* aboutissent ainsi à *tient* et *doit*, tandis que dans *tenons, devons*, où l'accent porte sur la terminaison, il n'y a pas eu de diphtongue. Un grand nombre de verbes ont ainsi une alternance radicale qui oppose les personnes 1-2-3-6 dites « formes fortes », aux personnes 4-5 dites « faibles » : *(il) aime / (nous) amons, (il) fiert / (nous) ferons* (du verbe *férir* « frapper »), *(il) voit / (nous) veons*, du verbe *veoir* « voir ». La même alternance se retrouvait au subjonctif présent, mais il s'y ajoutait une autre caractéristique : le temps était marqué par la présence ou l'absence d'une voyelle finale *e*. Dans les verbes en *-er*, pas de *e* final en principe aux personnes 2 et 3 :

Dex vos an gart (Conte du Graal, 7495)
« Que Dieu vous garde ».

Dans les autres, -*e* final aux personnes 1-2-3 :

Voelle il ou non (*Conte du Graal*, 6972)
« Qu'il le veuille ou non ».

Ces principes ne sont pas applicables mécaniquement : en plus de la disparition du -*e* final, on observe que lorsque la sonore *d* se trouve en finale elle s'assourdit, d'où *gart* ; à *l* palatal de *voelle* correspond à l'indicatif un *l* vocalisé en *u*, d'où les formes *veut*, *vieut* « veut » et même *viaut* chez Chrétien de Troyes qui utilise une forme champenoise.

L'alternance peut même être triple. Il faut mémoriser la première personne du verbe *trover* « trouver », qui est *truis*, alors que les personnes 2-3-6 sont en -*ue*-, *trueves*, *trueve*, *truevent* et les personnes 4-5 en -*o*-, *trovons*, *trovez*. *Truis* n'est pas absolument isolé puisque la « base » se retrouve au subjonctif présent *truisse*. La même correspondance existe pour le verbe *pooir* « pouvoir », *puis/puisse*, sans compter l'ancien participe présent *puissant*, notre *pouvant* étant le résultat de l'analogie. Bon nombre de ces anomalies s'expliquent quand nous avons recours à la phonétique historique, qui supplée à l'absence de régularité constatée par des régularités reconstruites grâce aux données étymologiques. Mais l'explication n'était d'aucun secours pour les usagers qui, eux, l'ignoraient.

Pour le verbe « vouloir », le groupe palatalisé /lj/ de l'étymon du latin tardif /vɔljo/ explique à la fois le présent (je) *vueil* et sa parenté avec le subjonctif (je) *vueille* de /vɔljam/, ainsi que la brisure par rapport aux personnes 2 et 3 de l'indicatif présent *vuels*, *vuelt de vol(e)s*, *vol(e)t* où *l* s'est vocalisé devant consonne, d'où *v(u)eus*, *v(u)eut*, aujourd'hui *tu veux*, *il veut* qui ont entrainé *je veux*. L'analogie résulte d'une tentative pour recréer une cohérence dans un système, là où elle avait été effacée : des paradigmes parallèles fournissent le modèle. L'analogie n'a été que partielle puisque le vocalisme radical des personnes 4 et 5 (*voulons*, *voulez*) continue à s'opposer à celui des autres personnes à l'indicatif présent. Une conjugaison comme celle-là est faite de survivances qui renvoient à des systèmes antérieurs ainsi que d'éléments conformes au système qui les a suivis, et qui veut qu'en principe l'indicatif présent tende à unifier son radical. Certaines irrégularités apparentes, qui sont encore monnaie courante, viennent aussitôt à l'esprit, même à l'intérieur des verbes du premier groupe : *je sème/nous semons* rappelle l'ancienne répartition. Le radical inaccentué n'est pas isolé dans la conjugaison : l'imparfait (*je semais*), l'infinitif (*semer*), les participes présent et passé (*semant* et *semé*), illustrent ces regroupements en paradigmes, généralement au nombre de deux.

Les conjugaisons paraissent se disloquer en plusieurs petits groupes. La situation dialectale ajoute encore à la diversité. Il suffit parfois de faire quelques kilomètres à l'Ouest pour passer de *voit / veons* à *veit / veons* « il voit / nous voyons » : le principe de l'alternance radicale subsiste mais celle-ci porte sur des voyelles de timbre différent. Le mouvement d'unification du radical, commencé en ancien français, s'est amplifié en moyen français par généralisation tantôt des formes fortes (*il aime / nous aimons* et non plus *nous amons*), tantôt des formes faibles : *il parle / nous parlons* et non plus *il parole / nous parlons*. La personne 1 de l'indicatif présent du verbe *mourir, muir*, dont le vocalisme radical rappelait *je truis* « je trouve », apparait déjà dans la *Chanson de Roland* sous la forme *moerc* qui annonce, par son vocalisme, notre « je meurs ».

Sur le plan des terminaisons, nous devons à des conquêtes de l'analogie qui se sont faites en ancien français d'associer en toute sécurité des marques désormais uniformes à des valeurs de personne et de temps. Ainsi, les désinences *-ons* et *-ez* nous suggèrent immédiatement les personnes 4 et 5 du présent de l'indicatif. *-ez* est une extension reconnaissable de la marque de la personne 5 des verbes en *-er*. Quelle que soit l'origine de *-ons*, la tendance à l'unification a été la plus forte et *dimes* « nous disons » peut céder la place à *dions* dès la deuxième moitié du XIIe siècle ; au XIIIe siècle se constitue la série *disons, disent, dise* d'après *disoie* « je disais » et *disant*.

De la même manière, nous pouvons suivre l'unification des terminaisons de l'imparfait de l'indicatif. Dans les plus anciens textes de l'Est et du Nord-Est, la terminaison est en *-eue (eve)* qui continue le latin *-abat* de *cantabat* : *se ge cuideve* « si je pensais », personne 1 [1]. À l'Ouest, *-abat* aboutit à *-out* qui s'est réduit à *-ot*. Ce type d'imparfait concerne les verbes en *-er* qui proviennent de la première conjugaison latine en *-are*, tandis que dans les autres a prévalu une terminaison à vocalisme *-ei* du latin *-ebat*. Dans la plus ancienne copie anglo-normande des *Lais de Marie de France* (deuxième moitié du XIIe s.), les deux paradigmes sont employés côte à côte :

> *Lanual aquitout les prisuns*
> *Lanual vesteit les iugleurs*
> (*Lanval*, éd. Rychner, 210-211)
> « Lanval rachetait les prisonniers, Lanval donnait des vêtements aux jongleurs ».

Le héros, qu'une fée a comblé de biens, fait profiter les malheureux de ses largesses. Les deux phrases sont parallèles, le geste se répète, mais la morphologie dissocie des marques qu'unit une valeur commune. Il existe en outre une survivance isolée mais dont les exemples ne sont pas rares, *ert* l'imparfait du verbe être, du latin *erat*, qui n'a pas encore été complètement évincé par *esteit* :

> *Plus ert blance que flurs d'espine* (*id.* 106)
> « Elle (la fée) était plus blanche que la fleur d'aubépine ».

L'analogie a peu à peu modelé le temps sur les imparfaits des autres verbes dont la terminaison était en *-eie*, *-eies*, *-eit*. C'était le type auquel appartenait le verbe *avoir* dont l'emploi comme auxiliaire multipliait les occurrences. Au XIIᵉ siècle, *ei* a tendu à se différencier en *oi* sauf dans l'Ouest : *eie* a donné *oie* qui s'est généralisé en ancien français commun. C'est la terminaison que nous lisons chez Chrétien de Troyes. Le corpus des œuvres de Chrétien contient néanmoins deux imparfaits en *-ot* : ils ont été introduits par un continuateur qu'il avait chargé de terminer *Le Chevalier de la Charete* ; *chancelot* « chancelait » et *celot* « cachait » riment avec *Lancelot* (6383 et 6637). Ainsi, dans le dernier quart du XIIᵉ siècle, étaient encore admises, au moins en poésie, les survivances d'un état où les deux types d'imparfait étaient concurrentiels. Au XIIIᵉ siècle, les terminaisons *-oie*, *-oies*, *-oit* s'imposent en ancien français commun : le temps est lié dans toutes les conjugaisons à ce jeu de marques, et quand la prononciation /ɛ/ triomphera de /wɛ/ nous obtiendrons les formes que nous connaissons (XVIIᵉ s.).

Le parfait latin, devenu passé simple, a donné naissance à des paradigmes où la forme « faible » du radical est suivie d'une désinence accentuée, et à des paradigmes où l'accent porte tantôt sur le radical, tantôt sur la désinence et qui sont dits « semi-forts ». Dans les verbes qui viennent de la première conjugaison latine, comme *chanter*, le passé simple est un temps « faible » que caractérisent les désinences *-ai*, *-as*, *-a*, etc. ; dans d'autres, il est en *-i*, *-is*, *-i* ou *-ui*, *-us*, *-ut*. Les paradigmes à balancement d'accent rappellent le présent de l'indicatif pour le principe, mais s'en distinguent sur deux points : le radical n'est pas le même que celui du présent (ex. *il met* / *il mist* « il mit ») ; la répartition des personnes « fortes » 1-3-6 n'est pas non plus la même. Ainsi, pour le verbe *avoir*, il faut grouper *oi*, *ot*, *orent* « j'eus, tu eus, ils eurent », en face de *eüs*, *eümes*, *eüstes* « tu eus, nous eûmes, vous eûtes ». Les formes faibles avaient un point d'appui en ce qu'elles étaient en correspondance avec l'imparfait du subjonctif : *eüs* / *eüsse* « tu eus / que j'eusse ». Au contraire de ce qui s'est passé pour l'imparfait de l'indicatif, l'action analogique a été le plus souvent limitée au paradigme du type de passé simple : on n'accepte plus le changement de radical à l'intérieur du même temps et on tend à dire *j'eus* sur le modèle des formes faibles, ou *tu tins* d'après *je tin(s)*.

La complexité des paradigmes médiévaux ne semble pas avoir été gênante. Dans les textes les plus anciens, l'imparfait est rare alors que le passé simple foisonne. L'emploi du passé simple tend à empiéter sur celui de l'imparfait dans la narration. Ainsi, dans le *Roland*, Ganelon, après avoir mentionné l'arrivée du héros (*Vint i sis niés* « son neveu vint »), évoque ainsi son attitude :

> *En sa main tint une vermeille pume* (386)
> « Il tenait dans sa main une pomme vermeille ».

Ou encore lorsque le poète dit du païen Marganice : *Sist sur un ceval sor* « Il montait un cheval jaune brun », la référence n'est pas au cavalier qui enfourche sa monture, mais au guerrier qui chevauche en attendant de passer à l'attaque : les procès se succèdent et celui que nous sentons d'arrière-plan n'est pas mis en perspective grâce à une forme appropriée. L'association de la valeur temporelle à une série constante de sonorités n'a certainement pas été pour rien dans la mise en place de l'imparfait tel que nous le connaissons.

L'ANALOGIE DANS UN SYSTÈME ADJECTIVO-PRONOMINAL : LES POSSESSIFS

Nous avons l'habitude de distinguer deux séries de possessifs : les adjectifs, appelés aussi articles, et les pronoms : *mon* vs *le mien*. L'adjectif est une forme faible, étroitement associée au nom qu'il précède et détermine, à tel point que si *mon maître* est un groupe de deux mots, *monseigneur* n'en forme qu'un. Mais la distinction entre adjectif et pronom possessif est inopérante en ancien français, car *mien* n'est pas toujours pronom ; il est plus justifié de regrouper des formes « fortes » (ou prédicatives) en face de formes « faibles » (ou atones). Les formes faibles du masculin se déclinent :

	Singulier	Pluriel
Cas sujet	*mes tes ses*	*mi ti si*
Cas régime	*mon ton son*	*mes tes ses*

De la double valeur de *mes* (cas sujet singulier, cas régime pluriel), il a subsisté *messire* et *messieurs*. On voit que la distinction des personnes est indiquée par la consonne initiale en relation avec les personnels *me, te, se* ; le reste de la forme est consacré au jeu amalgamé des marques de genre, de nombre et de cas. Comme dans les adjectifs qualificatifs et la plupart des noms, le féminin oppose seulement un singulier à un pluriel : *ma, ta, sa / mes, tes, ses*.

Les possessifs faibles avaient une cohérence satisfaisante mais l'élimination de la finale de *ma* devant voyelle réduisait en ancien français la forme à la seule consonne *m* : il en est resté *ma mie* pour *m'amie* et *mamour*, *amour* étant habituellement féminin. La tendance a été de substituer à cette forme très réduite celle du masculin *mon*, plus étoffé. Cette substitution, qui dut d'abord apparaitre comme un solécisme, est attestée dès le XIIe siècle dans l'Est, mais elle ne s'est généralisée qu'en moyen français. Ainsi, dans *mon âme*, *mon* a remplacé *m*, car l'ancien français disait *mame*, *m'ame*. La valeur des cas n'étant plus sentie, le bloc personne + nombre l'a emporté sur le genre, ici sacrifié.

Si nous passons à la série « forte », nous trouvons, en face de l'accusatif inaccentué *meum* qui s'était réduit à *mum* dès l'époque latine (d'où le français *mon*), la forme accentuée *méum* qui a donné *mien* : elle était utilisée comme pronom (*li* ou *cist miens* / *le* ou *cest mien*) mais aussi comme attribut (*il est miens* « il est à moi ») et comme épithète (*uns miens amis* « l'un de mes amis »). L'ancien français a construit ici sa déclinaison propre à partir du seul accusatif.

Aux autres personnes du masculin singulier, l'ancien français avait les deux couples *tuens* / *tuen* et *suens* / *suen*. Déjà dans une chanson de geste du XIIe siècle, le *Couronnement de Louis*, apparaissent des exemples de *sien* analogique de *mien* :

> *Por che que il est seus et peu i a des siens*
> « Parce qu'il est seul et que ses compagnons sont peu nombreux [1] ».

L'assonance en *ie* garantit ces formes qui peu à peu supplanteront leurs rivales.

La consonne initiale qui indique la personne se retrouve au féminin : *méa* a donné *meie* / *moie* ; nous reconnaissons le traitement de *e* fermé accentué. Mais la régularité qui faisait de *mea* le correspondant féminin attendu de *meus*, comme *bona* « bonne », celui de *bonus* « bon », avait disparu. Selon une perspective historico-philologique, *moie* est un résultat explicable, mais le simple usager n'en a pas conscience ; son état de langue ne fournit pas de correspondance : masc. *-ien* / fém. *-oie*. L'action analogique a consisté à d'abord introduire d'après *moie* des formes *toie*, *soie*, à côté de *toe* / *teue*, *soe* / *seue* — aboutissements du latin *tua*, *sua*. L'alignement de la série sur *moie* faisait sentir la primauté de la première personne et renforçait le paradigme. Une seconde action analogique a refait le paradigme en *mienne* / *tienne* / *sienne* d'après *mien* / *tien* / *sien* : la relation entre un masculin *mien* et un féminin *mienne* reproduit celle qui unit les formes d'adjectif *bon* / *bonne* et beaucoup d'autres couples.

Un exemple de *siene* « sienne » est attesté dans une œuvre qui date d'environ 1200 :

Mais que qu'il face je seray
Siene, n'autruy estre ne veuil
(*Galeran de Bretagne*, éd. Foulet, 3173)
« Mais je serai à lui quoi qu'il fasse ; je ne veux être à aucun autre » (Frêne, amoureuse de Galeran, parle ainsi à un messager de Galeran).

Au XIIIe siècle, la série *mien / tien / sien* est bien établie, comme le montrent les rimes *bien : rien : sien* et *bien : mien : chien : tien* de Rutebeuf (*La Chanson des ordres*, 31-33, et *La Desputoison*, 57-61). La série *mienne / tienne / sienne* se constitue au XIVe siècle, mais les formes anciennes continuent à être employées jusqu'au XVe siècle.

Ces actions analogiques, que nous suivons tout au long du Moyen Âge, fournissent le modèle du changement linguistique : des variantes se créent, entrent en concurrence ; certaines d'entre elles l'emportent tandis que d'autres connaissent le déclin. C'est ainsi que les paradigmes sont longtemps partagés : des formes isolées se transmettent malgré leur apparence dépareillée, tandis que le rapprochement de valeurs et de fonctions communes tend à créer des régularités.

5. TENDANCE ANALYTIQUE ET TOURNURES PÉRIPHRASTIQUES

COMPARATIFS ET SUPERLATIFS

Une série de mouvements peut être regroupée au titre d'une tendance commune, celle qui privilégie les tournures analytiques, c'est-à-dire le recours à des groupements d'unités plutôt qu'à une flexion ou à une suffixation. Un exemple souvent invoqué est celui des comparatifs de supériorité et des superlatifs. Le latin avait un jeu de suffixes dont le plus courant était *-ior* pour le comparatif, ex. *fortior* « plus courageux », *-issimus* pour le superlatif, ex. *fortissimus* « très courageux » ou « le plus courageux », en face du positif *fortis* « courageux ». Nous savons par les *Gloses de Reichenau* qu'au VIIIe siècle ces formes n'étaient plus toujours déchiffrables : *saniore* est glosé par *plussano*, *optimum* par *valde bonum*, *optimos* par *meliores*. Ce dernier exemple est celui d'un superlatif relatif que le français rend par un comparatif qui sera précédé de l'article : « les meilleurs ».

Dans *plus courageux*, *plus* forme avec l'adjectif un groupe de cohésion serrée où l'ordre des termes n'est pas modifiable et à l'intérieur duquel ne peut s'insérer aucun élément. Cependant, on peut dire « il a plus de courage », « il ose plus » alors que *-ior* n'a pas d'existence indépendante de *fortior* ou tel autre comparatif.

Quant à *très*, son emploi s'est considérablement étendu : ce n'était pas la marque habituelle du superlatif dans les plus anciens textes où il s'associait essentiellement à « tout », *trestoz* « absolument tous » (*Passion*, 124) et à *bien*, *Tres ben le batent* (*Roland*, 3730) « Ils le battent bien fort », *le* représentant Ganelon. L'ancienne langue disposait d'une série d'intensifs qui allait d'*asez* à *trop* ; l'emploi de ce dernier n'était pas encore inséparable de la notion d'excès. L'intensif le plus courant était *mout*, adverbe de quantité ou marqueur d'intensité. Quelle que soit sa valeur, sa place était variable et il était souvent séparé du mot qu'il modifiait par le verbe :

Mult estes bele e clere (*Roland*, 445)

« Vous êtes toute belle, tout étincelante » (parole de Ganelon à son épée).

Les comparatifs et superlatifs synthétiques hérités du latin ne sont plus que des survivances isolées dont la mieux conservée est *meilleur*, cas régime auquel correspondait le sujet *mieudre*, et les deux formes étaient apparentées à l'adverbe *mieux* : on peut voir que les comparatifs qui se sont le mieux maintenus sont nettement distincts du positif correspondant : *bon / meilleur, mauvais / pire*. On trouve en ancien français quelques superlatifs en *-isme* : l'auteur d'*Alexis* appelle son héros *saintismes hom* « un très saint homme ». À côté de ces emplois calqués sur le latin d'église, quelques autres sont d'un effet qui frise le burlesque, comme ce *grandisme nes plat* (« un énorme nez plat ») du personnage rencontré par Aucassin dans la forêt (*Aucassin et Nicolette*).

À partir du XVIᵉ siècle le suffixe *-issime*, sur le modèle de l'italien, a pris la relève, comme dans *richissime*.

LE VERBE : FORMES PÉRIPHRASTIQUES ET TEMPS COMPOSÉS

La conjugaison française comporte, à côté des temps simples hérités, des temps nouveaux, créés par combinaison ou association de formes existantes. L'une des périphrases du futur a connu beaucoup de faveur au moment de la formation des langues romanes. Elle consistait à associer à un infinitif qui portait le sémantisme du verbe, l'indicatif présent du verbe *avoir* encore reconnaissable en français dans *chanterai, chanter-as* (d'un latin reconstruit **cantaraio, *cantaras*). La valeur de futur est bien attestée au VIIᵉ siècle grâce au jeu de mots consigné par Frédégaire, *daras* « tu donneras » [1]. Ce futur est entré dans la conjugaison du plus ancien français, comme le montrent les *Serments de Strasbourg*. À la différence de ce qui s'est produit en provençal et en italien où la soudure n'a pas été aussi complète, la périphrase est devenue un temps simple qui s'est ajouté aux temps hérités. Périphrastiques à l'origine, les formes se terminent en fait par un suffixe qui réunit *r* de l'infinitif et les désinences du présent de *avoir*.

Parallèlement à ce paradigme s'en est formé un second, communément appelé conditionnel, à partir de l'infinitif et de formes réduites de l'imparfait du verbe *avoir* : *je chanterais*. Selon les exemples les plus anciens, ce conditionnel avait la valeur d'un futur envisagé d'un point de vue passé : *sostendreiet* « elle supporterait » (disait-elle, Eulalie), valeur qu'il a gardée jusqu'à nos jours (*je savais qu'il viendrait*). À partir du *Jonas* (Xᵉ s.) une autre valeur se dessine : *io ne dolreie* « je ne m'affligerais pas (de la perte de tant d'hommes) », hypothèse repoussée, qui inaugure les conditionnels que peut susciter une proposition du type « si j'étais riche… », explicite ou implicite.

Dans *Eulalie* ne sont pas encore attestés les temps composés avec auxiliaire *avoir* ou *être*. Le poème contient des plus-que-parfaits synthétiques qui disparaitront au XIIᵉ siècle, ex. *pouret* « avait pu » : c'est parce que rien n'avait pu faire fléchir Eulalie qu'elle fut amenée devant l'empereur Maximiien. Mais nous trouvons dans le *Jonas* des formes composées hybrides : *habebat mult penet* « il avait beaucoup peiné », *fait habebant* « ils avaient fait ». La série comportera 4 temps à l'indicatif et 2 au subjonctif. Dans ces formes, les composants ne sont pas soudés et des éléments peuvent être intercalés : c'est la place du sujet postposé, et souvent aussi celle de l'objet : *j'ai une lettre écrite* ou *j'ai écrit une lettre*, sans qu'une différence de sens soit perceptible entre les deux tournures.

À l'origine, aux temps simples, expressions de l'inaccompli, s'oppose la série des temps composés, expressions de l'accompli. Le passé composé, qui fait souvent un lien entre action passée et résultat présent, maintient une relation avec l'actualité du locuteur tandis que le passé simple, temps historique, a tendance à créer une distance. Dans le récit s'ouvrent de larges intersections où les deux temps sont employés aussi bien l'un que l'autre, commutables d'ailleurs avec le présent : nous sommes encore loin de l'ère où le passé simple sera confiné à certains types de discours appartenant à l'écrit. Une préférence se dessine toutefois en faveur du passé composé dans le discours direct, censé reporter le lecteur aux paroles telles qu'elles ont été prononcées.

Le passé antérieur était, dans les récits, lié au passé simple comme le plus-que-parfait à l'imparfait : *il ot fait* « il eut fait », « il avait fait ». Ces temps supposent une mise en perspective que ne s'oblige pas toujours à opérer l'ancienne langue. Elle peut se contenter d'un passé simple, en particulier dans les relatives. Au moment de mourir, Roland évoque Charlemagne *kil nourri* (*Roland*, 2783) « qui l'avait éduqué ».

Le mouvement s'est poursuivi dès l'ancien français, où les exemples de forme surcomposée remontent au XIIIᵉ siècle. Ainsi Ysengrin, le loup, attend de Renart la réparation des grands dommages qu'il a causés

> *Que nous avons eüz retraiz* (*Renart*, br. VIII, 7802)
> « Que nous avons (eu) passés en revue » (il vient d'en faire le bilan).

La langue cultivée n'a pas été accueillante pour ces formes expressives qui avaient continué à s'employer en moyen français, et se sont mieux maintenues dans le français parlé et certains français régionaux.

La voix s'exprime elle aussi par des procédés analytiques. L'auxiliaire est, au passif, le verbe *être* suivi du participe passé. Il existe d'autre part un pronominal à valeur passive, rare, mais attesté dès le plus ancien français : *no s coist* « elle ne fut pas brulée » (*Eulalie*). Sans complément d'agent, le passif a généralement une valeur d'achèvement : *la maison est construite* ; le pronominal est au contraire l'expression du procès en cours : *la maison se construit*. Les parties chantées d'*Aucassin* sont annoncées par le titre *or se cante* qui fait pendant à *dient et content* précédant les parties du récit : « cette fois on chante » vs « ce qui suit est parlé » (Stéfanini, 1962).

LES PÉRIPHRASES VERBALES

Le développement des périphrases verbales, amorcé en latin tardif, s'est poursuivi dans les langues romanes et particulièrement en français. Le verbe *aller* suivi du gérondif est la périphrase de l'action continuée. Dans le *Roland*, voici que débarquent l'émir de Babylone et son cortège. Il a à sa droite un Sarrasin qui *le vait adestrant* « qui marche à sa droite » ; dix-sept rois marchent à sa suite : *il le vunt suivant*, mot à mot « le vont suivant ». La périphrase s'applique aussi au repos qui dure :

> *Car chevalcez ! Pur qu'alez arestant ?* (*Roland*, 1783)
> « Allons ! chevauchez ! Qu'est-ce que vous avez à vous arrêter ? »

Le futur n'existe en français qu'à l'indicatif : pas de futur au subjonctif ni aux modes impersonnels, infinitif et participe. Une périphrase, déjà attestée en latin et qui n'a cessé d'être en usage, consiste à recourir au verbe *devoir* dépouillé des notions de nécessité et d'obligation. Deux verbes de mouvement pris dans un sens figuré ont fourni des périphrases, l'une du futur proche, l'autre du passé récent : *aller + infinitif* et *venir de + infinitif*. En ancien français, le verbe de mouvement n'a généralement pas encore perdu toute valeur concrète. Parallèlement, la formation de la périphrase du passé récent (« Je viens de le faire ») connait les mêmes étapes. Dans *Piramus*, poème du XIIᵉ siècle, nous lisons que le héros *vient de deporter* « vient de se détendre » avant d'aller dormir dans sa chambre (éd. de Boer, 333). Le mouvement qui se combine à un procès commence à prendre une valeur figurée. Mais dans les deux cas, il faudra attendre jusqu'au XVᵉ siècle pour que, dans la masse des exemples, il s'en détache où toute référence à un déplacement a disparu.

LA NÉGATION

La négation s'exprimait en plus ancien français par *non* et cette forme a été conservée en particulier dans la réponse négative. Dans ce cas, l'ancienne langue reprenait le verbe de la proposition que niait la réponse, *avoir* ou *estre* si c'était l'un de ces deux verbes, *faire* si c'était un autre :

> *Vallez n'aies pas peor*
> *Non ai je*
> (*Conte du Graal*, 170)
> « Jeune homme n'aie pas peur. – Je n'ai pas peur ».

Le fragment repris de la proposition précédente pouvait se réduire au pronom sujet, d'où à la troisième personne *nenil* (non + il), qui faisait pendant à *oïl*, forme ancienne de notre *oui*.

Dans les phrases déclaratives, la négation se marquait par *ne*, forme affaiblie de *non*, employée seule le plus souvent : *n'ourent enfant* (*Alexis*, 45) « ils n'avaient pas d'enfant ». Cependant la négation s'associe à des éléments qui en déterminent l'application. Envisage-t-on l'avenir ? On combinera à un futur un adverbe approprié comme *ja mais* « jamais plus » :

> *Ja mais n'estras parede* (*Alexis*, 141)
> « Jamais plus tu ne seras parée ».

Ainsi parle la mère d'Alexis, en deuil de son fils, à la chambre qu'elle vient de dépouiller de ses ornements.

La négation est parfois renforcée par un second élément, et des mots se spécialisent dans cette fonction. L'auteur du *Roland* emploie *ne* seul dans une proportion largement majoritaire. L'un des renforts les plus employés est *mie*, proprement « miette », qui suggère la petite quantité mais est dépouillé de toute référence concrète, comme dans *ne fu mie hastifs* (140) « il ne se précipitait pas (pour parler) », qualité reconnue de Charlemagne.

Un autre renfort est pour la première fois attesté, *pas*. On s'attendrait à le trouver en compagnie d'un verbe compatible avec le mouvement : *pas* suggère une petite distance comme dans « faire un pas ». Or, sur les quatre occurrences, il n'y en a qu'une où le verbe appartient à cette série : *vos n'irez pas* (250). L'éloignement du sémantisme originel est l'indice d'une grammaticalisation achevée. *Point, goutte* et *rien* ne sont pas attestés dans le *Roland* ; *nient*, négatif par lui-même dans une

occurrence, est plus souvent accompagné de *ne* au sens de « rien » ou
« nullement ». De ces renforts, on peut rapprocher des substituts imagés qui suggèrent la valeur minimale ou nulle et dont l'ancien français
est prodigue : dans une série d'expressions entrent l'ail, la fève, l'oi-
gnon, etc. Nous disons encore « ça ne vaut pas un radis ». Deux nouveaux renforts sont attestés depuis l'*Eneas*, vers 1160 :

    – *goute* : le temps est si noir qu'Énée et ses compagnons pris par la
tempête en mer, ne voient *goute* (éd. de Boer, 195) ;

    – *point* : sur le sort des compagnons des vaisseaux absents ils
n'ont *point* d'espérance (*id.* 300).

Une restriction touche *pas* : il est exclu des constructions parti-
tives, qui appellent *mie* ou *point*. Cependant, les renforts de la négation et surtout *mie* et *pas* étendent leur emploi au cours du XIIIᵉ siècle :
ne n'est plus employé seul que dans la moitié des cas.

La langue s'achemine vers une situation où la négation, pour être
totale, se fait habituellement en deux temps :

    – Dans un premier temps, un élément que Damourette et Pichon
appelleront discordantiel, marquerait seulement une discordance, d'où
l'emploi de *ne* seul, par exemple, après un verbe de crainte indiquant
qu'on en reste à cette phase : « je crains qu'il ne vienne ».

    – Dans un deuxième temps un élément forclusif serait la clôture
du groupe : la négation serait alors totale.

Un mouvement de bascule, lié à l'accentuation oxytonique, a exté-
nué le premier élément et le mouvement négatif s'est reporté tout entier
sur le second. Une valeur négative a été communiquée à des mots indéfinis à l'origine qui se trouvaient construits comme des renforts de la
négation : *rien* a longtemps signifié « quelque chose ». Dans l'histoire
de la négation, l'ancien français se trouve placé à l'étape où la forme
composée de la négation se généralise.

Montrer, présenter : les déictiques

Les deux adverbes *ci* et *la* s'associent volontiers à d'autres éléments pour déterminer un espace. Ils accompagnent le verbe *veoir*
« voir » à l'impératif : *veez le ci, Graal* « le voici », dit Gauvain au roi
Artu auprès de qui il amène Perceval ; *veez le la*, répond Yonet à Perceval qui lui a demandé de lui montrer le roi Artu. Nous avons gardé les
présentatifs *voici, voilà*.

Ci, souvent interprété comme la marque de la proximité fait généralement référence à celui qui parle au moment même où il parle ; *la*
indique ce qui est étranger à cette référence. L'association entre *cil* et
la est attestée dans *Guillaume de Dôle* (environ 1228) :

Cil la, vostre seneschaus
(lors le monstre aus imperiaus) (4779-4780)
« Cet homme, votre sénéchal (elle le montre alors aux gens de
l'empereur) ».

Cil la s'accompagne d'un geste d'ostension. Le sénéchal est présent, et s'il ne s'agissait que d'une distance objective, *cist* et *ci* auraient
pu être préférés. Mais le sénéchal est l'accusé. Nous avons d'un côté la
plaignante et la cour à laquelle elle s'adresse, de l'autre le sénéchal vers
lequel elle invite ses interlocuteurs à tourner leurs regards. Nous ne
constatons pas la même rupture quand, dans le même roman, les gens
qui sont sur le chemin qu'a pris Guillaume s'écrient en le voyant :

Diex c'est li frere la roïne
Qui ceste voie ci chemine (id. 5255-5256)
« Dieu ! c'est le frère de la reine qui passe sur ce chemin ! »

Il y a cette fois continuité entre le locuteur et le voyageur dont ils
remarquent avec plaisir le passage sur leur chemin.

Un pas de plus est fait en moyen français. *Ci* et *la* sont devenus des
« particules » qui s'ajoutent aux démonstratifs et portent l'accent du
groupe. L'opposition entre *ci* et *la* prend la relève de celle que l'ancien
français faisait entre *cist* et *cil*.

Parallèlement le neutre *ce*, que nous avons conservé essentiellement dans le présentatif *c'est*, et comme antécédent d'un relatif (*ce qui*),
mais qui avait un registre d'emplois beaucoup plus varié en ancien français dont nous avons gardé quelques survivances (*ce faisant, sur ce*), a
commencé à être concurrencé par *ceci* et *cela* en moyen français : *ceci*
et *cela* sont des déictiques appliqués à des objets extérieurs au discours,
ou des anaphoriques qui renvoient à certains de ses éléments.

Les démonstratifs à particule *-ci* / *-la*, soit d'un seul tenant (*ceci*),
soit discontinus (*cet homme-là*), se sont généralisés à une époque où
les paradigmes de l'ancien français, délabrés, n'assuraient plus le jeu
d'oppositions qui les caractérisait au départ. Une fois de plus, la langue
a ajouté aux survivances du système ancien un ensemble de marques
qui ont permis de reconstituer un système nouveau.

« QUI » ET « LEQUEL »

Nous avons l'habitude de distinguer deux paradigmes de relatif-
interrogatif : l'un regroupe des formes simples de type *qui*, l'autre des
formes composées de type *lequel*.

Li quels est d'abord attesté dans les emplois interrogatifs :

Il ne sevent liquels d'els veintrat (*Roland*, 735)
« Ils ne savent lequel d'entre eux vaincra ».

On reconnait dans cet interrogatif (*liquels d'els*) l'article défini qui pronominalise l'adjectif interrogatif *quels*, tous deux au cas sujet. Un ensemble est donné ; l'interrogatif vise un élément à déterminer. La construction est volontiers explicitement partitive : *lequel des deux, lequel d'entre eux ?*

Faite de composants variables en genre, en nombre et en cas, la série *lequel* est plus riche d'indications que *qui*, invariable en genre et en nombre. Les emplois en fonction de relatif apparaissent au XIIIe siècle et deviennent plus fréquents en moyen français.

6. UNE SYNTAXE POUR DU SENS

LE SUBJONCTIF ENTRE MOTIVATION ET MÉCANISME

Quand nous nous interrogeons sur la langue, c'est plutôt pour savoir comment il faut dire selon une norme apprise que pour observer comment nous disons. Le comportement était certainement différent au Moyen Âge, avant la normalisation consécutive aux réflexions de générations de grammairiens à partir du XVIe siècle. S'agit-il de l'emploi de l'indicatif et du subjonctif ? Nous devons avoir à l'esprit moins des mécanismes appris que des usages qui se révèlent avoir un certain rendement dans l'ordre de la communication. Pour nous, *il faut que* se fait suivre du subjonctif en vertu d'une règle qui le fait obligatoirement employer. En ancien français déjà, les verbes qui comportaient une notion de nécessité ou de devoir se construisaient avec le subjonctif. Il en était de même pour ceux qui introduisaient le contenu d'une volonté. Pour une série d'autres, le locuteur employait un mode ou l'autre suivant ce qu'il voulait exprimer (Moignet, 1959).

On pourra se faire une idée du processus en observant des tournures qui se sont maintenues. *Dire que* suivi de l'indicatif introduit ce que le locuteur présente tout naturellement comme un fait. Ce qui était en style direct *Ma dame ceanz vos set*, « Ma dame sait que vous êtes ici », se transpose en *dit que sa dame savoit / qu'elle l'avoit ceanz gardee* « elle dit que sa dame savait qu'elle l'avait recueilli dans le château » (*Yvain*, 1910-1911 et 1915). En revanche, on a beau dire au roi qu'il ne s'inquiète pas de la blessure de son sénéchal :

> *Et l'on li dit qu'il ne s'esmait* (*Conte du Graal*, 4309)
> « On lui dit de ne pas s'inquiéter ».

l'émotion peut être la plus forte et il y a toujours un décalage entre le fait constaté et l'objet d'un souhait tant qu'il n'est pas réalisé. Des séquences telles que *(il) dit qu'il s'arest* (*id.* 5607) « il lui dit de s'arrêter », *(il) dit qu'il aille* (*id.* 5466) font entrer le verbe *dire* dans la catégorie des jussifs[1] : avec *dire que* suivi du subjonctif, le sens se rapproche de celui d'*ordonner*, d'*inviter*. Il en est de même de nos jours, à cela près que la tournure avec infinitif est devenue plus courante : « Il lui dit de s'en aller ».

Les verbes de pensée témoignent d'une pesée parfois subtile. La construction d'*estre avis* diffère suivant la réserve que le locuteur veut faire porter sur ses paroles. À Yvain qui se plaint de son amour perdu comme s'il était le plus malheureux des hommes, Lunete répond :

> *Il m'est avis que vos poez* (indicatif)
> *aler quel part que vos volez* (*Yvain*, 3585-3586)
> « Vous pouvez, me semble-t-il, aller partout où vous voulez » (ce qui n'est pas son cas à elle, qui est emprisonnée dans une tour).

La locution *m'est avis* indique un retour sur soi, mais la phrase n'en est pas moins un constat, marqué ici par l'indicatif. Il en va autrement de la rêverie amoureuse de Perceval, à qui les traces de sang sur la neige suggèrent le visage de son amie :

> *M'estoit avis*
> *Que la fresche color del vis*
> *M'amie la bele i veïsse* (subjonctif)
> (*Conte du Graal*, 4429-4431)
> « Je croyais percevoir la couleur fraîche du visage de mon amie, la belle ».

Il ne s'agit pas d'une identification au sens strict : la perception n'est qu'un support où prend appui l'amant courtois pour se laisser guider dans la rêverie qui le charme. *Estre avis* est ici suivi du subjonctif.

Pour les verbes dits de croyance, le sens définitif ne se révèle qu'une fois que le contenu a été exprimé dans la proposition dépendante. *Penser* est le plus souvent suivi de l'indicatif, *cuidier* du subjonctif, *croire* de l'un ou l'autre mode. Avec le subjonctif, le sens de *cuidier* devient celui de « penser à tort ». Souvent dans le contexte même, le démenti est donné à l'illusion que nourrissait le personnage. Les écuyers ont vu le sénéchal tomber évanoui :

> *Si cuident tuit que il soit morz* (*id.* 4301)
> « Tous s'imaginent qu'il est mort ».

Le *duel*, les plaintes qui conviennent dans cette circonstance, s'élèvent déjà. Mais le sénéchal n'est pas mort ; il est seulement blessé. Une complicité tend ainsi à se créer entre l'auteur et le lecteur aux dépens de celui ou de ceux qui *cuide(nt)*. À partir du XVIᵉ siècle, *se figurer*, *s'ima-*

giner tendent à remplacer *cuidier* : à une marque syntaxique a succédé l'expression par une unité du lexique qui à elle seule oriente vers la nuance qui était primitivement déterminée par la construction. De même, *faire semblant que* n'a pas le même sens suivant la teneur de ce qui suit. Quand Perceval, tout à sa rêverie, parait complètement indifférent à la sommation qui lui est adressée de venir à la cour, il *fet semblant que pas ne l'ot* (*Conte du Graal*, 4224) (*ot*, indicatif présent 3 « entend »), c'est-à-dire « visiblement il ne l'entend pas ». Au contraire, lorsque Lunete fait comme si elle envoyait chercher Yvain très loin, alors qu'elle l'a accueilli en cachette dans la pièce à côté, *envoit* subjonctif s'oppose à *envoie* indicatif :

> *Cele fet semblant qu'envoit querre*
> *Monsignor Yvain en sa terre* (*Yvain*, 1881-1882).

Notre *faire semblant* est donc plutôt le continuateur de l'ancien français *faire semblant* + subjonctif, s'il régit une proposition dépendante : la suggestion d'un arrière-plan différent de la manifestation est devenue lexicale et s'exprime par le seul *faire semblant*.

Dans le domaine de la subordination, la série des conjonctives simples héritées du latin, *comme* (de *quomodo*), *quand*, *si*, est close. Il s'est formé dès les débuts de la langue un modèle capable d'engendrer de nouvelles créations. Il comporte un adverbe ou un groupe préposition + nom / pronom, suivis de *que*. Le premier élément n'est pas dépourvu de valeur sémantique et permet au moins de distinguer la locution conjonctive par rapport à d'autres ; le second, essentiellement grammatical, établit une relation entre propositions : ainsi *ainz que* « avant que ». Les deux éléments ne se suivent pas toujours immédiatement et des corrélations s'observent entre éléments disjoints. Les locutions composées dénotent la recherche d'un sens plus précis : la valeur consécutive de *en tel manière que*, attesté au XIIᵉ siècle, ou *en telle sorte que* attesté au XIIIᵉ, est nette. Toutefois les évolutions ne sont pas linéaires ; elles ont une épaisseur à l'intérieur de laquelle coexistent des procédés qui se maintiennent et des innovations. Les tendances sont diverses et peuvent entrer en conflit.

Il est certain que la locution composée *par ce que* n'est pas une conjonction bonne à tout faire comme l'étaient devenus *ut* ou *quod* / *quia* en latin tardif. Quand *por ce que* était suivi d'un verbe à l'indicatif, la locution marquait la cause ; quand la locution était suivie du subjonctif, elle marquait le plus souvent le but, parfois la condition, la restriction. Pourquoi Gauvain appelle-t-il Lunete son amie ? Parce qu'elle a sauvé de la mort Yvain, le compagnon de Gauvain :

Et por ce s'amie la claimme
Q'ele avoit de mort garanti
son compaignon et son ami
(*Yvain*, 2422-2424).

Au château de Pesme-Aventure (« de la pire aventure »), des avertissements sont donnés aux arrivants :

por ce qu'il n'aillent pas leanz (*id.* 5148)
« pour qu'ils n'aillent pas à l'intérieur ».

Por ce que ne suffit pas pour que l'interlocuteur puisse reconnaître chez celui qui parle une intention explicative ou l'énoncé d'un but. De nos jours, nous sommes mieux fondés à dire que *pour que*, conjonction finale, gouverne le subjonctif. En français médiéval, le sens s'éclaire progressivement. La syntaxe de *por ce que* nous renvoie à celle des verbes d'opinion : le sens des éléments régissants est moins précis d'emblée et l'attention à l'ensemble du texte est ainsi sollicitée. Une spécialisation s'est faite peu à peu en français : *parce que* répond à un *pourquoi* : nous employons *pour* dans la question, et *par* dans la réponse.

Le *por ce que* médiéval, à la croisée des chemins, comporte une certaine complexité que le contexte doit éclaircir. La parataxe, qui consiste à juxtaposer les propositions, peut suffire ; un lien logique se dégage de leur succession. La chanson de geste fait souvent l'économie des marques de dépendance. Le roi Marsile peut dire :

Jo ai tel gent, plus bele ne verreiz (*Roland*, 564)
« J'ai une armée telle que vous n'en verrez pas de plus belle ».

Tel seul fait prévoir une conséquence. On peut songer à un intensif : « J'ai une armée extraordinaire : vous n'en verrez pas de plus belle », ou avec l'intonation voulue, « j'ai une armée, vous n'en verrez pas de plus belle ».

Le subjonctif à lui seul peut marquer l'hypothèse ou la concession, comme dans nos locutions figées *dussé-je* ou *fût-il*.

Entre la simple parataxe et les locutions étoffées se place *que* conjonctif qui n'établit qu'une relation ; le sens du contexte fait le reste. Nous disons encore « Ôte-toi de là que je m'y mette ». L'auteur de la *Chanson de Roland* dit pareillement :

Prist l'olifant, que reproce n'en ait (*Roland*, 2263)
« Il prit l'olifan pour être sans reproche ».

Ce *que* est surtout employé dans les propositions qui introduisent un but, une cause, une conséquence. L'oral a mieux conservé ce type fondé sur une pure mise en relation, que l'écrit qui se caractérise par la recherche de modèles jugés plus soignés et, en l'occurrence, plus explicites sémantiquement.

LE PRONOM PERSONNEL : FORMES CONJOINTES ET DISJOINTES

Dans le passage du latin aux langues romanes et plus particulièrement au français, l'un des phénomènes fondamentaux est la scission de plusieurs paradigmes de mots grammaticaux en deux séries de formes : les unes dites parfois « fortes » sont restées toniques et autonomes ; les autres dites « faibles » s'appuient sur un autre élément, placé après, groupe nominal ou verbe. Dans les paradigmes du pronom personnel, les formes de sujet n'ont pas été touchées au début par cette tendance. Le paradigme constitué en latin tardif *ego / tu / ille* « je, tu, il » s'est transmis tel quel. La marque de la personne était incorporée au verbe (*canto* « je chante ») : le pronom facultatif ajouté gardait son autonomie. Mais au cas régime, deux séries parallèles se sont constituées : *me / te / se*, formes faibles, s'opposent ainsi à *moi / toi / soi*, formes fortes. À la troisième personne se fait en outre une opposition de genre au singulier, et de fonction aux deux nombres pour les formes faibles :

Régime direct   *le / la / les*
Régime indirect   *li / lor*

Les formes fortes correspondantes sont *lui / li* au singulier, *eus / eles* au pluriel.

Nos et *vos* « nous, vous » n'ont pas été touchés par le mouvement, ou du moins la fonction n'a pas entrainé de changement de forme. Enfin *en* et *i*, originairement adverbes de lieu, sont à ajouter à la série des formes faibles de la 3ᵉ personne : ils peuvent représenter un complément introduit par « *de* » (*en*) ou par *a* « à » (*i*). Chrétien de Troyes accuse ainsi de mensonge ceux

Qui s'an vantent et droit n'i ont (Yvain, 27).

On reconnait la construction *se vanter de* et *avoir droit à* : les faux amants d'aujourd'hui se font gloire de leur sentiment (*an*) mais n'ont aucun droit (*i*) à s'en prévaloir.

L'association entre *en* et le verbe suivant, surtout quand c'était un verbe de mouvement, a été parfois si étroite qu'une soudure s'est créée entre les deux éléments, donnant naissance à deux verbes différents. Les distinctions bien perceptibles entre *lever, porter* et *enlever, emporter*, entre *aller, dormir* et *s'en aller* (dont l'orthographe est restée réfractaire à la soudure), *s'endormir*, disent assez que la référence à un point de départ a modelé le sémantisme, soit pour suggérer un éloignement, soit pour marquer le début d'un procès.

Le verbe à un mode personnel attire à lui les pronoms atones qui se placent devant lui, en position proclitique : les formes « faibles » sont en même temps des formes conjointes, étroitement associées au procès marqué par le verbe. Ce qu'illustrent en particulier les cas de soudure de *en*, devenu préfixe. Les formes fortes sont au contraire des formes disjointes ; elles sont en majorité des régimes prépositionnels ; le pronom est le second membre accentué du groupe, dont la place n'est pas contrainte.

Les verbes à un mode impersonnel, infinitif et participe, sont accompagnés de pronoms toniques et autonomes : nous avons conservé *soi disant*, survivance qui n'a pas les mêmes emplois que *se disant*. Lorsque l'infinitif suit un verbe à un mode personnel, le pronom complément de l'infinitif est conjoint à ce verbe et non à l'infinitif :

> *Cum il le vit a ferir le desiret* (*Roland*, 1482)
> « Quand il (l'archevêque Turpin) le vit, il eut envie de le frapper »

le représente le Sarrasin Abisme, complément de *ferir* ; mais il est conjoint à *desiret*. L'ancien français ne fait pas de différence entre les tours *je le voi venir* et *je le vueil veoir*, là où nous disons « je le vois venir » mais « je veux le voir ». L'ancien ordre des termes s'est maintenu quand *le* est agent du verbe à l'infinitif, mais non quand il est son complément : « Je veux le voir ». Devant l'infinitif, et en particulier quand il est introduit par une préposition, la forme « forte » apparait : *por lui atandre* (*Conte du Graal*, 8717) « pour l'attendre ». Ces usages continuent à être attestés en moyen français, mais ne sont plus aussi constamment observés. La tendance est d'étendre les formes conjointes aux tournures avec un mode impersonnel.

L'ellipse du verbe entraine l'emploi de la forme tonique, qui mérite alors d'être appelée « prédicative ». Du moment que *faire recreant* n'est pas répété, cette absence appelle le pronom étoffé *lui* :

> *Il me fera recreant ou je lui* (*Conte du Graal*, 3623)
> « Il me réduira, ou je le réduirai à merci ».

De même *moi*, et non *me*, est rendu nécessaire dans la phrase :

> *Je te conois mialz que tu moi* (*id.* 3582)
> « Je te connais mieux que tu ne me connais ».

La coordination, impossible avec les formes atones, le devient avec les formes toniques : on ne dit pas *me et te* mais *moi et toi*.

De plus, la phrase ne commençait pas en général par une forme atone, qui n'est donc comparable ni à un article ni à une préposition. Il semble que l'habitude de placer le pronom étoffé après l'impératif soit dû à cette contrainte. Il en est résulté une dissymétrie entre tournures positive et négative qui dure jusqu'à nos jours dans « dis-moi/ne me dis pas », comme en ancien français *di moi/ne me di pas*. Mais en ancien français, l'attaque de la phrase pouvait se faire par d'autres mots que la négation, et l'impératif pouvait être précédé d'un adverbe : *or me di, si me di*. Cependant, à la troisième personne, le pronom postposé pouvait appartenir à la série faible mais il était accentuable et recevait l'accent du groupe. La forme pouvait s'intercaler entre le verbe et le pronom tonique *dites le moi* (*Conte du Graal*, 8122), *randez le moi* (*id.* 1130).

Au lieu de se contenter d'un régime inaccentué, l'ancien français recourait parfois à une périphrase composée du mot *cors* que précède un possessif :

Cunduit sun cors en la presse des Francs (*id.* 3370)
« Il se faisait un chemin dans la masse des Francs ».

À partir du XIIᵉ siècle, un autre bouleversement, un peu plus tardif, s'est produit en ancien français. Le verbe, héritier du verbe latin, possédait une marque de personne incorporée quand il était à un mode personnel. L'expression du pronom sujet n'avait rien d'obligatoire ; il servait à marquer un renforcement, une opposition. Dans les plus anciens textes, les exemples où le verbe était employé seul sont beaucoup plus nombreux que ceux où il était accompagné du pronom sujet, et c'était le cas en particulier quand la mise en tête d'un régime entraînait la postposition du sujet.

Sur un perrum de marbre bloi se culchet (*Roland*, 12)
« Il se couche sur un bloc de marbre bleu ».

Quand il était employé, le pronom sujet n'était pas lié aussi étroitement au verbe que de nos jours. Nous avons gardé la formule *je soussigné* qui tranche avec la syntaxe habituelle depuis longtemps. Nous ne connaissons plus que *lui-même*, alors que l'ancien français disait *il meïsmes*, tournure encore attestée en moyen français. Le pronom sujet, dont le statut était à l'origine différent de celui des pronoms régimes conjoints, a tendu à avoir des conditions d'emploi du même genre.

La mère d'Alexis s'écrie :

E jo, dolente, cum par fui avoglie (*Alexis*, 434)
« Et moi, pauvre femme, quel fut mon aveuglement ! »

Le *E jo* initial fait pendant à *E filz* de l'exclamation précédente. L'emploi du pronom sujet, quand il y a ellipse du verbe, garantit sa valeur prédicative.

Cependant, le pronom sujet est attiré par le voisinage immédiat du verbe : c'était sa place quand il le suivait, et c'est devenu de plus en plus sa place quand il le précédait. Il était une forme à la fois prédicative et disjointe : il est devenu lié de plus en plus étroitement au verbe.

CONSTRUCTION D'UN TYPE : LA PHRASE HYPOTHÉTIQUE

L'opposition entre l'indicatif et le subjonctif se manifestait en latin dans les phrases hypothétiques, et l'ancien français a gardé cette opposition. Suivant le degré de probabilité des faits envisagés, l'hypothèse est exprimée au présent-futur de l'indicatif ou au subjonctif. Alexis est sûr de ce qui lui arrivera si ses parents le reconnaissent :

S'or me conuissent... Il me prendrunt (*Alexis*, 203-204)
« Si maintenant ils me reconnaissent... ils me prendront ».

L'antériorité du procès contenu dans le premier membre (ou protase) est marquée par le présent, tandis que le second (ou apodose), qui énonce la conséquence, est au futur. Le père envisageait pour son fils une carrière de guerrier, un statut de « riche homme », ce qu'il était lui-même :

Se Deu ploüst, sire doüsses estra (*id.* 420)
« S'il avait plu à Dieu, tu aurais dû en être le seigneur (des biens auxquels tu avais droit) ».

Mais il n'a pas plu à Dieu et Alexis est devenu le pauvre sous l'escalier. La phrase est tout entière à l'imparfait du subjonctif (*ploüst* « plût », *doüsses* « dusses ») : l'hypothèse qui contrevient au déroulement des faits conté par le récit est un irréel du passé ; la tirade est marquée par le regret de ce qui n'a pas été.

Un futur second est attesté depuis *Eulalie* : quand un narrateur fait envisager l'avenir à son personnage, le verbe déclaratif peut être suivi d'une proposition au futur second appelé conditionnel : *ele sostendreiet* « (elle disait qu')elle supporterait ». Or, dès le XIIe siècle, ce temps a été introduit dans l'apodose des phrases hypothétiques, tandis

que la protase marquait par l'indicatif l'antériorité : nous reconnaissons nos phrases de type « si j'étais riche, j'aurais... ». Le schéma est
rigoureusement parallèle à celui des hypothèses à indicatif pur.

Jusqu'ici nous ne trouvons pas de formes composées. Quand elles
font leur entrée dans les systèmes hypothétiques, elles y marquent l'aspect achevé. La fée, après s'être donnée à Lanval, énonce en ces termes
la règle de discrétion :

> *A tuz jurs m'auriez perdue*
> *Se ceste amur esteit seüe* (Lanval, 147-148)
> « Je serais perdue pour vous à jamais, si cet amour était divul-
> gué ».

Le « vous m'auriez perdue » du mot à mot n'envisage nullement
un passé révolu ; le mouvement s'oriente vers l'avenir, et le temps composé, marque de l'accompli, fait sentir le caractère inéluctable de la
conséquence en cas de manquement à la règle.

L'ancien français possédait donc deux schémas hétérogènes de
phrases hypothétiques ; l'un, hérité, était en subjonctif pur, et l'autre,
innové, comportait une protase avec imparfait de l'indicatif et une
apodose au conditionnel. Le deuxième type convenait particulièrement
quand le présent-futur était envisagé et il a connu un grand développement au XIIIe siècle :

> *Se j'estoie aussi rices hom que vos estes,*
> *tos li mons ne me feroit mie plorer* (Aucassin XXIV, 32-33)
> « Si j'étais autant un riche que vous, l'univers entier ne me ferait
> pas pleurer ».

Le valet misérable que rencontre Aucassin et qui le prend pour un
« riche homme », ne peut concevoir une pareille richesse qu'au titre
d'une hypothèse ancrée dans le présent, puisque c'est Aucassin qui
pleure.

Quand le passé était envisagé, on avait recours au premier type,
mais le subjonctif imparfait en était venu à suggérer l'hypothèse pure,
indépendamment du temps. Quelques verbes très employés, pour la
plupart auxiliaires, étaient restés « réfractaires » au second type. Laudine, qui vient de perdre son époux au combat, s'adresse ainsi au vain-
queur :

> *Certes se tu fuisses mortex*
> *tu n'osasses mon seignor atendre* (Yvain, 1240-1241)
> « Assurément si tu étais un mortel, tu n'aurais pas osé attaquer
> mon époux ».

Aucune marque grammaticale ne permet de faire l'opposition entre ce qui s'applique, dans le premier membre, à la condition de l'ennemi invisible, dont elle sent la présence, et qui est donc bien vivant, et dans le second membre, à l'immutabilité du passé, le combat malheureux de l'époux : les deux verbes sont à l'imparfait du subjonctif. La nécessité d'une distinction entre les deux types d'hypothèse, présent-futur et passé, ne s'est pas encore imposée au XIIe siècle. En revanche, au XIIIe siècle, et notamment en prose, un temps composé, le plus-que-parfait du subjonctif, devient une marque de l'irréel du passé et entre en concurrence avec l'imparfait du subjonctif : notre archaïque « il eût été » en est une survivance. Le parallélisme entre les phrases *si j'étais riche, j'aurais... et si j'avais été riche, j'aurais eu...* a l'air d'aller de soi. En fait, il n'appartient pas à l'ancien français, et le conditionnel composé dit « passé » est devenu le concurrent du subjonctif plus-que-parfait au XVIe siècle. Ce rappel d'une histoire dont le détail est très touffu montre comment l'exploitation d'un fonds ancien ne cesse de coexister avec celle de diverses innovations, et comment des prédominances s'affirment, tandis qu'à chaque fois du sens se crée (R.L. Wagner, 1939).

7. DES MOTS POUR UN DISCOURS

Rappelons-le : nous ne pouvons aborder l'ancien français que grâce aux écrits qui sont parvenus jusqu'à nous. Or n'avait accès à l'écriture qu'une infime partie de la population. Pendant longtemps, les clercs, qui y étaient formés, avaient plutôt à écrire en latin qu'en langue vernaculaire. Réduite en volume, la production écrite est restée cantonnée essentiellement dans le domaine religieux entre le IXe et le XIe siècle. À partir du XIIe siècle, les développements de ce que nous appelons « littérature » ont fait apparaître de nouveaux domaines : chansons de geste, romans, textes hagiographiques et didactiques, pièces de théâtre offrent des voies d'accès à un vocabulaire dont nous sommes à même de discerner les caractères mais qui reste dépendant du type du document où il a été introduit.

FORMATIONS POPULAIRES ET FORMATIONS SAVANTES

Le français a commencé en se démarquant du latin. La limite de compréhension pour les *illiterati* a d'abord départagé l'une et l'autre langue : pour atteindre, pour instruire ceux qui ne savaient pas lire, ce qui revenait à dire « lire le latin », il fallait s'adresser à eux en langue vulgaire. Mais le va-et-vient entre la langue mère et celle qui en est issue est fréquent. Les relatinisations (*feeil* refait en *fidèle* d'après *fidelis*) en témoignent.

Les emprunts savants sont aussi anciens que la langue elle-même. La *Séquence de sainte Eulalie* au IXe siècle en atteste déjà quelques-uns : les *empedements* « les tourments » infligés à l'héroïne (d'*impedimentos* pour *impedimenta*), sa *virginitet* qu'elle défend contre l'empereur Maximiien, la *figure* de la colombe sous laquelle son âme s'envole au ciel. L'emploi de ces mots est dépendant du discours hagiographique qui en a opéré la diffusion avec des succès divers puisque l'un d'entre eux, *empedementz*, a été éliminé, tandis que *figure*, après avoir appartenu à un langage cultivé au sens de « forme », est devenu au XVIIIe siècle le concurrent de *visage*. Il arrive même que le mot latin soit emprunté tel quel, sans les adaptations qui caractérisaient les exemples précédents et qui respectaient l'accent tonique (*impedimentos > empedementz*) : le grabat sur lequel est couché Alexis est appelé *grabatum* (*Alexis*, 218), et le mot assonne avec *hom* « homme » et *maison*, c'est-à-dire en *o* non encore nasalisé ; or l'accent latin était sur *a*. Les adaptations ont continué néanmoins à se faire couramment chaque fois qu'un mouvement de relatinisation a provoqué un afflux de mots savants.

Le même étymon a pu ainsi avoir deux aboutissements, l'un dit « populaire », reconnaissable à ce qu'il s'est modifié selon les règles d'évolution, l'autre dit « savant », tout juste adapté pour être assimilé lexicalement. La formation populaire est en principe plus ancienne que la formation savante, mais toutes deux ont pu se développer parallèlement. C'est parfois la seconde qui est la plus anciennement attestée. Par exemple, *signum* est à l'origine à la fois de *signe* et de *seing* dont quelques expressions gardent la trace, « blanc seing », « sous seing privé ». Dans la *Passion de Clermont*, le tirage au sort de la tunique du Christ, qui n'a pas été partagée, est un *granz signe* (272), tandis que sont appelés *signes* les miracles qu'accompliront désormais les croyants. Le mot populaire *seing* n'est attesté que dans la deuxième moitié du XIIe siècle. Benoît de Sainte-Maure désigne ainsi des marques faites aux arbres, ou une marque de naissance que la belle Hélène aurait eue entre les sourcils (*Roman de Troie*, 5135). Pour un mot tel que celui-là, un thème religieux appelle la forme la plus proche du modèle fourni par les textes sacrés alors que des emplois en relation avec une réalité plus concrète font connaitre le nom tel que l'a façonné une évolution de plusieurs siècles.

Quand deux formes qui divergent se sont bien établies, les emplois de même nature tendent à se regrouper autour de chacune d'elles. *Piété* et *pitié* sont à l'origine les deux variantes du même mot, du latin *pietate*. Dans l'*Alexis*, *pieted* a le sens de « pitié », et pendant tout le XIIe siècle *piété*, *pité*, *pitié* ne sont que les variantes formelles d'un même mot : *la pitiet ki an Crist fut fondeie*, dit le traducteur de Guillaume de Saint-Thierry vers 1200. L'association de ce nom à *merci* dans (*avoir*) *merci et pïété* (*Thomas Becket*, 3056) et (*avoir*) *merci et pitié*, dans *Guigemar* (lai de Marie de France, 401), est significative. À la forme *pitié* tend à correspondre une série d'emplois qui n'impliquent plus une tonalité religieuse mais suggèrent un mouvement de sensibilité tout humain devant la misère et la souffrance. La distinction que nous faisons instinctivement désormais entre *pitié* apparenté à *pitoyable*, et *piété* apparenté à *pieux*, s'est créée progressivement : elle était impossible tant que les deux formes étaient mal distinguées et que les emplois se chevauchaient.

SOURCES D'IMPRÉCISION

La forme des mots est moins nettement fixée en ancien français que de nos jours. Souvent un copiste, même soigneux, n'écrit pas un mot de la même façon d'un bout à l'autre du texte et il faut tenir compte de variantes graphiques. *An* et *en* ont la même prononciation, sauf dans quelques dialectes ; ils seront donc volontiers mis l'un pour l'autre. Devant *e* et *i*, la lettre *g* a la même prononciation que *j*, c'est-à-dire, pour cette époque, *i* consonne : le pronom de la première personne sera donc écrit *ge* ou *ie* qui deviendra *je* dans l'orthographe moderne. *L* devant consonne s'est vocalisé en *u* à la suite d'un long processus achevé en ancien français : *altre* est le même mot que *autre*. Des variantes dialectales s'ajoutent à celles qui sont répandues dans l'ensemble du domaine d'oïl et les copistes savent adapter à leur public au moins une partie de ce qui n'est pas en accord avec leurs habitudes : ainsi *mervoille*, dans un texte de l'Est, pourra sans difficulté être transcrit *merveille* dans une autre région ; le picard *kief* « tête » pourra être transcrit *chief* et inversement.

Le sémantisme est souvent moins fixé lui aussi. Sauf quand le mot a pour référent un objet concret, il n'est pas rare que le lecteur ait à l'ajuster au contexte. Un cas limite est celui que fournissent les noms *ire* et *courroux*. Ils dénotent un trouble de l'âme qui correspond soit à un mouvement de colère, soit à un sentiment de douleur. La cause du trouble, les manifestations révélées par l'environnement textuel orientent vers une interprétation qui ne tarde pas à s'imposer (Kleiber, 1978). Quand l'un de ces mots est associé à *dolor* « douleur » ou à *mautalent* « colère », selon un procédé fréquent qui consiste à grouper deux synonymes, l'expression est claire mais au prix d'un effet de groupe. Quand la mère de Perceval voit revenir son fils tout joyeux d'avoir rencontré les chevaliers de la forêt, rencontre qu'elle craignait plus que tout, elle parle *com fame correciee* (*Conte du Graal*, 404). Les plaintes qui suivent l'adjectif : *Ha lasse…!* « Ha malheureuse… » ne laissent aucun doute. L'environnement a une part décisive dans la compréhension. De même *irur*, dérivé de *ire*, est employé dans *Roland* quand les guerriers français ont entendu enfin avec certitude sonner le cor du héros qui a « longue haleine ». Charles ordonne les préparatifs du départ ; il chevauche par *irur* (*Roland*, 1812) ; tout le contexte invite à comprendre « avec colère ». Au contraire, quand l'empereur retrouve à Roncevaux le corps inanimé de Roland, *l'irur* qu'il éprouve, et qui va jusqu'à le faire s'évanouir, ne saurait s'assimiler qu'au chagrin. Le vocabulaire actuel découpe différemment les manifestations de la vie affective. L'introduction d'un emprunt à la langue médicale, *colère*, a éliminé peu à peu de l'usage courant ces mots que l'ancienne langue employait très largement. Les noms et adjectifs qui suggèrent les qualités et que les auteurs accumulent volontiers, *courtois et débonnaire*, *preux et vaillant*, sont souvent interchangeables, comme le montrent les variantes des manuscrits. Ils renvoient à un prototype commun à l'auteur et à son public dans des œuvres qui sont le plus souvent d'imagination. Le mot isolé ne prend consistance que dans son rapport à un contexte qui actualise la qualité dénommée. Dans le passage suivant, Gauvain apprécie la méditation inspirée à Perceval par les gouttes de sang sur la neige :

> *Cil pansers n'estoit pas vilains*
> *ençois estoit cortois et doz* (*Conte du Graal*, 4433-4434)
> « Cette pensée n'était pas vulgaire ; elle était pleine de courtoisie et de douceur ».

Un antonyme, qui reste souvent implicite mais qui est exprimé ici, guide l'interprétation. Dans plus d'un cas, l'antonymie a aiguisé la signification. L'adjectif *riche* qui voulait dire à l'origine « puissant » a été attiré dans le champ sémantique des biens de fortune à la faveur de l'opposition *riche/pauvre*. De même, *lait*, d'abord « odieux, outrageant », est entré dans le champ sémantique de l'esthétique tandis que se formait le couple antithétique *bel* « beau »/*lait* « laid ».

Nous comptons souvent d'autre part sur les différences suffixales pour distinguer les significations des mots construits sur le même radical : il suffit de songer à *roulage, rouleau, roulement, roulure* ; l'ancien français a pratiqué toutes sortes de dérivation, mais le besoin d'exprimer une distinction est loin de motiver toujours la création d'un dérivé. Les noms *folage, foleté, folie, folor*, formés d'après l'adjectif *fol*, n'apportent par eux-mêmes aucune nuance particulière ; aux contextes est laissé le soin de dire si le référent est de l'ordre de la sottise ou de la conduite extravagante. Nous nous contentons du seul *folie*. Entre *croyable* et *croire* s'est établie pour nous une relation analysable : est *croyable* ce qui *peut être cru*. La valeur du suffixe en ancien français est plus large : *mescreable* est bien en relation avec *mescroire* mais a le même sens que *mescreant* devenu *mécréant* « infidèle, païen ».

L'opposition entre voix active et voix passive est neutralisée dans certaines formes verbales ou dérivées du verbe. Est *effrayant* pour nous ce qui cause de la frayeur, est *effrayé* celui qui l'éprouve. En ancien français, *esfreé* s'applique à celui qui a peur comme à ce qui cause la peur. La forêt où se déroule une partie du *Tristan* de Béroul est *esfreée* comme sont *esfreé* les diables, les êtres les plus effrayants du monde, selon le jeune Perceval.

Saisir signifie « mettre en possession » aussi bien qu'« entrer en possession ». Le double point de vue que comportent les orientations possibles du nom *hôte* et en fait tantôt celui qui héberge, tantôt celui qui est hébergé, se retrouve dans l'emploi d'*osteler*. Ce verbe a tantôt le sens d'« héberger », et les constructions *faire ostel*, *prester ostel* y correspondent ; tantôt celui d'« être hébergé », et les constructions correspondantes sont cette fois *prendre* ou *avoir ostel*. Quand le passif ou la forme pronominale sont employés, il n'y a plus pour ce verbe d'ambigüité.

Les composés, qui ont pour base une phrase et fournissent ainsi à leurs composants un contexte, sont moins sujets à causer ce qui nous apparait comme une inflation synonymique. Tant que leur motivation est sensible, ils sont expressifs ; ils peuvent s'accorder avec une activité classifiante et se prêtent à des jeux d'oppositions nets. Les textes du XIIᵉ siècle en contiennent peu et souvent les premières attestations sont postérieures. On en relève cependant quelques exemples. Il est souvent question dans le *Roland* de la *rereguarde* « l'arrière-garde » confiée au héros, et même un verbe *rereguarder* en a été tiré. Nous voyons apparaitre les plus anciens exemples d'une formation romane et française, encore très productive, qui consiste à faire suivre un premier composant verbal de son complément : *torchepot* « valet de cuisine » (*Yvain*, 4117), *passemervoille* « la merveille des merveilles » (*Conte du Graal*, 1825). Il est probable que les textes ne révèlent pas dans sa richesse une activité créatrice que des besoins d'expression toujours renouvelés suscitent et stimulent.

LES VOCABULAIRES MÉDIÉVAUX

La société regroupe des couches très diverses. Les individus n'ont qu'une connaissance imparfaite et superficielle de celles auxquelles ils n'appartiennent pas. Il a fallu le hasard de la rencontre avec des chevaliers de passage pour que Perceval, qui avait été tenu dans l'ignorance du monde qui était le leur, commence à faire connaissance avec les objets qui font partie de leur environnement habituel. Certains domaines ont fait beaucoup parler d'eux et nos documents écrits étalent complaisamment le vocabulaire qui s'y rapporte. D'autres ont une existence plus discrète et n'ont laissé que des traces dans la masse des textes qui sont parvenus jusqu'à nous. L'individu ordinaire a ses entrées dans quelques vocabulaires mais ne possède guère des autres que les éléments qui en ont été banalisés ; même s'il a entendu quelques formes, les valeurs lui échappent en grande partie.

La société que nous font connaitre les écrivains est sélective. L'une des activités préférées de la classe dirigeante est le combat, et la littérature est le reflet de cette prédilection. Nous disposons ainsi d'un luxe de vocables relatifs à l'armement et à son emploi. Dans une chanson de geste telle que le *Roland*, les récits de combat contiennent des formules récurrentes qui en marquent les phases. La première est habituellement la charge : le combattant *broche* ou *point* son cheval, « il l'éperonne ». *Il lasche la resne* ou *laisse courre*, « il fonce bride abattue » sur l'adversaire. Puis *il le fiert*, il le « frappe » avec sa lance ou son *espiet*, son « épieu » et atteint son *escu*, son *hauberc* ou son *heaume* qu'il endommage. Quand les lances sont inutilisables a lieu le combat de près, à l'épée. À côté du verbe *ferir*, qui signifie à lui seul « frapper », l'auteur dispose du mot *coup*, nom prédicatif qui, associé à un verbe support (*doner, emploier, faire, ferir*), équivaut au verbe *ferir* employé seul mais a la propriété de suggérer le procès marqué par les constructions verbales. Il se combine avec *prendre, recevoir, tenir* au sens de « supporter » si l'auteur adopte le point de vue de la victime. Un guerrier païen peut dire à son chef : *le colp vos en demant* « je vous demande de frapper le premier coup » (*Roland*, 3200). Le poète pense aux coups reçus par les combattants quand il observe que *dur sunt li colp* avant d'évoquer leur grande *dolor* (1678-1679). Roland a frappé successivement sur trois rochers pour briser son épée et le verbe *ferir* a été chaque fois employé. Quand Charlemagne retrouve le corps de son neveu, il reconnait les coups de Roland en trois *perruns* (2875), c'est-à-dire les traces de l'épée sur la pierre ébréchée.

Le combat peut tenir encore une grande place dans le roman, venu ensuite, mais un autre aspect de la vie médiévale nous est révélé. Souvent, le soir, le chevalier est dévêtu de sa cotte de mailles ; des serviteurs lui passent un *mantel* de couleur vive. Nous sommes entraînés avec lui dans l'*ostel* où il est hébergé, dans la « salle » où le maitre du lieu reçoit, dans les chambres où se déroule la vie intime. L'amour fait irruption dans la littérature de divertissement. Les mots qui s'appliquaient à la guerre se retrouvent parfois, mais leur sens a changé. Le *hardement*, opposé à la *couardie*, qui était apprécié sans réserve sur le champ de bataille, devient alors d'une valeur moins assurée. Yvain, qui vient de remporter la victoire sur un guerrier réputé invincible, est tout interdit devant Laudine, sa veuve, dont il est tombé amoureux. Lunete, la suivante, doit le rassurer et l'entrainer par le bras pour qu'il s'approche :

> *peor n'aiez*
> *de ma dame qu'ele vous morde* (*Yvain*, 1968-69)
> « N'ayez pas peur que ma dame vous morde ».

Quand il cherche à se réconcilier avec la Dame qu'il a mécontentée, c'est pour lui un *grant hardement* que de paraitre devant elle (6776).

Dans la chanson courtoise, l'amant se confie d'autant mieux à son chant qu'il est *esbahi*, « troublé, en proie à l'abattement » : devant la dame, il ne sait « nul language » (*Chast. de Couci* III, 14). Nous retrouvons dans la bouche des trouvères des emprunts à plusieurs vocabulaires que le poème regroupe et ajuste. Par exemple, les expressions du langage féodal relatives au service du seigneur sont appliquées au service de la dame : le chevalier se met *en sa baillie*, *sa poesté* « son pouvoir », il devient *son homme lige* [1].

Dongier / danger, dérivé de *dominus* « seigneur », appartient par son sens premier au langage féodal où il désigne le pouvoir du seigneur et le ressort dans lequel il s'exerce : « hors du dangier » disparaissent les contraintes. Entré dans le langage amoureux, le mot a pris d'autres colorations : la dame *fait dangier*, quand elle fait essuyer ses refus au chevalier qui la courtise. Le sens de « risque, danger », qui a fait entrer ce mot en concurrence avec *peril* ou *aventure*, se profile au XIIIe siècle à la faveur de certains contextes où *sanz dangier* peut être interprété « sans risque » : dans le combat qu'il livre à Caradoc, Perceval, sûr de lui, compte se venger *sans dangier* « sans courir grand risque » (*The First Continuation...*, éd. Roach, vol. II, 9114).

LES PARLERS MARGINAUX

Les écrivains du XIIe siècle font parcourir parfois à leurs personnages des dizaines de lieues. Des paysages stéréotypés, ayant volontiers valeur de symbole, font sentir l'espace et la durée qui séparent deux rencontres de personnes appartenant à la même société, ayant la même façon de vivre et respectant généralement les mêmes valeurs, ayant donc le même langage. Or l'immense majorité de la population est composée de paysans auprès desquels passent les héros sans leur prêter attention. Parlaient-ils français ? En dépit du *Roman de Renart* qui fait connaitre des paysages de la campagne et en caricature quelques habitants, nous sommes beaucoup moins bien renseignés sur la vie quotidienne du paysan et sur son langage que sur ceux des représentants des milieux dignes de fournir les héros et disposés à s'émouvoir de leurs aventures.

Il faut le topos du monde à l'envers pour que Chrétien de Troyes cite le nom d'un outil qui ne pouvait manquer d'être d'un usage répandu à son époque et dans sa région, la *maigle*, c'est-à-dire la *houe*, et particulièrement la houe du vigneron.

Et si fuit li vilains sa maigle (*Cligès*, 3806).

Le *vilain* abandonne la *houe* grâce à laquelle il gagne sa vie, ce qui est aussi incroyable que de voir l'agneau poursuivre le loup. Le type lexical, du grec latinisé *makella* (FEW VI, 1, 66b), a appartenu jusqu'à nos jours au vocabulaire en usage dans le Sud de la Champagne où il est attesté sous la forme /mɛgl/ tandis que le Nord a adopté le type d'origine germanique *houe*, qui est celui du français général (ALCB, c. 286)[1]. Chrétien de Troyes nous a donc fait connaître un mot régional de l'Est.

Nous pouvons remonter encore plus haut, grâce aux gloses de Rashi, rabbin mort en 1105. Les mots français qu'il transmet sont un intermédiaire entre le Talmud et la langue que les juifs habitant la région de Troyes employaient habituellement. Nous savons ainsi que les *échalas* des plantations de vignes se disaient *paissels*, du latin *paxellum* pour *paxillum* « pieu ». Il nous donnait la forme du Sud de la Champagne : /pɛsyo/ « paissiau » a été relevé pour cette région dans l'ALCB, c.485 « échalas » (pour la vigne). Le même type est répandu sous différentes formes dans tout l'Est de la France, de la Lorraine au Lyonnais et de la Franche-Comté au Berry (voir ALB 670, ALCe 340, ALFC 337, ALLR 633). Il est inhabituel en ancien français qu'à un objet concret comme celui-là corresponde un seul nom : il n'en est pas ainsi du vocabulaire courtois, qui provenait souvent du provençal et s'est répandu chez l'ensemble des poètes d'oïl. Les traditions régionales se sont maintenues dans le premier cas sur une aire moins étendue, mais ont duré presque jusqu'à nos jours, éliminées par de nouvelles techniques plus que par l'adoption d'un langage nouveau. Au début du XVIIᵉ siècle, Olivier de Serres cite *paisseaux*, *eschalats* et *charniers*, et ajoute que ces objets sont diversement nommés « selon les endroits »[2].

Charnier, attesté depuis le XIIIᵉ siècle, est dérivé du nom d'arbre *charne* « charme », du latin *carpinu*, et s'est implanté dans l'Orléanais, la Touraine et le Berry. *Échalas*, du grec latinisé *charax*, de même sens, est attesté sous la forme *escharaz* dans le Beauvaisis au XIIᵉ siècle. Selon l'ALF, le mot se répartit surtout à l'Ouest (Normandie, Maine, Anjou, Bretagne romane, Poitou et Saintonge). Malgré sa situation septentrionale, le picard possède une forme particulière, *escarchon*, attestée au début du XIIIᵉ siècle chez le Reclus de Moiliens : le contexte ne laisse aucun doute sur le sens. Elle vient elle aussi de *charax* avec suffixe *-on* ainsi que la variante *escharçon*, relevée au Sud et à l'Est du domaine picard. *Échalas* a été adopté par la langue générale. Le TLF traite *échalas*, donne *paisseau* et *charnier* comme « vieux » ou « régio-

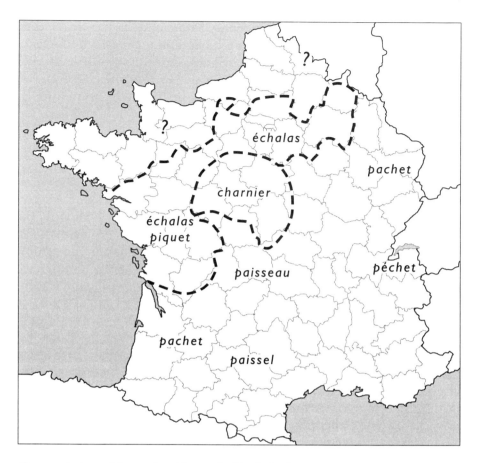

Carte 4. Les dénominations de l'« échalas »

Le mot retenu par la langue générale et doté de valeurs imagées (grand échalas, droit comme un échalas) a commencé par avoir une répartition régionale, au centre du domaine d'oïl. Les différentes formes issues du latin *paxillus* (paissiau, pachet, etc.) occupent la plus grande partie de la France. [« Quelques traits du vocabulaire de la vigne et du vin », dans *Mémoires* publiés par la Fédération des soc. histor. archéol. de Paris et de l'Ile-de-France, t. 35, 1984, p. 382. Carte établie par M.-R. Simoni.]

nal », ignore les autres mots[1]. Mais *échalas* a commencé par n'être qu'un nom entre plusieurs autres, et tous n'ont pas été cités ici. Chacun désignait un objet façonné et utilisé selon des traditions régionales. Les tendances à l'uniformisation ont privilégié une appellation et marginalisé les autres.

Les romanciers médiévaux énumèrent parfois avec complaisance les mets qui composent le repas somptueux des hauts personnages. On sert à Perceval, accueilli chez le riche roi Pêcheur, de la hanche de cerf au poivre qu'un *vaslez* tranche devant lui et dont il dépose un morceau sur un *gastel*. Le soir, des fruits exotiques, des boissons aromatisées agrémentent le moment du coucher. Des documents anciens, dont les gloses de Rashi, nous font connaitre une nourriture plus ordinaire : la bouillie est la *pape*, déverbal de *paper*, latin *pappare*, mot rare dans les textes littéraires mais dont les survivances dans les parlers locaux attestent l'ancienne présence. *Jotelles* est glosé « espèces d'herbes » ; c'est un dérivé de *jote*, d'origine gauloise d'après le FEW (V, 90 b, s.v. JUTTA). Dans les traductions des textes latins, *jote* rend habituellement *olera* « légumes verts », que Virgile oppose aux légumes à gousse. Les *jotes* constituent, avec le pain, l'alimentation des ermites ; les *Dialogues* de Grégoire nous content leurs aventures dans la culture de ces plantes. Vers 1200, le traducteur de la *Lettre d'or* de Guillaume de Saint-Thierry traduit ainsi le passage où est résumée l'alimentation des moines : *pains de grut et auwe simple e iottes ou simple legum*, « pain noir, eau claire, légumes verts ou sans apprêt ». C'est aussi, selon le texte, la nourriture des pauvres. Avec des signifiés divers, le mot *jote* s'est maintenu dans diverses régions : « chou » dans la Lorraine romane, à l'est de la Moselle ; « soupe » dans le pays nantais [1]... Robert Estienne cite encore ce mot quand il glose *beta* « herbe nommée de la poree, de la jotte, des bettes », *Dictionariolum* (cité par Godefroy, IV 658 c).

Ces rapides aperçus d'un vocabulaire qui apparait peu dans les textes habituellement invoqués pour caractériser le français du XIIᵉ siècle, appellent la réflexion. D'une masse de formes et d'usages locaux, les textes ne retiennent qu'une toute petite partie, en fonction du thème adopté et des intentions de l'auteur. Cela s'observe à toutes les époques, mais la restriction est ici plus sensible du fait du nombre réduit des domaines ouverts au français. En revanche, la langue commune de cette époque accueille sans difficulté certaines particularités dialectales dans l'ordre du lexique et même dans celui de la morphologie. Ce que les auteurs du XIIᵉ siècle appellent « français » correspond à une intention et à la visée d'un public, mais ils apportent avec eux, outre des choix individuels, des traits liés à la communauté à laquelle ils appartiennent et qui, à d'autres époques, seront éliminés.

BIBLIOGRAPHIE DE LA PREMIÈRE PARTIE

Textes cités

Alexis (La Vie de saint Alexis), éd. Storey, Droz-Minard, Genève-Paris, 1968.
Aucassin et Nicolette, Chantefable du XIIIᵉ siècle, éd. Roques, Champion, Paris, 1973.
Chanson de Roland (La), éd. Moignet, Bordas, Paris, 1972.
Chastelain de Couci (Chansons attribuées au), éd. Lerond, PUF, Paris, 1964.
Chevalier de la Charrete (Chrestien de Troyes), éd. Roques, Champion, Paris, 1958.
Cligès (Chrestien de Troyes), éd. Micha, Champion, Paris, 1957.
Conte du Graal (Chrestien de Troyes), éd. F. Lecoy, Champion, Paris, 2 vol., 1972-1975.
Continuation (The Continuations of the old French Perceval of Chrestien de Troyes. The First Continuation), glossaire de la Première Continuation par A. Foulet, The American Philosophical Society, Philadelphie, 1955.
Couronnement de Louis (Les Rédactions en vers du couronnement de Louis), éd. Lepage, Droz, Paris, Genève, 1978.
Eulalie (La Séquence de sainte Eulalie), dans R.L. Wagner, Textes d'études (ancien et moyen français), Droz-Minard, Paris-Genève, 1964, p. 7-8 (éd. et trad en préparation par Mᵐᵉ A. Brasseur).
Floire et Blancheflor, éd. J.L. Leclanche, Champion, Paris, 1980.
Galeran de Bretagne, éd. Foulet, Champion, Paris, 1925.
Gerbert de Metz, éd. P. Taylor, Bibliothèque de la Faculté des lettres et de philosophie de Namur, Namur-Louvain-Lille, 1952.
Guillaume de Dole (Jean Renart, *Le Roman de la Rose* ou *de Guillaume de Dole*), éd. F. Lecoy, Champion, Paris, 1970.
Lanval, éd. Rychner, Droz-Minard, Genève-Paris, 1958.
Prise d'Orange, éd. C. Régnier, Klincksieck, Paris, 1977, 5ᵉ éd.
Roman de Renart, br. VII-IX, éd. Roques, t. III, Champion, Paris, 1973.
Serments de Strasbourg, dans R.L. Wagner, Textes d'études... (cf. *Eulalie*), p. 5-6.
Yvain (Chrestien de Troyes, *Le Chevalier au lion ou Yvain*), éd. Roques, Champion, Paris, 1974.

Pistes bibliographiques

Andrieux, N., et Baumgartner, E., *Système morphologique de l'ancien français. Le verbe*, Sobodi, Bordeaux, 1983.
Balibar, R., *L'Institution du français. Essai sur le colinguisme des Carolingiens à la République*, PUF, Paris, 1985.
— *Le Colinguisme*, PUF, coll. « Que sais-je ? », Paris, 1993.

Banniard, M., *Viva voce*, Institut des études augustiniennes, Paris, 1992.

Batany, J., *Approches langagières de la société médiévale*, Paradigme, coll. « Varia » n° 2, Caen, 1992.

Beaulieux, Ch., *Histoire de l'orthographe française*, 2 vol., Champion, Paris, 1927.

Bec, P., *Manuel pratique de philologie romane*, 2 vol., Picard, Paris, 1970-1971.

Bonnard, H., et Régnier, Cl., *Petite grammaire de l'ancien français*, Magnard, Paris, 1989.

Brunot, F., *Histoire de la langue française des origines à 1900*, t. I : *De l'époque latine à la Renaissance*, Armand Colin, Paris, 1905, éd. revue et corrigée par J. Batany, 1966.

Burgess, G.S., *Contribution à l'étude du vocabulaire précourtois*, Droz, Genève, 1970.

Carton, F., *Introduction à la phonétique du français*, Bordas, Paris, 1974.

Catach, N., *L'Orthographe*, PUF, coll. « Que sais-je ? », Paris.

Catane, M., *La Vie en France au XIe siècle d'après les écrits de Rachi*, Jérusalem, 1994.

Cerquiglini, B., *La Parole médiévale*, Éd. de Minuit, Paris, 1981.

— *La Naissance du français*, PUF, coll. « Que sais-je ? », Paris, 1993.

Chaurand, J., *Introduction à la dialectologie française*, Bordas, Paris, 1972.

— *Introduction à l'histoire du vocabulaire français*, Bordas, Paris, 1977.

Colloque de Strasbourg 1967, *Les Dialectes de France au Moyen Âge et aujourd'hui, domaine d'oïl et domaine francoprovençal*, publiés par Straka, Klincksieck, Paris, 1972.

Dees, A., *Étude sur l'évolution des démonstratifs en ancien français*, Wolter-Nordhoff Publishing, Groningen, 1969.

Delbouille, M., « Comment naquit la langue française ? », *Mélanges Straka, Société de linguistique romane*, Lyon, 1970, I, 187-199.

De Poerck, G., « Les plus anciens textes de langue française comme témoins de l'époque », *Revue de linguistique romane*, X, 27 p., 1963.

Dragonetti, R., *La Technique poétique des trouvères dans la chanson courtoise. Contribution à l'étude de la rhétorique médiévale*, Bruges, 1960.

Fouché, P., *Phonétique française*, 3 vol., Klincksieck, Paris, 1952-1961.

Foulet, A., *Petite syntaxe de l'ancien français*, Champion, Paris, 1965 (rééd.)

Gossen, C.-Th., *Grammaire de l'ancien picard*, Klincksieck, Paris, 1970.

Gougenheim, G., *Étude sur les périphrases verbales*, Les Belles Lettres, Paris, 1929 (réimpr. Nizet, Paris, 1971).

— *Les Mots dans l'histoire et dans la vie*, 3 vol., Picard, Paris, 1969-72.

Grisay, A., Lavis, G., et Dubois-Stasse, M., *Les Dénominations de la femme dans les anciens textes français*, Duculot, Gembloux, 1969.

Hagège, C., *Le Français et les siècles*, Odile Jacob, Paris, 1987.

Herman, J., *Le Latin vulgaire*, PUF, coll. « Que sais-je ? », Paris, 1967.

— *Du latin aux langues romanes. Études de linguistique historique*, Niemeyer, Tübingen, 1990.

Hilty, G., « Les origines de la langue littéraire française », *Vox Romanica* 32, 1973, 254-271.

Jensen, Fr., *Old French and comparative Gallo-roman syntax*, Max Niemeyer, Verlag, Tübingen, 1990.

Kleiber, G., *Le Mot « ire » en ancien français (Xe-XIIIe s.)*, Klincksieck, Paris, 1978.

La Chaussée, F. de, *Initiation à la phonétique historique de l'ancien français*, Klincksieck, Paris, 2e éd., 1982.

— *Initiation à la morphologie historique de l'ancien français*, Klincksieck, Paris, 1977.

Lanly, A., *Morphologie historique des verbes français. Notions générales, conjugaisons régulières, verbes irréguliers*, Champion, Paris, 1995.

Lavis, G., *L'Expression de l'affectivité dans la poésie lyrique du Moyen Âge (XIIe-XIIIe s.). Étude sémantique et stylistique du réseau lexical joie-dolor*, Les Belles Lettres, Paris, 1972.

Lodge, R.A., *Le Français. Histoire d'un dialecte devenu langue*, Fayard, Paris, 1997 (trad. de l'anglais par C. Veken).

Lote, G., *Le Vers français*, t. III, 1re partie : « Le Moyen Âge, la poétique, le vers, la langue », Hatier, Paris, 1955.

Marchello-Nizia, Chr., *L'Évolution du français. Ordre des mots, démonstratifs, accent tonique*, Armand Colin, Paris, 1995.

Matoré, G., *Le Vocabulaire et la société médiévale*, PUF, Paris, 1986.

Ménard, Ph., *Manuel du français du Moyen Âge. Syntaxe de l'ancien français*, Bordeaux, 3e éd., 1988.

Moignet, G., *Essai sur le mode subjonctif*, PUF, Paris, 1959.

— *Grammaire de l'ancien français*, Klincksieck, Paris, 1979.

Perret, M., *Introduction à l'histoire de la langue française*, SEDES, Paris, 1998.

Picoche, J., *Précis de morphologie historique du français*, Nathan, Paris, 1979.

Pope, M.K., *From latin to Modern French, with especial consideration of Anglo-Normand*, Manchester University Press, Manchester, 1966.

Remacle, L., *Le Problème de l'ancien wallon*, Bibliothèque de la Faculté de philologie et des lettres de Liège, 1948.

Soutet, O., *Études d'ancien et de moyen français*, PUF, Paris, 1992.

Stefanini, J., *La Voix pronominale en ancien et moyen français*, Ophrys, Aix-en-Provence, 1962.

Straka, G., *Les Sons et les mots*, Klincksieck, Paris, 1979.

Vaananen, V., *Introduction du latin vulgaire*, Klincksieck, Paris, 1961.

Van Uyfanghe, M., « Histoire du latin, préhistoire des langues romanes et reconstruction », *Francia*, 11, 1974, 579-613.

Wagner, R.L., *L'Ancien Français*, Larousse, Paris, 1974.

Wartburg, W. von, *Évolution et structure linguistique de la langue française*, Francke, Berne, 1962.

— *La Fragmentation linguistique de la Romania*, trad. J. Allières et G. Straka, Klincksieck, Paris, 1967.

Wüest, J., *La Dialectisation de la Gallo-romania*, Francke, Berne, 1979.

Zink, G., *Phonétique historique du français*, PUF, Paris, 1986.

— *Morphologie du français médiéval*, PUF, Paris, 1989.

Dictionnaires

FEW / Wartburg, W. von, *Französiches etymologisches Wörterbuch*, à partir de 1922, Tübingen, Bâle puis Nancy, 24 vol. parus.

Godefroy, F., *Dictionnaire de l'ancienne langue française et de tous ses dialectes du IXe au XIVe siècle*, Kraus Reprints, New York, 1961-1969.

Greimas, A., *Dictionnaire de l'ancien français*, Larousse, Paris, 1968.

Tobler, A., et Lommatzsch, E., *Altfranzösiches Wörterbuch*, Steiner, Wiesbaden, à partir de 1925.

DEUXIÈME PARTIE

LANGUE FRANÇAISE ET SOCIÉTÉ

DU XIIIᵉ AU XVᵉ SIÈCLE

Serge Lusignan

UNE LANGUE EN EXPANSION

Nous avons vu comment une langue nouvelle émergeait peu à peu du latin tardif et, mêlant les innovations aux traits hérités, faisait reconnaitre au cours de sa formation des tendances qui n'ont cessé d'être à l'œuvre au cours de son histoire. Nous n'avons pas marqué une césure trop nette entre les XIIe-XIIIe siècles, qui correspondraient à l'ancien français, et les XIVe-XVe siècles, période dite du moyen français. Le temps et le lieu des modifications, toujours très progressives, sont variables et liés au domaine considéré. Il suffit de songer à la flexion nominale et à d'autres éléments envisagés dans la précédente partie. Dans l'histoire dite « externe », des phénomènes importants se sont produits au XIIIe siècle. Le français acquiert un prestige qu'il n'avait jamais connu jusque-là. Le pouvoir royal, qui s'affirme au long de ce siècle, crée les conditions favorables à une expansion de la langue dont il fait de plus en plus la forme habituelle de son énonciation. Le français n'a pas été au départ le français de Paris comme il a tendu à le devenir à partir du XIIIe siècle. La langue, qui se caractérisait par un fonds commun sur lequel se détachaient des variantes, a reçu de diverses régions des traits qu'elle a incorporés ou qui ont pu exister parallèlement. L'étude de la variété normande et angevine du français importé en Angleterre aux XIe et XIIe siècles est instructive ; elle nous renseigne en particulier sur l'apprentissage de la langue et de son orthographe.

Des zones d'ombre subsistent. Comparativement à la masse qui parlait les différents dialectes de langue d'oïl, les clercs n'étaient qu'une poignée, mais cette poignée avait pour elle le prestige de l'écrit, sur lequel repose la science. Le domaine scientifique échappait pour sa plus grande part au français, et le français lui-même n'était à la portée que d'un petit nombre de lecteurs, le nombre des écrivains étant encore plus réduit. Ce qui est parlé est dans la zone d'ombre. Les frontières néanmoins ne sont pas absolument étanches. La culture orale a des références moins précises, mais n'est pas absente. Les textes littéraires font plus volontiers apparaitre des personnages appartenant à des milieux moins élevés, fabliaux des XIIIe et XIVe siècles, farces et mystères du XVe. Nous ne pouvons pas sous-estimer enfin, bien que nous le connaissions mal, le rôle des femmes. Tous, quel que soit le milieu, ont passé auprès d'elles leurs premières années, et elles ont transmis, avec leur « vulgaire », les richesses de leur expression affective : c'est la langue maternelle, celle qui s'inscrit dans la mémoire d'où l'abstraction ne parvient pas à la chasser complètement.

Si le moyen français doit être caractérisé, il faut penser sans doute à la raréfaction des traits dialectaux dans les textes où ils étaient précédemment plus courants, et à la masse impressionnante de vocabulaire savant qu'appelaient les nouveaux domaines auxquels la langue s'appliquait désormais.

1. LE FRANÇAIS DU XIIIᵉ SIÈCLE À LA FIN DU MOYEN ÂGE

Le français, dont nous allons raconter l'histoire dans ces chapitres, est varié et changeant. Il est parlé de façons diverses dans la moitié nord de la France et au-delà ; il est une langue d'écriture importante en Angleterre. Il évolue chronologiquement de l'ancien au moyen français. Le français acquiert aussi de nouvelles compétences. Jusqu'à la fin du XIIᵉ siècle, toute la littérature française était versifiée. Au début du XIIIᵉ siècle, nait la littérature en prose, en même temps qu'on écrit les premiers récits historiques en langue vernaculaire. Un peu plus tard, le français envahit le domaine du droit et de l'administration. Au siècle suivant, il accède à l'expression du savoir. Mais toujours le latin demeure la langue exclusive des écoles et des universités, une langue vivante pour les clercs. La société française médiévale est bilingue. Telles sont les grandes questions d'histoire culturelle et sociale du français, que nous allons étudier. Mais avant d'entrer en matière, il faut rappeler avec insistance que l'histoire du français médiéval est celle de la langue écrite. Nos seules sources sont des textes et des documents d'archives qui dissimulent, bien plus qu'ils ne nous livrent, les pratiques orales de la langue. Notre étude va se dérouler en trois temps : d'abord, nous procèderons à une sorte d'état des lieux du français du XIIIᵉ siècle à la fin du Moyen Âge ; ensuite, nous examinerons les tensions qui s'avivent entre les divers parlers français et la langue de l'administration royale ; enfin, nous nous pencherons sur la rencontre du français et du latin au sein du monde scolaire.

LE FRANÇAIS ET LE LATIN DANS LA SOCIÉTÉ

On ne peut comprendre la place de la langue française dans la société médiévale sans préciser ses rapports au latin. Si le français dominait dans les échanges oraux entre les personnes, s'il occupait presque tout l'espace de l'expression poétique, le latin demeurait la langue exclusive dans plusieurs domaines. L'administration ecclésiastique depuis Rome jusqu'aux paroisses, le droit canon et toute la liturgie empruntaient le latin. Le latin était aussi la langue du savoir. Toutes les connaissances, des plus simples enseignées aux enfants jusqu'aux plus doctes, étaient consignées en latin. L'enseignement oral se faisait aussi dans cette langue, de même que les exercices scolaires.

L'École constituait la cellule sociale de base par laquelle se transmettait la maitrise du latin comme langue vivante orale et écrite. Plusieurs témoignages médiévaux attestent que, dès la petite école, le jeune enfant se voyait interdire l'usage de sa langue maternelle. Humbert de Romans, maitre général de l'ordre dominicain de 1254 à 1263, écrit : « de même les enfants dans les écoles, à qui on impose la règle de parler latin et non roman, quand il leur arrive de revenir à des mots en roman, ils sont aussitôt punis de la férule pour leur plus grande honte » (Lusignan, 1987, p. 38). Au XIVe siècle, plusieurs règlements de collèges universitaires parisiens répètent des interdits semblables. Au collège de Navarre « on parlera communément le latin, afin que les étudiants acquièrent l'habitude de bien le parler et avec facilité ». En 1401, les étudiants du collège de Cornouaille dénoncent leur maitre, Henry du Perrier, qui « ne veult parler latin, ne faire disputacions » (Lusignan, 1997). L'École constituait un véritable isolat linguistique et culturel latin au sein de la société française, et tout ce qui touchait la culture écrite en français lui était étranger.

La prééminence du latin était défendue par un discours idéologique qui prenait sa source chez les Pères de l'Église. On lit dans l'*Évangile* de saint Jean, XIX, 20, que l'inscription sur la croix « Jésus le Nazaréen, roi des Juifs » apparaissait en hébreu, en grec et en latin. Commentant ce texte, déjà saint Augustin écrivait : « ces trois langues en effet dominaient là toutes les autres : l'hébreu, à cause des Juifs rayonnant dans la loi de Dieu ; le grec, à cause des sages païens ; le latin, à cause des Romains qui déjà alors gouvernaient la plupart des peuples ou presque » (*In Iohannis evangelium* CXVII, 4). Les trois langues tirent aussi leur supériorité du fait que l'hébreu était la langue unique, avant la confusion des langues imposée par Dieu, pour punir les hommes d'avoir entrepris de construire la tour de Babel, symbole de leur orgueil (*Genèse* XI). Dans les années 1260, l'Italien Brunet Latin écrit dans son *Livres dou tresor* III, 1, 3 : « devant ce que la tour de Babel fust faite tout home avoient une meisme parleure naturelement, c'est ebru ; mais puis que la diversité des langues vint entre les homes, sor les autres en furent .iii. sacrees, ebrieu, grieu, latin » (Lusignan, 1987, p. 60). Par leur caractère sacré, les trois langues s'opposent aux langues vernaculaires issues du péché des hommes et de la punition divine.

Les penseurs médiévaux tirèrent d'autres enseignements de leurs réflexions sur les langues. Ils soulignent que les langues vernaculaires sont celles apprises par les enfants en imitant leur mère, alors que le latin est acquis de façon réflexive par l'étude de la grammaire. Depuis Guibert de Nogent (1053-1124), de nombreux auteurs médiévaux appellent la langue vernaculaire la *lingua materna*, la langue maternelle. Par contre, *gramaire* en ancien français signifie soit les règles régissant la langue, soit la langue latine elle-même. Au début du XIVᵉ siècle, Dante oppose la langue vernaculaire au latin sur la base de sa grammaticalité : « nous nommons langue vulgaire celle que sans règle aucune, nous apprenons en imitant notre nourrice. Il existe aussi une langue seconde pour nous, que les Romains ont appelée grammaire » (*De vulgari eloquentia* I, 1, 2-3). La langue vulgaire est toujours changeante, alors que le latin reste stable dans l'espace et dans le temps. Dante ajoute en effet que « la grammaire en fait n'est rien d'autre qu'une certaine identité de la langue que n'altère point la diversité des temps et des lieux » (*De vulgari eloquentia* I, 9, 11).

Langue sacrée et langue rationnelle, le latin s'oppose encore aux idiomes vernaculaires parce qu'il est la seule langue capable d'exprimer le savoir. Dans son traité d'éducation des princes, écrit vers 1279 à l'intention du futur roi Philippe le Bel, Gilles de Rome défend la nécessité d'enseigner très tôt le latin aux enfants des rois. Il soutient que nul ne peut étudier sans la connaissance du latin, car

> « les philosophes, voyant qu'il n'existait aucune langue vulgaire complète et parfaite par laquelle ils puissent exprimer la nature des choses, les mœurs des hommes, le cours des astres et tout ce dont ils souhaitaient discuter, s'inventèrent une langue qui à toute fin pratique leur est propre et qui s'appelle le latin ou langue littéraire. Ils la constituèrent riche et ouverte afin que par elle ils puissent exprimer adéquatement tous leurs concepts » (Lusignan, 1987, p. 43).

Un peu auparavant, cette carence de la langue vernaculaire face à la science était aussi soulignée par le grand penseur anglais Roger Bacon qui écrit dans son *Opus tertium* (chap. 15) : « il est sûr que le logicien ne pourrait exprimer sa logique s'il essayait de la dire dans les mots de sa langue maternelle ; il lui faudrait inventer des mots nouveaux et de ce fait il ne serait compris de personne sauf de lui-même » (Lusignan, 1987, p. 73).

Le cloisonnement du champ discursif entre le latin et la langue vernaculaire constituait un principe structural de la société et de la culture au Moyen Âge.

L'EXTENSION GÉOGRAPHIQUE DU FRANÇAIS
ET LES FRONTIÈRES DE LA FRANCE

Si le latin pouvait prétendre à l'universalité comme le christianisme, le français restait identifié à un territoire bien délimité. Son aire dépassait pourtant les frontières de la France qui par ailleurs englobait de vastes régions où l'on ne parlait pas français. Aussi est-il utile de préciser le rapport entre les frontières politiques du royaume et l'extension géographique du français.

La frontière orientale de la France de la fin du Moyen Âge est toujours celle héritée du partage de l'Empire entre les fils de Louis le Pieux au IX⁽ siècle, délimitée par les « quatre rivières » : le Rhône, la Saône, la Meuse et l'Escaut. Au Sud, le royaume ne rejoint pas encore les Pyrénées, mais il touche la Méditerranée. À l'Ouest, la mer marque ses limites. La France médiévale recouvre trois domaines linguistiques. Au Nord, elle s'étend sur une petite partie du pays de langue flamande, incluant les grandes villes de Bruges et de Gand. Mais la plus grande partie de la France royale demeure partagée entre le pays d'oïl et le pays d'oc. L'étude des fonds d'archives médiévaux en langue occitane et les enquêtes linguistiques modernes font penser que la frontière entre les deux domaines linguistiques a peu varié depuis la fin du Moyen Âge. La carte n°2 de la page 37 montre qu'entre l'Atlantique et la Saône, le pays d'oïl royal s'étendait jusqu'au département actuel de la Charente-Maritime, englobait une bonne moitié de la Charente, puis suivait le tracé sud des départements de la Vienne, de l'Indre, de l'Allier et de Saône-et-Loire. Plus anciennement au Moyen Âge, le domaine d'oc recouvrait le Poitou et la Saintonge. Cette ligne doit être vue comme une aire de rencontre des deux langues, plutôt qu'une frontière très nette. Au Sud, donc, s'étendait la région des parlers d'oc, et à l'Est, aux frontières des départements de la Loire et du Rhône, commençait le pays francoprovençal. Le français, l'occitan et le francoprovençal constituent trois langues distinctes. Signalons enfin qu'à notre période le pouvoir royal a peu de prise sur la Bretagne partagée linguistiquement entre le breton et le français.

L'aire d'extension du français dépassait largement les frontières du royaume. Au Nord, elle englobait la Wallonie, dans la Belgique actuelle. Vers l'Est, le pays d'oïl s'étendait sur la plus grande partie de la Lorraine, sur presque toute la Franche-Comté, et vers le Sud-Est il rejoignait la région de Neuchâtel en Suisse. Toutes ces contrées faisaient partie de l'Empire germanique et elles échappaient totalement à l'autorité du roi de France. Jusqu'à la fin du Moyen Âge, des villes comme Liège ou Metz furent des foyers culturels importants d'expression française, ainsi qu'en témoignent les nombreuses œuvres littéraires et chroniques qui nous sont parvenues.

Depuis F. Brunot, on ne manque jamais de rappeler que le rayonnement du français s'étendit bien au-delà des frontières naturelles de la langue. Sous l'influence des comtes de Hainaut ou des ducs de Bourgogne, il a été utilisé dans des actes concernant les pays flamands, les comtés de Hollande, de Zélande ou de Frise. Le français connut aussi un certain rayonnement en Italie. Rusticien de Pise, à qui Marco Polo dicta *Le Devisement du monde*, choisit le français pour rapporter les aventures du célèbre marchand vénitien en Extrême-Orient. Brunet Latin écrivit son *Livres dou tresor* dans cette langue parce que « la parleure est plus delitable et plus commune a tous les langages » (Lusignan, 1987, p. 84). Les entreprises militaires françaises favorisèrent aussi la diffusion du français à l'étranger, comme dans le royaume de Naples sur lequel la maison d'Anjou régna à partir de 1265. Au cours des croisades, la prédominance des contingents français eut pour effet que les Occidentaux furent désignés en Orient comme les Francs. La langue française fut leur langue de communication et celle des ouvrages juridiques rédigés au Proche-Orient et à Chypre. Durant le dernier quart du XIIIᵉ siècle, Jean d'Antioche de l'ordre de saint Jean de Jérusalem à Saint-Jean-d'Acre traduisit en français le *De inventione* de Cicéron, la *Rhetorica ad Herennium*, et les *Otia imperialia* de Gervais de Tilbury. Mais ces implantations du français à l'étranger, souvent superficielles, demeurent secondaires pour l'histoire de la langue.

Beaucoup plus importante est la place du français en Angleterre. Après la conquête du royaume par Guillaume duc de Normandie en 1066, la plupart des fonctions politiques et ecclésiastiques importantes passèrent aux mains d'une nouvelle élite normande. Les études récentes montrent cependant que le français ne pénétra jamais les couches inférieures de la société et que de nombreux Normands s'intégrèrent à la population anglo-saxonne, sans doute à cause de la faiblesse de leur nombre et des mariages interethniques. La conquête de la Normandie par Philippe Auguste en 1204 accentua l'insularisation de la noblesse normande. Mais la famille royale anglaise demeura profondément française. Lorsque le roi Étienne, dernier descendant direct de Guillaume, s'éteignit en 1154, un Angevin, Henri II Plantagenêt, monta sur le trône. Henri et sa descendance possédaient de vastes domaines en France. Jusqu'à la fin du XIIᵉ siècle, ils dominèrent tout l'Ouest de la France, depuis la Normandie jusqu'à la Guyenne. Les conquêtes françaises subséquentes réduisirent leurs possessions, mais le traité de 1258 entre Henri III et Louis IX confirmait toujours leurs droits sur le Limousin, le Quercy, le Périgord et la Guyenne.

L'importance du français s'affirma surtout avec le règne d'Henri III, dont le mariage en 1236 à Aliénor de Provence, la sœur de la reine Marguerite, l'épouse de Louis IX, amena à la cour d'Angleterre une pléthore de courtisans et de juristes français. À partir du règne d'Édouard Ier, qui monta sur le trône en 1272, le français s'imposa devant les tribunaux royaux et il commença à être utilisé concurremment avec le latin pour la rédaction des lois. Du règne d'Édouard III jusqu'à la mort de Richard III, soit de 1327 à 1485, le français remplaça presque complètement le latin comme langue de la législation. Il fallut attendre 1362 pour qu'il devienne permis de plaider en anglais devant les tribunaux, et 1363 pour qu'une session du Parlement débute par un discours en anglais du chancelier. Le français demeura la langue maternelle des souverains jusqu'à l'avènement d'Henri IV en 1399, le premier roi de langue maternelle anglaise. Il faut dire que depuis 1337, les rois anglais revendiquaient ouvertement leur droit au trône de France ; c'était même l'un des motifs de la guerre de Cent Ans. C'est donc deux siècles après la conquête de Guillaume que le français devint une langue importante pour la communication politique, juridique et administrative en Angleterre, et qu'il dut être appris comme langue seconde par les grands du royaume, les juristes et les officiers royaux. Cette situation provoqua la rédaction de manuels d'enseignement du français. C'est même le seul cas au Moyen Âge où l'on adapta les méthodes pédagogiques développées pour le latin à l'apprentissage d'une langue vernaculaire comme langue utilitaire.

LA DIVERSITÉ DU FRANÇAIS ET L'ÉVOLUTION DE LA LANGUE

Nous ne connaissons le français médiéval que par les textes. À partir des années 1200, leur nombre ne cesse de croitre, si bien qu'aux XIVe et XVe siècles, la masse de livres et des documents écrits en français devient incommensurable. Les études révèlent deux caractères importants de la langue écrite. Premièrement, on constate que persistent des variations notables entre les régions dans la façon d'écrire le français. Deuxièmement, on voit qu'entre le XIIIe et le XIVe siècle, l'ancien français évolue vers ce qu'il est convenu d'appeler le moyen français.

Le français médiéval est loin d'être une langue unifiée. Les particularismes régionaux sont nombreux dans les écrits du XIIIe siècle, bien qu'ils tendent à se résorber peu ou prou selon les régions, à mesure que l'on avance dans le temps. Certains persistent tardivement, au-delà du Moyen Âge, en particulier dans les régions en dehors du royaume de France comme la Lorraine ou la Wallonie. L'histoire dialectale du français médiéval a donné lieu à de nombreuses études, la plupart centrées sur le XIIIe siècle, donc sur la période qui précède l'émergence du moyen français. Les premières chartes en français apparaissent au début du XIIIe siècle et on possède pour l'ensemble de ce siècle un riche corpus qui atteste des façons différentes d'écrire la langue selon les régions. Parce qu'on peut situer la rédaction d'une charte avec précision dans l'espace et dans le temps, les historiens crurent y trouver un témoignage linguistique plus sûr que dans les textes littéraires. En effet, les œuvres littéraires autographes sont rarissimes et la langue des copistes très souvent anonymes peut interférer dans la transcription des textes.

Les études dialectales se heurtèrent pourtant à deux problèmes méthodologiques. Le premier a trait au rapport entre le témoignage écrit des chartes et la langue telle qu'elle était parlée. On a vite constaté que même les chartes les plus marquées dialectalement comportaient un grand nombre de formes qu'elles partageaient avec des documents écrits dans d'autres régions. Analysant deux chartes écrites à Metz en 1205 et 1259, Ch.-Th. Gossen constatait que 78 % des formes de l'une et 62 % des formes de l'autre étaient communes au français et au lorrain, 13 % et 8 % étaient des formes non lorraines et seulement 9 % et 30 % des formes étaient proprement lorraines. Auparavant, L. Remacle concluait à la même faiblesse de l'emprise dialectale sur l'écrit puisque dans une même charte wallonne, la forme locale et la forme commune française d'un même mot pouvaient alterner. On constatait tout de même que certains traits dialectaux des chartes se retrouvaient dans les dialectes oraux qui vont survivre un peu partout jusqu'au XXe siècle. Pour clarifier cette question, il s'impose de conserver la distinction entre parler local et scripta régionale. L'un désigne les usages oraux de la langue médiévale, de toute évidence très nombreux et diversifiés, mais qu'aucune source ne peut nous livrer ; l'autre recouvre les traits distinctifs de l'écriture dans les grandes régions du domaine français. On retient de ces études que les chartes dialectalement marquées ne reflètent en aucun cas la langue parlée, mais que les traits qui les distinguent y trouvent leur source.

Le second problème posé par l'étude des chartes françaises, qui donna lieu à d'âpres discussions, tient aux tentatives d'expliquer pourquoi les plus anciennes chartes des diverses régions partagent un large fonds commun français, et pourquoi l'on voit s'amenuiser peu à peu leurs traits dialectaux. Deux thèses se sont affrontées. La première voulait que le francien – le nom créé à la fin du siècle dernier pour désigner le dialecte de l'Ile-de-France – soit la forme dominante du français dès le XIIIe siècle. On supposa que son prestige lui venait d'être la langue de Paris et du roi. Partout les scribes auraient manifesté le désir d'imiter cette langue, sans arriver à occulter tous les particularismes de leur propre parler. Et ainsi, s'expliqueraient les très nombreuses formes communes que partagent les chartes des diverses régions. Cette thèse fut sérieusement remise en cause par A. Dees qui publia un important atlas des formes linguistiques des chartes du XIIIᵉ siècle.

À l'aide de près de 300 cartes représentant l'aire d'extension du français dans la France et la Belgique actuelles, A. Dees a étudié la répartition régionale de plus de 140 traits de langue recensés dans 3 000 chartes. Son travail confirme la réalité des particularismes locaux. Il montre aussi que des scriptas voisines partagent des traits : par exemple le wallon a certains traits en commun avec le picard, mais d'autres avec le lorrain. Par ailleurs, les régions les plus éloignées les unes des autres s'opposent le plus souvent au plan de la langue. Quant à l'Ile-de-France, elle possède des caractères qui parfois la distinguent des pays de l'Ouest, parfois de ceux du Nord, et d'autres fois de ceux de l'Est ou du Sud. Rien ne laisse supposer un mouvement d'irradiation linguistique de Paris vers la périphérie. D'ailleurs, certains traits de la langue commune du XIVᵉ siècle tirent leur origine de la périphérie. Les cartes confirment que la perte de la flexion casuelle se propage de l'Ouest vers le Centre, alors que la tendance à placer le complément d'objet direct après le verbe se développe depuis le Sud-Est du pays d'oïl. Ces considérations permettent de poser deux hypothèses. L'une est que le fonds français commun des chartes du XIIIᵉ siècle fut le fait d'une langue commune bien vivante dans les régions où les documents étaient écrits et ne devait rien à un quelconque envahissement parisien. L'autre est que des traits du français commun du XIVᵉ siècle, que l'administration royale contribua indéniablement à répandre, ont pu parfois tirer leur origine de dialectes fort éloignés de Paris.

Les différentes scriptas régionales se distinguent par leur graphie qui traduit des variations de la prononciation et par l'emploi de mots propres. Parmi les régions où les écrits restent longtemps marqués dialectalement, on signale la Normandie, la Picardie, la Wallonie, la Lorraine, la Bourgogne et la Franche-Comté. D'autres scriptas perdent leurs traits distinctifs au cours du XIVᵉ siècle comme la Champagne et tous les pays de la Loire jusqu'à la Bretagne. Il en est de même pour le Poitou et la Saintonge, où des réminiscences occitanes présentes dans le français du XIIIᵉ siècle commencent à se résorber au siècle suivant. Pour donner une idée plus concrète de ces réalités, nous allons citer quelques extraits de chartes venant du Nord et de l'Est de la France avec la traduction en regard.

La première charte, courte et très simple, est l'une des plus anciennes écrites en français. Elle date de l'extrême fin du XIIᵉ siècle et elle a été rédigée près d'Arras. On y reconnait des traits picards que nous soulignons :

Cou sacent cil ki sunt et ki avenir sunt que Hunes de Belmont et Emmeline *se femme* sunt reciut en *le maison* del Temple et es bienfais par .iiii. *mencols* de tere a .i. *capun* de rente et lor mes et lor maison que il i ont done apres lor deces mais tenant en sunt totes lor vies, et se de *lon* defaut, li altre le tenrra tote se uie. (Gysseling, p. 192)	Que ceux qui sont et qui seront sachent que Hunes de Belmont et Emmeline sa femme sont admis en la maison du Temple et à bénéficier des prières, pour quatre mesures de terre avec une rente d'un chapon ; et leur terre et leur maison qu'ils ont données après leur décès, ils en restent possesseurs toute leur vie, et en cas de décès de l'un, l'autre en conservera la possession.

Le second extrait est tiré d'une charte écrite à Liège en 1236, dont nous signalons les caractères wallons :

Nos faisons a savoir ke com *ilh owist* controversie entre nostre *glise* et *sangeor* Gilon et sa mere, par *conselh* de *proidomes*, est formee pais en tel *manire*... Et por ce ke ce soit ferme et *stable* avo (n) nos a ce lettres pendut nostre saeal et avons priet mon sangeor le veke ke *ilh* metit le *sin*. (L. Remacle, p. 110-111)	Nous faisons savoir que, comme il y eut une contestation entre notre église et le seigneur Gilon et sa mère, par le conseil de sages a été stipulé un accord de la manière qui suit... Et pour que cet accord soit fermement établi nous avons mis notre sceau à la lettre et avons prié mon seigneur l'évêque qu'il mette le sien.

Voici enfin un extrait d'un accord entre le sire de Darney et le chapitre de Remiremont (dép. des Vosges), passé en 1259, marqué de traits lorrains :

Nos Aubers, sires de Darney, faisons *coneixant* a tos ceos qui cest escript verront et orront que, dou *bestans* qui a estei longuement	Nous Aubert, sire de Darney, faisons savoir à tous ceux qui cette lettre verront et entendront que, à propos du litige qui fut depuis longtemps
entre nos et l-eglise de Remiremont...	entre nous et l'église de Remiremont... [elle disait]
et que nos l-an faisiens tort, paix en est faite par lou *consoil* de bones gens... Et nos, en tesmonniage de vertei,	que nous lui portions préjudice, la paix a été conclue grâce au conseil de bonnes gens... Et nous, en témoignage de la vérité,
avons nos donnees ces lettres saelees de nostre sael. (Lanher, p. 65)	nous avons produit ces lettres scellées de nostre sceau.

Les trois textes cités illustrent que chaque scripta possède des traits propres et d'autres qu'elle partage avec une scripta voisine, mais que nombre de mots demeurent du français commun. Terminons par l'exemple d'un écrit parisien presque contemporain. Il s'agit d'une vente à l'abbaye de Saint-Denis, enregistrée devant le prévôt de Paris, Renaud Barbou, en 1273 :

> Touz ceuls qui ces presentes lettres verront et orront, Renaut Barbo garde de la prevosté de Paris, salut. Nous feisons a savoir que par devant nous vint Raoul Destif escuier, afferma que il avoit et prenoit chacun an de cens et un chapon de rente seurs terres et seur masures et seur vignes en la maniere qui s'ensuit... les quiex trois arpenz sont assis ou lieu qui est apelé la Pointe ou terrouer de Teillai si com il disoit (Paris, Arch. nat. LL 1165, p. 34-35).

En Angleterre, le français se développe comme un rameau de plus en plus autonome de la langue continentale. Langue littéraire en premier lieu, il donna naissance à des œuvres importantes au XIIᵉ siècle et durant le premier quart du XIIIᵉ, en particulier dans le milieu de la cour des rois Plantagenêt. Ainsi, l'histoire du roi Arthur et de ses chevaliers, d'abord élaborée en latin par Geoffroy de Monmouth dans son *Histoire des rois bretons* (1138), fut racontée pour la première fois en français par Geffrei Gaimar (1140), puis par le très célèbre poète anglo-normand Wace dans le *Roman de Brut* qu'il dédia à la reine Aliénor d'Aquitaine en 1155. La littérature anglo-normande est riche aussi de récits historiques : pensons à l'un de ses plus beaux fleurons, l'*Histoire de Guillaume le Maréchal* écrite vers 1225-1226 pour célébrer la mémoire de celui qui fut à la fin de sa vie le tuteur du jeune roi Henri III. On doit aussi à Philippe de Thaon, un auteur de la première moitié du XIIᵉ siècle, les premiers écrits didactiques français. Cette littérature continua à se développer durant la seconde moitié du XIIIᵉ siècle et au XIVᵉ, avec cependant moins d'éclat. Elle affectionna en particulier les récits historiques, comme l'illustre la *Chronique* de Pierre de Langtoft terminée au tout début du XIVᵉ siècle, ou plus tard la *Vie du Prince noir* écrite par le poète Chandos vers 1386.

La langue des textes écrits en Angleterre tend à se démarquer de plus en plus de sa source continentale, le français de l'Ouest de la France et de l'Anjou. Le français d'Angleterre, qu'on désigne comme l'anglo-normand, acquiert peu à peu ses caractères propres dès le XIIᵉ siècle. Ainsi, la voyelle *u* devient utilisée à la fois pour *u*, *ou* et *eu* (on écrit *flur* et *ure*, pour *fleur* et *heure*). On note aussi la confusion de *n* et *gn*, la disparition du *e* final (*sir* pour *sire*) ou du *a* initial (*pelez* pour *apelez*), ainsi que la tendance à intercaler un *u* dans la notation des nasales *an* (*maunger* pour *manger*) et *on* (*bounté* pour *bonté*). Les marques de flexion disparaissent aussi dès le XIIᵉ siècle. Enfin, l'anglo-normand se caractérise par la conservation de mots devenus archaïques sur le continent et par ses emprunts à l'anglais. L'usage du français par les juristes perpétua son statut de langue d'écriture bien au-delà de sa période proprement littéraire. À la fin du Moyen Âge, le français devint une langue technique, un jargon professionnel utilisé par tous les juristes anglais. Cette langue reçut un nom : le *law French*. Son usage se perpétua dans les milieux juridiques jusqu'au XVIIe siècle, en sorte que le droit anglais actuel demeure imprégné du vocabulaire juridique français médiéval. Le *law French* se caractérise par une très forte contamination de l'anglais. Au cours du XVe siècle, les marques du pluriel en -*aux* ou en -*eux* se perdent au profit du *s* (*chatels* plutôt que *chateux* comme pluriel de *chatel*), les accords en nombre de l'adjectif avec le substantif sont oubliés, et les genres sont souvent confondus (*son feme*). Citons ce problème juridique tiré d'un recueil didactique du XIVe siècle, bien représentatif du *law French*, avec sa traduction en regard :

Un home tient vi acres de terre rendant par an al chef seyngneur del fe x s.; puis apres mesme cely chef seyngnur purchace les avaundit tenemens del dit tenant ; puis le primer tenant apres se lest morir ; et vent sa femme et porte bref de doware et recovere le chef	Un homme tient six acres de terre pour lesquels chaque année il verse au premier seigneur du fief dix sous ; plus tard le même premier seigneur achète la ci-devant dite tenure du dit tenancier ; puis le premier tenancier vint à mourir ; et arrive sa femme qui porte un bref de douaire et elle recouvre du premier
seyngneur la terce partie de les vi acres de terre. (Thorne et Baker, p. CXXXIX)	seigneur la tierce partie des six acres de terre.

Si le français varie dans l'espace, il change aussi beaucoup dans le temps. On situe habituellement l'apparition du moyen français avec l'arrivée du premier Valois, Philippe VI, en 1326 et le début de la guerre de Cent Ans (1337/9). Mais des traits du moyen français étaient déjà présents au XIIIe siècle et des caractères de l'ancienne langue ont pu persister ou réapparaitre durant le XIVe siècle. Cela dit, les changements touchent tous les niveaux de la langue, phonétique, morphologique, syntaxique et lexical. Plusieurs traits de l'évolution linguistique qui conduit au moyen français ont été décrits au chapitre précédent ; nous nous limiterons à rappeler quelques faits plus significatifs pour l'histoire du français comme langue écrite et langue de culture.

Plusieurs transformations touchent la phonétique. Un trait distinctif du moyen français est la réduction des hiatus. L'ancienne langue comptait un grand nombre de rencontres de voyelles qui se prononçaient séparément, un phénomène devenu rare en français moderne et souvent marqué par un tréma sur la seconde voyelle comme dans le mot *Noël*. Beaucoup d'hiatus de l'ancien français se réduisent à un son unique dans la langue des XIVe et XVe siècles : par exemple *raençon* devient *rençon*, ou *cooin* se change en *coing*. Les nombreuses diphtongues de l'ancien français se résorbent aussi de la même manière : par exemple le *i* de *vengier* ou de *aidier* tend à ne plus se prononcer. Quelques traces de diphtongues réduites à un seul son demeurent dans l'orthographe moderne de mots comme *bœuf*, *œil* ou *cueillir*. On note aussi l'hésitation entre *a* ou *e* devant *r* : *lermes* (les larmes) peut rimer avec *armes*.

Des changements touchent aussi l'orthographe. Pour éviter la confusion inévitable dans l'écriture manuscrite médiévale, lorsqu'un *i* suit ou précède *m*, *n* ou *u*, se développe l'usage de remplacer le *i* par un *y*. Par ailleurs, les graphies latinisantes, c'est-à-dire l'écriture d'un mot non pas selon sa prononciation mais en fonction de son origine latine, se multiplient à partir du XIVe siècle : ainsi, la préposition *soubz* acquiert un *b* parce qu'elle se dit *sub* en latin, le verbe *compter* un *p* parce qu'il vient de *computare*. À la fin du Moyen Âge, la multiplication des lettres étymologiques en moyen français va devenir l'un des indices de la relatinisation de la langue dont les effets marquent l'orthographe française jusqu'à nos jours. Le phénomène atteste aussi du degré de réflexion sur l'orthographe qui accompagnait le geste d'écrire en français à la fin du Moyen Âge, que N. Catach et G. Ouy ont bien mis en évidence.

L'une des transformations les plus importantes, souvent retenue comme le principal trait distinctif du moyen français, est la disparition des marques de flexion. Le phénomène concerne l'ensemble du groupe nominal : déterminant, substantif et adjectif, qui tous perdent les traits qui auparavant pouvaient les distinguer selon qu'ils se trouvaient en position de sujet ou de complément (cas régime) dans la phrase, comme on l'a vu dans la partie précédente. Le moyen français généralise la marque du féminin des adjectifs par l'ajout d'un *e* final. Il demeure cependant une exception notoire : *grande* ne s'impose que lentement et *grant* peut déterminer un nom féminin encore au XVe siècle. La résistance est particulièrement forte lorsqu'il est antéposé au nom : ainsi écrit-on encore *grand-mère* ou *à grand-peine*. La disparition de la flexion se répercute sur la structure même de la proposition ; la construction complément-verbe-sujet devient très rare en moyen français où domine très nettement la forme sujet-verbe-complément qui nous est si familière.

De façon générale, le moyen français tend à devenir une langue plus analytique et mieux adaptée à l'argumentation. Par exemple, il tolère moins bien que l'ancien français l'usage du substantif sans article, bien qu'il reste encore plusieurs cas où cette construction demeure acceptable, comme avec les substantifs abstraits ou avec les noms propres géographiques. L'article partitif (comme *du* ou *des*) devient aussi d'un emploi plus courant. Au niveau du démonstratif, on voit apparaitre la façon de préciser la proximité ou l'éloignement par le suffixe *-ci* ou *-la*. Pour marquer le rang, *deuxiesme*, *troisiesme*, *quatriesme* et *cinquiesme* concurrencent *second*, *tiers*, *quart* et *quint*, ce qui rend homogène le paradigme de la numérotation ordinale depuis *deux* jusqu'aux plus grands nombres. La présence du pronom personnel sujet utilisé de façon strictement emphatique en ancien français, comme c'était le cas en latin, devient de plus en plus la norme lorsqu'il ne se trouve pas d'autre sujet exprimé dans la proposition. Le pronom relatif *lequel*, si utile pour lever les ambigüités dans les longues phrases, devient d'un emploi fréquent au XIVe siècle. Enfin, la langue s'enrichit d'adverbes, de prépositions et de conjonctions. Le sens des adverbes qui marquent le temps se précise et se spécialise ; par exemple pour marquer la durée on voit apparaitre les adverbes *durant* et *pendant*. Les adverbes de lieu et de quantité se multiplient et les adverbes de manière construits à l'aide du suffixe *-ment* foisonnent. Avec ses quatre conjonctions, *comme*, *quant*, *que* et *se*, le français était beaucoup plus pauvre que le latin. Mais à partir de *comme* et *que*, la langue crée plusieurs locutions conjonctives pour exprimer les diverses relations logiques de causalité, de finalité, de conséquence, de condition ou autres, suppléant ainsi à ses déficiences face au latin. Ces outils linguistiques permettaient plus de précision dans l'argumentation. Ils rendaient aussi possible la construction de ces longues périodes si caractéristiques du moyen français, qui enlacent les propositions par le jeu des conjonctions et des pronoms relatifs, et qui permettaient d'imiter, pas toujours avec bonheur, le style du latin didactique et juridique.

Le domaine où le moyen français manifesta le plus de créativité demeure celui du vocabulaire. Au XIIIe siècle et plus encore au XIVe, les prosateurs et les traducteurs en constant rapport avec les sources latines prirent conscience des lacunes importantes du lexique français lorsqu'on le confrontait à une langue de culture. Toutes les études reconnaissent qu'une part importante de notre vocabulaire naquit à cette époque. Cet enrichissement du français résulte de son introduction dans différents domaines de la communication écrite réservés jusque-là au latin. À partir d'études qui mériteraient d'être poursuivies, P. Guiraud estime que le français moderne « est formé d'un vocabulaire de base d'environ 7 à 8 000 mots qui datent de l'ancien français et d'un vocabulaire de culture d'environ 12 000 mots dont la moitié date du moyen français » (p. 51). Il identifiait les XIVe et XVIe siècles comme les périodes les plus prolifiques sous ce rapport. G. Matoré (p. 264) affirme pour sa part que 40 % des mots de nos dictionnaires français modernes sont des créations du moyen français.

Le français pouvait d'abord compter sur ses propres ressources pour la création de nouveaux mots. Par exemple, des mots anciens acquièrent un sens nouveau : *ymaginer* désigne chez Froissart différents actes de la pensée. D'autres mots voient leur sens se modifier par un ressourcement à leur origine latine, comme *louer* qui perd son sens de *conseiller*, ou *errer* qui retrouve le sens du latin *errare* (se tromper). Le vocabulaire du moyen français s'enrichit aussi par les procédés habituels de suffixation (*crapaudaille, pietaille, chevaucherie, deablerie*), de préfixation (*promener, produire, superexcellent, superabondance*), ou de juxtaposition (*saige femme, bonjour* ou *bonsoir*). Mais la langue ne procède pas que par addition; plusieurs mots de l'ancienne langue se perdent avant la fin du Moyen Âge. G. Zink fournit une longue liste de mots ainsi abandonnés, dont nous tirons quelques exemples : *accouchée* remplace *gisante, gauche senestre*, ou *serviette toaille*. Le moyen français s'enrichit aussi au contact des autres langues vernaculaires. Les échanges sont nombreux avec l'italien à cause de la présence des papes à Avignon et des intérêts de la maison d'Anjou en Italie. Des mots comme *ambassade, brigand* ou *perruque* nous viennent de cette langue. L'occitan fournit aussi de nombreux mots comme *badin, cabane* ou *palefrenier*. Les emprunts aux langues germaniques sont plus rares : citons à titre d'exemples *digue* ou *houblon* du néerlandais, *kermesse* du flamand, ou *blafard* de l'allemand.

Toutefois, le procédé d'enrichissement lexical de loin le plus utilisé demeure la création de néologismes par voie d'emprunt ou de calque du latin. Un grand nombre de verbes latins deviennent français par la substitution de la terminaison *-er* au latin *-are* qui en fait des verbes du premier groupe. Il y a aussi tous ces substantifs latins abstraits et savants qui sont francisés par la simple modification de leur terminaison. Par exemple, les substantifs latins abstraits en *-as, -atis* ou les noms d'agent en *-or* donnent respectivement en français des noms en *-é* (ex. *absurdité*) ou en *-eur* (ex. *preteur*). Quant aux mots latins formés du suffixe *-alis*, ils trouvent leur place en français en prenant soit la forme *-al* (ex. *legal*), soit celle en *-el* (ex. *rationnel*). Les nombreux mots latins abstraits en *-tio* prennent une terminaison en *-tion/-(s)ion* (ex. *erudition*). Les adjectifs transposés d'une langue à l'autre selon des principes semblables abondent tout autant. Mais à cause du caractère fondamentalement bilingue de la culture écrite médiévale, les mots ainsi créés en français ne perdent jamais leur contact avec la langue latine. Dans certains domaines comme celui de la langue des chartes, peut-être faudrait-il même parler d'une vie en symbiose du vocabulaire français et latin. Le dictionnaire latin de Du Cange fournit sans doute la plus juste mesure de la chose, lorsqu'il illustre le sens de plusieurs mots latins par la juxtaposition de citations latines et françaises, suggérant ainsi que le sens de ces mots s'est construit par leur usage dans l'une et l'autre langue.

Les différentes transformations de la langue que nous venons de décrire enrichissent le français comme langue d'écriture et d'argumentation. Cette évolution avait considérablement éloigné le français de la fin du Moyen Âge de l'ancien français. On en vint même à ne plus très bien comprendre l'ancienne langue. Plusieurs romans de chevalerie du XIIᵉ siècle, qui bénéficiaient toujours de la faveur du public, furent repris et mis en prose au XVᵉ siècle. Les auteurs justifiaient leur travail en invoquant le vieux thème que le vers est trompeur et que la prose est seule garante de la vérité. Mais leur travail visait aussi à rajeunir le français de ces textes. Rappelons ces quelques témoignages cités par G. Doutrepont. Philippe de Vigneulles, qui a dérimé la *Geste des Lorrains*, écrit « que moult de gens n'entendoient pas bien le langaige de quoy l'on soulloit huser, ne ne prenoient plaisir à le lire, pour l'anciennetey d'icellui » (p. 389). Un autre dit avoir transposé un ouvrage « de vieil langaige corrompu en bon vulgaire françois » (p. 391). François Villon démontre à sa façon son ignorance de la vieille langue, lorsque dans son *Testament*, voulant écrire en *vieil langage françois*, il utilise à tort et à travers les *li* et les *s* qui marquaient le cas sujet en ancien français.

Notre bilan de la période allant du XIIIᵉ siècle à la fin du Moyen Âge suggère que l'histoire du français fut déterminée par deux facteurs principaux. Le premier tient au partage complexe des domaines de la communication entre la langue savante et sacrée et la langue vernaculaire. Le français demeure une langue endiguée par le latin. La délimitation des champs discursifs de l'un et de l'autre est entretenue principalement par l'École, qui moule l'esprit des clercs et leur procure la maitrise du latin. Le second facteur, qui marque l'histoire médiévale du français, est la géographie. La langue est présente sur un très vaste territoire et elle varie selon les régions. Les divers états du français constituent un trait distinctif du paysage humain médiéval qui nous apparaitrait encore plus varié si nous pouvions étudier les formes orales de la langue. Le déploiement du français dans l'espace est aussi conditionné par les cadres politiques. Ils expliquent son implantation en des lieux où il n'est pas la langue maternelle des habitants, notamment en Angleterre, et dans l'espace où le français est parlé naturellement, on a pressenti le poids de Paris, la ville royale, sur son évolution. Examinons maintenant ces facteurs politiques qui ont marqué l'évolution de la langue française au Moyen Âge.

2. LES PARLERS FRANÇAIS ET LA LANGUE DU ROI

LA LANGUE FRANÇAISE ET LES FAÇONS DE LA PARLER

Influencés par Aristote, les théoriciens médiévaux reconnaissent le langage comme le signe que l'homme est un être social. Ainsi, Nicole Oresme écrit vers 1370, dans sa traduction commentée de la *Politique* d'Aristote qu'il destine à Charles V : « Et homme a parole par nature, et parole est ordenee par nature a communication civile » (p. 49), l'homme possède naturellement le langage et le langage est ordonné à la vie au sein de la société politique. Pourtant, si les hommes partagent une même nature humaine en tant que descendants d'Adam et Ève, depuis Babel leur langue n'est pas partout la même. La multiplicité des langues, décrite par la Bible comme une punition divine, a toutefois perdu son caractère infamant sous la plume des exégètes médiévaux. Par un curieux glissement de vocabulaire, là où la Bible parle de confusion des langues, les glossateurs décrivent Babel comme le moment de la division des langues. Or, pour un esprit médiéval, diviser signifie classer, mettre de l'ordre dans la confusion. En somme, les penseurs des XIIIᵉ et XIVᵉ siècles s'accommodent fort bien de la diversité des langues vernaculaires, qui organise le paysage humain de l'Europe, d'autant que le latin demeure la langue universelle de l'Église et des lettrés.

Le Moyen Âge retient plutôt de la diversité linguistique qu'elle est la source de la multiplicité des nations. Parler une langue différente constitue le premier signe qui identifie l'étranger : il est celui que l'on ne comprend pas. La communauté politique, qui se fonde sur la communication linguistique, exige le partage d'une langue commune. Cette idée prend toute sa force dans le contexte de la guerre de Cent Ans qui oppose les Français et les Anglais. Toujours dans son commentaire de la *Politique*, Nicole Oresme, qui a bien réfléchi à la question, écrit :

« Et donques la division et diversité des langages repugne a conversation civile et a vivre de policie. Et a cest propos dit Saint Augustin ou .xix. livre de la *Cité de Dieu* que .ii. bestes mues de diverses especes s'accompaignent plus legierement ensemble que ne funt .ii. hommes dont l'un ne congnoist le langage de l'autre. Et dit assés tost apres que un homme est plus volentiers ovec son chien qu'ovecques un homme de estrange langue » (p. 291).

Ce propos, qui associe une langue à chaque société politique, relève bien sûr du discours idéologique : la réalité linguistique de la France et la situation médiévale du français nous sont apparues beaucoup plus complexes.

Les penseurs médiévaux rendent compte aussi de la diversité qui peut exister à l'intérieur même d'une langue comme le français. Voulant expliquer comment, après son troisième reniement, saint Pierre fut reconnu comme un disciple du Christ à cause de sa façon de parler (Matt. XXVI, 73), Nicolas de Lyre trace, au début du XIVe siècle, ce parallèle : « bien que la langue française soit une, ceux qui sont de Picardie la parlent différemment de ceux qui habitent Paris, et par cette diversité on peut percevoir d'où vient quelqu'un » (Lusignan, 1987, p. 62). Au siècle précédent, l'Anglais Roger Bacon, un passionné des questions linguistiques, identifiait quatre dialectes du français : le picard, le normand, le bourguignon et la langue de Paris. Bon lecteur d'Aristote, il expliquait ces différents parlers par la diversité des mœurs et de l'environnement : « en effet les Picards, qui sont les voisins des vrais français, sont tellement différents par leurs mœurs et par leur langue, qu'on est surpris de constater une telle différence à si peu de distance » (Lusignan, 1987, p. 71-72). Un recueil bilingue de *Distinctiones* du second tiers du XIVe siècle résume bien ces idées :

> « scitur enim per quatuor, ut videmus, quod unus homo [comme on l'a vu, on reconnait à quatre choses qu'un homme] est d'un païs et d'une region : Primo quant il se maintient selonc la guise dou païs et selon l'usage. Secundo quant il parle bien et communement le propre langage. Tertio quant il i retourne souvent et fait son estaige [sa résidence]. Quarto quant a ceus dou païs il tient compagnie et voisignage » (Hasenohr, 1978, p. 68).

L'appartenance à une communauté, le respect de ses règles et l'usage de sa langue organisaient la géographie humaine médiévale.

La langue identifie l'origine géographique des gens. D'horizons lointains vient l'étranger qui parle une autre langue. À l'intérieur de l'aire plus familière du français, la façon de parler trahit l'origine du locuteur, comme l'illustre une lettre de rémission de 1388, qui décrit la rencontre entre quelqu'un de la région parisienne et un Picard : « icellui de Chastillon cognut au parler que icellui Thomas estoit Picart ; et pour ce par esbatement se prist a parler le langage de Picardie et ledit Thomas qui estoit Picard, prist a contrefaire le langage de France » (Du Cange, t. V, p. 116). On pouvait aussi cacher son origine géographique en empruntant un autre parler. Mis au ban de la société, le héros du *Roman de Renart* dissimule son identité à son ennemi Ysangrin en se faisant passer pour un Anglais. Parodiant l'accent étranger, l'auteur fait dire à Renart à qui Ysangrin demande s'il est anglais : « Naie, seignor, mes de Bretaing » (Lalou, p. 547). À la fin du XVᵉ siècle, Ph. de Vigneulles, au retour d'un long voyage à Rome, trouva sa ville de Metz entourée d'ennemis. Il estima plus prudent de dissimuler son identité messine en disant à ceux qu'il rencontrait « qu'il estoit de Genevre en Savoie, et print à parler savoien » (*Journal*, p. 32).

Les discussions médiévales sur les différentes formes du français furent vite marquées par des considérations idéologiques. Nous avons vu dans la partie précédente des auteurs français de la seconde moitié du XIIᵉ siècle prendre à témoin leur origine géographique comme garant de la qualité de leur langue. Au XIIIᵉ siècle, Roger Bacon qualifiait les Français de la région parisienne de Français purs, *puri Gallici*. Leur nom est celui-là même qui désigne la langue française qu'il appelle *lingua gallicana*. La géographie des parlers français possédait un pôle d'orientation : Paris.

À la fin du Moyen Âge, le français de Paris était aussi cité comme la norme de la langue que les traités didactiques anglais prétendaient enseigner. La grammaire de John Barton (c. 1400) s'engage à enseigner aux Anglais « la droit language du Paris et de païs la d'entour, laquelle language en Engliterre on appelle doulce France » (Swiggers, 1985, p. 240). L'analyse linguistique des traités anglais de A.M. Kristol a cependant montré que même les plus tardifs conservent des traits anglo-normands et que le français qu'ils enseignent subit des influences du picard. Un net décalage existe entre leur prétention d'enseigner la langue de Paris et la réalité linguistique qu'ils proposent. Le traité d'orthographe de M.T. Coyfurelly, écrit en latin vers 1409, enseigne pour sa part à *dulciter sonare* (Stengel, p. 16), c'est-à-dire à parler doucement la langue de Paris. Dans une manière de langage de la même époque, un traité de conversation à la façon de nos manuels modernes, un Parisien remplit de contentement un Anglais à qui il dit : « car vraiement je n'oy oncquesmais Englois parler françois si bien a point ne si doulcement » (Stengel, p. 17). Associer France et douceur remonte aux origines mêmes de la littérature française : la France est qualifiée de *dulce* plus de vingt fois dans la *Chanson de Roland*.

Les médiévaux eurent la nette conscience que la langue vernaculaire pouvait être bien ou mal utilisée. On reconnaissait l'existence de règles d'usage du français, comme en témoigne l'auteur d'une manière de langage, datant de 1396, qui écrit : « ci commence la maniere de language que t'enseignera a droit parler et escrire doulz françois selon l'usage et la coustume de France » (Meyer, p. 382). *Usage* et *coustume* sont les termes techniques médiévaux pour désigner le droit coutumier qui regroupe les façons de faire qui s'imposent comme des lois non écrites dans une société. Ainsi, on reconnaissait que le français était régi par des règles coutumières non écrites, mais connues de ceux qui l'avaient appris comme langue maternelle.

Les noms utilisés au Moyen Âge pour désigner le français sont aussi révélateurs du système de valeur de plus en plus chargé qui s'attache à la langue. Esquissons cette question qui mériterait une étude approfondie. Durant le XIIe siècle et une partie du XIIIe, *lingua romana* en latin, ou *roman* en français, sont les appellations les plus usuelles du français. Mais elles peuvent aussi désigner la langue occitane. *Roman* peut encore signifier un ouvrage littéraire écrit en français. Le mot était polysémique. À partir du XIIIe siècle, on rencontre de plus en plus *franceis* ou *françois*, qui nomme d'abord la langue de la région parisienne et recouvre ensuite l'ensemble de la langue. Au XIVe siècle, *françois* éclipse totalement *roman* pour nommer le français du royaume. En fait, l'usage du mot *françois* se développe au même moment où, comme l'a souligné J. Le Goff, *Francia* en latin étend son extension pour désigner tout le territoire du royaume et non plus la seule région autour de Paris. Philippe Auguste se dit le premier *rex Franciae*, roi de France, dans un acte de 1204. Il s'établit donc peu à peu une concordance entre le nom du royaume et celui de la langue française au cours du XIIIe siècle. Mais elle ne se dit qu'en français ; le nom latin de la langue reste durant toute notre période *lingua gallicana* ou *gallice* (en français). *Francia* ne fournit aucun dérivé latin médiéval pour nommer la langue, pas plus que *galois* ou *gaulois* en français ne va jamais désigner le français. *Roman* survit tout de même jusqu'à la fin du Moyen Âge pour nommer un parler régional. Un traité didactique anglais appelle *lingua romanica* le picard, qu'il oppose au français de Paris la *lingua gallicana* (Krystol, p. 363). Chez Philippe de Vigneulles, l'opposition entre *roman* et *français* prend une coloration politique évidente. Revendiquant l'indépendance de Metz, ville d'Empire, par rapport au royaume de France, il écrit au début du XVIe siècle à propos de la langue lorraine : « et, pour l'amour dez Romains, à qui la noble cité estoit subject, on appelloit leur langaige *roman*. Et, encor aujourd'uy, en ce païs, nous disons que c'est parler langaige roman et non pas françoy » (*Chronique*, t. I, p. 46). Quant à l'expression *langue d'oïl*, qui apparait durant la seconde moitié du XIIIe siècle, son utilisation demeure marginale. On la trouve dans le *De vulgari eloquentia* I, VIII, lorsque Dante distingue l'italien, l'occitan et le français par leur façon de dire *oui* : soit respectivement *si, oc* ou *oïl*. Quelques actes royaux du XIVᵉ siècle utilisent *Languedoil* pour désigner la moitié nord du royaume, par opposition à sa moitié sud, le Languedoc. Mais ce découpage est administratif et non linguistique, car dans cette opposition le Limousin, par exemple, fait partie du *Languedoil*.

Un miracle attribué à Saint Louis suggère qu'à la fin du XIIIᵉ siècle, le français est en voie de devenir la langue identitaire du royaume. En vue de la canonisation du roi, qui sera effective en 1297, on avait accumulé de riches dossiers relatant ses nombreux miracles. L'un d'entre eux, raconté par Guillaume de Chartres peu après 1290, retient particulièrement notre attention. Il s'agit de l'histoire d'un brave Bourguignon qui, sourd et muet, était convaincu de pouvoir recouvrer l'ouïe et la parole en allant prier sur le tombeau du roi Louis à Saint-Denis. Il réalisa effectivement son pèlerinage et le miracle se produisit : il se mit à parler français non comme un bourguignon, mais comme s'il était né à Saint-Denis. La narration du miracle oppose les deux niveaux de langue en désignant l'un comme la *lingua materna* et l'autre comme la *recte gallicana* (Lusignan, 1987, p. 124). Le français correct de Paris est acquis par le miraculé grâce à l'intervention du saint roi de France.

Il semble bien que les rois d'Angleterre avaient aussi conscience de la nécessité de conserver un caractère français à leur pouvoir pour légitimer leurs prétentions à la couronne de France. C'est probablement l'une des raisons qui leur fit conserver si longtemps l'usage du français au sein de leur administration. Froissart rapporte d'ailleurs que, lors d'un parlement tenu au tout début des opérations de la guerre de Cent Ans, Édouard III demanda : « que tout seigneur, baron, chevalier et honnestes hommes de bonnes villes mesissent cure et diligence de estruire et apprendre leur enfans de langhe françoise, par quoy il en fuissent plus able et coustummier en leur gherres » (I, p. 401). En accentuant son caractère français, l'armée anglaise cessait d'être étrangère et donnait un surplus de légitimité aux ambitions du roi. D'ailleurs, Nicole Oresme n'écrit-il pas que « ce est une chose aussi comme hors nature que un homme regne sus gens qui ne entendent pas son maternel langage » (p. 291). Il appuie son argument sur un passage du *Deutéronome* XVII, 15 qu'il traduit : « l'en ne doit pas avoir roy d'estrange nation ». Citant le texte de *Jérémie* V, 15, il rappelle aussi que l'une des punitions promises par Dieu à son peuple infidèle était « qu'il le mettroit en mains de gens estranges et d'autre langue » (p. 292).

Divers indices laissent donc croire que le français était devenu la langue identitaire du royaume de France. Mais qu'en était-il de son utilisation effective pour exprimer le droit et les conventions entre les hommes, qui donnent sa cohésion au corps social ? Pour reprendre les termes mêmes de Nicole Oresme, quelle fut la place exacte du français dans la communication civile en France, à la fin du Moyen Âge ?

AUX ORIGINES DU FRANÇAIS JURIDIQUE

Le latin fut la langue exclusive du droit savant et de son enseignement dans les universités médiévales. On distinguait deux grandes disciplines juridiques, le droit civil et le droit canon. Le premier était étudié à partir du corpus de l'empereur Justinien (483-565), le *Code*, le *Digeste* et les *Institutes*. Quant au droit canon, c'est-à-dire le droit de l'Église, son enseignement s'appuyait sur les compilations officielles comme le *Décret* de Gratien (1148) ou les *Décrétales* du pape Grégoire IX (1234). Les plus grands juristes étaient spécialistes des deux domaines : on les disait docteurs *in utroque*, soit dans l'un et l'autre droit. Dans la France du Nord, l'Université de Paris enseignait exclusivement le droit canon et les étudiants allaient à Orléans ou à Angers pour apprendre le droit civil. Au Sud, le droit était enseigné principalement dans les universités de Montpellier et de Toulouse. Malgré le caractère latin du droit savant médiéval, la langue vernaculaire écrite commença à exercer les différentes fonctions d'une langue écrite de droit dès le XIIIᵉ siècle.

Rappelons au départ que l'on ne contesta sans doute jamais à la langue vernaculaire parlée sa capacité d'établir des engagements et des obligations entre les hommes, ce qui constitue l'un des traits distinctifs du langage juridique et qui en fait un langage performatif. Les innombrables conventions qui caractérisent l'organisation de la société féodale s'appuyaient sur le geste et la parole. On a vu dans la partie précédente que le plus ancien texte français qui nous soit parvenu est un serment, le célèbre *Serment de Strasbourg*. Nithard, qui écrit ses *Libri historiae* en latin, rapporte en style direct et en français la formule d'engagement que Louis le Germanique avait prononcée dans cette langue. Le respect de la langue utilisée par les contractants contribuait à authentifier les paroles rapportées par l'historien.

La langue vernaculaire servait même à établir des conventions spirituelles. Bien que toutes les paroles assurant la validité d'un sacrement dussent impérativement être prononcées en latin par le prêtre, les bénéficiaires du sacrement pouvaient pour leur part utiliser leur langue maternelle. L'aveu des fautes à la confession se faisait dans la langue vernaculaire, tout comme le consentement verbal entre les époux au mariage. Plus significatif encore est le baptême. Lorsqu'un non-baptisé se trouvait en danger de mort et qu'aucun prêtre n'était disponible, l'Église permettait à un laïc chrétien d'agir comme ministre du sacrement et de prononcer les paroles du baptême en langue romane, comme le précise les statuts synodaux de Paris, très tôt au XIIIᵉ siècle (Pontal I, p. 54-56).

Le droit romain enseigné dans les universités n'avait force de loi que dans le Sud de la France désigné dès le Moyen Âge comme le pays de droit écrit. Le Nord était en effet régi par la coutume que G. Gilissen définit comme « un ensemble d'usages d'ordre juridique, qui ont acquis force obligatoire dans un groupe socio-politique donné, par la répétition d'actes publics et paisibles pendant un laps de temps relativement long » (p. 20). Sans être tout à fait la même, la frontière qui sépare la France coutumière de la France de droit écrit se rapproche de celle qui divise le royaume en pays d'oïl et pays d'oc. L'assise de chaque coutume est géographique et d'une région à l'autre la coutume peut être fort différente. Avec la façon de parler, la coutume constitue l'un des traits distinctifs des groupes humains, comme le suggère le recueil bilingue de *Distinctiones* cité plus haut. P. Ourliac (1985) a d'ailleurs souligné le parallélisme géographique qui existe entre les faits juridiques et les faits linguistiques. Comme la langue, la coutume n'exige pas d'être écrite ni codifiée pour exister.

Les premières mises par écrit des coutumes commencent au XIIIᵉ siècle, avec le *Grand coutumier de Normandie* compilé vers 1235, les *Établissements de Saint Louis* au milieu du XIIIᵉ siècle, le *Conseil à un ami* de Pierre Fontaine écrit entre 1253 et 1259, le *Livre de jostice et de plet* achevé vers 1260, et les célèbres *Coutumes de Beauvaisis* de Philippe de Beaumanoir terminées en 1283. Presque toute cette littérature coutumière est écrite en français, à l'exception de la coutume normande qui circule aussi en latin. La plupart de ces ouvrages n'ont qu'une fonction didactique et une valeur privée. Ce n'est pas avant Charles VII et l'ordonnance de Montils-lès-Tours de 1454 qu'un roi va ordonner la rédaction des diverses coutumes de la France pour en confirmer la valeur légale. Les coutumiers attestent que dès le XIIIᵉ siècle le français juridique était devenu une langue technique. Ph. de Beaumanoir affirme que les laïcs qui doivent plaider contre des clercs en cour laïque « n'entendent pas bien les mos meismes qu'il dient en françois » (p. 98) : par exemple, au lieu de parler de *demande*, le clerc utilise le mot *libelle*, et au lieu de *défense* le mot *excepcion*.

C'est encore au XIIIᵉ siècle que le français fit son apparition dans les actes notariés, beaucoup plus tardivement en fait que ce ne fut le cas pour la langue occitane. Les travaux de Cl. Brunel ont montré que l'usage de celle-ci se répandit dès la fin du XIᵉ siècle, d'abord dans des

CARTE 5. Droit coutumier, droit écrit

Les pays de droit écrit sont situés dans la France méridionale, comme on peut le voir sur la carte. La diffusion du droit romain s'est heurtée dans le Nord au maintien de coutumes bien implantées. Plusieurs d'entre elles ont été mises par écrit au XIIIᵉ siècle : *Grand coutumier de Normandie, Livre de justice et de plet, Établissements de Saint Louis, Coutumes de Beauvaisis* de Philippe de Beaumanoir.

---

actes dits *farcis* où l'occitan alterne avec le latin, et plus tard dans des actes intégralement écrits en vernaculaire. Les premiers actes français apparaissent pour leur part au tout début du XIIIᵉ siècle, au Nord et à l'Est de la France, suivant un spectre se déployant très loin de la région parisienne, depuis la Flandre française, la Picardie, la Wallonie et la Lorraine, jusqu'en Champagne orientale, en Bourgogne et dans le Jura. On les trouve nombreux dans ces régions à partir des années 1235-1245. Il reste aussi de la même époque bon nombre d'actes rédigés dans le Sud-Ouest du pays français. Par contre, les actes venant de l'Ile-de-France, de la Normandie, de la Bretagne, des pays de la Loire, de l'Ouest de la Champagne et du Centre de la France demeurent rares. Il faut attendre les dernières décennies du XIIIe siècle pour les voir se multiplier dans ces régions. L'usage administratif du français est donc né sur les pourtours du domaine d'oïl.

Les études montrent que les actes écrits en français peuvent émaner aussi bien d'une chancellerie laïque qu'ecclésiastique. J. Lanher a par ailleurs remarqué pour la région vosgienne que les actes écrits par un scribe pour le compte d'une personnalité de moindre importance comportent davantage de traits dialectaux que ceux émanant d'une grande chancellerie. On note aussi que les traits dialectaux commencent à se résorber dès le milieu du XIIIe siècle dans des régions comme la Champagne ou les pays de la Loire. Ailleurs, comme en Picardie, en Wallonie ou en Lorraine, une scripta locale bien identifiable persiste jusqu'à la fin du Moyen Âge. Partout, cependant, la forme des actes acquiert un caractère de plus en plus standardisé. Enfin, L. Carolus-Barré (1964) a démontré qu'un même tabellion pouvait écrire des actes en latin et en français. Ces quelques remarques suggèrent que l'écriture des actes en langue vulgaire était devenue au XIVe siècle une affaire usuelle, aux mains de professionnels.

L'ADMINISTRATION ROYALE ET LA LANGUE FRANÇAISE

Mais qu'en est-il de l'usage du français par le pouvoir royal ? Notre période est celle de l'affirmation du pouvoir souverain du roi et de l'État en France. Au départ, l'étude des usages linguistiques de l'autorité royale doit clairement distinguer la pratique des administrations locales, bailliages, sénéchaussées et prévôtés, plus proches des sujets et plus promptes à adopter le français, de celle de l'administration centrale, chancellerie et Parlement, qui reste plus attachée au latin.

Le notariat royal fut sans doute l'institution qui a le plus contribué à la diffusion de l'usage écrit de la langue vernaculaire au sein de la société. Pendant longtemps, les particuliers s'étaient adressés aux juridictions ecclésiastiques pour faire mettre par écrit leurs conventions. Mais les notaires d'Église utilisaient très souvent le latin. Vers 1270 apparaissent à Paris les premiers actes notariés rédigés sous l'autorité du prévôt qui siégeait au Châtelet. Les notaires royaux parisiens, qui dès l'origine utilisèrent exclusivement le français, connurent un rapide succès. Dès 1301, un mandement de Philippe le Bel demande que leur nombre ne dépasse pas soixante. Les notaires royaux apparurent aussi en dehors de Paris. Une ordonnance de Philippe le Hardi, promulguée vers

1280, demandait que des hommes soient habilités à recevoir les contrats dans toutes les villes où les baillis tiennent leurs assises. De nombreux actes écrits en français témoignent effectivement de l'activité de notaires royaux dans un très grand nombre de villes du Nord et de l'Est de la France avant le début du XIVe siècle. Si l'on reporte sur une carte la localisation des seize villes de Champagne où ont été signés des actes en français avant l'année 1300, on constate que, dans le très grand périmètre défini par les villes de Meaux, Vitry-le-François, Chaumont, Troyes et Provins, on se trouvait toujours à moins de vingt-cinq kilomètres d'un notaire royal. Il fallait donc moins d'une journée pour se rendre auprès d'un officier autorisé à mettre en forme des actes écrits dans un français relativement standard et portant le sceau de l'autorité royale.

Curieusement, les grandes institutions centrales comme la chancellerie ou le Parlement se mettent beaucoup plus lentement au français. G. Tessier (p. 239) a déjà noté que la première charte royale en français date de 1254, mais qu'encore sous Charles IV (1322-1328), seulement une charte sur dix utilise la langue vernaculaire ; à cette époque, le latin est toujours la langue dominante à la chancellerie du roi. Un sondage dans les registres nous laisse croire qu'un changement profond a pu se produire sous Philippe VI (1328-1350) : au début de son règne, le latin domine toujours largement, alors qu'à la fin les trois quarts des chartes sont en français.

L'utilisation croissante du français par l'administration royale contribua fortement à l'unification de la langue. J. Monfrin (1972) a déjà noté que les actes émanant des administrations royales bailliagières ont un caractère dialectal beaucoup moins marqué que les autres documents administratifs régionaux. Les officiers royaux n'étaient pas souvent originaires de la région qu'ils desservaient et sans doute cherchaient-ils à s'adresser aux institutions centrales dans une langue plus commune. C'est d'ailleurs dans les régions qui échappent à l'autorité royale comme la Wallonie ou la Lorraine que les particularismes linguistiques persistent le plus longtemps dans les actes, jusqu'à l'époque moderne. Mais le français que diffuse l'administration royale n'est pas inspiré en tout point du dialecte de Paris. Nous avonc vu que des traits linguistiques du moyen français tirent parfois leur origine de régions fort éloignées de Paris. K. Baldinger a pu montrer que le terme *roturier*, qui s'impose à la chancellerie royale à la fin du Moyen Âge, est originaire des régions poitevine et vendéenne. L'étude de Fr. Autrand (1981) sur le Parlement de Paris aux XIVe et XVe siècles démontre que son personnel se recrutait un peu partout en France, depuis le Limousin jusqu'aux frontières nord. Une telle institution devait être un remarquable creuset de la langue.

Le français finit donc par dominer au sein de l'administration centrale, mais sans jamais faire disparaitre le latin. Celui-ci demeure la langue exclusive de la diplomatie et il continue d'être employé par la chancellerie en plusieurs circonstances. Au Parlement, bien que l'on plaide obligatoirement en français, les arrêts et les jugés, c'est-à-dire les sentences de la cour, sont écrits en latin jusqu'au XVIe siècle. Il faut en effet attendre l'ordonnance de Villers-Cotterêts de 1539 pour que cesse complètement l'utilisation du latin par les tribunaux royaux. L'administration royale demeure donc bilingue jusqu'à la fin du Moyen Âge.

Le bilinguisme de l'administration royale peut être étudié grâce à un important *Art notarié* de la chancellerie compilé en 1427 par Odart Morchesne. Ce manuel fournit des modèles pour les différents types d'actes qu'un notaire de chancellerie était appelé à rédiger. Plusieurs fois, le recueil fournit à la suite les modèles français et latin d'un même acte. L'étude des actes bilingues suggère que le français manifeste les mêmes qualités expressives que le latin quant au contenu juridique des actes. Langue romane, il annexe facilement les mots techniques du vocabulaire savant latin. Les termes abstraits du vocabulaire politique latin comme *reformatio, bona status* ou *bonum commune*, trouvent vite leur équivalent français : *reformation*, le *bon estement* ou le *commun bien*.

Les deux langues se rapprochent aussi par la syntaxe ; la structure des phrases latines est fortement marquée par la langue vernaculaire. L'analyse syntaxique des lettres bilingues dans Morchesne révèle un parallélisme frappant des phrases latines et françaises, qu'illustre la mise en parallèle d'un extrait d'une lettre bilingue :

> Savoir faisons nous de grace especial avoir octroyé a tel et a sa femme,
> *Notum facimus nos de gracia speciali concessisse   dilectis nostris decano et*
>
> que eulz tant conioncttement comme diviseement
> *capitulo ecclesie Aurelianensis, ut ipsi tam coniunctim   quam   divisim*
>
> en toutes leurs   causes et quereles meues et a mouveoir contre tous
> *in omnibus suis causis et querelis motis et   movendis contra quoscumque*
>
> leurs adversaires par devant tous juges   seculiers de nostre royaume
> *suos adversarios coram quibuscumque judicibus regni nostri secularibus*
> (Paris, Bibl. nat., *Fr* 5024 fol. 1).

L'étude de plusieurs lettres bilingues révèle que l'ordre général des composantes syntagmatiques de la phrase est presque toujours identique. On note cependant des inversions de mots à l'intérieur du groupe nominal, expliquées entre autres par l'antéposition de l'adjectif et la postposition du possessif en latin. Le seul écart important entre les deux langues vient du verbe qui en latin se trouve assez souvent à la fin de la proposition. De tels effets linguistiques pouvaient être volontairement recherchés par les notaires afin de faciliter la lecture de leurs actes latins. Un manuel latin écrit vers 1336 et édité par Guilhiermoz recommande aux membres de la chambre des enquêtes du Parlement d'écrire leurs comptes rendus dans un « latin simple et ordinaire, familier aux laïcs, et proche du français par le vocabulaire » (p. 223-224). Il conseille d'éviter les gérondifs et les ablatifs absolus ; il s'agissait en effet de constructions qu'ignorait la langue vernaculaire. Par contre, le français semble plus démuni lorsque la solennité d'une lettre exige qu'un préambule élaboré énonce les principes abstraits, politiques ou juridiques, de l'action royale. Dans ces circonstances, une recherche stylistique s'impose : la rhétorique reprend ses droits et le latin affiche sa supériorité, comme l'illustrent les prologues de plusieurs documents reproduits par Morchesne. Ces considérations sur les langues de la chancellerie montrent aussi jusqu'à quel point le français et le latin ont vécu en symbiose lorsque utilisés comme langue juridique.

L'étude du bilinguisme de la chancellerie royale pose ultimement la question de l'efficacité relative des deux langues pour communiquer avec les sujets du royaume, et des raisons qui motivaient le choix de l'une plutôt que de l'autre. Rappelons qu'au Moyen Âge il existait des petites écoles urbaines où les enfants apprenaient pendant cinq, six ou sept ans à lire puis à écrire le latin, avant d'accéder vers l'âge de quinze ans à l'université. Il est très difficile d'évaluer l'importance du réseau scolaire français de la fin du Moyen Âge, mais quelques travaux laissent croire qu'il était passablement dense dans les régions développées comme l'Ile-de-France, la Champagne ou la Normandie. Notre étude de la réglementation des collèges universitaires parisiens nous permet de supposer qu'un élève ayant complété le cursus d'une telle école pouvait saisir le sens d'une charte écrite dans ce « latin familier aux laïcs ». Le latin offrait donc l'avantage de pouvoir être lu, aussi bien en pays d'oïl qu'en pays d'oc, par les gens un tant soit peu scolarisés.

Quel intérêt alors pouvait présenter l'usage du français ? Il semble bien que la version vernaculaire d'un acte latin contribuait à sa diffusion. En 1423, lors d'un procès pour pratique illégale de la médecine à Paris intenté à Jean Domprémi, la Faculté de médecine fit composer par des juristes une lettre patente démontrant son bon droit. Écrit en latin sur parchemin, le document fut affiché sur les portes des églises de Paris, accompagné d'une version française sur papier (Wickersheimer, p. 125). Pour le Languedoc, F. Brunot (I, p. 369-370) signale la présence, dans les archives départementales, de traductions occitanes de chartes urbaines que la chancellerie royale rédigeait toujours en latin. Ces deux exemples peuvent suggérer que, malgré le caractère fondamentalement latin de l'École, certains lisaient plus facilement, voire exclusivement, la langue vernaculaire. Mais on peut penser aussi que la lecture publique et à haute voix, très répandue dans la société médiévale, imposait la traduction préalable des actes qui n'étaient pas écrits dans la langue des auditeurs. Peut-être touche-t-on là une explication de la faveur que connut tout de suite le français pour la rédaction des actes notariés. Une ordonnance de 1304 recommande aux notaires royaux d'exposer à leurs clients, en langue vulgaire, les clauses de droit susceptibles de leur échapper (Ord. I, p. 416-420). Il est probable que l'acte écrit en français possédait pour le bénéficiaire une plus grande authenticité puisqu'il pouvait lui être lu et expliqué dans sa langue par le notaire.

Malgré des impératifs de communication qui auraient pu s'imposer au souverain d'un royaume divisé en pays d'oïl et en pays d'oc, la chancellerie royale n'employa jamais la langue occitane. Ses écrits à l'intention du Sud de la France sont tantôt en latin, tantôt en français, selon le cas. L'examen des archives royales révèle pourtant de nombreux cas où, à l'intérieur d'une charte latine, les notaires de la chancellerie citent des actes émanant d'une autorité locale languedocienne dans la langue originale. Par exemple, le 12 juin 1411, Charles VI confirme la réglementation concernant les sergents royaux de Carcassonne en la citant *in extenso* en occitan (Ord. IX, p. 607-611). Mais lorsque le Parlement de Toulouse deviendra une institution permanente à partir de 1444, on suivra la coutume parisienne d'enregistrer les plaidoiries en français et les sentences en latin. Tout se passe comme si le pouvoir royal ne manifestait qu'une compétence passive de la langue vernaculaire du Sud de la France.

Des indices suggèrent que le choix du français n'avait pas seulement pour but de faciliter la communication avec les sujets, mais pouvait avoir aussi une fonction idéologique. Des actes urbains méridionaux opposent parfois le *roman*, c'est-à-dire la langue occitane, à la *langue du roi*, le français (Paterson, p. 3). La lecture des actes français pouvait s'avérer impossible à ceux qui, même scolarisés, n'étaient pas originaires du pays d'oïl. On cite souvent l'histoire du pape Jean XXII natif de Cahors, incapable, en 1323, de lire une lettre en français du roi Charles IV (Brunot I, p. 370). Les étrangers semblaient eux aussi bien démunis devant un acte notarié écrit en français. Par exemple, le 24 mars 1445, Herman Vandenzande, un messager de la Nation allemande de l'Université de Paris, demande à la Nation d'apposer son sceau, pour attester de la fidélité de la traduction latine d'un contrat en français scellé du sceau de la prévôté de Paris (Denifle et Châtelain, II, p. 650).

Avec l'usage juridique des langues vernaculaires nait la notion de traduction officielle. Illustrons la procédure suivie au Parlement de Paris, par un exemple en date du 23 mai 1440. La cour devait se pencher sur un appel venant du comté de Flandre. Voici ce qu'elle ordonnait en ces cas à propos des pièces des dossiers écrites en flamand :

« Les parties sont d'accord que le procès qui est par escript en langage de flament et qui a esté mis devers la court, cloz et seellé, soit escript et translaté de langage de flament, en langage de françois, feablement, *facti substancia in aliquo non mutata* [en ne changeant rien à la substance des faits], par maistre Richart de Merite, maistres es ars et notaire publique, escolier estudiant a Paris en la Faculté de droit canon, et Gillequin des Prez, clerc de maistre Jehan Doulz sire greffier civil du Chastellet de Paris. Et au despens dudit appellant, que le dit proces soit a eulx deux baillé pour faire la dite translation, et que icelle translation par eulx diligemment collationnee, faicte et signee de leurs seings manuelz, et rapportee par devers la dite court, soit d'un tel effect et valeur, et a icelle plaine foy adjoustee, et le dit proces jugié comme a l'original dessus dit d'icellui proces ainsi escript ou dit langage de flament » (Arch. Nat. X¹ᵃ 4798 199r).

Au terme de ces considérations sur les parlers français et la langue du roi, nous sommes peut-être en mesure de projeter un nouvel éclairage sur le statut du français dit « de Paris » dans le royaume de France. Malgré l'amenuisement des traits dialectaux des chartes à partir des années 1270, il reste que des scriptas régionales perdurent tardivement même en domaine royal, comme c'est le cas en Picardie. On peut penser par ailleurs que la tendance à l'uniformité du français écrit a peu mordu sur les parlers régionaux qui restent très différenciés jusqu'à des époques récentes. Il semble assuré que la géographie humaine du pays d'oïl reste modelée par la grande variété des parlers et la diversité des coutumes tout au long de notre période. L'administration royale a étendu ses ramifications sur cet espace humain si diversifié de la France, en utilisant d'abord le latin de l'Église, que remplace peu à peu le français, sans jamais l'éliminer. Ce français de la chancellerie et du notariat royal échappe aux particularismes locaux ; il apparait comme une langue uniforme sans ici ni ailleurs, à l'image de la souveraineté royale qui s'affirme uniment sur l'ensemble de la France ; il est la langue identitaire du roi.

Rien n'indique cependant que le pouvoir royal ait envisagé de substituer sa langue aux scriptas et aux parlers locaux, pas plus qu'il n'a été tenté d'unifier les coutumes : il n'est pas centralisateur comme on l'entend aujourd'hui. Par exemple, lorsqu'en juillet 1328 Philippe VI confirme les privilèges jadis concédés à la ville de Saint-Omer par le comte de Boulogne, la chancellerie cite le texte original en lui conservant ses traits picards (Arch. Nat. JJ 65^A, fol. 104). On a vu aussi qu'il existe de nombreux actes occitans enchâssés dans des chartes royales. Le droit ne se traduit pas et la langue du roi cite les actes dans leur forme linguistique régionale. La seule exception semble être le flamand qui, langue germanique, posait des obstacles à la compréhension plus difficiles à surmonter. Et bien évidemment, il n'est pas dans l'esprit du pouvoir politique médiéval de se préoccuper des usages oraux de la langue et des parlers locaux. Le Moyen Âge ignore tout de l'idée d'harmoniser la géographie humaine et la géographie politique : on est encore loin de la Révolution, de l'enquête linguistique de l'abbé Grégoire et de l'idée de Nation.

Il reste que le français du roi, encore très loin d'être la langue identitaire de tous les sujets, devait être nimbé d'une aura symbolique éclatante, comme tout ce que connotait la majesté royale. La région parisienne, centre de gravité du royaume capétien, fournit le point d'origine de l'axe symbolique sur lequel se mesure la qualité de la langue littéraire des auteurs depuis la fin du XIIe siècle, et au siècle suivant elle donne son nom à la langue du roi. Dans un tout autre contexte politique, Dante estimait que l'absence de royaume en Italie retardait le développement de la langue littéraire. Pour devenir une langue comparable au latin, il eût été souhaitable que l'italien puisse être une langue aulique, la langue d'une cour royale :

> « pour cette raison que si nous, Italiens, possédions une demeure royale, ce langage serait celui du Palais. Car si la demeure royale est la maison commune de tout le royaume et l'auguste directrice de toutes ses parties, il convient que tout ce qui est commun à tous sans être propre à personne, la fréquente et l'habite et il n'y a aucune autre demeure digne d'un hôte aussi grand, tel que nous apparaît ce vulgaire dont nous parlons » (*De vulgari eloquentia* I, 18).

Le mécénat royal joua en effet un rôle capital dans le développement du français, langue littéraire et langue du savoir, comme nous le verrons un peu plus loin.

3. LA PENSÉE LINGUISTIQUE MÉDIÉVALE
ET LA LANGUE FRANÇAISE

Le latin était la langue de l'Église, certes, mais c'est l'École qui assurait son enracinement comme langue vivante dans la société. Les petites écoles assuraient son apprentissage oral et écrit et les universités enseignaient son usage comme langue de la raison et du savoir. Agent de promotion du latin jusqu'à un certain point contre la langue vernaculaire, le monde scolaire s'avère parfois un témoin privilégié de l'état du français à la fin du Moyen Âge. Les clercs n'occultent pas toujours la conscience de leur langue maternelle, qui s'affirme parfois au hasard de certains ouvrages. Nous allons étudier deux expériences très riches sous ce rapport, qui se situent au cœur même de la latinité médiévale : l'usage du français dans les grammaires élémentaires pour l'enseignement du latin, et la traduction d'ouvrages savants en français à l'intention des rois au XIVe siècle.

LES MANUELS DE GRAMMAIRE ET LA LANGUE FRANÇAISE

Les XIIIe et XIVe siècles comptent parmi les périodes les plus fécondes dans l'histoire de la pensée linguistique occidentale. L'accent mis sur la grammaire et la logique dans l'enseignement universitaire fut la source de théories tout à fait nouvelles sur le langage et la sémantique. Mais cette pensée demeure fermée à la réalité des langues vernaculaires : son objet est le latin et c'est en latin qu'elle s'exprime. L'école des grammairiens modistes estime même que l'objet de la grammaire se situe au-delà des langues, dans les universaux linguistiques. Malgré leur ignorance affichée du français, les grammaires médiévales ne taisent pas toujours l'expérience primitive du langage pour un clerc, qui fut celle de sa langue maternelle. Les interférences entre le français et les concepts grammaticaux latins ont laissé des traces qu'on repère entre autres dans les ouvrages didactiques du latin. On ne pouvait en effet initier les enfants à cette langue sans aucune référence à leur langue maternelle. L'un des grands manuels d'enseignement du latin, le *Doc-*

trinale d'Alexandre de Villedieu écrit vers 1199, le dit : « Si au début les enfants ont de la difficulté à bien comprendre, ... qu'on soutienne leur attention en évitant l'exposé doctoral et en enseignant aux enfants dans leur propre langue » (Lusignan, 1987, p. 37-38). Il arrive aussi que les grammairiens universitaires recourent au français pour expliquer une réalité linguistique inexistante en latin, comme l'article qui était connu des Anciens à cause du grec. Enfin, le besoin d'enseigner le français comme langue seconde en Angleterre a suscité la création d'ouvrages didactiques inspirés des manuels latins. Examinons ces points de rencontre entre la science linguistique et le français.

Il existait au Moyen Âge une importante littérature lexicographique latine, qui va des gloses interlinéaires qui expliquent le sens des mots difficiles, aux lexiques et aux dictionnaires très élaborés comme ceux de Papias (XIᵉ s.), d'Hugutio (fin XIIᵉ s.) et surtout le volumineux *Catholicon* du dominicain Jean Balbus de Gênes (c. 1280/85). À partir du XIVᵉ siècle, on trouve des lexiques alphabétiques qui éclairent le sens des mots latins en leur accolant un équivalent en français. Un de ces lexiques anonymes, appelé l'*Aalma* (d'après le premier mot de ce dictionnaire) et inspiré du *Catholicon*, affirme d'emblée la fonction pédagogique de son bilinguisme :

> « Afin que plus tost et plus prestement les escoliers et autres puissent mettre le latin en françois et le françois en latin des moz de gramaire et par especial du livre nommé *Catholicon*, en ce livret nommé le *Miroir des nouveaux escoliers* est mis le latin et après le françois des moz plus necessaires et acoustumez contenus ou dit *Catholicon* et d'aucuns autres moz » (Merrilees, 1994, p. XIV).

Le plus imposant dictionnaire latin bilingue est le *Dictionarius* de Firmin Le Ver, terminé en 1440. Inspiré du *Catholicon*, il compte plus de 40 000 mots vedettes latins expliqués à la fois en latin et en français. Parfois, un seul mot français est donné pour éclairer le latin : par exemple *ablucio* signifie *lavemens*. Ailleurs, l'auteur fournit quelques synonymes français ou toute une explication en français : *burdo* veut dire « bourdon, mule ou mulet non naturel, scilicet qui est engendré de cheval et d'anesse ». On peut aussi donner des explications grammaticales en français : « *ab* preposition qui sert a l'ablatif ». Mais toujours le français demeure une langue ancillaire. On ne connait que trois dictionnaires français-latin, dont le plus intéressant est le *Glossarium gallico-latinum* qui date du XVᵉ siècle (Merrilees, 1994, p. XVII). Il contient environ 9 500 mots français, pour lesquels il fournit des équivalents latins : par exemple, il enseigne que *porter* peut se traduire par *ferre, gerere, vehire, tollere, baiulare* ou *portare*. Avec ces ouvrages commence l'inventaire des mots du français; ils ouvrent la voie aux premiers dictionnaires de la langue française qui apparaitront au XVIe siècle.

On compila aussi des listes de vocabulaire appelées *nominalia* pour l'enseignement du français en Angleterre. Le plus connu est celui que Walter de Bibbesworth composa en vers entre 1280 et 1290. On remarque, dans les traités anglais, le soin apporté à accompagner chaque substantif d'un déterminant afin d'en indiquer le genre, une préoccupation tout à fait absente du dictionnaire de Firmin Le Ver qui s'adressait à un public français. On précise aussi le sens différent de certains mots comme *livre* selon qu'ils sont masculins ou féminins. L'autre grande difficulté de l'apprentissage du français pour les Anglais tenait à la conjugaison des verbes. Aussi existait-il des manuels qui enseignent cet art en donnant pour chaque verbe sa forme aux différents temps et modes. Tantôt le français seul est utilisé, tantôt chaque verbe est d'abord cité en latin, suivi des différentes formes de sa conjugaison en français, comme dans l'exemple qui suit : *lego : lis, -st; -soie; leu, -us, -urent; lirey; -roie; leusse; lise, -sions* (Stengel, p. 34).

Une autre voie d'apprentissage du français est fournie par les manuels de conversation. Ces ouvrages appelés *manières de langage* s'apparentent à nos manuels modernes de type Assimil. Ils proposent des phrases types à utiliser dans différentes circonstances de la vie courante. Le plus connu est une *Manière de langage* datant de 1396. Elle est destinée aux Anglais qui doivent voyager en France. Pour chaque circonstance que rencontrera le voyageur, le manuel prend soin d'enseigner tout le vocabulaire nécessaire et les tours de phrases appropriés. Ainsi, selon qu'il est ou non un habitué de l'auberge où il descend, le seigneur anglais sera accueilli par la phrase « mon signeur, bien soyez venu » ou « bial amy, bien sois venu » (Meyer, p. 390). Le matin, il commandera « bon poisson assés, comme des anguilles, lampreous, lampraes, samon fraisse et saleié, et aussi de carpes, bremes » (Meyer, p. 393), et la liste de s'allonger ainsi sur plusieurs lignes. Il apprendra à demander l'heure : « biau filz, quelle heure est-il maintenant ? Qu'est ce qu'a sonnee de l'oriloge ? » (Meyer, p. 395). Il saura aussi consoler un enfant par de telles paroles : « qu'as-tu mon enfant ? Qui t'a mal fait, biau filz ? » (Meyer, p. 400). Toute la vie quotidienne médiévale défile dans ces dialogues.

La langue française était aussi confrontée aux concepts de la grammaire latine à l'occasion de l'enseignement élémentaire de la langue savante. Le maitre devait en effet recourir à la langue des enfants pour leur expliquer certaines notions de grammaire. On connait une dizaine de manuscrits datant du XIIIe au XVe siècle qui contiennent des grammaires élémentaires du latin écrites pour une bonne part en français. Par la forme et leur contenu, elles dérivent toutes de l'*Ars minor* du grammairien Donat (IVe s.), le manuel de latin le plus célèbre au Moyen Âge. Elles se présentent comme un dialogue entre le maitre et l'élève, au cours duquel celui-ci apprend les règles élémentaires de la morphologie latine. Dans ces *Donats français*, ainsi que les désignent communément les spécialistes, l'exposé de la grammaire se fait selon les huit parties du discours distinguées par l'éponyme latin : « Quantes parties d'oreson sont ? .viii. Quelles ? Le non, le pronon, le verbe, l'adverbe, le participe, la conjunction, la preposition et l'interjection » (Stadtler, p. 90). Rappelons que le nom regroupe l'étude du substantif et de l'adjectif. Les *Donats français* suivent un plan type pour chaque partie du discours dont ils définissent d'abord la nature, puis les caractères morphologiques. Prenons l'exemple du verbe : « qu'est verbe ? C'est une partie d'oreson qui senefie feire ou souffrir » (Stadtler, p. 90). L'auteur expose ensuite les modes, temps et personnes du système verbal latin. Quelques *Donats français* ajoutent des règles d'accord comme celle-ci : « En quantes manieres resamble le relatif a sen antecedent ? En .iii. En quelles ? En genre, en nombre et a le fois en case » (Colombo Timelli, p. 27).

Les *Donats français* utilisent le français et le latin dans des rapports variables selon les cas. En général, les explications grammaticales toujours brèves sont en français, mais quelques fois on recourt au latin. Par contre, les exemples qui valident les règles sont presque toujours en latin. Il arrive tout de même que l'auteur fasse suivre un exemple latin de sa traduction française, comme à propos des trois degrés de l'adjectif : « le positis si comme "doctus", sages, le comparatif si comme "doctior", plus sages, et le suppellatis si comme "doctissimus", tres sage » (Colombo Timelli, p. 19). Exceptionnellement, une règle s'appuie uniquement sur des exemples en français. Traitant des six personnes du pronom personnel latin, un *Donat* écrit : « *Je* est la premiere ou singulier, *tu* seconde, *cil* tierce. *Nous* est la premiere personne ou plurier, *vous* est la seconde, *iceuls* est la tierce » (Stadtler, p. 99). De tels exemples ont pour effet d'étendre la validité des règles grammaticales au français : le *Donat français* devient un *Donat* du français, ce qui suggère bien que l'apprentissage des catégories grammaticales d'une langue seconde provoquait une prise de conscience grammaticale de la langue maternelle. La grammaire française semble donc née à l'école du latin.

En France, les *Donats français* ne débouchèrent jamais sur la constitution d'une grammaire autonome de la langue vernaculaire. La première et unique grammaire médiévale du français, indépendante du

LA GRAMMAIRE (portail royal de Chartres, XIIᵉ siècle)

La grammaire latine, *grammatica*, est enseignée avec toute la rigueur qui convient à une langue apprise et ouvre à la dialectique et à la rhétorique. Le personnage qui représente la grammaire tient dans sa main droite les verges destinées à châtier l'élève indocile. Au-dessous de la Grammaire, le sculpteur a représenté Donat, grammairien latin du IVᵉ siècle, qui fut le maitre de saint Jérôme. Beaucoup de petits écoliers ont appris dans le « Donat françois », la version française du texte latin, les bases de la grammaire : genre, nombre, parties du discours (*parties d'oraison*), etc.

latin, vit le jour en Angleterre, dans le milieu des écoles qui enseignaient le français langue seconde. Il s'agit de la grammaire de John Barton, qui date du tout début du XVᵉ siècle. Elle s'inspire des *Donats français*, mais son contenu est un peu plus substantiel. Elle est écrite en forme de dialogue et son enseignement porte surtout sur la morphologie. Elle distingue huit parties du discours : « quatre que sont declinéz et quatre que ne se declinent mie. Lesquelles quatre sont que se declinent ? Nom, pronom, verbe, et participle. Et quellez sont les quatre que ne se declinent mie ? Adverbe, conjunction, preposicion, interjection » (Swiggers, 1985, p. 246). Malheureusement, le seul manuscrit qui nous reste s'arrête en cours d'exposé du verbe.

La grammaire et la langue vernaculaire vont finalement se rejoindre au XVIᵉ siècle en France, quand apparaissent les premières grammaires du français. Elles seront longtemps marquées par le terreau latin dans lequel poussèrent leurs premières racines, comme on peut le voir par l'analyse de l'article. Les grammairiens médiévaux avaient rencontré le problème en commentant Priscien qui traite de l'article grec dans ses *Institutiones*, XVII, 27, écrites vers 520. La plupart ignoraient le grec et plusieurs n'hésitaient pas à recourir à la langue vernaculaire pour expliquer ce passage. Citons la riche glose de Robert Kilwardby datant de la première moitié du XIIIᵉ siècle, encore tout imprégnée d'ancien français :

> « Ces choses apparaissent très clairement en français où l'on distingue l'article. Si en effet on dit "maistre", cela est indéterminé quant aux cas et quant aux positions possibles dans la phrase. Si par ailleurs on dit "li maistres", on marque ainsi le nominatif et on spécifie la raison de son ordonnance, en sorte que le mot est déterminé comme agent de l'acte, ainsi qu'il apparaît lorsqu'on dit : "li maistres lit". Si par ailleurs on dit "le maistre", on détermine ainsi l'accusatif et la raison de son ordonnance, en sorte que le mot devient défini comme récepteur de l'acte comme ici : "je vois le maistre" » (Lusignan, 1987, p. 27).

Ainsi naquit l'idée que le substantif français ne se décline pas, mais que son cas est marqué par l'article. Les *Donats français* et John Barton vont partager cette doctrine : « quantes cases de nom sont ? Six. Qui sont-elles ? Le nominatis "le maistre", le genitis "du maistre", le datis "au maistre", l'accusatis "le maistre", le vocatis "o tu maistre", la ablatis "le maistre, du maistre, par le maistre, sans le maistre et avec le maistre" » (Colombo Timelli, p. 20). Cette théorie va persister jusqu'au XVIIᵉ siècle : la *Grammaire* de Port-Royal sera la première à la récuser définitivement en 1660.

L'autorité de la grammaire latine empêchait de reconnaitre des caractères propres de la langue française. L'attachement des grammairiens à la théorie de l'article comme marque de la flexion tenait au préjugé idéologique que le substantif devait se décliner, même si dans les faits la perte de ce trait linguistique devint effective en français à partir du XIVe siècle. Du coup, il n'était pas possible de reconnaitre la fonction propre de l'article comme déterminant du substantif ni de regrouper sous un même paradigme les articles définis et indéfinis (Swiggers, 1985). Pourtant, cette fonction était clairement perçue dès le XIIIe siècle. Voulant démontrer l'impossibilité de traduire parfaitement le grec en latin, Roger Bacon souligne entre autres obstacles l'absence de l'article en latin. Il illustre la fonction sémantique de cette partie du discours en donnant cet exemple français :

> « quand à Paris l'on dit : *Li reis vent*, l'article *li* désigne le vrai et légitime roi du lieu, c'est-à-dire le roi de France. Cette phrase ne serait pas suffisante pour dénoter la venue du roi d'Angleterre. Personne ne dirait à propos de la venue du roi d'Angleterre à Paris : *Li reis vent*, mais on ajouterait plutôt : *Li reis de Engleterre vent*. L'article suffit donc seul à préciser la vérité et la propriété de la chose désignée par la phrase » (Lusignan, 1987, p. 74).

Mais cette réalité du français restait ignorée du grammairien, car la grammaire latine ne possédait pas de catégorie pour l'accueillir.

LES TRADUCTEURS ROYAUX ET LA NAISSANCE DU FRANÇAIS SAVANT

La seconde rencontre du français et du latin qui donna lieu à une riche réflexion sur la langue vernaculaire se produit à l'occasion des premières tentatives de mise en français de textes savants latins. Jusque vers 1280, les ouvrages moraux et politiques à l'intention des rois étaient en latin. Mais voilà qu'en 1279 Laurent Gallus rédige en français sa *Somme le Roi* pour Philippe III. Peu avant de devenir roi en 1285, Philippe le Bel fait traduire en français le *De regimine principum* que Gilles de Rome avait écrit à son intention en latin. La reine Jeanne de Navarre réserve le même sort au *Speculum dominarum* que lui adresse son confesseur Durand de Champagne vers 1300. Les traductions d'œuvres savantes ou didactiques à l'intention des rois se multiplient au cours du XIVe siècle, en particulier sous le règne de Charles V. Celui qu'on surnomme « le roi sage » commanda la traduction de plus d'une cinquantaine d'ouvrages. Le choix des œuvres répond aux exigences de la formation morale et intellectuelle du roi. On traduit des ouvrages d'histoire, des livres de morale, des traités politiques ou d'art militaire. L'intention est pratique. Signalons qu'on réalise aussi quelques traductions françaises partielles ou complètes de la Bible à l'intention de la cour. Au Moyen Âge, l'Église condamne les traductions de la Bible qui encouragent l'hérésie, comme on le voit en pays albigeois, mais elle favorise celles dont le but est d'accroitre la ferveur des laïcs de haut rang. Plusieurs traductions savantes à l'intention du roi sont accompagnées d'un prologue où le traducteur livre ses réflexions sur le rapport entre le français et le latin.

Reprenant les idées des clercs sur la langue vernaculaire, les traducteurs dénoncent tous les carences du français face au latin pour l'expression du savoir. La version française ne peut rendre adéquatement le texte latin, ni atteindre sa qualité littéraire. Traduisant pour Charles V un ouvrage du XIIIᵉ siècle de Thomas de Cantimpré, Henri de Trévou affirme :

> « aucune foiz ou l'aucteur du livre et les docteurs et philosophes ont pour le plus bel et rectorique latin querir transporté les dictions pour quoy françois ainsi ordené seroit pesant et moins cler a entendre, j'ai la sentence mise rez a rez si comme j'ay pensé que il l'eussent dit eulz meismes se il parlassent françois » (Bruxelles, Bibl. Royale 9507).

L'écart entre les deux langues s'élargit lorsqu'il s'agit d'un ouvrage de l'Antiquité. Les prologues laissent entendre que plusieurs, qui maitrisaient le latin courant, comprenaient mal la langue des grands auteurs antiques. En 1372, un universitaire parisien, Denis Foulechat, note à propos des citations classiques dans le *Policraticus* de Jean de Salisbury : « la haute et noble rethorique des poetes anciens entrelace les mos et quiert estrange gramoire et tient sentences suspensives, parfondes et obscures, qui, ia lonc temps a, pour les petis entendemens est du tout oubliee en la commune escole » (Paris, BN *Fr.* 24287). Terminant sa traduction du *De senectute* de Cicéron en 1405, Laurent de Premierfait conclut à son tour que le français est inapte à rendre la qualité littéraire du latin : « pour ce que en langaige vulgar ne peut estre gardee plainement art de rethorique, je useray de paroles et de sentences promptement entendibles et cleres » (BN *Fr.* 1020). La traduction se faisait au prix d'un décalage stylistique qui abaissait l'œuvre latine au niveau du style simple du français, au style de la langue parlée correcte.

Les traducteurs signalent les nombreuses lacunes du vocabulaire français. L'écart entre le lexique des deux langues peut être rhétorique, c'est-à-dire que les mots latins possèdent plus de dignité que leurs équi-

valents français. Jean Daudin, un traducteur de Charles V, constate :
« combien que en moult de choses le langage françois ne soit pas grandement differant du latin, nientmoins y a il tres grant foison de mos
latins qui a peine pevent estre dis ou ne pevent estre dis en françois
qu'ils ne perdent l'eloquence et aornement du latin » (Jean Daudin,
p. 294). Il arrive aussi qu'il n'y ait pas de correspondance sémantique
exacte entre le mot latin et le mot français. Alors, le traducteur juxtapose deux ou trois mots français voisins par le sens, qui concourent à
rendre la signification du mot latin, ainsi que le décrit Denis Foulechat :
« en pluseurs cas j'ay trouvé que un dit povoit avoir divers entendemens, si ay aucunes fois mis en adiousté pluseurs synonimes pour les
convocacions declarer » (Paris, BN *Fr.* 24287). D'autres fois, les mots
français manquent pour traduire le latin ; on doit alors utiliser des périphrases, comme le remarque Pierre Bersuire à propos de Tite-Live qui
« use... de trop de mos qui ont moult grandes significacions. Et si
n'avons en langage françois nulz propres mos semblables qui toutes
cestes choses puissent segnefier, ainçois convient par grans declaracions
et circonloqucions donner entendre que ceulz mos signifient » (Pierre
Bersuire, p. 360).

Il arrive que les traducteurs créent des mots nouveaux, des mots
« nus en signification » comme le dit Jean Daudin, pour traduire des
mots latins pour lesquels le français ne dispose d'aucun équivalent.
Certains font même œuvre de lexicographe en définissant ces néologismes dans des lexiques placés à la fin de leur traduction. Jean Daudin
signale dans son prologue qu'il « a mis en un livret a part l'exposicion
des diz mos, et yceulx mos meismes selon l'ordre des lettres qui se commencent a, b, c » (Jean Daudin, p. 295). Il ajoute que le lecteur trouvera
un point vermillon sous chacun des mots de sa traduction définis dans
le *livret*. Les manuscrits de Daudin ne conservent trace ni du lexique
ni des points vermillon ; en revanche on retrouve de tels lexiques chez
Pierre Bersuire et Nicole Oresme. Parmi les mots créés par Oresme,
certains ont disparu de notre langue, comme *bannause* pour désigner
l'homme qui s'adonne à des œuvres serviles, ou *pedonome* pour nommer celui qui s'occupe des enfants. Plusieurs cependant étaient promis
à un brillant avenir comme *democratie, illegal, legislateur* ou *sedition*.
La très grande majorité de ces néologismes étaient des calques de mots
latins.

Si la plupart des traducteurs du XIVe siècle eurent conscience de la
nouveauté de leur œuvre, bien peu surent apprécier son importance
pour l'avenir du français. Nicole Oresme semble le seul à réaliser que la
traduction contribuait à créer un registre savant du français, qui un
jour ferait de la langue vernaculaire l'égale du latin. Il avance l'idée

dans un prologue à sa traduction de l'*Éthique* et de la *Politique*, où il remet en cause la situation privilégiée du latin à l'égard du savoir défendue par l'École.

Oresme souligne au départ qu'Aristote était grec, mais que par la suite son œuvre « a esté translatee en pluseurs langages ». Il s'attaque ensuite à Priscien qui soutenait « que de tous les langages du monde latin est le plus habile pour mieulx exprimer et plus noblement son intencion ». Pourtant, remarque Oresme, la traduction latine d'Aristote n'est pas toujours adéquate car « y sont pluseurs moz grecs qui ne ont pas moz qui leur soient correspondens en latin ». Mais, ajoute-t-il, le français demeure largement inférieur au latin. Les exemples qu'il cite à l'appui sont intéressants, car ils illustrent le caractère plus concret de la langue vernaculaire moins portée vers l'abstraction. Ainsi, la proposition latine *homo est animal* ne peut se dire proprement en français, car selon Oresme «*homo* signifie homme et femme » alors que *homme*, en français, désigne uniquement les humains de sexe masculin. De même en latin « *animal* signifie toute chose qui a ame sensitive » alors que le mot français est synonyme de « bête ». Aussi conclut-il que la proposition latine devient fausse lorsque mise en français : *homme est animal* signifie en fait que les humains de sexe masculin sont des bêtes. Mais, en posant qu'il existe une relation asymétrique aussi bien entre le grec et le latin, qu'entre le latin et le français, il brisait l'opposition entre langue savante et langue vernaculaire définie par les clercs.

Nicole Oresme déplace ensuite sa réflexion sur les conditions d'émergence d'une langue savante. L'essentiel du problème tient au vocabulaire, car « une science qui est forte » ne peut s'exprimer « en termes legiers a entendre » ; aussi convient-il d'utiliser des « moz propres en la science ». La science exige un vocabulaire technique que le français ne possède pas encore et que le traducteur doit créer. Mais son effort est justifié, car par son labeur « pourra estre mieulx entendue ceste noble science et ou temps a venir estre bailliee par autres en françois plus clerement et plus complectement ». Oresme est le premier et le seul traducteur français médiéval à inscrire l'acte de traduire dans un processus d'enrichissement de la langue. Aussi ne parle-t-il plus seulement de *translater*, mais de *baillier* la science en français, c'est-à-dire de confier de plein droit le savoir à la langue vernaculaire. Conformément aux exigences de la rationalité médiévale, il appuie son argument sur une autorité, celle de Cicéron, qui, dans les *Academica posteriora* I, 4-11, déplorait que les Romains dussent étudier en grec et qu'ils n'eussent pas accès au savoir en latin. Car, affirme Oresme à juste titre, à l'époque de Cicéron le latin se trouvait dans la même position face au grec qu'en son temps le français face au latin : à Rome on étudiait en

BIBLE HISTORIALE de JEAN DE VAUDETAR (Paris, 1372)

Peinture représentant le roi Charles V assis sous un dais fleurdelysé ;
son conseiller Jean de Vaudetar, agenouillé devant lui, offre au souverain
la traduction de la Bible. On peut lire sur la page de droite du manuscrit
les premiers mots de la traduction de la Genèse : « Au commencement crea
Dieu le ciel et la terre. » [Museum Meermanno Westreenianum, La Haye.]

grec, alors qu'en « ce pays le langage commun et maternel, c'estoit latin ».

Tout à fait novatrice, la pensée linguistique de Nicole Oresme tranche d'abord par l'affirmation que le latin était la langue maternelle des Romains. L'argument, qui peut nous sembler de sens commun, n'est presque jamais invoqué au Moyen Âge. Nicole Oresme innove aussi lorsqu'il rappelle que la pensée d'Aristote a voyagé du grec au latin, et maintenant du latin en français, reprenant à sa manière le grand thème médiéval de la *translatio studii*. Dans sa forme canonique, le thème enseigne que le savoir est né en Grèce, qu'il s'est ensuite déplacé à Rome et qu'il loge désormais en France, à Paris. Sans cesse reprise au Moyen Âge, la *translatio studii* a servi dès le IXe siècle à célébrer le règne de Charlemagne. À partir du XIIe siècle, les clercs parisiens le reprirent à leur compte pour proclamer la valeur des écoles parisiennes et défendre leur autonomie. Depuis le XIIIe siècle, il faisait de l'Université de Paris une composante de l'identité de la France. Toutefois, Nicole Oresme est le seul qui joua de la riche polysémie du mot latin, pour associer la translation de la culture savante depuis Rome à la France à sa traduction en français.

MANUSCRIT AUTOGRAPHE de JEAN GERSON (1363-1429)

La plupart des œuvres médiévales nous sont connues par des copies. Nous avons cependant des manuscrits autographes comme c'est le cas pour le texte ci-contre. Il contient une liste de cas d'excommunication : ceux qui se livrent à des violences contre les clercs, usuriers et usurières, sorciers et sorcières, puis une formule ayant trait aux « grans solennites » qui doivent être marquées la veille par un jeûne, le jour par la cessation de tout travail et la fréquentation de l'église. On notera l'absence d'accent sur e : *eglise*, *excommunies*, *-iere* pour *-ière*, *solennite*, *obedience* ; l'absence d'apostrophe dans *quilz*, « qu'ils ». [BNF, Paris.]

4. CONCLUSION

Au terme de cette partie sur le français dans la société à la fin du Moyen Âge, il faut constater combien nous sommes restés loin de la langue parlée, de la langue des gens. Nous disposions comme seules sources des textes qui nous cachent tout des pratiques linguistiques courantes. Nous avons recherché le français dans des constructions littéraires de clercs bilingues, instruits dans les écoles et les universités. La langue que nous avons saisie est apparue profondément marquée par la réflexivité propre au geste de l'écriture. Inspiré sinon aspiré par les modèles linguistiques et stylistiques latins, ce français est caractérisé par une certaine relatinisation de la langue écrite perceptible au niveau du lexique, de la syntaxe et des nouveaux champs de la communication qu'il s'apprivoise. On a senti aussi la langue vernaculaire écrite modelée par ses propres tensions internes qui tiennent à l'apparition

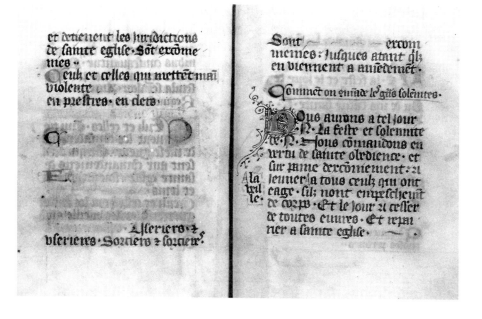

très tôt de l'idéal du français de Paris, un concept davantage idéologique que linguistique. Le moyen français reste un système linguistique évolutif en lui-même et sur lequel la diversité régionale agit toujours.

L'opposition entre le latin et la langue vernaculaire constitue aussi un principe structurel de la culture et de la société que nous avons étudiées. Des frontières en apparence intangibles démarquent les domaines de l'un et de l'autre, mais elles sont minées par le bilinguisme des clercs pour qui la langue maternelle demeure activement présente. Dès les petites écoles, l'étincelle du rapport réflexif à leur langue s'allume dans l'esprit des clercs. En temps et lieu, ceux-ci peuvent se faire les artisans du développement de la prose française, des écritures juridiques et didactiques savantes. Leur latin vit en symbiose avec leur français : ce sont leurs deux langues vivantes. Dans des domaines où le latin et le français s'exercent également, comme à la chancellerie royale, on assiste à un continuel va-et-vient d'une langue à l'autre, au plan du lexique et de la syntaxe. Le malaise persiste toutefois quant au registre rhétorique propre du français : la question fera l'objet d'abondants débats au XVIe siècle. Le latin médiéval peut être proche du français : il est alors ce latin familier aux laïcs. Mais la langue des auteurs classiques que plusieurs ont du mal à comprendre au XIVe siècle reste lointaine. Le français et le latin vont commencer à rompre l'ambiguïté de leur rapport à la fin de notre période. Le premier humanisme fleurit à Paris à l'approche du XVe siècle : on chemine vers la Renaissance. Le latin va partir à la recherche de sa pureté ancienne et de son autonomie, le français va gagner lentement son indépendance. Jamais plus dans l'histoire les deux langues ne vivront dans une telle intimité.

Langue des gens, le français demeure une langue identitaire complexe. Les façons variées de le parler témoignent de la diversité du paysage humain médiéval, mais la façon réglée de l'écrire rappelle l'étendue de la souveraineté royale. Le français est avec le latin la langue du roi de France. Mais tous les sujets du roi ne parlent pas le français et sans doute peu de ceux qui le parlent utilisent la langue du roi. Le français est aussi la langue de quelques régions en terre d'Empire : Philippe de Vigneulles l'appelle le « roman » pour le distinguer. Et puis, il y a le français des Anglais, qui survit au-delà de notre période grâce au *law French*. Le Moyen Âge semble souvent aspirer à l'unité, mais il vivait bien dans la diversité et la langue française n'y échappait pas.

BIBLIOGRAPHIE DE LA DEUXIÈME PARTIE

L'histoire de la langue française et le contexte historique (France XIIIᵉ-XVᵉ siècle)

Bourin-Derruau, M., *Temps d'équilibre et temps de rupture, XIIIᵉ siècle*, t. IV de la *Nouvelle histoire de la France médiévale*, Paris, Éd. du Seuil, coll. « Point » H-204, 1990.

Brunot, F., *De l'époque latine à la Renaissance*, t. I de l'*Histoire de la langue française des origines à nos jours*, préface de la nouvelle édition par G. Antoine, bibliographie établie par J. Batany, Paris, Armand Colin, 1966.

Chaurand, J., *Introduction à l'histoire du vocabulaire français*, Paris, Bordas, 1977.
— *Histoire de la langue française*, Paris, PUF, coll. « Que sais-je ? » n° 167, 7ᵉ éd., 1993.

Chevalier, J.-Cl., « L'Histoire de la langue française de Ferdinand Brunot », in P. Nora éd., t. III, *Les Lieux de la mémoire*, Paris, Gallimard, coll. « Bibliothèque des Histoires », 1984, p. 420-459.

Demurger, A., *Temps de crises temps d'espoir, XIVᵉ-XVᵉ siècle*, t. V de la *Nouvelle histoire de la France médiévale*, Paris, Éd. du Seuil, coll. « Point » H-205, 1990.

Dictionnaire des lettres françaises. Le Moyen Âge, ouvrage préparé par R. Bossuat, L. Pichard et G. Raynaud de Lage, éd. entièrement revue et mise à jour sous la direction de G. Hasenohr et M. Zink, Paris, Fayard, coll. « La Pochothèque », 1992.

Du Cange, Ch. du Fresne, sieur, *Glossarium mediae et infimae latinitatis*, Paris, 1883-1887, 8 vol.

François, A., *Histoire de la langue française cultivée des origines à nos jours*, 2 vol., Genève, Éditions Alexandre Julien, 1959.

Godefroy, Fr., *Dictionnaire de l'ancienne langue française et de tous ses dialectes*, Paris, 1881-1902, 10 vol.

Guiraud, P., *Le Moyen Français*, Paris, PUF, coll. « Que sais-je ? » n° 1086, 2ᵉ éd., 1966.

Le Goff, J., *Saint Louis*, Paris, Gallimard, coll. « Bibliothèque des Histoires », 1996.

Lusignan, S., *Parler vulgairement. Les intellectuels et la langue française aux XIIIᵉ et XIVᵉ siècles*, Paris, Vrin, Montréal, Les Presses de l'Université de Montréal, 2ᵉ éd., 1987.

Marchello-Nizia, Chr., *Histoire de la langue française aux XIVᵉ et XVᵉ siècles*, Paris, Bordas, 1979.
— *L'Évolution du français. Ordre des mots, démonstratifs, accent tonique*, Paris, Armand Colin, 1995.

Picoche, J., et Marchello-Nizia, Chr., *Histoire de la langue française*, Paris, Nathan, 1989.

Wolff, Ph., *Les Origines linguistiques de l'Europe occidentale*, 2ᵉ éd. revue et mise à jour, Toulouse, Association des publications de l'Université de Toulouse-Le Mirail, 1982.

Zink, G., *Le Moyen Français*, Paris, PUF, coll. « Que sais-je ? » n° 1086, 1990.

Zumthor, P., *La Lettre et la voix. De la « littérature » médiévale*, Paris, Éd. du Seuil, 1987.

L'état du français entre le XIIIᵉ siècle et la fin du Moyen Âge

Baker, J.H., *Manual of law French, Second edition*, Aldershot, Scolar Press, 1990.

Batany, J., « L'amère maternité du français médiéval », *Langue française*, 54, 1982, p. 29-39.

Catach, N., et Ouy, G., « De Pierre d'Ailly à Jean Antoine de Baïf : un exemple de double orthographe à la fin du XIVᵉ siècle », *Romania*, 97, 1976, p. 218-248.

Dante Alighieri, *De vulgari eloquentia*, Introduzione, traduzione e note di V. Coletti, Milan, Garzanti, 1991.

Dees, A., *Atlas des formes et des constructions des chartes françaises du XIIIᵉ siècle*, Tübingen, Max Niemeyer, 1980.

— « Dialectes et scriptae à l'époque de l'ancien français », *Revue de linguistique romane*, 49, 1985, p. 87-117.

Doutrepont, G., *Les Mises en prose des épopées et des romans chevaleresques du XIVᵉ au XVIᵉ siècle*, Bruxelles, Palais des Académies, 1939.

Gossen, Ch.-Th., « De l'histoire des langues écrites régionales du domaine d'oïl », *Les Anciens Textes romans non littéraires*, éd. G. Straka, Paris, Klincksieck, 1963, p. 3-16.

Gysseling, M., « Les plus anciens textes français non littéraires en Belgique et dans le nord de la France », *Scriptorium*, 3, 1949, p. 190-210.

Lanher, J., *Chartes en langue française antérieures à 1271 conservées dans le département des Vosges, Documents linguistiques de la France* (série française), t. 2, publié par J. Monfrin avec le concours de L. Fossier, Paris, CNRS, 1975.

Lusignan, S., « L'enseignement des arts dans les collèges parisiens au Moyen Âge », *L'Enseignement des disciples à la Faculté des Arts (Paris et Oxford, XIIIᵉ-XVᵉ siècles)*, édités par O. Weijers et L. Holtz, Turnhout, Brepols, 1997, p. 43-54.

Matoré, G., *Le Vocabulaire et la société médiévale*, Paris, PUF, 1985.

Remacle, L., *Le Problème de l'ancien wallon*, Paris, Les Belles Lettres, 1948.

Richter, M., « A Socio-Linguistic Approach to the Latin Middle Ages », *The Materials, Sources and Methods of Ecclesiastical History*, éd. D. Baker, New York, Barnes and Noble Books, 1975, p. 69-82.

— « Kommunikationprobleme im lateinischen Mittelalter », *Historische Zeitschrift*, t. 222, 1976, p. 43-80.

— « Towards a Methodology of Historical Sociolinguistics », *Folia Linguistica Historica*, 6, 1985, p. 41-61.

Rothwell, W., « À quelle époque a-t-on cessé de parler français en Angleterre ? », *Mélanges de philologie romane offerts à Charles Camproux*, t. 2, Montpellier, Centre d'études occitanes Montpellier III, 1978, p. 1075-1089.

Short, I., « On Bilinguism in Anglo-Norman England », *Romance Philology*, n° 33, 1980, p. 467-479.

Thorne, S.E., et Baker, J.H., *Readings and Moots at the Inns of Court in the Fifteenth Century*, vol. 2, Londres, Selden Society, 1990.

Woodbine, G.E, « The language of English Law », *Speculum*, 18, 1943, p. 395-436.

Les parlers français et la langue du roi

Angers, D., « La guerre et le pluralisme linguistique : aspects de la guerre de Cent Ans », *Annales de Normandie*, 43, 1993, p. 125-139.

Autrand, F., *Naissance d'un grand corps de l'État. Les gens du Parlement de Paris, 1345-1454*, Paris, Publications de la Sorbonne, 1981.

Baldinger, K., « L'importance de la langue des documents pour l'histoire du vocabulaire gallo-roman », *Les Anciens Textes romans non littéraires*, éd. G. Straka, Paris, Klincksieck, 1963, p. 41-62.

Brun, A., *Recherches historiques sur l'introduction du français dans les provinces du Midi*, Paris, Champion, 1923.

Brunel, Cl., *Les Plus Anciennes Chartes en langue provençale*, Paris, Picard, 1926 ; *Supplément*, Paris, Picard, 1952.

Carolus-Barré, L., « L'ordonnance de Philippe le Hardi et l'organisation de la juridiction gracieuse », *Bibliothèque de l'École des chartes*, n° 96, 1935, p. 5-48.

— « L'ordonnance de Philippe le Hardi sur la juridiction gracieuse et son application en Champagne, dès 1280», *Revue historique de droit français et étranger*, n° 39, 1961, p. 296-303.

— « L'organisation de la juridiction gracieuse à Paris dans le dernier tiers du XIIIe siècle. L'Officialité et le Châtelet », *Le Moyen Âge*, n° 69, 1963, p. 417-435.

— *Les Plus Anciennes Chartes en langue française. Problèmes généraux et recueil des pièces originales conservées aux archives de l'Oise, 1241-1286*, Paris, Klincksieck, 1964.

— « L'apparition de la langue française dans les actes de l'administration royale », *Académie des inscriptions et des belles-lettres, comptes rendus des séances de l'année*, 1976, p. 148-155.

Denifle, H., et Châtelain, É., éds., *Liber procuratorum nationis Anglicanae (Alemanniae) in Universitate Parisiensis (1333-1466)*, 2 vol., Paris, Delalain, 1894-1897.

Foviaux, J., « Juridique (Littérature) », dans le *Dictionnaire des lettres françaises, Le Moyen Âge*, p. 875-904.

Gigot, J.-G., *Chartes en langue française antérieures à 1271 conservées dans le département de la Haute-Marne, Documents linguistiques de la France* (série française), t. 1, publié par J. Monfrin avec le concours de L. Fossier, Paris, CNRS, 1974.

Gilissen, J., *La Coutume*, Turnhout, Brepols, 1982.

Guilhiermoz, P., *Étude sur la procédure et le fonctionnement du Parlement au XIVe siècle, suivie du Style de la chambre des enquêtes, du Style des commissaires du Parlement et de plusieurs autres textes et documents*, Paris, Picard, 1892.

Hasenohr, G., « Un recueil de *Distinctiones* bilingue du début du XIVe siècle ; le manuscrit 99 de la bibliothèque de Charleville », *Romania*, 99, 1978, p. 47-96.

Kristol, A.M., « Le début du rayonnement parisien et l'unité du français au Moyen Âge : le témoignage des manuels d'enseignement du français écrit en Angleterre entre le XIIIe et le début du XVe siècle », *Revue de linguistique romane*, 53, 1989, p. 335-367.

Lalou, É., « Les textes en jargon franco-anglais du XIIIe au XVIe siècle », *La « France anglaise » au Moyen Âge*, Actes du 111e Congrès national des sociétés savantes, Paris, Éditions du CTHS, 1988, p. 543-562.

Lusignan, S., « Écrire en français ou en latin au pays d'oïl : le cas de la chancellerie royale au début du XVe siècle », *Ces mots qui sont nos mots. Mélanges d'histoire de la langue française, de dialectologie et d'onomastique offerts au professeur Jacques Chaurand*, Parlure, 7-8-9-10, 1995, p. 19-30.

Meyer, P., *La Manière de langage qui enseigne à parler et à écrire le français*, Paris, A. Franck, 1873.

Monfrin, J., « Le mode de tradition des actes écrits et les études de dialectologie », *Les Dialectes de France au Moyen Âge et aujourd'hui, domaine d'oïl et domaine francoprovençal*, éd. G. Straka, Paris, Klincksieck, 1972, p. 25-58.

Nicole Oresme, *Le Livre de Politiques d'Aristote*, éd. A.D. Menut, Philadelphie, Transactions of the American Philosophical Society, vol. 60, part 6, 1970.

Ordonnances des rois de France de la troisième race, 22 vol., Paris, 1723 à 1849.

Ourliac, P., « Coutume et mémoire : les coutumes françaises au XIIIe siècle », *Jeux de mémoire, aspects de la mnémotechnie médiévale*, éd. B. Roy et P. Zumthor, Montréal-Paris, Presses de l'Université de Montréal-Vrin, 1985, p. 111-122.

Paterson, L.M., *The World of the Troubadours. Medieval Occitan Society, c. 1100-c. 1300*, Cambridge, Cambridge University Press, 1993.

Peyre, H., *La Royauté et les langues provinciales*, Paris, Les Presses Modernes, 1933.

Philippe de Beaumanoir, *Coutumes de Beauvaisis*, éd. A. Salmon, 2 vol., réimpression de l'édition originale de 1899, Paris, Picard, 1970.

Philippe de Vigneulles, *Gedenkbuch des Metzer Philippe von Vigneulles aus des Jahren 1471 bis 1522* (Journal), éd. par H. Michelant, Stuttgart, 1852 (Genève, Slatkine Reprints, 1962).

— *Chronique*, éd. par Ch. Bruneau, Metz, Société d'histoire et d'archéologie de Lorraine, 1927-1933, 4 vol.

Pontal, O., *Les Statuts synodaux français du XIIIe siècle*, t. 1: *Les Statuts de Paris et le synodal de l'Ouest*, Paris, Bibliothèque nationale, 1971.

Rosier, I., « Signes et sacrements. Thomas d'Aquin et la grammaire spéculative », *Revue des sciences philosophiques et théologiques*, n° 74, 1990, p. 392-436.

Rouche, M., *Histoire générale de l'enseignement et de l'éducation en France*, t. I, Paris, 1981.

Stengel, E., « Die altesten Anleitungsschriften zur Erlernung der franzosischen Sprache », *Zeitschrift für neufranzosische Sprache und Literatur*, 1, 1879, p. 1-40.

Swiggers, P., « Le *Donat françois*: la plus ancienne grammaire du français », *Revue des langues romanes*, 89, 1985, p. 235-251.

Tessier, G., *Diplomatique royale française*, Paris, Picard, 1962.

Van Hoecke, W., et Van den Auweele, D., « La terminologie juridique dans la traduction par Jean d'Antioche (1282) du *De inventione* de Cicéron et de la *Rhetorica ad Herennium*», dans *Langage et droit à travers l'histoire, réalités et fictions*, éd. par G. Van Dievoet, Ph. Godding et D. Van den Auweele, Leuven-Paris, Peters, 1989, p. 211-226.

Wickersheimer, E., *Commentaires de la Faculté de médecine de l'Université de Paris (1395-1516)*, Paris, Imprimerie nationale, 1915.

La pensée linguistique médiévale et la langue française

Bérier, F., « La traduction en français », *Grundriss der romanischen Literaturen des Mittelalters*, VIII/1, Heidelberg, Carl Winter, 1988, p. 219-265 et p. 400-401.

Buridant, Cl, « Lexicographie et glossographie médiévales. Esquisse de bilan et perspectives de recherche », *Lexique 4, La Lexicographie au Moyen Âge* coordonné par Cl. Buridant, Presses universitaires de Lille, 1986, p. 9-46.

Chevalier, J.-Cl., *Histoire de la syntaxe. Naissance de la notion de complément dans la grammaire française*, Genève, Droz, 1968.

Colombo Timelli, M., « Il rifacimento dell'*Ars minor* di Donato del Ms. Parigi BN NAF 1120 Introduzione et edizione », *Annali dell'Istituto universario orientale, sezione romanza*, 32, 1, 1990, p. 5-27.

— *Traductions françaises de l'« Ars minor » de Donat au Moyen Âge (XIIIᵉ-XVᵉ)*, Florence, La nuova Italia editrice, 1996.

Guenée, B., « Les grandes chroniques de France. Le Roman aux roys (1274-1518) », *Les Lieux de la mémoire*, II, *La Nation*, sous la direction de P. Nora, Paris, Gallimard, « La Bibliothèque des Histoires », 1981, p. 189-214.

Hasenohr, G., « Traductions et littérature en langue vulgaire », dans *Mise en page et mise en texte du livre manuscrit*, sous la direction de H.-J. Martin et J. Vezin, préface de J. Monfrin, Paris, Promodis, 1990.

Jean Daudin, Prologue de la traduction du *De remediis* de Pétrarque, éd. L. Delisle, « Anciennes traductions françaises du traité de Pétrarque sur *Les Remèdes de l'une et l'autre fortune*», *Notices et extraits des manuscrits de la Bibliothèque nationale*, 34, 1891, p. 273-304.

Lusignan, S., « Le latin était la langue maternelle des Romains : la fortune d'un argument au XVᵉ siècle », *Préludes à la Renaissance. Aspects de la vie intellectuelle en France au XVᵉ siècle*, études réunies par C. Bozzolo et E. Ornato, Paris, Éditions du CNRS, 1992, p. 265-282.

Merrilees, B., « Teaching Latin in French : Adaptation of Donatus'*Ars minor*», *Fifteenth Century Studies*, 12, 1986, p. 87-98.

Merrilees, B., et Edwards, W., éds., *Dictionnaire latin-français de Firmin Le Ver*, Corpus Christianorum, Continuatio Mediaevalis, Lexica latina Medii Aevi, Turnhout, Brepols, 1994.

Monfrin, J., « Humanisme et traduction au Moyen Âge », *Journal des savants*, 1963, p. 161-190.

— « Les traducteurs et leur public en France au Moyen Âge », *Journal des savants*, 1964, p. 5-20.

— « La connaissance de l'Antiquité et le problème de l'humanisme en langue vulgaire dans la France du XVᵉ siècle », *The Late Middle Ages and the Dawn of Humanism outside Italy*, Mediaevalia Lovaniensa, I, 1, Louvain, La Haye, 1972, p. 131-170.

Nicole Oresme, « Prologue de la traduction de l'*Éthique* et de la *Politique* d'Aristote », édité par A.D. Menut, *Maistre Nicole Oresme. Le livre de Ethiques de Aristote*, New York, G.E. Stechert, 1940, p. 97-101.

Pierre Bersuire, Prologue de la traduction des *Décades* de Tite-Live, édité par J. Monfrin, « La traduction française de Tite-Live », *Histoire littéraire de la France*, t. 39, 1962, p. 358-414.

Stadtler, Th., *Zu den Anfangen der franzosischen Grammatiksprache. Textausgaben und Wortschatzstudien*, Tubingen, Max Niemeyer, 1988.

Swiggers, P., « L'article en français. L'histoire d'un problème grammatical », *Revue de linguistique romane*, 49, 1985, p. 379-409.

Walter de Bibbesworth, *Le Traité de Walter de Bibbesworth sur la langue française*, texte publié avec introduction et glossaire par A. Owen, Paris, PUF, 1929.

TROISIÈME PARTIE

LE FRANÇAIS AU XVIe SIÈCLE

Geneviève Clerico

ENTRE MOYEN ÂGE ET RENAISSANCE

Une continuité existe assurément entre la période que nous abordons et la précédente. L'ordonnance de Villers-Cotterêts n'est pas un évènement isolé mais vient à la suite d'autres dispositions qui allaient dans le même sens. Les relations entre érudits français et italiens se sont développées dès le XVe siècle et l'engouement pour la traduction ne fait qu'amplifier un mouvement qui s'était manifesté plus tôt. Cette continuité peut cependant passer inaperçue tant le paysage historique s'est modifié. Affirmation du pouvoir royal, diffusion de l'imprimerie, mouvement religieux de la Réforme, renouvellement de la vie littéraire, sont autant de facteurs qui ont conditionné le devenir de la langue.

Le thème de la pauvreté du français est resté pour nous un leitmotiv de la Pléiade. Il n'était pas nouveau, mais on pouvait prendre ou non son parti de la situation. L'impression est pour nous difficilement compréhensible si elle n'était liée à l'ambition de faire entrer le français dans des domaines où il n'avait que peu accès jusque-là. Les traducteurs avaient été, à la fin du Moyen Âge, les principaux pourvoyeurs de la langue en mots « savants » et le nombre des premières attestations est spectaculaire. Au XVIe siècle, les poètes de la Pléiade ont formulé leurs consignes pour la formation de nouveaux mots. À quoi et à qui pouvaient servir toutes ces nouveautés ? Le français, resté longtemps à l'écart de la production scientifique, devait faire face à beaucoup de besoins et la langue littéraire n'était plus au gout du jour. En revanche, nos lettrés songeaient-ils aux particularités régionales, termes de coutume, vocabulaire topographique, expressions concrètes qui s'inscrivaient dans la vie et le travail quotidien ? Ronsard a eu l'idée, sans pousser très loin les applications, de recourir à ces immenses ressources en s'autorisant du grec littéraire ancien qui ne se présentait pas, comme le latin classique, sous un aspect monolithique, mais comportait des différences dialectales qui pouvaient faire penser aux traits régionaux du français. Des choix définitifs se sont faits au XVIe siècle, dans lesquels une tendance générale a été probablement plus forte que les gouts individuels.

Le siècle où se diffuse l'imprimerie est aussi celui où l'orthographe est devenue un sujet de débats dont les époques antérieures n'ont pas connu l'équivalent. À la fin du Moyen Âge, un abus de consonnes « quiescentes », qui rappelaient en général l'étymologie, avait hérissé l'écriture de toutes sortes de signes surajoutés au point de la rendre rebutante et difficilement maitrisable en dehors d'un milieu d'initiés : jamais l'écriture n'avait été plus éloignée de la prononciation, et particulièrement dans le monde des praticiens. Plusieurs solutions ont été proposées. Les poètes ont été tentés par un retour à la simplicité qui les rapprochait du Moyen Âge classique. Les solutions les plus radicales, dont Brunot regrette qu'elles aient échoué, consistaient dans un effort d'adéquation de l'écriture à la prononciation. Elles supposaient toutefois une unanimité des prononciations qui ne se constate même pas pour notre siècle et qui était alors encore plus loin d'être acquise. Cependant, à la liberté de l'écriture médiévale tend déjà à succéder une marche vers des uniformisations arbitraires : la règle des participes passés, qui reçoit alors une première formulation, en est un exemple quasi caricatural. Qui décide des cas litigieux ? La question commence à se poser. Le XVIe siècle est un des plus chargés d'innovations. Le français s'établit dans de nouveaux domaines. Grammatica, la « grammaire », n'est plus forcément synonyme de « grammaire latine » et une réflexion en français sur le français se développe. La condamnation fréquente de la barbarie médiévale est sans doute injustifiée, mais cette injustice a les couleurs de l'époque qui, à côté d'exemples de sagesse, laisse la porte grande ouverte à un enthousiasme qui fait encore plaisir de nos jours.

1. EXPANSION ET DIFFUSION
DE LA LANGUE FRANÇAISE

EN LANGAIGE MATERNEL FRANÇOIS...

Au mois d'aout 1539, François Ier signe à Villers-Cotterêts une « Ordonnance générale en matière de justice et de police », destinée à « aucunement pourvoir au bien de [sa] justice, abbreviation des procès et soulaigement de [ses] subjectz[1] ». Des 192 articles que comporte ce texte, quelques lignes (art. 110 et 111) ont acquis une notoriété qui dépasse le cercle des historiens spécialistes. Cet évènement prend place dans une série d'actes symboliques qui jalonnent la construction de l'identité nationale. Acte de naissance du français comme langue officielle de l'administration et de la justice, première manifestation d'une politique de centralisme linguistique : c'est ainsi qu'on l'envisage généralement. Afin d'éviter que les justiciables non lettrés ne soient gênés dans leurs relations avec le monde judiciaire, l'usage du latin est condamné, au profit d'une langue moderne et vivante, nommée, selon une formule qui ne cesse depuis d'alimenter les commentaires, « langaige maternel françois » :

[110] « Et afin qu'il n'y ait cause de doubter sur l'intelligence desd. arrestz, nous voullons et ordonnons qu'ilz soient faictz et escriptz si clerement qu'il n'y ayt ne puisse avoir aucune ambiguïté ou incertitude, ne lieu a en demander interpretacion. »

[111] « Et pour ce que telles choses sont souventesfois advenues sur l'intelligence des motz latins contenuz esd. arrestz, nous voulons que doresnavant tous arrestz, ensemble toutes autres procedures, soient de noz courtz souveraines ou autres subalternes et inferieures, soient de registres, enquestes, contractz, commissions, sentences, testamens et autres quelzconques actes et exploictz de justice ou qui en deppendent, soient prononcez, enregistrez et delivrez aux parties *en langaige maternel françois* et non autrement. »

Depuis le XVIᵉ siècle, les questions soulevées par ce texte tiennent à l'ambigüité fondamentale de la locution finale[1]. Ou bien l'expression est restrictive : le « langaige maternel françois », c'est la langue « françoise » (langue de la capitale et de l'*Ile-de-France*) à l'exclusion des dialectes et des langues régionales ; ou bien c'est toute langue ou variété de langue dont on use dans les provinces rattachées au royaume *de France*. Dans le premier cas l'ordonnance aurait pour but, sous prétexte d'une amélioration des conditions d'exercice de la justice et sous couvert d'éliminer le latin, d'imposer insidieusement la langue du pouvoir et de faire reculer les parlers locaux. Dans le second cas, tout au contraire, loin d'exclure les dialectes, elle favoriserait leur usage.

Les tenants d'une vision politique autoritaire et consciente menée au détriment des diversités culturelles ont quelques arguments de poids. L'ordonnance de Villers-Cotterêts n'est pas la première mesure du même genre visant à faire disparaitre le latin de la langue de la justice. Mais le propre des textes antérieurs avait été de maintenir une alternative possible, dans la lettre, entre langue française et parlers locaux. C'est « en langage françois *ou* maternel » que devaient être consignées les dépositions de témoins dans l'ordonnance de Moulins du 28 décembre 1490 (art. 101) ; « en vulgaire *et* langage du païs » dans l'ordonnance sur la réformation de la justice de juin 1510. La disparition de l'élément disjonctif dans le texte de 1539 serait la « preuve » objective de la fin d'une tolérance. En juxtaposant le « maternel » et le « françois », sans laisser la possibilité littérale qu'une langue vernaculaire puisse ne pas être « françoise », l'ordonnance de Villers-Cotterêts marquerait une attitude radicalement nouvelle de la part de la royauté.

Pourtant, la notion même d'une politique de francisation systématique parait anachronique aux historiens d'aujourd'hui, qui mettent en garde contre l'idée simpliste selon laquelle une ordonnance royale aurait le même caractère contraignant qu'un décret de la France moderne, centralisatrice et jacobine. Aucune sanction n'est d'ailleurs prévue pour qui ne rédigerait pas des actes notariaux ou juridiques dans le langage adopté par la chancellerie royale.

Les études nombreuses menées sur les pratiques effectives (minutes notariales en particulier) nous enseignent tous les jours un peu plus que l'ordonnance de Villers-Cotterêts n'a au fond pas changé grand-chose à des situations fort variables, qui présentent tous les cas de figure possibles, en fonction des frontières linguistiques ou des réalités sociales[2]. Les notaires de la frange nord-ouest des pays de langue d'oc, Bordelais, Périgord, Haut-Limousin, utilisaient le français bien avant 1539. À Toulouse, la création du Parlement date de 1444, et d'emblée les registres parlementaires toulousains avaient été rédigés en français. À Bordeaux, qui aurait subi, selon un occitaniste d'aujourd'hui, une « véritable invasion de fonctionnaires nordiques » (R. Lafont, 1970, p. 56), les états de Guyenne rédigent dès 1470 en français les actes soumis au roi. Au Béarn, fidèle à sa langue, s'oppose une Gascogne qui se met au français pour l'administration. Un certain nombre de testaments en dialecte se rencontrent dans les Cévennes ; et, en Albigeois, nombreux sont les notaires qui faisaient alterner dans leurs écritures, bien avant 1539, le latin, la langue d'oc et le français, et qui continuent ensuite à employer l'occitan, malgré l'ordonnance. Dans la zone provençale, l'expansion du français avant Villers-Cotterêts était un fait acquis, conséquence de la présence d'officiers royaux, de la nécessité d'établir des relations avec le pouvoir central, de la création du Parlement d'Aix (1501-1503), en dépit de quelques actes en provençal émanant de conseils municipaux[1]. Les notaires, selon toute probabilité, expliquaient oralement à leurs clients les tenants et aboutissants de leurs actes dans leur parler vernaculaire commun. Mais au niveau des « écritures », le français était déjà devenu, même dans un grand nombre de régions méridionales, un instrument de communication plus largement intelligible que le latin.

Ainsi donc, la prescription législative n'a fait le plus souvent, selon une analyste récente de l'évènement, qu'« harmoniser Loi et Opinion » (C. Souchon, 1989). C'est la présence déjà largement répandue de la langue française dans la plupart des régions de France, principalement en milieu urbain, qui a incité le législateur à entériner – plutôt qu'à provoquer – une francisation qui avait connu une accélération visible dans le premier tiers du siècle. La mobilité sociale, le désir d'accéder à un rang plus élevé dans la hiérarchie, ont amené les milieux de la magistrature et la bourgeoisie d'affaires à utiliser un parler qui était synonyme de réussite et de dignité. La pratique de la langue du roi est un moyen de se différencier socialement : c'est la leçon que P. Ramus tire d'une anecdote mettant en scène des députés provençaux : au lendemain de l'acte par lequel le « grand Roy Francois [...] commanda par toute la France de plaider en langue Francoise », des députés de Provence montèrent à Paris pour manifester leur mécontentement. Le roi,

> « les delayans de mois en mois, & leur faisant entendre par son Chancellier quil ne prenoit point plaisir douir parler en aultre langue quen la sienne, leur donna occasion daprendre songneusement le Francois : puis quelque temps apres ils exposerent leur charge en harangue Francoyse [...] »,

se privant par là du langage même qu'ils étaient venus défendre. La leçon de cette anecdote, écrit Ramus, c'est

« quil estoit bien seant, combien que le langaige demeurast a la populasse, neantmoins que les hommes plus notables estans en charge publicque eussent, comme en robbe, ainsi en parolle, quelque præeminence sur leurs inferieurs » (*Grammaire*, 1572, p. 50).

Quitter son parler vernaculaire et adopter la langue française pouvait être perçu en cette seconde moitié du siècle comme le signe d'une division entre « inférieurs » et « notables ».

Dans un tout autre contexte, mais pour aboutir à des conclusions voisines, un historien de la Bretagne constate que dans une paroisse du Finistère, les registres sont constamment tenus en latin, mais que, pour dix actes entre 1599 et 1610, le français est utilisé avec des signatures telles que « noble homme Jean du Quelennec », ou « noble homme Charles Glezan » [1]. Dans d'autres paroisses, ce geste de distinction est le fait d'« honorables marchands », « escuyers » ou « nobles hommes », qui marquent ainsi leur maitrise de l'écrit et leur désir de considération.

CONDITIONS FAVORABLES À LA DIFFUSION DE LA LANGUE FRANÇAISE. TENDANCE À L'UNIFICATION POLITIQUE ET LINGUISTIQUE

L'appartenance sociale, les conditions politiques et économiques, expliquent le choix du français, autant et plus que la répartition géographique. Aucun idéologue moderne ne saurait le dire aussi élégamment que Ronsard, soucieux de dissuader les apprentis poètes d'écrire encore en latin, et qui définit ainsi par contraste ce qui fait la force de la langue française :

« C'est autre chose d'escrire en une langue florissante qui est pour le present receue du peuple, villes, bourgades & citez, comme vive & naturelle, approuvee des Roys, des Princes, des Senateurs, marchands & trafiqueurs, & de composer en une langue morte, muette & ensevelie sous le silence de tant d'espaces d'ans, laquelle ne s'apprend plus qu'à l'escole par le fouet & par la lecture des livres » (Préface posthume à la *Franciade*, 1587).

Langue « florissante » et « naturelle », langue du Prince, des élites dirigeantes, des populations urbaines entreprenantes : Ronsard ouvre toutes les voies qu'il faudrait suivre pour comprendre les conditions sociopolitiques favorables à la diffusion du français. On s'en tiendra à quelques données.

Le XVIe siècle est marqué, aux yeux des historiens des institutions, par le souci de la monarchie de mener à bien un programme de réformes administratives, dans un but d'amélioration de la gestion du pays. L'affermissement de l'appareil d'État sous François Iᵉʳ et Henri II conduit à l'accroissement du nombre des agents royaux. La conjoncture guerrière contraint les souverains successifs à donner plus d'efficacité au contrôle de ces agents, et en particulier à s'assurer des rentrées financières garanties par la mise en place d'un personnel de finances compétent. D'où l'installation d'un système quasi ministériel, sorte de « technocratie patrimoniale » (A. Jouanna, 1996, p. 150), la création de nouvelles cours et de nouveaux parlements, l'augmentation du personnel des cours existantes, le développement d'une administration provinciale (gouverneurs, lieutenants généraux, intendants), l'installation auprès de la Grande Chancellerie et des chancelleries secondaires des cours souveraines du corps prestigieux des notaires et secrétaires du roi. Henri Estienne attribue à ces derniers le mérite de « conserver l'honneur de nostre langage » en louant les

> « façons de parler non moins succinctes que graves, non moins claires que succinctes, telles [...] qu'on les voit aujourd'hui sortir de la plume de Messieurs les Secrétaires d'Etat » (*Precellence*, p. 154)[1].

La province est de plus en plus dépendante d'un pouvoir dont le mode d'expression est, par définition, le français. Ce maillage administratif est à lui seul un réseau de diffusion linguistique très efficace.

Dans les pays de droit coutumier (en gros le Nord de la France), on suit encore au début du siècle des coutumes orales. La rédaction des coutumes, prescrite par l'ordonnance de Montilz-les-Tours (1454), ne progresse de façon décisive que de Louis XII à Henri II. Les populations locales sont consultées, par le biais des assemblées de bailliage ou de sénéchaussées. Les commissaires royaux reçoivent leurs avis, et le Parlement joue le rôle d'arbitre en cas de désaccord. L'entreprise ne sera à peu près achevée qu'à la fin du siècle. Long travail de transcription et d'adaptation, ce passage à l'écrit d'un droit jusque-là oral met directement en jeu la langue du pouvoir, qui prend en charge toutes les situations, infiniment multiples, qui constituent le cadre social et juridique de chacun des sujets du Prince.

Langue de « villes, bourgades et citez », « marchands et trafiqueurs », disait Ronsard : la prospérité économique et démographique, une activité urbaine en pleine croissance, sont également de nature à favoriser la diffusion de l'idiome national. La France, d'une configuration ramassée et compacte en comparaison d'autres États européens, est le pays le plus riche et le plus peuplé d'Europe. On chiffre à 18 ou 20 millions le nombre de ses habitants. L'image d'un « beau XVIe siècle », courante chez les historiens d'aujourd'hui, symbolise toutes les formes d'expansion, de renouvellement, de progrès économique, d'explosion dans le domaine de la culture et des arts. Les villes développent leurs activités artisanales, industrielles et commerciales. L'ouverture de nouveaux marchés et d'espaces maritimes agrandis, une activité industrielle et artisanale en croissance, des rendements agricoles en augmentation et le renforcement des puissances bancaires servent d'assises à un usage dynamique du français en France et hors de France, même si, tout à la fois, cette expansion générale s'accompagne de fragilités et de tensions sociales. Car ce tableau euphorique ne convient plus guère dans la seconde moitié du siècle. Les guerres civiles engendrées par les querelles religieuses sont aussi le résultat de déséquilibres provoqués par la croissance elle-même, cause de renchérissement et de misères. Le XVIe siècle est un siècle d'attente, de malheurs, d'incertitudes politiques et sociales, de rivalités brutales.

EXCELLENCE ET « PRECELLENCE » DE LA LANGUE FRANÇAISE. EXPRESSIONS D'UN NATIONALISME LINGUISTIQUE

Au milieu du siècle on affirme vigoureusement la certitude d'une conjonction entre le pouvoir, l'art et la culture, le savoir, la langue. Du Bellay, porte-parole de la Pléiade, associe visiblement le progrès de la langue française et la perspective de nouveaux succès militaires et diplomatiques en Europe (*Deffence*, p. 29). J. Peletier du Mans exprime la conscience de vivre un âge d'or de la civilisation humaniste [1] :

> « Il i à nę sè quéz ſęgręz [il y a je ne sais quels secrets] parmi la naturę, qui nous font juger quę notrę Languę n'à point a monter gueręs plus haut qu'ęlę n'ęt. Car s'il i à comparęſon des choſęs ſanſiblęs aus intęlectuęles : e, ſi j'osę dirę einsi, des corporęlęs aus ſpirituęlęs : sans point dę doutę la Languę Françoęſę approchę fort de ſon but. Ne voions nous pas les Disciplinęs, les Ars liberaus e Mecaniquęs [...] ętrę reduiz quaſi a l'extremite dę cę quę l'hommę an peùt comprandrę ? nę voions nous pas les etaz, les magnifiçancęs e ſomptuositez an télę eſſancę [2], qu'ęlęs n'an peuuęt [peuvent] plus : e quę leur grandeur nę sauroèt plus ſi peu croêtre qu'ęlę nę les aſſommę [qu'ils ne soient écrasés par leur grandeur] ? [...] Voęlà pourquoę nous ſantons quę ſi nous voulons anrichir notrę Languę, il ſę faut háter : dę peur quę les moyens nous an falhęt [manquent] tout au coup » (*Dialogue*, p. 87).

Défendre, enrichir, illustrer, mettre en règles la langue française, autant d'incitations qui parcourent des textes de toute nature, traités en bonne et due forme, mais aussi préfaces, épitres liminaires, arts poétiques, déclarations d'intention diverses[1].

D'une certaine façon, l'idée que la langue française doive être « défendue » peut paraitre paradoxale, compte tenu de cette force vitale qu'on lui reconnait. En fait, on constate dans de multiples domaines (diplomatique, politique, administratif) des acquis irréversibles, et la production d'œuvres littéraires, depuis quelques siècles, ne laisse aucun doute sur la richesse de ses ressources. Pourquoi dès lors faudrait-il assurer sa promotion et justifier son usage ? En réalité, des décalages et des retards divers affectent le statut idéologique qu'on lui accorde et les domaines où on l'utilise. La reconnaissance définitive de sa dignité est retardée par la persistance de langues savantes réservées aux divers champs du savoir, à l'enseignement, à la religion. Il faut donc faire la preuve, en innovant, qu'elle a toutes les aptitudes nécessaires pour « coucher par escript les bonnes Sciences », selon l'expression de G. Tory (fol. 30r°), et se substituer aux langues antiques qui sont encore les instruments de la connaissance intellectuelle et du pouvoir spirituel. C'est donc auprès des lettrés, des « professeurs de langue », que se rencontrent des résistances que le moment est venu de briser. D'où les caractères affectifs, idéologiques, rhétoriques, de l'argumentation menée dans ces « plaidoyers ». Il faut se placer sur le terrain même des plus savants, en exaltant leur fierté nationale, et en jouant sur la fibre de la grandeur et de la noblesse, afin de démontrer que le recours au français n'est pas le signe d'un appauvrissement culturel.

Les métaphores du travestissement (« accoutrements pérégrins »), de l'esclavage, du reniement (« étrangers en notre propre pays »), de la mendicité, voire de la trahison, sont fréquentes.

Enfin, pour emporter l'adhésion des savants ou pseudo-savants, on a constamment recours à une analogie avec la culture latine elle-même, tout entière tributaire à ses débuts de la civilisation grecque, et construisant son propre « domaine héréditaire » par l'assimilation de cette autre culture et l'indépendance à son égard. La langue latine a été elle aussi « du commencement de <son> empire […] bien maigre et bien rude », et

« pour la plus amplier, exhausser et illustrer, <les Latins> tâchèrent de remettre et translater en icelle la langue grecque, laquelle lors était la plus riche, la plus élégante, la plus parfaite et la plus estimée de toutes les autres, voire la plus commune […]. Si [pourtant] mirent les Romains si bonne diligence que tous les dits arts et sciences, ou la plupart d'icelles, furent translatés de grec en latin, tellement que pour les apprendre n'est plus nécessité entendre le grec[1] ».

Glorifier la langue, c'est, dans l'Europe entière, s'engager dans une recherche sur son passé. Partout s'affirme le désir de rattacher les langues vulgaires à des origines mythiques et prestigieuses et la langue française n'échappe pas à ce mouvement. Cette quête est rarement sereine et tourne bien souvent à des mythologies nationalistes ou à des spéculations théologico-politiques[2]. On fait de l'histoire pour régler ses comptes avec ses rivaux politiques ou ses adversaires religieux, par Troyens, Gaulois, Francs, Grecs et Latins interposés[3]. Sous couvert de retracer des filiations, de s'adonner à des recherches étymologiques, on tombe dans un nationalisme linguistique où tout ce qui est accordé aux Grecs et aux « Thiois » (les Allemands) est présenté comme une minoration du rôle des Latins, et – par une extrapolation fréquente – de celui des Italiens, fils naturels en quelque sorte de la civilisation romaine.

La « fable troyenne », inventée dès le VIIe siècle et qui donne pour origine aux Francs, puis à la France et à sa langue, un fils d'Hector, Francion, est reprise et illustrée par Jean Lemaire de Belges dans les *Singularitez...* Se répand l'idée que les Gaulois sont les ancêtres des Troyens et non l'inverse. Vieille légende à laquelle Ronsard fait référence dans la *Franciade*, parue en 1572. Le recours à une civilisation celte est à l'origine de traités gallophiles, où l'on veut prouver que les cultures gréco-latines n'ont fait qu'emprunter à la civilisation gauloise et non l'inverse. Pour Ramus,

> « la Grammaire & toutes autres disciplines liberales estoyent anciennement en langaige Gaulloys es escolles de nos Druides sans en rien tenir ny des Grecs ny des Latins : & depuis estants sorties de la Gaulle auec leurs Gaulloys sont passees en la Grece, ou elles ont este fort cheries & honnorees, & de la ont este inuitees en Italie, & en toutes les parties du monde » (*Grammaire*, 1572, préface).

Ainsi, selon cet auteur, les Gaulois auraient transmis les sciences aux Grecs, qui les auraient apportées en Italie, d'où elles seraient revenues en Gaule au terme d'un long périple. Ramus pousse cette théorie jusqu'à ses plus extrêmes conséquences, terminologiques et grammaticales : la 2e édition de sa grammaire du français donne par exemple pour noms des lettres *en français* : alpha, bêta, etc., puisque les Gaulois sont à l'origine du savoir grec...

À vrai dire, l'étymologie, le comparatisme, une progressive

conscience de la diachronie bénéficient de ces « démonstrations » visant à rattacher le vernaculaire aux sources antiques. J. Sylvius et Ch. de Bovelles proposent dans leurs traités une étude minutieuse de l'évolution des sons, en dégageant des lois phonétiques régulières. D'autres surestiment le rattachement de la langue française à la langue grecque[1].

Par un souci de légitimation des institutions, des lois, du régime monarchique, de l'identité française, sont donc menées des recherches dans le domaine médiéval primitif. Le terme même d'« Antiquitez » est appliqué de manière significative, non aux Grecs et aux Romains, mais aux Gaulois et aux Francs par Claude Fauchet, désireux de « s'esloigner des fables qui par si longtemps ont abusé aucuns de nos pères » (*Antiquitez*, Iv°). Fauchet fait partie de ces auteurs qui, tel son ami E. Pasquier, ont bénéficié des progrès de l'érudition « moderne », et se sont efforcés d'étayer leurs hypothèses avec des arguments philologiques dignes de ce nom. Ils tombent moins que d'autres dans des approches fortement teintées d'a priori nationalistes, favorables à des thèses polémiques anti-italiennes, celtophiles et progermaniques. Cl. Fauchet commente le texte des *Serments de Strasbourg* et traite en détail de la nature de la *Rustica Romana lingua & Theotisca* mentionnée au concile de Tours. Il tente de caractériser ce « roman », en attribuant au gaulois, au latin et aux parlers germaniques leur place respective. L'absence de tout esprit de panégyrique, de toute grandiloquence, de toute recherche de modèles, le met à l'abri d'illusions rétrospectives grossières. Les liens entre l'expansion territoriale, la colonisation, la puissance politique d'une nation d'une part, et l'expansion conjointe des langues d'autre part, sont l'objet de réflexions approfondies. Avec lui, on assiste à une entreprise consciente pour établir scientifiquement un corpus d'auteurs, connus ou méconnus, permettant de reconstituer les premiers jalons d'une tradition littéraire. Le caractère reculé de la période choisie, la rareté des indices chronologiques ou biographiques dont pouvait disposer l'auteur, les difficultés prévisibles quant à la datation et l'identité des auteurs cités font de Fauchet l'un des fondateurs du médiévisme français. Il faut un certain courage, et une claire conscience de ce qui constitue le passé culturel d'un peuple, une croyance profonde à la dignité d'une culture indigène, pour prétendre apporter à quelques chansons difficiles à déchiffrer le même soin érudit qu'aux œuvres de Virgile ou d'Ovide. Il est vrai que ces œuvres ignorées et modestes ont permis de forger ces instruments inconnus des ancêtres grecs et latins : la rime et le vers alexandrin, que les hommes de la Renaissance illustraient en les raffinant.

De l'excellence de la langue française à sa « precellence », il n'y a qu'un pas, constamment franchi par H. Estienne. Cela signifie à ses yeux que la langue française l'emporte dans une compétition européenne où l'Italie est la première rivale. Les Italiens suscitent chez les Français une admiration fondée sur la grandeur et l'éclat de leur culture, et une séduction mêlée d'envie, voire d'hostilité, surtout dans la seconde moitié du siècle.

La Concorde des deux langages de Jean Lemaire de Belges (composée vers 1511 et publiée en 1513) avait abordé dans ses dernières pages en prose la question de la prééminence des langues, en mettant en compétition le français, l'italien et le toscan. L'auteur refuse de choisir, et célèbre leur alliance, comme nées d'un « mesme tronc et racine, c'est assavoir la langue latine, mere de toute eloquence ». Les structures formelles de leur poésie respective donnent une solution à la question de leur prééminence : l'italien a la *terza rima* de Dante, le français l'alexandrin. La querelle se termine par une conciliation.

En avançant dans le siècle, ces relations ne sont plus si harmonieuses. Lorsque les oppositions religieuses interfèrent avec les réflexions sur la langue, l'anti-italianisme devient virulent. L'Italie est plus ou moins assimilée à l'intransigeance papiste. Les analyses littéraires, linguistiques, lexicales qui emplissent les traités d'H. Estienne sont l'effet de cette aversion. Dans la *Precellence...*, H. Estienne aligne à profusion des « arguments », de coloration morale, linguistique et nationaliste, vantant la richesse des dialectes français, l'abondance sémantique, la souplesse lexicale, la beauté des parlers de France, tout en dénonçant les défauts courtisans qui gagnent les Français au contact des Italiens de la cour et le caractère ridicule du sabir qui, selon lui, s'y parle[1]. Barthélemy Aneau (*Quintil Horacien*, 1550) stigmatise de même les « corruptions italiques » dont se serait rendu coupable Du Bellay lui-même (p. 215, éd. Goyet).

Car les divers aspects du nationalisme linguistique dans la France du XVIe siècle s'expriment avec toute leur ambivalence dans la *Deffence et illustration de la langue françoyse* de Du Bellay (1549), le plus célèbre des opuscules sur ce thème, compte tenu de la personnalité de son auteur et de son rôle social et littéraire. Les contradictions apparentes de ce texte sont l'exacte expression des tensions que connait la période : dépendance culturelle des Français à l'égard des langues antiques d'une part, de la culture italienne de l'autre. Pour substituer la langue française au latin des lettrés, le plus sûr moyen, c'est de se latiniser, et, pour affirmer sa prééminence sur l'italien, d'emprunter à la littérature italienne ses formes poétiques les plus raffinées.

« Sans l'immitation des Grecz & Romains nous ne pouvons donner à notre Langue l'excellence & lumiere des autres plus fameuses » (p. 64).

Il faut « illustrer » la langue vulgaire sans se confondre avec « ce peuple ignorant, peuple ennemy de tout rare et antique scavoir » (p. 104). Le souci de mettre la langue française dans la lumière d'un projet national tout entier à construire, s'accompagne d'une dévalorisation du passé littéraire médiéval. Les jugements négatifs sur la poésie des siècles précédents, le regret que « nos majeurs » (nos ancêtres médiévaux) n'aient pas « cultivé » leur langue font partie du programme argumentatif développé par la *Deffence*, tournée vers un avenir de grandeur. Du Bellay, comme le souligne assez pesamment B. Aneau dans son *Quintil Horacien* l'année suivante, s'embarrasse dans son exaltation de l'idiome national français, puisque, pour inciter à son enrichissement futur, il le juge pauvre, inculte et sans passé.

2. LA DIVERSITÉ LINGUISTIQUE EN FRANCE AU XVIᵉ SIÈCLE

Maintien des identités culturelles. Dialectes et langues régionales

On a dit que l'organisation institutionnelle du royaume favorisait la diffusion d'une langue officielle commune. Pourtant les historiens mettent en garde contre une vision orientée de la période qui anticiperait sur les siècles à venir, en concluant à une sorte de « protoabsolutisme ». Si les institutions se précisent, il serait excessif de parler de plan concerté de la part du roi et de ses juristes pour établir une « centralisation étatique ». L'inflation du nombre des officiers a eu pour effet de rendre l'autorité royale plus présente auprès des sujets, mais en même temps de renforcer l'indépendance des cours provinciales. Le rôle du roi est autant un rôle d'arbitrage que de gestion et de contrôle. Un grand nombre de limites et d'obstacles à l'expansion de l'autorité centrale persistent, et le royaume reste soumis à des forces centrifuges qui expliquent l'inachèvement de l'unité nationale, l'existence et le maintien de forts particularismes régionaux. Le rattachement, ancien ou récent, de provinces entières, explique des différences culturelles et politiques importantes. Le contrat passé avec le pouvoir monarchique lors de l'acte d'union de la Provence au royaume de France, nommé par la suite « Constitution provençale », stipulait par exemple que le pouvoir royal devait respecter et maintenir les « pactes, conventions, privilèges, libertés et franchises, statuts, chapitres, exemptions et prérogatives et aussi les us, rites, mœurs, styles et louables coutumes » de la Provence. Au moment du rattachement de la Bretagne à la France, le roi s'engageait de même à « garder et entretenir les droictz, libertez et privileges dudit pays et duché ». Les pays d'états, correspondant souvent à des provinces historiques, en partie indépendantes autrefois, pouvaient avoir des relations difficiles avec les autorités centrales. Le royaume de France est bien une mosaïque de coutumes, de nations, de langues, d'enclaves juridiques et politiques jouissant encore d'une autonomie effective.

Quant à la réalité même de la présence royale – physique ou symbolique – dans les provinces, un texte de Montaigne contredit l'image plus théorique que réelle d'une présence constante et insistante de l'administration centrale dans la vie quotidienne des nobles provinciaux :

« Voyez aux Provinces esloignées de la Cour, nommons Bretaigne pour exemple, le train, les subjects, les officiers, les occupations, le service et cerimonie d'un Seigneur retiré et casanier, nourry entre ses valets […]. Il oyt parler de son maistre une fois l'an, comme du Roy de Perse, et ne le recognoit que par quelque vieux cousinage que son secrétaire tient en registre. À la vérité, nos loix sont libres assez, et le poids de la souveraineté ne touche un gentil-homme François à peine deux fois en sa vie […]. Qui se veut tapir en son foyer et sçait conduire sa maison sans querelle et sans procès, il est aussi libre que le Duc de Venise » (I, 42, p. 265).

On peut considérer, par ailleurs, de façon très générale, comme une force d'inertie à la pénétration de la langue française, la « solide base campagnarde » dont font état P. Goubert et D. Roche, et qui représente au XVIᵉ siècle 90 % de la population du royaume. L'existence d'une langue maternelle vernaculaire parfaitement adaptée aux activités quotidiennes a maintenu en France jusqu'à nos jours des parlers fortement implantés et restés en dehors, totalement ou partiellement, des grands courants de francisation liés avant tout à la vie urbaine.

Bien des facteurs politiques, économiques et sociaux ont créé à l'évidence au XVIᵉ siècle une dynamique accélérant cette diffusion. Mais tel rattachement administratif, tel édit émanant du pouvoir central, ne suffisent pas à modifier soudainement des pratiques coutumières parmi lesquelles la langue est d'un poids symbolique et humain particulier. Le XVIᵉ siècle est à la fois un siècle de francisation continue, et une période où l'on ne saurait aborder la situation linguistique autrement que sous l'angle de la variété.

Les historiens, plus intéressés par les pratiques effectives que des « littéraires » dont l'outil de référence reste le plus souvent l'imprimé, nous rappellent que la sanction du texte édité n'apporte qu'un témoignage incomplet sur les réalités linguistiques du temps.

« La culture au sens social du terme (celle qui embrasse la totalité du corps social) se trouve scindée en deux couches d'expression. L'une, la seule qui soit connaissable pour nous, est définie par l'élite des *litterati*, ceux qui, sachant lire et écrire, font fructifier l'héritage humaniste de l'Antiquité. L'autre, celle des *illiterati*, se développe

dans le secret d'une masse historiquement muette. Nous ne l'aper-
cevons que dans la mesure où la première se fait moins opaque,
lorsqu'il y a curiosité du "clerc" pour le "peuple" » (R. Lafont,
1970, p. 273).

Pour percer ce « secret », on se limitera par nécessité à quelques
données éparses, sources partielles significatives.

Dans la préface de « l'humble translateur » à sa traduction de la
Bible en français, Olivétan dit son souci de « suyure [suivre] la proprieté de la langue Françoyse », d'éviter les écueils d'un latin incompris
des « simples gens », en s'adonnant à « ung commun patoys et plat langaige ». Mais ce projet lui parait difficile car la langue française est « si
diverse en soy [...] qu'il est bien difficile de pouvoir satisfaire à toutes
aureilles et de parler à tous intelligiblement[1]». L'absence d'unité linguistique du pays est une entrave à la diffusion de la langue de Dieu
dans un parler compris de tous.

Marot, né vers 1496 à Cahors en Quercy, est un exemple de ces
déracinements que connaissent les poètes lorsque leur métier d'écrivain
protégé des rois les conduit de pays d'oc à Paris. C'est là un témoin de
l'abandon de la langue *maternelle* (l'occitan) pour un apprentissage
laborieux de la *paternelle* (celle de son père attaché à la cour) :

> « Car une matinée,
> N'ayant dix ans, en France fus meiné ;
> Là où depuis me suis tant pourmeiné
> Que j'oubliay ma langue maternelle,
> Et grossement apprins la paternelle,
> Langue Françoyse es grands Courts estimée,
> Laquelle enfin quelque peu s'est limée
> Suyvant le Roy Françoys, premier du nom,
> Dont le sçavoir excède le renom.
> C'est le seul bien que j'ay acquis en France,
> Depuis vingt ans, en labeur & souffrance »
> (*Enfer*, v. 398-408).

Un passage des *Essais* de Montaigne (II, 17) ne déparerait pas
dans notre « Atlas linguistique » d'aujourd'hui : il distingue d'abord les
« contrées de deçà » (ligne de partage entre oïl et oc ?), où, dit-il, il ne
vit jamais homme « qui ne sentit bien evidemment son ramage et ne
blessast les oreilles pures françoises », à l'image de son propre « langage françois », « alteré, et en la prononciation et ailleurs, par la barbarie de <son> creu ». Puis, avouant son ignorance du « Perigordin », il
situe ce dernier parmi d'autres parlers, « le Poitevin, Xaintongeois,

Angoumoisin, Lymosin, Auvergnat », qu'il place « d'une bande et d'autre » (de part et d'autre de la Charente ?) [1].

Le parler limousin aura laissé dans la littérature du temps une trace, limitée à quelques lignes certes, mais non sans portée, si l'on tient compte de l'orientation générale de l'anecdote et de la moralité qu'en tire Rabelais. L'écolier limousin, après avoir débité de longues et verbeuses tirades en un sabir cuistre et sentencieux, finit, sous le coup de l'émotion violente du « tour de pigne » (la « peignée » que lui administrent les compagnons de Pantagruel), par jurer en limousin :

> « Vêê dicou gentilastre, Ho saint Martiault adjouda my ! Hau, hau laissas à quau, au nom de dious, et ne me touquas grou ! [Hé dis-je, gentilhomme, ho ! saint Martial aide-moi ! Ouïe, ouïe, laissez-moi là, au nom de Dieu, et ne me frappez pas !] » (*Pantagruel*, chap. 6).

Perdu dans cet océan de langues de toutes sortes dont l'œuvre de Rabelais offre l'image, langues réelles ou utopiques, anciennes, modernes, régionales (angevin, basque, languedocien...), calembours, néologismes, cacophonies, jargons, c'est accorder peu au parler « lémovicque », d'autant que le personnage est, d'un bout à l'autre de l'épisode, un « grotesque ». Mais la remarque finale de Pantagruel : « À cette heure parles-tu *naturellement* ! », suffit à rehausser le parler patoisant pour mieux écraser la prétention sorbonicole du semi-docte mal instruit.

Les sources imprimées ne sont pas totalement inexistantes et elles sont évidemment précieuses. Une dizaine d'ouvrages imprimés en breton dans le courant du siècle attestent de l'existence d'une littérature poétique et théâtrale orale, tandis qu'un *Catholicon*, dictionnaire breton-français-latin, édité en 1499 avec des rééditions vers 1500 et 1521, illustre le trilinguisme de la partie ouest de la province [2]. L'expression littéraire occitane du XVIᵉ siècle n'est pas dans une phase de particulière richesse, la véritable « Renaissance du Sud » se produisant plus nettement au siècle suivant [3]. Mais les trois textes mentionnés par R. Lafont (1970, p. 35 *sq.*), badinage de la coterie cultivée où le féminisme tourne à la grivoiserie, invitent à s'interroger sur la fonction même de cet occitan dont on use pour s'encanailler. Dans une autre aire dialectale, Pey de Garros publie des *Psaumes* en 1565 et des *Poesias gasconas* en 1567. À la fin du siècle, Auger Gaillard est l'auteur d'*Obros* en langue d'oc, et Bellaud de la Bellaudière produit les *Obros et rimos pouvenssalos de Loys de la Bellaudièro, Gentihomme Prouvenssau* (Marseille, 1595), premier livre issu de la première imprimerie de Marseille, œuvre qui donne l'image d'un poète ayant subi de façon profonde l'influence de Marot.

Réflexions sur la variété linguistique.
Mise en théorie et description

Les dialectes et les langues régionales occupent une place essentielle dans les réflexions des théoriciens de la langue, grammairiens, étymologistes, polygraphes, auteurs d'arts poétiques. Les parlers régionaux, pour une génération de savants du premier tiers du siècle (G. Tory [1529], J. Dubois [1531], Ch. Bovelles [1533]), ne sont pas des corruptions dégradées de la langue de la capitale. Ils ont un passé historique de valeur égale, sinon supérieure. L'un des thèmes majeurs, chaque fois qu'il s'agit de traiter de ces variétés, est la référence aux dialectes grecs anciens, ce qui, en un temps où l'on réédite avec tout le soin érudit possible les textes de la littérature grecque antique, a pour effet de valoriser la diversité linguistique française. Pour G. Tory,

> « Nostre langue est aussi facile a reigler et mettre en bon ordre, que fut iadis la langue Grecque, en la quelle y a cinq diuersites de langage, qui sont la langue Attique, la Dorique, la Aeolique, la Ionique, & la Comune [...]. Tout ainsi pourrions nous bien faire, de la langue de Court & Parrhisiene, de la langue Picarde, de la Lionnoise, de la Lymosine, & de la Prouuensalle » (fol. 4v°-5r°).

La « langue de Court et Parrhisienne », dialecte parmi les autres, n'a pas de prééminence particulière dans cette énumération, même si ailleurs dans ce délicieux ouvrage Paris est l'objet d'un hommage appuyé (fol. 6r°).

Le texte le plus révélateur sans doute de l'intérêt porté aux variétés de la langue française est celui de Bovelles en 1533, premier traité dialectologique en règle du français[1]. Mathématicien ayant proposé une *Géométrie* en français, ce grammairien picard décrit avec une minutie exceptionnelle les diverses prononciations dialectales, non seulement du nord du pays, mais même de régions éloignées de la sienne. On y retrouve les variations entre le picard et le français, mais aussi des analyses fines des différences entre le parler des habitants de Saint-Quentin et celui des natifs d'Amiens... La position de Bovelles a pu paraitre paradoxale au point de tromper quelques-uns de ses commentateurs. En effet, à l'heure où se manifeste de tous côtés une exigence de mise en règles de la langue française, fondée sur la certitude qu'elle connait, au même titre que les grandes langues de culture, des constantes, des lois structurales, un système, au moment même où nait à proprement parler une grammaire du français (Palsgrave [1530], Sylvius [1531]), Bovelles adopte une position théorique apparemment à contre-courant. La notion même de « variété » se fonde sur une conception géographico-linguistique qui fait de chaque parler une donnée brute, variable, constituant en soi une norme dont rien n'autorise à penser qu'elle doive céder le pas devant une autre, sociale ou politique, qui servirait de référence ou de modèle. Pas d'« archétype » en matière de langue, autrement dit, pas de parler plus « correct » qu'un autre, pas de possibilité de réduction des variétés à une règle commune. Pensée originale, marginale à l'égard du courant général d'unification des analyses *du* français.

Les auteurs d'arts poétiques multiplient les incitations à puiser dans le fonds régional, en associant leur richesse lexicale à celle du « vieil françois ». Picard, tourangeau, poitevin, normand, champenois, angevin, sonnent fièrement dans les vers de Baïf, la prose de Vauquelin de la Fresnaye. Ronsard y revient à plusieurs reprises :

> « Tu sçauras dextrement choisir et approprier à ton oeuvre les vocables plus significatifs des dialectes de nostre France [...] et ne se faut soucier si les vocables sont *Gascons*, *Poitevins*, *Normans*, *Manceaux*, *Lionnois*, ou d'autres païs, pourveu qu'ils soyent bons et que proprement ilz expriment ce que tu veux dire » (*Abbregé de l'Art poetique françoys*, éd. Pléiade, p. 1177).

Le vocabulaire des langues régionales exerce un incontestable attrait sur ceux des poètes qui ont été les plus novateurs en leur temps. C'est un surplus, l'une des manières de compenser une *inopia*, une « disette » dont souffrirait la langue française.

> « Brief, lẹ Poëtẹ pourra aporter, dẹ mon conseilh, moz [mots] Picars, Normans, e autrẹs qui ſont ſouz la Couronnẹ : Tout ẹt Françoẹs, puis qu'iz ſont du païs du Roẹ. C'ẹt un des plus insinẹs moyens d'acroẹtrẹ notrẹ Languẹ : e ẹt cẹlui par lẹquel les Gréz ſẹ ſont fẹz ſi plantureurs » (J. Peletier du Mans, *Art Poëtique*, p. 40).

Dans la seconde partie du siècle, les propos les plus abondants sur les dialectes de France se trouvent sous la plume d'H. Estienne. L'existence de dialectes est une « source de beauté et de richesse appréciable », même si « nostre langage ha son principal siege au lieu principal de son pays » (*Precellence*, p. 173).

> « De même qu'Athènes a été appelée la Grèce de la Grèce, de même Paris, pour ce qui est de la langue, peut être dite la France de la France » (*Hypomneses*, p. 4).

Le dialecte « parisien » est donc comparé à l'« attique » chez les anciens Grecs. L'on doit pourtant privilégier un mot venu d'une « autre

contree de France », s'il est d'une « estendue beaucoup plus grande »,
car il ne faut pas « estimer que tout ce qui est du creu de Paris soit rece-
vable parmi le pur et naïf langage françois » (*Precellence*, p. 187).

Il serait naïf toutefois de croire que ces diverses références au
fonds dialectal, de la part de grammairiens ou de poètes, aient toujours pour but une valorisation de ce fonds. La conscience de cette
diversité est souvent fort ambivalente. Le cas de Montaigne en est
l'illustration. Quant au fameux « que le gascon y aille [1]... », son interprétation hâtive a donné lieu à une sorte de malentendu. On a fait de
l'auteur des *Essais* le symbole même de l'attachement à un prestigieux
parler régional doté de ressources telles qu'il pourrait d'aventure pallier un français défaillant. En réalité le parler maternel de Montaigne
n'est pas le gascon, variété que les dialectologues identifient avec celui
de l'Armagnac, sensiblement distinct du périgourdin. Montaigne qua-
lifie les parlers qui constituent effectivement son environnement natif
de « brode(s), trainant(s), esfoiré(s) » (II, 17, p. 639), termes à connotation fortement péjorative [2]. R. Lafont explique les raisons, ethnolin-
guistiques et culturelles, de ce parti pris. Le gascon, en tant que langue
et que caractère humain (« beau, sec, bref, signifiant, et a la verité un
langage masle et militaire... », selon Montaigne), constitue en ce
temps un « ethnotype » dont les traits s'expliquent par des raisons historiques précises (prestige du soldat gascon, image quasi légendaire de
Blaise de Monluc, soutien militaire de la cause royaliste, écrivant dans
ses *Commentaires* [1592] un parler français truffé de gasconismes).

Si le vocabulaire savoureux des langues provinciales séduit les
poètes, en revanche on est sans indulgence pour des prononciations
qui sentent le « terroir ». Se débarrasser de traces persistantes d'un
« accent » régional, comme on dirait aujourd'hui, est l'objectif de beaucoup. Peletier, si ouvert aux ressources multiples des parlers locaux, a
« tousjours prís peiné dé parler e prononcer correctément » ; il s'est
imposé « reformacion » pour échapper aux articulations du pays man-
ceau où « la prolacion [prononciation] voére lé langagé sont assez
vicieus ». Il pense y avoir réussi : « A bon droét né sé pourra diré dé
moé, qué mon parler fanté son térroé» (*Dialogue*, p. 23).

Abel Matthieu constate que même des personnes « de grand sçа-
voir et d'estude indefatigable », quels que soient leurs efforts pour
« desguiser et contrefaire, découvrent à tout le moins au flageol de leur
langue le lieu de leur naissance », et il ajoute :

> « Sont quasi toutes les provinces subjectes au roi corrompues en lan-
> gage, car en aucune ils tresnent leur parole et leur voix et font quan-
> tité et accent comme en Anjou, au Maine, Normandie, Gascoigne,

Languedoc et Provence, en aucunes ils ont plusieurs imperfections incorrigibles... » (*Deuis de la langue françoyse*, 1559, p. 21).

La « corruption » réside dans la parole, la voix, une intonation et une accentuation spécifiques (« trainer », « faire quantité et accent »). Les « imperfections incorrigibles » sont de nature articulatoire et non grammaticale ou lexicale.

RECHERCHE DE NORMES. PARLERS RÉGIONAUX ET LANGUE DE COUR

Le siècle est à la recherche de normes, et l'entreprise de codification de la langue implique une tendance à l'unification. Mais la simple répartition géographique « Ile-de-France » / « reste du pays » ne satisfait personne. Pour A. Matthieu, l'extension spatiale du parler « pur françois » est sans commune mesure avec le prestige dont il jouit :

> « Quant au detroit[1] de France à parler proprement, il est si court et si anguste qu'aujourdhuy on n'y saurait asseoir le pied où le françois nayf y soit parlé ni entendu du commun. Mais il est repandu deçà delà où sont les hommes bien appris, dont la pluspart sont retirés en la cour du Roy, aux maisons des Princes et grans Seigneurs, aux justices souveraines et cours et parlemens » (*op. cit.*, p. 21).

La norme géographique est moins déterminante que la norme sociale. Tant que la cour de France est un lieu où se rencontrent des « personnages qui [ont] credit, faueur e manimant d'aferes », c'est elle qu'il faut fréquenter, ainsi que le répète J. Peletier du Mans :

> « J'è tousjours etè de l'opinion de ceus qui ont dìt qu'an notre France, n'i à androet ou lon parle pur Françoes, fors la ou et la Court, ou bien la ou sont ceus qui i ont etè nourrìz : je m'i ſuis voulontiers getè toutes les foes qu'an è ù l'ocaſion : laquele assez de foes j'è üe, principalemant du viuant du Trecretien Roe Françoes » (*Apologie à Louis Meigret*, p. 23).

Pour connaitre le « commun consantemant », qui cautionne les faits de prononciation, pour maitriser « la purite [pureté], naïuete et abõdance de langage », « le seul moyen et de hanter les lieus e personnes les plus celebres » (*Apologie*, p. 26). L'Usage, c'est ce qui et aprouuè par hommes qui ſont les premiers antre les leurs an toutes ſortes de Diſciplines e de Filoſofie ? méſmes an adminiſtracion publique : an autorite, faueur e credit ? » (*Dialogue*, p. 63).

Dans la seconde moitié du siècle, les traités d'H. Estienne sont une dénonciation constante de la cour, principalement du fait de son snobisme italianisant et de ses conduites morales dépravées. C'est en tant que siège du Parlement et non de la cour que Paris mérite d'être considéré comme le lieu de plus grande correction de la langue. H. Estienne use de métaphores financières et morales qui évoquent une éthique protestante hostile à la fausse éloquence, à la prétention courtisane, à la dilapidation et à l'immoralité.

Un texte célèbre de Pasquier, dans un contexte moins marqué par l'idéologie religieuse, aboutit à des conclusions voisines :

> « [...] y en a une infinité en France qui estiment [...] qu'il faut puiser l'Idee, & vraye naïfveté de nostre langue de la Cour de noz Rois, comme seiour & abord general de tous les mieux disants de la France [...]. Pour apprendre à parler le vray françois, ie le vous nie tout à plat [...]. Ie suis d'advis que ceste pureté n'est restrainte en un certain lieu ou pays, ains [mais] esparce par toute la France. Tout ainsi que l'Abeille volette sur unes & autres fleurs, dont elle forme son miel, aussi veux ie que ceux qui auront quelque asseurance de leur esprit, se donnent loy de fureter par toutes les autres langues de nostre France, & rapportent à nostre vulgaire tout ce qu'ils trouveront digne d'y estre approprié[1] ».

On a vu dans cette contestation radicale de la cour comme garante du « vray françois », une attitude d'indépendance vis-à-vis de la classe politique, de la part d'un intellectuel, au demeurant avocat, conseiller du roi, et parisien.

D'autre part, si les dialectes ont droit au même respect et présentent le même intérêt historique que la « norme de court et parrhisienne », encore est-ce à condition d'exclure, tant dans l'une que dans les autres, un certain niveau de langue :

> « Je presuppose, quand je parle ou de nostre langage parisien, ou de ceux que j'appelle dialectes, qu'on entende qu'il faut premierement oster toutes les corruptions et depravations que luy fait le menu peuple » (H. Estienne, *Precellence*..., p. 177).

« La lie du peuple », la « populace » sont des expressions qui ont leur place chez Meigret, Peletier, Ramus, H. Estienne. Tous tiennent des propos éclairés sur « l'usage » et le « peuple » mais on aurait tort de les affubler trop vite de ce fait d'une anachronique vêture de grammairiens « démocrates »[2].

Le modèle de la langue est celui d'une classe dont les traits sont

assez clairement définis. Ce n'est pas à proprement parler une norme
puriste au sens étroit, laquelle s'imposera au siècle suivant. C'est néanmoins *un* parler qui est favorisé, lequel n'a sa source exclusive ni dans
le « détroit de France », ni dans l'entourage immédiat du pouvoir, ni
dans le savoir livresque, mais dans l'aptitude à gérer avec compétence
les affaires du pays, alliée à une culture issue des *studia humanitatis*.

3. FRANÇAIS ET LANGUES SAVANTES

Langues natives et maternelles / langues acquisitives savantes

Si l'on exclut arbitrairement les savoir-faire « mécaniques », pour ne retenir que l'éducation dispensée aux *litterati*, jeunes nobles, fils de bourgeois et de notables, lauréats des collèges et de l'Université, on entre dans un monde bilingue. Les gens instruits ont à leur disposition une langue maternelle, « native », et une ou plusieurs langues savantes, « grammatiques », « acquisitives ». Cela n'est pas nouveau et toute la vie culturelle des siècles passés impliquait cette double maitrise. Mais la connaissance du latin a changé de caractère du fait de l'importance du mouvement humaniste venu d'Italie. Ce n'est plus du même latin qu'il s'agit. Et l'érudition, orientée vers la restauration des lettres anciennes, n'est plus seulement l'apanage de l'ancien monde des clercs. La révolution provoquée par l'imprimerie, les changements sociaux qui créent de nouveaux appétits culturels, élargissent le nombre des participants au savoir lettré. L'émouvante lettre de Gargantua à son fils exprime ce nouveau climat intellectuel :

> « Il m'est advis que ny au temps de Platon, ny de Ciceron, ny de Papinian, n'estoit telle commodité d'estude qu'on y veoit maintenant. Et ne se fauldra plus doresnavant trouver en place ny en compaignie, qui [si l'on] ne sera bien expoly [poli] en l'officine de Minerve. Je voy les brigans, les boureaulx, les avanturiers, les palefreniers de maintenant, plus doctes que les docteurs et prescheurs de mon temps » (*Pantagruel*, chap. 8).

Si le monde est « plein de gens savans, de precepteurs tresdoctes, de librairies tresamples » (*ibid.*), c'est en raison de ces « impressions tant elegantes et correctes en usance, qui ont esté inventées de <son> eage par inspiration divine » (c'est-à-dire des bienfaits de l'imprimerie).

Être « expoly en l'officine de Minerve », c'est donc connaitre le latin. La langue française n'a pas officiellement droit de cité dans les lieux d'éducation. Or à mesure qu'elle progresse et s'impose, le fossé parait de plus en plus inconcevable entre ce haut point d'excellence où on l'estime, et le fait que dans l'enseignement elle reste liée à une sorte d'alphabétisation rudimentaire. Quel singulier décalage entre son rôle dans les affaires, le droit, la diplomatie, la littérature, et ce peu de place qui lui est fait dans les disciplines savantes, et le cadre scolaire en général !

Pour comprendre le remplacement accéléré du latin par le français dans des domaines de plus en plus étendus, il faut d'abord convenir que l'expression « parler latin » peut recouvrir bien des réalités. Le latin des clercs médiévaux, instrument adapté à son objet, avait eu, par sa stabilité et sa technicité, un rôle essentiel dans la réflexion et le savoir médiévaux. En notre siècle, il devient l'objet de violentes dénonciations parce qu'on lui attribue tous les défauts d'une éducation conçue comme rétrograde, faite d'arguties, trop portée sur la logique, et remplaçant l'exercice de l'intelligence par des apprentissages mémoriels. Le latin « scolastique » parait pauvre et sclérosé, comparé au latin des orateurs, des historiens et des poètes de l'Antiquité, expression d'une *latinitas* faite d'élégance, de richesse et d'abondance. D'autre part, certes, le latin occupe un rôle irremplaçable dans la communication entre lettrés de l'Europe entière, toutes les langues vulgaires étant en quelque sorte doublées par une langue « internationale », instrument d'une circulation sans obstacle des idées et des savants. Mais que dire de l'usage d'un latin oral ? Sans doute celui qui se parlait, dit-on, comme *sermo quotidianus* à la table des Estienne, ou celui du précepteur allemand « chèrement gagé » à qui le père de Montaigne confie l'éducation de son fils, avait-il une certaine tenue. Mais celui des collégiens, obligatoire dans la cour et les couloirs du collège ? ou celui des thèmes latins, farcis de traductions littérales du français, que Mathurin Cordier, premier maitre de Calvin, dénonce en corrigeant soigneusement, après les avoir relevés, les échantillons de mauvais latin tirés de copies d'écoliers (*De corrupti sermonis emendatione*, 1530) ?

Le latin peut-il être encore « langue maternelle » de quiconque ? C'était le vœu du père de Montaigne, qui isole volontairement son nourrisson du parler ambiant, selon

> « la reigle inviolable que ny luy mesme [son père], ny ma mère, ny valet, ny chambriere ne parloyent en ma compaignie qu'autant de mots de Latin que chacun avoit apris pour jargonner avec moy » (I, 26, p. 173).

Expérience sympathique, significative de ce qu'un père, possédant une haute idée de la plus distinguée des instructions, et disposant des moyens adéquats pour satisfaire cette ambition, recherchait pour son fils. Situation assez artificielle, on en conviendra (que parlaient les petites chambrières devant l'enfançon en l'absence des maitres ?). Quels ont pu être les effets réels de cette imprégnation, sur laquelle on est en droit d'être sceptique, même si un peu plus loin le même Montaigne confirme que « cette langue [le latin] estoit la mienne maternelle » (p. 175). Un texte mérite qu'on s'y arrête : Montaigne, dans un développement sur les « inclinations naturelles » qui « s'aident et fortifient par institution [par l'éducation] », mais qui « ne se changent guiere et surmontent », ajoute :

> « le langage latin m'est comme naturel, je l'entens mieux que le François, mais il y a quarante ans que je ne m'en suis du tout poinct servy à parler ny à escrire : si est-ce que [pourtant] à des extremes et soudaines esmotions où je suis tombé deux ou trois fois en ma vie, et l'une, voyent mon pere tout sain se renverser sur moy, pasmé, j'ay tousjours eslancé du fond des entrailles les premieres paroles Latines : nature se sourdant [jaillissant] et s'exprimant à force, à l'encontre d'un long usage » (III, 2, p. 810).

Le latin du berceau aurait donc bien tenu lieu de nature « première », et non de langue artificiellement acquise [1].

D'une façon beaucoup plus générale, si le latin écrit est compris des doctes, en revanche le latin parlé n'obéit plus que partiellement à l'exigence d'intercompréhension entre locuteurs de langues maternelles différentes. L'échange oral se trouve entravé par de multiples interférences, en matière d'articulation des sons et surtout d'accentuation et de prosodie, entre les langues modernes et la langue académique de culture, car

> « chacun apporte le mesme son des letres latines quil a accoustume en sa langue maternelle. Prenes vng Pollonoys, vng Angloys, vng Francoys, tous parlantz Latin & le prononceantz selon lalphabet de sa patrie, Dieu scayt quelle peine ilz auront auant quils se puissent entreentendre : pourtant que [étant donné que] chacun prononce le Latin a sa guise : le Pollonoys à la Pollonoyse, Langloys à Langloyse, le Francoys à la Francoyse, & non pas a la facon des vrays Latins » (Ramus, *Grammaire*, 1972, p. 15).

Il n'est guère étonnant que tant de voix se soient élevées dans l'Europe de cette époque pour souhaiter que la langue latine soit réservée à l'écrit et mise à l'abri des atteintes que lui portent oralement les mauvais écoliers, les maitres ignorants, les avocats approximatifs ou les prédicateurs incultes.

Écrire, penser, parler en latin, parallèlement à l'emploi de la langue ordinaire, entraine un passage quasi permanent et automatique (au sens où l'on parle d'écriture automatique...) d'une langue à l'autre. Sorte de déformation professionnelle puisque l'on baigne dans une interlangue latino-française ou franco-latine. Aussi, que le latin y arrive si le français n'y peut aller... Ces usages alternés vont du cadre étroit de la phrase à la parution d'autotraductions de la part de tous ceux qui visent un double public : les érudits lettrés et les autres.

Le théologien Maitre Janotus de Bragmardo, l'estomac « bien antidoté de coudignac de four et eau bénite de cave », « touchant devant soi trois vedeaux à rouge museau, & traînant après cinq ou six maistres inertes » prononce devant Gargantua une harangue destinée à recouvrer les cloches de Notre-Dame, prises par ce dernier pour servir « de campanes au coul de sa jument » [1]. Voici un aperçu de ce beau discours :

> « Si vous nous les rendez à ma requeste, je y guaigneray six pans de saulcices, et une bonne paire de chausses, que me feront grant bien à mes jambes, ou ilz ne me tiendront pas promesse. Ho par Dieu *domine*, une pair [*sic*] de chausses est bon. *Et uir sapiens non abhorrebit eam*. Ha, ha. Il n'a pas pair de chausses qui veult. Je le sçay bien quant est de moy. Advisez, *domine*, il y a dix huyt jours que je suis à matagraboliser ceste belle harangue. *Reddite que sunt Cesaris, Cesari, et que sunt dei, deo. Ibi iacet lepus*. Par ma foy *domine*, si voulez souper avecques moi, *in camera* par le corps dieu *charitatis, nos faciemus bonum cherubin. Ego occidi unum porcum* etc. » (*Gargantua*, chap. 19, p. 51).

Argumentation qui erre au gré de l'humeur avinée de l'orateur, ponctuée de l'impayable *ergo gluc* et de tous les tics de langage liés au genre (*ego sic argumentor...*), parodie du jargon des juges, des théologiens et des professeurs dont le rôle est de « bien ergoter *pro et contra* » et de « conclure *in modo et figura* », caricature du latiniseur empêtré dans le salmigondis des deux langues. Charge grossière, dira-t-on. Mais si l'on se réfère à des textes qui n'ont nulle prétention parodique, par exemple, parmi cent autres, le plaidoyer de l'avocat Pierre Lizet, avocat du roi et futur premier président du Parlement, pour soutenir la cause des franciscains de Meaux contre l'évêque Briçonnet, le même passage alterné d'une langue à l'autre, au sein d'une même phrase est de mise :

> « [...] s'il n'y a point de jugement doctrinal et censure auquel on se arreste autre que celuy de l'Eglise, la convocation et congrégation de laquelle est difficile, *jam omnia que certissima credebantur* en

matière de foy, *mutabuntur* par la diversité et contrarieté de plusieurs, etc. » (cité in Farge, 1992, p. 67).

Rabelais n'a pas eu à chercher bien loin ni à forcer le ton.

Plus largement, le siècle offre des exemples multiples d'autotraductions ; un même auteur, qui a une maitrise égale des deux langues, cherche ainsi à gagner deux types de lecteurs. Se servir du latin, c'est avoir une audience européenne, mais dans le cercle des savants. Se servir du français, c'est toucher, sur le sol de France, tous ceux qui n'ont qu'une maitrise imparfaite du parler scolaire, et atteindre un public plus large. Cet aspect commercial ne pouvait être négligé par des imprimeurs brasseurs d'affaires. Tantôt c'est d'abord en français que se donne l'ouvrage (ainsi le *Traicté de la grammaire française* de R. Estienne, paru en 1557 et imprimé dans une version latine dès 1558) ; tantôt l'inverse : Symphorien Champier publie en français en 1533 le *Myrouel des appothiquaires et pharmacopoles* qui venait d'être publié en latin. L'*Histoire entière des poissons, composée premierement en latin par maistre Guillaume Rondelet* est *maintenant Traduite en François...* (Lyon, 1558). Les exemples sont légion.

Le parcours bio-bibliographique de Calvin a été soigneusement étudié sous cet angle [1], puisque le théologien a mené son œuvre parallèlement en latin et en français. Il écrit régulièrement en français dès 1535-1537, soit qu'il se traduise, soit qu'il compose directement en cette langue. Lorsqu'un ouvrage est en latin, il est destiné à ses pairs, les humanistes, les érudits, les chrétiens cultivés. Ainsi, les deux pièces liminaires rédigées pour la publication de la *Bible* d'Olivétan en français, en 1535, sont-elles en latin, alors que ladite *Bible*, en français, est précisément destinée à mettre le texte sacré à la disposition de tous, même des incultes. En fait, l'auteur s'adresse aux princes et aux peuples chrétiens, et traite de la nécessité de traduire la Bible en langue vulgaire, débat théologique en soi, où ce sont les savants qui sont à convaincre.

LA LANGUE FRANÇAISE DANS L'ENSEIGNEMENT

Ce siècle a été plus que tout autre gagné par des soucis éducatifs nouveaux. Tous les grands humanistes ont émis de virulentes critiques contre les habitudes pédagogiques héritées du passé, sur la vie des collèges, sur les conditions et les contenus de l'enseignement. Sans doute les caricatures de l'éducation scolastique sont-elles injustes et outrées, mais la remise en cause est générale et témoigne de nouvelles urgences qui secouent les vieilles structures, exigent de nouveaux manuels, orientent vers de nouvelles disciplines destinées à former un nouveau modèle humain.

Dans les enseignements élémentaires, la langue vernaculaire joue évidemment un rôle dans l'apprentissage de la lecture et de l'écriture, qui se fait à partir du *Pater* et du *Credo*. Tout donne à penser, par simple bon sens, que le va-et-vient est permanent entre la langue maternelle de l'enfant et le latin des prières[1]. Il ne manque pas de remarques éparses, partout en Europe, pour souligner le bienfait que le maitre peut tirer du recours à l'enseignement linguistique familier à l'élève. H. Rambaud, maitre d'école à Marseille, dans *La Declaration des abus que lon commet...* (1578), suggère de nouvelles méthodes d'apprentissage de la lecture, fondées sur une remarquable théorie de la syllabation. Il n'est pas nécessaire selon lui d'apprendre les lettres isolément, dans l'ordre canonique de l'alphabet traditionnel,

> « ains [mais] est bon de choisir quelques mots, lesquels ayent plusieurs syllabes, lesquelles ayent vne seule lettre par syllabe, & faire selon le païs. Si lon enseigne vn François, choisir de mots françois : à vn Prouençal de mots Prouençaux : Et à vn Italien de mots Italiens » (p. 138).

Ce n'est donc pas à partir du latin que l'on apprend à lire dans la classe du maitre d'école H. Rambaud, et les trois langues prises pour exemples ne sont pas, c'est le moins que l'on puisse dire, choisies au hasard par un Marseillais.

Au collège, l'écolier doit renoncer à l'usage de sa langue maternelle[2]. Quant au latin, on l'apprend à partir d'ouvrages... en latin, même si quelques opuscules en français, peu nombreux et partiels, ont déjà pour objectif de faciliter l'apprentissage de la grammaire latine[3]. Il faut attendre Port-Royal pour voir apparaitre la première grammaire latine, complète et systématique, en langue française, la *Nouvelle méthode latine* de Cl. Lancelot (1644), qui aura beau jeu de souligner le paradoxe dans son « Avis au lecteur » :

> « Il n'y auoit nulle apparence de donner en Latin les Regles pour apprendre la langue Latine [...]. N'est-ce pas supposer qu'on sçait déjà ce qu'on veut apprendre, & qu'on a déjà fait ce qu'on veut faire, que de proposer les premiers élemens d'une Langue qu'on veut connoistre dans les termes mesmes de cette Langue, qui par consequent nous sont entierement inconnus ? »

Point de manuels complets en français ; point de textes en français pris comme objets d'étude dans les classes ; mais le français partout, prêt à jaillir de la bouche des enfants. Les règlements intérieurs, contrats passés avec un principal que l'on recrute, un « bailleur » ou « preneur », projets de réforme d'un établissement, permettent de glaner quelques données intéressantes sur la place tenue par la langue française au sein de cette institution. Le bail de la charge de principal du collège du Plessis à Paris (1558) mentionne l'emploi de la langue maternelle des élèves parmi tous les écarts de comportement qu'il faut sanctionner :

> « led. preneur [...] ne permettra auxd. [1] enfants se promener ni jouer au jour de jeu ou autres jouets par les cours, salles ou galeries dud. collège, pendant qu'il y aura esd. lieux gens gradués ou autre personne de qualité et les contraindra selon raison porter honneur et révérence à telles gens ; outre en jouant ni autrement, ne permettra lesd. enfants jurer ni blasphémer, *parler français*, ni jurer durant les repas, grâces sonnées ni pendant les disputes, leçons, ni autres heures indues de jouer. Plus, ne communiquera sa clef du jardin desd. bailleurs et punira les enfants qui seront entrés aud. jardin et en la cuisine et salle desd. bailleurs. »

Jouer quand ce n'est ni l'heure ni le jour, jurer et blasphémer (« dire des gros mots » en somme), parler français, se glisser dans les cuisines ou se montrer insolents avec des personnages respectables en visite dans les murs, c'est tout un, apparemment. Autant de manquements à la discipline.

Mais d'autres textes réglementaires envisagent la présence du français autrement. Le formulaire que B. Aneau propose aux consuls de Lyon pour le collège de la Trinité, et qui développe tous les aspects financiers, matériels, spirituels, pédagogiques de la charge de principal, offre une image vivante de la vie d'une classe, telle qu'elle est, et telle qu'elle devrait être :

> « Le quatrième régent, que l'on dit ici bachelier, soit non ignorant, mais surtout bien accentuant et prononçant bien distinctement et articulément, pour la bonne lecture, accent et prononciation accoutumer dès le premier commencement qui tient à jamais la langue formable des enfants ; pour laquelle chose faire plus commodément [...] semble bon que tous les petits enfants fussent apprenants en heures et a.b.c. de même usage, et *semblablement a.b.c. et livres en français* de même histoire, les instruisant de telle manière que point ils ne vinssent réciter leur leçon l'un après l'autre à l'oreille du bachelier, comme la coutume est, où souvent le maître dormant, ils sont passés à la grosse étamine [2], mais, sans bouger de leur place,

répétant à claire et haute voix, distincte et articulée, leur leçon, tous les autres écoutant en grand silence[1] [...] »

L'Université est le plus solide bastion de l'usage du latin. Tout s'y pratique dans cette langue, cours, dissertations, devoirs académiques, examens, conversations entre professeurs, surtout s'ils sont de nationalités différentes (mais entre natifs de France ?). Qui pourrait garantir l'usage généralisé du latin lors d'échanges informels et loin des oreilles étudiantes ?

Il est de mise de présenter la création du corps des lecteurs royaux par François Iᵉʳ en 1530 comme un acte symbolique presque aussi important que l'ordonnance de Villers-Cotterêts. On y voit d'ordinaire une mesure plus ou moins dirigée par la royauté contre la Sorbonne, destinée à ajouter aux cours habituels, des enseignements indépendants[2], ainsi qu'une politique délibérée d'introduction de la langue française dans l'enseignement universitaire, les lecteurs ayant la possibilité d'expérimenter des conférences en langue vulgaire. Enfin on donne hâtivement cette date comme celle de la création du Collège de France. En réalité, il s'agissait à l'origine de créer en France un collège trilingue à l'image de ceux d'Alcala et de Louvain pour l'enseignement du latin, du grec et de l'hébreu, et G. Budé s'était fait l'avocat de cette création auprès de François Iᵉʳ. Le refus d'Érasme de prendre la tête de cet établissement blesse l'amour-propre de François Iᵉʳ qui se contente de créer un corps de lecteurs royaux, mesure très en retrait de ce qu'aurait souhaité Budé. Il n'est nulle part question de « Collège royal ». L'éventualité d'un bâtiment spécial n'est pas envisagée. Les leçons publiques se font dans divers collèges existants, et le paiement de ces enseignements semble avoir été bien irrégulier[3]. Les relations ont été, il est vrai, difficiles avec la Faculté de théologie qui exprime de sévères mises en garde quant à l'utilisation de textes grecs et hébreux de la *Bible* lors des conférences des lecteurs, d'où plusieurs procès, en 1534 et en 1543. Mais il n'y avait d'hostilité à l'égard du nouveau corps de la part de l'ancienne institution, qu'en matière de contrôle de la propagation des idées réformées.

Les *studia humanitatis* marquent une étape essentielle de l'histoire culturelle de la France. La connaissance des prosateurs (historiens, philosophes, rhéteurs) et des poètes grecs et latins ouvre de vastes horizons dans tous les champs du savoir ; elle est aussi la source inépuisable de toutes les formes de création littéraire.

Mais cette culture de lettrés engendre sa propre caricature. Figure obsédante du siècle : le semi-docte imbu d'une supériorité usurpée qui sert de repoussoir aux Français « amoureus de leur patrimoine » selon le mot de Peletier. J. Tahureau dénonce ces « opiniatres langars »,

« affectés latineurs <qui> déprisent la langue française, l'une des plus belles langues que se parla jamais, quoique tels importuns dégorgeurs de latin en veuillent japper [1]». Bonivard s'en prend à

> « ce tas de petitz muguetz, perrucquetz, affaictez et glorieux gram-mairiens, qui, incontinent qu'ilz ont veu II ou III vocables de la Cornucopie de Perot ambulent par les compites et transfrètent les ondes aquatiques [se promènent dans les rues et naviguent à travers les ondes aquatiques] [2]»,

et s'acharne contre

> « un tas de mignartz se gloriffiantz si fort, pour V ou VI motz de Latin qu'ils sçavent, qu'ilz tiennent pour veaux ou asnes touz ceux, quelz sçavantz qu'ilz soient, qui parlantz en Latin, choppent quelquefoys en quelque mot sentant sa patria, quelque bone et véritable sentence que sorte de leur bouche » (p. 37).

Ainsi les plus ordinaires plaisirs de potache se trouvent-ils, dans la bouche de l'écolier limousin, affublés d'un langage hybride et préten-tieux (*Pantagruel*, chap. 6). L'épaule d'agneau persillée dégustée dans les tavernes de la montagne Sainte-Geneviève devient « spatule verve-cine performinée de petrosil ». Tandis que Gargantua et Gargamelle, ignorant tout quant à eux de la « redondance latinicome », prennent plaisir à faire « eux deux souvent ensemble la bête à deux dos, joyeuse-ment se frottant leur lard » (*Gargantua*, chap. 3), les « messieurs étu-diants audit Paris », s'adonnant aux mêmes joies, « inculquent leurs vérètres es pénitissimes recesses des pudendes <des> mérétricules ami-cabilissimes »... Tout le texte dénonce une éducation ratée, de laquelle les écoliers n'ont retenu que le mépris de la langue commune.

Montaigne revient de son côté inlassablement sur les méfaits d'un trop ambitieux apprentissage des langues et de la culture antiques :

> « Nous nous enquerons volontiers : Sçait-il du Grec ou du Latin ? escrit-il en vers ou en prose ? Mais s'il est devenu meilleur ou plus advisé, c'estoit le principal, et c'est ce qui demeure derrière. Il fal-loit s'enquerir qui est mieux sçavant, non qui est plus sçavant [...]. Nous sçavons dire : Cicero dit ainsi ; voilà les meurs de Platon ; ce sont les mots mesmes d'Aristote. Mais nous, que disons nous nous mesmes ? que jugeons nous ? que faisons nous ? Autant en diroit bien un perroquet » (I, 26, p. 137).

D'un écolier qui revient de ses études « apres quinze ou seze ans employez »,

« tout ce que vous y recognoissez d'avantage, c'est que son Latin et son Grec l'ont rendu plus fier et plus outrecuidé qu'il n'estoit party de la maison. Il en devoit rapporter l'ame pleine, il ne l'en rapporte que bouffie ; et l'a seulement enflée au lieu de la grossir » (*ibid.*, p. 138).

Le prestige abusif des langues « grammatiques » est le symbole d'une éducation qui vise les « mots » et non les « choses », plus rhétorique et verbeuse que morale et formatrice de la personnalité de l'individu. De nombreux signes marquent l'essoufflement du modèle humaniste. Se développe à satiété, dès le milieu du siècle, le thème de la cause de l'infériorité des modernes contraints de consacrer toute leur jeunesse à l'apprentissage des langues classiques. À la question : « Pourquoy les Anciens estoient plus scavans que les hommes de notre Aage », Du Bellay répond dans la *Deffence* :

« par l'espace de xx ou xxx ans ne faisons autre chose qu'apprendre à parler, qui Grec, qui Latin, qui Hebreu. Les quelz ans finiz, & finie avecques eux ceste vigueur & promptitude qui naturellement regne en l'esprit des jeunes hommes, alors nous procurons estre faits philosophes [nous mettons tous nos soins à devenir philosophes], quand pour les maladies, troubles d'afaires domestiques, & autres empeschementz qu'ameine le tens, nous ne sommes plus aptes à la speculation des choses » (p. 49).

Pour Montaigne, constant ennemi du « pedantesque », « c'est un bel et grand agencement sans doubte que le Grec et le Latin, mais on l'achepte trop cher » (I, 26, p. 173). Car, dit-il encore superbement, « il faut avoir les reins bien fermes pour entreprendre de marcher front à front avec ces gens-là [Sénèque et Plutarque] » (p. 147). Formules bien senties qui révèlent la crise d'une culture, trop identifiée avec la connaissance de ces langues « acquisitives », et qui, maniée par des « indoctes », se dévitalise.

LES ENJEUX LINGUISTIQUES DES QUERELLES RELIGIEUSES

L'opposition langue populaire/langue savante est au centre même de la réflexion religieuse du temps. Le choix du latin ou du français est l'un des enjeux majeurs des querelles religieuses qui, de guerres civiles en édits de pacification, se conclurent en France par l'édit de Nantes et la reconnaissance de la religion réformée. L'usage de la langue française pour traduire les *Psaumes* et les textes bibliques est conçu comme l'une des conséquences de l'esprit de libre examen qui caractérise la *devotio*

THÉODORE DE BÈZE (en haut) et CALVIN (croquis à la plume)

Chez les réformés, le français devint la langue du culte et de l'enseignement
chrétien. En 1541, Calvin publia son *Institution de la religion chrétienne*, version
française de la *Christianae religionis institutio* de 1536. On se détourne alors d'un
langage « écorché » du latin et on adopte un « plat langage », austère et sobre.
Théodore de Bèze (1519-1601), réfugié comme Calvin à Genève, publia un
traité de prononciation française écrit en latin (1584).
Les étudiants ont toujours aimé dessiner leur professeur au risque d'écouter
moins attentivement ses cours. Nous savons gré à Jacques Bourgoin, étudiant
originaire de Nevers, pour avoir croqué sur le vif ses maitres, dans l'exercice
de leur fonction. [Bibliothèque de Genève.]

moderna, faite du refus de pratiques superficielles, et du souci d'une vie spirituelle nourrie par la réflexion, la prière et le recueillement. La relation du croyant à Dieu s'individualise. Connaitre et prier Dieu en sa langue maternelle transforme la pratique religieuse en une relation moins formelle. J. Lefèvre d'Étaples et le cercle de Meaux combattent pour la diffusion de l'Écriture sainte dans une langue que tous comprennent[1]. La préface du *Psautier* français (1524) dit bien le projet de l'entreprise :

> « nous avons mys le dict sainct livre en langage vulgaire affin que ceulx qui parlent et entendent ce langage puissent plus devotement et par meilleure affection prier Dieu ».

La question primordiale et vitale est bien : faut-il traduire, ou ne pas traduire les textes saints ? Querelles théologiques et choix linguistiques sont indissociables. Les traductions de la *Bible* en langue vulgaire ne datent pas du XVIᵉ siècle et il serait absurde de tracer une ligne de démarcation définitive entre catholiques refusant toute mise en langue vulgaire de l'*Évangile*, et réformés délaissant définitivement le latin quels que soient le lieu et le public, dans l'exercice de leur religion. Dans un premier temps, le courant évangéliste, favorable à la mise en français des textes sacrés, est solidement représenté dans l'entourage royal lui-même par la sœur du roi, Marguerite de Navarre[2]. Le roi intervient en faveur de Berquin et de Marot, s'efforce de défendre Érasme contre la Sorbonne et donne son appui à Lefèvre d'Étaples. En 1545, il accorde un privilège à Rabelais pour le *Tiers Livre*, alors que le *Pantagruel* et le *Gargantua* figuraient à l'Index dressé par la Sorbonne.

Les deux principaux bastions de l'orthodoxie sont les théologiens de la Faculté et les magistrats du Parlement. Les théologiens catholiques conçoivent en réalité la « translation d'vng livre de Saincte Escripture », comme « de perilleuse consequence » et comme « une grant semence d'erreurs »[3]. La traduction de la *Bible* est présentée comme une invention du diable, « pere de cautelle [ruse] et de callidité [fourberie] », qui aurait trouvé « ung nouveau tourment pour decevoir [tromper] les pouvres et simples gens ».

Pour Beda, porte-parole du parti conservateur, l'exégèse savante et publique de la *Bible* est comme un sanctuaire dans lequel seuls les théologiens en titre ont le droit d'entrer. Le principe qui guide les autorités religieuses et civiles est qu'il ne faut pas laisser aux ignorants la possibilité d'une interprétation qui ne serait pas conforme à celle des détenteurs du savoir. Ainsi la cause de la langue vulgaire dans la traduction des textes fondateurs se trouve-t-elle associée à celle de l'hérésie[4].

La répression, la censure, le danger de perdre la vie conduisent à l'exil, particulièrement à Genève qui accueille les imprimeurs et les libraires. Il s'y met en place un système éducatif où le français reçoit la première place dans les classes d'apprentissage, et équilibre le latin dans les enseignements secondaires[1]. L'opuscule de J. Gerard, *L'Ordre et maniere d'enseigner en la ville de Geneue au collège* (1538), prescrit de mêler « exemples et manieres de parler tant en Latin qu'en francoys ». Des établissements d'enseignement supérieur protestants se créent à Sedan, Saumur, Montauban, Orthez, Montpellier, Nîmes, Orange, Die.

Les travaux de Fr. de Dainville nous aident à comprendre comment les collèges jésuites s'organisent pour faire pièce à ce travail d'endoctrinement auquel se livrent les protestants sur le terrain scolaire[2].

TRAITER EN SA LANGUE LES SCIENCES ET DISCIPLINES

La question du choix de la langue des arts et sciences a plusieurs aspects, les uns théoriques, les autres plus pratiques. D'une part, on argumente de manière continue au long du siècle sur le principe général lui-même. Du Bellay croit « qu'à un chacun sa Langue puysse competemment communiquer toute doctrine » (*Deffence*, I, 10, p. 47), mais cette certitude n'est pas encore partagée par tous. Le travail de vaste enrichissement terminologique que nécessite ce projet est en cours de réalisation.

D'autre part, il se rencontre dans un certain nombre de métiers des jeunes gens « inerudits et tyroncles »[3], des hommes « rudes et nouveaux dans leur art », qu'il faut rendre « façonnez & expers » en traduisant pour eux les Anciens, de manière à confirmer des connaissances acquises par la seule pratique. C'est le cas par exemple des chirurgiens ou des apothicaires auxquels les médecins proposent des traités assurant une formation complète. Mais on constate aussi la résistance d'une partie du corps médical à se dessaisir de connaissances dont il souhaite préserver l'ésotérisme. Comme les théologiens, les médecins redoutent le danger de mettre entre toutes les mains, même celles des ignorants, les arcanes de leur savoir.

Le récit savoureux de Symphorien Champier, botaniste, philosophe, poète, théologien, dans les *Lunettes des chirurgiens et barbiers* qui accompagne le *Myrouel des appothiquaires et pharmacopoles* en 1532, met en scène un chirurgien picard, Hippolyte d'Aultreppe, désireux d'être reçu docteur en chirurgie par les docteurs de l'Université de Pavie, qui avaient déjà agrégé en leur collège ledit S. Champier. Mais H. d'Aultreppe ignore le latin. Le soutien que lui apporte en l'occurrence S. Champier passe par toute une série d'arguments centrés sur l'idée que « la langue n'est pas cause de la doctrine » et qu'« en tous langages se peut science acquérir et apprendre » :

« Galien était grec et asiatique, n'apprit onc la langue latine. Avicenne était arabe et ne l'entendait pas. Isaac était israélitique, fils adoptif du roi de Mésopotamie ou Perse, et tous étaient ignares et ignorants la langue latine mais ils étaient très savants médecins[1]. »

Ambroise Paré, le plus grand chirurgien du temps, n'écrit qu'en français, un français vigoureux, technique mais soigné, ample, souvent poétique[2], pour transmettre un savoir dans lequel l'invention des armes à feu (« invention diabolicque » selon Rabelais), et leur usage sur des champs de bataille particulièrement fréquentés tout au long du siècle, incitent de toute urgence à innover, d'où l'intérêt de ces traités aux titres circonstanciés :

La maniere de traicter les playes faictes tant par hacquebutes que par fleches : & les accidentz d'icelles, comme fractures & caries des os, gangrene & mortification : auec les pourtraictz des instrumentz necessaires pour leur curation. Et la methode de curer les combustions principalement faictes par la pouldre à canon (Paris, Arnoul l'Angelier, 1552).

A. Paré a joué un rôle décisif pour faire admettre qu'un homme ignorant le latin pouvait avoir une autorité incontestée de praticien et d'homme de science.

D'une façon générale, les traités auxquels nous donnons le nom de « scientifiques » sont en grande partie des traductions des Anciens. Faire de l'histoire naturelle, c'est avant tout traduire en français Dioscoride, Pline, Plutarque. Image d'encyclopédies assez fantaisistes dans leurs cadres géographiques, les domaines évoqués, la variété de leurs intérêts. Ainsi, de Geofroy Linocier, « medecin de Tournon en Vivarais » :

L'histoire des plantes, traduictes de latin en françois, auec leurs pourtraicts, noms, qualitez & lieux où elles croissent. A laquelle sont adioustees celles des Simples Aromatiques, Animaux à quatre pieds, Oiseaux, Poissons, Serpens & autres bestes venimeuses, ensemble les distillations (1584).

Même souci de parcourir de vastes espaces, géographiques, légendaires, documentaires, linguistiques, taxinomiques, chez Pierre Belon, du Mans, dans ses

Observations de plusieurs singularitez et choses memorables, trouuées en Grece, Asie, Iudée, Egypte, Arabie, & autres pays estranges, redigées en trois livres[3].

GREC, Λευκερωδἰος.
LATIN, *Ardeola candida, Albardeola.*
ITALIEN , *Becquaroueglia.*
FRANCOIS, *Pale, Poche, Cueillier, Truble.*

La Pale vit es marches de Bretagne
Communement , qui a l'extremité
Et bout du bec large en rotondité,
Et par cela divers noms elle gagne .

PORTRAITS
Portrait de la Giraffe , nommée en Latin, Ca
melopardalis : les Arabes l'appellent
Zurnapa.

Belles de corps les Giraffes, & doulces ,
Ont en maintien du Chameau la maniere .
Leurs pieds sont haults deuant & bas derriere:
Poil blanc & roux: cornes courtes & mousses.

LA PALE, LA GIRAFE, LE COQ

Noms grecs, noms latins, noms français, ceux-ci le plus souvent multiples, parfois nom italien – comme pour la cresserelle – ou arabe – comme la « giraffe » –, répondent à l'appétit de savoir de l'époque. La série intitulée « francois » contient des formes qui proviennent de régions de France : *gau* du Nord-Ouest, *geau* du Centre, *gal* du Sud sont les aboutissements du latin *gallus* « coq ». Les oiseaux sont classés selon une taxinomie non systématique : le busard fait partie des « oyseaux de rapine », la pale des « oyseaux au pied fendu ». *Pale* est le nom haut-breton de la spatule, forme attestée seulement au XVIIe siècle. Le quatrain de décasyllabes regroupe quelques traits stéréotypés du comportement ou de l'aspect de l'animal représenté.
Gravures extraites de Pierre Belon, *Portraicts d'oyseaux, animaux, serpents, herbes, arbres… Le tout enrichy de quatrains, pour plus facile cognoissance des oyseaux et autres portraicts*, Paris, G. Cavellat, 1557.

H.-J. Martin a étudié la diffusion des livres de géographie, en remarquant que ce n'est qu'après 1560 que l'on commence à admettre plus largement l'existence d'autres mondes et à s'y intéresser.

Pour les sciences que nous nommerions aujourd'hui « exactes », deux sortes d'ouvrages illustrent deux usages distincts : les plus théoriques restent souvent en latin, ainsi les études de mathématiques de Goupil, Fernel, Oronce Finé. Peletier donne en français une *Arithmétique departie en quatre livres* en 1554, et Estienne Forcadel propose des conférences en français en tant que lecteur royal. Son livre d'*Arithmétique* (1556) connait de rapides rééditions. Par ailleurs des ouvrages à visée pratique sont publiés à l'usage des marchands, financiers, receveurs, et donnent des instructions sur le change des monnaies, le régime des foires, ainsi l'*Arismetique et geometrie* en français d'Estienne de la Roche (1538).

L'un des multiples chantiers ouverts en ce temps serait encore celui de la philosophie en langue française, à laquelle il serait inexact d'attri-

DES OYSEAVX.   58

GREC, Ἀλέκτωρ.
LATIN, *Gallus, Gallus Gallinaceus, Gallinaceus.*
ITALIEN, *Gallo.*
FRANCOIS, *Coq, Gau, Geau, Gal, Gog.*

Le Coq est chauld, hardy, luxurieux,
Craint du lyon, combatant à oultrance:
Qui par son chant donne signifiance
Du bref retour du Soleil gracieux.

p ij

buer au siècle suivant sa date de naissance, même si Descartes a joué en ce sens un rôle décisif. Mais aborder une telle question, et tenter de répertorier les tentatives dans ce domaine, conduirait à s'interroger sur ce que pouvait recouvrir à l'époque renaissante le terme de « philosophie », la répartition des « arts » n'autorisant à voir dans le mot lui-même qu'un anachronisme. Pour nous en tenir à l'une des expériences menées dans le champ de ce que nous nommerions aujourd'hui l'esthétique, les traités de Pontus de Tyard nous rappellent, à la charnière de la création poétique et de la métaphysique, l'importance de l'*Ion* platonicien pour la réflexion des théoriciens, poètes et philosophes [1].

Pour clore ces remarques sur les conditions générales d'expansion de la langue française, il serait utile, à partir des travaux de L. Febvre et H.-J. Martin en particulier, de tenir compte du marché du livre et de la production imprimée au cours du siècle. Le latin domine en réalité le marché du livre jusqu'en 1650. H.-J. Martin donne les chiffres suivants pour la période précédant 1500 : 77 % environ de la masse des livres imprimés sont en latin, 7 % en italien, 5 à 6 % en allemand, 4 à 5 % en français, un peu plus de 1 % en flamand. 45 % de ces ouvrages sont des textes religieux. 30 % environ de livres de caractère littéraire, classiques, médiévaux et contemporains, 10 % de droit, 10 % de livres de caractère scientifique (p. 351). Par rapport aux œuvres écrites en latin, les textes en langue vulgaire imprimés ne constituent qu'une minorité.

À la fin du XVe et encore au début du XVIe siècle, la plupart des livres publiés en français ne sont pas de nature scientifique. Ce sont principalement des livres de piété, almanachs, traités pratiques et romans fabuleux, qui constituent un fonds de littérature populaire plus tard repris dans la fameuse Bibliothèque bleue. La vogue des éditions d'ouvrages de chevalerie ne cesse de s'étendre [2]. Montaigne mentionne une littérature qu'il reconnait ne pas avoir pratiquée dans son enfance : les « Lancelots du Lac, les Amadis, les Huons de Bordeaus, et tel fatras de livres à quoy l'enfance s'amuse... » (I, 26, p. 175).

Puis, dans le cours du siècle, se développe la diffusion d'ouvrages en français destinés à un public instruit et plus restreint. Tout en restant un objet couteux, le livre cesse d'apparaitre comme un objet précieux que l'on consulte en bibliothèque. L'apparition des formats « portatifs » dans la première partie du siècle assure une diffusion plus efficace. Les seuls ouvrages que l'on utilisait systématiquement jusque-là dans ce format étaient les livres de piété et surtout les livres d'heures, dans lesquels les laïcs, grands seigneurs ou bourgeois, trouvaient le texte des prières de chaque jour. S'il y a une démocratisation du livre, ce dernier reste rare dans les inventaires après décès des paysans et des citadins de petite fortune [3].

4. LA LANGUE FRANÇAISE EN ÉVOLUTION

Le XVIe siècle est, au sens propre, celui de la naissance d'une grammaire du français, au sens large : inventaire systématique du matériau phonique et prosodique, des formes flexionnelles, des tours syntaxiques et des ressources lexicales. On aurait tort de croire que ces travaux de pionniers ont un caractère gauche et rudimentaire. En réalité tous les théoriciens de la langue, dans quelque domaine que ce soit, sont les héritiers d'une tradition linguistique gréco-latine d'une grande richesse. Si la grammaire en raccourci de Donat a été le manuel scolaire par excellence tout au long du Moyen Âge, les *Institutions* de Priscien n'ont jamais été oubliées par des penseurs médiévaux plus orientés vers une recherche théorique, et elles servent de cadre de référence à la plupart des nouvelles descriptions proposées. *Translatio studii*, là encore, puisque les auteurs intéressés maitrisent un savoir antique qui constitue leur formation de lettrés. Les modes de pensée, les concepts, les termes techniques adaptés au latin, leur servent de support pour l'analyse d'un nouvel objet, cette langue vivante, contemporaine, usuelle, avec laquelle les outils méthodologiques anciens cadrent plus ou moins bien. Il s'agit de classer, d'inventorier, de fonder une terminologie adéquate, de mettre en place de nouveaux dispositifs, afin de dégager les grandes lignes d'un système ayant son ordre propre.

LES FORMES ORALES DE LA LANGUE

Comment prétendre connaitre l'état des prononciations et du système phonique du français d'alors, en l'absence de « mémoire sonore », et en se fondant sur des formes visuelles particulièrement éloignées des réalités orales ? En fait les sources sont nombreuses et précises. Tous ceux que préoccupe une réforme de l'écrit et qui proposent des systèmes d'écriture simplifiés, permettent de se faire une bonne idée des variations sociolectales et dialectales du français parlé[1]. Lorsque Peletier du Mans reproche à Meigret ses graphies -*ao*- pour le digramme habituel -*au*-, il attire l'attention sur le fait que, pour le Lyonnais, ce groupe écrit correspond à une diphtongue effectivement prononcée, alors que pour un Peletier moins « provincial », adepte d'une norme phonique peu marquée régionalement, il n'y a plus là qu'un son simple. Les auteurs de grammaires consacrent le plus souvent leurs premiers chapitres à l'inventaire des sons, sur le modèle des *artes* anciennes où l'étude de la « lettre » – entendons l'unité minimale de la langue dans son aspect à la fois écrit et oral – précédait celle de la syllabe, qui elle-même était suivie de celle des mots. Ainsi Ramus, dans ses deux grammaires, fait-il preuve d'une inventivité remarquable dans l'organisation d'ensembles proprement phonologiques où les voyelles et les consonnes s'organisent en séries fondées sur des traits distinctifs clairement définis. Les arts poétiques [1] comportent de larges développements sur le statut et la réalité du e caduc et des diphtongues, éléments essentiels pour le découpage syllabique du vers. Le seul ouvrage systématiquement « dialectologique », nous l'avons dit, est le *De differentia* de Bovelles. Mais de fréquentes références aux parlers des provinces sont proposées par G. Tory, J. Peletier du Mans et H. Estienne. Enfin l'époque connaît un enseignement de « français langue étrangère », comme on dirait aujourd'hui, dans lequel l'enregistrement des prononciations considérées comme correctes joue un rôle essentiel [2]. Lorsque ces enseignants, comme c'est le cas de Palsgrave, sont eux-mêmes non francophones de naissance, leur analyse du système phonique et prosodique du français est souvent plus lucide que chez des natifs de France, davantage soumis à la tentation de calquer leur description de la langue française sur celle du latin.

On peut déduire de toutes ces sources quelques grandes lignes de l'évolution du français oral, sachant que les processus envisagés sont variables selon les aires dialectales et selon les milieux sociaux.

En matière de voyelles, on s'ingénie à distinguer, pour les uns trois types de E, et pour les autres quatre, afin d'opposer, en regard du système phonologique latin qui ne connaît que l'opposition de longueur, un E « féminin », « sourd », et un E « masculin », et pour ce dernier, des oppositions d'ouverture qui donnent lieu à des commentaires contradictoires. Ces distinctions n'ont pas encore de représentation visuelle stable, en l'absence d'un usage clair et univoque des accents graphiques. Les voyelles qui s'étaient nasalisées au contact d'un M ou d'un N se dénasalisent progressivement. Les diphtongues se simplifient, mais persistent à coup sûr dans maintes régions. La « sauvage triphtongue » EAU, selon le mot de Ramus, qui s'en prend d'ailleurs davantage ici à la graphie qu'à la prononciation, est probablement encore un son complexe au début du siècle, puis se réduit à EO [3], mais une prononciation en O simple apparaît déjà. Quant aux Parisiens (de quel milieu social ? ce n'est pas dit), on leur reproche des articulations en *sio d'io* pour *seau d'eau*. Pour les consonnes, le R est apico-dental (R dit communément « roulé »). Un « L palatal » du type de celui que prononcent les Italiens dans *figlia*, a tendance à se simplifier en yod (le son [j] des phonéticiens), mais Provençaux, Toulousains et Gascons le palatalisent selon Peletier, qui propose pour lui une graphie *-lh-*. Le « N palatal » de *digne* ou d'*agneau* tend à devenir un simple N, mais sous l'influence de la graphie, l'évolution est stoppée et on lui redonne son articulation palatale.

L'un des phénomènes de plus grande conséquence pour le système d'ensemble du français, non seulement phonétique, mais aussi morphologique, est celui de la prononciation des consonnes finales qui achèvent de s'amüir mais restent toujours susceptibles de se resonoriser dans les cas de liaison. Les finales d'infinitif des verbes tendent à suivre toutes le même processus, alors que, ultérieurement, on distinguera celles en *-ir* et *-oir* – où le R se prononce –, et celles en *-er*, où il ne se prononcera pas : plusieurs indices, chez les poètes et les grammairiens, laissent entendre que les finales en *-ir* se disent sans la consonne terminale. La disparition des consonnes finales de mots provoque un écart entre les marques orales et les marques écrites des variations morphologiques. Les oppositions orales deviennent moins nombreuses ; l'écrit reste régulièrement différenciatif. Comment ne pas citer ce passage concernant la marque du pluriel, où G. Tory situe exactement, sans se douter de l'ampleur future du phénomène, un changement fondamental en train de s'effectuer, sinon sous ses yeux, du moins à ses oreilles :

> « Les Dames de Paris pour la plusgrande partie obseruent bien ceste figure poetique <l'apostrophe>, en laissant le S. finalle de beaucop de dictions : quant en lieu de dire, Nous auon̲s disne en vng Iardin & y auon̲s menge des Prune̲s blanche̲s et noire̲s, des Amende̲s doulce̲s & amere̲s, des Figue̲s molle̲s, des Pome̲s, des Poire̲s, & des Gruselle̲s. Elles disent & pronuncent. Nous auon_ disne en vng Iardin : & y auon_ menge des prune_ blanche_ & noire_, des amende_ doulce_ & amere_, des figue_ molle_, des pome_, des poyre_, & des gruselle_ » (fol. 57rº) [*c'est nous qui soulignons*].

À une remarque aussi précieuse pour un historien de la langue, Tory ajoute qu'il s'agit là d'un « entier abus de parfaictement prununcer en parlant » [une erreur complète du point de vue d'une prononciation parfaite]. Condamnation déplacée sans doute, mais c'est à travers bien des jugements de ce type que s'exprime la conscience que les normes orales évoluent.

La pesanteur des données sociolinguistiques est particulièrement sensible à propos de l'un des points les mieux connus et les plus souvent

LA
LETTRE
LONGVE

BELLE
CONSI
DERA
TION

J'Ay dict cy deuant au second liure en plusieurs passages, que noz bonnes lettres Attiques ont participation auec les neuf Muses, & sept ars libe- *Conside* raulx. Ie veulx icy monstrer par figure & deseing *rex bien* d'Astrologie qui en vne desdictes sept ars libe- *icy ceste* raulx, la raison de la patte de l'L, presente lettre, & *figure.* ce à propos qu'elle est le mylieu & nombryl des lettres Abecedaires.

L A lettre L, sust iadis faicte & figurée des bons anciés en perspectiue & cósideration du corps *Le soleil* humain & de son vmbre au regard de l'aspect *au signe* du Soleil estant au signe de la balance, qu'on dict, *de Libra.* O iiij

---

chose crées. Doncques le grand Createur de l'uni uersel monde la faict naistre, en sorte que toutes bestes brutes baisseront leur teste & veue en terre, & luy, il aura la teste & visage eleué au ciel.

Ordonnä L A fa
ce de le cehu
O, au vi- manine
sage hu- & le O,
main. en la fi-
gure cy
pres fai-
cte, sont
acordez
en sorte
qu'on y
peult co
gnoistre
commét
les bons

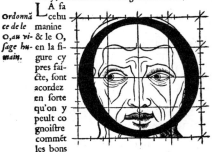

Anciens ont imaginé qu'ainsi que la figure ronde est la plus capable, & la plus parfaicte de toutes, la teste de l'homme qui est quasi ronde est plus ca- *La teste* pable de raison & de d'imaginatió que tout le de- *del'hôme* mourant du corps naturel. Ausi la teste humaine *a sept cô-* à en elle plus de sensualité & d'edificace que nulle *duyts d'e* autre partie du corps, entédu qu'elle a en elle sept *sprit vi-* conduyts & origines d'esprit vital, en signification *tal* des sept Ars liberaulx. Iceulx códuyts sót les deux Oreilles, & les deux Yeulx, les deux Narines, & la Bouche. Les Oreilles sont, pour conceuoir le nom des lettres. Les Yeulx, pour les cognoistre & dis- cerner. Les Narines pour armoniser la voix, &

GEOFFROY TORY, *Champ Fleury, auquel est contenu l'Art et la Science de la deue et vraye proportion de lettres attiques qu'on dit autrement lettres antiques et vulgairement lettres romaines proportionnées selon le corps et le visage humain* (1529)

Dans les lettres de l'alphabet, l'humaniste retrouve les proportions du corps et du visage humain, selon une tradition dont l'origine est attribuée aux Grecs et dont les Romains ont été le relais. La *vocale* (« voyelle ») est la partie obligée de la syllabe et peut même constituer à elle seule une *diction* (« un mot »). « L », la « lettre longue, mylieu et nombryl des lettres abécédaires », figure en perspective le corps humain et son ombre. Les Anciens ont donné à O la figure ronde la plus parfaite qui est celle de la tête. Elle a en elle « les conduyts et origines d'esprit vital qui signifient les sept Arts liberaulx ». Par « conduyts », l'auteur entend les organes des sens dont les oreilles faites pour *conceuoir* le nom des lettres et les yeux pour les *cognoistre et discerner*. On notera l'absence des deux lettres dites ramistes (de P. Ramus, 1515-1572) *j* et *v*, qui se confondent avec *i* et *u*, et *w*. [BNF, Paris.]

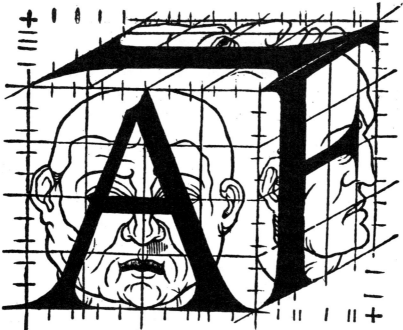

Græcque . Latine, ne Françoiſe, ne peult eſtre.
Car en chacune ſyllabe qu'on ſçauroit dire ya
A. pour le moins vne vocale, Et bien ſouuent vne ſyllabe, pareillement vne diction, ſans aultre lettre, eſt
faicte d'une deſdictesvocales, qui ſont cinq en nó-
E. bre, c'eſt a ſçauoir. A, E, I, O, V. Exemple de A, ſeul
faiſant vne ſyllabe, Amen. Faiſant vne diction. Ne
I. *diſceſſeris à me.* Exemple en françois dudict A, ſeul
en ſyllabe & en diction. Acouſtuméz a bié dire &
bien faire. Exemple de le E, faiſant ſyllabe luy ſeul
& diction, *Etiam, eia, è regione.* Exemple en François quand il eſt ſeulement en ſyllabe. Eſtiene eſt
Terence. en eſmoy. Exemple de le I, faiſant ſyllabe & diction. Item. Ibo. I, *Terentius in Andria,* I, *præ, ſequar.*

commentés de l'évolution des formes orales du français : la réalisation orale du groupe graphique OI. La prononciation fréquente, non marquée en quelque sorte, est en [wɛ], souvent noté par les réformateurs de l'orthographe par *oe*. Mais d'une part ce son complexe a tendance à se simplifier en [ɛ], chez les Parisiens, qui selon Sylvius disent *Pontese* pour *Pontoise* et *par ma fe* pour *par ma foi*. Cette prononciation s'étend aux finales d'imparfait et de conditionnel à partir du milieu du siècle, et H. Estienne la donne comme caractéristique du milieu courtisan. Par ailleurs une évolution, amorcée aux siècles précédents, se précise vers une articulation en [wa], mais les grammairiens ont tendance à la récuser en faveur de [wɛ]. La graphie, quoi qu'il en soit, reste obstinément OI jusqu'en 1835.

Quelques zones d'instabilité affectent également les formes phoniques : on hésite entre le E et le A devant R. Ronsard fait rimer *armes* et *termes*. G. Tory constate que les dames de Paris

> « en lieu de A pronuncent E bien souuent, quant elles disent. *Mon mery est a la porte de Peris, ou il se faict peier*. En lieu de dire. *Mon mary est a la porte de Paris ou il se faict paier*» (fol. 33 vᵒ).

Par réaction contre ces prononciations populaires, les courtisans et les femmes de la cour tendaient au contraire à substituer E à A, tendance qui s'inverse au cours du XVIᵉ siècle.

L'hésitation entre O et OU est bien souvent notée. Les variétés régionales, l'opposition du parler courtisan et de celui des citadins, les facteurs étymologiques et graphiques se mêlent. Peletier s'efforce de mettre de l'ordre :

> « I'è [j'ai] prís gardɇ quelquɇfoɇs a cela, e è trouuè que c'ɇ́t lɇ vicɇ dɇ cɇrteins païs, commɇ dɇ la Gaulɇ Narbonnoɇ ſ̧ɇ, Lionnoɇ ſ̧ɇ, e de quelquɇs androɇz de l'Aquiteinɇ : ou iz diſɇt *le haut bot, un huis óuert, du vin rogɇ* : Aucontrerɇ, *un mout, unɇ chousɇ*, e *des pourreaus*. I'è trouuè an quelquɇs Liurɇs, dɇ l'Imprimɇriɇ dɇ Librerɇs autrɇmant corrɇz e diligans, *loange, rejoir, torner, oi, morir*, e *voloir* : Aucontrerɇ, *ourront, lɇ voul*, e *lɇ mout* : choſɇ cɇrtɇs ridiculɇ» (*Apologie à Louis Meigret*, p. 22).

L'époque est marquée par des échanges entre les sons R et S. Érasme avait déjà noté *ma mèse* et *Masia* pour *ma mère* et *Maria* chez les Parisiens. Le dédoublement de *chaise* et *chaire* en deux mots distincts résulte entre autres de cette hésitation.

Les premiers descripteurs du système phonique du français ont quelque difficulté, on les comprend, à traiter des oppositions d'ouverture des voyelles, les ouvrages savants qui traitent du latin n'offrant de ce point de vue ni description articulatoire, ni terminologie adaptée. C'est Meigret qui a développé avec le plus de soin l'approche de ce trait spécifique à la langue française.

On laissera ici « pour breueté » une quantité considérable de descriptions et de remarques concernant les variétés régionales de français oral. Leur présence dans ces textes est à la fois le signe d'une conscience très aigüe de leur diversité et d'un désir de tri, d'évaluation, de choix normatifs.

Les considérations concernant la longueur des voyelles ne manquent pas, mais il arrive que les habitudes latines contaminent la perception que l'on a des réalités du français. On met régulièrement en avant des paires de mots telles que *matin/mastin, mal(e)/masle, paste/patte*. Il s'agit alors d'un allongement compensatoire entrainé par la chute d'une ancienne consonne. On constate en général qu'une voyelle devant une autre voyelle est brève, à moins qu'elle ne précède un *e* sourd ; dans ce cas elle est longue. Le *e* sourd est moins senti en lui-même que par l'effet de prolongement qu'il provoque sur la voyelle précédente. Mais hors ces situations assez bien répertoriées, les affirmations des uns et des autres, toujours utiles parce que prises sur le vif, paraissent relativement aléatoires, preuve qu'il s'agit moins d'oppositions structurelles que d'impressions variables d'un mot à l'autre. Pour Peletier, la troisième personne verbale est longue au pluriel, brève au singulier. Les voyelles sont longues devant un double -*rr*-, si ce groupe est suivi d'une voyelle brève, ainsi, dit-il, *nourrir, barrer, ferrer, terre, guerre*, mais dans *arret, torrant, arriuer, irriter*, percevant la deuxième voyelle comme longue (sans expliciter les critères de ce choix), il donne la première pour brève. Ces remarques frappent par leur sophistication ; ce sont des sortes de règles de phonétique combinatoire qui surprennent par leur modernité.

Lorsque Palsgrave déclare de but en blanc dans la préface de sa belle grammaire qu'il n'y a en français aucune voyelle qui soit longue par elle-même, il est bien isolé sur ce point, et en désaccord avec la plupart des théoriciens de langue française.

Certains sont si convaincus de l'existence généralisée d'oppositions de longueur en français qu'ils pratiquent (ou incitent à pratiquer) une poésie métrifiée à l'antique, et tout entière fondée, comme chez Ovide et Virgile, sur l'alternance de syllabes brèves et de syllabes longues. Ramus voit dans ces essais le meilleur moyen pour transformer en « art » ce qui n'est encore que « nature » :

« car en les oyant, en les lisant, en les obseruant, comme docteurs

& autheurs de ceste louange, ce qui se faict naturellement, se reduiroit en art, & par consequence la recherche de laccent seroit aisee. A ceste cause fauldroit supplier aux muses Francoyses dentreprendre ce labeur... » (*Grammaire*, p. 43)[1].

La perception et la description de l'accent (tonique ou d'intensité) paraissent problématiques en cette période. Là encore les modèles latins interfèrent avec l'analyse du français[2]. Meigret parle de « defricher ceste doctrine », et Ramus convient que « laccent na poinct encore en France daultre doctrine que nature, pour le moins qui soit bonnement expliquee » (*Grammaire*, p. 43). Cette question souffre de l'obscurité liée à l'usage du terme même d'« accent », commun pour l'écrit *et* pour l'oral, et comme précisément on s'efforce à la même époque d'établir des accents graphiques ayant des fonctions bien établies, les auteurs semblent embarrassés par cette ambivalence[3]. De nouveau, l'un des plus perspicaces à ce propos est Palsgrave qui est le premier à dégager les caractères essentiels de l'accent tonique en français :

> « Il n'y a aucun mot d'une syllabe en français qui ait un accent par sa nature propre ; il est joint phoniquement au mot qui le suit [...]. Tous les mots de plusieurs syllabes en français ont leur accent soit sur la dernière syllabe, soit sur l'avant-dernière si la dernière est un e caduc. »

Le maitre d'école H. Rambaud attache de son côté une grande importance à la place de l'accent dans l'apprentissage de la lecture, et note, dans son étonnant système de transcription, les syllabes accentuées, faisant parfois apparaitre qu'il s'agit d'une accentuation de groupe et non de mot.

LES FORMES ÉCRITES DE LA LANGUE

Le XVIe siècle est une période exceptionnellement riche d'expérimentation, de combats, de réflexions approfondies, autour du thème de l'« Écriture ». On a le souci de pallier l'inadéquation des signes graphiques en usage. On remet en cause des principes orthographiques déjà solidement implantés. L'orthographe ne connait pas encore de codification officielle ; pourtant des habitudes, diverses mais non anarchiques, se sont imposées. Les débats sur l'opportunité d'une amélioration des pratiques de l'écrit conduisent à des échanges d'arguments linguistiques de haute tenue. Les théoriciens du temps sont convaincus que le sujet, pour n'être « ni grauȩ ni magnifiquȩ », ne peut être traité sans aborder la relation entre l'oral et l'écrit, les liens morphologiques

au sein de la langue, et le sens en général, « choſe qui apartient a la
ſtructurȩ dȩ toutȩ la Languȩ» (Peletier, *Dialogue*, p. 29-30). La littérature consacrée à cette question montre la claire conscience qu'avaient
les hommes du temps, non seulement de la difficulté à résoudre des
problèmes d'ordre technique, mais aussi des implications sociologiques, idéologiques et culturelles de la question. C'est ainsi qu'on a
montré de manière convaincante les relations complexes qu'ont entre-
tenues les partisans d'une « réformation » de l'orthographe et ceux de
la Réforme religieuse[1]. On admet que la tâche de modernisation graphique a été interrompue par les troubles religieux en France et que la
fuite d'un certain nombre d'imprimeurs, intéressés par la mise en place
de nouveaux codes graphiques, a enrayé l'évolution amorcée au milieu
du siècle.

Sans retracer dans le détail l'évolution des pratiques d'écriture
entre Moyen Âge et Renaissance[2], il importe, pour décrire l'état de la
langue écrite de ce temps, de comprendre que ce que l'on nommait
alors l'orthographe « ancienne », alourdie de lettres non prononcées,
devait cette surcharge en grande partie à la phase antérieure de transcription manuscrite[3]. L'apparition de caractères gravés, qui évitaient
de confondre *u*, *n*, *m*, *i*, pouvait permettre d'alléger les formes visuelles
en limitant la nécessité de lettres sans valeur phonique propre. Les historiens de l'orthographe constatent néanmoins que la généralisation de
l'imprimerie n'a pas été immédiatement suivie de modifications. C'est
l'émergence d'un nouveau public de lecteurs, plus que les données techniques, qui engagea les grammairiens dans la voie de propositions
réformatrices.

L'orthographe ancienne, au demeurant, était déjà tellement ancrée
dans les habitudes que l'un des personnages du *Dialogue* de Peletier
affirme qu'il est déjà trop tard (en 1550 !) pour réformer l'écriture :

> « car notrȩ Languȩ qui ȩt aujourdhui an sa plus grand forcȩ e
> conſistancȩ nȩ peùt ſoufrir reformacion. Cȩla sȩ dȩuoȩt fȩrȩ, il i à
> vint ou trantȩ ans, lors qu'ȩlȩ commançoȩt a s'auancer. C'etoȩt lȩ
> tans quȩ pȩrsonnȩ n'út contrȩdìt par cȩ qu'alors ou un peu aupa-
> rauant, on trouuoȩt toutȩs choſes bonnȩs » (*Dialogue*, p. 62).

C'est en tout cas la survivance des contraintes manuelles qui
explique l'usage si frappant de nombreuses lettres diacritiques, signes
qui ne représentent en soi aucun son, mais donnent des indications sur
l'articulation d'autres signes graphiques qu'elles suivent ou précèdent.
Ces lettres occupent souvent la position « implosive » (c'est-à-dire en
clôture de syllabe), et ont la plupart du temps, mais pas toujours, une

Marques d'imprimeurs

Josse Bade est né à Asch près de Bruxelles, ce qui lui valut le surnom d'Ascensius. Le mot latin *prelum*, qui signifiait « pressoir » et « presse pour les étoffes », s'est vu doter au XVIᵉ siècle d'un nouveau sens, celui de « presse pour imprimer », d'où la mention *prelum ascensianum* inscrite pour identifier les marques typographiques des ouvrages sortis des ateliers de son fils Conrad Bade puis des ateliers de Josse Bade. Véritable humaniste, Josse Bade était lui-même un commentateur érudit. Les deux premières marques typographiques sont celles d'œuvres de Guillaume Budé de 1508 et 1521-1526 imprimées par J. Bade, la troisième est celle des *Poemata* de Théodore de Bèze, Paris, Conrad Bade, 1548. [BNF, Paris.]

OPVSCVLA

Plutarchi Chęronei sedulo vndequaq; collecta,& dilige=
ter recognita,ac in vnam faciē bellatule coimpressa: quo
rum ante præfationem patebit & numerus & series,præ
misso q̃ amplissimo & rerum & verborum indice.

Prelum Ascēsianū.

Væ̃nundantur in Officina Ascensiana.

raison d'être étymologique. Le S de *escole*, *estre*, etc., rappelle la forme latine d'origine. Ce S du mot latin, en tant que son, avait disparu, mais la présence de la lettre était un moyen de signifier que le E précédent était un [e] ou un [ɛ] (transcrit plus tard par *é, è* ou *ê*) et non un *e* muet. Le L, fréquemment utilisé lui aussi avec cette fonction diacritique, signale entre autres que les digrammes[1] qui le précèdent doivent être pris comme une unité. C'est ainsi que dans *aultre*, le L implosif, non prononcé et, à vrai dire, déjà présent dans le mot sous la forme du U qui l'avait remplacé au cours de l'évolution phonétique, signalait que AU formait bien une unité, et que ce U n'était pas un « U consonne », c'est-à-dire un V. Le même processus permettait de distinguer *il peult* (présent du verbe *pouvoir*, où le L n'est pas étymologique) et *il peut*, passé simple, ou EU se prononce U, et où les deux voyelles ne sont pas associées en un son [ø][2]. De même des graphies du type *fiebure* ou *nepueu* (*fièvre* et *neveu*) présentent entre le *e* et le *u* (qui renvoie à un [v] phonique) un *b* et un *p* d'origine étymologique qui évitent d'associer *eu* à la lecture. Le retard mis à généraliser l'usage des deux lettres *j* et *v* pour correspondre à des sons inexistants en latin est à l'origine d'un grand nombre de ces ajouts.

La langue écrite parait surtout fortement marquée par les références étymologiques, au point qu'on a pu dire qu'on lisait en quelque sorte du latin à travers le français[3]. La contestation même du principe étymologique est un point d'accord entre la plupart des réformateurs. Le rappel de tous les arguments avancés à ce sujet occuperait ce volume à lui seul. Pour mettre l'accent sur l'essentiel, les hommes de ce siècle considèrent la langue orale comme émanant de « tout un peupl¢ », de la « multitud¢ d'Arti ſans, d¢ famm¢s e d'anfans » qui « parl¢t a leur mod¢ »,

> « car il n¢ peùt chaloèr [importer] d¢ quel lieu ni an quel¢ ſort¢ ſ¢ produi ſ¢ un¢ Langu¢ pouruù qu'¢l¢ pui ſſ¢ d¢u¢nir a ſſez abondant¢ pour expliquer a ſon ¢ ſ¢ [aise] c¢ qui tomb¢ en la concepcion des homm¢s » (*Dialogue*, p. 123).

Mais « c'¢t autr¢ cho ſ¢ d¢ l'Ecritur¢ ». Les « g'ans doct¢s » qui n'ont aucun droit de regard sur la création et le renouvellement de la langue orale, ont au contraire une responsabilité dans la prise en charge de l'écrit, car « l'Ecritur¢ à l¢ moyen d¢ ſ¢ changer qu¢ n'ont pas les moz » (p. 124), et s'il faut changer le « ſtil¢ d'ecrir¢ », ce n'est pas « pour cet¢ ſeul¢ cau ſe qu'il ¢t vulguer¢, mes par c¢ qu'il ¢t dere ſonnabl¢ » (*Dialogue*, p. 123).

Les réformateurs convaincus usent de métaphores fortes pour dénoncer le caractère difforme, laid, mal bâti, de la langue écrite, qui, à mesure que les prononciations évoluent, « commę un cors croęt e ſę ramplit », devrait prendre un « habilhęmant, sinon dę diuęrſę façon, a tout lę moins d'unę autrę meſurę» (*ibid.*, p. 84). Pour Meigret la langue écrite, au lieu d'être le miroir ou le portrait de la langue orale, n'en est que la caricature et la grimace :

> « Ou est celuy qui ne blasmast le peinctre qui entreprenant de pourtraire la face de quelqu'vng : feit en son pourtraict des cicatrices, ou autres marques notables qui ne fussent point au vif ? » (*Commun usage*, p. 19).

Ces auteurs expriment un mécontentement, qui va jusqu'à la « honte », de cette apparence visuelle, qu'ils jugent incohérente et irrationnelle. La fierté que suscite la noblesse de leur langue nationale souffre du désordre qui règne selon eux dans l'écrit. Les défauts dénoncés sont « l'inconstance, incertitude et irrégularités », la « superfluité », les « abus » (Peletier). Chez Ramus, l'écriture n'est qu'une « horrible et prodigieuse image de la parole », un « encombrier », une « lourderie ». Elle est « par trop agreste et rustique »[1]. Meigret dénonce la « vicieuse confusion de puissance entre les lettres »[2], les « occasions de faire faulse lecture, & de prononcer voix [son], qui n'est point au vocable ».

Les critiques portent sur deux sortes d'« abus », que Peletier nomme « abus premiers » et « seconds abus ». D'une part le matériel graphique est en soi inadéquat, car la langue française a en propre des «ſons particuliers quę les lętręs Latinęs nę sont capablęs d'eſprimer » (*Dialogue*, p. 48), et il y a en toutes « Languęs vulguęręs unę manierę dę ſons, qui nę ſę ſauroęt exprimer par aucun aſſamblęmant ni eidę dę lętręs Latinęs ou Grequęs » (*Apologie*, p. 9).

> « Si les Françoęs uſſęt etè amoureus dę leur patrimoinę, iz ſę fuſſęt apropriè nouuęllęs figuręs ſinificatiuęs dę leurs voęs e acçans, tout einsi quę firęt les Latins : e commę au parauant auoęt fęt les Ebrieuz, Caldeęs, Egipciens e autręs nacions » (*ibid.*, p. 7).

La nécessité de « nouvelles figures de lettres » est un thème récurrent. On y répond de multiples manières, grâce à des « crochets » ou cédilles ajoutées aussi bien aux voyelles qu'à certaines consonnes, *e* barré, accents divers[3]. H. Rambaud, prenant acte de ce que

> « l'alphabet est si gasté, depraué, & corrompu, qu'il se faut plus esmerueiller de dix qui sçauent lire & escrire, que de dix mille qui demeurent ignorans » (*Declaration*, p. 24),

propose un système de transcription partiellement syllabique fait de

52 caractères dont certains sont apparentés, de loin, à des signes existant en grec ou en français, mais dont la plupart sont d'une lecture
impossible pour un lecteur non averti. Cette réforme radicale, qui préfère la *tabula rasa* à des aménagements sur la base de l'alphabet ordinaire, nécessite une double impression, avec pages en regard en orthographe traditionnelle et en graphie révolutionnaire. Elle n'aura
bénéficié qu'à quelques générations d'écoliers marseillais et aura couté
cher à son imprimeur : les signes gravés à neuf n'ont servi, que l'on
sache, qu'une fois ! (voir page suivante).

Dénoncer les « abus seconds », c'est s'en prendre principalement
au principe étymologique, dont on veut démontrer le caractère incons-
tant et aléatoire d'une part, les présupposés psychologiques et culturels
d'autre part. Meigret considère comme des adversaires ceux qui « s'efforcent de defendre la superfluité des letres pour monstrer la deriuai-
son, & source d'vng vocable tyré d'vne autre langue » (*Commun
usage...* p. 13). Il est aisé de constater que si le H de *homme*, *heure*,
héritier a bien sa source dans les mots latins correspondants, ce principe ne vaut ni pour *hault* (de *altus*) ni pour *heurler* (de *ululare*)
(R. Estienne, p. 8). Puisque « le Françoes descend tout a plein du
Latin » et que « nous ne disons quasi de deux moz l'un qui n'en soet
pris », il n'est pas de meilleur moyen pour rendre cet héritage « entendible », disent les partisans de l'ancienne orthographe, que de conserver
dans la forme du mot la mémoire de son origine. À ceux-là, Peletier par
la bouche de son personnage Dauron, répond que ce sont « deus choʒes
apart quє l'Etimologiє e l'Ortografє » (p. 89). Il y a bien une partie de la
grammaire qui doit traiter de l'étymologie, et qui doit « expliquer cє
qui єt dє diuєrs, cє qui à etè rєtєnù dє l'original, cє qui an à etè otè, cє
qui i à etè ajoutè ». Mais ce n'est pas là le rôle de l'orthographe qui « єt
inuanteє pour autrє choʒє, e qui à ʃon oficє a part » (p. 92). L'évolution
orale de la langue française l'a éloignée des formes primitives latines.
Pourquoi faudrait-il que l'écriture ait l'obligation de restituer ces
formes originelles ?

> « Si l'Etimologiє єt moins connoєʃʃablє pour oter un *p* dє *cors* e
> dє *tans*, an les escriuant, qui vienєt dє *Corpus* e *Tempus* : il s'an
> faut prandrє a la prolacion qui à etè auant l'Ecriturє, e qui à fєt la
> prєmiєrє corrupcion s'il i an à. Mєs s'il à ʃamblè bon a l'usagє
> qu'il fút einsi prononcè, quel inconueniant i à il dє l'ecrirє auʃi ? »
> (p. 90).

Un exemple, « minimaliste » en quelque sorte, mène jusqu'au bout
le raisonnement engagé :

« [...] nous ecriuons la conjonccion copulatiu¢, *et*, par *t*, l¢quel nous n¢ prononçons nul¢mant : e n¢ l¢ f¢ſons ſinon qu¢ pourautant qu'¢l¢ vient du Latin *et* : quel propos i à il, nomplus qu¢ d'ecrir¢ la Prepoſicion *a*, par *d*, qui vient du Latin *ad* ? » (p. 114)[1].

La formule définitive : « la grandeur d'un¢ Langu¢ e la ſplendeur n¢ gìt pas an l'Etimologi¢» (p. 94), ramène le débat sur le terrain culturel. Pour le Th. de Bèze du *Dialogue*, on « le ſſ¢ les l¢tr¢s ancor¢s qu'¢l¢s n¢ s¢ prononc¢t point, pour la reueranc¢ d¢ la Langu¢ dont les moz ſont tirèz » (p. 51).

« N¢ vaut il pas mieus qu¢ les nacions etrang¢s [étrangères] an lisant l¢ Frãço¢s cono¢ss¢t qu'il soèt bien deduìt e bien proporciõnè au¢q l¢ Latin, ou au¢q quelqu¢ autr¢ Lãgu¢ vulguer¢, qu¢ non pas qu'iz pãs¢t qu¢ c¢ ſoèt un¢ Langu¢ ſoliter¢ e ſans ſourc¢ ? » (p. 59).

Une écriture garde « mieus ſon hõneur e dinite [dignité] d'¢tr¢ un peu abõdant¢. Car un¢ Langu¢ s'an mõtr¢ plus l¢tre¢ e plus doct¢ » (*ibid.*).

---

parer les quarante vn maſles ou conſonantes. Leſquelles conſonantes ſe peuuent adiouſter & vnir aux vovelles, comme fait le manche à la coignee,& autres. Mais aucunesfois la coignee nous ſert mieux toute ſeule que auec le manche: & alors le faut oſter,veu qu'il ne ſert que dem-

ρυ.ϛέϛ ꞁes ꞁυ.ϛύ̯ꞇυ ᴕꭓ ϛύ̯ꞁυs ꝸ ꞁυϛꝓᴕꝗύ̯ꞇυs꞊ ꞁes.ꞁέꞁυs ꞁυϛꝓᴕꝗύ̯ϛ- ꞇυs ſ ρᴕꭗe̯ϛꞇ ᴠꝗ.ꞡᴕ.ꞇέϛ e ᴕ.ꝗᴕ́ϛ ᴠ́ᴕs ꝗᴕꞡe.ꞁυs, ꞁó̯ϛυ ϙeꞇ ꞁe ϛύ̯ꞡſυ ᴠ ꞁᴠ ꞁᴕꝗέᴜ, e ᴠ́ᴕꞁυs꞊ ϛes ᴠᴕꞁᴕꝗeϙó̯es ꞁᴠ ꞁᴕꝗέᴜ ꝗᴕs ſeϛꞇ ϛꝑ́ᴕs ꞁᴕ́ꞁυ ſᴕ́ꞁυ ꞁ ᴠ.ꝗe̯ꞁ ꞁe ϛρύ̯ϛſυ꞉ e ᴠ.ꞁó̯ϛs ꞁe ϙᴠ́ᴕꞇ ᴕ.ꞇέϛ, ꝗᴕ ꞁ²ꞁ ꝗe ſeϛꞇ ꞁ ρᴠꞡ-

---

H. RAMBAUD, *La Declaration des abus que l'on commet en escrivant* (1578)

Cet étrange système d'écriture (en dépit de quelques ressemblances avec les alphabets latin ou grec) a été inventé de toutes pièces par un maitre d'école marseillais à l'usage de sa classe élémentaire d'apprentissage de la lecture et de l'écriture. Il est présenté par son auteur comme le moyen de remédier à tous les écarts qu'il dénonce entre les lettres et les sons dans les graphies en usage de son temps. À la lecture à haute voix, on prend conscience que le français oral transcrit grâce à ces signes – bien opaques il faut en convenir – est fortement marqué par les habitudes provençales de l'auteur. On notera avec intérêt le souci de diviser chaque mot en syllabes et de noter l'accent tonique, ce qui constitue un témoignage rare et précieux de la langue parlée du temps, dans une de ses variétés : le français en zone provençalophone.

Mais cet hommage aux langues savantes ne convainc pas les partenaires du *Dialogue* :

« Quant ét dǫ cǫ quǫ diſoèt hier lǫ signeur Debęzǫ quǫ quand unǫ Ecriturǫ ét bien lętreǫ, ęlǫ an à plus dǫ lustrǫ, dǫ gracǫ e dǫ ſplandeur, jǫ ſuis d'opinion qu'unǫ choſǫ dont on abuſǫ nǫ ſauroèt aporter lumierǫ ni dinite [dignité] la ou on la mèt » (p. 127).

C'est retrouver dans le domaine des formes écrites toutes les tensions évoquées plus haut entre langues savantes et langue vulgaire : reconnaissance et respect pour les premières, mais recherche d'indépendance pour le parler natif. Pour bien des théoriciens, la langue française n'a plus, au degré de consistance et d'épanouissement où elle est parvenue, à marquer constamment sa gratitude à l'égard des langues antiques. Cette « anxiété si grande sur l'étymologie » n'est qu'une des manifestations du souci de « favoriser à l'antiquité » dénoncé par Th. Sébillet (*Art poétique*, p. 97, éd. Goyet), et de la crainte de passer pour ignorant. « Convertir les plus fermes » exigerait que disparaisse « cetǫ folǫ pęrſuaſion quǫ nous auons, quǫ l'antiquite n'à pù ęrrer » (Peletier, *Dialogue*, p. 135).

On le voit, la question du maintien des lettres étymologiques occupe une large place dans la réflexion sur l'orthographe, mais nos auteurs sont trop avertis pour ne pas voir que le principe exclusif d'une orthographe qui n'aurait d'autre office que de représenter l'oral (point de vue « phonocentriste » selon la terminologie d'aujourd'hui) se heurte à de solides arguments contraires. Tout d'abord, soumettre l'écrit au changement phonétique serait cause de confusion et d'instabilité :

« Chacun sèt qu'antrǫ les Françoęs, la prolacion [prononciation] changǫ dǫ tans [temps] an tans. Partant ſi nous voulions tousjours donner nouuęlǫ Ecriturǫ à la nouuęlǫ Pronociacion, cǫ ſęroèt a tous cous a ręcommancer : E faudroèt qu'il ſę trouuát touſjours quelcun qui n'út autrǫ chargǫ quǫ d'ag'anſer [agencer] l'Ortografǫ, e la publier tout einſi quǫ les ordonnançǫs, e les criz dǫ vilǫ. Męs qui pis ét, auant qu'on út ù lǫ loęſir dǫ panſer a cetǫ modǫ nouuęlǫ, la prolacion ſęroèt desja changeǫ» (p. 61).

Ensuite, la distinction des homophones rend utiles des différences graphiques qui facilitent la saisie du sens. « On mèt aucunǫfoęs des lętrǫs pour sinifier la diferancǫ des moz : Commǫ sont *comptǫ* e *contǫ* », qui doivent être écrits diversement « pour la ręſon generalǫ qui ét l'intelig'ancǫ du ſans [sens] » (*ibid.*, p. 51)[1]. Le principe est rappelé à plusieurs reprises par Th. de Bèze qui pourtant ne représente pas le point de vue de l'auteur du dialogue. « L'Ecritur¢ n¢ doèt point ̜étr¢ tant ſug¢t¢ a la prolacion qu'a l'antand¢mant » (p. 50), et « la fant¢si¢ d¢ vouloèr raporter ſi just¢mant l'Ecritur¢ a la Prononciacion ſ¢ trouu¢ ſans fond¢mant » (p. 58). Les adversaires du phonocentrisme aujourd'hui ne sauraient mieux dire...

Enfin ce que les modernes nomment « morphogrammes »[1] est très clairement perçu, dans sa formulation d'alors : certaines lettres « ſ¢ m¢t¢t pour raporter les Deriuatíz [mots dérivés] aus Primitíz [mots racines] » comme le *s* de *descrire* qui, bien qu'il ne se prononce point, est nécessaire pour montrer sa parenté avec *description* (*idem* pour *temps / temporel*, *contract / contracter*) (*Dialogue*, p. 50). De même, on maintient certaines lettres pour « proporcionner les nons pluriers au¢c leurs singuliers ».

La recherche systématique d'une correspondance lettre / son est donc contestée. Montrer « le naturel de la voix » est impossible. Il ne peut y avoir que proximité et ressemblance.

« Il n'i à Ecritur¢ au mond¢ ſi propr¢ n¢ ſi curieuſ¢mant ch¢rch¢¢ qui puiſſ¢ au vrei e au naïf repreſanter la parol¢» (p. 48).

Au bout du compte, les efforts des réformateurs n'ont pas abouti au point où ils l'auraient souhaité, même s'ils ont eu entre autres la caution prestigieuse d'un Ronsard, qui se prononce pour la disparition du *y* grec étymologique de *cygne*, de *lyre*, et qui, après avoir mentionné les tentatives de Meigret, dit s'en être inspiré contre l'avis même de plusieurs de ses amis (préface aux *Odes*). Le grand humaniste R. Estienne, qui introduit dans certaines de ses publications en français un accent pour distinguer les mots terminés par *e* « masculin » et ceux terminés par *e* « féminin », n'est pas favorable à la disparition des lettres étymologiques. Étant donné son rôle fondateur dans la tradition lexicographique française, son avis, et sa pratique d'imprimeur, ont plutôt joué un rôle de frein dans la simplification de l'orthographe du temps. Au long du siècle, on constate que des progrès de lisibilité et de mise en ordre s'opèrent, grâce à la mise en place partielle des accents (en fin de mots ou sur des monosyllabes, mais très rarement à l'intérieur des mots), de la cédille, du tréma, de l'apostrophe, tandis que les abréviations, les tildes, les ligatures disparaissent. Il faudra néanmoins attendre plusieurs générations pour voir admettre des suggestions qui avaient le tort d'être trop en avance sur leur temps[2].

À l'échelle des quelques siècles qui nous séparent de ces expérimentations et de ces débats vigoureux sur le statut de l'orthographe, la période qui nous occupe est marquée par l'absence d'unité des graphies, certes, mais aussi par de multiples recherches d'unification et de régularisation, promues principalement par les techniciens de la langue, ou par les auteurs eux-mêmes, à des degrés divers, les uns fort présents dans les ateliers des imprimeurs, d'autres plus indifférents aux nécessités de modifier l'usage. Les pratiques restent liées au degré de conscience qu'ont les typographes en leurs officines de l'utilité d'une réglementation qui éviterait trop d'aberrations et de variations injustifiées. Une perspective socioculturelle, prenant en compte les liens entre les milieux « techniciens » (grammairiens et imprimeurs) et plusieurs nouveaux publics de lecteurs, nous enseigne que l'urgence d'une normalisation généralisée en la matière n'est pas encore de mise dans la conscience des nouveaux « usagers » de l'écrit.

INNOVATIONS LEXICALES

Pour beaucoup d'hommes de la Renaissance française, leur langue manque de moyens d'expression adaptés à ses nouvelles ambitions : formes littéraires savantes, analyses théoriques, transmission des savoirs techniques et scientifiques. « Augmenter sa langue », l'enrichir, revient essentiellement, dans l'esprit des contemporains, à accroitre ses ressources lexicales. Selon le processus mental évoqué plusieurs fois jusqu'ici, hausser le français au niveau culturel des langues antiques, c'est puiser dans les réserves de ces dernières, en les « imitant », c'est-à-dire en forgeant de nouveaux termes plus ou moins directement transcrits sur le modèle des formes latines et grecques originelles.

> « Quant ęt de l'innouacion d'iceus, faudra auiser ſi notrę Languę an aura fautę : E an tel cas, nę ſę faut feindrę d'an former dę nouveaus. Vn mot bien deduit du Latin aura bonnę gracę, an lui donnant la teinturę Françoęſę » (Peletier, *Art poëtique*, p. 37).

Les incitations à innover viennent principalement des savants et des hommes de lettres. Est-ce à dire que la langue « commune », telle que nous la lisons par exemple à travers ce que nous nommerions aujourd'hui « infra-littérature », notes personnelles sans but d'ornementation, comme le *Journal du sire de Gouberville* ou le *Journal d'un bourgeois de Paris sous le règne de François Ier*, ait été fondamentalement atteinte par ces enrichissements dont les lexicographes nous donnent des exemples particulièrement luxuriants, mais dont beaucoup sont autant d'hapax ? Un tableau d'ensemble du vocabulaire attesté donne tout à la fois des termes hyper-savants, des inventions littéraires exquises, des emprunts aux langues modernes dans la vie pratique, des références à des usages régionaux qui n'appartenaient pas à tous. Les mots cités n'ont pas connu nécessairement la même inscription durable dans le temps, ou bien, inversement, en restant rares parce que marqués régionalement, ils ont eu une réelle longévité, dans une aire délimitée[1]. Autrement dit, il existe alors des néologismes qui sont restés attachés au fonds commun de la langue et d'autres qui font partie des créations personnelles à mettre au compte d'une esthétique « de la pierre precieuse & rare », selon l'une des prescriptions de Du Bellay sur ce point (*Deffence*, p. 86).

On peut juger de l'engouement pour les vocables nouveaux par le nombre des mises en garde et des conseils de prudence qu'il a entrainés. Sébillet, dans son *Art poetique françois*, avise le futur poète

> « qu'il soit rare et avisé en la novation des mots, et comme il est contraint souvent en emprunter [...] aussi le fasse-t-il tant modestement, et avec tel jugement que l'âpreté du mot nouveau n'égratigne et ride les oreilles rondes » (p. 61, éd. Goyet).

Pour Du Bellay, un néologisme acceptable doit se pratiquer « avecques modestie, analogie & jugement de l'oreille » (*Deffence*, p. 85), autrement dit sans excès de bizarrerie, selon un procédé de formation conforme aux lois générales d'engendrement de la langue, et en respectant l'euphonie[2]. C'est l'idée même d'« analogie » qui incite bien des auteurs à prolonger des séries de mots attestés, par d'autres vocables qui ne le sont pas, ou pas encore, comme H. Estienne suggérant de former « suçoter » sur le verbe « sucer », conformément à une dérivation verbale déjà autorisée, ou Peletier trouvant que *belieur* et *grandieur* (« plus beau » et « plus grand »), auraient leur place dans la langue française, sur le modèle d'autres comparatifs (*Art poëtique*, p. 121). Cl. Fauchet appelle de ses vœux un « avrilleux » dérivé de « avril », et, retrouvant dans un de ses vieux manuscrits le vers : « De la cote desrochent, aval vont perillant », trouve bon de conjuguer le recours à l'ancienne langue et l'observation des mécanismes de la dérivation :

> « Car si nous disons *descrocher* pour oster d'un *croc* : pourquoy ne dirons nous *desrocher* pour tomber et precipiter d'un *roc* ? et comme sçauriez vous mieux représenter le latin de *periclitor* et *periclitari* que par *periller* puisque nous disons *peril* pour *periculum* ? » (*Recueil de l'origine*, p. 86)[3].

Ici, c'est l'idée même de « règle », au sens de « productivité régulière », qui préside à la formation nouvelle et non la volonté de créer de l'inouï à tout prix. De telles affirmations relativisent quoi qu'il en soit la notion d'« usage », dont on crédite les auteurs du XVIᵉ siècle de l'avoir mise au centre de leurs conceptions de la langue. C'est une notion beaucoup plus abstraite que le simple enregistrement de formes attestées.

Lorsqu'il s'agit d'emprunt, la consigne générale est de rechercher une acclimatation, une « domestication » du terme emprunté, de sorte que dès l'abord il ne semble pas marqué par l'étrangeté de son origine. Il faut « naturaliser » selon Pasquier. Et si l'on forme des mots nouveaux, que ce soit « sur le prémier patron » (Peletier, *Dialogue*, p. 124). Quant à la « vreie façon d'anrichir la Langue Françoeße », ce dernier s'exprime par images simples et fortes :

> « Il faut étre dißcret an matiere de deduccions. Les moz ampruntez ße doęuet randre domestiques an les habilhant de notre liuree [livrée], e leur balhant une teinture qui ne s'an alhe a l'eau fort, ni a la çandree » (*Dialogue*, p. 104).

On voit s'accuser au XVIᵉ siècle un procédé qui ne date pas de cette époque mais symbolise et conforte la référence permanente au latin. Car, pour un mot français, « venir du latin » a définitivement deux significations : ou bien c'est une forme héritée « venue par voie orale du latin populaire des Gaules » (A. Rey, *Dictionnaire historique de la langue française*, 1992), autrement dit c'est le résultat d'un processus historique et phonétique « naturel », ce qui ne veut pas dire anarchique ; dans ce cas, les traits phoniques s'éloignent de l'étymon. Ou bien c'est un « emprunt » direct à cette langue, une « réfection savante », une sorte de translittération de la forme que l'on transfère d'une langue à l'autre, laquelle forme ignore les évolutions phonétiques et se tient au plus près du terme originel, sans l'épaisseur historique reliant le latin classique et la langue moderne [1]. Et c'est ainsi que naissent des doublets, mots de même origine mais de forme et, le plus souvent, de sens différents, l'un ancien, déjà présent dans la langue médiévale, et l'autre construit à neuf avec son vêtement latinisant. La *poussée* coexiste avec la *pulsion* (1572, du bas latin *pulsio*), l'*hirondelle* (1546) avec l'*aronde*. Il arrive aussi que l'un chasse l'autre : *imbu* (1507) remplace *embu*, et *emboire* tombe en désuétude ; *phlegme* (1538) se substitue à l'ancien français *fleume*, repéré en 1256 [2]. L'évolution du latin *rapidus* avait mené à la forme populaire *rade* (v. 1175), avec une variante *robde* (fin du XIᵉ s.) ; *rapide* remplace ces prédécesseurs en 1502. *Fragment* est la réfection savante, avec resonorisation d'une consonne qui avait disparu dans le cours du temps, de la forme ancienne *frament* (v. 1250). *Enjurie* (1174-1176) cède la place à *injure*.

À la faveur de ces signifiants différents, se produit une spécialisation des sens. *Potion* et *poison*, mots issus l'un et l'autre de *potio* (breuvage), sont, par bonheur, définitivement séparés du point de vue de leurs désignations [1].

Par ailleurs, sans qu'il préexiste nécessairement d'autres formes de même origine, on crée par simple adaptation *milice* (1578) sur *militia*, *bifurquer* (1560) sur un *bifurcare* tiré de *bifurcus*, *obscène* (1534) sur *obscenus*. « A internicion » chez Rabelais ne dit rien d'autre, mais le dit autrement, que « à mort » (*internecio*). Le nombre de mots concernés est considérable. G. Gougenheim a relevé dans le jargon de l'écolier limousin dix-huit latinismes qui, contrairement à d'autres mots sans lendemain forgés par le pédant, se retrouvent dans la langue moderne, et parmi eux, quelques-uns font là leur première apparition : *célèbre*, *génie*, *indigène*, *horaire* ou *patriotique* [2].

Le grec est très largement sollicité au même titre que le latin, de manière proliférante dans certains domaines comme la rhétorique, la médecine, la zoologie [3]. Entrent dans la langue l'*hippocampe* et l'*hippopotame*, l'*hymen* et l'*hyménée*, la *ploutocratie*, le *pancrace*, l'*octogone* et l'*enthousiasme*, le *tétanos*, le *cholera* et la *dyspepsie*.

Quant au retour au fonds ancien de la langue, prôné par les poètes et leurs admirateurs, faut-il aller jusqu'à dire avec F. Brunot que « la tentative des archaïsants a complètement avorté » ? Sans doute *anuyter* (*faire nuyt)*, ou *isnel* (léger) et « mil'autres bons motz, que nous avons perduz par notre negligence » (*Deffence*, p. 88), n'ont-ils pas connu le renouveau que Du Bellay leur souhaitait. Mais *ajourner* et *assener* sont demeurés, avec, il est vrai, d'autres sens que dans la langue médiévale. On ne distingue pas clairement ce vieux fonds français de celui des langues régionales, que les auteurs esthétisants (poètes de la Pléiade ou stylistes comme Rabelais ou Montaigne, à travers des écritures bien spécifiques) évoquent comme de possibles enrichissements. Se prononcer sur la place réelle que ces termes occupent quantitativement dans ces œuvres est difficile et sans doute peu pertinent. Ils sont là, avec leur charge familière et leur connotation patoisante, ainsi ces « beaulx *gouvetz*, qui sont petitz demy cousteaux dont les petitz enfans de nostre pays cernent les noix », chez Rabelais (*Gargantua*, p. 81), ou ces *micquelotz* (*ibid.*, p. 105), pèlerins se rendant au Mont-Saint-Michel et, par extension, tous ceux qui vont en pèlerinage [4].

Le provençal a fourni à la langue française des mots de tous registres : l'adjectif *fat* ou le verbe *s'esclaffer*, les items *auberge*, *badaud*, *bouquet*, *cadastre*, *luzerne*, *milan*, *mistral*, *parpaillot* et bien d'autres.

En dépit des réactions ambivalentes à l'égard de l'Italie, tous les contacts, belliqueux ou culturels, qu'ont connus les deux pays, ont donné lieu à de nombreux emprunts, au point que, par une sorte d'assimilation tentante, l'hostilité des puristes français de l'époque et la vague d'intégration de mots italiens ou italianisants dans le fonds français, ont paru en tous points comparables au phénomène contemporain du franglais, en suscitant les mêmes réactions de rejet. Ici encore, comme pour le latin, les emprunts sont de plusieurs types. On peut ré-italianiser des formes préexistantes en français : la *chiennaille* devient *canaille*, et le *chevalier* cohabite avec le *cavalier*. Ou bien on calque directement des vocables sur l'italien, dans des domaines dont on comprend aisément qu'ils soient, socioculturellement, ceux des points de rencontre entre les deux sociétés : la guerre (*attaquer, bastion, casemate, cavalcade, colonel, escopette, escorte, parapet, sentinelle, solde*), l'architecture (*appartement, esplanade, pilastre, tribune*), la musique (*ballet, concert, sérénade, violon*), la mode (*feston, ombrelle, panache, postiche*), les relations sociales (*courtisan, majordome*), les comportements psychologiques (*caprice*), les activités commerciales (*banque*). On peut débattre de l'influence réelle et profonde, ou superficielle, de ces transferts[1]. Devoir à la langue italienne des mots aussi familiers aujourd'hui que *brave, cabinet, caleçon, douche, escalier, escarpin, façade* ou *moustache*, précisément apparus dans le cours du XVIe siècle, interdit de suivre les auteurs du temps qui, lassés des extravagances de la cour italianisée, ne voyaient dans ces transferts que la preuve d'un snobisme sans lendemain[2].

Quant aux formes mêmes que prend la créativité lexicale, elles sont conformes aux procédés généraux en usage en français : dérivation par préfixation et suffixation, formation de mots composés, transfert de classes grammaticales ou néologie de sens. Un catalogue lasserait. La suffixation qui permet de forger des adjectifs à partir de verbes met en concurrence ce que les linguistes contemporains nomment des « allomorphes » (variantes en *-able, -ible, -uble*), avec une certaine hésitation entre des formes, qui ne s'imposeront pas nécessairement par la suite : *lisable, entendible, voyable*, correctement formés pourtant, n'auront guère de postérité. En revanche, *deplorable* est parvenu jusqu'à nous, avec une usure de sens manifeste. *Affaireux, arbreux, blasphémeux* ne s'imposeront pas. Là où *délicatesse* demeurera, *brutesse* disparaitra. On aime, dans la littérature, utiliser des adjectifs ou des participes substantivés (*l'amer* ou *les mieux disants*), ou des infinitifs ayant le statut de noms (*le trépasser*). Les mots composés, particulièrement appréciés par les poètes, offrent une moisson de termes ouverts à toutes les coalescences, ponctuelles et isolées, ou durables. H. Estienne voit dans *pinsemaille, serredenier, pleurepain, songemalice* ou *songecreux* l'une des preuves de la « conformité » de notre langue avec la grecque (*Precellence*, p. 166). Toute cette époque nous laisse ainsi le spectacle d'un vaste champ d'expérimentation, envisagé en son temps comme la mise au jour de ressources linguistiques virtuelles. Le siècle suivant fera le tri.

Il faudrait être enfin sensible, tâche beaucoup plus délicate que celle du repérage de mots nouveaux, aux infléchissements de sens que subissent certains termes ainsi qu'à leur évolution : *vulgaire*, qui n'a d'abord qu'un sens technique non connoté : « ce qui est propre au peuple » (comme la langue « vulgaire », c'est-à-dire toute langue « moderne » du temps), devient péjoratif dans certains contextes vers le milieu du siècle pour signifier ce qui est sans intérêt particulier, sans élévation morale. *Piteux*, *usurper*, *police*, *fier*, *patron* seraient pris à contresens si on projetait sur eux dans leur contexte les affaiblissements de sens ou les dérives qu'ils ont connus depuis. On comprendra que ce travail sémantique ne puisse se traiter ici que par prétérition.

L'étude resterait incomplète si l'on ne mentionnait la naissance d'une lexicographie du français qui s'inscrit dans l'ensemble monumental du travail sur la langue entrepris alors. On ne s'attachera, brièvement, qu'à deux auteurs dont le rôle a été déterminant. D'une part *Lesclarcissement de la langue francoyse* de J. Palsgrave est le plus long dictionnaire anglais-français composé jusqu'alors[1]. Si on le compare avec des lexiques à but utilitaire parus antérieurement, on est frappé par son caractère étonnamment complet : il ne s'agit pas tant d'exhaustivité (encore que ses 20 000 entrées constituent un nombre impressionnant), que du souci manifeste de réunir une réflexion théorique approfondie sur l'interdépendance des structures grammaticales et lexicales de la langue, et de respecter les idiomatismes de la langue étudiée. Cet ouvrage est une mine inépuisable, inégalée dans la tradition francophone elle-même, de tours et de locutions, dans lesquels un terme n'est jamais donné isolément mais toujours avec les contextes et les constructions dans lesquels il s'inscrit. La partie consacrée au verbe est de ce point de vue remarquable. La vision de la langue française ainsi donnée a le mérite, comme il a été dit plus haut, d'être moins dépendante de modèles descriptifs latins que celle de certains contemporains de langue française constamment tentés par la référence à un savoir ancien qui fait parfois écran[2].

Dans le domaine français, c'est à Robert Estienne qu'il revient d'avoir établi les premiers fondements de la tradition lexicographique de langue française. Tous les dictionnaires ultérieurs sont redevables à ce travail de pionnier, qui a nécessité le geste historiquement significatif de passer d'un dictionnaire latin-français (1531 : *Dictionarium latino-gallicum*, augmenté en 1538) à un *Dictionnaire francois-latin*, en 1539, abondamment complété dans l'édition de 1549. C'est de ce *terminus a quo* que B. Quemada est parti pour son étude des *Dictionnaires du français moderne (1539-1863)*. L'initiative de R. Estienne consiste à donner une « version inverse » des travaux précédents, dans laquelle l'enregistrement des formes françaises en premier aboutit à bien autre chose qu'au pur et simple retournement de « fiches » du latin ⇒ français, en français ⇒ latin. Certes, le latin reste la langue de traduction et de commentaire, « fors [mis à part] aucuns [quelques] <motz> ausquelz on n'a point encores trouvé es autheurs motz Latins respondans ». R. Estienne lance un appel au public pour compléter ce qu'il semble considérer comme une lacune dans son propre savoir, mais qui n'est au fond que la reconnaissance de l'irréductibilité du fonds français au fonds latin. Une étude des termes sans traduction en latin montre qu'il s'agit principalement soit d'exclamations ou interjections (« Ahy, qui se dit quand on ha paour », « Ha ha, quand on appercoit d'aventure quelque chose »), soit d'un vocabulaire concernant la vie agricole, les chevaux ou l'art vétérinaire (*baliveau, barrique, gourmette, guesver une terre, houppier, iavart, lampas, malandres, mouchet*[1], etc.). Preuve s'il en était besoin que les réalités rurales des *Géorgiques* ou des *Bucoliques*, celles de Pline ou d'autres référents habituels du monde antique ne sont plus aptes à passer sans autre forme de procès dans une langue qui a désormais ses champs lexicaux à elle, structuration linguistique de réalités nouvelles. Le *Thresor de la langue française* de Nicot (1606) est très largement redevable à R. Estienne de ses relevés et de ses commentaires. Les dictionnaires monolingues français (qui n'apparaitront qu'un bon siècle plus tard) ne peuvent donc être isolés des dictionnaires qui les ont précédés à cette époque[2].

Dans le domaine des langues vivantes, un certain nombre de dictionnaires bilingues[3] sont à mettre en rapport avec des publications multilingues parmi lesquelles les extensions progressives du célèbre Calepin jouent un rôle essentiel[4].

L'activité lexicographique de ce temps est riche et multiforme, selon les fonctions diverses que se fixent les auteurs de dictionnaires ou de glossaires, et les publics visés. Si l'on ajoute en effet aux manuels scolaires destinés à aider les étudiants ou les érudits dans leur compréhension et leur maitrise des langues anciennes, les dictionnaires bilingues de langues vivantes et les lexiques spécialisés (zoologie, théologie, médecine, etc.), on parvient, selon les inventaires de B. Quemada (p. 567), à 140 titres à peu près, entre 1539 et 1600[5]. C'est l'une des formes majeures du travail sur la langue mené en ce siècle. L'élargissement des savoirs et la créativité lexicale qu'il engendre s'accompagnent du souci de préciser les significations, de proposer des inventaires où la langue vivante, ainsi confrontée à d'autres, anciennes ou modernes, reçoit par contraste un traitement approprié à ses structures sémantiques et lexicales particulières.

MORPHOLOGIE ET STRUCTURES SYNTAXIQUES : ÉVOLUTIONS ET CODIFICATION

Pour être compris de nous, bien des textes en langue médiévale demandent à être traduits, s'ils sont antérieurs au XIVᵉ siècle. Pour le XVIᵉ siècle, les annotations qui accompagnent de manière permanente les textes de toute nature montrent que les limites de l'intercompréhension sont, pour un lecteur du XXᵉ, parfois franchies, sans toutefois que le sentiment d'étrangeté aille au-delà d'une certaine opacité, ou rudesse, et du risque de contresens. Le lexique a sa part dans cette impression, mais les structures grammaticales, parmi lesquelles l'agencement de la phrase et l'ordre des mots, sont très largement en cause. Décrire ce qui nous rend cette langue à la fois proche et lointaine, moins obscure que celle du haut Moyen Âge, mais néanmoins déroutante, est un objectif trop ambitieux. Comment ne pas tomber dans l'atomisation de faits qui, à l'échelle du mouvement général de la langue, sont accessoires, même si, dans l'opération de lecture, ils paraissent responsables d'une impression constante d'écarts ponctuels par rapport aux usages de la langue moderne ? L'essentiel reste ici de saisir un état de langue en « synchronie dynamique », en tentant de dégager des faits structurels qui affectent de façon durable le système dans son entier et préfigurent de nouveaux dispositifs.

Parmi les faits périphériques isolés, on rappellera principalement les hésitations et les changements de genre et de nombre pour les noms [1]. *Arbre, comté, doute, Evangile, mensonge, poison, silence* et bien d'autres peuvent encore se rencontrer au féminin, tandis que *affaire, apostrophe, asperge, colère, dette, énigme, fourmi, image, obole, rancœur* ou *vipère* apparaissent au masculin. L'origine étymologique joue ici souvent son rôle, puis, l'analogie faisant son travail de régularisation, la répartition entre genres connait de nombreux réaménagements. Fréquentes et aussi réfractaires à la mise en règle, les différences de construction des verbes. Telle forme transitive aujourd'hui est alors intransitive (*fourvoyer, succéder*, etc.) ; inversement : *tarder, voisiner, exceller, surseoir* sont construits directement (*exceller quelqu'un, tarder quelque chose, surseoir quelque chose*, etc.). *Vous leur favorisez*, dit Jupiter chez Rabelais, et l'on *rencontre aux opinions de quelqu'un* chez Montaigne. Bien des verbes connaissent plusieurs constructions, et le souci d'en déclarer une meilleure que les autres, parce que plus usuelle, sera la marque du siècle suivant plutôt que de celui-ci.

Quant aux faits centraux, qui prolongent de grandes tendances amorcées antérieurement et renforcées par la suite, l'un des plus marquants est celui de la nécessité d'actualiser les noms par l'article ou un déterminant. La disparition des flexions, parvenue à son aboutissement presque complet dans la période médiévale, semble rendre nécessaire de compenser la perte des indications données par les désinences flexionnelles, grâce à des morphèmes placés à gauche du nom, phénomène comparable à celui de la généralisation d'un pronom sujet devant le verbe. Non que l'article ou le pronom sujet ne se soient déjà répandus dans les siècles passés, mais dans certaines conditions, leur emploi pouvait encore avoir une valeur emphatique. Dans la première moitié du siècle, le non-emploi de l'article est fréquent sans être la loi générale. Le caractère plus ou moins abstrait du nom joue un rôle. Un substantif de signification abstraite ou générale, un pluriel de valeur collective, créent un contexte sémantique où la présence du déterminant ne parait pas nécessaire. Il est d'usage de ne pas le répéter lorsque deux noms sont coordonnés (*mon labeur et estude*, *la lumiere et dignité*, *les femmes et filles*, chez Rabelais ; *l'industrie et diligence*, *l'excellence et hauteur*, chez Du Bellay).

Ronsard a fait de la nécessité d'employer l'article devant le nom et un pronom sujet devant le verbe l'une de ces recommandations grammaticales que les auteurs d'arts poétiques ne dédaignaient pas d'ajouter à d'autres remarques prosodiques ou stylistiques :

> « Tu n'oublieras jamais les articles, et tiendras pour tout certain que rien ne peut tant defigurer un vers que les articles délaissés : autant en est-il des pronoms primitifs, comme je, tu, que tu n'oublieras non plus, si tu veux que tes carmes [vers] soient de tous points bien accomplis » (*Abbregé de l'Art poétique*, éd. Goyet, p. 479).

C'est bien le constat d'une forte évolution en cours. Le défaut d'actualisation est de plus en plus ressenti précisément comme un manque, et la survivance de ces tours comme un fait d'archaïsme.

L'absence de pronom sujet est particulièrement fréquente lorsque le verbe est impersonnel, l'inutilité d'une référence précise à un agent constituant la raison même de cette absence. Autrement dit, l'indice grammatical que représentent les mots outils *il* ou *ce* devant les impersonnels n'est pas encore perçu comme nécessaire : « oncques n'y eut tant de magnificence... », « et si possible est... ». Lorsque le pronom sujet est exprimé, il peut garder, sinon une valeur emphatique, du moins une indépendance à l'égard de son verbe, visible dans l'ordre des mots et dans l'éloignement de l'un et de l'autre : « Je, dist Frere Jean, ne suis point clerc » ; « il, de son côté… » (Rabelais).

L'un des phénomènes grammaticaux durables est la répartition progressive dans des classes distinctes de termes auparavant polyvalents. Adverbes et prépositions sont l'objet de reclassements. *Parmi* est adverbe chez Rabelais. *Dessus, dedans* ne connaissent pas encore la restriction d'emploi, dans la langue soutenue du moins, au seul rôle adverbial. Dans le groupe des démonstratifs, la répartition des formes en *cet-* pour le déterminant et *cel-* pour le pronom est en voie d'achèvement [1]. Dans le cours du siècle, « les hommes et les femmes de celui temps » est encore d'usage, tandis que *ceste cy* ou *cestuy cy* jouent le rôle de pronoms. *Ce* comme forme pronominale se rencontre là où la langue moderne imposera le composé *cela*. Il est couramment utilisé comme complément d'objet, dans les incises (« ce dit-il », « ce crois-je »), avec l'infinitif, le participe ou le gérondif (« pour ce faire », « ce voyant », « en ce disant »), et d'une manière générale il est possible après toutes sortes de prépositions : « la mer qui par ce est salée… », « demander la cause de ce… », « suis à ce prédestiné » (Rabelais). Les possessifs ont connu eux aussi la fin d'une concurrence possible entre formes dites « faibles » (*mon, ma* ; *ton, ta*, etc.), et formes « fortes » (*mien, tien, sien*). *Ce mien parent* dont nous avons gardé l'emploi quelque peu parodique voit son usage se réduire. Meigret constate en 1550 que *mien, tien, sien* ne se trouvent plus guère sans l'article défini, sinon comme attribut après le verbe *être* (p. 59 r°). Le relatif *lequel* est fréquemment employé avec une valeur de déterminant et non de pronom dans des tours tels que « toutes les quelles choses » [2].

Des choix s'imposent peu à peu dans la morphologie verbale. Cette dernière occupe, chez les auteurs d'art poétique et chez les grammairiens, une place importante et bien compréhensible [3]. La présence d'un *-e* à la première personne du singulier de l'indicatif présent n'est pas encore systématiquement acquise (*je pry, je supply*), mais elle va s'imposer, de même que la généralisation analogique d'un *-s*, alors qu'on trouve encore indifféremment *je dy, je fay, je voy*, etc. Les alternances de radical pour un même verbe persistent : certaines vont se maintenir, d'autre disparaitre : *demeurer, trouver, éprouver* ont encore des formes où alternent EU et OU (*treuvons, demourons*, etc.). Des formes concurrentes de passé simple (*tindrent / tinrent*), d'infinitif (*querre / quérir, courre / courir*), de subjonctif (*parlissions / parlassions*) vont se réduire par élimination de l'une d'entre elles, mais cette réduction prend du temps, d'où le maintien de variantes.

Le travail de Ch. Marcello-Nizia sur l'évolution de l'ordre des mots en français porte principalement sur le Moyen Âge, mais il aborde l'époque qui nous concerne pour confirmer un ordre canonique dominant : Sujet + Verbe + Objet[1]. C'est entre 1300 et 1640 que cet ordre devient majoritaire, trois facteurs se conjuguant pour l'établir définitivement : le caractère de plus en plus fréquent de l'expression du sujet, la contrainte Sujet + Verbe et l'organisation de l'énoncé en un schéma où le thème vient en premier. L'idée, fort stimulante, de faire porter l'attention sur la place de l'objet nominal relativement au verbe, autant que sur celle du sujet, souvent privilégiée dans la tradition grammaticale, conduit au constat que le schéma Objet + Verbe + Sujet s'élimine progressivement au XVIe siècle. Chez des auteurs comme Monluc, Noël du Fail et Rabelais, cette séquence se rencontre encore, mais n'est possible que si l'objet nominal est thématisé et comporte un élément référant à ce qui précède, ex. « semblables actions de graces rendit Pantagruel à toute l'assistance » ; « cinq douzaines en prindrent noz gens » (Rabelais). Au XVIIe siècle ce schéma disparait, avec quelques exceptions chez La Fontaine.

Comme aujourd'hui, la présence en tête de proposition d'un adverbe, d'un groupe prépositionnel, de l'attribut, peut entrainer l'inversion du sujet, mais ce conditionnement n'est pas toujours nécessaire pour qu'une telle inversion ait lieu : « Dura ce carnage... » (Rabelais).

Sur l'organisation interne de séquences inférieures à la phrase, on constate une relative indépendance encore entre l'auxiliaire et le participe avec lequel il forme un temps composé. Un certain nombre d'éléments syntaxiques peuvent les éloigner l'un de l'autre : « je me suis en devoir mis... », dit Gargantua, et, chez Du Bellay, François Ier « a nostre Langaige, au paravant scabreux & mal poly, rendu elegant » (*Deffence*, p. 30). Une préposition introduisant un infinitif peut se voir séparée de celui-ci par des éléments insérés qui retardent la clôture du groupe : « pour donques mieux son œuvre commencer... » (Rabelais). Quant à l'ordre des éléments dans le groupe verbal, lorsque ce dernier est constitué d'un semi-auxiliaire modal suivi d'un infinitif, la séquence est du type « elle se pourra égaler », « s'ils s'y veuillent employer », « on le voudra voir » ; le pronom réfléchi ou le complément de l'infinitif précède le verbe conjugué. Cet enchainement évoluera peu à peu mais ne commencera à préoccuper les grammairiens qu'au siècle suivant.

Les usages de la négation sont de ceux qui témoignent le plus clairement de survivances des pratiques médiévales et de préfigurations de la langue classique. Comme aux siècles précédents, la première partie *ne* (le « discordantiel ») suffit à nier, sans qu'une seconde *pas*, *point*, *plus*, etc. (le « forclusif ») soit nécessaire. Mais on voit se généraliser l'apparition de ces « forclusifs » et G. Gougenheim note un certain nombre d'ajouts de *pas* entre les deux éditions de 1588 et de 1595 des *Essais* de Montaigne (p. 240).

Dans ce contexte de normalisation et de réflexion métalinguistique, la question du rôle réel joué par les savants dans un infléchissement éventuel des usages se pose à l'historien de la langue. Les doctes ont-ils le pouvoir d'enrayer une évolution, d'imposer des choix, par une sorte d'interventionnisme plus ou moins directif ? Question sans doute insoluble. La naissance d'ouvrages de référence, comme des dictionnaires et des grammaires du français, inexistants jusque-là, favorise sans conteste chez ceux qui s'y reportent la prise de conscience de la variété des tours possibles et le souci de privilégier les formes désignées comme correctes. Mais cela suffit-il pour modifier ou accentuer l'évolution de fond de la langue, jusque chez ses utilisateurs les moins instruits ? On est tenté de répondre a priori par la négative. Pourtant certaines données observables laissent à penser que la relation des lettrés à une culture acquise en latin a, ici comme ailleurs, conduit à des interférences durables, dans le domaine de la syntaxe, avec la langue latine, par un processus de retour en arrière et non de « descente » chronologique « naturelle ». On constate par exemple que l'usage du relatif avait eu tendance au siècle précédent à généraliser le mot *que*, quelle que soit la fonction assumée par le relatif. L'emploi de *que* comme sujet est banal chez Rabelais : « Plusieurs sont nez en ce monde en façons bien estranges, que seroient trop longues à racompter » (p. 227)[1]. Cette tendance s'est interrompue dans le cours du siècle au profit d'une répartition de la forme sujet *qui* et de la forme objet *que*, et il est tentant d'y voir un rappel de la déclinaison latine du pronom[2]. On serait alors devant un phénomène assez largement généralisé pour que la *forma mentis* des lettrés ait eu des effets jusque dans la langue courante, même si *que* continue à faire office de subordonnant universel, relatif ou non, dans un registre « populaire » qui n'a peut-être jamais varié sur ce point.

Autres faits de latinisation de la syntaxe, qui relèvent alors d'un style soutenu et non de la langue ordinaire : la proposition infinitive à la latine sur le mode : « ilz demandoient les cloches leurs estre rendues » (Rabelais), « les Hebrieux soustiennent leur langue estre la plus ancienne... » (Cl. Fauchet). De même certains tours singulièrement proches des ablatifs absolus du latin (« restant seulement une maison, y mist le feu dedans », Rabelais) ; ou des constructions participiales analogues à celles du latin classique comme « l'inconvenient des cloches transportées... » (p. 49). Il s'agit ici de formes d'écriture calquées sur la syntaxe latine selon un processus comparable à celui qui nous fait utiliser le terme de « calque » à propos de formes graphiques ou de formes lexicales.

Comment ces évolutions de la langue sont-elles décrites dans les nouveaux traités grammaticaux qui voient le jour simultanément[3] ? Une typologie des ouvrages grammaticaux impose de distinguer princi-

palement ceux des manuels qui sont destinés à enseigner le français à
des non-francophones, ceux qui visent surtout un public lettré cherchant à passer du latin au français et inversement, et ceux qui orientent
leur analyse vers la description du français pour lui-même[1].

L'*Isagoge* de J. Dubois joue un rôle essentiel comme première
approche de la langue française d'une manière systématique, mais dans
le domaine des sons et des rattachements étymologiques du français au
latin plutôt que celui des structures grammaticales. La *Grammatica
latino-gallica* qui suit l'*Isagoge* montre par son titre même l'importance
donnée à la confrontation entre les deux langues.

Le traité de Meigret étonne par l'ampleur de ses vues et le souci
d'aborder en détail d'épineuses questions[2]. Son analyse des tours du
type « c'est lui », « c'est moi », etc., son analyse du passif, des valeurs
aspectuelles des temps, des articles contractés (*du*, *des*, etc.), des pronoms personnels, ses propositions pour ordonner les paradigmes de
conjugaisons, sa répartition des emplois de l'interrogatif et du relatif,
sont d'autant plus remarquables que Meigret à l'évidence s'est appuyé
sur le grand théoricien de l'Antiquité, Priscien, sans rester prisonnier
des analyses de ce dernier.

Dans la préface de sa grammaire, R. Estienne avoue qu'il a entrepris ce travail

> « pourtant que [parce que] plusieurs desirans auoir ample cognois-
> sance de nostre langue Francoise, se sont plaints a nous de ce qu'ils
> ne pouuoyent aiseement s'aider de la Grammaire Francoise de
> Maistre Lois Maigret [...][3], ne de l'Introduction a la langue Fran-
> coise composee par M. Jacques Syluius medecin, pourtant [pour
> autant] que souuent il a meslé des mots de la Picardie dont il
> estoit ».

Quant au travail de Ramus, il est de fait injuste d'y voir, comme
F. Brunot l'avait fait, une sorte de plagiat de Meigret. Les tours d'esprit
de l'un et de l'autre sont si dissemblables que les analogies ponctuelles
ne peuvent laisser ignorer les différences importantes d'orientation. Son
travail dans le domaine de la grammaire est inséparable de ses propositions par ailleurs quant à la « répartition des arts » au sein du *trivium*
(grammaire / rhétorique / dialectique) qui aboutit à des réaménagements
considérables dans les trois domaines.

L'étude des grammaires à l'usage des Anglais, *Lesclarcissement* de
Palsgrave, l'*Introductorie* de Du Wes, *The Frenche Schoolemaister* de
Cl. de Sainliens, dit Holyband, fait nettement apparaitre l'opposition
fondamentale qui distingue les auteurs soucieux de mener une réflexion
linguistique de fond sur les structures lexicales, morphologiques et syn-

taxiques du français, comme Palsgrave[1], et d'autres auteurs qui, contestant qu'une telle entreprise puisse être menée par un non-francophone de naissance, restent dans la tradition d'un apprentissage de la langue à travers des séquences de « mises en discours », sous forme de dialogues aussi variés que possible. Ainsi, l'ouvrage de Sainliens donne quelques structures de base et s'engage assez vite dans des dialogues du type : « deux voisins s'entre rencontrans au matin » ou « l'entretien en la maison ». Palsgrave, quant à lui, n'a sacrifié ni le respect des tours locutionnaires, ni l'ambition d'une réflexion théorique solide.

Chez tous les grammairiens du français, la question majeure demeure l'invention de nouvelles catégories, d'une nouvelle terminologie, d'outils d'analyse destinés à prendre en charge tout ce qui n'a pas son correspondant dans les langues anciennes. On se pose sans cesse par exemple la question de savoir si la langue française a des cas. Y répondre en disant que le génitif ou le datif de « père » en français, c'est « du père », « au père », n'est pas si naïf ni si hérétique qu'il y parait. Essayer, comme le fait Meigret, de situer les formes en -rait spécifiques de la langue française à travers la terminologie de l'« optatif » ou du « désidératif », traiter la forme « que j'aimasse » comme un « second présent optatif », hésiter entre « avantposé » et « antécédent », utiliser « surposé » pour remplacer le traditionnel *suppositum*, ne sont que les signes d'une expérimentation terminologique qui se cherche et évoluera ensuite[2].

Pour conclure sur une problématique essentielle du temps, revenons à l'*Usage*. Il n'y aurait nulle difficulté à montrer l'ambivalence de cette notion. Bien souvent tel *usage* est dénoncé comme « anormal » ou « contre la raison naturelle » (Meigret, *Tretté*, p. 68 v°). « C'est moi », selon Meigret, est aussi peu « normal » que *je est Pierre* ou *tu est Jean*. Les grammairiens légifèrent tout autant qu'ils enregistrent :

> « Parqoe il ç'ensuyt qe tout einsi qe la loe doet vuyder tous differens e controversies qi sont entre les homes : la regle comun' aosi d'un langaje deura vuyder le' differens qi y entreuienent » (Meigret, p. 86 r°).

Et c'est ainsi qu'une série de variantes non analogiques comme *aimit, donit*, sont déclarées « proçedées d'erreur et d'ignorance de la formezon de' verbes de la premiere conjugezon en -*er*» (p. 86 v°). La langue parait déborder les modèles auxquels on voudrait la réduire. Sans doute est-ce là l'effet prévisible de l'attitude de normalisation si nettement exigée par la conjoncture historique. La mise au point d'une grammaire « en règles » a été moins pluraliste que ne le souhaitaient les théoriciens du premier tiers du siècle.

BIBLIOGRAPHIE DE LA TROISIÈME PARTIE

Textes de l'époque

Amyot, Jacques, *Les Vies des hommes illustres grecs et romains*, Paris, Vascosan, 1559.

Aneau, Barthélemy, *Le Quintil Horatian*, Lyon, J. Temporal, 1551 (publié avec *L'Art poétique* de Th. Sébillet, 1555 ; Slatkine Reprints, 1972 ; rééd. in Goyet, 1990).

Beaune, Jean de, *Discours, comme vne langue vulgaire se peult perpetuer*, Lyon, P. de Tours, 1548 (Slatkine Reprints, 1972).

Bèze, Théodore de, *De Francicæ linguæ recta pronuntiatione Tractatus*, Genève, E. Vignon, 1584 (Slatkine Reprints, 1972).

Bonivard, François, *Advis et devis des lengues*, 1562, publié à Genève, J.G. Fick, 1865.

Bosquet, Jean, *Elemens ou institutions de la langue françoise*, Mons, Ch. Michel, 1586 (Slatkine Reprints, 1972).

Bovelles, Charles de, *Liber de differentia vulgarium linguarum et Gallici sermonis varietate*, Paris, R. Estienne, 1533 (trad. et annotation par C. Dumont-Demaizière : *Sur les langues vulgaires et la variété de la langue française*, Paris, Klincksieck, 1973).

Briefue doctrine pour deuement escripre selon la proprieté du langaige Francoys, 1533, publié in *Epistre familiere...*

Calvin, Jean, *Institution de la religion chrestienne*, Genève, M. du Bois, 1541.

— *Le Liure des Pseaumes exposé par Iehan Caluin*, Genève, C. Badius, 1558. (Pour une bio-bibliographie complète de Calvin, se reporter à l'étude d'O. Millet, 1995.)

Cauchie, Antoine, *Grammaticæ Gallicæ libri tres*, Argentinæ, B. Iobin, 1586 (Slatkine Reprints, 1968).

Cordier, Mathurin, *De corrupti sermonis emendatione libellus*, Paris, R. Estienne, 1530.

— *Les Colloques de Mathurin Cordier*, Paris, H. de Marnef et Vve G. Cavellat, 1586.

Dolet, Estienne, *La Maniere de bien traduire d'une langue en aultre. D'aduantage. De la punctuation de la langue Francoyse. Plus. Des accents d'ycelle*, Lyon, E. Dolet, 1540 (Slatkine Reprints, 1972).

— *Préfaces françaises*, textes établis, introduits et annotés par Cl. Longeon, Genève, Droz, 1979.

Du Bellay, Joachim, *La Deffence et illustration de la langue francoyse*, par I.D.B.A., Paris, A. L'Angelier, 1549. (Les références sont données dans l'éd. de L. Terreaux, Paris, Bordas, 1972.)

Dubois, Jacques, dit Sylvius, *In linguam gallicam Isagoge, vnà cum eiusdem Grammatica Latinogallica, ex Hebræis, Græcis, et Latinis authoribus*, Paris, R. Estienne, 1531 (Slatkine Reprints, 1971).

Du Vivier, Girard, *Grammaire françoise*, Cologne, M. Cholinus, 1566.

— *Briefue institution de la langue francoise, expliquee en Aleman*. Par Girard du Viuier, *Gantois*, Cologne, H. von Aich, s.d. [1568].

Du Wes, Giles, *An introductorie for to lerne to rede, to pronounce, and to speke Frenche trewly*, Londres, H. Smyth, s.d. [1532] (Slatkine Reprints, 1972).

Epistre familiere de prier Dieu. Aultre epistre familiere d'aymer Chrestiennement. Item, Briefue doctrine pour deuement escripre selon la propriete du langaige Francoys, Paris, A. Augereau, 1533.

Érasme, *De recta Latini Græcique sermonis pronuntiatione dialogus*, Bâle, 1528 (rééd. avec commentaires de Cytowska, *Opera omnia*, Amsterdam, 1973).

Estienne, Henri, *Traicté de la conformité du langage françois auec le Grec*, Genève, H. Estienne, 1565 (Slatkine Reprints, 1972).

— *Deux dialogues du nouveau langage françois italianizé*, Genève, H. Estienne, 1578 (rééd. P.M. Smith, Genève, Slatkine, 1980).

— *Project du livre intitulé « De la precellence du langage françois »*, Paris, M. Patisson, 1579 (éd. Léon Feugère, Paris, J. Delalain, 1850 ; Slatkine Reprints, 1972).

— *Hypomneses de Gallica lingua*, Genève, H. Estienne, 1582 (Slatkine Reprints, 1968).

Estienne, Robert, *De Gallica verborum declinatione*, Paris, R. Estienne, 1540 (Slatkine Reprints, 1972).

— *Les Declinaisons des noms et verbes que doibuent scauoir entierement par cueur les enfans, ausquels on ueult bailler entree a la langue Latine*, Paris, R. Estienne, 1546.

— *Dictionnaire Francoislatin*, Paris, R. Estienne, 1549 (Slatkine Reprints, 1972).

— *Traicte de la grammaire Francoise*, Paris, R. Estienne, 1557 (Slatkine Reprints [éd. de 1569], 1972).

Fabri, Pierre (Lefevre), *Le Grand et vray art de plaine Rhetorique*, Rouen, S. Gruel, 1521 (rééd. A. Héron, Rouen, 1889-1890 ; Slatkine Reprints, 1969).

Farel, Guillaume, *Le Pater noster, et le Credo en francoys* [Bâle, J. Schabler], 1524 (rééd. par F. Higman, Genève, Droz, 1982).

Fauchet, Claude, *Recueil de l'origine de la langue et poesie françoyse, ryme et romans*, Paris, M. Patisson, 1581. Rééd. du livre I, avec commentaire de J. Espiner-Scott, Droz, 1938.

— *Les Antiquitez gauloises et françoises*, Paris, J. Perier, 1599.

— *Les Œuvres de feu M. Claude Fauchet...*, Paris, D. Le Clerc, 1610.

Fouquelin, Antoine, *La Rhetorique Francoise d'Antoine Foclin*, Paris, A. Wechel, 1555 (rééd. in Goyet, 1990).

Gesner, Conrad, *Mithridates, de differentiis linguarum, tum veterum, tum quæ hodie apud diversas nationes in toto orbe terrarum in usu sunt... observationes*, Zürich, C. Froschover, 1555 (réimpr. avec introd. de Manfred Peters, Aalen, Scientia Verlag, 1974).

Hotman, François, *Franco gallia*, Genève, J. Stœr, 1573.

— *La Gaule Françoise de François Hotman Iurisconsulte. Nouuellement traduicte de Latin en Francois par Simon Goulart*, Cologne, J. Bertulphe, 1574.

Joubert, Laurent, *Erreurs populaires au fait de la medecine et regime de santé*, Bordeaux, S. Millanges, 1578.

Lefevre d'Étaples, Jacques : voir la liste des éditions et rééditions des *Épîtres* et du *Nouveau Testament* en français in Baddeley, 1993.

Lemaire de Belges, Jean, *Les Illustrations de Gaule et singularitez de Troye*, Paris, G. de Marnef, 1512.

— *L'Epître du Roy à Hector de Troye*, avec *La Concordance des deux langages*

(1511), Paris, G. de Marnef, 1521 (*La Concorde...* éd. J. Frappier, Genève, Droz, 1947).

Marot, Clément, *Ladolescence Clementine*, Paris ; G. Tory pour P. Roffet, 1532.

— *Les Œuures de Clement Marot*, Lyon, E. Dolet, 1538.

Matthieu, Abel, *Deuis de la langue francoyse*, Paris, R. Breton, 1559.

— *Second deuis et principal propos de la langue francoyse*, Paris, R. Breton, 1560 (Slatkine Reprints, 1972).

— *Devis de la langue francoise, fort exquis, et singulier, avecques un autre Devis, et propos touchant la police, les Estatz...*, Paris, J. de Bordeaux, 1572.

Meigret, Louis, *Reponse de Louis Meigret a la dezesperée repliqe de Glaomalis de Vezelet, transformé en Gyllaome des Aotels*, Paris, Chr. Wechel, 1551 (Slatkine Reprints, 1972).

— *Traite touchant le commun vsage de l'Escriture Francoise, faict par Loys Meigret Lyonnois*, Paris, D. Janot pour J. Longis et V. Sertenas, 1542 (Slatkine Reprints, 1972).

— *Le tretté de la grammere françoeze, fet par Louis Meigret Lionoes*, Paris, Chr. Wechel, 1550 (Slatkine Reprints, 1972 ; Éd. F.J. Hausmann, avec la préface au *Menteur* de Mucien, Tübingen, G. Narr Verlag, 1980).

Mermet, Claude, *La Pratique de l'orthographe françoise, auec la maniere de tenir liure de raison, coucher cedules et lettres missives*, Lyon, B. Bouquet, 1583 (Slatkine Reprints, 1973).

Meurier, Gabriel, *Conjugaisons, regles et instructions, mout propres et necessairement requises, pour ceux qui desirent apprendre François, Italien, Espagnol, et Flamen*, Anvers, J. de Waesberghe, 1558.

Montaigne, Michel de, *Essais*, 1580, 1588, 1595 [éd. citée : PUF, coll « Quadrige », 1992, repr. l'éd. Villey, 1924, 3 vol.]

Olivetan, Pierre Robert, dit, *Linstruction des enfans, contenant la maniere de prononcer et escrire en francoys* [Genève, P. de Wingle], 1533.

— *Id.*, Genève ; J. Gerard, 1537.

— *La Bible qui est toute la Saincte escriture. En laquelle sont contenus, le Vieil Testament et le Nouueau, translatez en Francoys. Le Vieil, de hebrieu : et le Nouueau, du Grec*, Neuchâtel, P. de Wingle, 1535.

— (Consulter S. Baddeley pour les rééditions successives de la *Bible* d'Olivetan.)

Palsgrave, John, *Lesclarcissement de la langue Francoyse*, Londres, Haukyns, 1530 (Slatkine Reprints, 1972).

Pasquier, Estienne, *Œuvres*, Amsterdam, Compagnie des libraires associés, 1723, 2 vol. (Slatkine Reprints, 1971).

— *Les Recherches de la France*, sous la dir. de M.-M. Fragonard et Fr. Roudaut, 3 vol., Paris, Champion, 1996.

— *Choix de lettres*, publiées et annotées par D. Thickett, Genève, Droz, 1974.

Peletier du Mans, Jacques, *Apologie à Louis Meigret Lionnoes*, 1549, publiée avec les suivants.

— *Dialogue de l'Ortografe e Prononciation Françoese, departi an deus liures par Iacques Peletier du Mans*, Poitiers, J. et E. de Marnef, 1550 (Slatkine Reprints, 1964).

— *Id.*, Lyon, J. de Tournes, 1555 (rééd. en fac-similé avec introd. par L.C. Porter, Genève, Droz, 1971).

— *Art poëtique*, Lyon, J. de Tournes et G. Gazeau, 1555 (rééd. A. Boulanger, Paris, Les Belles Lettres, 1930 ; rééd. in Goyet 1990).

Perion, Joachim, *Dialogorum de linguæ Gallicæ origine eiusque cum Græca cognatione, libri quatuor*, Paris, S. Nivelle, 1554 (Slatkine Reprints, 1972).

Pillot, Jean, *Gallicæ linguæ institutio*, Paris, S. Groulleau, 1550 (Slatkine Reprints, 1972).

Rambaud, Honorat, *La Declaration des Abus que l'on commet en escriuant et le moyen de les euiter et representer nayuement les paroles*, Lyon, J. de Tournes, 1578.

Ramus, Pierre (de la Ramée), *Traicté des façons et coustumes des anciens Gaulloys. Traduit du Latin de P. de La Ramée par Michel de Castelnau*, Paris, A. Wechel, 1559.

— *Gramere*, Paris, A. Wechel, 1562 (Slatkine Reprints, 1972).

— *Grammaire*, Paris, A. Wechel, 1572 (Slatkine Reprints, 1972).

Ronsard, Pierre de, *Les Quatre premiers liures des Odes de Pierre de Ronsard*, Paris, G. Cavellat, 1550.

— *Abbregé de l'Art poetique francoys*, 1565, repris in *Œuvres*, 1567 (rééd. in Goyet, 1990).

— *La Franciade*, Paris, G. Buon, 1572 (préface posthume, 1587 ; les références sont données à l'édition de la Pléiade, J. Céard, D. Ménager et M. Simonin, 1993).

Sainliens, Claude, *Claudii a Sancto Vinculo de Pronuntiatione linguæ gallicæ libri duo*, Londres, Th. Vautrollier, 1580.

— *The Frenche Littleton. A most easie, perfect and absolute way to learne the frenche tongue*, Londres, Th. Cautroullier, 1566 [= 1576].

Sebillet, Thomas, *Art poetique françois pour l'instruction dés ieunes studieus, et encor peu auancéz en la poésie Françoise*, Paris, G. Corrozet, 1548 (Slatkine Reprints, 1972).

— *Id.* Paris, Arnoul l'Angelier, 1548 (rééd. in Goyet, 1990).

Tory, Geoffroy, *Champ Fleury. Au quel est contenu Lart et Science de la deue et vraye Proportion des Lettres Attiques, quon dit autrement Lettres Antiques, et vulgairement Lettres Romaines proportionnees selon le Corps et Visage humain*, Paris, pour G. de Gourmont et G. Tory, 1529 (rééd. en fac-similé, G. Cohen, 1933 ; rééd. Mouton, Paris-La Haye, 1970).

Trippault, Léon, *Celt'Hellenisme, ou etymologie des mots françois tirez du grec, plus preuves en general de la descente de nostre langue*, Orléans, E. Gibier, 1580.

Ouvrages sur l'époque

Aquilon, Pierre, « De l'abécédaire aux rudiments : les manuels élémentaires dans la France de la Renaissance », in *L'Enfance et les ouvrages d'éducation*, Université de Nantes, 1983, p. 51-72.

Balsamo, Jean, *Les Rencontres des Muses. Italianisme et anti-italianisme dans les lettres françaises de la fin du XVIᵉ siècle*, Genève, Slatkine, 1992.

Beaulieux, Charles, « Liste des dictionnaires, lexiques et vocabulaires français antérieurs au *Thresor* de Nicot (1606) », *Mélanges Brunot*, Paris, Champion, 1904, p. 371-398.

— *Histoire de l'orthographe française*, Paris, Champion, 1927.

Charles de Bovelles en son cinquième centenaire (1479-1979), Actes du Colloque international de Noyon (sept. 1979), Paris, Trédaniel, 1982.

Brun, Auguste, *Recherches historiques sur l'introduction du français dans les provinces du Midi*, 1923.

— « La pénétration du français dans le Midi », *Le Français moderne*, t. III, 1935, p. 149-161.

Brunot, Ferdinand, *Histoire de la langue française des origines à nos jours*, t. II : *Le XVIᵉ siècle*, Paris, Armand Colin, 1967.

Buisson, F., *Répertoire des ouvrages pédagogiques du XVIᵉ siècle*, Paris, 1880.

Castor, G., et Cave, Terence, *Neolatin and the vernacular in Renaissance France*, Oxford, Clarendon Press, 1984.

Catach, Nina, *L'Orthographe française à l'époque de la Renaissance*, Genève, Droz, 1968.

Chartier, Roger, *Lectures et lecteurs dans la France d'Ancien Régime*, Paris, Éd. du Seuil, 1987.

— *Culture écrite et société. L'ordre des livres (XIVᵉ-XVIIIᵉ s.)*, Paris, Albin Michel, 1996.

Chartier, Roger, et Martin, Henri-Jean, *Le Livre conquérant*, Paris, Fayard, 1989.

Chartier, Roger, Compère, Marie-Madeleine, et Julia, Dominique, *L'Éducation en France du XVIᵉ au XVIIIᵉ siècle*, SEDES, 1976.

Chevalier, Jean-Claude, *La Notion de complément chez les grammairiens. Étude de grammaire française (1530-1750)*, Genève, Droz, 1968.

— *Histoire de la grammaire française*, Paris, PUF, coll. « Que sais-je ? », 1994.

Clerico, Geneviève, et Rosier, Irène, éd., *Statut des langues. Approches des langues à la Renaissance*, numéro spécial de *Histoire Épistémologie Langage*, IV/2, 1982.

Citton, Y., et Wyss, A., *Les Doctrines orthographiques du XVIᵉ siècle en France*, Genève, Droz, 1989.

Clément, Louis, *Henri Estienne et son œuvre française*, Paris, 1898 (Slatkine Reprints, 1967).

Compère, Marie-Madeleine, *Du collège au lycée (1500-1850)*, Paris, Gallimard-Julliard, coll. « Archives », 1985.

Croix, Alain, *La Bretagne aux XVIᵉ et XVIIᵉ siècles. La vie, la mort, la foi*, Paris, Maloine, 1981 (rééd. partielle sous le titre : *Cultures et religion en Bretagne aux XVIᵉ et XVIIᵉ siècles*, Rennes, Apogée, 1995).

Dainville, François de, *L'Éducation des jésuites, XVIᵉ-XVIIIᵉ siècle*, Paris, Éd. de Minuit, 1978.

Davis, Natalie Z., *Les Cultures du peuple. Rituels, savoirs et résistances au XVIᵉ siècle*, Paris, Aubier-Montaigne, 1979.

Demaizière, Colette, *La Grammaire française au XVIᵉ siècle. Les grammairiens picards*, Paris, Didier, 1983.

Demonet-Launay, Marie-Luce, *Les Voix du signe. Nature et origine du langage à la Renaissance (1480-1580)*, Paris, Champion, 1992.

Dubois, Claude-Gilbert, *Mythe et langage au XVIᵉ siècle*, Bordeaux, Ducros, 1970.

— *Celtes et Gaulois au XVIᵉ siècle. Le développement littéraire d'un mythe nationaliste*, Paris, Vrin, 1972.

Espiner-Scott, Janet G., *Claude Fauchet. Sa vie, son œuvre*, Paris, Droz, 1938.

— *Recueil de l'Origine… de Cl. Fauchet, livre I*, édition et annotations, Genève, Droz, 1938.

Farge, James K., *Le Parti conservateur au XVIᵉ siècle. Université et Parlement de Paris à l'époque de la Renaissance et de la Réforme*, Paris, Collège de France, 1992.

Febvre, Lucien, « Politique royale ou civilisation française », *Revue de synthèse historique*, n° 28, 1924.

Febvre, Lucien, et Martin, Henri-Jean, *L'Apparition du livre*, Paris, Albin Michel, 1958.

Fumaroli Marc, « Aux origines de la connaissance historique du Moyen Âge. Humanisme, réforme et gallicanisme au XVIᵉ siècle », *Dix-Septième Siècle*, 1977, 114-115, p. 5-29.

Furet, François, et Ozouf, Jacques, *Lire et écrire. L'alphabétisation des Français de Calvin à Jules Ferry*, Paris, Éd. de Minuit, 1977.

Gilmont, Jean-François, éd., *La Réforme et le livre*, Paris, Cerf, 1990.

Goubert, Pierre, *L'Ancien Régime*, t. 1 : *La Société*, Paris, 1969 ; t. 2 : *Les Pouvoirs*, Paris, Armand Colin, 1973 (réactualisé et réécrit en collaboration avec Daniel Roche : *Les Français et l'Ancien Régime*, t. 1 : *La Société et l'État* ; t. 2 : *Culture et société*, Paris, Armand Colin, 1984 [rééd. 1996]).

Goyet, Francis, *Traités de rhétorique et de poétique de la Renaissance*, Paris, Le Livre de Poche classique, 1990.

Gray, Floyd, *Montaigne bilingue. Le latin des « Essais »*, Paris, Champion, 1991.

Hartmann, R.R.K., éd., *The History of Lexicography*, Studies in the History of the Language Sciences, Amsterdam, J. Benjamins, 1986.

Hausmann, J., *Louis Meigret, humaniste et linguiste*, Tübingen, Gunter Narr Verlag, 1980a.

— *Louis Meigret, Le Traité de la grammaire française (1550). Le Menteur de Lucian. Aux lecteurs (1548)*, édition annotée et augmentée d'une introduction, d'un glossaire et d'un index, Tübingen, G. Narr, 1980b.

Higman, Francis, *La Diffusion de la Réforme en France, 1520-1565*, Paris, Labor et Fides, 1992.

— *La France*, in Gilmond, 1990, p. 105-154.

Huchon, Mireille, *Le Français de la Renaissance*, Paris, PUF, coll. « Que sais-je ? », 1988.

Jouanna, Arlette, *La France du XVIe siècle (1483-1598)*, Paris, PUF, 1996.

Kelley, Donald R., *Foundations of modern historical scholarship. Language, law and history in the French Renaissance*, New York, Columbia University Press, 1970.

Kibbee, Douglas A., « John Palsgrave's *Lesclaircissement de la langue Francoyse* (1530) », 1985, *Historiographia Linguistica*, XII, n° 1/2, p. 27-62.

— « Bilingual Lexicography in the Renaissance Palsgrave's English-French Lexicon (1530) », *Papers in the History of Linguistics, Proceedings of the Third International Conference on the History of the Language Sciences (ICHoLS III)*, Princeton, 19-23 August 1984, 1987, Studies in the History of the Language Sciences, 38, p. 189-198.

— « L'enseignement du français en Angleterre », in Swiggers et Van Hoecke, 1989, p. 54-77.

Kukenheim, Louis, *Contributions à l'histoire de la grammaire italienne, espagnole et française à l'époque de la Renaissance*, Amsterdam, 1932.

Lafont, Robert, *Renaissance du Sud. Essai sur la littérature occitane au temps de Henri IV*, Paris, Gallimard, 1970.

Lartigue, Pierre, *Le Second XVIe siècle. Plumes et rafales (1550-1600)*, Paris, Hatier, 1990.

Lebrun, François, Quéniart, Jean, et Venard, Marc, *De Gutemberg aux Lumières*, t. 3 de l'*Histoire générale de l'enseignement et de l'éducation en France*, Paris, Nouvelle Librairie de France, 1981.

Livet, Charles, *La Grammaire française et les grammairiens du XVIe siècle*, Paris, Didier, 1859.

Longeon, Claude, *Premiers combats pour la langue française*, Paris, Le Livre de Poche classique, Paris, 1989.

Margolin, Jean-Claude, « L'apprentissage des éléments et l'éducation de la petite enfance d'après quelques manuels scolaires du XVIe siècle », in *L'Enfance et les ouvrages d'éducation*, Université de Nantes, 1983, p. 73-104.

Martin, Henri-Jean, « Ce qu'on lisait à Paris au XVIe siècle », *Bibliothèque d'humanisme et Renaissance*, 21, 1959, p. 222-230.

Martin, Henri-Jean, et Chartier, R., *Histoire de l'édition française*, Paris, 1982.

Meerhoff, Kees, *Rhétorique et poétique au XVIe siècle en France. Du Bellay, Ramus et les autres*, Leiden, Brill, 1986.

Meerhoff, Kees, et Moisan, Jean-Claude, *Autour de Ramus. Texte, théorie, commentaire*, Québec, Nuit Blanche éditeur, 1997.

Ménage, Daniel, *Introduction à la vie littéraire du XVIe siècle*, Paris, Bordas, 1968 (rééd. 1984).

Millet, Olivier, *Calvin et la dynamique de la parole. Étude de rhétorique réformée*, Paris, Champion, 1992.

Moore, Margaret J., *Estienne Pasquier, historien de la poésie et de la langue française*, Poitiers, Société française d'imprimerie et de librairie, 1934.

Padley, G.A., *Grammatical Theory in Western Europe, 1500-1700. The Latin tradition*, Cambridge, Cambridge University Press, 1976.

— *Grammatical Theory in Western Europe, 1500-1700. Trends in Vernacular Grammar I*, Cambridge University Press, 1985.

— *Grammatical Theory in Western Europe, 1500-1700. Trends in Vernacular Grammar II*, Cambridge University Press, 1988.

Quemada, Bernard, *Les Dictionnaires du français moderne, 1539-1863. Étude sur leur histoire, leurs types et leurs méthodes*, Paris, Didier, 1968.

Rickard, Peter, *La Langue française au XVIe siècle*, Cambridge University Press, 1968.

Roubaud, Jacques, *Impressions de France. Incursions dans la littérature du premier XVIe siècle, 1500-1550*, Paris, Hatier, 1991.

Schmidt, C., « La grammaire française et les langues régionales des XVIe et XVIIe siècles », *Travaux de linguistique et de littérature* 15/1, 1977, p. 215-225.

Smith, P.M., *The anti Courtier Trend in sixteenth Century french Literature*, Genève, Droz, 1966.

Sozzi, L., *La Polémique anti-italienne en France au XVIe siècle*, Turin, 1972.

Swiggers, Pierre, et Van Hoecke, W., éds., *La Langue française au XVIe siècle. Usage, enseignement et approches descriptives*, Louvain-Paris, Leuven University Press, 1989.

Thurot, Charles, *De la prononciation française depuis le commencement du XVIe siècle d'après les témoignages des grammairiens*, Paris, Imprimerie royale, 1881 (Slatkine Reprints, 1966).

Trudeau, Danielle, *Les Inventeurs du bon usage (1529-1647)*, Paris, Éd. de Minuit, 1992.

Woolridge, T.R., *Les Débuts de la lexicographie française, Estienne, Nicot et le « Thresor de la langue française »*, University of Toronto Press, 1977.

QUATRIÈME PARTIE

LA LANGUE FRANÇAISE AUX XVIIe ET XVIIIe SIÈCLES

Jean-Pierre Seguin

DE LA RENAISSANCE À L'ÂGE CLASSIQUE

L'époque classique et postclassique est déterminante à plusieurs égards dans notre trajet. Elle a fortement contribué à former l'image que nous avons encore de notre langue et à imprimer à celle-ci un caractère qui la distingue de celles des pays avoisinants : nulle part un mouvement aussi soutenu n'a porté vers l'uniformisation et la recherche de règles suffisamment nettes. Les milieux cultivés de cette époque n'ont pas été moins sévères pour leurs devanciers que les humanistes de la Renaissance pour le Moyen Âge. L'influence du latin est en recul : la disparition de la proposition infinitive et de l'emploi du subjonctif après comme *temporel est significative ; la langue élimine au profit de tournures qui lui sont propres des imitations qui n'avaient probablement jamais pénétré dans le langage ordinaire. Pour les gens désireux de parler bien, le modèle se trouve désormais à la cour que Malherbe (1555-1628) était venu « dégasconner » ; le verbe est prêté au poète par Guez de Balzac, lorsque lui-même voulait excuser le Périgourdin Montaigne d'avoir introduit dans son œuvre des expressions qui n'étaient pas du pur français. Le souci de la langue et la peur de la faute tendent à se confondre : une grammaire prescriptive se construit et prémunit l'usager contre le doute.*

L'enrichissement de la langue a cessé d'être une priorité et la crainte du néologisme s'est emparée des personnes soucieuses de bon langage : l'intérêt pour les nuances d'emploi l'emporte sur le désir de créer de nouvelles unités. Une aisance agréable dans l'art de la conversation est recherchée : elle caractérise l'honnête homme qui, pour le reste, se contente volontiers d'une « teinture ». Quand Pascal se donnait tout entier aux mathématiques, il était considéré par le chevalier de Méré comme manquant de « savoir vivre ». Tandis que les « remarqueurs » observent l'usage pour en dégager leurs prescriptions, la logique a pénétré dans le domaine grammatical : Port-Royal n'a rien perdu de l'enseignement de Ramus au siècle précédent, mais a ajouté quelques découvertes qui auront des conséquences pour la suite, et parmi elles une répartition des fonctions entre le nom et la proposition.

18 *Pascit agros & sanos.*
Il nourrit fains & malades.

LE MOUTON
& Chapon boulli ,
fervent à l'entrée de Table des Fef-
tins , pour abattre la groffe faim.

Le Chapon bouilli eft bon pour ceux
qui n'ont point de Dents en gueulle.

Capus fumma Medicina.
Le Chou Cabu eft bonne Médecine.

ROTI-COCHON *ou* **Méthode très-facile pour bien apprendre les enfans
a lire en latin et en françois** (fin du XVIIe siècle)

Pendant longtemps, les enfants ont appris à déchiffrer les caractères d'écriture
dans le Psautier latin qui, prononcé à la française, permet de faire l'économie
de beaucoup de complications orthographiques. Le latin est ici présenté, avec
le français, comme l'une des deux fins. La méthode de lecture se donne comme
très facile. Elle s'appuie sur des « représentations figurées » de choses connues
des enfants. L'image reconnue et son plaisir opèrent aussi longtemps qu'il
faudra pour que s'inscrive durablement dans la mémoire, en même temps
qu'elle, le mot écrit et ce qui le constitue, jusqu'à ce qu'elle soit elle-même
oubliée. La moralisation passe souvent par l'énoncé proverbial, la vérité
d'expérience, si courants dans le discours ordinaire et que l'enfant entendra
employer autour de lui. [Bibliothèque de l'Arsenal, Paris.]

ROTI·COCHON

O U

METHODE

TRES - FACILE

POUR BIEN APPRENDRE

LES ENFANS A LIRE

EN LATIN & EN FRANÇOIS,

Par des Infcriptions moralement expliquées de plufieurs Reprefenta-
tions figurées de différentes chofes
de leurs connoiffances ; tres-utile, &
même néceffaire, tant pour la vie &
le falut, que pour la gloire de Dieu.

A DIJON,

Chez CLAUDE MICHARD Im-
primeur & Marchand Libraire
à Saint Jean l'Evangélifte.

À côté de zones où les choses sont apparemment bien rangées et en voie de fixation, il en existe d'autres où les choix définitifs se font encore attendre. L'histoire des prononciations wa/wè/è, *auxquelles pouvait alors correspondre le digramme* oi, *est caractéristique des variations phoniques dans la longue durée. Le traitement de l'ouest* è *et celui de l'est* wè *s'étaient rencontrés au Moyen Âge dans la région parisienne, d'abord soumise à l'influence du premier :* ex. Aulnay et Aulnois. *La prononciation* wa, *variante de* wè *dont elle est issue, est attestée dès la seconde moitié du* XIIIe *siècle où elle est écrite* oa, *mais n'a pas été retenue par les milieux qui décident de la langue. Ce qui se remarque au* XVIIe *siècle est une concurrence entre* wè *et* è. Wa *ne réapparaitra au grand jour qu'au* XVIIIe *siècle ; on pense à un cours d'eau qui se perd et ne sort que plus loin de son obscurité souterraine. À la fin du siècle,* wè *va devenir archaïque ou paysan, tandis que* è *et* wa *font l'objet d'une répartition qui laisse peu de place à la variation :* lyonnais, lillois ; roide *est une survivance bien littéraire en face de* raide. *La concurrence a pris fin, mais il a fallu des siècles pour parvenir à ce résultat.*

Avec les châteaux ont coexisté les chaumières et les échoppes. Qui donc nous rapportera ce qui s'est dit entre leurs murs ? Quelques documents dont le Journal *de Menetra lèvent un coin du voile, mais écrire c'est déjà sortir de cette obscurité souterraine à laquelle nous faisions allusion et se rapprocher, tant bien que mal, de formes qui ont cours. Notre désir est d'autant plus vif que la « langue » semble plus réglée.*

Nous avons regroupé le XVIIe *et le* XVIIIe *siècles : l'impact du premier est tel que jamais les modèles qui s'y rapportent n'ont cessé d'habiter les esprits. Le mouvement qui porte vers l'avenir ne manque pas pour autant de force. Avec le développement de la néologie, on se croirait revenu au* XVIe *siècle et la langue doit répondre aux appels que lui lancent les sciences en progrès. Et pourtant, si l'on s'en tient au plan strictement linguistique, en deçà de la constante variation du discours, quand les soubresauts de la Révolution ont eu raison de l'Ancien Régime, à la question : « Scission ou continuité ? », la réponse sera plutôt : « Continuité. »*

1. L'INSTITUTION LANGUE FRANÇAISE
PRESTIGE ET AUTORITÉ

De la fin du règne d'Henri IV à la Révolution, la langue française des temps modernes, français classique du « grand siècle » et français postclassique du temps de la Régence et des Lumières, offre d'abord l'image d'un objet de *prestige*, préservé et surveillé avec un soin jaloux, aux dépens de sa part d'expression variable et libre. En même temps son caractère d'institution nationale s'imprime dans les esprits, conformément au vœu de l'*autorité* politique et aux imaginations des élites de l'Europe. Quoi qu'on en puisse penser, c'est d'abord cet objet qu'il faut décrire ; car s'il est vrai qu'il ne présente de notre langue qu'un aspect officiel et par là incomplet [1], il révèle en même temps un sentiment qui fait partie de l'idée de *langue française*.

Il n'est pas déplacé de parler de *prestige* : encore vers 1800, ce mot désignait plus une illusion qu'un modèle proposé à l'admiration et au respect. Employé en ce sens, il dépeint précisément l'image de notre langue dans l'esprit d'une élite, en quête d'expression idéale pour ce « point de perfection » qu'elle croyait avoir atteint. Ce prestige s'est formé et accru dans les deux cents années qui ont vu se succéder la centralisation politique de Richelieu, la suprématie d'un modèle culturel qui devait faire de Louis XIV l'égal de Périclès, d'Alexandre et d'Auguste, la grande entreprise de diffusion des lumières autour de l'*Encyclopédie*, et l'annexion jacobine de cet héritage au profit d'une croisade pour la Liberté.

Quant à l'*autorité*, et ce n'est pas nouveau quand on pense à l'Ordonnance de Villers-Cotterêts, son exercice confère une importance croissante aux étapes institutionnelles de l'histoire de la langue. Encore aujourd'hui les Français face à leur langue ont le réflexe de se soumettre à une autorité, même quand ils en contestent le lieu : pour nous la langue doit être le facteur d'un ordre et d'une cohésion transcendants, système fixe obéissant à la raison, à l'analogie et à la nécessité ; nous oublions trop vite que toute langue est aussi un ensemble de contingences, que les discours qu'elle permet ne peuvent pas être étrangers à la logique de l'affectivité, et que son usage est marqué par la diversité. À l'époque classique on s'est convaincu une fois pour toutes que notre langue est un être fragile qu'il faut sans cesse surveiller et régler ; au siècle des Lumières on l'a crue parfaite et fixée[1].

Nous appuyant sur quelques faits indicatifs, d'apparence parfois minime, nous allons parcourir deux siècles de cet *encadrement* de la langue, en les marquant des noms, illustres ou non, qui les jalonnent.

DE RICHELIEU À VAUGELAS : POLITIQUE LINGUISTIQUE ET SURVEILLANCE DE LA LANGUE

D'abord Malherbe vint, résolument opposé aux partisans d'un développement libre des particularités d'expression, notamment à Marie de Gournay (1566-1645), la « fille d'alliance » de Montaigne, qui défendait l'enrichissement apporté à la langue par l'auteur des *Essais*, et qui prenait fait et cause pour les hardiesses lexicales de son temps. Contre elle, contre Desportes, Malherbe a combattu pour un règlement strict de l'usage de la langue, surtout en poésie. Quant au pouvoir politique, s'il a déjà agi naguère avec François Ier, c'est à Richelieu que nous devons la première, principale et emblématique confusion entre autorité politique et force interne de la langue. Tout a vraiment commencé un peu avant 1635 par ce qu'on pourrait appeler l'histoire d'une confiscation.

La création de l'Académie en 1635, et la querelle du « Cid » ou comment la description et la pratique du français deviennent affaire d'État

En 1635, Richelieu crée l'Académie française. Une petite société d'amis, quelques lettrés rassemblés autour de Conrart, existait déjà : l'homme d'État va détourner au profit de l'autorité monarchique l'activité d'un cercle où se développait, par la seule rencontre de ses membres, une vision critique de la vie intellectuelle, littéraire et linguistique.

Pellisson, premier auteur de l'*Histoire de l'Académie française*[2], en a publié l'histoire dès 1652 :

« Environ l'année 1629, **quelques particuliers**, logés en divers endroits de Paris, ne trouvant rien de plus incommode dans cette grande ville, que d'aller fort souvent les uns chez les autres sans se trouver, résolurent de se voir un jour de la semaine chez l'un d'eux. Ils étoient tous gens de lettres, et d'un mérite fort au-dessus du commun [...]. Là ils s'entretenoient **familièrement**, comme ils eussent fait en une **visite ordinaire**, et de **toutes sortes de choses**, d'affaires, de nouvelles, de belles-lettres. Que si quelqu'un de la compagnie avoit fait un ouvrage, comme il arrivoit souvent, il le communiquoit volontiers à tous les autres, qui lui en disoient **librement** leur avis ; et leurs **conférences** étoient suivies tantôt d'une promenade, tantôt d'une collation qu'ils faisoient ensemble. Ils continuèrent ainsi trois ou quatre ans, et comme j'ai ouï dire à plusieurs d'entre eux, c'étoit avec un **plaisir extrême** et un **profit incroyable** ; de sorte que quand ils parlent encore aujourd'hui de ce temps-là, et de ce premier âge de l'Académie, ils en parlent comme d'un âge d'or, durant lequel **avec toute l'innocence et toute la liberté** des premiers siècles, sans bruit et sans pompe, et **sans autres lois que celles de l'amitié**, ils **goûtoient ensemble** tout ce que la société des esprits et la vie raisonnable ont de plus doux et de plus charmant[1]. »

On voit ce que certains auraient rêvé que fût l'Académie. Mais l'amical cénacle va être confisqué par le pouvoir ; à la suite d'une indiscrétion, Boisrobert entre dans la place, en parle au Cardinal,

« [...] et le Cardinal qui avoit l'esprit naturellement porté aux grandes choses, qui aimoit surtout la langue françoise, en laquelle il écrivoit lui-même fort bien, après avoir loué ce dessein, demanda à M. Boisrobert si ces personnes ne voudroient point faire un corps et s'assembler régulièrement, et sous une autorité publique » (p. 13).

Toute résistance était condamnée d'avance. On aimerait citer tout au long le beau texte de Pellisson, qui fait revivre les Desmarets, les Boisrobert, les Séguier, et raconte par le menu l'officialisation de l'institution, l'élaboration des Statuts, les réticences du Parlement, l'enregistrement enfin, qui ne se fera qu'en 1637.

Cette petite guerre politique n'était pas de l'ordre de l'anecdote. Le but recherché, au-delà du conflit de pouvoir, était une nouvelle définition de la langue française, enfermée dans un triple cadre : règlement de l'*élocution* (ce que nous appelons plus vaguement aujourd'hui *discours*), *ordre*, interne au système, et obligation de *pureté*.

L'attention à l'*élocution* signifie que l'objet à redéfinir et à perfectionner n'était pas seulement la langue au sens restreint du système de formes auquel nous ont habitués diverses grammaires structurales, mais plus largement tout ce qui règle le discours, *élocution* et *éloquence*. On lit cette préoccupation entre autres dans le *Projet* de Faret, ce poète malchanceux qu'a épinglé Boileau parce que son nom rime avec *cabaret*. Quand il énonce déjà le grand thème rivarolien de « cette langue que nous parlons, et que tous nos voisins parleroient bientôt, si nos conquêtes continuoient comme elles avoient commencé », il précise que l'enjeu du progrès indispensable est dans une pratique améliorée de l'activité de discours,

> « [...] notre langue plus parfaite déjà que pas une des autres vivantes, pourroit bien enfin succéder à la Latine, comme la Latine à la Grecque, si on prenoit plus de soin qu'on n'avoit fait jusqu'ici de l'**élocution**, qui n'étoit pas à la vérité toute l'**éloquence**, mais qui en faisoit une fort bonne et fort considérable partie » (p. 22).

Chapelain avait déjà dit, dès la seconde assemblée (20 mars 1634), qu'il s'agissait « de travailler à la pureté de notre langue, et de la rendre capable de la plus haute **éloquence** » ; il fallait « régler les termes et les phrases » de la langue, « par un ample Dictionnaire et une Grammaire fort exacte », pour lui donner « une partie des **ornements** qui lui manquoient » (p. 28). Le texte des Lettres patentes de janvier 1635 orientera en ce sens une politique conforme à l'idée que l'autorité se faisait de l'institution, dans un texte dont l'optimisme d'apparat souligne et légitime les plus ambitieuses attentes, révélant ce qui désormais sera une obsession nationale :

> « [...] qu'il [le Cardinal] jugeoit que Nous ne pouvions mieux commencer que par le plus noble de tous les arts, qui est l'**Eloquence** ; que la langue françoise qui jusques à présent n'a que trop ressenti la **négligence** de ceux qui l'eussent pu rendre la plus parfaite des modernes, est plus capable que jamais de le devenir, vu le nombre des personnes qui ont une connoissance particulière des **avantages** qu'elle possède, et de ceux qui s'y peuvent encore ajouter ; que pour en établir des **règles certaines** il avoit ordonné une Assemblée, dont les propositions l'avaient satisfait : si bien que pour les exécuter, et pour rendre le langage françois non-seulement élégant, mais capable de traiter tous les arts, et toutes les sciences, il ne seroit besoin que de continuer ces conférences [...] » (p. 31-32).

Dans ce projet, ce n'est pas seulement la langue qui est mise en coupe réglée, mais tout le langage des Français.

Il fallait en second lieu mettre de l'*ordre* dans le système autant que dans sa pratique. Ce « besoin d'ordre » a été mis en évidence par F. Brunot[1] ; d'abord cela paraît tout simple et cette exigence-là caractérise également Malherbe, Conrart, Chapelain, Richelieu, ou Vaugelas ;

mais la société recherchait alors l'ordre idéal à travers des esthétiques différentes. Ainsi l'ordre linguistique d'État pouvait entrer en conflit avec l'esthétique autoritaire du *Commentaire sur Desportes* de Malherbe :

> « A vrai dire, depuis Malherbe, ce besoin d'ordre était général, mais sait-on assez que c'est contre lui et de son vivant même que ses adversaires ont demandé une institution qui fixât la règle officielle du langage ? Il y a là un fait de première importance, et qui n'a jamais été, je crois, mis en lumière. C'est par la révolte contre l'"injustice" et la "tyrannie" de Malherbe, que dès 1625, Camus en appelle aux "Etats généraux pour régler le langage"[1]. »

Enfin se développe par métaphore la notion ambigüe de *pureté*. Règlementation du discours et mise en ordre ne suffisent pas ; il faut satisfaire à une exigence à la fois intellectuelle (se débarrasser de l'inutile) et morale (respecter les bonnes mœurs). Dans le projet de Faret cité plus haut, la métaphore filée de la pureté dans tous ses états prépare toute une politique lexicale, qui sera réaffirmée jusqu'au *Traité sur le style* de Mauvillon en 1751, et qui circonscrit le périmètre à l'intérieur duquel Vaugelas situera le bon usage :

> « Quant à leurs fonctions [celles des futurs Académiciens]... qu'elles seroient de nettoyer la langue des **ordures** qu'elle avoit contractées, ou dans la bouche du **peuple**, ou dans la **foule du Palais** et dans les **impuretés de la chicane**, ou par les mauvais usages des **courtisans ignorants**, ou par l'abus de ceux qui la **corrompent** en l'écrivant, et de ceux qui disent bien dans les chaires ce qu'il faut dire, mais autrement qu'il ne faut[2]... »

Un peu plus tard, on retrouvera cette obsession, entre autres, chez le Père Rapin :

> « Quoy qu'on puisse dire de grand, d'exquis, d'admirable, il devient méprisable et odieux dès qu'il n'est pas pur : et les plus beaux sentiments du monde n'ont point de grace dès que la construction leur manque. Cette pureté d'écrire s'est si fort établie depuis quelque temps parmy nous, que c'est estre bien hardy que de faire des vers dans un siecle aussi délicat que le nostre, sans sçavoir parfaitement la langue[3]. »

C'est sur cette toile de fond que se détachent les premières opérations de conquête d'un nouveau moyen d'expression, réglé, pur, conforme aux exigences de l'élocution idéale. En 1636, un dramaturge de trente ans fait parler de lui en représentant sur le théâtre une tragédie qui lui apportera le succès, et la dispute. Pour évoquer les débuts de la première « affaire » qu'est la querelle du *Cid*, redonnons la parole à Pellisson :

> « On commençoit donc à parler du Dictionnaire et de la Grammaire, quand la fortune suscita à l'Académie un autre travail qu'on n'attendoit pas » (p. 80-81).
> « Entre ceux qui ne purent souffrir l'approbation qu'on donnoit au *Cid*, et qui crurent qu'il ne l'avoit pas mérité, M. de Scudéry parut le premier, en publiant ses Observations contre cet ouvrage, ou pour se satisfaire lui-même, ou, comme quelques-uns disent, pour plaire au Cardinal, ou pour tous les deux ensemble » (p. 86-87).

Cette anecdote de jalousie littéraire est importante : à travers les personnages de Corneille et de Richelieu, se joue la représentation des principes qui doivent fonder l'utilisation de la langue. La création est affaire d'État, non seulement parce qu'un ministre envieux et tout-puissant peut intervenir pour dire le bien et le mal d'une pièce de théâtre, mais parce que celui qui veille à l'encadrement de l'emploi de la langue est celui-là même qui incarne l'autorité politique. Et cela ne finira plus ; de Richelieu à Grégoire et Domergue, le mot d'ordre restera le même : l'État doit imposer à la Nation le cadre de sa langue. Tout autant que la mesquinerie jalouse, cela explique l'obstination du Cardinal. Quant à Corneille, sa réaction montre à l'évidence que désormais en France les chefs de la nation sont les propriétaires des mots et des « phrases », comme on disait alors :

> « En ce sens il écrivit à M. de Boisrobert dans une lettre du 15 novembre 1637 : "J'attends avec beaucoup d'impatience les Sentiments de l'Académie, afin d'apprendre **ce que dorénavant je dois suivre** ; jusque-là, je ne puis travailler qu'avec défiance, et **n'ose employer un mot en sûreté**" » (p. 94).
> « Je me résous, puisque vous le voulez, à me laisser condamner par votre illustre Académie. [...] Mais je vous supplie de considérer qu'elle procède contre moi avec tant de violence, et qu'elle emploie une autorité si souveraine pour me fermer la bouche, que ceux qui sauront son procédé auront sujet d'estimer que je ne serois point coupable, si l'on m'avoit permis de me montrer innocent » (*ibid.*).

La langue dans sa grammaire même a désormais son tribunal : au premier rang, la représentation du temps par les formes verbales est ici examinée comme indissociable de l'esthétique. Il s'en dégage une véritable règle, qui a pu à certains moments, nous le verrons à propos des habitudes épistolaires de l'époque classique (« la lettre que j'écrivis hier » / « la lettre que j'ai écrite ce matin »), devenir un automatisme de langage. Ici passé simple et passé composé doivent obéir à la fois à la vraisemblance de l'unité de temps, et aux consignes des 24 heures :

> « Corneille ayant écrit : *Je l'avoue entre nous, quand je lui fis l'affront / J'eus le sang un peu chaud et le bras un peu prompt.* L'action vient d'être faite, dit l'Académie, "il falloit dire : *quand je lui ai fait*, puisqu'il ne s'étoit point passé de nuit entre deux"[1]. »

Dans ce combat, on verra même l'arme du ridicule servir la cause de la clarté désormais officielle. Dès la querelle du *Cid* on trouve la phobie, vingt ans avant Vaugelas, de la « phrase louche » et d'un double sens qui conduirait les mauvais plaisants à une interprétation immorale de ce vers de l'Infante : « Cet hyménée à trois également importe » (I, 3).

Mais l'opération critique ne pouvait suffire à cette société éprise de perfection. Il lui fallait de nouvelles Tables de la Loi. Elle a cru les trouver dans un recueil de *Remarques* qui inaugurait un nouveau genre, et créait, à côté des grammairiens, qui sur le moment ont eu beaucoup moins de retentissement[2], une nouvelle catégorie de linguistes « de terrain », ceux que nous appelons aujourd'hui *les Remarqueurs*.

Vaugelas et les « Remarques sur la langue française »

Onze ans après *Le Cid*, paraissent les *Remarques* de Vaugelas, qui dans nos esprits, non sans caricature, représente une figure seulement puriste[3]. En fait lorsque cet arbitre de la perfection et de la pureté du langage définit le bon et bel usage comme «*la façon de parler de la plus saine partie de la Cour, conformément à la façon d'escrire de la plus saine partie des Autheurs du temps*[4]», il ne fait que définir un ensemble sociolinguistique réel, le seul qui fût à l'époque accessible à l'analyse. Au reste l'auteur des *Remarques* n'a jamais prétendu fixer et immobiliser un Usage, dont il savait et disait qu'il ne serait plus le même trente ans plus tard ; c'est abusivement qu'on a vu dans son ouvrage l'image idéale et générale de la langue française[5]. Il a eu plus de retentissement qu'il n'en pouvait prévoir : par un malentendu historique, l'idéologie immobiliste de Boileau, La Bruyère, Bouhours, puis Voltaire ou de Wailly, a transformé les convenances de la cour et de la ville autour de 1650 en principes sacrés d'une identité fixe et supérieure de la langue.

Un passage des *Remarques* le fera mieux comprendre, qui met en scène par avance nos réflexes puristes. Nous sommes agacés aujourd'hui par certaines extensions de la préposition « en ». Mais pourquoi le syntagme télévisuel et radiophonique « en région » sonne-t-il si mal à nos oreilles, qui acceptent depuis toujours « en province » ? À bien lire Vaugelas, on s'aperçoit que c'est, et que c'était déjà en 1647, une affaire d'habitude et de connivence codée, liée à la crainte de perdre une identité de « distinction »[1] :

EN COUR

« Cette façon de parler, qui est si commune, **est insupportable**. Tant de gens disent & escrivent & **dans les Provinces** & dans la Cour mesme, *il est en Cour, il est allé en Cour, il est bien en Cour*, au lieu de dire, *il est à la Cour, il est allé à la Cour, il est bien à la Cour*. C'est bien assez que l'on **souffre** *en Cour* **sur les paquets**[2]. De mesme **il faut dire** *Advocat au Parlement, Procureur au Parlement*, **& non pas** *Advocat en Parlement*, ny *Procureur en Parlement*, comme l'on dit, & comme l'on escrit tous les jours » (p. 457)[3].

Comment peut-on être postier ? On dira que de telles remarques sont le petit côté de l'ouvrage. C'est vrai, mais elles expriment ce que la tradition française depuis trois siècles et demi en a retenu. Surtout que d'autres après lui n'ont pas eu sa finesse ; et le recul du temps nous fait sourire quand nous voyons avec quelle morgue péremptoire un Callières[4] raille lourdement la parlure bourgeoise, dans des œuvres qui pourchassent impitoyablement un « mauvais usage », plus pour des raisons sociales d'inadaptation que pour des raisons de langage. Ainsi sont condamnées avec la même vigueur la substitution de « coussin » à « carreau » et une forme fantaisiste du verbe *asseoir* :

PAGE DE TITRE DES « REMARQUES SUR LA LANGUE FRANÇAISE » (1647) de VAUGELAS

« Imitez ceux qui parlent bien » : telle semble être la leçon de Vaugelas et de ses successeurs, ce qui est pour eux l'occasion d'observations et de témoignages du plus haut prix. Les grammairiens de Port-Royal conçoivent une grammaire fondée non sur la conformité à l'usage jugé le meilleur, mais sur la raison, plus partagée dans le principe que la fréquentation des milieux placés en haut de l'échelle sociale. « Que la connaissance de ce qui se passe dans notre esprit est nécessaire pour comprendre les fondements de la grammaire ; et que c'est de là que dépend la diversité des mots qui composent le discours » : tel est le titre du chapitre premier de la seconde partie. Cette grammaire représente une étape obligée sur le chemin qui conduit à la constitution de la linguistique, telle que l'ont établie plusieurs courants de pensée du XXe siècle. [BNF, Paris.]

REMARQVES

SVR LA

LANGVE FRANÇOISE

VTILES A CEVX QVI VEVLENT
BIEN PARLER ET BIEN ESCRIRE.

A PARIS,

Chez la Veuue IEAN CAMVSAT,

ET

PIERRE LE PETIT, Imprimeur & Libraire
ordinaire du Roy, ruë Sainct Iacques,
à la Toison d'Or.

M. DC. XLVII.
AVEC PRIVILEGE DV ROY.

« On apporta des siéges ; & comme un de ses gens me presentoit une chaise à bras où il n'y avoit point de Carreau ; Mets-y donc *un Coussin*, luy dit-il, ne vois-tu pas *cette pille de Coussins*.

Il ne sçavoit pas la difference qu'il y a entre ces deux termes, qu'on dit Coussin de Carrosse, & Carreau pour mettre sur un siége ou pour se mettre à genoux, & qu'on n'a jamais dit à la Cour *une pille de Coussins* pour dire une pille de Carreaux. *Assisons-nous*, me dit-il : car j'ay lû dans l'Ecole de Salerne, *post prandium sta*.

Il n'est pas le seul, reprît le Duc, qui cite mal-à-propos ce qu'on appelle *des Trippes de Latin*, & qui dit *assisons-nous* ou *sisons-nous* ; il y en a d'autres qui disent, *assoyons-nous* ou *soyons-nous*, & cependant je crois qu'il faut dire asseyons-nous » (p. 43-45).

Abandonnant l'esprit de Callières, ne devrions-nous pas relire Vaugelas l'observateur, le régulateur méticuleux, l'homme du scrupule et du bon sens, plutôt que le fauteur de nos tentations les plus tenaces ? C'est lui le linguiste que nous aurions intérêt à consulter pour scruter l'état passé de notre langue et ses conséquences sur le présent. On trouve chez lui de claires mises au point, comme la répartition de *chaire* et *chaise* considérée comme définitive, mais non pratiquée par tous puisqu'il en faut faire la remarque, ou le détail de la prononciation des « mots qui commencent par Ad, auec vne autre consone apres le D » (on ne doit pas le prononcer dans *adjourner*, *adjuger*, etc.).

LE RÈGNE PERSONNEL DE LOUIS XIV ET LA PÉRIODE « CLASSIQUE » DANS LES ARTS ET LES « BELLES-LETTRES »

Purisme et perfection (suite)

Il fallait à la politique initiale de la langue, Richelieu étant mort sept ans seulement après la création de l'Académie, un affermissement et un couronnement. Le nouveau siècle d'Auguste a rempli cet office ; une génération d'écrivains a représenté la maturité achevée de la langue et de l'esprit, dans le théâtre de Racine devenu son symbole, au point que le XVIIIe siècle se l'est donné comme référence absolue, et à travers les professions de foi de La Bruyère ou de Boileau. La France était enfin dotée d'une langue « classique ». Le rôle de Boileau, plus important pour l'évolution des formes littéraires que pour ses sarcasmes linguistiques dirigés contre la Pléiade, ne sera pas étudié ici. Le postclassique Voltaire a eu une influence plus grande, quand il s'est acharné à répéter qu'il ne fallait désormais parler et écrire que la langue de Racine, encore épurée de ses derniers défauts, et par là idéalisée.

Deux grands historiens de notre langue ont au mieux dégagé les enjeux de cette attitude, F. Brunot et M. Cohen. Le premier, dans un développement passionné sur « La langue littéraire et l'esprit général du temps » [1], l'exprime avec vigueur :

> « La raison d'une soumission si unanime et si complète à des règles si épineuses, est dans l'esprit général de l'époque, toute de centralisation et d'autorité. Le régime auquel est soumise la langue est le régime de tout l'État » (p. 74).
>
> « Le désir de s'exprimer librement, qui semble presque aussi incoercible que celui de penser ou de vivre librement, a été étouffé par un appétit d'ordre toujours croissant. Sur toutes choses règne un pouvoir presque divin, indiscutable et indiscuté. On ne subit pas son joug, on le célèbre » (ibid.).
>
> « La langue fut ordonnée, elle aussi, avec cette persuasion que "parvenue à son point de perfection", elle devait y rester toujours » (p. 75).

Quant à M. Cohen [2], il emploie le terme judicieux de « langue immobilisée » et souligne le danger que « le français littéraire devienne une "langue morte" » (p. 198).

À l'époque l'expression la plus nette de ce conservatisme revient au Père Bouhours, dans les *Entretiens d'Ariste et d'Eugène* (1671), qui deviendront le bréviaire des « puristes », pour utiliser un terme qui, pris en ce sens, date du début du XVIIe siècle [3]. Le Deuxième Entretien fait dialoguer sur « la langue françoise » Ariste, l'honnête homme éclairé, et Eugène le savant, qui sait tout des langues et du langage. Les deux hommes ne se contredisent pas, et leur complémentarité donne aux thèses de Bouhours une force d'évidence qui contribuera beaucoup au succès et à l'influence de l'ouvrage :

> « Si elle est dans sa perfection, dit Ariste, je meurs de peur qu'elle ne se corrompe bien-tost ; car il semble que les choses ne sont jamais plus prés de leur ruïne, que quand elles sont arrivées au plus haut point où elles peuvent monter [4]. »

À l'arrière-plan de cette esthétique, l'autorité grammaticale, dès la fin du siècle, monte la garde, soit par ses commentaires d'auteurs classiques, dont on parlera plus loin, soit dans un ouvrage comme le *Traité de la grammaire françoise* (1705) de l'abbé Regnier-Desmarais, qui n'a certes pas apporté de progrès « métaphysique » dans la doctrine grammaticale, mais qui se recommande par la finesse de ses observations.

La création d'enseignements prestigieux et la publication de grands textes scientifiques en français

Pour esquisser d'abord l'image des progrès du français dans les pratiques de l'enseignement en France, je citerai ceux que ce progrès a le plus passionnés. Marqués par leur croisade moderniste pour un enseignement du français débarrassé de la pesanteur du latin, les deux historiens cités plus haut, M. Cohen et F. Brunot, ont mis en lumière tous les indices de cet affranchissement :

> « En 1624, a été accordée l'autorisation de soutenir des thèses en français. Vers 1636, Théophraste Renaudot a donné des conférences publiques en français. En 1680 Colbert a fait donner en français un enseignement du droit français.
> En 1641 Richelieu, dans la ville nouvellement fondée qui porte son nom, [...] avait fait ouvrir un collège moderne où l'enseignement était donné en français[1]. »

Cette victoire institutionnelle de la langue française sur le latin, langue des doctes, s'était annoncée tôt, par exemple dans les recommandations d'un pédagogue nommé Behourt, qui, dès 1620, préconisait un enseignement de la lecture débutant par la lecture française (« J'ay traicté le tout en Françoys, afin que la perception en fust plus prompte... »). Mais l'institution ne s'exprime pas seulement par voie autoritaire. La vie intellectuelle de la nation est une force d'égale importance, et il faut dire un mot de la grande mutation de la vie scientifique française, et en partie européenne. On a vu progressivement et définitivement le français remplacer le latin comme vecteur de la communication, de la rédaction, et donc de la conceptualisation d'une pensée nouvelle, centrée sur l'invention, la découverte, le progrès scientifique. On rappellera brièvement quelques faits, en anticipant aussi sur le siècle suivant :

1637 : publication du *Discours de la méthode* et plaidoyer de Descartes qui lie l'expression française et « la raison naturelle toute pure ».

1665 : création du *Journal des savants* en français.

1684 : extension internationale de cette « conquête » grâce aux *Nouvelles de la République des lettres* de Bayle.

1726 : publication d'une œuvre d'un énorme retentissement : le *Traité des études* de Rollin, qui donne le premier rang à l'enseignement du français.

1734-1745 : l'*Histoire naturelle des insectes* de Réaumur, premier grand texte de haute spécialité qui fasse de la langue française une langue « technique ».

1734 : conférences, dont tout le monde parle et parlera longtemps, de l'abbé Nollet, qui répandent à la fois la connaissance d'une science modernisée, la physique, et l'usage à cette fin d'une langue moderne, le français.

1759 : « institution d'un enseignement sans latin dans *l'illustre maison de Sorèze*» (il s'agit d'un collège de Bénédictins, *HLF* VII, p. 89).

On ne développera pas ici ce qui suit 1760. Quand l'*Encyclopédie* commence à paraitre, l'affaire est entendue. Et cette évolution explique à la fin du siècle la nomenclature chimique de Lavoisier [1], aussi bien que le succès du *Journal de la langue françoise* de Domergue à partir de 1784.

L'évènement symbolique (et « mythique ») de la décision de l'invariabilité des participes en « 1679 »

La codification s'est peu faite par voie directe et explicite ; elle est passée par les remarqueurs et par les commentaires d'auteurs classiques. Mais il existe au moins un indice d'autorité, dont l'obscurité même est symbolique. La théorie de l'invariabilité du participe présent, quand il n'est pas pur adjectif sans rection verbale, a été suggérée par Maupas, mal comprise et combattue par Malherbe, précisée par Oudin, imparfaitement formulée par Vaugelas qui s'obstine à ne voir que « gérondifs » invariables et participes variables. À cette réserve près, l'auteur des *Remarques* avait déjà exprimé la substance de la règle officielle :

> « Les participes actifs naturellement n'ont point de féminin et tous les féminins que nous voyons tirez de ces participes sont purement adjectifs, et ne tiennent rien de la nature des participes actifs que leur formation [2]. »

L'Académie décida, elle, « qu'on ne déclinerait plus les participes actifs » (*ibid.*). Cette règle mettra beaucoup de temps à s'appliquer, épargnera les vers pendant tout le XVIIIe siècle (Voltaire auteur tragique écrit : « mains *fumantes* de sang »), voire certains secteurs de la prose, par exemple dans cette traduction de l'écriture utilisée avec humour par la marquise de Merteuil qui parle des « miettes *tombantes* de la table du riche » [3]. Suivie ou non, l'autorité est reconnue ici à l'Académie : on la respecte mal, mais elle fait loi, et l'hésitation de F. Brunot implique la reconnaissance de l'oracle, même quand on ne sait d'où vient sa voix :

« La tradition donne une date, le 3 juin 1679. Mais il n'y a pas trace de cette règle dans les Registres, qui ne font aucune mention d'une séance ce jour-là [1]. »

« La décision de l'Académie confirmant l'invariabilité des participes actifs est du 3 juin 1679, ou un peu antérieure ; mais elle n'a été rendue publique qu'en 1754, dans les Opuscules de l'abbé d'Olivet [2]. »

Cette *décision* flotte avec une aura mythique rendue plus forte par les brumes de son enfantement.

La publication de la première édition du « Dictionnaire de l'Académie » (A₁)

C'est la grande affaire du siècle, ou des deux siècles, en matière de langage. Il n'y a pas si longtemps que l'on disait encore « le Dictionnaire », comme s'il n'en existait qu'un (le *Petit Larousse*, dit *Le Larousse* il y a cinquante ans). À la fin du XVIIᵉ siècle, il aurait dû de même exister un seul dictionnaire monolingue, celui de l'Académie, protégé par un privilège d'exclusivité. Mais Richelet (1680) et Furetière (1690), lexicographes concurrents issus des rangs mêmes de l'Académie, et plus tard les éditions du *Dictionnaire de Trévoux* (de 1704 à 1771), ont tourné l'interdiction. Toutefois c'est l'Académie qui a fourni à la conscience française l'idée du *Dictionnaire* détenteur de vérité. Il est vrai qu'à la fin du XVIIᵉ siècle l'aventure a laissé parfois un gout amer : il faut voir de plus près ce demi-échec, ou ce demi-succès.

Le projet initial date de 1635 : l'une des tâches imposées à la nouvelle Académie était la rédaction d'un dictionnaire ; comme le soutenait Chapelain, « il falloit faire un Dictionnaire qui fût comme le trésor et le

---

RÉCEPTION D'UN ACADÉMICIEN

La réception d'un nouvel académicien donne lieu à une séance publique et le discours de réception est devenu une partie obligée du rituel depuis le succès obtenu par celui de Charles Perrault en 1671. À la fin du XVIIᵉ siècle, plusieurs écrivains célèbres furent élus à l'Académie, Fontenelle en 1691, La Bruyère et Fénelon en 1693. C'est à André Dacier, élu en 1695 et secrétaire perpétuel à partir de 1713, que Fénelon adressa sa célèbre « Lettre à l'Académie » (1714) qui contient des propos tels que : « J'entends dire que les Anglais ne refusent aucun des mots qui leur sont commodes » ou « Nous vivons sur des emprunts qui sont devenus notre fonds propre » ou encore « [...] l'usage a quelques defauts en tous lieux. Chaque province a les siens. Paris n'en est pas exempt ». Les académiciens ont été pourvus chacun d'un fauteuil par Louis XIV. [BNF, Paris.]

Reception d'un Academicien.

magasin des termes simples et des **phrases** reçues » [1]. Nous avons perdu le sens de ce mot « phrase », que *locution, expression, tournure*, voire *collocation*, traduisent maladroitement ; il cristallise l'importance accordée à des « assemblages de mots » [2] qui étaient à la fois les stéréotypes du discours commun et les expressions courantes de la vie d'une société. En dépit des critiques, les académiciens ont maintenu la mention de cette banalité essentielle, bannissant du *Dictionnaire* toute citation littéraire, au profit d'exemples et locutions pris dans l'usage courant de leur langue. La décision en était prise dès 1638, et depuis, grâce à elle, chaque édition constituera un *monument* de la vie réelle – certes dans une société limitée, protégée, élitiste – de la langue et du langage en France.

Le premier artisan appelé à coordonner les travaux de composition du *Dictionnaire* n'était autre que Vaugelas, et il est probable que si sa mort, et avant lui celle de Richelieu, n'étaient pas survenues si tôt, la gestation de l'ouvrage n'aurait pas duré près de soixante ans. Le résultat, publié en 1694, n'était sans doute pas parfait, et les critiques de F. Brunot concernant les inexactitudes et les lacunes de l'ouvrage sont fondées. Mais le *Dictionnaire* donnait par le menu une représentation unifiante de la société réelle, vue par le groupe qui l'élaborait. Quant au choix, moins aberrant qu'on ne l'a dit, du classement des mots par familles formelles, par opposition à un ordre alphabétique intégral des entrées représentées par les mots [3], il visait à doter la langue française d'archives lexicologiques plus méthodiques.

« DICTIONNAIRE UNIVERSEL » de FURETIÈRE (1690)

Le contraste entre le *Dictionnaire universel* de Furetière (1690) et le *Dictionnaire de l'Académie* (1694) est frappant. D'un côté, un immense appétit de savoir encyclopédique, de l'autre une synchronie du présent vue de l'intérieur d'un milieu donné.

Pierre Bayle (1647-1706), dans la préface qu'il a rédigée pour le *Dictionnaire universel*, caractérise l'œuvre en l'opposant à la fois aux dictionnaires de langues mortes et aux dictionnaires polyglottes, dont le Calepin était alors le modèle. Les premiers ne contiennent que ce qui s'est transmis dans les livres, les seconds ne brisent pas la clôture du monde des mots pour nous conduire jusqu'aux choses qu'ils signifient. Il oppose aussi l'ouvrage au *Dictionnaire de l'Académie* dont la nomenclature est le résultat d'un jugement de « bel usage » et rejette les « termes du Palais ». La totalité dont fait état Furetière avec enthousiasme vient de ce que l'auteur n'a retranché ni les termes qui n'étaient plus à la mode, ni les termes de science et d'art, en indiquant toutefois le domaine d'emploi. On retrouve au XXe siècle une opposition du même genre entre le Littré, dictionnaire de langue, et le *Grand dictionnaire universel* de P. Larousse. [BNF, Paris.]

DICTIONAIRE
UNIVERSEL,

Contenant generalement tous les

MOTS FRANÇOIS

tant vieux que modernes, & les Termes de toutes les

SCIENCES ET DES ARTS,

SÇAVOIR

La Philofophie, Logique, & Phyfique; la Medecine, ou Anatomie; Pathologie, Terapeutique, Chirurgie, Pharmacopée, Chymie, Botanique, ou l'Hiftoire naturelle des Plantes, & celle des Animaux, Mineraux, Metaux & Pierreries, & les noms des Drogues artificielles:

La Jurifprudence Civile & Canonique, Feodale & Municipale, & fur tout celle des Ordonnances:

Les Mathematiques, la Geometrie, l'Arithmetique, & l'Algebre; la Trigonometrie, Geodefie, ou l'Arpentage, & les Sections coniques; l'Aftronomie, l'Aftrologie, la Gnomonique, la Geographie; la Mufique, tant en theorie qu'en pratique, les Inftrumens à vent & à cordes; l'Optique, Catoptrique, Dioptrique, & Perfpective; l'Architecture civile & militaire, la Pyrotechnie, Tactique, & Statique:

Les Arts, la Rhetorique, la Poëfie, la Grammaire, la Peinture, Sculpture, &c. la Marine, le Manege, l'Art de faire des armes, le Blafon, la Venerie, Fauconnerie, la Pefche, l'Agriculture, ou Maifon Ruftique, & la plus-part des Arts mechaniques:

Plufieurs termes de Relations d'Orient & d'Occident, la qualité des Poids, Mefures & Monnoyes; les Etymologies des mots, l'invention des chofes, & l'Origine de plufieurs Proverbes, & leur relation à ceux des autres Langues:

Et enfin les noms des Auteurs qui ont traitté des matieres qui regardent les mots, expliquez avec quelques Hiftoires, Curiofitez naturelles, & Sentences morales, qui feront rapportées pour donner des exemples de phrafes & de conftructions.

Le tout extrait des plus excellens Auteurs anciens & modernes.

Recueilli & compilé par feu

Meffire ANTOINE FURETIERE,

Abbé de Chalivoy, de l'Academie Françoife.

TOME PREMIER.

A LA HAYE, ET A ROTTERDAM,
Chez ARNOUT & REINIER LEERS, 1690.
AVEC PRIVILEGE.

L'élaboration fut lente, malgré de bons débuts. Pellisson, toujours lui, livre cette anecdote qui nous fait revivre l'élan – initial – de la rédaction :

> « On commença d'examiner la lettre A, où, pour le remarquer en passant, il arriva une chose assez plaisante, c'est que le mot d'*Académie* fut omis en sa place, sans qu'on y prît garde que quelque temps après » (p. 108).

Mais les débats n'étaient pas toujours à la hauteur, et Furetière, que sa rupture avec l'Académie rendait évidemment mal disposé à l'égard de l'entreprise dont il se trouvait de fait évincé, ne se priva pas d'ironiser, en invoquant le témoignage d'un des illustres participants au travail du *Dictionnaire*, qui allait, lui, entrer dans le camp du Richelet, publié à Genève en 1680 :

> « M. Patru, qui étoit une des lumiéres de l'Academie, s'en bannit volontairement long-tems avant sa mort, parce qu'il fut scandalisé de la longueur enorme du tems qu'on fut à disputer si la lettre A devoit être qualifiée simplement voyelle, ou si c'étoit un substantif masculin. Cette question dura cinq semaines sur le bureau, et fut traitée avec grande chaleur entre lui et Mezeray ; les bureaux furent partagés et départagés plusieurs fois, les opiniâtres se dirent plus d'injures que de raisons, et elle ne fut terminée que par la lassitudes des combatans, en faveur de celui qui eut la meilleurs haleine [1]. »

Au total, la réception de l'ouvrage, péniblement achevé en 1694, fut très critique (« Jamais livre n'a été plus universellement désapprouvé que celui-là », *ibid.*, p. 41), ce qui n'est pas compensé par le mot de politesse de Louis XIV :

> « Messieurs, voicy un Ouvrage attendu depuis longtemps. Puisque tant d'habiles gens y ont travaillé, je ne doute point qu'il ne soit très-beau et fort utile pour la Langue. Je le reçois agreablement ; je le liray à mes heures de loisir, et je tâcherai d'en profiter » (*HLF* IV, 40).

L'ironie est à peine voilée. Mais le monarque se doutait-il que malgré, et en partie à cause de ses imperfections, l'« Ouvrage » constituerait pour nous un document de mémoire inestimable ?

Aujourd'hui un jugement positif ne semble pas déplacé. Il y a cette remarquable mise en situation de tous les mots grâce aux « phrases », locutions, façons de dire. Il y a cette confrontation permanente avec l'usage social. Quant au classement non intégralement alphabétique, le système de renvois fait qu'il ne gêne pas vraiment la consultation. Si l'on s'interroge justement sur le sentiment que les Français avaient alors de ce qu'ils appelaient *phrase*, ce système permet de lire dans le même article :

> « PHRASE. s.f. Façon de parler, Assemblage de mots sous une certaine construction, Phrase ordinaire, populaire, phrase figurée, recherchée, bonne phrase, mauvaise phrase, phrase reguliere, irreguliere.
> PARAPHRASE. s.f. Explication plus estenduë & moins attachée à la lettre qu'une simple traduction […].
> PARAPHRASTE. s.m. Autheur de Paraphrases […].
> etc. »

Avec ses défauts et ses qualités, le *Dictionnaire* impose avec toute la force de l'institution un pouvoir de décision du bien et du mal s'exerçant sur la langue [1], le principe d'autorité restant aussi fort, quelle que soit la famille politique ou sociale qui s'y glisse. De Vaugelas, qui n'a fait que lancer l'opération, à M. Maurice Druon qui la poursuit aujourd'hui, il y a toujours un homme, généralement le secrétaire perpétuel, qui à sa manière incarne à la fois l'autorité, l'unité linguistique et idéologique, et certaines particularités de l'époque.

LE TEMPS DE VOLTAIRE : DIFFUSION DE LA LANGUE FRANÇAISE ET POSTCLASSICISME

Le français, langue diplomatique. Des traités de Nimègue et de Rastatt à l'« universalité » au siècle des Lumières

Une idée court et se répète en écho dans toute l'Europe du XVIIIᵉ siècle : la langue française est devenue la langue universelle qu'on attendait depuis que le latin du siècle d'Auguste était devenu langue morte. Est-ce vrai ? Est-ce important ? On pourrait croire que la diffusion de notre langue dans la diplomatie intéresse peu ses structures et ne relève que de l'histoire des mentalités. Fausse impression, car l'image qu'on se fait des qualités de la langue conditionne son essence même.

Les Français sentent que l'emploi de leur langue par les autres est la reconnaissance de son *prestige*, pris cette fois en son sens moderne. Mais ce qui est habituellement le moteur des changements linguistiques sera ici le frein de toute évolution, tandis que se développe une forte prétention hégémonique. Dans les faits celle-ci se heurtera à des réactions européennes très fortement négatives, et la crainte de la francomanie et des gallicismes se développera parallèlement pendant tout le XVIIIᵉ siècle, de l'Espagne à l'Allemagne. Les folles prétentions de Rivarol à l'excellence exclusive de notre langue en matière de clarté et d'efficacité nourriront certains excès conquérants de la Révolution, qui ne survivront bientôt qu'à l'intérieur de la France. Mais entre 1730 et 1780 la certitude de posséder un idiome parfait domine. L'histoire de l'emploi diplomatique du français est celle des symptômes d'une confiance.

Dès l'abord il y a là une question d'autorité dans le conflit qui continue à opposer la France au Saint-Empire romain germanique. L'histoire, trop longue à résumer, des disputes sur la langue des traités, met le français en position de conquête, face à un usage du latin que l'Empire substituait à la langue locale qu'il aurait dû respecter. À la fin du XVIIe siècle, Français et Espagnols traitent en rédigeant chacun dans sa langue : pourquoi les Allemands imposeraient-ils à tous leur latin de prétendus *romains*-germaniques ?

Sur ce fond de tableau se développe une évolution de la pratique internationale de la langue française. Entre 1600 et 1780, là où le latin a définitivement laissé le champ libre par la limitation progressive de ses emplois, le français est apparu un temps aux yeux de l'Europe comme la langue à vocation universelle dans le concert des nations. D'abord le latin s'était maintenu comme langue « tierce » entre deux pays contractants jusqu'au XVIe siècle. Puis, vers 1640, la langue des échanges diplomatiques avec les Espagnols est encore le latin, mais on constate l'impact imaginaire de l'idée du français langue de conversation :

> « Il n'en est pas moins très important que le français ait commencé à être usité, fût-ce par occasions *et comme une langue mondaine*, dans une réunion internationale. C'est à ce titre qu'il s'introduira plus tard dans les débats officiels et enfin dans les traités » (*HLF* V, 396),

et l'infiltration pratique dans les échanges entre les hommes :

> « Il n'y a donc aucune exagération dans les affirmations que nous rencontrons de ci de là, à partir de 1676 : "Nos ambassadeurs parlent français partout où ils vont." Vanité nationale, flatterie au Roi, paradoxe d'un panégyriste attaché à défendre sa thèse, semble-t-il au premier abord. Rien de tout cela, mais seulement une vérité que d'autres témoignages confirment : "La plupart des Cours de l'Europe se piquent d'entendre cette langue et de la parler, disait déjà Le Laboureur, et nos Ambassadeurs n'y ont plus besoin d'interprètes" » (*ibid.*, 428).

Si ce n'est pas encore au traité de Nimègue, en 1677, que notre langue a « définitivement obtenu ses prérogatives de langue diplomatique » (p. 402), elle a été pratiquée dans les conversations qui l'ont préparé, et surtout on a *imaginé* à partir d'extrapolations trop rapides qu'elle y avait été réellement employée. De même, si le traité de Rastatt en 1714 est en français, c'est accidentel sans doute : Villars a profité de l'impatience du prince Eugène, et une clause allemande précise bien qu'en aucun cas il n'y a là de précédent ; mais l'essentiel est qu'en France et hors de France, avec plaisir ou à contrecœur, l'idée d'un traité international français fait son chemin, s'infiltre, s'impose.

> « Comment en effet des princes profondément atteints de gallomanie se fussent-ils obstinés à refuser d'employer avec la cour de Versailles ce français que l'Allemagne cultivée avait depuis quatre-vingts ans commencé à apprendre, qu'eux-mêmes parlaient et écrivaient non seulement pour leurs besoins, mais parfois pour leurs plaisirs ? » (*ibid.*, 421).

Même dans leur résistance, les Allemands n'échappent pas à une évolution qui consacre – de façon éphémère – l'image de la langue idéale, quand Leibniz rêve de langue universelle, quand nait Condillac qui, un demi-siècle plus tard, mettra au point sa langue des calculs en même temps que Beauzée prétendra construire une vraie *Grammaire générale* à partir de la langue française. Empruntons à F. Brunot la représentation d'une évolution apparemment irréversible :

> « Comme il arrive si souvent, le fait qui ne devait pas être invoqué comme précédent se renouvela désormais régulièrement ou à peu près. Les préliminaires de Vienne en 1735, la convention de Vienne en 1736, le traité d'Aix-la-Chapelle en 1748 furent rédigés en français, toujours avec la même réserve et la même reconnaissance théorique de la primauté du latin. Puis, à Hubertsbourg, l'article spécial disparut. On traita en français sans condition ni réserve. Le latin était vaincu » (*ibid.*, 420).

Mais pour conclure nous en resterons au français, et à la *place symbolique* qu'on lui *accorde*, parce que les symboles sont plus importants que les faits. Pour ne prendre qu'un exemple, le traité de Kustchouk-Kainardji entre la Russie et la Turquie a certes été rédigé en russe, en turc et en italien : Catherine II le fera publier en français.

Le conservatisme de Voltaire et de l'abbé d'Olivet

À l'intérieur les symptômes ne sont pas moins nets. Deux hommes symboliseront l'ultime développement de ce sentiment d'excellence : Voltaire et Rivarol. Le premier a été déjà l'un des plus acharnés propa-

« UNE SOIRÉE CHEZ Mme GEOFFRIN » (1755), par A.G. LEMONNIER

Mme Geoffrin (1699-1777) était la fille d'un valet de chambre de la dauphine. Elle épousa un mari fortuné et, devenue veuve, elle recevait régulièrement dans son salon des artistes, des écrivains, des philosophes, des savants. La soirée est consacrée à la représentation d'une tragédie de Voltaire dont on aperçoit le buste sur une sellette. Près de la table, deux acteurs, Le Kain et la Clairon, déclament leur rôle. Mme Geoffrin est assise au premier rang à droite, entre le prince de Conti, reconnaissable au large ruban qu'il porte sur sa poitrine, et Fontenelle, courbé par l'âge (il était né en 1657). Derrière, à l'angle, au

deuxième rang, Montesquieu. Parmi les autres célébrités présentes, nous reconnaissons Buffon, au premier rang à gauche, qui se retourne. À côté de lui, Julie de Lespinasse, qui, d'abord lectrice de Mme du Deffand, ouvrit à son tour un salon. D'Alembert et Helvetius sont au premier rang à droite de la table. Diderot est au centre d'un groupe de trois qui réunit avec lui Turgot et Quesnay derrière le prince de Conti. Derrière Le Kain, Rameau s'entretient avec J.-J. Rousseau. Marmontel et Marivaux sont debout, devant le battant gauche de la porte entrebâillée. [Musée de la Malmaison] gandistes de l'universalité de la langue française, et son point de vue mérite d'être rappelé, car il traduit l'unité idéologique des XVIIᵉ et XVIIIᵉ siècles sur ce thème. C'est dans une des premières grandes œuvres de l'histoire moderne, le *Siècle de Louis XIV*, que son auteur érige la statue du français langue universelle. Tourné vers le siècle classique, et militant des Lumières, il prépare la voie à Rivarol, que nous rencontrerons un peu plus loin :

> « La nation française est de toutes les nations celle qui a produit le plus de ces ouvrages. Sa langue est devenue la langue de l'Europe : tout y a contribué ; les grands auteurs du siècle de Louis XIV, ceux qui les ont suivis ; les pasteurs calvinistes réfugiés, qui ont porté l'éloquence, la méthode, dans les pays étrangers ; un Bayle surtout qui, écrivant en Hollande, s'est fait lire de toutes les nations ; un Rapin de Thoyras, qui a donné en français la seule bonne histoire d'Angleterre ; un Saint-Evremond dont toute la cour de Londres recherchait le commerce ; la duchesse de Mazarin, à qui l'on ambitionnait de plaire ; Madame d'Olbreuse, devenue princesse de Zell, qui porta en Allemagne toutes les grâces de sa patrie. L'esprit de société est le partage naturel des Français ; c'est un mérite et un plaisir dont les autres peuples ont senti le besoin. La langue française est de toutes les langues celle qui exprime avec le plus de facilité, de netteté et de délicatesse, tous les objets de la conversation des honnêtes gens ; et par là elle contribue dans toute l'Europe à un des plus grands agréments de la vie [1]. »

Mais un tel sentiment n'est pas séparable d'une attitude puriste. Voltaire le sera pleinement, comme son ancien maitre l'abbé d'Olivet, qu'il appelle affectueusement « mon cher Cicéron ». Traducteur en effet de Cicéron, syntacticien perspicace, cet académicien a été le grammairien le plus « officiel » des années 1730 ; auteur d'un célèbre *Traité de la prosodie*, artisan de la 3ᵉ édition du *Dictionnaire de l'Académie* et de sa grande révision orthographique, le vieux pédagogue, dont on peut retenir le *Traité des participes*, qui a fixé le dernier détail de nos règles actuelles, et les pénétrantes études sur les déterminants et les pronoms, mériterait certes une réhabilitation [2]. Mais ce même d'Olivet, qui incarne la sagesse tranquille d'un sentiment de la langue éclairé et sûr de soi, l'a appliqué sans ménagement à un exercice critique qui en a choqué plus d'un, celui de ses redoutables *Remarques sur Racine* ; enfin, un an avant sa mort, il échangeait avec Voltaire une correspondance où s'expriment les plus étroites réactions contre des détails d'expression à la mode souvent bien innocents. Ce grammairien représente, comme Voltaire, un sentiment conservateur de la langue dont nous restons imprégnés.

Les discussions sur les commentaires d'auteurs, « Athalie » et « Quinte-Curce »

Sentiment de perfection atteinte et peur du déclin : c'est encore ce qui apparait en 1719, quand l'Académie s'engage dans une activité résolument rétrospective. A. François, dans sa *Grammaire du purisme*[1], en a fait l'histoire détaillée. C'est en un sens le visage linguistique de la querelle des Anciens et des Modernes.

Pour l'anecdote, tout est parti de la perplexité des Immortels. Vers 1700, l'Académie peut estimer avoir rempli son rôle : le *Dictionnaire* existe, le secrétaire perpétuel Regnier-Desmarais travaille à son *Traité*, qui va tenir lieu de grammaire dès 1705. L'activité linguistique de l'illustre Compagnie doit-elle dès lors se limiter au perfectionnement du *Dictionnaire*, se concentrer sur l'éclaircissement des problèmes de grammaire, ou prendre une autre voie, déjà indiquée par Boileau et par l'extraordinaire visionnaire qu'est l'abbé de Saint-Pierre[2] : celle de la diffusion des œuvres classiques annotées, examinées de façon critique, corrigées enfin pour qu'elles illustrent l'idéal d'une langue désormais parfaite ?

> « Je voudrais, écrit l'abbé de Saint-Pierre, de simples *Observations critiques* de grammaire, de poétique, de rhétorique faites par différents académiciens, toutes mêlées les unes avec les autres et faites à l'occasion des plus beaux endroits des plus belles pièces de nos meilleurs auteurs en chaque genre parmi ceux qui sont morts[3]. »

Le 13 juillet 1719, Valincour, qui défend la même idée, emporte la décision. Le choix se porte sur deux ouvrages, la traduction de Quinte-Curce par Vaugelas,

> « parce que comme cet auteur a fort bien écrit sur la langue, il a encore aujourd'hui beaucoup d'autorité, quoique beaucoup de ses expressions et de ses tours de phrases aient vieilli, et qu'il soit très important de faire connaître en quoi il doit ou ne doit pas être suivi »,

et l'*Athalie* de Racine,

> « parce que c'est une de ses plus parfaites tragédies que nous ayons et que l'examen de cette pièce peut fournir beaucoup de réflexions curieuses et de remarques très utiles pour la langue, pour la rhétorique et pour la poétique » (p. 57).

Le programme fut rempli, mais la publication n'eut pas lieu[1]. Il y avait là pourtant des documents précieux, qui attestent la méticulosité et la détermination des commentateurs. Trop pointilleux peut-être, ils indiquaient tout ce qui doit ou aurait dû faire de la pratique de la langue un modèle de clarté, c'est-à-dire de communication facile[2].

La langue française a maintenant ses *classiques*. De Bouhours à Voltaire, à de Wailly et à Rivarol, l'idée conservatrice de la langue accompagne l'idée de *littérature*, précisément au moment où ce mot commence à être employé pour remplacer « bonnes-lettres » et « belles-lettres »[3]. Voltaire est encore ici l'écho sonore de son siècle, quand il définit indirectement par ses projets académiques l'essence même de la langue telle qu'elle se dessine dans les esprits. Il écrit, à la fin de la XXIVᵉ des *Lettres philosophiques* :

> « Pour l'Académie Française, quel service ne rendroit-elle pas aux lettres, à la langue, & à la nation, si, au lieu de faire imprimer tous les ans des complimens, elle faisoit imprimer les bons ouvrages du siècle de Louis XIV, **épurés de toutes les fautes de langage** qui s'y sont glissées ? Corneille et Moliere en sont pleins, la Fontaine en fourmille : celles qu'on ne pourroit pas corriger seroient au moins marquées. L'Europe, qui lit ces auteurs, **apprendroit par eux notre langue avec sureté, sa pureté seroit à jamais fixée** ; les bons livres français imprimés avec ce soin aux dépens du Roi, seroient un des plus glorieux **monumens de la nation**[4]. »

C'est dans cette perspective que se situent et s'expliquent ses commentaires souvent acérés sur Corneille, et que se développe le gout des éditions comme celle des œuvres de Molière par Bret. La langue française n'est plus une langue : elle est l'image d'une langue.

Si l'on regarde en effet les travaux de l'Académie, ils montrent la minutie des exigences sémantiques et le souci maladif de perfection qui accompagne désormais toute représentation de notre langue. Voici un bref extrait des remarques sur *Athalie* (acte V, scène 2), telles qu'elles nous sont parvenues à travers l'édition de La Harpe :

> « 28. *Quel conseil, cher Abner, croyez-vous qu'on doit suivre ?*
> Selon quelques-uns, l'exactitude exigeait *qu'on doive* ; mais la plupart ont préféré *qu'on doit*, et pour appuyer leur avis ont rapporté ces deux exemples : *Croyez-vous qu'on doive faire une remarque sur ce vers ? Quelle remarque croyez-vous qu'on doit faire sur ce vers ?* Dans le premier cas *que* est conjonction, dans le second il est relatif.
> 58. *Tantôt, à son aspect, je l'ai vu s'émouvoir.*

Il faut *je l'ai vue* en parlant d'Athalie : on a condamné tout d'une voix *je l'ai vu*. »

Quant aux observations sur le *Quinte-Curce*, elles sanctionnent de façon très visible les dernières évolutions de la syntaxe en matière de cohésion, de netteté et de clarté, notamment pour la représentation pronominale, qui désormais obéit à des règles strictes de proximité et de lisibilité immédiate, et pour les relatives, qui doivent toujours suivre immédiatement l'antécédent, toutes contraintes que le texte de Vaugelas était loin de respecter intégralement. Sans parler des problèmes de lexique, de constructions prépositionnelles, de temps verbaux, de répétitions qualifiées de « négligences », de tours jugés trop familiers [1], etc.

N'est-ce pas depuis ce temps-là que les Français sont persuadés que la bonne santé de leur langue dépend d'abord de l'examen minutieux et critique de leur littérature ?

LA LANGUE FRANÇAISE, LES PRINCES D'EUROPE, LA PHILOSOPHIE ET L'« UNIVERSALITÉ » À LA FIN DE L'ANCIEN RÉGIME

Dans la seconde moitié du XVIIIe siècle, on ne peut pas dire que le pouvoir politique et l'institution aient directement exercé une influence sur la langue et son usage. C'est de façon diffuse que de nouveaux pouvoirs parallèles, au premier rang desquels celui des Philosophes, agissent sur les représentations et la pratique de la langue. On ne fera donc que rappeler, pour l'exercice de l'autorité politique, l'importance de l'action de Malesherbes pour sauvegarder la diffusion de l'*Encyclopédie*, la relation étroite avec Voltaire de Duclos, secrétaire perpétuel et responsable de la 4e édition du *Dictionnaire* (1762), plus « encyclopédique », et les combats des clans antiphilosophiques. Mais si le Prince en France, Louis XV ou Louis XVI, n'a pas eu en ce domaine d'influence significative, il en va autrement des Princes étrangers.

Les Princes francophones de l'Europe des Lumières

On sait l'enthousiasme de certains Princes d'Europe pour la culture française. L'image de la langue universelle doit beaucoup à l'accession au trône d'illustres « francisés » : Frédéric II en 1740, Catherine II en 1762, Gustave III en 1771. L'histoire mouvementée des rapports de Frédéric avec Voltaire est bien connue. Les conversations de Diderot avec la tsarine et les œuvres qu'il a écrites à l'occasion de son voyage en Russie attestent entre autres que la cour de ce pays était bien à l'heure de la langue française :

« Et puis j'avoue que je serais transporté de joie de voir ma nation unie avec la Russie, beaucoup de Russes à Paris, beaucoup de Français à Pétersbourg. Aucune nation en Europe **qui se francise plus rapidement** que la russe, **et pour la langue et pour les usages** [1]. »

Gustave III, de son côté, est un des plus beaux exemples de la francisation européenne. Mis à part un ou deux subjonctifs oubliés, sa correspondance témoigne de sa maitrise de la langue, et l'on sait la part qu'il prend à la mutation du lexique politique français, en la répercutant immédiatement sur le suédois. G. von Proschwitz souligne dans son vocabulaire « son modernisme, son actualité, son don de suivre le mouvement des idées contemporaines et de s'assimiler les mots qui les traduisent [2] », et sa contribution à « un cosmopolitisme lexical » (p. 11). Tout jeune prince âgé de onze ans, on le voit entrer de plain-pied dans la culture française (je reproduis l'orthographe originale du fac-similé) :

« Monsieur, Vous m'avés prié de vous ecrire cette lettre & il faut vous satisfaire malgré la repugnance que jaie à ecrire des lettres : aussi bien je ne vous la ferai point longue & je l'ecrirai comme vous me l'aves dit. Vous m'aves conseillé de lire les lettres de Made de Sevigné ; Je les ai lues ; vous trouverés mon mauvais gout car je les ai trouvé fort *ennuyantes* mais il faut dire *à* mon excuse que je ne savois pas dans ce Temps la l'Histoire de France comme je la sais apresent [3] » (p. 24-25).

Les principes d'une conscience linguistique de l'élégance et de la distinction : de Wailly, Féraud, Domergue

Nous voilà au milieu d'un siècle où notre langue a été suffisamment immobilisée, en même temps que diffusée, pour que l'on croie qu'elle n'a plus d'histoire. Trois grammairiens ont marqué la deuxième moitié du XVIIIᵉ siècle *par l'image qu'ils en ont répandue dans l'opinion* [4].

Le premier est de Wailly, dont l'ouvrage, d'abord paru en 1754, puis fortement remanié en 1763, se recommande par un titre, *Principes généraux et particuliers de la langue française*, qui affiche une ambition certes philosophique, mais réglée par l'obsession de l'usage, de la perfection et de l'élégance. Héritier avoué de Bouhours, ce grammairien maintes fois réédité jusqu'en plein XIXᵉ siècle exprime par le mot ambigu de *Principes* (à la fois fondements et règles) l'idée que la théorie et la pratique *doivent* se confondre pour atteindre l'objet d'étude essentiellement culturel qu'est devenu notre idiome. Il écrit, dans la Pré-

face de la 8ᵉ édition (1777) – on remarquera l'adoption d'une orthographe « nouvèle » :

> « J'ai intitulé mon Ouvrage *principes généraus & particuliers de la
> Langue Française*, &c. parce que je ne me suis pas contenté de
> doner les règles générales & élémentaires de notre Langue ; j'ai
> tâché d'y renfermer les principes qu'il faut savoir pour la parler &
> l'écrire, **non-seulement avèc corection, mais avèc élégance.** Pour
> cela j'ai fait une sorte d'extrait des Remarques de Vaugelas,
> de cèles de l'Académie & de Corneille sur Vaugelas ; de cèles de
> Bouhours, Ménage, Andry de Boisregard, Bellegarde, Gamache,
> &c. [1] »

Avant 1750, cela allait sans dire chez le prestigieux remarqueur
Bouhours (1671), chez le grammairien « traditionnel » Regnier-Desmarais (1705), et même chez le grammairien métaphysicien Buffier
(1709), ou chez le pédagogue Restaud (1732). Après cette date la
langue française *sait et proclame* dans les grammaires qu'en son *principe* même elle est élégance et distinction. Il y a une convergence frappante entre cet idéal et le développement d'une particularisation
« hédoniste » du concept de *Belles-Lettres* devenant *Littérature*. On lit
sous la plume de Ph. Caron que les tournures qui accompagnent la
lexie *Belles-Lettres* sont centrées sur *l'esprit*, le *goût*, *l'agrément* et
l'imagination [2], comme si l'idéal de la nouvelle ou future *littérature* suivait la voie d'une nouvelle vision de la langue [3].

Deuxième témoin, à la veille de la Révolution, l'abbé Féraud,
auteur d'un *Dictionnaire grammatical* (1761) et d'un *Dictionaire critique de la langue française* (1787-1788), prétend, lui, échapper à la
dictature de Paris et de la cour puisqu'il est marseillais. Il a de la langue
une vision conformiste, comme de Wailly, en même temps qu'il exerce
un regard de censeur nuancé sur l'usage qu'on en fait et sur tout ce qui
s'en dit. Mais s'il est guidé par son savoir et par son examen critique, il
l'est aussi par la convenance et le bon gout. Le début de la Préface du
premier tome du *Dictionaire critique* définit parfaitement cette conception postclassique à son apogée :

> « À la renaissance des Lettres, la critique a été nécessaire pour faci-
> liter l'intelligence des Langues anciènes, et pour en faire conaître le
> génie et les beautés. Elle ne l'est pas moins aujourd'hui, pour
> contribuer à la perfection des langues modernes & pour **en arrêter
> la décadence & la dépravation.** Et parmi celles-ci, on peut dire
> qu'il n'en est aucune, à laquelle le secours de la critique soit plus
> utile, que la Langue Française, la plus délicate, la plus dificile, la

plus modeste, la plus exacte, la plus énemie des licences, des innovations ; et qui est pourtant parlée et écrite par le Peuple le plus
amoureux des nouveautés, et chez qui tout est mode ; la Science, la
Médecine, le Langage ; la Religion même, ainsi que la parûre[1]. »

Féraud est donc normatif, mais son sens de la norme est lié à la
fois à la conviction que ce qui est et ce qui doit être se confondent, et à
la croyance en la convergence de l'autorité, de la critique et de l'idéal
d'élégance :

> « Ceux, qui ont puisé les exemples dans les Auteurs, nous aprè-
> nent ce qui a *été dit*. L'*Académie*, qui ne cite persone, qui propôse
> des exemples de son chef, et décide d'autorité, veut nous aprendre
> ce qu'*on doit dire*, mais ne nous enseigne pas *pourquoi on doit le
> dire*. Nous, aidés des aûtres Gramairiens, des aûtres Critiques et
> des aûtres Dictionaires, nous examinons ce qui a été dit ; nous pro-
> posons ce qu'on doit dire ; nous relevons ce qui a été mal dit, et
> nous aprenons à le mieux dire » (IIJ).

Sur son propre terrain, l'abbé rencontre un adversaire remuant, le
troisième témoin, dont on reparlera pour l'époque révolutionnaire. Le
futur grammairien officiel de la Convention, Urbain Domergue, a créé
en 1784 un *Journal de la langue française* qui obéit aux mêmes désirs,
au respect de la même image, à la même idéologie qui conjoint autorité,
grammaticalité et élégance, quelle que soit sa polémique avec Féraud.
La première page de ce *Journal*, reproduite dans la biographie établie
par W. Busse et F. Dougnac[2], avec son couplet final sur l'excellence du
français en Europe (nous sommes en 1784, année de la publication du
Discours de Rivarol), résume bien les idées qui courent entre 1780 et la
Révolution : systématicité scientifique, critique, autorité, élégance et
perfection sont les ingrédients d'une image de prestige à son apogée.

> « Fonder sur **une métaphysique** claire un **système de grammaire**
> absolument neuf, sans prétendre donner l'exclusion à aucun
> autre ; répondre aux différentes questions sur la langue écrite ou
> parlée ; exercer une **censure motivée, instructive** ; donner une **théo-
> rie** succinte & lumineuse de tous les ouvrages de goût, soit en
> prose, soit en vers ; n'annoncer, n'analyser, ne recueillir que ceux
> qui portent l'empreinte du **talent** ; consacrer dans **le langage des
> dieux** tous les évènements moraux, physiques & politiques, dignes
> de l'attention des hommes : tel est le plan du journal de la langue
> françoise.
> Puissent les amateurs de **la première langue de l'Europe** honorer

de leur suffrage un journal que tous les gens de lettres sont sup-
pliés d'embellir de leurs productions ! »

Rivarol et l'universalité : l'accomplissement du mythe de la perfection et du bon gout

Rivarol enfin a donné l'expression la plus vive, la plus spectaculaire, la plus élégante, de ce sentiment qui fait partie intégrante de la
langue telle que définie et pratiquée par une élite. Celle-ci se sent dépo-
sitaire d'un modèle de langue et de civilisation qui doit maintenir la
France à la première place des nations du monde civilisé. Le point de
départ, en 1782, c'est l'initiative de la « Classe de Belles-Lettres » de
l'Académie de Berlin, qui « propose pour le Prix de 1784 la Question
suivante :

> Qu'est-ce qui a fait de la Langue françoise la Langue universelle de
> l'Europe ?
> Par où mérite-t-elle cette prérogative ?
> Peut-on présumer qu'elle la conserve [1] ? »

Que le prix ait été partagé entre la sérieuse étude de l'Allemand
Schwab et le brillant essai du Français Rivarol montre bien que ce n'est
pas tant la réponse qui intéresse, mais le présupposé de la question : la
langue française *est* la langue universelle de l'Europe. Au reste une critique sévère peut être faite des approximations du *Discours sur l'universalité de la langue française*, et F. Brunot ne s'en est pas privé [2]. Mais
on ne peut nier l'élégante coïncidence d'un rythme de rédaction dont la
rapidité enchante, et d'une vision à la fois désinvolte, entière, partiale et
passionnée. Critique qui voudra – moi le premier – le *Discours* de Rivarol ; c'est une merveille de style, écrite par un jeune homme qui regarde
à la fois l'Antiquité romaine et les toutes récentes montgolfières :

> « Une telle question proposée sur la langue latine aurait flatté l'or-
> gueil des Romains, et leur histoire l'eût consacrée comme une de
> ses belles époques : jamais, en effet, pareil hommage ne fut rendu
> à un peuple plus poli par une nation plus éclairée.
> Le temps semble être venu de dire *le monde français*, comme
> autrefois *le monde romain* [3]...
> C'est en France et à la face des nations que deux hommes se sont
> trouvés entre le ciel et la terre, comme s'ils eussent rompu le
> contrat éternel que tous les corps ont fait avec elle. Ils ont voyagé
> dans les airs, suivis des cris de l'admiration et des alarmes de la
> reconnaissance » (p. 292-293).

Là-dessus Rivarol a construit une image mythique de la langue française sur l'idée que son excellence est due à la clarté de l'ordre direct, la succession sujet-verbe-complément étant la traduction d'un ordre naturel de la pensée, contrairement à la syntaxe latine dans laquelle l'existence des cas permet de varier l'ordre des termes, et d'aboutir à une « inversion », jugée expressive. L'important n'est pas pour cette génération que cela soit vrai ou non. Mais cela coïncide avec les lignes qui dessinent la représentation de la langue selon un *principe* d'ordre à la fois cartésien, rationnel, expérimental et sensualiste, qui sera le socle des positivismes du siècle suivant, mêlé aux évidences croissantes de l'harmonie, ultime recours. Avant d'être l'addition d'un lexique, d'un corps de règles syntaxiques, d'un protocole de prononciation et d'écriture, la langue française est cette spontanéité acquise de la confiance en la perfection d'un langage. Vaugelas l'impliquait ; Bouhours militait pour qu'on le reconnût ; Rivarol en fait un texte et un style.

> « Ce qui distingue notre langue des langues anciennes et modernes, c'est l'ordre et la construction de la phrase. Cet ordre doit toujours être direct et nécessairement clair » (p. 253).

Le lecteur est trop occupé à jouir des répartitions syllabiques et sonores pour se demander ce que signifie au juste « ordre *et* construction ». Est-ce une traduction de Beauzée, de Dumarsais, ces deux grammairiens-philosophes qui ont rédigé la partie grammaticale de l'*Encyclopédie*, et dégagé l'importance de la « construction » et de l'« ordre naturel » ? Et qu'est-ce que « phrase » ? Et ce « et » qui relie « direct » à « nécessairement clair » ? Tous les grands problèmes sont là, et non leur solution. Mais qui *se sentirait* en désaccord avec ces magnifiques formules ? Ce beau texte est le roman idéalisé d'une langue que l'on veut croire plus pure que les autres. On cite souvent CE QUI N'EST PAS CLAIR N'EST PAS FRANÇAIS. Ces mots, qui se distinguent dans le texte par des capitales à partir de l'édition de 1797, doivent se replacer dans un contexte. Juste avant, c'est le dogmatisme de la clarté ; immédiatement après, le mépris des autres langues, qui s'abrite derrière une typologie à l'emporte-pièce (on ne cite pas toujours cette suite) :

> « C'est de là que résulte cette admirable clarté, base éternelle de notre langue ; ce qui n'est pas clair n'est pas français ; **ce qui n'est pas clair est encore anglais, italien, grec ou latin.** Pour apprendre les langues à inversions, il suffit de connaître les mots et leurs régimes ; pour apprendre la langue française, il faut encore retenir l'arrangement des mots. On dirait que c'est d'une géométrie tout

élémentaire, de la simple ligne droite, que s'est formée la langue française ; et que ce sont les courbes et leurs variétés infinies qui ont présidé aux langues grecque et latine, etc. » (p. 255-256).

L'institution a d'autant mieux trouvé son expression la plus conforme, que cette conformité hante les esprits de tous. C'est une mentalité qui s'est consolidée, et que les modèles grammaticaux inspirés des grammaires philosophiques ancreront définitivement.

La Révolution et la langue des Français

La même langue, inchangée, mais dans un autre monde, est-ce toujours la même langue ?

C'est, je crois, en ces termes qu'il faut aborder l'histoire de notre langue entre 1789 et 1800.

Il n'est pas facile de faire le point sur la langue et la Révolution, parce que *cette période de crise aigüe révèle le caractère ambigu de l'objet langue française.*

S'il ne s'agit que d'un lexique, d'un corps de règles syntaxiques, d'un recueil de pratiques rhétoriques, on conclura vite que les changements intervenus sont dispersés, partiels, éphémères, finalement négligeables. C'est le point de vue d'un historien de la langue comme G. von Proschwitz dans son article programmatique sur la dialectique scission/continuité [1].

Si la langue française est l'ensemble représentatif de la collusion d'une nation avec un mode d'expression, elle devient un objet plus fuyant, et prend une spécificité qui la distingue de l'Ancien Régime et la tire hors du XVIIIᵉ siècle. Cette seconde vision est illustrée par les travaux des historiens des trente dernières années, notamment par ceux de J. Guilhaumou [2].

Si l'on s'en tient au premier point de vue, pourquoi une si forte Révolution a-t-elle si peu révolutionné la langue ?

C'est d'abord que l'autoritarisme révolutionnaire a été, pour le système linguistique, un conservatisme. Rien n'a mieux préservé le modèle de Rivarol et de Voltaire qu'une politique linguistique visant à promouvoir une langue unique et déjà parfaite, sous réserve d'adaptations lexicales idéologiques. Quant au peuple, dont on a tant parlé, il n'avait pas de langue instituée. À la faveur des évènements, il a eu accès à l'usage de la langue nationale, quoique ses élites seules aient effectivement pu prendre la parole, mais ni lui ni personne n'a pu tenter ou envisager de révolutionner la langue de l'Ancien Régime. Pas de nuit du 4 Aout linguistique. Pas de bonnet rouge au *Dictionnaire* de 1798 : seulement la petite cocarde du *Supplément*. L'ordre ancien de l'accord des participes, l'ordre récent de la netteté des rapports pronominaux, l'ordre rationnel de la distinction entre néologie et néologisme (S. Mercier publiera en 1801 son ouvrage sur les mots nouveaux sous le titre *Néologie*), l'ordre emblématique d'une orthographe fixée avec ses progrès et ses énormes résidus de contradictions entre 1740 et 1762, sont devenus la matière de l'idole révolutionnaire : c'est la langue bien ordonnée de la liberté. Les utilisateurs de cette langue, ceux qui parlaient au peuple, ceux qui parlaient au nom du peuple, ceux du peuple qui essayaient de parler ou d'écrire, se sont de gré ou de force courbés sous la centralisation jacobine de Barère et de Grégoire, et pour l'essentiel le système de la langue est resté immobile et inchangé. Au talent près, Robespierre écrit la même langue que Rousseau ; avec une facilité éblouissante, C. Desmoulins, dans *Le Vieux Cordelier*, utilise toutes les possibilités expressives d'une langue éloquente et toute classique. Restait, on le verra, l'alibi du vocabulaire : l'éphémère et grandiose crise néologique qui secoue les discours des années 1789-1793, l'adaptation d'un vocabulaire politique déjà prêt aux réalités nouvelles, *donneront l'impression* que *la langue* a évolué.

On peut expliquer ainsi la contradiction qui s'établit chez Brunot entre un tome IX qui chante les mots-phares d'une nouvelle langue et d'un monde nouveau, et un tome X où, dès la Préface, le grammairien affirme que « l'édifice brillant et fragile que deux siècles de raffinement avaient créé, non seulement resta debout, mais ne connut risque à aucun moment d'être même ébranlé ». L'ébranlement était plus profond, dans l'inquiétude des prises de parole ; et cette inquiétude même faisait que l'on respectait les structures lors même que la surface des mots semblait constituer un langage nouveau [1].

Autrement dit, le groupe de prestige qui a imposé ses « variantes », en l'occurrence une absence de variation, était déjà avant 1789 la haute bourgeoisie, les Philosophes, les Encyclopédistes ; en 1791, en 1793, puis lors de la réaction thermidorienne, c'est sociologiquement et linguistiquement le même. Aucune variante « populaire » ne s'imposera, car le peuple doit s'élever jusqu'à la langue idéale, dont les fondements rationnels garantissent l'excellence au-delà, croit-on, des variantes individuelles. Refus définitif et renforcé de la variété des usages. La politique révolutionnaire de la langue a un seul objectif, indiscuté : mener à bien la francisation du peuple pour qu'il coïncide linguistiquement avec la nation : éducation, uniformisation par l'élimination des parlers locaux, accès de tous aux textes légaux du pouvoir central, développement et diffusion des imprimés en français.

L'esprit est « révolutionnaire », certes, mais la France est soumise finalement, comme en témoigne ce décret du 2 thermidor (20 juillet 1794), à la réitération de Villers-Cotterêts : «À compter du jour de la publication de la présente loi, nul acte public ne pourra, dans quelque partie que ce soit du territoire de la République, être écrit qu'en langue française [1]. »

La politique d'éducation nationale, de Talleyrand à Barère et au décret du 8 pluviôse

L'école primaire aurait dû faire progresser dans la pratique de la langue la campagne française. Et la diffusion exceptionnelle de la *Feuille villageoise* y a certes contribué; cette publication hebdomadaire de Cerutti et Rabaud-Saint-Étienne, catéchisme laïque pour la population des campagnes, répandant par sa lecture publique les idées nouvelles, comptait 15 000 souscripteurs, chiffre énorme dit avec raison F. Brunot. Mais, pour l'école, le décalage entre les ambitions et les résultats était prévisible : faible bilan, absence de moyens. Inutile de se désoler : il faudra attendre la IIIᵉ République. Cela n'empêche pas la constance des idées et des intentions; en dépit de rares voix discordantes, l'idée de la propagation conjointe de la langue française et d'un idéal de liberté était la pensée unique. De cela aussi nous sommes les héritiers. Francisation de l'enseignement et francisation par l'enseignement, voilà l'obsession.

On la trouve d'abord dans le projet de Mirabeau :

« Que le grec et le latin soient donc regardés comme propres à fournir des vues précieuses sur les procédés de l'esprit dans l'énonciation des idées; qu'on les estime, qu'on les recommande à raison des excellents livres qu'ils nous mettent à portée de connaître beaucoup mieux : rien de plus raisonnable, sans doute. Mais je crois nécessaire d'ordonner que tout enseignement public se fasse désormais en français [2]»,

et dans celui de Talleyrand :

« Une singularité frappante de l'état dont nous sommes affranchis est sans doute que la langue nationale, qui chaque jour étendait ses conquêtes au-delà des limites de la France, soit restée au milieu de nous comme inaccessible à un si grand nombre de ses habitants, et que le premier lien de communication ait pu paraître, pour plusieurs de nos confrères, une barrière insurmontable. Une telle bizarrerie doit, il est vrai, son existence à diverses causes agissant fortuitement et sans dessein; mais c'est avec réflexion, c'est avec suite que les effets ont été tournés contre le peuple. Les écoles primaires vont mettre fin à cette étrange inégalité : la langue de la Constitution et des lois y sera enseignée à tous ; et cette foule de dialectes corrompus, dernier reste de la féodalité, sera contrainte de disparaître ; la force des choses le commande[1]. »

On la retrouvera dans celui de Condorcet (rapport de 1793), pour qui « il est important pour le maintien de l'égalité réelle, que le langage cesse de séparer les hommes en deux classes ». C'était déjà dans le catéchisme de la *Feuille villageoise* en 1790 :

« Pourquoi les droits de l'homme ont-ils été si tard connus et si tard redemandés ?
– Parce que le peuple ne savoit pas lire. Il ne pouvoit pas s'instruire par lui-même, et il se laissoit séduire par les autres.
– Quel est donc le plus grand service que les villageois puissent rendre à leurs enfans ?
– De leur apprendre à lire et de leur apprendre à examiner tout ce qu'on leur dit avant de le croire[2]. »

Et l'on voit se créer en 1790 un cours de français au collège d'Harcourt ; le 14 octobre 1791, la Législative crée un Comité d'instruction publique ; en 1791, le Collège de France se « convertit » à un enseignement en français. En décembre 1792, c'est le fameux rapport Lanthenas (*Bases fondamentales de l'instruction publique*) :

« L'AMI DU PEUPLE » OU « LE PUBLICISTE PARISIEN » (1793)

L'Ami du peuple était à la fois le titre du journal et le nom que se donnait son rédacteur, Marat (1743-1793), médecin passé au journalisme et à la politique au début de la Révolution. On écrit un journal à cette époque non pour informer, mais pour enflammer les lecteurs par ses propos comme un orateur cherche à enflammer son auditoire par ses paroles. Le procédé employé d'entrée de jeu est l'apostrophe qui, comme le dira Fontanier quelques années plus tard, « ne serait que froide et insipide si elle ne s'annonçait comme l'expression d'une émotion vive et profonde, comme l'élan spontané d'une âme fortement affectée » (*Les Figures du discours*). L'auteur ne ménage pas non plus l'hyperbole, « le langage même de la persuation » (*id.*), pour provoquer un sursaut chez son public parisien atteint d'une « apathie invincible » ou même du « sommeil de la mort » et pour l'entrainer à sa suite dans sa lutte contre les traitres et les conspirateurs dont il a l'obsession. Moins dupes de la tendance à l'introversion, des publicistes contemporains tels que Camille Desmoulins dans *Le Vieux Cordelier* font tout autant de place à une rhétorique qui fait entrer dans l'écrit les mouvements de la sensibilité et le désir de la partager. [BNF, Paris.]

N°. 498.

L'AMI DU PEUPLE,

OU

LE PUBLICISTE PARISIEN,

JOURNAL POLITIQUE ET IMPARTIAL,

Par M. MARAT, auteur de l'Offrande à la patrie, du Moniteur, du Plan de constitution, &c.

Vitam impendere vero.

Du Jeudi 23 Juin 1791.

Le sommeil de la mort des Parisiens.

Citoyens, je ne reviens pas sur ma parole, si aujourd'hui vous n'avez pas nommé un tribun militaire, non un hypocrite de la cour où un suppôt masqué de l'ancien régime, mais l'homme du peuple qui s'est le plus distingué par ses lumières, sa prévoyance, son dévouement à la patrie, sa fermeté dans les tems de crise ; et si vous le nommez pour autre chose que pour marcher à votre tête et vous marquer les traîtres à abattre, votre perte est assurée, et je n'ai plus rien à vous dire. En attendant que vous m'ayez réduit au silence par votre apathie invincible ; mes entrailles sont déchirées de douleur, et mon zèle pour votre salut me presse de faire un dernier effort en votre faveur.

« Mais partout où les communications sont gênées par des idiomes particuliers, qui n'ont aucune espèce d'illustration, et ne sont qu'un reste de barbarie des siècles passés, on s'empressera de prendre tous les moyens nécessaires pour les faire disparaître le plus tôt possible [1]. »

F. Brunot s'est scandalisé de la tolérance de Lanthenas, qui ménageait les idiomes étrangers et pourchassait les patois. Ces querelles tactiques importent peu. L'intention est l'élément révélateur :

« ART. 1. L'enseignement public sera partout dirigé de manière qu'un de ses premiers bienfaits soit que la langue française devienne en peu de temps la langue familière de toutes les parties de la République. »

Et il faut citer les grands décrets, celui du 30 vendémiaire an II (21 octobre 1793) qui crée les écoles primaires d'État, et celui du 8 pluviôse an II (27 janvier 1794) :

« Il fut décidé, sur la proposition du Comité de Salut Public, que des instituteurs de langue française seraient nommés dans un délai de dix jours, dans tous les départements dont les habitants parlaient bas-breton, italien, basque et allemand » (IX, 183).

En toute affaire, comme celle du choix d'un manuel de grammaire [2], quelque chose toujours révèle une volonté centralisatrice, simplificatrice, uniformisatrice.

La politique d'élimination des parlers locaux de Grégoire

> « *Vous détestez le fédéralisme politique ; abjurez celui du langage ; la langue doit être une comme la République* [3]. »

Tel est le résumé que donne Brunot de l'*Adresse aux Français* adoptée par la Convention à la suite du rapport de l'abbé Grégoire. Talleyrand disait déjà, on l'a vu, que les patois sont « le dernier reste de la féodalité ». Dans son rapport du 16 prairial an II, *Sur la nécessité et les moyens d'anéantir les patois et d'universaliser l'usage de la langue française*, Grégoire écrit, dans une parfaite continuité avec le *Discours* de Rivarol, qu'il cite et résume ensuite : « la langue française a conquis l'estime de l'Europe, et depuis un siècle elle y est **classique**» (*HLF* IX, 205 n.). C'est sur cette base conforme à la tradition d'une langue d'élite que s'édifie le projet politique d'élimination de tous les parlers locaux.

Ce projet était l'aboutissement d'une enquête qu'il avait lancée en 1790 :

Paris, 13 août 1790

« Monsieur,
Permettez-moi de vous adresser une série de questions relatives au patois et aux mœurs des gens de la campagne, en vous priant de me donner tous les renseignements demandés, et même de me procurer tous les ouvrages intéressants écrits en ce dialecte. »

L'abondant questionnaire orienté en dit déjà très long lui-même. Je cite quelques-unes de ses 43 questions :

« 1. L'usage de la langue française est-il universel dans votre contrée. Y parle-t-on un ou plusieurs patois ?
2. Ce patois a-t-il une origine ancienne et connue ?
6. En quoi s'éloigne-t-il le plus de l'idiome national ? N'est-ce pas spécialement pour les noms des plantes, des maladies, les termes des arts et des métiers, des instruments aratoires, des diverses espèces de grains, du commerce et du droit coutumier ? On désirerait avoir cette nomenclature.
9. A-t-il beaucoup de mots pour exprimer les nuances des idées et les objets intellectuels ?
10. A-t-il beaucoup de termes contraires à la pudeur ? Ce que l'on doit en inférer relativement à la pureté ou à la corruption des mœurs [1] ? »

Les réponses, outre leur intérêt descriptif, ne font que confirmer les affirmations à peine voilées et les implicites du questionnaire. Voici celle de l'ancien capucin Chabot :

« Généreux ami de l'humanité,
Il y a plus d'un an que je réfléchis sur le moyen de propager l'esprit des décrets de l'auguste Assemblée dont vous êtes un des principaux ornements. L'ignorance du peuple est peut-être plus propre à favoriser une contre-révolution que toute la rage des despotes étrangers et des aristocrates de tous les rangs. Je n'ai rien négligé pour dissiper les ténèbres de la plupart de mes concitoyens » (p. 51),

et celle d'un citoyen de Limoges :

« Le français [...] doit être jaloux de conserver ou d'introduire dans les différentes contrées de l'empire la langue qu'on parle dans la capitale, d'autant mieux qu'elle semble maintenant parvenue à sa perfection, par le soin qu'on a pris de lui donner une belle tournure dans ses expressions, etc. » (p. 165).

Enfin on retrouve sans surprise les indices d'un refus des variantes qui confond volontairement pureté, classicisme, unité et uniformité :

> « Il serait facile, écrit Chandon à Grégoire en 1794, de paraître énergique en français, en employant beaucoup d'expressions vives des poissardes ou des harangères, ou des vieux mots. Mais ce mélange du langage de la populace ou des poëtes marotiques avec les termes simples, purs et nobles, des bons poëtes français, ne produirait qu'un jargon pénible et bizarre[1]. »

Ce qu'on retiendra de cet épisode qui devait accélérer le déclin des patois et les progrès d'une langue centralisée, c'est l'état des esprits. L'unification nationale passe par l'unification linguistique, et par l'exclusivité d'une langue « classique » déjà acquise, qu'il faut « uniformer » et rendre invariable. Si les parlers locaux sont relégués au rang de curiosités, c'est au nom de l'intérêt politique supérieur du peuple ; si l'usage de la bonne langue doit se généraliser, c'est qu'elle garantit le respect de la morale, de la religion, et d'une élégance inséparable de la perfection.

De la traduction des décrets à « La Marseillaise »

Pratiquement, la francisation n'était pas facile ; ses difficultés se mesurent entre autres à la complexité des débats politiques sur la traduction des décrets. Les membres de la Législative et de la Convention se trouvaient devant un dilemme : dans toute province non francophone, ou bien on imposait immédiatement l'usage unique du français au risque de n'être pas compris de la population ; ou bien, pour les faire comprendre, on traduisait les décrets, renonçant par là à l'image d'une unité nationale garantie par la langue unique. Et l'école élémentaire était encore dans les limbes, faute d'enseignants qualifiés et en nombre suffisant.

On prenait conscience que l'unité de la langue française n'était ni un fait acquis, ni une directive simple : problème « de terrain », dirait-on aujourd'hui. Il y eut la première proposition de traduction de textes officiels, par Bouchette, député de Bailleul, le 14 janvier 1790. Il y eut le rapport de Dentzel en faveur de la traduction des décrets de l'Assemblée, en novembre 1792. Il y eut une décision en ce sens du Comité de salut public le 20 juin 1793. Il y eut des volumes de textes officiels traduits. Mais il y eut aussi des hésitations, des résistances.

Il y eut la « terreur linguistique » en Alsace ou ailleurs, accident d'une politique volontariste et irréaliste. Cet exemple longuement développé par F. Brunot montre la limite extrême de l'idée d'unification. Non seulement il y avait proscription de l'allemand, décision d'effacer les « caractères allemands qui pourroient se trouver dans les inscriptions ou affiches placées aux maisons, au-dessus des magasins, ateliers ou boutiques » (Strasbourg, in *HLF* IX, 191), mais le fanatisme révolutionnaire allait jusqu'à proposer, par la voix de Rousseville (ces folles propositions resteront lettre morte, mais elles ont existé), des mesures qui annoncent les barbaries totalitaires du XXe siècle :

> « Je dirai pourtant que j'ai vu avec satisfaction qu'une partie des familles patriotes envoyoient leurs enfans dans les contrées voisines où la langue française est usitée, et j'ai dit : pourquoi ne pas generaliser les choses ? pourquoi ne pas faire une espèce de levée en masse de tous les jeunes citoyens et citoyennes de la ci-devant Alsace, et ne pas les placer pour un temps, par réquisition, chez les Français de l'intérieur ? pourquoi ne pas décréter qu'aucune place civile et militaire de la République ne pourra être occupée que par des hommes qui sauront le Français ? » (p. 194).

Plus souriant, le développement d'activités collectives souvent marquées par l'infiltration de textes en français (fêtes de la théophilanthropie, fêtes décadaires) et une politique visant à diffuser une presse en français, ont contribué à une lente progression de la pratique de la langue centrale, avant que les guerres patriotiques, puis napoléoniennes, ne multiplient des brassages d'hommes de régions diverses et ne favorisent ainsi la diffusion du français commun. Il faut rappeler ici la *Feuille villageoise* et ses 15 000 exemplaires. Ne parlons pas du succès de *La Marseillaise*, plus symbolique.

De cet échantillon de faits beaucoup trop allusif ressort l'impression d'un vaste ébranlement et d'une tenace obsession. Dans cette « tourmente », la langue française n'a pas changé de structure ; mais elle n'est plus, en 1800, ce qu'elle était en 1789. Sous des formes identiques, elle n'ose plus se dire la langue d'une élite étroite ; elle ne sert plus d'abord à faire dialoguer un roi avec ses courtisans, ou un souverain d'Europe avec un ambassadeur. Elle prétend être le moyen d'expression de la République, et le symbole de ses idéaux ; elle est orientée par les dirigeants de la nation vers l'usage de tous, étant entendu que la réalisation de cet idéal est lente et chaotique.

La langue française n'a pas varié ; ce n'est plus la langue des mêmes Français. Et ce malgré toutes les réactions qui ont suivi.

Trois symboles

Pour finir, on s'arrêtera sur trois personnages remarquables par leur position officielle et leur conformisme de bien-pensants révolutionnaires : un grammairien, Urbain Domergue ; un préfacier du *Dictionnaire*, Joseph Garat ; un arbitre littéraire, Marie-Joseph Chénier. Car nous sommes leurs héritiers.

Le personnage de Domergue est assez lié à la teneur même de l'histoire révolutionnaire pour avoir mérité le nom de grammairien-patriote, à lui décerné par un des lecteurs du *Journal de la langue française*, et retenu pour titre du beau livre de W. Busse et F. Dougnac. Il incarne à la fois une façon de penser grammaticalement la langue qui va s'imposer pour deux siècles, synthèse de l'héritage rationaliste et de celui des remarqueurs, et une attitude révolutionnaire extrême qui lui vaudra, tardivement, une reconnaissance officielle.

Quant à son ardeur révolutionnaire, il l'a manifestée dans sa proposition du néologisme *loyaume* qui enchantait Camille Desmoulins, mais déjà dans ses fonctions de bibliographe, poussant le fanatisme jusqu'à projeter d'empoisonner les pays étrangers avec les mauvais livres français :

> « Rejetons au sein de nos ennemis le poison de nos livres de théologie, de mysticité, de royalisme, de féodalité, de législation oppressive ; et tandis que nos phalanges républicaines portent la destruction parmi leurs satellites, achevons de porter dans leurs esprits, par le moyen de nos livres, le vertige et le délire ; et tel est leur aveuglement, qu'ils payeront cher un présent funeste [1]. »

C'est lui qui sera désigné, avec Dorat-Cubières, pour aller réclamer à l'abbé Morellet, ci-devant académicien, l'exemplaire de travail du *Dictionnaire* [2] interrompu par la Révolution. Et il sera nommé titulaire d'une des « chaires de langue française de Paris » le 18 ventôse an II (8 mars 1794), en fait à l'actuel lycée Louis-le-Grand. Reconnaissance tardive et incomplète. À sa grammaire sera préféré le petit ouvrage élémentaire de Lhomond. Mais personne n'a participé d'aussi près au « microcosme » de l'activité intellectuelle révolutionnaire. *A posteriori* il n'est pas aburde de le considérer comme le grammairien de la Révolution.

Joseph Garat, homme politique habile (il a été ministre de l'Intérieur et a survécu à toutes les tourmentes), a rédigé en l'an VII (1798) la Préface (*Discours préliminaire*) de la 5ᵉ édition du *Dictionnaire de l'Académie*. Cette édition est pleine de paradoxes, dont j'ai naguère esquissé quelques traits[1] : un contenu très « Ancien Régime », voire parfois plus conservateur que la 4e édition, est encadré, à la fin, par un *Supplément contenant les mots nouveaux en usage depuis la Révolution* (cela va de l'*are*, du *kilogramme* et de *nivôse*, à la *carmagnole*, au *club*, à la *cocarde nationale*, à la *montagne* et à *tyrannicide*), et par ce *Discours préliminaire*.

Ce beau spécimen de langue de bois peut nous aider à comprendre l'esprit de réaction conservatrice qui a accompagné l'après-Thermidor, mais aussi toute la révolution en matière de langage. Sous le couvert de l'Idéologie et d'une fidélité à l'évidence selon Condillac, tous les compromis avec l'Ancien Régime sont suggérés, justifiant sans le dire le fait qu'il n'y ait pas de révolution dans l'exercice du langage : l'horizon condillacien de la vérité des idées cautionne l'immobilité d'un modèle de langue d'avant 89, cachée sous l'idée ingénieuse d'un progressisme qui préparait la Révolution. Admirons comment le plaidoyer pour les structures linguistiques contemporaines de la monarchie apparait comme une belle défense des idées nouvelles :

> « Une autre circonstance unique en faveur de ce Dictionnaire, c'est que, commencé à l'époque précisément où la Langue Française commençait elle-même les grands progrès qui devaient lui donner ses plus beaux caractères et sa perfection, il n'a jamais été interrompu un moment ; il a assisté à tous ces progrès ; il en a tenu note en y concourant ; il a été un témoin fidèle de toutes ces variations fugitives qui ne laissent aucuns souvenirs, si on ne les marque pas à l'instant même où ils se succèdent et passent ; c'est qu'enfin il a été fini à l'instant où la Monarchie finissoit elle-même ; et que par cela seul, il sera pour tous les Peuples et pour tous les siècles, la ligne ineffaçable qui tracera et constatera, dans la même langue, les limites de la Langue Monarchique et de la Langue républicaine[2]. »

En réalité il y a bien eu interruption ; quant aux *progrès*, l'édition de l'an VII enregistre des précisions sur l'ordre de Saint-Michel, fait apparaitre une peur accrue de l'anarchie, etc. Mais Garat et le compromis qu'il représente n'en étaient pas à cela près.

Passons à M.-J. Chénier. Si l'esthétique, l'harmonie, le bon gout, la conformité sociale se dessinaient à l'arrière-plan d'une *esthétique de la langue française* avant la lettre à la fin de l'Ancien Régime, de Bouhours à Voltaire, de Wailly et Rivarol, on constate que cet écrivain, l'un des plus engagés dans la Révolution, ne fait que perpétuer cette vision et cet idéal. Quelques passages du *Tableau historique de l'état et des progrès de la littérature française depuis 1789* [1] montrent la persistance de l'élitisme et d'un idéal de *distinction* :

> « Ici nous occupent à leur tour tous ceux qui ont appliqué l'art d'écrire aux matières de politique et de législation ; non cette **foule d'esprits subalternes** qui, par des feuilles périodiques ou des brochures non moins éphémères, caressaient les passions de **la multitude**, quand la multitude avait la puissance, mais un petit nombre d'hommes plus ou moins **distingués** par leurs talens, également louables par leurs intentions » (p. IX).

L'héritage du XVIIIe siècle, filtré par l'époque révolutionnaire, est le nouveau signe de cette distinction :

> « Au reste, en ces diverses compositions si resserrées dans leur cadre, on voit, ainsi que dans les grands poèmes et les bons ouvrages de l'époque actuelle, briller et dominer partout les opinions d'une saine philosophie, cachet profond du dix-huitième siècle, et marque certaine de l'influence qu'il conservera, sinon sur tous les esprits, **du moins sur tous les esprits distingués** » (p. 273-274).

S'y ajoutent le refus de l'égalité naturelle :

> « On y trouve par exemple, que tous les hommes seraient égaux en facultés intellectuelles, s'ils étaient également secondés par l'éducation. Des raisons physiques, et par conséquent très puissantes, semblent démentir cette idée qu'Helvétius reproduit sans cesse » (p. 18),

le conformisme moral, etc.

CONCLUSION : LES DÉFENSEURS DE LA LANGUE IDÉALE

Sous les grands mots et les grands enthousiasmes, sous l'apparent confort intellectuel d'une norme stable frappée au coin du bon gout et de la raison universelle, on lit dans ces deux siècles d'histoire de notre langue une constante attitude défensive, qui révèle la méfiance et l'insécurité de ceux qui se passionnent trop pour l'objet de leur culte.

Ceux qui ont laissé un nom dans la configuration imaginaire du français moderne, ceux en qui nous reconnaissons les inspirateurs de notre propre apprentissage de la langue, se sont généralement affirmés contre quelque chose ou contre quelqu'un : ils ont tous développé ou suggéré un programme de régulation de la langue et du discours dont le premier objet est d'*écarter une menace*.

Si nous égrenons quelques noms de cette litanie, nous trouverons Malherbe contre Marie de Gournay et contre Desportes[1], Vaugelas contre ce qui ne représente pas « la plus saine partie de la Cour », Molière et La Bruyère contre la préciosité, Bouhours, Voltaire, Rivarol contre tout ce qui nuit à la parfaite convergence de la « clarté » et de l'harmonie, Desfontaines contre le néologisme[2], contre Marivaux (mais aussi Marivaux contre Crébillon, Crébillon contre Marivaux, et le Diderot des *Bijoux indiscrets* contre l'un et l'autre), Dumarsais contre l'irrationnel, Beauzée contre les pédants et les « rudimentaires », de Wailly, après et d'après Bouhours, contre l'obscurité et l'inélégance, Féraud contre les déviations et contre les excès, pour le triomphe du bon sens et du gout, Domergue contre les fautes et contre l'abbé Féraud, Grégoire contre tout ce qui pourrait favoriser une dispersion régionaliste.

Toutes ces démarches critiques ne sont pas uniquement négatives ; on le voit bien avec le *Dictionaire critique* de Féraud. Elles modèlent par contraste une évidence qui devient de plus en plus instinctive, qui affiche la norme non plus comme une contrainte externe, mais comme un moyen nécessaire d'épanouir les virtualités de la langue. Mais elles laissent l'arrière-gout d'une méfiance dont notre sentiment de la langue ne sera plus jamais exempt.

2. QUAND UNE SOCIÉTÉ SE DONNE UN MODÈLE UNIQUE DE LANGAGE

LA NORME ET LES MARGES REFUSÉES

Mais sur quoi repose donc cette image qui garantit le prestige de la langue, et que l'autorité impose ? Il faut essayer maintenant de définir cette *norme*.

LA NORME OU L'ABOLITION DE LA VARIATION

Quelques exemples des points de fixation d'un modèle strictement imposé fourniront la matière de cette première section, à la fois *indices* et *conséquences* de la redoutable conviction qu'il faut toujours, selon le mot de Grégoire, *uniformer* la langue. Sous la Révolution, le souci politique de l'unité linguistique a poussé à l'extrême la volonté de *supprimer toute variation à l'intérieur même du système commun.* Non contents d'éliminer les parlers locaux, Grégoire ou Barère voulaient une norme fixée. Mais on n'avait attendu pour cela ni 1793 et la coercition linguistique, ni 1790 et l'enquête de Grégoire. C'était le prolongement d'une politique obstinée, menée avec rigueur depuis Richelieu. Peu à peu s'était développée et raffermie la conviction, qui est encore la nôtre, que les variantes qui apparaissent ou persistent à une époque donnée affaiblissent la force et l'efficacité du modèle, et qu'il faut les combattre. Maladie française ou salutaire vigilance, cette obsession a conditionné notre histoire ; elle fait partie de notre être linguistique. Entre 1600 et 1800, chaque génération, les yeux fixés sur un état idéal, a immobilisé un peu plus le système établi ; *il n'y a plus eu d'évolution, mais des fixations successives.* Sur les quelques détails où la langue était encore instable, un choix autoritaire s'est imposé, les grammairiens et l'Académie ont légiféré, et les changements dans la langue n'ont plus été qu'une succession de décrets. C'est pourquoi les quelques détails qui représentent les dernières étapes d'une fixation définitive sont d'une importance symbolique qui justifie qu'on les regarde de près.

Au reste ces petits faits, qu'on les appelle *difficultés de la langue française* ou *points sensibles à la variation*, n'étaient que des ilots d'instabilité, et non pas comme on l'a cru longtemps le germe d'évolutions ultérieures[1]. Ils délimitaient par contraste une norme : prononciation unique et idéale, orthographe officielle, lexique sévèrement filtré, syntaxe qui immobilise les dernières structures hésitantes. À travers un exemple pris dans chacun de ces domaines, on va voir comment la langue française s'est figée dans une abolition systématique de la variation.

Le français tel qu'on doit le prononcer.
L'exemple des mots en « oi »

On commencera par l'un des rares points sur lesquels les temps modernes pouvaient encore connaitre un changement, mais ont imposé deux normes successives : la prononciation /wɛ/ puis la prononciation /wa/ du digramme[2] *oi*. Il s'agit du français tel qu'on le parle, mais il n'est traité, surtout après Vaugelas, que d'après la langue écrite ; la question des sons qu'il faut proférer se pose en termes de prononciation des *lettres*. Pour un homme des XVIIe et XVIIIe siècles, l'imprimé a pris une place dominante et les analphabètes n'ont pas de langue : toutes les particularités spontanées non gagées sur l'écrit sont fautives. Le français est – ou doit devenir – une langue sans variation, scellée dans la fixité de l'écrit.

La question de la prononciation idéale ou fautive, admise ou rejetée, implique en effet l'existence dans l'absolu d'une réalité linguistique stable, présente sous la forme des lettres *oi*. La diversité des réalisations ne peut être pensée qu'en fonction d'un modèle uniforme, quitte à ce que celui-ci se déplace avec les changements sociaux et politiques. Que *faut-il* dire pour être un bon utilisateur de la langue ? C'est dans ce cadre idéologique que se déroule l'évolution qui commande les modalités du passage[3] final de /wɛ/ à /wa/ de la cour à la ville, et, très en gros, du XVIIe au XIXe siècle.

Vaugelas, en 1647, consacre trois grandes pages à la prononciation du digramme *oi*, qu'il appelle, comme tous les grammairiens du temps, « dyphtongue ». Précieux document, dont on retiendra ici surtout la philosophie : critères et idéal. (Ce que Vaugelas appelle la prononciation « à pleine bouche » est pour lui /wɛ/ qu'il note *oi*, par opposition à /ɛ/ noté *ai*[4].)

> « *Quand la dyphtongue OI, doit estre prononcée comme elle est escrite, ou bien en AI.*

A la Cour on prononce beaucoup de mots escrits auec la dyph-tongue *oi*, comme s'ils estoient escrits auec la dyphtongue *ai*, parce que cette derniere est incomparablement **plus douce & plus deli-cate. A mon gré** c'est vne des **beautez de nostre langue** à l'oüir par-ler, que la prononciation d'*ai*, pour *oi* ; *Ie Faisais*, prononcé comme il vient d'estre escrit, combien a-t-il **plus de grace** que, *ie faisois*, en prononçant à pleine bouche la dyphtongue *oi*, comme l'on fait d'ordinaire **au Palais ?** Mais parce que **plusieurs en abu-sent**, & prononcent *ai*, quand il faut prononcer *oi*, il ne sera pas inutile d'en faire vne remarque. **Vne infinité de gens** disent, *mains*, pour dire *moins*, & par consequent *neantmains*, pour *neantmoins*, *je dais, tu dais, il dait*, pour dire, *je dois, tu dois, il doit*, ce qui est **insupportable.** Voicy quelques reigles pour cela.

Premierement, dans tous les monosyllabes on doit prononcer *oi*, & non pas *ai*, comme *moins*, auec son composé *neantmoins, loy, bois, dois, quoy, moy, toy, soy, mois, foy*, & tous les autres, dont le nombre est grand. Il y en a fort peu d'exceptez, comme *froid, crois, droit, soient, soit*, que l'on prononce en *ai*...

Tantost on prononce *oi*, & tantost *ai*, aux syllabes qui ne sont pas à la fin des mots, comme on dit, *boire, memoire, gloire, foire, &c.* & non pas, *baire, memaire, glaire, faire*, **qui seroit vne prononcia-tion bien ridicule** ; Et l'on prononce, *craire, accraire, creance, craistre, accraistre, connaistre, paraistre, &c.* pour *croire, accroire, croyance, &c.* **Quelques-vns** disent *veage*, pour *voyage*, mais **il ne se peut souffrir**, non plus que *Reaume*, pour *Royaume*. On peut neantmoins asseurer, que presque par tout *oi*, ne finissant pas le mot, se prononce en *oi*, & non pas en *ai*. Ainsi il faut dire, **auoine, auec toute la Cour**, & non pas *aueine* auec **tout Paris**» (extrait des *Remarques*, p. 98-101)[1].

F. Brunot a souligné que le groupe de prestige exclut alors la ville, Paris, au profit de la cour. C'est au XVIIIᵉ siècle seulement que s'opè-rera, lentement, un retournement contre le /wɛ/ à la fois aristocratique et rural. Au XVIIᵉ siècle, Saint-Réal reprochait à Andry de Boisregard son indulgence envers les parisianismes :

« Il fallait, opinait-il, se défier encore de la prononciation des Pari-siens plus qu'il n'a fait, je n'entends pas du peuple, j'entends des honnêtes gens de Paris[2]. »

Et l'analyse, dans l'*HLF*, des avatars de la prononciation de *bou-levard*, en marge du problème qui nous occupe, aurait pu être signée Labov[3] :

« La petite bourgeoisie, en effet, imitant la Cour, se mettait à dire *boulevert*, à "parler pointu"[1]. Il n'en fallait pas plus pour qu'on se récriât, et qu'on préférât *boulevard*. Ce n'est pas la seule fois que des gens du monde renoncent à leurs opinions préférées, sitôt qu'ils les voient partagées » (p. 176).

Les critères sont bien socioculturels ; et le choix de la variante de prestige est toujours l'origine d'une version unique et obligatoire. Pour Vaugelas c'est /wɛ/ ou /ɛ/.

Soixante ans après les *Remarques*, le *Traité* de Regnier-Desmarais affiche des choix qui sont exactement ceux de Vaugelas. Mais il les radicalise, indiquant comme par défaut l'absolue uniformité de la norme : sourd aux évolutions de son époque, il témoigne d'un esprit académicien qui ignore la possibilité même de la variation. Ainsi, sans discussion, et comme d'évidence, il opte pour le refus de la prononciation « oa » :

« Il n'y a aucun mot François où l'*o* soit joint ainsi avec l'*a* ; la nature de ces deux voyelles, qui ne peuvent estre prononcées ensemble sous un mesme temps, repugnant à cette jonction. Avec les autres voyelles il forme tantost un son tres-simple, mais different de celuy qui luy est propre, & tantost un son double, dans lequel on entend en mesme temps le son des deux voyelles » (p. 42),

et délimite deux zones, l'une, noble, celle des « oe » (correspondant à la graphie « oe » de *boeste*, *coeffe*, ou *o + i* de *boiste*), l'autre, ordinaire, celle des exceptions en /ɛ/.

Dix ans plus tard, l'année même où meurent Regnier et Louis XIV, le Père Gile Vaudelin propose à ses contemporains des transcriptions de textes religieux, pour en rendre la lecture facile au « peuple » (de qui s'agit-il ?), en même temps que la prononciation en sera alignée sur le bon modèle (*Instructions crétiennes mises en ortografe naturelle*[2]). Dans la remarquable transcription déjà phonologique[3] que ce père propose pour favoriser l'accès aux textes chrétiens, il fixe ce qui est pour lui la réalité même, sociale et discursive, d'une langue immobile. S'il n'y a chez lui, en 1715, aucune hésitation sur la prononciation « oë » (il note successivement « o » et son signe pour *e* ouvert, que je transposerai en « è ») : « signe de la Croè, avoèr, le Roè, la Maison Roèiale » (etc., 23-24), c'est qu'il connait la « juste » prononciation. Il n'ignore pas les autres, mais ce ne sont pas les bonnes[4].

Ainsi dans la norme, de 1647 à 1715, rien n'a changé, alors que les réalités mêmes de la pratique se sont modifiées. Th. Rosset et F. Brunot ont souligné que l'ouverture de /we/ en /wɛ/ entrainait naturellement, et très tôt, l'aperture en /wa/. Celle-ci est ignorée, de Vaugelas à Vaudelin, tant qu'elle est ressentie comme n'appartenant pas à la cour. Ce qui s'entend ne s'accepte que filtré par l'idée de ce que l'on doit dire.

Ce n'est pas la Révolution qui opèrera le changement, mais la grande mutation sociale qui l'a précédée. Si l'on déconseille, dit-on, à Louis XVIII, en 1814, de dire « le Rwè, c'est mwè », c'est que dès 1750 le modèle « parisien » était assez fort pour rejeter dans l'ombre le prestige usé des archaïsmes de cour. Témoin l'abbé Féraud :

> « La *Prononciation* est une chose qu'on ne peut bien montrer que de vive voix, & bien apprendre que par un long usage. En tâchant de la peindre à l'œil, nous n'avons prétendu que dégrossir cette partie, & **faire éviter les fautes les plus grossières & les plus sensibles** » (Préface du *Dictionnaire grammatical* [*Dictionnaire grammatical*, éd. 1768], p. VIII).

> « Dans *croire*, *oi* a le son d'*oa* dans la **prononciation soutenue**, & d'*è*, dans la **prononciation ordinaire** : nous écrivons *croa-re*, ou *crère* » (*ibid.*, p. IX) (texte repris presque sans changement dans le *Dictionaire critique* de 1787).

Le déplacement s'est opéré, de la cour à la bourgeoisie dominante ; on est passé de /wɛ/ à /wa/, et les oppositions résiduelles deviennent définitivement des oppositions de registre, et de dignité.

Lors même qu'il se montre plus nuancé sur la connotation de « crère » et s'abstient de trancher – c'est souvent l'attitude qu'il adopte dans le *Dictionaire critique* – Féraud reflète une pensée qui *vise* à la résolution des variantes, en notant une *incertitude provisoire*.

> « Faut-il prononc. *crère*, ou *croâ-re* ? Plusieurs admettent les deux prononciations ; la 1re, pour la conversation : la 2de pour le discours soutenu. Un habile homme interrogé, comment il falait prononcer ce mot, répondit : je *crais* qu'il faut prononcer, je *crois*. L'Ab. *Tallemant*, dans le Recueil des Décisions de l'*Acad. Franç.* (1698) dit que la prôse adoucit la prononciation à plusieurs mots, comme *croire*, qu'elle prononce *craire*. La question est **encôre indécise : le plus sûr est de** toujours prononcer *croâre*, je *cro-â*, nous *croa-ions*, etc. »

Il y avait toujours eu des prononciations méprisées. On peut dire que les deux grands siècles classiques ont donné à ce mépris une force institutionnelle.

Le français tel qu'on doit l'écrire. L'exemple des consonnes doubles

« Toutes ces définitions des Verbes **difèrent** un peu de **cèles** de nos **Dictionaires** & de nos **Gramaires** ; je ne les propôse que parce que je les crois plus simples & plus vraies que les **anciènes** » (de Wailly, éd. 1777, p. 21).

C'est ainsi qu'on peut encore, dans la seconde moitié du XVIIIe siècle, simplifier les consonnes doubles. De son côté l'Académie, que le pouvoir avait créée aussi pour fixer l'orthographe, a joué son rôle d'autorité et de garantie de l'intégrité du trésor national. Qui le lui reprocherait ? Mais alors cette liberté que prend l'auteur des *Principes généraux et particuliers…* ? Elle était vouée à un échec qui montre bien le mécanisme d'une politique d'uniformisation. Confrontés à une réalité variable, les groupes dominants ont instinctivement réagi de façon conservatrice et ont repoussé tout ce qui s'opposait à l'image fixe d'un acquis à ne pas discuter, l'orthographe devenant peu à peu l'emblème sacré de toute la langue.

Pourtant, dans les faits, l'orthographe française est en soi un plurisystème[1]. Elle est à la fois phonologique (servant à transcrire les sons distinctifs) ; morphographique (notant les catégories grammaticales : le *s* du pluriel, opposant *méchants* à *méchant* est un « morphogramme ») ; et logographique (enregistrant la particularité graphique qui identifie des mots homophones : *port*, distingué de *porc*, est un « logogramme »). L'orthographe n'est donc vouée *par construction* ni à l'uniformité, ni à une régularité analogique simple dans une seule dimension. La fonction d'une consonne double peut être phonétique, morphologique, distinctive, ou seulement ornementale. Dès avant la période classique, certains ont cependant cherché à dégager des lois, des principes, et à rationaliser le système par des réformes, en proposant la suppression de certaines de ces consonnes doubles. L'instabilité a persisté, de plus en plus marginale, pendant toute notre période ; elle a été finalement vaincue, les groupes de prestige étant inégaux, et l'évolution n'a été que la fixation d'un état transitoire, que l'Académie, porte-voix du groupe dominant, a transformé en vérité de la langue.

Les Précieuses, d'après Somaize, voulaient réduire *deffunct* à *défunt* (ici la suite leur a donné raison), mais aussi *accommode* à *acomode*, *souffert* à *soûfert*, *mettre* à *mètre* (v. *HLF* IV, p. 96). C'est peut-être une légende, mais on en retiendra l'insuccès éloquent. Au reste on aurait tort d'y voir une simple fantaisie : ces simplifications ont été sou-

haitées, sporadiquement réalisées, voire soutenues par de sérieux praticiens. C'est évident chez un réformateur comme L'Esclache, qui écrit
dificile, âsés, éle, conésance, necésaire, aprandre (p. 100). Mais ce sera
aussi le fait d'académiciens comme Dangeau :

> « Quand deux consonnes samblables se prononcent come s'il n'y
> en avoit qu'une, je n'en écris qu'une ; par èxemple j'ècris *aprandre,
> abatu, ocasion, adoner, afaire, èfacer, exagerer, agresseur, vile,
> balet, fole, nule, ampoule, comander, comerce, conoître, paneau,
> oposer, ariver, atirer...* » (p. 146, note 4) [1].

Richelet avait déjà préconisé *et pratiqué* cette attitude : à cet égard
la consultation de son *Dictionnaire* est rafraîchissante, quoiqu'il ne soit
pas toujours conséquent, qu'on trouve *accommoder* à côté d'*acomplir,
acorder*, etc., et que le critère qu'il donne dans son Avertissement reste
arbitraire :

> « On retranche la plu-part des lettres doubles & inutiles **qui ne
> défigurent pas les mots**, lorsqu'elles en sont retranchées. On écrit
> *afaire, ataquer, ateindre, dificulté*, & non pas *affaire, attaquer,
> difficulté* &c. »

L'Académie avait beau jeu ; mais l'hésitation a duré jusqu'à la fin
du XVIIIᵉ siècle, puisque le *Dictionaire* (avec un seul *n*) *critique* de
Féraud propose en adresse *accroître* ou *acroître, donner* ou *doner, personne* ou *persone*, la seconde graphie étant en général la plus volontiers utilisée dans le corps des articles.

Mais ce n'était pas l'orthographe de l'Académie. Celle-ci avait fait
ses choix, souvent judicieux, grâce à d'Olivet, souvent insuffisants et
contradictoires. Il fallait que prévalût l'optique exclusive d'un système
qui, dès qu'il serait fixé, serait imposé. En dépit de Dangeau et de
Féraud, nous n'avons été allégés que des consonnes doubles supprimées
en 1740. On en est resté, à peu de chose près, à la situation de 1670
ainsi décrite par F. Brunot :

> « Depuis longtemps les étrangers, s'en fiant aux promesses des Sta-
> tuts, et incapables d'imaginer que la réforme de la langue française
> pût se faire sans une réforme de l'orthographe, dont le désordre et
> la complexité les gênaient plus que tout le reste, espéraient en
> l'Académie.
> Elle aborda en effet la question. Il le fallut bien, quand le travail du
> Dictionnaire fut définitivement repris. À l'instigation de Perrault,
> le lundi 8 mai 1673, – la date mérite d'être notée – la Compagnie
> décida d'adopter une orthographe unique, obligatoire pour ses

membres, qu'on tâcherait ensuite de faire recevoir par le public »
(p. 105).

Immobilisée avec ses progrès et ses inconséquences, l'orthographe
des consonnes doubles faisait partie d'un modèle de prestige en quelque
sorte mandarinal, beaucoup plus fort que ne l'aurait été une solution
plus rationnelle. Le résultat est une règle qui n'en est pas une. Mais elle
a la force d'un indice d'unité :

> « Toute autre consonne que le *g* ou l'*m* se double après la préposi-
> tion *a*. Exemples : *abbattre, accabler, addresser, affriander, allai-
> ter, annexer, appaiser, arranger, assaisonner, attacher*... Exceptez :
> *aborder, aboucher, aboutir, adosser, aligner, aneantir*» (p. 108).

Un siècle de remue-ménage n'y a finalement rien changé. Aujour-
d'hui, il n'y a qu'une orthographe, avec beaucoup de consonnes
doubles.

Le français tel qu'on doit le conceptualiser. L'exemple du néologisme

Le lexique d'une langue ne peut être et ne sera jamais stabilisé,
mais en même temps persiste toujours l'idéal communautaire d'un
vocabulaire clos où tous reconnaissent les mots de la tribu ; le lexique
est nécessairement le lieu d'un conflit permanent. Chaque époque de
l'histoire de la langue française a voulu avoir ses mots, rien que ses
mots, avec une rigidité autoritaire accrue depuis le XVIIᵉ siècle, qui
s'est traduite notamment par la crainte du néologisme. La période classique a vu se développer un sentiment de plénitude exclusive, liée à la
certitude fallacieuse qu'en dehors de tout ajustement de discours il
existe une seule bonne façon d'« exprimer sa pensée » : « Vous voulez
dire "il pleut" ; dites "il pleut" », écrit La Bruyère. Aujourd'hui encore,
beaucoup de Français croient au dictionnaire (au singulier), s'interrogent sur l'*existence* de tel mot, cherchent à leur sentiment de la langue
une justification d'autorité, et s'offusquent si les formes nouvelles des
discours médicaux, statistiques, sociologiques affichent le mot *dange-
rosité*.

La méfiance en matière de vocabulaire remonte loin. Autour de
1600, elle a pris une forme aiguë, symbolisée par l'opposition de Malherbe à Marie de Gournay ou aux « libertés » plus modérées de
Desportes[1]. Ce qui frappe dans ces critiques, c'est leur ton péremptoire : *nave* est un « mauvais mot » (*Doctrine*, p. 267), *pers* est « un
épithète qui ne vaut rien » (p. 270) ; *larmoyable* est aussi un « mauvais

mot », comme *printanier* (p. 285), *empourprer* (p. 293), etc. Dans la mesure où son point de vue a prévalu, annonçant la loi académique qui devait lier l'excellence de la langue au pouvoir monarchique à partir de 1635, et servir ensuite de référence à Boileau, il nous a privés jusqu'à ce jour et pour longtemps, non pas de la possibilité de créer des mots, mais de la liberté d'esprit avec laquelle on aimerait pouvoir le faire. Mlle de Gournay[1] a perdu la partie, qui disait :

> « [...] Accueillons donc les mots nouveaux, "l'estrangeté en est ordinairement passée en dix jours, à la faveur de l'accoustumance" » (O., 571, *Adv.*, 366).

En 1635, avec la création de l'Académie française, commence le contrôle absolu des mots de la langue par l'émanation politique de la société dominante. Le projet de Richelieu de doter la langue d'un Dictionnaire officiel, et le monopole, théorique, on l'a vu, du *Dictionnaire de l'Académie*, sont la base de l'idée d'une langue uniforme dans son lexique définitif.

Mais l'exercice du pouvoir n'aurait jamais suffi, s'il n'y avait là en même temps ce que l'on appellerait aujourd'hui un phénomène de société : le bon gout et le conformisme culturel prendront vite le relais de l'autorité pour ridiculiser les aspirants à la créativité langagière, dont l'originalité consistait d'ailleurs beaucoup plus dans l'emploi de métaphores recherchées et d'alliances insolites de mots que dans la fabrication de termes nouveaux. Molière avait là une cible facile ; mais en ridiculisant au nom du naturel les excès des précieuses ou des femmes savantes, il donnait des armes aux tenants de l'ordre linguistique et de l'immobilisme lexical.

Cette collusion de la politique officielle et d'une philosophie du bon gout et du bon sens quelque peu intolérante se retrouve en 1724, dans le combat de Desfontaines contre la « préciosité nouvelle »[2] de la Régence, sous la forme d'un *Dictionnaire néologique de Pantalon-Phoebus*[3]. Le langage combattu, souvent celui de Crébillon fils et de Marivaux, y apparait comme un ridicule ramassis de nouveautés néfastes. Desfontaines s'en prend à des mots comme *scéleratesse*, *secouement*, ou *sentimenté*, et reproche à Marivaux, son ennemi le plus fréquemment attaqué, une métaphore ridicule qu'il juge apparemment sans avenir, alors qu'en fait elle est attestée dès 1696 selon le FEW[4] (mais c'est une façon de sanctionner une extension jugée fâcheuse dans la ligne de « tomber malade » ou « tomber en démence », attestés dans Furetière) :

> « TOMBER amoureux. (Elle *tomba* tout subitement *amoureuse* de

moi.) (*Spect. François, f. 7. page 372*) L'amour est par cette expression représenté comme une apoplexie agréable. »

Ainsi se dessine l'image d'une sagesse apparente, qui masque, sous l'équilibre dialectique de la tolérance et de l'éloignement de tout excès, la règle de fer de la conformité à un être absolu de la langue. Cela deviendra une théorie officielle dans le corps même du *Dictionnaire de l'Académie*, qui, parce qu'il le proposait en termes raisonnables, a su imposer l'idéal clos d'un lexique unique, ayant ses règles internes et ses défenses externes, règles de la néologie et lutte contre le néologisme :

« NÉOLOGIE. s.f. Mot tiré du Grec, qui signifie proprement Invention, usage, emploi de termes nouveaux. On s'en sert par extension pour désigner l'emploi des mots anciens dans un sens nouveau, ou différent de la signification ordinaire. *La Néologie ou l'art de faire, d'employer des mots nouveaux, a ses principes, ses lois, ses abus. Un traité de Néologie bien fait, seroit un ouvrage excellent, & qui nous manque.*»

« NÉOLOGISME. s.m. Mot tiré du Grec. On s'en sert pour signifier l'habitude de se servir de termes nouveaux, ou d'employer les mots reçus dans des significations détournées. Ce mot se prend presque toujours en mauvaise part, & désigne une affection vicieuse & fréquente en ce genre. (La Néologie est un Art, Le Néologisme est un abus. La manie du Néologisme) [1]. »

Cet idéal a facilement surmonté les crises néologistes dont nous parlerons plus loin, et dont il ne faut pas exagérer la portée dans le système de la langue. Les révolutionnaires eux-mêmes ont contribué à ancrer l'idée qu'une néologie bien réglée a toujours été et doit rester le rempart du conservatisme lexical. L'illusoire bonnet rouge au vieux dictionnaire n'en a changé ni la profonde et fixe teneur, ni l'écrasant prestige.

Le français tel qu'on doit le construire. L'exemple des constructions louches

La clarté, la netteté, l'ordre direct, on l'a vu, sont les emblèmes d'une langue idéale à vocation universelle. Le *Ce qui n'est pas clair n'est pas français* de Rivarol s'est préparé de longue date dans une prescription qui est restée la base de l'enseignement du français. *Il n'y a de bonne langue que dans un seul type de discours.* Le Gras, dans sa *Rhétorique françoise* (1673), l'affirmait comme beaucoup d'autres, dans une belle formule manichéenne :

« Pour ce qui est de l'arrangement des paroles, celuy qui est bon contribüe beaucoup à la clarté, au lieu que celuy qui est mauvais produit l'obscurité » (cité in *HLF* IV, p. 1104 n.).

On pourrait illustrer cette attitude et ce « principe » de la langue française classique par l'examen des grandes questions syntaxiques, celle de l'ordre des mots, celle des contraintes anaphoriques sur les relatives ou celle de la représentation pronominale, qui seront évoquées ultérieurement. Pour symboliser la conscience linguistique telle qu'elle travaille à se définir, on choisira l'exemple du *refus des constructions louches*, exemple qui montre à quel point très tôt, même quand on croit évoquer l'usage du français qui se parle, on est pris dans la logique du texte enregistré, écrit, fixé, offert au déchiffrement.

Quand on referme les *Remarques* de Vaugelas, on est sensible au fait que les deux dernières s'intitulent « De la netteté du stile » (on est bien dans le domaine de l'écrit) et « Des équivoques ». L'anarchie apparente du recueil ne laisse pas de faire paraitre ainsi des moments plus intenses, instinctivement jugés plus essentiels. Deux pages avant le point final, on est frappé par l'obsession persistante de la *netteté* :

> « Il y a encore vn autre vice contre la *netteté*, qui sont certaines constructions, que nous appellons *lousches*, parce qu'on croit qu'elles regardent d'vn costé, & elles regardent de l'autre ; l'en ay fait vne Remarque, à laquelle ie renvoye pour abreger. Il la faut chercher à la table au mot de *construction*» (p. 591).

Si nous « cherchons » ainsi l'explication, nous sommes renvoyés à un passage remarquable à la fois pour son intérêt technique et pour sa philosophie respectueuse d'un modèle d'expression, civilement habillée d'une politesse relativiste qui n'enlève rien au caractère contraignant de la loi[1] :

Netteté de construction

> « Lors qu'en deux membres d'vne periode qui sont joints par la conjonction *et*, le premier membre finit par vn nom, qui est à l'accusatif, & l'autre membre commence par vn autre nom, qui est au nominatif, on croit d'abord que le nom qui suit la conjonction, est au mesme cas que celuy qui precede, parce que le nominatif & l'accusatif sont tousjours semblables, **& ainsi l'on est trompé, & on l'entend tout autrement** que ne le veut dire celuy qui l'escrit. Vn exemple le va faire voir clairement. *Germanicus* (en parlant d'Alexandre) *a egalé sa vertu, & son bonheur n'a jamais eu de pareil.* Ie dis que ce n'est pas escrire nettement, que d'escrire

comme cela, *a égalé sa vertu, & son bonheur, &c.* parce que sa *vertu* est accusatif, regi par le verbe *a egalé*, & *son bonheur* est nominatif, & le commencement d'vne autre construction, & de l'autre membre de la periode. Neantmoins il semble qu'estant joints par la conjonctiue, *et,* ils aillent ensemble, ce qui n'est pas, comme il se voit en acheuant de lire la periode entiere. On appelle cela *vne construction lousche,* parce qu'elle semble regarder d'vn costé, & elle regarde de l'autre. Plusieurs excellens Escriuains ne sont pas exents de cette faute [...]. Enfin c'est vne imperfection **qu'il faut euiter,** pour petite qu'elle soit, s'il est vray qu'il faille tousjours faire les choses **de la façon la plus parfaite** qu'il se peut, **sur tout lors qu'en matiere de langage il s'agit de la clarté de l'expression** » (p. 113-114).

La trace de cette préoccupation restera tout au long du XVIIIe siècle. En 1788, Féraud ajoutera, ce qui prouve la vive présence du mot et de l'idée, un emploi substantif que « *l'Acad.* ne met pas » :

« S.m. Cette expression jète du louche dans la phrâse (s.v. LOUCHE). »

Le « Paix à la syntaxe » de Hugo empêchera qu'on remette jamais en question l'évidence de la clarté nécessaire et l'unicité du modèle qui fait que toutes les variations et toutes les hésitations expressives sont rejetées dans les *marges* de la langue.

LES MARGES REFUSÉES. UTILISATIONS NON CONVENTIONNELLES DE LA LANGUE

Faire l'histoire d'une langue, ce devrait être aussi, et peut-être d'abord, raconter ou décrire la pratique réelle de ceux qui l'ont employée ; or les traditions idéalistes et scolaires du XIXe siècle ne nous y ont guère préparés. Heureusement les chercheurs aujourd'hui, en Allemagne et en Angleterre comme en France, aident à la résurrection du passé en orientant notre curiosité vers les réalités de l'usage quotidien de la langue française, en nous permettant d'imaginer ce que fut, entre 1600 et 1800, « le français tel qu'on le parle ».

Évidemment cette perspective ne peut être abordée que si l'on étend l'idée de la langue française au-delà de ceux qui s'en sont officiellement attribué la maitrise. Est-il en effet légitime de prétendre décrire la langue française des XVIIe et XVIIIe siècles à partir des seules œuvres qu'on commençait à appeler littéraires, et en s'en tenant au modèle officiel dont on vient de décrire la rigueur exclusive ? Cette langue française-là, remarquable par sa conformité aux exigences d'un groupe social étroit, mais ignorée ou déformée par les neuf dixièmes des Français, est-il acceptable d'en faire le tout de notre langue d'il y a trois cents ans et plus ?

Oui, tout de même, dira-t-on, en un sens, parce que c'est dans cette sphère étroite que s'est déroulée une histoire dont le précédent chapitre a présenté les grandes lignes. Le seul objet d'étude structuré que l'on puisse définir comme tel est bel et bien réglé à l'aune lexicale des grands dictionnaires de la fin du XVIIe siècle, fixé selon les canons grammaticaux et stylistiques d'un usage proclamé par Vaugelas, perpétué par Bouhours, par de Wailly qui en a diffusé les idées dans tout le XVIIIe siècle et au-delà, et réalisé par La Bruyère, Montesquieu, Voltaire. Tributaires de ce passé-là, nous sommes les héritiers, les dépositaires et les utilisateurs de ce « bien » que nous ont transmis l'école et la littérature. Il faut donc continuer à décrire la « langue française cultivée ».

Mais en un autre sens, cette limitation est évidemment illégitime, puisque l'objet décrit, loin d'être la langue de tous les Français, diffère du plus grand nombre des usages réels.

On pourrait répondre que ceux-ci, *pour la plupart*, ressortissent à une autre catégorie, celle des langues étrangères, des dialectes, des patois ; que ce n'est pas l'objet principal d'une histoire de la langue française que de décrire les dialectes germaniques ou flamands, le basque, le « bas-breton », l'italien, l'occitan, non plus que le picard, le bourguignon ou le saintongeais ; que par conséquent le problème est réglé.

Mais si j'ai dit « pour la plupart », c'est qu'il existe, entre les élites et les particularismes régionaux, entre les usages surveillés et les pratiques de tous, des espaces non vides : espace régional où se sont exprimés les bourgeois de Paris ou d'autres villes, espace « familier » où un relâchement témoigne *a contrario* de l'artifice excessif de la contrainte, espace social où s'expriment des artisans ou des paysans. Pour une grande part ces espaces sont le lieu d'expression, lieu méprisé et difficile à décrire, du « peuple » ou d'une partie du peuple. Celui-ci n'a jamais vraiment eu droit à exprimer sa parole conformément au sentiment inconscient de sa langue, qui lui a toujours été confisquée ; et ce plus que jamais sous la Révolution, où il était hors de question d'échapper à un modèle devenu sacré. Cela n'empêche pas qu'il ait pratiqué une multitude de versions non conventionnelles de la langue française.

D'ailleurs, la littérature elle-même ne pouvait éviter de s'en faire l'écho. Le modèle était strict, exclusif, intolérant sans doute, mais il impliquait une représentation marginale de ce qu'il excluait : un exemple pris dans Marivaux le fera comprendre. Dans une page bien connue, l'auteur de *La Vie de Marianne* apporte, comme d'autres, un témoignage stylisé, mais apparemment très « correct », sur les manifestations courantes orales d'un langage qui n'incarne pas la *distinction* inhérente à la « langue française ». C'est la dispute de Mᵐᵉ Dutour et du cocher :

> « De ce plaisir-là, Mᵐᵉ Dutour s'en donna sans discrétion. Attends ! attends ! ivrogne, avec ton fichu des dimanches : tu vas voir la Perrette qu'il te faut ; je vais te la montrer, moi, s'écria-t-elle en courant se saisir de son aune qui était à côté du comptoir.
> Et quand elle fut armée : Allons, sors d'ici, s'écria-t-elle, ou je te mesure avec cela, ni plus ni moins qu'une pièce de toile, puisque toile il y a. Jarnibleu ! ne me frappez pas, lui dit le cocher qui lui retenait le bras ; ne soyez pas si osée ! je me donne au diable, ne badinons point ! Voyez-vous ! je suis un gaillard qui n'aime pas les coups, ou la peste m'étouffe ! Je ne demande que mon dû, entendez-vous ? il n'y a point de mal à ça. Etc. [1]»

On notera d'abord le mauvais accueil que les contemporains ont réservé à cet échantillon d'un langage qu'ils jugeaient « ignoble » (= peu distingué) dans un roman, puis le fait que ces « langages », comme s'ils devaient être neutralisés, sont récupérés par le biais des différences de registres : ils illustrent, avec leur vocabulaire et leur syntaxe « parlée », ce qu'on appelle le style *bas*. L'anti-norme est perçue comme telle, enregistrée et rejetée, au plein cœur de la norme. La dichotomie théorique indiscutée du bon et du mauvais usage n'a jamais pu empêcher complètement leur coexistence, voire leur complicité.

Déjà l'époque classique, encore très sensible à la primauté de l'oral, fournissait des reflets d'un usage social, qui pour être celui de l'élite de la société, n'était pas pour autant toujours respectueux du modèle idéal. P. Dumonceaux le rappelait jadis à propos de l'auteur de *La Princesse de Clèves*, dont l'abbé de Charnes disait qu'elle s'était attachée « à vouloir écrire comme on parle », et que son œuvre était « une des belles imitations que nous ayons du discours familier » [2]. « Imitation », c'est-à-dire reconnaissance d'une pratique autre ; « familier », c'est-à-dire plus libre que les exigences affichées du code. Et avant le cocher de *La Vie de Marianne*, il y avait eu Sorel, Scarron, et tant d'autres.

De telles exceptions ne sont que des imitations, et rien ne nous garantit qu'elles révèlent fidèlement des usages, conventionnels ou non, du français ; ce que fut réellement la pratique de la langue française sous l'Ancien Régime nous est presque entièrement inaccessible : presque tout, oral, en est perdu.

Mais pas tout à fait tout. Deux types de témoignages nous restent : d'une part les imitations stylisées dans certaines œuvres dont je viens de parler, et dans des œuvres littéraires parodiques, depuis les *Agréables conférences* et les bribes contenues dans Molière, jusqu'à Vadé, au style poissard et aux *Parades* de Beaumarchais ; d'autre part, des documents écrits par des Français issus des couches populaires, par exemple les célèbres autodidactes du XVIIIe siècle, des plus respectueux du modèle, comme Jamerey-Duval ou Pierre Prion[1], au plus original, Jacques-Louis Menetra.

Les défenseurs du modèle unique diront qu'il s'agit là de phénomènes de discours dispersés, étrangers à tout système linguistique, et non de caractères essentiels de la langue. Mais la langue entière n'existe pas sans toutes les « paroles » qui s'en réclament, et sans toutes ces petites langues marginales, parcellisées, non abouties. On ne peut faire un portrait de la langue française du passé sans prendre en compte les marges constituées par les discours qui, d'une façon ou d'une autre, s'écartent des contraintes cristallisées autour de l'image d'une perfection.

Mais l'enquête est difficile. Où allons-nous si notre objet devient le marginal, le hors-norme, les réalités sans cesse changeantes et apparemment insaisissables ? Une vue d'ensemble des brefs échantillons qui seront nos indices est ici nécessaire.

On distinguera dans ces marges des cas bien différents. D'un côté il y a les *marges naturelles* de « la langue française cultivée », par exemple ce que nous savons du langage enfantin du futur Louis XIII grâce à la chronique de Jean Héroard, son médecin. On y verra l'éternelle hésitation des structures quand l'usage n'est pas encore réglé. Dans la même « zone » on évoquera les fantaisies épistolaires de la noblesse de 1680, ou l'orthographe incertaine de Mme Diderot trois quarts de siècle plus tard. Aux antipodes de ces symptômes de maitrise imparfaite, on interrogera les *marges imaginaires* que sont les caricatures de « français populaire ». Elles indiquent les points de fragilité de l'édifice qui est en train de s'immobiliser, par une sorte d'exorcisme qui va cimenter la dichotomie du bon et du mauvais usage. Ces documents sont pleins de formes qui montrent du doigt un « français populaire » vraisemblable, qu'il s'agisse du français d'Ile-de-France, vu à travers la caricature d'un prétendu patois, dans les *Agréables conférences*, ou du langage parodique poissard comme celui de Vadé. Enfin on reviendra aux *marges virtuelles* de la langue centrale, les plus clandestines et les plus insaisissables, mais peut-être les moins aberrantes, celles d'un langage pris au sérieux, tiraillé entre son autonomie de fait ou de désir et son respect du modèle : discours qui ont leur propre logique linguistique, sporadique et incoordonnée souvent, comme le discours de l'autodidacte frondeur et avide de reconnaissance que fut J.-L. Menetra. Tous ces exemples attestent la présence, dans la langue unifiée, de germes de diversité bien vivaces, mais qui n'ont jamais pu pousser.

Les marges naturelles de « la langue française cultivée »

Comment parlait le petit Louis XIII ?

Nos préjugés nous disent que notre langue est menacée d'une évolution appauvrissante qui est un signe des temps. Par exemple la réduction de la négation à son second terme (le « forclusif » *pas*, *rien* ou *jamais*) serait une tendance récente, et fâcheuse, de notre langue relâchée. Un petit garçon d'il y a près de quatre siècles, que l'on entend parler à trois ans, à six ans, à neuf ans, et qui va s'appeler Louis XIII, nous force à réviser nos jugements. Ses paroles ont été transcrites dans le *Journal* de l'un de ses premiers éducateurs, le médecin Héroard. L'étude de F.-J. Haussmann [1], menée à partir du recueil [2] que G. Ernst a tiré du *Journal* [3], permet, à travers le langage d'un enfant de milieu pour le moins favorisé, de mesurer l'importance de l'histoire de la langue pour la compréhension de ses structures, de ses variables et de sa nature même.

Ce *Journal* ne constitue qu'un seul témoignage, qu'il faut prendre avec prudence, mais il nous livre des faits et nous permet de lire un discours d'époque, en même temps que la trace de l'idiolecte provisoire d'un enfant, qui, à six ans et demi, dit « pu » au lieu de « plus », et, comme nous le faisons toujours, « i » pour le pronom écrit « il ». Les lignes qui suivent sont donc, autant qu'un vers de Corneille, un spécimen de la langue du début du XVIIe siècle :

> « *Mousseu Eroua i fau que vou me donné de peti chien quand Oriane les aura fai… Mousseu Eroua, i fauda que vous gadiés un chien pou la faire couvi quand elle sera chaude afin que vou l'en-voié pu a Pari pou la faire couvi et pui i montera a cheval dessu* » (12.2.08, 1383) [4].

Le Dauphin est d'abord un témoin comme un autre : il emploie couramment la locution qui ne sera un signe de déclassement que beaucoup plus tard : *astheure* ou *asteure* : « *c'e tout vu astheure que je sui pu opinate* » (20.5.06, 957). Ses premiers essais de plume mettent sous nos yeux, à côté d'un « je suis pu » pour « je le ne suis plus », la prononciation normale de *fils* (« fi »), la tendance parisienne à l'ouverture des « è » en « a », l'emploi d'un « pour ce que » qui n'est pas l'exclusivité de Descartes, etc.

« A deux heures, escript au Roy en ma chambre. *"Papa je sui bien aise de ce que Mr de St Aubin m'a dit que vou poté bien e que vou ete a Pari, pou ce que je pance d'avoi bien to l'honeu de vou voi et de vou baisé le main. Si j'eté bien gran je vou iré voi a Pari car j'en ai bien envie. Hé papa je vou supplie tes humblemen vené me voi é vou veré que je sui bien sage. I n'y a que Madame d'opinate, je sui pu. Ma pume e bien pesante, je vou baise tes humblemen le main. Je sui papa, vot tes humbe et te obeissan fi e saviteu. Daulphin"»* (17.11.05, 825)[1].

Le Dauphin parle comme écrivent ses contemporains, sans discussion (sauf l'hésitation de Vaugelas, vue plus haut) jusque vers 1660, si l'on observe la place du pronom complément d'un verbe à l'infinitif régi par un auxiliaire. À treize ans à peine, le jeune roi dit : « *Je y veux aller* » (28.7.14, 2220), et « *Pourquoy aués vous ouuert la porte, je le vous auois defendu* »[2] (2.9.14, 2230).

Pour la négation, F.-J. Haussmann a tiré du corpus de G. Ernst la preuve que le français moderne a *toujours* tendu à transférer la négation sur son deuxième élément (« pas », « plus », etc.) au détriment du « ne » effacé. Le « ne » de la négation est aussi absent du discours de notre royal marginal que de nos discours familiers : « *je vou cain pu moi* » (25.10.05, 808) ; « *non, je tire pa bien, mai peu à peu nous apprendrons* » (8.10.10, 1833). On peut y ajouter quelques extraits pris au hasard du *Journal*. « *C'e pa a moy a faire cela, faicte le faire pa un aute* » (25.8.07, 1286). Le tout jeune roi, qui a presque neuf ans, dit encore, « brusquement » selon Héroard, à propos de chansons « du feu Roy » : « *Je les aime point* » (24.08.10, 1811), ou « *Il fau parler a la R^{ne} ma mere, je pui pa resoudre cela* » (18.10.10, 1838). Un peu plus tard, on voit coexister dans un même énoncé les deux formes : « *Monsieur le Chancelier vela monseu le prince qui gourmande la Roine ma mere, il ne fault pas l'endurer, je le veu pa* » (20.12.11, 1980).

Ce constat[3] de permanence, à l'opposé de tendances que l'on a crues souvent évolutives, permet d'être sceptique sur la notion naguère trop révérée d'un « français avancé »[4] : il y a au moins quatre cents ans que cette « avance » s'annonçait. Il nous dit en fait que la marginalité est au cœur de la langue réelle dans les discours qui la constituent, même si c'est le discours du futur roi de France.

Des nobles de 1680 à Mme Diderot

Si nous quittons Héroard, d'autres témoignages illustreront surtout les « fautes » ou variations de l'usage écrit, et l'orthographe y tiendra une grande, trop grande place. Mais cet excès ne révèle-t-il pas lui-même que c'est notre image actuelle du français qui tend à réduire sottement la maitrise de la langue à la maitrise d'un code graphique qui l'enregistre ? Prenons un exemple à la fin du même siècle. Étudiée par Ph. Caron, une collection d'écrits appartenant à la correspondance courante de personnages de la noblesse vers 1680 ne fait pas apparaitre un système linguistique fondamentalement différent de la langue officielle ou littéraire. Elle manifeste surtout beaucoup de liberté quant à l'orthographe et à la syntaxe. Témoin ce petit passage du chevalier de Noailles :

> « Je uois souvent Mr de blanchefort cest un fort honnest home auec lequel il y a plaisir destre, ie le trouuerai fort à redire quand il ne sera plus en ce pais rien au monde ne peut diminuer de lestime que iai pr uous » (p. 25).

Graphie et degré zéro de la ponctuation ne répondent pas aux exigences d'organisation phrastique et interphrastique qui deviennent de plus en plus impérieuses à la fin du XVIIe siècle. On peut être de haute noblesse, épistolier occasionnel, et utilisateur marginal de la langue de Bossuet.

L'exemple suivant, pris cette fois en 1765, rappelle que deux mondes se côtoient, et deux pratiques de la même langue. C'est un beau symbole qu'aient vécu côte à côte pendant quarante ans le « Philosophe » maitre d'œuvre de l'*Encyclopédie*, et une vraie femme du peuple, blanchisseuse, de caractère difficile, dit-on. Que se passe-t-il dans leurs rapports à la langue française ? Au moment même où Diderot met sur le papier ses idées sur la sensibilité de la matière, Antoinette Champion, femme Diderot, qui vraisemblablement n'avait pas tourné la tête du Philosophe par sa virtuosité orthographique et sa conscience grammaticale, envoie cette petite lettre à la jeune actrice Mlle Jodin qui s'en va en Russie [1] :

> « Mademoiselle, je finie vostre lestre en vous priant de ne me point oublier pour du marte et si il est a bon conte vous pouriez en nanvoier à votre maman en nous moveant [2] le prix juste elle y gagneroit quelque chose, mais si il est cher ne man avoiez que pour faire la bordure d'une plice [3]. Nous faisons ce que nous pouvons pour consoler vostre chere mère qui est fort changée ; songée à vous conserver pour elle et à lui écrire le plutaux qu'il vous cera possible. adieu je vous anbrace et suis vostre tres humble servante.
>
> femme DIDEROT
>
> ce 21 aoust 1765 [4]. »

Qui pouvait être, quotidiennement, plus proche de l'érudition et du raffinement linguistique et culturel de l'*Encyclopédie* ? Ce petit billet, c'est aussi une pièce de l'histoire de notre langue[1].

Les marges imaginaires, caricatures de « français populaire »

Des manquements à la règle : tels apparaissent de plus en plus les traits de parlures ou d'écritures non conventionnelles, et jusqu'ici nous avons survolé quelques-unes de leurs manifestations inconscientes, ou au moins non voulues. Mais la prégnance de la norme n'est jamais aussi forte que quand elle donne lieu à la représentation exagérée des fautes qui la nient. Rire de celui qui parle ou écrit « mal » est un rite social universel ; il a pris aux XVIIᵉ et XVIIIᵉ siècles la forme de caricatures dont l'observation systématique fournit un négatif intéressant de l'image claire du français idéal. L'imaginaire qui a reconstruit ces marges s'y appuie sur les faits réels dont il accentue et stylise les contours ; il n'est donc pas déplacé d'y chercher, déformée, la représentation de discours très courants. Là encore nous sommes peut-être parfois tout proches du français tel qu'on le parlait et l'écrivait chaque fois que les circonstances et les individus échappaient par quelque biais à l'uniformité de la discipline linguistique exigée.

Si nous désespérons de savoir un jour jusqu'à quel point une conversation française vers 1650, ou vers 1780, ressemblait à la nôtre, la littérature nous offre quelques échappées, dont je ne pourrai donner que des exemples limités, à l'époque de la Fronde, sous Louis XV, et à la veille de la Révolution.

Paysans de l'Ile-de-France

Ainsi nos ancêtres d'il y a plus de trois siècles ressemblaient sans doute plus souvent dans leur parlure aux paysans Janin et Piarot qu'à don Diègue, à Mᵐᵉ de Clèves ou à Télémaque. F. Deloffre a publié leurs *Agréables conférences*, qui sont, dans la caricature d'un prétendu patois d'Ile-de-France, pratiqué entre Saint-Ouen et Montmorency, remplies de formes qui renseignent obliquement sur ce qu'un français du peuple a pu être vraiment. Molière s'en souviendra, notamment dans *Don Juan*, puis Marivaux et tant d'autres, poursuivant la représentation de « cette "koïnè" de la langue des paysans de théâtre qui, par Molière, Dancourt, Dufresny, Le Sage, Marivaux, Favart, Collé et d'autres, se perpétuera jusqu'à Labiche » (11)[2]. Qui dit qu'il n'en reste rien chez les plus anciens habitants de Saint-Denis, ou de Stains ?

Bien sûr, dans ce jeu dévalorisant sur le paysan naïf qui s'émerveille, le texte est surchargé, comme l'indique l'extravagante graphie d'*extase* (« je fu ravy en **yeuxtasse** », p. 67), ou les déformations (*lé zedegrez* pour les degrés), dont le type se lira encore dans *Le Sapeur Camember*. Mais en même temps qu'il nous amuse avec ses passés simples en *-i* comme dans les vieilles chansons, il nous instruit sur l'indistinction – qu'on trouvera dans tout le XVIIIe siècle, même chez les « bons auteurs » – de *qui* et de *qu'il*, sur les amuissements de consonnes (*leu chappiau*), et sur la tendance à substituer *z* à *r* (*couvarte doz* pour « couverte d'or »). On retrouve ici la prononciation qui généralise les « a » en place de « è » : *croas*, et l'écarlate *varte*. C'est la pratique du peuple, évidemment condamnée par le bon usage. Mais on peut vérifier par ailleurs qu'il existe même là une variation interne, la coexistence des « a » et des « è », spectaculaire dans le doublet *Rouas-Rouay* :

> « Nout Cuzé en reveni y glia di jours qui nous couti toute l'histoize. Y nou dizi que la **Faste** dé **Rouas**, bon jour bon oeuvre, le Cardena fezi faize un gran gastiau pour faize la Riauté é y fesi si ban qui fu le **Rouay**, é de **boize** é **reboize** tant que tout lé Signeur s'endor**marent** ; **quer** l'en dit qu'il **avet** bouté de la mandore dan leu vin. Là dessu meinnuy sonni, & queme tou lé **Bourgeas** dormien, y lé chargy tou queme dé cor mor dans son coche, & lé meni à saint **Gearmin** avan qui fussient reveillez : mai quan lé **Bourgeas** sceure qu'an **avet** derobé leu **Rouay**, le guiebe fu ban au vache ; au**serme** au**serme**... » (p. 46-47).

(Notre curé en revint il y a dix jours, et il nous conta toute l'histoire. Il nous dit que, le jour de la fête des Rois, bon jour bonne œuvre, le Cardinal fit faire un grand gâteau pour tirer les Rois, et fit si bien qu'il fut le Roi ; et de boire et reboire tant que tous ces messieurs s'endormirent ; car l'on dit qu'il avait mis de la mandragore dans leur vin. Là-dessus minuit sonna, et comme tous les Bourgeois dormaient, il les chargea comme des corps morts dans son carrosse, et les mena à Saint-Germain avant qu'ils fussent réveillés : mais quand les Bourgeois surent qu'on avait dérobé leur Roi, le diable fut bien aux vaches : aux armes ! aux armes !)

Que d'enseignements sur les « points sensibles » dont on a parlé plus haut ! Ce petit morceau pourrait faire l'objet de tout un cours sur la prononciation française au XVIIe siècle. Je n'y ai souligné, en écho au chapitre précédent, que les attestations claires des prononciations par **a** de graphies en « è », « ai », « oi », mais aussi celles par **è** (*Rouay, avet, auserme*) : le contraste en dit long sur ce qui se joue en matière de horsnorme stigmatisé, et de norme de prestige. Ailleurs on trouvera le mot *fy* (p. 93), ni plus ni moins qu'au début du *Mariage de Figaro*[1]. En somme on vérifie que la langue est plus en état d'hésitation qu'en évolution.

Les textes poissards et les « Parades »

Plus loin sans doute de la vérité du langage de nos pères, on peut tirer quelques conjectures sur la langue réelle, d'autres ouvrages, qui ne sont plus satiriques (les *Agréables conférences* s'inscrivent, elles, dans le vaste contexte des Mazarinades), mais destinés à faire rire de la classe pauvre ceux qui sont bien heureux de ne pas lui appartenir. On sait le gout de la cour de Louis XV pour l'encanaillement, et le succès du style poissard, dont Vadé est vers 1750 le créateur et le meilleur représentant. J'avais cité jadis[1] un passage des *Lettres de la Grenouillère*, texte publié pour la première fois en 1749. En voici un autre, dans lequel le lecteur du XXᵉ siècle reconnaitra facilement des traits en quelque sorte éternels du langage populaire tel qu'on le stigmatise, soit en le caricaturant, soit seulement en exhibant ce qui n'en est que la prononciation normale mais qui n'apparait pas dans l'écriture (par exemple le remplacement de l'*e* caduc par une apostrophe). Cet aspect du français de l'époque est totalement artificiel par ses mélanges et par l'exagération systématique de quelques traits, mais il rappelle de loin une réalité, un peu comme les fantaisies langagières de *Zazie* (*Doukipudonktant*) ou du Savant Cosinus (*Kekcédonkça*) ne sont aberrantes que par la graphie, et témoignent de ce qu'on entend dans la rue.

> « Monsieux,
> Vous avez sorti d'cheux nous venderdy en façon d'un homme qu'est comme en fureur pour la cause que j'vous ai pas consenti sur la d'mande auquel vous m'avez dit que j'vous dise une réponse ; y a encore du temps pour que j'nous avisions d'être mariés. A Pasques prochain qui vient, j'naurai qu'vingt-trois ans. Faut vous donner patience pardi, moi j'veux encore queuqu'tems faire la fille, et puis quand la fantaisie d'être femme m'prendra j'vous l'dirai ; ma maraine dit comme ça, qui gna pa d'tems plus genty pour une jeunesse que où-ce-qu'on se fait l'amour ; par ainsi quoi-qu'ça vous coûte pour n'pas attendre un peu plus davantage ? Ca n'peut pas vous enfuir[2] » (p. 391).

Une explication mot à mot serait nécessaire pour épingler les détails de prononciation, de morphologie, de syntaxe : l'inventaire montre vite que la répétition de procédés voyants a été préférée à une imitation fine de détails réels. Quel crédit accorder à ce « témoignage » sur la langue du peuple ? Autant, plus, ou moins qu'aux jurons du cocher de Marivaux ?

VADÉ À LA HALLE PRENANT UNE LEÇON GRIVOISE

Le nom de Jean-Joseph Vadé (1719-1757) est associé au genre poissard dont le modèle se trouve à la Halle. *Poissarde* est pour Furetière (1690) un « terme injurieux que se disent les harengères les unes aux autres pour se reprocher leur vilenie et leur malpropreté ». Vadé allait chercher auprès d'elles les « bons mots grivois » qu'il introduisait ensuite dans ses pièces de théâtre. Il est représenté déguisé en vinaigrier et rentrant avec sa brouette dans les jambes des marchandes, au geste et au visage agressifs, pour entendre les injures qu'elles lui lanceraient. Parmi celles-ci, « limonadier de la passion » fait évidemment allusion au texte évangélique et la limonade est le fiel tendu au crucifié. [Musée Carnavalet, Paris.]

Avec les *Parades*[1] de Beaumarchais, il ne reste que caricature et grossièreté affectées. Drôle, mais renseignant peu sur la véritable parole de l'époque, c'est un langage assez soutenu, si l'on fait abstraction des fausses liaisons dont il est grimé, et des allusions ou sous-entendus grivois :

« Ohi ! z'il y a bien des choses dans le monde dont z'au 1er coup d'oeuil l'Entrée parroit diablement difficile et qui en les aprofondissant un peu prouvent tout le contraire et je ne me rebute point z'aisement, moi, z'et l'occurence de ce voyage me fait z'esperer de trouver z'apres quelques reflexions le moyen d'escamoter la fille et les vingt mil écus » (*Les Bottes de sept lieues*, in *Parades*, p. 76).

Toutes ces ouvertures sur une pratique de la langue française s'écartant du bon usage et de tous ses codes, de diction, de syntaxe, et de convenance, nous alertent sur les français réels de l'époque d'Ancien Régime : elles ne nous donnent pas leur réalité, ni même leur copie conforme ; mais l'idée qu'on pouvait et devait s'en faire pour rire de ce qu'on y reconnaissait. Ce n'est déjà pas mal.

Les marges virtuelles de la langue française : Menetra et quelques autres

Mais les marges du français officiel, littéraire et cultivé ne sont pas d'abord ces jeux artificiels, qui n'éclairent que très obliquement la pratique réelle de la langue. Il faut aussi interroger les demi-lettrés assez instruits pour manier la plume, mais trop en dehors des pratiques de la société choisie pour s'exprimer par écrit de façon conforme. Ils représentent ceux des Français que l'école aura atteints, mais qui ne suivent pas en tout le modèle.

La pratique de la langue française à la fin du XVIIIe siècle, c'est par exemple celle des soldats des guerres révolutionnaires et impériales, qui méritent tout autre chose qu'un amusement condescendant : chez

---

LE « JOURNAL » DE MENETRA

Le syntagme *Journal intime* se lit sous la plume de Restif de la Bretonne en 1780, mais Jacques Menetra a hésité sur le titre à donner à ce que nous appelons son journal : Mémoires, souvenirs, confession, et, pour finir, fredaines. Le titre de *Mémoires* a derrière lui une tradition littéraire et plus d'un grand personnage a rédigé les siens : les *Mémoires* de Retz ont été publiés en 1717. Celui de *Souvenirs* met l'accent sur l'aspect personnel : la première attestation est celle des *Souvenirs* de Mme de Caylus (1673-1729) publiés en 1770. Pour la *Confession*, on songe à J.-J. Rousseau et à ses *Confessions* publiées de 1787 à 1789. Quant à la fredaine, elle n'est pas un genre littéraire mais un écart de conduite par rapport à une norme socialement reconnue. L'auteur laisse penser d'abord qu'il n'écrit que pour lui (« pour mon unique satisfaction ») mais envisage aussitôt après l'appréciation d'autrui (« Comme Lon voudra Lapresier »). L'orthographe risque de paraître bizarre et de gâter le plaisir de la lecture. En fait, plus d'un texte à cette époque était rédigé selon une tradition non académique. Le *Journal* de Menetra offre l'échantillon d'une écriture manuscrite ordinaire qui caractérise parfaitement l'époque. L'uniformité relative qui tendra à se généraliser par la suite était loin d'avoir pénétré dans tous les milieux, ce qui n'empêchait ni d'écrire ni de lire. [Bibliothèque historique de la Ville de Paris.]

Memoires

Ou mes Souvenirs ou bien ma confession
ou mais fadaines ecris pour mon unique Satisfaction
Letout comme Lon Voudra Lapresier

Commencée decrire enSamée et du 9 aoust
1764

Et autre petite fadaise que jay fait pour mon pllasir
Soit pour me resouvenir demes Espieglerie demes amis
Et meme deceux quy SeSont declaré autemps dela
revolution mes enemis malgré que jenedenoncé et parlé
contre quy fesoit mon faible nefut jamais LaVengeance

———————

Lhomme Vive et de bonne humeur
aeu comme bien dautre Sest coeurs

═══════════

Ecrire LaVeritée est Laliberté naturel
Egrire Lafausté cest Le deportime
Ecrire Ce quy nuit au autre cest License
Ecrire ce que Lon doit est Laliberté civil
LaSeul Convenable dans Lordre Scocial
an 10 Delarepublique

eux l'autorité intériorisée de la norme se heurte aux imperfections de l'apprentissage, et aux tendances constantes de la langue à se libérer, dans un effort toujours vain. Ils n'ont pas tous nécessairement une orthographe aberrante ou « phonétique », quoique au premier abord on ait chez certains l'impression de « fautes » qui « abondent » comme le dit P. Larthomas [1]. Mais qu'est-ce qu'une « faute », sinon la substitution d'un système à un autre, ou l'hésitation entre deux systèmes ? Voyons par exemple les écarts de graphie, et les petits écarts syntaxiques dans l'extrait suivant :

> « Je vous fait savoir que nous avons plus que de vingt lieues à faire de cent soixante pour aller rejoindre l'armée de Nice pour y finir de former le bataillon pour nous combattre avec le dit roi des Marmotes, en Itaillie dont la ville de Nice est une porte de mere et dont les os de la mere quand le vent la tourmente vont jusque au milieu de la place de cette ville de Nice et sitau que nous y ceront arrivez il nous armeront et même je crois que nous prendron l'habit du néforme » (p. 181/78).

L'orthographe peut aussi être franchement pittoresque, mais une observation immédiate montre qu'elle n'est pas forcément dépourvue de régularités, même peu orthodoxes :

> « ... nous avon 20 milles zomes de bloqués pares lesnemis sans quille puisse sortir. Mes de joure en joure il ses fait des préparatifs pour les débloqués, esseyés à repoussés lesnemis tans toutes sa forsse y est fortes. Mes les forsse de ses tigres tirans nestones pas les braves desfanseure de la pastris... » (p. 88/80).

La syllepse (accord selon le sens) est fréquente ; est-ce si « mal » ? Est-ce parce qu'il s'agit de simples militaires, qu'elle ne mérite que le nom de faute ?

> « Toute la garnizon a été prisonniers » (p. 113/81).

> « Le bataillon tombe presque tous malades » (p. 213/81).

> « Toute notre armée sont à comprendre que... » (81).

Les témoignages de « marginalité » apparente pourraient être multipliés. Dans une étude remarquablement précise de lettres d'un conscrit du Soissonnais, rédigées entre 1793 et 1795, J. Chaurand a décrit ce qui est à la fois un système hors norme et un mélange de normes différentes. Parmi les éléments intéressants que l'on retrouve régulièrement, je mentionnerai seulement la tendance, que l'on retrouvera plus bas chez J.-L. Menetra, à écrire « je », « je ne », « je né », etc., pour « j'ai » et « je n'ai » :

> « Si *ai*, 1ʳᵉ personne du v. *avoir*, n'apparaît que quatre fois, nombre auquel il faut ajouter *jais* (1) et un archilexème -*e* qui peut trancrire /é/ : *je a vous apprandre* (4 ex.), *Je ne rien a vous dire* (2), *je de lagrement* (1), *je toujours peur* (1), un accent a été placé sur -*e* dans *ce que je né pas* (1), "C'est que je n'ai pas", il y a en tout 16 ex. Dans ces formes, *je* est homographe de l'auxiliaire employé habituellement devant le paricipe passé au passé composé, où *jai* est moins courant[1]. »

Ces épistoliers manient « mal » la langue française, mais ils représentent bien ceux qui s'en servent. En se penchant sur leur cas on aperçoit mieux la réalité, qui est qu'aucun de ces rédacteurs n'est en possession d'un système ; comme les victimes d'une situation de diglossie, ils utilisent à tâtons ce qu'ils ont perçu du système des autres.

Parfois cependant les choses se présentent de façon plus systématique, et des documents nous font apercevoir ce qu'aurait pu être, dans un environnement moins sévèrement normé, une autre langue française. On ne peut aujourd'hui espérer dessiner les marges si instructives du français central sans tenir compte d'un de ces documents les plus précieux : il refermera symboliquement ce chapitre inauguré par les paroles du futur Louis XIII. C'est le *Journal de ma vie* de Jacques-Louis Menetra, compagnon vitrier[2].

On y lit en somme par éclairs un « négatif » *réel* du français surveillé et réglé de la société dominante ; mais c'est aussi le témoignage d'un alignement souhaité sur ce modèle, désir heureusement contrebalancé par l'appétit de liberté d'un caractère fortement trempé. Le manuscrit, très accessible[3], est un texte de langue française, rédigé par un Parisien fier de l'être, manifestant une certaine prétention au biendire, soulignée par le soin de la calligraphie, et une non moins évidente désinvolture en face de certaines contraintes du français soutenu, contraintes parfois *superbement ignorées*.

Mais si, comme tous les révolutionnaires, Menetra fut révolutionnaire en tout sauf en matière de langue – ses prétentions à l'élégance dans ses poésies ou petits textes versifiés en sont la preuve –, l'intérêt de son *Journal* est que s'y révèlent malgré lui les éléments dispersés d'un *système* second, qui n'est pas du « bon français » déformé. Ce sont les virtualités éparpillées d'une langue non arrivée à terme, et qui accomplit de temps en temps sa logique propre, notamment grâce à une absence de ponctuation qui permet à la syntaxe de se développer librement. Librement, ou presque : l'idée du modèle, avec les insécurités et les hypercorrections qu'elle engendre, vient interférer avec un système qui ressemble à celui que décrit P. Guiraud sous le nom de « français populaire »[1], et le limite.

Qui était Menetra ? Un artisan verrier qui a fait son tour de France, l'a raconté par écrit en recopiant ou réécrivant un véritable journal, qu'il dit avoir commencé en 1764, dans lequel il remonte jusqu'aux souvenirs d'enfance, et qui ne manque ni de pittoresque ni de franc-parler :

> « Je suis nee le 13 juillet 1738 natif de cette grande citée mon pere etoit dela clase de se que lon apelle ordinairement artisant il profesoit Letat deVitrie cest donc deluy que jetabliray La souche dema famille et ne parlerer nulement de mes ancetre mon pere semaria et setablit en meme Temps et epousa une fille vertueuse quy luy donna quatre enfant trois fille et un garson dont cest de moy que jevais ecrire toute Les petite fredaine mon pere devint veuf que javoit deux ans Lon mavoit mis en nourice ma grand mere quy ma toujour beaucoup aimee et mesme idolatrée Scachant que Lanourice oujetoit etoit gatée me vint cherché et apres etre guerit meremis en nourice oujeretombois chez une assez bonne femme quy mapris debonne heur Letat de mandier elle avoit pour nourisons un muet que lon dit que je copioit amerveil ma mere et mon parain etant venue pour mevoir et maporté un cordon delordre de St fransois car il mavoit Vouee atout les Saint me Trouvere dans une eglise leur demandant La calistade[2] il me remmena et depuis ce moment jusqua Lage de onze ans je demeuroit che ma bonne grandmere... » (folios 7-8).

La distance est grande avec les textes littéraires qui veulent imiter le langage populaire. À première vue on n'y verrait qu'un rassemblement hors norme de fautes d'orthographe et de lacunes dans les transitions. À y regarder de plus près, le discours souvent obéit à un « ordre » différent, où s'estompent nos catégories grammaticales trop systématiques. J'en donnerai de brefs exemples.

Dans le manuscrit, on constate la coexistence de ce que nous appelons subordination et de ce que nous appelons coordination. Voici le texte modernisé :

> « Un soir la femme de chambre m'ayant fait entrer dans un cabinet <et> avait apporté une bouteille me disant que son mari allait apporter un brioche ou des échaudés » (éd. Roche, p. 39).

L'éditeur a mis entre crochets un « et » que notre syntaxe désigne comme superflu et incorrect ; si l'on supprime ces crochets, on retrouve une syntaxe libre, peut-être plus apte à se couler dans les nuances des circonstances.

À propos de circonstances, on est frappé de voir les circonstanciels se promener sans ponctuation, et la première lecture peut hésiter sur leur incidence (joli cas de « contruction louche »), par exemple celle de « les jours que l'on faisait voir le trésor » dans cette anecdote où s'exprime l'anticléricalisme habituel de notre vitrier :

> « Les pere seplaisoit de mammener dans leur jardin et de me faire chantée je leur faisoit mille espiègleries quy les amusoit les jours que lon faisoit voir letresort j'entrois dans la balustrade avec lepere et je le contrefaisoit avec sa baguette en faisant Voir tous cest colifichet inventée par le fanatisme » (fᵒ 12).

Dans l'exemple suivant, le groupe « circonstanciel » ne serait-il pas en même temps « sujet » ?

> « avec cela que mamere menvoyoit assez souvent delargent faisoit que je passoit mon temps amerveil » (fᵒ 30).

D'autres indices décèlent une langue qui tendrait vers la constitution ou la conservation d'un système rejeté par l'usage cultivé : c'est le cas des concessives qui se construisent *régulièrement* chez Menetra avec *malgré que* et l'indicatif. Un seul exemple :

> « elle meverse des rasade et medemande ce que je ne pas voulue prendre [1] malgré que jesuis aussi bien quel tout de feux » (fᵒ 280).

C'est le cas d'une liberté persistante dans l'ordre des mots. Nous apparait en effet comme une exception ce qui a pu jadis être la règle, et qui gouverne encore la syntaxe de notre compagnon. Ainsi il antépose gaiement le saint-esprit, avant de mettre en prolepse le fils, syntagmes compléments d'une sainte trinité que sa chute fait écrouler :

> « et moi quy etoit en haut acrochoit lepere eternel par la barbe et luy emportoit toute Lafigure *Le Saint espris quy etoit plus bas Lemportois en entier* [...] *et le crucifix* quy etoit divoire *jeluy casay un bras* aussi les bonne gens du pays me saluoit en me disant que javoit exterminée la Stte Trinitée » (fᵒ 34).

Ces indices représentent quelque chose qu'ont vécu nos ancêtres : je crois qu'on peut faire confiance à la sincérité du témoignage.

CONCLUSION

Ces marges, c'est l'archipel des langues françaises étouffées aux
XVIIe et XVIIIe siècles, au même titre que les balbutiements de l'enfant
sont appelés à disparaitre au fur et à mesure de son intégration dans la
pratique langagière de tous. Elles nous expliquent d'abord l'histoire, et
ce qu'il fallait ne pas faire pour être à part entière membre d'une société
fière de son équilibre. Mais en même temps qu'elles soulignent par
contraste la rigidité et l'absolutisme de la langue française, elles nous
rappellent que la réalité d'un système linguistique ne peut pas totalement échapper au mouvant, et que, héritiers d'une langue sévèrement
surveillée et encadrée, nous portons sans doute aussi en nous les vestiges de ces petites zones de fronde inconsciente, qui sont pour beaucoup dans le fameux « fossé » entre écrit et oral, discours spontané et
discours surveillé, parole de prestige et parole libérée.

3. DES MOTS ET DES TOURS

GUIDE POUR LA LECTURE DES TEXTES ANTÉRIEURS À 1800

Les aperçus donnés sur la prononciation de *oi*, sur l'écriture des consonnes doubles, sur la néologie, et sur les constructions louches, disaient assez que, sans nous être étrangère, la langue de l'époque classique, avec ses variations de 1600 à 1800, ne nous est plus totalement familière. En un sens elle est nôtre, puisqu'elle a conditionné notre parlure actuelle, puisque nous en étions environnés sur les bancs de l'école, et qu'aujourd'hui encore nous pouvons assister, sans souffrir du décalage, à une représentation du *Menteur* ou de *Phèdre*. Mais sa proximité est trompeuse et il faut l'aborder avec certaines précautions.

SUR QUELQUES MOTS [1] DE LA LANGUE CLASSIQUE ET POSTCLASSIQUE

De 1600 à nos jours, les mots ont vu leur sens changer au gré des évolutions de la société, des modes, des manies de langage. D'autre part notre langue s'est enrichie, surtout au XVIIIe siècle, de l'apport combiné de la néologie, des emprunts étrangers et des vocabulaires spécialisés. Mais souvent nous créditons certains vocables d'un sens ancien que la tradition scolaire a surévalué, tandis que sans réfléchir nous croyons retrouver dans les autres le sens inchangé de nos mots d'aujourd'hui.

Les dictionnaires

Le premier accès aux difficultés, aux finesses et aux précisions du lexique des XVIIe et XVIIIe siècles est dans les dictionnaires. La fin du XVIIe a vu paraître en l'espace de quinze ans les premiers grands dictionnaires dits monolingues, qui, abandonnant toute confrontation explicite avec une langue étrangère (le latin le plus souvent), proclamaient à leur façon l'autonomie de la langue. On aura donc intérêt à recourir d'abord à trois ouvrages concurrents, qui se recoupent et se complètent.

Le premier, daté de 1680, est celui de Richelet : *Dictionnaire fran-çois*[1]. Il a été publié à Genève, pour contourner le Privilège exclusif accordé au *Dictionnaire de l'Académie*. Issu du petit groupe des pionniers de l'Académie, il reflète assez bien, avec ses citations qui vont de Vaugelas à Molière, une vision franche de l'usage littéraire. Il mérite mieux que la formule lapidaire de Brunot-Bruneau dans le « Sommaire chronologique » de leur *Précis* : « Malgré des gauloiseries, c'est une œuvre puriste » (p. xviii). Il adopte fréquemment une orthographe nouvelle.

Plus majestueux et plus célèbre, on trouve ensuite, de Furetière, le *Dictionnaire universel contenant generalement tous les mots françois tant vieux que modernes, & les Termes de toutes les sciences et des arts...*[2], publié à La Haye en 1690. Son caractère déjà encyclopédique en fait l'instrument idéal pour entrer dans le monde intellectuel du siècle de Louis XIV : il en représente bien l'idéal d'ordre, de raison et d'autorité. Documenté, subtil, riche, il sera la base[3] de tous les *Dictionnaires* dits *de Trévoux*, dont les éditions, de 1704 à 1771, passant peu à peu de 3 à 8 volumes in-folio, constitueront, avec l'*Encyclopédie* bien sûr, un trésor documentaire.

Premier conçu et dernier-né, parait en 1694 le *Dictionnaire de l'Académie*. J'en ai déjà parlé (*supra*, p. 244). Il est irremplaçable pour suggérer, édition après édition (1694, 1718, 1740, 1762, 1798-an VII), le tissu habituel des façons de parler de l'homme ordinaire de la cour et de la ville. Son refus des citations littéraires, qui entretient une impression de banalité, lui confère une valeur de témoignage sur les mots et « phrases » qui revenaient le plus souvent dans la pratique quotidienne.

Nombreux sont les autres ouvrages de référence, par exemple sur les synonymes, que j'évoquerai plus loin. Je ne mentionnerai ici que le remarquable bilan sur la langue, ses mots et ses difficultés qu'est le *Dictionaire critique* de Féraud, de 1787-1788[4]. On sait par ailleurs que l'exemplification pour les XVIIe-XVIIIe siècles est une des richesses de Littré. Après coup, il donne de chaque mot une vision d'ensemble irremplaçable.

Étrangeté de la langue de l'Ancien Régime : l'opacité du vocabulaire

Cette langue, qui est restée notre modèle, est souvent en même temps pour nous une langue étrangère. Les textes nous surprennent, et parfois nous paraissent incompréhensibles ; le pire peut être aussi quand nous croyons les comprendre. J'ouvre le *Dictionnaire philosophique*[5] de Voltaire, et je lis :

« Notre symbole, tel qu'il est aujourd'hui, est *constamment* du Vᵉ siècle » (article CREDO, éd. citée p. 153).

« La question du bien et du mal demeure un chaos *indébrouillable* pour ceux qui cherchent de bonne foi » (article BIEN [TOUT EST], p. 59).

Je suis surpris du sens ancien de *constamment*, et un réflexe puriste me fait m'étonner du néologisme *indébrouillable*. Voltaire lui-même en son lexique n'est pas tout à fait mon contemporain. Pour dire qu'une chose est avérée, il a usé encore d'un adverbe dérivé de l'adjectif « constant » au sens de « évidemment reconnu ». Littré dira que le mot est « vieux en ce sens », mais cette acception constitue la moitié de l'article du *Dictionnaire de l'Académie* (4ᵉ éd. 1762), qui ne lésine pas sur les synonymes :

« Il signifie aussi, Certainement, indubitablement, assurément, invariablement (Je ne sai [1] pas s'il a fait cette chose, mais constamment il a dit… Cette nouvelle est constamment vraie) »,

et c'était l'unique sens que lui connaissait Furetière (1690). Plus hardi que l'Académie (*indébrouillable* n'entre que dans la 5ᵉ édition en 1798), Voltaire a d'autre part promu un mot, que J.-F. Féraud [2] en 1787 enregistrera avec approbation, sans remarquer que l'avocat Linguet (l'une de ses références favorites) avait été ici devancé :

« *INDÉBROUILLABLE, adj. Qui ne peut être débrouillé. Mot nouveau assez heureûsement inventé. "Le cahôs politique le plus *indébrouillable*, celui de l'association germanique. *Linguet*." »

Mais au moins rien ici ne pouvait m'empêcher de comprendre et de lire.

Prenons maintenant le mot *intéressant*, en partant de cette citation des *Pensées* de Pascal sur laquelle s'ouvre l'édition de Ph. Sellier [3], fragment à la portée obscure, et qu'on pourrait trouver un peu banal ou trop évident :

« D'être insensible à mépriser les choses *intéressantes* et devenir sensible au point qui nous *intéresse* le plus. »

Si l'on est sans méfiance, *intéressant* et *intéresser*, termes banalisés et affaiblis à l'extrême au XXᵉ siècle, n'attireront pas l'attention. Or l'adjectif *intéressant* (si c'est un adjectif) prend appui sur une conception très forte de l'*intérêt* conçu comme ce qui doit concentrer exclusivement toutes nos intentions, ce à quoi tout en nous doit tendre. Pascal parle ailleurs, dans une *Lettre pour porter à rechercher Dieu*, de « notre premier intérêt et notre premier devoir », de « principe d'intérêt humain » et d'« intérêt d'amour-propre » [1]. En second lieu, *intéressant*, rien moins que banal, n'est pas enregistré comme adjectif par les dictionnaires de la fin du XVIIe siècle, et l'on peut se demander s'il ne s'agirait pas d'un participe (avant 1679, et même après, il est courant qu'il soit accordé malgré son statut de verbe). Enfin les dictionnaires et les ouvrages du siècle suivant rappellent que, dans un lexique différent, mais susceptible d'autant de passion, je veux dire celui de la galanterie, *intéressant* désignera au XVIIIe siècle l'objet qui suscite une très vive réaction affective, ou encore, dans un autre registre, un objet de nature sociale [2]. C'est en tous cas un mot « mondain » [3]. Pour Pascal, la discussion sur l'*intéressant*, c'est la discussion sur l'enjeu, sur le pari. Un lecteur insensible à la langue du passé ne le comprendrait pas.

Plus couramment, et en sens inverse, nous pouvons avoir perdu l'usage d'acceptions extensives, que les dictionnaires du temps disent « figurées », et que l'on rencontre partout, du *Télémaque* au *Varmont* de Louvet [4] :

« À force de vouloir paroître grand, vous avez *pensé* ruiner votre véritable grandeur [5]. »

« ... ce Bovile à qui son désespoir *pensa* coûter la vie [6]. »

Et l'on ne compte pas les personnages de roman qui à tout moment « ont pensé s'évanouir ». Or dans tous ces exemples il n'y a pas plus de conscience ou d'intention que dans cette phrase tirée de l'Académie (1762) : « Une pierre qui tomba, *pensa* le tuer. » Ne risquerions-nous pas de nous y tromper, quand nous lisons dans les *Égarements du cœur et de l'esprit* :

« Privé de la ressource de la faire suivre, je *pensai* l'entreprendre moi-même »

« Dans le chagrin que j'en eus, je *pensai* rompre la partie que je venais d'accepter [7] » ?

Meilcour a-t-il failli le faire, ou songé à le faire ? Le texte dit – et c'est mieux ainsi – qu'il a seulement failli le faire.

Au rang des erreurs de la tradition scolaire, il faut repréciser ici ce que c'est qu'un *amant*. Ce n'est pas celui qui aime et qui est « payé de retour », comme on le dit élégamment. Richelet, certes, a pu contribuer à égarer les esprits en prêtant à l'emploi féminin du mot une idée de réciprocité, qui est démentie par le théâtre de Racine. La définition qu'il donne, et à laquelle on a religieusement donné force de loi, transférée du féminin au masculin (pourquoi ?), explique peut-être cette vieille erreur :

> « AMANT, Celui qui aime. (L'amant qui persevere devient un heureux amant)
> *Amante*. Celle qui aime & qui est aimée. »

Le *Télémaque* de Fénelon (« Les *amants* de ma mère Pénélope furent surpris de mon départ [1]») la contredit évidemment, comme toutes les dénominations de rôles du théâtre classique. L'amant est en fait le « prétendant déclaré », la prétention ainsi évoquée pouvant viser au mariage, ou aux *faveurs*.

On ne se laissera pas prendre au piège du *propre* et de la *propreté*, d'autant qu'il ne nous vient pas à l'esprit d'interpréter de façon anachronique la « veste de ratine fort *propre*» de Julien Sorel, étrangère à l'opposition propre / sale. Un siècle et demi plus tôt, Dorante disait à M. Jourdain :

> « Comment ! Monsieur Jourdain, vous voilà le plus **propre** du monde ! » (acte III, sc. 4).

C'est plus qu'une différence de sens. À l'époque classique, l'idée de convenance et de statut social a infiniment plus d'importance que l'hygiène et le refus de la saleté. Le *propre* est une valeur sociale positive du vêtement, de la personne, du logement.

Connaitre se laisse aisément comprendre, et bien des contextes suffisent à lui donner au-dedans de nous une traduction par laquelle nous éprouvons notre distance (c'est « s'apercevoir », « être brusquement conscient de », « distinguer », « reconnaitre »). Empruntons quelques exemples aux § 4°, 6° et 7° de Littré :

> «4° Surpris de cette réponse, je *connus* bien que… PASC. *Prov.* 1.
> Ils *connaissent* que la gloire ne peut s'accorder qu'avec le mérite, BOSS. *Hist. Préf.* Je *connais* que ces images sont très-utiles, VOLT. *Babouc.*
> 6° A *connaître* un pourpoint d'avec un haut-de-chausse, MOL. *Femmes Sav.* II, 7.
> 7° Si c'était lui-même, il pourrait me *connaître*, CORN. *le Menteur*, III, 3.
> Votre enfant embellit ; elle rit, elle *connaît*, SÉV. 21. »

Ces emplois, qui disent l'appréhension immédiate de l'évidence, nous ne les avons pas remplacés dans le français contemporain.

Les latinistes savent que l'*industrie* est d'abord le nom de l'activité efficace et méritante, et l'adjectif un peu suranné *industrieux* le confirme. Mais à l'époque l'*industrie* ne désignait que cela. Le résultat est qu'à côté de la bonne industrie, celle dont Mentor parle à Télémaque (« les dangers dont votre courage et votre *industrie* vous ont tiré »), mais dont on voit déjà qu'elle pourrait se réduire à l'habileté, voire à la ruse paternelle, il y a la mauvaise, celle des expédients et de la fraude, celle des escrocs que sont les « chevaliers d'industrie » auxquels se mêle Des Grieux.

On a aperçu (voir *supra*, p. 289) l'adjectif *ignoble*, à propos de la scène de la dispute dans la *Marianne* de Marivaux. Il a peu à voir avec notre emploi de ce mot, qui dit le comble d'une malfaisance infiniment méprisable. Mais il ne faudrait pas trop l'affaiblir, sous prétexte d'une étymologie qui dit que c'est « non noble » ou roturier. Encore aristocratique sans doute, au moins dans ses réflexes, la société d'Ancien Régime rejette, moins violemment certes, tout ce qui contrevient à autre chose qu'à la décence : à la dignité. On voit bien ce statut de l'ignoble dans les *Égarements* de Crébillon, de la méprisable Mme de Mongennes à ce que Versac, cyniquement, trouve « indécent » (notez l'équivalence) dans la conduite des femmes :

> « A force de vouloir se faire un maintien libre, elle était parvenue à une impudence si déterminée et si *ignoble*, qu'il était impossible, à moins que de penser comme elle, de n'en être pas révolté.
> Comme rien n'est plus *ignoble* à une femme que d'être vertueuse, rien n'est plus indécent à un homme du bon ton, que de passer pour savant[1]. »

On le trouvera encore dans le *Tableau de Paris* de Mercier en 1783 :

> « Comme dans les romans les personnages ne mangent point, ne boivent point (ce qui serait *ignoble* à dire)[2]... »

L'intérêt que l'on peut prendre à *constamment*, à *indébrouillable*, ou à l'extension d'un *penser* sans conscience, dépasse peu la simple curiosité. Au contraire, pour pénétrer dans l'esprit et la société de l'Ancien Régime, il vaut mieux savoir ce que sont l'*intéressant*, l'*ignoble*, le *propre*, l'*industrie*, ou le cheminement de conscience qui s'appelle *connaitre*.

Le préjugé du « sens fort », les finesses de la polysémie, et les particularités de l'évolution

Parfois la peur de ne pas assez comprendre a conduit la tradition scolaire à accréditer l'idée d'un « sens fort », qui serait à la fois un témoignage de fidélité à l'étymologie latine et la marque d'une langue plus expressive que la nôtre. Tout n'est pas faux dans ce cliché, mais il expose à deux risques : confondre l'extrême tension de l'expression, racinienne par exemple, avec le sens courant des mots à son époque ; idéaliser une civilisation, qui n'aurait pas d'emplois courants, extensifs, affaiblis.

Il y a des évolutions sans lendemain, on l'a vu avec le mot *penser*. Il y a des mots qui n'ont de « sens fort » que dans des contextes particuliers : *étonner*, à l'époque classique, veut généralement dire « surprendre », comme aujourd'hui. Tous les dictionnaires du temps le confirment. Dans les tragédies, il peut faire image, en rapport avec l'idée concrète d'ébranlement (« Le branle des cloches a *étonné* cette tour »), et suggérer une stupéfaction des sens que nous dirions aujourd'hui « traumatisante ». Le rapport étymologique au tonnerre est ignoré des lexicographes (sauf Ménage) et reste absent des grands textes classiques [1].

La plupart du temps, les mots abstraits qui expriment les idées ou les sentiments ont eu pendant deux siècles des effets de sens très divers ; mais leurs changements ne sont souvent que des déplacements d'accent à l'intérieur de leur polysémie. C'est en y prenant garde qu'on interprètera l'apport de sens de mots comme *charme*, *ennui* ou *divertissement*, magnifiquement étudiés par P. Dumonceaux [2].

Aucun mot ne pose de problèmes plus délicats que le mot ENNUI. Avant 1615, le sens moyen du mot ressemble peu à celui du XXᵉ siècle :

> « L'ennui que nous tâchons de fuir, est l'absence d'attrait. On s'ennuie parce qu'il ne se passe rien, rien d'intéressant. Or, cette recherche d'un élément amusant et distrayant est absolument étrangère aux contemporains de Henri IV ou de Malherbe, ils ignorent même le sens actuel de ces deux mots. [...] Etranger leur est donc également notre ennui. Reste l'ennui pascalien. Mais, avant Pascal, qu'était l'ennui ? » (p. 242).

Vers 1600 en effet, *ennui* est le plus souvent dans des contextes « forts ». « L'ennui pèse de tout son poids, il est *à charge*, il peut être *accablant*. [...] La mort d'une personne aimée, ou même son absence, qu'elle soit définitive ou momentanée, voilà deux situations typiques d'où naît l'ennui » (p. 246). C'est une des acceptions conservées par

Littré, et lisible aussi bien dans Malherbe (« Chasse l'*ennuy* qui te possede ») que dans François de Sales (« Jesus Christ crucifié, nud, blasphémé, calomnié, abandonné, et en fin accablé de toutes sorte d'*ennuis*, de tristesse et de travaux » (*Vie dévote*, citée p. 249).

Après 1615, le mot tend à se spécialiser dans la rhétorique amoureuse (p. 260), sans abandonner le sens précédent, comme en témoignent ces vers de Théophile :

> « Ma pauvre ame toute abatuë,
> Dans ce long *ennuy* qui me tuë
> N'a plus de desirs violens » (cité p. 261).

De là nait cette polysémie virtuelle qui fait comprendre l'ennui après 1630-1640 et son « emploi dans la poésie relevée et l'évocation poétique du malheur ». Le sens ancien est réactivé, ce qui fait sonner comme un léger archaïsme, déjà (p. 269), le fameux vers d'Antiochus dans *Bérénice* :

> « Dans l'Orient désert quel devint mon *ennui* ! »

Car l'expressivité du mot est déjà menacée, quand La Fontaine, d'une « piqûre d'épingle », « dégonfle cet usage purement littéraire » :

> « Et ne vous arrêtez pas à ce que les poètes disent de ceux qui aiment ; ils leur font passer leur plus bel âge dans les *ennuis* : les ennuis d'amour ont cela de bon qu'ils n'ennuient jamais » (*Amours de Psyché*, cité p. 270).

Après 1630-1640 on verra en effet se développer « l'ennui-désagrément » et « l'ennui proprement ennuyeux », enfin « l'ennui-vide ». Très tôt les valeurs du mot sont devenues, en partie, ce qu'elles sont pour nous aujourd'hui ; mais il faut rester attentif à la polysémie.

Mots-clefs, mots-témoins, mots de société

On a sans doute trop tendance à réduire une langue à son lexique. Mais il est vrai, les grandes fresques de Brunot sur la Révolution (tome IX de l'*HLF*) l'ont montré, que dans le lexique d'une époque se peint toujours en même temps le tableau d'une société. Les mots qui ont circulé à la cour et à la ville, sous Louis XIV ou sous Louis XV, sont à la fois pour nous des énigmes et des guides. Pour en comprendre la portée, il faut se référer aux grands textes documentaires de l'*HLF* dans les tomes III, IV et VI, aux travaux de R. Lathuillière sur la préciosité, ou de F. Deloffre sur le langage de et autour de Marivaux, etc.

On s'arrêtera seulement ici sur quelques mots où s'incarne toute une société : l'*agréable*, l'*intéressant*, la *fortune*, la *figure*, le *libertin* et le *malaise*.

Chaque crise de préciosité s'est choisi une dénomination, constituée le plus souvent d'un adjectif substantivé, qui devient le symbole des outrances d'une mode. Ainsi en fut-il des *précieuses* et de leur célèbre ridiculisation. Quand, sous la Régence, se développa ce que F. Deloffre a appelé « une préciosité nouvelle », elle fut et resta longtemps marquée par les personnages du *petit maître* et de la *petite maîtresse*. Mais ce que révèle aussi la lecture des textes, c'est la fréquence des allusions aux *agréables* et aux *aimables* de la cour ; ils seront encore désignés comme tels par Rousseau, peu avant que Sébastien Mercier [1], étonnant témoin de la fin du XVIIIe siècle, parle des *intéressants*, des *élégants*, déjà prêt à suggérer les futurs *incroyables*, et nommant par avance les *merveilleux* et *merveilleuses* du Directoire.

« ... ce ridicule est passé, nous n'avons même plus de *petits-maîtres* ; mais nous avons l'*élégant* [2]. »

« C'est ainsi que l'homme *décidément superficiel*, et qui se donne à dessein un nombre *incroyable* de petits ridicules, vit à Paris. »

« Voyez entrer un élégant. Il faut que ses breloques, par un joli frémissement, annoncent son arrivée. [...] Un de nos agréables paraît aux femmes l'être le plus étonnant que la nature se soit plu à former... »

« On peut voir des petits merveilleux étaler à quinze ans une érudition fastueuse : on croit avoir formé le jugement, quand on a chargé la mémoire. »

La *fortune* est le lieu d'une remarquable ambigüité. Au début du XVIIIe siècle, le mot désigne encore le hasard (généralement heureux ; sinon l'on précise ; et nous avons gardé « contre mauvaise fortune bon cœur [3] »), voire seulement l'idée de ce que nous appellerions aujourd'hui la réussite sociale. Mais quand Des Grieux évoque un éphémère et tardif bonheur, il est clair que sa petite *fortune* est aussi financière :

« Il eut la bonté de me donner un petit *emploi* qui vint à vaquer dans le fort. Quoiqu'il ne fût pas bien distingué, je l'acceptai comme une faveur du Ciel. Il me mettait *en état de vivre* sans être *à charge* à personne. Je pris un valet pour moi et une servante pour Manon. Notre petite *fortune* s'arrangea [4]. »

Ce n'est pas nouveau : l'époque classique savait déjà qu'aux yeux des hommes l'argent fait le bonheur, parce qu'il est le signe d'une haute position dans la société. Ainsi La Bruyère, dans son chapitre au titre ambigu sur les « Biens de fortune », peut écrire :

« Une grande naissance ou une grande *fortune* annonce le mérite et le fait plus tôt remarquer [1]» (VI).

La Fontaine le disait déjà, dans *Le Berger et la mer*, et bien sûr dans *La Laitière et le pot au lait* :

« Si sa *fortune* était petite, Elle était sûre en tous les cas » (IV, 2).

« La dame de ces biens, quittant d'un œil marri Sa *fortune* ainsi répandue) » (VII, 10).

La *figure* est un mot-clef des rapports humains immédiats. Ce terme qui aujourd'hui sert couramment à désigner le visage, est à l'époque classique de signifié plus global ; il s'y mêle tous les détails de l'apparence : silhouette, démarche, allure, vêtement, taille : tout cela est la « figure » de celui qu'on rencontre, qu'on admire, dont on se moque. Il ne s'agit pas d'abord de visage : quand, dans *Le Glorieux* de Destouches, Valère voit paraitre le vieux Lycandre, c'est à la contenance, à la silhouette, à l'allure qu'il fait allusion :

VALÈRE *(bas, voyant paroître Lycandre)*
« Par quel motif ?... Ah quoi ! cette vieille figure
Viendra-t-elle toujours troubler nos entretiens ? [2]»

Il y a des mots de société comme le mot *libertin*, qui portent en eux une forte charge d'inconscient collectif. L'idée du « libertin » a vu se superposer dans son signifié les arrière-pensées de trois siècles. Au XVIᵉ siècle, le *libertinisme* spirituel est affaire de sectes, et en particulier de celle dite des « libertins spirituels » ; elle fera l'objet d'un des plus violents pamphlets de Calvin, qui reconnait en elle une subversion radicale (mise en commun des idées, des ressources, des femmes). Il en restera toujours l'idée que le libertin, être asocial et immoral, est incompatible avec le bon ordre d'une société. Au XVIIᵉ siècle s'ajoute l'idée de la *libre pensée* : le libertin est surtout alors l'esprit fort, celui que veut combattre et convertir Pascal. En même temps s'acclimatent des emplois extensifs et plaisants, celui de l'écolier qui « fripe ses classes » comme dit Furetière, ou celui de l'esprit indépendant qui, selon Mᵐᵉ de Sévigné, n'est pas esclave d'un « coup de marteau » [3] frappé à sa porte (on pense à l'actuelle tyrannie du téléphone). Enfin, au XVIIIᵉ siècle, du fait de l'immoralité toujours supposée chez le libertin, se développe l'acception moderne de l'homme au comportement licencieux. C'est le *libertinage*. Les auteurs de dictionnaires restent influencés par ces trois siècles d'histoire[1]. Le mot *libertin* n'est jamais simple : à travers lui se lisent toutes les hésitations idéologiques de la fin de l'Ancien Régime.

Arrêtons-nous enfin sur le mot *malaise*, qui est devenu au XVIIIe siècle un mot-pivot dans l'histoire du vocabulaire du sentiment[2], comme le suggère l'article du *Dictionnaire des synonymes*[3] de Condillac. Le philosophe le plus aimable à lire de tout son siècle a voulu, sous le prétexte de l'enseigner au prince de Parme dont il était le précepteur, rationaliser la sémantique de la langue de son époque, long-temps avant B. Pottier et A.-J. Greimas, et à la suite, quoique dans un esprit plus rationaliste, de Girard. Cherchant un terme générique (en langage technique, un « hyperonyme ») qui convienne à tous les senti-ments non heureux (états « dysphoriques »), le grand philosophe a exhumé un terme encore peu employé alors en dehors de l'acception physique (comparable à celle d'aujourd'hui) ou sociale (dénuement de celui qui n'est pas à son aise), et en a fait l'étiquette de son article. Le résultat, panorama du sentiment négatif au XVIIIe siècle, vaudrait d'être cité intégralement, comme leçon de vocabulaire et d'idéologie. En voici le début :

> « MALAISE. s.m. Etat de quelqu'un qui est mal à son aise : c'est celui où nous nous trouvons par la privation d'une chose que nous jugeons nous être nécessaire. Si le *malaise* augmente, il prend le nom d'*inquietude*. Plusieurs *inquietudes* qui se combattent, pro-duisent le *trouble*. Si l'*inquietude* a pour objet des maux dont on est menacé, et dont on craint d'être accablé, on la nomme *anxiété*. Le *souci* se forme des soins qu'on prend pour dissiper ses *inquie-tudes*, sans être assuré de réussir. L'*ennui* n'est qu'une *inquietude* qui n'a pas d'objet, on ne sait ce qui manque, on cherche l'amuse-ment sans le trouver. »

Le contenu de cet article n'est pas parole d'évangile, et les choix radicaux du philosophe qui rêvait déjà à sa *Langue des calculs* sont à prendre avec précaution. Mais en le comparant aux conclusions de P. Dumonceaux, le lecteur aura trouvé là un témoignage précieux sur l'usage, et instructif de la façon dont la complexité du sens devenait un objet pédagogique, dans une perspective qui allait être, pour l'ensei-gnement de 1800, celle des Idéologues. Cela aussi fait partie de la langue française à la veille de la Révolution.

L'enrichissement du lexique français

Pour achever ce parcours très fragmentaire à travers les mots des XVIIe et XVIIIe siècles, il faudrait esquisser le tableau des acquis lexicologiques de notre langue entre 1600 et 1800. L'exemple de la néologie et du néologisme évoqués précédemment nous renvoyait déjà à une dialectique de la stabilité et du changement. Incontestablement la recherche de la fixité domine le XVIIe siècle, qui a voulu la pureté, l'efficacité et, du point de vue de l'honnête homme, la limitation volontaire du lexique à l'essentiel. On se méfiait de l'encyclopédisme, des termes d'« art » (= spécialisés et techniques), et de tout particularisme. Au XVIIIe siècle s'est développé au contraire un rêve de nouveauté, d'adaptation à la science, d'élargissement de la culture, d'augmentation indéfinie du système lexical.

Mais l'ampleur du phénomène décourage la description. Pour ne traiter que *Les Transformations de la langue française (1740-1789)*, F. Gohin a publié sous ce titre un livre de près de 400 pages, souvent allusives, incomplètes, et qu'il faudrait reprendre ; l'*Histoire de la langue française* de F. Brunot, du tome III au tome X, consacre au lexique 2 300 pages bourrées d'occurrences, de citations, d'analyses ; le *Dictionnaire de l'Académie* de 1762, à lui seul, a ajouté plus de 5 000 mots à la nomenclature précédente de 1740. Ce qui suit se limite à présenter quelques mots, à travers lesquels on perçoit le progrès qualitatif de l'affinement synonymique, les acquisitions lexicales d'une civilisation en pleine évolution, et l'empreinte de l'époque révolutionnaire.

Les « Synonymes françois », ou le progrès vers la perfection

En 1718, l'abbé Gabriel Girard propose à ses contemporains un ouvrage qui comble évidemment une attente. Il s'appelle *Justesse de la langue françoise*, et connaitra de nombreuses éditions sous le titre de *Synonymes françois*[1]. En bon classique, l'abbé pense que chaque mot se distingue absolument de tout autre. Mais l'effort de clarification va plus loin : les nuances qu'il voit, analyse et impose, comportent aussi des constatations connotatives, que je souligne (en gras) :

COLERE. COURROUX. EMPORTEMENT

« Une agitation impatiente contre quelqu'un qui nous obstine, qui nous offense, ou qui nous manque dans l'occasion, fait le caractere commun que ces trois mots expriment. Mais la *colere* dit une passion plus intérieure et de plus de durée, qui dissimule quelquefois, & dont il faut alors se défier. Le *courroux* enferme dans son idée quelquechose qui tient de la supériorité, & qui respire hautement la vengeance ou la punition ; il est aussi **d'un stile plus empoulé**. L'*emportement* n'exprime proprement qu'un mouvement extérieur qui éclate & fait beaucoup de bruit, mais qui passe promtement. »

Le souci de précision est extrême, et si le classicisme et le postclassicisme nous ont légué quelque chose, c'est bien cette certitude, parfois fallacieuse, qu'il y a vraiment en tout, même dans l'abstraction, un mot pour chaque chose :

LASSER. FATIGUER

« La continuation d'une même chose *lasse*. La peine *fatigue*. On se *lasse* à se tenir debout. On se *fatigue* à travailler.
Etre *las* c'est ne pouvoir plus agir. Etre *fatigué* c'est avoir trop agi. Etc. »

On trouve bien là l'obsession du classement dont parlait M. Foucault. Le premier acquis du XVIIe siècle, et de ce qui l'a immédiatement suivi, c'est un lexique rassurant et subtil, qui crée l'image d'un système plein, où chaque catégorie prend sa place, y compris dans la galanterie (Dumarsais fera des gorges chaudes des exemples grammaticaux trop libres des *Vrais Principes*), comme en témoigne cette typologie des comportements féminins, qui en annonce une autre [1] :

LÉGERE. INCONSTANTE. VOLAGE. CHANGEANTE

« Une *légere* ne s'attache pas fortement. Une *inconstante* ne s'attache pas pour long tems. Une *volage* ne s'attache pas à un seul. Une *changeante* ne s'attache pas au même.
La *légere* se donne à un autre, parce que le premier ne la retient pas ; l'*inconstante* parce que son amour est fini ; la *volage* parce qu'elle veut gouter de plusieurs ; & la *changeante* parce qu'elle en veut gouter de différens. »

Quelques mots nouveaux du XVIIIe siècle

Deux tendances contraires, mais non contradictoires, expliquent le foisonnement des mots nouveaux : fidélité à un idéal de perfection plutôt restrictif, mais avide de précision, et souci de refléter l'ouverture du siècle des Lumières à un nouvel univers de la connaissance. On peut l'illustrer par cette formule de M. Foucault :

« L'exercice de toute langue réelle doit être doublé d'une Encyclopédie qui définit le parcours des mots, prescrit les voies les plus naturelles, dessine les glissements légitimes du savoir, codifie les relations de voisinage et de ressemblance[1]. »

Le XVIIIe siècle a estimé que la variété du lexique peut s'étendre, à condition que le discours de chacun place chaque vocable dans le registre qui le caractérise. F. Brunot[2] cite à ce propos Mme Necker :

> « Le fond de la langue est commun à tous les genres et à tous les styles ; et cependant tel mot est exclu d'un genre sans l'être de l'autre ; tel mot, sans être bas, ne peut entrer dans le genre noble ; tel mot, qui n'est pas bas dans un ouvrage d'un genre moyen, ou dans la bouche d'un personnage commun, peut l'être dans une tragédie ou dans la bouche d'un héros. »

Cette acceptation ou revendication de la diversité stylistique, codifiée par Mauvillon dans son *Traité du stile* de 1751, explique qu'à un titre ou à un autre tous les mots nécessaires, mais aussi quelques autres, peuvent entrer officiellement dans la langue. On est loin de Malherbe.

La néologie, dont le prestige a culminé avec l'ouvrage de Sébastien Mercier[3], a ouvert la voie à des mots qui parfois n'ont pas survécu, comme *astucier*, *fidéliser* (mais celui-ci nous est revenu depuis par la voie publicitaire), *inalogue* (contraire d'analogue), *indécor*, *invérité*, *insolenter*, *rudeur*, *mêmeté*. Les linguistes les plus avertis se trompaient quelquefois : pour Féraud, *phraseur* était un mot condamné d'avance, qui ne supplanterait pas l'excellent *phrasier*. Mais d'autres ont tenu bon : *adventice*, *agitateur*, *agrémenter*, *ajourer*, *assainissement*, *bureaucratie*, *endolori*, *sonorité*, *tituber*, *uniformer* (quel dommage qu'il ait finalement cédé à « uniformiser »), *valse*, *vandalisme* (on sait le rôle de Grégoire pour propager le mot). L'édition du *Dictionnaire de l'Académie* de 1798, qui a été en grande partie élaborée avant 1789, a accepté *singer*, *victimer*, *persiflage* (en dépit de Voltaire et de son maitre d'Olivet), *accointer*, *argutie*, *arrière-pensée*. Les mots de formation savante se taillent ici la part belle avec encore *impavide*, *inanité*, *pédiluve*, *ébriété*, *cryptographie*, *galaxie*.

Les pays voisins nous ont enrichis. Pour l'Italie, retenons *pittoresque*, *morbidesse*, *arpège*, *pastiche*, *agio*, *ristourner*, *solder*, *gala*, *désinvolture*, *influenza*, *cicérone*. Chacun de ces mots a bien sûr une histoire particulière, mais il est amusant de les rapprocher. Pour l'anglais, le tome VI de l'*HLF* et les ouvrages importants consacrés aux emprunts faits à cette langue[4] devront être consultés, et souvent actualisés par des travaux de détail ; quelques lignes écrites naguère (sous toutes réserves concernant les dates) montrent par ce mélange de mots divers et de dates (à revoir) ce que pouvait être, sans risque alors pour elle de perdre son âme, l'enrichissement de la langue française par les anglicismes :

> « ... *speaker* (1698), *franc-maçon* (1745), *cottage* (1754), *romantique*, *catogan* (1780), *bifteck* (1786), *grog*, *punch*, *rhum*..., *cabine* (de bateau : 1777), *partenaire* (1767: partner), *inoculation* (1734), *bas bleu*, *confortable* (1786 avec un *n...* [1]), *humour* (1725), *spleen* (1745) [2], etc. »

Faut-il rappeler encore le fameux *boulingrin* adapté de « bowling green » (vers 1660), et la *redingote* de « riding-coat » (un peu plus tard) ?

Les vocabulaires économique, scientifique, politique, artistique, révèlent deux choses : l'évolution de la civilisation, et l'entrée dans le discours commun des mots ou expressions qui leur appartiennent. Quelques exemples désordonnés feront mieux comprendre l'ampleur d'un enrichissement en grande partie reflété dans l'édition de 1762 du *Dictionnaire de l'Académie*, lisible aussi bien sûr dans l'*Encyclopédie*, et dans une foule d'ouvrages dont le public cultivé est devenu avide, surtout après 1750.

C'est au XVIIIᵉ siècle, notamment par le développement de la pensée des « physiocrates », qu'est née une science moderne de l'économie ; de Quesnay son fondateur à Mercier de la Rivière qui est allé essayer ses théories chez Catherine II, s'est constitué un domaine lexical où foisonnent *dénombrements*, *analyse économique*, *produit net*, *richesses disponibles*, *avances primitives*, *reprises annuelles*, *finance pécuniaire*, *finance morale*, *finance reproductive*. On conçoit que ces mots et expressions ne sauraient s'expliquer sans un abrégé des théories en présence qui n'est pas du ressort de cette brève analyse.

On reparlera du vocabulaire politique à propos de la Révolution. Mais il est frappant de voir comment le discours politique, bien avant 1789, a été le creuset de termes soit nouveaux, soit nouvellement chargés de sens, soit répandus de telle sorte qu'ils coloraient peu à peu tous les discours de l'homme cultivé. À la différence de l'honnête homme du XVIIᵉ siècle, le causeur des salons du siècle des Lumières tient un discours émaillé d'un vocabulaire qui crée, autant qu'il la reflète, une nouvelle vision de la société. Une énumération désordonnée donnera une idée de ce renouvellement des façons de parler, où se mêlent des néologismes passagers, des mots d'actualité, des termes qui attestent une nouvelle façon de voir. Qu'auraient pensé Malherbe, Bouhours ou Boileau, en entendant égrener des mots aussi bigarrés que *politie*, *club*, *cercle*, coterie, cafés, bastiller et embastiller; insurrection, insurgent (l'indépendance américaine arrive), opposition, réforme (politique), ameuter, agitateur; et ces mots dérivés qui témoignent d'une nouvelle attitude de langage et de pensée : inaptitude, compareur, calculateur, projeteur, finasseur, perspicace, réfléchissant, enthousiaste, irréfléchi, temporisateur, routinier, insouciant, décisionnaire, incohérent, inconséquent, flexible, délirant, personnalisme, scélératisme, minutieux, imposant, trouvable, proposable, inexécutable, terrassant, additionnel?

De grands termes imposants, qui sonnent à nos oreilles comme des emblèmes de discours révolutionnaires, sont déjà là : dégénération, dégradation, dépérissement, régénérer, perfectibilité, progrès, humanité, tolérance, philanthrope, liberté de commerce, liberté de conscience, égalité, patriotisme, national, citoyen, concitoyen.

Tous ces termes ne sont pas nouveaux; certains ont reçu leurs lettres de noblesse dans les grands textes de Voltaire et de Rousseau; tous ne nous sont pas restés; mais ils sont comme la basse continue d'un jargon sans lequel on n'est plus à la page.

La science pénètre les discours quotidiens, spécialement par de grands vulgarisateurs comme l'abbé Nollet, auteur des très célèbres Leçons de physique expérimentale, en 1743. On y trouve aussi bien l'aéromètre, le baroscope, le baromètre; l'amplitude, l'ellipse, la parabole; l'apogée, l'épacte, la nébuleuse, la précession, la déclinaison; que l'amalgame, le précipité; capillaire, la glotte, la rétine, la cataracte[1]. Et la liste serait longue si l'on prenait en compte les avancées terminologiques de Guyton de Morveau qui annonce Lavoisier, de Buffon, de Saussure avec ses glaciers et ses séracs, de Linné. Mais la plus haute place revient à Lavoisier lui-même, qui invente la dénomination de l'oxygène, de l'hydrogène, de l'azote qui remplace le vieux « mofette ». Terminologie nouvelle, science radicalement renouvelée, son système est un des phénomènes majeurs de la fin du siècle.

C'est une foule de traités, d'articles de l'Encyclopédie, d'ouvrages littéraires et scientifiques, des Lettres philosophiques sur Newton aux Lettres et aux Pensées sur l'interprétation de la nature, aux Éléments de physiologie de Diderot, qu'il faudrait citer et étudier.

Et puisque nous parlons de Diderot, que dire du vocabulaire de la toute neuve critique esthétique, avec son souci technique de préciser parfois métaphoriquement la touche, la couleur, la manière, dans un lexique où se mêlent le boudiné, le méplat, le pâteux, mannequiner, papilloter, voire des mots pris aux registres bas comme taper, tartouillis, torcher, râgout, fignoler, et le très péjoratif croûte?

Révolution et lexique

Une histoire de la Révolution et de la langue française reste à faire. Si l'on a beaucoup travaillé sur le lexique politique de cette période[1], on a peu étudié l'éventuelle *évolution* du lexique de notre langue, depuis les grands volumes de F. Brunot (les tomes IX et X de l'*HLF*), qui demanderaient à être complétés, discutés et prolongés de nouvelles synthèses. J'ai déjà émis plus haut l'idée que globalement *les changements qui touchent la langue française pendant la Révolution affectent principalement le sentiment linguistique qui innerve la pratique d'un système inchangé.* La langue fixée est la base politique de l'unité nationale, on l'a vu, et Grégoire continue le combat de Richelieu. Si la pratique d'emploi des mots a été ressentie comme radicalement nouvelle, le système lexical, débarrassé très vite d'une écume néologiste passagère, s'est retrouvé en 1800, à quelques exceptions près, dont la plus notable est celle du système métrique[2], celui que pratiquaient en commun les rois, les nobles, les Philosophes, les Encyclopédistes. Ce qui ne veut pas dire que l'écume passagère et la poursuite d'une progression technique des vocabulaires spécialisés soient sans intérêt.

Dans cette vaste question, j'attirerai l'attention sur trois faits : on trouve dans la langue, dès l'Ancien Régime, bien des termes politiques que l'on a pris pour des créations révolutionnaires ; les mots nouveaux et ceux qui ont paru tels n'ont pas ébranlé le système ; enfin les vraies acquisitions lexicales de l'époque révolutionnaire sont plus limitées qu'on ne l'a cru parfois.

On sait que F. Brunot, dans son enthousiasme pour les idées de la Révolution, a présenté dans le tome IX de l'*HLF* une collection impressionnante de termes-phares (*nomina-numina*) qui, de *nation* à *révolution*, laissent à penser que la vie politique moderne, dans sa représentation lexicale, est née avec la Révolution. G. von Proschwitz a montré, en réveillant le débat sur « scission » ou « continuité »[3], que le vocabulaire politique employé dans la période révolutionnaire était déjà usuel sous l'Ancien Régime, que *motion* ou *opposition* ont été employés bien avant 1789, que le mot *responsabilité* ne fait pas partie des mots que la Révolution aurait, selon Brunot, « ajoutés à la langue ». On pourrait faire la même remarque à propos du stimulant ouvrage de J. Cellard[4], qui est juste en tout, sauf en son sous-titre. Certes *citoyen*, *club* et *nation* sont de remarquables mots-emblèmes de notre histoire révolutionnaire ; en aucun cas on ne peut dire que nous les « *devons* à la Révolution ». Leur emploi a changé, non leur présence dans le système du lexique.

Il n'est même pas sûr que les mots nouveaux ou les emplois nouveaux de mots aient *révolutionné le lexique*. On se prendrait plutôt à rêver que la puissance ou les fantasmes révolutionnaires étaient déjà lisibles dans les mots d'avant 1789. Soit le mot *lanterner*. Évidemment, il connait pendant la Révolution une extension de sens remarquable et bien connue ; reconnue même par le *Supplément* de la 5ᵉ édition du *Dictionnaire de l'Académie*, paru en 1798-an VII :

« LANTERNER, Faire subir le supplice de la lanterne. »

Mais dans le corps du *Dictionnaire*, on a supprimé (« on » : ce sont peut-être les académiciens de l'Ancien Régime, vaguement inquiets ; c'est peut-être Domergue, ou Dorat-Cubières, peu soucieux d'alimenter l'imaginaire de la violence, une fois passé Thermidor), on a donc supprimé de l'édition de 1762 ce paragraphe :

« On dit aussi proverbialement & populairement dans le même sens <c'est-à-dire "Importuner, fatiguer par des discours impertinens & hors de propos"> *lanterner les oreilles*. »

Certains craignaient-ils de trouver ici une image trop proche d'un supplice populaire inquiétant ? Tout se passe comme si après-coup on voulait exorciser, en le reléguant dans le *Supplément*, un emploi à la fois éphémère, ou souhaité tel, et déjà perceptible dans une inquiétude prérévolutionnaire.

Une étude précise du mot *nation* montrerait encore mieux que ce n'est pas le lexique qui a changé pendant la Révolution. Mercier écrit ceci dans le *Nouveau Paris*[1] :

« Ce n'était autrefois qu'un simple terme de géographie, ou de phrasier qui voulait enfler son style. Vous ne trouvez point sous la plume des écrivains du siècle de Louis XIV les mots *l'intérêt de la nation* ; *le service de la nation* ; *le trésor de la nation* ; parce qu'il n'existait point de *nation* : la France n'était qu'un vaste parc de moutons, que celui qui s'en était rendu le maître faisait tondre car tel était son bon plaisir. »

Il faudrait rétorquer à Mercier que la période s'étendant de 1715 à 1789 a existé, et que la vraie révolution dans l'acception du mot *nation* s'est faite à ce moment-là. C'est un mot déjà révolutionné dans le lexique qui a contribué à provoquer la Révolution historique ; et non pas le contraire. Il suffit pour s'en convaincre de lire d'Argenson ou Beaumarchais. Le premier écrivait dans son *Journal* le 26 juin 1754[2] :

« Les opinions nationales prévalent et peuvent mener loin. L'on observe que jamais l'on n'avait répété les noms de *nation* et d'*Etat* comme aujourd'hui ; ces deux mots ne se prononçaient jamais sous Louis XIV, et l'on n'en avait pas seulement l'idée. L'on n'a jamais été aussi instruit qu'aujourd'hui des droits de la nation et de la liberté. Moi-même, qui ai toujours médité et puisé des matériaux dans l'étude de ces matières, j'avais ma conviction et ma conscience tout autrement tournées qu'aujourd'hui : cela nous vient du Parlement des Anglais. »

Et quand on lit les flamboyants *Mémoires contre Goëzman* de Beaumarchais[1], on est frappé de la façon dont l'auteur du *Barbier de Séville*, à l'époque même de cette pièce, en 1773, développe un discours imprégné des notions et des mots de *citoyen* et de *nation*, qui reviennent sans cesse. Je me limiterai à deux citations :

« Ces généreuses Princesses [...] ne s'offenseront pas qu'un homme qui les a toujours servies avec zèle et désintéressement, qui n'a jamais démérité d'auprès d'elles, repousse, par le plus modeste exposé de la vérité, l'affreuse et nouvelle injure qui lui est faite en leur nom, **à la face de toute la nation** » (*op. cit.*, p. 817).

« La **nation** n'est pas juge en cette affaire, mais elle s'y rend partie dans ma personne, et ma cause est celle de tous les **citoyens** » (p. 887).

Ne dirait-on pas, princesses mises à part, des phrases recueillies dans des discours de la Législative ou de la Convention ?

Le mot *révolution* lui-même n'est pas une génération spontanée. Dans un lumineux article[2], R. Reichardt et H.-S. Lüsebrink ont bien montré que ce n'est pas le sens du mot qui a changé à partir de 1789, mais son rôle pragmatique :

« L'ancienne notion descriptive, transformée en terme de combat, devient une arme dans la logomachie des camps politiques opposés » (p. 38).

Le travail imaginaire qui a fait naitre *la Révolution* comme mythe attaché à l'année 1789 avait été prophétisé dans les textes de Mably ou d'Argenson, et avait trouvé une esquisse de contenu concret dans les évènements d'Amérique. Le mot *Révolution* n'est en aucun cas un mot nouveau. Sans changer de sens il s'applique à une nouvelle réalité, dramatique et bouleversante ; mais le contenu sémantique de ce mot, comme de beaucoup d'autres mots du lexique français, n'a été ni inventé ni vraiment modifié, *dans sa dénotation*, par l'épisode révolutionnaire.

Quant à l'explosion de néologismes dont on a tant parlé, elle n'a pas plus affecté le système que les faits de parole épisodiques que nous connaissons tous. On a dit *brissotin* et *dérolandiser*, comme on dit « chiraquiser » ou « mitterrandisme ». Et les *déprêtriser*, *septembriser*, *patrouillotisme*, ou *fanaticoroyalisme* nous disent l'histoire des discours révolutionnaires, de leurs entrainements éphémères : ils n'ont pas influé sur le devenir de la langue. Ce ne fut qu'une préciosité de plus, qui a trouvé ses limites et ses censeurs.

Enfin l'on ne peut pas dire que la période proprement révolutionnaire ait accéléré les acquisitions lexicales, comme l'a prétendu Marcel Cohen[1]. Sans doute la prolifération des discours a-t-elle produit « un grand remue-ménage » ; mais non les « grands changements » annoncés.

Sur 19 mots présentés dans l'ouvrage du grand historien de la langue comme signes de « diverses activités intellectuelles », représentatifs de « grands changements » attribués à la période révolutionnaire, on constate que

— six d'entre eux ne sont pas restés dans la langue : *républicaniser*, *journaliser*, *aérostation*, *vélocifère* ; ou désignent un phénomène disparu : *sans-culotte*, *sans culottide*. Au reste *journaliser* date de 1693, et *aérostation* de 1784 ;

— cinq étaient acquis avant 1789 : *pactiser* (1762, Rousseau), *département* (1765 : l'institution était évidemment restée à l'état de projet), *montgolfière*, *aérostat*, *ballon* (1783-1784). On se rappelle l'allusion finale du *Discours* de Rivarol ;

— quatre semblent bien tardifs (avec la part d'incertitude des datations) : *idéologue* (vers 1800), *légiférer* (1799), *vélocipède* (1804), *kaléidoscope* (1818) ;

— dans les quatre derniers, *préfet* (1793) et *consul* (1799) sont des mots anciens pris à une culture latine encore très présente, pour désigner de nouvelles fonctions : on hésitera donc à y voir des « mots nouveaux » ; *conscription* est daté de 1789, mais figurait avec un sens proche dans l'*Encyclopédie méthodique* ; *télégraphe* (1792) est peut-être le seul vrai mot nouveau de cette liste qui soit nettement un acquis de la période révolutionnaire.

Le sentiment du changement n'est pas le changement. L'immobilisme inquiet d'une langue qui se crispe sur son « uniformation » et sa diffusion exclusive comme langue unique de la liberté se constate aussi dans le lexique.

Restent certains vocabulaires politiques ou institutionnels. Je rappellerai seulement ici ce que j'ai dit plus haut sur ce lexique réellement nouveau, mais très limité. Contenu tout entier dans le *Supplément* du *Dictionnaire* de 1798, il donne lieu à des articles qui acclimatent le nouveau système métrique et le calendrier, comme :

> « ARE. subst. masc. L'*Are* remplace la *perche carrée*, et vaut à-peu-près deux perches carrées de 22 pieds de côté ; chacune de ces perches contient en décimales 0,5104 d'are. »

> « KILOGRAMME. s.m. Mesure de pesanteur égale à 1 000 grammes, et qui équivaut à-peu-près à 2 livres 0 [*sic*] gros. »

> « NIVOSE. s.m. Premier mois d'hiver de la nouvelle année Françoise. »

Les articles du *Supplément* rendent compte aussi de l'émergence éphémère d'un nouveau trouble. On l'a vu pour *lanterner*. On pourrait évoquer *Tyrannicide*, *Club* (« On pro. [*sic*] *Clob*»), ou *Septembrisade* (« nom donné à un massacre général qui eut lieu dans les Prisons à Paris, les 2 et 3 septembre 1792»). Voyons seulement comment étaient représentées en 1798 la carmagnole et la cocarde nationale :

> « CARMAGNOLE. sub. fém. Nom donné d'abord à une espèce d'air et de danse, ensuite à une forme particulière de vêtement ; puis aux soldats nationaux qui le portoient, ou qui chantoient des carmagnoles ; enfin à certains rapports faits au sein de la Convention nationale, et que l'Auteur nommoit ainsi. »

> « COCARDE NATIONALE. subs. f. Signe de trois couleurs, rouge, bleu et blanc, que tout François, et les femmes même, portent à leur coiffure depuis la Révolution. »

Mais la cocarde et la carmagnole ne doivent pas faire illusion. Si la grande Révolution a bouleversé bien des choses, elle n'a pas ébranlé le système de la langue. Elle n'a pas changé le lexique des Français, mais l'idée qu'ils en avaient.

PETITES INCERTITUDES DE LA SYNTAXE CLASSIQUE ET POSTCLASSIQUE

On a vu combien les grammairiens et les remarqueurs étaient préoccupés de netteté et de clarté. Mais pendant nos deux siècles coexistent encore une syntaxe ancienne, libre, faisant confiance au sens, et une syntaxe « moderne », éprise d'exactitude, de rigueur et de netteté des rapports. Dans cet espace de temps, la syntaxe a fini d'évoluer vers un état rigide, déjà définitivement codifié en théorie autour de 1700, et devenu totalement nôtre avant 1800 sur les points où régnait encore quelque incertitude. Si elle nous parait encore étrange dans un texte de 1600, elle ne l'est plus guère dans les *Liaisons dangereuses*, ou dans *Paul et Virginie*, qui n'est loin de nous que par tout autre chose que la syntaxe. Quant aux différences qu'on voit subsister, parfois jusqu'à la fin du XVIIIe siècle, elles valent d'être examinées comme indices d'une conception différente des choses, de leurs rapports, et du sentiment qu'on en a [1].

Aperçu cavalier sur une syntaxe ancienne

Arrêtons-nous un instant sur quelques différences visibles dans un texte du début du XVIIe siècle ; elles affectent en grande partie le maniement de ces petits mots grammaticaux que le lecteur pressé néglige (articles, pronoms, conjonctions, relatifs et particules), ou le mode d'emploi des participes, ou encore le système des temps verbaux.

Il s'agit de la version de 1603 du voyage de Champlain [2]. Les « Américains » y sont ainsi présentés :

> « Ils ont vne meschanceté en eux, qui est user de vengeance, & estre grands menteurs, gens en qui il ne fait pas trop bon s'asseurer, sinon qu'auec raison & la force à la main ; promettent assez, & tiennent peu » (chapitre III, p. 13).

On aura remarqué que le relatif *qui* est séparé de son antécédent, que l'infintif *user* n'est pas précédé de « de », que *grands menteurs* et *gens* sont dépourvus d'articles, que le pronom sujet de *promettent & tiennent* n'est pas exprimé comme il doit l'être dès le milieu du XVIIe siècle. Mais si l'on continue la lecture, au hasard, en oubliant les différences graphiques, les articles non réalisés, une représentation pronominale un peu distendue (le « il » souligné en gras représente le diable et le « ils » les sauvages), ou quelques autres traits légers, on trouve en fait une syntaxe moderne :

> « Ils ont parmy eux quelques sauuages, qu'ils appellent *Pilotoua*, qui parlent au Diable visiblement ; & leur dict ce qu'il faut qu'ils fassent tant pour la guerre que pour autres choses, & que s'**il** leur commandoit qu'**ils** allassent mettre en execution quelque entreprise, ou tuër vn François, ou vn autre de leur nation, ils obeï-roient aussi tost à son commandement.

Aussi ils croyent que tous les songes qu'ils font sont veritables ; & de faict il y en a beaucoup qui disent aueoir veu & songé choses qui aduiennent ou aduiendront. Mais pour parler auec verité, ce sont visions du Diable, qui les trompe & seduict. Voilà toute la creance que i'ay pû apprendre d'eux, qui est bestiale » (p. 18).

Aux points sensibles de notre syntaxe, la caractéristique essentielle de la période 1600-1800 est que les « tours anciens » – qui ont *à peu près* disparu aujourd'hui – y coexistent avec les « tours modernes », souvent apparus très tôt.

Syntaxe ancienne et syntaxe moderne en cohabitation. Signification de l'absence d'article

Tout concept pour nous s'énonce comme une chose maitrisée et connue : « *la* vérité, *la* vertu, *la* conjonction, *la* grammaire ». Les Russes et les Anglais qui apprennent le français en savent quelque chose. Cela n'a pas toujours été si clair.

On lit : « Qu'est-ce que la tolérance ? » à l'article TOLÉRANCE du *Dictionnaire philosophique*, mais « Qu'est-ce que vertu ? » au début de l'article VERTU, sous la plume du même Voltaire, qui affirmait d'ailleurs qu'en général l'absence d'article n'était admissible que dans le style marotique. Ultime hésitation avant que se fixe l'usage actuel. La Bruyère, lui, en était encore à l'absence régulière d'article dans les contextes de définitions :

« Celui qui a pénétré la Cour connaît ce que c'est que vertu et ce que c'est que dévotion » (*Caractères*, II, 151)[1].

Mais ni chez lui ni chez Voltaire, sauf style badin, on ne trouve plus comme chez Champlain : « aueoir veu & songé **choses** qui aduiennent ou aduiendront ».

Pour le français moderne, l'appétit de clarté a conduit la langue à pratiquer la mécanique de l'explicite. Mais c'est ainsi une autre attitude de pensée qui peu à peu disparait. La construction des noms sans article nous est encore connue ; mais si elle ne traduit pas l'archaïsme des proverbes (« pauvreté n'est pas vice »), si elle n'accompagne pas une préposition (« par peur », « sur rendez-vous »), si elle n'est pas « figée » (« prendre peur », « avoir faim », « entendre raison ») elle tend à suggérer que le mot n'est pas dans son « usage » mais « en mention », disent les linguistes[2], c'est-à-dire *cité* : « *fantaisie* est un joli mot », écrivons-nous avec italique. Nos ancêtres avaient un plus large recours à la mention, qui objectivait ainsi la notion[3], quand ils avaient la faculté de

dire, sans affectation et sans italique : « Qu'est-ce qu'optimisme ? disait
Cacambo. »

Place du pronom complément

« Je le veux croire » ou « Je veux le croire » ? Longtemps on a
hésité sur la place du pronom complément d'un infinitif régime. Malgré
la belle étude d'Y. Galet[1], il n'est pas certain que l'on ait bien compris
pourquoi et comment notre syntaxe a « balancé » si longtemps entre le
« tour ancien » et le « tour moderne ».

Il y a un bon résumé de la question dans le *Précis* de Brunot-
Bruneau, qui rappellent le vers d'Andromaque (III, 8) :

> « Non, tu ne mourras pas, je ne le puis souffrir »,

évoquent la remarque de Vaugelas, qui conclut après hésitation au tour
« je ne le veux pas faire » parce qu'il est « incomparablement plus
usité », et donnent une preuve frappante de l'évolution qui s'accomplit :

> « Toutefois Corneille, dès 1660, reprenant sa comédie de *La Place
> Royale*, corrige le vers 142.
>
> *Texte de 1637-1657 :*
> " Un de mes amants vient, qui nous pourrait distraire."
>
> *Texte de 1660 :*
> " Un de mes amants vient, qui pourrait nous distraire."
>
> Sept autres phrases du même type présentent la même correction »
> (p. 492).

Ce thème sera méthodiquement exploité par Y. Galet, qui conclut
à la victoire du tour moderne sur le tour ancien. Statistiquement,
la proportion des deux tournures évolue en faveur du tour moderne,
mais la coexistence des deux tournures se prolongera longtemps
après 1800.

Que jouent dans cette disposition des facteurs divers, tels que l'habitude (« je le veux croire » se maintient sans doute à cause de la fréquence du concessif *je le veux* = je veux bien l'admettre), la recherche
d'équilibres sonores (Rousseau écrit dans la même phrase, au début du
livre III des *Confessions* : « Cet état ne *peut se décrire*, et peu d'hommes
même *le peuvent imaginer*[2] »), cela n'est pas douteux, et peut contribuer à expliquer la durée exceptionnelle de l'hésitation.

L'historien, lui, verra là volontiers un des rares domaines de la
langue qui ait été réellement dans les temps modernes le lieu d'une évolution linguistique. Le français tend à rapprocher du verbe qui le régit

au plus près le pronom dit « clitique » ou conjoint. Dans les exemples précédents, « le » est trop séparé de croire dans *je le veux croire.* C'est ce mécanisme de rapprochement qu'une enfant de cinq ans aujourd'hui peut étendre au-delà de ce qui est permis, quand elle dit « elle a pas *y pensé* ». Le désir de netteté, s'opposant aux « dystaxies », a eu raison de l'usage « élégant » et majoritaire du temps de Vaugelas. Il a inspiré déjà à Corneille ses corrections, et a grignoté peu à peu un tour qui ne reste dans notre langue, pour parler comme Brunot-Bruneau, que comme « un archaïsme distingué ».

Les pronoms relatifs, et les mystères du mot QUE

Dans la Préface de la *Grammaire* de Port-Royal, on lit une construction dont l'archaïsme à nos yeux n'a rien à envier à la syntaxe de Champlain. C'est la face « ancienne » de la langue classique, ou l'un de ses vestiges. On la trouvera soulignée dans le texte suivant. Pour mieux situer ce point de syntaxe dans un type de discours qui date de plus de trois cents ans, je cite le début de cette courte préface :

> « L'engagement où je me* suis trouvé, plutôt par rencontre que par mon choix, de travailler aux Grammaires de diverses langues, m'a souvent porté à rechercher les raisons de plusieurs choses qui sont communes à toutes les langues, ou particulières à quelques-unes : mais y ayant quelquefois trouvé des difficultés qui m'arrê-taient, je les ai communiquées, dans les rencontres, à un de mes amis**, qui, ne s'étant jamais appliqué à cette sorte de science, n'a pas laissé de me donner beaucoup d'ouvertures pour résoudre ces doutes ; et mes questions mêmes ont été cause qu'il m'a fait diverses réflexions sur les vrais fondements de l'art de parler, **dont m'ayant entretenu dans la conversation, je les trouvai si solides,** que je me fis conscience de les laisser perdre, n'ayant rien vu dans les anciens Grammairiens, ni dans les nouveaux, qui fût plus curieux ou plus juste, sur cette matière. C'est pourquoi j'obtins encore de la bonté qu'il a pour moi, qu'il me les dictât à des heures perdues ; et ainsi les ayant recueillies et mises en ordre, j'en ai com-posé ce petit Traité. »
> * Lancelot.   ** Arnauld[1].

La syntaxe moderne n'admet plus depuis longtemps qu'on fasse dépendre un relatif (ici *dont*) d'un élément complément dans une subordonnée, où il se trouve repris par un pronom personnel (*les*). Là on mesure le chemin parcouru : un tel tour devient très rare après 1700, il apparait comme un obstacle à la netteté ; pourtant il était par-faitement clair.

Un autre tour résistera assez pour qu'on le trouve, quoique de moins en moins, jusqu'à la fin du XVIIIe siècle, voire au-delà. Les grammairiens ont du mal à le dénommer. Certains parlent de double relative, d'autres d'une conjonctive enchâssée dans une relative. Le *Précis de grammaire historique*[1] n'en cite que des exemples du XVIIe siècle :

« Cet enfant sans parents, qu'elle dit qu'elle a vu » (*Athalie*, III, 4),

« ... Cette lettre de Mme de Thémines, que l'on croyait qui s'adressait à vous » (Mme de La Fayette, *Princesse de Clèves*, p. 139),

Il suffit d'ouvrir les auteurs du XVIIIe siècle pour en trouver autant[2] :

« Ce cœur en garde une rancune que lui-même il ne sait pas qu'il a » (Marivaux, *Vie de Marianne*, éd. Garnier, p. 38),

« ... et de près de quatre cent livres que je savais qui lui restaient » (*ibid.*, p. 23),

« ... valeur que l'intérêt public et la justice demandent qui ne soit jamais changée » (Voltaire, *Siècle de Louis XIV*, Pléiade, p. 632),

« ... un prétendu mot celtique ou tudesque, qu'on veut qui signifie montagne » (Turgot)[3].

C'est un des derniers signes d'une sorte de liberté affectant une syntaxe que tout par ailleurs fige et encadre. Le tour ancien sera éliminé, sauf archaïsme.

Au-delà de ce sentiment de liberté de combinaison qui achève de se perdre, il y a peut-être un peu plus. Ce petit mot *que*, qui est souvent l'indice d'un fort engagement subjectif, était plus fréquemment employé à l'époque classique, répété même parfois avec la même fonction dans les longues phrases des *Mémoires*, de Retz ou de La Rochefoucauld, ou accumulé dans les paragraphes des *Illustres Françaises* de Challe. Enfin, chez tous, il était nécessaire dans certaines constructions que notre langue moderne a objectivées. Aujourd'hui nous distinguons « il y a cinq ans, il est parti » (constat), et « il y a cinq ans qu'il est parti » (soupir, regret, sentiment de durée et d'absence, etc.). Jusqu'au XVIIIe siècle la seconde construction était la seule employée ; elle dominait jusque dans des contextes apparemment peu engagés, comme si le constat objectif même devait rendre hommage à la prise en charge subjective. On lit ainsi dans les *Lettres philosophiques*[4] de Voltaire, et dans le *Tableau de Paris* de Mercier :

« Il n'y a pas long-temps *que* M. Shipping dans la Chambre des Communes commença son discours par ces mots... » (8e lettre).

« Il y a quelques annnées *qu'*on entreprit de numéroter les maisons » (éd. citée, tome II, p. 600).

Ces emplois des *qui* et des *que*, tours anciens qui subsistent tant bien que mal en concurrence avec les tours modernes, sont comme une dernière résistance à l'embrigadement de la phrase logique dans le carcan d'une subordination étroitement surveillée. Ils sont appelés à disparaitre de la langue cultivée normale, quitte à réapparaitre au XXe siècle comme de pittoresques archaïsmes. Ils ont été condamnés au nom de la clarté analytique, et par méfiance à l'égard de la subjectivité mal contrôlée du *que* à tout faire qu'a toujours employé la langue dite « populaire »[1].

Mode d'emploi des participes

Le participe passé a longtemps servi de rempart à l'invasion du style substantif, et l'on aimerait pouvoir dire aujourd'hui : « il se plaint à bon droit *des impôts augmentés*» plutôt que « il se plaint à bon droit *de l'augmentation des impôts*», voire, en forçant sur les substantifs abstraits : « on approuve sa plainte de l'augmentation des impôts ». Cette fois il s'agit de tendance plutôt que de règle, et rien n'interdit aujourd'hui d'écrire comme le faisait Rousseau dans les *Rêveries* : « Quand le lac agité ne permettait pas la navigation », et non « Quand l'agitation du lac... ». Il n'empêche que la langue classique et postclassique a là des habitudes qui vont se raréfier.

Quelques exemples de ce tour, dans lequel on a dit joliment qu'« un prédicat peut prendre l'allure d'une épithète[2]». Il est banal de le lire dans *Bajazet* :

« Tout conspirait pour lui. Ses soins, sa complaisance,
Ce secret découvert, et cette intelligence » (v. 157-158),

« Mais à mes tristes yeux **votre mort préparée**
Dans toute son horreur ne s'était pas montrée » (v. 689-690).

Mais on le rencontre en prose chez Voltaire :

« Il promit aux juifs **la conquête** de l'empire ottoman **assurée** » (*Dictionnaire philosophique*, MESSIE, GF 1964, p. 288) ;

et plus encore, me semble-t-il, chez Rousseau, outre le célèbre « lac agité » :

« ... mon cœur, mon devoir, **mon honneur conservé, ma raison recouvrée**, mon état, mon mari, mes enfants, moi-même, je te dois tout » (*La Nouvelle Héloïse*, IV, 1),

ou chez Laclos :

« ... et **après ma partie finie**, je chambrai la petite dans un coin » (*Liaisons dangereuses*, lettre 63, éd. Garnier, p. 125).

Bref, la littérature garde cette tournure, qui probablement, si l'on en croit le gout du XVIIIe pour les notions, donc pour les concepts et pour les substantifs, n'était déjà plus tout à fait naturelle.

Les participes d'ailleurs ont obsédé les grammairiens ; l'une des œuvres les plus connues de l'abbé d'Olivet était son *Traité des participes*. Il est vrai qu'alors comme maintenant il fallait s'évertuer à montrer la prétendue logique de l'accord des participes passés. Il est vrai aussi que c'est un de ces domaines sensibles de la langue, qui peut laisser le champ à une certaine variation syntaxique. J'en prendrai pour exemple la règle moderne qui veut qu'un participe apposé se rapporte au sujet de la proposition. Nous n'avons plus le droit d'écrire comme La Fontaine :

« Et **pleurés** du vieillard, **il** grava sur leur marbre
          Ce que je viens de raconter »
(« Le Vieillard et les trois jeunes hommes », *Fables*, XI, 8).

Mais comme cette règle a tardé à s'imposer ! Aujourd'hui encore, la maladresse des écoliers et l'élégance archaïsante des grands écrivains en donnent de beaux exemples. Jusqu'à la première moitié du XVIIIe siècle, ce n'était ni rare, ni critiqué par d'autres que par quelques grammairiens rigides. On lit chez Crébillon, à la première page des *Égarements du cœur et de l'esprit*:

«**Restée veuve** dans un âge où il n'était pas d'engagements qu'elle ne pût former, **sa tendresse** pour moi ne lui fit envisager d'autre plaisir que celui de m'élever... » (éd. GF, 1985, p. 69),

et plus loin :

«**Emporté** dans cette conversation par sa véhémence, et par une situation neuve pour moi, elle **m**'avait étonné, sans m'en toucher davantage » (p. 101).

La netteté mécanique des rapports, netteté qui dispense le lecteur de penser et de calculer le sens, n'était pas encore ressentie comme une obligation. À la lecture, qui ne prend plaisir à reconnaitre que

« emporté » se rapporte à l'objet « m' », et non à « elle » ? Comme on l'a vu à propos de la relative dans la Préface de Lancelot, l'anacoluthe, nom barbare dont les grammairiens affublent tout ce qui n'est pas mathématiquement conséquent, est encore chez elle à l'époque classique et postclassique.

Temps verbaux : le passé simple et le passé composé

Nos ancêtres, croyons-nous parfois, employaient le passé simple et l'imparfait du subjonctif, que nous avons laissé tomber. C'est un peu plus compliqué. D'abord parce que nous aurions bien du mal à nous priver du passé simple dans nos créations narratives. Jamais « alors il s'est élancé » ne pourra exprimer la même chose que « alors il s'élança ». Ensuite parce que la concurrence du passé composé et du passé simple n'a jamais été chose facile.

Il y avait, il est vrai, des automatismes, plus conditionnés que spontanés : dès que l'on tenait la plume, on s'obligeait d'instinct à opposer « la lettre que j'ai écrite ce matin » et « la lettre que j'écrivis hier », et ce pendant tout le XVIIIe siècle, Révolution comprise :

> « L'Assemblée nationale, Messieurs, me renvoie la lettre **que vous écrivîtes hier** à son président en lui envoyant le passeport du sieur de la Hogue, écrit le ministre de l'Intérieur Roland à la Municipalité du Hâvre [1]. »

Mais la concurrence existait, et Cécile Volanges n'est pas la seule à écrire à son amie Sophie (marque de son inadaptation aux choses du monde ?) : « Je ne t'ai pas écrit hier, ma chère Sophie » (*Liaisons dangereuses*, lettre 14, p. 32) [2]. C'est que la langue bénéficiait de deux syntaxes, dont la coexistence pouvait donner lieu à conflit : la querelle du *Cid* le fit bien voir ! Le XVIIe et le XVIIIe siècle ont joué à merveille de cette cohabitation : d'une part une syntaxe du discours, de l'engagement subjectif, de la cohérence de la sphère énonciative, qui nécessite la forme composée ; et d'autre part une syntaxe dite de l'histoire et du récit, en réalité de la distance, de la coupure, de l'ailleurs : le passé simple des contes et de l'Histoire [3].

Le théâtre classique, entre autres, en offre de beaux exemples. Dans *Bérénice*, Titus oppose ainsi sa résolution historique et marquant une étape (au passé simple) et l'espace de temps qui, tout aussi passé, s'est déroulé depuis et lui colle à la peau (au passé composé) :

> « Résolu d'accomplir ce cruel sacrifice,
> J'y **voulus** préparer la triste Bérénice.
> Mais par où commencer ? Vingt fois depuis huit jours

J'ai **voulu** devant elle en ouvrir le discours ;
Et dès le premier mot ma langue embarrassée
Dans ma bouche vingt fois **a demeuré** glacée »
(*Bérénice*, II, 2, 471-476).

En plus drôle, le père Diafoirus, dans l'éloge paradoxal de son benêt de fils, oppose les faits successifs d'une histoire laborieuse (au passé simple), à l'évènement dernier qui raconte un passé (passé composé) dont la gloire est encore assumée par le discours du père :

> « Lorsque je l'**envoyai** au collège, il **trouva** de la peine ; mais il se raidissait contre les difficultés, et ses régents se louaient toujours à moi de son assiduité, et de son travail. Enfin, à force de battre le fer, il en **est venu** glorieusement à avoir ses licences ; et je puis dire sans vanité... » (*Le Malade imaginaire*, II, 5).

On oublie parfois que cette pratique n'était pas seulement instinctive, ou prélinguistique. Cette subtilité de la syntaxe classique, à la fois libre, souple, et expressive de toutes les finesses du rapport de l'homme au temps, les grammairiens les plus habiles savaient la décrire, et naguère le plus perspicace des historiens de la grammaire, le regretté Jean Stéfanini à qui je veux rendre ici hommage, a su l'analyser en commentant le grand grammairien Maupas. Je ne peux que renvoyer à sa très belle analyse de Meigret et Maupas [1].

Au fond l'époque classique est celle où l'archaïsme, pour un temps, reste naturel, quoique en concurrence avec la modernité. Après 1800, ce ne sera plus que par jeu qu'on écrira :

> « Que paternellement vous vous **préoccupâtes** » (Rostand).

Naissance d'un sentiment grammatical commun

Pour nous, la langue classique est figée dans des souvenirs scolaires : « Vous dont j'ai pu laisser vieillir l'ambition » (*Britannicus*), « C'est crime qu'envers lui se vouloir excuser » (*Horace*), « Il est donc vrai, madame » (*Bérénice*), « Qu'il mourût ! » (*Horace*), « On craint qu'il n'essuyât les larmes de sa mère » (*Andromaque*). Il faudrait, pour bien la lire, lui rendre son statut de langue vivante, d'une langue vivante où *pouvoir* et *devoir* expriment naturellement à l'imparfait ou au passé composé l'irréel, où les mots importants se détachent en mention, où l'imparfait du subjonctif exprime à la fois la prétendue concordance et un mouvement de pensée qui se projette dans une construction de l'esprit détachée de l'actuel.

Mais dans ces hésitations mêmes et à cause d'elles se trouve une inquiétude permanente de la perfection de la langue, qui va peu à peu hanter toutes les consciences et abolir la variabilité de l'expression, tandis que se vulgarise la réflexion grammaticale.

En effet c'est au XVIIᵉ et au XVIIIᵉ siècle que la réflexion sur la langue est devenue envahissante ; ce passage insensible de la langue ancienne à la langue moderne a été accompagné, soutenu, voire accéléré ou provoqué par un désir croissant de savoir, de régler et de comprendre. La progression du nombre des grammaires est révélatrice : c'est au XVIIIᵉ siècle que se vulgariseront de grands manuels, aux rééditions multiples, comme les *Principes généraux et raisonnés de la Grammaire françoise* de Restaut[1] ou les *Principes généraux et particuliers de la Langue françoise* de De Wailly. Les grammaires françaises commencent à être la Bible, non seulement des écoliers, mais aussi de tout un public « cultivé ». Ainsi, à l'arrière-plan de la pratique des formes linguistiques, s'impose avec force l'idée qu'on s'en fait, qu'on l'appelle « conscience linguistique », « inconscient linguistique », ou « imaginaire linguistique ». Il s'opère dans l'esprit des Français, surtout après 1700, une sorte de grammaticalisation de la langue.

Dans une histoire des grammaires et du sentiment linguistique[2], de Malherbe à Domergue[3], on verrait défiler Maupas, dont on a aperçu la hauteur de vues et l'aptitude à théoriser, Oudin son successeur, la *Grammaire générale et raisonnée*, dite de Port-Royal, qui apportera pour des décennies, voire des siècles, l'idée de la prégnance de l'organisation logique de la langue. On y apprécierait ce qui distingue Regnier-Desmarais, fin observateur, efficace descripteur, mais non théoricien, et Buffier, épris d'explication rationnelle. On y opposerait un d'Olivet attentif aux réalités, un Girard qui apporte précocement les linéaments d'une linguistique du discours, aux grands grammairiens logiciens de l'*Encyclopédie*, Dumarsais, Beauzée, et au fanatique d'organisation grammaticale que fut Domergue ; sans parler des « praticiens », de Chifflet à Restaut, de Wailly, Lhomond et tant d'autres.

On y constaterait, entre autres, que l'idée grammaticale de *phrase* et l'idée de *subordination*, qui ne sont claires (et encore) que dans une perspective d'analyse formaliste et distributionnelle, n'avaient pas cours à l'époque classique, et qu'il faut repenser l'histoire de la syntaxe aux XVIIᵉ et XVIIIᵉ siècles, à la suite des travaux de J.-C. Chevalier, en élargissant ce qu'il a dit de l'idée de complément à l'idée de subordination, et en réévaluant la place de Vaugelas et de Bouhours par rapport à Port-Royal. L'idée de subordination était alors purement notionnelle, indépendante de ses formes grammaticales : on le voit bien dans le traitement de la période chez Buffier au chapitre « de la Ponctuation » de sa *Grammaire*. Nos ancêtres n'avaient pas conscience de faire des principales et des subordonnées ; la différence entre *quand* et *alors* ne les intéressait pas. Pour le sentiment et la pratique de la langue, cela est important.

On y verrait que l'idée de transmission du sens comme d'une chose existant en soi rendait inutile une grammaire autre que prescriptive, ou alors franchement « métaphysique ». Il suffisait d'inventorier les moyens de traduire le sens. Longue histoire qui, de la vieille tradition de Regnier-Desmarais ou des vues sensées de l'abbé d'Olivet aux tentatives de grammaire sémantique-pragmatique de Girard, a conduit la grammaire française dominée par la grammaire générale (bien maitrisée par Beauzée) vers une grammaire simplifiée, logique, sémantique et formelle (conciliant donc les inconciliables), imposée par Domergue en 1799, et demeurant la base de la terminologie actuelle.

On y vérifierait enfin que, convergeant avec le conservatisme à la Voltaire-Rivarol, la croyance en une grammaire rationnelle et métaphysique préparait l'avènement d'une sorte de langue de bois nationaliste et puriste. D'abord souci esthétique peu rationnel, fondé sur le gout et l'idée d'harmonie, le purisme s'est dégradé en méfiance tracassière à l'égard de toute construction qui ne se laisse pas ranger dans le cadre d'une syntaxe supposée faussement calquer la logique de l'esprit.

Indissolublement liée à la progression des pratiques syntaxiques de la langue, la grammaire est devenue à la fin du XVIIIᵉ siècle la seconde nature des locuteurs français.

PRONONCER ET ÉCRIRE

L'étude de la prononciation du digramme *oi*, dans le chapitre précédent, faisait un sort à la plus nette différence qui oppose notre façon de parler à celle de nos ancêtres. Cet exemple à la rigueur pourrait suffire : dans le système des différences sonores qui nous servent à construire nos paroles, peu de choses ont changé entre 1600 et nos jours, et moins encore de 1800 à maintenant. On a vu comment le français est finalement passé du « roi » <roé> au « roi » <roa>.

Pourtant nous serions bien surpris si nous entendions déclamer une tragédie de Corneille par le miracle d'une parole gelée. Elle nous paraitrait plus proche des parlers traditionnels de la campagne d'autrefois, ou de certaines inflexions canadiennes. Que penseraient les spectateurs d'aujourd'hui si on leur servait une pièce classique à la mode baroqueuse « sur voix d'époque »[1] ? C'est que nous savons peu de choses sur le son exact d'une voyelle, d'une articulation consonantique. Il est clair que Vaugelas lui-même surprenait ses interlocuteurs par son accent savoyard ; mais en quoi au juste consistait-il ?

Une étude de détail du français tel qu'on l'a prononcé pourrait partir, entre autres, de trois sources[2] :

1° Les observations sur la prononciation du français, dans les *Remarques* de Vaugelas (1647), mais elles sont parcellaires.

2° L'état de la prononciation courante enregistré par Gile Vaudelin en 1715, document déjà très étudié[3], mais qu'il faudrait interroger encore, et très proche de Vaugelas.

3° Sur les points sensibles, la situation suggérée par l'abbé Féraud, de son *Dictionnaire grammatical* (1761) au *Dictionnaire critique* (1787-1788)[4].

– Le passage de /we/ à /wa/ est clair, on l'a dit. Notons seulement qu'il y aura des retours en arrière à la fin du XVIIIᵉ siècle (ou plus tard), ramenant la prononciation de *croire* (/krɛr/), *adroit* (/adrɛ/, *soit* (/sɛt/) au /wa/ dominant.

– Lesquelles des consonnes « muettes » étaient prononcées ? *Advenir* au XVIIᵉ siècle se prononçait « aveni » ; c'est la religion de l'écrit qui a sonorisé le « d » et le « r ».

– Ce /R/ n'était pas le nôtre, mais il a pu à l'occasion osciller entre le R apical (= roulé), qui était la norme, le R grasseyé (proche du nôtre, mais, dans chaque crise de préciosité, signe de négligence et d'affectation, notamment chez les femmes), et un /R/ « zéro » (Les *Meveilleux* et les *Incoyable*s du Directoire), voire remplacé par /z/ encore au début du XVIIᵉ siècle.

– On peut hésiter sur les « e » caducs, que les ambiguïtés de la transcription de Gile Vaudelin ne permettent pas toujours de régler. Les « e » qui font syllabe dans les alexandrins étaient-ils prononcés ailleurs que sur la scène ?

– Probablement, au moins au XVIIᵉ siècle, existent des restes de diphtongaison ou de triphtongaison (« eau » ne se prononçait pas toujours « o »).

– On insistera enfin sur l'accentuation de la tendance à inverser le rapport théorique des codes écrit et oral. De plus en plus (le mouvement s'accélère encore de nos jours[5]), la graphie servant de référence suggère de nouvelles prononciations. Mais c'est une vieille histoire : *malhureux* est devenu tôt marginal, et se trouve stigmatisé comme populaire dans Vadé, alors que la prononciation *malheureux* repose sur la même « erreur » que celle qui donne aujourd'hui le timbre /œ/ à *gageure*.

Écoutons pour finir nos aïeux réciter leur prière. Si l'on se fie à Gile Vaudelin, on entend quelque chose comme « Note père qui ête aux cieux, que vote nom set santifi-ié, que vote règne arrive », etc., ou encore « Seigneur, je crès que vous êtes réellement présent dans st'auguste sacrement » [1].

Quant à l'orthographe, c'est peu dire qu'elle s'est fixée au XVIIIᵉ siècle. Elle y a été embaumée, bloquée, rendue insensible au lent mouvement de réadaptation croissante de l'écrit à un oral qui pourtant se stabilisait. L'histoire est simple : d'un ensemble hétérogène et du refus des réformes radicales se dégage un compromis plutôt conservateur, que la pensée officielle ratifie. C'est l'orthographe de la 1ʳᵉ édition du *Dictionnaire de l'Académie* en 1694. L'inadaptation de l'alphabet latin au système phonologique français étant reconnue, les palliatifs étant souvent très ingénieux (digrammes vocaliques notamment), un double mouvement se dessine au XVIIIᵉ siècle : conservatisme continué d'une part (refus, on l'a vu, de la simplification des consonnes doubles), tendance d'autre part à se rapprocher de graphies phonologiques (abandon de surcharges d'origine étymologique).

Les étapes symboliques de cette histoire, d'abord évolutive, puis maintenue à l'arrêt, pourraient être : les graphies de Corneille, son action en faveur de l'accent grave, les choix de Richelet (et d'autres) en faveur de la « nouvelle orthographe », les décisions conservatrices de l'Académie (1694), la réforme de l'abbé d'Olivet (1740, 3ᵉ édition : 5 000 mots sur 20 000 sont touchés), son prolongement (1762, 4ᵉ), enfin l'ambigüité née de cette réforme : pensée par son auteur comme relative et à poursuivre, elle est devenue le support d'une norme fixe. Une bonne part de l'histoire de l'orthographe se confond, on l'a vu, avec celle des éditions du *Dictionnaire de l'Académie*.

Si cette vue trop générale ne dit pas tout, le lecteur, sur le modèle du petit exemple donné p. 281, pourra lui-même examiner chacun des points sensibles de notre orthographe [2]. Il lira en particulier dans le livre de L. Pasques le § 5 de son Introduction, qui contient de savoureuses citations de la controverse, modèle de ce que nous entendons aujourd'hui : la nouveauté est forcément mauvaise. Ce discours est de tout temps ; il permet d'esquiver les questions :

« D'autres embrassent de nouvelles manieres introduites depuis peu par quelques auteurs, qui ont eu plus de soin de faire parler d'eux par les nouveautez qu'ils ont inventées que de travailler utilement pour le public » (Mauconduit, 1669, in Pasques, 45).

« Et n'est-ce pas une espece d'attentat à des particuliers, de défigurer ainsi les mots les plus saints & les plus sacrez » (Regnier-Desmarais, 1706, in Pasques, 49) [1].

De tous temps aussi il y a eu des esprits distingués et affranchis de préjugés, qui jugeaient possible de parfaire l'adaptation de l'orthographe à toutes ses fonctions, phonographique, morphologique, idéographique même. C'était le cas de Dangeau, dont L. Pasques a décrit le projet de réforme. Et l'époque classique avait fait de grands pas, personne aujourd'hui ne songeant à s'en plaindre :

« La modernisation de l'orthographe, écrit J.-C. Pellat, se traduit par la généralisation des distinctions que nous connaissons ; les quatre graphèmes *i, j, u, v*, prennent alors leur valeur phonogrammique et deux nouvelles majuscules *J* et *U* sont ajoutées. Corrélativement, dans un système de notation phonogrammique où tout se tient, les procédés diacritiques, devenus inutiles, auraient dû disparaître ; mais certains furent maintenus, comme *h* dans *huile*, *d* dans *advenir...* » (85).

« L'accentuation se met en place très lentement dans la seconde moitié du XVIIe siècle : si l'accent aigu sur *é* est déjà bien établi, l'accent circonflexe se répand surtout à partir des années 1680 et l'accent grave se place sur *è*, dans deux séries de mots limitées, à la fin du siècle » (92).

Après cela il ne faut plus penser qu'à une seule façon d'écrire et d'imprimer [2].

Décidément, de 1700 à 1800, il était dit que tout dans la langue française deviendrait immobile. Dangereux pour une langue vivante. L'aimable Moncrif, connu surtout pour sa plaisante *Histoire des chats* (1727) où il parodie l'érudition pédante, avait bien rédigé une *Dissertation : Qu'on ne peut ni ne doit fixer une langue vivante*. Il n'a pas été écouté.

BIBLIOGRAPHIE DE LA QUATRIÈME PARTIE

On n'indique le lieu d'édition que s'il ne s'agit pas de Paris. Les ouvrages et articles retenus ici sont ceux qui ont été utilisés dans notre texte. Il ne s'agit évidemment pas d'une bibliographie complète.

Ouvrages de référence

Autour de Féraud. La lexicographie en France de 1762 à 1835, collection de l'ENS de jeunes filles, n° 29, 1986.

Ayres-Bennett, W., *Vaugelas and the Development of the French Language*, The Modern Humanities Research Association, London, 1987.

Biedermann-Pasques, L., *Les Grands Courants orthographiques au XVII*^{e} *siècle et la formation de l'orthographe moderne*, Tübingen, Max Niemeyer Verlag, 1992.

Brunot, F., *Histoire de la langue française des origines à nos jours*, A. Colin, t. III à X. Rééditée à partir de 1966.

— *La Doctrine de Malherbe*, Armand Colin, 1969, 1re éd. Masson, 1891.

Brunot, F., et Bruneau, Ch., *Précis de grammaire historique de la langue française*, Masson, 1949 (5e éd.).

Branca-Rosoff, S., et Schneider, N., *L'Écriture des citoyens*, Publications de l'INALF, coll. « Saint-Cloud », Klincksieck, 1994.

Busse, W., et Dougnac, F., *François-Urbain Domergue. Le grammairien patriote (1745-1810)*, Tübingen, Gunter Narr Verlag, 1992.

Caput, J.-P., *La Langue française. Histoire d'une institution*, Larousse, 1972.

Caron, Ph., *Des « Belles-Lettres » à la « Littérature ». Une archéologie des signes du savoir profane en langue française (1680-1760)*, Louvain-Paris, Peeters, coll. « Bibliothèque de l'Information grammaticale », 1992.

Catach, N., *L'Orthographe*, PUF, coll. « Que-sais-je ? » n° 685, 1978.

— dir., *Dictionnaire historique de l'orthographe française*, Larousse, 1995.

Cellard, J., *Ah ! ça ira, ça ira... Ces mots que nous devons à la Révolution*, Balland, 1989.

de Certeau, M., Julia, D., et Revel, J., *Une politique de la langue. La Révolution française et les patois*, Gallimard, 1975.

Chaurand, J., *Introduction à l'histoire du vocabulaire français*, Bordas, 1977.

Chevalier, J.-C., *Histoire de la syntaxe. Naissance de la notion de complément*, Genève, Droz, 1968.

Cohen, M., *Histoire d'une langue : le français*, 4e éd., Éditions Sociales, 1973.

Deloffre, F., *Une préciosité nouvelle. Marivaux et le marivaudage*, Les Belles Lettres, 1955.

Dictionnaire des usages socio-politiques (1770-1815) (3 vol.), Klincksieck, 1986, 1987, 1988.

Dumonceaux, P., *Langue et sensibilité au XVIIᵉ siècle*, Genève, Droz, 1975.

Ernst, G., *Gesprochenes Französisch zu Beginn des 17. Jahrunderts, Histoire particulière de Louis XIII (1605-1610)*, Tübingen, Niemeyer, 1985 (Beihefte zur Zeischrift für Romanische Philologie 204).

Foucault, M., *Les Mots et les choses*, Gallimard, 1966.

Fournier, N., *Grammaire du français classique*, Belin, Sup. Lettres, 1998.

François, A., *Histoire de la langue française cultivée des origines à nos jours*, Genève, Julien, 1959, 2 vol.

— *La Grammaire du purisme et l'Académie française au XVIIIᵉ siècle*, Genève, Slatkine Reprints, 1973.

Gadet, F., *Le Français ordinaire*, Armand Colin 1989.

Galet, Y., *L'Évolution de l'ordre des mots dans la phrase française de 1600 à 1700. La place du pronom personnel complément d'un infinitif régime*, PUF, 1971.

— *Les Coréférences verbo-adverbiales. Fonction du passé simple et du passé composé et la théorie des niveaux d'énonciation dans la phrase française du XVIIᵉ siècle*, Lille, Atelier Reproduction, et Champion, 1977.

Gazier, A., *Lettres à Grégoire sur les patois de France, 1790-1794*, Paris, 1880 et Genève, Slatkine Reprints, 1969.

Gilot, M., et Sgard, J., dir., *Le Vocabulaire du sentiment dans l'œuvre de J.-J. Rousseau*, Genève-Paris, Slatkine, 1980.

Gohin, F., *Les Transformations de la langue française (1740-1789)*, Genève, Slatkine Reprints, 1970 (1ʳᵉ éd., 1903).

Grammaire et méthode au XVIIᵉ siècle, sous la direction de P. Swiggers, Louvain, Peeters, 1984.

Guilhaumou, J., Maldidier, D., et Robin, R., *Discours et archive*, Liège, Mardaga, 1994.

Guillaume, G., *Le Problème de l'article et sa solution dans la langue française*, Nizet, 1975 (1ʳᵉ éd. en 1919).

Guiraud, P., *Le Français populaire*, PUF, coll. « Que-sais-je ? » n° 1172, 1965.

Haase, A., *Syntaxe française du XVIIᵉ siècle*, trad. Obert, Delagrave, 1969 (7ᵉ éd.).

Labov, W., *Sociolinguistique*, Éd. de Minuit, 1976.

Lathuillière, R., *La Préciosité. Étude historique et linguistique*, Genève, Droz, 1969.

Mackenzie, F., *Les Relations de l'Angleterre et de la France d'après le vocabulaire*, Genève, Droz, 1939.

Marzys, Z., *La Préface des « Remarques sur la langue françoise »*, avec introduction et notes, Neuchâtel et Genève, Droz, 1984.

Pellerey, R., *La Théorie de la construction directe de la phrase*, Larousse, 1993.

Pellisson et d'Olivet, *Histoire de l'Académie française*, éd. de Ch.-L. Livet, Didier, 1858.

Picoche, J., et Marchello-Nizia, C., *Histoire de la langue française*, Nathan, 1989.

Proschwitz, G. von, *Introduction à l'étude du vocabulaire de Beaumarchais*, Nizet, 1956.

— *Gustave III par ses lettres*, Stockholm, Norstedts, et Paris, Touzot, 1986.

Rey-Debove, J., *Sémiotique*, PUF, 1979.

Ricken, U., *Grammaire et philosophie au siècle des Lumières*, Lille, PUL, 1978.

Sancier-Château, A., *Une esthétique nouvelle : Honoré d'Urfé correcteur de « L'Astrée » (1607-1625)*, Genève, Droz, 1995.

Seguin, J.-P., *La Langue française au XVIIIᵉ siècle*, Bordas, 1972.

— *L'Invention de la phrase au XVIIIe siècle. Contribution à l'étude du sentiment lin-guistique français*, Peeters, coll. « Bibliothèque de l'Information grammaticale », Louvain-Paris, 1993.

Spillebout, G., *Grammaire de la langue française du XVIIe siècle*, Picard, 1985.

Trudeau, D., *Les Inventeurs du bon usage (1529-1647)*, Éd. de Minuit, 1992.

Wagner, R.-L., *Les Vocabulaires français*, Didier, 1970.

Articles

Blanche-Benveniste, C., « De quelques débats sur le rôle de la langue parlée dans les évolutions diachroniques », *Langue française*, n° 107, septembre 1995.

Branca-Rosoff, S., « Deux-points, ouvrez les guillemets : notes sur la ponctuation du discours rapporté au XVIIIe siècle », *Le Gré des langues*, 1993, n° 5, L'Harmattan.

Caron, Ph., « L'écriture de la noblesse vers 1680 », in *Grammaire des fautes et français non conventionnel*, PENS, 1992.

Chaurand, J., « Orthographe et morphologie verbale chez les villageois du Soissonnais à la fin du XVIIIe siècle », *Le Français moderne*, décembre 1992, n° 2.

Cottez, H., « Les bases épistémologiques et linguistiques de la nomenclature chimique de 1787 », dans la revue canadienne *Meta*, numéro spécial, *Hommage à B. Que-mada. Termes et textes*, Presses de l'Université de Montréal, 1994 (sous la dir. de D. Candel, M.-J. Cormier et J. Humbley).

Delhay, C., et Wimmer, C., « Qu'un prédicat peut prendre l'allure d'une épithète », *L'Information grammaticale*, n° 69, mars 1996.

Dumonceaux, P., « Comment interroger, pour l'histoire de la langue, les corpus non littéraires ? », *Actualité de l'histoire de la langue française*, Trames, Limoges, 1984.

Fournier, N., « Accord et concordance dans le journal parisien de Henri Paulin Panon Desbassayns (1790-1792) », in *Grammaire des fautes et français non convention-nel*, PENS, 1992.

Haussmann, F.-J., « L'âge du français parlé actuel : bilan d'une controverse alle-mande », in *Grammaire des fautes et français non conventionnel*, PENS, 1992.

Larthomas, P., « Sur des lettres de soldats », in *Grammaire des fautes et français non conventionnel*, PENS, 1992.

Mazière, F., « Le *Dictionnaire de l'Académie française* (1694). Initiation d'une pratique normative », Archives et documents de la SHESL, seconde série, n° 11, juin 1995.

Pasques, L., « L'écriture de nos mots selon la théorie orthographique de Dangeau, 1694, un académicien réformateur », *Ces mots qui sont nos mots, Mélanges... offerts au professeur Jacques Chaurand*, textes réunis par M. Tamine, *Parlure*, n° 7-8-9-10, Institut Charles-Bruneau, 1995.

Pellat, J.-C., « L'évolution de l'orthographe des imprimés au XVIIe siècle (libraires fran-çais et hollandais) », *Mélanges Chaurand*.

Proschwitz, G. von, « Le vocabulaire politique du XVIIIe siècle avant et après la Révo-lution. Scission ou continuité ? », *Le Français moderne*, avril 1966, n° 2.

Reichardt, R., et Lüsebrink, H.-S., « *Révolution* à la fin du XVIIIe siècle. Pour une relec-ture d'un concept-clé du siècle des Lumières », *M.O.T.S.*, n° 16, mars 1988.

Seguin, J.-P., « Lexicographie et conformisme en 1798 », *La Licorne*, Poitiers, 1978.

— « Le sens du mot *étonner* dans la langue classique et postclassique. Essai de réajus-tement », *L'Information grammaticale*, n° 10, mai 1981.

— « Le mot *libertin* dans le *Dictionnaire de l'Académie*, ou comment une société manipule son lexique », *Le Français moderne*, juillet 1981.

Stéfanini, J., « Méthode et pédagogie dans les grammaires françaises de la première moitié du XVIIᵉ siècle », *Grammaire et méthode au XVIIᵉ siècle*, Louvain, Peeters, 1984.

Ouvrages grammaticaux, lexicographiques et critiques des XVIIᵉ et XVIIIᵉ siècles

Alletz, P.-A., *Dictionnaire des richesses de la langue française*, 1770, Slatkine Reprints, Genève, 1968.

Arnauld et Lancelot, *Grammaire générale et raisonnée*, Republications Paulet, 1969 (1ʳᵉ éd. 1660), plus connue sous le nom de *Grammaire de Port-Royal*.

Beauzée, *Grammaire générale*, Paris, 1767, 2 vol.

Bouhours, *Les Entretiens d'Ariste et d'Eugène*, Armand Colin, Bibliothèque de Cluny, 1962 (1ʳᵉ éd. 1671).

Buffier, *Grammaire françoise sur un plan nouveau*, Bordelet, 1731 (1ʳᵉ éd. 1709).

Callières, F. de, *Du bon et du mauvais usage dans les manieres de s'exprimer. Des façons de parler bourgeoises. Et en quoy elles sont differentes de celles de la Cour*, Barbin, 1693 (Slatkine Reprints, Genève, 1972).

Condillac, *Grammaire*, éd. Dufart an XII (1803).

— *Dictionnaire des synonymes*, vol. III de l'édition des *Œuvres philosophiques*, PUF, 1951.

Desfontaines (abbé), *Dictionnaire néologique à l'usage des beaux Esprits du siécle, avec l'éloge historique de Pantalon-Phoebus*, nouv. éd., Amsterdam, 1748 (la première est de 1726).

Dictionnaire de l'Académie françoise, 1ʳᵉ éd., 1694 (A_1).

Dictionnaire de l'Académie françoise, 4ᵉ éd., 1762 (A_4).

Dictionnaire de l'Académie françoise, 5ᵉ éd., an VII, 1798 (A_5).

Dictionnaire universel d'A. Furetière, 1690, rééd. Le Robert SNL, 1978.

Dictionnaire de Trévoux, dernière édition en 8 vol., 1771.

Domergue, U., *Grammaire générale analytique*, Paris, an VII, 1798-1799.

Féraud, J.-F., *Dictionaire critique*, Marseille, chez Mossy, 1787-1788, 3 vol. (reproduction fac-similé, Tübigen, Max Niemeyer Verlag, 1994).

Girard, abbé G., *Synonymes françois…*, 3ᵉ éd., Paris, Le Breton, 1741.

— *Les Vrais Principes de la langue françoise*, 1747, réédité par P. Swiggers, Genève, Droz, 1982.

Maupas, *Grammaire françoise…*, Bloys, P. Cottereau, 1607.

Mercier, S., *Néologie ou Vocabulaire de mots nouveaux*, 1801.

Olivet, abbé d', *Essais de grammaire*, éd. Barbou, 1771.

Regnier-Desmarais, *Traité de la grammaire françoise*, in-4°, Coignard, 1705.

Richelet, P., *Dictionnaire françois*, Genève, Widerhold, 1680 (Slatkine Reprints, Genève, 1970).

Rivarol, *De l'universalité de la langue française*, texte établi et commenté par Th. Suran, Didier, 1930 (1ʳᵉ éd. 1784).

Vaudelin, Père G., *Instructions cretiennes mises en ortografe naturelle…*, Lamesle, 1715 (Slatkine Reprints, 1973).

Vaugelas, *Remarques sur la langue françoise*, Slatkine Reprints, Genève, 1970 (fac-similé repris de l'éd. de J. Streicher) (1ʳᵉ éd. 1647).

de Wailly, *Principes généraux et particuliers de la langue française*, 8ᵉ éd., Barbou, 1777 (1ʳᵉ éd. 1754).

Œuvres citées

Agréables conférences de deux paysans de Saint-Ouen et de Montmorency sur les affaires du temps (1649-1651), éd. critique par F. Deloffre, Belles Lettres (Annales de l'Université de Lyon), 1961.

Beaumarchais, *Parades*, éd. de P. Larthomas, SEDES-CDU, 1977.

— *Œuvres*, éd. de P. Larthomas, « Bibliothèque de la Pléiade ».

Champlain, S. de, *Des Sauuages ou Voyage de Samuel Champlain de Brouage fait en la France nouuelle, fait en l'an mil six cents trois*, Cl. de Monstrœil, 1603.

Crébillon, *Les Égarements du cœur et de l'esprit*, éd. de J. Dagen, Garnier-Flammarion, 1985.

Destouches, *Le Glorieux*, in *Répertoire du Théâtre françois*, t. XI, Foucault, 1817.

Diderot, *Œuvres politiques*, éd. de P. Vernière, Garnier.

— *Mémoires pour Catherine II*, éd. de P. Vernière, Garnier, 1966.

— *Correspondance* de Diderot, éd. G. Roth, Éd. de Minuit, 1959.

Fénelon, *Télémaque*, éd. de J.-L. Goré, « Classiques Garnier », Dunod, 1994.

Héroard, sous la dir. de Madeleine Foisil, *Journal de Jean Héroard, médecin de Louis XIII*, Fayard, 1989.

Jamerey-Duval, V., *Mémoires*, présentés par J.-M. Goulemot, Le Sycomore, 1981.

Marivaux, *La Vie de Marianne*, éd. de F. Deloffre, Paris, Garnier, 1957.

Menetra, J.-L., *Journal de ma vie*, présenté par D. Roche, Montalba, 1982. Manuscrit 678 de la Bibliothèque historique de la Ville de Paris.

Mercier, L.-S., *Tableau de Paris*, éd. établie sous la direction de J.-C. Bonnet, Mercure de France, 1994.

Prévost, abbé, *Manon Lescaut*, éd. de F. Deloffre et R. Picard, Garnier, 1965.

Pierre Prion, scribe, présenté par E. Leroy-Ladurie et O. Ranum, Gallimard-Julliard, coll. « Archives », 1985.

Rousseau, *Œuvres complètes*, « Bibliothèque de la Pléiade ».

Vadé, *Lettres de la Grenouillère*, in *Romans d'amour par lettres*, éd. B. Bray et I. Landy-Houillon, Garnier-Flammarion, 1983.

Voltaire, *Dictionnaire philosophique*, éd. de J. Benda et R. Naves, « Classiques Garnier », 1961.

CINQUIÈME PARTIE

LES FRANÇAIS D'OUTRE-MER

Robert Chaudenson

NOUVEAUX CONTACTS, NOUVELLES VARIÉTÉS

Dans le Sommaire chronologique qu'il rédigeait pour une nouvelle édition de son Précis de grammaire historique, *Brunot (mort en 1935) parlait d'un « immense empire où le français est porté » : le français, au singulier, reflétait une conception plus monolithique que celle à laquelle la recherche contemporaine nous invite à nous rallier. Encore l'historien de la langue avait-il été habitué par sa discipline à la souplesse dans la démarche. La diffusion du français hors d'Europe a commencé au XVIIᵉ siècle. Cette partie s'insère donc naturellement à la suite de celle qui a été consacrée à l'époque classique et postclassique, mais la variété que masque parfois une idéologie de l'unicité se dévoile ici plus librement. Quelle est la langue qui a été « portée » outre-mer ? Une variété populaire ou régionale est souvent à la base de ce que nous constatons. Les situations sont diverses dès le départ et les évolutions se font en relation avec des conditions sociolinguistiques distinctes de celles que connait la langue-mère. Les faits nous invitent à observer plus d'une fois que la pression de la norme est affaiblie et que les tendances propres d'une communauté s'épanouissent : magnifique champ d'expérience pour notre langue qui révèle à la fois des zones de résistance – son « noyau dur » – et des zones sensibles qui donnent naissance à des variables. La capacité d'adaptation va jusqu'au passage à la limite. Nous avons déjà rencontré la diglossie qui résulte du contact entre une langue de prestige et des idiomes jugés d'un rang inférieur par leurs usagers. La limite peut être franchie avec la naissance de créoles devenus langues maternelles. On voit à quel point ce serait un appauvrissement de considérer exclusivement la catégorie normée, ou d'envisager les autres seulement en fonction de celle-ci. Chaque variété a son histoire, intéressante à étudier en elle-même et dans ses composantes propres. Par un éclairage en retour, nous reconnaissons, dans le devenir d'une langue dont la diffusion a provoqué des situations nouvelles, quelques-unes des tendances profondes qui sont apparues tout au long de notre parcours.*

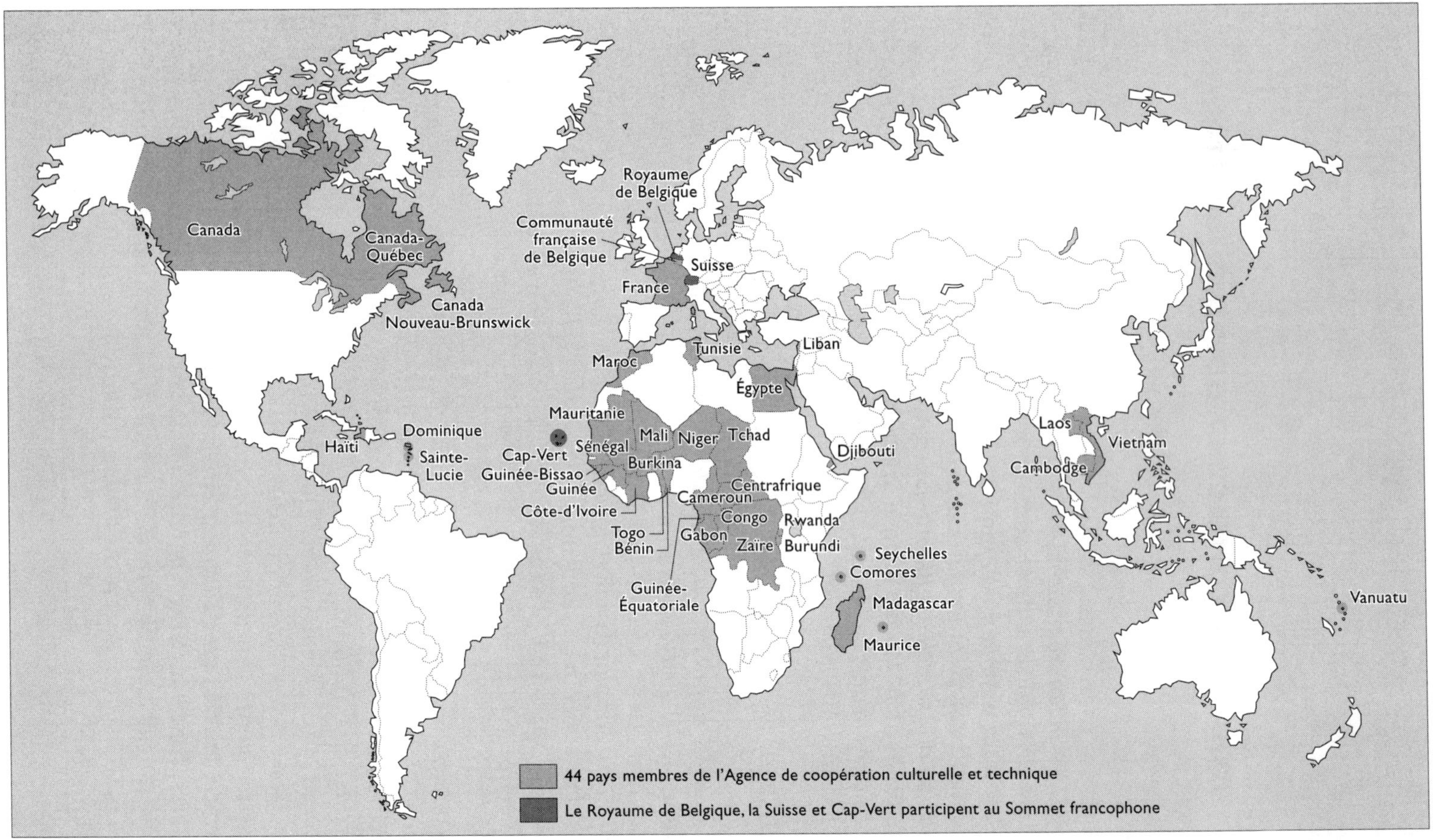

CARTE 6. **La francophonie dans le monde**

44 pays membres de l'Agence de coopération culturelle et technique

Le Royaume de Belgique, la Suisse et Cap-Vert participent au Sommet francophone

1. L'ESSAIMAGE DE LA LANGUE FRANÇAISE

Le français appartient au groupe réduit des langues qui, à une époque relativement proche de la nôtre, ont été diffusées à travers le monde par les hasards de leur histoire, les voies majeures de cet « essaimage » étant les conquêtes coloniales. Toutefois, cette circonstance ne concerne pas que la géographie et l'histoire car, selon les époques, les modes de peuplement et les types de colonisation, les conséquences linguistiques ont été sensiblement différentes.

On peut songer à rapprocher cette diffusion du français de celle de deux autres langues pour mieux mettre en évidence les résultats de tels phénomènes en fonction de leur durée et de leurs conditions socio-historiques. La diffusion du latin dans l'Empire romain a eu pour conséquence, des siècles plus tard, l'existence de langues romanes qui certes sont toutes issues du latin et dont la parenté linguistique est évidente mais qui sont, par ailleurs, des langues tout à fait différentes et entre lesquelles l'intercompréhension est quasi nulle. À une époque plus récente, l'arabe a connu un sort un peu comparable, qui a conduit à la formation de variétés régionales bien caractérisées, entre lesquelles l'intercompréhension est loin d'être complète ; toutefois l'arabe classique s'est maintenu, grâce à la religion et sans pourtant qu'il soit la langue maternelle de qui que ce soit. À une date récente et, en particulier, sous l'influence des médias, s'est développée une « langue de la presse » qui demeure toutefois proche de l'arabe classique sur bien des aspects linguistiques (maintien de la flexion désinentielle que les variétés régionales ont perdue) et graphiques (écriture consonantique).

La diffusion du français hors d'Europe est plus récente encore puisqu'elle ne commence qu'au XVIIᵉ siècle ; elle a toutefois conduit elle aussi, dans certains cas, à l'émergence de langues nouvelles (les créoles français), mais, dans la plupart des situations, au maintien de variétés de français que peuvent toutefois marquer des spécificités régionales plus ou moins importantes.

Vers une typologie des modes et conditions de la diffusion du français

Pour caractériser la diffusion de la langue française, on pourrait songer à utiliser les distinctions qu'a proposées W. Bal entre « tradition », « expansion » et « superposition » (1977, p. 9). L'espace du français est essentiellement et, *a fortiori* hors d'Europe, une zone d'expansion de cette langue. Selon W. Bal, cette expansion peut revêtir quatre formes majeures :

– la « superposition » « lorsque, généralement pour des raisons politiques, une langue [le français en l'occurrence] en vient à assurer, partiellement ou exclusivement, dans un territoire alloglotte, des fonctions sociales considérées comme supérieures » ;

– « l'importation » liée à des déplacements de populations ;

– « le rayonnement culturel » qui fait que la langue est étudiée et peut être pratiquée comme langue étrangère par des alloglottes ;

– « l'implantation » quand la langue étrangère devient langue première d'un grand nombre d'habitants d'un territoire donné (processus qu'on peut nommer aussi, avec un peu plus de précision, « vernacularisation »).

Le problème que pose cette catégorisation est que, dans de nombreux cas, ces phénomènes se combinent et qu'on ne peut atteindre un classement qu'au prix d'une « assez forte schématisation » selon les termes mêmes de W. Bal (1977 : 10). De ce fait, les propositions qu'il fait pour le français hors d'Europe ne vont pas sans difficultés ; il distingue ainsi :

1° Les zones, hors de France, où une « importation » s'est transformée en « implantation » massive : Canada français.

2° Les Territoires d'outre-mer, à longue tradition française, avec immigration réduite, mélange de races et formation de parlers créoles : notamment Haïti, les Antilles françaises, l'archipel des Mascareignes.

3° Les zones où l'expansion a été réalisée principalement par superposition ; anciens protectorats et colonies français et belges. Dans cet ensemble, on pourrait distinguer :

a) l'Afrique noire et Madagascar,

b) le Maghreb (où la part de l'importation a été plus considérable),

c) les États correspondant à l'ancienne Indochine française.

4° Zone de rayonnement culturel : Proche et Moyen-Orient.

W. Bal est tout à fait conscient du caractère à la fois sommaire et lacunaire d'un tel classement qui, selon ses propres termes, ne permet pas d'intégrer « certaines situations particulières » (notons, parmi celles qu'il signale, parce qu'elles nous concernent ici, le Liban et la Louisiane). Il parait donc préférable d'aborder le domaine dans une approche purement chronologique car elle est sans doute à la fois la moins insatisfaisante et la plus susceptible d'éclairer, dans la suite, les aspects proprement linguistiques.

LES COLONISATIONS DES XVIIᵉ ET XVIIIᵉ SIÈCLES

La colonisation française de cette période s'explique par des raisons à la fois politiques et stratégiques (rivalité avec l'Angleterre), économiques (recherche de productions agro-industrielles coloniales, en particulier dans les zones tropicales : tabac, sucre, café, épices ; importation de produits orientaux) et démographiques (la France est le pays d'Europe le plus peuplé et cette surpopulation engendre une misère endémique). Les colonies françaises de cette époque sont donc souvent des colonies de peuplement, même si le nombre des colons transportés peut nous paraitre relativement modeste.

L'émigration française se fait essentiellement dans deux régions ; la zone américano-caraïbe tout d'abord avec la Nouvelle-France (Amérique du Nord), l'Amérique du Sud (la Guyane et Cayenne où la première expédition française débarque en 1604) et la mer des Caraïbes où les Français s'installent d'abord à Saint-Christophe qui servira de base de départ vers les autres Antilles françaises (en particulier la Guadeloupe et la Martinique en 1635 ; Sainte-Lucie en 1640). Les cas de Saint-Domingue et de la Louisiane sont un peu plus complexes. À Saint-Domingue (aujourd'hui Haïti), la France se heurte à la fois aux Espagnols qui occupent Hispaniola depuis 1492 et aux Anglais qui cherchent à s'y implanter. Les premiers Français s'installent dès 1630 sur l'ile de la Tortue (au nord de Saint-Domingue), et jusqu'à la paix de Ryswick (1697) qui concède à la France la partie occidentale d'Hispaniola, l'histoire du territoire est marquée par de nombreux mouvements de population entre cette ile et les Petites Antilles (Saint-Christophe et la Martinique en particulier). Occupée dès 1672, la Louisiane ne commence guère à se développer que vers 1717 sous l'impulsion de J. Law. La France perd cette colonie, d'abord provisoirement, de 1763 à 1800, au bénéfice de l'Espagne, puis définitivement en 1803 quand Bonaparte la vend aux États-Unis. La défaite napoléonienne entraine la perte d'une bonne partie des colonies insulaires françaises (Sainte-Lucie et la Dominique dans la mer des Caraïbes, l'ile Maurice et les Seychelles dans l'océan Indien).

La seconde zone est l'océan Indien où, après l'échec d'une implantation à Madagascar (Fort-Dauphin), les Français s'installent dans des iles jusqu'alors désertes : en 1665 à Bourbon (aujourd'hui la Réunion), en 1721 à l'ile de France (ile Maurice) et enfin en 1770 aux Seychelles. La création des Comptoirs français de l'Inde, dont le plus connu est Pondichéry, date de la fin du XVIIe siècle (1674) ; centres commerciaux actifs, ils ne furent toutefois jamais des colonies de peuplement et, à son apogée, Pondichéry abritait moins de 2 000 Français.

L'émigration française des XVIIe et XVIIIe siècles est remarquablement homogène au plan géographique (la grande majorité des colons vient de la région qui se situe au nord-ouest d'une ligne Bordeaux-Paris), social (beaucoup d'artisans, anciens soldats ou marins) et linguistique (ils sont issus d'une zone où sont en usage les dialectes d'oïl). La langue de ces colons a suscité de nombreuses interrogations et controverses, en Amérique du Nord surtout (cf. par exemple, pour n'évoquer que les travaux les plus récents, R. Mougeon et E. Béniak, 1994, ou R. Fournier et H. Wittman, 1995). Les régions d'origine de ces colons, l'information et l'esprit d'aventure que prouve leur initiative, leurs histoires individuelles et les témoignages anciens dont nous disposons donnent à penser que la majorité d'entre eux devait être au moins partiellement francophone, même si, bien entendu, la langue dont ils usaient était une variété populaire, sans doute marquée par des dialectalismes et, en tout cas, sensiblement différente de ce que nous décrivons comme le français classique du XVIIe siècle.

Si l'émigration française en Nouvelle-France (Canada et Nord-Est des États-Unis) a eu pour conséquence la survivance de variétés de français tout à fait spécifiques, la créolisation du français ne s'est opérée que dans les zones où se sont développées des sociétés coloniales esclavagistes. Cette observation suffit à montrer le rôle essentiel des esclaves dans la genèse des créoles, même si cette remarque ne doit nullement conduire à conclure que ces idiomes sont des langues mixtes. En Louisiane, en Guyane, dans les iles de la mer des Caraïbes (Saint-Domingue et Petites Antilles) comme dans les archipels de l'océan Indien (Mascareignes et Seychelles), se sont constitués des créoles qui ne résultent sans doute pas, comme on l'a longtemps cru, de l'évolution de pidgins initiaux. En effet, un pidgin se définit comme une langue à structures et lexique réduits qui n'est employée que dans des fonctions limitées par des groupes linguistiques qui maintiennent, hors de ces fonctions, un usage généralisé de leurs langues d'origine. Or, ces conditions sociolinguistiques ne sont pas celles qu'offrent les colonies en cause.

En effet, l'étude socio-historique et sociolinguistique des premiers temps de ces sociétés coloniales démontre que la langue dont on y use est le français des colons et que les esclaves sont engagés dans un processus d'apprentissage rapide de cette langue. Ils y sont d'autant plus enclins qu'ils sont souvent jeunes (beaucoup d'entre eux sont, selon nos critères, des enfants ou des adolescents), fortement intégrés à la maisonnée du maître dans « l'habitation » (il y a moins de Noirs que de Blancs dans le début de ces colonies) et que les esclaves, de langues premières très diverses, ne peuvent guère communiquer entre eux dans leurs idiomes d'origine dont l'usage est d'ailleurs interdit. Cet apprentissage rapide du français par les esclaves nous est confirmé par les témoignages des prêtres qui sont des témoins attentifs des situations linguistiques dans la mesure où ils sont confrontés au problème de l'évangélisation des Noirs. Faut-il apprendre la langue des peuples à évangéliser, comme on l'a fait en Amérique latine, ou peut-on attendre qu'ils connaissent assez la langue du colonisateur pour recevoir le message évangélique ? Dans les colonies françaises à cette époque, on se prononce, unanimement et sans équivoque, pour la seconde solution, en raison à la fois de la multiplicité des langues des esclaves et de la rapidité avec laquelle ces derniers apprennent le français. Bien entendu, dans les premiers temps de leur séjour, les esclaves usent du « jargon des commençans », mais, au plan sociolinguistique, il ne s'agit nullement d'un pidgin, puisque ces esclaves n'ont pas d'autre mode de communication, mais d'une interlangue d'apprenant. Au bout d'un an environ, ils sont « francisés » et un prêtre des Antilles note même en 1679: « Je suis bien assuré du moins que les personnes de notre païs [la France] pourroient apprendre de force nègre à parler françois » (in M. Chatillon, 1984, p. 55).

La première phase des sociétés coloniales, la période qu'on peut dire d'« habitation » en usant du nom de la forme première de l'exploitation rurale dans ces colonies, ne connait donc sans doute pas la créolisation proprement dite, c'est-à-dire l'émergence d'un système issu du français mais perçu comme autonome par rapport à lui. Au terme de ces périodes, quand le nombre des Noirs commence, en général, à dépasser celui des Blancs, on use de variétés de français approximatives, où se mêlent deux types de processus que va d'ailleurs intégrer ultérieurement la créolisation : d'une part, des restructurations du français qui sont d'ordre essentiellement « intrasystémique » et qui procèdent de la « koinèisation » des diverses variétés de français régional d'oïl, plus ou moins marquées par les dialectes, dont usent les colons, mais aussi du jeu de « processus d'auto-régulation » du français, d'autant plus actif que la pression de la norme se trouve à peu près annulée dans ce type de société (pas d'école ni de modèle social dominant) ; d'autre part, des restructurations qui tiennent aux conditions de communication « exolingue » (des francophones sont en situation d'interaction avec des locuteurs alloglottes et/ou en situation d'apprentissage du français) ; les apprenants, surtout ceux qui usent du « jargon des commençans », mettent en œuvre des variétés approchées de français que les francophones natifs peuvent eux-mêmes reprendre volontairement pour faciliter la communication. Le Père Pelleprat confirme l'apprentissage rapide du français par les Noirs et signale que les Blancs « s'accommodent » de ces variétés approximatives de leur langue : « Nous attendons qu'ils ayent appris le français pour les instruire, ce qu'ils font le plus tost qu'ils peuvent [...] Nous nous accomodons à leur manière de parler » (1655, p. 52-53). L'emploi du verbe « s'accommoder » est particulièrement intéressant car il souligne, par son ambigüité même, le caractère double de cette adaptation ; les Blancs s'habituent à ces variétés approchées de français et en usent eux-mêmes, en particulier dans l'évangélisation.

Ce n'est toutefois qu'avec la seconde phase de l'histoire de ces sociétés que les créoles vont émerger comme langues et qu'au système centripète orienté vers le français, qui caractérise la première phase, va se substituer une organisation de type diglossique où le français bénéficiera du statut supérieur. En effet, le développement des agro-industries coloniales (sucre dans la zone américano-caraïbe, café dans l'océan Indien) entraine d'importants besoins de main-d'œuvre et l'immigration massive d'esclaves. À partir de cette époque, les esclaves « bossales » (nouveaux arrivants) ne sont plus exposés, dans leur socialisation, au français des Blancs, mais aux variétés linguistiques, elles-mêmes approximatives, dont usent la plupart des esclaves créoles ou créolisés (depuis longtemps dans le pays) ; c'est en effet à eux que sont confiées désormais les fonctions d'encadrement des nouveaux venus et leur variété de langue devient langue-cible pour les bossales.

Dans ces territoires, la créolisation du français s'inscrit donc, à n'en pas douter, dans un processus évolutif qu'esquisse, bien entendu, l'émergence de variétés de français spécifiques de la première phase résultant à la fois de la koinèisation de diverses formes régionales du domaine d'oïl, mais aussi d'une véhicularisation du français qu'entraine son usage en situation de communication exolingue. Toutefois, la créolisation proprement dite, c'est-à-dire l'émergence de systèmes autonomes qui deviennent langue-cible des nouveaux arrivants, sans confrontation réelle avec le français, s'opère à ce moment-là. Il s'agit donc d'abord et surtout d'un phénomène sociolinguistique, le changement de cible entrainant, par le jeu des stratégies d'appropriation, une sorte d'« approximation au carré » puisque ces stratégies, fondées sur un apprentissage approximatif (essai / erreur), s'exercent sur une cible qui est constituée de variétés de français, elles-mêmes approximatives. Ce sont naturellement ces « approximations d'approximations » qui vont accélérer l'évolution et entrainer la constitution des créoles en systèmes autonomes.

L'émergence de ces créoles marque aussi l'apparition de situations diglossiques où le français occupe toujours le statut de langue supérieure, même si les hasards de l'histoire lui ont fait, dans quelques cas, céder la place à l'anglais (Louisiane, Sainte-Lucie, la Dominique) ou la partager avec lui (Maurice, Seychelles).

Dans la première phase de ces colonies, on ne peut guère parler de diglossie car le français est alors la langue-cible unique et on peut imaginer les variétés approximatives de cette langue dont usent les apprenants comme des cercles concentriques. La zone la plus éloignée du centre est formée de ce que le R.P. Mongin nomme le « jargon des commençans » ; l'ensemble du système est animé d'un mouvement centripète, les « commençans » se rapprochant peu à peu des variétés plus proches du centre au fur et à mesure de leur apprentissage.

Dans la seconde phase, au début de laquelle s'opère la créolisation proprement dite, le français demeure en position centrale, utilisé par les maitres (on ne peut dire les Blancs car le métissage est souvent important) et les esclaves de la maisonnée (la « grand case ») ; les variétés immédiatement périphériques, celles des esclaves créoles ou créolisés chargés de l'encadrement des travaux agricoles, deviennent, on l'a vu, la seule langue-cible des bossales. S'instaure par là une « diglossie créole » (R. Chaudenson, 1984) ; elle est originale par rapport à la diglossie coloniale classique ; en effet, les créoles, élément inférieur de diglossies français-créoles, sont, en même temps, élément supérieur de diglossies créoles-langues des esclaves ou plus tard des engagés qui constituent la force de travail après l'abolition de l'esclavage. La première étape de l'intégration et de la promotion sociale des immigrants est donc l'apprentissage du créole (et non du français) ; ce dernier a de ce fait un statut médian dans l'ensemble que forment les deux diglossies (français-créole pour la première, créole-langues des immigrants pour la seconde) qui s'emboitent l'une dans l'autre. L'observation de ces phénomènes confirme le rôle mineur des langues serviles dans la créolisation, du moins quand on s'obstine à le chercher dans de simples transferts positifs. Si, à l'époque de l'esclavage, les populations serviles sont très hétérogènes au plan linguistique et si l'usage des langues non européennes est interdit, ces conditions vont se modifier sensiblement avec l'engagisme qui succède à l'esclavage. On se trouve alors en présence de populations souvent plus homogènes et auxquelles on permet l'usage de leurs langues et l'exercice de leurs cultes. L'exemple le plus net est fourni par l'ile Maurice sur laquelle, à partir de 1835, va déferler une immense vague d'immigration indienne. Le résultat est évident ; ces immigrants indiens vont apprendre le créole local sans lui apporter de modifications sensibles, en dehors de l'introduction d'un nombre réduit de termes indiens.

La colonisation de l'Algérie et de l'Afrique du Nord

À partir de 1830, la colonisation de la partie médiane du Maghreb, à laquelle la France va donner le nom d'Algérie, s'opère dans des conditions radicalement différentes de celles que nous venons d'évoquer. Le pays, qui n'a pas encore l'unité politique que l'occupation étrangère va lui donner, possède deux langues principales : le berbère, langue des populations qui occupaient cette zone lors de la conquête arabe, est surtout relégué dans les zones montagneuses ou désertiques ; l'arabe, langue des conquérants, jouit du prestige d'être la langue du Coran, même si la variété d'usage local est sensiblement différente. Par ailleurs, le territoire connait un certain plurilinguisme, dans les zones urbaines littorales surtout, du fait de l'occupation turque (il y a à Alger quelques milliers de fonctionnaires de la Sublime Porte) ou espagnole (Oran).

Le français occupe, avant la colonisation, un espace plus modeste ; sa présence est liée à celle de commerçants français, mais aussi à la place que tiennent quelques grandes familles juives (« juifs francisés ») qui se consacrent au négoce international et sont en relations suivies avec les gouvernements français. C'est précisément une créance de ces négociants qui, en 1830, offre l'occasion au consul général de France d'engager l'action qui conduit à la conquête du pays.

Il ne s'agit pas ici de reprendre l'histoire de la diffusion du français en Algérie, d'autres l'ont fait (Lanly, 1962 ; M. Girard et C. Morieux, 1979). Nous ne rappellerons que les grandes lignes dans la perspective d'une comparaison avec ce qui s'est passé dans d'autres zones de diffusion du français.

Comme celle des XVIIe et XVIIIe siècles, la colonisation de l'Algérie a été marquée par une importante émigration française vers ce territoire. En 1847, on y recense déjà 47 000 Français. Toutefois, deux faits apparaissent essentiels et distinguent cette colonisation de la précédente. D'une part, ces Français ne sont pas les seuls Européens ; en 1847, les étrangers (Espagnols, Italiens, Maltais) sont même plus nombreux (62 000), mais, peu à peu, les deux populations européennes, française et étrangère, s'équilibrent aux alentours de 150 000 pour chaque groupe. D'autre part, les immigrants français sont originaires, dans leur quasi-totalité, du Sud de la France (« zone méditerranéenne ») et de la Corse comme le prouve le recensement de 1896. Il en résulte que le français introduit en Afrique du Nord n'est pas du tout celui qu'on avait importé, un siècle auparavant, en Amérique ou aux Isles. On doit ici se souvenir que la Provence et le Languedoc, d'où viennent nombre de colons, ne sont pas des régions majoritairement francophones au milieu et même à la fin du XIXe siècle.

La colonisation affirme, dès le départ, sa mission civilisatrice, même si la mise en œuvre ne marche pas du même pas. Dès 1831, on parle de « répandre l'enseignement élémentaire », mais on n'ouvre que quelques classes destinées aux enfants de colons, ces derniers ne voyant pas toujours d'un bon œil la scolarisation des populations indigènes. En fait, on ne s'est jamais sérieusement attaqué au problème de la diffusion de la langue française, même si le Second Empire, attaché à l'idée d'un « royaume franco-arabe », donne un certain essor à l'enseignement (en 1870 on compte 1 300 élèves musulmans dans 36 écoles) et crée une École normale d'instituteurs (1863). Jules Ferry, en 1883, essaie de faire appliquer une réforme visant, comme en France, à rendre l'école obligatoire pour tous. Là encore, les résultats demeurent très limités puisqu'en 1889 moins de 2 % des enfants musulmans scolarisables fréquentent une école (Girard et Morieux, 1979, p. 315). Ce pourcentage augmente peu à peu (5 % en 1919, 6 % en 1929), mais demeure réduit. Après la Deuxième Guerre mondiale, des lois modifient le statut de l'Algérie, la principale étant celle de 1947 qui reconnaît sa place et son organisation particulières dans la communauté française. L'enseignement se généralise et la connaissance comme la pratique du français s'accroissent ; lors de l'indépendance, selon Girard et Morieux, 20 % des adultes et des adolescents étaient « capables de lire et d'écrire le français », « quant à la langue [française] parlée, elle était à cette date partout répandue, avec de grandes différences dans le registre, dans la facilité et dans la correction. L'ignorance totale était un phénomène exceptionnel » (1979, p. 319).

Il faut toutefois prendre garde que ces données ne reflètent qu'imparfaitement l'ensemble de la réalité ; le français, fort heureusement pour lui, ne se diffuse pas que par l'école. Toutes les activités économiques et administratives importantes rendent indispensable une certaine pratique de cette langue ; si, dans le début des années 30, les Européens ne représentent que 15 % de la population totale, leur poids social est tel que tout Algérien doit apprendre un minimum de français. Il est à cet égard significatif que les colons, qui, au XIXe siècle, connaissaient souvent un peu l'arabe, cessent alors de l'apprendre, sauf cas exceptionnels. Le service militaire, puis la guerre seront aussi des facteurs puissants de diffusion du français, en particulier chez les militaires qui ont combattu aux côtés des soldats de la France libre et dont beaucoup deviendront les cadres de l'armée algérienne de la guerre d'indépendance.

La diffusion de la langue française est aussi variable selon les régions ; elle est naturellement plus répandue dans les villes et les ports que dans les campagnes, mais à l'intérieur des terres, la Kabylie est plus francisée que le reste du pays. Calcul politique visant à s'appuyer sur le particularisme berbère (les implantations scolaires sont plus nombreuses), rôle des migrants dans des régions pauvres, grandes pourvoyeuses de main-d'œuvre, réaction des populations contre l'arabisation, rôle des instituteurs et des intellectuels kabyles, il est difficile de déterminer le rôle des divers facteurs, mais le résultat ne fait pas de doute (cf. S. Chaker, 1992).

Paradoxalement la situation du français n'a pas été modifiée de façon sensible par l'indépendance dans la mesure où la quasi-totalité des personnalités importantes du nouvel État était tout à fait francophone, beaucoup d'entre eux ayant même fait des études supérieures en français. Il ne pouvait guère être question d'ailleurs d'arabiser à brève échéance le système éducatif puisque la colonisation avait pratiquement éliminé l'arabe de l'école, ne le faisant figurer que parmi les langues mortes et le mettant en concurrence avec le berbère et l'arabe dit dialectal. La mise en œuvre du programme du FLN affirmée solennellement à Tripoli en 1961 s'avérait donc difficile, faute d'enseignants en particulier (G. Grandguillaume, 1983, p. 96-97).

Comme l'a bien montré G. Grandguillaume, la politique algérienne d'arabisation se heurte à des difficultés matérielles (le manque d'enseignants, auquel on remédie en faisant venir des milliers d'instituteurs égyptiens, puis syriens), mais surtout à une résistance du milieu enseignant, d'autant plus forte que l'ordre d'enseignement est plus élevé. Vers 1975, l'arabisation de l'enseignement primaire est pratiquement réalisée, celle du secondaire avancée, mais l'enseignement supérieur résiste, ce qui compromet l'ensemble de la réforme puisque des élèves formés en arabe ne peuvent entrer à l'université. De la même façon, l'arabisation de l'administration (française non seulement dans sa langue mais dans son esprit et ses méthodes) ou de l'environnement (G. Grandguillaume, 1983) rencontre des difficultés du même ordre.

Les efforts pour réduire la place du français dans l'Algérie indépendante ont été contrariés aussi par la forte croissance de l'émigration algérienne en France (2 millions de personnes) et le développement des moyens de communication de masse. Au début des années 90, l'Algérie est sans doute, pour le nombre des locuteurs effectifs du français, le premier État francophone du Sud, quoiqu'il ne participe pas aux institutions officielles de la francophonie. Toutefois, les récents évènements, depuis les assassinats systématiques de journalistes et d'intellectuels jusqu'aux fermetures obligées de classes sous la menace d'attentats, constituent des éléments nouveaux dont il est malaisé d'évaluer les conséquences puisqu'elles tiennent à l'avenir même de l'État algérien.

Les cas de la Tunisie, protectorat français à partir de 1881, et du Maroc, auquel la France impose un statut identique en 1912, sont bien différents de celui de l'Algérie. En dépit de la présence d'un nombre assez important de fonctionnaires et de colons, ces deux territoires n'ont pas été des colonies de peuplement. Comme par ailleurs leur décolonisation a été bien plus rapide et moins douloureuse que celle de l'Algérie, il en résulte, pour le français, une situation actuelle sensiblement différente. En Tunisie, selon les termes de S. Marzouki, il demeure à la fois « langue d'ouverture » et même, selon le vœu de certains, « langue complémentaire à l'arabe » (S. Marzouki, 1994, p. 390). Au Maroc, la situation est du même type, quoiqu'elle soit, globalement, moins favorable puisque le français se voit attribuer, au moins dans les textes, le seul statut de « langue étrangère ».

LA COLONISATION DE L'OCÉANIE

Au XIXe siècle, l'Océanie constitue moins un enjeu politique et territorial pour les États européens qu'une zone d'affrontements entre missionnaires, les catholiques étant surtout français ou, en tout cas, francophones, les protestants, britanniques.

Tahiti, découverte en 1767 par Wallis, bientôt suivi par Bougainville, devenue protectorat français en 1842, attire une immigration européenne composite et souvent instable. En 1848, on y compte 75 colons et commerçants d'origine française et 400 employés d'État, soldats ou marins (J.-C. Corne, 1979, p. 632). Le peuplement français demeure très modeste puisque entre 1840 et 1925, on ne relève que 600 immigrants français dont les origines régionales sont très diverses. Les Français de souche demeurent donc une faible minorité jusqu'à la fin des années 60 où le développement économique, lié au développement du tourisme et à la mise en place du Centre d'expérimentation nucléaire, provoque une immigration importante de métropolitains.

La Nouvelle-Calédonie, découverte par Cook en 1774, est devenue française en 1853. Jusqu'à 1860, le territoire (ainsi que les îles Loyauté) est rattaché administrativement à Tahiti. Le peuplement européen est très faible : en 1866, il n'y a que 750 colons français qui représentent moins de 4 % de la population totale (K.J. Hollyman, 1979, p. 621). L'île est alors utilisée comme colonie pénitentiaire, ce qui fait sensiblement croître la population européenne puisqu'en 1887, les déportés en forment près des deux tiers. De 1891 à 1921, le nombre des colons double, passant de 6 440 à 12 420 ; aujourd'hui, les Européens (Calédoniens de souche ou métropolitains) forment environ un tiers de la population totale (M. Darot et C. Pauleau, 1993, p. 283).

Le point majeur, si l'on garde à l'esprit les processus sociolinguistiques décrits ci-dessus à propos de la colonisation des XVIIe et XVIIIe siècles, est que les Français, en nombre plus réduit, se trouvent en présence de populations indigènes parlant des langues polynésiennes et mélanésiennes, qui n'ont avec les immigrants européens que des relations réduites, même quand ces derniers utilisent leur force de travail. On se trouve donc en présence de situations qui sont davantage celles de la pidginisation que celles de la créolisation puisque les groupes européen et mélanésien ou polynésien vivent largement à l'écart l'un de l'autre et que chacun d'entre eux conserve l'usage de sa propre langue. On admet d'ailleurs, au moins pour la Nouvelle-Calédonie de la fin du XIXe siècle, que les principaux modes de communication entre autochtones et immigrés sont le « biche-la-mar », pidgin à base anglaise, et un pidgin français duquel on ne sait pas grand-chose (K.J. Hollyman, 1979, p. 622). Un autre point important est que l'évangélisation, surtout chez les protestants, s'opère à peu près partout dans les langues locales.

Le développement de l'enseignement est relativement récent (à partir des années 60 surtout), mais aujourd'hui la totalité des enfants est scolarisée, même si l'usage du français comme médium unique d'enseignement pose des problèmes et si l'on s'efforce de prendre en compte dans la pédagogie les langues et cultures locales. Toutefois, la généralisation des médias où le français occupe la quasi-totalité de l'espace audiovisuel fait que les variétés de langue utilisées à Tahiti comme en Nouvelle-Calédonie sont des français régionaux marqués, comme ceux de la France continentale, par des traits essentiellement phonétiques et lexicaux.

LA COLONISATION DE L'AFRIQUE NOIRE

Elle n'est pas sans analogie avec celle de l'Océanie par la période où elle s'opère, la fin du XIXe siècle (sauf au Sénégal où l'implantation française remonte, en quelques points, au XVIIe siècle) ; elle s'en distingue toutefois en ce sens qu'en Afrique, soldats et fonctionnaires français précèdent les évangélisateurs et surtout par le fait que ce continent n'a jamais été une colonie de peuplement.

C'est la conférence de Berlin (1885) qui, en partageant l'Afrique entre les puissances européennes, fixe la zone d'influence accordée à la

France ; dans ces territoires, le français a donc été introduit d'abord par l'armée et le personnel administratif qui l'accompagnait pour gérer les territoires. Le schéma d'installation est partout le même, comme le rappelle T. Pujolle : « Conquête militaire du territoire, institution d'une autorité politique de contrôle, exploitation des ressources minières ou agricoles évacuées, sans transformations, par de grandes infrastructures (rail, fleuve, route, ports maritimes) » (1994, p. 59). L'armée, tant par la présence de militaires français que par la formation de troupes coloniales, joue un rôle majeur dans la diffusion du français en Afrique. Il n'est pas impossible que le « français tirailleur », utilisé dans des manuels destinés à l'instruction des troupes indigènes, ait joué un rôle dans la généralisation de certains traits des français d'Afrique actuels.

L'éducation elle-même, si embryonnaire qu'elle soit, n'échappe pas à cette domination des militaires ; dans les premières écoles qu'on ouvre au Soudan (actuel Mali), les instituteurs sont souvent d'anciens sous-officiers. Néanmoins, même si le principe général est que le français doit être la langue de ces colonies, l'école va avoir pour but premier de former les auxiliaires de la gestion administrative et de l'exploitation économique de ces colonies ; l'initiative privée, religieuse en général, conduit cependant à créer quelques établissements destinés aux indigènes. Dans les premières décennies, le français va donc connaitre une diffusion très réduite, essentiellement à partir de fonctionnaires, militaires ou civils, qui connaissent bien les réalités locales et agissent à travers une minorité d'Africains qui ont acquis à leur contact quelques rudiments de français.

Cette situation va durer, en gros, jusqu'à la Seconde Guerre mondiale, quoique, bien entendu, les systèmes scolaires se développent peu à peu en Afrique-Occidentale française (AOF) comme en Afrique-Équatoriale française (AEF). Il faut toutefois faire ici mention d'une différence importante entre les systèmes éducatifs français et belge puisque l'un et l'autre ont contribué à introduire le français en Afrique et que, sous la dénomination communes d'États francophones, on trouve aujourd'hui, outre les anciennes colonies françaises, le Zaïre, le Rwanda et le Burundi qui ont été des colonies belges. Alors que la France a toujours imposé le français comme unique langue des systèmes éducatifs coloniaux, si restreints qu'ils aient été, la Belgique, suivant en cela les pratiques de l'évangélisation, a fait le choix d'une éducation largement fondée sur les langues africaines ; le français n'intervenait qu'ultérieurement dans la scolarité (enseignement secondaire) et était réservé à ceux des indigènes qui étaient appelés à collaborer directement avec les Blancs. Cette circonstance explique que dans la période qui précède les indépendances, le taux de scolarisation soit nettement plus élevé dans les colonies belges que dans les colonies françaises ; au Congo, par exemple, 56 % des enfants d'âge scolaire fréquentaient l'école en langues africaines, même si c'était pour une période courte (deux ans).

Après la guerre, on décide, à la conférence de Brazzaville (1944), de développer l'enseignement qui, en 1949, devient obligatoire pour le cycle primaire ; en dépit d'efforts plus nets dans le domaine de la scolarisation, les résultats restent très modestes ; en AOF, en 1958, le taux de scolarisation, tous degrés confondus, n'est que de 9,7 % (G. Manessy, 1979, p. 339).

La scolarisation et, plus généralement, l'éducation de masse sont donc un chantier colossal pour les États africains qui accèdent à l'indépendance au début des années 60. Les ambitions sont immenses puisqu'on fixe 1980 comme terme de la généralisation de la scolarisation. Alors qu'on aurait pu penser voir le français, langue imposée par le colonisateur, éliminé des systèmes scolaires, son usage est partout maintenu et même parfois étendu. Au Congo belge, devenu Zaïre, la pression des parents en faveur d'un enseignement en français, perçu comme le mode majeur de la réussite sociale, conduit à l'abandon du système colonial belge et à une forme d'alignement sur le modèle éducatif des anciennes colonies françaises (le Rwanda et le Burundi conservant toutefois une place importante à leurs langues nationales dans l'enseignement primaire). Ce choix s'explique par de multiples raisons dont les principales sont d'ordre politique (le plurilinguisme de la plupart des États rend explosive toute promotion de langue) et technique (ces langues ne sont pas instrumentalisées) et les leaders africains n'en feront pas d'autres dans les anciennes colonies anglaises ou portugaises, exception faite du cas tanzanien.

En fait, pour être bref, on peut dire que c'est la démocratisation même de l'enseignement qui a conduit à l'implosion du système. L'école française, transférée en Afrique sans adaptation majeure puisqu'on y enseignait en français à des enfants qui, à leur arrivée à l'école, ne parlaient pas cette langue, a fonctionné tant bien que mal dans la période coloniale en raison de la faiblesse des effectifs et de la sélection féroce des meilleurs éléments. En revanche, les systèmes n'ont pas pu faire face à la montée rapide des effectifs ni sur le plan de la formation des maitres, ni sur celui des infrastructures et des moyens. Il en est résulté, trente ans après les indépendances, une situation catastrophique de l'école dont la diffusion de la langue française ne peut que faire les frais.

Quoique le français soit la langue officielle de la plupart des États africains issus des colonisations française et belge, l'évaluation du pourcentage de leurs citoyens qui possèdent une réelle compétence dans cette langue est d'autant plus malaisée que nul ne semble se soucier de voir précisées de telles données. En effet, pour des États dont l'administration, la justice et l'éducation usent de la seule langue française, il serait fâcheux de voir établi que seuls 10% de leurs populations ont une compétence convenable dans cette langue. C'est pourtant à ce niveau que les évaluations les plus sérieuses fixent le pourcentage moyen de francophones réels, avec bien sûr des différences considérables selon les États.

LA COLONISATION DE MADAGASCAR

Un peu postérieure à celle de l'Afrique (1895), la colonisation française à Madagascar a été précédée par des tentatives très anciennes puisque les premiers colons français tentent de s'y installer en 1642. Si le massacre de Fort-Dauphin met un terme rapide à cette présence, la proximité des iles de Bourbon et de France comme les relations commerciales avec ces iles et l'action des missionnaires à partir de la première font que le français ou, plus souvent, les créoles français des Mascareignes demeurent présents au XIXe siècle, en particulier sur la côte orientale de la « Grande Ile ».

Le général Gallieni qui reçoit la charge du gouvernement de Madagascar en 1896 s'emploie à la fois à ruiner l'influence de l'anglais établie par les missionnaires protestants et à imposer le français à travers l'école et l'obligation faite à tout Malgache exerçant une « fonction rétribuée par le gouvernement français » de « justifier une connaissance suffisante de la langue française » (C. Bavoux, 1993, p. 174).

Jusqu'à l'indépendance, la situation de Madagascar ne se distingue guère de celle de la plupart des États d'Afrique ; le système scolaire fonctionne en français, accueille un nombre d'élèves réduit et pratique en outre une sélection impitoyable avec des écoles primaires indigènes et des écoles dites européennes ; de ce fait même, il suscite la formation d'une élite dont les compétences en français sont souvent excellentes. Toutefois, comme en Afrique, la démocratisation de l'enseignement entraine la crise du système. La « révolution » de mai 1972 croit mettre un terme à cette situation, imputée aux séquelles de la colonisation, en décrétant la malgachisation de l'enseignement et en assignant au français le seul statut de langue étrangère. Cet épisode va durer quatorze ans sans que le malgache parvienne à s'imposer dans le domaine de la formation et surtout sans qu'on arrive à mettre sur pied le « malgache commun » qui était censé permettre de lever les oppositions provinciales à la suprématie de fait du dialecte merina parlé dans la zone de la capitale, Antananarivo. Le retour de Madagascar dans le giron de la francophonie, en 1986, ne règle nullement les problèmes de la relance du français dans le système éducatif.

LA COLONISATION DE L'INDOCHINE

On peut aborder en 1887 l'histoire de la colonisation française dans cette zone, fort complexe depuis le milieu du XIXᵉ siècle, par le regroupement au sein d'un Gouvernement général des différentes parties de l'Indochine française : Cochinchine, Cambodge, Annam, Tonkin, Laos, et par le constat que l'Indochine n'a jamais été une véritable colonie de peuplement ; au début des années 30, sur 21 millions d'habitants, on ne compte que 34 000 Français, installés pour la plupart dans les grandes villes.

À partir de 1906, on organise l'enseignement en deux systèmes, l'un franco-indigène, l'autre français (V. Daniel, 1992). Le premier comprenait la grande majorité des élèves (485 890 élèves dans le cycle primaire en 1940) ; on y abordait l'étude du français qui devenait la langue d'enseignement dans le deuxième cycle (6 550 élèves en 1944). L'enseignement français, strictement calqué sur le modèle métropolitain, comprenait des écoles primaires et trois lycées (Hanoï, Dalat, Saïgon) où, en 1939, on comptait 2 775 élèves dont 76 % étaient de nationalité française.

La partition de l'Indochine entraine dès 1945 la généralisation de l'usage du quoc-ngu dans le système éducatif du Nord-Vietnam ; ce choix est complété par une politique systématique d'alphabétisation dans cette même langue. Au Sud-Vietnam, la situation antérieure se maintient tant bien que mal, mais la présence américaine donne à l'anglais un poids considérable. La défaite américaine et la réunification de 1976 entrainent l'élimination de l'anglais comme du français, le russe devenant la seule langue étrangère obligatoire.

Si l'on en croit les données du Haut Conseil de la francophonie, il y aurait encore au Vietnam 510 000 francophones, soit 0,8 % de la population.

LE LIBAN ET LA SYRIE

On aura noté que cette section présente un titre qui diffère des précédents. En effet, le français n'a pas été introduit en Syrie et au Liban par la colonisation et, si la France a exercé un mandat dans cette zone, de 1920 à 1943, le français y est enseigné dès le XVIIIᵉ siècle, cet enseignement prenant une importance particulière à partir de 1840 avec l'expansion de collèges fondés par des congrégations religieuses françaises. En 1912, il y a au Liban une soixantaine d'établissements où 34 386 élèves apprennent le français ; vers la même époque, la Syrie compte 26 établissements du même genre avec 5 927 élèves (S. Abou, 1979, p. 288).

Le mandat français ne conduisit donc pas à introduire la langue française, mais plutôt, comme le souligne S. Abou, « à diffuser l'instruction publique bilingue [arabe-français] dans les régions rurales à majorité musulmane et à renforcer ainsi le français dans tout le pays » (1994, p. 415). En 1938, le Liban comptait environ 170 000 élèves qui apprenaient le français et la Syrie 104 000 pour une population qui était trois fois plus importante que celle du Liban.

Lors de l'indépendance, en 1945, la Syrie, qui s'était toujours considérée comme le cœur du nationalisme arabe, a engagé une politique d'arabisation de l'enseignement, tout en laissant une certaine liberté qui a permis à des écoles libres de continuer à enseigner le français. En 1967, la mainmise de l'État sur les établissements privés a limité sensiblement les initiatives avant qu'un terme y soit mis en 1971 par la nationalisation effective de l'éducation. La situation du français était déjà considérablement dégradée puisqu'en 1970-1971, les élèves syriens qui apprenaient l'anglais étaient, en gros, quatre fois plus nombreux que ceux qui étudiaient le français (S. Abou, 1979, p. 300-302).

À la veille de l'indépendance du Liban, les chrétiens, qui percevaient le français, non comme une langue étrangère, mais comme leur seconde langue de formation et de culture, souhaitaient qu'il fût proclamé langue officielle conjointement avec l'arabe. Toutefois, seul l'arabe se vit accorder ce statut officiel, le français étant mentionné « avec un statut incertain qui promettait des définitions ultérieures » (S. Abou, 1994, p. 416). Ces dispositions ne virent jamais le jour, mais la Constitution, en reconnaissant la totale liberté de l'enseignement, permit au français de garder sa place.

Les données sur la francophonie libanaise sont un peu incertaines. On admet qu'en 1970, à Beyrouth, 42 % de la population parlait français et 22 % anglais ; dans le reste du pays, 35 % de la population connaissait le français et 6 % l'anglais (S. Abou, 1994, p. 421).

2. LES VARIÉTÉS DU FRANÇAIS D'OUTRE-MER

On pourrait tout à fait imaginer que cet essaimage du français hors de France ait conduit à la formation de variétés de cette langue suffisamment différentes de la langue française actuelle pour que se trouve posé le problème de leur autonomie. Cette question n'est pas seulement d'école quand on sait les difficultés que soulèvent aussi bien la distinction entre langue et dialecte qu'un usage un peu rigoureux du critère d'intercompréhension.

Dans le premier chapitre de cette partie, nous avons insisté, en dépit des limites de l'espace dont nous disposions, sur les conditions historiques et sociales, donc par là sociolinguistiques, de la diffusion du français dans les divers territoires. Elles commandent, en effet, pour une bonne part, en particulier dans toutes les situations coloniales, l'évolution des situations et, partant, des variétés du français.

La question la plus évidente est celle de la créolisation. Pourquoi le même français, transporté hors de France à la même époque par des émigrants issus des mêmes régions et des mêmes catégories sociales, s'est-il créolisé ici (dans la zone américano-caraïbe ou dans l'océan Indien), alors qu'ailleurs il n'a pas connu la même mutation (en Amérique du Nord par exemple) ? On a pu se poser par boutade la question à propos de français d'Amérique (cf. l'article d'Henri Wittmann « Le joual [français populaire de Montréal], c'est-tu un créole ? », 1973), mais la réponse était et demeure négative.

La solution a déjà été esquissée ci-dessus : la société esclavagiste, qui implique une forte et rapide socialisation de populations serviles immigrées, est le seul lieu d'émergence de créoles français. Certes, l'évolution « naturelle » du français, sans influence intersystémique notable, mais dans des contextes où la pression de la norme se trouve quasi annulée, entraine des restructurations notables de la langue par autorégulation ; ces phénomènes, qu'on observe tout particulièrement dans des français « marginaux » d'Amérique du Nord comme l'acadien louisianais ou le français du Missouri (aujourd'hui disparu), ne conduisent pas toutefois à la créolisation, même si ces variétés de langue apparaissent souvent comme des étapes vers une telle évolution. Le fait n'a rien d'étonnant puisque le français des colons, point de départ des créolisations, était sans doute assez proche des français « marginaux » d'Amérique du Nord, dans sa forme initiale comme dans sa dynamique interne. La créolisation est donc un phénomène essentiellement sociolinguistique qui implique, comme les recettes de sorcières, la présence *conjointe et indispensable* de plusieurs éléments, l'absence d'un seul d'entre eux bloquant l'ensemble du processus.

Le plus simple et le plus rapide est sans doute de présenter les faits dans un tableau en y faisant figurer quelques situations typiques qui ont été précédemment évoquées :

	Amérique du Nord	Isles	Algérie	Afrique	Nouvelle-Calédonie
Peuplement français	+	+	+	−	+
Norme du français	−	−	− / +	− / +	+
Domination coloniale	+	+	+	+	+
Intégration	−	+	−	−	−

On voit par là que des facteurs comme le peuplement français et l'affaiblissement de la pression normative (français d'Amérique du Nord) ne sont pas susceptibles, à eux seuls, de conduire à la créolisation car l'intégration à la société coloniale de populations de langues autres fait alors défaut ; en revanche, en Afrique, où pourtant, dans les premiers temps de l'époque coloniale, le traitement réservé à certaines populations africaines n'est pas très différent de l'esclavage, il n'y a pas non plus de créolisation, car ces indigènes ne sont pas intégrés à la société des Blancs, faute de peuplement suffisant, et conservent, par ailleurs, sur leur propre territoire, leurs langues et cultures d'origine. Un peuplement français plus important, comme en Nouvelle-Calédonie, ne change pas fondamentalement les choses.

On a toutefois pu s'interroger sur une éventuelle créolisation du français dans quelques métropoles africaines (Abidjan et Yaoundé surtout) qui sont marquées à la fois par un fort plurilinguisme africain et par une présence massive du français (Hattiger, 1983). Pour se limiter ici au seul cas ivoirien, on constate que la réalité que J.L. Hattiger nomme « français populaire d'Abidjan » et S. Lafage « français populaire ivoirien » est mouvante ; on y distingue, selon les termes de S. Lafage, le français des « peu ou non scolarisés » et celui des scolarisés (1996), mais elle parle elle-même ailleurs, comme d'autres auteurs, du « français des rues » ; on mentionne aussi le « nouchi » (S. Lafage, 1991) et, plus récemment, le « zouglou » qui paraissent des argots d'étudiants dont les principaux caractères sont lexicaux. Il est difficile de se former une opinion à partir de ces divers travaux dans la mesure où la plupart d'entre eux sont avant tout des collectes de données sans références précises ni à une problématique définie ni aux conditions précises de production de variétés. S'il ne fait pas de doute que certains des faits relevés peuvent évoquer les créoles français, on ne peut en tirer la conclusion que ces variétés de langues sont des créoles, ni même qu'elles sont en voie de créolisation. La présence des langues ivoiriennes demeure très forte dans ces contextes urbains et beaucoup de traits, parmi les plus significatifs, sont constitués par des emprunts au dioula, au bété et au baoulé. Nous reviendrons sur les faits linguistiques eux-mêmes, mais on doit constater que certaines des analogies entre de telles variétés de français urbain et les créoles tiennent, pour une bonne part, à des constantes dans les restructurations qui s'opèrent dans toute forme d'apprentissage du français sous la double influence des tendances autorégulatrices et des stratégies d'appropriation de cette langue. Compte tenu des conditions sociolinguistiques, il serait d'ailleurs préférable, comme le fait Hattiger (1983), de parler de pidginisation que de créolisation du français si l'on se réfère à la définition classique du mot « pidgin » (cf. *supra*).

Le français, langue du colonisateur, s'est trouvé engagé dans des situations dites de « diglossie » ; il est la langue de statut supérieur à laquelle sont dévolues les fonctions officielles (administration, éducation, information, justice, etc.), tandis que les langues locales (créoles ou africaines par exemple) assurent les fonctions informelles et/ou privées. L'incidence des évolutions politiques et, en particulier, l'accès des États à l'indépendance, n'est pas forcément un élément décisif dans l'évolution de telles situations. On observe parfois des changements radicaux, inspirés par le nationalisme (arabisation en Algérie ou malgachisation à Madagascar entre 1972 et 1986), mais ils rencontrent souvent, comme on l'a vu, de puissants obstacles. Dans d'autres cas, anciens comme celui d'Haïti, république indépendante depuis 1804, ou récents, comme ceux de la quasi-totalité des États africains, le français a gardé sa fonction de langue officielle, les langues africaines ou créoles se voyant toutefois proclamées langues nationales, sans que cette reconnaissance ait des conséquences très notables. Dans l'ensemble des DOM-TOM français, il faut signaler le cas particulier de Tahiti puisque, depuis 1980, on y a officialisé « la langue tahitienne au même titre que la langue française » ; toutefois, l'introduction, un peu théorique, du *reo maohi* dans l'enseignement ne semble pas avoir changé grand-chose à la diglossie tahitienne (Lombardini, 1996, p. 739).

Si globalement et surtout pour le domaine qui nous occupe, le français occupe la position dominante (ou « haute » selon la terminologie de Ferguson), les types de contact entre le français et les autres langues sont divers ; en effet, la langue du colonisateur peut se trouver en présence d'une langue (situation classique des aires créolophones), d'une langue locale et d'une langue européenne (domaines créolophones conquis par la Couronne britannique comme l'ile Maurice ou les Seychelles), de plusieurs langues locales (situations africaines les plus courantes), de plusieurs langues africaines et d'une langue européenne (Cameroun), de langues vernaculaires et de l'arabe (États islamiques d'Afrique), etc. On voit donc que les situations sont multiples ; elles le sont plus encore si l'on étend cette analyse hors du domaine géographique dont nous traitons ici en y incluant les situations européennes et canadiennes. N. Gueunier, qui tente de donner un outil d'analyse de ces situations en renouvelant et en adaptant la typologie proposée, sur un plan général, par W. Stewart (1968), souligne aussi justement que la complexité n'est pas seulement d'ordre quantitatif (nombre de langues en présence), mais aussi qualitatif (« Avec quoi, dans les situations de francophonie, le français coexiste-t-il ? Des "standards", des "vernaculaires", des "dialectes", etc. », N. Gueunier, 1995, p. 16).

C'est la diversité même de ces situations qui a conduit à esquisser des typologies des situations de francophonie (W. Bal, 1977 ; A. Valdman, 1979 ; R. Chaudenson, 1988, 1991, 1993) où trouvent leur place les situations que nous évoquons ici, mais qui visent, plus globalement, à préciser les fonctions et la place du français dans toutes les situations où il apparait.

Dans la description des français dits régionaux (en Afrique ou ailleurs), il convient de naturellement distinguer les faits *généraux*, liés à des facteurs intrasystémiques et qu'on retrouve partout lorsque s'affaiblit ou disparait la pression de la norme, des faits *spécifiques* qui, pour la plupart, semblent liés aux contacts avec d'autres langues (facteurs intersystémiques) ou à l'usage du français dans des contextes géographiques ou sociaux différents (facteurs extrasystémiques). Une telle position était pourtant déjà celle de G. Straka qui écrivait : « Il ne faut pas confondre les traits régionaux avec les traits populaires du français commun » (1977, p. 117). Cette formulation peut sans doute être discutée, elle doit surtout être précisée car on peut distinguer des ensembles plus réduits et mieux caractérisés.

Une telle démarche suppose toutefois qu'on définisse préalablement un modèle de variabilité du français (R. Chaudenson, R. Mougeon, E. Beniak, 1993). Là encore, la procédure est simple ; elle implique, comme point de départ, la comparaison du plus grand nombre possible de variétés de français parlé par des locuteurs natifs ; à ce stade, on doit éviter de prendre en compte les situations où le français est en contact important avec d'autres langues et où, de ce fait, le rôle des facteurs intersystémiques devient essentiel. À partir d'une telle comparaison, on peut dégager un modèle statistique de variation du français (le « français zéro », R. Chaudenson, 1984) ; il est formé par l'ensemble des variables identifiées (l'existence d'une *variable* est attestée par la présence de plusieurs *variantes* ; par exemple la négation du verbe simple constitue une *variable* dont les *variantes* actuelles sont *ne... pas, ne..., ... pas, ne... point*, etc.) ; le « français zéro », aire de variabilité, se laisse empiriquement et statistiquement distinguer du « noyau dur » de la langue, formé par les structures que la variation ne semble pas affecter. Dès lors, on peut proposer une grille d'analyse des variantes relevées dans n'importe quel français, y compris ceux qui se trouvent en situation de contact intense.

On peut ainsi classer les faits en plusieurs ensembles :

A. Le noyau dur. Ce sont les éléments qui, en fait, permettent d'identifier la variété en cause comme du français.

B. Les variantes du français zéro (ou « traits populaires du français commun » pour user des termes de G. Straka) *à caractère non régional* ; « je vais au coiffeur » ou « je vais au docteur », « si j'aurais su, j'aurais pas venu » sont des exemples de cet ordre de faits. Pour prendre quelques exemples en Afrique, on peut noter les reprises pronominales (« Toutes tes amies *elles* ont des vidéo-clubs », Côte-d'Ivoire, T. Tschiggfrey, 1995, p. 77 ; « Les autres *il* est parti », Cameroun, C. De Féral, 1993, p. 211), la post-position de l'élément -*la* comme actualisateur (à peu près partout en Afrique), l'emploi généralisé du relatif *que* (« Patron la *que* j'étais boy » [= dont j'étais boy »], français ivoirien, Lafage, 1996, p. 595), la substitution d'« avoir » à « être » (« Il n'*a* pas intervenu », Congo, E. Kouba-Fila, 1996, p. 626 ; ce tour est peut-être hérité du français de Belgique où « avoir » apparait dans cet emploi comme dans le Nord de la France), l'usage du « ponctuant » *comme ça* (B. Maurer, Djibouti, 1993, p. 201), l'emploi de verbes du type *grever* (= faire grève), *torcher* (= éclairer avec une torche électrique), etc.

C. Les variantes du français zéro *à caractère spécifiquement régional* ; une variable du français zéro peut, en situation de contact linguistique, présenter une variante régionale qui n'apparait que dans cette zone, même si la variable elle-même relève du « français zéro ». On peut admettre qu'entrent dans cette catégorie la plupart des spécificités qui résultent de facteurs extrasystémiques. Pour prendre un exemple simple dans les lexiques créoles, l'échinoderme communément nommé « oursin » n'avait pas encore vu s'imposer cette dénomination dans le français du XVIIᵉ siècle ; il en résulte dans les créoles français des dénominations très diverses, souvent du type métaphorique : « chardon » ou « chodron » [de mer]. La dénomination spécifique des *realia* locales entre dans cette catégorie où figurent naturellement la majorité des particularités lexicales relevées. Il est plus difficile de proposer des exemples dans le domaine morphosyntaxique en raison de la rareté des travaux en ce domaine. En français polynésien, toutefois, on peut penser que les emplois de *sur* comme équivalent de *vers* (« Il nage sur le motu » [ilot]), *dans* (« Il l'a mis dans le cheval ») et de *contre* (« Il crie sur moi ») peuvent entrer dans cette catégorie (Lombardini, 1996, p. 750). Le système prépositionnel du français est en effet une zone importante de variabilité, mais en l'occurrence on peut penser que le fait que le tahitien use, dans les trois emplois en cause, d'une même forme *i ni'a* est la cause de la généralisation de *sur*. Toutefois, il faut être très prudent car le premier emploi peut, à la limite, apparaitre en français standard avec des verbes de mouvement (*marcher* ou *foncer sur*) et le troisième est attesté dans d'autres français régionaux (*crier sur quelqu'un*). De même, l'emploi canadien de *sur* (« sur Radio-Canada »), souvent regardé comme un calque de l'anglais (donc relevant plutôt de l'ensemble C), n'en est peut-être pas un si l'on prend en compte qu'on entend fréquemment, en France même, « sur France-Inter » ou « sur TF1 ».

D. La variation qui affecte des éléments du noyau dur du français. L'importance relative des éléments relevant de cet ensemble peut conduire à caractériser la variété étudiée comme étant ou non du français. Les créoles sont des langues où l'importance de la restructuration de zones non variables du français est telle qu'ils constituent de nouveaux systèmes linguistiques. On peut par exemple se demander si peut être regardée comme française une phrase zouglou comme « même moro côcô moyen tomber » (= même quand on n'a qu'une pièce de cinq francs sur soi, il va toujours se trouver un parasite pour la demander », T. Tschiggfrey, 1995, p. 74).

Un français régional se caractérise donc essentiellement par les traits qui relèvent des ensembles C et D. Cette schématisation est naturellement très sommaire, mais elle a un double intérêt.

D'une part, elle permet de mieux définir la notion de spécificité régionale, en particulier en relation avec les facteurs extra- et interlinguistiques.

D'autre part, tout en mettant en évidence des processus autorégulateurs internes au système français, elle permet de poser des limites en matière de spécificités morphosyntaxiques. En effet, autant pour des faits qui relèvent de l'ensemble C (variables du français zéro à variantes spécifiques) on peut admettre une forme de légitimation, autant l'expansion de l'ensemble D conduit à penser qu'on se trouve en présence de productions linguistiques qui ne peuvent plus être considérées comme du français et qui, selon les conditions et les modes de leur émergence, doivent être regardées comme des créoles ou des pidgins à base française.

BIBLIOGRAPHIE DE LA CINQUIÈME PARTIE

Abou, S., « Le français au Liban et en Syrie », in A. Valdman, *Le Français hors de France*, Paris, Champion, 1979, p. 287-309.

— « Les enjeux de la francophonie au Liban », in S. Abou et K. Haddad, éds., *Une francophonie différentielle*, Montréal, Agence francophone pour l'enseignement supérieur et la recherche, Université de réseaux d'expression française, 1994, p. 411-424.

Abou, S., et Haddad, K., éds., *Une francophonie différentielle*, Montréal, Agence francophone pour l'enseignement supérieur et la recherche, Université de réseaux d'expression française, 1994.

Antoine, G., et Martin, R., dir., *Histoire de la langue française, 1914-1945*, Paris, CNRS Éditions, 1994.

Bal, W., « Unité et diversité de la langue française », in A. Reboullet et M. Tétu, éds., *Guide culturel. Civilisations et littératures d'expression française*, Paris, Hachette, 1977, p. 5-28.

Bavoux, C., « Francophonie malgache : images et réalités », in D. de Robillard et M. Beniamino, 1993, p. 173-187.

Brunot, F., *Histoire de la langue française*, Paris, Armand Colin.

Chaker, S., « Langue berbère et influence française », *Présence francophone*, 40, 1992, p. 79-98.

Chatillon, M., éd., « Lettres du R.P. Jean Mongin. L'évangélisation des esclaves au XVIIe siècle », extrait du *Bulletin de la Société d'histoire de la Guadeloupe*, n° 61-62, 1984.

Chaudenson, R., « Diglossie créole, diglossie coloniale », *Cahiers de l'Institut de linguistique de Louvain*, n° 2, Louvain-la-Neuve, 1984, p. 20-29.

— « Français avancé, français zéro, créoles », *Actes du XVIIe Congrès de linguistique et philologie romanes*, vol. 5, Aix-en-Provence, Publications de l'Université de Provence, 1984, p. 165-180.

— *Propositions pour une grille d'analyse des situations linguistiques de l'espace francophone*, Paris, ACCT, 1988.

— *Vers une révolution francophone ?*, Paris, L'Harmattan, 1989.

— *La Francophonie. Représentations, réalités, perspectives*, Paris, Didier-Érudition, 1991.

— *Des iles, des hommes, des langues*, Paris, L'Harmattan, 1992.

— « Francophonie, "français zéro" et français régional », in D. de Robillard et M. Beniamino, 1993, p. 384-405.

— « La typologie des situations de francophonie », in D. de Robillard et M. Beniamino, 1993, p. 357-369.

— *Les Créoles*, Paris, PUF, coll. « Que sais-je ? » n° 2970.

— « Les français d'Amérique ou le français des Amériques ? Genèse et comparaison », in R. Fournier et H. Wittmann, 1995, p. 3-19.

Chaudenson, R., Mougeon, R., et Beniak, E., *Vers une approche panlectale de la variation du français*, Paris, Didier-Érudition, 1993.

Corne, J.-C., « Le français à Tahiti », in A. Valdman, éd., 1979, p. 631-661.

Daniel, V., *La Francophonie au Viet-nam*, Paris, L'Harmattan, 1992.

Darot, M., et Pauleau, Ch., « Situation du français en Nouvelle-Calédonie », in D. de Robillard et M. Beniamino, 1993, p. 283-301.

Féral, C. de, « Le français au Cameroun : approximations, vernacularisation et "camfranglais" », in D. de Robillard et M. Beniamino, 1993, p. 205-218.

Fournier, R., et Wittmann, H., *Le Français des Amériques*, Québec, Presses universitaires de Trois-Rivières, 1995.

Girard, M., et Morieux, Ch., « La langue française en Algérie », in A. Valdman, 1979, p. 311-330.

Grandguillaume, G., *Arabisation et politique au Maghreb*, Paris, Maisonneuve et Larose, 1983.

Gueunier, N., « Les contacts de langue dans les situations de francophonie », in *LYNX*, n° 33, 1995/2, p. 15-30.

Hattiger, J.-L., *Le Français populaire d'Abidjan. Un cas de pidginisation*, Abidjan, ILA, 1983.

Hazaël-Massieux, G. et M.C., « Quel français parle-t-on aux Antilles ? », in D. de Robillard et M. Beniamino, 1996, p. 665-687.

Hollyman, K.J., « Le français en Nouvelle-Calédonie », in A. Valdman, 1979, p. 621-629.

IFA, *Inventaire des particularités du français en Afrique noire*, Québec, Aupelf-ACCT, 1983.

Kouba-Fila, E., « Image et réalité du français au Congo », in D. de Robillard et M. Beniamino, 1996, p. 615-629.

Lafage, S., « L'argot des jeunes Ivoiriens, marque d'appropriation du français », *Langue française*, « Parlures exotiques », n° 90, Paris, Larousse, p. 95-105.

— « La Côte-d'Ivoire : une appropriation nationale du français ? », in D. de Robillard et M. Beniamino, 1996, p. 587-602.

Lanly, A., *Le Français d'Afrique du Nord*, Paris, PUF, 1962.

Lombardini, C., « La francophonie polynésienne : entre français "popa'a" et "mélange" », in D. de Robillard et M. Beniamino, 1996, p. 735-756.

Manessy, G., « Le français en Afrique noire. Faits et hypothèses », in A. Valdman, 1979, p. 333-362.

— *Le Français en Afrique noire. Mythe, stratégies, pratiques*, Paris, L'Harmattan, 1994.

Marzouki, S., « Statut, usage et rôle du français en Tunisie », in S. Abou et K. Haddad, 1994, p. 379-390.

Maurer, B., « Le français en République de Djibouti : une importance croissante, une fonction identitaire marquée », in D. de Robillard et M. Beniamino, 1993, p. 191-204.

Mougeon, R., et Beniak, E., *Les Origines du français québécois*, Québec, Presses de l'Université Laval, 1994.

Prudent, L.F., « Pratiques langagières martiniquaises : genèse et fonction d'un système créole », thèse d'État, Rouen, 1993.

Pujolle, Th., *L'Afrique noire*, Paris, Flammarion, 1994.

Robillard, D. de, *Contribution à un inventaire des particularités lexicales du français de l'île Maurice*, Paris, Edicef-Aupelf, 1993.

Robillard, D. de, et Beniamino, M., dir., *Le Français dans l'espace francophone*, Paris, Champion, t. 1, 1993 ; t. 2, 1996.

Stewart, W., « A sociolinguistic typology for describing national multilinguism », in J. Fishman, éd., *Readings in the Sociology of the Language*, Mouton, 1968.

Straka, G., « Où en sont les études de français régionaux », in CILF, *Le Français en contact avec : la langue arabe, les langues négro-africaines, la science et la technique, les cultures régionales*, Paris, CILF, 1977, p. 111-126.

Tschiggfrey, T., « Procédés morphologiques de néologie dans un corpus de chansons zouglou en français », in *LYNX*, n° 33, Université de Nanterre, 1995/2, p. 71-78.

Valdman, A., « Le français en Louisiane », in D. de Robillard et M. Beniamino, 1996, p. 633-650.

— éd., *Le Français hors de France*, Paris, Champion, 1979.

Wittmann, H., « Le joual, c'est-tu un créole ? » *La Linguistique*, 9/2, 1973, p. 83-93.

SIXIÈME PARTIE

LA LANGUE FRANÇAISE AU XIXe SIÈCLE*

SCLÉROSES, ALTÉRATIONS, MUTATIONS. DE L'ABBÉ GRÉGOIRE AUX TOLÉRANCES DE GEORGES LEYGUES (1790-1902)

Jacques-Philippe Saint-Gérand

* Dans les citations en retrait ci-dessous, les italiques sont de notre fait et indiquent un soulignement.

UNE LANGUE POUR TOUS LES FRANÇAIS

La multiplicité des évènements historiques qui apparaissent comme des facteurs de rupture – Révolution, Empire, Restauration, révolutions de 1830 et 1848, Second Empire, IIIe République – et qui sont eux-mêmes générateurs de discours, rend problématique, pour ne pas dire illusoire, la recherche d'une homogénéité. Toutefois, de l'écheveau embrouillé à l'extrême, on a pu dégager quelques tendances particulièrement tenaces.

Il est bien éloigné le temps où, pour des raisons rhétoriques autant que sémantiques, les tournures et les mots de la langue vulgaire n'avaient pas le même poids que ceux que fournissait le latin (2e partie). Le français a gagné la partie et ce sont nos ancêtres qui ont adopté pour la proposition un ordre direct, celui de la « nature », selon lequel les mots apparaissent à mesure que les idées se présentent à l'esprit, sujet-verbe-objet. Ainsi, les locuteurs avaient au moins cette base commune qui se rapportait à la syntaxe et à l'« arrangement » des termes. Mais pour les « bons écrivains » et pour la société polie, le lexique continuait à être réparti en catégories hiérarchisées, selon des « styles » qui allaient du plus noble au plus bas. Cette organisation, qui s'était codifiée depuis les années 1630, n'a connu de réel déclin que vers les années 1830. Par contraste, les membres de la bonne société faisaient leurs délices de l'encanaillement dont le style poissard était l'une des marques : le modèle se trouvait aux Halles. On n'a pas manqué de rapprocher de l'idéologie révolutionnaire la position prise par Victor Hugo dans la Préface de Cromwell (1827) : tous les mots sont égaux en droit, ou les vers les plus tardifs de la « Réponse à un acte d'accusation » qui sont restés célèbres : Guerre à la rhétorique et paix à la syntaxe ou J'ai mis un bonnet rouge aux vieux dictionnaires (Les Contemplations, 1856). Le décalage est net. Il suffit de jeter les yeux sur quelques discours révolutionnaires pour s'apercevoir que cette époque tumultueuse fut un âge d'or pour la rhétorique la plus classique avec ses effets de redondance et d'antithèse, ses interrogations oratoires et ses allégorisations. Par la suite, on attachera plus de prix à l'expression en relation directe avec la

*perception ou le sentiment individuel du moment – ou du moins avec
son illusion – qu'au recours à des ornements conventionnels tout prêts.*

    *La place de la rhétorique dans le dispositif d'ensemble d'évolution
de la langue française au XIXe siècle se justifierait d'ailleurs d'elle-
même sous le seul point de vue du politique de la langue, dès que l'on
prend conscience de l'écart séparant la rhétorique des discours tenus
sous la grande Révolution et la rhétorique des discours de Jean Jaurès.
Les harangues de Mirabeau, Robespierre, Danton, Pétion, voire Sieyès
dans le cadre de sa représentation du « monde lingual », recourent largement aux formes classiques de métaphorisation ornementale des
idées, et malgré les journaux, libelles et pamphlets révolutionnaires,
s'inscrivent presque naturellement dans un emploi de la langue fortement contraint par les modèles affectifs de la littérature néo-classique
en raison de la diffusion de ces documents restreinte à la seule portion
– très réduite – de la nation capable de les lire. À l'autre extrémité du
parcours, les discours de Jaurès – conformément à l'évolution même de
la discipline rhétorique, qui a passé du statut d'auxiliaire esthétique à
celui d'instrument argumentatif probateur – ne font plus appel aux
métaphores, métonymies, synecdoques, périphrases, prosopopées, allé-
gories et diverses formes anciennes de répétition formelle ou idéelle,
que pour mieux assoir une démonstration logique et convaincre du
bien-fondé d'une analyse politique qui passe désormais auprès de tous
– y compris dans les campagnes les plus reculées, grâce à l'école – par le
journal quotidien et les journalistes adoubés – à chacun son idéologie –
des renoms de Louis Veuillot, Léon Daudet ou Émile Zola. Entre 1789
et 1914, l'évolution des conduites discursives suscitées par les évènements historiques de 1830 et 1848 [révolutions], 1870-1871 [défaite et
Commune], 1875 [naissance de la IIIe République], 1888 [Boulanger],
1894-1899 [affaire Dreyfus] a pu scander cette transformation radicale
des pratiques de la langue en action, et les étapes de cet accomplissement d'une langue agissante au quotidien de la vie des citoyens.*

    *Aussi longtemps que le seul art de parler fut celui de bien parler,
que l'usage exhibé fut le bel usage de la société polie, grammaire et rhétorique étaient malaisément dissociables, et le lexique resta hiérarchisé.
Le déclin de ce qui se rattache à la rhétorique classique – même si elle
reste inscrite dans les programmes scolaires – est contemporain de celui
de la grammaire générale dont les Messieurs de Port-Royal avaient jeté
les bases, et qui avait brillé de tout son éclat, notamment avec Beauzée
(1717-1789), l'un des collaborateurs de l'Encyclopédie.*

    *La France est dotée désormais d'une langue nationale. On ne pou-
vait plus dire, comme Peletier du Mans au XVIe siècle, que toutes les
paroles des locuteurs étaient françaises du moment qu'ils venaient du*

Une lecture chez la portière (lithographie, v. 1840)

Jadis un texte écrit était destiné à être lu à haute voix : sans être exclusif, ce mode de communication était largement pratiqué, et il est attesté comme thème iconographique en même temps que comme fait socioculturel. La loge qui sert de salon de lecture est spacieuse et cossue sans être luxueuse. Les murs sont décorés de tableaux dont un portrait et, sur le mur de gauche, est accrochée une cage à oiseau. La lectrice, assise dans un fauteuil, maintient de la main gauche un bougeoir posé sur son genou. La femme en bonnet et en tablier qui est assise devant elle, n'appartient pas au même milieu que celle qui approche ses doigts du poêle pour les chauffer et dont la mise a plus d'élégance. À en juger par l'attitude des auditeurs, le texte n'est pas un conte à rire mais plutôt une histoire qui touche les sensibilités. Un visiteur, qui se profile à la porte, est sur le point de rompre le charme.
Jusqu'au milieu du XIXᵉ siècle, seuls les édifices publics ou les riches hôtels particuliers étaient gardés par un concierge. À l'entrée des immeubles ordinaires, il n'y avait qu'une « portière ». Dans Les Mystères de Paris (1842-1843), Eugène Sue a représenté en la personne de Mᵐᵉ Pipelet la « portière » parisienne typique. D'abord titre flatteur adressé à l'occasion, « concierge » est devenu le nom ordinaire du groupe professionnel. [Bibliothèque des Arts Déco, Paris.]

pays du roi (3ᵉ partie) : le roi donnait alors son label. Selon l'idéologie de l'époque, la nation n'est pas seulement une fraction d'espace délimitée par des frontières ; elle est aussi fondée sur une adhésion mutuelle et des valeurs communes ; la langue nationale est celle de la liberté. Jamais jusqu'alors le processus qui a reçu de nos jours le nom de « standardisation » et qui devait aboutir en principe à l'union nationale par la langue, n'a été aussi bien servi. La Convention a appelé de ses vœux une grammaire nationale : le prix en fut attribué au très traditionnel Lhomond. Les frères Bescherelle reprirent le titre dans les années 1830. L'orthographe académique, que seuls les académiciens eux-mêmes avaient au départ l'obligation morale de respecter (4ᵉ partie), fut imposée en principe à tous les citoyens, par le biais de l'école, de la presse et des conventions sociales.

Cependant, la constatation que faisait le père Lamy au XVIIᵉ siècle n'avait pas perdu sa valeur deux siècles plus tard : « chaque province a son idiome qu'il n'est pas facile de quitter » (cité par J.-C. Chevalier, p. 567). L'adoption de la nomenclature des « poids et mesures » élaborée sous la Constituante et que nous connaissons sous le nom de système métrique – l'expression est dans le Dictionnaire universel *de* Boiste, *éd. de 1829 – ne s'est faite ni avec facilité ni avec rapidité, malgré les efforts des préfets de l'Empire : elle s'est prolongée dans la France profonde au moins pendant tout le siècle et parfois davantage.*

Il n'en reste pas moins que dans l'espace élargi par l'assouplissement des frontières et délivré non sans peine de certains tabous, les vocabulaires se mélangent et se complexifient. Les Mémoires de Vidocq *(1828) ont suscité pour l'argot des malfaiteurs un intérêt qui s'est étendu à toutes sortes d'argot pendant le reste du siècle. Au cours de cette période d'inventions et de découvertes, des nomenclatures ont été lancées dont quelques éléments au moins n'ont pu manquer d'être banalisés. Une école qui s'adresse à un nombre croissant d'élèves, le développement d'une pédagogie de vulgarisation, une presse parfois lue en famille, des groupes culturels aux activités variées, des mouvements syndicaux en gestation, ne cessent de répercuter les innovations, et tout le monde parle politique.*

Le XIXᵉ siècle a parfois été désigné comme le siècle des révolutions. Il a été appelé à aussi juste titre le siècle des dictionnaires. Il a été également celui des mesures scolaires persévérantes, depuis les idées égrenées dans la tourmente révolutionnaire jusqu'aux lois de Jules Ferry et à ces tolérances d'un ministre obscur et peu suivi de la IIIᵉ République, Georges Leygues, qui osa s'attaquer à la règle devenue très rigide des participes (1903) ; il a fourni ainsi la borne discrète d'un espace chronologique traversé de perturbations et d'innovations de tous ordres.

1. UN HÉRITAGE DIFFICILE, DES ENJEUX NOUVEAUX

Les transitions du XVIIIe au XIXe siècle et de ce dernier à notre XXe siècle sont rendues plus que problématiques par la multiplicité des évènements historiques externes susceptibles d'être considérés comme des facteurs de rupture avec ce qui précède et ce qui suit : la Révolution, l'Empire, la Restauration, la révolution de 1830, celle de 1848, l'éphémère IIe République, le Second Empire, la défaite de Sedan, la Commune, la IIIe République, l'affaire Dreyfus, la loi sur la séparation des Églises et de l'État qui met fin au Concordat de 1801... Autant de faits générateurs de discours, d'occasions d'exercer le pouvoir analytique et représentatif de la langue. Autant de raisons de concéder à ces derniers un statut démarcatif et d'isoler ce qu'ils embrassent en une illusoire homogénéité. À l'inverse de la position adoptée par les continuateurs de F. Brunot, M. Agulhon soutenait encore récemment que – pour un historien soucieux comme lui de l'évolution des mentalités et des représentations culturelles – le XIXe siècle ne s'achevait qu'en... 1964 !

En matière de langue, compte tenu des divers discours évaluatifs corrélés à cette dernière, le XIXe siècle s'inscrit tout entier dans le mouvement qui conduit de la sériation stricte des niveaux et des registres d'expression classiques et néo-classiques à la mixité et au « créolisme » des vernaculaires contemporains. Il est aussi tout entier dans l'irrésistible évolution menant d'une grammaire métaphysique intransigeante à une dédramatisation des contraintes grammaticales. Et dans le développement des discours épi- et métalinguistiques [1].

Toute langue est soumise à des phénomènes d'altération qui se développent irrégulièrement en chacun de ses secteurs : la phonétique et la prononciation peuvent se modifier assez vite sans que les grands principes d'organisation syntaxique soient sensiblement remis en question au cours de la même période, quoique le lexique – dans le même temps – ait pu subir de sensibles transformations, tant dans sa constitution interne que dans les règles externes de sa référenciation au monde extérieur. À côté de ces altérations suivant la ligne serpentine des évolutions humaines s'inscrivent de longues plages de stabilité imprévue, voire de sclérose, dont l'explication peut se construire *a posteriori*, mais qui demeurent ordinairement sans causalité satisfaisante dans l'instant de la synchronie. Il appartient en conséquence à l'historien de la langue de ressaisir ces éléments, leurs analogies et leurs différences, pour expliquer non la direction mais *le sens* social d'une évolution qui frappe également l'objet *langue* et les sujets qui le manipulent.

C'est en ce sens qu'il conviendrait de substituer à la notion d'*histoire de la langue* celle d'*histoire de l'évolution des formations discursives*, telles que ces dernières peuvent être reconstituées par l'analyse d'archives de tous les ordres de la pratique sociale de la langue, et restituées *par* et *dans* une historiographie aux fondements épistémologiques explicites. Et, dans la diversité de ces archives, une place de choix me semble devoir être réservée aux témoignages métadiscursifs des grammaires, des essais sur la langue et le langage, sur l'histoire même de la langue en ses débuts philologiques, des dictionnaires et des rhétoriques, qui, par leur contenu même et souvent par leurs discours préfaciels, explicitent ou commentent les développements de l'objet qu'ils accompagnent dans le siècle.

Face à la masse proliférante des documents légués par le XIXᵉ siècle – quelle que soit l'extension concédée à ce dernier – il est donc clair que nous ne sommes pas encore en mesure de proposer ici une *intrigue* (cf. *infra* p. 385) achevée. D'autant que la littérature sous toutes ses formes – genres traditionnels et journalisme, vulgarisation scientifique et philosophique, confondus – s'est institutionnellement arrogé en ce siècle les insignes de la respectabilité et s'est attribué une fonction axiologique diacritique, qui rendent impossible d'en éluder la documentation. Mais il ne s'agit pas de réduire l'histoire de cette évolution des systèmes à celle de la langue littéraire, voire aux divagations et extravagances de cet objet plus insaisissable encore qu'est le style des écrivains, comme l'a jadis fait Charles Bruneau prenant la succession de Ferdinand Brunot à la Sorbonne et la direction des tomes XII et XIII de l'*Histoire de la langue française*. De cette position théorique biaisée, qui a pendant longtemps relégué tous les autres témoignages discursifs au plus que subalterne, résulte pour notre période une difficulté supplémentaire : celle d'articuler la relation des usages de la langue orientés par un dessein esthétique – la fonction *poétique* du langage selon Jakobson – et ceux guidés par une finalité immédiatement *pragmatique*. Ce qui amène nécessairement à mettre en perspective l'importance respective de ces deux impératifs contraignant la langue comme instrument de communication. Les pages qui suivent devraient donc être considérées comme esquisses d'un travail ultérieur, désireux de donner de cette histoire une vue plus analytique.

2. SYSTÈME, FORCES, MOUVEMENTS, CONTRAINTES ET FIGEMENTS

La lexicologie du français moderne distingue entre « seuil » – qui implique un mouvement progressif, une dynamique en action, la transition progressive de l'avant à l'après – et « borne » – qui pose à l'inverse un terme fixe séparant nettement l'antériorité d'un mouvement, son arrêt, et l'éventuelle initiation d'un nouveau mouvement. Ces deux termes renvoient à une conception spatio-temporelle de l'histoire à l'intérieur de laquelle les frontières d'un périmètre circonscrit laissent s'établir certains jeux de forces qu'il appartient à l'historien de nouer en *intrigues* selon son propre choix de scénarios possibles. L'espace-temps délimité de la sorte peut alors se donner à voir comme une architecture ou un volume soumis à des pressions relevant de deux ordres. L'ordre externe, qui est généralement celui d'une causalité chronologique ; et l'ordre interne, qui laisse apparaitre plus souvent les désordres de la chronologie et qui soumet la causalité aux lois et aux principes fonctionnels du système linguistique considéré. Petitot, donnant en 1803 une réédition de la *Grammaire générale et raisonnée* de Port-Royal, fait précéder celle-ci d'un *Essai sur l'origine et les progrès de la langue française*, qui donne une bonne idée de la représentation du mouvement de la langue que se donnaient les contemporains. Un temps uniformément orienté et fluant, qui met entre parenthèses toute réflexion sur ces notions de « borne » et de « seuil », ramène inéluctablement à la sombre rumination de ce que John Lyons a nommé plus tard « l'erreur classique » :

> « J'ai cherché à présenter un tableau fidèle des *progrès* de la langue française et des causes de sa *décadence*. On a vu que les nouveaux systèmes qui se sont succédé si rapidement dans le XVIIIᵉ siècle ont contribué à la faire *dégénérer*. Le commencement du XIXᵉ siècle, signalé par l'oubli de toutes ces vaines théories [*i.e.* en particulier Rousseau et la sensibilité], par le retour aux bons principes et par l'aurore du bonheur public, dont l'âge du héros qui

préside aux destinées de la France nous garantit la durée, annonce la *renaissance des Lettres*, et promet à la patrie de Corneille et de Racine une époque semblable à ces temps heureux où la *langue latine* reprit son ancienne gloire sous les auspices glorieux de Titus et de Trajan[1]. »

Quelle histoire – si ce n'est anecdotique et linéairement évènementielle – est-il possible d'indexer et d'écrire sur cette conception du temps ?

Si nous considérons donc l'entité temporelle encore indéterminée désignée par le syntagme « dix-neuvième siècle », les effets de la dialectique *interne/externe* sont décuplés par la prolifération de la documentation se rapportant aux faits en eux-mêmes. L'essor du journalisme en dépit des derniers sursauts de la censure proscriptive, comme il apparait autour des *Trois Glorieuses* de 1830, de la révolution de 1848, et de la Commune de Paris ; le développement de la littérature, narrative et souvent très idéologiquement – sinon explicitement politisée – orientée par enjeux et desseins esthétiques ; la réglementation de la société civile par les discours politiques ; la régulation des pratiques sociales individuelles par les discours moraux et religieux ; l'organisation systématique d'archives publiques et privées ; l'institutionnalisation – en plusieurs étapes – d'un enseignement laïc généralisé et obligatoire ; le rôle sélectif dévolu à une pratique correcte de la langue, qui s'affiche dans les grammaires, les dictionnaires, les manuels d'art d'écrire ; la recherche d'explications philologiques, puis grammaticales, et enfin linguistiques, qui légitiment les usages en puisant dans le passé, généralement par la voie étymologique, la raison d'être des faits constatés... Ce sont là quelques-uns des circonstants qui accompagnent les transformations de l'usage, les altérations des discours, les dévoiements de la langue en emplois, et qui jettent sur ces derniers les éléments dispersés et disparates d'une hypothétique justification.

En effet, s'il est envisageable de donner un contenu à la désignation de « dix-neuvième siècle », le fait le plus intéressant à retenir de la période – indépendamment de l'opposition précédemment décrite – réside dans l'historicisation intégrale du savoir et le développement des sciences historiques, qui amènent les acteurs mêmes du changement à prendre position en temps réel sur les transformations de leur propre outil de communication. Jamais, dans les siècles antérieurs, même avec Vaugelas et les remarqueurs de sa descendance, une telle [em]prise immédiate sur l'évènement n'avait été concevable et perceptible. Un fin connaisseur des mouvements de la langue tel qu'Alexandre Vinet, et des savants érudits, indéniablement inspirés par les principes de la linguistique comparée germanique, tels qu'Adolphe Hatzfeld et Arsène Darmesteter, s'accordent dans la première moitié et à la fin de la seconde moitié de ce siècle pour affirmer d'une part que « si le langage sert à exprimer la pensée, *les mots ne sauraient passer du sens primitif aux sens dérivés et figurés sans suivre un certain ordre,* qui a son explication rationnelle ; et l'on doit chercher dans les lois de la pensée la cause historique des transformations auxquelles les mots ont été soumis [1] ». Et, d'autre part, que « la langue que nous parlons et que nous écrivons *est pleine d'expressions, de tournures dont elle ne peut rendre compte par elle-même, et qui s'expliquent par des faits anciens,* depuis longtemps oubliés, qui survivent dans l'idiome moderne comme les derniers témoins d'un autre âge [2] ». Les facteurs « externe » et « interne » se voient ainsi neutralisés dans l'instant au profit d'une reconstruction organiciste de la langue, qui, avant les hypothèses systémiques du XXe siècle, constitue la grande avancée épistémologique du siècle des Humboldt et de Schleicher.

La langue cesse alors d'être considérée comme le double visible et lisible de la pensée ; elle accède au statut d'entité organique plénière, soumise – comme les individus qui la pratiquent – aux évolutions de la vie. Et, avant les formalisations progressives de la linguistique dans la seconde moitié du siècle, ainsi que l'émergence d'une conception systématique de l'instrument verbal, il est significatif de voir un grammairien tel que Bernard Jullien procéder au sujet de la langue française à une description hiérarchisée des différentes formes langagières gravitant autour du concept de « langue » :

« Une *langue* – écrit-il – diffère d'un langage comme l'espèce du genre. Toute *langue* est un langage, mais la réciproque n'est pas vraie. Un *idiome* est une *langue* considérée surtout dans ce qu'elle a de spécial à la nation qui la parle. Les tours singuliers, les expressions particulières à tel ou tel peuple et qui caractérisent sa *langue,* la font distinguer comme *idiome* de tous les idiomes voisins. […] Un *jargon* est en général un mauvais langage. Ce mot s'applique surtout au langage devenu ou réputé *vicieux,* par l'affectation d'employer des tours ou des termes qui ne sont pas entendus de tout le monde. C'est dans ce sens qu'on dit un *jargon métaphysique.* Si une langue est parlée par plusieurs peuples égaux et indépendants les uns des autres […] avec l'usage général des mêmes mots et de la même syntaxe, ces peuples peuvent admettre dans leurs idiomes certaines différences particulières et caractéristiques : c'est ce qu'on appelle des *dialectes.* Tout autre usage qui s'écarte dans la prononciation, les terminaisons, la syntaxe, de quelque manière que ce soit, ne fait ni une *langue*, ni un *idiome* à part, ni un *dialecte* de la *langue nationale* ; c'est un *patois* abandonné à la populace des provinces, et chaque province a le sien. On remarquera facilement que les *dialectes* et les *patois* sont au fond la même chose. On attache au *patois* une idée de blâme ou de mépris qu'on n'applique pas au dialecte, mais c'est là une considération toute politique, et qui n'a rien de littéraire [1]. »

Avec ces derniers mots l'idée est désormais bien lancée du caractère éminemment politique de la langue. Et l'on peut dire que désormais les progrès de la langue française en son développement intrinsèque et ceux de sa description seront gouvernés et dirigés au XIXe siècle par des intérêts d'ordre prioritairement sociopolitique plutôt que strictement scientifique. À l'occasion du bicentenaire de la Révolution, et de la prolifération des discussions engendrées par cette commémoration, une hypothèse est revenue avec force à plusieurs reprises, qui met en relation dialectique les dialectes et la langue nationalisée. Si la notion de dialecte *francien* est une construction des linguistes français du XIXe siècle, comme semble l'attester en 1889 [!] Gaston Paris qui est le premier à utiliser ce terme, il apparait que la désignation de la langue et sa dénomination – indépendamment de la complexité de ses structures internes – relèvent prioritairement d'un phénomène d'institutionnalisation parallèle à celui de sa grammatisation. Bernard Cerquiglini, envisageant le phénomène bien avant le XIXe siècle dans sa plus grande extension historique, note justement à cet égard : « La genèse d'un usage écrit traditionnel et interrégional, n'est donc pas la promotion politique d'un dialecte particulier, le *francien*. Elle est une pratique qui tend à constituer un *françois* langue des lettres et des lettrés [2]. » Il revient donc à une histoire de la langue de décrire les faits linguistiques et les formes d'accompagnement socioculturelles qui les soutiennent.

3. ASPECTS DE L'ORALISATION ET DE L'ÉCRITURE DU FRANÇAIS AU XIXᵉ SIÈCLE

Les statistiques relevées en 1809 par Coquebert de Montbret font état pour l'empire de 27 926 000 locuteurs « français », 4 071 000 locuteurs italiens, 2 705 000 locuteurs allemands, 2 277 000 locuteurs flamands, 967 000 locuteurs bretons, et 108 000 locuteurs basques. Et F. Brunot rappelle que l'abbé Grégoire constatait en 1794 un état de sous-développement de la langue française sans rapport avec les frontières réelles du territoire : « On peut assurer sans exagération qu'au moins six millions de français, surtout dans les campagnes, ignorent la langue nationale ; qu'un nombre égal est à peu près incapable de soutenir une conversation suivie ; qu'en dernier résultat le nombre de ceux qui l'écrivent correctement est encore moindre [1]. » C'est peut-être là que se comprend le mieux la nécessité mise en avant par la Révolution de casser la vieille représentation géographique de « Province » et de la remplacer par une fragmentation plus fine, le Département, mieux adaptée au dessein politique d'organisation hiérarchisée et coordonnée. Aux provinces sans grande cohérence autre que celle d'une certaine conformation linguistique, se substitue donc la notion de Département, déclinée à l'identique dans ses caractéristiques administratives et juridiques sur toute l'étendue du territoire. À l'heure de la généralisation d'une langue unifiée par les besoins de la politique générale, et pour les nécessités – en premier lieu – de l'efficacité militaire voulue par Napoléon Bonaparte, le processus s'engage donc par la ruine du système d'appréhension d'Ancien Régime et la promotion d'une unité qui – paradoxalement – fragmente donc beaucoup plus l'espace de la langue. Le plus récent ouvrage de Brigitte Schlieben-Lange résume parfaitement ce mouvement de réglementation aboutissant à

> « Une uniformité linguistique qui correspond à l'unité économique, sociale et politique, à la liberté, à l'égalité et à la nation, et [qui est] également le symbole de ces unités. [...] Le legs de la pensée linguistique révolutionnaire est double. D'une part, elle impose

l'identification, de l'unité politique à l'unité linguistique, identification à laquelle aucune politique linguistique ne peut échapper
jusqu'à nos jours. D'autre part, elle institue le modèle d'une
langue bien faite, construite sur les principes de l'analogie qui se
substituerait aux langues capricieuses et historiques en éradiquant
tous les germes d'une possible diversification [1]. »

Il appartiendra ensuite aux différentes époques du XIXe siècle –
romantisme, positivisme entre autres – de modifier cette réponse aux
interrogations du social, et de produire à leur tour des modèles proposant d'autres réponses, notamment celles reposant sur le principe de
diversité individuelle du sujet, ou de généralité et d'abstraction scientifique. Mais ceci est un autre problème.

Les *Archives de la parole*, souhaitées et créées par Ferdinand Brunot, ne verront le jour qu'après la fin de notre conception du XIXe siècle
[1911], et nous ne conservons pas de documents qui constituent une
image plausible de la réalité des faits articulatoires de l'époque. Néanmoins certains textes permettent de se faire une idée approximative –
par réflexion indirecte – de ces derniers, tant dans leur effectivité d'actes
de parole que dans leur capacité à signifier sociologiquement l'origine
des locuteurs. À l'enquête que Coquebert de Montbret lance effectivement en 1808 sur l'état des parlers en France, assortie d'une demande de
traduction de la *Parabole de l'Enfant prodigue*, afin de mieux connaitre
le vocabulaire de chaque terroir, Louis-François Ramond de Carbonnières [1755-1827], alors préfet du département du Puy-de-Dôme,
apporte une réponse descriptive parfaitement éloquente de la situation
linguistique en Basse-Auvergne à la date de 1808 :

> « Cet envoi renferme [...] enfin quinze traductions de la *parabole
> de l'enfant prodigue* dans les divers dialectes usités dans le Dépar-
> tement et rangés par arrondissemens de sous-préfectures. Les
> grandes différences de traduction qui existent entre ces dialectes
> exigeaient ce nombre de traductions. Votre Excellence observera
> que la ville de Clermont elle-même n'en fournit aucune à cette col-
> lection. Le Patois y est tout-à-fait dégradé, chaque quartie à [*sic*]
> celui des villages qui l'avoisinent ou avec lesquels il a des rapports,
> et l'usage du français y domine de manière a [*sic*] avoir attiré tout-
> à-fait le dialecte du païs. Le Patois de Riom ne necesite [*sic*] égale-
> ment que peu de considération, il a de même cédé presqu'entière-
> ment au français, les dialectes qui doivent plus particulièrement
> être remarqués sont ceux des montagnes pastorales et des lieux
> écartés des grandes communications, comme Besac [Bessat],
> Latour [La Tour-d'Auvergne], Saint-Amand-Tallende.

Le langage auvergnat n'est qu'un des nombreux idiomes populaires nés de l'usage vulgaire du latin, et difficilement on y trouverait aujourd'huy autre chose que du latin fort corrompû [*sic*], tout-à-fait privé de syntaxe et fortement mélangé de mots français anciens ou nouveaux qu'une communication continuëlle [*sic*] y a introduits. S'il y existe des mots celtes, il faudrait les chercher plutôt dans le nom des montagnes, des rivières, des villages, que dans les objets d'un usage vulgaire, et ces mots se rettrouvent [*sic*] également chés [*sic*] nous et dans la plupart des langues modernes. [...] Mais une chose qu'il importerait de constater c'est l'exacte prononciation de ce dialecte, car la prononciation survit jusqu'à un certain point à toutes les formes du langage et donne souvent sur l'origine des peuples des indices plus certains que ne le font des mots qu'ils ont communément empruntés. Sur cet objet j'apperçois [*sic*] une manière de prononcer les voyelles et les diphtongues qui peut tenir en partie à la grossièreté des organes rustiques, mais qui a néanmoins quelque chose de particulier et de traditionnel. [...] Pour remonter plus haut, il serait curieux d'avoir des ouvrages écrits anciennement et où l'on pût reconnaître l'orthographe essentiel [*sic*] du patois. Nous n'en avons plus de traces que dans les noms de lieux et dans les noms propres, nous voyons, par exemple, que les *l mouillés* s'écrivent comme en gascon et en portugais par *lh*[1] [...] »

Outre ses propres qualités linguistiques, le document est intéressant par la lumière qu'il jette sur la place du français comme langue de culture et de tradition, héritière des traditions latines et celtes, mais considérée dans l'instant de ce début du XIXᵉ siècle comme la *koïné* dont a besoin l'unification d'un territoire encore instable, en expansion et rétractation alternées selon les avancées et les reculs de la politique militaire et économique.

Et il est vrai que – soulignant d'une part l'historicité d'une morphologie lexicale et d'une syntaxe supportées en chaque terroir par des habitudes phonétiques diverses, et, d'autre part, la prégnance *nationale* de la contrainte graphique uniformisante – Ramond de Carbonnières met immédiatement le doigt sur le point aporétique de la définition de toute langue. Comment définir cette dernière, et les sous-classes – patois, dialectes, etc. – auxquelles elle est confrontée, s'il n'est postulé l'existence d'un objet idéal en qui se neutralisent les tensions de l'histoire, de la géographie, du politique et du social ? Faire advenir – à quelque deux cent cinquante ans de la Renaissance – une langue unifiée qui soit celle du peuple, tel que celui-ci est issu régénéré de la Révolution, et pourvu de la sauvegarde des *Droits de l'homme*, suppose concrètement une dose d'optimisme considérable, un sentiment philanthropique aigu, et de hautes espérances placées dans l'édification d'un système scolaire qui – en dépit de la création de l'Université napoléonienne et des Lycées qui y mènent – reste entièrement à construire. Pour l'heure, dans la pratique quotidienne, à Clermont-Ferrand comme à Arras ou à Manosque, à Bordeaux ou Troyes, comme à Paris, au reste, et même dans ce jardin de la France qu'est la Touraine, tout n'est que dispersions au sens que possède ce terme dans les analyses statistiques. Et le sentiment épilinguistique du préfet nous ramène à un moment du développement de la langue où cette dernière prend conscience de sa nature intime intrinsèquement politique. La correspondance d'un célèbre bibliothécaire du début du XIXe siècle, Charles Weiss, membre de cette bisontine « connection » qui fournit entre autres à la France Charles Nodier, Victor Hugo, le chimiste Regnault, le linguiste Gustave Fallot, a naguère permis de prendre connaissance de certains spécimens de ce français moins spontanément graphié et sans souci de l'orthodoxie qu'il n'y parait, et qui laisse apparaitre les traces d'une standardisation en cours que le scripteur tente maladroitement de reproduire. Ainsi de ce témoignage d'un apprenti-perruquier, ancien compagnon d'enfance de Weiss :

« Paris, le 26 vendemier an 8

Morey à son ami Vaisse

Je vous fait a savoire que je suis arrivez en bonne santé à paris, je suis un peu en retar de vous écrire, mais c'est que j'ai resté lontems en fesant la route. jetoit avec des officiers et nous avons passé dans leur pays ou nous nous somme bien amusez pendant queque tems de la nous somme venu prendre le coche a auxer ou nous avons fait nos frace comme y faut d'abor nous avions de for jolie femme et nous avions couché deux nuit dans le coche et nous some arrivès a paris le meme jour que bonaparte y est arrivé incognitot àpène savoit-on cil etoit arrivez, on est cependan tres trenquille a paris, mais le commerce ne va pa du tout, cependans on samuse bien, c'est domage que les louis ne valle que six frans et moi je me donne une pante de prendre une chambre au premier sur le devant auci je taille dans le grans car je vien de faire connaissance d'une petite femme qui est très jentille mais c'est domage que je ne peu pas lavoire toutes les fois que je voudrois car son mari est bien jaloux cependans elle vien de me faire dire de passer ches elle de suite pour la compagner à l'opéra quelle est seulle et je vai bien vite me donner une pante pour mi randre car je ne manque pas de choses comme sela cest elle qui pais bien entendu parce que l'opéra est trop cher pour moi, mon cher ami, je crain de la faire attendre, je fini en vous embrassan et suit avec amitié,

votre ami Morey

P.S. bien des choses a vos gence et ches méline lavette nodié desse au pere Sevette vous lui demanderais si la envoyer ma clarinet a luxeuil javois donné commission au jeune homme qui travaille ches vaillan priere de lui demander dite lui je vous prie de la remettre a se jeune homme pour qui la fasse passer au citoyen lalet bouché à luxeuil, vous m'obligeres.
Voici mon adresse morey perruquier Vieille rue du temple ches le citoyen Delair marchan de vin en face l'hotelle Subise nᵒ 719 a paris. excusez moi si ma lettre est mal ecrite c'est que je suis tres pressé.

Au citoyen Vaise fabrican de bas ches son pere rue ronchaux a besançon dep. de haute Saone. »

Les textes de cette nature, comme Nathalie Fournier et Sonia Branca l'ont jadis montré [1], ne constituent ni une image fiable de l'écrit, ni une mémoire fidèle de l'oral ; ils sont matières composites reproduisant les effets de contrainte exercés sur les locuteurs et les scripteurs du français par les hiérarchisations sociales issues du bouleversement révolutionnaire et des recompositions de l'Empire, de la Restauration, et des différents régimes leur ayant succédé. Ces documents soulignent l'impossibilité d'opposer nettement *oral* et *écrit* dans la dimension historique. Morphologie et syntaxe, acceptables d'ailleurs en d'autres circonstances énonciatives, soutiennent ici la progression d'un lexique sans marques évidentes de déviance ; reste la graphie, qui, sous un mimétisme obstiné de l'oral, dissimule les formes, affole la segmentation et bouleverse la compréhension immédiate du contenu de ces textes. Et que l'on n'aille pas voir là un effet d'illettrisme anachronique affectant les plus bas niveaux de la société ; *oral* – même délicat à se représenter – n'est pas plus synonyme de *populaire* et *fautif* qu'*écrit* ne l'est de *correct* et *soutenu*. Les cacologies et cacographies ambiantes, ces recueils de fautes stigmatisées, auraient beau jeu de relever dans le corpus des incorrections nombreuses touchant aux divers secteurs dans lesquels s'exerce le purisme correctif le plus strict :

A. VERBES ET CONJUGAISONS :
Présent de l'indicatif : *je vous fait, je vien, je ne peu l'avoire, je vai, je crain, je suit, je fini, elle qui pais.*

Imparfait de l'indicatif : *jetoit.*

Futur : vous lui *demanderais.*

Archaïsmes des formes sans cédille : *je scai, jai scu.*

Auxiliarisation défectueuse : *nous avons passe ; j'ai resté.*

B. Morphosyntaxe :

Amüissement du *l* final de *il* en position antéconsonantique : *comme y faut, pour qui la fasse passer,* d'où certaines confusions entre le relatif et la conjonction suivie du pronom *il.*

Confusion de la conjonction et de l'adverbe relatif : *ou* pour *où* [*sic*].

Confusion du verbe *Avoir* et de la préposition : *a* pour *à* [*sic*].

Confusion de *c'+ e, i* et de *s'* : *cil estoit arrivez, sela, a se jeune homme.*

C. Orthographie d'usage [1] :

Perturbations de l'emploi des géminées : *quelle est seulle, valleur, domage.*

Traitement aléatoire des finales : *Auxer, retar, grans, cependans, clarinet, gence, marchand.*

Coupe des mots : *jetois, àpène, pour la compagner, pour mi randre, si la envoyer, on samuse, quelle est seulle…*

Inscription de perturbations phonétiques : *frace* [frasque], *queque, gence…*

D. Lexique proprement dit :

Je me donne une **pante** *de…* Ce terme d'argot parisien, recensé par les dictionnaires de Boiste, D'Hautel, et Desgranges, réfère au bourgeois bon à exploiter, à berner, à rouler, voire à voler ; il désigne ici le jeu auquel se livre un provincial déjà conscient de son infériorité pour paraitre plus et autre qu'il n'est : *se donner un pante de,* s'efforcer pour s'amuser d'avoir les allures bourgeoises, en louant par exemple une chambre au-dessus de l'entresol et en filant des amours de convention… Par extension *se faire mousser,* « se la jouer », en faisant ceci ou cela, qui relève ordinairement d'un autre niveau et d'un type différent de pratiques sociales.

Mais il est clair que le domaine du lexique est celui qui – à cette époque – laisse déjà apparaitre le moins de transgressions. Aux aberrations de segmentation près, ce texte présente des éléments de lexique globalement conformes à la norme du vocabulaire de l'époque. Il est vrai que depuis la seconde moitié du XVIIIe siècle la grammatisation du français passe largement par la fabrique de dictionnaires… Et, dans ce genre, les cacographies ou cacologies, destinées à rectifier les fautes de prononciation et d'orthographe, déclinent le plus souvent leurs remarques sous la forme de séries rangées par ordre alphabétique.

Graphie et phonétisme, en deçà des faits de morphosyntaxe, sont donc les secteurs dans lesquels se perçoit le plus encore l'instabilité de fixation du français. D'où les querelles graphiques qui traversent le XIXe siècle, et les tentatives de réformes qui – jusqu'au XXe siècle – les accompagneront. Dans le *Journal grammatical* de 1835, Michelot note :

« Toutes les doubles consonnes étymologiques et orthographiques, inutiles à la perception intellectuelle et physique d'un mot ou d'une syllabe, se suppriment dans la prononciation. Ce principe, qui n'est peut-être écrit nulle-part, est du nombre de ceux qui résultent de la nature même du langage, et que toutes les personnes qui parlent bien et sans affectation, appliquent pour ainsi dire à leur insu. *Une telle loi, comme toutes celles de la parole physique, vient de l'instinct, du sentiment de l'oreille, juge irrécusable de l'harmonie des langues,* chez toutes les personnes qui n'ont point étouffé l'activité du sens de l'ouïe [1]. »

Et l'on voit même paraitre à cet égard des revendications allant jusqu'à la pétition de principe onomasiologique :

« Nous donnons le titre d'*Orthophonie* à cette partie de la grammaire qui enseigne à prononcer les mots exactement. En effet, si l'art de bien écrire est appelé *Orthographie*, celui de bien prononcer doit se nommer *Orthophonie*. L'*Orthophonie* est d'autant moins à négliger dans notre dictionnaire qu'il est plus commode à chacun de ne pas aller chercher ailleurs la manière de prononcer les mots qui s'y trouvent enregistrés. La grande difficulté est de peindre à l'œil les sons fugitifs et incertains des lettres [2] [...] »

Les choses sont d'ailleurs bien plus complexes et délicates dans la réalité de leur actualisation, et au-delà même de nos capacités de reconstruction, si l'on en croit par exemple un de Wailly qui énonce une évidence non avouée à son époque et d'ailleurs non encore reconnue de nos jours : « Nous avons deux sortes de prononciation ; l'une pour la conversation, l'autre pour les vers et le discours soutenu [3]. » Qui nous restituera précisément aujourd'hui la phonologie du « français » pratiqué vers 1820 ou 1870 dans les environs d'Arcueil, de Castres, d'Arras ou de Niort ?

À côté de la production littéraire spécialisée qui affecte de mimer l'oral et qui déjà en donne une stylisation ambiguë – les chansons de Désaugiers, les romans de Sue et Féval, entre autres –, les témoignages journalistiques les plus simples, à Paris comme en province, pourraient se montrer parfois de sensible intérêt. Ainsi le *Bulletin français* du 17 février 1839, relatant quelques souvenirs du duc de Vicence, propose-t-il des formes phraséologiques qui semblent rétrospectivement posséder une certaine capacité à représenter l'image que des scripteurs moyennement instruits se donnaient alors des usages courants de la langue orale dans les milieux populaires : « Et quèque ça vous fiche », « j'tope dans le godant », au sens de *donner dans le piège, tomber dans le panneau*. Mais il ne faut pas être dupe. Le passage de l'oral à l'écrit, sa fixation et sa stylisation amènent des altérations dont la nature et l'impact sont aujourd'hui difficiles à évaluer... Reste seulement une certaine perception de l'ombre portée sur les documents écrits par des usages entr'aperçus dans quelques notations épi- ou métalinguistiques.

La manière d'approcher ces documents va d'ailleurs évoluer significativement pendant la période qui nous occupe ici. De la proscription révolutionnaire à la reconnaissance officielle que constituera la création d'une chaire de dialectologie à l'*École pratique des hautes études* en 1888, en passant par la création de la *Société des antiquaires de France*, par les différentes étapes d'attribution du *prix Volney* de l'Institut, et par les différentes enquêtes linguistiques officielles, se dessine une prise en compte progressive de la valeur documentaire tout d'abord, puis scientifique même, des patois et diverses formes de l'oralité pratiquées sur le territoire de la nation française. En 1814, Dupin écrivait déjà :

> « Il y a des personnes qui voient avec chagrin l'altération progressive de nos patois locaux et leur tendance à se fondre dans la langue nationale. Je crois, comme elles, *qu'une étude sage et une comparaison judicieuse de ces dialectes pourrait offrir au grammairien, et plus encore peut-être à l'historien, une mine féconde, beaucoup trop négligée jusqu'à ce jour ;* et s'ils venaient à disparaître tout-à-fait, avant qu'une main savante eût mis en œuvre les matériaux altérés, mais précieux, qu'ils renferment encore, j'en partagerais sincèrement le regret. Mais lorsque la *Société royale* aura recueilli ces fragments épars de nos antiquités, je serai le premier à désirer de voir disparaître et s'effacer entièrement les différences d'idiomes qui isolent encore quelques membres de la grande famille française [1]. »

Il serait certainement fastidieux de décliner l'intégralité des étapes qui conduisent du décret du 8 pluviose an II [27 janvier] portant condamnation des patois par la Convention, et qui établit un instituteur dans chaque commune, à la conférence de Gaston Paris, le samedi 26 mai 1888, qui – on le verra plus loin – expose les grandes lignes d'un programme visant à réaliser un *Atlas linguistique de la France*, et engage à entreprendre des monographies dialectales descriptives par commune. Mais il n'est certainement pas indifférent que l'évolution perceptible en France s'insère dans un mouvement d'ensemble plus général qui affecte simultanément l'Allemagne, la Grande-Bretagne, la Suisse et l'Italie, c'est-à-dire les nations qui se trouvent alors à la pointe du développement de la recherche en linguistique historique. Il est aussi très significatif qu'en France même l'émergence de la dialectologie et la reconnaissance de la légitimité des patois et dialectes soient concomitantes de la naissance de la phonétique [1] et de la sémantique [2].

Je n'ai pas évoqué jusqu'à maintenant la récupération par les écrivains du XIXᵉ siècle de ces formes dialectales afin de créer certains effets superficiels de pittoresque, car la question est complexe ; et intéresse probablement plus d'ailleurs la sémiotique des textes que la linguistique proprement dite et l'histoire même de la langue française [3]. Il faut cependant en dire un mot ici avant de revoir la question dans la section proprement consacrée au lexique. Les régionalismes lexicaux et les diverses formes de parlers régionaux employés par Balzac, Sand ou Barbey d'Aurevilly ont longtemps fait l'objet de commentaires approximatifs de la part des critiques littéraires et même des stylisticiens, parce qu'ils étaient pour ainsi dire pris au premier degré de leur utilisation, celui de leur capacité dénotative. L'ouvrage de Nisard, *Étude sur le langage populaire ou Patois de Paris et de sa banlieue* [4], donnait d'ailleurs dès son titre la mesure des confusions. Et il était aisé en ce cas de noter que la plupart de ces termes renvoyaient à des *realia* rurales généralement méconnues ou ignorées des lecteurs citadins, d'où – de la part de l'écrivain – une nécessité d'écriture convertie en expressivité facile. C'est ainsi que M. Blanchard, J. Pignon, R. Dagneaud, et d'autres encore, ont pu caractériser les emplois d'*Angarié, Bestiote, Chinchoire, Chuin, Godaine, Oribus, Galerne, Embucquer*, etc., chez Balzac [5]. J'ai moi-même essayé de montrer – sur l'exemple des normandismes de Barbey d'Aurevilly – que ces apparents emprunts avaient – dans la perspective des jugements épilinguistiques portés sur la langue du XIXᵉ siècle par ses propres locuteurs – une fonction principalement idéologique [6]. Et c'est ainsi, me semble-t-il, qu'il faut les envisager ; non dans leur valeur faussement documentaire. Reste que le phénomène était alors assez général et qu'il a pu prêter à confusion.

Quels qu'ils soient, au demeurant, ces documents, ainsi que le débat sur les dialectes et patois qui les accompagne, montrent que dans le domaine de la pratique quotidienne de la langue comme dans les secteurs de sa valorisation esthétique ou de son analyse scientifique, la normalisation s'impose comme une force irrésistible. Sophie Dupuis, auteur d'un *Traité de prononciation*, note plus particulièrement :

> « Nous croyons devoir adresser ici quelques observations aux personnes de province. Il serait à désirer qu'elles attachassent plus d'importance qu'elles ne le font ordinairement à la bonne prononciation. Une langue que tous les étrangers, depuis Londres jusqu'à Petersbourg, se font un honneur de parler et d'écrire correctement, ne devrait sous aucun rapport être négligée par des nationaux. *N'est-il pas humiliant pour nous de penser qu'il y a tel Russe ou tel Anglais qui serait en état de donner des leçons de français à tel ou tel de nos compatriotes ?* Dans les départements, au moyen des écoles d'enseignement mutuel, où l'on appellerait de jeunes moniteurs de Paris ou de Lyon, on pourrait *peu à peu corriger l'accent et substituer la langue française au jargon de chaque province.* N'est-ce pas un très grand inconvénient que des habitants de nos provinces frontières soient plus en état de se faire comprendre des étrangers placés dans leur voisinage que de leurs compatriotes nés à une autre extrémité de la France ? Qu'on aille à cinquante lieues de Paris, on trouvera déjà la langue corrompue d'une manière sensible, et plus on s'éloignera du centre, plus cette corruption deviendra frappante ; elle ne s'étend pas seulement aux gens du peuple ; elle atteint même les classes les plus élevées de la société [1]. »

Dans le manuel des frères Bescherelle, Ch. Durazzo notait d'ailleurs, à la même époque, le caractère dirimant de cette rémanence des patois et parlers locaux à l'heure où une première loi imposait une instruction publique généralisée :

> « Le plus grand obstacle pour la propagation de l'instruction primaire dans nos départements est sans contredit le patois ; *c'est une barrière infranchissable pour la loi du 28 juin 1833,* et la pensée bienfaisante d'un ministre est venue échouer contre cet écueil dans la plupart des localités. En effet, le véhicule qui porte la vie et l'intelligence dans toutes les branches de l'instruction primaire ou secondaire, scientifique ou industrielle, c'est la pensée sous la forme de l'idiome national ; du français pour nous fils de la France [...]. Or, si chacun de nos départements possède une langue à part, un idiome tout différent, alors toute communication intellectuelle est interceptée, et l'éducation languit comme dans une prison étroite, privée d'air et de mouvement ; c'est que la sève fondamentale ne peut arriver jusqu'à elle ; le patois est là [2] ! »

UNE ÉCOLE PRIMAIRE DANS LE HAUT JURA (février 1872)

L'école du village de montagne n'a rien d'attirant. L'instituteur, qui n'a pas de bureau, est adossé à son lit et dirige sur ses élèves un regard sans expression. La largeur d'une table sépare les garçons, vêtus de blouses noires, des filles, coiffées d'un bonnet et que le maître ne voit que de dos. Deux d'entre elles, plus petites, ont été placées entre un chien et le poêle, et ne font preuve que d'une présence passive.

La maison d'école ne semble se distinguer des autres maisons du village que par ce qu'on y fait. La rudesse de la forêt pénètre partout l'habitat : le bois est entassé pour le chauffage ; il est tout juste équarri pour fournir un mobilier épais. Les affiches apposées au mur, le tambour accroché dans un coin du plafond témoignent de la multiplicité des fonctions du local. Au-dessus des têtes est suspendu un drapeau sur lequel on lit « République française » avec la devise républicaine. Sur le tableau, disposé de façon à être vu des deux rangées, l'instituteur a écrit le montant de ses maigres émoluments : 38 francs par mois pour se nourrir et se vêtir. La scène est évidemment poussée au noir. On devine néanmoins l'amertume du maitre et l'horizon borné des élèves. L'apprentissage de la langue ne peut pas être le même que dans une école de ville où l'espace est moins parcimonieux et mieux adapté. On lit dans les *Mémoires d'un instituteur* de Lachaux la phrase suivante : « Le maître dressa son petit ménage de garçon dans la cuisine et fit du poêle sa classe. » Le *Dictionnaire régional de Franche-Comté* de M. et G. Duchet-Suchaux (Bonneton, Paris, 1993, p. 103) qui cite cette phrase définit ainsi le poêle : « pièce commune où vit la famille ». [*L'Illustration*, février 1872.]

Comme en d'autres secteurs du développement de la langue française, se fait nettement sentir ici l'impact du politique[1] sur l'orthographe académique et la complexité des intérêts socio-économiques[2] mis en jeu. Il n'est pas sans signification que Marle, en 1826, et l'auteur d'un *Dictionnaire de la prononciation de la langue française, indiquée au moyen des caractères phonétiques*, Féline, poursuivant en 1851 le projet simplificateur, recourent à des arguments de cette nature. Philanthropie et didactique s'épaulent dans leurs discours :

> « L'enfant du pauvre après avoir fréquenté l'école pendant quatre hivers possèderait un instrument sûr, exact, qu'il manierait facilement ; il vaincrait les obstacles, toutes les écritures seraient lisibles pour lui, et il saurait lui-même écrire d'une manière correcte. »

Avantage politique, la simplification orthographique pourrait aider à faire accepter la colonisation :

> « Il n'est pas de cause qui contribue davantage à entretenir des haines nationales entre peuples voisins, surtout entre vainqueurs et vaincus, que l'impossibilité de se comprendre. Le jour où tous les habitants de l'Algérie parleraient notre langue, cette population serait devenue française. »

Avantage économique, enfin, une orthographe simplifiée du français serait apte à induire un moindre cout de diffusion de la librairie :

> « L'économie politique qui sait que le plus petit bénéfice souvent répété peut procurer de grands profits, en trouverait un immense dans cette réforme. J'ai cherché dans plusieurs phrases quelle serait la diminution des lettres employées, et celle que j'ai trouvée est de près d'un tiers ; supposons seulement un quart. Si l'on admet que sur trente cinq millions de Français, un million, en terme moyen consacre sa journée à écrire, si l'on évalue le prix moyen de ces journées à trois francs seulement, on trouve un milliard sur lequel *on économiserait deux cent cinquante millions par année. La librairie dépense bien une centaine de millions en papier, composition, tirage, port, etc. sur lesquels on gagnerait encore vingt-cinq millions.* Mais le nombre des gens sachant lire et écrire décuplerait, les livres coûtant un quart moins cher, il s'en vendrait par cela seul le double, et le double encore parce que tout le monde lirait. De sorte que *ce profit de deux cent soixante quinze millions serait doublé ou quadruplé, et l'économie imperceptible d'une lettre par mot donnerait un bien plus grand bénéfice que les plus sublimes progrès de la mécanique*[3]. »

Dans un XIXe siècle traversé de crises sociopolitiques fortes, et secoué par les soubresauts d'une économie rurale que subvertissent progressivement les grosses machines de l'industrie, il est symptomatique de noter que tous les arguments susceptibles de freiner le schisme social en préparation latente servent à proposer et soutenir des aménagements de la partie de la langue la plus superficielle et déjà la plus figée – son écriture et sa phonétique – par laquelle – dès les premiers instants de la communication – s'affichent sans fard l'origine et la qualité des interlocuteurs.

4. ASPECTS DE LA GRAMMATISATION DU FRANÇAIS

La langue française du XIXe siècle que nous avons définie se caractérise donc fortement par le processus de grammatisation qui l'affecte sans discontinuer, et qui, au-delà de tous les ouvrages susceptibles de décrire son organisation lexicale et morpho-syntaxique, installe en chacun de ses praticiens une vive et rigoureuse conscience normative. Des principes d'intégration et d'exclusion socioculturelles non infalsifiables en langue, certes, mais durablement efficaces et appliqués dans l'évaluation des discours, se mettent alors en œuvre.

Une des difficultés les plus évidentes auxquelles se heurte la grammatisation du français, notamment sous l'angle de sa diffusion par la voie scolaire, est la reconnaissance des qualités grammaticales intrinsèques de cette langue, indépendamment de la prégnance des modèles classiques, et, principalement, du latin. Le grammairien et lexicographe J.-Ch. Thiébault de Laveaux, pourtant disciple zélé au XIXe siècle de l'encyclopédisme, n'hésite pas à écrire :

> « La marche de la science grammaticale n'a pas peu contribué non plus à retarder les progrès de la langue, et à répandre dans les esprits l'incertitude et l'erreur. On passa subitement de la critique des langues mortes à celle de la langue nationale ; et, sans remarquer que la langue française diffère essentiellement de la langue latine par sa syntaxe et ses constructions, *on a fait à cette langue une application forcée de la grammaire latine.* Alors on appliqua aux mots français dont la terminaison ne change point, et dont les divers rapports ne sont indiqués que par leur place ou par les prépositions dont on les accompagne, les cas qui servent à distinguer diverses terminaisons des noms latins, et à marquer leurs différents rapports ; et *la langue française fut forcée d'admettre, comme la langue latine, des cas et des déclinaisons. Cette erreur s'est tellement enracinée que, malgré les grammairiens philosophes qui l'ont victorieusement combattue, malgré l'Académie qui a déclaré qu'il n'y a point de déclinaisons dans la langue française, on trouve encore dans la plupart des gram-*

maires *et des dictionnaires, et même dans Voltaire, les mots de* nominatif, génitif; et dans le *Dictionnaire de l'Académie* des mots dits *déclinables et indéclinables* [1]. »

Il est vrai que le même auteur donne de la grammaire une définition en extension particulièrement représentative des tendances de l'époque :

« GRAMMAIRE, Terme de Littérature. C'est *la science de la parole prononcée ou écrite.* On appelle communément grammaire un recueil systématique d'observations sur une langue, contenant toutes les règles qu'il faut suivre pour la parler et l'écrire correctement, et les exceptions qui s'écartent de ces règles. Une grammaire est un livre utile pour un maître ; il y voit la liaison et l'enchaînement des principes ; il y trouve toutes les règles dont il doit donner connaissance à ses élèves, toutes les exceptions que l'usage commande ; et s'il n'y trouve pas la meilleure manière d'enseigner, il y apprend du moins à connaître tout ce qu'il doit enseigner. Aucune de nos grammaires n'offre une bonne méthode pour l'instruction des jeunes gens ; et ce n'est pas en voulant leur inculquer isolément les règles qu'elles contiennent qu'on peut parvenir à leur apprendre facilement la langue. La nature nous montre que, pour apprendre à parler, il ne faut qu'entendre parler et imiter ce que l'on entend, et que les règles les mieux expliquées nous conduisent bien plus lentement à la pureté du langage que les bons exemples, et l'habitude de les imiter. Une nourrice ne commence pas par apprendre à son nourrisson ce que c'est qu'un substantif, un adjectif, un adverbe, etc. Elle lui parle sans cesse, il s'essaie à l'imiter ; ses besoins le poussent à cette imitation ; il y parvient, et au bout de deux ou trois ans il exprime des jugements, il fait accorder le substantif avec l'adjectif, le sujet avec le verbe ; il donne à chaque verbe les régimes qui lui conviennent, et tout cela sans savoir ce que c'est que grammaire, substantif, adjectif, verbe, régime ; etc. Il ne faut pas croire cependant que tout cela se soit fait en lui au hasard et sans aucune espèce de règle ; l'ordre qu'il a entendu donner aux mots, et qu'il y a donné lui-même par imitation, se grave dans sa mémoire ; l'analogie le conduit successivement des phrases qu'il a imitées à celles qu'il est obligé de composer ; *il suit sans le savoir un système, et les règles de la grammaire dirigent les opérations de son esprit sans qu'il s'en aperçoive et sans qu'il réfléchisse sur la lumière qui lui sert de guide.*
Cependant cette lumière existe réellement dans son esprit ; cette analogie qui lui donne l'instinct du développement de son langage

est en lui une habitude. *La première chose à faire pour découvrir aux jeunes gens les principes de leur langue, c'est donc de travailler sur ce premier fonds que la nature fournit à l'instituteur ; c'est de faire réfléchir les élèves sur ce qu'ils ont fait en composant des phrases, de leur apprendre à distinguer dans leurs propres opérations les règles qu'ils ont suivies sans le savoir, et de leur indiquer les noms de tous les signes qu'ils ont employés pour exprimer leurs pensées.* C'est ainsi qu'on ira du connu à l'inconnu, et qu'on avancera de manière sûre dans la carrière de l'instruction.

Mais qu'on est loin encore de suivre cette méthode indiquée depuis si longtemps par des hommes de génie, et recommandée par tous les grammairiens qui désirent sincèrement les progrès des Lumières ! Que fait-on dans la plupart des Maisons d'éducation. *Des maîtres insouciants saisissent au hasard une grammaire qui favorise leur ignorance ou leur paresse ; ils la font apprendre par cœur à leurs élèves, la leur expliquent comme ils peuvent, et s'applaudissent de leurs succès lorsque les élèves ont répété, comme des perroquets, des mots sans les comprendre, et que souvent les maîtres eux-mêmes ne comprennent pas davantage.* La meilleure manière d'enseigner une langue à des enfants, c'est de leur montrer comment cette langue s'est formée. Les langues ont été formées avant les grammaires, et les grammaires ont été faites sur les langues. Étudions la langue sur la langue même, et cherchons-y les règles. C'est à faciliter cette recherche que consiste l'art de l'instituteur [1]. »

On comprend aisément qu'un continuateur de la tradition, comme de Wailly, dont les manuels de grammaire connaitront un indéniable succès de librairie jusqu'aux années 1860, ait pu écrire sans sourciller comme cinquante ou soixante ans auparavant : « La Grammaire est l'art de parler et d'écrire. Tout art suppose une méthode et des règles. *L'art grammatical est donc le développement méthodique des règles qu'on doit suivre pour rendre ses idées, soit que l'on parle, soit que l'on écrive.* Ces règles ont pour base le bon usage, c'est-à-dire la manière dont les personnes bien élevées, et les bons auteurs, ont coutume d'écrire et de parler [2]. » Je reviendrai ultérieurement sur ce dernier point, car il y a là une orientation qui conditionne pour longtemps la représentation de la grammaire dans le dispositif éducatif français, et qui légitime, en quelque sorte, sa position subalterne au regard de la littérature ; constatons seulement que, contrairement à Dumarsais et à la tradition issue de son enseignement qui distinguent *syntaxe* et *construction*, de Wailly définit la syntaxe comme « l'accord et l'arrangement des mots suivant le génie d'une langue et conformément aux loix [*sic*] de l'usage ¹ ».

Il faut attendre le second tiers du siècle pour que se marque nettement le renversement de la tendance favorable à la grammaire générale et que soit prise en compte la positivité des faits reconnus, retenus et analysés. Un *Traité de prononciation* est l'occasion de cette reconnaissance :

> « Parmi la foule des livres didactiques qui surgissent de tous les côtés, nous devons à la vérité de reconnaître que celui-ci se distingue et par le fond et par la forme. *L'auteur, du moins d'après la marche qu'elle a suivie, paraît ne s'être nullement crue liée par ceux qui l'ont devancée dans la carrière.* C'est une suite d'observations sur les voyelles et les consonnes, et sur les rapports si nombreux, si intimes et si variés qui résultent de leurs combinaisons. Ces observations ont été faites en présence des faits qui, partout dans l'ouvrage, précèdent le raisonnement. C'est donc *l'inverse de la marche malheureusement habituelle qui semble n'admettre les faits que comme conséquence du principe,* tandis qu'au contraire les règles doivent naturellement venir après l'examen des faits et résulter de leur comparaison ². »

Comme le marque pertinemment quelques années plus tard Bernard Jullien, il faut effectivement distinguer différents types de grammairiens et d'attitudes grammaticales dans le processus même de grammatisation de la langue. Des *Rhéteurs* ou *Dissertateurs*, qui, à la manière ancienne d'Henri Estienne ou Cureau de la Chambre, voire Ménage, ont pris les qualités ou les défauts supposés de la langue pour sujets de dissertation. Des *Annotateurs* observant les mots, les locutions, les tours de phrases employés soit par les écrivains, soit par le public, et qui en établirent la convenance et la légitimité, ou l'inconvenance et la barbarie, tels – jadis – Vaugelas, Patru, Bouhours, Girard. Des *Étymologistes* recherchant avec soin l'origine et la filiation des mots sur la base d'une érudition elle-même confortée par l'attention portée aux détails formels, à l'instar du président de Brosses, de Court de Gébelin, Lacurne de Sainte-Palaye ou Barbazan, auxquels il peut être cependant reproché – en l'absence de lois découvertes – de n'avoir pas assez tenu en bride leur imagination stimulée par des rapprochements superficiels souvent hardis. Des *Dogmatiques*, enfin, qui ont essayé de réunir tous les faits particuliers d'une langue sous un petit nombre de règles générales, ou d'exceptions à ces règles, et parmi lesquels Jullien discerne encore entre les *Praticiens* à la manière de Restaut, de Wailly, Lhomond, et les *Théoriciens* qui – à son point de vue –

« sont les vrais grammairiens et font dans leur domaine ce que les vrais savants font dans le leur : après avoir reconnu tous les faits particuliers ou discrets qui forment le langage, ils recueillent soigneusement ceux qui ont entre eux de l'analogie, les réunissent dans des groupes bien déterminés, et formulent ainsi sous le nom de *règles* ou de *principes* généraux des propositions concrètes, applicables à un grand nombre de faits [1] ».

Une telle analyse rappelle que le passage du temps n'érode pas seulement la langue, mais façonne également la manière dont les grammairiens sont à même d'appréhender leur objet et d'en cerner les spécificités en fonction de préoccupations et d'intérêts eux-mêmes sujets à variation du fait de l'évolution des mentalités des locuteurs et de celle des structures socioculturelles pesant sur ces derniers. Il apparait toutefois dans les faits que les grammairiens éprouvent un grand mal à sortir des schémas de pensée traditionnels et à proposer des explications qui échappent aux modèles référencialiste ou idéologique précédemment exposés. À propos de ce que Damourette et Pichon nommeront plus tard la *sexuisemblance* des substantifs, la *Grammaire nationale* va rechercher des arguments « naturels » qui pourraient prêter à sourire s'ils n'étaient l'expression d'un savoir de la langue qui doute de lui-même à l'instant précis de son élaboration :

> « Les noms peuvent se présenter sous deux aspects différents selon qu'ils désignent un sexe plutôt que l'autre. Les êtres animés se divisent en deux grandes classes : les êtres mâles et les êtres femelles. Cette différence [...] s'appelle *Sexe* dans les êtres et *Genre* dans les noms destinés à en rappeler l'idée. Ainsi, de même qu'il y a deux sexes pour les êtres animés, il doit y avoir deux genres parmi les noms : le *genre masculin* et le *genre féminin*. [...] La distinction des noms en deux genres [...] conformément aux deux sexes, fut donc prise dans la nature ; et on aurait tort de croire, avec Duclos et d'autres grammairiens, qu'elle soit arbitraire et de pure fantaisie [2] [...] »

Il est symptomatique de noter dans cet extrait comment les grammairiens – pour essayer de réfuter la vieille conception métaphysique – recourent à des explications fondées sur l'observation empirique des choses, et comment – par le biais d'une rapide assimilation du genre gramatical au sexe – ils en viennent à soutenir l'hypothèse d'un déterminisme sémiologique des genres qui ne peut évidemment que contrevenir aux idées en émergence alors d'une systématisation interne de la langue obéissant à des lois arbitraires :

« Les grammairiens ont généralement senti qu'en français, il doit
exister *une relation immédiate entre le genre d'un nom, sa signification et sa forme* ; mais avaient-ils jamais soupçonné qu'il pouvait exister le *moindre rapport entre le genre d'un nom et la pensée qui domine dans la phrase* où il se trouve ? Et cependant, dit un
écrivain, c'est dans ce rapport si méconnu qu'est tout le secret des
genres des noms en français. [...] L'homme, on le sait, s'assimile
dans la nature tout ce qui est fort ; il se l'approprie, il en fait son
domaine. Mais ce n'est point assez pour le français de s'emparer
de la force partout où elle se décèle ; par un travail bizarre, mais
réel, de son imagination, il veut que tout être lui ressemble et soit
masculin comme lui, [...] tandis que la féminité exprime la douceur, la grâce, la bonté, la touchante faiblesse qui rendent la
femme si intéressante [1]. »

Les auteurs de la *Grammaire nationale* postulent ainsi une harmonie naturelle du langage dans la forme et la signification qui justifie
l'équilibre décelé dans les formes de l'usage :

« Si *Ange* désigne ces êtres célestes créés avant les temps par la
main de l'Éternel, ces bienheureux dont la foi nous révèle les
sublimes fonctions dans les cieux, le genre masculin que nous donnons à ce mot est en harmonie avec les formes humaines dont
notre imagination revêt les êtres immortels qu'il désigne [2]. »

L'analyse ne vaudrait pas ici le moindre commentaire si – par sa
conception et son énonciation – elle n'avait durablement entrainé la
grammatisation de la langue française du XIXe siècle vers les rives
emplies de mirages d'une « stylistique » balbutiante, grâce à laquelle
l'instrumentalisation grammaticale servait toujours à justifier par un
effet de sens la position esthétique des auteurs. Et si elle n'avait faussement intégré à l'analyse de la langue des considérations et des partis
pris idéologiques et socioculturels aussi douteux que malignement fas-
cinants.

J'en tirerai la conclusion que dès cette époque du XIXe siècle la
métaphorisation du métalangage grammatical constitue un véritable
obstacle à l'approfondissement de l'analyse des mécanismes proprement linguistiques ; et que les grammairiens issus de la tradition, et mis
par elle dans la situation de devoir s'accommoder des acquis de leurs
prédécesseurs, perdent dans cette métaphorisation – *« le flambeau de
l'analyse et le scalpel de la pensée »* ! – toute capacité à représenter
objectivement les phénomènes qu'ils observent. On conçoit dès lors que
les nouveaux chercheurs, notamment ceux ayant pu effectuer une par-

tie de leurs études en Allemagne, aient cherché à se forger leurs propres terminologies et aient pu ainsi s'élever de considérations philologiques et grammaticales à des analyses et des réflexions linguistiques. Même si ces dernières ne s'affranchissent toujours pas des métaphores vitalistes...

Le secteur des dictionnaires présente encore au XIXe siècle des zones intéressantes de recouvrement avec la grammaire. Si le cas de J.-Ch. Thiébault de Laveaux est aujourd'hui à juste titre le plus connu [1], il peut être éclairant de rappeler l'existence de Victor-Augustin Vanier [1769-1845]. L'ouvrage pour lequel Vanier a mérité de passer partiellement à la postérité des historiographes reste aujourd'hui encore le *Dictionnaire grammatical, critique et philosophique de la langue française* [2]. Cet ouvrage, qui constitue en effet une grammaire française didactique, sous la forme d'un dictionnaire soucieux de présenter un état exhaustif et critique de la nomenclature grammaticale, a la particularité d'afficher sans ambigüité son idéologie philanthropique, marquant ainsi l'infrangible alliance de la langue et du politique.

Une stricte projection alphabétique des difficultés de la grammaire a pour but et pour effet d'aplanir les difficultés de la grammaire : Vanier souhaite mettre à la portée du plus grand nombre les règles de la langue française, simplifiées et généralisées de telle sorte qu'elles permettent de souder une collectivité de locuteurs. Quelques articles de synthèse tentent de rassembler les idées de base. Globalement, l'ouvrage de Vanier présente un intérêt général pour l'histoire de la linguistique en offrant une synthèse éclectique des connaissances de la première moitié du XIXe siècle qui marque – à l'époque du déclin des conceptions métaphysiques de la langue – la prise en considération de facteurs socioculturels et historiques extérieurs à la langue comme système. Il affiche également des caractéristiques plus spécifiques : les parties du discours y sont – par exemple – décrites en termes généralement classiques, avec le dessein affiché de proposer des règles simples d'emploi. Ex. le *Nom* [p. 442-467], qui présente une définition en compréhension, une esquisse de sa genèse comme partie universelle du discours, des remarques d'orthographe et de syntaxe, puis des considérations ayant trait à certaines difficultés de pluralisation ou d'emploi en syntagmes prépositionnels [ex. « homme à paradoxes, un arbre à feuille dentelée, etc. »]. Il proscrit fermement les innovations terminologiques proscrites et condamne sans remords les effets de la néologie des auteurs à la mode.

Le corpus illustratif de Vanier s'appuie – en parties égales – sur l'autorité des grammairiens antérieurs référencés sans exemples : Lhomond, Condillac, Laveaux, ou contemporains : Girault-Duvivier, Bescherelle, Butet, Boniface, et sur les citations d'auteurs classiques ou postclassiques : Pascal, La Rochefoucauld, Saint-Évremont, Molière,

La Fontaine, Boileau, Mme de Genlis, sans indication de passages. Son souci de clarté didactique est manifeste dans deux tableaux synoptiques non dépourvus, toutefois, de simplifications abusives. En effet, Vanier ne peut échapper à son ascendance et semble irrémédiablement soumis aux effets contraires d'une grammaire idéologico-métaphysique présentant des principes généralisables et applicables à un grand nombre de situations linguistiques, et d'une grammaire pratique – empirique – traitant les difficultés, les solécismes, les barbarismes en termes de défauts sociaux à éradiquer, et qui place ainsi la prophylaxie sociale de la langue devant son étiologie sémiologique. Les ouvrages de référence invoqués par Vanier sont essentiellement les ouvrages de la fin du XVIIIe siècle [Condillac, principalement] et du début du XIXe siècle [Girault-Duvivier]. Le clivage de ces influences marque ainsi le caractère instable des distinctions auxquelles aboutit le grammairien. Il est probable que Vanier a exercé peu d'influence sur la tradition grammaticale ultérieure, mais, par le biais des cercles d'éducation, l'ouvrage a touché un large public bourgeois soucieux de la correction de la langue. En quoi et pourquoi il peut être considéré comme représentatif.

De nombreux autres dictionnaires intègrent dans leurs colonnes des considérations grammaticales et stylistiques : il n'est que de considérer à cet égard l'utilisation des marqueurs d'usage dans le *Dictionnaire universel* de Boiste. De la 1re édition de 1800 à la dernière de 1857, et à travers les différents rédacteurs de l'ouvrage, se lit une évolution de l'usage qui enregistre – avec retard certes, mais néanmoins assez précisément – les modulations axiologiques de la société formée par les locuteurs français de la première moitié du XIXe siècle[1]. La zone de recoupement entre grammaire et lexique excluant pour des raisons d'orthodoxie les items stigmatisés par l'éthique et l'axiologie langagière de la société, encore n'avons-nous pas cité un ouvrage tel que celui de Platt, au titre et au contenu si révélateurs des hésitations de la norme : *Dictionnaire critique et raisonné du langage vicieux ou réputé vicieux, ouvrage pouvant servir de complément au « Dictionnaire des difficultés de la langue française » par Laveaux*, Paris, chez Aimé André, 1835 ; le doute et les interrogations ne seyent pas aux grammairiens de bon aloi.

En effet, une distinction nette s'impose alors *a priori* entre la grammaire héritée du courant généraliste, qui s'énonce sous forme d'*Élémens*, et la grammaire dérivée du Lhomond classique, qui se décline sous forme de *Principes*. En 1798, le citoyen Caminade écrivait :

« Quoique les élémens de la langue française aient de l'analogie avec ceux des langues grecque et latine, il s'en faut bien que les principes de ces langues soient les mêmes ; les *élémens* assignent ce qui est commun à plusieurs langues ; les *principes* déterminent ce qui est propre à chacune : ainsi *élémens* et *principes* sont-ils deux termes différens [1]. »

Cette distinction oriente définitivement les études grammaticales vers la science, conformément à des réflexions développées par les pédagogues et grammatistes qui entendent par là redonner du lustre à leurs pratiques, sans renoncer pour autant à leurs antiques objectifs de purisme et d'esthétique. Le premier et unique numéro de *La France grammaticale* des frères Bescherelle, en 1838, notait :

> « Une science est un ensemble de faits, d'observations, de décou-
> vertes liées par la méditation, et qui se rapportent à quelque
> branche des connaissances humaines. Un art suppose aussi des
> observations ; mais il dépend surtout de la pratique et de l'exer-
> cice. *La grammaire est donc une science plutôt qu'un art ; cepen-
> dant elle peut être considérée sous ce dernier point de vue en ce
> qu'elle indique les moyens d'éviter les locutions vicieuses, d'em-
> ployer des expressions ou des phrases plus ou moins correctes,
> plus ou moins élégantes, et enfin en ce qu'on y peut devenir plus
> habile par la pratique* [2]. »

Il n'est pas indifférent à cet égard de noter qu'une grammaire aussi conservatrice que celle de De Wailly tente à plusieurs reprises de justi-fier l'usage par des raisons issues de l'examen de faits eux-mêmes : ainsi de la place des adjectifs [3]. Le second tome de la *Grammaire* de Lévizac s'ouvre à cet égard sur une affirmation péremptoire destinée à assoir l'édifice épistémologique de l'ouvrage, qui confère au Verbe, partie de discours et forme emblématique de la parole confondues, selon une tra-dition héritée de Port-Royal et des Écritures, le statut d'élément cardi-nal de la langue. Une telle position ne peut manquer d'avoir des consé-quences sur l'usage des apprenants de la norme et sur celui des locuteurs naïfs dans leur connaissance épilinguistique des mécanismes de la langue :

> « Nous voici parvenus enfin *au mot par excellence, à ce mot qui
> entre dans toutes les phrases pour être le lien de nos pensées, et
> qui seul a la propriété non seulement d'en manifester la manière et
> la forme, mais de marquer encore le rapport qu'elles ont au pré-
> sent, au passé et au futur. Sa fonction est d'exprimer des actions,
> des passions, et des situations.* [...] Il n'y a qu'un seul *verbe*, qui est
> ÊTRE, parce qu'il n'y a que lui seul qui exprime l'affirmation.
> Qu'on retranche ce mot, il n'y aura plus de jugemens : les mots ne

présenteront plus que des idées décousues et détachées ; et le premier lien de la société, l'art de communiquer ce qui se passe en nous sera anéanti. Mais ce verbe unique ne se montre pas toujours sous cette forme si simple. Le désir d'abréger le discours a porté les hommes à inventer des mots qui renferment et le verbe être et l'attribut, c'est-à-dire la qualité qu'on affirme de l'objet dont on parle ; de là ces mots : *aimer, haïr, raisonner*, auxquels on a donné avec raison le nom de verbes puisqu'ils le renferment : *il aime* est pour *il est aimant* ; *tu hais* pour *tu es haïssant*. Ce sont, comme on le voit, des expressions abrégées, composées de deux éléments[1]. »

La rhétorique du XIXᵉ siècle a eu pendant longtemps mauvaise presse, surtout après les travaux du structuralisme linguistique trop heureux de s'emparer d'une dépouille encore chaude du dernier sang que lui avaient infusé les idéologues taxinomistes et les rhétoriciens néo-classiques. Il n'en est resté que plumes et poils soigneusement conservés par les embaumeurs de la discipline. Or il convient peut-être d'y regarder de plus près. Dumarsais, ainsi que l'a encore récemment montré Françoise Douay, met en relation, dans son ouvrage de 1730, deux tendances opposées jusqu'alors dans l'élaboration du savoir rhétorique : une tradition grammaticale héritée du *Barbarismus* de Donat ou de la *Minerva* de Sanctius, et une tradition logique s'originant dans l'analyse médiévale, et scolastique, des paralogismes. Dans le premier cas, l'accent est porté sur le mot et les problèmes de sa signification ; dans le second cas, il affecte la question du sens des propositions logiques[2]. Partout, la même répugnance à s'écarter trop du mot, et à envisager une plus large application textuelle du mécanisme rhétorique, qui débouchât sur une réflexion générique. Le texte n'est pas encore envisageable comme un tout manifestant l'exigence de régularisations internes. La tropologie conduit à une microscopie linguistique des figures de rhétorique. La réflexion sur les mécanismes du sens inaugure une voie qui trouvera son nom et sa méthode, entre 1886 et 1897, dans la sémantique de Michel Bréal, et qui périme la longue tradition des étymologistes. Il convient alors de revenir à la modification qui affecte l'édifice rhétorique au moment même où Fontanier, exhumé sans précaution, en achève et en périme la construction idéologique. Cette transformation est complexe. Elle trouve son origine dans un retour à la tradition classique, qui met entre parenthèses l'analyse raisonnée de la pensée par les mots et leurs changements de sens, et qui porte au premier plan les conditions verbales et les finalités pratiques de la rhétorique, dans une perspective qui distingue mal l'esthétique et le pragmatique, conformément aux modèles d'Aristote, de Cicéron ou de Quintilien. Les noms de Rollin et de Fénelon sont même invoqués alors comme une référence autorisant cette adaptation des auteurs anciens au dessein de l'instruction. C'est l'instant où l'on passe des Rhéteurs, poètes, avocats, politiques, littérateurs, étudiés et admirés pour leur virtuosité à manipuler le langage, aux « jeunes rhétoriciens » [1] si désireux d'acquérir les bases d'une *doxa* qui guide leur pratique réelle d'écriture... En d'autres termes, la convocation d'une technique rhétorique classique s'accompagne désormais d'une redistribution interne de ses composantes. Le rappel des trois *genres*, *démonstratif*, *délibératif* et *judiciaire*, prélude à l'exposition des divisions ordinaires de l'*invention*, *disposition* et *élocution*, auxquelles s'adjoint l'*action*, dans une organisation conforme à la tradition ; mais, à l'intérieur de ces sections, la pensée se renouvelle par un intérêt particulier porté à la forme de l'écriture. L'achèvement de l'expression devient ici un critère aussi important que la saine conformation logique de la pensée. Par l'intermédiaire des codes axiologiques annexes du langage, cette néo-rhétorique, tout en recourant aux distinctions classiques, procède à une réestimation du matériau linguistique de l'expression, dont la norme est uniquement littéraire. C'est aussi l'époque où, significativement, la littérature acquiert et revendique sa dimension politique plénière.

Considérons à cet égard, sous son aspect rhétorique, le *Traité théorique et pratique de littérature*, publié par Lefranc [2] ; le volume s'ouvre sur la présentation d'une théorie générale du *Style* ; à la suite, quatre sections, dans cette dépendance du « bien écrire, bien penser, bien sentir et bien rendre », redistribuent totalement la technique rhétorique. La section *Composition* regroupe les principes de la description ; la section *Poétique* prescrit les règles de la versification et envisage les grands genres d'écriture sous l'angle de leur contenu religieux ; la section *Éloquence* lie les intérêts de la Rhétorique à ceux d'une esthétique efficace dans la perspective d'une persuasion sans délai ; enfin, la section *Matière* renferme des exercices de rédaction soutenant l'acquisition des préceptes antérieurement étudiés. La visée didactique a transformé le modèle classique ; l'injection supplémentaire, dans cet ensemble, du dessein éducatif, achève d'en spécifier la nature composite.

Plus tard, Fillon et bien d'autres encore, répèteront cette alliance de la *rhétorique* – ensemble de procédés de composition – et de l'*éloquence* – manière de toucher et de convaincre un auditoire tour à tour éprouvé par la force de l'écriture et la puissance de la voix et du geste, sinon par la prestance et la carrure de l'orateur. La dimension politique de la rhétorique avait été rendue explicite par la Révolution de 1789 ; elle se marque de nouveau irrésistiblement au tournant des révolutions de 1830 et de 1848, dans lesquelles la part dévolue aux *actes de* –

et *en... – parole* constitue l'essentiel des causes incitatives des mouvements populaires. Si le XIXᵉ siècle français est effectivement une période de grands bouleversements idéologiques et techniques, s'il est réellement ce moment de l'histoire au cours duquel meurt – après s'être restreinte – une tradition de la parole persuasive au service du *Bien* plus que bimillénaire, c'est donc aussi l'instant qui offre à la rhétorique classique la possibilité de renaitre de ses cendres et d'occuper d'autres territoires que ceux de l'argumentation au service du *Beau* littéraire.

La rhétorique française, en 1850, se constitue plus que jamais en propédeutique à l'apprentissage du rôle de citoyen cultivé et conformé aux besoins de sa classe. C'est pourquoi l'ouvrier peut aussi devenir poète... parmi les siens, et reconnu comme tel par les officiels. Une certaine conception du monde, hiérarchisée et figée, s'exprime ici dans le langage, par l'entremise de la collusion des contraintes de l'esthétique et de l'éthique du langage. La rhétorique se voit ainsi prise entre deux exigences contradictoires : répéter les formes anciennes de pensée et abdiquer la responsabilité du sujet énonciateur, ou rechercher l'innovation et encourir le risque de l'exclusion du sujet énonçant. Le tome VIII du très orthodoxe *Journal de la langue française*, en 1836, écrit sans sourciller :

> « Savoir sa langue et la bien parler devient une obligation impérieuse en France ; aux riches, pour consolider la prépondérance que leur donne leur position sociale ; aux classes moyennes, pour soutenir leurs droits et leur influence ; aux artisans, pour mériter la considération et répandre un certain lustre sur les professions industrielles ; à tout le monde, parce que parler est une nécessité de tous les instants, et que *bien parler peut devenir une habitude sans déplacer les sources de la puissance, sans confondre les conditions* [1]. »

Il est vrai que la situation a été rendue plus conflictuelle encore avec le passage de la Révolution et du Consulat. Figurale et « stylistique » avant la lettre, la rhétorique a perdu toute crédibilité dans ces évènements historiques, qui l'asservissent à la seule exécution des hautes – ou basses ? – œuvres politiques. Elle est supplantée alors par la grammaire générale et raisonnée des Idéologues qui n'en récupère les formes les plus extérieures qu'à des fins d'explicitation des mécanismes de la pensée, indépendamment de l'impression exercée par la parole. En tant que discipline enseignée, la rhétorique est donc proscrite du programme des *Écoles centrales* ; ce sont les projets successifs de Condorcet en 1792, et de Lakanal en 1794, avant les lois de Daunou en 1795. Non que les tribuns révolutionnaires ne soient eux-mêmes d'efficaces et terribles rhéteurs, comme l'attestent aussi bien Robespierre, que Danton, Pétion, Couthon ou Saint-Just ; mais parce qu'une nouvelle configuration du savoir langagier s'est mise en place à la faveur des évènements sociopolitiques, et du malaise linguistique individuel des locuteurs qui en résulte. Cette nouvelle *épistémè* – au détriment d'une poétique classique et normée de l'expression – privilégie l'analyse moderne des sensations, des idées et des jugements de l'individu, ainsi que celle des moyens de les exprimer avec exactitude et persuasion, en dehors du recours nécessaire aux règles communes. Une *doxa* esthétique du discours en découle incontinent. Avec la grammaire générale et le règne inauguré de l'intelligence analytique, c'est donc toute la conception ancienne de la rhétorique comme mode de penser, de raisonner et de s'exprimer qui disparait. La singularité du Sujet individué s'élève sur les décombres de la communauté des sujets régis par la langue. À sa place se dressent seuls les vestiges d'une tropologie réduite à l'unique et factice fonction ornementale. On est passé, pour reprendre la suggestive expression de Marc-Mathieu Münch, d'une conception du *Beau singulier* à une conception relativiste du *Beau pluriel*[1]. Il est alors de bon ton de proclamer la vacuité de l'ancienne discipline et le droit pour chaque subjectivité de s'affranchir de ces contraintes castratrices, afin d'éprouver pleinement son émancipation dans les jouissances que le langage – utile ou futile ? – peut seul procurer. En 1977, Chaïm Perelman et Tzvetan Todorov faisaient successivement observer que cet effacement était concomitant de l'avènement de la bourgeoisie, essentiellement hostile aux valeurs absolues et universelles récusant sa toute nouvelle existence comme instance d'esthétique normative et évaluative[2].

La situation de la rhétorique dans la première moitié du XIXe siècle est donc principalement une situation de crise paradoxale. La Révolution avait interrompu son enseignement ; l'empereur Napoléon, après avoir inscrit, en 1805, le traité *Des tropes* de Dumarsais au programme de la seconde classe des lycées, rétablissait la discipline et réinstituait son savoir-faire, dès 1808, avec la dénomination de la classe spécifique dans laquelle on en dispense les éléments. Ni la Restauration, ni la monarchie de Juillet, ni la IIe République, ni le Second Empire, ni la Commune n'en contesteront la validité comme institution... même oratoire ! Si la lecture de la somme de Dumarsais n'est plus rendue obligatoire dans la classe à partir de 1840, il faudra cependant attendre 1885 et les réformes de Jules Ferry, en pleine IIIe République, pour que l'inculcation de ce savoir par l'enseignement soit définitivement suspendue, mais non arrêtée dans sa fonction régulatrice, puisque son dessein primordial n'était alors qu'à peine dissimulé par les exercices « stylistiques » qui se substituaient à lui. Toutefois le contenu et la finalité de l'objet rhétorique, derrière la permanence illusoire du nom, étaient tout différents de ce qu'ils étaient dans la période antérieure. Edgar Quinet, rhétoricien en 1815-1816, soulignant le caractère profondément politique d'une discipline qui réchappait de tous les bouleversement historiques, écrivait avec ironie :

> « [...] Une seule chose s'était maintenue dans les collèges délabrés de l'Empire : la Rhétorique. [...]. Nous composions des discours, des déclamations, des amplifications, des narrations, comme au temps de Sénèque. Dans ces discours, il fallait toujours une prosopopée à la Fabricius ; dans les narrations, toujours un combat de générosité, toujours un père qui dispute à son fils le droit de mourir à sa place dans un naufrage, un incendie, ou sur un échafaud. Nous avions le choix entre ces trois manières de terminer la vie de nos héros, ainsi que la liberté de mettre dans leurs bouches les paroles suprêmes. Je choisissais en général le naufrage parce que la harangue devait être plus courte [1]. »

On pourrait alléguer des témoignages similaires de Renan ou de Vallès... Voire de Taine !

Dans cette période où les jeunesses brimées – parvenues à la maturité – revendiquaient le droit à l'action de supplanter la réflexion, la rhétorique a bien pu être considérée comme une technologie littéraire d'un autre âge ; une manière d'interposer le verbe entre la réalité et les hommes, une façon d'éluder les questions du monde contemporain et d'esquiver les responsabilités du citoyen non assoupi par les facilités de la bourgeoisie impériale ou républicaine. En exténuant les vertus et les prestiges désuets de l'*exemplum* et de la *prosopopée*, le discours critique à l'égard de la rhétorique dénonce un travestissement de l'univers représenté par l'écriture qui – de la vision niaise d'une société harmonisée dans le partage des mêmes valeurs bourgeoises – insensiblement conduit au cauchemar des luttes de l'individu pour sa survie contre les autres, ou parfois contre lui-même et ses propres rêves. La métaphore guerrière – employée ici ou là par Vallès à des fins de dérision – rend compte en creux du pouvoir politique et offensif de la langue ; ce qui est d'autant plus intéressant pour mon propos qu'à l'autre extrémité de l'éventail idéologique, un écrivain tel que Barbey d'Aurevilly, contemporain de Vallès, et impénitent chercheur – lui aussi – de formes neuves d'associations verbales, peut utiliser le même système de transmutation rhétorique pour exprimer des idées soutenant une cause entièrement inverse [2]. Sans recourir aux détails les plus factuels de l'histoire de la rhétorique, on aura compris que le XIXᵉ siècle s'est déterminé à dépla-

cer l'accent sémantique frappant la discipline de son constituant esthétique, fondé sur le vieux primat de la clarté et de l'élégance de la langue
française littéraire, vers son constituant éthique et social, par lequel se
réalise la dimension politique du langage :

> « La connaissance des figures et des métaphores est la partie de la
> *Rhétorique* la moins essentielle ; car il en est de l'éloquence comme
> des autres arts, où la méditation des modèles est plus propre à for-
> mer un artiste que ne l'est l'étude des règles. Tous ces préceptes
> arides, tous ces mots scientifiques que les faiseurs de rhétoriques
> ont multipliés à l'infini, et que la mémoire s'efforce si péniblement
> de retenir, l'abandonnent bientôt dans le feu de la composition.
> Mais, nourri des beautés supérieures dont les chefs d'œuvre des
> grands maîtres auront frappé son imagination, *le poète, comme
> l'orateur,* saura donner à ses écrits une teinte de ces mêmes beau-
> tés, suivant que son âme en aura plus ou moins conservé l'em-
> preinte. L'éloquence admet cependant des principes généraux, qui
> sont presque les mêmes dans tous les arts : ces principes sont
> comme un frein nécessaire au génie, pour empêcher qu'un excès
> d'enthousiasme ne l'emporte au-delà des bornes fixées par le goût ;
> ce qui est principalement le défaut des jeunes écrivains. On ne sau-
> rait trop les prémunir contre un tel écueil, en leur faisant connaître
> les lois du bon goût, qui sont en même temps celles des bonnes
> mœurs [1]. »

À la même époque où la *Grammaire* devenait *nationale,* tout
comme le dictionnaire, et où *la France* revendiquait d'être *grammaticale,* se mettait donc en place, autour de la rhétorique, tout un dispositif de pratique et d'analyse, qui, en objectivant les applications de la
discipline, permet aujourd'hui encore de mieux comprendre sa nature
et les principes de son épistémologie.

D'un côté, la *technique rhétorique* met à la disposition de l'individu locuteur toute une panoplie de formes et de figures destinées à
l'enrichissement, à la variation, à l'ornementation persuasives de l'expression. Mais ces diverses transformations d'un contenu profond –
stable et universel – se voient restreintes dans leur utilisation par le sentiment d'acceptabilité ou d'irrecevabilité que projettent sur elles les lecteurs, les auditeurs, et tous les descripteurs de la langue, en fonction de
valorisations socioculturelles liées aux conditions générales d'une
époque. Lorsque l'urgence politique de la parole est soumise à ces faits
de variation ornementale et stylistique, elle perd aussitôt de son pouvoir et de son efficacité.

D'un autre côté, le *savoir rhétorique,* virtuel ou latent, épilinguistique le plus souvent, échappe à cette contingence historique ; il pré-existe à toute technicité et réside dans les abysses d'un esprit humain réduit aux universaux de la pensée. Il permet de rendre compte logiquement des mécanismes idéologiques de métamorphoses du verbe, en deçà de l'affleurement linguistique des énoncés, antérieurement même à toute énonciation, et il en justifie l'efficacité comme il en légitime les byzantines distinctions, par l'idée que les principes premiers de législation de la langue sont inaltérables et généraux, fondés en raison et cautionnés par le bon sens. Ce savoir, inclus dans la langue mais dissimulé par les formes stéréotypes de son usage en parole, rend compte de la prolifération involontaire et inconsciente des figures dans la pratique discursive ordinaire. Il justifie aussi l'efficacité du verbe apparemment spontané. A. Jay, auteur – en 1830 – de *La Conversion d'un romantique, manuscrit de Jacques Delorme*, et de *Deux lettres sur la littérature du siècle*, suivies d'un *Essai sur l'éloquence politique en France*, analysant l'éloquence d'un farouche pourfendeur de la contre-révolution monarchique et de la Restauration, le général Foy, écrivait sans détour :

> « Ne lui demandons point le secret de sa composition : il était tout entier dans son âme. *Rien d'étudié, rien de calculé dans sa manière ; tout est plein dans ses discours, et, ce qu'il y a de caractéristique, on n'y trouve aucune superfluité. Son abondance n'est jamais stérile ; avare de mots, l'expression la plus simple met sa pensée en relief, et cette simplicité est encore un ornement.* Si une grande vérité s'offre à sa pensée, il l'énonce avec une énergique précision, et c'est le pivot sur lequel tournent tous ses raisonnements [1]. »

On comprend alors qu'à partir du premier tiers du XIXᵉ siècle, orienté par l'irrésistible appel de la démocratie et de la République, le comble de l'éloquence politique se soit enfermé dans le paradoxe d'une rhétorique qui, pour être conforme à l'idée du Bien social, populaire et efficace, dût feindre définitivement de s'ignorer jusqu'à mettre en doute la plausibilité et la légitimité même de son existence. C'était là une manière de se remettre en question bien différente de la condamnation absolue à laquelle Gustave Lanson devait parvenir dès la fin du XIXᵉ siècle, lorsqu'il tonnait « Contre la rhétorique et les mauvaises humanités [2] » [1902].

5. NORME ET USAGES

LE MODÈLE ET LA FAUTE

La correctivité du langage, exclusivement fondée d'ailleurs sur la révération des modèles littéraires, s'est rapidement imposée comme l'objectif ultime de la scolarisation et de la vulgarisation de la langue française. Les grands écrivains eux-mêmes ne sont pas exempts des reproches des grammatistes ; et – au fur et à mesure que le siècle se déroulera – on verra de plus en plus de chroniques grammaticales puristes se développer au-delà des publications autorisées dans les grands journaux nationaux, et même dans certains quotidiens régionaux. Tenues par des journalistes, des publicistes, des littérateurs, parfois de véritables écrivains ; plus rarement de vrais grammairiens ! Si les colonnes du *Journal grammatical de la langue française* sont régulièrement remplies entre 1826 et 1840 de notules concernant l'emploi de telle ou telle forme par La Fontaine, Racine, Mme de Sévigné, Chateaubriand ou Lamartine, des ouvrages grammaticaux à prétention résolument scientifique, même si les critères épistémologiques de cette connaissance demeurent résolument sensualistes et – pour ainsi dire – d'Ancien Régime, n'hésitent pas à faire des remontrances au modèle des modèles lui-même :

> « On lit dans *Nanine*, comédie de Voltaire : *Les diamants sont beaux, très-bien choisis / Et vous verrez des étoffes nouvelles / D'un goût charmant... Oh ! Rien n'approche d'elles.* C'est sans doute une faute très-grave, qui blessera toute oreille délicate. Il semble personnifier les étoffes en disant : *Rien n'approche d'*ELLES ; mais le besoin de la rime n'autorise point des expressions aussi contraires au génie de la langue ; il fallait dire : *Rien n'*EN *approche*[1]. »

Une telle remarque a au moins l'avantage d'exposer qu'en ces périodes de standardisation bourgeoise de la norme les différences de genres sont elles aussi soumises à réévaluation, plaçant ainsi à niveau égal l'écriture en prose et l'écriture en vers ; ce dont bénéficieront les genres en émergence du poème en prose et de la prose poétique.

Après Girault-Duvivier qui, dès 1811, assignant à la grammaire un dessein propédeutique, revendiquait explicitement pour elle une fonction moralisatrice [1], les Bescherelle poussent une argumentation similaire jusqu'au point où la grammaire devient alors le moyen par excellence de former la culture générale des sujets de la langue :

« C'est une vérité maintenant incontestable que *la véritable grammaire est dans les écrits des bons auteurs*. La science grammaticale se borne à l'observation et à l'appréciation des termes, des règles de concordance, des constructions adoptées par les grands écrivains. C'est dans leurs ouvrages qu'il faut chercher *le code* de la langue. En effet, où trouver mieux que dans ces régulateurs avoués du langage des solutions à tous les problèmes, des éclaircissements à toutes les difficultés, des exemples pour toutes les explications [...] ? Mais la tâche n'est pas facile à remplir. Un auteur, quelle que soit sa supériorité, ne fait pas autorité à lui seul ; il faut donc compulser tous les chefs d'œuvre de notre littérature, réunir une masse imposante de faits, et n'admettre que ceux qui ont été consacrés par l'emploi le plus général. Cet immense travail se complique encore de la difficulté de *choisir des pensées intéressantes sous le rapport de la morale, de la religion, de l'histoire, des sciences, des lettres et des arts* ; or on conçoit tout ce qu'offrirait de fastidieux un amas de ces phrases triviales dont fourmillent nos grammaires. L'éducation, d'ailleurs, est inséparable de l'enseignement, et il faut, autant que possible, *élever l'âme et former le jugement*. Sous ce point de vue, rien de plus consciencieux que notre travail. Les cent mille phrases qui constituent notre répertoire grammatical sont tirées de nos meilleurs écrivains ; elles sont choisies avec goût ; il n'en est pas une qui ne révèle à l'esprit ou une pensée morale, ou un fait historique, scientifique, littéraire ou artistique [...]. Ajoutez à ce premier avantage tout le charme que prête à l'étude jusqu'alors si aride de la grammaire *l'étude même des faits, si supérieure à la vieille routine qui s'obstine à renverser l'ordre naturel en procédant des théories aux exemples*. Envisagée de cette façon, il nous semble que la grammaire n'est plus seulement un exercice de collège sur lequel s'assoupit la mémoire ; c'est *l'histoire de la pensée elle-même, étudiée dans son mécanisme intérieur ; c'est le développement du caractère national dans ses intérêts politiques et ses sentiments religieux*, analysé ou plutôt raconté par la nation elle-même, par les interprètes les plus éloquents de cette nation [2]. »

Un tel extrait montre éloquemment que la correctivité grammaticale devient à cette époque une condition *sine qua non* d'intégration de l'individu à la société ; un passeport ouvrant accès aux fonctions rémunératrices et à la notabilité ; une manière de fixer l'idéologie dominante ; et… – dans les modifications de son approche qui laissent désormais la précellence aux faits sur la théorie – un instrument inégalable d'introspection psychologique ! Ce dont, bien sûr, la « stylistique » à venir saura retenir la leçon. J'y reviendrai.

Mesurer les effets d'affranchissement linguistique demeure toujours délicat, notamment en matière de langue commune, car les emplois de la langue littéraire s'interposent toujours entre l'usager et ses précepteurs. À propos de l'utilisation du *Qui relatif*, de Wailly note par exemple : «*Qui relatif* précédé d'une préposition ne se dit en prose que des personnes ou des choses que l'on personnifie. Il faut bien choisir les amis *à qui* on veut donner sa confiance. Mais, en vers, on peut employer *Qui*, en régime composé, et avec rapport aux choses[1]. » La rigueur précédemment affichée s'avère au reste de plus en plus difficile à appliquer au fur et à mesure que les grammairiens eux-mêmes réinventent des parades bien usées pour expliquer et justifier les faits d'usages que la théorie est incapable de tordre et plier à sa guise. De combien de subtilités idéologiques ne faut-il pas effectivement faire preuve pour discriminer formellement en langue entre personnes et choses à propos de *en*, à quoi le langage ordinaire ne prête généralement aucune attention ? Serreau et Boussi, par exemple, s'appuient largement sur la distinction éculée de la *construction simple* et de la *construction figurée* pour construire un raisonnement justifiant les principales aberrations superficielles que peut laisser apparaitre un énoncé quelconque :

> « J'ai dit qu'il y a dans toutes les langues une *construction simple et primitive* qui est le fondement de toute énonciation, parce qu'elle suit les rapports de succession que les mots ont entre eux dans l'ordre de la génération des idées ; mais les langues ne pouvaient pas rester rigoureusement assujetties à ce joug, à cette monotonie d'élocution ; et l'usage a introduit une autre construction que, par cette raison, on appelle *construction usuelle ou figurée*, qui diffère de la première, soit par la transposition nécessaire de quelques mots, pour la liaison et la subordination des idées, soit par le retranchement de quelques autres que l'esprit peut aisément suppléer, soit par des inversions que *le bon goût* autorise en faveur du *rythme*, du *nombre*, de *l'harmonie*[2]. »

Il n'y a plus guère à s'étonner dès lors si la figure primitivement rhétorique de la *Syllepse* devient pour la grammaire le moyen passepartout de régler les difficultés d'analyse et d'interprétation de la langue en emploi : « Les idiotismes sont de véritables richesses, dont on ne peut priver les langues. S'il fallait ramener toutes nos constructions à une forme logique, il est une foule de phrases qui sont reçues à la faveur de la *syllepse*, et qu'il faudrait condamner, puisque les rapports paraissent s'y heurter également[1]. »

Dans l'*Essai sur la grammaire en France* de Philarète Chasles, qui précède – et, parfois, s'amuse à prendre en défaut – la *Grammaire nationale* des frères Bescherelle, cette question des déviances est même traitée d'un point de vue original – on s'y attend, à vrai dire, de la part de Chasles ! – qui met en rapport dialectique les forces émancipatrices et stabilisatrices incessamment à l'œuvre en chaque grand écrivain. En cette période où l'esthétique romantique a promu la subjectivité en valeur absolue, et où, par l'intermédiaire de la consciente mésinterprétation de l'aphorisme de Buffon, LE STYLE *c'*EST L'HOMME, l'on recherche derrière l'expression la psychologie singulière de chaque individu ; en cette époque où – finalement – la « stylistique » interprétative du XXᵉ siècle trouve ses origines les plus profondes, déviance raisonnée et conception d'un écart dans lequel s'inscrit la toute-puissance du *Je* sont alors deux moyens de combattre l'accusation de dévoiement, et d'affirmer la possible positivité de l'affranchissement des modèles :

> « En fait de style et de langage, comme en politique et en philosophie, la lutte est entre la liberté d'une part et d'une autre la puissance d'ordre et d'organisation ; deux excellents principes qui ne doivent pas s'annuler, mais se soutenir ; ils s'accordent malgré leur combat. *Tout écrivain supérieur est à la fois néologue et puriste. Veut-on fixer à jamais la langue ? On arrête le progrès ; on est pédant. Donne-t-on une liberté effrénée aux mots, à leur vagabondage, à leur mixtion, à leurs alliances, à leur fusion, à leurs caprices ? On expose un idiome au plus grand malheur qui puisse lui arriver, à la perte de son caractère propre, à la ruine de son génie. La langue grecque va mourir, lorsque l'empereur Julien se sert d'un grec asiatique ; elle n'existe plus, lorsque la princesse Anne Comène introduit dans la langue de Platon toutes les circonlocutions orientales.* Saint-Augustin et Tertullien sont des hommes de génie et d'esprit ; mais leur langage romano-africain annonce la chute de l'empire ; voilà bien les inflexions et les désinences latines ; cela ressemble un peu à l'idiome de Cicéron ; hélas ! Similitude éloignée et trompeuse, le latin, ne renaîtra plus ; c'est une remarque fort curieuse que les langues se forment, croissent, se renouvellent, mûrissent, et atteignent leur perfection au moyen des idiomes étrangers qu'elles s'assimilent ; que cette assi-

milation seule les soutient, et qu'à la fin de leur carrière cet élément de leur vie, devenant l'élément de leur mort, les corrompt, les étouffe, les écrase et les tue [1]. »

Dans une société qui a trouvé le moyen de hiérarchiser les niveaux de ses constituants, et qui a donc affecté à chaque classe sociale certains usages plus ou moins corrects de la langue, il n'est guère surprenant de voir s'élever – en contre-chant du discours officiel de la correctivité que développent les grammaires traditionnelles – toute une théorie d'ouvrages marginaux, *cacologies*, *cacographies*, qui servent certainement à redresser les torts, mais qui témoignent aussi de manière irrécusable des déviances et des dévoiements de la parole sociale. J'ai cité plus haut le *Dictionnaire* de Platt ; il faudrait y ajouter des ouvrages tels que ceux de J.-B. Reynier : *Correction raisonnée des fautes de langage et de prononciation qui se commettent même au sein de la bonne société, dans la Provence et dans quelques provinces du Midi*, Marseille, 1829 ; ou de M. Bonnedon : *Les asse, les isse, les usse, et les inse, ou les Concordances des temps du subjonctif*, Paris, 1832 ; voire la *Nouvelle orthologie française* de Legoarant [1832], ainsi que – depuis Desgrouais [1762] et Boinvilliers [1803, 1829] – la longue série des préservatifs et correcteurs de langage qui court jusqu'à la fin du siècle et dont l'ouvrage de l'abbé Cl. Vincent, *Le Péril de la langue française. Dictionnaire raisonné des principales locutions et prononciations vicieuses et des principaux néologismes*, Paris, de Gigord, 1910, atteste vigoureusement la survie. De semblables publications montrent que le jugement, qui était de manière métaphysique le moteur de l'analyse idéologique et grammaticale du XVIIIe siècle, s'est réintroduit en un autre sens dans l'édifice langagier du XIXe siècle, comme repère socioculturel à la mesure duquel tous énoncés – écrits et oraux – doivent être évalués, appréciés, estampillés et reçus ou stigmatisés et exclus [2].

Ainsi s'est progressivement constituée dans l'histoire de la langue et des formations discursives de la France du XIXe siècle une théorie de la valeur – esthétique et politique – étroitement dépendante de la bourgeoisie, qui voulait s'en servir comme principe répartiteur du pouvoir et des forces sociales, et des institutions scolaires officielles, voire universitaires, que cette dernière développait simultanément pour parvenir aux mêmes fins. L'idéal, on l'a compris, serait de parvenir à une langue en mouvement – pour suivre l'évolution des faits – que réguleraient par sagesse les responsables de l'institution. Du rapport de l'abbé Grégoire aux discours de Brunot, une stabilité remarquable s'impose à cet égard. Et J.-Cl. Chevalier, après A. Berrendonner, a raison de rappeler – sur le seuil de notre période – cet éternel besoin des grammairiens de s'ériger en guides assurés : « Chez les maîtres, Bréal, Brunot et consorts, quelle ivresse ! Ils sont la norme, ils sont la raison, ils sont la vertu. Au besoin sous les couleurs d'un socialisme, collectiviste même, ils déploient *le fantasme du linguiste : un moralisme conservateur épris de pouvoir.* Qui oserait contester les serviteurs dévots d'une langue à qui la raison des siècles a donné toutes les vertus [1]. » La langue française du XIXᵉ siècle n'a cessé de montrer en son développement la permanence de cet impératif sélectif.

6. ASPECTS DE LA STANDARDISATION DU SYSTÈME
L'ÉVOLUTION DU LEXIQUE

La partie la plus extérieure de la langue, son lexique, est aussi la partie la plus exposée aux durs contacts de la réalité quotidienne ; celle par laquelle s'opèrent les transactions du signe et des référents, grâce à laquelle un objectif de communication peut être assigné aux actes de parole. Pour cette raison même, le lexique est aussi la partie la plus fragile, la plus instable, la plus labile du système ; celle qui dénote le mieux les transformations du monde et les accommodements de la société ; celle aussi qui connote le mieux les effets axiologiques induits par les idéologies à l'œuvre dans les discours des locuteurs. Je n'en donnerai ici qu'un exemple ; en 1837, le verbe *Dépiauter* et le substantif *Moutard* sont également condamnés et renvoyés à la basse extrace des locuteurs qui en font usage :

> « Il y a beaucoup de personnes d'assez bon genre, et même d'instruction plus que moyenne, qui font encore ce barbarisme sans sourciller. *Dépiautez*-moi ce lièvre ; cette brûlure m'a *dépiauté* le bras. Nous leur donnerons le conseil de mettre toujours le verbe dépouiller à la place du verbe *dépiauter*. *Dépiauter* doit rester la propriété exclusive des équarrisseurs de Montfaucon et des gargotiers des barrières.
> [Quant à *Moutard*] Ce mot est assez généralement employé aujourd'hui dans la conversation pour signifier un enfant. C'est un emprunt fait à l'argot, et nous n'en voyons nullement l'utilité. Laissons aux théâtres des boulevards faire usage d'un patois intelligible à leurs habitués, et n'allons pas y chercher des expressions qui ne peuvent être que surabondantes ou inconvenantes. La mode, inspirée par une farce dramatique, a adopté ce mot de *moutard*. Nous comptons sur l'inconstance habituelle de cette stupide puissance, pour jouir bientôt de la chute de ce mot favori [1]. »

Cet exemple de rigueur proscriptive, et même épuratrice, marque

bien – me semble-t-il – l'ensemble de torsions, de tensions et de crispa-
tions, ou de dévoiement, qui – à toutes époques, mais très particulièrement au XIXᵉ siècle – travaillent le matériel du langage et la conscience
de ses grammairiens et lexicographes régulateurs, les sentiments des
usagers. On se rappellera que Philarète Chasles, pourtant défenseur des
prérogatives émancipatrices des écrivains, maintenait en matière de
néologie un subtil *distinguo* entre les effets de l'art, volontaire, réfléchi,
pratiqués par les grands écrivains et les entrainements de la stéréotypie
et de la reproduction de procédés mécaniques dont font malheureusement preuve les plus médiocres :

> « Les vrais grammairiens ce sont les hommes de génie ; ils refont
> les langues, ils les échauffent à leur foyer et les forgent sur leur
> enclume. [...] Tous, ils inventent des expressions, hasardent des
> fautes qui se trouvent être des beautés ; frappent de leur sceau
> royal un mot nouveau qui a bientôt cours, exhument des locutions
> perdues, qu'ils polissent et mettent en circulation. [...] Mais,
> *ouvrir la porte au néologisme, dont la plupart de nos écrivains*
> *abusent misérablement, excuser ou encourager les fredaines de*
> *style qui font tant de bruit autour de nous ; augmenter cette rage*
> *de vieilles expressions, de phrases mal faites, d'emprunts mal-*
> *adroits à Ronsard et à Jodelle, ce n'est pas mon intention.* À côté
> du talent qui invente, près de l'habile artiste qui rajeunit les débris
> du langage, se trouvent toujours les manouvriers dont la gaucherie
> et l'exagération sont fertiles en essais ridicules [1]. »

On sait que les modèles de l'époque étaient plutôt d'Arlincourt, le
Vicomte inversif, que Chateaubriand, Béranger plutôt que Lamartine,
et même Émile Debraux, compositeur prosaïque de chansons licen-
cieuses, plutôt que Béranger... À une époque où sont encore réédités
des dialogues poissards et des chansons grivoises pour s'amuser en
société telles qu'elles figurent dans *Riche-en-Gueule ou le Nouveau*
Vadé... recueil prisé et « publié par un Enfant de la joie » [Paris,
1824]... Le texte de Cadet-Gassicourt (1769-1821), *Saint-Géran ou la*
Nouvelle langue française (Bruxelles, Weissenbuch, Paris, D. Colas,
1807) est assez significatif à cet égard ! Comment, dès lors, proposer
une *grille* socioculturelle et linguistique homogène d'évaluation de la
dynamique du français en chacun de ses secteurs, notamment dans
celui de son lexique ?

La difficulté est redoublée ici par le fait que le développement du
lexique français est encore plus étroitement dépendant au XIXᵉ siècle
de l'évolution générale du savoir, des connaissances et des techniques,

de la société en général, qu'il ne le fut jamais auparavant. Les procédés de diffusion de l'écrit et la fixation plus rigide des formes extérieures de la langue à laquelle ils conduisent, jouent en ce sens un rôle essentiel.

La médecine, par exemple, fait cohabiter dans son lexique les dénominations anciennes : *Dartre* ou *Migraine*, attestées dès le Moyen Âge, et des appellations formées au XIXe siècle : *Homéopathie, Hydrocéphalie*. De nouvelles thérapeutiques entrainent avec elles un vocabulaire rénové : *Analgésique, Hydrothérapie*. La nomenclature même des médicaments n'est pas moins alors objet de diversification : *Antipyrine, Tonicardiaque*. Le lexique des maladies fait apparaitre ainsi des particularités remarquables susceptibles d'exemplifier les mécanismes généraux de l'évolution du lexique scientifique français au XIXe siècle.

La période considérée se révèle fort riche sous cet aspect, car, après le grand choc culturel de la Révolution, elle marque effectivement l'essor décisif d'une médecine moderne et le déclin définitif des vieilles conceptions humorales. La publication – en 1866, au moment même où s'affirme le courant naturaliste de la linguistique – de l'*Introduction à la médecine expérimentale* de Claude Bernard constitue un terme d'arrivée et un nouveau départ de la discipline médicale en tant que telle, mais aussi des conceptions courantes de la santé et de la maladie. L'insupportable cruauté des 119 observations d'enfants autopsiés que donne – en 1842 – le docteur Berton est le prix à payer pour effectuer cette transition d'une conception métaphysique à une conception empirique et rationnelle de la médecine. Le parcours a été immense.

Du point de vue institutionnel, les *Écoles de santé* de la République furent créées le 4 décembre 1794 [14 frimaire an III], puis remplacées en 1803 par les *Écoles de médecine*, elles-mêmes supplantées en 1808 par les *Facultés de médecine* entrant de plein droit dans l'organisation de l'Université napoléonienne. Les *Écoles secondaires de médecine*, pour leur part, dépendantes des hôpitaux des principales villes, furent formellement reconnues par l'État le 9 juin 1803 [prairial an IX], et soumises au contrôle de l'Université dès 1820. C'est en cette même année 1820, enfin, que fut fondée l'*Académie de médecine*. Ces actes politiques – législatifs et juridiques – sanctionnent l'évolution d'un processus de reconnaissance du caractère officiel de la médecine, permettant d'opposer une conception savante – *épistémè* médicale – et une conception populaire de ce savoir, la *doxa* précédemment alléguée. Les personnalités qui s'illustrent dans la discipline, en France et à cette époque, sont aussi nombreuses que célèbres et d'origines scientifiques différentes : Cabanis, Corvisart, Bichat, Pinel, Laënnec et Broussais, mais aussi Auenbrugger [venu d'Autriche], Piorry, Chomel, Cruveilhier, pour ne citer que les plus illustres. Toutes, cependant, obéissent à des principes de recherche fondés sur l'observation et l'expérimentation, supplantant les considérations analogiques de leurs prédécesseurs. Et la terminologie scientifique qui est la leur, par ses modes favoris de constitution et de développement – le recours aux racines grecques et latines en composition systématique, notamment –, reflète cette propension à la décomposition et à la recomposition des phénomènes cliniques observés, sous l'hypothèque générale d'une langue susceptible de représenter ces exercices scientifiques. L'essor scientifique de la médecine au début du XIXᵉ siècle fait ainsi interférer divers domaines scientifiques et techniques : *anatomie, physiologie, pathologie, pharmacologie, chimie, thérapeutique,* et *chirurgie,* dont les dictionnaires tiennent naturellement compte en enregistrant la prolifération des éléments lexicaux qui relèvent du corpus de ces différents champs. Langue, corps, maladie...

L'ensemble s'élève globalement à 3 700 items lexicaux. Plus de 87,32 % de cet ensemble se retrouvent dans les dictionnaires courants de l'époque, preuve que ce vocabulaire participe réellement de l'économie de la langue et de la jouvence – plus ou moins néologique – de son application aux nouveautés techniques de la science. Preuve – également – que les allégations des grands lexicographes ne sont pas exagérées. Seuls 12,68 % de ces termes échapperaient ainsi *a priori* à la compétence et à l'usage du public cultivé mais non spécialiste. À la suite de nombreuses autres déclarations liminaires signées de Boiste, Bescherelle et autres Landais ou Poitevin, Pierre Larousse ouvre donc encore son *Grand dictionnaire universel du XIXᵉ siècle* par une affirmation d'exhaustivité scientifique dans laquelle la médecine et les maladies trouvent indirectement à réfléchir leur place. Le *GDU* détaille l'ambition de son projet sur la page liminaire de présentation ; la référence à la science y est explicite :

> « La langue française ; la prononciation ; les étymologies ; la conjugaison de tous les verbes irréguliers ; les règles de la grammaire ; les innombrables acceptions et les locutions familières et proverbiales ; l'histoire ; la géographie ; la solution des problèmes historiques ; la biographie de tous les hommes remarquables, morts ou vivants ; la mythologie ; les sciences physiques, mathématiques et naturelles ; les sciences morales et politiques ; les pseudo-sciences ; les inventions et découvertes ; etc. »

Et, dans sa Préface, il va même jusqu'à revendiquer la légitimité d'être le microcosme lexical – *thesaurus* en son sens le plus strict – du macrocosme que représente un savoir humain en permanente expansion du fait du développement des techniques et de la science :

« Les temps de foi aveugle sont passés sans retour ; on ne croit plus que sous bénéfice d'inventaire. Mais comment se diriger dans cet effroyable dédale de toutes les connaissances humaines ? Quelles lumières appeler à son aide ? [...] Quels ouvrages consulter. Quelles collections de traités ou de dictionnaires ne devront-elles pas réunir sur les diverses branches de nos connaissances : linguistique, lexicographie, grammaire, rhétorique, philosophie, logique, morale, ontologie, métaphysique [...], *sciences naturelles*, botanique [...] *médecine, chirurgie, pathologie, thérapeutique, physiologie, pharmacie*, art vétérinaire, archéologie, [...] blasons, jeux, numismatique, termes de chasse, de pêche, de bourse, de turf, etc., etc., etc. Voilà à quelle multitude de livres il faudrait avoir recours pour éclairer ses doutes ou son ignorance, et cela quand on est pressé de trouver et de savoir. [...] Un dictionnaire universel, qui renferme tout ce qui a été dit, fait, écrit, imaginé, découvert, inventé, est donc une œuvre éminemment utile, destinée à satisfaire d'immenses besoins ; car un tel dictionnaire met, pour ainsi dire, sous la main de tout le monde, l'objet précis de toutes les recherches qu'on peut avoir besoin de faire » [p. LXV].

L'affirmation est clairement révélatrice d'une volonté de capitalisation nominaliste du savoir qui fait curieusement coïncider *extension de la terminologie* et *compréhension scientifique*. Il est vrai que, depuis le grand *trauma* de la période révolutionnaire, la langue et ses discours ont eu beaucoup de mal à être perçus autrement que sous l'espèce de formes pathologiques déviantes, auxquelles la présence du nom apportait une esquisse de réponse. Une métaphorisation extensive du fonctionnement de la langue sous l'aspect d'un corps malade permet ainsi d'annexer l'intégralité de la réflexion « scientifique » sur le phénomène. Et Larousse lui-même, retournant à l'histoire de la discipline ainsi qu'aux premières étapes de la réflexion sur le langage, a recours à ce système précis d'images nosologiques pour caractériser l'objet grâce auquel nous pouvons retracer l'extension du vocabulaire de la maladie :

« [...] Il faudrait plusieurs volumes pour faire l'histoire de la linguistique avant le XIXe siècle [...] *Rien ne ressemble d'ailleurs plus à un anatomiste armé du scalpel*, et fouillant un cadavre pour lui arracher les secrets *de la vie organique*, qu'un linguiste *analysant, disséquant* un mot, dégageant au milieu des affixes et des suffixes, et des différentes modifications phonétiques internes, une racine primitive. Des deux côtés, il faut *la même habileté de praticien*, la même sûreté de main, la même intelligence, la même sagacité. Le linguiste a, lui aussi, ses œuvres merveilleuses de restitution inductive ; sur un fragment de livre, sur une phrase, sur un mot, il reconstruit une langue tout entière avec la même infaillibilité que le paléontologiste restitue, *sur une vertèbre, sur une dent, un animal, un monde entier*. [...] si, comme le dit spirituellement Max Müller, la mythologie est une *maladie du langage*, il existe contre cette *maladie* un *remède spécifique* dont les effets, quoique rétrospectifs, n'en sont pas moins certains : c'est la linguistique, la linguistique seule, qui peut guider l'historien dans ce dédale des mythes primitifs, sans cesse transformés, fondus, défigurés, intervertis, substitués. Le lecteur verra ce que cette science peut produire, en parcourant les principaux articles que nous avons consacrés aux mythes, aux légendes, aux personnages fabuleux, de l'Inde, de la Grèce, du Latium, de la Perse... »

La convergence est éclairante. Langage et pathologie sont d'abord liés par une conception empirique du devenir de la vie. Et, dans cette configuration, il n'y a point à s'étonner de constater que, derrière l'organicisme scientifique de Schleicher ou de Max Müller, et les nouvelles recherches inaugurées outre-Rhin, Littré – déjà traducteur d'Hippocrate, et réviseur du dictionnaire médical de Nystens – compose sa fameuse *Pathologie verbale ou Lésions de certains mots dans le cours de l'usage*, intégrée à ses *Études et glanures*, que Bréal rebaptisera en 1888 *Comment les mots changent de sens*. Et que les jeunes linguistes français du XIXᵉ siècle, héritiers de leurs prédécesseurs lexicographes et grammairiens de la génération « romantique » du début du siècle, travaillent à étudier – comme Darmesteter ou Bréal, précisément – *La Vie des mots*, traquant derrière celle-ci les symptômes d'une altération pathogène. L'heure est alors arrivée des représentations fondées sur la *méthode expérimentale*, au moment même où, les principes de Claude Bernard étant généralement admis, il est possible au linguiste d'appuyer sa conception du langage sur les expérimentations de Broca :

« [...] C'est la faculté du langage articulé qu'il faut invoquer en définitive pour distinguer l'homme de ses frères inférieurs. [...] L'exercice de la faculté du langage articulé est subordonnée à l'intégrité d'une partie très-circonscrite des hémisphères cérébraux et plus spécialement de l'hémisphère gauche. Cette partie est située sur le bord supérieur de la scissure de Sylvius, vis-à-vis l'insula de Reil, et occupe la moitié postérieure, probablement même le tiers postérieur seulement de la troisième circonvolution frontale. C'est l'autopsie des aphasiques qui a démontré cette localisation. Dans cette autopsie, en effet, on découvre constamment "une lésion très évidente de la moitié postérieure de la troisième circonvolution frontale gauche ou droite", presque toujours, dix-neuf fois sur vingt, de la circonvolution du côté gauche » [*ibid.*, p. 30-31].

La faculté du langage est ainsi progressivement référée à un objet physiquement observable, et – de ce fait – les pathologies métaphorisantes de la langue sont peu à peu renvoyées à des spéculations préscientifiques justifiant d'autant, par opposition, certaine attitude agressivement puriste à l'endroit du développement du lexique : « C'est la presse qui est véritablement le "bouillon de culture" de tous ces microbes infestant notre langue, car c'est de la lecture des journaux que se nourrit principalement l'esprit de nos contemporains », écrit encore – en 1902 – Théodore Joran [*Le Péril de la syntaxe et la crise de l'orthographe*, Paris, 1ʳᵉ éd., 1896, p. 5]. Il résulte de cette opposition un débat sur la nature de la langue scientifique dont la constitution du vocabulaire de la maladie et de la médecine reflète l'âpreté. Et il s'établit ainsi une relation circulaire entre la langue, organe physiologique de l'élocution humaine, et le langage qui lui assigne ce rôle, dans laquelle s'abime toute réflexion proprement critique. Parler de la langue, en ce début du XIXᵉ siècle, revient alors à parler indirectement du corps individuel, et, par médiation, déjà du corps social. Une étiologie de la langue se construit par là sur le modèle d'une hygiène physiologique, car, les mots de la langue renvoyant aux maux du corps, le vocabulaire de la maladie devient ainsi – dans sa constitution même – un moyen d'illustrer les différentes pathologies historiques de la langue française. Ou, ce que les grammairiens, lexicographes, remarqueurs et puristes de tous poils voyaient comme tel...

Le champ lexical se développant en France de 1790 aux années précédant immédiatement la Première Guerre mondiale se caractérise ainsi au moyen de cinq variables en interaction simultanée : la subsistance d'*archaïsmes*, la tendance au *néologisme*, les effets de la *dérivation automatique*, la *variabilité graphique* des formes savantes, et les conséquences d'une *fantasmatique généralisée* de la maladie. Il est aisé de reconnaitre, parmi les 3 700 items sélectionnés, ceux qui – dès le début du XIXᵉ siècle – font déjà figure d'archaïsmes. Soit qu'ils relèvent en leur contenu d'une conception de la médecine déjà dépassée : *Acantabole, Acescence, Agacin,* [...], *Béchique, Bradypepsie, Cacade, Calasie, Caprizant,* [...], *Décarneler, Diacatholicon* [...], *Entoglosse, Épreinte* [...], *Galanterie, Gravèle*, etc.

Soit que leur forme linguistique elle-même renvoie – le plus souvent par l'intermédiaire du grec – à une terminologie savante des temps antérieurs au XIXe siècle : *Gynécomaste, Gynide, Helminthocorton,* [...], *Ischiagre, Lipyrien, Métachorèse, Néphropléthorique,* [...], *Phyma, Pleurostotonos, Rhienchyre, Splanchnographie,* [...], *Usucapion, Xérotribie, Yctomanie,* etc.

La subsistance de ces items dans les dictionnaires de la période marque nettement la prédominance d'un savoir cumulatif à une époque où s'effectue difficilement la transition de la médecine classique à la médecine moderne. La cumulation est peut-être moins significative d'ailleurs de la capitalisation nominaliste des connaissances, précédemment évoquée, que de la difficulté de passer sans solution de continuité d'une épistémologie médicale à une autre. Le vocabulaire s'interpose dans ce cas – comme forme pérenne de représentation – entre la tendance progressiste et la tendance régressive de la science. Les zones d'archaïsme lexical constituent en langue comme une mémoire tampon facilitant simultanément le passage du passé vers le présent, et l'ancrage du présent sur des formes de représentation dépassées. Arsène Darmesteter, en 1886, caractérise parfaitement ce double mouvement :

« [...] Ces exemples qu'on pourrait considérablement multiplier, suffisent à nous montrer combien la langue actuelle, cette langue qui vit dans notre pensée, sur nos lèvres, contient de débris des temps passés ; véritables fossiles, puisque la langue moderne avec ses lois de formation ou de construction n'en peut plus rendre compte, mais fossiles toujours vivants, puisqu'ils ont encore leurs fonctions propres et leurs emplois spéciaux. [...] Dans l'organisation linguistique comme dans *l'organisme physique*, nous assistons à ce *développement de la cellule* qui grandit et qui prospère aux dépens des cellules voisines, antérieures, qu'elle finit par absorber. Dans le monde linguistique, comme dans *le monde organique*, nous assistons à cette lutte pour l'existence, à cette concurrence vitale qui sacrifie des espèces à des espèces voisines, des individus à des individus voisins, mieux armés pour le combat de la vie. D'une façon générale, s'il est acquis que la biologie tout entière n'est que l'histoire des différenciations que les organismes d'un même type ont subies en s'adaptant à des milieux divers, on peut affirmer que *la linguistique n'est que l'histoire des évolutions, diverses suivant les races et les lieux, par lesquelles a passé le type primitif...* » [*loc. cit.*, p. 175].

Mais ce développement des tendances modernistes du langage s'effectue aux dépens des formes anciennes de la langue selon un processus analogique de cancérisation latente, qui renvoie – une nouvelle fois – à l'involution du mal dans les mots, et aux rapports ambigus du langage et de la maladie. C'est dans ce cadre que les néologismes du champ lexical prennent alors leur valeur et assument leur fonction progressiste. Il faut de nouveau distinguer ici entre :

– les termes qui renvoient à une découverte de la technique médicale, pour laquelle une forme lexicale nouvelle est nécessaire ; le néologisme est ici *externe* ;

– et ceux qui, dans le système lexical de la langue française, proposent la dénomination inédite d'un contenu remodelé dans les domaines de la thérapeutique, de la chirurgie ou de la pharmacologie ; le néologisme est ici *interne*.

Dans les deux cas, l'économie et l'équilibre du système lexical de la langue se trouvent modifiés. On rapportera au phénomène du *néologisme externe* l'extension et la généralisation des innovations lexicales ou phraséologiques imputables aux découvertes de Cabanis [*Localisations cérébrales*], de Broussais [*Phlegmasie, Phrénologie*], Auenbrugger et Broussais [*Percussion*], Chomel [*Rhumatisme, Clinique médicale*], Laënnec et Cruveilhier [*Histologie, Anatomie pathologique*], ou de Piorry [*Plessimètre*]. À la même série d'éléments se rapportent des termes tels que : *Adéno-méningée, Adénographie, Angéiohydrographie, Anthropométrie, Capsule de Glisson, Dilatateur[s], Embryographie, Endocardite, Extumescence, Fonction glycogénique, Hématographie, Ischio-caverneux, Méningo-gastrique, Prophylaxie*, etc.

Du côté des *néologismes internes*, en revanche, on rangera des formes généralement plus marquées par les procédures traditionnelles de dérivation et de composition savantes, qui répartissent en plusieurs signes un contenu autrefois indifférencié et exprimé par une seule unité : Catarre, *Catarrhal, Catarrhectique* ; [...] Encéphalite, *Encéphalocèle, Encéphaloïde* ; [...] Laryngologie, *Laryngographie, Laryngoscopie* ; [...] *Pneumatocèle, Pneumatomphale, Pneumographie, Pneumorrhagie* ; etc.

Troisième caractéristique du lexique de la maladie, les effets de la *morphologisation automatique* du lexique médical. Par cette expression, j'entends les effets de l'application extensive des procédures de dérivation et de composition de la langue, qui confèrent à celle-ci une homogénéité apparente et une rigueur désignative dont l'inesquivable logique annihile – à terme – le vrai pouvoir onomasiologique. Cette pratique se réalise au moyen de deux grandes procédures morphologiques : la *dérivation* et la *composition*, et la liste des termes ci-dessous atteste l'importance de ce phénomène. Par la voie dérivationnelle, s'imposent des formes nettement perceptibles et compréhensibles par un public cultivé.

Notamment grâce aux séries préfixales : *Antiapoplectique*, *Antiarthritique*, *Antiasthmatique*, [...], *Dysesthésie*, *Dysépulotique*, *Dysménorrhée*, [...], *Sous-clavier*, *Sous-costal*, *Sous-cutané*, etc., dans lesquelles peut parfois se glisser fugitivement un élément leurrant de même apparence mais de constitution différente : *Antidesme*, *Excès*, etc.

Les séries suffixales se révèlent également d'un taux de productivité très élevé : *Agérasie*, *Athermasie*, *Chalasie*, *Coprostasie*, *Hémostasie* ; *Amphidéon*, *Argemon*, *Basilicon*, *Dacryon*, *Décamyron*, *Ectropion* ; *Clinoïde*, *Condyloïde*, *Encéphaloïde*, etc. Hatzfeld et Darmesteter ont noté à ce propos :

> « Sur les cent et quelques suffixes qui ont servi ou servent encore à former les mots français, la plupart sont originaires du latin. Les uns sont propres à la langue populaire et les autres à la langue savante. Les uns vivaient aux premiers temps de la langue, ont graduellement épuisé leur fécondité et sont morts aujourd'hui ; d'autres sont nés à une époque relativement moderne et sont aujourd'hui en pleine vigueur. Quelques-uns ont eu leur domaine réduit ou étendu ; un certain nombre, nés avec le français, ont traversé quinze siècles d'existence sans rien perdre de leur activité ni de leur énergie créatrice. *C'est dans l'histoire de la dérivation qu'apparaît le plus clairement la vie du langage, cette vie que notre esprit prête aux groupes de sons que nous appelons des mots.* Le champ de l'activité intellectuelle est ici plus restreint, le nombre des éléments linguistiques sur lesquels elle s'exerce est moins considérable ; mais les idées à rendre sont, au contraire, variées, fines et délicates. On saisit là très nettement l'action de l'esprit modifiant les formes extérieures, les moules de la pensée qu'il s'est créés » [*Dictionnaire général*, p. 43].

Mais ils ajoutaient bien vite que cette facilité était quelquefois déviée par des finalités insuffisamment strictes : « La dérivation ne se renferme point dans les limites d'une logique rigoureuse ; *l'analogie* en étend le cercle de mille manières ; elle en est le principe presque essentiel, la puissance sans cesse créatrice » [*ibid.*, p. 45]. Par le terme d'*Analogie*, la sémiose linguistique se voyait impliquée dans une sorte de métaphorique généralisée requérant d'être contrôlée par les lexicographes. Ceux de la fin du siècle s'acquittèrent probablement mieux de cette tâche que leurs prédécesseurs du début du XIXe siècle, plus enclins – sur le modèle de Dumarsais – à accepter les effets d'un verbe imaginatif, et qui ne sourcillaient pas en désignant – comme Boiste, 1808 – la valvule de l'oreillette du cœur au moyen du terme *Épiscopale* [*Dictionnaire universel*, p. 306 c]. La question reste cependant de savoir si cette sorte d'expansion en corail du lexique médical a véritablement servi l'épistémologie de la discipline.

L'autre procédé typique de cette *mécanique lexicale* est celui de la *composition*, dont Hatzfeld et Darmesteter – de nouveau – observent qu'il est tout particulièrement propice à la création d'image, notamment sous les formes de l'*ellipse* et de la *juxtaposition* :

> « La composition groupe dans une unité simple des idées qui se présentaient naturellement séparées, procède par voie de synthèse. La *synthèse* est un procédé de formation de mots bien déterminé ; les mots qu'elle crée existent dès l'instant où les éléments composants sont mis en présence et combinés par l'ellipse. La *juxtaposition* n'a rien de bien précis ; comme elle n'est qu'une réunion de mots, faite d'après les lois les plus élémentaires de la syntaxe, seule la plus ou moins apparente fixité que l'usage donnera à l'un ou l'autre de ces goupements y fera reconnaître un juxtaposé. Elle doit son existence au temps. [...] L'unité d'image, qu'elle soit visible ou non, est donc ce qui détermine l'existence d'un juxtaposé ; *mais le passage, pour les images, de la complexité à l'unité est souvent incertain* ; telle locution flotte souvent entre ces deux états, n'étant pas encore assez simple pour mériter le nom de juxtaposition, déjà trop réduite pour ne pas être considérée comme une locution spéciale » [*Dictionnaire général*, p. 72-73].

Le corpus lexical rassemblé expose pleinement l'application de ces deux formes de créativité : *Bulbo-vaginal* ; *Céphalo-rachidien* ; *Entéro-épiplocèle, Entéro-épiplomphale, Entéro-hydromphale* ; *Glosso-pharyngien* ; *Néphro-thromboïde* ; *Pancréatico-duodénal* ; *Pétro-salpingo-staphylin* ; *Sacro-ischiatique* ; *Sarco-hydrocèle* ; *Sphéno-phtérigo-palatin*, etc., sont des termes qui représentent la tendance elliptique aboutissant à la création d'un mixte représentatif que légitime la décomposition anatomique du corps humain. La tendance juxtapositive de la créativité lexicale – pour sa part – est abondamment illustrée par des formes telles que : *Bactériologie, Bradyspermatisme, Broncocèle, Bulbiforme, Cynanthropie, Echthymose, Emménagologie, Éroticomanie, Infundibuliforme, Monorchyte, Manustupration*, etc., que l'on jugera globalement acceptables, quoique s'insèrent dans leurs séries des éléments plus douteux : *Périostôse, Rhagadiole, Sex-digitaire*, etc.

Les auteurs du *Dictionnaire général*, à la différence de Boiste, de Landais et même de Littré, ont assez vite perçu le danger d'une généralisation excessive de la procédure en évaluant son impact historique :

« Jusqu'au milieu du XIVe siècle, le français ne contenait que peu d'éléments grecs. C'étaient des mots qui avaient passé dans le latin populaire ou dans le latin ecclésiastique et avaient perdu la trace de leur origine première ; ou bien c'étaient des termes du bas grec que les croisés, au XIe siècle et au XIIe siècle, avaient rapporté de Constantinople. [...] Au XVIe siècle, les traducteurs furent sobres d'emprunts à la langue hellénique ; c'est par la science beaucoup plus que par la littérature que la terminologie grecque pénétra chez nous. D'ailleurs elle ne s'y installa pas brusquement, mais fit une sorte de stage en passant par la forme latine. Les dictionnaires de médecine du XVIe siècle et du XVIIe sont rédigés en latin, et présentent une terminologie mipartie latine et grecque. Ambroise Paré, au XVIe siècle, seul fait exception ; ses œuvres, écrites en français, contiennent un grand nombre de mots grecs ; mais encore quelques-uns sont-ils reproduits sous la forme purement latine et donnés comme mots latins.
Au XVIIIe siècle même, notre langue, malgré les apparences, n'a de rapport avec le grec que par le latin. De même que le petit nombre de termes de médecine et de chirurgie et quelques termes de philosophie qu'elle avait reçus du grec lui avaient été transmis par le latin de la scolastique, de même les nomenclatures nouvelles qui chargent le lexique d'un nombre presque infini de mots nouveaux, avec l'œuvre de Linné et de Jussieu, sont, elles aussi, rédigées en latin avant de passer dans le français. Ce n'est véritablement qu'au XIXe siècle que les physiciens, les chimistes et les philosophes empruntent directement au grec les termes qui leur sont *nécessaires pour consacrer leurs nouvelles découvertes*. [...] La richesse de cette langue [le grec], ses remarquables qualités de précision et de netteté, son égale puissance de composition et de dérivation, la désignaient naturellement aux savants, qui y puisent à pleines mains » [p. 103].

Et ils notent en particulier – sous la forme d'une comparaison implicite avec l'épidémiologie – les dévoiements auxquels cette mode peut donner lieu :

« Ces emprunts ne restent pas toujours confinés dans le domaine restreint de la science, mais envahissent de tous côtés la langue commune, la pénètrent et menacent désormais de la désorganiser. *L'extension, le progrès des sciences, la vulgarisation, pour employer le terme consacré, l'action incessante de la presse, le développement de l'industrie, répandent dans l'usage général certains termes qui n'auraient pas dû sortir du laboratoire du chimiste ni du cabinet des médecins ou des philosophes.* De plus, une foule de suffixes, de particules grecques, étant devenus usuels, chacun se croit autorisé à combiner ces éléments à sa guise, en bravant les lois du grec et celles du français. *De là des formations hybrides et barbares qu'on rencontre dans plus d'un de nos composés modernes.* De là aussi des composés mi-grecs, mi-français, qui montrent à quel point beaucoup d'éléments composants grecs sont devenus organiques et ont perdu leur cachet d'origine » [*loc. cit.*, p. 103].

La citation me semble particulièrement éclairante des excès auxquels la mécanique lexicale du français scientifique, soumise aux effets de mode, a pu donner lieu. Et force est bien de reconnaître que, sous cet aspect, les lexicographes de la première moitié du XIXe siècle ont joué un rôle néfaste plus important et plus précoce que celui que leur imputaient les auteurs du *Dictionnaire général*. Une seule remarque pour fixer les idées sur la conception de la rigueur lexicographique dont se dotaient les rédacteurs de dictionnaires du début du XIXe siècle : il s'agit de l'enregistrement des variantes d'un terme, qui permet d'augmenter sensiblement en quantité la nomenclature, mais qui est révélateur du désarroi du lexicographe partagé entre des formes populaires, qui sont souvent multiples, et des formes savantes, qui tendent vers

---

**« LE TOUR DE LA FRANCE PAR DEUX ENFANTS », par G. BRUNO
(Belin, Paris, 1877)**

Le Tour de la France par deux enfants est un ouvrage qu'ont lu bien des petits élèves de l'école primaire à la fin du XIXe siècle et au début du XXe. L'auteur ne perd pas une occasion de faire une leçon de « choses » ou d'histoire, ou d'instruction civique, sur un fond de patriotisme en accord avec le sentiment qui régnait quelques années après la défaite de 1870-1871. Les sujets des gravures correspondent aux étapes du voyage des deux enfants qui ont quitté Phalsbourg en Lorraine pour faire leur tour de la France. Les légendes commencent volontiers par une définition : ainsi, les petits lecteurs, dont beaucoup n'ont pas pris les « trains de chemin de fer », sauront ce que c'est qu'un tunnel. En Auvergne, ils verront au travail un discret fabricant de paniers, en français général un vannier, à propos duquel l'auteur ne manque pas de donner des conseils d'hygiène bien caractéristiques de l'époque. Tandis qu'ils regardent la représentation d'un cours à l'école de médecine, les petits lecteurs peuvent apercevoir confusément d'où provient le vocabulaire savant qui peu à peu se substitue à celui qu'ont légué les traditions populaires. [G. Bruno, *Le Tour de France par deux enfants*, édition du Centenaire, Belin, Paris, 1977.]

UN COURS A L'ÉCOLE DE MÉDECINE.— Les médecins doivent connaître le corps humain avec tous ses organes, qu'ils auront
plus tard à soigner. Les professeurs montrent aux élèves
sur les squelettes tous les os qui composent la charpente
de notre corps. Dans la salle de dissection ils leur montrent
les muscles et les nerfs. La science des diverses parties du
corps s'appelle *anatomie*.

TUNNEL DE LA NERTHE, PRÈS DE MARSEILLE. — Un *tunnel* est un
passage pratiqué sous terre ou à travers une montagne,
dans lequel s'engagent les trains de chemin de fer. Le plus
grand tunnel de France a été longtemps celui de la Nerthe
qui a près de 5 kilomètres de longueur. Un autre tunnel
plus grand encore, a été construit pour mettre en communi
cation la France et l'Italie ; c'est celui du mont Cenis, dont
la longueur dépasse 12 kilomètres.

l'uniformisation et l'unicité : *Agrouelles, Écrouelles* ; *Cangrène, Gangrène* ; *Mastupration, Masturbation* ; et, à l'intérieur des formes savantes elles-mêmes, entre des variantes strictement orthographiques : *Carpologie/Carphologie, Fétus/Fœtus, Flegmasie/Phlegmasie, Squirre/Squirrhe*, etc.

À une époque où les efforts des grammairiens se portent sur l'uniformisation des graphies du lexique français, la variabilité formelle admise par la plupart des lexicographes de la première moitié du XIXe siècle est un indice plaidant en faveur d'une conception positiviste cumulative du savoir. Par là s'affirme une propension à la régression qui contrevient aux avancées du savoir revendiquées par les figures de la néologie. La double graphie exhibe le plus souvent une forme populaire et une forme savante. Une acclimatation du terme scientifique aux conditions ordinaires de l'échange quotidien – le mot en habit de ville – s'oppose ainsi à la sauvegarde de ses prérogatives techniques sous couvert d'un vêtement de cérémonie.

Il résulte de ce phénomène que les termes désignant globalement le champ notionnel français de la maladie se chargent d'un pouvoir d'évocation fantasmatique grâce auquel le médecin, utilisateur des formes savantes, assoit sa notoriété et son pouvoir sur la collectivité, soumise aux simplifications de l'usage. En effet, à considérer la liste des termes relevés dans le corpus, et après avoir constaté le troublant phénomène des variations de l'orthographe, on ne peut s'empêcher de remarquer le caractère sournoisement hétérogène de ce corpus. Des termes indubitablement savants y côtoient des termes empruntés à une terminologie populaire de la maladie. Les lexicographes de la famille de Boiste, par exemple, ne s'y trompent pas, qui, recourant à des désignations imageantes, précisent ces dernières dénominations en les accompagnant d'une glose qui leur adosse le terme scientifique adéquat : « Mal d'aventure : abcès au doigt ; Galanterie : maladie vénérienne ; *Noli me tangere* : ulcère malin ; Picote : petite vérole ; etc. »

En d'autres occasions, ce sont les formes imagées de la représentation analogique populaire – autrefois étudiées par Pierre Guiraud – qui sont reprises par le lexicographe pour illustrer le phénomène nosographique. Entre certaines formes perceptibles dans le monde extérieur et certains symptômes ou manifestations de la pathologie, le langage permet de dégager un espace commun de partage du sens : «*Bec de canne, Bec de corbin, Bec de cuillier, Bec de cygne, Bec de grue, Bec de perroquet, Bec de lièvre, Bruit de râpe, Chapetonnade, Crêtes de coq, Géroflés, Grenouille, Haut-mal, Suette*, etc. » Le sérieux du lexicographe peut même parfois le rendre aveugle et sourd aux jeux sur les mots perceptibles dans certaines désignations : «*Mal de mer, Mal de mère*»… Et

le nom de la maladie se développe alors dans une paraphrase adnomi-
nale : «*Maladie de la pierre, Maladie d'Addison, Maladie de Basedow, Maladie de Bright* [= Néphrite], *Maladie de Ménière* [= Vertige], *Maladie de Paget, Maladie de Werlhof* [= Purpura], *Maladie du Sommeil,* etc.* », dans laquelle le nom de personne – en l'occurrence du médecin – sert d'identificateur, ce qui constitue un pas dans l'avancée promouvant le médecin au rang de nouveau mage du monde moderne.

L'image de la science transmise par les dictionnaires est l'image d'une imperturbable application de l'esprit analytique et synthétique aux choses du verbe. Les dérivés du nom savant, le nominalisme cumulatif de la science moderne du XIXᵉ siècle, notamment dans le domaine de la médecine, font alors se poser inéluctablement la question de l'hygiène du langage. Devant la profusion des termes recensés et les effets de pléthore auxquels ils concourent par leur masse, le linguiste ne peut s'empêcher de retourner aux conseils que Bernard Jullien formulait déjà en 1851 dans ses *Thèses de grammaire* :

> « La *nomenclature des sciences devrait, en général, être faite par des grammairiens, non par des savants.* Sans doute les savants doivent dire ce qu'ils veulent exprimer, et les grammairiens, dans la composition de leurs mots, doivent suivre exactement la direction et exprimer à la lettre la pensée des savants ; mais il faut que ce soient eux qui imposent les noms, si l'on veut que ceux-ci soient tout-à-fait *convenables*. En effet, bien que *la nomenclature* ait une grande influence sur l'enseignement, ou, comme on dit aujourd'hui, sur la vulgarisation de la science ; qu'à un certain degré même elle soit le moyen sans lequel celle-ci ferait difficilement des progrès, cependant elle *n'est pas proprement la science ; ce n'est qu'un langage qu'on y approprie ou qu'on y applique, langage dont les éléments et les règles doivent être établis par ceux qui ont étudié les langues et qui les connaissent,* et non par ceux qui n'en ont pas fait l'objet spécial de leurs études ou même n'y ont jamais pensé » [p. 452].

La question reste ainsi posée de l'ambiguïté du traitement concédé aux mots de la maladie et de la médecine par les dictionnaires français de la première moitié du XIXᵉ siècle [1]. Devant un territoire en extension constante, les efforts des lexicographes ont porté essentiellement sur les aspects quantitatifs de la terminologie, souvent au détriment de la précision ; et, comme subsistaient toujours dans les colonnes de leurs ouvrages des éléments lexicaux faisant référence à une technique dépassée, il en est résulté une illisibilité paradoxale de la discipline, dont les dictionnaires de la seconde moitié du XIXᵉ siècle durent lever

progressivement l'hypothèque. Écartelée entre conservatisme et modernité, entre les racines grecques et latines et les dénominations populaires, la terminologie de la maladie et des soins qu'on pouvait lui
appliquer s'est donc ainsi constituée au début du XIXe siècle comme un
massif complexe, dont certains voyaient avec satisfaction se réaliser
l'extumescence prometteuse tandis que d'autres eussent volontiers procédé à l'impitoyable excision de ses rameaux les plus proliférants... Le
traitement embarrassé, et pour tout dire a priorique, de ce lexique dans
le *Dictionnaire logique de la langue française ou Classification naturelle et philosophique des mots, des idées et des choses. Ouvrage pouvant servir de complément aux dictionnaires et encyclopédies alphabétiques*, d'Élie Blanc [1], est à cet égard parfaitement révélateur.

Le développement des techniques agricoles [2] et industrielles favorise évidemment l'entrée dans le lexique français de toute une série de
termes parfois empruntés à l'anglais. L'exemple du chemin de fer, magis-
tralement étudié par P. Wexler [3], est particulièrement représentatif à cet
égard : *chemin de fer* est lui-même la traduction de *railway* et s'introduit
en français dès 1823 et la mise en service de la ligne Saint-Étienne-
Andrézieux, dont la finalité était le transport du charbon. Il en est de
même pour *aiguille, convoi, rail, dérailler, gare* – qui fut longtemps en
concurrence avec *débarcadère* – et *ligne, plate-forme, tampon, tender,
train, truck, tunnel, voie ferrée, voiture*, et bien sûr *wagon*. On peut discerner dans ces termes des réfections anglaises de termes originellement
français [*Tonnelle > Tunnel*], l'adaptation à une nouvelle réalité de
termes déjà connus pour désigner une certaine pratique [*Débarcadère*,
primitivement réservé à la navigation fluviale], et des emprunts immédiatement reçus par la collectivité [*Wagon*]. Ce dernier trait – par l'effet
d'un usage abondant, notamment dans le journalisme – est d'ailleurs le
plus caractéristique de l'émergence d'un lexique ferroviaire. Mais, en
d'autres secteurs de la technologie, il faudrait encore signaler les premières occurrences de : *Autoclave, Bathyscaphe, Agglomérat, Capilla-
rité, Caoutchouc, Galvanoplastie, Inoxydable*, etc. Il conviendrait ici de
reprendre en détail la série des célèbres *Manuels Roret* pour débusquer
– dans chaque branche d'activité technique et/ou artisanale – quantité de
ces vocables que les dictionnaires ordinaires de langue n'ont pas su intégrer. Le monde aérien ne serait d'ailleurs pas en reste, si l'on s'en rapporte à Arthur Mangin, auteur d'un traité divisé en trois parties, qui
traite successivement de physique, de mécanique et de chimie atmosphériques, des phénomènes météorologiques, et de « la troupe ailée », c'est-
à-dire les oiseaux et les insectes [4]. Ces ouvrages sont bien sûr grands
pourvoyeurs de mots techniques et grands auxiliaires de leur naturalisation, certains pensent et disent « vulgarisation »... La science pour tous !

Les mutations artistiques [1] donnent aussi à observer des altérations intéressantes, en raison certes de l'accroissement des pratiques littéraires, musicales, picturales, mais aussi et surtout en raison du développement de la critique artistique, laquelle a besoin de s'identifier et de se reconnaitre dans l'emploi d'une métalangue spécifique que répandent les feuilletons de Castil-Blaze, Paul Scudo, et bien d'autres folliculaires fournissant régulièrement leurs livraisons à la *Revue des Deux Mondes*, au *Journal des Débats*, à l'*Ami de la Charte*, au *Ménestrel*, à la *Revue et gazette musicale de Paris* ; tout un spectre d'organes de presse aux intérêts divers et aux objectifs nettement diversifiés. La caractéristique principale de cette critique est qu'elle ignore ce que l'on nomme proprement aujourd'hui *histoire de l'art*, pour se consacrer à l'exposition des fondements du jugement esthétique ; et cette critique devient alors par anticipation une sorte de système interprétant des beaux-arts ayant pour dessein primordial de définir la valeur socioculturelle des formes d'art pratiquées. Il s'agit moins de créer des mots nouveaux, ou de valider des acceptions nouvelles, que de vulgariser une terminologie dans l'emploi de laquelle se reconnaissent les bourgeois amateurs de l'art. Les diatribes et pamphlets entourant par exemple la querelle des néo-classiques et des romantiques favorisent la diffusion extensive des termes de la critique littéraire : *sixain, enjambement, césure, distique, rime*, entrés dans la langue plus de deux siècles auparavant mais réservés aux seuls théoriciens de la littérature ; et la dénomination de *métaphore* largement utilisée a pu laisser croire que toute la rhétorique se réduisait alors à ce seul trope. Dans le domaine musical, on note les mêmes tendances. Le fonds du vocabulaire s'est constitué du XVIᵉ au début du XVIIIᵉ siècle [*ballet, ode, chœur*] ; il est fortement influencé par la langue italienne : *diva, fantasia, trémolo, libretto, gruppetto, moderato, scherzo, grazioso, maestoso, ritardando, smorzando, espressivo, rallentendo, appassionato, presto, strette, stringendo* ; beaucoup moins par la terminologie germanique. Les dictionnaires du XIXᵉ siècle – *Boiste* 1823, *Laveaux* 1828, *Académie* 1835 et 1842, *Bescherelle* 1845-1846, *Littré* 1863, *Larousse* 1863 – accueillent libéralement les termes de la technique musicale : *violoniste, violoncelliste, hautboïste, tromboniste, trompettiste, clarinettiste, corniste*, ce qui est le signe d'une professionnalisation indubitable, alors que les instrumentistes étaient précédemment désignés par la forme non marquée du genre grammatical de leur instrument. De même : *Orchestration, pose, modelé, instrumenter, mélomane*. La diversification des formes musicales laisse également sa trace dans le lexique français : *Mazurka, concertino, oratorio, partita, polonaise, écossaise, mélodie, requiem, ricercare*. Ainsi que celle des instruments, des *castagnettes* à l'*ophicléide* et au *saxophone*, en passant par la tintinnabulante *balalaïka* signalée le 8 messidor an X par le *Courrier des spectacles*. Je laisserai bien sûr de côté les néologiques créations d'Alexandre Soumet dans la *Divine Épopée*[1] inspirées par la vogue à l'époque d'un langage de type musical, des pasilogies et pasigraphies à la Devisme[2] ou, ultérieurement, à la Jean-François Sudre[3]. Car ici la fantasmatique lexicale – composante dont il conviendrait de prendre au reste la mesure, ne serait-ce que sous sa forme néologique en raison des théories qui se développent alors sur les mécaniques morphologiques productrices de lexique – prend le pas sur l'évolution réelle des faits.

Les pratiques instrumentales fournissent aussi l'occasion au vocabulaire de s'enrichir et de se diversifier : *triller, pousser, frotter, filer* [un son], *nuancer*[4]...

Le prestige de tel[le] ou tel[le] artiste peut même inciter à adopter telle ou telle forme lexicale neuve ; ainsi de la Taglioni, danseuse prestigieuse et concurrente de Fanny Essler, et du substantif *ballerine* [1832], également connu sous les formes *ballarine* [1807] et *ballerina* [1837], voire de la *cachucha* [1832], célèbre danse majorquine.

De manière générale, les hardiesses et les innovations sont néanmoins moins fortes dans le domaine de la critique musicale que dans celui de la critique littéraire et picturale ; la technicité du vocabulaire est là un frein incontestable. L'univers des peintres, comme on l'a souvent marqué, se délimite pour les initiés dans l'emploi d'un argot spécifique : *rapin, chic, ficelle, patte, croquade, pochade, tartouillade, emmancher, hancher, repiquer*... Des termes plus génériques trouvent alors leur reconnaissance : *nature morte, paysage, tableautin, miniaturé, typer, aquarelliste, caricaturiste, fresquiste, pastelliste, imagier*. On aura noté ici la productivité particulière du suffixe *-iste*, désignant le praticien d'une forme bien définie, à l'époque où la notion d'*école* tend à être supplantée par celle d'*atelier*. Malgré les effets certains de la mode, les engouements sont moins à même de peser sur la constitution lexicale et phraséologique de la langue. Cette dernière, en revanche, est beaucoup plus sensible à des faits génériques induisant par exemple des thématiques particulières susceptibles de se développer en véritables constellations. La légende napoléonienne, tout au long de la première moitié du siècle, constitue une de ces constellations dont les astres de première grandeur sont : *Armée, Légion d'honneur, Code, Bulletin* [de guerre], *Canon, Casernes, Gloire, Honneur, Logarithmes, Tambour, Officier, Victoire*, etc. Tous termes qui ne peuvent guère être insérés dans un contexte quelconque sans que ce dernier ne soit connotativement altéré par la valeur que ces items ont acquise dans les textes, récits et discours, relatant l'épopée impériale. L'anglomanie de l'aristocratie du premier tiers du siècle est une autre forme de ce système consociatif sous-jacent de la langue, qui fait que l'occurrence d'un item lexical relevant de tel ou tel domaine induit contextuellement la cooccurrence d'autres items relevant du même champ discursif, et justifie l'intégration – éventuellement momentanée – de termes référant à certains aspects des modes culturelles[1] : *Cashmire, Carrick, Châle, Cold Cream, Cokeney, Gentlemen, Jockey, Miss, Mackintosh, Paquebot, Steeple-chase, Toast, Turf*, etc. Il conviendrait d'étendre la remarque à l'espagnol également : *Carliste, Cholulo, Fandango, Gracioso, Parador, Picador, Sombrero*. L'italien pourrait prétendre à semblable honneur avec des formes telles que : *Bravo, Camérière, Cascatelle, Dilettante, Diva, Farniente, Lazzarone, Macaroni*, etc. Tandis que l'allemand ne peut guère revendiquer que des formes telles que *Gasthof*, ou *Lieder*, ce dernier souvent employé comme encore aujourd'hui – contre la morphologie germanique de son pluriel – au singulier, *Sauer-kraut*, voire *Philistin*. Plus significatif encore : le carnaval de Nice, créé en 1873, est l'occasion de fixer définitivement dans la langue l'emploi du terme *Confetti*, dont Stendhal actualise toute l'italianité en 1841. De manière générale en ces matières artistiques, la diffusion et la lexicalisation des vocables s'appuient sur un large emploi de la métonymie – l'œuvre ou le fragment d'œuvre désigné par son tempo, par ex. : *allegretto* – et des formes de la dérivation.

La conscience politique se laisse plus facilement saisir à l'improviste dans les manifestations de la presse que dans les grands ouvrages didactiques, érudits ou dogmatiques consacrés à ses matières. La grande presse parisienne, en particulier, toute stimulée par ses luttes avec la censure, se veut avant tout un moyen d'expression politique, et laisse sensiblement de côté les faits divers, à l'exception de ceux qui peuvent frapper l'imagination collective en éveillant en elle les résonances du mythe. Deux grands faits dominent alors les discussions. La Révolution, tout d'abord, la grande, celle de 1789, est un repère obligé de tout débat[2] ; toutes les grandes notions dont il est traité entre 1815 et 1900 ont été définies sous son cours ; et, si les sentiments que l'on peut éprouver à son endroit sont largement polarisés, il n'en demeure pas moins que cet éveil et cette reconnaissance du pouvoir de la bourgeoisie marquent un tournant dans l'évolution de la conscience politique nationale. Puis, la monarchie constitutionnelle anglaise, notamment autour de la révolution de 1830, dont l'expérience donne la possibilité d'une appréciation et de multiples discussions. Modèle vénéré, ce type de monarchie garantit à la bourgeoisie une certaine forme de sécurité, et favorise le développement de ses affaires. Le cens électoral, qui constitue encore une sérieuse limite à l'expérience de la démocratisation, n'est pas alors perçu comme une injustice ; et le célèbre slogan de Guizot « Enrichissez-vous » est plus entendu comme une invite à thésauriser pour accroitre ses richesses que comme la suggestion faite aux exclus du vote de travailler et amasser pour acquérir le droit de vote. *Absolutisme, autorité, capitalisme, Charte, conservateur, Constitution, dynastie, électeur, législature, légitimisme, légitimiste, majorité, monarchie, opposition, parlementaire, républicain, société* sont quelques-uns de ces termes que l'usage fait circuler quotidiennement et dévalue progressivement en érodant les franges révolutionnaires de leur origine. Un sous-préfet de Béthune, M. Lequien, peut ainsi publier, en 1830, un *Essai sur l'Administration* [Paris, Pillet, Roret, éd.], qui constitue à la fois un excellent document lexicologique sur les pratiques de l'époque et un réquisitoire sévère à l'endroit des défauts de paperasserie et de lourdeur déjà imputés à l'organisation des bureaux de l'administration. *Administration, circonscription, club, députés, fonctionnaires, Garde nationale, pair, préfet, Sûreté générale, syndicats,* marquent donc l'avènement d'un nouveau type d'organisation politique et sociale, et suscitent en conséquence réactions et prises de position en tant que désignateurs d'une certaine pratique du gouvernement. Cette dernière est d'ailleurs vivement marquée par le phénomène des émeutes populaires, qui engendre en discours son propre réseau lexico-sémantique : *Anarchie, attaques, chicanes, code pénal, complots, conspirations, diffamation, émeute, factieux, faction, immoralité, journées, Loi martiale, révolte, scandale, sédition,* scandent alors les discours des élus et du peuple. Et, si l'on n'est pas encore en 1821 sur le seuil de l'identification des classes populaires aux classes dangereuses, Chateaubriand parait être l'un des premiers – dans sa *Correspondance* – à employer le terme de *Gréviste* ; *Communisme,* quant à lui, s'impose, d'abord dans une revue bruxelloise, le *Trésor national,* en 1842, puis presque immédiatement en France. Un antisémitisme certain, charriant avec lui des dénominations infamantes promises hélas à un grand avenir – *youpins,* etc. – en France et ailleurs en Europe, se marque nettement peu avant la césure médiane du siècle, avant la naissance violente de l'éphémère IIe République, comme l'atteste le triste volume d'Alphonse Toussenel, *Les Juifs, rois de l'époque. Histoire de la féodalité financière* [Paris, 1844, 2e éd. 1847]. Les évènements dramatiques de la seconde moitié du XIXe siècle, et l'éveil des mouvements politiques et sociaux donnant dans les luttes une expression puissante à la conscience de classe, ont également vivement contribué à élargir la palette non seulement des formes lexicales du français se rapportant à ce domaine, mais aussi celle des valeurs sémantiques et pragmatiques attachées à ces dernières et à leurs emplois [1].

À cet égard, une mention toute particulière doit être faite du lexique du droit, qui, dans la postérité du *Code civil* édicté en 1804, signe l'appropriation d'une véritable culture : *Adjudication, Aléatoire, Affermer, Indivis, Jurisprudence, Licitation*, etc., et la possession de droits ainsi que la soumission à des devoirs également indubitables. Normalisation et régulation sociales passent autant par les filtres de la langue que par les étamines de la justice, qui distinguent le bon droit et l'abus, la violence et l'obéissance.

Point d'achèvement des entreprises politiques, la colonisation constitue un champ d'investissement profond de la France du XIXe siècle, qui a son influence sur le lexique même du français. La conquête de l'Algérie, en 1830, généralise et légitime l'emploi de termes arabes qui, s'ils ne font pas alors leur entrée véritable dans le lexique français, trouvent par le journalisme une certaine forme de reconnaissance populaire : *agha, alfa, aman, caïd, diffa, émir, gonon, marabout, oued, razzia, charif, saphi*, par exemple, en qui on reconnaitra des néologismes renvoyant à des réalités techniques jusqu'alors inconnues en France : administration, armée, religion. Les percées en Afrique apporteront la reconnaissance et la vulgarisation du terme *Cacahouète* que Laveaux signalait déjà en 1820 comme équivalent d'*Arachide* ; de *Méhari*, autour de 1822. Ces avancées en des contrées lointaines excitent certainement l'imagination des lecteurs de journaux et des journalistes. Une certaine forme d'exotisme s'insinue dans le lexique français du XIXe siècle à la faveur de ces faits : *Chibouque*, terme d'origine orientale, recueille ses premiers emplois chez Balzac [*La Peau de chagrin*] avant d'être enregistré dans le *Complément du Dictionnaire de l'Académie* publié en 1842 sous la direction de Barré. Ces éléments confèrent indéniablement une couleur locale et un exotisme de façade[1] aux discours qui se les approprient en jouant pour cela de toutes les modalités permises par la prononciation, la graphie et même le contenu de ces items. Un processus identique se marquera plus loin avec les régionalismes et provincialismes récupérés par la littérature.

Malgré une impression trop largement répandue jusqu'à nos jours, la philosophie française du XIXe siècle ne mérite pas le dédain global dans lequel elle a été tenue. Le développement de son vocabulaire n'a certes rien de spectaculaire, mais Jacques Chaurand a bien montré naguère comment et pourquoi certaines de ses innovations avaient pu porter leurs fruits jusque dans l'apparente modernité de notre siècle[2] : *Humanitaire, individualisme, affinité, nihilisme, positif...* L'évolution du contenu même de *philosophie* est éclairante à cet égard. Entre 1798 et 1870 le terme *philosophie* s'inscrit au cœur d'une constellation lexicale dont l'extension embrasse tous les aspects contradictoires de la

valorisation discursive que la société investit dans ce terme. L'étymologie milite d'ailleurs en faveur du respect et de la considération dus à ce
terme dont les gloses exposent une définition que le simple bon sens –
même cartésien – interdit de réfuter. P.C.V. Boiste, dès 1808 et la 3ᵉ édition de son *Dictionnaire universel*, note :

> «*amour de la sagesse ; connaissance évidente*, distincte des choses
> par leurs causes et leurs effets ; science qui comprend la logique, la
> morale, la physique et la métaphysique ; classe, leçon de philoso-
> phie ; opinions des philosophes ; élévation et fermeté d'esprit ; élé-
> vation et fermeté d'âme qui porte à se mettre au-dessus des préju-
> gés, des événemens fâcheux, des fausses opinions ; caractère
> d'imprimerie ».

C'est bien autour de ce noyau inaliénable que se structurent les
diverses formes de la dérivation morphologique du terme. Si *philosophie, philosophe, philosopher, philosophique*, et même le terme apparemment moderne de *philosophème*, peuvent être entendus comme les
formes d'appréhension les plus neutres du phénomène de la pensée abstraite et générale, les items *philosophaille, philosophailler*, en revanche,
laissent clairement percevoir dans leur dérivation suffixale une charge
de connotation. Quant à *philosophisme, philosophiste*, il est assez aisé
d'y détecter une exacerbation du syndrome condamnateur tel qu'il
résulte des tendances du néologisme. *Philosophastre* incline vers les
associations avec tous les termes qui, en raison de leur suffixation dimi-
nutive [latin *-aster*], dénotent une ressemblance incomplète avec la
notion contenue dans le radical, et connotent un effet de péjoration
archaïsante : *gentillâtre, poétastre*, etc. *Philosopherie et philosophesque*
pour leur part, respectivement définis comme une *mauvaise philosophie* et la caractérisation d'une *philosophie fautive*, ne sont guère susceptibles d'une contre-interprétation qui les valoriserait positivement
tout à coup. La simple situation du terme neutre au sein de cette
ensemble suffit – paradoxalement – à ériger la neutralité en pseudo-cri-
tère positif d'appréhension du contenu, en dépit des expériences de
l'histoire immédiatement passée dont les lexicographes de la première
moitié du XIXᵉ siècle ne peuvent cependant pas ignorer les conséquences pratiques.

En composition syntagmatique, au début du XIXᵉ siècle, *Philosophie* s'accommode d'épithètes convenues parmi lesquelles il est aisé de
distinguer entre les termes qui orientent positivement le contenu de la
locution : *chrétienne, première, morale, classique, spiritualiste, idéa-
liste, métaphysique* ; et ceux qui en orientent plutôt négativement le
sémème : *naturelle*, donné comme synonyme de *païenne*, logique, cor-

pusculaire, mécanique, moderne, positive, matérialiste… Les premiers soutiennent une conception traditionnelle de la philosophie comme activité réflexive essentiellement préoccupée de la définition du statut de l'homme au monde. Les seconds s'inscrivent dans le mouvement d'extension et de régénération de la pensée philosophique qui porte à interroger les fondements scientifiques de la nature. Le passage du siècle tend au reste à inverser l'axiologie, et le dernier tiers du XIXᵉ siècle ne verra plus aucune connotation négative dans les termes de la seconde série. Quelques prédicats, cependant, ne penchent en faveur ni du soutien ni du dédain : *expérimentale, critique*, par exemple, qui, subvertissant les valeurs anciennes de ces termes, dans la postérité kantienne et les conceptions de Claude Bernard, exposent des modalités nouvelles de la réflexion. Quelques épithètes, notamment relevées dans le *Dictionnaire universel* de Boiste, s'attachent moins à la définition des caractéristiques intrinsèques de l'objet, comme ci-dessus, qu'à l'évaluation des effets qu'il peut produire sur le monde et ses acteurs. Au fur et à mesure que se succèdent les éditions de cet ouvrage, et que l'on avance par conséquent dans le XIXᵉ siècle, cette liste se modifie et s'élargit. Des caractéristiques : *insouciante* et *sceptique*, somme toute banales en 1808 pour décrire une philosophie synonyme de *style de vie*, l'édition de 1834, revue et corrigée par Nodier, ne retient rien et substitue à celles-ci des prédicats marquant nettement la polarité manichéenne du bon et du mauvais : *véritable, douce, noble, riante, haute*, voire *altière*, suggèrent une aperception positive de l'objet, tandis que *fausse, coupable, froide, décourageante, flétrissante* et *corruptrice*, en stigmatisent sans vergogne la négativité sociale. De *style de vie*, il semble qu'on soit passé à *manière de vivre*. La 8ᵉ édition du *Boiste* [1834], relue et complétée par Nodier, ce *Pan-Lexique* moderne n'hésite pas à faire appel à Mᵐᵉ de Grignan pour justifier la sévérité de caractérisation des diverses formes euphémistiques prises par la philosophie : « Toutes les philosophies ne sont bonnes que quand on n'en a que faire » ! Dès la 9ᵉ édition de 1839, et jusqu'en 1857, dans la dernière édition de cet ouvrage, s'ajouteront à cet ensemble : *dangereuse, systématique* et *négative*. On est bien là au cœur de cette crispation de la pensée réflexive du second tiers du XIXᵉ siècle qui fait alors prendre conscience de ce que la philosophie sans les sciences n'est qu'une vague et dérisoire fantaisie de l'imagination, et de ce que les sciences sans philosophie sont porteuses d'illusion et de danger. De ce que vivre contraint l'homme réflexif à envisager les modalités de son existence et le cadre historique, moral, politique et social, dans lequel se développe cette dernière. Ce dont le lexique porte évidemment la trace.

Une seconde forme de la composition se réalise sous les espèces de

la complémentation adnominale par adjonction d'un syntagme prépositionnel : *philosophie de l'histoire*, notamment à la suite de l'importation en traduction [1827] des travaux de Herder [Quinet] et de Vico
[Michelet]. On verra ensuite se généraliser les formes : *philosophie de
la botanique, philosophie de l'art de la guerre, philosophie de la grammaire, philosophie de la chimie*, principalement sous l'emprise des
thèses humboldtiennes portées à la connaissance du public français
par Saint-René-Taillandier [1859]. La détermination rétroactive du
contenu de chaque discipline ou corps de doctrine par le terme même
de *philosophie* donne l'illusion d'atteindre aux fondements primordiaux de l'objet, d'en élaborer une saisie épistémologique intégrale, et
d'en exposer la leçon. Dans cette période du XIXᵉ siècle, toute philosophie de la langue s'énonce déjà à mots couverts sous les apparats verbaux dans lesquels elle se drape, et se décline subrepticement dans les
modalités syntaxiques du message qui la communique.

Dans la mesure où le contenu de « philosophie » est irrémédiablement incliné vers les effets d'un didactisme soucieux de donner des
exemples à la société, et de lui proposer matière à réflexion sous forme
d'essais, de cours, voire de poèmes ou de romans, il n'y a plus guère à
s'étonner si la notion et son objet en viennent à subsumer une véritable
représentation unifiée de l'univers et à exprimer une forme de connaissance globale de l'expérience humaine, susceptible de faire se correspondre les secteurs les plus apparemment éloignés de cette dernière.

Un excellent exemple est celui que donne le *Dictionnaire de la
conversation*, qui fait de *philosophie* le terme central d'une épistémologie critique plaçant le sujet observateur au cœur du monde créé, comme
l'interprète par excellence de la création et des intentions de son créateur :

> « [...] L'examen des diverses branches de la philosophie nous a fait
> entrevoir qu'elle a des rapports avec plusieurs sciences impor
> tantes [...]. Elle en a avec toutes les études, et elle les domine
> toutes, car elle leur donne à toutes des principes. Ayant pour objet
> le monde intellectuel et moral, elle se distingue des *sciences phy
> siques*, qui ont pour objet le *monde matériel*, et des *sciences
> mathématiques*, qui ont pour objet les *formes d'un monde idéal
> appliquées au monde réel*. Mais si distincte qu'elle en soit, elle
> prête aux unes et aux autres le *point de départ* de chacune d'elles,
> la *méthode* qu'elle doit suivre, et l'*art* ou l'ensemble des règles
> qu'elle doit appliquer pour élever un édifice scientifique. [...] »

Cette métaphore de « la reine commune des lettres et des arts [...]
des sciences morales et politiques » est en soi parfaitement représenta-

tive d'une conception hiérarchique du savoir et d'une représentation hiérarchisée des degrés de la connaissance, au service d'une entreprise de construction et d'organisation de la société. Nul autre témoignage que celui de Dupiney de Vorepierre ne peut être plus indicatif de cette tension propédeutique, dans laquelle la philosophie – comme forme d'instruction du citoyen – s'est peu à peu substituée aux seuls prestiges verbaux d'une rhétorique qui avait délaissé au cours du temps son objectif maïeutique initial. Le lexicographe, replaçant le terme de *philosophie* et son contenu dans la perspective historique, fait de celui-ci la clef de voute d'un dispositif politique et social ordonné et stable ; et lorsqu'il décrit le programme qui s'ouvre sur l'avenir de la philosophie contemporaine, en 1881, il n'hésite pas à affirmer la prééminence d'un nouveau type de connaissance, qui supplante alors l'histoire, celui de la psychologie, science naturelle, que l'on peut éternellement balancer entre l'individuel et le social :

> «À nos yeux la *psychologie* devrait être la base de l'édifice philosophique tout entier, c'est à son achèvement parfait qu'il est urgent de travailler. Or la *psychologie* offre encore beaucoup à faire, soit que l'on considère les facultés de l'âme en elles-mêmes, soit qu'on les considère dans leurs rapports avec l'organisme. La *logique* est à peu près terminée ; néanmoins les règles de la méthode inductive ne sont point encore aussi rigoureusement fixées que celles de la méthode déductive. Nous ne parlerons point de la *morale*, car elle a été fondée sur des bases inébranlables, par le christianisme, comme par la *philosophie*. Quant à la *métaphysique*, on peut, nous le croyons, affirmer que le champ de ses spéculations est épuisé ; ce qui le prouve, c'est qu'elles tournent perpétuellement dans le même cercle, et se répètent dans le même ordre au bout de certaines périodes. Elles se reproduisent toujours, il est vrai, avec un aspect de jeunesse qui en impose ; mais ce rajeunissement apparent est dû aux emprunts qu'elles font aux sciences positives dont le progrès est incessant. Il importe de mettre un terme à ce mouvement stérile ; on n'y parviendra qu'en reprenant l'œuvre de Kant avec l'aide d'une *psychologie* définitive. Enfin, il restera à introduire la philosophie dans la *sphère des sciences* : toutes en ont besoin, sans en excepter les sciences mathématiques. Néanmoins celles où la philosophie a le plus grand rôle à jouer, sont les sciences que l'on classe communément sous la dénomination de *sciences morales et politiques*, l'histoire, le droit, *la linguistique générale*, l'économie politique, et la politique proprement dite. Il nous est permis de croire que l'esprit français, en général si net, si

lucide, si pratique, si ennemi des rêveries, parce qu'il a le goût et l'habitude de l'ordre et de la méthode, remplira un rôle digne de lui, le principal peut-être, dans cette grande œuvre dont nous appelons de tous nos vœux l'accomplissement [1]. »

Une telle citation souligne l'évolution dont le terme de *philosophie*, son contenu, et tous les items lexicaux gravitant autour de lui ont été l'objet au XIXe siècle. Dans la succession des gloses lexicographiques, on est progressivement passé, grâce aux lentilles de la réflexion et du langage, d'une conception restreinte de l'objet à une conception élargie du phénomène dans laquelle le terme de *philosophie* est désormais en mesure de s'appliquer dynamiquement à toute entreprise d'interrogation des fondements de la société. C'est à ce titre que l'ensemble des sciences – que l'on a aujourd'hui l'habitude de réunir sous l'opposition des *sciences humaines* et des *sciences dures* – a pu être convoqué à la barre du politique. Ce n'est pas dire que la philosophie en cette période du XIXe siècle se soit réduite à un empirisme étroit, et au culte des plates données de l'observation ; c'est simplement constater que l'entreprise philosophique, avec des moyens différents, plus modestement fondés sur l'expérimentation, se donne alors une ambition supérieure à celle dont elle s'était dotée dans les périodes antérieures, et qu'à travers le langage et sa critique – philologique d'abord, linguistique ensuite, et enfin psychologique – elle peut désormais envisager la place et la fonction de l'homme [2] – non dans l'univers – mais dans les sociétés, comme Hovelacque le fait à la suite de Broca. Simplification de la désignation et complexification simultanée de son contenu. Lorsque parurent, en 1852, les 4 volumes du *Dictionnaire des sciences philosophiques* d'Adolphe Franck, le mouvement de la langue et de la pensée ici présenté laissait pressentir ces développements hardis d'une nouvelle théorie de la connaissance. Mais sur le fond d'un inexpugnable scepticisme. Et la mode est alors à faire proliférer l'emploi des formes lexicales – même anciennes – suffixées en *-isme* : *manichéisme, radicalisme,* [anti-]*cléricalisme, dualisme, nihilisme, paganisme, arianisme, nestorianisme, pélagianisme, molinisme, voltairianisme,* etc. Y compris en concédant à ce suffixe un faux et illusoire pouvoir de rendre philosophique ou savante une notion jusqu'alors considérée comme triviale : *nanisme* [1840], *onanisme* [1828], *crétinisme* [1844], *maniérisme* [1806], *criticisme* [1836], *gâtisme* [1868], *obscurantisme* [1819], *dynamisme* [1834], etc.

Il serait coupable de quitter le secteur du lexique en omettant l'attraction déjà importante exercée au XIXe siècle par deux ordres de faits lexicaux : celle déjà exercée à l'époque par la langue anglaise, d'une

part, et le développement des argots[1], d'autre part. De nombreux éléments du lexique s'introduisent alors dans les discours à la faveur des
thématiques politiques et commerciales, et de topiques plus précises
telles que les récits journalistiques des émeutes luddistes d'Angleterre en
1812, ou des affrontements du problème irlandais et de la réforme électorale entre 1827 et 1832. Des termes tels que : *Boop, Cant, Cokeney,
Constables, Egotism/-ist, Hustings, Major Officer, Meeting, Middle-
man, Policemen, Poll, Repealer, Riot-act, Speech, Tories*, marquent la
prégnance du phénomène. Dans les secteurs technologiques et commerciaux, la même fascination se révèle, on a déjà noté des termes tels
que *Steamboat, Paquebot*, etc. C'est que – comme l'a bien montré
naguère J.-R. Klein[2] – l'attraction exercée par la Grande-Bretagne,
malgré les aléas de la haute politique, ne cesse de s'appliquer à tous les
niveaux de la société et marque l'expression d'une sorte d'hyperbole de
l'élégance, qui signe son *fashionable*. L'homme à la mode intègre à ses
comportements sociaux une vague anglicité de façade. Un érudit peut
alors s'amuser à rappeler que *Budget* provient en vérité de l'ancien
français *bougette*, et que nombre de termes ressentis comme anglais
sont – dans leur origine – bien français. Dans la lignée de ses premiers
travaux de philologue, Francisque Michel va même jusqu'à construire
d'impressionnants édifices documentaires sur ces bases relationnelles et
comparatives, car quantité de mots français ont été acclimatés en
Écosse à l'époque de Marie Stuart et de l'*Auld Alliance*, puis s'en
reviennent en France avec le prestige des mythes attachés aux terres
lointaines[3]. Depuis les années romantiques, dans lesquelles le sublime
poétique s'inscrivait et se diffusait dans les *keepsakes* de la bonne
société. Illustration de l'anglomanie proliférant dans la bonne société,
le terme réfère – selon le *Supplément au Dictionnaire de l'Académie*,
rédigé par Louis Barré [Paris, 1842] – à des « espèces d'almanachs de
luxe importés d'Angleterre », constitués comme albums-recueils de
pièces de vers, de morceaux de prose, et agrémentés de dessins et de
gravures. Entre 1823 et 1848, on a pu recenser plus de 330 volumes de
ce type, dont le *Dictionnaire de la conversation* note :

> «KEEPSAKE (que l'on prononce *kipseck*) est un terme récemment
> emprunté à la langue anglaise ; il désigne ces jolis volumes que
> recommandent, comme présents du jour de l'an, la beauté de leurs
> gravures et l'exécution soignée de leur typographie, auxquelles se
> joint, au gré du donateur, le plus ou moins de luxe des reliures. Les
> deux mots dont on a composé celui de *keepsake* indiquent que
> c'est un livre qu'il faut garder (*keep*) avec affection (*sake*). Le mot
> et la chose ont été importés chez nous il y a quelques années.

Quant à la dernière, le fait est que nous la possédions déjà sous d'autres noms. C'est un de nos écrivains romantiques, Frédéric Soulié, qui publia en France le premier *keepsake*, sous ce nom britannique, naturalisé depuis parmi nous » [2ᵉ éd., Paris, 1867, t. XI, p. 757 b].

Des textes de Lamartine, Vigny ou Hugo y voisinaient avec des gravures de Tony Johannot ou Achille Devéria. La dégénérescence rapide du romantisme français s'abimant dans des excès d'un sentimentalisme de pacotille condamna peu à peu l'objet. Seule subsista dès lors la dénomination qui put échapper aux naufrages répétitifs occasionnés par l'extension du mauvais gout précisément soutenu par les modes du jour.

La mode est d'ailleurs à l'hyperbolisation généralisée de l'expression, et il est courant de voir s'entasser dans les énoncés des formes telles que : *renversant, ébouriffant, esbroufant, épatant, à tout casser, splendide, infect, gâteux*. Pourquoi pas alors *égotiste, sentimental, soda-water, establishment, glass* [*glasse*, pour *un verre à boire*] et d'autres encore, qui infusent dans les discours une apparence d'élégance que seuls sauront partager les *happy few*... Le dernier exemple est particulièrement révélateur d'ailleurs de la labilité des frontières qui distinguent les différents registres de la langue française au XIXᵉ siècle, car le terme de *Glasse/Glace*, attesté dès le XVIIᵉ siècle, manifestement dérivé de l'anglais au sens susdit, ne possède pas alors une valeur dépréciative ; cette dernière n'apparait qu'à la fin du XIXᵉ siècle, en des contextes où le vocable est naturellement irradié par les effets de vulgarité de son contexte : « La journaille, j'vas chez l'bistro, quand j'ai assez d'fric pour un glasse [1]. » Quelle est la valeur des anglicismes ? Notre langue de la fin du XXᵉ siècle ne procède guère autrement !

Ces remarques sur la difficulté de fixer des niveaux et des registres de langue montrent clairement que – malgré toutes les difficultés attachées à ces repérages – la prise en considération de l'impact des argots sur le lexique français standard ne doit pas être sous-estimée. Il s'agit peut-être là – en matière d'interaction de la norme et des usages – du phénomène le plus caractéristique du lexique français du XIXᵉ siècle. Alors que les littérateurs, les critiques et les esthètes ratiocinent sans fin sur les degrés de légitimité de l'emploi de tel ou tel terme – on se rappellera à cet égard les contre-manifestations programmatiques d'Alfred de Vigny et de Victor Hugo [2], entre autres – la langue en ses développements quotidiens est appelée à connaitre des particularités sociologiques fracturant la belle unité de l'idiolecte national et faisant émerger des formes de parlures qui tendent à se constituer en autant d'hermétolectes. J.P. Wexler avait naguère réédité une pétition de 1827 en argot de typographes, qui permet de prendre rapidement la mesure de la violence du phénomène :

> « Le projet de loi pour l'abolition de la presse est cause que la France entière gobe une chèvre de loup. Depuis l'année passée, la calance était presque générale, et les trois quarts des typographes ne tortillaient plus que par hasard. [...] Nous avons beau nous retourner in-12° ou in-8°, il est aisé de concevoir qu'il nous sera impossible de tomber en registre. [...] Mettez-vous dans la boule que depuis qu'on patine à la glacière, il ne fait pas bon à faire michaut sur la hauteur et surtout qu'on ne peut vivre sans tortiller[1]. »

Il est facile de deviner les raisons de l'ostracisme qui frappe de telles pratiques langagières au regard du commun de la société : niveau social inférieur, spécialisations professionnelles, voire isolement de l'incarcération, sont autant de facteurs qui relèguent les argots aux marges de l'intégration lexicale de la langue. Michel Dubois avait naguère donné un état intéressant de l'argot utilisé par les bagnards emprisonnés à Brest vers 1820, d'après un texte ayant appartenu au fonds Coquebert de Montbret de la Bibliothèque de Rouen. Les quelques termes suivants peuvent donner une idée de l'hermétisme attaché à ces pratiques en dehors du plus strict cercle des initiés : *Bachasse*, pour *galère* : « Gerbé à vioc, si tu rejoins la bachasse, tu es marron » ; *Bayaffe à deux jetées*, pour *pistolet à deux coups* : « J'ay une paire de bayaffes à deux jettées [*sic*], que j'ai grimé [*sic*] à un messière » ; *bloquir* pour *vendre* : « J'ai bloqui ma camelotte au fourgat, il n'y avait point de carle à son boucard » ; *Bruge* pour *serrurier* : « Il faudrait affranchir le bruge pour qu'il fasse une carrouble » ; *Carrouble* pour *clef* : « J'ai une carrouble qui débride la lourde de sa turne » ; *Gaff* pour *sentinelle* : « En entrant en vergue le gaff m'a fait tomber » ; *Solisseur de Combre* pour *Chapelier* : « Le solisseur de combre m'a retaillé, j'en avais le taf[2] », etc. On reconnaitra bien sûr dans ces vocables des éléments qui – ultérieurement – seront intégrés aux lexiques standardisés, éventuellement par la voie de la stylisation littéraire désireuse de reproduire une image plausible de l'oral, comme chez Zola, et, plus encore, au XXᵉ siècle, chez Céline ou Queneau. Ce qui pose sans doute la question de distinguer entre les registres de langue ordinaire et populaire... Le problème atteindra son niveau d'acuité le plus élevé au XXᵉ siècle. Le XIXᵉ siècle, pour sa part, à travers l'évolution de ses écoles littéraires notamment, aura été marqué par une sorte d'enfermement dans l'axiologisation du lexique, qui incite par exemple des critiques du naturalisme à retrouver dans ce mouvement les mêmes défauts que ceux de l'école romantique : « Plus le naturalisme s'insurge contre le romantisme, plus il s'en rapproche, même par ses différences... voulues[1]. » À l'encontre de cette école, Camille Berriat et Albert Heimann[2], tout comme Ambroise Macrobe, alias Antoine Laporte, soutiennent d'ailleurs un combat similaire ; par les mots s'infuse une véritable dégradation délétère de l'éthique sociale, et il n'est pas insignifiant que la *Flore pornographique* des derniers[3], *Glossaire de l'école naturaliste, extrait des œuvres de M. Émile Zola et de ses disciples,* prenne en quelque sorte le contre-pied du modèle idéal classique du jardin des racines grecques, et l'inverse dans une dérision hautement critique gouvernée par le seul souci de préserver la morale nationale.

De manière générale, indépendamment de l'irruption de mots nouveaux, de quelque origine et de quelque niveau de langue qu'ils relèvent, la difficulté la plus grande présentée par le vocabulaire français du XIXe siècle tient majoritairement à son extraordinaire extension formelle et sémantique, qui, démultipliée par les discours tenus et les conditions sociologiques d'énonciation de ces derniers, aboutit très souvent à des glissements de valeur aujourd'hui très difficiles à reconnaitre. Ainsi Georges Gougenheim avait-il jadis lumineusement montré comment et pourquoi s'inversaient autour de 1840 les effets de sens de *Portier* – jusqu'alors désignant une fonction subalterne – et de *Concierge* – dénommant au contraire une charge importante de responsabilité[4].

7. LA FIXATION MORPHO-SYNTAXIQUE

Héritant d'une conception solidement enracinée dans la tradition, les grammaires du XIXe siècle présentent une vision classique de la configuration des parties du discours. Ainsi la *Grammaire nationale* de Bescherelle, à propos de l'article, en s'essayant à une sorte de comparatisme typologique naïf et primaire, note-t-elle :

> « Cette partie du discours est peut-être la plus importante, eu égard à son usage fréquent et continuel, et sa qualité d'être particulière à certaines langues. Ces deux raisons doivent nous faire considérer l'article comme devant surtout caractériser le *génie* de notre langue, et comme la source ou de ses plus grands avantages sur les langues qui sont privées de ce secours, ou de ses défauts les plus sensibles ; aussi est-ce par là que ses détracteurs veulent prouver sa prétendue lenteur, son défaut de concision et de force, et que ses partisans prouvent sa netteté, sa précision, sa vraie clarté [...]. *L'article a de grands avantages dans les langues où il est en usage. Il leur donne plus de douceur, de délicatesse et de précision dans l'expression, ce qui compense bien ce qu'il leur ôte en énergie.* La langue latine a une dureté qu'on ne trouve ni dans la langue grecque, ni dans la langue italienne, ni dans la langue française. D'ailleurs ce qu'elle rend d'une seule manière peut être rendu de plusieurs façons par le moyen de l'article. C'est ce que Dumarsais a démontré d'une manière victorieuse en faisant voir que sans l'article il n'est pas toujours facile de développer les différentes vues de l'esprit et que ce n'est que par son moyen qu'on peut exprimer bien des nuances d'idées[1] [...] »

On saisit nettement là l'hésitation d'une grammaire normative en cours de constitution, qui doit s'appuyer sur une terminologie classique étayée par une conception traditionnelle des parties du discours, et qui – concurremment – éprouve la nécessité de recourir à des arguments esthétiques pour justifier la validité de la rigueur des cadres précédents. Ce qui incline insensiblement la discussion vers la prise en compte d'intérêts « stylistiques ».

Les fonctions grammaticales telles que la grammaire scolaire entend les fixer étaient pourtant un moyen important de rigidifier le fonctionnement syntaxique de la langue. À l'heure où une émancipation de l'écriture par l'exemple du style des écrivains, que les grammairiens tentent de façon plus ou moins convaincante d'intégrer à leurs corpus d'exemples et à leurs listes d'explications, pourrait être envisagée, la normalisation contraint paradoxalement à repousser les séductions d'une esthétique de l'expressivité et à succomber aux sacro-saints principes de la clarté et de la logique d'Ancien Régime. Le cas suivant me semble être un bon exemple du phénomène.

Les constructions détachées – appositions, gérondifs, constructions absolues –, qui ont pour point commun d'établir une relation anaphorique « sous-entendue » avec un constituant de la proposition, comme l'a montré B. Combettes[1], spécifient la grammaticalisation du français, non seulement au regard de l'histoire de la langue, mais aussi au regard de l'étude de l'évolution des théories grammaticales ; car ces constituants périphériques et leur traitement relèvent de deux disciplines en mouvement au XIXe siècle : la grammaire et la rhétorique. *Grammaire de phrase* et *linguistique du discours*, pour prendre les termes aujourd'hui adéquats, sont les cadres à l'intérieur desquels on peut analyser ces formes complexes. Comme la majeure partie des grammairiens du XIXe siècle et d'aujourd'hui n'ont pas une vue précise et générale du phénomène, il est difficile de dégager une problématique claire. Toutefois les divers traités de l'époque font entrevoir certaines constantes notables. Ainsi les constructions détachées interfèrent-elles dans le traitement de deux questions fondamentales sur lesquelles reviennent constamment les grammairiens du début du XIXe siècle : l'ordre des éléments de l'énoncé, et la hiérarchisation des unités syntaxiques. Quelle que soit d'ailleurs la position des grammairiens sur le problème de « l'ordre naturel », tous reviennent sur ce que Condillac nomme les « transpositions », cas général, qui recouvre les *inversions*, les *détachements*, les *déplacements de groupes en début de proposition*, dont les *constructions détachées* sont un aspect particulier. La justification de la transposition se trouve ainsi double : à l'intérieur de la phrase, elle correspond à une certaine logique dans la liaison des idées, la construction détachée renvoyant à une sorte d'idée « surajoutée » ; par rapport au contexte, elle assure la bonne liaison syntagmatique des enchainements ; la *Grammaire* de Condillac[2] était on ne peut plus claire sur ce point : « Il y a dans le discours deux choses : la liaison des idées et l'ensemble » [p. 504]. Dans cette perspective, la « liaison des idées » concerne la structure interne de la phrase : « Quand nous commençons la première construction, l'idée sur-ajoutée [...] attire notre attention, et nous fait

attendre le verbe auquel elle est subordonnée » [p. 523] ; mais, simultanément, c'est l'insertion dans un enchainement discursif qui autorise
l'utilisation de telle ou telle structure syntaxique : « Quand je donne
deux constructions pour bonnes, c'est que je considère une phrase
comme isolée. Vous verrez que dans la suite d'un discours, le choix n'est
jamais indifférent » [p. 524]. L'importance accordée au niveau thématique d'organisation des énoncés apparait d'ailleurs nettement dans
l'exemple choisi par Condillac pour illustrer cette contextualisation :
une phrase comme « Le roi reçut fièrement les députés de Tournay pour
avoir osé tenir en sa présence » peut supporter diverses transpositions,
en fonction du contexte antérieur : « S'il avait été d'abord question du
roi et de ces députés, on aurait pu dire également : le roi les reçut fièrement, pour avoir osé tenir en sa présence, *ou* : Pour avoir osé tenir en sa
présence, le roi les reçut fièrement » [p. 523].

Mais la question des constructions détachées se pose aussi lorsqu'il s'agit de délimiter et de définir des unités telles *que la proposition,
la période, la phrase ; les groupes apposés, les participiales, les gérondifs*. Certains auteurs reconnaissent ces objets comme des propositions
réduites, relevant de la catégorie des subordonnées. La construction
détachée, en l'absence de définition précise de la phrase[1], relève alors
de la phrase complexe, de l'élaboration de la période, puisqu'elle correspond à une proposition circonstancielle, ce qui renforce la liaison
avec le contexte. Mais ces remarques s'appliquent d'ordinaire à l'ensemble des transpositions, à l'ensemble des périodes ou des phrases
complexes : les constructions détachées n'y sont citées qu'à titre
d'exemples, et ne sont pas traitées en tant que telles. En revanche, l'impératif logique et esthétique de *clarté* est constamment rappelé, soit
sous la forme de conseils plus ou moins vagues : « Il faut seulement
prendre garde qu'il n'en naisse [*de la transposition*] quelque équivoque
avec ce qui précède ou avec ce qui suit » [p. 501], soit sous la forme de
règles qui se feront de plus en plus précises, la construction détachée
ne pouvant plus désormais se rapporter qu'au sujet, ou au pronom
régime, du verbe principal : « Le participe passé, mis au commencement de la phrase, doit toujours se rapporter d'une manière précise et
sans équivoque à un nom ou à un pronom placé après, soit en sujet,
soit en régime », comme l'affirme *La Grammaire des grammaires* de
Girault-Duvivier [1812 : p. 810]. Cette exigence de *clarté* s'ajoute ainsi
aux deux caractéristiques précédentes : *cohérence interne de la phrase*,
car l'antéposition d'un constituant doit correspondre à une liaison
logique des idées dans la proposition, *cohérence externe*, car la
construction détachée assure l'enchainement avec le contexte, et *grammaticalité*, car la non-ambigüité privilégie, dans la norme, certaines

structures. C'est pourquoi les grammairiens du XIXᵉ siècle traitent différemment ces trois aspects, essayant de rendre compte de la dimension grammaticale, mais aussi de la dimension rhétorique du phénomène. La constitution progressive de la grammaire en discipline autonome, comme on l'a vu précédemment, fera peu à peu oublier les deux premiers points, en réduisant la question des constructions détachées à un problème de syntaxe de la phrase.

À observer cependant les documents conservés du XIXᵉ siècle, qui marquent un usage littéraire, il apparait vite que les limitations des grammairiens sont loin d'être respectées ; la réalité des textes offre une grande variété dans les relations anaphoriques : de la coréférence avec le syntagme sujet jusqu'à la rupture de construction, la gamme des tours possibles est vaste et les étapes intermédiaires sont bien représentées. Là encore, plutôt que des cas arbitrairement tranchés par l'analyse, s'affiche un *continuum*. Les exemples de renvois à un pronom sont nombreux, ce qui est attendu, étant donné l'importance des enchainements avec le contexte, mais la fonction de ces pronoms n'est pas limitée à celle de sujet ou de clitique complément ; les pronoms placés en position postverbale, introduits par une préposition, jouent aussi ce rôle de coréférent : « Remplie d'une frayeur religieuse, chaque mouvement, chaque bruit devenait pour *elle* un prodige » [Chateaubriand]. La fréquence des coréférences avec des déterminants « possessifs », relations qui correspondent à celles qu'établissent les pronoms, est également notable : « Mais *en lisant* le consentement qu'il m'accordait, tous les inconvénients [...] se présentèrent tout à coup à *mon* esprit » [B. Constant]. On remarquera surtout la présence de constructions détachées renvoyant à des syntagmes nominaux compléments ; au fur et à mesure des années, il semble que cette possibilité disparait peu à peu, notamment après 1840, la coréférence se limitant alors aux groupes sujets : « Bientôt on les déporta aux Bouches de Cattara, et *jetés* dans les grottes souterraines, l'humidité et surtout le manque de pain firent bonne et prompte justice de *tous les coquins*» [Stendhal].

Les cas de « rupture » syntaxique ne sont pas moins fréquents ; ils s'inscrivent le plus souvent avec des gérondifs ou avec des participes à valeur temporelle, du type : *une fois arrivés*..., équivalant à : *lorsqu'ils furent arrivés*...; la construction détachée est mise en situation de correspondre à une subordonnée affranchie de toute « reprise » par un autre constituant de la proposition : « En sortant du milieu de l'Athènes moderne et marchant droit au couchant, les maisons commencent à s'écarter » [Chateaubriand]. Ce type de rupture se poursuit

à la vérité jusqu'au français moderne et n'appelle pas – même aujour-
d'hui où il est largement répandu par la presse et dans les textes administratifs – de commentaire particulier. Un cas plus rare, toutefois, est
sur le déclin dans le premier tiers du XIXᵉ siècle et va peu à peu disparaitre. Il s'agit – dans une période oratoire – de la construction détachée assumant simultanément deux fonctions : celle de rappel d'un
élément contextuel précédent [anaphore], et celle d'annonce anticipée
[cataphore] d'un élément de la proposition principale. Ainsi, Sade
pouvait-il bien écrire : «RIEN NE VA VITE EN BESOGNE COMME LES
COURS INFÉRIEURES ; *PRESQUE TOUJOURS COMPOSÉES* d'idiots, de rigoristes imbéciles ou de brutaux fanatiques, à peu près sûrs que de meilleurs yeux corrigeront LEURS STUPIDITÉS, RIEN NE LES ARRÊTE AUS-
SITÔT QU'IL S'AGIT D'EN FAIRE.» Le groupe « presque toujours
composées… » se rattache certes à « les cours inférieures » mais, d'un
point de vue syntaxique, il fait partie intégrante de la deuxième proposition de cette période ; et c'est le syntagme *rigoristes imbéciles*,
contenu dans la construction détachée, qui se trouve en coréférence
avec le clitique *les* dans la dernière proposition. Ce type d'exemple
montre la position « intermédiaire » des appositions : liens entre les
parties constitutives de la période, elles ne fonctionnent pas dans les
limites étroites de la proposition, et rappellent incessamment la difficulté de définir une notion claire de la phrase avant 1850, et la
seconde grammaire scolaire.

Les enchainements sur lesquels repose alors la légitimité des
constructions détachées s'accompagnent d'une valeur sémantique qui
justifie le déplacement du constituant à l'intérieur de la proposition.
L'idée « surajoutée » n'est pas déplacée parce qu'elle est secondaire,
mais parce qu'elle entretient un certain rapport avec l'idée principale.
Cette prédication seconde apportée par la construction détachée relève
principalement de deux catégories sémantiques : une *valeur chronolo-*
gique et une *valeur logique*. Le détachement se trouve donc ainsi dou-
blement justifié : par rapport au contexte, l'antéposition permet d'établir une période ; par rapport à la proposition, enfin, le déplacement
autorise un déroulement logique ou chronologique des idées. De très
nombreux exemples montrent que la construction détachée équivaut
dans ces conditions à une subordonnée temporelle réduite, avec valeur
d'antériorité : «*Arrivé* à la porte des appartements du pape, un abbé
me conduit… » [Chateaubriand]. Ces rapports chronologiques s'accompagnent souvent d'ailleurs d'une liaison causale avec le reste de la
proposition : « Trop *faible* pour remuer ma couche, elle restait comme
Dieu *me* l'avait retournée » [Chateaubriand]. L'effet produit tend à
exacerber l'attente créée par l'occurrence de la construction détachée,

car le lecteur doit, d'une part, rattacher au contexte antérieur le constituant antéposé et, d'autre part, l'interpréter, en attendant l'idée principale, comme une circonstancielle ; le contenu de la construction détachée [*faible, honoré, privé*] laisse d'ailleurs prévoir, ou fait anticiper la
valeur sémantique, temporelle ou causale. Ce sont essentiellement ces
deux facteurs – liaison avec le contexte, et rapport avec la principale –
qui permettent de justifier le lien grammatical relativement lâche que
constitue une construction périphérique non strictement intégrée à la
structure syntaxique de la proposition. Au demeurant, il n'apparait au
XIXe siècle, plus particulièrement jusqu'aux alentours de 1880, ni cas
de *ruptures discursives*, dans lesquels la construction détachée renver-
rait à un élément nouveau, non évoquée dans le contexte, ni cas de
valeur descriptive, dans lesquels l'apposition aurait un simple effet
d'épithète rhétorique.

L'évolution qui se dessine, dans la première moitié du XIXe siècle,
peut alors se résumer ainsi : la grammaticalisation du passage de la
période à l'unité phrase entraine une intégration progressive de la
construction périphérique, qui trouvera ses règles de fonctionnement à
l'intérieur de la proposition. Cette structuration syntaxique a des
répercussions au plan textuel proprement dit, car la valeur de liaison
avec le contexte se perd et la construction détachée peut renvoyer à un
sujet nouveau. C'est ici l'esthétique de la clarté de la langue française
qui se délite. Parallèlement, à partir du moment où il n'y a plus lien
obligatoire avec le contexte, la distinction des deux schémas *X + Sujet +
Verbe*/*Sujet + X + Verbe* ne se justifie plus et les valeurs sémantiques de
la construction détachée peuvent se modifier. Des groupes simplement
descriptifs, qui, jusque-là, se voyaient réserver la position intermédiaire
entre le sujet et le verbe, se trouvent ainsi antéposés, en début de
phrase. La *liaison logique* entre les idées n'est plus un facteur indispensable de cohésion, car la *clarté* se trouve assurée par la coréférence
quasi obligatoire avec le sujet. Ce n'est que dans la seconde moitié du
XIXe siècle que sera rendue possible par l'usage la combinaison de ces
deux caractéristiques – rupture avec le contexte, et valeur « descriptive » de la construction détachée : « Il reçut un soufflet mouillé dès
qu'il mit les pieds dehors ; *inondés par la pluie et par les rafales*, les
réverbères agitaient leurs éventails de flamme » [Huysmans]. Par rapport aux exemples précédents, les valeurs, textuelles et sémantiques, de
la construction détachée sont alors entièrement modifiées : le resserre-
ment du lien grammatical, et l'incorporation du constituant périphérique dans la structure phrastique, s'accompagnent d'une perte de la
fonction d'enchainement discursif et des effets de sens chronologiques

et logiques qui s'établissaient lorsqu'il y avait *transposition* d'un syntagme en début de phrase. Ces quelques remarques, qu'il serait utile d'étendre à d'autres faits de nature morpho-syntaxique, montrent de nouveau – me semble-t-il – l'impossibilité de dissocier au XIXᵉ siècle l'évolution même de la langue et celle des théories grammaticales ou linguistiques qui en assurent la cohorte et qui en fixent didactiquement les modèles.

8. LES FORMES DE L'ANALYSE DE LA LANGUE

Lorsque le Consulat se mit en place, le programme d'études qu'il préconisait le 25 floréal an XI se développait sur quatre ou cinq années, chacune d'entre elles étant divisée en deux classes qui laissent encore au latin toutes ses prérogatives :

1re ANNÉE :
6e classe = Latin + chiffrer
5e classe = Latin + les quatre règles

2e ANNÉE :
4e classe = Latin + Géographie
3e classe = Latin + Géographie + Éléments de chronologie et Histoire ancienne

3e ANNÉE :
2e classe = Latin [Salluste] + Géographie + Histoire jusqu'à l'Empire français + Mythologie
1re classe = Latin [Tite-Live] + Géographie + Histoire de France

4e/5e ANNÉE :
Rhétorique = Belles-Lettres latines et françaises[1]

L'enseignement des règles grammaticales était alors devenu une nécessité et un enjeu théorique. Dans les *Annales de grammaire*, Pierre-Alexandre Lemare, influencé par les thèses éducatives du pédagogue suisse Pestalozzi, part en guerre contre un apprentissage scolastique, qui ne permet pas aux enfants de maitriser le contenu de la grammaire :

« Si un élève de la nature, accoutumé à ne descendre aux abstractions qu'après avoir observé les individus qui s'y rapportent, tombait tout-à-coup au milieu de notre Europe, et que, par curiosité, il visitât nos écoles, il n'en croirait point ses yeux ; il ne croirait pas que des êtres qui paraissent lui ressembler, des êtres qui prétendent que la raison est leur apanage exclusif, puissent s'abuser jusqu'au point de s'imaginer que de faibles nourrissons qui n'ont encore rien vu, rien observé, qui ne connaissent aucun art, aucun procédé des arts, aucun fait qui ait pu leur en donner l'idée, comprènent [*sic*] de prime abord tout ce qu'il y a de plus difficile à concevoir, ce qui ne peut être saisi qu'après de longues observations et de pénibles études. [...] L'inconvénient des règles et des abrégés enseignés trop tôt n'est pas de ne rien apprendre, mais de tromper l'enfance par de fausses images, dont il est ensuite difficile d'effacer l'empreinte[1]. »

Et il est vrai que le plan de direction d'études du collège de la ville d'Orléans, comme celui de la ville de Lyon et de bien d'autres villes encore, stipule toujours en 1804 :

« L'usage principal de la grammaire est pour apprendre les langues, dont les plus distinguées sont la Grecque et la Latine. *La grammaire renferme de plus les élémens et les préceptes de toutes les langues, et elle a par conséquent son usage même pour les langues vulgaires, et celles que l'on parle, puisque c'est par les principes de la grammaire qu'on met en usage les mots et les expressions : ce qui est commun à toutes les langues.* Comme les premiers éléments du discours sont communs jusqu'à un certain point à toutes les langues, il est naturel de commencer l'étude des enfans par les règles de la grammaire françoise dont les règles leur serviront aussi pour l'intelligence du latin et du grec, et paraîtront moins rebutantes puisqu'il ne s'agit que de leur faire ranger dans un certain ordre des choses qu'ils savaient déjà quoique confusément. *On leur apprendra d'abord les différentes parties qui forment un discours, comme le nom, le verbe... puis les déclinaisons et les conjugaisons, ensuite les règles les plus communes de la syntaxe. On les accoutumera de bonne heure à distinguer les points, les virgules, les accens et autres notes grammaticales qui rendent l'écriture correcte, et on commencera par leur en expliquer la nature et l'usage. On leur fera articuler distinctement toutes les syllabes, surtout les finales, afin de leur faire éviter tous les défauts d'une prononciation vicieuse.* À mesure qu'ils croîtront en âge, et que leur jugement se perfectionnera, les réflexions sur la langue devront être plus importantes ; et c'est alors qu'un maître judicieux devra faire usage des savantes observations que plusieurs habiles gens nous ont laissées à ce sujet. L'orthographe ne devra pas être négligée ; il faut suivre à cet égard l'usage, qui est le maître souverain en ce domaine. Il serait à souhaiter qu'on donnât dans les classes plus de tems qu'on a coutume de le faire à l'étude de la langue françoise ; une demi-heure de tems donnée à cette étude, deux ou trois fois par semaine, pourra suffire pourvu qu'elle se continue pendant le cours de toutes les classes. Les ouvrages les plus propres pour apprendre les élémens de la langue françoise sont la *Grammaire* de Restaut, les *Observations* de Vaugelas avec les notes de Th. Corneille, celles de l'Académie françoise, celles du P. Bouhours, le *Traité des Synonymes* de l'Abbé Girard. Ce sont des livres dont les maîtres doivent faire usage pour bien instruire leurs disciples en ce genre. Ils auront soin d'y joindre le *Dictionnaire de l'Académie françoise* ou celui de Furetière de l'édition de Basnage[1] [...] »

Ce n'est guère qu'au tournant de la seconde moitié du siècle qu'un Bernard Jullien sera à même de proposer une nouvelle progression en quatre étapes de l'enseignement grammatical. Une première étape présente la « grammaire élémentaire, destinée au premier âge » et a pour objectif d'exposer les règles d'assemblage des lettres, de la prononciation des mots et de la lecture des phrases écrites, en marquant les formes d'accord, le régime, les principes de formation du pluriel et du féminin. Une seconde étape permet de décliner dans un ordre philosophique, et sous des formules exactes, non pas les raisonnements grammaticaux mais les définitions et les règles issues de ce raisonnement. Le troisième stade, concernant un public avancé, s'appuie sur une exposition philosophique des principes de la grammaire et rappelle les recherches des grammairiens antérieurs ; il ne s'agit plus alors pour Jullien de faire apprendre le matériel de la langue, ou les règles générales qui la gouvernent, mais d'exposer les causes de ces règles. Une quatrième et ultime étape, intitulée *Haute grammaire*, présente l'aboutissement rhétorique des analyses, et traite des périodes, des tropes et des figures dans une perspective déjà stylistique[2].

Il faut cependant constater que les poussées de l'empirisme pratique auront encore beaucoup de mal à faire reconnaitre leurs effets tant que subsistera la dynamique issue du sensualisme métaphysique. À la fin du premier tiers du XIXe siècle, les auteurs de ce que l'on peut considérer comme le dernier ouvrage résultant de cette tradition écrivent encore : « L'art de parler ou d'écrire n'est donc *que l'art de peindre nos sensations ou nos idées ; et, pour les peindre, il ne faut que savoir en faire l'analyse,* et employer les signes propres à les retracer[3]. » Une telle attitude n'est évidemment pas sans conséquences sur l'analyse même des faits. Ainsi, les mêmes auteurs, à propos des adverbes de phrase tels que *Assurément* ou *Incontestablement*, en viennent-ils à formuler des explications pour le moins inattendues à une époque où la loi du moindre effort verbal ne s'est pas encore imposé comme un prin-

cipe inaliénable de comportement linguistique : « [...] comme nous
cherchons par tous les moyens possibles à abréger le discours, *nous
nous sommes créé des mots qui expriment une proposition entière lorsqu'il ne s'agit que de prononcer un jugement confirmatif* sur telle ou
telle action [1]. » Lors même que l'analyse devient complexe – comme ce
peut être le cas pour l'interprétation de l'opposition des formes géron-
dive et participiale – il n'est pas rare de voir les grammairiens refaire
appel à des principes, ou des mécanismes, qu'on ne s'attend plus à
retrouver dans une étude qui se veut exhaustive et rigoureuse : « Toutes
les fois que les nuances deviennent trop délicates, l'analogie seule peut
instruire, et l'instinct dirige mieux que le raisonnement [2]. » Il en va de
même pour un problème comme celui du placement du pronom *en* avec
deux verbes dont le dernier est un infinitif régi par le premier ; les Bescherelle n'hésitent pas dans ce cas à revenir aux plus vieux critères de
l'impressionnisme grammatical : « D'ailleurs, en ceci comme en toute
autre chose, *l'oreille, le goût, l'harmonie,* et quelquefois aussi *l'énergie,*
peuvent seuls déterminer la place que doit, en certaines circonstances,
occuper le pronom [3]. »

Et l'on peut voir ainsi l'analyse grammaticale débitrice d'une analyse de la pensée qui réintroduit subrepticement dans la grammaire les
catégories ancestrales de l'analyse idéologique : « C'est donc *en traduisant la pensée, en analysant, en décomposant,* comme nous venons de
le faire, l'expression qui la renferme, que l'on peut exactement
connaître le nombre que doivent revêtir les substantifs construits avec
toute sorte de, toute espèce de [4], etc. » Ce qui, par ailleurs, n'empêche
pas ces auteurs de prôner contre certains de leurs contemporains une
analyse précise des faits de langue s'en tenant même au matériel le plus
strict des énoncés :

> « L'analyse, selon nous, doit se borner à faire connaître *la dépen-
> dance et le rapport des mots,* la raison de leurs différentes modifi-
> cations, et le mystère de toute irrégularité apparente. Elle ne peut
> se permettre de supprimer aucun des mots exprimés, et doit les
> conserver tels qu'ils sont, et sans y rien changer [5]. »

Mais, comme il a été remarqué [6], vouloir décrire la langue pour
elle-même, sans *a priori,* et sans utiliser la méthode comparative qui
tendait alors à se répandre de plus en plus, devait constituer à cette
époque – et pour quelques années encore – une véritable gageure.
L'évolution des modes d'analyse grammaticaux de la langue devait s'en
ressentir durablement. Entre l'analyse des parties du discours et celle
des propositions se déploie en effet l'espace d'une interrogation sur les
rapports de ce que les grammairiens du XVIIIe siècle nommaient

construction et *syntaxe*. Héritier de la tradition métaphysique, Destutt de Tracy défendait l'idée que les diverses langues tendent à se ramener à un même système, et que l'opération intellectuelle se réalisait universellement dans un ordre invariable ; il optait par conséquent pour une conception dans laquelle la syntaxe des énoncés – variables selon les écarts que l'usage admet au regard du jugement – recouvrait la construction tout en lui restant intégralement soumise. Ce qui ne laissait de constituer une aporie pour l'analyse logique des phrases et la décomposition de leurs propositions. La thèse de Henri Weil, *De l'ordre des mots dans les langues anciennes et dans les langues modernes*, publiée en 1844, s'attaquait à la résolution de cette difficulté en montrant que les lois de discours reposaient sur la reconnaissance de phénomènes universels de thématisation de la pensée auxquels chaque langue – en fonction de ses propres contraintes syntaxiques – concédait un traitement spécifique. Cette thèse permettait donc d'envisager la construction comme le lien articulant les universaux de thématisation et la singularité des syntaxes, et laissait entrevoir un dépassement de l'aporie métaphysique, dont la grammaire française ne tira parti que partiellement.

L'analyse logique, comme André Chervel l'a jadis montré [1], acquit reconnaissance et notoriété par l'intermédiaire de Letellier qui exposait en 1813 la distinction d'une *analyse grammaticale* de la langue, prenant en compte la nature et la fonction des mots dans leurs rapports réciproques, et d'une *analyse* dite *logique*, qui s'appuie sur la ponctuation et l'enchaînement des arguments de l'énoncé. Grâce à elle se résolvent les difficultés orthographiques et interprétatives de l'énoncé. Et il n'est pas sans intérêt de constater que cet avantage se réalise dans le rejet de la théorie de la figure. Les énoncés concrets ne renvoient plus à un énoncé idéal, et en quelque sorte logiquement épuré ; les propositions fonctionnent de manière immanente, selon un schéma organisationnel hiérarchique que les grammairiens illustrent d'ailleurs volontiers à l'aide de métaphores qui font aujourd'hui sourire. Brachet use de la comparaison de la phrase avec une troupe de soldats placés sous l'autorité d'un chef, qui est le sujet. D'autres préfèrent l'image des rouages d'une machine où chaque pièce joue son rôle par rapport à ses voisines… Derrière ces illustrations, c'est bien évidemment la structure sociale de la nation qui est visée et envisagée. Derrière les désordres profonds de la théorie grammaticale du français, largement importée du XVIIIᵉ siècle pour ce qui concerne sa machinerie, et peu encline à intégrer promptement les avancées de la recherche linguistique en Allemagne et pédagogique en Suisse, la distinction de l'analyse grammaticale et de l'analyse logique confère à l'enseignement grammatical sco-

laire une forte unité méthodologique et ordonne en surface les irrégularités ou les anomalies d'un organisme qui, pour s'être affranchi de la
tutelle du latin, n'en reste pas moins profondément altéré par les soubresauts de l'histoire.

C'est ici que la thèse de Weil retrouve son actualité. En postulant
une autre conception de l'*universel* que celle des grammairiens des
Lumières, Weil, non seulement offrait à l'analyse logique et grammaticale la possibilité de se développer à l'intérieur de l'institution scolaire
en redonnant un contenu à la notion de *construction*, mais il engageait
du même coup – tout oublié qu'il fût pendant plusieurs années – l'étude
des langues et du français sur la voie du *général* par focalisation sur
l'objet syntaxique. Quelques années plus tard, Mallarmé reconnaîtra
dans la syntaxe la clef de voute de son esthétique langagière, qui est
aussi la morale de son style. Et le garant du langage.

9. TRANSITIONS DE L'UNIVERSEL AU GÉNÉRAL

DE LA DOMINANTE IDÉOLOGIQUE À LA DOMINANTE PRATIQUE

La période qui voit le passage de la dominante idéologique à la dominante pratique orientée par les nécessités de la scolarisation est celle d'une intense activité spéculative au cours de laquelle les lumières de la métaphysique jettent leurs derniers feux. La question de l'origine du langage et de la langue originelle est reprise sur de nouveaux frais, bien que les options traditionnelles demeurent encore vivaces, comme l'atteste ce fragment d'un article de 1820 :

« Cependant, si nous sommes privés de faits positifs sur les temps où le langage oral prit naissance, ne pourrions-nous pas, comme dans les sciences spéculatives, *procéder à la recherche des causes qui l'ont fait instituer par le moyen de l'induction et surtout par le secours de l'analogie, qui, comme on sait, est le plus sûr guide de nos jugements dans les choses qui ne sont point démontrées.* Il est des habitudes qui sont communes à tous les hommes, dans tous les temps et dans tous les lieux, et qui, par leur propre force, résistent aux institutions contraires, force qu'elles empruntent des dispositions particulières à l'espèce humaine. C'est ainsi que, malgré les mœurs différentes qui caractérisaient les nations anciennes, M. Pougens [...] a reconnu dans le sanscrit, le zend, le pehlvi, le persan, le grec, le latin, le teutonique, le gothique, l'irlandais, des ressemblances particulières, non seulement dans les mots eux-mêmes, mais encore dans leur formation grammaticale, et dans leur combinaison syntaxique, fait qui semble attester que les hommes placés dans les mêmes circonstances emploient dans la déduction de leurs idées des moyens à peu près semblables[1]. »

Ainsi se dégage peu à peu une problématique de la langue française qui détache cette dernière des postulats universalistes hérités du XVIIIᵉ siècle et l'ente sur le stemme puissant des principes généraux des langues qu'élabore au même instant la linguistique indo-européenne.

Ce passage d'un paradigme à un autre conditionne en profondeur une nouvelle représentation de la langue, délibérément mise en place à partir de la seconde moitié du XIXe siècle.

Au lieu de considérer la langue, dans son principe, comme un reflet de la pensée et, dans sa nature, comme une abstraction, les grammairiens s'efforcent désormais d'étudier les caractères physiques de la langue, comme on l'a vu plus haut par l'exemple de Sophie Dupuis. Pour parodier une formule célèbre à laquelle Taine donnera sa constitution définitive, il conviendrait de cerner pourquoi et comment « de tout petits faits bien choisis, importants, significatifs, simplement circonstanciés et minutieusement notés » peuvent constituer aujourd'hui – même en langue – « la matière de toute science » [1]. André Chervel a livré l'essentiel de cette documentation dans la bibliographie dont il a accompagné son analyse de l'acquisition de l'orthographie dans le système scolaire français du XIXe siècle [2]. Je me contenterai donc de rappeler qu'en 1840, par exemple, paraissent des ouvrages tels que :

> Abria, *Grammaire française avec de nombreux exercices*, Paris, Langlois et Leclercq
>
> Beudant, *Nouveaux éléments de grammaire française*, Paris, Pitois-Levrault
>
> Conty, *Exercices orthographiques syntaxiques composés avec l'histoire de France*, Paris
>
> Froment, *La Première Grammaire des écoles primaires et des maisons d'éducation ou Grammaire pratique en 78 leçons*
>
> Rostagny, *Grammaire et orthographe simplifiées, mises à la portée de toutes les intelligences*, Arles, Garcin
>
> Sardou, *Exercices sur les leçons du Petit cours de grammaire française*, Paris
>
> Serreau [Sophie], *Grammaire française progressive à l'usage des jeunes personnes*, Paris, Johanneau

qui marquent cet investissement progressif de la grammaire dans la matérialité des faits et une plus scrupuleuse observation du détail de la constitution des objets grammaticaux. Ce n'est pas dire pour autant que les grammairiens de cette époque récusent le « romantisme » normatif, exceptif et analogique dont A. Berrendonner les accuse [3] ; mais c'est reconnaître que, derrière les errements, la période 1835-1850 s'attache à éclairer les coins d'ombre du siècle des Lumières au moyen d'une attention plus délicate portée aux phénomènes concrets. Le *Cours supérieur de grammaire* que Bernard Jullien publie chez Hachette en 1849 s'ouvre en effet sur une première partie qui est une étude des sons du français ; détachée ultérieurement sous forme d'opuscule, cette section s'intitulera : *Les Éléments matériels du français, c'est à dire les sons de la langue française entendus ou représentés* [1], et présentera un panorama intéressant du domaine :

— les sons de la voix étudiés en eux-mêmes, car, par l'intermédiaire des dialectes et patois, se constitue progressivement la notion de *phonème* ;

— la représentation des sons, car la différence des *consonnes* et des *voyelles* du français, avant d'être un donné empiriquement enregistré, doit être construite ;

— les conséquences de cette nature du son sur les homonymes, paronymes et homogrammes ;

— les difficultés liées à l'orthographe et aux fautes – réelles ou apparentes – qu'elle entraine ;

— les figures de diction reposant sur des allitérations ; les métaplasmes en général, les métaplasmes par changement, réunion, séparation, ainsi que les métaplasmes prosodiques.

Or, cet ouvrage n'est pas le seul de son espèce. Nous sommes là dans une nouvelle manière d'envisager les problèmes du français, et de statuer sur le sens de son évolution. Une nouvelle donnée qui accompagne le développement de la langue, et que des grammaires telles que celles de Célestin Ayer, Brachet et Dussouchet, de Dottin et Bonnemain, Guérard ou même Pierre Larousse [2], illustreront dans la seconde moitié du siècle.

À s'appuyer d'ailleurs sur les détails de ces faits, c'est tout l'ensemble de la problématique qui évolue. L'historicisation du raisonnement grammatical, telle qu'elle apparait dans les discours métalinguistiques de l'époque, est grosse de conséquences insoupçonnées. En effet, tant que la langue française put être considérée dans son histoire comme le seul calque des évènements qui affectaient le territoire sur lequel elle se déployait ainsi que les acteurs de ses discours, la linéarité de son développement n'eut rien que de naturel, non problématisable et d'ailleurs non problématisée. Étudiant ce qui semble être la première histoire de la langue française du XIXe siècle, celle de Gabriel Henry [1812], Jean Stéfanini a jadis bien montré que l'auteur – s'insérant dans une tradition de l'histoire narrative et descriptive – ne pouvait pas logiquement « situer le français et la nation qui le parle dans une histoire universelle des langues et des peuples [3] ». De son côté, abordant le problème dans la seconde moitié du siècle, Jacques Chaurand a rappelé que l'*Origine et formation de la langue française*, d'Albin de Chevallet [1858], avait tenté de brasser dans sa réflexion « l'origine du français, les premiers monuments, l'étymologie et la formation des mots [...], les changements de signification [...], les règles d'accord et de construction [1] ». Toute maladroite et confuse que soit la tentative de Chevallet, à l'origine de la tradition sociologique française, il appert que l'éviction progressive de la linéarité narrative conduit désormais avec certitude à la production d'hypothèses organicistes concernant le statut de la langue objet. Et M. Pellissier, présentant en 1866 un ouvrage qu'il considère comme « le premier essai d'une histoire complète de la langue française », expose clairement cette organicité découverte chez Max Müller et conquise par l'intermédiaire des représentations de la biologie à l'instant où Schleicher en faisait le leitmotiv de son épistémologie linguistique :

> « Une langue n'est pas une chose inerte, elle a une existence propre et individuelle ; elle présente tous les caractères d'un *organisme soumis à la loi de la vie et de la mort ;* tous les faits constitutifs de la vie se produisent et se montrent avec clarté dans son développement. La vie d'une langue consiste dans une série de modifications qui lui servent à se maintenir en parfaite harmonie avec l'esprit, les besoins, les sentiments et les pensées d'un peuple, à se transformer en une rapidité égale à la pensée pour en suivre toutes les fluctuations et en exprimer toutes les délicatesses ; [...]. Se transformer dans son vocabulaire, dans sa syntaxe, dans son caractère littéraire, telle est la loi de la vie dans un idiome [2]. »

Il s'agit bien là d'un réel bouleversement de l'épistémologie linguistique et de la représentation que les grammairiens se donnent du français. Un inspecteur général de l'Instruction publique, lauréat de l'Académie française et auteur d'une grammaire réputée à son heure, n'hésite d'ailleurs pas à suggérer que l'histoire propose le moyen d'articuler en système organique les faits erratiques de l'apparence formelle du français :

> « Il existe déjà en France plusieurs Grammaires qui donnent, à côté des règles de la lexicologie, l'histoire de ces règles. La présente Grammaire est la première où soit abordée l'histoire de la Syntaxe française. Les esprits sérieux s'accordent aujourd'hui à considérer comme nécessaire l'étude historique de la langue. Il n'y a plus de discussions que sur la mesure à garder, sur la part qui doit être faite aux notions historiques dans une Grammaire de la langue usuelle. *Ceux qui s'obstinent à n'y voir que des curiosités érudites ne sauraient nier que, sans ces notions, la grammaire française est un amas de règles qui ne disent rien à l'esprit et d'exceptions qui ne se comprennent pas.* L'histoire de la langue explique la plupart des faits grammaticaux, soit par les origines latines du langage,

soit par ses variations successives ; à la place de notions incohérentes, elle met un *enchaînement logique de causes et d'effets*. Ces
explications sont à la fois une satisfaction pour l'esprit et un
secours pour la mémoire. [...] J'ai réagi par là contre cette sorte
d'*émiettement de la doctrine grammaticale* qui se produit sous
forme de *remarques particulières*. Autant que possible, je groupe
ces remarques en les rattachant à une idée générale[1] [...] »

Évitant de reproduire les erreurs normatives de Voltaire, Chassang
propose ici – sans en avoir très exactement conscience – une manière de
sortir des embarras du prescriptivisme sélectif des grammaires de la
première moitié du XIXe siècle en ouvrant la réflexion grammaticale
du français sur le champ des principes de la linguistique naissante. Darmesteter et Bréal, bien sûr, mais aussi Léon Clédat, dont Jacques Bourquin a bien noté que la compétence réformatrice était soutenue par un
enthousiasme sans limite à l'endroit des progrès qu'on peut tirer de la
connaissance scientifique[2].

10. DE LA LANGUE À LA LINGUISTIQUE

Il s'est agi en ces années, comme on l'a vu dans et autour de la langue elle-même, de passer de la grammaire générale à la grammaire du français et de cette dernière à des principes généraux de la grammaire. La dérive s'en est progressivement marquée à travers les ouvrages. Et Michel Foucault, à propos de la première, peut justement noter :

« La grammaire générale – et c'est là un principe qui vaut jusqu'à la fin du XVIIIᵉ siècle – ce n'est pas une grammaire qui analyse et compare un matériau linguistique bariolé, *c'est une grammaire qui prend recul par rapport à une ou deux langues données, et qui, dans la distance ainsi instaurée, remonte des usages particuliers à des principes universellement valables.* [...] On comprend pourquoi le projet d'une grammaire générale n'a jamais engendré de méthode comparative ; bien plus, pourquoi ce projet a été pendant tout l'âge classique indifférent aux phénomènes de ressemblance et de filiation. [...] Plus la grammaire d'une langue sera raisonnée, plus elle approchera d'une grammaire générale ; plus une grammaire sera générale, mieux elle vaudra comme une grammaire raisonnée d'une langue quelconque. À la limite, on pourrait bâtir une grammaire générale à partir d'une seule langue, comme on peut découvrir les raisons d'une langue déterminée à partir d'une grammaire générale. [...] Aux recherches incertaines de morphologie, d'étymologie, on se met à préférer l'analyse génétique. Le mythe de l'homme naturellement muet, qui, peu à peu, désire apprendre à parler [1]. »

Mais l'homme est un citoyen, qui doit s'accommoder des formes de représentation que lui impose sa langue maternelle ; pour justifier les caractères fondateurs de cette dernière une nouvelle discipline s'impose au XIXᵉ siècle, et modèle à son tour la représentation que le grammairien érudit, l'historien, peuvent avoir de la langue française, du monde et de la société : la philologie, qui veut rendre raison du sens des documents de l'histoire et de la littérature. Les monuments d'une culture… La vie même. Et par cette dernière, comme on vient de le voir, tous les effets de l'analogie organiciste et les conséquences d'un système de représentation métadiscursive de la langue fondé sur la métaphore vitale… Les érudits découvrent alors que les monuments de la culture nationale peuvent être de diverses origines ; et entrainer diverses formes d'associations culturelles.

Tout d'abord du côté du romanisme. La littérature d'oc, qu'on assimile globalement aujourd'hui à la poésie des troubadours, a été pendant très longtemps un trésor enseveli au fond de bibliothèques privées, sous forme de chansonniers oubliés, provenant d'une tradition manuscrite souvent confuse. Certes, les humanistes s'intéressaient déjà aux textes provençaux ; mais il fallut attendre le XVIIIe siècle, en France, pour que la science historique, prenant son essor, s'intéresse au legs médiéval, le plus souvent d'ailleurs sous son aspect essentiellement documentaire. Alfred Jeanroy a montré jadis [1] comment ce travail pouvait s'articuler sur les recherches de l'origine d'un peuple, sinon encore d'une nation, perceptibles dans les travaux d'anthropologues contemporains de Beauzée, tel le Suisse Chavanne. Les traductions, les adaptations, les notices et les glossaires de ces textes sont d'abord au service de l'histoire des mentalités, pour ne pas dire de l'histoire des mœurs. Et lorsque, par accident, le caractère littéraire de ces documents est souligné par l'historien, ce dernier en minimise presque automatiquement la portée en soulignant que cet art est essentiellement naïf, enfantin, et qu'il appartient à une époque révolue.

Mais aussi du côté du Septentrion. Et l'on se rappellera les vastes entreprises de Francisque Michel en Grande-Bretagne ou de Xavier Marmier dans les pays germaniques. Le premier, notamment, qui ramènera de sa quête *La Chanson de Roland*, *Jordan Fantosme*, le roman de *Brut*, etc. La production de documents de langage qui sont des monuments de la culture permet à la philologie de s'édifier – dans un premier temps – comme discipline scientifique emblématique d'une conception stabilisante des valeurs culturelles nationales.

Dans un second temps, neutralisant la question de l'*Origine* comme le marquent encore en 1866 les statuts de la 3e *Société de linguistique de Paris* [2], l'accession de la linguistique au statut de science va occulter dans la société quotidienne la dimension politique conflictuelle de la langue, et réduire les discours à de simples énoncés privés de leur puissance illocutoire. Le protocole d'analyse historico-comparatif objective les faits et neutralise en ceux-ci la part de subjectivité pourtant nécessaire à leur expression. Dans cette réduction se lit l'ambition de constituer un objet d'étude et – non sans paradoxe – s'affiche la volonté d'aseptiser des pratiques dont la vitalité est une permanente provocation à l'égard du sentiment prophylactique de la norme. Discours maladroits, dévoyés, classes populaires, classes dangereuses… La seconde philologie française – la scientifique qui succède à la romantique – coïncide alors paradoxalement avec une amnésie de l'origine, qui suspend les postulations politiques antagonistes du romanisme et du celticisme, au seul profit de l'affirmation d'une langue et d'une unité nationales patiemment, et même quelquefois tragiquement, conquises sur les siècles.

C'est ici que l'on retrouve la justification de l'historicisation progressive des grammaires du français, dont il a été précédemment question. Par cette historicisation, fondée sur des bases réputées scientifiques, il devient concevable d'envisager la langue comme un organisme, comme un système de formes distinctes et repérables.

La transition d'une grammaire revisitée par les principes explicatifs de l'histoire vers une linguistique prenant en compte les aspects systématiques de la langue se marque donc progressivement au cours de ces décennies. Elle se réalise principalement par l'intégration de plus en plus marquée de tous les aspects de la production verbale et l'analyse des observations qui en découlent. La recherche de l'articulation de ces résultats avec les systématisations philosophiques rendues possibles par l'émergence d'une véritable épistémologie des sciences achève de promouvoir la conversion des empiries grammaticales en faits linguistiques. B. Jullien, par exemple, dans son *Cours supérieur de grammaire* qui signe en quelque sorte l'éveil français d'une modernité linguistique que les Paul Meyer, Gaston Paris et Michel Bréal – sur la base des connaissances qu'ils ont acquises en Allemagne – développeront de la manière qu'on sait, consigne déjà des remarques sur le mot qu'il suffira d'envisager sous l'aspect sémiologique de la représentation pour convertir en définition du signe linguistique :

« On appelle *mot* toute émission de voix destinée à représenter une idée […]. Une émission de voix qui ne représenterait aucune idée ne serait qu'un ou plusieurs sons. […] Un *mot* peut donc être défini rigoureusement comme l'expression d'une idée par la parole, ou plus brièvement l'expression d'une idée, si l'on suppose que la parole est le moyen unique dont il s'agit pour le moment [1]. »

De ce milieu du siècle date encore la prémonition des principes d'une sémantique à venir, que les analyses philosophiques de Claude Bernard suscitent par leur volonté de concilier l'observation des faits et sa réfraction dans l'analyse :

« L'étendue de la signification et la compréhension de l'idée dans
les substantifs – écrit encore Jullien – marchent en sens inverse : les
noms les plus généraux ont l'étendue la plus grande, et la plus
petite compréhension ; les noms propres d'individus ont l'étendue
la plus petite possible ; mais en même temps la plus grande compréhension[1]. »

Autour de la sémantique bréalienne alors en cours de constitution,
Brigitte Nerlich[2] a bien étudié cette émergence de nouveaux intérêts
scientifiques, et la progressive affirmation des principes sociologiques
d'une linguistique française qui cherchait alors à se démarquer du
modèle germanique. On saisira là le parcours qui mène de Paul Acker-
mann [1812-1846], et Honoré Chavée [1815-1877], à Raoul Guérin
de la Grasserie [1839-1914]. Les premiers s'inspirant à l'évidence du
modèle historique d'engendrement des formes de la langue, le dernier, à
l'inverse, cherchant à distinguer précisément entre les faits d'ordre statique et les faits d'ordre temporellement dynamique. Et dans cette
observation se lit en germe le développement futur d'une science linguistique du français fondée sur l'observation stéréoscopique des faits :
d'une part celle du jeu interne des constituants en présence, comme la
pratiquera Charles Bally ; d'autre part celle des variations historiques
qui en ont altéré les formes superficielles, comme le feront Léon Clédat
et Ferdinand Brunot. Indépendamment de l'impact exercé par Saussure, il est indéniable qu'Antoine Meillet, qui vécut équitablement au
XIXe et au XXe siècle, tirera de cet antagonisme la force dialectique
nécessaire à la constitution d'une linguistique générale et historique à la
française, c'est-à-dire profondément empreinte d'intérêts sociologiques.

11. LINGUISTIQUE, MÉTALINGUISTIQUE, ÉPILINGUISTIQUE

Au terme de ce parcours d'un siècle d'évolution de la langue et de ses modes de réflexion théorique, nous retrouvons là, une dernière fois, la question de la dialectologie comme ferment de promotion de la linguistique. La première étape de ce développement, précédemment relatée, trouvait ses origines dans l'intérêt que des érudits locaux éprouvaient à décrire et fixer des formes de parler en cours de subversion par le français national. Avec la création de la chaire de Gilliéron à l'*École pratique des hautes études*, et cette institutionnalisation politique du savoir, nous sommes désormais sur le seuil de la seconde étape, celle dans laquelle la dialectologie non seulement concourt à la constitution d'une linguistique française, mais aussi propose aux chercheurs français ses modèles descriptifs et analytiques à l'heure d'une linguistique générale naissante. Il est à cet égard un document capital : le discours prononcé par Gaston Paris à l'assemblée générale de clôture du congrès des *Sociétés savantes*, le 26 mai 1888. Ce discours fonde non seulement la charte de la *Société des parlers de France*, il expose clairement quelle articulation se dessine alors entre la collecte des documents rassemblés par les enquêteurs et leur exploitation selon des méthodes nouvelles, au premier rang desquelles figure la phonétique expérimentale. L'orateur relativise tout d'abord le rapport des dialectes à la langue nationale, le français, en asseyant son argumentation sur le critère politique :

« La France a depuis longtemps une seule langue officielle, langue littéraire aussi, malgré quelques tentatives locales intéressantes, langue qui représente notre nationalité en face des nationalités étrangères, et qu'on appelle à bon droit "le français". Parlé aujourd'hui à peu près exclusivement par les gens cultivés dans toute l'étendue du territoire, parlé au moins concurremment avec le patois par la plupart des illettrés, le français est essentiellement le dialecte [...] de Paris et de l'Ile-de-France, imposé peu à peu à tout le royaume par une propagation lente et une assimilation presque toujours volontaire[1]. »

Mais ce n'est que pour accroître la force de l'argument unitaire du français, au nom duquel s'est consommée la récente rupture avec les provençalistes[2]. Ces derniers, Mistral en tête, mais Chabaneau et Boucherie également à Montpellier, n'avaient à leur secours que le folklore ; au mieux la littérature d'oc dont Raynouard avait déjà fait sa pâture scientifique aux environs de 1820; Gaston Paris, Paul Meyer, quant à eux, pouvaient se prévaloir de la science :

> « [...] le fait qui ressort avec évidence du coup d'œil le plus super-
> ficiel jeté sur l'ensemble du pays, c'est que toutes ces variantes de
> phonétique, de morphologie et de vocabulaire n'empêchent pas
> une unité fondamentale, et que, d'un bout de la France à l'autre,
> les parlers populaires se perdent les uns dans les autres par des
> *nuances insensibles*[3]. »

Il n'y a bien sûr de science que du général, et l'on comprend que la négation de la fragmentation linguistique soutient ici un intérêt idéologique plutôt qu'elle ne sert une vue réaliste des choses. Paris développe donc son argumentation en s'appuyant sur des conceptions réputées infalsifiables en fonction des critères épistémologiques et des faits établis de son époque ; c'est ici que la notion de linguistique joue son rôle assertif et produit son effet démonstratif :

> « En faisant autour d'un point central une vaste chaîne de gens
> dont chacun comprendrait son voisin de droite et son voisin de
> gauche, on arriverait à couvrir toute la France d'une étoile dont
> on pourrait de même relier les rayons par des chaînes transver-
> sales continues. Cette observation bien simple, que chacun peut
> vérifier, est d'une importance capitale ; elle a permis à mon
> savant confrère et ami, M. Paul Meyer, de formuler une loi qui,
> toute négative qu'elle soit en apparence, est singulièrement
> féconde, et doit renouveler toutes les méthodes DIALECTOLO-
> GIQUES : *cette loi, c'est que, dans* UNE MASSE LINGUISTIQUE *de
> même origine comme la nôtre, il n'y a réellement pas de dia-
> lectes ; il n'y a que* DES TRAITS LINGUISTIQUES *qui entrent res-
> pectivement dans des combinaisons diverses* [...]. Chaque trait
> linguistique occupe d'ailleurs une certaine étendue de terrain
> dont on peut reconnaître les limites, mais ces limites ne coïnci-
> dent que très rarement avec celles d'un autre trait ou de plusieurs
> autres traits ; elles ne coïncident pas surtout, comme on se l'ima-

gine souvent encore, avec des limites politiques anciennes ou modernes[1] [...] »

Une fois énoncé le terme de « linguistique », il est intéressant de voir le raisonnement du savant neutraliser la bigarrure géographique par l'argument historique de l'origine commune, en l'occurrence romane, des dialectes enregistrés :

« Il ne faut même pas excepter de ce jugement la division fondamentale qu'on a cru, dès le Moyen Âge, reconnaître entre le "français" et le "provençal", ou la langue d'oui et la langue d'oc. Ces mots n'ont de sens qu'appliqués à la production littéraire [...]. Et comment, je le demande, s'expliquerait cette étrange frontière qui de l'Ouest en Est couperait la France en deux en passant par des points absolument fortuits ? Cette muraille imaginaire, la SCIENCE, aujourd'hui mieux armée, *la renverse* et nous apprend qu'il n'y a pas deux Frances, qu'aucune limite réelle ne sépare les Français du Nord de ceux du Midi, et que *d'un bout à l'autre du sol national nos parlers populaires étendent une vaste tapisserie dont les couleurs variées se fondent sur tous les points en nuances insensiblement dégradées*[2]. »

Il est clair que cette position permettait de concilier « le fait général de l'unité essentielle et de la variété régionale et locale des parlers de la France[3] », et qu'elle autorisait de la sorte la déclaration d'un programme de travail dans lequel était enclos tout le devenir de la linguistique française de la première moitié du XXᵉ siècle ; un inventaire cartographique des formes géographiques diverses du français, suivi – sous l'hypothèse de l'organicisme – d'une description et d'une explication des formes recensées dans les différents plans de la phonétique, de la morpho-syntaxe et du lexique :

« La grande tâche qui s'impose à nous, et qui ne peut s'exécuter que par la collaboration active et méthodique des savants de la France entière, est de dresser *l'atlas phonétique de la France*, non pas d'après des divisions arbitraires et factices, mais dans toute la richesse et la liberté de cet immense épanouissement. [...] *Les patois présentent à l'étude des sons, des formes, des mots, des phrases : chaque partie de cet organisme doit être soigneusement étudiée.* Les sons doivent être décrits avec une grande fidélité, quitte à être exprimés par des signes conventionnels quelconques[4] ; pour les décrire, il peut suffire de prendre comme base la prononciation reçue en français de chaque voyelle et de chaque consonne. Les formes doivent être notées dans toutes leurs *varia-tions*, souvent assez considérables suivant leur emploi. Il va sans dire que le relevé des mots doit être complet, et que tous les sens de chaque mot doivent être donnés avec une exactitude minutieuse [...]. À la partie *lexicographique* se rattache naturellement ce qui concerne les procédés employés pour former des mots nouveaux, que l'on pourra classer et comprendre en suivant le beau traité de M.A. Darmesteter sur la *Formation des mots nouveaux en fran-çais*. Les noms de famille usités dans le pays seront avantageusement joints au lexique. *La syntaxe*, trop négligée jusqu'ici, demande une attention toute particulière : l'accord des noms et des personnes avec les verbes, des adjectifs avec les substantifs, la fonction exacte des temps et des modes, l'ordre des mots, l'emploi des pronoms relatifs et des conjonctions, l'aptitude plus ou moins grande aux constructions compliquées, tout cela doit être l'objet d'une étude qui ne peut se faire que grâce à un long et familier contact avec l'idiome populaire [...]. Ainsi conçue, une monographie purement descriptive rendra de réels services à LA SCIENCE et méritera à son auteur une juste estime [1]. »

Et cette science, c'est la linguistique. Une linguistique de terrain, humble et particulière, avant d'être générale ou plus particulièrement française. Car, en dépit des avertissements de L. Petit de Julleville [2], l'histoire de la langue se confond encore largement alors avec l'histoire littéraire : les gloses métalinguistiques des dictionnaires cherchent généralement leurs premières attestations dans le matériau documentaire de la littérature. Et les avancées de la nouvelle science linguistique ne se réalisent hors de la dialectologie qu'à petits pas.

Concernant justement la lexicographie, il y a plus de cinquante ans désormais, Armand Weil, héritier de cette conception restrictive de la linguistique, notait déjà :

« La date des mots et de leur premier emploi dans la langue n'est pas la partie la moins intéressante [des révisions du *Dictionnaire étymologique* d'Albert Dauzat]. Mais malgré tant de précisions nouvelles, est-il besoin de dire le caractère provisoire que laisse à des enquêtes de ce genre, avec l'insuffisance des dépouillements de nos textes modernes, l'absence d'un classement méthodique des dictionnaires à consulter [3] ? »

Depuis cette époque, les rigoureux travaux de Bernard Quemada [4] prenant l'initiative double de constituer une véritable métalexicographie historique et d'accompagner celle-ci d'une historiographie métalexicographique, ont beaucoup contribué à combler la lacune, tout au moins pour la période s'étendant jusqu'aux grandes machines de Littré et de Larousse. Relayés par les recherches d'Alain Rey sur Littré [1] et André Rétif sur Larousse [2], les éclairages de cette métalexicographie et d'une dictionnairique ont permis de mieux comprendre les mouvements sociaux de la langue au moment où celle-ci – fixée par des usages – se fige en paradigmes lexicaux. La collection des *Mots et dictionnaires (1798-1878)* [3], publiée à Besançon sous la responsabilité de René Journet, Jacques Petit et Guy Robert, à laquelle faisait pendant la série des *Datations et documents lexicographiques, Matériaux pour servir à l'histoire du vocabulaire français* [4], ces deux entreprises – avec des moyens et des objectifs singuliers différents – avaient immédiatement pris en charge et actualisé les nécessités de cette épistémologie renouvelée de la recherche en lexicographie. Et l'articulation même de cette discipline avec la lexicologie proprement dite a été révisée et soigneusement étalonnée grâce aux publications complémentaires dans leurs différences et divergences de Georges Matoré [5] et de Robert-Léon Wagner [6]. Il y a peu encore, différentes revues spécialisées ont publié sur le domaine du XIXᵉ siècle des contributions fort intéressantes [7], tandis que la parution des actes d'un colloque interdisciplinaire tenu à Lille en 1991 a pu donner l'occasion de confronter globalement les relations du dictionnaire à la littérature [8]. On peut voir ainsi se dessiner une convergence d'intérêts qui ne peut que bénéficier à l'étude des procédures lexicographiques propres au XIXᵉ siècle, étant entendu que ce siècle s'est aussi acheminé vers la linguistique par le moyen d'une lexicographie s'incorporant les acquis de la toute récente sémantique de Bréal.

Dans une telle période de turbulences et de révisions des valeurs, même si le fonds de l'entreprise lexicographique demeure profondément conservateur, les mots de la langue sont soumis par elle à des réajustements, des sériations, des filtrages, des extensions et restrictions qui, au regard de l'usage social, et malgré les retards inéluctables de leur enregistrement, définissent l'étiologie du corps lexical et la posologie des emplois individuels. De fait, l'ère qui s'ouvre avec le Consulat et l'Empire, et qui s'achève, peu ou prou, avec la dénonciation du Concordat de l'Église et de l'État, voit se produire un formidable bouleversement des mentalités qui, sous l'influence des mots d'ordre de l'époque : *Philanthropie, Instruction, Bourgeoisie, Industrie, Droit, Économie, Faute, Profit, Valeur, National,* transforment radicalement le rapport des locuteurs français à la langue française. Emblème idéologique, le signe lexical ne vaut alors que comme mot d'ordre du jour, flottant aux vents divers de l'histoire porteurs de toutes les hypocrisies sociales, et déjà disloqué dans ce que les linguistes vont apprendre à distinguer comme signifiant, gonflé de verbiage, et comme signifié, vidé par l'usage. Et la représentation de ce signe dans le dictionnaire peut éclairer certains aspects du passage dans la France du XIXe siècle de la grammaire à la linguistique.

Bernard Quemada, pour la période 1798-1863, a recensé la publication de 1 085 dictionnaires divers [1]. Le chiffre est déjà, en soi, révélateur de cet engouement pour le genre dictionnairique. Le terme même de *Dictionnaire* s'infatue alors d'une valeur symbolique : métaphore de toute richesse comptabilisée, métonymie de tout savoir maitrisé, synecdoque par excellence du canton le mieux exploré des connaissances de la vie quotidienne, il peut s'appliquer indifféremment aux « Productions de la nature » [2], à la « médecine dogmatique » [3], au « notariat » [4], à « la pénalité » [5], aux « jeux de société » [6], à la « pêche fluviale » [7], voire à l'« hippiatrique et l'équitation » [8]. Sur le modèle de la grammaire et de Girault-Duvivier, qu'il intègre pour des motifs évidents de réussite commerciale [9], Napoléon Landais, en 1834, va jusqu'à employer ce terme en collocation avec lui-même, dans une construction adnominale qui rend superlative l'excellence de l'objet et fait oublier que le propos du lexicographe n'est que d'être une gigantesque et cumulative compilation illusoire : *Dictionnaire général grammatical des dictionnaires français*. Mais ce chiffre devient encore plus intéressant si l'on considère que près d'un tiers de ces ouvrages, soit 367, représente des dictionnaires spécifiques de langue. Une telle proportion fournit environ huit publications par an, compte non tenu des rééditions d'ouvrages déjà connus, et des « Compléments » ou « Suppléments » auxquels ils sont soumis. Elle se constitue sous la forme variée de *Lexiques, Glossaires, Abrégés, Encyclopédies* ou *Nomenclatures, Vocabulaires Recueils*, voire de *Liste alphabétique* [10], quand ce ne sont pas des *Clefs* [11], tous parasynonymes du terme générique qui, à l'aide de prédicats spécifiques, en affiche diversement les complexes modalités qualitatives. « Classique » [12] désigne l'horizon de rétrospection axiologique. « Nouveau » ou « Moderne » indiquent le souci de contemporanéité et de progrès. « Petit » ou « portatif » [13], si ce n'est « de poche » [14], insistent sur la maniabilité d'un objet utilisable en toutes circonstances de la vie courante : sur le comptoir, en voyage, dans sa bibliothèque. « Extrait » [15] rappelle simultanément l'extension du stock lexical français, la présence d'un modèle lexicographique toujours antérieur et les procédures politiques ou technologiques de sélection par lesquelles il convient de réguler cet ensemble. « Raisonné » ou « Méthodique » [16] avancent la sauvegarde de l'intelligence logique comme principe de sélection et de classement des sens. « Grand » [17] clame le dessein publicitaire et mercantile des auteurs. « Général » [18] définit l'ambitus du public visé par l'ouvrage, tandis que « National » [1] inscrit au cœur du dictionnaire la réflexion spéculaire d'une idéologie de la langue et du pays. « Universel » [2] enferme dans les rubriques et les colonnes de l'objet tout le savoir théorique et pratique que les mots donnent des choses. « Complet » [3], enfin, exhibe l'illusion de l'exhaustivité parfaite.

Parallèlement à ces caractérisations prédicatives, une telle production fait apparaitre en ses titres la constitution particulière de l'objet linguistique décrit par l'ouvrage, et le dessein de son auteur. « Critique » [4] renoue avec la tradition brillamment illustrée par Féraud et ses contemporains, lesquels ne dédaignaient pas de consigner dans leurs notices l'irruption de l'humeur et du jugement personnel. « Étymologique » [5] réactive l'illusion selon laquelle un terme saisi plus près de son origine est porteur d'un sens plus vrai. « Grammatical » [6] marque les interrelations étroites et la dépendance réciproque des modèles de la grammaire et du dictionnaire en une période de sélection et de hiérarchisation généralisées des registres d'expression, accrues d'ailleurs par l'impératif orthographique [7]. « Poétique » [8] rappelle la part essentielle dévolue à l'écriture la plus formellement codifiée de toute la littérature. Quand, avec Duckett [9], le genre s'annexe tous les territoires de la discursivité sociale auxquels la langue donne accès, l'entreprise dictionnairique de ce début du XIXᵉ siècle, gargantuesque et tentaculaire, éprouve l'orgasme génésique causé par cette frénésie de connaissance verbale, qui précipite la *doxa* vulgaire dans l'éréthisme et rend d'avance caduque toute *épistémè*. *Logique* [10], enfin, dans une improbable alliance de la philosophie et de la nature, à l'heure où le positivisme tombe en déshérence définitive, tente de marquer la prééminence d'un principe analytique et répartiteur strictement abstrait, reproduisant à sa manière – car l'ouvrage est d'un prêtre professeur à la Faculté catholique de Lyon – le schéma d'une organisation du monde théocentrée.

La langue comme objet, son usage comme norme, ses emplois comme exemples, et la littérature comme produit symbolique exemplaire, sous l'influence conjointe de la science descriptive et du romantisme, qui, ne l'oublions pas, renferme en son centre une postulation éminente en faveur de la science spéculative [11], tous ces ingrédients d'une philosophie historicisée du langage sont, en quelque sorte, tombés dès lors dans le domaine commun.

Dans un ouvrage récent, Henri Meschonnic a eu parfaitement raison de reprendre à Pierre Larousse son expression de « siècle des dictionnaires », et d'affirmer : « La zoologie a été le modèle du savoir de la philologie au XIXᵉ siècle. L'évolutionnisme a accru son emprise jusqu'à la vision organiciste de la *vie* des mots. Les dictionnaires de l'ancienne langue en étaient la paléontologie. Le paradoxe de ce modèle a été de stimuler la néologie [1]. » Et, ajouterai-je, l'activité littéraire a été le lieu de ce passage de la paléontologie linguistique à une philologie scientifique par l'intérêt progressif qu'elle a marqué pour l'ontologie du langage. Il n'est guère de textes de cette période, tant poétiques que romanesques, dramatiques ou critiques, qui ne s'essaient à une définition réflexive de leurs instruments verbaux : Hugo, Vigny, Stendhal, Gautier, pour ne citer que les plus grands, manifestent pleinement cette attitude métadiscursive : Préface des *Feuilles d'automne*, de *Cromwell*, *Réflexions sur la vérité dans l'art*, *Lettre à Lord ****, *Racine et Shakespeare*, etc. Et une telle modification de l'attitude du sujet face aux discours, que Meschonnic a bien résumée dans le tourniquet vertigineux d'une formule : « On cherche des mots, on trouve le discours ; on scrute le discours, on trouve des mots », affecte tout autant les usages littéraires que métalinguistiques : l'esthétique littéraire, comme je l'ai montré ailleurs, se fait essentiellement critique de langue ; la lexicographie filtre les emplois à l'étamine de l'usage et projette prémonitoirement sa puissance régulatrice sur la littérature.

En tant que sommation des éléments d'un univers inépuisable, démultipliés par les reflets kaléidoscopiques en langue de la synonymie et de l'homonymie, ou les parentèles scabreuses de l'étymologie, le genre « dictionnaire » n'a pas assez de tous ses avatars : *dictionnaires de mots*, *dictionnaires de choses*, *encyclopédies*, *dictionnaires de poétique*, *de rhétorique*, *dictionnaires grammaticaux*, *dictionnaires de difficultés*, pour affirmer sa suprématie et son emprise sur les activités de parole. *A fortiori* en français, puisque la littérature française est érigée en parangon de perfection, et que ladite langue parangonne pour l'honnête homme en raison même de cette curieuse inversion de la norme que noue le renversement des formes et des substances du discours : la littérature est parvenue à son *acumen* idéal grâce au génie de la langue ; la langue est devenue un modèle grâce à l'alliance infrangible de l'éthique et de l'esthétique qu'illustrent les œuvres de la littérature. Un semblable enfermement non dialectique, cadenassé par l'idéologie manichéenne de l'époque, bloque durablement toute tentative critique pour conférer au dictionnaire un véritable statut scientifique, et contraindre la littérature à une référencialité exacte parmi tant de signes susceptibles d'être employés. Impuissance fondamentale de toute langue à triompher du réel trop difficile à maitriser en dehors d'une théorie et d'une critique de la représentation. Boiste comme Laveaux, ou Bescherelle, par exemple, donnent de longues listes de néologismes, parmi lesquels figurent des formations à suffixe en *-able* : *brûlable, montrable*, en *-eur* : *décideur, découvreur, dévoreur* ; à préfixe en *in-* : *inabordé, inconsolé, interminable* ; des composés : *attrape-par-*

terre, mieux-faisant. Sur *Dramaturge*, Laveaux dit plaisamment : « Mot inventé par ceux qui n'aiment pas les drames pour déprécier ceux qui les font », et Baour-Lormian se gausse d'*Incueilli* dans *Le Classique et le romantique* [1827] : Assis près d'une lampe aux débiles clartés/Dans vos doctes patrons, tour à tour feuilletés,/Vous cherchez quelques traits, quelques formes vieillies ;/Nous briguons seulement des palmes *incueillies»* [p. 17].

Mais ils ne se posent pas la question des raisons qui pourraient justifier cette onomasiologie sauvage, car leur conception du rapport des mots au monde ne leur permet pas d'envisager cette justification. La chose légitime le mot. Théorie inachevée donc... qui voudrait suivre, malgré tout, les accès d'indépendance de la langue, lesquels ne sont au reste que les foucades d'usagers rétifs à la règle, mais dont chaque constituant est naturellement gagé par la citation d'un littérateur ! Le néologisme, censuré aux yeux et aux oreilles du public, est paradoxalement mis en vedette par un écrivain luttant contre la prohibition lexicale, le malthusianisme verbal et conceptuel.

Si « Photographie », par exemple, est bien attesté dès 1832 dans le *Dictionnaire général de la langue française et vocabulaire universel* de Raymond, au sens de *description de l'histoire naturelle qui traite de la lumière*, l'adjectif dérivé « Photographique » est enregistré en 1836, dans le dictionnaire de Napoléon Landais, au sens de *relatif à la lumière*. Mais – en dehors de ces emplois relevés dans des ouvrages techniques – il faut à la vérité, et au témoignage du *Trésor de la langue française* [t. XIII, p. 282a], attendre quasiment 1920 et un emploi de ce dernier terme par le philosophe Alain pour entrevoir une généralisation acceptée du mot, et la légitimation de son effet de sens.

Ce néologisme, à l'instar de bien d'autres issus du renouvellement du lexique français du XIXᵉ siècle, a-t-il vu ses virtualités d'emploi et son acceptabilité occultées par inadvertance, par insuffisance de la notoriété de l'*auctoritas*, ou par décision relevant d'un jugement esthétique ? Il est difficile de le préciser encore aujourd'hui. Ce qui est clair, c'est que le mot a été employé dans des publications spécialisées telles que la série des fascicules du *Technologiste* ; que ses emplois ont été peu à peu élargis à des discours plus ordinaires ; et que la généralisation de la valeur – permettant des effets de sens imagés – n'a été acquise que plusieurs décennies plus tard.

Les lexicographes de cette période consacrent indubitablement une part importante de leurs productions aux marques permettant de distinguer les frontières du français *national*, et ses marges, abondamment peuplées de dialectes et de patois. Nous retrouvons ici une problématique désormais familière, et plusieurs fois esquissée dans les pages précédentes. Depuis les trop célèbres *Gasconnismes corrigés* de Desgrouais 1768, ces témoignages de l'autonomie des parlers régionaux sont passionnément recueillis et scrutés, sous la houlette des Coquebert de Montbret et de quelques autres, par tous les antiquaires et archéologues, réunis en *Société* depuis 1807. Mais ces lexiques, ces glossaires sont encore – pour une part importante – correctifs : ils doivent permettre une meilleure intégration des locuteurs de province au corps national ; ils visent, par conséquent, à dénoncer implicitement les *fautes* commises à l'endroit de la langue. Le statut de ces formes n'est reconnu que comme déviation. Les travaux de Rochegude sur l'occitan 1819, de Roquefort sur la langue romane 1808 et 1820, de Champollion-Figeac sur les patois de l'Isère 1809 ne suscitent pas encore la création littéraire contemporaine ; tout au plus sont-ils bons à ranimer passagèrement et superficiellement l'antique poésie des troubadours que le gout de l'époque remet à la mode. Il faudra encore attendre plusieurs années pour que George Sand utilise les recherches du comte Jaubert 1838 sur le Berry, et plus encore pour que Barbey d'Aurevilly fasse des normandismes dont il revêt son *Ensorcelée* un signe de revendication politique... de la langue[1] ! Dans ce premier tiers du siècle, le purisme central de Paris continue à exercer son emprise. Et tout ce qui s'en écarte est réputé « vicieux ». Il n'est pas question d'envisager encore ce que ces documents pourraient apporter à une compréhension analytique des mécanismes de la lexicologie.

Dans ces conditions, le français populaire, qui est bien souvent d'origine régionale et qui confond les limites du dialecte, de l'argot collectif et de l'idiolecte, devait plus difficilement encore trouver ses garants littéraires, quoique d'Hautel, Desgranges, Vanier ou Platt se fussent attentivement intéressés à lui. J'ai rappelé plus haut l'existence de Béranger, Debraux, et bien d'autres : Boutroux, Festeau, voire l'auteur anonyme du *Chansonnier du bordel ou Veillées d'un fouteur, dédié à la folie* [Paris, 1833]. Tous les dictionnaires correctifs ont le plus grand mal à tracer une frontière stable entre solécismes, barbarismes, incorrections, particularismes lexicaux et déviation sociale[2]. La norme du vocabulaire s'élabore à partir de la conscience des propriétés sociales. « Apoco », terme désignant un homme sans valeur, bien utilisé au début du XIXe siècle, à la suite de Collé[3], n'est recensé que par l'entreprise tardive de Littré. La liaison étroite du lexique et de la syntaxe fait l'objet de remarques dans les dictionnaires qui norment ainsi ce que nous nommons « niveaux de langue », et que les contemporains de Vidocq nomment le « boniment ». Les usages barbares du nom comme adjectif, et singulièrement la mode de *Nature* en cette fonction, sont stigmatisés par Platt :

«NATURE, Connaissez-vous rien de plus nature que cela ? Cette manière de parler est maintenant à la mode. On ne doit cependant pas s'attendre à en trouver des exemples dans nos bons auteurs. La mode partout, mais particulièrement en fait de langage, n'est qu'une absurdité et n'influence que les sots. Nous croyons qu'il serait fort difficile aux gens qui emploient *nature* comme adjectif, à la place de *naturel*, de nous démontrer les avantages que le style peut retirer de cette transposition de mots [1]. »

Tout s'est donc passé comme si le mot, sous réserve d'être reconnu par l'usage littéraire, avait naturellement droit d'être cité dans le dictionnaire ; mais, *a contrario*, le mot attesté par des emplois littéraires, s'il n'entre pas de fait dans les catégories définies par les marqueurs d'usage du lexicographe, se trouve frappé de censure et rejeté définitivement du réseau et des listes. L'extension progressive des nomenclatures, si caractéristique de cette période [2], ne saurait jouer efficacement contre cette tendance, et ne parvient pas à rendre compte des transformations non seulement du lexique commun, mais aussi du lexique de la théorie littéraire. Le temps et la place me manquent ici pour illustrer les divers aspects de cette limitation, mais on peut cependant assurer que le lexicographe français de la première moitié du XIXe siècle ne cesse d'avoir un œil en arrière lors même qu'il observe le présent et tente de contenir les décadences supputées de l'avenir. En promouvant la valeur des usages du passé, il ne peut s'arracher au regret stérile d'une causalité non découverte, et s'enferme, sans chercher à en être pleinement conscient, dans une circularité sans issue.

Le dictionnaire donne par nécessité fonctionnelle des définitions qui ne correspondent pas directement à l'objet que perçoit *hic et nunc* l'observateur impliqué dans une situation historique et soumis à ses nécessités pragmatiques. Il vise, fixe et impose l'usage, mais ne réussit à le faire qu'au prix d'une sélection drastique des emplois intégrables à l'idéologie dominante. Résumant, condensant, conceptualisant – ou cherchant à le faire dans l'enfermement du mot et de la chose, et la privation du secours d'une pensée analytique –, le dictionnaire s'avère rapidement insatisfaisant. L'exemple du traitement des noms abstraits dans la longue série des dictionnaires de Boiste [1800-1857] peut servir de révélateur à cet égard. Boiste y expose et prolonge en effet une conception de l'abstrait dont le répondant historique le plus connu, dans la tradition grammaticale française, est Dumarsais [3] relayé par Condillac et Beauzée. L'ordre alphabétique du dictionnaire, en ce domaine, fait bien les choses, et la circularité autonymique propose la définition du substantif déverbal – ABSTRACTION – avant de cerner celle du verbe – ABSTRAIRE – et celle du participe adjectif – ABSTRAIT. Comme en ce qui concerne presque toute la nomenclature recensée par Boiste en 1800, où de notables précisions interviennent dans la dernière édition corrigée de son vivant, celle de 1823 ; les éditions ultérieures, jusqu'en 1857, à quelques modifications typographiques près, conserveront cet élargissement et cet approfondissement des effets de sens imputables à l'item. Mais l'on reconnait toujours dans ces paraphrases les linéaments de la définition classique. Explicite ou non dans les gloses, la référence à Locke et à sa conception sensualiste de l'entendement humain est particulièrement significative dans sa constance.

À défaut d'une étude exhaustive du dictionnaire et de ses différentes éditions, quelques sondages donnent déjà à entrevoir des lignes de force intéressantes. La lettre M de l'alphabet, par exemple, fait apparaitre dans la 1re édition de Boiste 97 noms qualifiés d'*abstraits* sur 2 689 termes recensés, toutes catégories confondues, dont 1 467 noms dits *concrets* ; soit des proportions respectives de 3,57 % et 7,85 %. La lettre R, pour sa part, renferme 76 noms abstraits pour 3 127 termes répertoriés, dont 1 792 noms concrets, soit respectivement 2,39 % et 5,61 % des populations concernées. De ces deux séries ressort une constatation : Boiste ne distingue pas entre des noms abstraits que la tradition linguistique anglo-saxonne qualifierait de *comptables*, susceptibles en français de concrétisation par la voie rhétorique de la métonymie ou celle morphologique de la pluralisation, tels : *malice, mépris, mérite, morale, regret, réminiscence, retenue, ridicule, rigueur,* et d'autres qui apparaitraient comme *massifs*, dépourvus de ces possibilités et réduits à la seule expression du concept abstrait de la qualité envisagée : *magnanimité, malléabilité, monotonie, rationalisme, réceptivité, réplétion.* Tous sont rangés dans la même catégorie nominale, et le départ des noms abstraits et concrets relève uniquement de la compétence du lecteur et de son affinité avec la langue française. Aucune morphologie dérivationnelle, même intuitive et primaire, simplement héritée de la morphologie latine, ne sert au lexicographe – et conséquemment à son lecteur – de la plus infime manière à structurer le lexique du français à partir de la fin du XVIIIe siècle.

Les noms abstraits représentent donc dans le *Dictionnaire universel* un sous-ensemble très restreint de la classe des noms parce qu'ils ne renvoient pas immédiatement à cette réalité matérielle d'un monde en changement idéologique et technologique dont il s'agit de saisir au mieux, et pour plus d'efficacité dans l'action, tous les constituants. À l'époque où le savoir de l'*Encyclopédie* est plus que jamais diffusé grâce aux multiples volumes spécialisés de l'*Encyclopédie méthodique*

que publiait Panckoucke, peu avant que la longue théorie des *Manuels Roret* ne porte plus loin dans le XIXe siècle les progrès de la technologie et de la science, l'usager du dictionnaire de Boiste recherche dans son ouvrage des connaissances immédiatement pratiques. Il ne s'interroge pas sur une distinction qui tombe sous le [bon] sens : est *concret* tout ce qui relève de la matérialité quotidienne ; est *abstrait* tout ce qui ne peut être compris que par réflexion et spéculation de l'esprit analytique. Or la vie pratique interdit la spéculation suspensive de l'action. La nomenclature ne recensera donc comme noms abstraits que ceux qui sont susceptibles d'une application directe en philosophie ou en littérature sous l'angle de la valeur morale qu'ils représentent. Plus que sa nature conceptuelle toujours embrouillée, c'est sa qualité éthique qui permet au *nom abstrait* d'être repéré dans les textes, recensé et expliqué par Boiste. Ce dernier commente d'ailleurs en termes non équivoques les définitions obtenues à l'issue de cette sélection et de cette synthèse. Les termes abstraits assurent la répétition de l'axiome de base selon lequel l'infrangible union de la morale et de l'esthétique promeut le progrès de l'individu et de la société : « [...] ces définitions sont comme des traits de lumière qui, portant sur les objets les plus utiles à connoître, éclairent l'esprit, le nourrissent et le livrent à d'agréables méditations ; souvent elles valent tout *un traité de morale*, et sont, pour ainsi dire, de *l'essence de livre*» [*Avertissement*, 1808, p. xij].

La multiplication croissante des ouvrages lexicographiques dans les quarante premières années du XIXe siècle est un signe tangible de l'incapacité à saisir le monde à travers les mots. On sait que Poitevin fait même succéder au titre de son ouvrage une glose qui expose cette bonne volonté impuissante : *Dictionnaire universel, glossaire raisonné de la langue française*, comme s'il fallait que la raison se justifie elle-même des exclusions que ses limites lui font prononcer : ce qui n'est pas intégrable aux paradigmes préconstruits de la nomination du monde, ne saurait, au sens le plus étymologique, être substantiellement et formellement désigné.

L'homme curieux ou profond s'est alors fait antiquaire ou archéologue du langage cherchant sa provende dans les discours spécialisés dont les dictionnaires donnent parfois quelques fragments, qu'au mieux ils référencent d'un titre dans leur bibliographie. L'homme pressé, déjà circonvenu par les séductions et les contraintes industrielles de la société moderne, s'est alors simplement tourné vers les dictionnaires, ceux de *Boiste*, ou de *Bescherelle*, et tous les autres, pour y appréhender rapidement le contenu d'un terme dont les emplois n'avaient pas encore régulé les valeurs d'usage. Le lexicographe, même s'il s'appuie sur des exemples littéraires, s'adjuge donc l'*auctoritas*. Et la définition, absolue, marque la frontière du connu et de l'inconnu, du vérifié et de l'hasardeux, de l'interdit et du permis. Dans la seconde partie du XIXe siècle, avec les grandes entreprises de *Dupiney de Vorepierre*, puis de *Littré*, de *Larousse*, de *La Chatre*, *Guérin* ou de *Hatzfeld, Darmesteter et Thomas*, et leurs grands dictionnaires en plusieurs volumes imprimés sur plusieurs colonnes de caractères minuscules, les lecteurs ont appris à devenir industrieux et à lire ces ouvrages comme de véritables spéculations de la langue sur le monde. Une manière d'édifier l'idéologie en science du lexique. Une manière si prétendument rigoureuse que – dans le cas de Blanc [cf. *supra* p. 440] – la référence à la logique organisatrice du lexique doublant le monde en peut venir à être soutenue par l'hypothèse de l'existence de Dieu...

Un dernier point affectant l'évolution de la langue française du XIXe siècle est constitué par les débuts d'une grammaticographie systématique que chaque grammairien ou linguiste veut faire sienne. Par *grammaticographie*, j'entends principes réfléchis de composition et de rédaction d'une grammaire. Cette attitude et cette pratique, depuis Girault-Duvivier et sa *Grammaire des grammaires* de 1812 jusqu'au *Bon Usage* de Grevisse, qui en est l'héritier direct, permettent d'intégrer au développement de l'ouvrage des références au traitement des mêmes questions par des grammairiens antérieurs ou contemporains. De ce va-et-vient déjà expérimenté aux XVIIe et XVIIIe siècles, mais plus largement appliqué au XIXe siècle, résulte une capacité d'analyse critique en laquelle nombre de problématiques linguistiques trouvent leur origine. La *Grammaire historique de la langue française* que publie Kr. Nyrop entre 1899 et 1930, et qui donne pour chaque branche de la grammaire un exposé historique de sa constitution, est probablement le meilleur exemple d'une grammaire désormais soucieuse de justifier et expliquer les formes de la langue actuelle non seulement en recourant à leur histoire mais aussi en les replaçant dans l'historicité de leurs diverses et successives explications jusqu'à ce jour.

Admirables certitudes issues d'une certaine forme de positivisme scientiste, mais qui ne purent néanmoins empêcher qu'autour des faits de la parole, des discours et des textes, toujours allégués comme exemples grammaticaux, toute une partie de la grammaire pratique du français répudiât la critique et revînt à l'interprétation herméneutique du sens des énoncés, cherchant à vérifier comment les instruments de la grammaire pouvaient servir au mieux les intérêts de l'expressivité. En d'autres termes, comment, entre 1872 et 1905, une certaine conception du Style pouvait aider à dépasser *in situ* les impasses explicatives d'une linguistique historique plus descriptive que radicale.

Au début de la seconde moitié du XIXe siècle, Bernard Jullien notait :

« Chez nous, tout est parfaitement défini : *les limites des sciences sont précises et leurs parties bien déterminées.* Chez les anciens, rien de pareil. Le grammairien ne s'occupait pas seulement d'établir les règles générales du langage, il expliquait les expressions difficiles, les locutions vieillies ou étrangères ; il rassemblait des passages explicatifs tirés d'autres écrivains ; il donnait des éditions annotées d'ouvrages entiers ; il résolvait les difficultés de certains passages ; faisait dans les textes les changements qu'il croyait nécessaires, et rédigeait le catalogue critique des écrivains classiques. Tout cela nous semble fort éloigné de la grammaire proprement dite ; et, pour tout dire, en un mot, c'est moins notre science grammaticale que des commentaires de tout genre, c'est-à-dire des suites de notes sur toute la teneur d'un ouvrage. *Un commentaire a, en effet, 1° une partie historique, qui consiste à chercher les coutumes ou les circonstances auxquelles le texte se rapporte ; 2° une partie critique qui pèse les variantes, discute l'autorité des textes ; 3° une partie lexicographique, si l'on réunit les mots peu connus ou qui ont besoin d'explication ; 4° une partie littéraire, si l'on juge l'ouvrage du point de vue de la composition et des règles de l'art ; 5° enfin, une partie purement grammaticale ou technique, si l'on note les innovations, si l'on explique les différentes figures, si l'on montre les principales beautés du style.* Nous avons des commentaires où toutes ces parties se trouvent ensemble ; d'autres sont plus spécialement consacrés à l'une ou l'autre. Telle était la grammaire pour les anciens [1]... »

Et il condamnait un processus qui n'a cependant pas cessé de se développer en sous-main, derrière le courant linguistique, dans toute la grammaire française de la fin du XIXe siècle et du début du XXe siècle. Que les progrès de la grammaire française du XIXe siècle aient réellement accompagné le mouvement même de la langue, cela peut rester objet de discussion selon la position épistémologique de chacun ; en revanche, la dérive progressive de cette grammaire vers la prise en considération de l'expressivité et du style constitue un fait d'évidence. Le traitement d'une question telle que celle des prépositions – question morpho-syntaxique et grammaticale ou linguistique, s'il en est – fait apparaître le phénomène dans toute l'ampleur de son développement.

Du point de vue de l'épistémologie des descriptions grammaticales – saisie dans ses variations à travers l'histoire – l'objet *Préposition* a très vite attiré l'attention de l'observateur. Bernard Jullien, grammairien et linguiste du milieu du XIXᵉ siècle, peut servir de repère dans l'évaluation du cheminement qui mène à la situation d'aujourd'hui et à ses incohérences prolongées. En effet, la préposition est dotée d'un fonctionnement dont on ne sait pas très exactement définir la nature et la place à l'intérieur des parties du discours ; d'une manière qui n'est d'ailleurs pas sans rappeler le statut de l'adverbe. Les ouvrages qui traitent ces notions s'empressent généralement de les faire se succéder dans leur organisation. L'histoire de cette notion au début du XIXᵉ siècle peut éclairer quelques aspects de la spécieuse façon dont grammairiens, grammatistes et linguistes ont été obligés, jusqu'à nos jours, de traiter par le style un tel objet.

Lévizac, par exemple, dont l'objectif était de permettre à un public anglophone de se familiariser avec les difficultés du français, reproduit une définition qui est celle répertoriée dans tous les ouvrages descriptifs de la fin du XVIIIᵉ siècle, officialisée par l'adoption du *Lhomond* [1764] comme manuel de la République [1793] :

> « Les prépositions sont *des mots qui servent à exprimer ou à désigner les différents rapports que les choses ont les unes avec les autres.* Les prépositions sont fixes et invariables ; elles n'ont ni genre, ni nombre. Seules, elles ne forment point de sens. Pour qu'elles signifient quelque chose, il faut qu'elles soient suivies d'un régime exprimé ou sous entendu[1] […] »

Laveaux, comme auteur d'un *Dictionnaire des difficultés grammaticales et littéraires du français*, est particulièrement habile à faire se succéder diverses options théoriques dans un article éclectique, et peu soucieux d'homogénéité épistémologique puisqu'il énonce clairement la contradiction interne qui, normalement, devrait opposer ces positions du problème :

> « Les prépositions considérées seules ne sont que des signes généraux et indéterminés des rapports. Elles font abstraction de tout terme *antécédent* et *conséquent*, et cette indétermination en rend l'usage plus général, par la liberté d'appliquer l'idée de chaque rapport à tel terme, soit *antécédent*, soit *conséquent*, qui peut convenir aux différentes vues de l'énonciation[2] […] »

De cette situation ambiguë procède la médiocre qualité des descriptions du fonctionnement des prépositions lorsque l'analyse veut exposer des exemples. Jullien – en 1851 – ne répugne pas encore à écrire : « Les prépositions sont toujours des copules de régime entre un terme substantif qui en est l'objet indirect ou accidentel, et un autre mot qui en est le recteur. Les unes gouvernent l'*accusatif* et les autres l'*ablatif*» [p. 185]. À la même époque M.-P.-G. Galimard, dans un *Guide des instituteurs et des institutrices*, propose un classement qui fait ouvertement interférer la description formelle de la définition et le sémantisme latent d'une onomasiologie non encore réfléchie :

> « La préposition est un mot *indéclinable* qui est devant le nom, et qui détermine le sens de la phrase ; elle indique les différents rapports que les choses ont les unes avec les autres. Les prépositions ont toujours un régime, les adverbes n'en ont point. Les prépositions marquent la *place, l'ordre, l'union, la séparation, l'opposition, le but* et la *spécification*» [p. 115].

Un tel cadre mêle non seulement des intérêts différents, mais également des objectifs mal définis ou sériés : certaines de ces catégories sémantiques ne peuvent se contenter d'une définition en extension – la liste reste ouverte – quand la définition en compréhension est elle-même sujette à discussion. Par cette analyse se précise alors une tendance de l'histoire de la grammaire française, à savoir la propension à toujours récupérer les résultats de la recherche contemporaine, au besoin en les simplifiant ou en les intégrant à des modèles épistémologiques entièrement contraires.

Sans aller jusqu'à l'exacte préfiguration d'une « stylistique[1] », que Bally formalisera, au XXᵉ siècle, comme étant l'étude des qualités d'un énoncé, résultant du choix conscient que l'utilisateur fait des éléments constitutifs d'une langue donnée dans une circonstance donnée, on peut voir là qu'une part importante de l'évolution de l'histoire de la grammaire française, au cours du XIXᵉ siècle, consiste dans ce glissement progressif et inéluctable – en raison de l'aveuglement épistémologique des grammairiens scolaires français – vers des intérêts plus expressifs que formels, et plus idéologiques que scientifiques. Collin d'Ambly amorçait ce mouvement lorsqu'il plaidait en faveur des possibilités de répétition des prépositions pour des raisons principalement sémantiques et prosodiques :

> « Ce qui peut nécessiter la répétition des prépositions, ce n'est pas tant la multiplicité des antécédens que *la multiplicité des conséquens*. [...] La répétition des prépositions avec chaque complément a lieu toutes les fois que le sens de la préposition se porte sur chaque objet en particulier, et non sur la réunion de ces objets. [...] Dans les énumérations, on peut éviter la répétition de la même préposition. En revanche, la suppression des prépositions a lieu :

1°) pour la brièveté, lorsqu'étant exprimées, elles ne donneraient aux locutions ni plus de clarté, ni plus d'élégance ;

2°) lorsque la préposition exprimée changerait le sens de la locution ;

3°) lorsque le rapport et la liaison sont suffisamment indiqués par les circonstances » [p. 176].

L'équilibrage des membres de la période, l'harmonieuse distribution du nombre dans une proposition, le rapport progressif des constituants de la phrase, concurremment à l'objectif de clarté et de précision, gouvernaient pour lui des choix expressifs qui mettent en difficulté l'explicite d'une grammaire logique idéale dans laquelle les propositions ne peuvent être évaluées que sous l'aspect de leur conformité à un modèle ternaire simple et simpliste : *thème, copule, propos*, ou *judicat, judicande* et *judicateur*, préconisé par les tenants d'une grammaire logicisante. La tendance inaugurée au premier quart du XIXe siècle, qui consiste à occulter les difficultés de définition et de description de la préposition en tant que partie de discours derrière un discours descriptif des emplois, non seulement va se généraliser, mais va aussi favoriser le développement d'une nouvelle attitude face à la langue et à la grammaire. C'est cette nouvelle manière de regarder les choses qu'on peut nommer la *visée socio-stylistique de la langue et de la grammaire*.

Le premier indice de cette transformation est certainement à rechercher dans les *cacologies* et *cacographies* répandues à foison dans les milieux les plus populaires, par la voie du colportage, de la bibliothèque de l'instituteur ou des cabinets de lecture. Une des plus célèbres d'entre elles, celle de Boinvilliers, consacre presque autant de pages à la question de l'accord des participes qu'à celle de la justesse d'emploi et des qualités discriminantes d'utilisation des prépositions, soit près de 70 sur 230... L'objectif est de fournir les principes de bonne utilisation sociale d'une partie de discours dont le caractère labile est démultiplié, en tant que révélateur d'un certain niveau culturel, par la subtilité des nuances de sens que lui accordent les grammatistes. Il y a là quelque chose d'analogue au mouvement de standardisation et de diffusion d'une graphie normée, d'une orthographe sélective. Les nombreux débats suscités par cette même question dans les périodiques de l'époque sont significatifs : ainsi de la *France grammaticale* de Bescherelle [1838], ou du *Journal grammatical*, étudié plus haut, qui, en 1837 encore, renferme quantité de notules précisant les conditions de bon emploi de la préposition en relation avec une norme sociale du bien parler :

«*Êtes-vous en famille ?* pour dire, *avez-vous des enfants*, est une très-mauvaise locution. Régulièrement parlant, *êtes-vous en famille ?* ne doit signifier autre chose que *êtes-vous au-milieu de vos parents ? J'aime mieux aller de pied*, pour *j'aime mieux aller à pied*, est une locution vicieuse. On trouve bien dans le Dictionnaire de l'Académie les phrases suivantes : *Cet homme va bien du pied, il va du pied comme un chat maigre*, pour dire qu'il marche bien, qu'il voyage pédestrement, mais on ne doit pas imiter en tout les Académiciens. Il vaut mieux dire : *il va à pied*[1]. »

Le second indice est à chercher dans les dictionnaires de difficultés, qui, d'un point de vue ou d'un autre, mais dans le cadre d'une référence plus claire aux travaux des grammairiens et avec la méthode des lexicographes, tentent de corriger le langage *vicieux*, et qui reprennent sur la préposition un discours prescriptif. Le défaut de bases morpho-syntaxiques stables, eu égard aux conditions de l'épistémologie linguistique de l'époque, laisse rapidement subvertir le fait grammatical par les phénomènes annexes de l'expressivité et de la correction normative. Ainsi, le *Dictionnaire critique et raisonné du langage vicieux* de Platt saisit-il l'occasion d'un développement sur la fausse concurrence de *Prêt à* et *Près de* pour exposer les considérations sémantiques légitimant l'emploi de l'une ou l'autre forme, et condamner l'indifférenciation qui porterait atteinte à la clarté de la langue et à l'efficacité du langage. On connaît bien la validité de ces arguments, qui font intervenir des raisons idéologiques du XVIIIᵉ siècle[2] mêlées à des considérations sociopolitiques typiques du premier tiers du XIXᵉ siècle, destinées à légitimer la volonté bourgeoise de normer rigoureusement l'usage de la langue.

La composition et l'écriture de la grammaire, la grammaticographie, fondent ainsi dans une sorte de pseudo-objectivité la légitimité de la subversion des justifications métaphysiques ou empiriques par l'intentionnalité stylistique. Et elles marquent, presque paradoxalement, la distance prise avec les analyses qui mettent en avant la fonction de « copule de régime ». Mais, conjointement, cette logique essentiellement discursive retrouve les intérêts pratiques de Vogel[3], ou les nécessités de clarté et d'euphonie chères à Lévizac, qui avaient servi à articuler le passage de la fin du XVIIIᵉ au début du XIXᵉ siècle, si l'on en juge par ses différentes éditions[4] :

« Les prépositions n'ont pas une place fixe dans la langue française. Comme dans la langue latine, tout mot seulement gouverné par une préposition se met tantôt au commencement, tantôt à la fin, quelquefois même au milieu des phrases. Ce mot exprime ordinairement une circonstance d'un autre mot, et le modifie. Il doit être placé, en conséquence, de manière qu'on ne puisse pas se méprendre sur le rapport qu'on a eu en vue, et qu'il marque. *C'est la netteté du sens qui l'exige ; mais s'il y a de la clarté dans la phrase, quelque place qu'on lui donne, c'est alors l'oreille qui doit décider, car il ne faut jamais déchirer cet organe par un cliquetis si désagréable de sons et contraire à l'harmonie de la langue française»* [*L'Art de parler…*, p. 232].

Esthétique d'une harmonieuse logique de la pensée, esthétique de l'euphonie du discours, nous sommes bien là dans une première « stylistique » de la langue dont, au milieu du siècle, le *Cours supérieur de grammaire* de Jullien rend le plus parfaitement compte en effectuant une stricte répartition de la matière de langage entre la *grammaire proprement dite* [1er volume : prononciation, orthographe, étymologie, syntaxe, construction] et la *haute grammaire* [2e volume : rhétorique, poétique, stylistique]. En reprenant à son compte les impératifs d'exactitude et de pureté, Jullien s'inscrit dans une tradition difficile à rompre ; mais, en reversant l'application de ces impératifs dans le second volume de son ouvrage, il innove par l'assignation d'un domaine spécifique à ces qualités esthétiques, qui ne ruine pas en son fondement l'effort de donner à la grammaire, sous le coup de l'évolution des connaissances historiques, une théorisation plus solide. Mais Jullien n'est pas seulement l'auteur de ce *Cours supérieur de grammaire*, il est également responsable d'une rhapsodie en vingt articles publiée – en 1855 – sous le titre de *Thèses de grammaire*. Bien que cet ouvrage composite n'aborde pas directement la question des prépositions, il est très éclairant en ce qui concerne les conditions du déplacement vers le style des intérêts de la grammaire. Il aborde en effet l'histoire de la grammaire française, pour montrer comment celle-ci va dans le sens d'un « perfectionnement de l'esprit humain dans l'analyse des idées et de leur expression » [p. 50]. Et ce dernier terme marque bien le dépassement du but originel que s'assignaient les philosophes du siècle précédent. De cette recherche constante d'une *euphorie* expressive de la langue, Jullien tire des conséquences sur l'*euphonie* latente du matériau et l'harmonie matérielle du français. Il justifie rétroactivement d'ailleurs ces considérations par l'examen des conditions d'emploi des « relatifs et conjonctifs invariables », lesquelles – pour être entendues – nécessitent une véritable relatinisation syntaxique du français [p. 162] soucieuse de conserver aux énoncés des qualités de logique et de rythmique du sens que légitiment seulement les contraintes de l'expression. C'est de cet amalgame historico-idéologique que Jullien part donc pour élaborer une conception singulière et globalisante du Style. Une concep-

tion nationale – donc politique ! – et, si l'on veut, organique – donc linguistique ! – du Style, qui rend compte de la rétrogradation de la grammaire à un rang secondaire, tandis que le premier rang est désormais
occupé par l'expressivité de la langue et la revendication d'une subjectivité de la parole reflétant indirectement les qualités de l'individu :

> « Les modernes, et particulièrement les Français, poussant leurs
> observations grammaticales [de l'étude du Style] sur tous les
> points, reconnaissant mille circonstances délicates qui avaient
> échappé aux études précédentes, ont aussi mis partout *un esprit
> d'ordre, une clarté, une sévérité de logique, inconnus jusqu'à eux ;
> ils ont établi des définitions et des divisions aussi complètes que
> précises, et composé une science vraiment digne de ce nom*, aussi
> vaste dans son ensemble, aussi certaine dans ses détails que les
> autres doctrines philosophiques, physiques, mathématiques ou
> morales, dont nous jouissons aujourd'hui » [p. 274].

On voit ainsi se périmer dans ces lignes le modèle d'une grammaire générale présentant les cadres généraux de fonctionnement de la
pensée ainsi que les règles particulières de sa verbalisation. On voit
s'exhausser aussi dans le propos de Jullien une conception *outilitaire*
de la grammaire, qui fait de cette dernière l'instrument de réalisation
d'une ambition esthétique nécessairement en prise sur les valeurs de
chaque époque culturelle.

À la même époque, seul un grammairien suisse instruit selon
d'autres traditions, Cyprien Ayer [1825-1884], s'est trouvé en mesure
de présenter un modèle se démarquant entièrement de ce qui se rédigeait alors en France. Récusant la prééminence du fait « stylistique »
sur le fait syntaxique, Ayer donne toute sa place à la classe des prépositions dans les cadres plus stricts d'une morphologie historique [p. 136-
138], et – selon ses propres termes – d'une *syntaxe de dépendance*
[p. 240-245]. On trouve dans ces pages de 1851, au travers de la réac-
tualisation de certains aspects du système casuel des langues anciennes,
une volonté évidente d'épurer la description et l'explication du fonctionnement des prépositions. Et une détermination résolue à restreindre
au maximum les critères stylistiques, conformément à l'épistémologie
impliquée dans le titre par l'adjectif COMPARÉE. Ayer est en effet un des
premiers grammairiens à appliquer la méthode historique de Diez, avec
rigueur et constance. Si l'on observe le contenu de son ouvrage, on
constate qu'il est de près de vingt ans antérieur à la première édition de
la *Grammaire historique* de Brachet, et que, sous bien des aspects, il la
précède de bien plus encore. En effet, quand Brachet, au chapitre de la
« Préposition » [p. 243-247], se contente de dresser un relevé morpho-

logique fondé sur les évolutions de l'étymologie latine, sans s'intéresser aux conditions propres de fonctionnement de cet objet, c'est-à-dire en excluant ses contraintes d'actualisation en discours, Ayer, comme l'exemple précédent l'a montré, tente de dégager l'*affinité* qui lie les prépositions et les adverbes dans les potentialités de la langue, et la *distinctivité* qui les oppose dans les applications en discours, sous les effets de la rection. À partir de cet ancrage formel de la définition, il lui est alors possible, développant les remarques de Diez, de dresser une sorte de typologie des effets de sens de la préposition [1], qui formalise les multiples interprétations du sémantisme de cet objet lorsque ce dernier n'est pas saisi comme terme de langue.

Or, le modèle exposé par Ayer, en 1851, n'a pas retenu immédiatement l'attention. Celui exposé par Jullien, en revanche, l'a emporté et a ouvert la voie à ces multiples – et parfois hermétiques – remarques sur les emplois de la langue dont Remy de Gourmont, au nom d'une esthétique de la langue française, a été l'un des plus zélés thuriféraires. Mais la France ne pouvait rester longtemps insensible aux développements généraux de la science européenne. Tout dans l'institution politique incitait à combler le retard pris dans les quarante premières années du XIXe siècle : l'*École des chartes* [réorganisée en 1829, renforcée en 1852], l'*École pratique des hautes études* [1867], l'extension progressive du domaine couvert par le *prix Volney* de l'Institut depuis que Renan en obtint le bénéfice [*De l'origine du langage*, 1848]. Et, à partir de 1860, le retour en France des jeunes savants formés aux méthodes de la linguistique germanique, qui à Berlin, qui à Bonn, Meyer, Paris, Bréal, Brachet... On aurait pu penser que la méthode et les principes de la science nouvelle balaieraient vite les errements d'une grammaire révolue. Mais, comme la grammaire de Brachet le révèle, les linguistes français ne s'approprièrent pas immédiatement l'ensemble des connaissances qu'ils étaient allés quérir outre-Rhin. Et, soumis au prestige conjoint qu'exerçaient en France la tradition historique romantique et le positivisme naissant, ils privilégièrent dans le modèle de Diez tout ce qui pouvait contribuer à une meilleure connaissance de l'évolution des formes littérairement attestées, mais excluaient aussi tout ce qui, dans la *Grammaire des langues romanes*, poussait vers une abstraction des rapports de sens par le biais de la comparaison pré-typologique. Ils s'enfermaient donc, sans trop y réfléchir, à l'intérieur d'un cercle vicieux dans lequel, incessamment, la théorie ne pouvait s'appuyer que sur l'usage dont témoignaient les textes. Et c'est ainsi qu'un objet esthétique, valorisé à plus d'un titre par la société et ses institutions, la littérature, est devenu le prétexte à une application objective du savoir linguistique historique ; mais, comme le dessein comparatiste s'est le plus souvent trouvé effacé par force de la perspective analytique, il n'est plus resté alors qu'à recourir aux principes éternels d'un classicisme idéologique. Toute l'empreinte du Style se trouve ici inscrite.

Le XIXᵉ siècle a progressivement et subrepticement fait dériver la méthodologie grammaticale vers une appréhension totalement subjective et psychologisante – sinon définitivement psychologisée – du Style sous l'influence du mythe du Génie créateur individualisé par son emploi de la langue. À travers ce processus s'est donc opérée une réduction de la notion de « Style » à ses seuls attributs rhétoriques et grammaticaux, l'esthétique littéraire et l'esthétique de la langue en étant dès lors venues à se retrouver dans un objet polymorphe, hautement ambigu et passablement prétexte à discordes [1].

En effet, un danger latent s'inscrit dans l'ouverture du jugement critique à l'esthétique individuelle, celui de la dissolution de la langue comme facteur d'intégration de la communauté nationale :

> «*Que* si, par quelque raison tirée de la langue, la forme du commencement ne convient point à la suite de sa pensée, il [l'écrivain] force la règle, ou la courbe, ou l'étend, ou la fait ingénieusement rentrer dans son dessein ; ce premier dessein s'assimile, de force ou de gré, tout ce qui suit ; de là des fautes plus ou moins choquantes ; mais de là aussi d'heureuses découvertes et de véritables grâces de style. [...]. *Il faut pourtant bien l'avouer :* dans une telle liberté, l'abus est bien près de l'usage ; l'usage est presque un abus. *Cette liberté menace les fondements du langage. La langue, ainsi que la société civile, repose sur le respect de la propriété ; en grammaire comme en politique, il y a des droits acquis ; chaque mot réclame son idée comme chaque individu son bien.* Que ces droits soient livrés au bon plaisir de tous ou d'un seul, la langue s'écroule ainsi que la société ; mais d'une autre part, dans l'immobilité forcée de la propriété, la langue et la société croupissent. La langue française doit sa vie et son progrès au mouvement continuel que lui ont imprimé des innovations semblables, sinon égales, à celles que nous venons de signaler. Mais il faut que ce mouvement de la langue s'opère lentement et sans violence ; plus il est insensible, plus il est sûr ; il se légitime d'autant mieux qu'on en connaît moins la source ; autant que possible, il faut qu'il soit anonyme. *De nos jours il est bien loin de demeurer dans ces conditions ; en fait de langue, la propriété est de toutes parts menacée ; l'arbitraire individuel se sustitue à l'arbitraire légal ; la convention, base du langage, tend à s'effacer, et par conséquent la confusion à s'introduire* [2]. »

C'est ainsi qu'aux composantes grammaticales et linguistiques, éthiques et esthétiques du Style, il convient d'ajouter, une nouvelle fois encore, dans l'histoire de la langue française du XIXe siècle et de ses réflexions spéculaires, une composante politique, au sens le plus abstrait et le plus pratique du terme. D'où naquirent les dénominations de *Style* et *stylistique*, initialement appliquées à des objets représentant au mieux – dans les textes littéraires et les discours soutenus – les intérêts culturels de la bourgeoisie instruite. N'est-il pas curieux, comme l'a fait remarquer Danielle Bouverot[1], que le substantif « stylistique » ne soit attesté dans la langue française qu'en 1872 et que la forme adjective ne s'impose qu'en 1905 ?

Ainsi, lorsque s'achève ce « siècle », la naissance en langue française d'une linguistique scientifique à part entière ne peut empêcher que l'analyse métalinguistique des faits observés ne passe souvent encore par l'expression des intérêts épilinguistiques des grammairiens[2]... Le ministre Georges Leygues, le 26 février 1901, avec l'accord de l'Académie française, arrêta une liste de tolérances orthographiques qui ne touchaient en rien au statut et aux formes syntaxiques de la langue française, mais qui bouleversaient les habitudes des usagers et le conformisme de grammairiens n'ayant su s'adapter aux exigences de l'objectivité linguistique, et qui heurtaient la timidité de critiques déléguant au *Style* la responsabilité d'assurer leur subjectivité : alors une page de l'histoire de la langue française se tourne définitivement. Non que l'évolution insensible du français, à travers les modifications technologiques, les progrès scientifiques, les variations géographiques et les traumas historiques, les options politiques et idéologiques, les bouleversements culturels, ne cesse de se marquer et même de s'accélérer, mais parce que les procédures d'analyse accompagnant ces changements se doteront dès lors d'instruments de formalisation inconnus à nos usagers et théoriciens du siècle éclectique et syncrétique par excellence que fut en son plus grand écart le XIXe siècle ; le siècle de Chateaubriand et de Proust, de Napoléon et de Joffre, mais aussi celui de Girault-Duvivier et d'Antoine Meillet...

BIBLIOGRAPHIE DE LA SIXIÈME PARTIE

Bibliographie primaire

La sélection d'ouvrages recensés dans cette section est constituée selon l'ordre chronologique ascendant de publication de ces documents.

1798 Caminade, *Premiers élémens de la langue française ou Grammaire usuelle*, Paris, Agasse.

1799 Jean-Pons Coust, abbé de Lévizac, *Art de parler & d'écrire correctement la langue française ou Grammaire philosophique et littéraire de cette langue*, Paris, Rémont, 2 tomes.

1801 L.-S. Mercier, *Néologie, ou Vocabulaire de mots nouveaux, à renouveler ou pris dans des acceptions nouvelles*, Paris, Moussard.

1803 Petitot, Conclusion de l'*Essai sur l'origine et les progrès de la langue française*, Préface de la réédition de la *Grammaire générale et raisonnée* de Port-Royal, Paris, an XI, BN X 9750 in-8°.

1805 Philippon de la Madelaine, *Dictionnaire portatif de rimes*, Paris, Capelle et Renaud.

1806 Daru, *Discours à l'Institut*, le 13 aout, BN Z 5053 [175].

1807 De Wailly, *Principes généraux et particuliers de la langue française*, Paris, Barbou, 11ᵉ éd.

— Ch.L. Cadet-Gassicourt, *Saint-Géran ou la Nouvelle Langue française. Anecdote récente, suivie de l'Itinéraire de Lutèce au mont Valérien en suivant le fleuve Séquanien et revenant par le mont des Martyrs. Petite parodie d'un grand voyage*, Paris, D. Colas.

1812 Ch.-P. Girault-Duvivier, *Grammaire des grammaires*, Paris, Porthmann.

1814 *Mémoires de la Société royale des antiquaires de France*, texte du baron Dupin.

1816 J.-Ch. Thiébault de Laveaux, *Dictionnaire des difficultés grammaticales et littéraires de la langue française*, Paris ; *id.* 2ᵉ éd. 1822 et 3ᵉ éd. 1846.

1819 Édouard Varinot, *Dictionnaire des métaphores*, Paris, Bignon.

1822 L.J.M. Carpentier, *Gradus français ou Dictionnaire de la langue poétique*, Paris, Johanneau.

1823 Joseph-Victor Le Clerc, *Nouvelle rhétorique*, Paris, Delalain.

— Edgar Quinet, *Lettres à sa mère*, t. I, textes réunis par Simone Bernard-Griffiths et Gérard Peylet, Paris, Librairie Honoré Champion, 1995 ; t. II, Paris, Librairie Honoré Champion, 1998.

1826 Balbi, *Atlas ethnographique du globe, ou Classification des peuples anciens et modernes d'après leur langue*, Paris, Renouard.

1829 Serreau et Boussi, *La Grammaire ramenée à ses principes naturels, ou Traité de grammaire générale appliquée à la langue française*, Paris, Dauthereau, Libraire.

1835 Louis Platt, *Dictionnaire critique et raisonné du langage vicieux ou réputé vicieux* ; ouvrage pouvant servir de complément au *Dictionnaire des difficultés de la langue française* par Laveaux, Paris, chez Aimé André, Libraire.

1836 Sophie Dupuis, *Traité de prononciation ou Nouvelle prosodie française*, Paris, BN X 24550.

— Bescherelle frères et Litais de Gaux, *Grammaire nationale ou grammaire de Voltaire, de Racine, de Bossuet, de Fénelon, de J.-J. Rousseau, de Buffon, de Bernardin de Saint-Pierre, de Chateaubriand, de Casimir Delavigne*, Paris, Bourgeois-Maze.

— Philarète Chasles, *De la grammaire en France et principalement de la « Grammaire nationale »*, avec quelques observations philosophiques et littéraires sur le Génie, les Progrès et les Vicissitudes de la langue française, en introduction à Bescherelle frères, et Litais de Gaux, *Grammaire nationale ou grammaire de Voltaire, de Racine, de Bossuet, de Fénelon, de J.-J. Rousseau, de Buffon, de Bernardin de Saint-Pierre, de Chateaubriand, de Casimir Delavigne*, Paris, Bourgeois-Maze.

— A. Vanier, *Dictionnaire grammatical, critique et philosophique*, Paris.

1845 François Génin, *Des variations du langage français depuis le XIIe siècle*.

1849 Bernard Jullien, *Cours supérieur de grammaire*, 1re partie : *Grammaire proprement dite*, Paris, Hachette, extrait du *Cours complet d'éducation pour les filles*.

1851 Féline, *Dictionnaire de la prononciation de la langue française, indiquée au moyen des caractères phonétiques*, Paris.

— Célestin Ayer, *Grammaire française, ouvrage destiné à servir de base à l'enseignement scientifique de la langue*, Lausanne, Georg.

— Guérard, *Cours complet de langue française. Théorie et exercices*, Paris, Dezobry et Magdeleine.

1852 Pierre Larousse, *La Lexicologie des écoles. Cours complet de langue française et de style, divisé en 3 années* ; 1re année, *Grammaire élémentaire lexicologique*, Paris, Maire-Nyon ; 2e année, *Grammaire complète syntaxique et littéraire*, Paris, Larousse et Boyer [1868] ; 3e année, *Grammaire supérieure formant le résumé et le complément de toutes les études grammaticales*, Paris, Larousse et Boyer [1868].

1866 Augustin Pellissier, *La Langue française depuis son origine jusqu'à nos jours. Tableau historique de sa formation et de ses progrès*, Paris, Librairie académique Didier et Cie.

1874 Julien Tell, *Les Grammairiens français, 1520-1874. Introduction à l'étude générale des langues*, Paris, Hachette.

1875 Brachet et Dussouchet, *Petite grammaire française fondée sur l'histoire de la langue*, Paris, Hachette.

1876 Dezobry et Bachelet, *Dictionnaire général des lettres, des beaux-arts, et des sciences morales et politiques*, 4e éd., Paris, Delagrave.

— A. Chassang, *Nouvelle grammaire française, avec des notions sur l'histoire de la langue et en particulier sur les variations de la syntaxe du XVIe au XIXe siècle*, Paris, Garnier Frères.

1881 Dupiney de Vorepierre, *Dictionnaire français illustré*.

1883 L. Petit de Julleville, *Notions générales sur les origines et sur l'histoire de la langue française*, Paris, Delalain.

1888 Gaston Paris, Discours de clôture du congrès fondateur de la Société des parlers de France, *Bulletin de la Société des parlers de France*, Paris, H. Welter, 1993, n° 1.

1893 Dottin et Bonnemain, *Grammaire historique du français, accompagnée d'exercices et d'un glossaire*, Paris, Fouraut.

1890-1900 A. Hatzfeld, A. Darmesteter et A. Thomas, *Dictionnaire général de la langue française*, Delagrave, 1964, p. II.

Bibliographie secondaire

Auroux, S., *Histoire des idées linguistiques*, t. I, Mardaga, 1989, Introduction, p. 33.

Bergounioux, G., *Aux origines de la linguistique française*, Pocket, Agora, « Les Classiques », 1994 ;

— « La définition de la langue au XIXᵉ siècle », in S. Auroux, S. Delesalle, et H. Meschonnic, éds., *Histoire et grammaire du sens. Hommage à Jean-Claude Chevalier*, Paris, Armand Colin, 1996, p. 72-85.

— « Sciences et institution : la linguistique et l'Université en France (1865-1869) », *Langue française*, 1998, n° 117, p. 6-24.

Berrendonner, A., *L'Éternel Grammairien. Étude du discours normatif*, Berne, Peter Lang, 1982.

Bio-Bibliographisches Handbuch der Grammatiker, Sprachtheoretiker und Lexicographen des 18. Jahrhunderts im Deutsprachigen Raum, Herbert E. Brekle, E. Dobnig-Jülch et H. Wei, Niemeyer, Band 1-5, 1994-1998.

Bourquin, J., « Léon Clédat [1850-1930] et la *Revue de philologie française*», in Hélène Huot, éd., *La Grammaire française entre comparatisme et structuralisme, 1870-1960*, Paris, Armand Colin, 1991.

Bouverot, D., *Le Vocabulaire de la critique d'art (arts musicaux et plastiques) de 1830 à 1850*, thèse, Paris-III, 13 mars 1976.

Brunot, F., *Histoire de la langue française*, t. 1, 12, 13, rééd. Armand Colin, 1966, p. XVII.

Brun-Trigaud, G., *Le Croissant : le concept et le mot. Contribution à l'histoire de la dialectologie française au XIXᵉ siècle*, thèse dirigée par Jacques Chaurand, et publiée depuis au Centre d'études linguistiques Jacques-Goudet, série dialectologie 1, Université Jean-Moulin, Lyon-III, 446 p., 1990.

Cerquiglini, B., *La Naissance du français*, PUF, 1991, p. 118.

Chevalier, J.-Cl., et Delesalle, S., *La Linguistique, la grammaire et l'école, 1750-1914*, Paris, Armand Colin, 1986.

Datations et documents lexicographiques, publiés sous la direction de B. Quemada, *Matériaux pour l'histoire du vocabulaire français*, CNRS, Klincksieck, Paris, 1960 et suivantes. 48 volumes publiés à ce jour.

Colombat, B., éd., *Corpus représentatif des grammaires*, 1ʳᵉ série, HEL Hors Série, Paris, PUF, 1998.

Desmet, P., *La Linguistique naturaliste en France (1867-1922). Nature, origine et évolution du langage*, Orbis supplementa, 6, Peeters, Leuven-Paris, 1996.

Douay, F., « Histoire de la rhétorique en Europe, 1600-1820», in S. Auroux, *Histoire des idées linguistiques*, t. II, Mardaga, 1992.

— « Y a-t-il une *renaissance* de la rhétorique en France au XIXᵉ siècle ? », in *Renaissances of Rhetoric*, p.p. S. Ijsseling & G. Vervaecke, Leuven University Press, 1994. *Actes du Colloque de Kortrijk*, 1993.

Dougnac, F., *Urbain Domergue, le « Journal de la langue française » et la néologie lexicale* [1784-1795], thèse de doctorat de 3ᵉ cycle, Université Paris-III, 1981.

Dubois, J., *Le Vocabulaire politique et social en France de 1869 à 1872, à travers les œuvres des écrivains, les revues et les journaux*, Paris, Larousse, 1962.

Fabre, J., *Lumières et romantisme*, Klincksieck, 1963, p. IV.

Foucault, M., Préface à la réédition de la *Grammaire générale de Port-Royal*, Republication Paulet, Paris, 1969.

Glatigny, M., *Les Marques d'usage dans les dictionnaires français monolingues du XIXe siècle*, Niemeyer, Tübingen, 1998.

Guilbert, L., *La Formation du vocabulaire de l'aviation*, Paris, Larousse.

Journet, R., Petit, J., et Robert, G., *Mots et dictionnaires (1798-1878)*, Annales littéraires de l'Université de Besançon, diffusion Les Belles Lettres, Paris, 11 vol., 1966-1978.

Klein, J.-R., *Le Vocabulaire des mœurs de la « vie parisienne », sous le Second Empire. Introduction à l'étude du langage boulevardier*, Louvain, Nauwelaerts, 1976.

Lengas, n° 42, 1997, *De François Raynouard à Auguste Brun. La contribution des Méridionaux aux premières études de linguistique romane*, avant-propos de D. Baggioni et de Ph. Martel, Montpellier.

Mackenzie, F.C., *Les Relations de l'Angleterre et de la France d'après le vocabulaire*, Paris, Champion, 1939.

Malkiel, Y., « Language history and historical linguistics », in *Romance Philology*, 1953-1954.

Matoré, G., *Le Vocabulaire et la société sous Louis-Philippe*, Genève, Droz, et Lille, Giard, 1951 ; *La Méthode en lexicologie*, Paris, Didier, 1953.

— *Histoire des dictionnaires français*, Paris, Larousse, 1968.

Meschonnic, H., *De la langue française*, Paris, Hachette, 1997.

Nerlich, B., *Semantic Theories in Europe, 1830-1930*, Amsterdam-Philadelphia, John Benjamins, 1992.

Nicolas, A., *XIXe siècle. Kaléidoscope*, Presses universitaires du Septentrion, Lille-III, 1998.

Perelman, Ch., *L'Empire rhétorique*, Paris, Vrin, 1977.

Portebois, Y., *Les Saisons de la langue. Les écrivains et la réforme de l'orthographe de l'Exposition universelle de 1889 à la Première Guerre mondiale*, Paris, Honoré Champion, 1998.

Posner, R., *Linguistic Change in French*, Oxford University Press, 1997.

Quemada, B., *Les Dictionnaires du français moderne (1539-1863). Étude sur leur histoire, leurs types et leurs méthodes*, Paris, Didier, 1968.

Rétif, A., *Pierre Larousse (1817-1875) et son œuvre*, Paris, Larousse, 1975.

Rey, A., *Littré, l'humaniste et les mots*, Paris, NRF Gallimard, 1970.

Saint-Gérand, J.-Ph., « Émois grammaticaux, frissons lexicaux, vibrations de l'épilinguistique et trémulations métalinguistiques au seuil du XIXe siècle », *L'Information grammaticale*, à paraître.

— « Langue, poëtique, philologie au XIXe siècle. Du style à la stylistique... Une origine problématique », in *Langues du XIXe siècle*, textes réunis par Graham Falconer, Andrew Oliver, Dorothy Speirs, Centre d'études romantiques Joseph Sablé, St. Michael's College, Toronto, p. 7-33.

Schlieben-Lange, B., *Idéologie, révolution et uniformité du langage*, Mardaga, 1996.

Seguin, J.-P., *L'Invention de la phrase au XVIIIe siècle*, Bibliothèque de l'Information grammaticale, Louvain-Paris, Peeters, 1993.

Wagner, R.-L., *Les Vocabulaires français*, t. I : *Définitions*, t. II : *Les Dictionnaires*, Paris, Didier, coll. « Orientations », 1967.

— *Essais de linguistique française*, Paris, Nathan Université, 1980.

Wexler, P.J., *La Formation du vocabulaire des chemins de fer en France, 1778-1842*, Genève, Droz, 1955.

SEPTIÈME PARTIE

LA FRANCOPHONIE SEPTENTRIONALE

BELGIQUE FRANCOPHONE, QUÉBEC, SUISSE ROMANDE

Jean-Marie Klinkenberg

LES FRANÇAIS VERNACULAIRES HORS DE FRANCE

Le partage de Verdun (843) s'était fait sans qu'il soit tenu compte des facteurs linguistiques. Des régions où les habitants étaient de langue romane s'étendaient à l'est des rives de la Meuse et de la Saône, frontières primitives de la Francia occidentale, dans l'empire éphémère de Lothaire. Le royaume de Charles le Chauve, qui allait de la Flandre aux Pyrénées, n'était qu'une préfiguration imparfaite de ce qui allait devenir le domaine francophone d'Europe occidentale. La Belgique actuelle, le Luxembourg, la Suisse romande se rattachent à ces deux ensembles, comme les provinces françaises qu'ils prolongent. Le divorce entre frontières politiques et frontières linguistiques devait devenir plus sensible depuis la formation des nations modernes.

Ce que nous avons dit des états anciens de la langue s'applique aux groupes dont nous allons parler et constitue leur passé. Aussi n'est-il pas étonnant que des expressions attestées en ancien français commun, comme septante, nonante, se soient maintenues dans des régions excentrées alors qu'elles étaient éliminées ailleurs.

Une large place doit être faite aux variétés dialectales, car le français s'est essentiellement imposé comme langue écrite. De part et d'autre de frontières longtemps fluctuantes, le dialecte, qui est le même, garantit une intercompréhension locale. Cependant, porté par son prestige, le français élargit de plus en plus son domaine d'application : rappelons qu'au XVIe siècle il est en usage dans trois cours européennes, celles de François Ier, d'Henry VIII et de l'empereur Charles Quint, régnant sur les principautés des Pays-Bas, et que Calvin, établi à Genève, en a fait la langue du culte réformé. Son prestige se confirme aux XVIIe et XVIIIe siècles. Dans les milieux cultivés, un alignement sur le français de France tend à se produire, et, parallèlement à ce que nous avons observé du côté du modèle, se dessinent des mouvements d'uniformisation. L'attachement au français semble aller de pair avec le désir d'une norme indicatrice de correction. Mais une tension existe entre cette tendance et la reconnaissance légitime de traits spécifiques qui peuvent avoir une valeur identitaire. Chaque ter-

ritoire a ainsi sa façon de répondre aux questions linguistiques qui se posent à lui.

La fondation de la Nouvelle-France en Amérique du Nord au XVIIe siècle a créé une situation linguistique sans précédent. Les habitants ont quitté un morceau de terre de France mais ils ont emporté avec eux leur langage, leurs coutumes, leurs croyances, à une époque où une grande variété était encore de règle : nous renvoyons aux chapitres qui traitent de cette époque et de celles qui l'ont précédée. Une refonte des communautés dans un nouvel environnement a provoqué l'apparition d'un ensemble de langages original. L'éloignement a provoqué un isolement favorisant les archaïsmes qui côtoient les survivances des parlers de l'Ouest de la France, d'où la plupart des habitants sont partis. La communication écrite, en français général, ne permet pas d'apercevoir la tension caractéristique des francophonies partagées entre l'attrait du modèle et la sauvegarde d'une spécificité. Les conditions sociohistoriques particulières ont été mises à profit par une société très vivante pour développer une conscience de sa langue, et la volonté d'agir sur elle.

La cornette des couleurs de sa Ma.té Imp.le

PLVS

OVLTRE

Don Pedro dela Cerda

Le S.r Iaques de Castre

« LA MAGNIFIQUE ET SOMPTUEUSE POMPE FUNÈBRE FAITE AUX OBSÈQUES ET FUNÉRAILLES DU TRÈS GRAND ET TRÈS VICTORIEUX EMPEREUR CHARLES V » (Charles Quint) (1559)

On remarquera que les inscriptions sont rédigées en français. [BNF, Paris.]

1. BELGIQUE

La Belgique est le lieu de rencontre de trois domaines linguistiques : le néerlandais par sa partie nord – la Flandre –, le français par sa partie sud – la Wallonie –, et enfin le domaine allemand par sa frange extrême-orientale. Si l'on néglige ce dernier territoire, on peut dire que le pays est composé de deux régions linguistiques sensiblement égales avec, au centre, un territoire flamand par ses origines mais aujourd'hui largement francisé : celui de Bruxelles.

LA FRONTIÈRE DES DIALECTES

La frontière qui sépare ces deux régions court d'ouest en est, de Lille à Aix-la-Chapelle. Les responsables en sont les Francs, qui, des régions rhénanes, s'étaient lentement étendus vers le Sud-Ouest, atteignant la Somme au Ve siècle. Leur unification par Clovis et les conquêtes de ses successeurs donneront naissance aux États mérovingiens. Si les origines du tracé de la frontière restent matière à d'importantes controverses, ce qui est sûr, c'est qu'elle sépare les zones où la poussée franque avait fait reculer le latin de celles où les nouveaux venus s'étaient peu à peu romanisés ; elle a peu varié depuis lors.

Cette frontière est donc d'abord une frontière dialectale : elle sépare d'une part des parlers de la famille bas-allemande et d'autre part des parlers néo-latins de la famille d'oïl : le wallon, qui occupe presque toute l'aire de la Belgique de tradition romane, mais aussi le picard, le lorrain et le champenois. Également parlé dans le couloir de Givet, le wallon se subdivise en quatre variétés : l'est-wallon, ou liégeois ; le centre-wallon, ou namurois, connaissant des prolongements vers l'Ardenne et le Brabant ; l'ouest-wallon, ou wallo-picard ; le sud-wallon, ou wallo-lorrain, dans la province de Luxembourg. Comme l'indiquent les noms « wallo-picard » et « wallo-lorrain », les deux dernières zones forment transition avec les parlers voisins, dont l'aire se trouve principalement en France. En Belgique, le picard couvre l'Ouest du Hainaut, tandis que le lorrain déborde dans la province de Luxem-

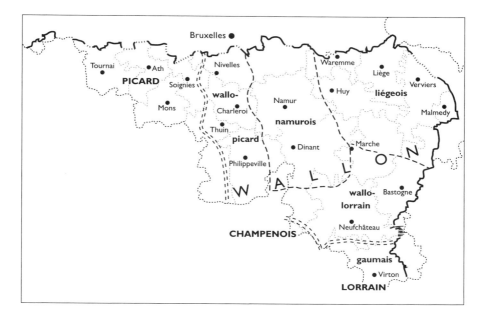

CARTE 7. Les dialectes de la Belgique romane

D'après Louis Remacle, *La Différenciation dialectale en Belgique romane avant 1600*, diffusion Droz, Genève, 1992.

bourg, où il prend le nom de « gaumais », et que le domaine du champenois comprend quelques villages de la basse-Semois. Comme on le devine, le mot « Wallonie » est en général utilisé dans le sens de « Belgique de tradition romane, Bruxelles excepté », et non dans le sens d'« aire des dialectes wallons ».

Aujourd'hui, la frontière des dialectes tend à être aussi celle des langues standard : en Flandre, le néerlandais, et en Wallonie, le français. Mais il n'en a pas toujours été ainsi : au long de son histoire, le français a connu des fortunes diverses en terre flamande. Ainsi, quand vers la fin du XIIe siècle on commence à le préférer au latin dans les actes et les chartes – le plus ancien acte de ce type a d'ailleurs été rédigé en Wallonie –, on observe que le mouvement gagne aussi bien le comté de Flandre et le duché de Brabant, avec Bruxelles, que le Hainaut roman. Ce mouvement prévaut jusqu'à ce qu'un net recul s'observe au XIVe siècle. On peut donc affirmer que le français a connu en Belgique une double concurrence : avec les parlers germaniques au nord de la frontière dialectale, avec les parlers romans au sud. La confrontation fut victorieuse dans le dernier cas, mais s'est terminée au désavantage du français dans le premier.

LA FRANCISATION DE LA WALLONIE

En territoire roman, on peut en effet parler d'un processus continu de francisation : progressivement, le français s'est gagné de nouvelles fonctions, en évinçant le latin d'une part, le dialecte de l'autre.

Dès ses origines, la langue écrite se distingue du parler local, dès lors longtemps voué à rester oral. Certes entachée de wallonismes, cette langue est nettement française : on n'a pas eu de peine à montrer qu'une charte de 1236 ne contenait pas plus de 10 à 30% de formes proprement dialectales. Et l'évolution n'a pas cessé d'aller dans le sens de la normalisation. La littérature dialectale ne naitra qu'au XVIe siècle, dans les milieux lettrés. La généralisation du français impliquait en effet une redistribution des fonctions sociolinguistiques des langues d'écriture.

Il est plus malaisé de mesurer la pratique du français dans la langue parlée. On peut seulement postuler qu'un large bilinguisme passif franco-wallon prévalait à la fin du Moyen Âge. Ce bilinguisme tôt devenu actif dans certaines couches de la société s'est généralisé grâce à l'instruction obligatoire (l'enseignement fondamental devint obligatoire juste avant le premier conflit mondial), puissant facteur de pénétration du français et, partant, de l'éradication du dialecte. Le recul de ce dernier va cependant s'opérer par paliers : c'est à des vitesses différentes qu'il cèdera du terrain dans l'aristocratie ou la bourgeoisie – milieux qui vont définitivement abandonner les variétés dialectales –, et selon que le milieu est urbain ou rural. Jusque dans l'entre-deux-guerres, le dialecte reste le principal instrument d'intégration des classes laborieuses : ce n'est pas à la communauté des parlant français mais à celle des dialectophones que les migrants s'intègrent naturellement.

Aujourd'hui est éteinte la race des dialectophones unilingues, encore majoritaire au siècle dernier (indice de cet unilinguisme : les descendants des Wallons implantés vers 1853 dans le Wisconsin pratiquent encore aujourd'hui un dialecte namurois qui a été peu influencé par le français), et la pratique active du wallon est devenue rare chez les moins de quarante ans. De surcroit, le processus de francisation des dialectes, déjà noté à la fin du XIXe siècle, s'est fortement accentué. Il serait toutefois risqué de parier sur la mort du « patois », cent fois annoncée. Vecteur d'une brillante littérature, véhicule de la convivialité et de l'intimité, il apparait, aujourd'hui autant qu'hier, comme un solide instrument d'identification.

En Flandre et à Bruxelles :
la « question linguistique » belge

En Flandre, la présence du français a connu des fluctuations sensibles.

Son déclin s'y observe à partir du XIVe siècle, mais sans jamais aboutir à une éviction totale. Une refrancisation s'opère néanmoins, surtout à partir de 1750, au sein de l'aristocratie et d'une partie de la bourgeoisie, et devient massive sous le régime français. La suprématie du français se confirme lorsque la Belgique devient indépendante, en 1830 : le jeune État a en effet pour seule langue officielle celle de sa classe dirigeante bourgeoise, francophone de part et d'autre de la frontière des dialectes. Une situation de diglossie s'installe dès lors, qui met en présence le standard français et les variétés flamandes non standardisées.

Cette situation suscite le « mouvement flamand » : en Flandre, la lutte des classes se double, dès le début, d'une question linguistique. La revendication nationaliste du XIXe siècle aboutit ainsi à une progressive réinsertion des variétés flamandes dans la vie publique – les premières mesures prises en ce sens remontent à 1873 –, en même temps qu'un mouvement de standardisation s'amorce autour de la norme néerlandaise.

Mais c'est après la Première Guerre mondiale que l'univers politique et social de la Flandre bascule. Au lendemain du conflit, l'application du suffrage universel rend manifeste le caractère majoritaire de la communauté flamande au sein du royaume de Belgique et, petit à petit, la législation consacre l'égalité des langues. Au cours des années 30, le pays se dote d'un appareil législatif déterminé par un principe nouveau : celui de la territorialité des langues. Ce nouveau recul du français en Flandre n'a pas été immédiat et définitif : sa maitrise y reste une condition de promotion sociale.

Le second aboutissement s'observe à partir des années 60 : c'est le clichage de la frontière linguistique, puis la reconnaissance de l'autonomie des communautés culturelles, et enfin la fédéralisation de l'État. Il subsiste toutefois encore, dans certaines couches de la société flamande, une situation diglossique particulièrement remarquable dans quelques zones géographiques : Gand, Anvers, la côte.

Bourgade flamande à l'origine, Bruxelles échappe à cette histoire. L'urbanisation de la capitale et la tertiairisation de son économie, ainsi qu'un apport démographique wallon, ont fait que la ville et son agglomération en expansion se sont francisées au XIXe siècle, et plus résolument encore au XXe. Bruxelles, qui est aussi le siège de maints organismes multinationaux, fait ainsi aujourd'hui entendre un discours complexe, où la voix française domine incontestablement : on estime qu'environ 90% de ses habitants sont francophones, même si la ville est officiellement bilingue et si la présence flamande y reste marquante. Mais son visage est aussi celui d'une mégalopole pluriculturelle, où l'anglais joue un rôle important.

La « question linguistique » belge se cristallise aujourd'hui dans la périphérie bruxelloise, terre que l'urbanisation a francisée – assez largement dans certains cas – mais qui continue à appartenir politiquement à la Flandre, ainsi que dans des zones frontalières où elle avait pris une allure originale, comme dans la commune rurale des Fourons. Mais en dehors de ces zones, la question belge n'est plus vraiment linguistique. Si elle est toujours une lutte pour le pouvoir, elle est devenue principalement économique : une Wallonie vieillie dans sa population et son infrastructure doit faire face à une Flandre d'industrialisation plus récente, plus nationaliste de surcroit.

AUTRES MARCHES GERMANIQUES

La Belgique de langue allemande ne représente un ensemble homogène ni du point de vue dialectal ni du point de vue historique. De ce dernier point de vue, il faut distinguer « l'ancienne Belgique » – c'est-à-dire les petites zones germanophones que comprenait déjà l'État belge en 1830 – de la « nouvelle Belgique », constituée des territoires annexés après la Première Guerre mondiale. Dans le premier cas, la variété locale n'a jamais eu de statut, et a parfois disparu devant le français (on note toutefois un regain d'intérêt pour le parler local dans la région d'Arlon, mouvement qui bénéficie du dynamisme luxembourgeois). Le reste de la « Belgique orientale » est le foyer d'une minorité bien protégée, jouissant aujourd'hui d'une solide assise politique. Dans les zones les plus urbanisées prévaut toutefois une triglossie dans laquelle les variétés régionales – le Platt – jouent le rôle de langue de solidarité, l'allemand et le français se partageant le rôle de langue de pouvoir. Situation dans laquelle le standard non autochtone est relativement privilégié : les franges de la population les mieux scolarisées ont une bonne compétence en français, langue qui a une remarquable visibilité extérieure.

Au grand-duché de Luxembourg, une seule langue était naguère officielle : le français. Si, en 1984, le letzebuergisch est devenu la langue nationale, dans les faits, il est surtout langue de solidarité. Le français et l'allemand se disputent les fonctions prestigieuses : la radio est à dominante française, la presse à dominante allemande, tandis que l'enseignement est le théâtre d'une alternance subtile de l'allemand et du français, qui y sont introduits à dose massive dès le niveau fondamental.

LE FRANÇAIS DE BELGIQUE

On a beaucoup caricaturé la langue des francophones de Belgique. Pour camper un Belge dans une bande dessinée, il semble qu'il suffise de semer quelques *sais-tu*, *alleïe* et *une fois*. Simplification d'une situation qui fait intervenir de multiples facteurs sociaux, chronologiques et géographiques.

Facteur social tout d'abord : plus l'usager se situe vers le haut de la pyramide sociale, plus il évite les marques régionales. Ce qui ne signifie pas que le Belge cultivé se conforme pleinement aux normes parisiennes : ses proches le taxeraient alors volontiers de prétention. La plupart des usagers tentent en fait de se conformer à une norme intermédiaire, qui n'a jamais été explicitement enseignée.

Facteur chronologique ensuite. L'intensité des communications a sur les langues un effet nivelant, et les particularités régionales tendent à s'estomper : qui disait *friterie* il y a trente ans faisait figure de snob ; aujourd'hui, c'est l'usager de *friture* qui retarde. Les variétés belges du français ne tendent donc pas à s'écarter de celles de l'Hexagone.

L'importance du dernier facteur – géographique – est capitale. Et notamment à cause du rôle qu'il a joué dans la genèse de la plupart des caractères des français régionaux. Nombre de traits apparemment propres au français de Belgique proviennent en effet de deux sources. D'une part, l'archaïsme bien connu des zones périphériques – phénomène qui explique un certain nombre de concordances avec les français de Suisse et du Canada –, et d'autre part les interférences. À Bruxelles et en Flandre, cette interférence a eu lieu avec un parler germanique, et en Wallonie avec des parlers d'oïl. Ceci explique aisément qu'il n'y ait pas un seul français régional belge, mais deux au moins, en dépit des cas d'osmose qu'ils peuvent offrir (le mot *brol*, « désordre », bruxellois d'origine, est aujourd'hui connu de tout Belge).

Les caractéristiques communes à ces français de Belgique ne sont pas très nombreuses. Et par ailleurs, certains traits communément considérés comme spécifiques couvrent une aire étendue débordant les frontières. Il en va ainsi des fameux *septante*, *nonante* et *souper*, mais aussi de nombre de traits phonétiques, phonologiques et syntaxiques que l'on retrouvera aisément dans telle ou telle région de France. C'est non seu-

lement leur constance qui les rend caractéristiques, mais aussi le fait que
divers discours épilinguistisques les ont fait considérer comme tels.

Les grands traits généraux de la phonologie sont l'allongement
général des voyelles, le maintien des oppositions entre [ɛ̃] et [œ̃]
(« brin » et « brun ») et entre l'*a* d'avant et l'*a* d'arrière (devenue opposition de longueur), l'absence d'opposition entre [ɥ] et [w] (tendance à
rapprocher le son de « lui » de celui de « Louis »), la marque du féminin, dans les mots à finale vocalique, par un allongement et par l'addition d'un appendice semi-vocalique, les diérèses dans des mots comme
« Lyon », « dénué », l'assourdissement des sonores en fin de syllabe
(« soude » se rapprochant de « soute », tout en conservant la longueur
de sa syllabe), la réduction de [lj] à [j] et vice versa (« souliers » se rapprochant de « souiller »)…

Certains phénomènes importants couvrent une aire géographique
plus restreinte, comme l'aspiration du *h* (Est de la Wallonie), la déna-
salisation des voyelles nasales (Est de la province de Liège), la nasalisation de [e], [œ] et [o] suivi de consonne nasale (Hainaut, Brabant wallon), ou l'ouverture de voyelles antérieures fermées (namurois,
Ardennes). Sont propres à Bruxelles une forte accentuation et un allongement des toniques qui aboutit parfois à une véritable diphtongaison.

En dehors d'une série de locutions faisant un usage particulier des
prépositions *à*, *après*, *sur*, *pour* ou reposant sur le tour *avoir* + qualificatif, les caractéristiques syntaxiques du français de Belgique se laissent
malaisément ordonner en un ensemble homogène. C'est évidemment
en ce domaine autant que dans celui de la phonétique que s'exercent le
plus aisément les interférences contemporaines.

C'est sans doute sur le plan du lexique qu'on a jusqu'ici le mieux
appréhendé les particularités linguistiques belges. Parmi les termes
indiscutablement nationaux figurent évidemment tous ceux qui sont le
reflet d'institutions particulières, ainsi que tous ceux qui ont trait à des
spécialités culinaires ou à des spécificités de la vie domestique ; la vie
politique et sociale a ainsi engendré une terminologie officielle (*athé-
née*, *région*), ou moins officielle (*communautariser*, *pilarisation*). Les
formes des termes belges ne sont pas nécessairement inconnues du français normé : on trouve, à côté de ces formes – du *bourgmestre* aux
rétroactes, et de *l'escavêche* à la *minque* –, des belgicismes sémantiques
comme *cour* « toilettes » ou *gouter* « avoir le gout de ». Ceci amène à
dire que ce qui caractérise le plus le lexique du belge est peut-être moins
l'**usage** régulier de formes frappantes – un grand nombre d'entre elles
appartiennent à des zones lexicales de faible rendement – que l'usage
d'expressions chevilles particulières (comme le fameux *savez-vous*) et,
plus encore, la variation quantitative dans l'emploi de termes connus en

France. Comme l'écrivait Piron : « Le Belge *transpire*, *épluche* son fruit, donne un *acompte*, regarde la *Tévé* et attend le paiement de sa *pension*, tandis que le Français *sue*, *pèle* son fruit, verse des *arrhes*, regarde la *télé* et attend le paiement de sa *retraite*. »

DU PURISME À L'ÉCRITURE ARTISTE : ÊTRE VOISIN DE LA FRANCE

La vie culturelle des francophonies belge et suisse est déterminée par leur position vis-à-vis de l'Hexagone. L'intellectuel de Bruxelles ou de Genève vit souvent en symbiose avec les milieux parisiens, lit les journaux français, etc.

Cette relation de subordination peut déboucher sur deux attitudes. La première le pousse à s'assimiler ; la seconde le pousse à renforcer ses particularités. Ces deux solutions ne représentent que des tendances : le jeu des forces économiques et idéologiques rend impossible un réelle autonomisation, et l'assimilation totale est un autre type d'utopie. De sorte que les attitudes réelles tiennent parfois de l'une et de l'autre. On peut donc s'attendre à voir naitre des sentiments ambivalents vis-à-vis du centre parisien ainsi que des problèmes d'insécurité linguistique. Car si l'insécurité linguistique a souvent été définie d'un point de vue social exclusivement (elle serait maximale dans la petite bourgeoisie), elle peut l'être aussi d'un point de vue géographique.

De là un ensemble de problématiques sociolinguistiques, dont deux seront détachées : celle du purisme et celle de la langue d'écriture.

On sait que la Belgique est la terre du *Bon Usage*. Véritable tradition, dont toutes les manifestations sont dominées par la représentation du français comme normé et centralisé, et préoccupation largement partagée : la tradition des chroniques de langage est restée vive dans la presse belge.

Il ne faut pas s'étonner de voir cette tendance s'exprimer d'abord – à partir du XIVe siècle – dans des lexiques et des manuels destinés à la partie flamande de la population. Les plus remarquables, fréquemment réédités, sont l'*Essay d'une parfaite grammaire de la langue françoise* de L. Chifflet (1659), la *Grammatica Burgundica* de De Pratel (1715) et la *Grammaire française et flamande* de Van Boterdael (1797). La partie francophone du pays prend le relais à la fin du XVIIIe siècle et au début du XIXe, à la fois sous l'influence de conceptions de la langue qui naissent au siècle des Lumières et de la dialectologie naissante : E. Loneux, *Grammaire générale appliquée à la langue française* (1799) et A.-F. Poyart, *Flandricismes, wallonismes et expressions impropres dans la langage français* (1806, republié jusqu'en 1928 !). À partir de la

seconde moitié du XIXe siècle, cette production devient très importante : la généralisation de l'enseignement, avec le renforcement du
modèle linguistique qui y est proposé, n'y est pas pour rien. La tradition devient alors si solide que les études descriptives éprouvent bien
de la difficulté à se débarrasser de la contamination des travaux normatifs.

D'emblée, les grandes lignes de ce qui constituera le discours
puriste belge sont déjà tracées. L'ensemble des variétés linguistiques
non légitimes sera ainsi dominé par celles qui sont susceptibles de recevoir une définition géographique (ce dont témoigne la batterie terminologique mise en place : « provincialismes français », « belgicismes
antifrançais », etc.) ; le discours normatif se donne ainsi les avantages
de l'indiscutable. Les autres arguments traditionnels du purisme – respect de la tradition, crainte du pléonasme, etc. – passent donc ainsi au
second plan. Il faudra attendre Grevisse et Hanse pour que diminue la
proportion des faits de régionalisme au sein des performances non légitimes. Par ailleurs, comme le suisse, le purisme belge est volontiers bon-
homme : les grammairiens belges sont moins prescriptifs que leurs
contemporains français, et leurs positions se fondent souvent sur des
informations plus contrôlées. Sans doute faut-il voir là une conséquence de leur formation philologique, sur laquelle on reviendra.
L'exemple le plus accompli de cette sensibilité, qui marie heureusement
le souci de bien dire avec celui de bien décrire, est Maurice Grevisse,
dont le célèbre *Bon Usage* voit le jour en 1936.

La forme générale du discours puriste belge a peu varié au cours
de ces dernières années. Trois changements notables cependant : d'individuels, les discours prescriptivistes tendent à devenir collectifs ; de
défensifs, ils tendent à devenir positifs ; enfin, leur ennemi principal
n'est plus tant la différence de performance entre France et Belgique
que l'abâtardissement qu'entrainerait l'américanisation générale du
monde occidental.

Les études linguistiques partent en Belgique de la tradition grammaticale dont on vient de parler. Au XXe siècle, elles se dirigent principalement dans deux directions. C'est d'une part celle de la philologie,
entendue au sens strict, et d'autre part, celle de la dialectologie, deux
disciplines abordées dans un esprit traditionaliste. La richesse des
études dialectales a focalisé l'attention de maint chercheur sur la description interne ou sur la recherche de type ethnographique plutôt que
sur les problèmes de sociolinguistique, préoccupation qui n'est véritablement née que dans les années 80. La linguistique française proprement dite se développera surtout après la Deuxième Guerre mondiale.

Le problème de la langue d'écriture s'est posé pour maintes littératures modernes. Il s'énonce souvent sous la forme d'un choix conflictuel : ou bien l'écrivain opte pour une variété linguistique que la tradition a rendue apte à l'expression littéraire ; mais cette variété est ressentie comme étrangère par le public nouveau auquel il s'adresse ; ou il élabore son écriture à partir de variétés linguistiques proches de celle que ce public pratique dans ses activités non littéraires ; mais l'écueil est ici que cette variété n'est pas porteuse de légitimité symbolique. *A priori*, ce problème ne semble pas concerner la Belgique, pas plus d'ailleurs que la Suisse : comme on l'a dit, l'histoire du français écrit y est peu ou prou la même qu'en France, et cela dès les origines. Dès lors, au rebours de ce qui se passera au Québec, la littérature légitime ne porte guère de trace des origines géographiques de ses auteurs.

Cependant, il y a bien dans ces littératures françaises se développant dans les territoires contigus à l'Hexagone un problème de langue d'écriture. Et cette question est à corréler au problème de l'insécurité linguistique. On peut en tous cas lire sous la plume de leurs critiques et de leurs acteurs toutes les traces de l'autodépréciation qui est la manifestation la plus éclatante de l'insécurité. Du Suisse Gonzague de Reynold, qui parle joliment d'un « français de frontière », au Belge Octave Maus, qui se plaint amèrement du charabia qu'on parle chez lui. Cette autodépréciation aboutit à deux types d'écriture ou à deux attitudes apparemment contradictoires.

La première, c'est le purisme, déjà envisagé. En littérature, ce courant a pu produire en Belgique des écoles néo-classiques, entre 1920 et 1960. Classicisme de la langue, classicisme des formes, mais aussi surévaluation du modèle français, forme d'hypercorrectisme littéraire. Ce mouvement est évidemment renforcé par le caractère centralisateur bien connu de l'institution littéraire française.

L'autre tendance tend à combattre les inhibitions. Ici, les écrivains cherchent secours dans la surécriture. Nombre d'auteurs belges ont ainsi pu convoquer dans leur œuvre l'archaïsme et le flandricisme, le néologisme, la création imitant le langage enfantin ou l'argot, le mot savant et le wallonisme francisé ; en un mot, le style carnavalesque.

Langue, politique et société

La « question linguistique » belge a abouti à une importante législation règlementant l'usage public des langues et leur concurrence. Sans doute est-ce la quantité d'énergie investie dans cette problématique qui fait que les pouvoirs publics se sont penchés plus tardivement qu'en

France et au Québec sur des questions internes au français. Dans le cadre du statut fédéral qui est maintenant celui de la Belgique, c'est à la Communauté française Wallonie-Bruxelles qu'il revient de gérer la langue fondant son unité.

Les organes de gestion linguistique de la Communauté sont le Conseil supérieur de la langue française et le Service de la langue française, créés en 1985. Le Conseil, constitué sur des bases larges – allant de l'éducation à la communication, de la culture aux relations internationales, de l'économie à la recherche scientifique –, a pour rôle de remettre au gouvernement de la Communauté française des avis sur toute question relative au français et à la francophonie, ou sur toute question sociale ou politique qui présenterait un aspect linguistique. Il a pu ainsi étudier la question de la lisibilité des documents administratifs, ou celle de la féminisation des noms de fonctions. Unité administrative, le Service de la langue française coordonne les activités des organismes publics ou privés qui concourent à la promotion du français, et soutient les actions liées à l'enrichissement de la langue. C'est dans le cadre de ces responsabilités qu'il représente la Communauté française au sein du Réseau international de néologie et de terminologie ou qu'il mène une politique d'enquêtes sociolinguistiques. Une concertation permanente existe entre les organes linguistiques de France, du Québec, de la Communauté française de Belgique et de Suisse romande.

2. SUISSE ROMANDE

La Confédération helvétique a trois langues officielles – l'allemand, le français et l'italien –, et quatre langues nationales. Aux trois premières vient en effet s'ajouter le romanche. Ce parler peu unifié, que le linguiste préfère nommer « rhétique », est pratiqué par environ 50 000 habitants du canton des Grisons. Si l'on excepte les diverses variétés de cette langue et les variétés italiennes, qui occupent le canton du Tessin et la frange méridionale des Grisons, on peut dire que la Suisse est partagée par une frontière linguistique nord-sud. Séparant les parlers germaniques des parlers gallo-romans, cette frontière court de l'ouest de Bâle à l'Italie. La Suisse romande – expression qui désigne la partie de la Suisse où le français est la langue officielle – n'a aucune existence institutionnelle et, au demeurant, si un certain nombre de cantons qui la constituent sont unilingues français (Genève, Vaud, Neuchâtel, Jura), plusieurs entités politiques sont bilingues (Fribourg, Valais, à majorité francophone, Berne, à forte majorité germanophone). Les Suisses francophones sont à peu près 1 200 000, soit approximativement 20% de la population de la Confédération.

Aux origines

Comme dans le cas belge, l'origine de la frontière est à rechercher dans les déplacements des populations qui ont porté les derniers coups de boutoir à l'Empire romain. Ici, les Burgondes et les Alamans. Bousculés par les Huns dans leur premier royaume rhénan, les premiers s'établirent dans l'actuelle Suisse romande et s'étendirent par la suite en Savoie, dans le Lyonnais, en Franche-Comté et en Bourgogne (laquelle leur doit son nom) ; leur État fut ensuite absorbé par celui des Francs, tandis que sa frange orientale fut grignotée par les Alamans. La poussée de ces derniers s'exerça d'abord en direction de l'Ouest : ils sont ainsi à l'origine de la frontière linguistique dans l'Est de la France (en Alsace notamment). Arrêtés sur la ligne des Vosges par les Francs, ils s'orientent vers le Sud, et occupent le Nord de la Suisse (dite aujour-

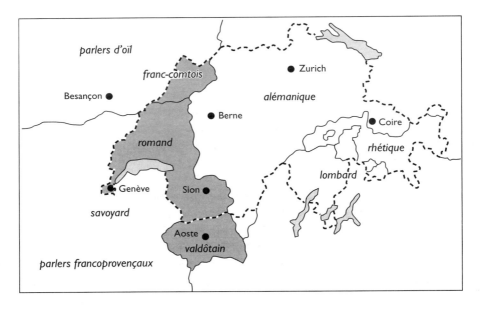

Carte 8. La Suisse linguistique

D'après J.-M. Klinkenberg, *Des langues romanes*, « Champs linguistiques »,
Duculot, Louvain-la-Neuve, 1994.

d'hui Suisse alémanique), où ils s'étendent notamment aux dépens des
Burgondes latinisés. C'est à leur mouvement et à celui des populations
regroupées sous le nom de « Bavarois » qu'on doit le plus important
des effondrements de la Romania : toute la zone entre le haut-Danube
et les Alpes fut progressivement germanisée entre le Vᵉ et le IXᵉ siècle.
La frontière linguistique se déplace ainsi des environs de la Reuss en
direction de la Sarine. Les derniers gains à inscrire à l'actif des langues
germaniques sont localisés dans le Trentin et dans les plus occidentaux
des cantons germaniques, le descendant du latin résistant encore
aujourd'hui dans les hautes vallées des Alpes rhétiques. Après le XIIIᵉ
siècle, la frontière entre le français et les variétés germaniques ne
connaitra plus que des modifications minimes : dans le canton de Fribourg, qui s'alémanise après son entrée dans la Confédération, mais
qui se refrancise par la suite ; dans le Valais, où Sion et Sierre changent
de langue à plus d'une reprise ; et dans le Jura, où l'on assiste à l'époque
moderne à une forte immigration bernoise.

   Mais les évènements connus sous le nom d'invasions germaniques
ont aussi parfois pu durcir la latinité. En certains endroits en effet – et
c'est le cas pour la région qui correspond aujourd'hui à la Suisse
romande –, elles ont suscité parmi les populations un sentiment de fidé-

lité à la langue de Rome, sentiment qui a précipité l'abandon des langues antérieures, comme certains parlers celtiques.

À l'exception de sa frange nord-ouest, qui fait partie de la zone franc-comtoise et donc du faisceau d'oïl, la Suisse romande relève du domaine francoprovençal, groupe dialectal qui couvre en outre le Lyonnais, le Forez, le Dauphiné, la Savoie, le Sud de la Franche-Comté et le Val d'Aoste. La section septentrionale du groupe francoprovençal est constituée par les variétés romandes, qui ont donné naissance à l'expression « Suisse romande » ; la section méridionale du francoprovençal comprend quant à elle le lyonnais et le savoyard, le valdôtain, dont il sera question ci-après, étant une variété de savoyard. Les chiffres les plus sérieux donnent, pour la France, 30 000 dialectophones. Sur les 90 000 locuteurs italiens du francoprovençal, 70 000 sont au Val d'Aoste, le reste se trouvant dans les provinces de Turin et, dans une moindre mesure, de Foggia. On ne dispose guère de données pour la Suisse, mais la déperdition du dialecte y est importante. Dans les villes, et surtout les cités protestantes, il a été tôt évincé par le standard français.

Le francoprovençal n'a pas débouché sur un standard, mais une littérature proprement dialectale s'est développée en Suisse, dans le Dauphiné et en Savoie dans la première moitié du XVIᵉ siècle, soit à la même époque que les littératures dialectales d'oïl.

LE FRANÇAIS DE SUISSE ROMANDE

Y a-t-il un français de Suisse ? Il en va de celui-ci comme du français de Belgique ou du français du Québec : les observateurs oscillent entre la surévaluation et la sous-évaluation des originalités de cet objet, ces attitudes se fondant à leur tour sur une seconde surévaluation, celle du caractère homogène du « français de France ». Il n'en reste pas moins que ces attitudes mêmes sont significatives. Ce qui constitue un pur mythe aux yeux du linguiste peut entrainer tantôt des sentiments d'infériorité compensés, tantôt un nationalisme culturel. Quoi qu'il en soit, un certain nombre de traits rendent reconnaissable, aux oreilles du Romand comme à celle des autres francophones, le français parlé en Suisse.

Ces originalités sont-elles dues à la proximité des parlers germaniques ? C'est ce que le public croit volontiers : nombre de puristes ont ainsi tendance à considérer les différences entre la norme française et la pratique romande comme autant de germanismes. Nous rencontrerons d'ailleurs un phénomène similaire avec le français du Canada : l'observateur superficiel y prête volontiers à l'anglicisme ce qui ne lui revient pas. Le linguiste, lui, invoquera plutôt un principe qui a déjà servi à expliquer nombre de caractéristiques du français de Belgique et que l'on retrouvera avec celui du Québec : l'archaïsme des zones latérales. Comme dans ces régions, le français de Suisse conserve des formes que le centre a abandonnées.

Le système phonologique du français de Suisse est peu ou prou le même qu'en français normé, conservatisme mis à part. Ainsi, comme en Belgique, on note le maintien de l'opposition [o] *vs* [ɔ] en finale, de [ɛ̃] *vs* [œ̃] (« brin » *vs* « brun »). Mais on note certaines différences de réalisation de ces phonèmes, dont quelques-unes sont frappantes. Ainsi, l'originalité la plus remarquable est sans doute à chercher du côté de l'intonation. Par exemple, la syllabe du mot qui reçoit l'accent est rarement la dernière : cet accent tombe souvent sur l'avant-dernière – trait imputable au substrat dialectal –, mais aussi sur d'autres syllabes, sans que ce transfert revête nécessairement les mêmes valeurs stylistiques qu'en français normé. On a surestimé les particularités du débit du suisse, généralement dépeint comme lent, ce qu'il n'est pas plus que les français de France : sans doute cette impression provient-elle de l'impression acoustique liée au maintien des voyelles longues.

La syntaxe ne présente pas davantage d'originalités systématiques. Mais le francophone est volontiers frappé par l'antéposition de *ça* (« tu vas ça manger »), *lui* et *personne* (« il a personne pris »), par le régime particulier de certaines prépositions (comme dans « aider à quelqu'un ») ou par l'utilisation de *vouloir* dans le futur périphrastique (*il veut pleuvoir*, « il va pleuvoir ») : il s'agit ici encore de faits d'archaïsmes qui ne sont pas propres à la Suisse romande.

En passant au lexique, on retrouvera évidemment des différences spectaculaires. On relèvera un nombre important de statalismes, bien sûr (*votation* « vote, référendum », *bourgeoisie* « droit de citoyenneté », ou des faits désignant des réalités propres à la Suisse romande, mais aussi des phénomènes assez réguliers comme le grand nombre de substantifs construits avec le suffixe -*ée* ou comme ceux qui concernent la computation (usage de *septante* et de *nonante*, comme en Belgique, mais aussi de *huitante*). Le lexique donne l'occasion de souligner un phénomène qui concernait également la Belgique : nombre de traits considérés comme typiques sont en fait connus dans les régions françaises limitrophes (la *panosse* « serpillière » est également connue en Savoie), et d'autre part certains termes frappant l'étranger ne sont en usage que dans une aire limitée (on n'a *syndic* « maire » que dans les cantons de Vaud et de Fribourg).

LANGUE ET SOCIÉTÉ

Comme ailleurs dans la francophonie septentrionale, ainsi qu'on l'a vu, le Romand règle ses pratiques sur un bon usage local. Celui-ci n'est pas défini explicitement, mais il diffère en certains points notables du bon usage français. Les variétés locales peuvent donner naissance à des représentations et à des jugements très différenciés. Par exemple, l'accent genevois fait l'objet d'appréciations généralement plus favorables que d'autres accents régionaux.

La situation est toutefois moins sereine lorsqu'il s'agit de l'usage écrit. On a déjà décrit les grandes lignes de cette situation au paragraphe précédent ; comme le Belge, le Romand a des attitudes contradictoires vis-à-vis de la norme écrite, réputée française : il navigue entre rejet et révérence, une révérence qui est grande à Genève et au Jura. Déchirement peut-être plus fort que celui que vit le Belge, tant la loyauté vis-à-vis de la culture locale est forte ici. L'insécurité linguistique que le Romand vit par rapport aux modèles français, largement fantasmés, est toutefois compensée par une auto-évaluation positive lorsqu'il se compare à son compatriote alémanique, économiquement dominant ; il y est d'ailleurs encouragé par la bonne image dont le français jouit aux yeux de ce dernier. Cette attitude relativement négative par rapport à l'autre langue a nécessairement des répercussions sur les situations scolaires que vit le Romand et sur ses compétences en langues étrangères. Comme quoi l'insécurité peut aller de pair avec la bonne conscience.

Faut-il s'étonner que la vive conscience de la langue ait débouché, ici encore, sur nombre de travaux linguistiques ? Si la tradition grammaticale semble moins forte en Romandie qu'en Wallonie, elle n'y est pas inexistante. Stimulée par l'école allemande de philologie, la Suisse a aussi donné d'importantes contributions aux études de philologie historique et de dialectologie, et on lui doit, outre le père fondateur de la linguistique moderne, Ferdinand de Saussure, une importante école de pragmatique. Et l'importante *Grammaire des fautes* de Henri Frei, avec ses analyses qui peuvent aujourd'hui encore paraître audacieuses à bien des linguistes, constitue peut-être la première description linguistique fonctionnelle du français.

La Confédération suisse est à l'origine purement germanophone, bien qu'elle englobe des entités romanes. Cette situation prévaudra jusqu'en 1738 (sauf pour Fribourg). Le plurilinguisme de la Confédération est véritablement reconnu en 1838. L'usage public des langues y est

réglé par le double principe de la liberté des langues et de leur territorialité, comme en Belgique. Mais les tensions linguistiques sont moins
fortes qu'en Belgique, bien que le Romand ait conscience du poids économique important dont pèse la communauté alémanique et que les
francophones soient sous-représentés dans les emplois administratifs
fédéraux les plus élevés. L'histoire des institutions helvétiques a toutefois été marquée par certaines crises linguistiques : la plus importante
d'entre elles a débouché sur la création du canton du Jura, détaché
de celui de Berne en 1979, mais qui laisse dans ce dernier la région
bilingue de Bienne.

Le principe de la territorialité a pour conséquence la rareté des
situations diglossiques ; et même dans les rares zones où celles-ci prévalent (comme à Bienne et à Fribourg, où l'université est bilingue), la
maitrise de l'autre langue est le plus souvent obtenue par le biais scolaire. L'autonomie cantonale rend malaisé le traitement harmonieux
par les pouvoirs publics de problèmes concernant le français. Mais un
choc survint en 1991, lorsque furent rendues publiques les rectifications orthographiques étudiées par le Conseil supérieur de la langue
française en France : celles-ci avaient reçu l'aval non seulement de
l'Académie française mais aussi des Conseils de Belgique et du Québec,
la Suisse étant laissée de côté faute d'interlocuteurs autres que canto-
naux. Ce choc poussa la Conférence des chefs des départements de
l'instruction publique de la Suisse romande et du Tessin chargés de
l'éducation dans les cantons romands à mettre sur pied une Délégation
à la langue française qui est aujourd'hui le partenaire des organes de
gestion linguistique de France, du Québec et de la Communauté française de Belgique.

LE VAL D'AOSTE

Quand se constitua le royaume d'Italie, la France reçut du Pié-
mont, pour prix de son appui, Nice et la Savoie. Mais, pour des raisons géopolitiques, le Val d'Aoste ne suivit pas le destin de la Savoie,
francoprovençale comme lui. La région se voyait donc coupée de son
hinterland culturel, en même temps que noyée dans un État-nation d'où
la composante française disparaissait. La période qui succéda à l'unification politique vit divers projets d'italianisation, et commença le lent
mais inexorable recul du français. En 1879, il cesse d'être langue d'enseignement, et son exclusion se renforce évidemment sous l'ère fasciste.
Mais plus qu'à l'idéologie, le recul du français est dû à l'industrialisation de la région, qui engendre une forte immigration italienne. Après
la guerre de 40-45, la vallée d'Aoste devient une région autonome, où

les langues française et italienne sont théoriquement à parité. Mais la région avait déjà cessé d'être homogène culturellement, et sa capitale, Aoste, est aujourd'hui massivement italienne. En dépit de leur statut, les deux langues n'ont pas jusqu'ici été traitées sur un pied d'égalité, notamment en matière d'enseignement, bien que la situation tende à s'améliorer. La triglossie français-italien-valdôtain, loin d'assurer le maintien du français, rend donc celui-ci bien fragile.

3. LE QUÉBEC ET L'AMÉRIQUE FRANÇAISE

Introduction : survivances de l'Amérique française

La province canadienne du Québec, qui constitue aujourd'hui un État officiellement unilingue français, compte approximativement 7,35 millions d'habitants, dont 90% sont francophones.

Mais le Québec n'est que le plus important des héritiers d'une Amérique française autrefois plus vaste. Aujourd'hui, si l'on excepte les communautés franco-ontariennes, cette francophonie-là ne survit plus qu'à l'état de vestige.

Trois autres zones encore témoignent de cette francophonie nord-américaine.

Au Canada, c'est la région des provinces maritimes : Nouveau-Brunswick, Nouvelle-Écosse, ile du Prince-Édouard. Au Nouveau-Brunswick, le nombre de francophones représente à peu près 38% de la population de 720 000 habitants. Ces locuteurs sont les héritiers des Acadiens, première communauté francophone à tomber sous la domination anglaise, et ayant connu la déportation – c'est le « Grand Dérangement » – en 1755.

Autre héritière de l'Amérique française : la Nouvelle-Angleterre, où vivent des communautés dites franco-américaines, constituées entre 1850 et 1930 par diverses vagues d'émigration canadienne. Les Franco-Américains vivent en milieu urbain et sont en général de niveau social modeste ; deux facteurs qui rendent précaire la survie de leur langue, même si la proximité géographique du Canada peut à cet égard constituer un certain appui.

Dernière zone francophone d'Amérique : certains comtés de Louisiane. La francophonie y est originellement constituée de trois groupes distincts. Premier groupe : les « Créoles », la bourgeoisie blanche dont la suprématie a été ruinée lors de la guerre de Sécession. Cette communauté fermée, concentrée à La Nouvelle-Orléans, a aujourd'hui virtuellement disparu. Deuxième groupe, le plus important : les Cajuns, descendants des Acadiens arrivés là à partir de 1760 et groupés dans des

JACQUES CARTIER DÉBARQUANT AU CANADA LORS DE L'UN DE SES VOYAGES (1534-1542)

Le navigateur malouin Jacques Cartier (1491-1557) a fait trois voyages au Canada en 1534, 1536 et 1541. À son époque, la région appelée « Canada » – inscrit en lettres rouges au bas de la carte – avait pour limites « la partie de la vallée laurentienne comprise entre la Grosse Ile, une ile du Saint-Laurent située à quelques kilomètres de Montmagny et, à l'ouest, Achelay, bourgade amérindienne depuis longtemps disparue qui se trouvait entre Québec et Trois-Rivières » (*Noms et lieux du Québec*, Les Publications du Québec, Québec, 1994, 101 b). Dans sa « relation », l'auteur se livre à un constant repérage des lieux : les noms sont indiqués tantôt comme s'ils étaient déjà donnés, tantôt comme s'ils étaient créés sur-le-champ ; ils sont alors précédés d'un verbe tel que « nous nommâmes »... Ainsi la rivière des Barques, dont nous lisons le nom à gauche, est une belle rivière, de peu de fond, où les explorateurs ont vu des barques de sauvages, ce qui lui a valu l'appellation qui a été gardée. [Carte ancienne de Pierre Descaliers, « Cartier et sa suite débarquant au Canada en 1536 ou 1542 », British Library.]

paroisses du Sud et du Sud-Ouest. Troisième groupe : les descendants des esclaves noirs, pratiquant un créole connu sous le nom de « negro french » (ou « gombo », « gumbo »). Si, à l'origine, les variétés pratiquées par ces groupes ont dû présenter des différences notables, le français de Louisiane se présente aujourd'hui comme un vaste continuum, qui va du créole à la variété acadienne, proche de l'acadien du Nouveau-Brunswick : les contacts ont en effet été étroits entre les créolophones et les descendants des Acadiens, et de nombreuses interférences se sont produites entre leurs parlers. Mais la vie de ce français est fragile : si l'on tient compte de tous les Franco-Américains (ceux de Nouvelle-Angleterre comme ceux de Louisiane), dont le nombre ne dépasse peut-être pas 1 million et demi, il n'y en a sans doute pas 20% qui utilisent régulièrement la langue de leurs origines. En dépit de ces hypothèques, on observe d'importants efforts pour assurer le statut du français en Louisiane, et notamment dans l'enseignement. Les initiatives les plus importantes en ce sens étant dues au Conseil pour le développement du français en Louisiane (CODOFIL).

DE LA COLONIE FRANÇAISE À LA RÉVOLUTION TRANQUILLE

L'Amérique française voit son origine dans l'ample mouvement d'expansion coloniale de l'ère moderne. Des Bretons et des Basques mènent ainsi des expéditions en direction des terres septentrionales, relayés par des explorateurs qui recherchent un passage vers l'Asie. En 1534, c'est l'expédition de Jacques Cartier. Peu à peu, des Européens s'établissent sur la façade maritime et au bord du fleuve Saint-Laurent, et y fondent des villes. Le territoire exploré par des Français, puis attribué à la France, est énorme : il comprend non seulement Terre-Neuve et la basse vallée du Saint-Laurent, mais aussi toute la région des Grands Lacs, et la vallée du Mississippi, jusqu'en Louisiane. Une aire qui ne connaitra pas la colonisation intensive que pratiquent alors les Anglais sur le littoral allant de la Floride à la Nouvelle-Écosse : à la fin du XVIIe siècle, la colonie française dépasse à peine les 10 000 habitants ; dans la deuxième moitié du XVIIIe, le nombre des colons est monté à 75 000, alors que la Nouvelle-Angleterre compte plus de 1 million et demi d'âmes.

Telle est l'origine de la concurrence entre français et anglais, qui n'a cessé de se manifester jusqu'à aujourd'hui. Dans le Nord, les tensions seront constantes entre France et Angleterre. En 1713 déjà, le traité d'Utrecht fait passer l'Acadie sous contrôle britannique, et ses habitants sont dispersés. Après un bref répit, les affrontements entre les deux royaumes se poursuivent, jusqu'à la chute de Québec, en 1759 : le traité de Paris (1763) donne alors le Canada à l'Angleterre. En vendant la Louisiane aux jeunes États-Unis en 1803, la France quitte définitivement l'Amérique du Nord : l'archipel de Saint-Pierre-et-Miquelon reste aujourd'hui le seul Territoire d'outre-mer français dans cette région du monde.

La défaite, et les évènements qui la suivront (indépendance des États-Unis, immigration de loyalistes britanniques, Acte constitutionnel de 1791, qui partage le pays entre Haut-Canada et Bas-Canada), auront des répercussions considérables sur la vie sociale, et, partant, linguistique, de la petite collectivité française, que l'on évalue alors à 70 000 âmes.

Tout d'abord, la morphologie sociale se remodèle profondément. Les notables – fonctionnaires, haut clergé, commerçants enrichis – sont rentrés en France. Restent donc les agriculteurs, les coureurs des bois, les militaires devenus colons, le petit clergé. Les fonctions élevées – l'administration, le commerce et l'industrie – seront dorénavant exercées par des anglophones. Fragilisée, dans la mesure où son destin historique se forge dorénavant en dehors d'elle, la peu attrayante communauté française se referme sur elle-même. Elle sera dorénavant vouée à la terre. Sa survivance est largement assurée par son originalité idéologique : le « Canayen » est catholique, et la barrière religieuse le protège partiellement de l'assimilation, du moins dans ce qui deviendra le Québec. L'Église, au reste, constitue la principale autorité. Et son rôle n'est pas que moral. Propriétaire d'un réseau d'enseignement qui restera longtemps monopolistique, elle règnera sans partage sur toute la vie sociale jusqu'au milieu du XXe siècle. C'est elle qui, pour une part importante, élaborera ce que l'on a pu appeler l'idéologie de conservation. La survivance tout court du groupe est assurée par la fameuse « revanche des berceaux » : c'est la natalité, et non l'émigration, qui enrichira la population francophone au point d'en faire une collectivité de plus de 6 millions d'âmes à ce jour.

Corrélativement, la langue de cette communauté change de statut : coupée de ses centres moteurs, pratiquée par des paysans, des artisans et une petite bourgeoisie au rôle modeste, elle se voit dorénavant privée de toute légitimité. Son statut est aggravé par la faible scolarisation de la population, et un décrochage scolaire systématique dans les dernières années de l'enseignement primaire. Cette situation prévaudra jusque dans l'après-guerre 40-45. Il ne faut donc pas s'étonner de voir les élites se rapprocher de la communauté anglophone, dans une société que l'Acte de l'Amérique du Nord britannique, lequel donne naissance à la Confédération canadienne (1867), rend officiellement bilingue.

Cette évolution du statut de la langue ne va évidemment pas sans répercussions sur ses structures internes : l'éventail de variétés s'ouvre progressivement en un vaste continuum, et celles d'entre elles qui sont le moins en contact avec les instances normatives manifesteront une grande porosité vis-à-vis de la langue dominante. L'adstrat anglais constituera donc une des sources de l'originalité du français du Canada. Par ailleurs, ce français, pratiqué par des populations refermées sur elles-mêmes, ne pourra être fécondé par les innovations linguistiques liées à la civilisation industrielle. C'est là une seconde source – bien plus importante que la première – des originalités du français du Canada : l'archaïsme des zones géographiquement marginales, déjà évoqué.

Notre description doit à présent se limiter au Québec. Car en dehors de la Belle Province, l'histoire du français au Canada n'est désormais plus que celle d'une lente assimilation : plus de la moitié des Canadiens d'origine française ont perdu tout contact avec leur culture d'origine. D'ailleurs, le statut officiel des langues n'a pas été favorable au français, ce qui n'a pu manquer de précipiter le mouvement. Vers la fin des années 60 de ce siècle, on a certes vu certaines ouvertures législatives vis-à-vis du français au niveau fédéral et au sein de certaines provinces. Mais ces mesures sont relativement timides et, dans certains cas, arrivent trop tard.

L'évolution économique du Québec à la fin du XIXe siècle et au début du XXe n'y modifie pas de manière spectaculaire le statut du français. Certes, la population s'urbanise, et notablement au début de ce siècle, à la faveur d'un accroissement des emplois dans le secteur industriel (de 15 % de Québécois vivant en milieu urbain au moment de la création du Canada, on passe à 50 % en 1915). Mais cette transformation se produit surtout grâce à des apports de capitaux américains, de sorte que la langue des cadres sera plus que jamais l'anglais.

Ceci aura d'importantes répercussions sur les situations externe et interne du français. D'une part, l'anglais va renforcer son statut de langue légitime : les francophones sont sous-représentés dans les secteurs économiques les plus rémunérateurs et, au sein de ces secteurs, dans les postes les plus élevés de la hiérarchie. D'autre part, ce sera donc surtout dans ces milieux urbains peu scolarisés et fortement aliénés que naitra une variété de français influencée par l'anglais, variété que des essayistes baptiseront par la suite d'un mot qui fera fortune : le « joual ».

Cette situation sera à l'origine et des premières activités de description linguistique, et d'un affinement de la sensibilité linguistique au sein des couches éclairées, qui mènera à des débats publics sur la qualité de la langue, puis à l'adoption d'une riche législation linguistique.

Tous phénomènes à quoi l'on reviendra. Mais ce mouvement ne sortira tous ses effets que dans la seconde moitié du XXe siècle, et singulièrement après un épisode que l'histoire retient sous le nom de « Révolution tranquille ». À partir de 1960, un fort courant de modernisation bouleverse la société québécoise, qui prend une conscience plus positive d'elle-même.

LE FRANÇAIS DU QUÉBEC

Le français du Québec est le lointain descendant de celui qui était pratiqué par les colons de Nouvelle-France.

Les premiers arrivants semblent provenir des provinces de l'Ouest (Saintonge, Normandie, Poitou et jusqu'à l'Ile-de-France ; par la suite, les sources du flux migratoire seront moins exclusivement occidentales). Le québécois d'aujourd'hui serait-il donc l'avatar des formes dialectales pratiquées par cette population hétérogène ? Si c'était le cas, on devrait s'étonner de la rapidité avec laquelle le français s'est répandu au Québec, et de l'homogénéité qu'il présente dès ses premières attestations. À la thèse d'un français issu d'un processus original de standardisation des dialectes, on doit donc plutôt opposer celle d'un français standardisé dès les origines : les migrants étaient en effet souvent d'origine urbaine et dotés d'un statut sociolinguistique non négligeable.

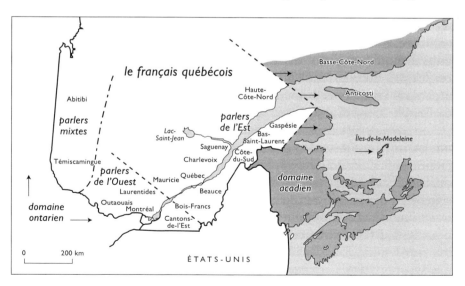

CARTE 9. Les régions linguistiques du Québec

D'après P. Gauthier et T. Lavoie (dir.), *Français de France et français du Canada*, Centre d'études linguistiques Jacques Goudet, Université de Lyon-III, 1995.

À cela s'ajoute le fait que, jusqu'à la conquête, le groupe des leaders a constamment été renouvelé par des apports européens.

Deux facteurs viendront bien plus tard affecter l'amplitude de la palette sociolinguistique. C'est d'une part l'avènement au Québec d'une bourgeoisie francophone suffisamment forte, mutation sociale qui aboutira à l'adoption implicite d'une norme française locale ; c'est d'autre part le rétablissement de contacts plus intenses et plus réguliers avec la France et, par-delà, avec la francophonie internationale, contacts qui poseront le problème du rapport de cette norme aux standards européens.

Si la variabilité sociale du français du Canada est aujourd'hui loin d'être négligeable, il faut aussi faire intervenir sa variabilité diatopique. On peut distinguer deux variétés de français canadien : la variété acadienne et la variété proprement québécoise. Si l'acadien est plus riche en apports poitevins ou saintongeais, le québécois comporte un nombre plus important de traces du normand et même du picard. C'est au québécois que s'apparentent les parlers localisables à l'Ouest du Québec et ceux des communautés franco-américaines de Nouvelle-Angleterre.

Comme on l'a dit, deux grands principes expliquent la plus grande partie des traits qui caractérisent le français canadien. C'est d'une part l'archaïsme dû à son isolement ; c'est d'autre part l'anglicisme, dont le rôle a parfois été surévalué.

On aura tôt fait de signaler quelques archaïsmes phonétiques spectaculaires mais qui ne sont pas généraux : on pense au maintien, en certains lieux, de la prononciation [we] du digramme *oi*, au maintien du [t] final dans certains mots ou à la réalisation roulée du [r]. D'autres archaïsmes sont plus discrets, mais plus généralisés, comme le maintien de l'opposition traditionnelle entre l'*a* d'avant et l'*a* d'arrière, [a] et [ɑ], cette voyelle étant fortement vélarisée, au point de se rapprocher de l'*o* ouvert [ɔ]. Le système vocalique du québécois n'est au total pas fondamentalement différent du système européen. Mais on note d'importantes différences de réalisation, comme celle du *a* d'arrière, que l'on vient de signaler. Ces réalisations donnent au québécois une prosodie très caractéristique. D'un côté on note un allongement des voyelles accentuées dans les syllabes fermées par [r], [v], [ʒ] (exemples : courir, rive, rage), mais de l'autre, les voyelles [i], [y] et [u] fermées par une consonne non allongeante s'abrègent et s'ouvrent (exemples : vite, tuque, poule). On note aussi une importante tendance à la diphtongaison des voyelles centrales dans les syllabes toniques et dans les nasales (mange, prononcé [mãwʒ]). Certains ont vu dans le phénomène de diphtongaison un effet de la proximité avec l'anglais, tandis que d'autres mettent le phénomène en corrélation avec des traits régionaux français ; mais il n'est vraisem-blablement que l'aboutissement de l'allongement vocalique. Du côté des consonnes, le phénomène le plus remarquable est la palatalisation du [t] et du [d] devant les voyelles fermées, une palatalisation qui peut même faire de ces consonnes des affriquées. Exemple : hostie [ost'i] (ou [st'i]).

Du côté de la morphologie, on observera quelques archaïsmes dans les formes conjuguées et de riches mouvements de dérivation à partir de suffixes dont la productivité est devenue négligeable en fran-çais métropolitain, comme *-eux* (niaiseux), *-age* (achalage). Nombre de mots masculins à initiale vocalique [a] ont entrainé des hésitations dans la segmentation du groupe article + substantif ; en conséquence, ces mots sont passés au féminin, mais ceci n'est pas toujours caractéris-tique du québécois ; pas plus que ne le sont certaines réductions, répu-tées populaires, du pronom personne sujet, comme [i] pour *il*, [a] pour *elle*, ou le choix d'*avoir* au lieu d'*être* comme auxiliaire.

Du côté de la syntaxe, on notera le maintien de l'inversion dans l'interrogation (« Es-tu oké ? »), ce qui constitue manifestement un archaïsme, et l'ellipse de l'article dans certains environnements, par exemple avec les noms de rue : « Sur Sainte-Catherine ». Le mouve-ment d'ellipse touche aussi le pronom personnel sujet, surtout dans les variétés rurales. Lorsqu'il est présent, ce pronom personnel sujet peut être renforcé (« eux-autres »). Une des originalités du français québé-cois réside, aux yeux de l'Européen, dans l'emploi différencié des pré-positions : « à soir » là où le Français dit « ce soir ». Ce phénomène a des origines multiples. Le rôle de l'interférence anglaise dans la syntaxe a souvent été exagéré. Mais on en trouvera une manifestation indubi-table dans l'usage de l'article indéfini devant un nom suivant le verbe être (« Cette décennie en a été une de récession »).

Sans doute est-ce par son lexique que le québécois frappe le plus les imaginations des Européens.

Les archaïsmes – dont certains peuvent être rapprochés de faits dialectaux français – y sont nombreux. Exemples : *pogner* « prendre », *barrer la porte* « fermer la porte », *char* « auto ». Ce phénomène per-met d'observer maintes concordances naturelles avec d'autres zones périphériques de la francophonie : *musique à bouche* « harmonica », *cabaret* « plateau de desserte », *cru* « humide et froid », par exemple, se retrouvent dans les français de Belgique, de Suisse et de certaines régions françaises.

Mais c'est ici sans doute que l'impact de l'anglais est le moins contestable.

L'emprunt peut être de forme ou de sens. Quelques formes anglaises peuvent être empruntées sans adaptation phonétique profonde ; c'est en général ce qui arrive avec les noms propres prononcés dans les médias audiovisuels. Mais la plupart des emprunts sont adaptés, et notamment les plus anciens. L'adaptation peut être morphologique, voire graphique, comme dans *canne* « boite de conserve » (< *can*), *bécosse* « cabinets au fond d'un terrain » (< *back house*), *clairer* « débarrasser » (< *to clear*), formes qui montrent que l'emprunt a le plus souvent suivi la voie orale. Morphologiquement adapté, le terme emprunté peut prendre son indépendance totale par rapport à la langue d'origine, et produire une série lexicale ; c'est l'exemple de *drave* (< *drive*), qui fournit *draveur*.

Mais l'américanisme est aussi sémantique : un sens nouveau est attribué, par traduction, à une forme française préexistante. C'est le cas de *bienvenue*, utilisé comme équivalent de « de rien » (< *you are welcome*), *appliquer* « poser sa candidature ». Ce processus concerne parfois des locutions complexes, par exemple dans *heures d'affaires* (< *business hours*), de sorte qu'il n'est pas toujours possible de juxtaposer un substantif ou un verbe québécois avec son équivalent américain (exemple : *magasiner* « faire du shopping »). Ceci permet de voir que le français du Québec n'a pas adopté vis-à-vis de l'américanisme les mêmes attitudes que le français d'Europe : le Québécois est souvent assez fier d'utiliser les termes *fin de semaine, carré, traversier, gardienne, édifice* là où le Français a emprunté *week-end, square, ferry, baby-sitter* et *building*.

Il faut noter que les anglicismes peuvent aussi servir d'appui à des archaïsmes qui leur sont morphologiquement apparentés, ou provoquer l'évolution sémantique de mots français. Ainsi, on peut estimer que le verbe archaïque français *touer* « remorquer » a pu survivre au Québec grâce à la proximité de l'anglais *to tow*, lequel provient lui-même de *touer*. Autre exemple : *breuvage* « boisson », et *beverage*. Le jeu des interférences peut ainsi parfois être très subtil.

Mais la personnalité profonde du lexique québécois, si on le compare au français européen, ne réside sans doute pas essentiellement dans la présence de formes particulières, même si l'on ne doit pas négliger un petit stock de termes d'origine amérindienne (surtout désignant des êtres vivants, comme *maskinongé, caribou, achigan, ouaouaron*). Son originalité provient plus encore des divergences entre aires sémantiques couvertes par un même mot : on peut certes citer nombre de cas comme *pantoufle* « chaussette » ou *mitaine* « gant », mais il faudrait surtout insister sur le sémantisme de mots très fréquents comme *beau* ou *gros*.

Ce lexique porte la trace d'une ancienne civilisation venue par la mer (*se gréer* « s'habiller », *amarrer un cheval* « l'attacher »…) et de modes de vie profondément influencés par le climat (*poudrerie, déneigement, motoneige, claque...*). Comme tout lexique, le québécois renvoie ainsi à une culture, que l'on peut appréhender à travers ses spécialités de bouche (*trempette, épluchette, caribou, bleuet...*) comme à travers ses spécificités sociales (*sous-ministre, cégep...*)

Il ne faut pas non plus négliger le rôle de l'onomastique dans la personnalité du français du Québec. Un certain pan de l'anthroponymie québécoise a parfois été caricaturé en France : on y a trop insisté sur des noms comme Lafleur, Boisvert, Beauchemin qui sont le plus souvent des anciens sobriquets de soldat. Mais les Ouelette, Plourde, Lalonde, Gagnon, etc., donnent aux annuaires du Québec une physionomie autrement originale. Les modes qui affectent le choix des prénoms sont également distinctes de celles qui prévalent en Europe, où on trouverait moins de Carole, Diane et Réginald. Quant à la toponymie, elle témoigne certes du substrat amérindien (dans Québec, Chicoutimi, Abitibi-Témiscamingue, Outaouais et dans le mot Canada lui-même), mais aussi et surtout du caractère religieux de la société que la découverte a mise en place (de Sainte-Adèle à Saint-Hyacinthe, la carte du Québec égrène un véritable calendrier).

FRANÇAIS ET SOCIÉTÉ

Sur le plan sociolinguistique, le fait majeur qui aura peut-être le plus marqué le XXe siècle est l'intense sentiment d'insécurité linguistique.

Une enquête menée dans les années 60 montrait ainsi que les Canadiens français s'accordaient moins de sérieux, de sens des responsabilités, etc., qu'à leurs compatriotes anglophones. Sur tous ces points, les anglophones se sentaient également supérieurs. Mais le complexe d'infériorité des francophones était tel qu'ils se mésestimaient bien plus encore que leurs compatriotes ne les rabaissaient. Mésestime de soi paradoxalement associée à une grande fidélité.

Ce ne sont pas que les études pointues qui attestent ce complexe d'attitudes. Ce sont aussi les débats qui agitent le grand public. L'anglicisation massive du français est déjà dénoncée au XIXe siècle, par des essayistes comme Arthur Buies et Jules-Paul Tardivel. Au XXe siècle, *Les Insolences du frère Untel* (1960) lancent le débat sur le « joual ». Ce mot, déformation du terme « cheval », cristallise toute l'insécurité linguistique : le français du Québec serait appauvri, « troué d'anglicismes », et témoignerait d'une véritable démission. Ces prétendues tares n'étonnent certes pas le sociolinguiste : ce sont celles que tous les puristes du monde dénoncent dans toutes les langues (prononciation défectueuse, manque de vocabulaire, syntaxe sans rigueur…). Les plus conscients parmi les intellectuels de l'époque n'entonneront toutefois pas la complainte de la culpabilité : ils mettront les dysfonctionnements manifestés par le « joual » sur le compte de l'aliénation du peuple québécois.

Mais les mutations survenues durant la première moitié du XXᵉ siècle eurent pour effet de modifier le discours sur la langue. À l'idéologie de conservation succéda ainsi ce que l'on a nommé une idéologie du rattrapage, puis, après la Révolution tranquille, l'idéologie de dépassement. Dans le complexe que nous avons décrit, la composante « fidélité » primera désormais sur l'insécurité. Et s'il sera encore question de qualité de la langue, le thème principal du débat se déplacera. Il deviendra celui-ci : comment assurer la survie du français et de la collectivité que cette langue contribue à constituer ? Comment, en tant qu'instance politique, le Québec – aujourd'hui le seul réduit francophone solide en Amérique du Nord – peut-il s'acquitter de cette mission avec les moyens de la démocratie ?

Les débats sociaux sur le français ont rejailli, de manière spectaculaire, sur le principal art de la langue. La littérature canadienne-française commençante s'était montrée linguistiquement très prudente, comme d'ailleurs la romande et la belge : elle n'admet guère les particularismes linguistiques qu'au nom de la couleur locale et de l'esthétique vériste. Mais, à l'ère du pop-art, la littérature dénonce à sa manière la domination linguistique dans laquelle vit le Québec en faisant usage de formes relevant du « joual ». Certaines de ces œuvres joualisantes, comme *Les Belles-Sœurs* de Michel Tremblay, feront scandale. Cette période d'utilisation éristique de formes condamnées par les puristes dura une dizaine d'années.

Le choc entre langues débouche sur maintes situations conflictuelles. Au Québec, c'est à Montréal que la tension est la plus vive. L'anglais, parlé principalement dans les communes situées à l'ouest de l'île, y est langue minoritaire. Mais minoritaire, cette langue est particulièrement attractive, notamment pour les néo-Canadiens. Nombre d'indicateurs linguistiques laissent aujourd'hui entrevoir que, sans l'intervention des pouvoirs publics, l'anglais pourrait bien être demain majoritaire dans la métropole.

Au problème du choc des langues est associé celui du bilinguisme. Ce sont les francophones qui constituent la plus grande partie des bilingues canadiens, ces bilingues concentrés au Québec, en Ontario et au Nouveau-Brunswick. Or le bilinguisme est souvent le stade préliminaire à l'assimilation. Comment, dès lors, concilier un bilinguisme économiquement inévitable – mais qui n'est pas nécessairement ici la source de promotion personnelle que l'on dit : elle est contrainte pour le Québécois, alors que l'anglophone placidement unilingue continue à dominer – avec la préservation de soi ?

Ces changements dans le discours épilinguistique sont l'aboutissement de longs débats, qui avaient débouché, au plan fédéral, sur la création de la Commission royale d'enquête sur le bilinguisme et le biculturalisme, dite Commission Laurendeau-Dunton (1963), et, au Québec, sur la création de la Commission sur la situation de la langue française et sur les droits linguistiques au Québec, dite Commission Gendron (1968). La première commission démontra notamment le faible poids des Québécois dans l'économie canadienne et le faible attrait de leur langue pour les immigrants. À partir du même constat, la seconde débouche sur le rejet du bilinguisme ainsi que sur l'exigence d'une intervention vigoureuse de la part des pouvoirs publics.

Cette intervention a eu lieu : le Québec s'est doté d'organes de gestion linguistique offrant un modèle reconnu dans le monde. Sans doute d'ailleurs le Québec est-il, dans toute l'histoire, l'État qui a proportionnellement le plus investi dans une politique linguistique.

L'instrument principal de cette politique est la « Loi 101 », dite *Charte de la langue française* (1977), qui proclame le caractère unilingue du Québec et indique les moyens d'atteindre démocratiquement cet objectif. Ces moyens sont essentiellement mobilisés par le Conseil de la langue française, chambre d'étude et de réflexion dont l'action se situe en amont de la législation linguistique, et l'Office de la langue française, dont l'action se situe en aval de la législation linguistique, qu'elle a pour mission d'appliquer.

Les aménagements linguistiques ont porté à la fois sur le corpus et sur le statut de la langue.

De ce dernier point de vue, il s'est agi de donner un visage français au Québec, notamment par une règlementation de l'affichage public, tant commercial qu'administratif, et par une intervention dans le monde du travail : les grandes entreprises du Québec se sont ainsi engagées dans un programme de francisation qui visait à assurer la présence du français aux niveaux les plus élevés du personnel, et son emploi dans la communication interne et externe des entreprises. Impact important également sur le monde de l'enseignement : le français est dorénavant la langue qui s'impose aux francophones, mais aussi aux immigrants, ce qui n'est pas allé sans difficultés.

Une part importante des actions d'aménagement linguistique s'exerce aussi sur les structures linguistiques. C'est par exemple le cas en matière de terminologie, où l'action de production est souvent relayée par des actions de type pédagogique. Mais l'innovation n'a pas seulement lieu pour des raisons techniques ou scientifiques : il s'agit aussi d'adapter la langue à la sensibilité sociale. Et c'est pourquoi la terminologie des noms de fonctions est largement féminisée au Québec, féminisation qui ne concerne pas seulement la nomenclature, mais aussi la rédaction des textes.

REGARDS SUR LA LANGUE

Ces aménagements n'auraient sans doute pas été couronnés de succès si l'on n'avait pas mené, en amont, maintes recherches sur toutes les dimensions sociolinguistiques de la situation au Québec. C'est d'ailleurs par le Québec – où d'importantes études de corpus ont été menées (on pense par exemple au corpus Sankoff-Cedergren de l'Université de Montréal) – que la francophonie s'est ouverte à la recherche sociolinguistique.

Mais l'intérêt pour la description de la langue remonte bien sûr à un passé plus ancien.

Au XIXᵉ siècle, ce furent d'abord des travaux de lexicographie : les glossaires de Dunn, de Clapin, de Dionne. Cette première activité de description, pour normative qu'elle fût encore, déboucha au début de ce siècle sur une entreprise ambitieuse : le *Glossaire du parler français au Canada*, conçu par la Société du parler français au Canada. Aujourd'hui, la recherche québécoise s'est dotée de moyens considérables : ainsi, les travaux menés autour du *Trésor de la langue française du Québec* en cours d'élaboration (*TLFQ*) constituent une contribution puissante à la réflexion sur les théories et les méthodes de description des variétés linguistiques géographiques.

4. CONCLUSION

Au terme de ce rapide tour d'horizon, quelques grands traits ressortent, qui empêchent de considérer comme un tout homogène la francophonie septentrionale. L'histoire particulière de chacune des entités examinées, et sa proximité ou son éloignement du centre moteur français, font que chacune a suivi son destin linguistique. De sorte que l'équilibre entre le français des villes et celui des campagnes y est particulier : on ne peut comparer un Québec longtemps resté agricole à une Belgique urbanisée. De sorte aussi que chacune des variétés de français qu'on y trouve entretient des rapports de force différents avec les langues qu'elle rencontre. On a certes cru pouvoir attribuer à ces variétés une égale porosité aux influences extérieures. Mais cette perméabilité, bien réelle, est le plus souvent surestimée : au nom de positions puristes, on a trop prêté à l'influence anglaise au Québec, à l'allemande en Suisse ; quant à la pénétration plus accentuée des anglicismes en Belgique, elle est davantage due à la structure urbaine du pays qu'au rôle fédérateur que l'anglais peut y jouer.

Toutefois, au-delà de ces différences immédiatement visibles, deux points communs attirent l'attention.

Sur le plan de la physionomie de la langue, c'est l'archaïsme bien connu des zones périphériques, archaïsme dont on a rencontré maintes manifestations. Ce trait important fait que l'on ne peut étudier les français de Suisse, de Belgique ou d'Amérique du Nord en les coupant les uns des autres, et, moins encore, en les coupant des français régionaux de France : en dépit des frontières politiques ou naturelles, ils forment tous un véritable continuum.

Sur le plan sociolinguistique, la relative originalité des pratiques, confrontée au centralisme bien connu des institutions culturelles – et donc linguistiques – françaises, a développé chez la plupart des membres des communautés francophones étudiées une conscience linguistique de soi très aigüe. Disposition à quoi l'on doit des situations préoccupantes d'insécurité langagière, mais aussi d'importantes contributions à la réflexion sur la langue.

Certes, ces deux solides fondements soutiennent des édifices bien différents. Ainsi, l'affirmation de l'originalité linguistique diffère fortement ici et là : forte et positive au Québec, elle est moindre dans les deux autres entités. Confronter ces situations afin d'élaborer de précieuses perspectives quant à la vie future du monde francophone, ce n'est pas le moindre intérêt des contacts de plus en plus fréquemment noués entre spécialistes de la langue et responsables des organes de gestion linguistique de France, du Québec, de Belgique francophone et de Suisse romande.

BIBLIOGRAPHIE DE LA SEPTIÈME PARTIE

▧ Vues d'ensemble sur la francophonie : Albert Valdman, dir., *Le Français hors de France*, Paris, Champion, 1979 (chapitres sur le Canada et spécialement le Québec, la Louisiane, la Nouvelle-Angleterre, la Belgique, la Suisse romande, le Val d'Aoste). À compléter par Didier Robillard et Michel Beniamino, éds., *Le Français dans l'espace francophone*, Paris, Champion, 1993 (chapitres sur le Canada et spécialement le Québec et l'Acadie, la Belgique, le Val d'Aoste). Voir aussi : *Histoire de la langue française*, spécialement les volumes *1880-1914* et *1914-1945* (Paris, CNRS, 1985 et 1995).

▧ Une synthèse sur le français en Belgique : Daniel Blampain, André Goosse, Jean-Marie Klinkenberg et Marc Wilmet, dir., *Le Français en Belgique. Une langue, une communauté*, Louvain-la-Neuve, Duculot, 1997.

▧ Une synthèse sur les langues en Suisse : Robert Schläpfer, dir., *La Suisse aux quatre langues*, Genève, Éditions Zoé, 1985.

▧ Introduction succincte à la francophonie louisianaise : John Smith-Thobodeaux, *Les Francophones de Louisiane*, Paris, Éditions Entente, coll. « Minorités », 1977.

▧ En dépit des nombreux travaux sur le sujet, il n'y a pas d'ouvrage d'ensemble sur le français au Québec et au Canada (en dehors des synthèses signalées au premier paragraphe et de Stanislaw Widlack, *Le Français au Canada. Introduction historico-linguistique. Documents. Textes*, Cracovie, Université Jagellonne, 1990). Voir notamment : Jean-Paul Vinay, « Le français en Amérique du Nord », dans *Current Trends in Linguistics*, vol. 10 (*Linguistics in North America*), 1973 ; Raymond Mougeon et Édouard Béniak, dir., *Les Origines du français québécois*, Québec, Presses de l'Université Laval, 1994 ; Pierre Gauthier et Thomas Lavoie, dir., *Français de France et français du Canada*, Université de Lyon-III, 1995 ; Hélène Cajolet-Laganière et Pierre Martel, *La Qualité de la langue au Québec*, Institut québécois de recherche sur la culture, 1995 (coll. « Diagnostic », 18) ; Claude Poirier, dir., *Dictionnaire du français québécois*, Québec, Presses de l'Université Laval, depuis 1985 ; Claude Poirier, dir., *Langue, espace, société. Les variétés du français en Amérique du Nord*, Presses de l'Université Laval, 1994.

HUITIÈME PARTIE

LE FRANÇAIS ET SES PATOIS

Marie-Rose Simoni-Aurembou

UN PATRIMOINE RICHE ET COMPLEXE

L'appellation français *subit parfois sur le plan linguistique d'étranges restrictions de sens. Ne s'applique-t-elle qu'au français parfaitement normé ? Quelle langue parlaient donc ces millions de citoyens qui, à la Révolution, n'avaient à leur disposition pour s'expliquer qu'un français altéré, corrompu, ou qu'un patois ? Une perspective historique invite à remettre les choses au point et à examiner l'environnement dans lequel la langue normée a élevé son prestige. Nous reprendrons l'observation d'un témoin du Nord-Est de la France : « Je ne sais pas où on allait chercher tout ça. » L'indéfini* tout ça *désignait ce qui n'appartenait visiblement pas à la langue cultivée. En fait, il n'est pas plus difficile de savoir « où on allait chercher tout ça » que de déterminer par quelle voie la langue reconnue conforme à la norme a acquis la légitimité dont elle se prévaut.*

Nous reviendrons à un exemple médiéval cité plus haut : là où le français d'alors disposait de charnier, échalas, paisseau *et de bien d'autres mots selon les régions, la langue contemporaine a établi une hiérarchie qui fait d'*échalas *la forme représentant l'usage national ; les autres, quand elles ne sont pas éclipsées, sont définies par rapport à elle. C'est ce que nous lisons dans les dictionnaires suffisamment volumineux pour fournir plusieurs variantes, avec un avertissement sur la limite des emplois, vieux ou régionaux. Ces mots sont le plus souvent d'une étymologie claire. Ils étaient au départ sur un pied d'égalité avec ceux qui ont été retenus par la langue nationale ; ils ont coexisté pendant des siècles avec eux et sont le résultat non d'une « altération » mais d'un usage parallèle. Quand l'enfant de la campagne associe à un objet qu'il voit tous les jours une appellation familière dans le milieu auquel il appartient, il a quelque peine à se faire à celle que l'école proclame meilleure ou même exclusive. La jeune institutrice dont Yves Sandre a retracé les débuts à la campagne dans* Marie des autres *(Paris, 1964) note que ses élèves « butèrent sur le mot* échalas», *ce qui, dans la première moitié de notre siècle, n'a rien d'étonnant. L'histoire ne peut ignorer les variantes : la concurrence, la hiérarchisation, l'élimination* *de certaines d'entre elles la constituent. La partie « Le français et ses patois » nous fait voir comment, à une époque où il n'est plus possible de proscrire à l'aveuglette et de traiter par le mépris des aspects que les détenteurs de la bonne langue avaient côtoyés en les ignorant, le voile a été progressivement levé. C'est se condamner à des vues artificielles que de couper une langue de son environnement, mais nous ne pouvions traiter des contacts entre le français et les langues régionales, nous ne pouvions aborder ici les régionalismes du français d'aujourd'hui, ce qui aurait demandé de longs développements [1].*

Sans que nous ayons besoin de nous éloigner de la région centrale, la relation du français avec « ses patois » nous place devant des situations dont la diversité n'exclut pas la cohésion. Cette partie éclaire en particulier ce qui se passe en Ile-de-France dont le dialecte, le francien, aurait été, suivant les linguistes de la fin du siècle dernier, le premier visage du français. La saisie de l'évolution n'est plus aujourd'hui la même : c'était méconnaitre à la fois une identité régionale et ce que doit le français aux parlers périphériques. Une dialectologie de plus en plus ouverte à l'ethnographie comme à la sociolinguistique et à l'histoire culturelle a révélé les richesses de l'oral dont on a parlé longtemps sans bien les connaitre. L'oral dialectal a appelé à son tour un écrit plus que jamais florissant, pour le bonheur de ceux qui créent comme de ceux qui lisent ou écoutent.

1. UNE RICHESSE LINGUISTIQUE OUBLIÉE

Une histoire de la langue française n'est pas une histoire du langage des Français, et dresser un tableau de la manière dont les Français des différentes régions ont appris à parler le français est une synthèse qui reste à faire. À partir, notamment, de l'ensemble des données géolinguistiques recueillies aujourd'hui et des fragments de celles que l'on peut glaner dans les témoignages du passé ; à quoi devront s'ajouter l'étude très précise des usages et des registres des locuteurs, et celle de leur attitude envers leurs langues.

On peut toutefois rappeler qu'aujourd'hui comme hier les langues régionales, outre les variétés de la langue d'oïl, sont au nombre de sept : quatre langues romanes (occitan, catalan, francoprovençal, toscan de Corse), trois langues non romanes (basque, breton, germanique dans ses variétés d'Alsace et de Lorraine « thioise » et de Flandre).

Or, comme le signale fort opportunément Bodo Muller, « l'immense prestige du "français" et la centralisation du pays font oublier que parmi les États européens la richesse linguistique de la France égale même celle de la Roumanie ou de l'Italie[1]». Terme juste que celui d'*oublier*, avec son corollaire *méconnaitre*, qui va jusqu'au refus de connaitre. En 1987, à l'exposition « Parlez-vous français ? » de la Bibliothèque publique d'information du Centre Georges-Pompidou[2], la seule carte des variétés linguistiques de la France qui fut admise fut celle de la situation au Moyen Âge, laquelle, c'est un fait, est peu différente de celle du XXᵉ siècle. Il était entendu qu'aujourd'hui les langues régionales n'existaient plus, ou du moins qu'elles n'étaient que des résidus négligeables.

Mais il va de soi qu'une carte de l'extension des langues dans l'espace français ne préjuge en rien de leur usage. Or, si l'on connait très précisément l'aire de chaque parler, il n'en va pas de même du nombre des locuteurs. À ce sujet les appréciations les plus fantaisistes circulent mais bien peu d'évaluations sérieuses existent[3]. Il faut donc signaler l'approche de l'*Atlas de la langue française* (Paris, Bordas, 1995) où, à la suite de deux cartes des frontières linguistiques en Alsace et en Lor-

raine au cours des siècles, on a placé deux cartes de l'usage, aujour-
d'hui, du « dialecte alsacien ».

Manquent encore également des études générales, voire des présentations cartographiques des attitudes des sujets parlants, lesquelles pourraient rendre compte de la valeur symbolique que les locuteurs attachent
à leur parler, quel qu'il soit, qu'il soit reconnu officiellement comme
« langue » ou comme « dialecte », ou dévalorisé comme « patois ».

Nous avons choisi d'étudier ici « le français et ses patois » pour
plusieurs raisons. Tout d'abord parce que le terme *patois* est d'un
usage général, senti comme dépréciatif au regard de la *langue*, nationale, prestigieuse et légitime, et du *dialecte*, terme savant et qui n'est
guère utilisé que par les linguistes, lesquels d'ailleurs ne sont pas d'accord entre eux. *Patois* est spécifiquement français, d'origine médiévale, populaire, et d'une étymologie encore discutée mais bien intéressante. Selon John Orr, ce serait un déverbal de l'ancien français *patoier*
« agiter les mains, gesticuler pour se faire comprendre ». Le *patois*
aurait donc été à l'origine un langage où le non-verbal aurait occupé
la plus grande place, babil des enfants, chant des oiseaux, parler des
paysans, des rustres, parler grossier (*TLF*, *Patois* « Étymologie et
histoire »).

Au XVIe siècle, le terme était courant mais péjoratif, semble-t-il, et
c'est certainement pourquoi Ronsard a créé *dialecte*, à partir du grec
dialektos (à l'origine, conversation, puis langage, et enfin langage
propre à un pays). Il s'est refusé à qualifier de *patois* son parler vendô-
mois natal, son « naïf dialecte de Vandomois ».

Le XVIIIe siècle stigmatise définitivement le terme en postulant un
usage légitime de la langue. Le patois devient un bâtard : « Si, comme
les Romains autrefois et comme les François aujourd'hui, la nation est
une par rapport au gouvernement ; il ne peut y avoir dans sa manière de
parler qu'un usage légitime : tout autre qui s'en écarte [...] en quelque
façon que ce puisse être, ne fait ni une *langue* à part, ni une dialecte
[*sic*] de la *langue* nationale ; c'est un *patois* abandonné à la populace
des provinces, et chaque province a le sien » (*Encyclopédie*, t. 9, 1765,
article LANGUE, p. 249 b).

Les patois ne vivent donc qu'en référence à la langue française :
multiples, grossiers, sans règles, ils s'opposent à une langue nationale
homogène, soignée, pourvue de grammaires et de règles. Il est logique
qu'ils soient le plus dépréciés dans les pays de langue d'oïl, là où ils sont
les plus proches de la langue française. Ce qui est parler local d'une
petite communauté rurale y est vécu par les locuteurs comme un français « dégradé », « déformé », « mauvais », un « jargon » et même un
« argot ».

Les enquêtes sur la conscience linguistique, dont le colloque *Les Français et leurs langues*[1] donne une bonne idée, montrent que ces appellations se rencontrent sur tout le domaine d'oïl, y compris tout près de Paris, en Ile-de-France, partout où ont été menées les enquêtes pour l'*Atlas linguistique et ethnographique de l'Ile-de-France et de l'Orléanais, Perche, Touraine* (ALIFO). Ces parlers sont proches du français, on le sait, mais qu'ils soient eux aussi sentis comme différents et inférieurs, on n'y a pas assez prêté attention.

De nos jours, les sujets parlants ont intériorisé le jugement défavorable porté sur eux à la fin du XVIIIe siècle par les correspondants lettrés de l'abbé Grégoire, tel l'érudit curé de Sancerre Vincent Poupart : « Les paysans [du Berry] ne font que des fautes de grammaire comme ceux des environs de Paris[2]. » Jugement que reprendra vingt ans plus tard le préfet de l'Aisne répondant à l'enquête des Coquebert de Montbret : « La langue française est seule en usage dans cette province, et si elle est plus ou moins corrompue, plus ou moins altérée dans le langage du peuple, inconvénient toujours inévitable dans un pays où toutes les classes de citoyens ne reçoivent pas une éducation commune[3]... »

Quelques exemples pris dans les proches environs de Paris suffiront à montrer la cohérence des appréciations des locuteurs sur leur propre parler... ou sur celui de l'autre : « ici on n'a pas beaucoup d'accent ; sur Compiègne, c'est affreux » (Attichy, Oise sud, 20 km à l'est de Compiègne, 1990) ; « à Roissy ils changent leur voix comme ils veulent, ils causent pas comme nous ; Marly, Fontenay, Mareil, c'est comme nous, ça va » (Puiseux-en-France, Val-d'Oise, 8 km au nord de Roissy-en-France et son aéroport, 1970) ; « à Guerville on parlait mal, et à La Plagne aussi : comme dire toujours *ben* au lieu de *bien*, c'est pourtant pas plus malaisé... » (près de Mantes-la-Jolie, Yvelines, 1969) ; « ici, on écorche un peu le français » (Montfort-l'Amaury, Yvelines, 1988).

C'est ce sentiment de parler patois que ressentent et qu'expriment les « natifs » au cœur d'une zone « sans parler nettement différencié du français[4]» qui a motivé et orienté notre étude.

Nous examinerons donc les variétés régionales du français dans « l'aire linguistique centrale » (LRL 1990, *op. cit.*, V, 1, p. 637 *sq.*), laquelle va en gros du sud de Beauvais à Moulins et du Mans à Melun, parfois jusqu'à un axe Laon-Auxerre. L'existence de « parlers de l'ouest » et de « parlers de l'est » est justifiée par un ensemble d'analyses récentes parmi lesquelles on peut citer *Der nordost französische Dialektraum* d'A. Monjour (Frankfurt, Bern, Paris, 1989), et *Français de France et français du Canada*, de P. Gauthier et T. Lavoie.

Le découpage des anciennes provinces étant toujours pertinent, on peut considérer que le noyau de cette aire centrale est l'Ile-de-France, avec, à l'ouest, le Perche, le Maine oriental, la Touraine, et au sud l'Orléanais, le Berry et le Bourbonnais d'oïl.

2. LES VARIÉTÉS GÉOGRAPHIQUES DU FRANÇAIS

Nommer les variétés

Les grandes divisions de la langue d'oïl ont été établies par les romanistes à la fin du XIXe siècle sur des critères essentiellement phonétiques : on a pu tracer des limites entre les variétés françaises et les grands ensembles du Nord, picard et normand, et le « Croissant » au Sud, zone de transition entre oïl et oc. Ailleurs, le passage est plus progressif, vers le gallo à l'Ouest, le poitevin au Sud-Ouest, le bourguignon au Sud-Est, et le champenois à l'Est. Et les différences sont encore plus ténues entre le percheron, le tourangeau, l'orléanais, le berrichon.

On aura remarqué que tous ces noms de parlers sont ceux de leurs utilisateurs. Ce ne sont pas les romanistes qui les ont créés. Dès le Moyen Âge on parlait de « l'idiome des Picards » et du « langage de Picardie[1]», et l'on a perçu très tôt l'enracinement spatial, historique, culturel des variétés de la langue d'oïl.

On ne rencontre de difficultés qu'en Ile-de-France dont la langue est originellement marquée par l'ambigüité : « il parait bien qu'au départ « français » ait désigné à la fois les parlers d'Ile-de-France, par opposition à ceux des autres provinces, et la langue littéraire utilisée dans une grande partie du territoire » (J. Monfrin, *op. cit.*).

Or si aujourd'hui on peut encore relever quelques écarts entre la langue générale et le français parlé autour de Paris, on peut imaginer la collecte sous l'Ancien Régime et même encore au XIXe siècle. Cette collecte n'a pas été faite, les écarts que l'on pouvait observer n'ont pas été notés car ils n'étaient considérés que comme du mauvais français.

C'est pourquoi les deux premières enquêtes linguistiques à l'échelon national entreprises à l'époque révolutionnaire et sous l'Empire permettent de constater que non seulement les parlers des zones françaises ne portent aucun nom, mais que ces zones apparaissent en blanc sur les cartes. On n'a rien eu à en dire.

Le vide des régions centrales

L'enquête Grégoire (1790)

Au début de la Révolution, les esprits éclairés savaient, ou pressentaient que le français n'était pas la langue de tous les Français. Or l'unité de la langue étant l'un des éléments les plus puissants de l'unité d'un peuple, la multiplicité des « patois » constituait un obstacle majeur à l'établissement d'une république une et indivisible. Le *Rapport* final que l'abbé Grégoire lut devant la Convention le 16 prairial an II concluait d'ailleurs à « la nécessité d'anéantir les patois et d'universaliser l'usage de la langue française ».

Le questionnaire que Grégoire envoya à ses savants correspondants se composait de 43 questions « relatives au patois et aux mœurs des gens de la campagne ». On souhaitait avoir des informations sur les origines des parlers locaux, leurs caractéristiques orales, leur « nomenclature », c'est-à-dire le lexique des techniques et des savoirs ruraux, la littérature locale, le bilinguisme éventuel français-patois, l'enseignement, les mœurs... Cette enquête très orientée, et très complexe, est emblématique pour notre propos.

Voici quelles furent les réponses[1] : Saint-Calais (Sarthe), par la Société patriotique ; Sully-sur-Loire (Loiret), par l'abbé Rochejean ; Sancerre (Cher) et le Berry, par l'abbé Poupart. On peut y ajouter, à l'Est : Château-Thierry et Soissons (Aisne), par l'abbé Asselin, Rosay-en-Brie (Seine-et-Marne), par l'abbé Rochejean, dont le témoignage porte plus exactement sur « Beaumarchais, domaine et hameau situé sur la paroisse des Chapelles-Bourbon » (Rochejean, dans Gazier 1880, p. 218). Sont donc vides la majeure partie de l'Ile-de-France, le Perche, l'Orléanais, la Touraine[2].

Peu nombreuses, les réponses sont courtes, sauf celle de Saint-Calais. On y lit la culture et l'idéologie des hommes de progrès qui ont répondu, et qui s'accordent tous pour rattacher le parler de leur contrée à la langue française. Mais les variétés qu'ils entendent – sans les pratiquer, cela va de soi – ne méritent même pas le nom de « patois », qui sous-entend pour eux une différence marquée avec la langue française : « la langue françoise est la seule qu'on y parle ; il n'y a pas de patois [...] La corruption dans le langage se fait remarquer tant à la campagne que dans nos villes et bourgs » (Saint-Calais, dans *Une politique de la langue, op. cit.*, p. 244) ; « ... en général il n'y a point de patois dans la province de Berry, dont j'ai eu lieu de parcourir les différents cantons. La Marche, le Limousin, l'Auvergne, qui nous avoisinent, ont des patois différents » (Poupart, dans Gazier, *op. cit.*, p. 269) ; « L'usage de la langue française est universel dans ma contrée, ce qui comprend en entier les districts de Soissons et Chateau-Thierry, on ni [*sic*] connoit aucun patois » (Asselin, BNF : NAF 2798, f° 41) ; « Quoique Sully soit éloigné de quarante lieues de Paris, on y parle le même français qu'aux Chapelles-Bourbon, qui n'en sont éloignées que de dix lieues » (Roche-jean, dans Gazier, *op. cit.*, p. 219).

Ces parlers n'ont pas de nom, et cette dialectologie républicaine convient à Grégoire qui, au cours de « l'énumération » des patois, a dû regretter qu'il n'en ait pas été de même partout : « nous n'avons plus de provinces, et nous avons encore environ trente patois qui en rappellent les noms » (cité dans *Une politique de la langue, op. cit.*, p. 301).

Dans leurs réponses synthétiques, les correspondants ont noté ce qui les a frappés, et en premier lieu quelques impressions auditives assez floues qui traduisent le sentiment d'un écart, mais dont il est bien difficile de déduire des informations pour une véritable phonétique : « la prononciation y est douce, fortement accentuée » (Soissons et Château-Thierry) ; « les cantons du Berry, qui tous parlent français, ne diffèrent entre eux que par la brièveté ou l'allongement de la pro-nonciation, par l'élévation ou l'abaissement des finales ».

Vient ensuite la morphologie, mais si Poupart a évoqué les « fautes de grammaire » des paysans du Berry et des environs de Paris, les seuls exemples cités le sont à Saint-Calais : « l'on dit ils *aimant* au lieu d'ils *aiment*», ce qui est qualifié de « prononciation fautive ».

Le lexique concret que demandait Grégoire est absent. Seul Pou-part cite une dizaine de mots dérivés, selon lui, des langues anciennes. Mais les correspondants ont souligné l'archaïsme de ces parlers. À Rosay-en-Brie « c'est un vieux français, tel qu'on le trouve dans la bouche du peuple de Paris » ; « quant au Sancerrois, les gens de la cam-pagne parlent encore le langage de Rabelais, d'Amyot et de Mon-taigne ».

Deux remarques pour finir. On n'a peut-être pas assez souligné la finesse d'observations qui, à partir d'une conscience de classe, dégagent la notion de niveau de langue et voient des ressemblances entre le par-ler des paysans de la Brie et du Berry et celui des « environs de Paris » ou même du « peuple de Paris ». Il faudra plus d'un siècle et l'approche dialectologique et surtout sociolinguistique pour que l'on analyse en termes de régiolectes et sociolectes les variétés régionales de la langue française.

Mais, par ailleurs, il convient de s'interroger sur l'intercom-préhension affirmée. Le « vieux français » de Rosay-en-Brie, « tout homme sachant le français [le] peut entendre ». Quels pouvaient être les contacts entre les paysans et ces abbés éclairés, qui n'ont pas trouvé de mots locaux là où les atlas linguistiques du XXe siècle en ont relevé des centaines ? La brièveté des réponses révèle dans ces régions, semble-t-il, des rapports bien distants entre les classes. Certes ils se comprenaient, mais dans quel type de conversation ?

On a nettement l'impression que, sauf à Saint-Calais où c'est la Société patriotique qui a répondu, en faisant une large part aux « préjugés », les abbés éclairés ont surtout cherché à être agréables à Grégoire en faisant preuve de leur bonne volonté.

Dans son rapport, celui-ci fera une synthèse sur l'aire centrale : « Il n'y a qu'environ quinze départements de l'intérieur où la langue française soit exclusivement parlée ; encore y éprouve-t-elle des altérations sensibles, soit dans la prononciation, soit par l'emploi de termes impropres et surannés… » Si la zone de la « langue française » est bien délimitée, les « termes impropres » sont introduits par Grégoire, et le « vieux français » et le « langage de Rabelais » de ses correspondants deviennent « surannés ». L'orientation du rapport est claire, la condamnation des patois y est active jusque dans les détails.

Les Coquebert de Montbret (1806-1812)

En 1806, dans la France napoléonienne, le chef du Bureau chargé de la statistique au ministère de l'Intérieur, le baron Charles-Étienne Coquebert de Montbret, sut convaincre le ministre de l'utilité d'une enquête sur la situation linguistique de l'Empire. Il songea donc à s'adresser aux 130 préfets des 130 départements de la France d'alors, qui s'étendait au Nord jusqu'à la Hollande et au Sud jusqu'à Rome.

À tous il demandait les parlers en usage dans leur département grâce à la traduction de la parabole de l'Enfant prodigue. Ce texte, à l'époque connu de tous (Évangile de saint Luc, ch. XV, 11-32), avait été « choisi à cause de la juste étendue et de la simplicité d'expressions qu'il renferme » – on y remarque en effet nombre de mots concrets, comme le célèbre *veau gras*. Dans les départements où la « langue française » était en contact avec des langues non latines (celtique, germanique, basque), il fallait établir une carte des limites commune par commune. Enfin, on demandait des textes, des vocabulaires, des listes de locutions caractéristiques.

C'est le baron Charles-Étienne, homme remarquable, savant et haut fonctionnaire, qui dirigea l'enquête jusqu'à la suppression du Bureau de la statistique en 1812, assisté de son fils Eugène, linguiste éminent, qui en assura le suivi. Cette considérable correspondance est déposée au département des manuscrits de la Bibliothèque nationale de

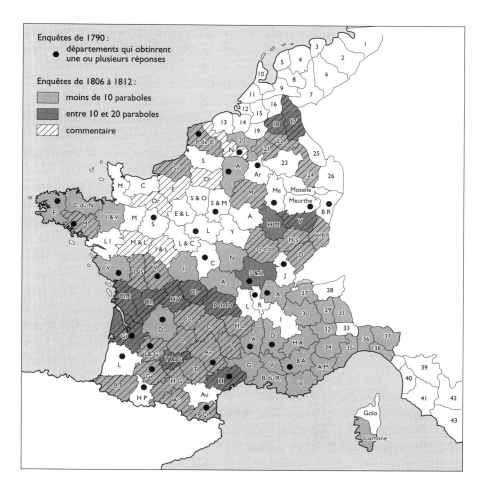

CARTE 10. Carte cumulative des enquêtes de Grégoire (1790) et des Coquebert de Montbret (1806-1812)

Fond de carte : les éphémères départements d'outre-Rhin et au-delà des Alpes de l'époque napoléonienne sont numérotés.

France, aux Archives nationales et à la Bibliothèque municipale de Rouen[1].

Fonctionnaires zélés, les préfets ne semblent pas s'être étonnés de devoir fournir la « traduction en patois » de la parabole de l'Enfant prodigue, ni de tracer la limite du basque ou du flamand. On leur demandait des statistiques sur le commerce, l'agriculture, les industries ; pourquoi pas sur les langues ? D'autant plus que certains d'entre eux étaient personnellement sensibles à ce type de recherche, tel le préfet des Hautes-Alpes, le baron Ladoucette. Dès 1809 parurent dans l'*Annuaire des longitudes* des rapports sur le nombre d'habitants qui parlent français ou une autre langue.

Dans l'ensemble, l'enquête a débuté dans les départements périphériques pour se terminer dans ceux de la zone d'oïl. Dans l'état actuel de notre documentation, les dernières lettres-circulaires ont été adressées le 20 janvier 1812, avec rappel le 11 avril, aux préfets de l'Aisne, de l'Oise, du Calvados, de l'Eure, de l'Orne, du Maine-et-Loire et de l'Indre-et-Loire.

Nous avons reporté le nombre des réponses sur la carte n° 10, en distinguant le nombre de paraboles traduites (plus ou moins de dix) et les commentaires (grammaires, glossaires, collections de proverbes, textes, discours personnels sur les patois). Nous avons complété la carte par l'indication des lieux des réponses au questionnaire de Grégoire, d'après la carte qui figure dans *Une politique de la langue* (p. 36). Ce qui permet d'utiles comparaisons entre les deux entreprises.

Que penser des zones blanches, qui nous intéressent tout particulièrement ? Au Sud et à l'Est de la France « traditionnelle », nous avons la preuve que des dossiers ont été perdus. Quant aux éphémères et lointains départements de la Hollande et de l'Italie au sud de Florence, on peut douter qu'il y ait eu une correspondance dont nous n'avons aucune trace. Il en va de même pour les environs de Paris, Seine-et-Oise, Seine-et-Marne, Aube, Yonne, Loiret, Loir-et-Cher, Eure-et-Loir. Mais peut-être les Coquebert pensaient-ils terminer l'enquête par ces départements proches de la capitale. La correspondance de 1812 avec les départements qui entourent cette zone centrale invite à le supposer. Le temps manqua et, après la suppression du Bureau de la statistique, l'enquête linguistique ne fut reprise par aucun des ministères où travailla le baron Charles-Étienne. Quoi qu'il en soit, il n'est pas sans intérêt de voir que le réseau de Grégoire a apporté plus de réponses pour ces régions « vides » que celui du ministère de l'Intérieur.

À première vue, le rapport de synthèse d'Eugène Coquebert sur l'usage de la langue française dans l'Empire est dans la droite ligne de celui de Grégoire, à cela près que le ton n'est plus polémique et que c'est sans triomphalisme qu'il constate que le nombre de départements sans patois est de 25 : « La langue française, quoiqu'adoptée exclusivement dans toute l'étendue de l'Empire pour les actes publics, n'est cependant point partout d'un usage également général. Elle ne peut même être considérée comme véritablement nationale que par rapport aux habitants de la partie septentrionale de l'ancienne France » ; « … environ 25 départemens de l'intérieur de la France avoisinans Paris n'ont point à proprement parler de patois. On y parle le français purement quoique parfois un peu altéré par un accent particulier, un mélange de quelques expressions locales ou retenues de l'ancien langage du temps de Rabelais ou Amyot, ou bien par l'emploi de quelques manières de conjuguer les verbes qui ont fini par être rejettées de la langue française écrite. C'est dans ce cas que se trouvent les anciennes provinces de Champagne, Ile-de-France, Normandie, Bretagne (en partie), Maine, Anjou, Touraine, Orléanais, Berry ; lesquelles peuvent être considérées comme le berceau de la monarchie française [1]».

Bien que la forme et les termes mêmes soient ceux de Grégoire, le ton de ce discours est nouveau, car Eugène Coquebert tient des propos de linguiste, dans une perspective descriptive qui exclut les jugements de valeur. Il distingue différentes modalités dans l'usage de la langue française selon qu'il s'agisse d'actes officiels ou du parler quotidien ; il distingue la langue écrite de la langue orale. Il estime que les variétés du français – qui ne sont pas « à proprement parler » des « patois » – méritent d'être étudiées et doivent être replacées dans l'histoire de la langue : *altéré* n'implique pas (comme chez ses correspondants) que la langue *dégénère* ni *se corrompe*, mais qu'elle évolue, et que les archaïsmes participent de cette évolution. Enfin, la relation qu'il établit entre la langue française et les provinces qui sont « le berceau de la monarchie » signale non seulement le fondateur de la géographie linguistique, mais elle laisse entendre que le français serait devenu prestigieux en raison de la renommée de ses locuteurs.

Eugène Coquebert avait en projet un « travail général » où les variétés géographiques du français langue nationale auraient eu leur place. Nous avons des traces de ce grand ouvrage dans sa correspondance, par exemple dans cette lettre de remerciement au sous-préfet de Montfort (Ille-et-Vilaine) où il observe « que ce patois ne s'éloigne gueres plus de la langue française pure que le langage des paysans des environs de Paris », ce qui n'est pas tout à fait nouveau, mais où il ajoute : « ce fait était utile à connaitre pour l'histoire générale des dialectes de la France ». Malheureusement, seules ont paru les 25 pages d'un fondamental *Essai d'un travail sur la géographie de la langue française*, en préface au choix de paraboles publié en 1831 sous le nom de *Mélanges sur les langues, dialectes et patois*.

Comme celle de Grégoire, cette enquête a eu le soutien de l'État et a cherché à connaitre la situation linguistique de la France dans une visée centralisatrice. Mais elle n'en diffère pas seulement par la personnalité scientifique de ses responsables. En vingt ans, l'idéologie sous-jacente a évolué, à commencer par l'attitude envers les patois : il ne s'agit plus de les recueillir avant de les détruire, il faut maintenant se hâter de connaitre les *usages populaires ordinaires*, *vulgaires*, avant qu'ils ne disparaissent. Car on sait que la langue française triomphera tôt ou tard, en raison de « la marche du temps, des progrès de l'instruction primaire, et de l'empire lent, mais assuré, de l'imitation » (*Mélanges, op. cit.*). Et l'*usage vulgaire* qu'il faut *connaitre* partout est la langue courante, la langue parlée que les lettrés ignorent et que le « progrès » va anéantir.

Un deuxième aspect mérite attention, c'est l'inclusion de la collecte des patois dans celle des mœurs, usages et coutumes, dans les grandes enquêtes folkloriques et ethnographiques impulsées par l'Académie celtique, et que dès 1800 Chaptal, alors ministre de l'Intérieur, « demande aux préfets de faire figurer dans les *Statistiques départementales*[1] ». Lorsque Eugène Coquebert écrit en 1831 que « les patois sont aussi des monumens de l'Antiquité », il reprend les termes mêmes des membres de l'Académie celtique, dont son père fit partie : « Il paraîtra peut-être bizarre de présenter des mots comme des monuments antiques ; cependant les noms de lieux, les dialectes, le langage vulgaire qualifié de patois pour n'avoir rien de matériel, n'en sont pas moins de véritables restes qui, autant que des ruines, déposent pour l'histoire d'un pays » (L.F. Lemaistre, *Mémoires de l'Académie celtique* IV, 1823, p. 49). L'arrêt des collectes systématiques des traditions populaires vers 1830 explique peut-être en partie que l'*Histoire générale des dialectes de la France* n'ait jamais paru.

Ces zones en blanc demeurent dans la première et à ce jour la seule grande enquête de terrain au niveau national[2], l'*Atlas linguistique de la France*[3]. En réalité, cet atlas couvre l'aire du gallo-roman, excluant le celtique, le germanique, le basque, le catalan et le corse, mais s'étendant sur une partie de la Belgique, de la Suisse et quelques points italiens. Conçue à la fin du XIXe siècle par Jules Gilliéron, professeur à l'École pratique des hautes études, l'enquête fut menée de bout en bout par un homme extraordinaire, Edmond Edmont. Seul, en un peu plus de quatre ans, il posa en 639 localités un questionnaire de 1 400 questions (qui devait en atteindre 2 000 à la fin des enquêtes). L'*Atlas* a une densité moyenne de 6 à 7 points par département, et moitié moins autour de Paris, exception faite du Nord, où Edmont, originaire de Saint-Pol-sur-Ternoise (Pas-de-Calais), a porté une attention spéciale au passage du picard au français. La Seine-et-Marne compte donc 2 points, l'Eure-et-Loir, le Loiret, le Loir-et-Cher 3, la Seine et Seine-et-Oise, la Sarthe, l'Indre-et-Loire 4.

Le vide des régions centrales ne disparaitra vraiment qu'avec les enquêtes du *NALF*, le *Nouvel atlas linguistique de la France*. Il faut y ajouter les belles monographies du XXe siècle : M. Durand, *Le Genre grammatical en français parlé à Paris et dans la région parisienne*

(1936), J. Chaurand, *Les Parlers de la Thiérache* (1968), D. François, *Français parlé* (1974) – étude phonologique d'idiolectes d'Argenteuil –, C. Fondet, *Dialectologie de l'Essonne et de ses environs immédiats* (1980).

Un terrain sans intérêt

Toutefois, et le paradoxe n'est qu'apparent, on disposait depuis 1855 d'une collecte de données exceptionnelle réalisée par E. Agnel[1], qui déclarait avoir « longtemps habité la campagne, dans un rayon de six à huit lieues autour de Paris » : « j'aimais dans ma jeunesse à entretenir de fréquentes et longues causeries avec les paysans, à entendre leur langage simple et pittoresque […] J'écrivais sur des pages volantes le résultat de mes observations journalières… » Il avait choisi un titre significatif, *Observations sur la prononciation et le langage rustiques des environs de Paris*, où sont réunis un certain nombre de traits phonétiques, morphologiques et lexicaux spécifiques, qui ne permettent pas d'assimiler ce « langage rustique » au français général.

Ce travail fut suivi en 1872 de l'*Étude sur le langage populaire, ou Patois de Paris et de sa banlieue* de Ch. Nisard. L'auteur s'y montre très réactionnaire dans ses jugements sur le peuple de Paris dont la grossièreté est rappelée à chaque page. Mais il est moderne dans sa vision du « patois de Paris », qui annonce le concept de sociolecte (Wüest 1985[2]). Il réfléchit également sur les causes extralinguistiques qui assurent le succès, ou la mort d'une langue, et qui « sont toutes économiques ». Même si les raisons qu'il donne sont discutables, son raisonnement est intéressant. Par ailleurs, il semble avoir fait quelques enquêtes de terrain, ou du moins quelques sondages quand il affirme que « ce patois n'existe plus. Paris l'a entièrement oublié, et le peu d'endroits de cette ville où il a tenu le plus longtemps, comme les halles, les marchés, les ports et peut-être un ou deux faubourgs, en ont à peine conservé quelques formes ». C'est pourquoi son travail se fonde essentiellement sur les textes du XVIIᵉ et du XVIIIᵉ siècle.

Mais Nisard, pas plus qu'Agnel, n'était un savant, à la différence de Paul Passy, phonéticien renommé, créateur de l'alphabet phonétique international (API). En 1891, il publie dans la *Revue des patois galloromans* le « Patois de Sainte-Jamme », hameau de Feucherolles (Yvelines), dans le proche ouest de Paris. À l'issue de cette véritable enquête de terrain, datée, localisée, où les témoins sont parfaitement identifiés, il décrit un parler de l'Ile-de-France, « parler assez différent du parisien et du français d'école. Les différences, à vrai dire, ne sont pas assez marquées pour le rendre difficile à comprendre ; c'est probablement à cause de cela que ce parler a pu se conserver si longtems [*sic*], tandis que bien des patois différents ont complètement disparu ». Nous ne pouvons citer ici toute l'introduction, modèle de rigueur scientifique qui n'a pas vieilli. Sans faire d'anachronisme, on ne peut que s'étonner que cette étude soit passée inaperçue [1].

Aucun linguiste digne de ce nom ne prit en compte ces matériaux, qui plaidaient pour un *patois*, sinon un *dialecte* de l'Ile-de-France, et qui étaient publiés dans la revue même où Gaston Paris, trois ans plus tôt, avait nié toute possibilité d'enquête dans le présent, le futur, et même le passé : « Pour plusieurs de nos parlers provinciaux, pour ceux surtout qui vivaient à l'ombre redoutable de Paris, il est déjà trop tard ; nous ne saurons jamais quelle forme spontanée aurait prise, dans les régions voisines de la capitale, le latin livré à lui-même » (« Les parlers de France », *Revue des patois gallo-romans* II, 1888, p. 168).

On n'a tenu aucun compte des locuteurs, exclus *a priori*, démarche intellectuelle durable, qui explique en partie que l'*Atlas de l'Ile-de-France* ait été un des derniers à être mis en chantier.

LE « FRANCIEN » : INVENTION ET USAGES

L'Ile-de-France a été un des lieux où l'imaginaire des linguistes s'est donné libre cours. Nous avons évoqué plus haut le *francien*, dialecte de l'Ile-de-France d'où serait sortie tout armée la langue française. Le terme date de 1889, c'est G. Paris qui le crée pour traduire *francisch*, néologisme créé par H. Suchier dans sa contribution au *Grundriss der romanischen Philologie* de G. Gröber (1888). Ces mots et ce qu'ils recouvrent méritaient qu'on s'y arrêtât et qu'on les replaçât dans l'histoire de la linguistique (J. Chaurand 1983), et le contexte historique et sociologique (G. Bergounioux 1989) [2].

L'idée d'un terroir donnant naissance à une langue nationale a été élaborée durant tout le XIXe siècle, à partir de la conception selon laquelle un dialecte qui réussit donne une langue et, dans le cas contraire, un patois ; ce que Sainte-Beuve a résumé dans sa célèbre boutade : un patois est « une ancienne langue qui a eu des malheurs ». C'est pourquoi il fallait trouver à l'origine du français un dialecte qui eût une certaine extension territoriale. Ce ne pouvait être que celui de la province de l'Ile-de-France. On a créé un mot et un concept pour meubler un vide, puisqu'on n'a aucun texte de cette région avant la fin du XIIe siècle. Et pourtant on en a cherché. G. Bergounioux cite l'échec du prix triennal Bordin, de l'Académie des inscriptions et belles-lettres. En 1880, le thème en était : « Étudier à l'aide de documents d'archive et de textes littéraires le dialecte parlé à Paris et dans l'Ile-de-France jusqu'à l'avènement des Valois. Comparer ce dialecte, d'après les résultats obtenus, à la langue française littéraire, et rechercher jusqu'à quel point le dialecte parisien était considéré au moyen âge comme la langue littéraire de la France ». Personne ne se présenta, mais F. Brunot écrivait pourtant vingt ans après : « Est-il d'autre part interdit de supposer que, si les documents manquent pour la région centrale et proprement française, c'est qu'ils ont disparu ou qu'on ne les a pas mis au jour ? » Que faire contre un raisonnement tautologique si parfait et venu d'une chaire si prestigieuse ?

Ce qui est plus étonnant, c'est de voir que sur nombre de cartes récentes, le *francien* désigne toujours la langue de l'Ile-de-France, et qu'il a le même statut que le normand en Normandie[1]. De même peut-on suivre dans les écrits la permanence de la formule des savants de la fin du XIXe siècle. Nous n'en donnerons que quelques exemples : 1936 « Vous savez ce qui s'est passé : l'un de ces dialectes a eu une fortune incomparable ; c'est le francien parlé dans l'Ile-de-France. Dès la fin du XIIe siècle il affirmait sa prééminence sur les autres dialectes du nord au point de vue littéraire » (P. Fouché[2]) ; 1971 « Le français (francien et dialecte d'oïl + francoprovençal)... » (P. Bec, *Manuel pratique de philologie romane*, II, p. 6) ; 1988 « C'est dans la zone d'oïl que les dialectes ont le plus souffert du fait de l'expansion envahissante de l'un d'entre eux, le francien, parlé à l'origine uniquement dans la région parisienne » (H. Walter, *Le Français dans tous les sens*, p. 148).

Depuis les études de L. Remacle, il serait sage de réserver *francien* à l'écrit, à la *scripta* du Moyen Âge, et de reconnaitre l'existence d'un *français de l'Ile-de-France*.

3. APERÇUS SUR LA LANGUE DE L'ILE-DE-FRANCE

Grâce aux minutieuses enquêtes de terrain citées plus haut, et à une plus juste appréciation de la langue parlée, on peut donc repérer la trace de vernaculaires qui ne diffèrent de la langue commune que par des écarts et des spécificités fines, mais ne se confondent pas avec elle.

Phonétique

Nombre de cartes phonétiques établies d'après celles des atlas qui entourent Paris montrent un enchevêtrement de formes qui défie toute analyse aréale. D'autres, plus simples, ont des aires plus cohérentes où l'on relève quelques traits archaïques du français. La plupart d'entre elles contribuent à la connaissance de l'histoire de la prononciation française, dont les phonéticiens les plus normatifs n'ont jamais manqué de souligner la complexité : « il est indiscutable que des variantes de prononciation ont toujours existé : le français ne peut être un, et sa prononciation n'a jamais pu et ne pourra jamais être ni unifiée ni immuable » (G. Straka 1981[1], p. 248). De même ont-ils bien indiqué que la « bonne prononciation » était celle d'un certain groupe social, « la prononciation habituelle de la bonne société parisienne, de la bourgeoisie cultivée. C'est elle qui, parmi toutes les variations phonétiques du français actuel, représente la prononciation correcte, la norme » (G. Straka 1952[2], p. 10). Quant au *Dictionnaire de la prononciation française dans son usage réel* de Martinet et Walter[3], il enregistre l'usage de « Parisiens cultivés ».

Répétons-le, les phénomènes relevés de nos jours dans l'aire centrale n'existent plus qu'à l'état de traces, mais nous pouvons affirmer que notre pratique du terrain de l'*Atlas de l'Ile-de-France*, qui n'a jamais cessé depuis le début de nos enquêtes en 1966, nous amène à découvrir encore aujourd'hui des locuteurs qui usent toujours de ces prononciations non « officielles », ou qui s'en souviennent parfaitement. On estime maintenant que les « zones blanches » ont été des zones de turbulences phonétiques et de résistances obstinées qu'il convient d'intégrer une fois pour toutes à la vision de l'espace linguistique français.

La place nous manque ici pour exposer les principales caractéristiques de la prononciation des régions centrales. On trouvera le détail de leur extension géographique, de leur place et de leur rôle dans l'histoire de la langue, dans le récent ouvrage *Français de France et français du Canada* et dans les travaux de Claire Fondet et de Jakob Wüest.

LE LEXIQUE : UNE CULTURE ALTERNATIVE

Les savoir-faire

Le lexique des ruraux n'appartient pas à la culture dominante, il est en grande partie du domaine de l'oral et il arrive que l'on n'en ait pas de trace écrite. Pour le découvrir, il faut connaitre, et apprendre à connaitre les *realia*, il faut prendre en compte les savoirs populaires[1].

Dès le début du siècle, les linguistes R. Meringer et H. Schuchardt comprirent que l'étude de certains « mots » ne pouvait être menée sans celle des « choses » qu'ils désignaient. Ils sont à l'origine de l'école autrichienne et allemande des *Wörter und Sachen*, qui n'a rien perdu de son intérêt aujourd'hui. Les récentes publications des ethnologues I. Chiva et K. Beitl reprennent ce dossier pour en souligner tout autant l'actualité que la complexité, et évoquer l'ampleur du travail à réaliser[2].

Une bonne partie de ce vocabulaire rural a trait à des opérations précises, c'est un vocabulaire technique dont l'historien François Sigaut a évoqué la richesse : « En agriculture, chaque outil, chaque geste, chaque état de la terre ou des champs, etc., porte un nom. D'où un vocabulaire extrêmement étendu. Dans chaque région de France, par exemple, il y avait au début du XIXe siècle un vocabulaire technique de l'ordre du millier de termes, qui correspondent à au moins autant de concepts opératoires[3]. » Et il ajoute : « Le recensement et l'analyse de ce langage de l'agriculture sont une tâche nécessaire – elle a été commencée par les *Atlas linguistiques et ethnographiques de la France.*»

Prenons par exemple les noms de la jachère, mode de préparation des sols ancien, général et mal connu. La carte linguistique de l'Ile-de-France et régions voisines montre comme dans toute la France la diversité des appellations, la netteté des aires, et l'importance de cette frontière orientale déjà rencontrée en phonétique (carte n° 11). Le terme français *jachère* n'a qu'une extension réduite, il est d'origine gauloise, probablement d'un mot signifiant « branche », d'où « charrue » ; le *sombre* bourguignon est lui aussi d'origine gauloise, c'est un labour

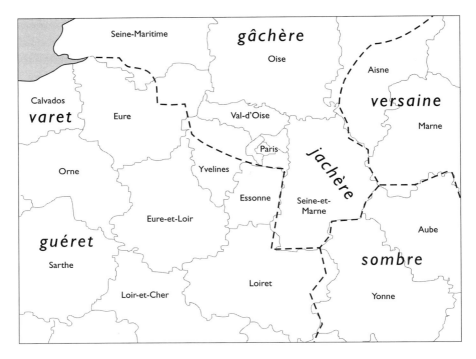

CARTE 11. « La jachère »

Les dénominations de la jachère ont été établies par M. R. Simoni à partir des cartes suivantes : ALPic 98, ALCB 230, ALIFO 105, ALN 34. *Gâchère* est la forme picarde du français *jachère*, et *varet* la forme normande de *guéret*.

« d'été » ; *guéret*, du latin *vervactum* « jachère », occupe tout l'Ouest, et *versaine*, « labourer en versant », s'étend au Nord-Est. L'aréologie linguistique montre donc la stricte synonymie de *jachère* et *guéret*, ce qui n'est pas le cas dans la langue littéraire.

Par ailleurs, l'étude de l'ensemble des cartes des atlas linguistiques et de leurs commentaires, d'une part, et des témoignages que l'on peut repérer au cours des siècles sur l'ensemble de l'Europe, d'autre part, conduit l'historien des techniques à revoir entièrement la réalité de la jachère. Comme bien souvent dans le domaine de l'agriculture, « la langue littéraire a depuis longtemps perdu la véritable notion [...] On a fait de la jachère une période de durée indéterminée pendant laquelle le sol est en repos. Mais cette idée de repos du sol n'est qu'une interprétation, puisque ce que l'on observe en fait, c'est une série de labours successifs [...] En la matière il y a deux sortes de faits significatifs, les faits de vocabulaire et les faits techniques » (F. Sigaut 1977, *op. cit.*, p. 148-149).

Pour notre *Atlas linguistique et ethnographique de l'Ile-de-France*, ce sont les informateurs qui nous ont enseigné ces opérations si complexes, et c'est grâce à eux que l'*ALIFO* a les cartes linguistiques des dénominations de « jachère-labour » (n° 105), « défricher une luzerne ; une luzerne labourée » (n° 106), « une friche » (n° 80), et trois questions sur les trois façons de labourer sans semer ensuite (cartes n° 107, 108 et 108*).

L'habitat rural présente lui aussi bien des particularités qui varient d'une région à l'autre, comme ce détail du plafond des bâtiments d'exploitation au nord de Paris. En Picardie, le fenil (*ALPic* 59) est décrit ainsi : « grenier à fourrage, à claire-voie (perches juxtaposées) au-dessus des étables ». Au sud, l'*ALIFO* a distingué « le grenier au plancher à claire-voie » et « les perches de ce grenier » (à paraître dans le tome III).

Le résultat est que l'on constate que l'aire des termes *chenaille*, *chenaillère*, issus de *cenaculum* « salle à manger ; étage supérieur où était la salle à manger », arrive jusqu'à la limite de l'Oise et du Val-d'Oise. Plus au sud, on rencontre d'autres formes venues elles aussi de *cenaculum*, le *sina* et le *sino*, qui désignent les mêmes réalités.

Nous ne pouvons clore cette évocation du lexique rural sans parler de la flore, lieu privilégié des savoirs populaires. Les plantes sont perçues et nommées par ceux qui les connaissent, les ruraux, suivant un nombre de critères dont la variété choquait la raison d'un homme du XVIIIe siècle éclairé comme le botaniste A.N. Duchesne dans son *Manuel de botanique, contenant les propriétés des plantes utiles... que l'on trouve à la campagne aux environs de Paris* : « ... il n'y a personne qui ne soit frappé du ridicule de noms composés tels que ceux-ci : *l'Herbe-sans-couture, l'Herbe-au-charpentier, l'Herbe-à-robert, l'Herbe-saint-Jean, la Rosée-du-soleil, la Salade-de-chanoine* [...]. Les noms d'animaux ou de parties d'animaux donnés abusivement aux plantes, sont encore bien plus mauvais : *la Corneille, la Bardane, le Barbeau, la Poule-grasse, le Gras-de-mouton, le Pet-d'âne* [...] Quelle confusion ! On est à chaque instant dans le doute ; on ne sait dans quel règne on se trouve » (p. XVII-XVIII).

Or la nature et le nombre de ces critères étonnent et révèlent un rapport étroit, intime, de l'homme à son environnement, et dont on peut se demander s'il n'est pas en train de changer[1]. Ainsi en 1900, à Gommecourt (Yvelines), le témoin d'Edmont lui avait donné deux noms pour le coquelicot, le *poinsiau* pour la plante jeune, encore en bouton, et le *caricoco* pour la plante adulte, à la fleur épanouie (*ALF* carte 321).

D'une manière générale, le *coq* [ko] est le nom du coquelicot à l'ouest de Paris, au nord-est c'est le *paon* [pã], en Ile-de-France nord, et très largement au sud, le *ponciau*, diminutif de *paon*. Le terme français *coquelicot*, sous une infinité de variantes, est localisé en Normandie. Sur la carte des noms du coquelicot on ne voit donc pas Paris. La plante a pris le nom du coq et du paon, en raison de la crête du coq, de la somptuosité des plumes du paon, de la prestance de ces volatiles. *Coquelicot*, onomatopée imitant le cri du coq, a d'abord été l'animal, puis son chant, et enfin seulement la plante (*Dictionnaire historique de l'orthographe française*, 1995 [1]).

D'autres cartes de noms de plantes font découvrir d'autres motivations et d'autres limites. La mercuriale annuelle est une mauvaise herbe à l'odeur désagréable très connue des jardiniers, et qui, par surcroit, donne la colique aux lapins. C'est la *foirolle* de Pontoise à Vierzon, le *chie-mou* dans le Berry et, depuis la Touraine jusqu'à l'Atlantique, la *ramberge* ou *roberte*. *Ramberge* est issu du nom de « Raimberge, héroïne d'une chanson de geste parodique d'Audigier, qui se vautre dans les immondices et la puanteur [2] » ; la *roberte* ou *roberde* viendrait d'un croisement de *ramberge* avec (*herbe à*) *robert* (*ibid.*) (*ALF* 840, *ALIFO* 292, *ALO* 377*, *ALBRAM* 199, *ALCe* 79).

Ne caricaturons donc pas l'abbé Grégoire. Tout en souhaitant la disparition des patois, obstacle à l'avènement de la République, il pressentait la richesse de cette « nomenclature » quand il demandait : « En quoi s'éloigne-t-il le plus de l'idiome national ? n'est-ce pas spécialement pour les noms des plantes, des maladies, les termes des arts et métiers, des instruments aratoires, des diverses espèces de grains, du commerce et du droit coutumier ? » (question n° 6).

Faut-il s'étonner du peu de réponses qu'il reçut ? Les paysans étaient trop éloignés de ceux qui étaient chargés de relever leurs mots et leurs coutumes et qui, pourtant, étaient alors beaucoup plus proches de la vie rurale que l'homme de la fin du XXᵉ siècle.

Le peintre et le paysan

Comme dernière illustration de cette coupure entre deux mondes, nous avons pris des exemples dans la peinture du XIXᵉ siècle dont « la nouveauté [...] est la représentation du paysan au travail avec des figures grandeur nature [3] ». Qu'ils aient ou non travaillé sur le motif, naturalistes puis impressionnistes ont représenté les travaux des champs, souvent avec une très grande exactitude.

Quels titres ont-ils donnés à leurs travaux ? Quand il s'est agi de nommer les scènes rustiques, ce sont des termes français de grande généralité qui ont été retenus ; *Les Foins* (Jules Bastien-Lepage, 1877), *La Moisson* (Léon Lhermitte, 1874), *La Glaneuse* (Jules Breton, 1877).

Au plus, on précise le lieu : *Les Vendanges en Bourgogne* (Charles-François Daubigny, 1863), *La Moisson à Montfoucauld* (Camille Pissarro, 1876).

Rosa Bonheur constitue une exception avec son grand tableau *Labourage nivernais : le sombrage*. Cette commande du ministère de l'Intérieur en 1848 représente un labour très spectaculaire effectué par deux attelages de trois paires de bœufs qui se suivent. Il s'agit bien d'un labour profond que l'on donne à la jachère, que l'on voit au premier plan, le *sombre*, mot du Nivernais et de toute la Bourgogne. Si Cézanne trouvait ce tableau « horriblement ressemblant » (G. Lacambre, *op. cit.*, p. 205), reconnaissons que le vocabulaire, lui, est tout simplement « ressemblant ».

Nous ne ferons que deux remarques. Le catalogue (*ibid.*) explique que « le *sombrage* est le premier labour profond qui précède la planta-

« LE REPAS DES MOISSONNEURS » (1850-1851) par J.-B. MILLET

Le pastel reproduit ici et la grande peinture de 1853 (Boston, Museum of Fine Arts) ont le même titre, très général, de « repas ». La présence du grand plat rond où l'on se sert avec les doigts incite à supposer qu'il s'agit du *gouter* ou de la *collation* de quatre heures, et que l'on y mange une *trempée*, mot de la région. Mais un titre comme « La Trempée » aurait sans doute privé brutalement les visiteurs de tout recours à l'allégorie pastorale. [Musée du Louvre, département des arts graphiques.]

tion des vignes ». C'est possible, comme les cartes de l'*Atlas de la Bourgogne* le montrent, mais il se peut aussi que ce soit le premier des
labours destinés à travailler la jachère sans la semer.

Quant à la forme suffixée *sombrage*, elle ne semble pas faire partie du lexique paysan... mais de celui de l'Académie française. Elle
apparait dans son *Supplément* de 1842 selon le *TLF*, où *sombre* est
glosé « vieux », bien qu'il demeure encore le mot des paysans.

C'est Millet qui retiendra maintenant notre attention, parce qu'il
est le plus grand et parce que, « issu d'une famille de paysans aisés, et
ayant lui-même pris part aux travaux de la ferme, [il] étudie les gestes
les plus variés de la vie quotidienne au village ou dans les champs, à
Barbizon, à Gruchy, son hameau natal du Cotentin près de Cherbourg,
ou en Auvergne » (G. Lacambre, *op. cit.*, p. 199).

Le Repas des moissonneurs (1853) est une pause dans le travail,
car « Millet inclut [...] le repos, la prière et les repas à côté du travail,
dans le cycle de la vie paysanne [1]». Les moissonneurs sont rassemblés
au pied d'une meule en construction – on voit les échelles où grimpent
ceux qui l'édifient, et à l'arrière-plan les échelettes de la voiture qui
amène les gerbes. Ils sont autour d'un grand plat où ils puisent. Sur la
toile de Boston on voit nettement une cruche et les faucilles laissées
pour un moment sur les gerbes.

N'importe quel « témoin » de la région de Barbizon, de la Brie, de
la Beauce saura identifier la scène. Il s'agit du *gouter*, de la *collation*,
mots ruraux désignant le repas supplémentaire que l'on prenait pendant les grands travaux de l'été (*ALCB* carte 191, *ALIFO* III à paraitre).
Le plat traditionnel était la *miettée*, ou *trempée* (et aussi *toutée*, *migo-
tée*, etc.). Elle est faite de pain émietté dans du vin, du cidre, du lait ; on
l'apportait aux travailleurs dans les champs s'ils étaient trop loin de la
ferme, dans un grand plat « et tout le monde piochait dedans, comme
pour la salade » (*ALIFO* III, à paraitre).

Il serait fastidieux de commenter tous les détails ethnographiques
de cette scène, qu'illustrent autant de cartes d'atlas. Retenons que le
sujet de la composition était d'abord « Ruth et Booz », mais que Millet,
dans sa simplicité géniale, supprima le titre biblique et académique,
laissant le spectateur devant la seule grandeur des paysans d'Ile-de-
France [2]. Mais il n'alla pas jusqu'à donner le « vrai » titre, qu'il ne pouvait manquer de connaitre, lui qui « se décrivait comme " le paysan des
paysans ", vivant constamment avec eux, dans les hameaux et les villages et s'occupant lui-même de son potager » (R. Brettel 1983, *op. cit.*,
p. 36). Comment Millet aurait-il songé à donner un nom local à ce
qu'un critique, admiratif, jugeait « une idylle d'Homère traduite en
patois », dont il évoquait « les rustres, assis à l'ombre des meules de

foin qui pyramident dans la plaine... » (G. Lacambre, *op. cit.*, p. 95).
À qui confond le foin et le blé, quel intérêt y a-t-il à dire ce que mangent
les rustres ?

Le dernier tableau peint par Millet est une hallucinante *Chasse des
oiseaux au flambeau*. Dans la nuit, à la lumière d'une torche de paille,
deux garçons assomment à coups de gourdin les oiseaux endormis, et
deux autres rampent pour les ramasser. La scène est d'une violence
magnifique, intense, très étrange.

Le commentaire du catalogue avoue que « sans les indications
fournies par Millet lui-même à W. Low, un jeune peintre américain qui
vint s'entretenir avec lui en 1873 et 1874, nous ne connaîtrions pas les

---

« LA CHASSE DES OISEAUX AU FLAMBEAU » (1873-1874) par J.-B. MILLET

Ce croquis préparatoire est assez différent de la toile du Philadelphia Museum
of Art. Un seul chasseur tient un gourdin pour assommer les oiseaux, l'autre
brandit la torche qui doit les éblouir (le *boulot*). Un troisième se précipite en
rampant pour ramasser les oiseaux tués. La nuit n'est indiquée que par
quelques traits obliques, Millet ayant étudié surtout la violence des attitudes.
[Musée du Louvre, département des arts graphiques.]

origines de cette peinture, l'une des plus étranges de tout son œuvre. "Quand j'étais enfant, dit Millet, il y avait de grands vols de pigeons sauvages qui, la nuit, se perchaient dans les arbres ; nous avions l'habitude d'y aller avec des torches et les oiseaux, aveuglés par la lumière, pouvaient être tués par centaines avec des gourdins. – Et vous n'avez pas revu cela depuis que vous étiez enfant ? demanda Low. – Non, répondit Millet, mais tout me revient pendant que je travaille" » (*Jean-François Millet, op. cit.*, p. 291-292).

Il est impossible qu'il eût alors oublié le nom que cette chasse porte encore dans le Nord de la Manche, la *chasse au boulot*. Et d'ailleurs, par qui le lourd titre analytique actuel a-t-il été donné ? Millet est mort en achevant la toile, que sa veuve vendit immédiatement. Cette œuvre est mystérieuse, tout comme la chasse. En effet, l'*Atlas de la Normandie* présente deux cartes en regard : 617 « Aller à la chasse à la lanterne » (la chasse aux oiseaux, de nuit), et 618 « La chasse à un animal imaginaire » (c'est-à-dire la chasse au *dahu*). Or nous y lisons non sans surprise que les deux chasses utilisent les mêmes mots. Gibier réel et gibier fabuleux se nomment *piterne*, *outarde*, *touard*. Seul le Nord de la Manche présente deux appellations distinctes, la *chasse au boulot* (à la lanterne), le *homard de genêt* (l'animal imaginaire).

Pour compliquer encore, un texte de Claude Gauchet de 1583 décrit très précisément la chasse des oiseaux au flambeau dans les forêts de Villers-Cotterêts, qu'il nomme « la darue ou le boullot[1] ». Et dans cette chasse, on retrouve tous les éléments de celle à l'animal imaginaire telle qu'on l'observe depuis le milieu du XIXe siècle. On part en groupe, la nuit « à la darue », muni d'une lanterne et de torches pour éblouir les oiseaux, de branches engluées pour les capturer, d'un sac pour les y jeter. Au retour, on laisse le plus peureux seul avec la lanterne ; ébloui, il prend la direction opposée et se perd, cependant que le groupe, heureux de la farce, rentre au logis pour se réchauffer et manger les oiseaux.

Aux portes de la mort, Millet a revécu cette cruelle chasse de son enfance, qui reste encore énigmatique à plus d'un titre.

4. ÉCRIRE SON PATOIS

Terminons-en tout de suite avec l'hypothétique distinction qu'il faudrait établir entre littérature en langue régionale, littérature patoisante et même, pourquoi pas? littérature en français régional. En France d'oïl elle n'est pas pertinente, comme l'a bien formulé G. Tuaillon[1] : « La situation socio-culturelle de la région peut intervenir dans la distinction; en domaine d'oïl par exemple, on appelle dialectal ou patois tout texte non écrit en français, même si le texte d'oïl est compréhensible sur une région plus vaste que tel texte d'occitan qui passe pour être écrit en langue d'oc » (*op. cit.*, p. 443-444).

Quant à traiter ici de la littérature dialectale, c'est-à-dire de tous les textes écrits dans des variétés locales de français, cela supposerait un inventaire qui ne serait pas de mise ici et que nous n'entreprendrons pas[2].

Nous préférons nous attacher à dégager les motivations de ceux qui, aujourd'hui, dans la « France profonde », parfois en secret, écrivent leur patois. C'est à eux que nous allons maintenant donner en retour la parole.

Voyons d'abord les glossaires et dictionnaires. Pour y avoir participé ou pour en avoir vu de près l'élaboration, nous pouvons témoigner ici de l'extraordinaire ténacité de ceux qui les entreprennent. Il peut s'agir d'initiatives personnelles, mais ce sont souvent des groupes d'amis, de tous milieux socioprofessionnels, animés par leur seul attachement à leurs mots. Ils se réunissent pendant des années, le soir, les jours fériés, qu'il pleuve ou qu'il vente. Seul le verglas les arrête. Ils se nomment non sans sourire « Commission du dictionnaire percheron », « Groupe du dictionnaire beauceron »...

Ces « faiseurs de glossaires » sont différents de ceux du XIXᵉ siècle. Certes, tous agissent dans l'urgence, l'urgence de recueillir ce qui va disparaitre ou qui ne vit plus que dans la mémoire, mais au siècle dernier ce sont des notables, auxquels se joignent à partir de la fin du siècle les instituteurs. Ils connaissent ce langage mais ils ne l'emploient plus car c'est le langage des paysans, un langage populaire, et ils ne font pas ou ne font plus partie du peuple. Ils aiment ces « vieux mots » mais ils sentent que ceux qui les emploient ne participent pas à la promotion sociale assurée par le français. Ils s'acquittent donc d'un devoir envers la postérité en recueillant dans un livre les mots atteints mortellement par l'évolution des mœurs.

De plus l'ordre alphabétique assure une présentation rationnelle à ce qui ne l'est pas. Nisard, en 1872, est tout à fait explicite au sujet du « patois de Paris et de sa banlieue » : « J'ai dit, et je le répète, il ne faut demander à ce patois aucune méthode, et, s'il a été possible d'en dresser un dictionnaire, il ne le serait pas d'en composer une grammaire. Tel qu'il est cependant, il a sa curiosité, son intérêt ; il est mort d'ailleurs [1] ».

Dans le Jura, en 1925, G. Collinet n'est pas moins clair quand il expose les contradictions qui l'animent : « Cette vieille forme du français ne s'emploie plus maintenant. Comme instituteur je m'en réjouis, mais comme amoureux du passé, je le regrette. Rien de plus harmonieux que cette langue rustique sentant le terroir, que ce langage en blouse ! Le "Sauget", le "Bourri", son cousin le "Meuthia", tous ont leur charme prenant. Ils sont morts, mais reposent comme des perles dans des écrins faits de gros volumes » (*Recueil des régionalismes de la Haute-Montagne*, Pontarlier, 1925, p. 9).

Aujourd'hui, ceux qui fouillent dans leur mémoire pour y retrouver les mots de patois, « ramaillant dans leur tirelire à souvenances », ont vraiment l'impression d'être les derniers à témoigner. Eux aussi songent à la postérité, mais s'ils se sentent les intermédiaires entre les générations passées et celles du futur, c'est pour transmettre un héritage à faire fructifier. Ils n'ont plus de mépris pour leur patrimoine linguistique, et leurs discours sont unanimes à célébrer « le vieux parler de chez nous », les « vrais mots » que l'on veut « conserver ». On ne met la traduction que « pour les générations qui n'ont pas ou peu connu cette époque » ; ce sont, c'étaient « des mots pour une manière de vivre [1] ».

Quelle que soit l'importance des ouvrages, les titres sont éloquents. Certains annoncent leur ambition exhaustive : *Trésor du parler percheron* (A. Dud'huit, A. Morin et M.-R. Simoni-Aurembou, Mortagne-au-Perche, 1979), *Dictionnaire général des parlers bourbonnais* (M. Bonin, Cagnes-sur-Mer, 1984). D'autres insistent sur le caractère ancien et local : *En Beauce... Le vieux parler* (S. Dufour, s.l., 1983), *Le Vieux Parlage solognot* (B. Edeine, Chambray-lès-Tours, 1983), *Le Vieux Parler tourangeau* (M. Davau, Chambray-lès-Tours, 1979).

On peut aussi choisir un titre qui pique l'intérêt du lecteur. *Acoute que j'te cause. Contribution au folklore de Beauce* (G. Bataille, Châteaudun, 1988) met l'accent sur la connivence. En choisissant le « mot beauceron » *Comprenouère* (*Les Cahiers beaucerons*, 1989), les auteurs privilégient l'interaction, « c'est-à-dire que pour assimiler notre langue régionale, *eh ben i faut avouèr la comprenouère facile*».

Quant au *Parler sarthois* (G. Chevereau, P. Godard et G. Véry, Le Mans, 1, 1982 ; 2, 1987), il exprime un espoir et une volonté qui restent souvent latents chez les autres : « Ce volume n'est pas le glossaire d'une langue morte. Dans son titre, *Parler sarthois*, "parler" est un verbe, donc un acte [...] Le lexique rassemblé est celui d'une langue qui rougeoie encore comme une braise sous la cendre » ; « Cessons d'avoir honte du patois. Offrons à la langue française nos mots qui valent bien le jargon anglo-technico-économico-psy dont elle est inondée [...] Entre le mec branché qui s'éclate et le gars qui part en débériouse, n'y a-t-il pas un terrain d'entente ? »

Bernard Edeine, le Solognot, était du même avis en 1983 quand il écrivait que son glossaire pouvait aider à lutter contre le déplorable parler des médias : « à une époque où il nous faut entendre chaque jour un peu plus avec quelle négligence, pour ne pas dire fatuité, certains de nos parleurs et parleuses de la radio et de la télévision nous écorchent les oreilles [...] il n'est peut-être pas mauvais de publier un tel ouvrage ».

Les glossaires ne sont plus perçus, ni voulus, comme des « écrins » pour des « perles » mortes, mais comme source d'enrichissement pour la langue orale et écrite. B. Edeine, toujours, évoque « ces poètes, chansonniers, conteurs qui dans leurs œuvres maintiennent encore ce vieux parlage, ces Solognots qui, au cours de ce XXe siècle expirant, ont enchanté et enchantent encore nos cœurs. Je souhaite que des jeunes prennent la relève ; c'est pourquoi j'espère que ce glossaire les aidera ».

Et de fait, il n'est pas rare que ceux qui écrivent en patois, jeunes ou moins jeunes, citent le glossaire de leur région, où l'oral devenu écrit acquiert une dignité, et où l'on a plaisir à retrouver ses mots familiers. Voici un passage d'une lettre adressée en avril 1996 au Musée départemental des arts et traditions populaires du Perche (Orne) ; un poème, « L'coup d'cite », l'accompagne. « Apprenant par la presse que la pomme allait donner lieu à des manifestations auxquelles je regrette vivement de ne pouvoir assister, l'idée m'est venue de vous soumettre cette rencontre que je faisais autrefois au retour de l'école par nos jolis petits chemins [c'est le thème du poème]. Je parcours avec grand plaisir le *Trésor du parler percheron*. Je retrouve tous les mots et expressions exprimés par mes grand-parents. Je suis émerveillée et étonnée. Que de recherches a-t-il fallu faire pour obtenir un tel résultat. »

La poésie occupe une place importante dans cette littérature, poésie dont la figure emblématique est Gaston Couté, le Beauceron des confins, né à Beaugency en 1880, mais qui n'a une réelle influence que dans sa petite région. Ceux qui écrivent des poèmes en patois, publiés ou non, sont nombreux, mais ils n'ont guère de modèles sinon, peut-être, des poésies apprises à l'école. Ils se sentent à l'aise dans une langue qui leur est plus naturelle que celle « des autres », ils y sont plus proches de leur milieu. « Pourquoi je patoise ? – nous écrivait une Per-cheronne en 1981 –, parce que sans cesse j'ai présente aux oreilles, rien que d'y penser, l'intonation de voix de tous ces Anciens connus en ma jeunesse, parmi qui je vécus. » Et « pourquoi en poésie ? ajoutait-elle. Eh bien, en écrivant de cette manière il me semble que je suis encore plus proche d'EUX. Je puis par ce biais donner plus de "vert" », plus d'humour, cela ponctue mieux mes intentions, le reflet me parait meil-leur ». Le patois offre un espace de liberté à la création.

L'humour, le sourire, le rire ne doivent pas être oubliés, car ils entrent pour une bonne part dans l'écriture des textes et contribuent à leur bonne réception. Leur rôle est essentiel dans les chroniques en patois des journaux, hier lieux de discussion des affaires locales où les conflits se résolvaient dans le rire, comme dans le Perche [1].

De nos jours, les chroniques sont une tribune pour ceux qui savent encore le patois, tel André Gilbert (dit D.D.) dans *La République du Centre* à partir de 1980 [2] : « Pour noute parlé à présent, fo s'dépéché d'l'mette en écrit pasqu'on est les darniés. Dans trente ans y en aura pu » (2e chronique). Elles sont le lieu de rassemblement de tous ceux qui doivent témoigner de leur identité par leur langue : « Ecrivez moué avec des vrais mots, pas n'importe quoué, à D.D. au journal. Les Beau-cerons doivent se montrer, allons les gars et les filles, vous ates les dar-niés, allez-y, j'compte sur vous » (3e chronique). Or quand on écrit à D.D. en patois, quand on lit son patois, on passe un bon moment, entre soi, car, dit-il, « j'n'suis qu'un pésan comme vous et on s'amuse ». Et les Beaucerons se sont beaucoup amusés, à en juger par leurs lettres arri-vées par centaines.

La mort annoncée des patois depuis deux cents ans est peut-être le présage d'une chronique à écrire encore et toujours.

BIBLIOGRAPHIE DE LA HUITIÈME PARTIE

Orientations générales

Agnel, Émile, *Observations sur la prononciation et le langage rustiques des environs de Paris*, Paris, Schlesinger frères - J.B. Dumoulin, 1855.

Bouvier, Jean-Claude, dir., *Les Français et leurs langues*, Aix-en-Provence, Publications de l'Université de Provence, 1991.

Catach, Nina, dir., *Dictionnaire historique de l'orthographe française*, Paris, Larousse, 1995.

Certeau, Michel de, Julia, Dominique, et Revel, Jacques, *Une politique de la langue. La Révolution française et les patois*, Paris, Gallimard, 1974.

Chaurand, Jacques, *Les Parlers de la Thiérache et du Laonnois*, Paris, Klincksieck, 1968.

— *Introduction à la dialectologie française*, Paris, Bordas, 1972.

— *Les Parlers et les hommes. Recueil de travaux inédits ou publiés, revus et augmentés*, Paris, SPM, 1992, 2 vol.

Chauveau, Jean-Paul, *Évolutions phonétiques en gallo*, Paris, Éd. du CNRS, 1989.

Coquebert de Montbret, Eugène de, *Mélanges sur les langues, dialectes et patois*, Paris, Bureau de l'Almanach du commerce, 1831.

Desgranges, I.C.L.P., jeune, *Petit dictionnaire du peuple, à l'usage des quatre cinquièmes de la France...*, Paris, Chaumerot, 1821.

Durand, Marguerite, *Le Genre grammatical en français parlé à Paris et dans la région parisienne*, Paris, D'Artrey, 1936.

— « Quelques observations sur un exemple de parisien rural », *Le Français moderne* 13 (1945), p. 83-91.

Fondet, Claire, *Dialectologie de l'Essonne et de ses environs immédiats*, Lille, Université de Lille-III - Paris, Champion, 1980.

— « Contribution à la question des origines du français... », *Parlure* 7-10, Institut Charles-Bruneau, Charleville-Mézières, 1995, p. 189-206.

François, Denise, *Français parlé. Analyse des unités phoniques et significatives d'un corpus recueilli dans la région parisienne*, Paris, Selaf, 1974, 2 vol.

Frei, Henri, *La Grammaire des fautes*, Paris, Geuthner - Genève, Kunding - Leipzig, Harrassowitz, 1929 (rééd. Genève, Slatkine, 1971).

Gauthier, Pierre, et Lavoie, Thomas, dir., *Français de France et français du Canada. Les parlers de l'Ouest de la France, du Québec et de l'Acadie*, Lyon, Université Jean-Moulin, 1995.

Gazier, Auguste, *Lettres à Grégoire sur les patois de France (1790-1794)*, Paris, A. Durand et Pedone - Lauriel, 1880.

Grevisse, Maurice, et Goosse, André, *Le Bon Usage*, Paris - Louvain-la-Neuve, Duculot, 1993 (13ᵉ éd.).

Holtus, Günter, Metzeltin, Michael, et Schmitt, Christian, éds., *Lexikon der Romanistischen Linguistik*, vol. V, 1, Tübingen, Niemeyer, 1990 [abr. LRL].

Kremer, Dieter, et Niederehe, Hans-Joseph, éds., *Littératures et langues dialectales françaises*, Hambourg, Helmut Buske, 1981.

Lerond, Alain, dir., *Les Parlers régionaux*, *Langue française*, 18, 1973.

Martinet, André, et Walter, Henriette, *Dictionnaire de la prononciation française dans son usage réel*, Paris, France-Expansion, 1973.

Muller, Bodo, *Le Français d'aujourd'hui*, Paris, Klincksieck, 1985 (trad. fr. Annie Elsass).

Nisard, Charles, *Étude sur le langage populaire ou Patois de Paris et de sa banlieue*, Paris, A. Franck, 1872.

Passy, Paul, « Patois de Sainte-Jamme (Seine-et-Oise) », *Revue des patois gallo-romans*, 4 (1891), p. 7-16.

Picoche, Jacqueline, et Marchello-Nizia, Christiane, *Histoire de la langue française*, Paris, Nathan, 1989 (3ᵉ éd. 1994).

Pottier, Bernard, éd., *Les Sciences du langage en France au XXᵉ siècle*, Paris, Peeters, 1992 (2ᵉ éd.).

Rézeau, Pierre, *Matériaux pour l'étude des régionalismes du français*, Paris, Klincksieck, 1986.

Straka, Georges, « La prononciation parisienne, ses divers aspects et ses traits généraux », *Bulletin de la Faculté des lettres de Strasbourg*, 1952, 45 p. (2ᵉ éd.).

— *Les Sons et les mots. Choix d'études de phonétique et de linguistique*, Paris, Klincksieck, 1979.

— « Sur la formation de la prononciation française d'aujourd'hui », *Travaux de linguistique et de littérature*, 19, 1, 1981, p. 161-248.

Taverdet, Gérard, et Straka, Georges, éds., *Les Français régionaux*, Paris, Klincksieck, 1977.

Thurot, Charles, *De la prononciation française depuis le commencement du XVIᵉ siècle d'après les témoignages des grammairiens*, Paris, Imprimerie nationale, 1881-1883, 2 vol.

Wüest, Jakob, *La Dialectalisation de la Gallo-Romania. Problèmes phonologiques*, Berne, Francke, 1979.

— « Le patois de Paris et l'histoire du français », *Vox Romanica*, 44 (1985), p. 234-258.

Atlas linguistiques

ALF = Gilliéron, Jules, et Edmont, Edmond, *Atlas linguistique de la France*, Paris, Champion, 1902-1910 (1920 cartes).

Atlas linguistiques de la France par régions (NALF), Paris, Éd. du CNRS :

ALB = Taverdet, Gérard, *Atlas linguistique et ethnographique de Bourgogne*, 1975-1980, 3 vol.

ALBRAM = Guillaume, Gabriel, et Chauveau, Jean-Paul, *Atlas linguistique et ethnographique de la Bretagne romane, de l'Anjou et du Maine*, 1975-, 2 vol. parus.

ALCB = Bourcelot, Henri, *Atlas linguistique et ethnographique de la Champagne et de la Brie*, 1966-, 3 vol. parus.

ALCe = Dubuisson, Pierrette, *Atlas linguistique et ethnographique du Centre*, 1971-1982, 3 vol.

ALIFO = Simoni-Aurembou, Marie-Rose, *Atlas linguistique et ethnographique de l'Ile-de-France et de l'Orléanais, Perche, Touraine*, 1973-, 2 vol. parus.

ALN = *Atlas linguistique et ethnographique normand*, 1980-, 3 vol. parus.

ALPic = *Atlas linguistique et ethnographique picard*, 1989-, 2 vol. parus.

ANNEXE. À LA RENCONTRE DES VARIÉTÉS RÉGIONALES EN S'ÉLOIGNANT DE LA ZONE CENTRALE

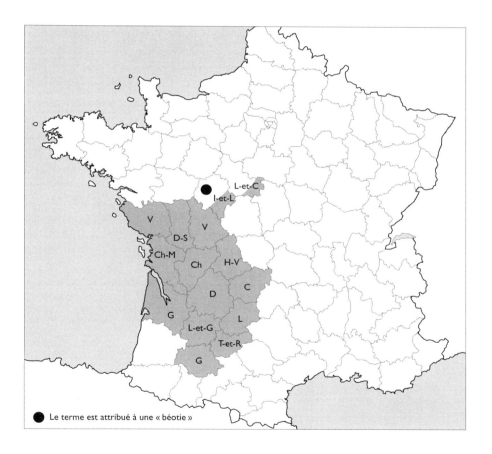

CARTE 12. Où les enfants sont-ils appelés des « drôles » ?

Carte établie par M. R. Simoni.

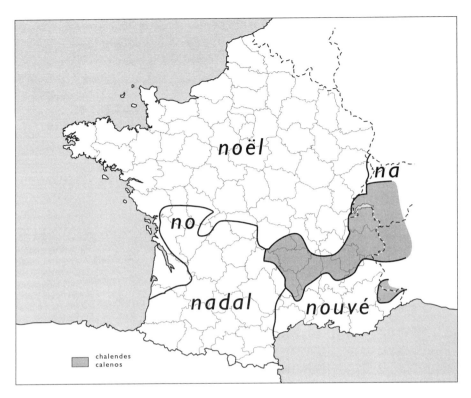

CARTE 13. « Noël »

La carte se partage en plusieurs zones :

— Le type *noël* recouvre le domaine d'oïl et une partie du domaine francoprovençal. Diverses variantes ont été recueillies : /nwɛl, nwɛ, nwɛj, noɛl, nuɛl/. Quelques-unes sont spécifiques de points particuliers : /nawe/ et /nowɛj/ (Meuse), /nawɛj/ (Meurthe-et-Moselle), /noje/ et /noɛje/ dans le Lyonnais. En Provence s'est répandue une forme apparentée au même type, *nuve*. Ces formes proviennent d'un étymon latin *natale* où la séquence *a/a* serait devenue *o/a* par dissimilation.

— La moitié ouest du domaine occitan présente l'aboutissement régulier de *natale* : *nadal*.

— Le type le plus curieux pour nous est celui du francoprovençal et du nord-occitan *chalendes*. Les variantes recueillies sont /salɛ̃da/ en francoprovençal, /tsalɛ̃da/, /tsarɛ̃da/ en provençal alpin, /kalɛna/ en provençal. L'étymon est le latin *calendas* « calendes ». L'aire de répartition était plus étendue au Moyen Âge. Des formes de ce type sont attestées en ancien français : *kalendes* (XIIᵉ-XIIIᵉ siècles) « le premier jour d'un mois », et en ancien provençal *calenda maia* « 1ᵉʳ mai ». *Calendae* a été emprunté par les langues celtiques au latin de Gaule, d'où l'ancien irlandais *callaind* et le breton *kal* « premier jour de mai ». Au VIIIᵉ siècle, l'année commençait à Noël, d'où l'utilisation possible de *Calendae* pour désigner la fête de Noël (FEW II 81-82).

[Carte établie par J.-Cl. Bouvier.]

NEUVIÈME PARTIE

LA LANGUE FRANÇAISE AU XXe SIÈCLE

I. L'ÉMERGENCE DE L'ORAL

Françoise Gadet

DU XIXe AU XXe SIÈCLE

Pas plus que pour les périodes précédentes, le changement de siècle ne marque une étape particulière dans notre parcours. Une évolution continue des idées et des techniques a fait que la masse documentaire est devenue de plus en plus écrasante. L'adoption d'une démarche descriptive fait surgir des quantités d'éléments qu'une démarche prescriptive ne voulait pas connaitre. Les textes littéraires, qui avaient longtemps fourni le modèle de la langue, ont tendu à être ravalés au niveau de tout le reste et à être jugés moins intéressants que les productions spontanées. L'oral – que d'ailleurs on a longtemps connu fort peu – devait constituer le seul espace vrai où s'inscrivait la langue. On pouvait croire auparavant qu'il n'y avait de bonne prononciation, de bon usage de la grammaire, que dans un seul type de discours. Selon une conception élargie, si la langue académique est toujours appréciée dans des situations déterminées, elle n'est pas à sa place hors de celles-là. Des différences de niveau, de registre ont été reconnues et ont fini par entrer jusque dans l'enseignement du français.

Face à l'amas de formes instables devenu tourbillon, quelques pistes ont été tracées pour y voir un peu plus clair. L'une d'elles est fournie par la phonétique. Selon une conception formulée et appliquée par les Néogrammairiens allemands à la fin du XIXe siècle, le mouvement incessant de l'évolution obéit à des lois auxquelles les sons, à l'intérieur d'un système linguistique, sont nécessairement soumis. N'y échappent que les changements dus à l'analogie (voir, dans notre première partie, « Les réussites de l'analogie ») et quelques rares exceptions anecdotiques dues à l'interaction de mots particuliers. Un peu de terrain stable était ainsi conquis, d'où tout le reste, croyait-on, dépendait. Des lois naturelles, auxquelles les savants avaient parfois rêvé, se dégageaient dans un cadre lié au temps et au lieu. Toutefois, n'avait pas été prévue, pour le français, la fréquente influence de l'orthographe sur la prononciation. Grâce à P. Rousselot (1846-1924), la phonétique historique s'est doublée d'une phonétique instrumentale : aux impressions audi-

tives pouvaient correspondre désormais des tracés et des données quantitatives à l'objectivité irrécusable.

Sur le plan phonologique, le passage du XIXe au XXe siècle est marqué notamment par le déclin des oppositions de longueur. Ce n'est pas une révolution ; c'est l'achèvement d'un processus dont la première phase a eu lieu à la naissance même du français. Le cursus vocalique latin compensait sa relative pauvreté en distinctions de timbres par des distinctions quantitatives entre brèves et longues (voir notre première partie). Y a succédé un système où le timbre est devenu prépondérant au point de faire négliger la quantité. Le principe des oppositions de longueur n'a pas pour autant disparu. Le trait est encore saillant dans certaines provinces, notamment celles de l'Est où il contribue à constituer ce que nous appelons « l'accent ». Des oppositions de cet ordre ont encore été relevées à Paris par Paul Passy dans son enquête de 1897, comme celle de maître/mettre, *mais ont disparu ensuite. Le r roulé apical fait désormais provincial ou paysan, et le l mouillé a disparu définitivement de la langue générale, malgré les observations de Littré.*

À la jointure du XIXe et du XXe siècle, le linguiste genevois Ferdinand de Saussure (1857-1913), formé par le comparatisme, a cherché à définir l'objet de la recherche linguistique. Sa réflexion sur le fonctionnement de la langue a abouti à de célèbres dichotomies (diachronie/synchronie, langue/parole), qui ont été souvent durcies par ses successeurs. Les écoles qui se sont succédé ont examiné à leur tour le fonctionnement de la langue en hiérarchisant les composantes. La critique des lacunes ou des imperfections de chacune a donné naissance à des théories concurrentes, selon un processus habituel dans l'histoire des idées. Les sciences du langage, qui risquaient un moment de s'engager

MODISTE LISANT LE JOURNAL « LE PETIT PARISIEN » DANS UNE RUE DE PARIS EN 1899

Le trajet de la modiste – reconnaissable au carton à chapeau qu'elle porte de la main gauche – est ponctué par les pauses que provoque un passage captivant du journal. La présentation des journaux d'alors est austère. Les gros titres ressortent à peine d'un texte compact en petits caractères, mais l'appétit d'information et de dépaysement fait passer inaperçu l'effort de la lecture. L'illustration ne fera son apparition dans la presse quotidienne que dans les années qui ont précédé la Première Guerre mondiale. Les tirages des grands journaux parisiens ont fait un bond considérable entre 1890 et 1913. Le public de la presse régionale s'est accru également. En province, le journal local diffuse les nouvelles dans un rayon plus proche et les articles en patois font le bonheur des lecteurs enracinés dans le pays.

vers les sciences de la nature, sont redevenues tout à fait des sciences de l'homme. On rattachera peut-être à ce mouvement une intense activité lexicographique, et une remise à l'honneur de l'écriture, avec ce qu'elle suppose de culture et d'élucidation du sens.

L'étude du français au XXᵉ siècle comporte deux volets. Dans le premier domine l'approche sociolinguistique, essentielle du moment que la langue est devenue « l'affaire de tous ». Dans le second sont énoncées les conclusions, historiquement très éclairantes, auxquelles l'outil informatique, qui va bien au-delà de ce qui est à la portée des impressions individuelles, permet de parvenir.

1. LE CADRE HISTORIQUE ET SOCIO-LINGUISTIQUE

Au XXe siècle, des changements majeurs apparaissent dans les modes de vie des Français et l'organisation sociale, qui ne peuvent pas ne pas avoir eu d'effets sur l'évolution de la langue et sur les modes de communication. Pourtant, il est difficile d'évaluer lesquels d'entre eux ont eu un impact direct sur la langue, tant les facteurs en jeu relèvent d'ordres divers, institutionnel, technologique ou social.

LE XXe SIÈCLE LINGUISTIQUE

La généralisation de la scolarisation a pour effets linguistiques d'étendre le fossé entre différentes façons de parler, et de modifier l'usage de l'écrit lu ou rédigé. En revanche, un évènement historiquement déterminant comme la guerre de 1914 n'a que l'effet indirect d'obliger à s'entretenir en français des populations non destinées à se côtoyer. C'est donc à des niveaux différents que ces deux évènements [1] influent sur le visage de la langue française dans ce siècle.

Les effets de la scolarisation de masse

Les lois scolaires dites « Jules Ferry » de 1881 (école gratuite) et 1882 (école obligatoire et laïque) pérennisent un acquis du XIXe, avec toutefois un progrès pour les filles. Elles conduisent au recul de l'analphabétisme (à partir de 1908, moins de 4% de conscrits analphabètes) [2], et à la confrontation de tous à un français au moins passif, en rivalité avec les langues régionales dont il y a de moins en moins de locuteurs exclusifs.

Ces lois sont mises en œuvre par l'instituteur (le « hussard noir de la République » de Charles Péguy) : souvent radical, issu de la paysannerie modeste, à l'aise en français mais souvent bilingue, il constitue dans bien des familles un premier maillon vers la promotion sociale.

On va vers un enseignement de masse, surtout aux niveaux secondaire et supérieur, avec l'allongement de la durée des études (en 1959, la scolarité obligatoire est prolongée jusqu'à seize ans). Les effectifs scolaires sont multipliés par cinq pour le secondaire en un demi-siècle, et le nombre d'étudiants, d'une dizaine de milliers avant la guerre de 14, frôle aujourd'hui les 2 millions. Malgré l'opinion répandue sur la baisse de niveau, le fait que les Français soient plus instruits induit un nouveau rapport à la communication parlée et écrite.

La guerre de 14-18 et l'extension du français

La « grande » guerre bouleverse les mentalités et les structures de la France, en modifiant profondément l'écologie des populations [1]. Elle a entraîné un brassage social par la cohabitation d'hommes d'origines variées, et un brassage régional qui, avec le regroupement de régiments, oblige à s'entretenir en français. À l'arrière, les femmes assument des tâches qui marquent le début de leur émancipation [2] : la ségrégation des sexes va s'atténuant, et avec elle la différence entre registres masculin et féminin.

Un effet de ce brassage est la généralisation du français. Les hommes, plus conservateurs avec les langues régionales, rattrapent les femmes dans l'usage du français où elles avaient une génération d'avance. Vers les années 20, il n'est pas rare de voir une famille renoncer aux échanges en idiome local afin d'augmenter les chances sociales des enfants.

De nouvelles sources pour l'histoire de la langue

La manière dont on obtient des informations sur la langue est essentielle pour en retracer l'histoire. Or, au XXe siècle, les sources sont transformées par l'enregistrement. Auparavant, la récollection de documents se heurte à une impossibilité (des documents autres qu'écrits, sauf reconstitution) et à une difficulté (des documents autres que de langue standard) ; désormais, l'histoire de la langue peut être autre chose que celle des seules formes standard et écrites.

Outre les témoignages directs de locuteurs, on dispose en effet comme de tous temps de documents écrits (littérature, anecdotes, plaisanteries, jeux de mots, rimes, calembours, remarques de grammairiens, récits de vie) ; et, petit à petit, d'enregistrements, de plus en plus intéressants pour la langue, avec trois étapes de perfectionnement technique :

– la possibilité de reproduction de la parole, avec l'invention du phonographe (1877-1878) ; les conditions d'enregistrement ne permettent d'atteindre qu'une langue surveillée ;

LES DOIGTS PLEINS D'ENCRE, par DOISNEAU (1989)

La photo est de notre siècle mais elle n'est plus tout à fait de notre temps.
L'élève, qui porte la blouse grise sous son pull, tient une règle graduée qui
l'aide à suivre la ligne ; son visage traduit l'effort. Tout converge vers les lettres
à déchiffrer qui mettent sur le chemin du mot et de tout ce qu'il suggère. On
lit dans le regard de la maitresse la sollicitude. Au tableau les mots sont écrits
en lettres détachées, ce qui était en faveur dans les années 50.

– l'invention du magnétophone (1898, commercialisé bien plus tard) ; l'outillage plus léger peut capter la langue courante ;

– enfin, le magnétophone portable (années 60), de plus en plus miniaturisé, permet d'enregistrer toutes les formes de langue, jusqu'aux plus spontanées.

Tout est techniquement au point pour une prise en compte de l'oral, même ordinaire. Ne manque que l'intérêt culturel et scientifique.

CHANGEMENTS D'ORGANISATION SOCIALE ET DE RELATIONS DE COMMUNICATION

La modification des moyens et des modes de communication reflète celle de l'organisation sociale. L'accélération des transports (on se déplace plus, plus vite et plus loin) entraine des brassages de population, aussi accentués par le service militaire (obligatoire depuis 1872 et 1889) et par la mobilité des fonctionnaires. Certaines modifications d'organisation sociale ont un impact sur les pratiques langagières, en provoquant peu à peu l'extension du français à tout le territoire, sa relative uniformisation avec le gommage des accents ruraux, et le déclin des langues régionales.

Bureaucratisation et nouvelles formes de contrôle de la communication

Encore au début du siècle, entre la moitié et les deux tiers des Français qui travaillent le font chez eux[1]. La disparition des métiers organisés et de l'apprentissage laisse place à de nouveaux rapports professionnels, avec contacts sociaux et donc linguistiques diversifiés, et de nouvelles pratiques discursives, dans de nouveaux cadres de l'activité de travail.

Liées au développement d'organisations, la division et la tertiarisation du travail (privé et institutions publiques) supposent de nouvelles formes de contrôle sur les pratiques langagières : formalisation des relations de communication, généralisation de l'écrit dans les échanges du public avec les organisations, apparition de styles intermédiaires entre écrit formel et oral spontané (questionnaires, formulaires, rapports, entretiens d'embauche).

Une autre conséquence de la tertiarisation est l'accroissement du poids des couches moyennes qui se caractérisent par la surveillance de la langue, l'insécurité linguistique et l'hypercorrection (Gueunier, 1985)[2]. Les femmes, de plus en plus nombreuses sur le marché du travail (45% de femmes actives en 1987), sont aussi plus soumises à la pression de la norme et à l'insécurité linguistique.

La campagne et la ville

L'exode rural est amorcé dès le XVIIIe siècle [1]. Depuis la guerre de 14, l'afflux dans les villes est continu, et le monde rural régresse (vieillissement, diminution des agriculteurs qui passent de 20 à 6% de la population de 1954 à 1982). La conséquence sociolinguistique du prestige de la ville est, avec des disparités régionales, la stigmatisation des parlers ruraux : restriction fonctionnelle de l'usage des patois devenus symbole d'identité, sentiment d'infériorité de ceux qui les parlent (« français écorché »), hybridation par des éléments français, atténuation des accents ruraux, raréfaction ou figement de formes grammaticales senties comme paysannes.

Une question délicate est l'évaluation du nombre de locuteurs de langues régionales, compte tenu du continuum de compétences actives et passives dans les deux langues. Faute de documents d'historiens, on s'appuiera sur l'évaluation de Duneton (1973), qui ne cite pas ses sources : « Au total, les estimations démographiques comptent qu'en 1930, environ 17 millions de Français parlaient autre chose en plus de la langue nationale » (p. 26).

Même si ce chiffre est exagéré, le français n'est au début du siècle langue maternelle que des citadins et des bourgeois, et plus de la moitié des Français ont eu, depuis 1900, à se l'approprier [2].

L'urbanisation va de pair avec l'industrialisation. Le mouvement amorcé à Paris depuis Haussmann tend à séparer les quartiers (les riches à l'Ouest). Les couches populaires sont rejetées à la périphérie, de plus en plus loin, et les banlieues se développent à partir de 1900 : on parle, pour qualifier un parler populaire, d'accent boulevardier, puis faubourien, puis banlieusard, termes qui perdurent au-delà de ce qu'ils recouvrent.

L'afflux de population, la spéculation immobilière et le chômage laissent émerger une crise urbaine, sensible depuis la fin des années 60 : ségrégation économique et sociale, désœuvrement des jeunes, problèmes scolaires. Les pratiques linguistiques propres aux villes finiront par être prises en compte par les sciences du langage avec le développement, à partir des années 50, de la sociolinguistique (ou dialectologie urbaine), qui donne un second souffle à la dialectologie, centrée sur les campagnes.

La modification de l'immigration

L'immigration accompagne l'industrialisation, avec, selon les époques, des différences de nature, de rythme et de modalités d'intégration. Jusqu'à la guerre de 14, les immigrés, peu nombreux, sont des ouvriers qualifiés. Après 1919, ce sont plutôt des manœuvres attirés par la demande de main-d'œuvre bon marché. Les grandes villes et surtout Paris ont connu successivement une émigration interne (Savoyards, Auvergnats, Bretons) ; puis des Européens : Italiens, juifs d'Europe centrale, Espagnols, Portugais ; enfin, depuis les années 60, Maghrébins, Africains et Extrême-Orientaux.

Les effets linguistiques de l'immigration sont à long terme limités, parce que l'intégration s'est longtemps réalisée sur deux générations[1]. Mais il semble aujourd'hui qu'on assiste à quelque chose de nouveau, avec la crise et le chômage : certains jeunes se marginalisent par rejet de l'institution scolaire, ce qu'ils traduisent dans des pratiques linguistiques spécifiques (sensibles surtout dans la prosodie et le lexique).

Ces mutations (travail, habitat, communauté) ont toutes pour effet l'éclatement d'identités de proximité immédiate (définition positive d'appartenance à un groupe), et la confrontation à des identités extérieures (définition négative : se distinguer des autres).

LES MODIFICATIONS DE LA RELATION ENTRE ORAL ET ÉCRIT

Depuis l'invention de l'imprimerie, on n'a jamais assisté à un tel bouleversement des rôles respectifs de l'oral et de l'écrit.

Technologies ayant des incidences dans le domaine de la parole

Les nouvelles techniques de diffusion à distance de la parole contribuent à accélérer la francisation : la radio (initialement TSF) au début des années 20, le cinéma parlant à la fin des années 20, et la télévision, apparue vers 1945, présente aujourd'hui dans plus de 80% des foyers.

Certes, il ne faut pas surestimer les effets de la confrontation passive qui est le propre de ces trois médias : davantage que sur la qualité de la langue, c'est sur l'uniformisation qu'ils ont joué, en frottant les locuteurs à des accents autres que de proximité immédiate (locale et/ou sociale). Ainsi, la radio a fait entrer le français dans chaque foyer : d'abord un français standard, puis un style de plus en plus spontané, jusqu'aux radios libres à partir de 1981. Certaines radios pour jeunes, comme NRJ ou Fun-Radio, constituent un pôle extrême d'un continuum linguistique qui va jusqu'à France-Culture ou Radio-Classique.

Radio puis télévision sont des supports de « réclame » (puis « publicité », ou « pub »), qui a d'abord respecté la langue standard (affiches, slogans radiophoniques, clips, préparés au plan national), avant de mettre en scène une langue plus spontanée (voir p. 652).

Une autre technologie a des incidences sur les échanges langagiers : le téléphone (inventé en 1876) élargit la place de l'oral et met en relation des locuteurs hors proximité sociale et régionale immédiate.

Les relations entre oral et écrit

La période se caractérise par des mouvements divergents quant au rapport entre oral et écrit :

– On assiste aux alentours de 1900 au développement de l'écrit, conséquence de l'élévation du niveau d'instruction, qui multiplie le nombre de lecteurs potentiels (de journaux, de livres, d'écrits privés) [1].

– À partir des années 30, les médias oraux supposent une écoute passive, sans apprentissage particulier. Le primat de l'oral écouté sur l'oral produit accroit la distance entre compétence active et passive ; et la télévision supplante la sociabilité de proximité.

– Les occasions de prise de parole publique (professionnelle ou dans la démocratie locale) deviennent plus nombreuses, pour davantage de gens non professionnels de la parole.

– Les modalités de fonctionnement de l'administration publique et privée favorisent la production et la reproduction de textes écrits.

– À partir des années 60, la part de l'écrit diminue devant l'image (télévision, publicité, bandes dessinées).

– Avec l'ordinateur, le Minitel, les autoroutes de l'information et Internet, on revient à une position plus favorable de l'écrit ; mais dans un rapport différent, où écrit n'implique plus travail sur la langue.

On ne peut plus désormais opposer oral spontané et écrit produit fini, ou écrit fait pour durer et oral volatil.

Il y a donc bien spécificité de l'histoire de la langue du XXᵉ siècle. Certains aspects en sont partagés par toutes les langues de culture, comme l'abondance des documents, la modification de la relation entre oral et écrit, et une relative proximité intuitive (qui peut d'ailleurs être trompeuse). D'autres sont spécifiques au français, qui devient enfin l'affaire de tous, avec la francisation radicale et l'accès à l'écrit du plus grand nombre.

2. LES CHANGEMENTS LINGUISTIQUES INTERVENUS
GÉNÉRALITÉS

Peu de changements sont observables en une période si brève, qui voit la continuation de tendances antérieures. En morphologie et en syntaxe, il y a surtout persistance de tendances de longue durée qui président déjà à l'évolution du latin au français, avec quelques modifications de fréquences et de contraintes. Mais la phonologie a connu de réelles modifications, si du moins l'on peut se fier au fait que certains phénomènes ne sont pas signalés auparavant. Quant au lexique, sa constante mobilité y rend les modifications prévisibles.

LES RÉTICENCES DES LINGUISTES ENVERS LA LANGUE PARLÉE

Une spécificité de l'histoire de la langue au XXe siècle est que l'on peut enfin décrire la langue parlée, pour des raisons matérielles (documents plus fiables, répétabilité permise par l'enregistrement), mais aussi en liaison avec de nouvelles orientations théoriques :

« L'un des mérites de la linguistique contemporaine est d'avoir rendu à la langue commune, ou langue parlée, l'importance que les préjugés de la grammaire traditionnelle lui avaient trop longtemps refusée, au profit exclusif de la langue littéraire et de la langue écrite » (Le Bidois, 1939, p. 199).

Nous traiterons donc désormais surtout de langue parlée dans sa forme vernaculaire, et c'est par rapport à elle que nous regarderons l'écrit.

La langue parlée a peu fait l'objet de l'intérêt des linguistes. Ainsi, Bonnard (1971), dans l'article FRANÇAIS PARLÉ d'un grand dictionnaire, ne voit que des motivations négatives à ce qu'il regarde comme un entichement pour l'oral :

« un dégout affiché des écrivains pour les formes et les marques ancestrales de littérature, la promotion proclamée de la classe populaire, et la concurrence des langues de civilisation sur le plan international » (p. 3983).

Il n'est donc pas inutile de rappeler que la matérialité de l'oral (déroulement linéaire) engage dans la description des problèmes autres que ceux auxquels on se confronte avec l'écrit. Tout oral ordinaire spontané exhibe structures inachevées, interruptions, reprises, répétitions, ruptures, lapsus, hésitations… (Blanche-Benveniste et Jeanjean, 1986) ; ce qui n'en facilite pas la description. Cette instabilité est sans doute cause de réticence des linguistes à décrire cette forme de langue, d'autant qu'elle se double d'une forte variation, de locuteur à locuteur, mais aussi dans l'usage d'un même locuteur.

Il faut ajouter qu'on ne peut travailler sur l'oral sans un fastidieux travail de transcription ; que la description de l'oral engage une réflexion sur les catégories grammaticales de l'écrit (Moreau, 1977) ; et qu'elle met en jeu des dimensions que les linguistes n'ont pas l'habitude de traiter, comme la prosodie. Tout ceci avait engagé Culioli (1983) à se demander « Pourquoi le français parlé est-il si peu étudié ? » ; et Hagège (1987) à écrire :

> « Le français parlé est victime en France, même parmi les linguistes, d'un inadmissible ostracisme » (p. 103).

DOCUMENTS : ARCHIVES, ENREGISTREMENTS ET ENQUÊTES

Dès le début du siècle sont recueillis les premiers enregistrements ; et au milieu du siècle sont effectuées les premières enquêtes à vaste échelle cherchant à établir comment les Français parlent vraiment :

– Les premiers enregistrements de langue parlée ordinaire datent des années 10. L'un des premiers à y contribuer a été Ferdinand Brunot, désireux de constituer des *Archives de la parole* [1].

– L'enquête phonologique d'André Martinet (1942, publiée en 1945) permet d'étudier les points de variation en milieu de période, et les modifications en train d'advenir. Les orientations ont été confirmées par des enquêtes ultérieures effectuées avec le même questionnaire.

– Une enquête d'envergure a été effectuée dans les années 50, en vue d'établir le « français élémentaire » (1956, devenu en 1964 « français fondamental » – Gougenheim *et al.*). Visant surtout le plan lexical (en particulier les fréquences, afin d'élaborer des méthodes d'enseignement pour étrangers), elle offre aussi d'utiles remarques syntaxiques.

– L'enquête dite « Corpus d'Orléans » (Blanc et Biggs, 1971), peu

L'ENQUÊTE DE FERDINAND BRUNOT ET CHARLES BRUNEAU
DANS LES ARDENNES EN 1912

La parole vivante : Ferdinand Brunot, conscient de ce que l'écrit avait
d'incomplet, avait cherché les moyens de saisir cette parole dans sa
spontanéité et avait mis son espoir dans l'enregistrement phonographique.
Il s'était fait assister de son ancien étudiant, le dialectologue Charles Bruneau,
qui s'était attaché à décrire les patois ardennais et connaissait le terrain à
merveille. La maison Pathé avait mis à sa disposition un « appareil de voyage »
qui se caractérisait par un pavillon en Y et permettait à deux interlocuteurs
se faisant face d'être enregistrés. Ainsi fut entreprise une enquête linguistique
d'un genre nouveau qui fut menée dans le département des Ardennes et
le Sud de la Wallonie en juin-juillet 1912.
On voit sur la photo la voiture – familièrement « la roulotte d'enregistrement ».
De gauche à droite, le technicien chargé des enregistrements, Charles Bruneau
debout sur le marchepied et, à l'intérieur, Ferdinand Brunot.
On peut lire sur une plaque en haut de la voiture « Université de Paris » ;
sur le toit a été placée une réserve de pneus en prévision des crevaisons :
toutefois, aucune « panne grave » n'a empêché les explorateurs de mener
à bien leur parcours de quelque 1 500 kilomètres. Les enregistrements ont
été déposés aux Archives de la parole dont Brunot fut le fondateur et
le premier directeur. [Institut Charles-Bruneau.]

connue en France même, offre un vaste ensemble de langue parlée courante, exploité surtout dans l'enseignement du français langue étrangère.

Les enquêtes ont donc concerné plus vite l'aspect phonologique, alors que la description de la morpho-syntaxe du français parlé, que certains appelaient de leurs vœux depuis le début du siècle, ne prend son essor qu'à partir des années 70. Pour la morphologie et la syntaxe, un travail important a été effectué par le GARS (Groupe aixois de recherche en syntaxe), équipe constituée dans les années 70 autour de Claire Blanche-Benveniste (corpus d'environ 2 millions de mots). Ces travaux ont aidé à détruire des stéréotypes sur l'oral, en montrant qu'il ne fonctionne pas en phrases mais en énoncés (d'où l'idée de travailler autour des constructions verbales) ; qu'il n'est pas moins complexe que l'écrit (on y trouve une plus grande diversité de structures), et qu'il obéit tout autant à des règles ; enfin, qu'il ne faut pas confondre « oral » et « familier » ou « populaire ».

Toutefois, étant donné le caractère récent de la volonté de description de la langue parlée ordinaire avec transcriptions de qualité, il reste difficile, pour beaucoup de phénomènes, d'établir dans quelle mesure ils sont véritablement nouveaux.

VARIATION ET CHANGEMENT, ASPECTS INTERNES ET EXTERNES

Insister comme nous allons le faire sur les phénomènes d'oral qui divergent le plus de l'écrit (le vernaculaire) ne signifie bien sûr pas que tout le monde, ni tout le monde en toute occasion, parle de façon « relâchée ».

Les tendances internes de l'évolution

On se demandera s'il est possible de ramener les phénomènes observés à quelques tendances générales, à partir du moment où l'on reconnaît qu'ils ne sont pas aléatoires. Si, comme l'écrivait Frei en 1929, « on ne fait pas des fautes pour le plaisir de faire des fautes » (p. 19), les écarts par rapport au standard sont à regarder non comme des « fautes », mais comme indices des points où le système présente des difficultés pour ses locuteurs. Pour les hypothèses quant à la direction dans laquelle évolue le français, on tentera de voir l'évolution de la langue dans des tendances à long terme, et d'éviter le simplisme de l'idée de dégradation.

Un certain nombre de traits évoluent selon des tendances à long terme plus ou moins cohérentes, en ce qui a pu être nommé « dérive » [1] : pour la phonologie, tendance à la réduction du système (on voit, d'un point de vue structurel, pourquoi celle-ci affecte surtout certains points) ; pour la morpho-syntaxe, tendance à la séquence progressive et à un ordre des mots fixe, à l'analycité et à l'invariabilité (fixation de l'ordre sujet-verbe-objet, régularisation des paradigmes) ; pour le lexique, application de l'analogie et disparition des exceptions. Pourtant, il serait simpliste de voir cette dérive comme tendance univoque à la simplification, et on aura souvent l'occasion de montrer que le changement résulte de l'interaction pas toujours prévisible de tendances contradictoires.

Les facteurs externes

L'évolution d'une langue n'intervient jamais hors des facteurs externes, pour lesquels deux interprétations s'opposent quant au moteur des innovations : soit toute innovation proviendrait du peuple, soit le peuple tente de reproduire le modèle des couches supérieures, perçu comme prestigieux. La première orientation privilégie le rôle de la langue parlée, des couches populaires et des jeunes, et va plutôt dans le sens d'une simplification ; la deuxième celui de l'écrit, des institutions et des élites, et va dans le sens de la complexification ou de la différenciation. On peut s'attendre à ce qu'aucune des deux thèses isolée ne rende compte des faits, et qu'il faille poser le problème avec moins de préjugés, comme le fait Quemada qui suppose un équilibre entre facteurs internes et externes :

> « Les forces en présence, leurs convergences ou leurs divergences, comme leurs rapports instables, déterminent pour chaque moment de la langue une dynamique caractéristique (1976, p. 31).

C'est donc là que l'on peut voir la spécificité du XXᵉ siècle : dans l'interaction entre facteurs internes et externes, un certain relâchement du carcan de la norme laisserait davantage de jeu aux tendances internes. C'est à partir d'une comparaison avec ce qui se passe dans les français parlés hors de France (où des facteurs très différents sont intervenus) que l'on pourra mieux comprendre l'enchevêtrement de ces deux types de facteurs.

3. LES CHANGEMENTS INTERVENUS

I. LE PLAN PHONIQUE

La description du plan phonique débute tard dans l'histoire des sciences du langage, mais s'élabore rapidement au début du XXᵉ siècle. La description peut s'appuyer sur des documents solides : des notations fiables, du dictionnaire de Michaelis et Passy (1897) à celui de Martinet et Walter (1973) ; des descriptions effectuées tout au long du siècle, comme Martinon (1913), Grammont (1914), Straka (1952), Delattre (1966), Carton (1974), Lucci (1983a) ; d'enregistrements et d'enquêtes.

Contrairement à ce que dit Dauzat dans les années 30 (aucune tendance nouvelle ne serait apparue depuis le début du siècle), quelques réelles modifications sont intervenues sur ce plan. Nous nous appuierons sur le questionnaire de Martinet (1945, voir Annexe 1, p. 668).

LE « E » CADUC

Ce son spécifique du français, qui institue une frontière entre le Nord et le Sud de la France, a connu des modifications au cours du siècle. Il fait l'objet des premières questions du questionnaire de Martinet, qui concernent :

– la prononciation en finale (variation régionale : on le prononce dans le Midi), ou à l'intérieur d'un mot de plusieurs syllabes, variation en fonction de la position, soumise à la « règle des trois consonnes » (un e ne tombe pas si sa chute devait entrainer la constitution d'un groupe de trois consonnes ou plus)[1] ;

– le e parasite dans un groupe consonantique chargé. C'est une forme répandue et fréquemment critiquée (ex. *Parc des Princes*, prononcé avec e en finale de *parc*) ; elle est sensible à la longueur du mot qui suit, au nombre et à la nature des consonnes avoisinantes (*porte-faix*, *porte-plume*, *porte-monnaie*, *porte-parapluies*) ;

– la prononciation de plusieurs syllabes successives comportant un *e* muet (*je me le demande*) : il y a sans doute ici modification en cours. Alors qu'on peut au début du siècle parler d'alternance de syllabes paires et impaires (soit *jme ldemande*, soit *je mle dmande*), à condition de ne pas former des groupes de plus de trois consonnes, on entend maintenant, surtout chez les jeunes, des groupes consonantiques plus chargés (avec plus ou moins de probabilité selon la nature des consonnes en cause) ;

– la prononciation du son qui tend vers [ø] ou vers [œ] [1], spécialement en position tonique, où l'on note, du moins au Nord, une tendance à la fermeture (*bois-le* prononcé [bwalø]).

Le *e* caduc est un son très fréquent en français, en cours de mutation car les locuteurs répugnent moins qu'avant aux groupes chargés. C'est aussi lui qui intervient en cas de perturbation dans la chaine (hésitation, déchargement des groupes complexes, lubrification) ; et, depuis peu, en finale chez les jeunes, surtout après consonne (*bonjoure*), et même parfois après voyelle (Fonagy, 1989).

PARTICULARITÉS DE PRONONCIATIONS DE SONS ISOLÉS

On observe une forte disparité entre le système des consonnes, à peu près stable depuis le XVIIe siècle, et le système des voyelles, plus mouvant, dans lequel on peut identifier ce que Martinet (1969, p. 126) a appelé un « système vocalique moyen ».

Les voyelles autre que « e »

La modification la plus frappante concerne la disparition de l'opposition de longueur, encore attestée en région parisienne au début du siècle pour certains sons (*mettre* – bref – et *maître* – long), qui n'est aujourd'hui plus ni prononcée, ni même souvent perçue. Le questionnaire de Martinet aborde successivement :

– la distinction entre deux *a* (souvent distingués par la graphie : *patte* et *pâte*), réalisée au début du siècle mais aujourd'hui en récession, surtout au Nord ;

– la distinction entre deux voyelles au niveau intermédiaire, pour les voyelles [e] et [ɛ] (*chanter* et *chantait*), [ø] et [œ] (*bœufs* et *bœuf*), [o] et [ɔ] (*Paule* et *Paul*). Sauf pour le premier couple, où la distinction se maintient en finale (du moins au Nord), manifeste dans la distinction entre infinitif et imparfait des verbes du premier groupe, les cas d'opposition sont peu nombreux : la tendance est à une complémentarité dictée par le schéma syllabique. Et la disparition de l'opposition est quasiment achevée au Sud [2] ;

– les voyelles fermées, pour lesquelles l'opposition de longueur disparait dès le début du siècle ;

– les voyelles nasales, où l'on observe deux variations régionales : d'une part les locuteurs du Midi font entendre une petite consonne nasale derrière la voyelle en partie dénasalisée ([lɑ̃tij] pour *lentille*), d'autre part le système au Nord évolue vers trois voyelles nasales, avec la disparition du son de *brun*, au profit de celui de *brin*. On peut aussi noter une tendance à la confusion entre [ɔ̃] et [ɑ̃] (Fonagy, 1989 : *bon* et *banc* prononcés de façon identique), qui, si elle devait se confirmer, mettrait à mal les hypothèses sur le maintien d'oppositions nécessaires à la communication, étant donné le grand nombre de paires concerné.

Les consonnes

Les modifications consonantiques en cours sont peu nombreuses [1]. On ne peut guère citer que :

– la progressive disparition de [ɲ], très rare en paire minimale (en 34, Martinet demande si l'on prononce de manière identique *la nielle* et *l'agnelle* – on mesure la rareté de l'opposition au caractère exceptionnel de la paire) ; désormais, les deux sont prononcés [n + j] par la plupart des locuteurs ;

– la disparition, déjà avancée au début du siècle, du *l* mouillé (*cailler* prononcé comme *cahier*) ;

– le remplacement du *r* apical par *r* grasseyé, apparu dans les villes et diffusé sur environ deux générations de la guerre de 14 à la guerre de 40 ;

– enfin, l'apparition d'un son [ŋ] dans les mots empruntés à l'anglais. Si Walter (1983) considère qu'il est désormais entré dans la langue, on a pu pendant longtemps plaisanter de sa médiocre adaptation. Boris Vian chante dans les années 50 « le grand métinge du métropolitain » (dans les années 20, Dauzat opposait le *mitigne* des « classes cultivées », au *métingue* du peuple), et Raymond Queneau donne trois graphies pour *camping* : *campinge*, *campigne*, *campingue* [2].

Les semi-voyelles ([j], [w] et [ɥ]) connaissent pour seule variation la possibilité de prononciation en deux syllabes : *lier* prononcé [lie], [lje], ou [lije] avec diérèse.

PARTICULARITÉS DE PRONONCIATIONS DE SONS DANS LA CHAINE

Si Carton (in Antoine et Martin, 1995, p. 46) a raison de dire qu'au XXᵉ siècle les Français parlent de plus en plus vite, on peut s'attendre à l'accroissement statistique des « facilités de prononciation ».

La plus fréquente est l'assimilation, qui concerne surtout l'opposition entre sourde et sonore : dans *absent*, ce qui s'écrit *b* se prononce [p], à cause du [s] sourd qui suit. De même, si l'on ne prononce pas le *e*, *médecin* s'entend avec un [t]. De même quand la deuxième consonne est sonore : dans *coupe de champagne*, on entend un [b] et non le *p* graphique, et dans *paquebot* un [g]. Les assimilations concernent aussi les nasalisations (*maintenant* prononcé de façon rapide en *main-nant* [mɛ̃nnã], *vingt-deux* prononcé avec le [t] nasalisé en [n]). Les assimilations sont si courantes qu'elles ne sont pas très stigmatisées.

Les facilités de prononciation concernent aussi les simplifications de groupes complexes, dans la préférence pour un schéma canonique CVCV, qui tend à éliminer tout ce qui le perturberait. On les trouve en particulier à la finale (*l'autre* prononcé [lot]), avec une hiérarchie dans la stigmatisation : la simplification est jugée ordinaire quand le mot qui suit commence par une consonne (tout le monde dit [katsã] pour *quatre cents* ; *mait(re) d'école*, où le [t] de *maitre* est prononcé [d], avec une géminée) ; un peu plus relâchée devant voyelle ([katami] pour *quatre amis*), et encore plus à la finale ([iladikat] pour *il a dit quatre*). La simplification peut avoir des effets sur la morphologie (*rend(re)* perd sa marque d'infinitif).

On rencontre aussi des simplifications consonantiques à l'intérieur d'un mot (*expliquer* prononcé [esplike]), où elles sont stigmatisées. Les possibilités de prononcer un groupe si chargé (quatre consonnes) sont représentées par Queneau dans *Zazie dans le métro* : pour *exprès*, il alterne les graphies *esprès* – simplification –, et *exeuprès* – introduction d'un *e* muet parasite, qui scinde le groupe de quatre en deux groupes de deux. Ce point s'est modifié aux alentours de 1900, car Michaelis et Passy (1897) donnent la seule prononciation [esprɛ], et il est vraisemblable que le son [k] a été introduit sous la pression de la graphie.

Pour les voyelles, il n'y a guère à signaler que la dilation : alors que l'on prononce couramment *été* en [ete], on dit plutôt [ɛtɛ] pour *était* – influence régressive de la voyelle finale ; même chose dans *surtout* prononcé presque toujours [surtu], et *aujourd'hui* prononcé [oʒɔrdyi][1]). Il faut aussi signaler les écrasements de voyelles : *déjà* prononcé [dʒa], *voilà* [vla], *tout à l'heure* [ttalœr], parfois orthographié *ttaleure*.

LA LIAISON

On assiste, en relation avec les modifications des conditions d'expression publique, à une légère modification du statut de la liaison :

« Le domaine des liaisons invariablement réalisées par les "locuteurs cultivés" s'est restreint : les mots invariables monosyllabiques ont rejoint les mots invariables polysyllabiques dans la catégorie des liaisons réalisées variablement » (Encrevé, 1988, p. 48).

On voit, dans la conversation courante, diminuer les liaisons facultatives (perte de prestige de la « prononciation Comédie-Française ») ; mais aucune liaison naguère facultative n'est devenue impossible.

L'usage des locuteurs les moins scolarisés réalise à l'extrême une tendance générale : à côté des liaisons obligatoires, respectées, les liaisons facultatives se font rares : la liaison se replie sur sa fonction syntaxique de cohérence de groupe. Elle tend à devenir une marque autonome de pluriel antéposée (éventuellement jusqu'à la « faute » : *furieux d'avoir z été chassés* ; *les inscrits et les non z inscrits*) ; certains locuteurs opposent *vous êt(es) algérien ?* à *vous êtes z algériens*.

Des créations morphologiques éphémères des années 40 ou 50, sans équivalents récents, suggèrent aussi l'affaiblissement relatif de la liaison : *tala* (« catholique pratiquant », sur *ceux qui vont à la messe*), ou *la zone Nono* de la guerre de 40 (*zone non occupée*).

À partir des années 60 se développe le phénomène qu'Encrevé (1988) appelle « liaison sans enchainement » (de plus en plus fréquente en discours public depuis les années 60 chez les professionnels de la parole) : la consonne finale sonne sans être reliée au mot suivant. La liaison sans enchainement, cassant le caractère lié du français et allant dans le sens de l'autonomie des mots, évite les effets de calembours comme « l'effet Zému » de Cohen (– *Je suis ému…* – *Vive Zému !* in *Regards sur la langue française*), ou la plaisanterie d'Almanach Vermot : *Vous ici ? Je vous croyais aux eaux* (*au zoo*, ou *zozo*). Elle connait un prolongement dans la « liaison consonantique » (faire sonner la consonne même quand le mot qui suit commence par une consonne – *quand nous partirons*).

La liaison est très variable selon les locuteurs, ce qui en fait un bon indicateur sociolinguistique : Encrevé montre que les hommes politiques y ont de plus en plus recours, des années 60 à nos jours. Elle constitue donc un lieu privilégié d'hypercorrection : « cuirs » (fausse liaison en *t*, comme *ce n'est pas t à moi*), « velours » (fausse liaison en *z*, comme *ce n'est point z à moi*), ou « pataquès »[1] (tout le reste).

L'ÉCRIT DANS L'ORAL : LES ORTHOGRAPHISMES

L'écrit peut remodeler la prononciation. Depuis le début du siècle (en fait, depuis l'école obligatoire et l'écrit pour tous), se développent les « orthographismes », prononciations appuyées sur la graphie de lettres traditionnellement muettes.

Le phénomène est fréquent à l'intérieur des mots : *exprès* prononcé avec [k], *dompter* avec [p] (formes aujourd'hui standard). Il apparait aussi en finale, où il s'agit surtout d'éviter que les monosyllabes soient ambigus, étant donné les nombreux homophones (*saint, sain, sein, ceint* et *cinq* dans *cinq cents*) :

> « Voilà pourquoi, tandis que, dans mon enfance, "sept francs" se prononçait "sè francs", l'usage actuel, auquel j'ai dû me rallier, a généralisé "sèt francs", qui ne donne prise à aucune équivoque avec *ces francs, ses francs*, voire *c'est franc*» (Dauzat, 1943, p. 23).

On peut aussi voir les géminées comme des orthographismes : *illustre, gram-maire*, dont la prononciation en géminée s'est développée, dit Fouché (in Dauzat, 1935, p. 45), « sous l'influence de l'écriture, de l'enseignement ou du pédantisme » ; car, disent les grammairiens qui s'en offusquent, c'est le fait de « demi-lettrés », effet pervers de l'alphabétisation et manifestation d'insécurité linguistique. Ces prononciations sont favorisées par la dictée et par les dictions des présentateurs de radio.

On peut aussi interpréter comme un orthographisme la prononciation [il] de *il* dans *il dit*. L'alternance de prononciation du pronom *il*, en [il] devant voyelle et [i] devant consonne, parfois présentée comme une simplification consonantique récente, est au contraire ancienne. [i] devant consonne, telle est la prononciation héréditaire, et au début du siècle, [ildi] est dénoncé comme un orthographisme, par exemple par Damourette et Pichon. Le même phénomène est signalé au pluriel ([i] devant consonne, et [iz] devant voyelle) [1], de même qu'avec les pronoms féminins où il est considéré comme relâché.

La gémination ou l'allongement consonantique dans des cas qui ne correspondent pas à une géminée graphique (*qui est-ce qui ll'a ?*) relève d'un autre processus, qui peut être rapporté à l'effet analogique de *il l'a vu* sur *tu l'as vu*.

CHANGEMENTS PROSODIQUES

La prosodie est un aspect très variable de la langue, selon les locuteurs et selon les régions. L'analyse syntaxique permet de mesurer son rôle, hors duquel de nombreux énoncés sont ininterprétables : *moi / j'ai faim / je mange* exprime, si la voix monte sur *faim*, une répétition (« chaque fois que »), et si elle descend, un moment spécifique (« maintenant »). La prosodie est une dimension peu et mal étudiée, sans doute en partie à cause de la difficulté de la noter [2].

LE CÔTÉ DE GUERMANTES

Les *Mémoires* de Saint-Simon ont révélé à Proust l'existence du nom
de Guermantes, qui l'a enchanté. Et il a construit des personnages qui
apparaissent dans le *Contre Sainte-Beuve* et *À la recherche du temps perdu*. Il dit
de Mme de Guermantes : « La comtesse affectait une jolie manière "terrienne"
de parler. Elle disait : "c'est une cousine à Adolphe, la duchesse de Rouen
(pour Rohan)", mais elle avait un joli langage. » On voit que des façons vieillies
rejoignant des habitudes populaires ou paysannes n'ôtent rien à la qualité
esthétique du langage pour l'auteur.
Le langage de Françoise, le servante beauceronne qui règne dans la cuisine
de la grand-mère de l'auteur, appartient à une tradition qui ne manque pas
de noblesse.
[Photo du château de Guermantes, Seine-et-Marne.]

Dès le début du siècle, des travaux (tels Bally, 1905, en stylistique, ou Grammont, 1914, en phonétique) signalent, surtout chez les habitués de la parole publique, un accent que Grammont nomme « d'insistance » (on dira aussi accent didactique, même si certains les distinguent), différent de l'accent héréditaire sur la finale de groupe. Offrant davantage d'autonomie au mot, il porte sur la première syllabe, éventuellement sur la première syllabe commençant par une consonne : *c'est é'pouvantable*. Il s'accompagne d'effets sur l'ensemble *e* muet-liaison facultative-pause (Lucci, 1983 b, Encrevé, 1988) : tendance au maintien du *e* muet s'il est en première syllabe de mot (*belette, menu*), fréquence des liaisons sans enchainement. Aussi Fonagy (1989, p. 249) considère-t-il qu'un changement majeur se fait jour avec cet accent nouveau.

On peut enfin signaler chez les jeunes une accentuation sur la finale avec modulation montante, qui, si le mot se termine par une consonne, s'accompagne d'un léger appendice vocalique, *e* muet légèrement nasalisé.

Traits populaires

Le tableau classique des traits populaires, surtout parisiens (Gadet, 1992), s'atténue au cours du siècle, les progrès de l'enseignement raréfiant les prononciations extrêmes. On n'entend plus guère désormais (sauf chez de vieilles personnes) des prononciations comme *esca-ier* [eskaje] (*escalier*), ou les palatales de *la concierge est au cintième* et *bon guieu*, que l'on trouve dans des romans qui mettent en scène des locuteurs populaires jusqu'au début du XXᵉ, ou encore le *estoppeuse* de la Françoise de Proust. De même, on ne pourrait plus, comme le fait Aristide Bruant vers 1900, faire rimer « tertre » avec « Montmartre », prononcé « Montmertre ». Mais certains traits perdurent :

– une prononciation plosive des occlusives, surtout vélaires, en position accentuée : [k] dans *que dalle* ;

– le timbre du *e* muet en [œ] pouvant être prolongé s'il tombe sur la pénultième (de :: quoi ?) ;

– le *e* muet inversé (*la peine d'mort*, où le *e* de *peine* est prononcé), plus stigmatisé que le *e* muet parasite de la finale de *parc* dans *Parc des Princes*, commun à tous les registres ordinaires ; il suffit à connoter une langue populaire, comme ce titre d'un roman de René Benjamin (*Les Mecs eud'la rue*) ;

– une forte ouverture des *-ait* en finale (Bauche, 1920, p. 89) ;

– l'affaiblissement des consonnes intervocaliques, particulièrement le [v] : [aeuy] cité par Bauche pour *avez-vous vu*, extrait de la

chanson *Le Chapeau de Zozo* ; *kestata ?* (« qu'est-ce que tu as toi ? »)
dans la bande dessinée *Kebra* ; *tartagueule* popularisé par une chanson
des années 70 : « tu vas voir ta gueule à la récré » ;

    – la postériorisation de certaines voyelles (*je sais pas* prononcé
[ʃpo]), avancée d'autres (*C'est jeuli le Mareuc*, titre d'un article in Martinet, 1969) ;

    – une prosodie dite faubourienne : affectivité (écarts mélodiques
et accents d'intensité) ; accentuation trainante sur l'avant-dernière syllabe du groupe (*tu t'rends: compte, prende l'mé: tro, il pige que: dalle*).

    Des relâchements qui, disséminés, sont signes de langue ordinaire,
prennent une connotation populaire quand ils sont concentrés : ainsi
des simplifications de groupes consonantiques et des assimilations.

    À partir des années 70, en relation avec les nouvelles émigrations
(enfants élevés dans des contextes bilingues), on relève dans les banlieues de nouveaux traits populaires : essentiellement dans les caractères prosodiques et certains traits vocaliques (fermeture de la voyelle
de *père*). Ces traits sont illustrés dans la musique rap.

CONCLUSION POUR LE PLAN PHONIQUE

    Beaucoup des changements en cours entrainent une modification
du mode d'articulation, qui de fort, ample et précis, devient plus mou
et détendu. Des phénomènes comme la chute du *e* muet et l'emprunt de
mots anglo-saxons contribuent à donner au français une figure orale
nouvelle, avec modification de la syllabation (la domination des syllabes de type consonne-voyelle s'atténue), et augmentation du nombre
et de la charge des groupes consonantiques, qui sont des incitations à la
simplification et à l'abrègement.

    Mais le plus remarquable, c'est l'ampleur de la variation, sachant
que les locuteurs ne combinent pas tous de même manière la latitude
offerte par chaque phénomène. Variation régionale, certes, assez rapidement reconnue par les descriptions ; mais, au-delà, variation individuelle, qui faisait écrire à Martinet, en synthèse de son enquête de
1945 :

> « On retiendra que parmi les 409 "enquêtés" il n'y en a pas deux
> qui aient répondu de façon identique aux 45 questions posées, et
> ceci pas plus parmi les Parisiens que parmi les provinciaux »
> (1969, p. 171).

4. LES CHANGEMENTS INTERVENUS

II. MORPHOLOGIE ET SYNTAXE

La morphologie constitue une dimension peu mobile, où s'expriment des tendances de longue durée. Il en va de même pour la syntaxe, avec peut-être des modifications de fréquence, possibles signes avant-coureurs de changements. Nous cherchons seulement ici à signaler quelques points « sensibles », en trois sens : objet de modifications, siège de variations entre locuteurs ou selon la situation ou le genre (en particulier oral/écrit), et source de commentaires des grammairiens, la plupart du temps critiques.

MORPHOLOGIE FLEXIONNELLE

Le système bouge peu. Tout au plus peut-on signaler la raréfaction orale de certains temps, comme le passé simple (amorcée depuis la fin du XVIIIe, très rapide au XXe siècle), remplacé par le passé composé. Il ne s'agit pourtant pas d'une disparition, puisqu'il reste vivant dans certaines régions (Ouest, Sud), et dans les récits écrits ou oralisés (voir les récits pour enfants et les bandes dessinées – dans les bandeaux et non dans les bulles, où figurent les temps du dialogue). Son emploi oral est désormais, en France du moins, recherché et archaïsant, comme on le voit par les effets que l'on peut en tirer :

nous allâmes au théâtre et nous nous y emmerdâmes

Le recul de l'imparfait du subjonctif (et du plus-que-parfait) est plus radical, amorcé dès le XIXe siècle, même à l'écrit (tué, dit Queneau dans *Bâtons, chiffres et lettres*, « par le ridicule et l'almanach Vermot »)[1] : on ne le trouve plus guère qu'à la troisième personne. Mais le subjonctif présent se maintient bien, avec même quelques extensions d'emploi, comme avec *après que* (qui date du début du siècle)[2], et jusque dans les fautes : la Françoise de Proust dit *faut-il que j'éteinde ?*, fautif certes, mais subjonctif.

Dans le domaine verbal (difficulté de conjugaison des verbes autres que du premier groupe) comme dans le domaine nominal, les traits populaires se perpétuent, soutenus par des raisons systémiques (*que je voye, ils croivent, ils nettouaillent, ils ont conquéri*; noms à initiale vocalique interprétés comme féminins [1]). Les pluriels irréguliers de noms qui entrent dans une série (*journaux, chevaux*) sont généralement respectés, mais il n'en va pas de même des cas isolés (*os* ou *bonshommes* tendent à se prononcer comme le singulier).

Continuation d'un courant à l'œuvre dès le Moyen Âge, des verbes du premier groupe tendent à s'imposer : *solutionner* pour « résoudre », *émotionner* pour « émouvoir » [2]. Ils se spécialisent alors souvent, ce qui enrichit le lexique : *visionner* n'est pas « voir » (*visionner une pellicule*), ni *réceptionner* « recevoir ». Les locuteurs pratiquent d'autres stratégies d'évitement devant les difficultés de conjugaison : n'utiliser un verbe qu'à l'infinitif ou au participe passé, sans doute une des raisons du succès des formes périphrastiques (*il pense acquérir, il va résoudre*) ; utiliser un verbe général et un nom (ou une nominalisation), ce qui contribue au « style substantif » : *trouver une solution* au lieu de « résoudre ». Ces formes s'étendent d'ailleurs au-delà des verbes à conjugaison difficile : *effectuer une vérification* pour « vérifier ».

L'usage oral de l'accord du participe passé (surtout avec *avoir*) est très fluctuant : mieux respecté en finale d'énoncé, il l'est peu dans la séquence : Georges Brassens chante dans les années 50 *la première fille qu'on a pris dans ses bras*. À l'écrit, les locuteurs cultivés le respectent, mais beaucoup avouent qu'il leur faut pour cela réfléchir. Le remplacement de l'auxiliaire *être* par *avoir* (*il a tombé de son lit, il s'a trompé*) est jugé populaire, bien que tous les petits Français aient un jour chanté *j'ai descendu dans mon jardin pour y cueillir du romarin*.

Les pronoms personnels connaissent plusieurs particularités :
– une prononciation souvent réduite (*tu* prononcé [t] devant voyelle, et devant consonne dans certaines régions ; *lui* en [i] ou [y]) ;
– le remplacement familier de *nous* par *on* (*nous, on part*) [3] ;
– la fréquence de *ça* (qui présente l'avantage d'occuper la position postverbale du nom : *je le vois, je vois ça, je vois ce truc*) ;
– et les formes qui suivent les impératifs (où *donne moi z'en* alterne avec *donne m'en*, seule forme standard).

MORPHOLOGIE DÉRIVATIONNELLE

Certains préfixes et suffixes sont en faveur à certaines époques : ainsi aujourd'hui du préfixe *télé-* (*téléphone, télécommande*), ou du suffixe *-isme* (*tiers-mondisme*, ou une dérivation sur un nom d'homme célèbre). L'informatique a favorisé *-tique*, qui entre dans la composition de mots nouveaux, comme *robotique* ou *bureautique*. Une réanalyse intervient souvent : des parties de mots peuvent s'autonomiser et permettre la création de mots nouveaux : dans *omnibus*, l'autonomisation de *-bus* a permis *trolleybus*, *aérobus* ou *autobus* (*bus* par aphérèse). *Bikini*, réanalysé en *bi-kini*, a permis *mono-kini*.

La langue populaire et l'argot disposent de suffixes propres, souvent renouvelés : *-ard*, en faveur dans les années 20, est de nouveau productif comme suffixe familier (*thésard*) ; *-os*, des années 80, a permis la création de *craignos*, au statut incertain (*c'est craignos, elle est craignos, un type craignos*), de même que *débilos*, *coolos*... , déjà passés de mode.

Parmi les troncations, les apocopes (à la finale) l'emportent désormais sur les aphérèses (à l'initiale) : *troquet* provient de « mastroquet » mais a supplanté sa source ; quant à *pitaine*, fréquent dans les années 50, il est senti comme archaïque. Les apocopes se font fréquemment après un *-o* (*photo*, *stylo*, *porno*, *Sébasto*), sauf si le nombre de syllabes est trop élevé (*cinématographe* est abrégé en *cinéma*, ou *ciné*, d'où *cinoche* par suffixation parasitaire). Le *-o* fonctionne aussi comme suffixe pour tronquer un mot (*apéro* pour « apéritif »). Si beaucoup de ces formes constituent des doublets de mots pleins (*prof*, *vélo*, *auto*, *télé*, *pro*), il y a aussi créativité. Voici des expressions relevées récemment, orales ou écrites : *circule* (à *Nice, la circule est impossible*), *rando* (*on organise des randos tous les week-ends*), *délib* (*on donne pas les résultats avant les délibs*), *rediff* (*les programmes de l'été : au bonheur des rediffs*, *Le Monde* du 30 juin 1996). Les découpages morphologiques ne sont pas toujours respectés (*beauf* pour « beau-frère », *raduc* pour « ras-du-cul ») : il semble que le format syllabique l'emporte sur la structure morphologique.

En effet, les créations familières de bisyllabes se terminant sur une syllabe fermée sont nombreuses (éventuellement avec variantes : *intro* et *introd* pour « introduction »). Des modifications phonétiques peuvent intervenir ([frãmak] pour « franc-maçon »). Quant à l'emploi de ces formes, rien n'indique que les locuteurs ne disposent pas d'un autre usage hors des contextes plus ou moins techniques ou spécialisés d'où elles proviennent. Les doubles troncations se raréfient : *Vel' d'Hiv'* pour « Vélodrome d'Hiver », *caf' conc'* pour « café-concert », *rad soc* pour « radical socialiste », *Boul Mich* pour « boulevard Saint-Michel », *margis* pour « maréchal des logis » datent de la fin du XIXe ou du début du XXe. De récent, on ne trouve guère que *resto U*.

On observe enfin une tendance à réduire les exceptions. Ainsi, le préfixe *in-*, qui connaît plusieurs variantes, souvent différentes et diversement conditionnées à l'oral et à l'écrit, tend à se régulariser : Proust écrit *illassable*, mais c'est *inlassable* qui s'est imposé ; et les néologismes adoptent tous la forme *inrasable* ou *inlavable*.

LA SYNTAXE DE LA PHRASE SIMPLE

Beaucoup de structures orales supposent une prosodie spécifique au niveau des constituants, comme dans *il a eu une peur*, et à celui de l'énoncé, comme dans *il boit / il est saoul*. Il faut donc reconnaitre à l'intonation un rôle grammatical.

La séquence simple

La séquence orale se distingue de la phrase écrite par sa souplesse. On trouve, phénomène qui n'est pas récent, un pronom après le nom à la troisième personne (*mon père / il a dit*), de même qu'avec un pronom personnel (*moi / je…*). Expression de la personne, le clitique sujet peut donc être vu comme une sorte de préfixe verbal en passe de devenir obligatoire, qu'il soit ou non précédé d'un groupe nominal[1].

L'impersonnel *il* peut être supprimé devant *faut*, *y a*, *s'agit de*, *paraît*, *suffit*, *vaut mieux*, mais pas devant les verbes atmosphériques où en revanche il peut être remplacé par *ça* (mais pas *cela*). Les réductions phonétiques de pronoms sujets, instables et dépendantes du débit, peuvent aller jusqu'à la disparition.

Les détachements

On nomme ainsi les énoncés qui ne se conforment pas à l'ordre des mots canonique. La forme la plus banale en est l'inversion, qui antépose ou postpose un élément (*jamais comme ça j'ai eu mal*), avec intonation spécifique. Les détachements les plus fréquents concernent les noms qui, quelle que soit leur fonction dans la séquence, peuvent être déplacés avant ou après, un clitique venant préciser la fonction qui n'est plus donnée par la position. Le détachement du sujet ne bouleverse pas l'ordre des mots, contrairement aux détachements d'autres fonctions :

tu sais / le chien de la voisine / mort / ils l'ont trouvé

dix ans elle a (intonation plate sur *elle a*)

Outre par un clitique, la reprise peut être assurée par un possessif ou par une préposition (sous forme courante ou renforcée) :

ce gars / je connais *sa* femme

c'est mon talisman / je voyage jamais *sans*

la pizza / le four / elle rentre pas *dedans*

Plusieurs éléments nominaux peuvent être détachés dans la même séquence, la plupart du temps avant, entrainant d'apparentes difficultés d'interprétation en principe levées en situation :

Jacqueline / sa mère / la bonne / elle la lui refile

La reprise par *ça* permet de détacher des éléments autres que nominaux :

quand on est bête / ça empêche pas d'être heureux

Une forme fréquente de détachements comporte un présentatif. Certains sont réservés au détachement du sujet (*y a*, *voilà*), d'autres à certaines catégories de compléments (comme *ça fait* pour les compléments d'objet et de temps), d'autres enfin sont polyvalents (*c'est*). La deuxième partie de la séquence est généralement introduite par *que* ou *qui* :

y a personne qui peut le faire

ça fait trois bus que je rate

Enfin, dans les « énoncés binaires », un élément nominal est placé en tête de phrase, sans reprise, avec une relation au reste de la séquence qui, n'étant pas indiquée par la syntaxe, est laissée à l'interprétation discursive ou situationnelle. Le deuxième élément n'est pas forcément phrastique (et peut aller jusqu'au geste), et l'intonation joue ici un rôle syntaxique :

le boulot / on se plaint pas

Paris / bof

ça / pas question

La négation

Le français se distingue des autres langues romanes par sa négation à deux éléments : *ne... pas (jamais, rien, personne...)*. L'omission de *ne* à l'oral est un phénomène sporadique dès le Moyen Âge, qui progresse au XIXe et au XXe. De la comparaison avec le Québec, où l'omission est plus avancée, on peut conclure au poids de la norme dans la conservation.

C'est un domaine très variable, où se maintiennent des formes en *ne* (figées et recherchées, mais sans excès) :

je ne cesse d'y penser

je n'ose y croire

il y a longtemps que je ne l'ai vu

Dans les usages familiers oraux, on omet souvent *ne*, selon des fréquences variables liées au locuteur, à la situation, et au sujet traité. Les facteurs systémiques favorisant l'omission sont puissants, car la négation est alors postposée au verbe, ce qui satisfait la séquence progressive du français moderne et est soutenu par la tendance à éliminer ce qui apparait entre le sujet et le verbe.

Les interrogatives

Il s'agit là d'une zone avec de nombreuses formes en concurrence. Et l'interrogation totale et l'interrogation partielle procèdent de trois modes de base : inversion, *est-ce que* et intonation.

L'interrogation par inversion a l'inconvénient structurel de ne pas obéir à l'ordre des mots canonique ; elle prête souvent au calembour (*où cours-je ?*, chanson des années 30). Elle se raréfie, comme le montrent les statistiques de B. Al (1975), sauf à l'écrit et dans des formes figées, et particulièrement pour l'inversion complexe :

puis-je parler à M. X ?

les usagers ont-ils été informés des risques encourus ?

La plaisanterie de Coluche (années 80) peut donc être comprise comme une hypercorrection, signe que l'inversion pourrait ne plus suffire à exprimer l'interrogation :

est-ce que le schmilblick est-il vert ?

Le rejet de l'inversion et le gout pour les tours intensifs favorisent *est-ce que ?*, qui s'applique aussi bien aux interrogations totales (*est-ce que tu viens ?*) que partielles (*quand est-ce que tu viens ?*). Pourtant, *est-ce que ?*, senti comme une inversion, peut à son tour être retourné en séquence progressive (jugée populaire) : *pourquoi c'est qu'il vient ?*

L'interrogation « par intonation » est, elle aussi, de maniement très simple. En interrogation totale, seule l'intonation signale le caractère interrogatif d'une séquence (*tu viens ?*). Pour les interrogations partielles, l'élément interrogatif peut figurer en début ou en fin de séquence :

quand / il part ?

il part quand ?

Aux formes en *est-ce que* ou *c'est que*, on peut encore ajouter *c'est* :

quand est-ce que c'est qu'il arrive ?

c'est quand est-ce qu'il arrive ?

quand c'est que c'est qu'il arrive ?

c'est quand que c'est qu'il arrive ? [1]

et les pronoms et particules interrogatives peuvent être suivis de *que* :

dis-moi pourquoi que ta mère t'a fait si beau (chanson de Maurice Chevalier, 1920)

qui qu'est venu ?

En 1920, Bauche donne l'interrogation en *-ti* ? [2] comme vivante, avec des exemples attestés (p. 19) qui de nos jours paraissent curieux en France :

t'es ti là ?

quoi c'est ti que tu veux ?

Cette forme est désormais réservée à quelques usages régionaux, sans doute parce qu'elle a été sentie comme paysanne. Ce qui montre que les raisonnements internes ne suffisent pas à expliquer le changement, car l'interrogation en *-ti* disposait de tous les avantages structurels : la séquence progressive (sujet avant le verbe), un morphème accentué en fin de groupe, et un parallèle entre formes assertive, négative et interrogative (Vendryès, 1920) :

tu viens,

tu viens pas

tu viens ti ?

Cette zone réputée complexe (sans doute à cause du nombre de formes) présente pourtant de belles régularités :

« Les mécanismes des phrases interrogatives peuvent être ramenés à quelques grandes lois relativement simples que l'on trouve dans les constructions des phrases positives et particulièrement des phrases dites "présentatifs" » (Chevalier, 1969).

Changements de catégories

La détermination des noms par juxtaposition nominale est signalée par Martin (in Antoine et Martin, 1985, p. 231) comme l'une des rares innovations syntaxiques de la période 1880-1914, avec les exemples : *préparations genre benzine*, ou *cantinière nouveau style*. Ces formes se multiplient au cours du siècle (*tarte maison*, *roman fleuve*, *pause-café*), et tendent à augmenter l'importance discursive de la composition en français : *le dialogue capital-travail*.

On observe aussi un changement de catégorie, d'adjectif à adverbe, dont une manifestation dans la publicité écrite (*souriez Gibbs*) avait pu faire scandale dans les années 50. Désormais, on ne compte plus les *votez utile*, *s'habiller confortable*, *roulez français*, qui peuvent aller jusqu'à *acheter carte bleue*, surtout dans la langue de la publicité.

LA SYNTAXE DES PHRASES COMPLEXES

Pour l'oral, la notion de subordination (surtout complétive, relative et circonstancielle) n'est pas toujours adaptée : des structures subordonnées ne commencent pas toujours par un subordonnant (*il dit il va venir*), et on ne peut pas isoler les subordonnées des autres types de mise en relation de séquences, fondées sur la parataxe ou juxtaposition (avec un contour prosodique précis : *tu fais un pas tu es mort*, *je t'attendais / je ratais le film*).

« Que », subordonnant « passe-partout »

Que est très fréquent en français, avec beaucoup d'emplois différents. Nous ne parlerons ici que de subordination. En langue parlée ordinaire, populaire et régionale, on note trois tendances : extension des emplois, réprouvée par la norme au prétexte du flou sémantique auquel elle risque de conduire ; disparition ; et remplacement. C'est de loin la première qui l'emporte.

Beaucoup de relations variées (sauf l'hypothèse) peuvent être exprimées par *que*, au point qu'on a pu le dire « universel » ou « passe-partout » – à l'intonation et au contexte de préciser la signification :

j'ai pas pu y aller que j'avais la voiture (« alors que »)

on faisait du bruit qu'on était tous bourrés (« parce que »)

il est venu que j'étais malade (« pendant que » ou « alors que »)

Il constitue aussi un indicateur d'inversion ou de mise en relief :

et comment que je vais y aller

drôlement qu'elle est éclairée même

Quant à la possible omission de *que* dans une position où le français standard l'impose, c'est un phénomène si peu décrit en France que beaucoup le donnent comme typique du Québec, où il est mieux décrit. Pourtant, il est bien attesté en français de France :

ça fait dix-huit ans j'habite ici

c'est maintenant tu l'entends / ça fait longtemps elle est sortie

elle parle tellement vite on comprend rien

L'absence de *que* modifie la définition de la subordonnée et trouble la distinction entre discours direct et indirect (et interrogation directe ou indirecte) :

y en a une / elle m'a dit / oui c'est vrai / ça lui faisait mal

La grammaire traditionnelle distingue les interrogatives indirectes des interrogatives et des subordonnées, bien que leur forme ne soit pas toujours distincte, du moins en langue non standard :

je comprends pas qu'est-ce qu'il veut

on sait pas c'est qui qui l'a fait

Ce point n'avait pas échappé à Brunot (1922, p. 353) :

« On peut se demander s'il existe vraiment en français une interrogation indirecte, ou du moins un tour particulier auquel on puisse donner ce nom. »

On peut enfin signaler l'apparition de nouvelles conjonctions : *même que*, *pour pas que* (qui alterne avec *pour que ne... pas*) ; *comme quoi*, derrière un verbe ou derrière un nom :

je vais leur téléphoner comme quoi j'ai raté mon train

j'ai reçu un papier comme quoi je devais me présenter

Les relatives

La complexité du système des relatives en français est bien connue : Gougenheim (in Dauzat, 1935) présente ainsi « Les difficultés du relatif en français moderne » :

« [...] la complexité et la délicatesse du système des pronoms relatifs en français moderne, système si difficile à manier correctement que l'homme sans culture le simplifie à l'extrême, le réduisant à un *que* à tous usages » (p. 96).

Ce propos n'est pas tout à fait juste, mais nous permettra d'étudier les stratégies des locuteurs devant la complexité du système : on rencontre très peu de *dont* à l'oral, et même à l'écrit, ses occurrences sont souvent fautives ; les formes obliques (*à qui*, *par lesquels*) sont rares.

Le système « populaire »[1] (qui se trouve aussi chez d'autres locuteurs) tend à l'emploi exclusif de *que* comme marque de subordination, qui, étant invariable, ne peut être dit pronom relatif : c'est une conjonction, simple marque de frontière. Ainsi se trouve satisfaite la tendance à éviter les compléments avant le verbe. Au-delà de cette caractéristique commune, on distingue plusieurs fonctionnements.

Dans un premier type, *que* ne fait qu'attacher la relative, la nature du lien étant précisée par un élément de rappel, qui peut être un clitique, un pronom fort, *ça*, un possessif, ou une préposition (*avec*, *sans*, *pour* et les prépositions de lieu *dessus*, *dessous*, *dedans*, *dehors*) :

en voilà une idée qu'*elle* est bonne (sketch de Coluche)

un copain que j'ai passé mon enfance *avec lui*

il m'a offert une somme d'argent que *ça* suffit pas pour m'en sortir

prends le pot que c'est écrit *dessus*

Cette forme est plus analytique que celle de la relative standard, car, après le *que*, la relative adopte la structure d'une phrase indépendante.

Le deuxième type manifeste une logique plus discursive, en n'indiquant pas la nature du lien entre propositions : *que* marque seulement la frontière de la subordonnée. Cette forme est réputée populaire, mais, en détachement, on la rencontre dans tous les usages oraux courants :

ce qu'il faut s'occuper / c'est de répondre tout de suite

Ces structures sont aussi de réalisation simple, bien que l'absence d'explicite sémantique les fasse refuser par la norme.

Il existe encore d'autres formes, mixtes, comportant le pronom relatif standard, combiné à l'un des modes de rappel populaires, ce qui peut être vu comme de l'hypercorrection :

c'est une petite ville *où* il ferait assez bon *y* vivre

c'est ce *dont* je t'*en* parle depuis des heures

Dans un dernier type, le pronom relatif, standard, est suivi de *que*, surtout avec *où*. Réputée populaire, cette forme aligne les relatives sur les autres subordonnées introduites par un composé de *que* :

ça arrive justement le jour où que j'ai pas le temps

CONCLUSION POUR LA MORPHOLOGIE ET LA SYNTAXE

L'étude détaillée des différents phénomènes devrait donner lieu à des observations statistiques plus complètes : un phénomène peut sembler stable, alors même que les contraintes qui pèsent dessus se modifient, ce qui peut constituer l'amorce d'un changement.

Les corpus de langue parlée en France étant peu nombreux et peu exploités, il est, pour beaucoup de phénomènes, prématuré d'affirmer quoi que ce soit. D'où l'importance de travaux comme ceux de l'équipe de Blanche-Benveniste (Blanche-Benveniste, 1997b).

5. LES CHANGEMENTS INTERVENUS

III. LEXIQUE ET DISCOURS

Le lexique se caractérisant par la mobilité et la perméabilité aux conditions socio-historiques, on ne sera pas étonné de sa forte variabilité : selon Désirat et Hordé (1976, p. 159), une entrée sur sept environ a été modifiée (supprimée, introduite ou remaniée) dans le petit Larousse, en une période de seulement douze ans (1949 à 1960).

LES NÉOLOGISMES

Le développement terminologique, accéléré par les nouvelles technologies, les nouvelles professions et l'évolution des sciences, est au XXe siècle particulièrement rapide. Les banques de données spécialisées donnent, depuis 1960, plusieurs dizaines de milliers de néologismes, qui posent des problèmes de formation et d'orthographe. Le choix est entre l'emprunt d'un terme et l'invention, ou la création.

L'emprunt se fait généralement à l'anglais (nous y reviendrons p. 642), mais pas seulement (emprunts à l'italien) ; et les « monstres » sont rares (*pizzwich*, « pizza présentée en sandwich », mot-valise composite d'emprunt à l'anglais et à l'italien). Quant aux créations, elles constituent une difficulté pour le français, pour des raisons morphologiques autant que de mentalité frileuse qui ont pu faire dénoncer à Martinet :

> « [...] un malthusianisme linguistique séculaire, soigneusement entretenu par nos grammairiens, qui a étouffé toute initiative chez l'usager et qui ne lui laisse, dans bien des cas, d'autre recours que l'emprunt pour élargir son vocabulaire » (1969, p. 30).

Toutefois, les créations ne sont pas rares : en relisant un texte de la première moitié du siècle comme Dauzat (1943), on voit que certaines dérivations dites alors impossibles sont en pleine vitalité à l'orée du XXIe siècle, comme *voie piétonnière* (p. 74). Et quand Cellard (1983,

p. 658) donne la liste des néologismes examinés en 1933 et 1934 dans la chronique de langage du *Temps* (*aérodynamique*, *s'affairer*, *antiaérienne*, *attirance*, *autobus*, *dératisation*, *emprise*, *florale*, *intensifier*…), on voit que TOUS sont aujourd'hui admis. Pourtant, beaucoup de créations sont éphémères, et rares sont les réussites comme *baladeur*, qui a désormais à peu près supplanté *walkman*, ou *remue-méninges*, jeu de mot pour *brainstorming*. La réussite formelle n'est d'ailleurs pas garante du succès social[1].

Une création mérite d'être citée, pour son histoire : *minitel*, créé dit-on par un programme d'ordinateur auquel on avait donné la base *-tel* (*téléphone*), et remotivé par le composé de sigle et d'acronyme Medium Interactif par Numérotation d'Informations par TELéphone.

ARGOTS ET LANGAGES SPÉCIAUX

C'est une caractéristique du XXe siècle que la perméabilité de la langue courante à des formes auparavant réservées à des couches sociales marginales.

L'argot

Langue populaire et argot ont, au long du XXe siècle, renouvelé leurs sources par les différentes occasions de contact hors des frontières, plus diversifiées que dans les siècles précédents (accélération des communications… et des guerres). À côté des modes de construction ou voies d'emprunt traditionnelles, apparaissent donc successivement des emprunts à l'arabe (colonisation, surtout en Algérie) : *kawa*, *clebs*, *faire fissa*, *toubib*, *nouba*, *bled*… – tous ces termes ont gardé une connotation plutôt dépréciative ; à l'allemand, surtout à la faveur des guerres de 70 et de 14 : *frichti* de « Frühstück », *loustic* de « lustig » ; à l'américain, à partir de la Libération en 1945, et avec la fascination pour le mode de vie qui va avec. À côté de l'argot « du milieu », se perpétuent les argots spécialisés : estudiantin ou lycéen, militaire, médical, ou de tout métier.

Une place à part doit être réservée à l'argot de la guerre de 14, ou « argot des poilus ». Il donne en effet très vite lieu à des études, car, comme dit Dauzat dans l'un des nombreux ouvrages qui voient le jour (*L'Argot de la guerre*, 1918), on a là « l'occasion rare d'observer les contrecoups opérés sur le langage par le plus formidable conflit que l'histoire ait enregistré ». Son étude de 2 000 mots ou expressions est fondée sur une enquête menée avec l'aide de plusieurs journaux, et appuyée sur les travaux de deux linguistes mobilisés (Marcel Cohen et

Robert Gauthiot). De nombreux dictionnaires voient aussi le jour, dont celui de Gaston Esnault, linguiste et ancien combattant des tranchées (*Le Poilu tel qu'il se parle*, 1919).

Langages spéciaux

La plupart des langages spéciaux, ou *largonjis* – pour « jargon » – (loucherbem, javanais, verlan…) sont demeurés l'apanage de groupes restreints. Leurs dénominations reflètent le processus formel auquel ils obéissent.

Le loucherbem, datant du XIXe et en un temps très répandu chez les bouchers (début du XXe), consistait à retirer la consonne initiale d'un mot, la remplacer par un [l], et l'envoyer en finale, munie d'un suffixe. Il n'a laissé dans la langue que quelques termes argotiques (*loilpé*, *loufdingue*). Le javanais, en vogue chez les adolescents des années 50, consistait à introduire le groupe *-av-* à l'intérieur de chaque syllabe. Lui aussi ne perdure que dans de rares termes comme *gravos* (*gravosse*) pour « gros ». La langue de feu, périodiquement à la mode, est un amusement d'enfants : elle consiste à remplacer toute consonne par [f], en maintenant les voyelles.

On ne peut plus dire du verlan qu'il concerne un groupe restreint : existant depuis au moins le début du XIXe siècle, il a été, depuis les années 70, revivifié socialement en devenant un marqueur d'identité pour adolescents de banlieue en révolte ou en passe de marginalisation. Le verlan (verlan de *à l'envers*) consiste à inverser les syllabes d'un mot (*zicmu* pour « musique »), avec des règles prévisibles pour les mots de deux syllabes, mais souvent complexes pour les autres mots (*reup* pour « père », *retsiga* ou *garetsi* pour « cigarette »)[1]. On note de fortes disparités entre des jeunes qui n'emploient que certains termes répandus et figés, et d'autres qui utilisent le verlan avec créativité :

j'rentre chez ouam et j'fais rien / j'lèrega (« chez moi », « je galère »)

Comme tous les éléments lexicaux populaires, le verlan se modifie rapidement (ses règles varient même d'une banlieue à l'autre). Il est trop tôt pour imaginer son avenir ; mais pour le moment, son produit *beur*, de « arabe », ainsi que le dérivé *beurette*, sont indispensables. Une autre question ouverte est de savoir comment parleront les jeunes verlanisateurs une fois devenus adultes et intégrés dans la société.

Remotivations et étymologie populaire

Le XXe siècle apporte son lot d'attractions paronymiques, aggluti-
nations et déglutinations [1], qui peuvent toucher le genre des noms ou
l'analyse de termes savants (*l'eau d'anum* pour « laudanum »). Ces
réanalyses ne sont pas toujours volontaires (*tête d'oreiller* pour « taie
d'oreiller »), mais peuvent l'être : ainsi, pendant la guerre de 14, des
soldats nomment *tas de blagues* le journal allemand « Tagblatt ». C'est
un stéréotype de la représentation du parler populaire que l'abondance
des à-peu-près, comme *animalite* pour « amygdalite » dans *Le Sapeur
Camember*.

On a pu dire que, à cause des monosyllabes créés par l'érosion
phonétique des finales, le français était une langue vouée au calembour (*on s'en dégoute* vs *on sent des gouttes*, *le chant du cygne* vs *le
champ du signe*), l'une des raisons du succès de ce type de jeu de
mots, et de son proche parent, l'à-peu-près (voir le journal *Le Canard
enchainé*) [2].

Les sigles

Sigles et acronymes se répandent au cours du XXe siècle [3], où ils
occupent une place de choix dans la néologie lexicale. Certains sont
connus de tous (*SNCF*, « Société nationale des chemins de fer français », *PV*, « procès-verbal », *CV*, « curriculum vitae », *OVNI*, « objet
volant non identifié ») ; mais la plupart, créés chaque jour, subsistent
au gré des besoins (*OPA*, « offre publique d'achat », *PAC*, « politique
agricole commune »). De certains mots, nous finissons par oublier
qu'ils sont à l'origine des sigles (*nylon*). Leur intégration dans la langue
se révèle par les dérivations qu'ils permettent (*RMiste* prononcé [ɛʁɛ
mist]), par des jeux de mots (*RATP* rebaptisée *retape* par les jeunes
dans les années 80), et par les réinterprétations (*CRS*, « compagnies
républicaines de sécurité », devenant par exemple « cars remplis de
singes » en 1968).

Selon les possibilités de syllabation, ils sont épelés (*CV* prononcé
[seve]), lus (*PUF* prononcé [pyf]), prononcés de façon variable (*ONU*
donne [ony] ou [oɛny]), ou de façon mixte (*CAPES*, où le *s* final est
prononcé). Un composé comme *K7* (*cassette*), inspiré de l'américain,
est rare, de même que *PCV*, qui n'est pas réellement un sigle, signifiant
« [taxe à] PerCeVoir ».

PHRASÉOLOGIE ET DISCOURS

De la « langue de bois » au « français branché »

Marcel Proust, avec le personnage de M. de Norpois, a décrit un style d'inflation verbale : «À ces expressions le lecteur profane avait aussitôt reconnu et salué le diplomate de carrière » (*À l'ombre des jeunes filles en fleurs*). Une forme a pu être particulièrement épinglée pour sa fréquence dans la langue de bois, c'est la nominalisation (on parle depuis les années 30 de « substantivite », ou « style substantif ») : prisée dans la langue officielle, elle fleurit aussi dans ce que Martinon (1927) appelle « le style commerçant ».

Dans les années 70, des pamphlets dénoncent ce qui a été appelé « hexagonal » par Robert Beauvais, qui tient à la fois de la langue de bois et des manies jargonesques des intellectuels :

> « "L'alphabétisation est impérative, exonérée et désacralisante." Qu'est-ce que cela veut dire ? Cela signifie que l'instruction publique est obligatoire, gratuite et laïque. »

Relève aussi de la langue de bois le remplacement de verbes comme *avoir* ou *faire* par d'autres verbes (*nous espérons que vous avez effectué un agréable voyage*, dit-on à la SNCF). Une variante dans les couches sociales modestes est le « style gendarme », hypercorrection dont voici un exemple extrait du *Sapeur Camember* :

> « Que voilà, conscrit, une raison itérative, mais qu'elle n'est pas subséquente de la chose et que positivement elle me stupéfactionne de renversement ! »

On a appelé « français branché », depuis les années 70, l'ensemble de snobisme, de tics de parole et de mots à la mode qui caractérise le discours de certaines professions (publicité, arts, communication). Ces créations éphémères ont été diffusées pour avoir été relevées dans des dictionnaires (Merle, 1986, Bernet et Rézeau, 1989).

Le français branché oral se caractérise aussi par le rôle qu'y jouent les « appuis du discours », approximations des modes de ponctuation de l'écrit. C'est un lieu préférentiel de tics à la mode (*je veux dire*, *à la limite*, *quelque part*…), souvent déjà obsolètes quand on les collecte.

Le « politiquement correct »

À partir des années 60, on voit apparaitre un gout pour l'édulco-ration ou l'euphémisme, qui participe aussi de la langue de bois, et que l'on peut rapprocher du « politiquement correct » qui règne aux États-Unis : *malentendant* pour « sourd », *non-voyant* pour « aveugle », *en voie de développement* pour « sous-développés », *personne à mobilité réduite* pour « handicapé », *technicien de surface* pour « personnel de nettoyage »...

CONCLUSION SUR LE LEXIQUE ET LE DISCOURS

Grâce à l'enquête de Gougenheim *et al.* sur les fréquences d'emploi du vocabulaire (1964), on sait qu'une conversation courante met en jeu entre 1 500 et 3 500 mots distincts (le projet du « français fondamental » qui en est issu en retient moins de 1 500). Leur fréquence est très variable, les 40 mots les plus fréquents couvrant plus de 50% des occurrences de ces 1 500 mots. Mais la masse du vocabulaire potentiel est bien plus vaste (50 000 mots dans le petit Larousse), et s'accroit très vite. Mais dans l'usage courant, seul un petit pourcentage du vocabulaire utilisé a été créé au XXᵉ siècle (4% dans le journal *Le Monde*, selon une enquête présentée par Müller, 1985, p. 61).

Il était donc souhaitable d'établir un *Trésor de la langue française* (depuis 1971), dictionnaire de la langue des XIXᵉ et XXᵉ siècles, constitué à partir de 90 millions d'attestations provenant d'un millier d'ouvrages littéraires (80%) et techniques. On peut toutefois regretter que le projet ne s'appuie que sur l'écrit.

6. LA DIVERSITÉ DANS LES PRATIQUES

Le français est une langue où ne se manifeste pas, comme par exemple en Grande-Bretagne, une forte hiérarchisation sociale des accents. Les accents ruraux allant s'atténuant au cours du siècle, le jugement de valeur s'établit autant sur la base de la prononciation que sur la correction grammaticale, le choix et la variété du vocabulaire.

UNE DIMENSION TOUJOURS DIFFICILE À ADMETTRE : LA VARIATION

Cependant, les Français sont loin de parler tous de façon identique : les différents vernaculaires manifestent de la variation, phonique, grammaticale, lexicale, graphique (Gadet, 1989), que la norme jugule, et que l'idéologie partagée en matière de langue s'efforce de dissimuler derrière la fiction d'une langue homogène (ce qui s'en éloigne par trop étant écarté d'un décisif « ce n'est pas français »).

Il est de coutume d'aborder cette diversité à travers des « variétés » que l'on suppose répertoriables : français parlé, français des jeunes, français populaire, français familier, français parisien. Mais ce terme de « variété » implique des découpages linguistiques sujets à caution, et oblige à figer la souplesse discursive selon des ensembles de traits supposés en cohérence. Il conduit aussi à négliger la tension dans laquelle est pris tout locuteur, entre facteurs de stabilité et d'unification (normes sociales et recherche du statut : l'école, les institutions, l'écrit, le langage public), et facteurs de diversification (identités communautaires manifestées dans la variation, solidarité : l'oral, les situations familières, le cercle privé).

On caractérise généralement cette variation selon les ordres extra-linguistiques dans lesquels elle s'investit. C'est ce que nous ferons ici, en commençant par la distinction entre oral et écrit, puis la variation diaphasique (usages d'un même locuteur selon les situations), enfin les autres, étant entendu que l'usage de différents traits de langue n'est pas toujours en congruence (variation inhérente).

ORAL ET ÉCRIT

C'est là une partition très saillante, car, alors que l'écrit maintient stabilité et continuité (parce que c'est sur lui que s'exerce avant tout la norme), l'oral ne cesse de varier et d'évoluer. Malgré ce que disait Brunot dans l'*Histoire de la langue française* (« aujourd'hui, elle [la langue parlée] s'écrit et s'imprime toute crue », t. I, p. XVII), on peut encore être surpris de lire des formes qui cherchent à représenter l'oral, comme :

> moi qui ai besoin de sucres lents, les tagliatelles à volonté, c'est idéal (publicité écrite pour les restaurants *Bistro Romain*, 1992)

La linguistique du XXe siècle est sous-tendue par des intérêts conceptuels qui pourraient à terme avoir des effets sur les mentalités en matière de langue : l'affirmation de l'égale dignité de toute forme linguistique conduit à décrire aussi les variétés peu prestigieuses (langue parlée, formes régionales, français populaire, créoles). Ainsi Martinon, annonçant qu'il va décrire la langue parlée, la distingue de l'écrit :

> « Je dis *comment on parle*, car enfin on ne parle pas tout à fait comme on écrit, pas plus qu'on ne peut écrire tout à fait comme on parle, et la formule *vous parlez comme un livre* n'est un compliment que dans la bouche des ignorants » (1927, p. V).

Ce n'est pourtant que dans les années 70 qu'aboutit l'idée de description de l'oral en tant que tel. Et si la reconnaissance est naturelle pour l'aspect phonique que personne ne confond avec la graphie, il semble plus délicat de reconnaitre au plan grammatical une manifestation orale spécifique, ou du moins, comme disent Désirat et Hordé (1976, p. 62), une « relative autonomie qui distingue ces deux modalités ».

Parmi les premiers travaux, citons Allaire (1973), François (1974), Sauvageot (1978), Culioli (1983), la revue *Recherches sur le français parlé*. Des romanistes allemands s'interrogent sur « l'âge du français parlé », en montrant que la plupart des formes actuelles sont attestées fort loin dans l'histoire du français, et que seule l'absence de descriptions avait pu laisser croire à l'innovation (aussi Blanche-Benveniste et Jeanjean, 1986). Pourtant, la transmission de ces travaux dans le grand public est encore faible, et les retombées ne sont pas à surévaluer, malgré quelques effets sur la formation des jeunes enseignants.

L'ACCEPTABILITÉ SOCIALE

L'affaiblissement des tabous verbaux

Le français évolue, au long du XXᵉ siècle, d'une situation où c'est la variation diatopique qui est première, vers une forte saillance du diaphasique. L'argot pénètre la langue populaire, la langue quotidienne ordinaire, et même le code commun (ainsi, on ne saurait comparer la place du « slang » anglais à celle de l'argot français)[1]. Ce que grammairiens et linguistes ne manquent pas de commenter, et on peut jalonner le siècle de citations réticentes, provenant même parfois de grammairiens ayant participé à la prise en considération des formes non standard :

« La langue populaire passe de l'office au salon » (Bauche, 1920, p. 27).

« Le parler populaire a terriblement envahi les classes dites bourgeoises » (Martinon, 1927, p. VII).

« Pendant combien de temps le français familier résistera-t-il à la poussée du français populaire ? Nul ne saurait le dire. Et une fois le français familier atteint, qu'adviendra-t-il du français plus soigné ? » (Fouché in Dauzat, 1935, p. 54).

« […] la généralisation, que l'on constate dans la France d'aujourd'hui, de l'emploi du vocabulaire familier, des tournures populaires et argotiques, voire des mots les plus grossiers de la langue » (Martinet, 1969, p. 39).

Ce déplacement se manifeste par une modification des acceptabilités : des énoncés impossibles à imaginer produits par une « personne éduquée » au début du siècle peuvent fort bien l'être à l'orée de l'an 2000. Cette modification, plus nette à l'oral, n'épargne pas l'écrit.

Pour le lexique, on peut citer de nombreux exemples : quand en 1946 paraît *La Putain respectueuse* de Jean-Paul Sartre, le substantif du titre est remplacé par une initiale destinée à protéger les yeux chastes. Parmi les exemples oraux, Walter (1988, p. 292) cite un propos public de l'académicien Maurice Genevoix, *nous avons été baisés* ; en juin 1996, un ancien ministre critique la réforme du service militaire en disant qu'elle consiste à *réunir les jeunes Français pour les faire pisser dans un bocal*[2]. L'enquête effectuée en vue de la constitution du *Français fondamental* révèle que, parmi les 1 000 mots les plus fréquents, figurent (prononcés dans une situation qui appellerait le standard) des termes comme *gosse, gars, truc, (se) foutre,* ou *machin.* On conclura avec Müller (1985) :

> « L'apport des registres inférieurs est en train d'étoffer le français commun d'aujourd'hui » (p. 56).

Cependant, ce mouvement ne va pas sans heurts, comme on l'a vu en 1985 quand une campagne de prévention routière du ministère des Transports a dû être retirée devant le tollé déclenché par les slogans *on se calme, on se calme,* ou *poussez pas, on (n')est pas des bœufs.* Le slogan antiraciste des années 80 *touche pas à mon pote* en a choqué plus d'un, par l'absence de *ne* et par le mot *pote.*

Manifestations grammaticales

Mais le déplacement d'acceptabilité sociale se manifeste aussi dans la prononciation et dans la grammaire, ce que nous illustrerons avec les nombreuses formes de l'interrogation. Si l'ensemble des formes est pris en considération depuis longtemps par les linguistes, la grammaire normative, elle, ne connait que les formes standard. La forme en *est-ce que ?* est encore donnée comme « lourde » dans les grammaires scolaires des années 70 ; l'interrogation « par intonation » n'est bien souvent même pas évoquée, alors que les statistiques montrent qu'elle représente environ la moitié des occurrences en conversation ordinaire (Al, 1975). Ces deux formes sont désormais citées par la plupart des grammaires, sans commentaire dépréciatif mais avec indication de niveau de langue.

Blanche-Benveniste (1997a) étudie la modification d'acceptabilité des formes d'interrogation sur l'attribut. Une forme comme *qu'est un cormoran ?,* acceptable au début du siècle, est de nos jours sentie comme recherchée ou archaïque. Des études sur un corpus relevant de situations variées montrent qu'on n'entend plus cette forme, à laquelle on préfère :

qu'est-ce qu'un cormoran ?

qu'est-ce que c'est un cormoran ?

qu'est-ce que c'est qu'un cormoran ?

un cormoran c'est quoi ?

c'est quoi un cormoran ?

Les modifications d'acceptabilité sont donc assez rapides, même s'il semble prématuré de parler ici de changement. Dès 1935, Gougenheim, faisant le point sur la morpho-syntaxe, écrivait :

« Continuera-t-elle [la langue française] à évoluer dans le sens du raffinement ? Il semble que depuis un demi-siècle il y ait une réaction et que l'influence de la syntaxe populaire, plus libre et plus souple, se fasse sentir » (in Dauzat, 1935, p. 76).

Les causes du déplacement

Les grammairiens font remonter le déplacement d'acceptabilité sociale à la Révolution de 1789, comme conséquence inéluctable de la progressive démocratisation de la société française. Pourtant, ce phénomène n'est pas à voir de façon univoque comme un gout pour l'encanaillement. Certaines causes sont spécifiques à l'histoire du français, d'autres plus générales.

Pour les causes spécifiques, il faut rappeler qu'au début du siècle, la majorité des Français ne parle pas usuellement en français. Le français est donc à l'abri de l'action de ses locuteurs, comme l'exprimait Rivarol dans son *Discours sur l'universalité de la langue française*, de 1783 :

« À cet égard, la France paraît plus heureuse [que les pays voisins] : les patois y sont abandonnés aux provinces, et c'est sur eux que le petit peuple exerce ses caprices, tandis que la langue nationale est hors de ses atteintes. »

On peut voir le recours aux formes argotiques comme une soupape devant le carcan de la norme, ce que Thérive (1954), peu suspect de sympathie envers le relâchement linguistique, commente de la façon suivante :

« […] le prolétariat prenait conscience d'être une classe maltraitée et méprisée. Un langage spécial lui était d'autant plus nécessaire que l'école tentait de lui inculquer le langage officiel d'une société où on ne lui faisait pas de place » (p. 223).

Quant aux causes générales, étant donné que le niveau d'instruction s'élève et que la pression de la norme (diffusée en particulier par l'école) ne se relâche pas, personne n'ignore ce que c'est que « bien parler ». On ne peut donc comprendre le relâchement que comme effet de ce que le sociolinguiste américain William Labov appelle les « normes dominées » (qui, comme la norme, fonctionnent à la pression du groupe) : l'adoption d'éléments populaires ou argotiques hors du groupe d'origine s'appuie sur des connotations de connivence, de proximité, de marginalité, de défi à l'autorité... D'où leur succès chez les adolescents.

On peut aussi attribuer à une modification des relations sociales les fluctuations des termes d'adresse[1] : après une lente extension de l'usage de *tu* au cours du siècle, celui-ci se généralise après 1968, avant un nouveau reflux actuel (sauf chez les jeunes, où le *tu* est de rigueur). Mais ce mouvement ne va pas sans contradictions, à la mesure de la complexité des rapports des usagers à la norme, et le siècle se caractérise aussi par la tendance aux hypercorrections, signalées dans l'écrit (orthographe et fausses élégances) et dans la prononciation (voir p. 603), comme cet exemple de Dauzat (1935) : *Danube* prononcé [danybl], sur le modèle retourné de *table*, couramment prononcé [tab].

LA NOTION DE NIVEAUX DE LANGUE

Pour qualifier la différence d'usage de la langue en fonction des situations, on parle depuis les années 50 de « niveau de langue ».

Définition de la notion

Certes la problématique n'est pas ignorée auparavant, avec le terme « style », présent par exemple dans *La Stylistique* de Bally (1905), ou les *Exercices de style* de Raymond Queneau, de 1947, qui ont connu un réel impact en milieu scolaire. De la stylistique où le terme surgit, il va, dans le courant des années 60, se répandre en didactique et entrer dans les grammaires scolaires et dans les méthodes de français langue étrangère (Stourdzé et Collet-Hassan, 1969).

La pratique courante consiste à distinguer entre niveau soutenu (soigné, recherché, élaboré, châtié, cultivé, tenu, contrôlé), standard (standardisé, courant, commun, neutralisé, usuel), familier (relâché, spontané, ordinaire), et populaire (vulgaire). Tous les dictionnaires ont adopté cette pratique, et l'Académie se plaint que, pour certains locuteurs, la présence d'un mot dans un dictionnaire l'emporte sur la mise en garde que constitue la mention d'un niveau de langue :

> « Il nous est également apparu que nos notations habituelles : *familier, populaire, vulgaire, argotique, trivial*, avaient de moins en moins d'effet dissuasif, comme si, même assortis de ces mentions, le fait que des mots grossiers soient mentionnés "dans le dictionnaire" autorisait leur emploi sans discernement ni retenue. Que nous ayons dû en faire état, parce qu'ils sont d'un usage parlé, hélas fréquent, ne saurait constituer un encouragement à s'en servir en aucune occasion qui commande, oralement ou dans l'écrit, un langage correct » (1994, cité par Bernet et Rézeau, 1995).

Les dictionnaires français pratiquent depuis longtemps des notations référables aux différences d'usage. Mais pour la grammaire, cette prise en compte se borne, dans bien des ouvrages, à l'évocation en introduction, et au mieux à des allusions dans les chapitres sur la négation et l'interrogation.

Critique de la notion

La notion de niveau de langue permet de tenir compte des effets des situations sur la façon de parler, mais elle risque de figer la représentation de la langue :

– Les gammes auxquelles elle fait appel sont hétérogènes, relevant du social (« populaire »), du degré d'attention porté à la parole (« soutenu »), ou de l'idéalisation (« standard » – jamais indiqué comme tel, qui se laisse déduire de l'absence de marque) ; la difficulté est nette avec « familier » et « populaire », car on doit admettre que les formes peuvent relever des deux (omission de *ne*, assimilations consonantiques).

– Il n'y a pas symétrie autour du standard, entre haut et bas de l'échelle : la norme par rapport à laquelle elle est établie n'est pas au milieu, mais vers le haut.

– On peut constater, même parmi les dictionnaires courants, de fortes disparités dans la qualification d'un même mot (exemples dans Désirat et Hordé, 1976, p. 42 *sq.*) ; et, d'une grammaire à l'autre, de fortes disparités dans la qualification d'une même forme (surtout pour l'interrogation).

– La caractérisation en niveaux de langue incite à voir un niveau comme cohérent, alors que l'usage des traits linguistiques ne l'est pas nécessairement, comme dans cet exemple où voisinent une « relative de français populaire » et une liaison qui n'est pas des plus fréquentes :

il faut laisser la place à ceux [kizi] sont [pazale]

Enfin, faute de tenir compte de la variation inhérente, elle conduit à concevoir l'usage de la langue comme message constitué indépendamment de la sélection du niveau. En tentant d'éviter une représentation monolithique, on risque d'aboutir à un schéma où plusieurs niveaux, à leur tour monolithiques, se constituent de traits linguistiques variant en congruence. Mais tel n'est pas le cas.

En principe, les niveaux sont dictés par les situations. Mais on a pu lire dans le métro parisien, pendant le mois de mai 1996, deux affiches présentant des interrogations, l'une par inversion, l'autre par intonation :

serez-vous capables de boire tout ça ?

la fête des mères c'est le 2 juin – c'est quand la fête des filles ?

Cet exemple permet de s'interroger sur ce qui, dans les différentes interrogations, relève de la différence entre niveaux, d'une éventuelle différence de sens, et de contraintes grammaticales : car comment une telle question en dialogue pourrait-elle être formulée autrement ?

LES AUTRES DIMENSIONS DE VARIATION

Nous parlerons ici de dimensions de variations inscrites dans la longue durée, sans réelle nouveauté apportée par le XXᵉ siècle (Gadet, 1989).

Les particularités régionales

Elles sont encore très saillantes, surtout dans les campagnes, chez les hommes, et chez les plus âgés : dès qu'un Français ouvre la bouche, un autre Français saura l'identifier comme Parisien, Alsacien, Provençal… Les diversités lexicales sont bien répertoriées (voir Walter, 1988, sur la diversité des termes par lesquels on peut désigner l'action d'imprégner de sauce des feuilles de salade : *mélanger, tourner, remuer, brasser, fatiguer…*) ; les particularités phoniques et prosodiques aussi (voir p. 599 *sq.*). Mais, encore une fois, les particularismes grammaticaux sont plus rarement notés : comme, dans la zone francoprovençale, le surcomposé en indépendante ou l'emploi d'un pronom neutre (Tuaillon, 1983) :

cet article/je l'ai eu fait mais je le fais plus depuis longtemps [1]

le Beaujolais/j'y aime

La diversité linguistique régionale a d'abord été prise en charge par la dialectologie. L'étude des patois connait son apogée avec la réalisation de l'*Atlas linguistique de la France*, publié entre 1902 et 1912 (Gilliéron et Edmont), puis avec les atlas régionaux constitués après la Seconde Guerre. Et l'on voit paraitre tout au long de la période de nombreux dictionnaires de particularismes régionaux. Peu à peu se banalise l'idée de la diversité du français ; la diversité territoriale n'est plus seulement renvoyée aux patois, comme le montre la parution en 1973 d'un numéro de la revue *Ethnologie française* : intitulé « Pluralités des parlers en France », il est centré sur les différents usages du français, non sur les patois.

Il semble donc que se fasse jour une certaine reconnaissance de la variation et des variétés non centrales du français. Ce n'est pourtant que dans les années 80 que sont publiées, avec un objectif d'enseignement du français langue étrangère, des cassettes accompagnées de manuels sur les différentes façons de parler français (comme Carton *et al.*, 1983). Quelques travaux se sont aussi intéressés aux jugements sur les accents régionaux, à travers la perception de la langue parlée par le locuteur lui-même et par les autres (Lafontaine, 1986).

Diversité sociale et démographique

Il existe peu d'études sur le vernaculaire des couches sociales supérieures, sans doute hâtivement assimilé à l'usage normé (parmi les rares exceptions, Mettas, 1979). Quant aux variétés populaires, bien qu'elles soient souvent évoquées, elles n'ont jamais été étudiées à fond. On dispose pourtant de documents sonores depuis le début du siècle (Phonothèque nationale, enregistrements de 1912 et 1913, décrits par François, in Antoine et Martin, 1985) ; et de quelques ouvrages, dont Bauche (1920), Frei (1929), Guiraud (1965), et Gadet (1992).

La sociolinguistique s'est aussi intéressée aux manifestations de l'échec scolaire et de l'inégalité des chances entre enfants de classes sociales différentes, ainsi qu'à l'intégration des enfants issus de l'émigration. Toutefois, cette discipline a en partie échoué dans ses intentions militantes vers l'échec scolaire, sans doute pour n'avoir pas assez pris la mesure de la dimension symbolique de la langue (langue marqueur d'identité).

La différence d'attitude linguistique des hommes et des femmes a longtemps constitué un moteur sociolinguistique : par le rejet du vernaculaire et le choix du standard, les femmes jouent un rôle déterminant dans l'adoption du français, et sont davantage sensibles à l'hypercorrection. Avec l'atténuation de la différence de rôles sociaux, les différences se sont restreintes. Mais les distinctions en fonction de l'âge demeurent fortes : les jeunes de quinze à vingt-cinq ans sont peu sensibles à la pression du standard, et très soumis à la conformité au groupe immédiat.

VARIATION DANS LA GRAPHIE : LE RAPPORT DES FRANÇAIS À L'ÉCRITURE

Avant le XXe siècle, on dispose de peu de documents sur les pratiques ordinaires d'écriture des non-lettrés [1], alors qu'ils sont au contraire nombreux pour l'époque contemporaine.

Les Français et l'écriture

On est loin d'avoir exploité tous les écrits privés dont on peut disposer (lettres de soldats, journaux du front, journaux intimes), et de savoir tout ce qu'ils pourraient nous apprendre sur les pratiques ordinaires d'écriture. Quant à la vie quotidienne, on peut, de certaines graphies urbaines que sont les publicités ou les enseignes commerciales, induire des prononciations, comme quand « potiron » est écrit *petit rond* chez un marchand de légumes (antériorisation de l'articulation du [o]).

La vie professionnelle actuelle, avec discussions et concertations, accorde de l'importance à l'oral. De ce fait, quand on doit aboutir à de l'écrit (rapports, comptes rendus), celui-ci conserve souvent des traits d'oralité, dans le vocabulaire et dans les structures. D'où une valorisation de la spontanéité de l'expression, qui peut aussi constituer une réaction contre le modèle scolaire.

Les Français et l'orthographe

L'orthographe passionne suffisamment l'opinion publique pour que la revue *Lire* ait pu lancer, depuis 1985, un championnat annuel d'orthographe. Quant aux pratiques quotidiennes effectives, une enquête coordonnée par Lucci et Millet (1994) permet d'en faire le bilan, en particulier pour les pratiques des adultes, moins bien connues que celle des enfants en cours d'acquisition (grâce par exemple à l'instrument de mesure qu'est l'échelle Dubois-Buyse, de 1970). Aussi Lucci et Millet vont-ils s'intéresser aux écrits ordinaires (demandes d'emploi, correspondance, directives manuscrites dans une entreprise), aux écrits de futurs professeurs de français (étudiants de licence de lettres modernes) ou de futures secrétaires (élèves de LEP), à la fois dans la prise de notes quotidienne et en situation d'examen, aux pratiques correctives des enseignants de français, et à l'orthographe des journaux. Voici leurs conclusions :

– L'orthographe spontanée est socialement dissimulée, puisque tout écrit imprimé a été revu (journaux, revues, livres). Aussi le propos « laisser l'usage décider », en matière d'orthographe, ne veut-il rien dire.

– L'orthographe des journaux n'a rien de vraiment catastrophique.

– Les lieux privilégiés d'erreurs révèlent deux grands ensembles qui soulignent le clivage social qu'instaure l'orthographe : 1° l'ensemble des diacritiques et accents, où c'est chez les plus scolarisés dans les situations les plus formelles qu'il y a le plus d'erreurs ; 2° les marques grammaticales (surtout pluriel), où ce sont au contraire les moins scolarisés en situations ordinaires qui font le plus d'erreurs.

– Pour l'orthographe d'usage, il y a aussi clivage social, puisque seuls les plus scolarisés ont recours au dictionnaire pour vérifier l'orthographe (de fait le principal usage du dictionnaire).

– Les zones proposées à la rectification de 1990 coïncident largement avec ces points fragiles des usages.

Une expérience effectuée par Chervel et Manesse (1989) a permis d'établir qu'en un siècle, l'orthographe moyenne des Français n'a guère bougé. Tirant parti de documents conservés dans les archives de la Ville de Paris (les copies d'une dictée qu'un inspecteur général avait fait passer, entre 1873 et 1877, à 3 000 enfants de 200 écoles de différentes communes de France), ils présentent cent ans plus tard la même dictée à des élèves plus ou moins comparables (niveau scolaire, âge, sexe, habitat) : on ne constate ni réelle détérioration, ni sensible amélioration.

7. LES ATTITUDES ENVERS LA LANGUE

Le français est une langue dont on considère qu'elle doit être défendue, ce qui, à côté de l'aspiration à une certaine qualité de la langue, induit une série d'attitudes, même dans une version raisonnable comme celle de Dauzat (1943) : « Se tenir à égale distance du purisme archaïque, devenu hors d'usage, et du vulgarisme, qu'on ne saurait tolérer » (p. 9).

NORME ET STANDARDISATION

Ambigüité du concept de norme

Le terme de « norme » se caractérise par un flottement (Rey, 1972) entre un sens objectif, qui renvoie à la moyenne des productions et des usages (normal), et un sens subjectif, qui concerne le fait d'édicter la façon dont on devrait s'exprimer (normatif). Les deux ne sont pas sans rapport : la norme autoritaire exploite l'évaluation sociale à laquelle tout locuteur se livre. Cette confusion se redouble d'un flou sur « usage » (souvent confondu avec « bon usage »), et se satisfait de l'effacement du processus historique de standardisation.

On ne peut cependant voir le rôle de la norme linguistique comme seulement négatif et répressif, car elle est un facteur de standardisation et de stabilité. Son statut est en train de lentement se modifier, comme le montre Gueunier *et al.*, 1978, et d'autres études sur les attitudes. La sociolinguistique a montré que ce n'était pas le groupe social le plus élevé qui manifestait les plus grands soucis de langue, et que l'insécurité linguistique était caractéristique du groupe en deuxième position. Ce qui confirme le caractère de « distinction » du bon usage (s'écarter du vulgaire).

Norme et enseignement

La norme est assumée par plusieurs institutions, dont l'école qui perpétue un modèle élaboré au XIXᵉ siècle (Chervel, 1977), prenant appui sur l'écrit considéré comme point de référence absolu, et sur la maitrise de l'orthographe. La diffusion d'un français homogène donne naissance à la grammaire scolaire, dont les programmes, fermement régis par les *Instructions officielles*, vont bien au-delà de la seule maitrise de la langue :

> « [...] l'enseignement du français, ce n'est pas seulement travailler au maintien et à l'expansion d'une belle langue et d'une belle littérature, c'est fortifier l'unité nationale » (*Instructions* de 1923)[1].

Les nombreuses critiques contre la grammaire scolaire (synthèse dans Chervel, 1977, qui montre à quel point elle s'est constituée en vue de l'enseignement de l'orthographe) ne l'atteindront guère.

Ce qui est en cause est bien la qualité de l'enseignement de la langue : Brunot (1922) parle en introduction d'un « enseignement de rebut, une école d'ennui, effroi des élèves et des maîtres », et Bally écrit :

> « Il s'agit de savoir si l'assimilation d'un français correct doit abêtir l'enfant, comme c'est trop souvent le cas, ou bien si elle peut contribuer en quelque mesure à son développement intellectuel » (1930, p. 6).

À partir des années 60, sur le constat de persistance de l'échec scolaire, est initié un programme de rénovation pédagogique (équipes de recherche à l'INRP, auxquelles participent les linguistes André Martinet, Jean-Claude Chevalier, Oswald Ducrot et Patrick Charaudeau). La réflexion sur l'école et l'enseignement de la grammaire (tentative d'élaboration d'un français de référence) est soutenue par des revues pédagogiques comme *Le Français aujourd'hui*, *BREF*, *Repères*, *Pratiques*, ou *Le Français dans le monde*.

Toutefois, on voit aujourd'hui que ces efforts n'ont que peu modifié la situation : dans la formation des enseignants de français, c'est avant tout l'écrit, la littérature et la belle langue qui sont mis en avant. Et dans la préparation aux concours d'enseignement, la formation en langue et en linguistique reste mince.

Un français standard ?

La prononciation est le seul domaine où les conceptions se soient déplacées sans trop de heurts. Les mutations sociales sont entérinées par la lente évolution de la prononciation de référence (Borrell et Billières, 1989), que l'on peut schématiser en trois étapes qui se donnent comme norme : le « français parisien cultivé » (recherche d'une référence sociologique existante), puis le « français standard » (reconnaissance du caractère d'abstraction du modèle recherché), et enfin le « français standardisé » (reconnaissance du caractère de processus)[1].

Plusieurs « dictionnaires de la prononciation » sont parus (le premier, de Michaelis et Passy, date de 1897), qui donnent une « bonne prononciation ». L'évolution des mentalités aboutit au dictionnaire de Martinet et Walter, 1973, qui prend acte de la variation en proposant, sur la base d'enregistrements de 17 locuteurs de la « bonne bourgeoisie parisienne », plusieurs prononciations considérées comme admissibles :

> « Pour la première fois, nous portions atteinte, dans un dictionnaire, au mythe de la prononciation du français, et cela pour près d'un mot sur cinq » (Walter, 1988, p. 158).

Mais il n'en va pas de même pour les plans autres que phonique, malgré les observations de Vendryès dès 1920, qui prend acte du caractère abstrait et processuel de la version standard de la langue :

> « Il y a beaucoup d'hommes qui parlent français, il n'y a personne qui parle le français et qui puisse servir de règle et d'exemple aux autres. Ce que nous appelons le français n'existe dans le langage parlé d'aucun être humain. »

Ceci s'avère difficile à admettre pour le plus grand nombre.

PURISME PAS MORT

Le purisme n'est pas en France qu'une attitude individuelle, car, accepté spontanément par l'homme de la rue, il est relayé par les institutions (« L'étonnant est que l'autorité des puristes soit rarement mise en cause, ou, plus modestement, discutée », Beaujot, 1982, p. 49). Si les puristes militants sont peu nombreux, partout règne l'idée d'une langue française immuable et homogène, et l'on confond volontiers norme et purisme. Les formes du purisme ne se renouvellent guère, passant par des notions comme le « génie de la langue » ou la pureté, par des arguments mettant en avant la logique, l'esthétique, le respect de l'origine ou l'histoire ; enfin, l'appel à l'usage permet d'oublier les usagers.

Le purisme ne cherche pas à regarder la langue comme un ensemble structuré, mais égrène des listes (souvent en couples sur le mode : « Ne dites pas X, dites Y ») : *pallier à* vs *pallier, par contre* vs *en revanche*[2], *causer à* vs *causer avec*, ou *je m'en rappelle* vs *je me le rappelle*. Il condamne, exclut et édicte, et passe facilement de « défense de la langue » à « défense de… » : *malgré que* (pourtant formé de façon régulière sur le modèle qui fait une conjonction à partir de Prép + *que*) ne se dit pas, *après que* doit se construire avec l'indicatif… Le puriste voit son ennemi dans le laxiste, qu'il dit prêt à tout tolérer du moment que c'est attesté et que la communication passe.

Les offensives puristes connaissent des moments plus vigoureux : le tournant du siècle (bataille de l'orthographe, sur fond de confrontation entre tenants de deux types de société) ; les années 30 (crise économique internationale, danger de guerre) ; les années 60 (constat de persistance de l'échec scolaire, affaiblissement du rôle international de la France).

Il faut pourtant être bien peu sensible au sociolinguistique pour avoir foi dans le pouvoir d'intervention en matière de langue, surtout orale ; car, comme le rappelle le sociologue Pierre Bourdieu :

> « Les "mœurs linguistiques" ne se laissent pas modifier par décrets comme le croient souvent les partisans d'une politique volontariste de "défense de la langue française" » (1982, p. 36).

LA DÉNONCIATION D'UNE CRISE INTERNE

Devant le recul de prestige de l'école, il n'est pas facile de trouver un modèle alternatif : quelle langue enseigner ? On sait ce qu'est « bien écrire », mais qu'est-ce que « bien parler ? » (Genouvrier, 1972).

Le thème de la crise

Le XXᵉ siècle file le thème de la crise de la langue, lancé par les voix traditionalistes, comme Deschanel dès 1898 :

> « La langue française, si belle, va se corrompant […] à présent que l'âge mûr est dépassé, nous sommes dans la crise redoutable » (p. 5).

En fait, cette « crise » n'est autre que l'accroissement de la distance entre langue orale et langue écrite. Martinon (1927, p. VII), pourtant mesuré, affirme lui aussi que « le français n'a jamais été si mal parlé ». De nombreux titres filent la métaphore du massacre, comme Moufflet (1930), qui ouvre ainsi son livre de 452 pages [1] :

> « Notre langue est mise en péril par l'homme de la rue, par les gens du monde, par des ignorants de tout poil comme par des bacheliers qui ne savent plus écrire, par les journalistes, par les politiciens, par les amateurs de sport, par les ronds-de-cuir, […]. Contre les bourreaux, contre les tortionnaires, contre les massacreurs, j'ai voulu défendre la victime » (p. VII).

Il ne reste pas grand monde pour en user correctement : l'ennemi est dans la place, en tout locuteur[1].

Tous ces pamphlets attaquent la presse : même s'il y a à dire sur les formulations hâtives, on peut penser qu'il y a là, de la part des grammairiens et des linguistes, une revanche sur les médias, qui ont supplanté l'école dans la hiérarchie des prestiges. À la dégradation lente, on oppose des points de catastrophe, comme la guerre de 14 qui a imposé des promiscuités[2] que résume Dauzat (1935) :

> « Mélangeant une fois de plus les classes sociales par de nombreuses ruines et maints enrichissements brusques, la guerre de 1914 a favorisé une nouvelle poussée de la langue populaire, qui a fait irruption avec quelque brutalité dans le roman, tandis que mots et tournures vulgaires pénétraient dans les milieux qui auparavant leur étaient fermés » (p. 203).

La réalité des changements intervenus justifie-t-elle un tel émoi ? Blanche-Benveniste, in Antoine et Martin, 1995, montre pour la période 1914-1945 que, si peu de choses ont réellement changé dans la syntaxe, il y a dans l'opinion la certitude que beaucoup de choses ont changé. Les points dénoncés sont d'ailleurs toujours les mêmes, éternels indices de décadence.

Martinet (1969) attribue la crise aux modifications sociales : le français est une langue d'aristocrates, que les locuteurs n'ont plus le loisir de cultiver :

> « S'il y a, comme on le dit depuis près de quarante ans, une crise du français, c'est que l'évolution des mœurs et des techniques tend à éliminer les classes oisives qui assuraient la survie des traditions linguistiques, et à faire de la langue française le bien commun de quelque cinquante millions de personnes trop absorbées par la lutte pour l'existence pour qu'elles puissent, même avec le concours de l'école, préserver intégralement un instrument linguistique mal adapté à leurs besoins » (p. 94).

La faute : vulgarisme et hypercorrection

Rares sont les grammairiens qui, comme Sauvageot (1978), suggèrent de « laisser une plus grande latitude à l'usager », ou qui, comme Frei (1929), essaient de comprendre le mécanisme des fautes : pour ce dernier, la « faute » est signe d'un déficit du système, que les locuteurs s'efforcent de réparer.

Pour la plupart des auteurs, le changement est décadence, et s'il y a des contacts entre classes sociales, c'est l'entrainement vers le bas qui l'emporte. Pourtant, il n'est pas toujours facile de distinguer linguistiquement entre vulgarisme et hypercorrection :

je me demande à quoi penses-tu (?)

Les deux interprétations sont ici possibles : vulgarisme par absence de distinction entre deux types d'interrogation, ou hypercorrection par survalorisation de l'inversion.

Gueunier (1986) a montré que les effets de l'hypercorrection étaient souvent négligés dans l'histoire du français, de même que celui des interventions savantes et des usages des classes en ascension sociale. Un exemple actuel d'hypercorrection pourrait être l'abondance des formations lexicales latines et grecques, même quand un mot à base française existe : on parle d'*associations caritatives*, et non *charitables*. Gourmont (1899), quant à lui, n'oublie pas le « pédantisme » dans l'histoire du français : le « gréco-français » a doté la langue de nombreux doublets, comme *ecchymose* à côté du populaire *bleu*.

Pour l'observateur romaniste étranger qu'est Söll, la « crise » est le produit d'une mentalité conservatrice :

« Elle [la crise] réside sans aucun doute dans la tentative de conserver la langue dans son état littéraire des XVIIe-XIXe siècles, comme si le prestige de la langue pouvait ainsi être conservé » (p. 353).

Le thème des menaces externes

Persistance des métaphores

Les menaces externes viennent s'ajouter à celles des vulgarismes : les locuteurs qui ne surveillent pas leur langue sont à regarder comme des traitres. Gueunier, 1986, souligne la persistance des métaphores, au moins depuis les vitupérations contre l'italien au XVIe siècle, avec les registres du patrimoine (monument en péril), de la médecine (maladie, tare et contamination par des germes), de la guerre (forteresse assiégée, infiltration de l'ennemi, déferlement de troupes), du viol (forcer) et ses conséquences (risque de procréation de monstres et de bâtards). À quoi s'ajoutent la morale, la religion et la police.

Toutefois, il faut rappeler qu'au XVIe siècle, il y avait un enjeu (faire du français une langue à large éventail fonctionnel, en l'enrichissant malgré ceux qui continuaient à prôner l'usage du latin) ; alors que de nos jours, l'enjeu est plus défensif et conservateur que constructif.

L'ennemi actuel : l'anglais

Wagner (1964, p. 170) souligne la nouveauté du thème de la menace par l'anglais, que l'on ne trouve ni chez Deschanel en 1898, ni chez Moufflet en 1930 ; mais il y a des précédents comme l'ouvrage de Gourmont (1899)[1] :

> « c'est [...] du dehors que sont venues nécessairement toutes les atteintes portées à la beauté et à l'intégrité de la langue française. Elles sont venues de l'anglais : après avoir souillé notre vocabulaire usuel, il va, si l'on n'y prend garde, influencer la syntaxe, qui est comme l'épine dorsale du langage » (p. 133).

Il faut distinguer deux vagues d'emprunts. Les emprunts à l'anglais d'Angleterre[2] datent du XVIIIe siècle (surtout vocabulaire du sport, au XIXe) ; ils ont laissé peu de traces visibles puisque les prononciations se sont régularisées (*redingote* qui date du début du XVIIIe, où on ne reconnaît plus « riding coat »). L'emprunt à l'américain débute avec la guerre de 14. Avec la prise de conscience de la supériorité économique américaine, les attaques contre l'anglais reflètent la perte de la certitude que le français soit une grande langue internationale. Hagège, 1987, établit un lien entre évènements politiques et vagues défensives :

> « Au cours de la décennie suivante [60-70], les ouvrages de défense du français, pour la plupart, suivent de près, par leurs dates de publication, les diverses entreprises que conduit la France officielle, soucieuse de réagir au déclin de son influence dans le monde et à la suprématie de plus en plus affirmée des États-Unis » (p. 111).

Un exemple célèbre de littérature anti-anglais est le texte d'Étiemble (1964) où, procédé habituel des pamphlets, il constitue un stéréotype par concentration : beaucoup des termes incriminés sont aujourd'hui désuets.

Degré de réalité de l'invasion

Nous distinguerons ici entre grammaire et prononciation d'une part, vocabulaire de l'autre. Grammaire et prononciation sont peu affectées par l'emprunt à l'anglais. Pour la prononciation[3], tout au plus peut-on faire état de l'apparition du son [ŋ], dont la pénétration dans la langue est objet de débat, comme on l'a vu en p. 601. D'ailleurs, beaucoup de mots formés avec le suffixe -*ing*, source essentielle de ce son, sont des formations françaises, incompréhensibles pour un Anglo-Saxon, comme *pressing*, *footing* ou *zapping*. Hagège conclut ici que « les offenses au regard ne peuvent s'assortir d'offenses à l'oreille » (1987, p. 66), tant le système phonologique de l'anglais diffère de celui du français.

Quant à la grammaire, la morphologie qui est très résistante n'est pas concernée. Pour la syntaxe, presque tous les tours incriminés comme anglicismes sont d'origine ancienne. Même si l'anglais joue ici comme adjuvant, la convergence ne saurait dénaturer une organisation intrinsèque. Il n'y a que de rares exemples, surtout dans la langue des jeunes, pour ne pas respecter la syntaxe française (*c'est destroy*, ou le verlan *j'ai pécho*).

Pour le vocabulaire, la majorité des emprunts concerne des noms. Il faut ici distinguer la fréquence en lexique, qui serait de 2,5 %, de la fréquence en discours. En discours suivi, les emprunts à l'anglais n'atteignent pas 1 % des termes utilisés : ainsi, une étude citée par Rey-Debove et Gagnon, 1984, établit, dans le journal *Le Monde*, la proportion d'un mot emprunté à l'anglais sur 166 (p. VI). La menace est donc fantasmatique : si les termes perdurent, ils sont souvent remplacés par un équivalent français (comme le préfixe *self-*, peu à peu remplacé par *libre-*)[1]. Mais il existe des formes plus subtiles d'emprunt : l'emprunt sémantique (*réaliser* pour « comprendre », par influence de *to realize*, ou *opportunité* qui concurrence « occasion » sous l'influence de *opportunity*), et le calque (*table ronde*, *planning familial*).

Pourquoi ne pas considérer que de nouveaux éléments, même homonymes de termes anglais, sont un enrichissement pour le lexique français ? Ainsi, sur le modèle de *ingénierie* (anglais *engeneering*), le suffixe *-erie*, revitalisé aussi par le suffixe *-eria* de l'italien, a fleuri dans toute une série de mots, comme *chausserie*, *bagagerie*, *retoucherie*. La vitalité du français n'est pas en danger sur ce point, et les menaces véhiculées par la manie d'exclusion des puristes paraissent plus sérieuses, car elles risquent de faire du français une langue à vocabulaire pauvre.

Il y a cependant un point où les critiques de l'invasion de l'anglais sont crédibles : c'est dans la dénonciation du snobisme qui consiste à dénommer des activités professionnelles par des mots anglais alors qu'un terme français existe, laissant entendre que compétence et efficacité sont anglo-saxonnes : *concert live* (*direct*), *news* (*hebdo*), *casting* (*distribution*), sans parler de l'informatique.

LA LINGUISTERIE AU QUOTIDIEN : LES RUBRIQUES DE JOURNAUX

Le XXᵉ siècle a vu tous les grands journaux offrir des chroniques de langue, qui donnent souvent lieu à un abondant courrier de lecteurs. La pesanteur des mentalités se reflète ainsi, dans les chroniques, qui n'évoluent que peu au fil du temps, et dans le courrier :

« En premier lieu, ces rubriques seraient ou auraient été des instruments actifs de production et de perpétuation de la norme ; plus
rarement de son évolution ; exceptionnellement, de sa subversion.
En second lieu, le moyen privilégié de sa diffusion » (Cellard,
1983, p. 651).

Il y a pourtant des nuances, qui reflètent souvent les options d'un
journal. Ainsi, c'est le linguiste Marcel Cohen qui a pendant longtemps
rédigé pour *L'Humanité* des rubriques d'observation (« Regards sur la
langue française », qui donneront lieu, de 1950 à 1972, à la publication
de cinq tomes du même titre). Le ton est donné dans l'introduction de
l'un de ces tomes :

> « [...] sous le signe de la défense de notre langue nationale contre
> les puristes qui se refusent à admettre qu'une langue, fixée dans
> l'ensemble il y a trois siècles, ait le droit d'évoluer quelque peu, et
> contre les alarmistes qui craignent que le français un peu changé
> ne soit plus le français » (1972).

Le Monde a fait successivement appel à Albert Dauzat (linguiste
connu lui aussi, mais très pris dans la problématique de défense de la
langue), Robert Le Bidois (très classique, qui intitule sa rubrique « La
défense de la langue française »), puis Jacques Cellard (dont la rubrique
devient « La vie du langage ») à partir de 1972, qui fera beaucoup pour
rendre admissible un point de vue d'observation. *Le Temps* recourt
dans les années 30 au puriste Abel Hermant, académicien qui signe du
pseudonyme de Lancelot (lui aussi « Défense de la langue française »,
quintessence du genre normatif sans la moindre sensibilité au mouvement de la langue). Quant au *Figaro*, la rubrique d'Aristide a longtemps eu pour objet de pourfendre des hommes publics ; Claude Duneton s'y montre aujourd'hui moins puriste.

Cellard (1983) propose un bilan des thèmes de ces rubriques et
montre l'extrême stabilité du genre : on parle peu de prononciation
(sauf des liaisons), la morphosyntaxe est cantonnée au « ressassement
des "difficultés" traditionnelles » (p. 656), ou à l'accord du participe
passé avec *avoir* ; les anglicismes n'ont jamais quitté la vedette depuis
les années 60, mais le vrai filon, ce sont les néologismes (« aucune chronique de langage ne pourrait se soutenir aujourd'hui si elle renonçait à
traiter les néologismes », p. 662). Cellard conclut que le champ des
chroniques du langage, « c'est celui des tensions entre la norme et
l'usage montant », ce dernier étant selon le support repoussé, accueilli
favorablement, ou simplement décrit.

Ces rubriques disparaissent peu à peu : économie de place ? ou, comme le pense Cellard (1983), caducité progressive de la formule devant l'existence, depuis 1936, de l'ouvrage de référence reconnu par tous qu'est la grammaire de Grevisse ?

Une lente émergence de l'idée de francophonie

Le début de notre période correspond à la fin de l'installation de l'empire colonial, avec la conquête de Madagascar en 1895 et l'instauration d'un protectorat au Maroc en 1912. Cette même période le verra se défaire : perte de l'Indochine en 1954 ; indépendances de la Tunisie et du Maroc en 1956, des pays d'Afrique noire en 1960 ; fin du conflit algérien en 1962.

Parmi les grandes langues de colonisation, le français est la seule pour laquelle c'est dans le pays colonisateur que l'on trouve le plus grand nombre de locuteurs natifs (la deuxième communauté francophone du monde, le Québec, en comportant environ dix fois moins). À partir des années 60, les Français vont peu à peu s'ouvrir à la francophonie [1], en retournant en valeur positive la perte du statut de grande puissance. Cette idée va bientôt conduire à réfléchir sur l'enseignement du français langue seconde ou étrangère, et donc à la nécessité d'enquêtes, dont l'une autour du projet du « français fondamental » (Gougenheim *et al.*, 1964). D'importants débats ont entouré ce travail (initialement « français élémentaire », rebaptisé « fondamental » à la suite des critiques de Cohen, 1955). Quelles que soient les limites du projet, ce n'est pas sans mauvaise foi que l'on a pu l'accuser de tenter d'instaurer un « basic French » sur le modèle du « basic English » diffusé par le British Institute [2].

Autour du concept de « français universel », qui s'efforce de maintenir l'intercompréhension entre francophones, des voix se manifestent hors de France pour le respect des particularismes. On peut espérer que la reconnaissance de la variation au niveau international finira par modifier la perception de leur langue par les Français sur leur territoire même.

8. LES REPRÉSENTATIONS ÉCRITES
DE LA LANGUE PARLÉE

Nous nous intéresserons ici à l'écrit dans sa relation au parlé, fortement modifiée par rapport aux siècles précédents[1].

LA LANGUE PARLÉE ORDINAIRE DANS LA LITTÉRATURE

Après la simplification du style à la fin du XIXe siècle, et les pratiques littéraires de couleur locale avancées par le romantisme et le réalisme-naturalisme, le XXe voit la langue écrite se rapprocher du parlé :

« Phénomène essentiel, les romantiques ont fait de l'écriture quelque chose d'individuel et ils ont renversé les barrières entre la langue commune et le discours littéraire, où pénétreront peu à peu le vocabulaire argotique et populaire, puis les tournures familières. Cette osmose entre écrit et parlé qui n'épargne aucun genre est une des caractéristiques les plus importantes de la littérature actuelle ; en même temps, le goût de l'élégance a cédé devant le besoin d'expressivité » (Helgorsky, 1988, p. 1240).

La langue parlée dans la littérature

La littérature du XIXe avait déjà mis en scène des manifestations de langue parlée et populaire. Mais c'est avec le XXe siècle que les parlers vernaculaires apparaissent vraiment dans la littérature, en refus de l'exclusivisme linguistique qui a frappé les formes non standard et non centrales de la langue (régionales, populaires et parlées).

On peut citer les poèmes de Jehan Rictus (*Les Soliloques du pauvre*, de 1887, souvent réédités) et de Jean Richepin (*La Chanson des gueux*) ; les romans de Léon Frapié, Louis Pergaud, René Benjamin, Henry Poulaille, René Dabit, Louis Guilloux, Francis Carco, Jean Giono, Maurice Genevoix, Pierre MacOrlan, Marcel Aymé[2]. Tous mettent en scène, en tentant avec plus ou moins de fidélité de restituer sa langue, le peuple des villes ou des campagnes (prolétaires, paysans, mauvais garçons) : le plus fréquent est la présentation de l'argot, qui ne s'accompagne pas toujours de la notation d'effets populaires de prononciation ou de grammaire.

La guerre de 14 a eu pour effet linguistique et littéraire de prêter la parole à une couche de population auparavant muette. La langue parlée des soldats et l'argot « poilu », qui auraient pu rester confinés aux usages oraux où ils ont vu le jour, sont largement diffusés dans la littérature (Benjamin, Dorgelès, Barbusse, Céline dans le *Voyage*). À titre d'exemple, voici un extrait du *Feu* de Barbusse :

> « Ce n'était pas un trou d'écoute ordinaire, oùsqu'on va t'et vient en service régulier. C'était un trou d'obus qui r'ssemblait à un aut'trou d'obus, ni plus ni moins. On nous avait dit jeudi : "Portez-vous là, et tirez sans arrêt" qu'on nous avait dit jeudi. Y a bien eu l'lendemain un type de liaison du 5ᵉ bataillon qu'est v'nu montrer son naz : "Qu'est-ce que vous foutez-là !" »

L'intérêt linguistique de Proust est plus général : il peaufine les attitudes linguistiques de ses personnages, caractérisant, pour chacun, sa façon de s'exprimer, « son intonation, son accent, les manies particulières de son débit et de sa diction » (Le Bidois, 1939, p. 200). Ses observations d'aristocrates sont aussi judicieuses que celle de la servante Françoise, chez qui Le Bidois (*id.*, p. 210) note au moins quatre traits de « français avancé » : « l'emploi pléonastique du pronom personnel », « le renforcement de l'interrogatif au moyen de *que* », « l'addition de *ce que* après un conjonctif » (*c'est là où ce que je mets mes balais*), et « la substitution de *que* aux conjonctifs différenciés ».

Après la guerre de 40, on présente fréquemment dans les romans des monologues de langue parlée, en recherchant un effet de spontané (deux exemples parmi bien d'autres : *Le Repos du guerrier*, de Christiane Rochefort, 1958 ; *Tous les chats ne sont pas en peluche*, de Remo Forlani, 1988). Beaucoup des exemples de Bernet et Rézeau, 1989, proviennent de tels ouvrages.

Céline et Queneau

Ces deux écrivains ont, chacun à sa manière, travaillé sur la représentation de l'oralité dans l'écrit. Avec une progression stylistique, de *Voyage au bout de la nuit*, 1932, à *Rigodon*, 1961, Céline n'essaie pas, comme il a été dit hâtivement, de représenter la langue parlée, mais travaille dans son écriture sur la représentation de la langue parlée. À côté d'une extrême littérarité, l'oralité intervient de façon plus subtile que chez la plupart des auteurs déjà évoqués, car il n'emploie pas les dénotateurs habituels de langue populaire, et ne fait pas intervenir de graphie hors norme (Vigneau-Rouayrenc, 1994). De son style, il écrit dans *Entretiens avec le professeur Y.* :

> « le style du métro émotif... des rails qu'ont l'air droit qui le sont pas !... l'astuce ! l'astuce ! un style qu'a l'air droit qui l'est pas !... *qu'est plus que droit !* qu'est direct nerfs... que le lecteur qui lit un livre il lui semble que quelqu'un lui lit dans sa propre tête... » (1957).

Après la guerre, Queneau (*Loin de Rueil*, 1944, *Zazie dans le métro*, 1959) met en scène la langue parlée avec finesse, souvent de façon burlesque. Ses observations s'accompagnent de réflexions linguistiques dans son ouvrage de 1950-1965, où il oppose radicalement la façon dont on écrit et la façon dont on parle en français contemporain (qu'il appelle le « néo-français ») ; il revendique le droit à une littérature dans cette « nouvelle langue vulgaire » qu'est le néo-français[1].

Du retard des grammairiens sur les écrivains

Grammairiens et linguistes sont souvent en retard sur la littérature pour la prise en compte des usages non standard : si les premières apparitions littéraires de l'argot se trouvent chez Victor Hugo (*Les Derniers Jours d'un condamné*, 1827) ou chez Balzac, ce n'est qu'en 1889 qu'est publiée une étude scientifique, due à Marcel Schwob et Georges Guieysse. De même, la langue populaire entre dans la littérature avec Eugène Sue, qui fait parler le peuple de Paris dans *Les Mystères de Paris* en 1842, ou dans les pages très travaillées de Zola dans *L'Assommoir* (1887), avant la large diffusion du début du XXᵉ siècle. Mais la première tentative de description linguistique ne parait qu'en 1872, dans un ouvrage de Charles Nisard, et encore ne s'agit-il que de commentaires d'exemples empruntés au genre poissard du XVIIIᵉ siècle (lui-même approximation burlesque d'oral non standard, sans souci d'authenticité).

C'est pourquoi l'immédiat après-guerre de 14 constitue un moment privilégié, avec la concomitance entre l'éclosion d'un courant littéraire et la parution de deux ouvrages de linguistique : Bauche (1920 pour la 1ʳᵉ édition) et Frei (1929). Ces ouvrages sont mis en cause par la critique linguistique établie, mais aucun autre ouvrage linguistique important sur le non-standard ne paraitra jusqu'en 1965 (*Le Français populaire* de Guiraud).

LE PARLÉ DANS LA PARALITTÉRATURE

À la suite de François (in Antoine et Martin, 1985, p. 303), j'appelle paralittérature, « la presse, les caricaturistes, les bandes dessinées, la publicité, les almanachs, la chanson ». Dès la fin du XIXᵉ, quelques auteurs présentent la langue parlée dans divers supports écrits qui ne sont pas ceux de la grande littérature. Vers le milieu du XIXᵉ siècle apparaissent les feuilletons : avec le développement de la presse bon marché, ils touchent un large public. Même si les représentations de la langue parlée y sont souvent peu fidèles, ces textes, de même que diffé-

LE PASSAGE CHOISEUL, à PARIS

Céline a habité une bonne partie de son enfance dans le passage Choiseul : il lui a donné un nom qui évoque les catastrophes, le passage des Bérésinas. « On a quitté rue de Babylone, pour se remettre en boutique, tenter encore la fortune, Passage des Bérésinas, entre la Bourse et les Boulevards. On avait un logement au-dessus de tout, en étages, trois pièces qui se reliaient par un tire-bouchon. Ma mère escaladait sans cesse, à cloche-pied. Ta ! pas ! tam ! Ta ! pas ! tam ! Elle se retenait à la rampe. Mon père, ça le crispait de l'entendre » (*Mort à crédit*, 1936).

rentes productions orales diffusées par les nouveaux médias, ont dû élargir la connaissance des variétés, et donc avoir un impact sur l'idéologie en matière de langue (Bernet, in Antoine et Martin, 1995, pour la chanson, la radio et le cinéma).

Bandes dessinées et almanachs

Alors que les images d'Épinal (début du XIXe), ancêtres des bandes dessinées, sont écrites dans une langue très correcte, il commence à en aller différemment vers la fin du siècle, avec *Le Sapeur Camember* (1896), de Christophe, qui est aussi l'auteur de *La Famille Fenouillard* (1889).

Le Sapeur Camember présente quelques variations linguistiques, surtout régionales (très stéréotypées), par exemple dans la bouche de la cuisinière alsacienne Mam'zelle Victoire. Plus intéressante est la langue des *Pieds-Nickelés* de Forton, à partir de 1908 dans des journaux à grand tirage, *L'Épatant* et *Le Petit Illustré* (voir Annexe 2, p. 671), ou celle de *Bécassine* (à partir de 1902, dans *La Semaine de Suzette*, journal pour jeunes filles). On y trouve à la fois une langue correcte à connotations scolaires (récits au passé simple) et une langue ordinaire, relâchée, voire grossière pour *Les Pieds-Nickelés*.

Tel est aussi le cas dans l'*Almanach Vermot* (depuis 1886), pendant longtemps l'un des seuls rapports à l'écrit imprimé pour de nombreux foyers, surtout ruraux. Prenons l'exemple de l'année 1900. À côté de récits conventionnels et moraux, on trouve, dans les bandes de dessins ou dans les histoires drôles, quelques formes de langue parlée (*faut toujours éviter les mauvaises compagnies, faut-y que tu sois gourmand !*), des termes de lexique familier (*fiole, frangin, canasson*), des imitations d'accents régionaux, par exemple auvergnat (– *J'ai offert une broche à ma femme. – Une broche en or ? – Non, une broche à dents, fouchtra !*), des prononciations ou constructions familières (*l'oie qu'a sauvé le Capitole, la fille à Jean-Pierre*), des traits populaires (*et pourquoi que tu veux pas te marier ? où c'est-il l'escalier de service ?*). Ces traits, répétitifs, suggèrent que l'on assiste à la naissance d'un stéréotype.

Au long du siècle, des bandes dessinées (« illustrés », puis « BD ») continueront à constituer un lieu privilégié de représentation de la langue parlée, la langue familière et la langue populaire : Bibi Fricotin, Kebra, ou Agrippine de Claire Bretécher pour la langue des adolescents.

« Les Affiches à Trouville » (1906) par Albert Marquet

Les couleurs des affiches se mêlent à celles des ombrelles, des costumes, des parasols qui constituent le premier plan. La disposition et la taille des lettres convient celui qui passe à une lecture rapide. À l'appel des couleurs et de l'écriture a succédé une publicité qui a accru ses capacités de s'imposer à l'attention et à la mémoire. [Coll. John Hay Whitney, New York.]

Les romans policiers

Les débuts du roman policier sont linguistiquement très sages (Gaston Leroux ou Maurice Leblanc), mais après la guerre de 40, les « polars » font connaitre la langue populaire et l'argot du milieu en s'inspirant, en particulier dans la célèbre « Série noire » (début des années 50), des polars américains : Albert Simonin, *Touchez pas au grisbi*, 1953 ; Auguste Le Breton, *Du rififi chez les hommes*, 1953 ; San Antonio, pseudonyme de Frédéric Dard, qui ajoute le jeu verbal à l'argot et aux traits d'oral ordinaire (une centaine de volumes, plus de 100 millions d'exemplaires vendus).

Alphonse Boudard et Luc Étienne font paraitre en 1970 un pastiche des méthodes d'enseignement des langues, qui présente le français populaire et prend pour toile de fond les milieux argotiers (*La Méthode à Mimile*). La plupart de ces ouvrages sont accompagnés d'un lexique d'argot.

Chanson, cinéma, presse, publicité

La chanson est un lieu privilégié d'expression des formes vernaculaires, parfois même populaires. Tel est le cas au tournant du siècle, avec les caf' conc' et les cabarets (chansons d'Aristide Bruant, goualantes, dont on trouve des extraits dans Cellard, 1985, chansons réalistes), ou les comiques troupiers ; aux alentours de la guerre de 40, avec l'accent parigot de Maurice Chevalier ; et plus récemment, avec une grande liberté de ton chez Brassens, des éléments de syntaxe populaire chez Renaud, ou une langue délibérément provocatrice dans certains textes de rap.

Le cinéma joue un grand rôle : de nombreux scénarios, souvent établis à partir de romans cités plus haut, laissent entendre du vernaculaire, dont des accents de gens du peuple (rôle du cinéma populiste dans l'entre-deux-guerres). Ainsi de scénarios servis par des acteurs comme Jean Gabin, Michel Simon ou Arletty, souvent écrits par des scénaristes eux-mêmes familiers de l'argot, comme Henri Jeanson (*Hôtel du Nord*, 1938), le tandem Prévert-Carné, qui allie le poétique et le populaire, ou Yvan Audouard. De telles présentations sont plus rares dans le théâtre (Gyp, avec la langue des jeunes au début du siècle, très stéréotypée).

Il existe enfin une presse qui se fait un genre d'une écriture relâchée, comme *Charlie-Hebdo* ou *Le Canard enchaîné*, qui y ajoute les jeux de mots. En rendant courante l'habitude de présenter des paroles rapportées, en une forme conventionnelle qui n'est ni de l'écrit ni de la représentation d'oral, elle contribue sans doute à troubler la distinction entre ces deux ordres.

La publicité écrite nous confronte à des séquences qui n'auraient pu se trouver écrites auparavant. En voici quelques exemples récents :

keskïa ? (publicité métro parisien, 1990)

chiants comme la pluie, les annuaires ? (affiche pour La Poste, 1993)

au quinté +, quand tu gagnes, ça déforme les poches (affiche pour le PMU, 1994)

nos conseils c'est pas des salades (affiche pour les hypermarchés U, 1996)

« LA GUERRE DES BOUTONS » de LOUIS PERGAUD (1912)

La « vérité historique » et Rabelais sont invoqués pour justifier la liberté du langage : « Le souci de la vérité historique m'oblige à employer un langage qui n'est pas précisément celui des cours ni des salons. Je n'éprouve aucune honte ni aucun scrupule à le restituer, l'exemple de Rabelais, mon maître, m'y autorisant. »

Pergaud, dans sa préface, faisait connaitre son intention : « J'ai voulu restituer un instant de ma vie d'enfant, de notre vie enthousiaste et brutale de vigoureux sauvageons dans ce qu'elle eut de franc et d'héroïque, c'est-à-dire libérée des hypocrisies de la famille et de l'école. »

Le roman de Pergaud a inspiré plusieurs cinéastes. Un premier film a été réalisé en 1936 par J. Daroy et E. Deslaw sous le titre *La Guerre des gosses*. Un second, réalisé par Y. Robert en 1962, porte le même titre que le roman et a obtenu le prix Jean Vigo. La verdeur du langage des personnages du roman se retrouve en partie dans les dialogues cinématographiques et contribue à l'attrait que le film exerce sur le public.

Notamment à propos de la négation, des enseignants se sont élevés contre ces pratiques, faisant valoir la difficulté d'imposer aux enfants un écrit correct, quand des formes « fautives » se lisent sur tous les murs.

QUALITÉ DES REPRÉSENTATIONS DU PARLÉ DANS L'ÉCRIT

Il est intéressant de se pencher sur la qualité des représentations ainsi diffusées, car très vite s'instaurent de véritables conventions de représentations de la langue parlée.

Ainsi, pour les transcriptions : on observe de nombreuses approximations, comme des apostrophes indiquant des chutes de e muets en des positions impossibles, ou des groupes de consonnes phonétiquement irréalisables. Vigneau-Rouayrenc (1991) a étudié l'un des dénoteurs les plus fréquents, le e muet, dans une soixantaine de romans de l'entre-deux-guerres. Plus ou moins fidèle aux possibilités de la langue parlée, l'apostrophe remplaçant un e muet s'avère connoter une langue relâchée plus que la représenter. Ainsi, chez Jehan Rictus : *ceuss' qui tienn'nt la queue de la poêle.* L'apostrophe de *ceuss'* ou de *tienn'nt* ne sert sûrement pas à indiquer une chute de e muet, qu'aucun Parisien ne serait tenté de prononcer dans de telles positions.

Pour la prononciation, les dénotateurs, relativement peu nombreux, sont conventionnels (Vigneau-Rouayrenc, 1994). Ainsi de la graphie *y* pour *il*, quand le pronom est prononcé sans [l] : *y* ne saurait être sujet. Mais on comprend le mécanisme de ces stéréotypes en observant que même Céline « n'utilise comme marques de prononciation orales que celles qui lui permettent de retrouver des graphies existantes, notamment l'élision de la voyelle dans le pronom sujet, qu'il s'agisse du relatif ou du pronom personnel de deuxième personne » (Vigneau-Rouayrenc, 1991, p. 21). Il s'agit d'un code à base morphologique : *i* n'étant pas un mot français, on lui préfère une graphie existante, même si elle n'a rien à voir avec *il*. D'où la graphie *t'y* pour l'interrogation, qui dissimule son origine *t'il*. Selon ce même principe, on peut interpréter dans la bande dessinée *Kebra* une graphie difficilement lisible, *eh ! fait c'k'eh'veut* pour *elle fait ce qu'elle veut* (voir Annexe 2, p. 671).

Les représentations de traits syntaxiques sont moins fantaisistes, mais aussi plus rares, car beaucoup d'auteurs semblent considérer qu'il suffit, pour « faire parlé », d'émailler la graphie ordinaire de traits phoniques et d'éléments lexicaux populaires. Les phénomènes représentés en syntaxe, toujours les mêmes, sont de véritables stéréotypes : la négation (absence de *ne*), *ça*, les interrogatives, les détachements, quelquefois les relatives ; et ils ne sont pas toujours utilisés de façon conforme à ce que l'on observe.

S'il est difficile de retrouver le parlé réel sous de telles représentations, du moins est-il possible qu'elles aient une influence sur la reconnaissance de celui-ci comme niveau autonome.

PRÉSENTATION DE L'ARGOT

Si la visibilité constitue un premier pas vers l'acceptabilité, il y a, dans les nombreux dictionnaires de l'argot qui paraissent tout au long du siècle, une véritable révolution dans les représentations de la langue. Ils commencent à paraître vers le milieu du XIXe siècle, et le mouvement continue tout au long du XXe : *L'Argot du XXe siècle. Dictionnaire français-argot*, de Bruant (1901) ; *L'Argot ancien* (1907) et *Les Sources de l'argot ancien* (1912), de Sainéan ; *La Langue verte* (1930), de Devaux ; *Dictionnaire des argots*, d'Esnault (1965), *Le Petit Simonin illustré par l'exemple*, de Simonin (1968) ; *Argotez, argotez, il en restera toujours quelque chose*, de Le Breton (1986) ; *Dictionnaire de l'argot*, de Colin et Mével (1994)… De nombreux ouvrages sont consacrés à la présentation de l'argot ou à des réflexions sur ses modes de formation : l'un des auteurs les plus prolifiques est Dauzat avec, entre autres, *L'Argot des malfaiteurs* (1912), ou *Les Argots, évolution, influence* (1929), véritable théorie de l'argot [1]. On peut ajouter, tant la frontière entre argot et langue populaire est poreuse, le *Dictionnaire du français non conventionnel*, de Cellard et Rey (1980), et le *Dictionnaire du français parlé*, de Bernet et Rézeau (1989).

Enfin, il existe une importante littérature en argot (Breffort, Darien, Boudard, Jarry, MacOrlan) : Cellard en a établi en 1985 un recueil, dont une bonne partie concerne le XXe siècle.

9. LÉGISLATION EN MATIÈRE DE LANGUE

La France est un pays qui légifère beaucoup sur la langue, surtout au XXe siècle, qui s'ouvre avec l'arrêté de 1900 proposant des tolérances orthographiques, remises en cause dès 1901. À partir des années 60, l'implication de l'État dans la politique linguistique va s'intensifiant, et on a pu parler de « dirigisme linguistique » (Müller, 1985, p. 42).

POLITIQUE LINGUISTIQUE

Organismes et associations en charge de la langue française

Le plus ancien est l'Académie française, qui regroupe quarante écrivains. Depuis cent trente ans, seuls deux linguistes y ont siégé : Émile Littré et Gaston Paris. Son activité, établir un dictionnaire et une grammaire, est surtout défensive :

> « En consacrant cet usage, elle le défend contre toutes les causes de corruption, telles que l'envahissement des mots étrangers, des termes techniques, de l'argot ou de ces locutions barbares qu'on voit surgir au jour le jour, au gré des besoins plus ou moins réels du commerce, de l'industrie, des sports, de la publicité » (Préface du *Dictionnaire*, 1932).

Pour la grammaire, la seule tentative depuis la création (*Grammaire de l'Académie française*, 1932, rédigée par A. Hermant, chroniqueur du *Temps*) a conduit Ferdinand Brunot[1] à une critique sévère qu'il justifie :

> « Il fallait aussi montrer aux malveillants – il y en a – que la science du langage n'en est pas en France au point où on pourrait la croire, si on en jugeait d'après une œuvre à laquelle aucun homme de métier n'a mis sa marque ni donné son nom » (Préface).

Devant les critiques (traditionalisme, fétichisme de l'orthographe, graves confusions), une version un peu améliorée parait en 1933.

On peut évaluer à plusieurs centaines le nombre d'associations concernant la langue française. En 1937, l'initiative de trois linguistes, Brunot, Thérive et Dauzat, aboutit à la création d'un Office de la langue française (présidents Brunot et Paul Valéry), qui se prolonge en 1957 en un Office du vocabulaire français. En 1966, les pouvoirs publics instaurent un Haut Comité de la langue française, remplacé en 1983 par trois organismes à vocation internationale : le Commissariat général de la langue française (qui devient Délégation générale de la langue française en 1989), le Comité consultatif de la langue française (Conseil supérieur de la langue française depuis 1989), et le Haut Conseil de la francophonie. L'ACCT (Agence de coopération culturelle et technique), née en 1969 des initiatives des présidents de la Tunisie, du Niger et du Sénégal, agit dans les pays francophones pour l'enseignement et le développement économique.

C'est vers la fin du XIXᵉ siècle que sont créées les premières associations pour diffuser le français à l'étranger, signe qu'il est désormais nécessaire de relayer la diffusion naturelle. La plus ancienne est l'Alliance française, créée en 1883, présente à des fins d'enseignement dans un grand nombre de pays. Le CREDIF, Centre de recherche et de diffusion du français, est créé en 1959 dans la foulée des travaux sur le français fondamental ; il effectue des recherches sur l'enseignement du « français langue étrangère » (FLE) et la constitution de méthodes audiovisuelles ; l'enseignement du FLE est aussi l'objectif du BELC (Bureau pour l'enseignement de la langue et de la civilisation françaises à l'étranger).

Législation sur les parlers régionaux

En janvier 1951, après des années de discussion, est promulguée la loi Deixonne qui permet un enseignement facultatif des langues régionales dans le secondaire et dans le supérieur, et envisage même

« d'autoriser les maîtres à recourir aux parlers locaux dans les écoles primaires et maternelles chaque fois qu'ils pourront en tirer profit pour leur enseignement, notamment pour l'étude de la langue française ».

Ces prescriptions sont applicables « dans toutes les zones d'influence du breton, du basque, du catalan et de la langue occitane ». Un texte concernant l'alsacien paraîtra l'année suivante, mais il n'est question ni du flamand, ni du corse, ni des créoles.

Législation sur la terminologie

Cette législation concerne surtout la gestion des néologismes, avec les termes anglais et les formes féminines de noms de professions.

Depuis les années 60, des arrêtés de terminologie sont régulièrement publiés au *Journal officiel* (29 décrets entre 1970 et 1988), proposant des termes français pour remplacer des mots techniques venant de l'anglais. Ces termes sont regroupés dans le *Dictionnaire des termes officiels*. En 1975, la loi Bas-Lauriol fait obligation de rédiger en français les notices de produits commerciaux, ainsi que l'information, la publicité et les contrats de travail. Elle n'est toutefois guère appliquée, et se heurte sur certains points à la législation européenne. Elle est redoublée de la loi Toubon en 1994.

Pour la féminisation des noms de métiers, le Comité consultatif de la langue française instaure en 1986 une commission sur la « féminisation des noms de métier, fonction, grade ou titre ». Dirigée par l'écrivain Benoîte Groult, elle a fait des propositions pour 5 000 noms de métiers. Une solution a été trouvée pour presque tous, ce qui montre bien que c'est davantage aux mentalités qu'à la langue que l'on doit l'immobilisme, les femmes exerçant une profession prestigieuse préférant souvent le titre masculin (*docteur* vs *doctoresse* ; la *mairesse* est la femme du maire, et une femme maire est *Madame le maire*).

Législation et statut international du français

On assiste depuis la fin de la guerre de 14 à l'effritement du statut international du français. Pour la première fois en 1918, le traité de paix est rédigé en deux langues, français et anglais : c'est la fin de l'hégémonie du français comme langue diplomatique. Le français est l'une des langues de travail des organismes internationaux, comme l'ONU, l'OTAN, l'UNESCO… Mais, à la Conférence de San Francisco en 1945, le choix du français comme l'une des langues internationales n'est acquis qu'à une voix de majorité.

Enfin, dans l'Europe, la position pour le moment assez favorable du français ne peut que s'effriter avec l'arrivée de nouveaux pays membres, de l'Est ou du Nord, où l'influence du français est faible.

L'ORTHOGRAPHE

Des discussions autour de l'orthographe sont entamées dès le dernier tiers du XIXe : son fixisme d'une part (elle n'a guère été modifiée depuis 1835), l'éventualité d'une réforme de l'autre.

Le serpent de mer de la réforme

Faut-il réformer, ou se résigner à une orthographe incohérente ? Du côté des réformateurs, on trouve beaucoup d'enseignants (surtout du primaire) et la plupart des linguistes ; pour le *statu quo*, beaucoup d'écrivains, une grande partie des professionnels de l'édition, et le grand public peu informé, ou spontanément conservateur en matière de langue.

Un premier temps fort de la discussion est lancé au tournant du siècle par Gaston Paris, linguiste et membre de l'Académie française :

« Il est vraiment stupéfiant que dans un temps qui se dit et se croit démocratique, on s'obstine à maintenir ce vieux donjon entouré de fossés, de chausse-trapes et de herses... qui n'a d'autre motif d'exister que d'abriter la plus injustifiable des aristocraties, celle qui repose sur une initiation à des mystères sans autre valeur que le respect superstitieux dont on les entoure » (« La grammaire et l'orthographie », *Mélanges linguistiques*, 1894).

Le siècle va voir se succéder projets et rapports : tentative d'Ambroise-Firmin Didot en 1869 ; mise en œuvre pratique dans la *Revue de filologie française* qui, depuis sa fondation en 1887, mène campagne pour la réforme et publie en orthographe réformée[1] ; en 1887, création d'une « Société de réforme orthographique », qui présente une pétition à l'Académie en 1890 ; note d'Octave Gréard pour la commission du dictionnaire de l'Académie en 1893, et rapport en 1900 ; arrêté de tolérance (jusqu'à l'accord du participe passé avec *avoir* !) de 1900, remis en cause en 1901 ; rapport Paul Meyer en 1904 ; réponse de l'Académie en 1905, par le rapport d'Émile Faguet, relativement tolérant, à la suite duquel Brunot s'engage dans une lettre ouverte au ministre (1905), et rapport en 1906 ; projet de Dauzat et Damourette en 1939, enfoui dans la débâcle, présenté de nouveau par Dauzat en 1953. Premier projet de Roger Beslais en 1950 (enterré en 1952), suivi d'un rapport en 1965. Arrivé (1993) fait observer à quel point l'histoire se répète :

« Plus on avance dans le temps, plus les réformes tournent aux réformettes. La crise de 1900-1905 a joué son rôle dans cette évolution, en terrorisant à l'avance les initiatives réformistes » (p. 105).

À partir des années 50, des études scientifiques voient le jour, sur fond d'opposition entre phonocentristes (tenants du primat de l'oral, dont l'écrit ne serait qu'un habit) et autonomistes : on n'évoquera ici que Blanche-Benveniste et Chervel 1969, et Catach 1980.

L'Académie, dans l'édition du *Dictionnaire* de 1932-1935, ne retient pas les modifications proposées en 1905, pourtant approuvées par elle [1]. De l'édition de 1878 à celle de 1932, la tendance est au conservatisme : suppression de variantes, préférence aux graphies compliquées, à l'étymologie et aux lettres grecques (Désirat et Hordé, 1976, p. 209). Son attitude a cependant été plutôt conciliante lors du débat de 1990.

Dans son ouvrage de 1967, Cohen résumait les pensées que cette longue histoire (non terminée) pouvait évoquer :

> « Tous d'ailleurs ont conscience des difficultés de toucher à la vieille machine et les plus radicaux se résigneront apparemment à ne voir accomplir d'abord qu'un premier pas » (p. 349).

Alternative à la réforme : la tolérance

Certaines des mesures prises au cours du siècle vont dans le sens de la tolérance ou acceptation de deux graphies, même dans les examens officiels : ainsi de l'arrêté de 1900-1901, ou de celui de 1976, aussi peu appliqué que le précédent. C'est une particularité du XXe siècle que la rigidité en matière d'orthographe, et la surestimation de sa fonction symbolique : jusqu'au milieu du XIXe siècle, l'orthographe française admet la liberté. Pourquoi est-il si difficile de penser l'écrit comme lieu de variation ? Le propos de Roland Barthes (« qu'on arrête d'exclure pour motif d'orthographe », in *Le Monde de l'éducation*, 1976) est loin de rallier la majorité.

La tolérance, c'est le choix fait dans les « rectifications » de 1990, élaborées par le Conseil supérieur de la langue française, qui sont à regarder comme des variantes :

> « L'orthographe actuelle reste d'usage, et les "recommandations" du Conseil supérieur de la langue française ne portent que sur des mots qui pourront être écrits de manière différente sans constituer des incorrections ni être jugées comme des fautes » (déclaration de l'Académie en janvier 1991, citée par Arrivé, 1993, p. 121).

Parmi les 25 rectifications les plus courants, 22 concernent des accents circonflexes (*abime, accroitre, gout, sure,* verbes en *-aitre...*) ; puis des traits d'union, des pluriels de mots composés, quelques rares graphies (*assoir, charriot*), et l'accord du participe passé *laissé* qui devient invariable (*elle s'est laissé séduire*).

Les optimistes diront que ces rectifications constituent un premier pas, même s'il est timide. Elles commencent, très lentement, à être appliquées. La 9ᵉ édition du *Dictionnaire de l'Académie* (en cours de parution) les enregistre dans les fascicules qui paraissent actuellement, et ainsi font les principaux dictionnaires (Larousse, Robert, Hachette, TLF).

Le plus long à ébranler, ce sont les mentalités : les journaux, même tolérants au changement, « pratiquent de manière identique, et sans exception, les exclusions des formes non normées comme des formes appelées à tort tolérées » (Lucci et Millet, 1994, p. 235). La tolérance introduite par les rectifications de 1990 est aujourd'hui appliquée par une cinquantaine de revues, ce qui est fort peu par rapport au nombre de revues en français.

10. CONCLUSION

En 1903, l'autodidacte Léon Bollack prédisait que le français changerait considérablement au cours des cent ans à venir. Mais le bilan que l'on peut faire en fin de siècle ne confirme pas ce propos. Nous avons surtout noté la continuation de tendances plus ou moins anciennes, sensibles à des influences contradictoires : les unes, comme le poids de la norme et le rôle de l'écrit, portant à la conservation ; d'autres, comme le nouveau statut de l'oral, les brassages de population, la démocratisation de la vie publique ou les nouvelles pratiques littéraires, à la diversité et à l'innovation.

Peut-on risquer une prospective sur l'avenir proche du français en France ? Queneau, dans *Bâtons, chiffres et lettres*, montrait les Français pris entre deux langues, le français (écrit) et le néo-français (parlé) ; et Duneton écrit :

« Le Français moyen d'aujourd'hui se trouve dans une situation hautement bizarre : il n'écrit pas la langue qu'il parle et il ne parle pas la langue qu'il écrit » (1973, p. 179).

Ces propos sont excessifs, car langue orale et langue écrite ne diffèrent que peu, en des points assez localisés. C'est pourtant bien là qu'il faut chercher la caractéristique essentielle du français au XXe siècle : une modification des attitudes envers la langue, surtout quant à la relation entre oral et écrit. L'apparition de nouvelles pratiques et de nouvelles techniques oblige à reconsidérer cette distinction en fonction des genres situationnels et discursifs, à la lumière des facteurs qui viennent l'ébranler (esquisses écrites destinées à la transmission orale, transcriptions faites pour durer du vif de la parole, écrits transitoires avec l'informatique). On voit ainsi, entre oral spontané et écrit travaillé, de nombreux intermédiaires.

Nous parlerons donc plutôt des français que du français. Si les facteurs traditionnels de diversité (en particulier régionale) vont s'atténuant, d'autres (comme la différence situationnelle et socioculturelle) prennent le relais, entraînant une variation qui ne semble pas sur le

point de disparaitre. C'est encore le mythe du français unique et unitaire qui s'avère ne pouvoir tenir, car à l'homogénéité supposée des
variétés, on ne peut qu'opposer la souplesse et l'instabilité dans l'usage
effectif des locuteurs.

BIBLIOGRAPHIE DE LA NEUVIÈME PARTIE

Al, B., 1975, *La Notion de grammaticalité en grammaire générative transformationnelle (étude générale et application à la syntaxe de l'interrogation directe en français parlé)*, Leyde, Presses universitaires.

Allaire, S., 1973, *La Subordination dans le français parlé devant les micros de la radiodiffusion*, Paris, Klincksieck.

Antoine, G., et Martin, R., dir., 1985, *Histoire de la langue française, 1980-1914*, Paris, CNRS Éditions.

— 1995, *Histoire de la langue française, 1914-1945*, Paris, CNRS Éditions.

Arrivé, M., 1993, *Réformer l'orthographe ?*, Paris, PUF, coll. « Linguistiques nouvelles ».

Bally, Ch., 1905, *Traité de stylistique française*, t. 1 : *La Langue parlée et l'expression familière*, Paris, Klincksieck.

— 1930, *La Crise du français. Notre langue maternelle à l'école*, Neuchâtel, Delachaux et Niestlé.

Bauche, H., 1920, *Le Langage populaire*, Paris, Payot.

Beaujot, J.-P., 1982, « Les statues de neige, ou Contribution au portrait du parfait petit défenseur de la langue française », *Langue française* n° 54, p. 40-55.

Bernet, C., et Rézeau, P., 1989, *Dictionnaire du français parlé*, Paris, Éd. du Seuil.

— 1995, *Richesses lexicales du français contemporain*, Nancy, CNRS Klincksieck.

Blanc, M., et Biggs, P., 1971, « L'enquête socio-linguistique sur le français parlé à Orléans », *Le Français dans le monde* n° 85, p. 16-25.

Blanche-Benveniste, C., 1997 a, « À propos de *qu'est-ce que c'est* et *c'est quoi* », *Recherches sur le français parlé* n° 14, p. 127-146.

— 1997 b, *Approches de la langue parlée en français*, Paris, Ophrys.

Blanche-Benveniste, C., et Chervel, A., 1969, *L'Orthographe*, Paris, Maspero.

Blanche-Benveniste, C., et Jeanjean, C., 1986, *Le Français parlé. Transcription et édition*, Paris, Didier-Érudition.

Bollack, L., 1903, *La Langue française en l'an 2003*, Paris.

Bonnard, H., 1971, « Le français parlé », *Le Grand Larousse de la langue française*, p. 3983-3987.

Borrell, A., et Billières, M., 1989, « L'évolution de la norme phonétique en français contemporain », *La Linguistique* n° 25-2, p. 45-62.

Bourdieu, P., 1982, *Ce que parler veut dire*, Paris, Fayard.

Brunot, F., 1905, *La Réforme de l'orthographe. Lettre ouverte à M. le ministre de l'Instruction publique*, Paris, Armand Colin.

— 1922, *La Pensée et la langue*, Paris, Masson.

Carton, F., 1974, *Introduction à la phonétique du français*, Paris, Bordas.

Carton, F., Rossi, M., Autesserre, D., et Léon, P., 1983, *Les Accents des Français*, Paris, Hachette.

Catach, N., 1980, *L'Orthographe française. Traité théorique et pratique*, Paris, F. Nathan.

Cellard, J., 1983, « Les chroniques de langue », in *La Norme linguistique*, E. Bédard et J. Maurais, dir., Québec et Paris, Conseil de la langue française et Le Robert, p. 651-666.

— 1985, *Anthologie de la littérature argotique*, Paris, Mazarine.

Chervel, A., 1977, *Histoire de la grammaire scolaire... et il fallut apprendre à écrire à tous les petits Français*, Paris, Payot.

Chervel, A., et Manesse, D., 1989, *La Dictée. Les Français et l'orthographe*, Paris, Calmann-Lévy.

Chevalier, J.-C., 1969, « Registres et niveaux de langue : les problèmes posés par l'enseignement des structures interrogatives », *Le Français dans le monde* n° 65, p. 35-41.

Cohen, M., 1955, *Français élémentaire ? Non*, Paris, Éditions Sociales.

— 1967, *Histoire d'une langue : le français*, Paris, Éditions Sociales.

Culioli, A., 1983, « Pourquoi le français parlé est-il si peu étudié ? », *Recherches sur le français parlé* n° 5, p. 291-300.

Damourette, J., et Pichon, E., 1911-1940, *Des mots à la pensée*, Paris, d'Artrey.

Dauzat, A., 1935, *Où en sont les études de français. Manuel général de linguistique française moderne*, Paris, d'Artrey.

— 1943, *Le Génie de la langue française*, Paris, Librairie Guénégaud.

Delattre, P., 1966, *Studies in French and Comparative Phonetics*, La Haye, Mouton.

Descamps-Hocquet, M., 1989, *Bibliographie des argots français*, Paris, Sorbonnargot.

Deschanel, E., 1898, *Les Déformations de la langue française*, Paris, Calmann-Lévy.

Désirat, C., et Hordé, T., 1976, *La Langue française au XXe siècle*, Paris, Bordas.

Duneton, C., 1973, *Parler croquant*, Paris, Stock.

Encrevé, P., 1988, *La Liaison avec et sans enchaînement. Phonologie tridimensionnelle et usage du français*, Paris, Éd. du Seuil.

Étiemble, R., 1964, *Parlez-vous franglais ?*, Paris, Gallimard.

Fonagy, I., 1989, « Le français change de visage ? », *Revue romane*, 24/2, p. 225-254.

Francois, D., 1974, *Français parlé. Analyse des unités phoniques et significatives d'un corpus recueilli dans la région parisienne*, Paris, Selaf.

Frei, H., 1929, *La Grammaire des fautes*, Genève, Republications Slatkine.

Gadet, F., 1989, *Le Français ordinaire*, Paris, Armand Colin, nouv. éd. en 1997.

— 1992, *Le Français populaire*, Paris, PUF, coll. « Que sais-je ? ».

Genouvrier, E., 1972, « Quelle langue parler à l'école ? Propos sur la norme du français », *Langue française* n° 13, p. 34-51.

Gilliéron, J., et Edmont, E., 1902-1907, *Atlas linguistique de la France*, 7 vol. in-folio.

Gougenheim, G., Michea, R., Rivenc, P., et Sauvageot, A., 1964, *L'Élaboration du français fondamental*, Paris, Didier.

Gourmont, R. de, 1899, *Esthétique de la langue française*, Paris, Société du Mercure de France.

Grammont, M., 1914, *La Prononciation française. Traité pratique*, Paris, Delagrave.

Grevisse, M., *Le Bon Usage*, Gembloux, Duculot.

Gueunier, N., 1985, « La crise du français en France », in J. Maurais, dir., *La Crise des langues*, Québec et Paris, Conseil de la langue française et Le Robert, p. 5-38.

— 1986, « Role of Hypercorrection in French Linguistic Change », in *The Fergusonian Impact*, Vol. 2, ed. by J. Fishman, A. Tabouret-Keller, M. Clyne, B. Krishnamurti et M. Abdulaziz, Berlin et New York, Mouton de Gruyter, p. 121-138.

Gueunier, N., Genouvrier, E., et Khomsi, A., 1978, *Les Français devant la norme*, Paris, Champion.

Guiraud, P., 1965, *Le Français populaire*, Paris, PUF, coll. « Que sais-je ? ».

Hagège, Cl., 1987, *Le Français et les siècles*, Paris, Éditions Odile Jacob.

Helgorsky, F., 1988, « La langue française », *Encyclopaedia Universalis* 8, p. 1236-1241.

Le Bidois, R., 1939, « Le langage parlé des personnages de Proust », *Le Français moderne* n° 8-3, p. 199-222.

Lucci, V., 1983 a, *Étude phonétique du français contemporain à travers la variation situationnelle*, Grenoble, Publications de l'Université des langues et lettres.

— 1983 b, « Prosodie, phonologie et variation en français contemporain », *Langue française* n° 60, p. 73-84.

Lucci, V., et Millet, A., 1994, *L'Orthographe de tous les jours. Enquête sur les pratiques orthographiques des Français*, Paris, Champion.

Martinet, A., 1945, *La Prononciation du français contemporain*, Genève-Paris, Droz.

— 1969, *Le Français sans fard*, Paris, PUF.

Martinet, A., et Walter, H., 1973, *Dictionnaire de la prononciation française dans son usage réel*, Paris, France-Expansion.

Martinon, P., 1913, *Comment on prononce le français, Traité complet de prononciation pratique, avec les noms propres et les mots étrangers*, Paris, Larousse.

— 1927, *Comment on parle en français*, Paris, Larousse.

Merle, P., 1986, *Dictionnaire du français branché*, Paris, Éd. du Seuil.

Mettas, O., 1979, *La Prononciation parisienne. Aspects phonétiques d'un sociolecte parisien*, Paris, Selaf.

Michaelis, H., et Passy, P., 1897, *Dictionnaire phonétique de la langue française*, Hanovre-Berlin, C. Meyer.

Moreau, M-L., 1977, « Français oral et français écrit : deux langues différentes ? », *Le Français moderne* n° 3, p. 204-242.

Moufflet, A., 1930, *Contre le massacre de la langue française*, Toulouse, Privat et Paris, Didier.

Müller, B., 1985, *Le Français d'aujourd'hui*, Paris, Klincksieck.

Prost, A., 1996 (2ᵉ éd.), *Petite histoire de la France au XXᵉ siècle*, Paris, Armand Colin.

Quemada, B., 1976, « L'évolution du français », in M. Blancpain et A. Reboullet, dir., *Une langue, le français*, Paris, Hachette, p. 30-49.

Queneau, R., 1950-1965, *Bâtons, chiffres et lettres*, Paris, Gallimard.

Rey, A., 1972, « Usages, jugements et prescriptions linguistiques », *Langue française* n° 16, p. 4-28.

Rey-Debove, J., et Gagnon, G., 1984, *Dictionnaire des anglicismes*, Paris, Le Robert.

Sauvageot, A., 1978, *Français d'hier ou français de demain ?*, Paris, Nathan.

Söll, L., 1969, « Die Krise der französische Sprache. Realität oder Illusion ? », *Sprache im technischen Zeitalter* n° 32, p. 345-357.

Stourdzé, C., et Collet-Hassan, M., 1969, « Les niveaux de langue », *Le Français dans le monde* n° 65, p. 18-21.

Straka, G., 1952, « La prononciation parisienne », *Bulletin de la Faculté des lettres de Strasbourg*, t. 30, n° 5 (p. 212-225) et 6 (p. 229-253).

Thérive, A., 1954, *Libre histoire de la langue française*, Paris, Stock.

Tuaillon, G., 1983, « Régionalismes grammaticaux », *Recherches sur le français parlé* n° 5, p. 227-239.

Veken, C., 1985, « Le phonographe et le terrain : la mission Brunot-Bruneau dans les Ardennes en 1912», *Recherches sur le français parlé* n° 6, p. 45-71.

Vendryes, J., 1920, *Le Langage*, Paris, Albin Michel.

Vigneaut-Rouayrenc, C., 1991, « L'oral dans l'écrit : histoire(s) d'E », *Langue française* n° 89, p. 20-34.

— 1994, «*C'est mon secret* », Tusson, Éditions du Lérot.

Wagner, R-L., 1964, « Le mythe de la pureté ou beaucoup de bruit pour rien », in *La Grammaire française* Vol 2, Paris 1973, Société d'édition d'Enseignement supérieur, p. 158-178.

Walter, H., 1983, « La nasale vélaire [ŋ], un phonème du français ? », *Langue française* n° 60, p. 14-29.

— 1988, *Le Français dans tous les sens*, Paris.

ANNEXE 1. QUESTIONNAIRE DE MARTINET (1945)

1. Le français est-il le premier idiome que vous ayez parlé étant enfant ?...
2. Sinon, quel a été cet idiome (patois, dialecte, langue étrangère) ?...
3. Dans un parler tout à fait naturel et familier, prononcez-vous de façon identique : *a) laque* et *lac* ?... *b) Rome* et *rhum* ?... *c) Catherine* et *Katrine* ?... *d) charretier* et *Chartier* ?... *e)* au *c* près, *calepin* et *alpin* ?...
4. Prononcez-vous naturellement : *a) arc(que)-boutant* ou *arc'-boutant* ?... *b) ours(e) blanc* ou *ours' blanc* ?...
5. Quelle prononciation vous paraît la plus naturelle (soulignez-la) :
   a) de *j'me dis, je m'dis, je me dis* ?
   b) de *j'me l'demande, je m'le d'mande, j'me le d'mande, je me le demande* ?
   c) de *on s'retourne, on se r'tourne, on se retourne* ?
   d) de *la pein' de mort, la peine d'mort, la peine de mort* ?
   e) de *renseign'ment, renseignement* ?
6. Dans *bois-le*, par exemple, prononcez-vous le *e* avec le timbre du *eu* de *feu* ?... celui de *eu* de *peur* ?... ou avec un timbre différent de celui de ces deux voyelles ?...
7. Prononcez-vous de façon identique : *a) là* et *las* ?... *b) rat* et *ras* ?... *c) ta* et *tas* ?... *d) patte* et *pâte* ?... *e) Pathé* et *pâté* ?...
8. Si vous faites une différence entre *rat* et *ras*, est-ce une différence : *a)* de timbre (voyelle plus ou moins ouverte ou profonde) ?... *b)* de longueur (durée de la voyelle) ?...
9. Si vous faites une différence entre *patte* et *pâte*, est-ce une différence : *a)* de timbre ?... *b)* de longueur ?...
10. Prononcez-vous de façon identique : *a) mot* et *mots* ?... *b) pot* et *peau* ?... *c) sotte* et *saute* ?... *d) molle* et *môle* ?...
11. Si vous faites une différence entre *pot* et *peau*, est-ce une différence : *a)* de timbre ?... *b)* de longueur ?...
12. Si vous faites une différence entre *sotte* et *saute*, est-ce une différence : *a)* de timbre ?... *b)* de longueur ?...
13. Prononcez-vous de façon identique : *a) roux* et *roue* ?... *b) bout* et *boue* ?... *c) tousse* et *tous* ?...
14. Si vous faites une différence entre *bout* et *boue*, est-ce une différence : *a)* de timbre ?... *b)* de longueur ?...

15. Prononcez-vous de façon identique : *a) bu* et *bue* ?... *b) sûr* et *sure* ?...

16. Si vous faites une différence entre *bu* et *bue*, est-ce une différence : *a)* de timbre ?... *b)* de longueur ?...

17. Prononcez-vous de façon identique : *a) si* et *scie* ?... *b) prit* et *prie* ?

18. Si vous faites une différence entre *prit* et *prie*, est-ce une différence : *a)* de timbre ?... *b)* de longueur ?...

19. Prononcez-vous de façon identique : *a) piquet* et *piqué* ?... *b) piquet* et *piquait* ?... *c) couchait* et *couché* ?... *d) armé* et *armée* ?... *e) collé* et *collée* ?... *f) belle* et *bêle* ?... *g) fête* et *faite* ?...

20. Si vous faites une différence entre *armé* et *armée*, est-ce une différence : *a)* de timbre ?... *b)* de longueur ?...

21. Si vous faites une différence entre *belle* et *bêle*, est-ce une différence : *a)* de timbre ?... *b)* de longueur ?...

22. Prononcez-vous de façon identique : *a) jeune* et *jeûne* ?... *b) veule* et *veulent* ?... *c) filleul* et *filleule* ?...

23. Si vous faites une différence entre *jeune* et *jeûne*, s'agit-il d'une différence : *a)* de timbre ?... *b)* de longueur ?...

24. Si vous faites une différence entre *veule* et *veulent*, s'agit-il d'une différence : *a)* de timbre ?... *b)* de longueur ?...

25. Si vous faites une différence entre *filleul* et *filleule*, s'agit-il d'une différence : *a)* de timbre ?... *b)* de longueur ?...

26. Quels sont parmi les mots *quai, gai, les, mes, serai, cahier* :
    a) ceux que vous faites rimer avec *été, étés* ?
    b) ceux que vous faites rimer avec *était, étais* ?...

27. Prononcez-vous de façon identique : *a)* le premier *é* de *été* et celui de *était* ?... *b)* le *eu* de *déjeuner* et celui de *déjeunons* ?...

28. Prononcez-vous le *an* de *chanter* en faisant sonner le *n* (prononciation méridionale) ?...

30. Prononcez-vous de façon identique : *a) brun* et *brin* ?... *b) alun* et *Alain* ?...

31. Si vous faites la distinction, avez-vous conscience de la faire avec un certain effort ?...

32. Avez-vous l'impression de prononcer : *a)* le *d* de *médecin* comme un *d* ou comme un *t* ?... *b)* le *b* d'*absent* comme un *b* ou comme un *p* ?... *c)* le *c* d'*anecdote* comme un *c* ou comme un *g* ?... *d)* le *j* de *faux jeton* comme un *j* ou comme un *ch* ?... *e)* le *t* de *vingt-deux* comme un *t* ou comme un *d* ; ou bien est-il muet ?...

33. Estimez-vous que sont satisfaisantes *à l'oreille* les rimes : *a) cap-cab* ?... *b) Oflag-lac* ?... *c) gag-bac* ?... *d) nabab-Gap...* e) *jazz-Pallas* ?...

34. Prononcez-vous de façon identique : *a)* la *nielle* et *l'agnelle* ?... *b) l'agneau* et *l'Anio* ?... *c) Régnier* et *Rénier* ?...

35. Distinguez-vous nettement dans la conversation ordinaire entre *nous travaillons* et *nous travaillions* ?...

36. Prononcez-vous familièrement *souyé, escayé* pour *soulier, escalier* ?... ou faites-vous toujours entendre le *l* ?...

37. Prononcez-vous de façon identique : *a) brillant* et *Briand* ?...
38. Prononcez-vous le *ng* de *smoking*: *a)* comme *n* ?... *b)* comme *gn* ?...
    c) comme en anglais ?...
39. Mêmes questions pour le *ng* de *camping* : *a)* comme *n* ?... *b)* comme
    gn ?... *c)* comme en anglais ?...
40. Prononcez-vous le *s* de *civisme* comme *z* ?...
41. Prononcez-vous en une ou deux syllabes : *a) pied* ?... *b) lion* ?...
    c) Riom ?... *d) bouée* ?... *e) buée* ?... *f) louer* ?...
42. Prononcez-vous de façon identique : *a) guère* et *guerre* ?... *b)* à la pre-
    mière consonne près, *parage* et *barrage* ?...
43. Si vous distinguez entre le *r* de *parage* et les *rr* de *barrage*, la distinction
    résulte-t-elle d'une différence : *a)* de force d'articulation ?... *b)* de durée
    d'articulation ?... *c)* dans la façon d'articuler (avec la pointe de la langue,
    la luette, etc.) ?...
44. Prononcez-vous l'*h* dans les mots *en haut, les halles*, comme on le pro-
    nonce en anglais ou en allemand ?... ou vous contentez-vous, comme on
    le fait en général à Paris, de ne pas faire la liaison ?...
45. En parlant familièrement, faites-vous sentir : *a)* deux *n* dans *sonnez* ?...
    b) deux *m* dans *sommet* ?... *c)* deux *d* dans *addition* ?... *d)* deux *l* dans
    illogique ?... *e)* deux *r* dans *irrémédiable* ?... *f)* deux *l* dans *je l'ai vu* ?...

[André Martinet, *La Prononciation du français contemporain*, Genève-
Paris, Droz, 1945.]

ANNEXE 2. L'UNIVERS DES BANDES DESSINÉES

Dans *Les Pieds-Nickelés* (L. Forton, 1908, 1er numéro), l'image illustre un récit placé au-dessous qui ne rompt pas avec les habitudes de la langue écrite. La mésaventure du capitaine sur le navire duquel les trois associés ont mis la main est ainsi contée : « Dès que le capitaine eut tourné les talons, Croquignol donna l'ordre de lever l'ancre et l'équipage, qui ne connaissait pas le propriétaire du yacht, s'imaginant avoir affaire à sir Clarkson, s'empressa d'obéir. » Les bulles accompagnent certaines images mais elles sont inégalement réparties et des pages entières en sont dépourvues. Elles contiennent des phrases exclamatives, des ordres, des interjections. L'invariance des noms est en accord avec l'invariance des silhouettes que le lecteur a le plaisir d'identifier à travers la diversité des situations. La complémentarité des deux niveaux de lecture stimule le va-et-vient de l'un à l'autre. Si, dans le récit, on nous dit que Ribouldingue et Filochard « ne ménageaient point leurs encouragements à Croquignol », il faut aller chercher les paroles elles-mêmes dans la bulle qui contient « Mets-y en plein la tasse » (Croquignol, croyant agiter la sonnette, a renversé la carafe sur la chevelure moutonnante de Camille Pelletan). Il faut un minimum de culture grammaticale pour apprécier à sa juste valeur le « Dors-je ou ne dors-je point ? » qui introduit le monologue intérieur de Ribouldingue à qui Croquignol, transformé par son uniforme de gradé en officier grincheux, vient de coller quatre jours.

Dans *Kebra* (Tramber et Jano, 1988), le récit a complètement disparu et l'image se suffit à elle-même. Les interjections sont nombreuses et parfois imprononçables (HRRRH) tout en étant suggestives. Selon les transcriptions habituelles de la langue populaire, *il, ils* sont représentés par *y* ; le pronom *elle* lui-même est représenté par *eh !* (eh ! fait c'k'eh ! veut !) et il est devenu homographe de l'interjection : « Eh ! les nanas eh ! s'cassent avec des mecs ! »

DIXIÈME PARTIE

LA LANGUE FRANÇAISE AU XXᵉ SIÈCLE

II. CE QUE DISENT LES CHIFFRES

Étienne Brunet

Aperçu statistique sur l'évolution du vocabulaire français

L'histoire de la langue a-t-elle besoin de chiffres ? La langue est une réalité familière, une donnée immédiate, à laquelle la conscience a un accès direct. De même qu'on a conscience du temps qui passe, même sans horloge, ou du temps qu'il fait, même sans thermomètre, ainsi le sentiment linguistique se fait jour sans aide extérieure, sans qu'un appareil enregistreur soit nécessaire pour capter les représentations intérieures. Peut-on d'ailleurs imaginer quelque détecteur de mensonge ou de langage qui ne soit lui-même un mensonge ? S'il s'agit du monologue intérieur que sécrète la pensée en action ou en sommeil, on peut être rassuré sur le viol improbable de la conscience. Les techniques les plus audacieuses de la résonance magnétique nucléaire peuvent localiser les évènements dont le cerveau est le siège, mais non les définir et les analyser. Reste qu'assez souvent ces phénomènes mentaux se manifestent au-dehors par le langage. Dès qu'est franchi le mur du son ou de l'écriture, la technique peut installer ses micros, ses appareils, ses pièges à paroles. Des montagnes de documents enregistrés s'accumulent chaque jour dans les agences de presse, les salles de rédaction, les studios de radio ou de télévision et même dans les entreprises où l'information compte autant que l'argent et où s'impose l'obligation de la veille technologique. Mais cette masse hétéroclite et sans cesse renouvelée de documents écrits, iconographiques ou sonores produit de redoutables engorgements, dont se dégagent difficilement les méthodes les plus sophistiquées et les plus puissantes de l'informatique et de la statistique. Qu'on songe par exemple que le réseau *Internet* par où tend de plus en plus à circuler l'information s'accroit à une vitesse exponentielle. Le serveur *Lycos* gère un parc de 60 millions de documents répartis dans le monde entier, alors que sa base de données atteignait à peine 14 millions il y a un an. Il faut une ou deux secondes pour isoler un mot parmi des milliards et restituer l'environnement qui est le sien et l'information qu'il véhicule.

Ce n'est pourtant pas à *Lycos* qu'il faut s'adresser, non plus qu'à d'autres services (ou moteurs de recherche) comme *Yahoo*, *AltaVista* ou *Infoseek*, pour l'étude de la langue française – dont, au reste, on se sert peu sur *Internet* [1]. Les informations qu'on en tirerait n'auraient guère d'intérêt linguistique, sinon pour constater que l'orthographe française y est souvent malmenée et les signes diacritiques sacrifiés [1]. Et surtout la faible profondeur dans le temps, sinon dans l'espace, du champ d'observation interdirait tout point de vue comparatif et historique. Car la démarche statistique – et celle de l'historien a des exigences semblables – suppose que les faits soient étudiés à intervalles réguliers et confrontés les uns aux autres, aucune mesure, si précise soit-elle, ne fournissant la moindre indication tant qu'elle n'est pas rapportée à quelque autre. Dans le domaine de la langue on ne peut compter sur aucune norme, ni naturelle comme le niveau de la mer, ni artificielle comme le mètre-étalon. Les observations n'y ont qu'une portée relative et ne prennent sens que par rapport à d'autres mesures.

Frantext

Or depuis quelques mois *Internet* autorise de telles mesures, si l'on consulte, par ce canal, la meilleure des bases de données linguistiques qui existe au monde : *Frantext*. Rappelons que la grande aventure du *Trésor de la langue française*, commencée en 1957, vient de s'achever avec la parution du dernier tome de son dictionnaire. L'immense corpus sur lequel se fondaient les rédacteurs pour le choix des exemples a été transformé en base de données accessible de tous les points du monde, soit qu'on s'adresse au serveur de Nancy (*http ://www.ciril.fr~mastina/ FRANTEXT*), soit qu'on fasse le détour par le serveur de la Bibliothèque nationale de France (*http ://gallica.bnf.fr/*), soit qu'on s'adresse au centre de Chicago (*http ://humanities.uchicago edu/ARTFL/ ARTFL.html*). Avec près de 3 000 textes de la littérature nationale, engrangés méthodiquement depuis trente ans, *Frantext* n'a guère d'équivalent dans les autres langues, ni pour l'étendue, ni pour l'homogénéité des données, ni même – cela est nouveau – pour leur accessibilité. *Frantext* est certes disponible depuis des années à la communauté scientifique et deux versions successives du logiciel d'exploitation ont été mises en œuvre sur les réseaux existants, principalement *Transpac*. Mais l'interrogation de la base supposait un certain apprentissage qui a rebuté plus d'un chercheur, au lieu que l'ergonomie de la « Toile » est d'une telle facilité (il suffit de « cliquer » les choix proposés) et d'une telle généralité que l'obstacle technique a disparu, même pour le chercheur le plus craintif. Les questions posées peuvent être simples, par exemple : quels sont les contextes où l'on trouve l'expression « langue populaire » ? Mais le langage d'interrogation (qui porte de nom de *Stella* et a été réalisé par Jacques Dendien) permet des consultations plus complexes et des réponses plus précises ou plus

étendues. S'agissant de l'ensemble des faits linguistiques dont se nourrit l'histoire de la langue, le recours à *Frantext* exige des opérations
particulières qui font appel aux fonctions statistiques offertes par
Stella. Sans s'appesantir sur le détail technique, on se bornera à indiquer qu'on a puisé dans *Frantext* des relevés bruts, dont le traitement
a été assuré par le logiciel *Thief*, créé par nos soins. En particulier on
a constitué à partir de *Frantext* un dictionnaire des fréquences en relevant toutes les formes du corpus littéraire et les sous-fréquences de
chacune dans 12 tranches chronologiques distinguées du XVIᵉ siècle à
nos jours. Une fois constitué, ce dictionnaire, devenu disponible en
mode local (sans liaison extérieure), a fait l'objet d'une exploitation
intensive dont sont issus la plupart des résultats qui vont suivre. Les
limites des tranches n'ont pu être établies sur un pied d'égalité, car les
textes dépouillés sont très inégalement répartis selon les siècles. Afin
d'équilibrer la taille des sous-ensembles, l'empan chronologique a été
élargi là où les textes étaient rares, c'est-à-dire au XVIᵉ siècle, et res-
serré là où ils abondaient, aux XIXᵉ et XXᵉ siècles. La première
tranche s'étend ainsi sur un siècle (on l'a représentée par son année
médiane : 1550) tandis que les plus proches ne recouvrent guère que
deux décennies. Voir le tableau 1.

	Nb. mots	Nb. formes	Prob. p	Prob. q	Époque
1	1 719 178	67 014	0,014 625	0,985 375	1550
2	8 346 862	101 892	0,071 006	0,928 994	1630
3	6 087 533	69 612	0,051 786	0,948 214	1692
4	9 380 093	77 841	0,079 796	0,920 204	1735
5	11 946 384	99 028	0,101 627	0,898 373	1780
6	11 124 272	98 905	0,094 633	0,905 367	1820
7	16 184 517	124 845	0,137 680	0,862 320	1855
8	13 780 168	116 085	0,117 227	0,882 773	1885
9	8 695 375	98 488	0,073 971	0,926 029	1910
10	11 361 661	109 218	0,096 653	0,903 347	1928
11	10 083 262	106 498	0,085 777	0,914 223	1942
12	8 842 284	112 367	0,075 220	0,924 780	1960
Total	*117 551 589*	*393 848*			

TABLEAU 1. Limites des 12 tranches

Même ainsi, l'égalité dans l'étendue des tranches n'est pas respectée et les calculs de pondération sont inévitables. Ils s'appuient tous sur
les probabilités indiquées dans le tableau précédent. On renvoie le lec-

teur aux ouvrages de Charles Muller pour tout ce qui concerne les opérations techniques de la statistique linguistique [1]. On s'en fera toutefois une idée suffisante si l'on sait que toute observation réelle (pour un mot donné dans une tranche donnée) est comparée à une fréquence théorique, obtenue par une règle de trois, sur la base de l'étendue respective des tranches. Le résultat de cette comparaison est un nombre négatif ou positif dont le signe indique s'il s'agit d'excédent ou de déficit et dont la valeur absolue mesure l'importance de l'écart (quand l'écart est faible, entre −2 et +2, le hasard peut être invoqué et l'on doit sursoir à toute conclusion).

Avant de rendre compte des observations chiffrées, une précaution est à prendre. On évitera un écart ou un abus de langage en s'abstenant de parler de la langue ou même du lexique, pour s'en tenir au seul vocabulaire. Car langue et lexique sont des réalités non finies dont les réalisations écrites n'épuisent pas les possibilités. Relevés et calculs ne peuvent se faire que dans le discours, c'est-à-dire dans un corpus, nécessairement limité, qui est pris pour témoin et dont la composition importe grandement, puisque de la qualité de l'échantillon dépend la portée des conclusions qu'on projette sur la population. À l'inverse des sondages électoraux qui peuvent espérer du vote réel la confirmation de leurs prévisions, nul espoir jamais d'atteindre dans son intégralité la population des mots et de l'amener devant les urnes. Quelle que soit l'étendue de l'enquête, il y aura toujours des recoins inexplorés, des lacunes imprévisibles et, ce qui est pire, des régions inaccessibles par définition : ces limbes indécis où naissent et flottent les mots qui attendent le baptême. On se bornera donc à tenir le registre des éléments lexicaux rencontrés dans les textes, sans exclusion ni extrapolation. Il est facile de voir que le vocabulaire ainsi défini ne recouvre pas la nomenclature d'un dictionnaire, quoique l'un et l'autre tendent à rejoindre, de façon asymptotique, la perspective fuyante du lexique et, de façon plus molle encore, la trajectoire incertaine de la langue.

En outre, une plus grande prudence s'impose en l'absence de lemmatisation. Cette opération consiste à regrouper les formes fléchies derrière leur chef de file, qui est traditionnellement l'infinitif des verbes et le masculin singulier de la classe nominale. Elle exige de couteux et longs efforts qu'on ne peut guère entreprendre, avec des raccourcis approximatifs, que pour les textes les plus récents. S'engager dans cette voie – comme nous l'avons fait dans notre *Vocabulaire français de 1789 à nos jours* – eût été héroïque, vu l'énormité du corpus, d'autant que la lemmatisation est plus complexe quand l'orthographe n'est pas fixée – comme c'est le cas des textes les plus anciens. Faute de pouvoir isoler sûrement les vocables, on s'est donc contenté, à regret, des formes dans leur plus simple appareil.

L'inflation lexicale

Rappelons d'abord les résultats antérieurs, qui abordent le problème bien connu de la richesse lexicale et que l'on a obtenus, en traitant des données lemmatisées, à partir du corpus XIXe-XXe divisé en 15 tranches chronologiques.

Le tableau 2 donne les effectifs et les écarts, après exclusion des signes de ponctuation, des chiffres, des noms propres et des mots étrangers.

Tranche	1789	1816	1833	1842	1850	1860	1870	1880
Occurr.	5 857 336	5 081 449	5 045 419	4 082 572	4 212 666	4 350 647	4 033 535	4 875 409
Vocabl.	24 731	24 213	24 911	26 453	25 763	29 939	28 902	30 402
Richesse	− 63	− 59	− 55	− 36	− 42	− 20	− 22	− 23
Hapax	1 702	852	782	1 072	735	1 550	1 207	1 346
z	− 1,6	− 18	− 19,7	− 4,7	− 15,5	6,8	− 0,3	− 3,4

Tranche	1893	1908	1919	1927	1933	1938	1946	Total
Occurr.	5 045 345	4 227 531	4 819 111	4 097 582	4 304 089	4 793 038	5 447 822	70 273 551
Vocabl.	32 780	30 067	31 747	30 009	31 311	32 464	34 551	71 640
Richesse	− 11	− 18	− 14	− 16	− 11	− 10	− 5	
Hapax	1 748	1 296	1 566	1 337	1 592	1 788	2 620	2 1193
z	6	0,6	3,1	3	8,4	9,3	25,1	

TABLEAU 2

La représentation graphique des écarts réduits (lignes 4 et 6 du tableau 2) montre la progression en deux siècles du flux verbal. Cette planche à billets qu'est la créativité lexicale a bien fonctionné depuis la Révolution, et l'inflation du vocabulaire s'observe au niveau général, quand toutes les unités lexicales sont prises en compte, et au niveau particulier mais révélateur des hapax (ou mots employés une seule fois).

La courbe correspond au sentiment qu'on peut avoir naïvement des mouvements du vocabulaire. La masse lexicale, comme la masse monétaire, s'accroit sans cesse, pour répondre aux besoins de la technologie qui invente des objets nouveaux, qu'il faut bien nommer, pour répondre aussi à l'usure des mots et à la surenchère naturelle qui s'exerce dans le commerce des mots comme dans le commerce des biens et des marchandises. La loi des échanges donne toujours une plus-value à ce qui est neuf. Mais dans le domaine linguistique, ce qui est vieux n'est pas pour autant perdu et oublié. Les mots vieillis vivotent long-

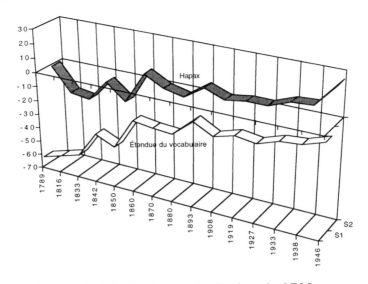

FIGURE 3. L'inflation lexicale depuis 1789

temps et quand on les rencontre dans un texte ancien, on les reconnait encore, avec surprise et plaisir, comme les objets abandonnés au grenier. Il n'y a pas équilibre entre les morts et les naissances verbales et cela conduit sinon à la surpopulation, du moins à un certain encombrement des communications.

Pourtant, la courbe prolongée jusqu'au XVIᵉ siècle semble en désaccord avec les observations faites jusqu'ici. Ce sont les premières tranches qui l'emportent, tant pour l'étendue du vocabulaire (figure 4)

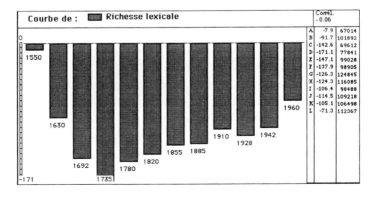

FIGURE 4. Courbe de la richesse lexicale depuis 1500 (par la méthode de la loi binomiale)

que pour le nombre des hapax, ce que tend à montrer aussi l'accroissement dynamique du vocabulaire. Dans cette dernière perspective, on se
déplace dans le temps, d'une tranche à l'autre, en notant l'apport lexical de chacune. Là encore le XVIᵉ siècle garde une part de ses prérogatives, sans masquer tout à fait la tendance invincible au renouvellement
(figure 5).

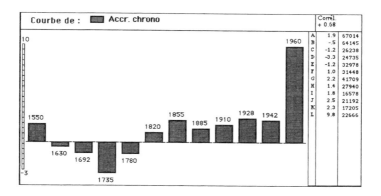

**FIGURE 5. Courbe de l'accroissement du vocabulaire
(visée dynamique)**

L'explication de cette anomalie est assez triviale. Point n'est besoin
d'invoquer Malherbe pour opposer l'esthétique sobre et sévère des
classiques à la luxuriance lexicale de la Renaissance, à qui ni les
archaïsmes, ni les néologismes ne faisaient peur. Il s'agit tout bonnement de variations orthographiques. Si le corpus avait été lemmatisé,
cet artefact aurait disparu, les doublons et les variantes rejoignant la
vedette de regroupement. Mais les formes brutes ne peuvent échapper
aux perturbations d'une orthographe non normalisée et le gonflement
des effectifs tient à ce qu'un même mot est comptabilisé plusieurs fois
dès que l'ajout ou le retrait d'un accent lui donne une identité nouvelle.
Ainsi on a compté jusqu'à neuf variantes orthographiques de l'*évêque*
dans les premières tranches. L'époque moderne a naturellement supprimé les sièges surnuméraires et les titres *in partibus*.

L'orthographe

La tendance à l'inflation lexicale ne peut donc être mise en doute[1]
et son effet se fait sentir dans les courbes, même au XVIIᵉ siècle, dès lors
que l'orthographe commence à se stabiliser. Quand l'attention se fixe
précisément sur les signes diacritiques, on observe en effet de grands
flottements, et ici l'étude des formes représente un avantage méthodolo-

gique. La récente réforme de l'orthographe a porté sur la place publique le fameux accent circonflexe. Les historiens de la langue savent que ce symbole apparait pour la première fois dans la première moitié du XVI⁰ siècle et que ses fonctions ont été diversifiées à l'origine (notation d'une diphtongue, amüissement d'un *e*, signalisation d'un *s* effacé) et sont devenues assez incohérentes au fil du temps. La réforme n'a pas touché aux deux voyelles *a* et *o*, que nous écarterons de nos relevés. Restent le *î* et le *û* qui sont devenus facultatifs, sauf dans les désinences verbales et là où quelque homographie serait à craindre (*mûr, sûr, dû, fût*). Il ne nous appartient pas de décider si cette rectification est bonne ou mauvaise, mais force est de constater qu'elle va dans le sens de l'histoire et qu'elle officialise une désaffection progressive des écrivains, depuis deux siècles. La courbe en grisé de la figure 6 est relative à la lettre *i*, quand elle se coiffe d'un circonflexe. Cela se produit 241 404 fois, soit dans 1 mot sur 500 en moyenne. Mais le destin de ce signe est celui d'un feu de paille, qui couve un siècle, se consume brusquement au siècle suivant et s'éteint par la suite.

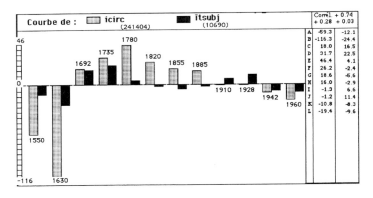

FIGURE 6. Le *i* circonflexe (en gris la courbe d'ensemble, en noir le subjonctif imparfait)

Cependant certains emplois résistent mieux que d'autres. C'est le cas du subjonctif (courbe en noir de la figure 6). C'est qu'en cette circonstance, le circonflexe joue un rôle pleinement distinctif, en opposant *fit* et *fît*[1], *prit* et *prît* et tous les éléments du paradigme aux formes correspondantes du passé simple. Il apparait donc que les auteurs de la réforme ont été bien inspirés en confortant le circonflexe là où il est utile et où le maintient l'usage littéraire. Il en va ainsi du passé simple où le circonflexe est associé aux formes en *îmes* et en *îtes*. Ici les homographes restent rares[2] et sont le fait de rencontres accidentelles avec des substantifs ou des participes (*mîmes* et *mimes*, *prîmes* et *primes*,

frîtes et *frites*). Cette moindre motivation explique en partie l'effondrement de la série, dont rend compte également l'abandon, de plus en
plus accusé, du passé simple. On remarquera l'écart qui se creuse entre
la première personne (*îmes* 6 404 occurrences) et la seconde (*îtes* 616
occurrences). Les formes en *îmes* trouvent encore à s'employer dans
certains récits autobiographiques, où l'archaïsme des formes accompagne volontiers la nostalgie du souvenir et le recul du temps. Les
formes en *îtes* supposent au contraire un dialogue où n'entrent guère
ces ingrédients [1].

Les faits qu'on relève pour le *u* circonflexe sont tout à fait semblables. Le parallélisme est dans une fréquence équivalente (222 618
occurrences) et dans la répartition des emplois. Quant au tréma, les
chiffres montrent un embarras des usagers lorsqu'il faut choisir entre
le *e* et le *u* dans les formes féminines du type *aiguë* (ou *aigüe*). La
réforme tente bien de mettre fin à cette hésitation, mais il semble que ce
soit trop tard, le français optant pour l'abstention, à partir de la Révolution. La courbe 7 ne laisse guère de chances de survie à ce signe promis à l'oubli. Le moins menacé des trémas est celui qui accompagne la
lettre *i*. C'est aussi le moins rare, puisqu'il compte autant d'occurrences
que les deux autres réunis. Son coefficient de corrélation chronologique
(−0,36) indique une descente moins abrupte que celle des deux autres
(respectivement −0,63 et −0,81) [2].

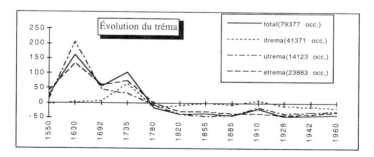

FIGURE 7. Le tréma

On a mesuré précédemment le taux global de renouvellement
lexical, et quelques traits accessoires dans la physionomie orthographique du vocabulaire. Ces signes diacritiques peuvent flotter au
cours des siècles, sans modifier grandement la structure de la langue.
Au reste on accepte que les majuscules perdent parfois leurs accents
dans les documents dactylographiés, même si la tradition typogra-

phique recommande de les maintenir – et la richesse du clavier des traitements de texte modernes permet de satisfaire cette exigence mieux que les anciennes machines à écrire. Mais si l'alphabet français contient 26 lettres, accentuées ou non, toutes n'ont pas le même statut et la même légitimité historique. Et cela est plus vrai encore de certaines combinaisons de lettres, qu'on reconnaît tout de suite comme d'importation étrangère. On a là une manière indirecte de dresser la carte démographique des mots, en distinguant les nationalités, et de mesurer les mouvements de population aux frontières, c'est-à-dire la part de l'immigration, de l'emprunt extérieur et par exemple des anglicismes.

LES EMPRUNTS

L'anglais

Deux graphèmes moins bien intégrés au système français, le *k* et le *w*, servent au transit des étrangers de passage. Ces touristes-là – les noms propres – gardent leur passeport d'origine et ne sont pas soumis au recensement. On les trouve pourtant de plus en plus souvent dans les Lettres françaises, et il est probable que l'internationalisation des échanges a le même effet dans les autres langues. Ces toponymes ou anthroponymes ont toujours circulé plus ou moins librement dans la langue nationale, mais la tradition classique accueillait plus volontiers les noms antiques de l'histoire ou de la mythologie. Comme on puisait à la même source gréco-latine que le vocabulaire commun, la francisation allait d'elle-même. Il en va autrement maintenant, les noms propres étrangers s'habillent de façon plus étrange, en multipliant les *k* et les *w*. C'est aussi le cas des noms communs qui franchissent les frontières. On ne s'intéressera qu'aux frontières anglo-saxonnes puisque c'est là que se produisent surtout les mouvements de population et

Lettres *k* et *w*	1550	1630	1692	1735	1780	1820	1855	1885	1910	1928	1942	1960
k (72 252)	– 29,7	– 70,5	– 46,7	– 43,4	– 28,9	10,2	6,1	– 9,6	13,8	36,5	35,2	99,6
k₂ (23 780) sans N. propres	– 15,5	– 41,8	– 33,5	– 40,6	– 33,4	– 28,4	– 25,1	– 4,6	1,5	15,7	30,4	174,6
w (41 607)	– 21,6	– 55,0	– 41,0	– 21,5	– 39,3	42,6	19,8	– 23,2	22,0	35,8	18,3	38,6
w₂ (9 071) sans N. propres	– 8,5	– 26,1	– 21,5	– 26,7	– 28,4	– 16,8	– 16,5	– 7,2	8,6	43,1	31,0	66,5

TABLEAU 8

qu'en reniflant les *k* et les *w* on a toute chance de repérer les intrus qui viennent de ce côté. On a lancé l'ordinateur sur la piste, en lui ordonnant de rapporter tous les mots où l'on trouvait un *k* (il y en a 72 252) ou un *w* (41 607 occurrences). Puis, dans un second temps, on n'a gardé que les formes sans majuscule (respectivement 23 780 et 9 071 occurrences). Le filtrage montre la part prépondérante des noms propres dans la catégorie : deux tiers pour le *k*, trois quarts pour le *w* – ce qui laisse entendre que la tentative de naturalisation est le fait d'une minorité. Mais, même timide, ce mouvement est croissant, comme le montre le tableau 8 (et sa représentation graphique dans la figure 9).

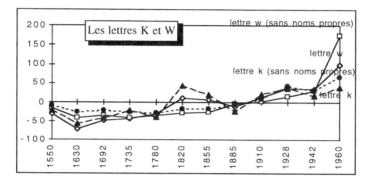

FIGURE 9. Importation croissante des mots empruntés (à partir du critère des lettres *k* et *w*)

On peut craindre cependant que le filtrage soit trop grossier pour isoler les anglicismes. Le *w* n'est pas propre à l'anglais et les langues germaniques l'utilisent pareillement. Quant au *k*, ce peut être l'indice d'un mot venu du Japon (*kaki*), de Chine (*kaolin*), de Russie (*knout*), d'Allemagne (*képi*) ou du monde arabe (*khan, khôl*) ou, plus simplement encore, du monde grec (*kilo*). Il faut donc recourir à une contrainte supérieure, qui exige certains assemblages de lettres, et par exemple la finale en *-ing*. Certes là aussi des sonorités chinoises peuvent occasionnellement se mêler à l'anglais ou plus souvent les graphies anciennes du type *besoing, gaing*, ou *loing*, mais la pureté y est mieux garantie, une fois dégagée, manuellement, la gangue des scories[1]. La progression de cette catégorie lexicale est en tous cas fort nette, sans qu'on puisse démêler s'il s'agit d'importations clandestines ou d'emprunts régularisés. On a tout lieu de croire que le flux croissant des entrées grossit tout à la fois l'égout des rejets et le bassin d'épandage qui recycle celles qui sont acceptées pour l'usage domestique.

Mais si les naturalisations vont en augmentant, on est loin d'un

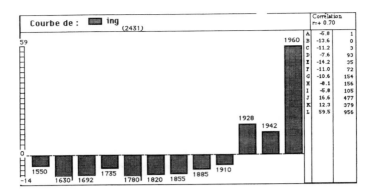

FIGURE 10. La progression des formes anglaises en -*ing*

raz-de-marée. L'effectif obtenu (rappelons qu'il s'agit d'occurrences et non de formes différentes) est d'une modicité rassurante. Les 2 400 exemples relevés pèsent peu dans une masse de 120 millions de mots. Il est vrai que le corpus est largement constitué d'œuvres des siècles passés et qu'au surplus le gout des écrivains est plus sévère que celui des médias, lorsqu'il s'agit de préserver la pureté de la langue. Il est vrai aussi que la mode de l'anglais – qui envahit la rue, la publicité et les formes modernes de la communication – n'offre pas en elle-même des gages de pérennité. Les modes – il y en a d'autres, comme celle de l'argot ou du verlan – durent parfois le temps d'une vague. La langue se soulève à leur passage, un instant désorientée, pour revenir, apaisée, à son état initial.

La question tant débattue du franglais impose encore une autre mesure. Il ne s'agit plus cette fois de démasquer les produits d'importation qui s'introduisent en ignorant la douane. Il s'agit des mots qui doivent se lire en anglais dans un environnement français et jouissent d'une sorte d'exterritorialité. Même le plus ignorant des Français les reconnait d'emblée, dès qu'ils apparaissent dans une expression ou une citation. On en a choisi une vingtaine, parmi les plus fréquents, en éliminant ceux qui avaient un homographe autochtone (*on*, *are*, *an*, *but*, *for*)[1]. Comme on s'y attendait, ces menus outils anglais n'apparaissent guère avant le XXᵉ siècle. Une faveur soudaine leur sourit entre les deux guerres, qui ne se maintient pas au même niveau dans les décennies qui suivent. Comme cette décrue relative pouvait surprendre ceux qui croient à l'invasion irrésistible de l'anglais, on a cru devoir la confirmer en renouvelant l'expérience sur une base plus large. Ici un détour est nécessaire qui fait appel à une fonction très puissante de *Frantext*. *Frantext* est en effet capable de trouver non seulement la fréquence d'un mot ou d'une liste de mots, mais aussi celle de tous les mots qui entourent le mot choisi (ou les mots de la liste choisie). La liste pure mais restreinte des mots qui précèdent peut servir à repérer l'environnement habituel qui les accompagne dans un discours français et qui donne une forte probabilité aux termes anglais. En somme ils servent d'appât ou d'appeau pour attirer les autres. Un test statistique permet ensuite de trier les accointances les plus fortes – qui bien évidemment s'exercent selon la nationalité. Les homographes, gênés par leur ambiguïté, sont tenus à l'écart et n'apparaissent pas en tête de liste, où ne figurent que les éléments purs (soit 150 au total). L'effectif des observations double alors (11 217 contre 6 614), mais sans apporter de grands changements aux conclusions précédentes – ce qu'on peut constater dans la figure 11 qui juxtapose les deux expériences.

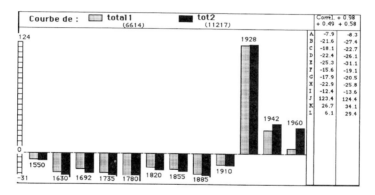

FIGURE 11. Courbe de la distribution des mots anglais

Le latin

La même procédure peut s'appliquer au latin. Mais le latin imprègne plus intimement le français et sa mesure réclame des précautions supplémentaires. On peut certes se livrer à une enquête sur les mots qui sont passés d'une langue à l'autre, sans le moindre changement, au moins graphique. Faut-il considérer comme des emprunts des termes comme *album*, *alibi*, *alias*, *accessit*, *abdomen*, *aquarium*, *atlas* ou *argus* ? Le transfert est si ancien que le souvenir s'en est perdu dans la conscience des usagers. De tels mots sont en progrès au cours de cinq siècles, au moins dans l'échantillon de la lettre *a*. Mais il serait abusif d'attribuer au latin cette progression. En réalité ces termes sont parfaitement intégrés au français et s'ils ont eu un démarrage lent du fait de leur bizarrerie orthographique, le handicap initial a disparu depuis longtemps.

Il vaut mieux partir d'un dictionnaire latin. Va-t-on alors repérer dans la littérature française chacune des entrées qu'on trouve, par exemple, dans le *Gaffiot* ? La tâche parait ardue, d'autant qu'une langue à déclinaison comme le latin multiplie les formes d'une même entrée. La difficulté majeure cependant, si l'on entreprend de faire l'intersection des deux langues, sera l'obligation de faire le tri de la partie commune et d'y expurger tous les homonymes qui ont un sens en français et un autre en latin sans rien qui soit réellement commun. Il nous a paru plus habile de faire une première liste, limitée mais exempte de toute ambigüité, et d'en rechercher les éléments dans la littérature française. Cette liste a été empruntée à un manuel d'initiation au latin et comprend 200 mots latins jugés essentiels. Encore a-t-il fallu éliminer quelques unités qui comme *ira*, *causa*, *arma* entraient en concurrence avec des formes françaises.

Nous ne montrerons pas le résultat de cette première moisson, parce que les grains récoltés ont servi de semence pour la deuxième. Et c'est la deuxième récolte que nous ferons fructifier. Pour l'obtenir on a soumis la première sélection à la procédure utilisée plus haut pour les mots anglais. On constate alors que les formes qui se rapprochent le plus souvent des formes témoins sont d'autres formes latines non initialement citées. Le latin attire le latin, comme l'anglais l'anglais. Or l'attirance, mesurée par l'écart réduit, est plus faible lorsqu'on a affaire à un homonyme, ce qui permet d'écarter de la liste définitive des éléments douteux comme *domino*, *cor*, *visa*, *salis*, *docte*, *malo*, *suave*, *dicta*, *fuit*, *jus*, *mens*.

L'ensemble totalise plus de 12 934 occurrences. Comme aucun soupçon de subjectivité ne peut fausser la perspective, on peut se fier à la courbe chronologique sans craindre les effets de trompe-l'œil. Le graphique 12 rend compte de cette évolution. Les tranches sont ici de vingt ans uniformément et l'histogramme est fondé sur les fréquences relatives (pondérées par l'étendue des tranches) [1].

On y distingue quatre paliers. Au XVIe siècle, le latin est en faveur et le palier est haut. Le latin est encore le recours dès qu'une citation, un témoignage ou une garantie doivent accompagner le discours, et cette habitude est très visible chez Rabelais et Montaigne. Ce recours au latin se raréfie progressivement au siècle classique. Il est vrai que le théâtre y tient une place prépondérante et que le latin ne trouve guère lieu de s'employer sur les planches. L'étiage est au plus bas au XVIIIe mais la source se ravive au XIXe pour atteindre son plein débit à la fin du siècle, et donner de nouveau des signes d'épuisement à l'époque contemporaine. On s'éloigne un peu des conclusions qu'avaient suggérées l'étude des mots latins francisés et celle des expressions consacrées. L'avenir du latin dans les lettres françaises

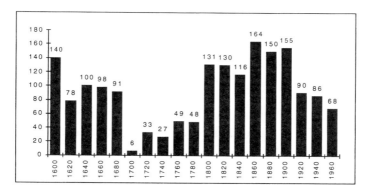

Figure 12. L'évolution des mots latins

n'apparait plus voué à une progression linéaire, non plus qu'à une chute inéluctable. Ballotté par les vagues de l'histoire, le latin semble soumis à un mouvement cyclique dont la phase périodique s'étend sur un siècle entier.

La longueur du mot

Il n'est guère possible d'aller plus avant dans l'exploration de l'origine des mots, sauf si l'on dispose d'un dictionnaire pourvu d'une telle information. Le *TLF* est doté d'une rubrique étymologique et ouvrira la voie à des recherches synthétiques de cette espèce, dès qu'il sera disponible sur le réseau (le tome 14 du *TLF* peut d'ores et déjà être consulté à travers *Internet*, à l'adresse électronique de *Frantext*). Mais un dictionnaire de fréquences, même réduit à sa plus simple expression (où seules subsistent la forme et la fréquence), offre encore des ressources à l'exploitation. La longueur du mot est un des attributs qu'on peut le plus facilement appréhender. On sait depuis longtemps qu'il faut en moyenne un peu plus de quatre lettres pour un mot français (et qu'il en faut moins pour l'anglais et plus pour l'allemand). En réalité ce paramètre ne suffit pas à mesurer l'efficacité d'une langue. Tout dépend du statut qu'on donne aux mots composés et du rôle que jouent le blanc, le trait d'union ou le collage pur et simple, et plus généralement de la façon, analytique ou synthétique, dont on fait intervenir les éléments pré- ou post-posés, les prépositions, les cas, les modalités, etc. Mais si ce critère est incertain pour la comparaison entre langues différentes, il garde une certaine valeur à l'intérieur d'une même langue. Le graphique 13 montre que le mot est le plus long au XVIᵉ siècle, et le plus court au XVIIᵉ. Il reprend progressivement du volume au XVIIIᵉ, puis au XIXe siècle, pour revenir à une valeur moyenne au XXe. On peut interpréter la chute brutale du début de la chronologie par deux sortes de raisons : d'une part le mot ne s'est pas extirpé totalement de sa gangue au XVIe siècle et sur son corps trainent encore des morceaux de la coquille latine dont beaucoup viennent de s'extraire. La mode est d'ailleurs d'en laisser quelque trace, même sans utilité pour la prononciation, comme on fait d'une griffe sur un produit de grande marque. Malherbe, Vaugelas et l'Académie mirent un peu d'ordre et de sobriété dans le régime, et le mot, soumis à la diète, en sortit purifié et amaigri (le dictionnaire aussi). Mais la maigreur relative du mot à l'époque classique a peut-être une explication plus banale qui tient à la composition du corpus. Le théâtre est mieux représenté en ce temps-là, et les mots sont généralement plus courts, plus simples et plus communs au théâtre, parce que le spectateur n'a pas le temps de débrouiller les expressions compliquées et le loisir de consulter un dictionnaire.

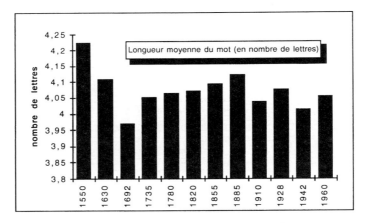

FIGURE 13. La longueur moyenne du mot

Ce choix, conscient ou non, du mot bref à la fin du XVIIe siècle apparait plus clairement quand on répartit les mots en classes de longueur. On a ainsi un tableau à deux dimensions, dont chaque cellule inscrit l'effectif des mots qui ont i lettres dans la tranche j. Si on isole la 3e tranche, qui correspond à l'âge d'or du classicisme, on obtient la courbe ci-dessous (histogramme 1 de la figure 14), où les mots courts montrent un net excédent. Le fait est confirmé par l'histogramme 2 qui isole des lignes et non plus des colonnes et qui reproduit la distribution des classes de 3 ou 4 lettres, où les XVIIe et XVIIIe siècles sont en faveur. Inversement, l'histogramme 4, consacré aux mots longs, donne

1. Histogramme de l'époque 1692

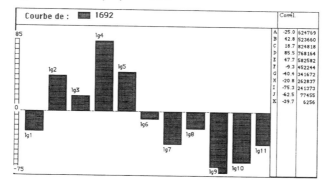

2. Histogramme des mots courts

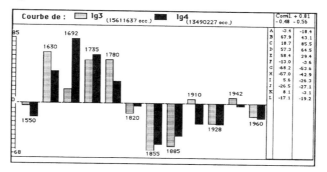

3. Histogramme des classes moyennes

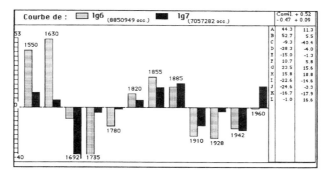

4. Histogramme des mots longs

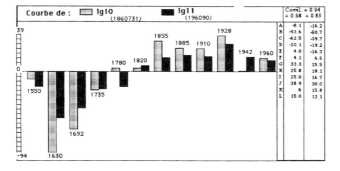

FIGURE 14. Les classes de longueur

l'avantage au XIXe et au XXe siècle, tandis que la courbe 3, qui rend compte des mots de longueur moyenne, montre le cours sinueux d'une classe de transition : faveur au XVIe et au XVIIIe siècle, discrédit au XVIIe (parce que déjà trop longs) et au XXe (parce que déjà trop courts).

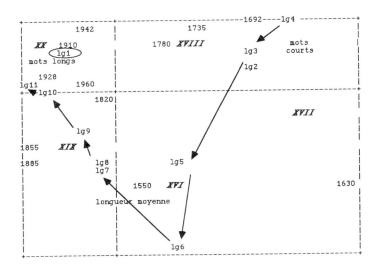

FIGURE 15. Analyse factorielle des classes de longueur

Comment se fait-il donc que la longueur moyenne du mot n'ait pas dans la figure 13 le profil pur et progressif que les distributions de détail pouvaient laisser espérer ? La perturbation vient des mots très courts, de 1 ou 2 lettres, qui sont des nécessités du discours et que la dernière période cultive autant et plus que les autres. Il aurait sans doute été prudent de les exclure du calcul, car leur statut d'outil grammatical leur permet d'échapper au choix, parfois conscient, qui porte sur la longueur. On peut rechercher ou fuir les mots de quatre syllabes (Jean Paulhan voulait les proscrire). Jamais personne ne s'est soucié de rejeter ou de privilégier les mots de 2 ou 3 lettres. Cette perturbation est dénoncée par l'analyse factorielle représentée ci-dessus. Certes les tranches sont bien classées et les classes bien tranchées – les mots courts avec le XVIIe, les mots longs avec le XXe, avec des positions intermédiaires pour le XVIIIe et le XIXe. Mais une anomalie notoire se révèle dans la position de la classe 1 (mots d'une seule lettre) qui se porte à l'opposé des mots courts et rejoint le camp adverse.

LES CLASSES DE FRÉQUENCE

L'expérience de la longueur du mot vient de nous alerter sur la fragilité des mesures trop réductrices qui rabotent les faits et nivellent les écarts pour aboutir à une moyenne sans grande signification. Notre première approche de la structure lexicale peut être précisée et ne pas se contenter d'une mesure globale. Pour apprécier l'étendue du vocabulaire, on peut procéder par classes, comme on vient de le faire pour la longueur des mots, ou comme ferait un sociologue traitant des classes d'âge ou des catégories socioprofessionnelles. La classe (f1) des hapax (ou mots de fréquence 1) a déjà été isolée. Isolons aussi les mots relativement rares qui ont une fréquence comprise entre 2 et 16 (classe f2), puis ceux qui se situent entre 17 et 64 (f3), 65 et 512 (f4), 513 et 1 024 (f5), 1 025 et 2 048 (f6), 2 049 et 8 192 (f7), 8 193 et 65 536 (f8) et enfin au-delà de 65 536 (classe f9). On obtient un tableau à deux dimensions qui, comme le précédent, a 12 colonnes correspondant aux 12 tranches. Il comporte cette fois 9 lignes où prennent place les 9 classes de fréquence qu'on vient de distinguer. On peut représenter la courbe de ces 12 tranches en étudiant dans chacune le dosage des classes de fréquence, ou bien, adoptant le point de vue inverse, on peut représenter l'évolution de chacune des classes, à travers la chronologie. En réalité, il s'agit d'un continuum : les classes voisines diffèrent peu et l'on passe insensiblement de l'une à l'autre [1]. C'est ce qu'on voit dans les basses fréquences qu'on a représentées dans la figure 16 et où s'illustrent les premières tranches et la dernière.

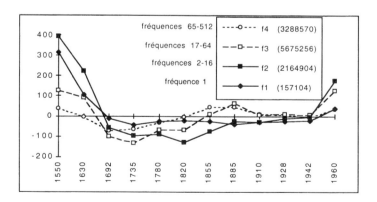

FIGURE 16. Les basses fréquences

Les conclusions sont plus synthétiques dans l'analyse factorielle (figure 17) qui reprend toutes les données du tableau et les résume dans le même schéma. Les classes de fréquences font la ronde autour du centre, dans l'ordre attendu : f1, f2, f3, etc. Les tranches font de même et l'ordre chronologique est en gros respecté. Le plus intéressant est la fusion des deux séries et l'entrelacement des deux rondes. Car le principe mathématique est ici celui des rondes enfantines bien ordonnées : chacun embrasse sa chacune. Les hautes fréquences rejoignent le XVIIe et le XVIIIe siècle, les moyennes se tournent vers le XIXe, et les basses fréquences hésitent entre le XVIe et le XXe. En réalité cette dernière classe est une collectivité factice où les individus (les mots) n'hésiteraient nullement, s'ils étaient libres, entre les deux pôles. Ils sont ensemble parce que les réunit une propriété paradoxalement commune : leur exclusivité.

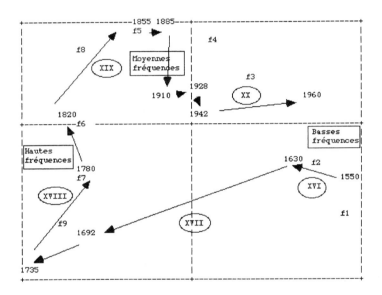

Figure 17. Analyse factorielle des classes de fréquence

LA CONNEXION OU DISTANCE LEXICALE

On n'a envisagé jusqu'ici le matériau lexical que sous un angle assez limitatif, à partir de critères externes, comme la fréquence, le nombre des lettres qui composent un mot ou la nature de ces lettres. Ni les gouts propres de chaque mot, ni son individualité n'étaient pris en compte. Mais on peut faire mieux : au lieu de les concentrer de force dans un camp, parce qu'ils avaient un *w* et les cheveux roux, on peut leur demander leur avis et procéder à des élections générales où chaque mot est appelé à choisir son camp et son époque de prédilection. Le mot lui-même constitue le bulletin de vote. Quand on le trouve dans une tranche, il contribue à la coloration particulière de cette tranche. Mais il peut choisir deux tranches à la fois (ou davantage) et contribuer par sa présence au rapprochement des deux tranches. Dans le dépouillement final, chaque tranche compte non seulement ses partisans, mais aussi les bulletins multiples où elle est associée à d'autres tranches. Au total, deux tranches sont proches quand elles partagent plus de mots communs. Pour une paire donnée, ce rapport entre les mots exclusifs et les mots communs constitue la distance entre les deux éléments de la paire considérée. Ainsi, au croisement des tranches 1550 et 1630, on compte 32 664 mots qui sont dans la première sans être dans la seconde, 75 521 qui sont dans la situation inverse et 39 554 qui forment la zone commune du vocabulaire. La distance entre les deux tranches s'obtient en cumulant la part exclusive de chacune, soit pour l'exemple choisi :

$$\frac{\text{exclusivités du texte A}}{\text{vocabulaire du texte A}} + \frac{\text{exclusivités du texte B}}{\text{vocabulaire du texte B}} = \frac{32\,664}{32\,664 + 39\,554} + \frac{75\,521}{75\,521 + 39\,554} = 1{,}109$$

On trouvera dans le tableau 18 l'ensemble des données qui permettent d'établir la carte électorale des mots au cours de cinq siècles de littérature.

Avant de commenter ce tableau et d'en faire apparaitre les lignes de force, il convient de remarquer qu'ici seul compte le critère présence/absence, en dehors de toute considération de fréquence. En fait, les mots fréquents, qu'on retrouve nécessairement dans toutes les tranches, se trouvent par là même empêchés de manifester leur préférence et n'exercent plus cette domination gênante qu'ils imposent dans d'autres calculs. La tranche 1910, représentée dans la figure 19 (à droite), correspond exactement à ce qu'on attend d'une évolution progressive et régulière. La proximité du vocabulaire a un lien direct avec la proximité chronologique et la distance lexicale est plus courte avec les tranches voisines. Et cela se constate dans presque toutes les tranches, notamment dans la dernière où la courbe prend la forme d'une diagonale parfaite. Mais on ne trouve pas la diagonale symétrique attendue au début de la chaine. Au lieu d'une pente régulière, la figure 19, dans sa partie gauche, montre que la première tranche est sans lien avec les autres, sinon, faiblement, la seconde, et qu'un mur abrupt sépare le XVIe siècle de ceux qui suivent. L'instabilité de l'orthographe a déjà été invoquée pour expliquer ce phénomène. D'autres facteurs jouent sans doute aussi, qu'il est malaisé de circonscrire. En tous cas, le temps n'apparait pas homogène, et la figure 20, qui cumule les 12 profils, n'est ni symétrique, ni réversible. Les premières tranches,

Nombre de formes privatives

	1550	1630	1692	1735	1780	1820	1855	1885	1910	1928	1942	1960
1550	0	32 664	46 289	47 397	46 252	48 692	48 182	48 834	50 438	50 321	50 657	51 855
1630	75 521	0	70 289	71 263	68 986	74 369	73 253	75 325	78 260	78 150	78 600	81 183
1692	54 123	35 266	0	33 796	32 063	36 836	36 106	38 781	41 487	40 848	41 745	44 201
1735	62 036	43 045	40 601	0	29 727	36 871	36 869	39 519	42 742	42 228	42 984	45 627
1780	87 873	67 750	65 850	56 709	0	51 207	49 266	53 736	58 817	58 370	59 443	63 230
1820	90 515	73 335	70 825	64 055	51 409	0	38 526	44 574	50 821	50 414	51 635	55 970
1855	125 984	108 198	106 074	100 032	85 447	74 505	0	63 940	74 929	73 841	75 788	80 850
1885	111 507	95 141	93 620	87 553	74 788	65 424	48 811	0	57 984	57 370	58 857	63 977
1910	90 728	75 693	73 943	68 393	57 486	49 288	37 417	35 601	0	38 096	40 037	44 890
1928	102 770	87 742	85 463	80 038	69 198	61 040	48 488	47 146	50 255	0	47 560	52 306
1942	97 939	83 025	81 193	75 627	65 104	57 094	45 268	43 466	47 029	42 393	0	45 797
1960	97 181	83 652	81 693	76 314	66 935	59 473	48 374	46 630	49 926	45 183	43 841	0

	1550	1630	1692	1735	1780	1820	1855	1885	1910	1928	1942	1960
									(Nombre de formes communes)			
1550		39 554	25 929	24 821	25 966	23 526	24 036	23 384	21 780	21 897	21 561	20 363
1630	1,109		44 786	43 812	46 089	40 706	41 822	39 750	36 815	36 925	36 475	33 892
1692	1,317	1,051		46 256	47 989	43 216	43 946	41 271	38 565	39 204	38 307	35 851
1735	1,371	1,115	0,890		57 130	49 986	49 988	47 338	44 115	44 629	43 873	41 230
1780	1,412	1,195	0,979	0,840		62 632	64 573	60 103	55 022	55 469	54 396	50 609
1820	1,468	1,289	1,081	0,986	0,901		75 515	69 467	63 220	63 627	62 406	58 071
1855	1,507	1,358	1,158	1,091	1,002	0,834		86 080	75 091	76 179	74 232	69 170
1885	1,503	1,360	1,178	1,104	1,026	0,876	0,788		76 907	77 521	76 034	70 914
1910	1,505	1,353	1,175	1,100	1,028	0,884	0,832	0,746		74 412	72 471	67 618
1928	1,521	1,383	1,196	1,128	1,068	0,932	0,881	0,803	0,742		77 107	72 361
1942	1,521	1,378	1,201	1,128	1,067	0,931	0,884	0,800	0,749	0,736		73 703
1960	1,545	1,417	1,247	1,175	1,125	0,997	0,950	0,871	0,824	0,804	0,756	
(Distance globale des textes deux à deux)												
	1550	1630	1692	1735	1780	1820	1855	1885	1910	1928	1942	1960

**TABLEAU 18. Distance lexicale
des 12 tranches chronologiques**

isolées, servent de repoussoir quand les dernières apparaissent comme le lieu de la convergence. L'analyse factorielle appliquée au tableau 18 confirme cette dissymétrie. On y reconnait le croissant caractéristique des données sérielles et toutes les tranches se suivent le long de la chaine du temps, sans aucune permutation. Mais la distance entre elles est inégale. À gauche de longs espaces séparent les cinq tranches qui précèdent la Révolution. À droite les intervalles se rétrécissent et les dernières tranches se recouvrent presque. Est-ce là le reflet de la composition du corpus, où les limites temporelles sont inégalement répar-

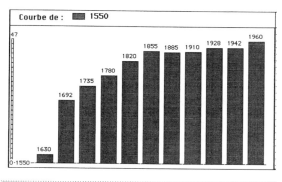

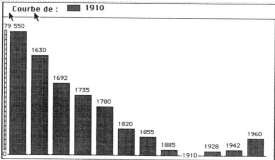

FIGURE 19. La distance lexicale dans les tranches 1650 et 1910

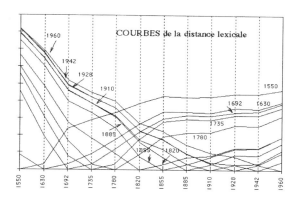

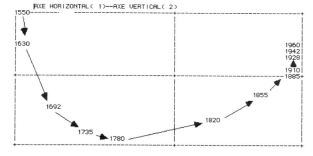

FIGURE 20. Courbes superposées et analyse factorielle

ties, de plus longs espaces ayant été alloués aux premières tranches parce que la densité des textes y était plus faible ? Ou s'agit-il d'un ralentissement du mouvement de la langue, au moins dans son aspect lexical ? On a coutume d'évoquer dans d'autres domaines l'accélération de l'histoire. Dans celui de la langue, l'accélération ne se fait pas sentir. On constate plutôt des effets de freinage, et les tentatives, anciennes ou récentes, de réforme de l'orthographe ont confirmé la force de l'inertie.

LA SUFFIXATION

Le principe *Rien ne se perd, rien ne se crée*, qui a toujours cours en physique, s'applique-t-il aux sciences humaines et à la linguistique ? En principe non. La créativité lexicale, comme l'invention artistique, n'a pas à se soumettre à une loi extérieure et chacun est libre de fabriquer des mots arbitraires et opaques et de les dire poétiques et surréalistes. En réalité il n'y a guère de création *ex nihilo* dans le domaine du lexique. Les contraintes de la communication imposent au locuteur et au destinataire un terrain de rencontre où chacun puisse trouver et partager ses repères. Quand donc il y a nécessité de proposer un nouveau vocable, il suffit généralement d'une nouvelle combinaison des éléments anciens. C'est avec du vieux qu'on fait du neuf, parfois grâce à l'emprunt extérieur ou au recyclage interne, le plus souvent par des produits dérivés. Sur ce point nous renvoyons le lecteur à notre étude antérieure [1], assez détaillée, qui porte sur 44 variétés de suffixes et 39 de préfixes. La dérivation nous était apparue comme la ressource principale du renouvellement lexical, comme une planche à billets toujours disponible, apte à augmenter la masse monétaire avec une encaisse-or constante. C'est évidemment dans le domaine technique que les besoins terminologiques sont les plus impérieux. Mais notre base littéraire n'est pas le meilleur observatoire pour des études de ce genre, même lorsqu'on y fait entrer les essais et les textes techniques – qui représentent un tiers du corpus total. On peut certes y observer que les suffixes *-ate, -ène, -ine, -ite, -ol, -on, -one, -ose* ont à voir avec la chimie et la biologie et que d'autres spécialités disciplinaires se sont arrogé d'autres particularités suffixales. Mais plutôt que les bras du fleuve et les canaux où l'on dévie son cours, c'est le lit principal du français qui nous intéresse ici et où se mêlent les eaux de la langue littéraire et de l'usage courant. Des remous s'y produisent au cours du temps qui, selon les modes, donnent la faveur ou la retirent à certaines formes de dérivation. Il faut toutefois distinguer entre les suffixes proprement dits, dont la créativité peut s'éteindre ou s'enflammer, et les mots suffixés qui peuvent poursuivre une évolution propre, indépendamment du moule

V/N	Corrél.	Total	1550	1630	1692	1735	1780	1820	1855	1885	1910	1928	1942	1960
able		1 271	254	332	247	242	304	306	391	428	363	483	472	419
able	− 0,71	161 340	2 227	14 050	9 456	15 941	18 993	15 605	19 591	18 176	10 516	14 641	13 351	8 793
age		1 377	130	213	170	163	243	244	427	536	384	445	514	576
age	− 0,25	199 642	2 322	18 219	9 943	16 682	22 171	17 759	25 524	21 030	13 661	19 388	18 051	14 892
al		835	169	156	109	124	177	227	303	276	271	332	319	330
al	+ 0,76	116 429	1 226	4 827	4 473	4 967	9 283	12 711	18 272	14 162	9 528	14 647	9 811	12 522
ance		719	234	321	175	176	190	182	206	189	183	210	201	198
ance	− 0,67	157 018	2 796	14 774	7 683	16 129	19 680	17 019	18 838	14 124	10 031	14 004	12 299	9 641
el		536	73	100	78	76	115	127	160	140	145	173	183	242
el	− 0,14	108 649	3 111	7 503	4 310	7 382	10 245	10 864	15 253	13 241	8 350	11 627	9 162	7 601
ence		449	138	179	134	149	158	141	161	160	159	173	183	164
ence	− 0,23	192 587	2 599	13 963	9 489	16 811	21 376	20 000	24 611	20 391	13 964	19 724	17 517	12 142
esque		186	13	30	10	14	14	27	47	56	31	31	48	60
esque	+ 0,61	4 881	21	273	50	132	273	503	1 034	744	479	465	436	471
esse		330	104	130	91	94	106	109	123	115	105	106	96	120
esse	− 0,76	128 550	2 357	9 245	8 660	14 879	16 160	12 542	16 129	15 247	8 175	10 435	8 513	6 208
eur		2 462	500	595	364	455	622	636	842	1 011	782	836	852	981
eur	− 0,90	418 924	8 200	39 017	25 406	39 102	48 954	45 461	52 987	44 166	26 198	33 799	31 004	24 630
eux		1 377	387	438	252	275	350	334	422	488	410	439	465	516
eux	− 0,61	210 220	3 552	17 493	9 403	16 752	25 442	20 879	28 661	25 241	15 511	17 468	16 176	13 642
ible		217	57	74	52	53	77	86	88	93	96	94	107	91
ible	+ 0,22	84 971	955	5 463	3 041	6 618	10 430	8 740	11 381	9 985	6 002	9 438	7 675	5 243
ien		774	108	140	81	133	153	151	217	199	178	224	216	189
ien	− 0,33	56 253	1 399	3 560	2 024	4 684	6 866	5 262	8 580	6 334	4 338	5 194	4 606	3 406
f		472	88	110	72	97	144	150	178	179	166	194	199	225
f	+ 0,76	25 866	317	909	427	1 416	2 725	2 853	3 874	2 953	1 898	3 384	2 477	2 633
ion		2 297	516	717	566	647	908	839	973	1 012	951	1 078	1 063	992
ion	+ 0,50	407 010	3 788	20 513	14 950	35 077	44 096	43 050	60 816	46 326	29 547	44 421	34 868	29 558
que		1 631	147	371	206	302	381	441	616	607	536	622	648	618
que	+ 0,82	155 061	683	4 447	4 194	8 841	13 766	15 693	26 732	20 623	14 361	17 300	15 257	13 164
sme		958	16	46	35	73	119	192	278	368	317	361	363	269
sme	+ 0,77	23 521	24	343	292	466	1 532	2 526	3 864	3 498	3 158	3 290	2 840	1 688
ste		731	25	69	37	81	117	137	229	258	251	279	273	269
ste	+ 0,86	25 427	126	780	298	876	1 875	1 761	4 347	3 445	2 989	2 874	3 379	2 677
eur		832	151	205	139	190	252	262	336	388	313	322	325	340
eur	+ 0,40	69 802	1 353	3 986	2 487	4 840	7 566	6 254	10 385	8 838	5 035	7 161	6 750	5 147
ude		94	32	38	32	35	40	36	38	39	39	41	41	44
ude	+ 0,64	45 579	357	1 698	1 452	3 265	5 547	4 529	6 320	5 231	3 986	5 743	4 268	3 183

TABLEAU 21. Quelques relevés de suffixes

dont ils sont issus. Il en est ainsi du suffixe *-tude* dont le modèle est quasi abandonné (on a pourtant *foultitude*) et dont les occurrences sont en progression.

Le tableau 21 restitue pour les espèces recensées les deux sortes d'information : nombre de formes différentes (ligne 1) et nombre d'occurrences (ligne 2). On n'a isolé qu'un échantillon restreint mais représentatif de ce vaste pan du vocabulaire. Il n'était pas utile de reprendre dans le détail les études entreprises naguère. Et l'on s'est contenté d'une vingtaine de variétés. Encore s'agit-il des formes et non des vocables : les pluriels non plus que les féminins n'ont été pris en compte. Mais cela suffit pour s'assurer des tendances. Un coefficient de tendance (ou de corrélation) a précisément été calculé pour chaque espèce, qui permet de distinguer deux lots : les suffixes qui progressent, et ceux que la mode a abandonnés.

On a réuni quelques-uns des premiers dans le graphique 22. Au premier rang se trouve le couple *isme/iste* dont la pente montante est mesurée par un coefficient très significatif (respectivement +0,77 et +0,86). Cela confirme nos analyses antérieures, réalisées à partir d'une composition différente du corpus où les textes techniques étaient pris en compte [1] et où les jalons temporels avaient été placés différemment. On aurait aimé y joindre le couple *ie/ique*. Mais si l'adjectif est facile à isoler (progression de +0,82), la finale en *ie* est un critère insuffisant pour repérer le substantif correspondant, en dehors de tout code grammatical (on aurait récolté tous les adjectifs ou participes féminins qui partagent la même désinence) [2]. Il a fallu pareillement renoncer au suffixe en *-té*, difficile à dégager des participes passés, et au suffixe en *-ment*, trop mêlé aux adverbes (*absolument*), aux adjectifs (*clément*) et aux verbes (*allument*). Le suffixe *-tion* est le plus souvent sollicité, tant pour la créativité (2 297 variétés) que pour la fréquence dans le discours (407 010 occurrences). C'est une valeur sure dont le cours est régulièrement à la hausse (+0,50). Parmi les adjectifs, on signalera le

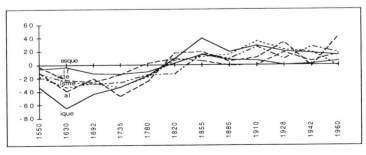

FIGURE 22. Quelques suffixes en progrès

succès croissant de *-al* (+0,76), de *-if* (+0,76) et de *-esque* (+0,61), ce dernier particulièrement en faveur au XIXe siècle.

À titre d'illustration, on pourrait exhiber l'histogramme exemplaire de la série en *-ard*, qui a pourtant été difficile à isoler puisqu'il fallait éliminer une vingtaine d'intrus encombrants comme *boulevard*, *hasard*, *regard*, ou *retard*. Quoique ce suffixe soit ancien et nullement ignoré des premières tranches, son succès est récent et semble lié aux connotations péjoratives et à l'accent populaire que partagent la plupart des éléments du paradigme.

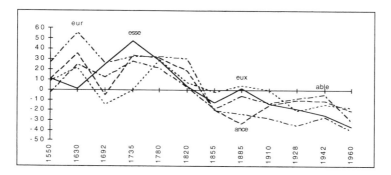

FIGURE 23. Quelques suffixes en régression

La figure 23 reproduit quelques-uns des suffixes dont le cours est à la baisse. Deux d'entre eux ne sont pas purs : sous les suffixes *-eur* et *-esse*, des catégories distinctes s'interpénètrent, soit des notions abstraites (*douceur*, *tendresse*), soit des agents, animés ou non (*penseur*, *moteur*, *négresse*, *tigresse*). C'est la première espèce qui domine lorsqu'on considère – comme ici – les occurrences. La seconde espèce – dont la créativité n'est pas émoussée – a un profil assez différent si l'on en juge par l'exemple du suffixe *-teur* qui ne comprend que des agents ou des outils et qui, lui, est en progression (+0,40). Les adjectifs suffixés en *-eux*, comme il est naturel, accompagnent dans leur chute les noms abstraits en *-eur*, dont ils sont la doublure (sur le modèle *douleur/douloureux*). L'adjectif verbal en *-able* qui potentiellement peut être créé à partir de la plupart des verbes transitifs a effectivement une puissante fécondité (1 271 espèces relevées). Mais le corpus littéraire n'en abuse pas, et tend même à l'utiliser moins (−0,71). Enfin la concurrence entre *-ance* et *-ence* qui a longtemps été profitable au premier lui est de moins en moins favorable (−0,67 pour *-ance* et −0,23 pour *-ence*).

Tous ces faits et mouvements sont résumés dans les analyses factorielles qui suivent. La première (figure 24) est fondée sur le relevé des occurrences (lignes paires du tableau 21). Deux camps s'y affrontent, à droite et à gauche de l'axe des *x*. D'un côté, les tranches antérieures à la Révolution. Tous les suffixes de la figure 23 se portent de ce côté-là, avec le renfort plus mou de *-ien*, de *-ence* et de *-ible*. De l'autre côté, XIXᵉ et XXᵉ siècles accueillent les éléments les plus jeunes et les plus dynamiques, même si des vétérans comme *-tude* ou *-tion* s'y trouvent aussi, mais non loin de la ligne médiane.

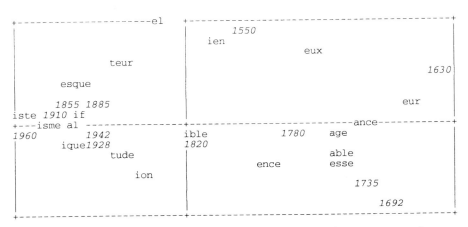

FIGURE 24. Analyse factorielle des suffixes (occurrences)

On attachera plus d'attention à l'analyse des variétés différentes (lignes impaires du tableau 21), parce que ce critère indique plus précisément la disponibilité d'une dérivation particulière et la direction où s'oriente la création des mots. On peut en effet imaginer le processus de la dérivation sur le modèle industriel : certaines usines fabriquent des produits de grande diffusion, à partir d'un catalogue restreint ; d'autres au contraire préfèrent diversifier leur production, quitte à réduire les séries, en volume et en durée. Ce choix de l'adaptation au marché, qui peut aller jusqu'à la fabrication sur mesure, est celui que met en lumière la figure 25, laquelle ne considère que le catalogue de chaque unité de production[1]. En règle générale les deux objectifs, diversité et quantité, ne sont pas inconciliables et les deux analyses 24 et 25 sont largement superposables. Les tranches chronologiques respectent la même ligne de démarcation. Mais la position du XVIᵉ siècle est beaucoup plus nette lorsqu'il s'agit de la diversité que de l'abondance. Et l'essoufflement, voire l'épuisement, de certaines productions s'y manifeste avec plus de vigueur que dans l'analyse des occurrences. On a déjà parlé de *-tude* qui appartient à cette espèce. Le graphique signale aussi le cas de *-tion*, qui semble courir sur son erre.

Ce serait probablement le cas de *-té*, *-ure*, *-at*, *-ise*, *-ée*, si nous avions pu incorporer ces variétés à l'étude présente.

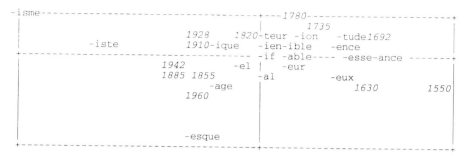

```
-isme-------------------------------------+---1780----------------------------+
 |                                        |         1735                       |
 |                           1928   1820-teur -ion    -tude1692                |
 |           -iste           1910-ique  -ien-ible   -ence                      |
 +----------------------------------------+   -if -able---- -esse-ance --------+
 |                 1942           -el |    -eur                                |
 |            1885 1855          -al      -eux                                 |
 |                    -age                     1630               1550|
 |              1960                                                           |
 |                                        |                                    |
 |                                        |                                    |
 |                   -esque               |                                    |
 +----------------------------------------+----------------------------------+
```

FIGURE 25. Analyse factorielle des suffixes (variétés)

LES GROUPES VERBAUX. LES TEMPS. LES MODES

Nous n'avons considéré que les suffixes appartenant à la classe des substantifs et des adjectifs. Il en existe aussi pour les verbes. Mais leur identification est plus difficile à formaliser. Cependant les verbes sont traditionnellement répartis en plusieurs groupes, dont l'origine et la conjugaison diffèrent. Nul besoin de vérifier que les séries en *-re* et en *-oir* ne se renouvellent plus et que la naissance de nouveaux verbes n'est possible que dans les paradigmes en *-ir* et en *-er*. Mais la question se pose de savoir si l'érosion n'attaque pas les verbes sans descendance comme elle use les volcans sans activité.

Or ce relevé est possible, au moins sur échantillon, dans *Frantext*. Quoique la lemmatisation n'y soit pas réalisée, une fonction spéciale permet d'y conjuguer les verbes et de regrouper les formes d'un même paradigme (y compris les graphies anciennes). En l'absence de codage grammatical, il est difficile d'épingler tous les verbes, mais on peut se contenter des plus fréquents, qui accaparent plus de la moitié des occurrences de la catégorie verbale. Les courbes montrent que l'érosion se manifeste dans les reliefs anciens : verbes en *-re* (coefficient de $-0,78$), en *-oir* (r = $-0,81$) et en *-ir* (r = $-0,56$), auxiliaires *avoir* (r = $-0,79$) et *être* (r = $-0,53$). Seul le massif plus jeune des verbes en *-er* résiste à l'affaissement, et montre un regain de vitalité au XIXᵉ siècle (r = $+0,06$). La conclusion est que sur quatre siècles la catégorie verbale est moins sollicitée[1].

Elle est aussi moins variée dans l'expression des modes et des temps. Le simple indice du circonflexe nous a suffi pour illustrer le déclin du passé simple et du subjonctif imparfait, au moins dans les formes où cette graphie apparait. On peut reprendre l'étude plus systématique des temps et des modes à partir de la même base qui vient de nous servir à distinguer les groupes de conjugaison[1]. Tous les verbes n'y figurent pas, encore moins toutes leurs formes, d'autant qu'ont été éliminées celles qui prêtaient à confusion, par exemple celles qui servent à la fois à l'indicatif, à l'impératif et au subjonctif présents. Mais quand on choisit les verbes les plus fréquents, les cas d'homographie se réduisent heureusement, comme il est facile de le vérifier pour *être* et *avoir*. L'embarras le plus grand vient du fait qu'on n'a accès qu'aux formes individuelles et qu'ainsi échappent tous les temps composés. Le présent ou l'imparfait des auxiliaires cachent ainsi des passés composés et des plus-que-parfaits que seule la présence ambiguë des participes passés permet de suspecter.

Mais ces réserves de méthode n'empêchent pas les résultats d'être très clairs, ce qui laisse supposer qu'on aurait obtenu une plus grande clarté encore si la décantation avait pu être radicale et les relevés exhaustifs. Car il est rare que l'entropie à l'entrée produise l'ordre à la sortie, son effet le plus général étant de brouiller les résultats. Quoi qu'il en soit, l'échantillon a une base suffisante – plusieurs millions d'observations – pour permettre une extrapolation raisonnable et des conclusions solides, qu'on a explicitées dans les courbes 26 et 27.

La figure 27 est réservée aux temps que le temps n'attaque pas. Il sont peu nombreux et se réduisent au présent (faible progression de +0,22) et à l'imparfait (+0,42). Le participe passé (+0,47) se joint au couple, avec une nette préférence pour le présent, auquel il est associé dans le passé composé et dont il suit la courbe avec des inflexions plus molles. L'imparfait se pose plutôt en rival du présent, et gagne des parts de marché au XIXe siècle, à partir de Balzac et de Flaubert.

Tous les autres composants du système verbal sont en déclin : cela était attendu pour le passé simple (r = −0,45) et le subjonctif imparfait

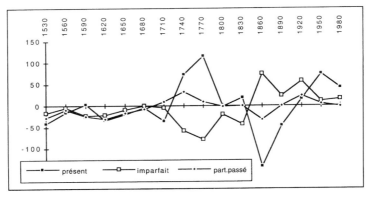

FIGURE 26. Temps et modes en progression

(r = −0,31), ce dernier passant pour le signe extérieur du beau langage, qu'on n'ose plus guère arborer dans la conversation et même l'écriture, sinon par coquetterie ou dérision. Il est plus surprenant de voir le subjonctif présent entraîné dans la chute (−0,56), bien qu'aucune de ses formes ne suscite le sourire. Rien d'obsolète non plus dans celles du futur et du conditionnel. Et pourtant la décrue est là aussi accusée (−0,46 et −0,42). Même l'infinitif (−0,69) et le participe présent (−0,60) ne sont pas protégés par leur simplicité, si bien qu'on peut douter qu'il s'agisse seulement d'une réduction du système verbal et d'une simplification de la conjugaison – ce qui, à terme, mènerait du côté de l'anglais. On a peine à imaginer que, pour éviter la peine de conjuguer, les Français parlent un jour « petit nègre ». On croit plutôt que c'est le verbe, en tant que tel, qui voit son emploi diminuer sur une distance de quatre ou cinq siècles et que les éléments les plus faibles et les plus rares de la classe verbale ont fait les frais de cette désaffection [1].

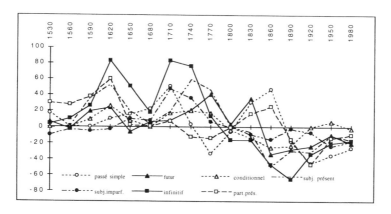

FIGURE 27. Temps et modes en régression

APPROCHE DE LA SYNTAXE. LES MOTS GRAMMATICAUX

En abordant la dérivation, la catégorisation grammaticale et la flexion verbale, on a fait un pas timide vers la syntaxe. Les suffixes, les préfixes et les marques de la flexion constituent les éléments d'une sorte de combinatoire syntaxique qui se développe à l'intérieur du mot. Mais, en s'appuyant sur ces marques, l'ordinateur permet d'aller beaucoup plus loin dans la direction proprement syntaxique, si l'on emprunte la route de l'intelligence artificielle. Cette voie s'écarte sensiblement de la méthode statistique que nous avons choisie et nous préférons renvoyer le lecteur aux experts de cette discipline prometteuse.

Nous ne ferons que deux remarques là-dessus, l'une vinaigrée, l'autre huileuse. La première est que les promesses s'ajoutant aux promesses, l'intelligence artificielle n'est pas encore en état de rendre compte des langages naturels de façon pleinement opérationnelle. Si la synthèse est satisfaisante, l'analyse laisse encore à désirer et la machine à traduire ne fonctionnera vraiment qu'au XXIe siècle. La seconde est que la statistique est encore utile dans l'approche de l'intelligence artificielle. Quand la combinatoire grammaticale et sémantique devient en effet trop longue à explorer, la statistique offre à l'automate de précieux raccourcis qui font gagner du temps en proposant d'abord la solution la plus probable, quitte à faire marche arrière en cas d'impasse.

En s'en tenant aux seuls outils statistiques, il est encore possible d'apporter une contribution non négligeable à la description syntaxique du français et plus nettement encore à l'étude des changements qui s'opèrent dans ce domaine. Pour ce faire, un matériau privilégié s'impose : les mots grammaticaux, qu'on appelle aussi, à juste titre, les mots de relation. Car leur rôle est de servir d'agent de liaison, non de définir une substance. Ce ne sont pas pourtant des mots vides [1], par opposition aux mots dits « pleins » qui seuls seraient porteurs de la charge sémantique. Car cette charge peut être très lourde dans une interjection, une négation, ou un pronom personnel. Et ce ne sont pas des mots neutres, qui seraient insensibles à la situation de l'énonciation, et aux mille nuances qui donnent au discours son sens et son style. On peut même soutenir que les marques signalétiques à quoi on reconnaît un écrivain ne sont pas nécessairement celles qui sont le plus claires à la conscience de l'auteur ou de son lecteur. On ne peut refuser tout crédit aux empreintes digitales sous prétexte qu'elles passent inaperçues et que jamais personne n'a eu l'idée de s'en plaindre ou de s'en glorifier. Rien n'est moins neutre, par exemple, que le neutre. La langue française n'en a gardé que des vestiges dont on pourrait croire qu'ils s'évanouiraient, à mesure qu'on s'éloigne du latin. Il n'en est rien, si l'on en croit l'histogramme 28, qui regroupe quelques-uns des représentants de cette classe : *rien, c', ça, ceci, cela, quoi*, en écartant les moins purs (*ce* et *tout* par exemple).

Le progrès est sensible et ne doit rien au hasard (corrélation de $+0,55$). Que signifie-t-il ? Sans doute un relâchement du discours, la volonté de faire simple, de faire peuple, et aussi de faire court en empruntant le raccourci de l'anaphore.

Comme les mots grammaticaux se répartissent en espèces multiples, il serait opportun d'étudier chacune d'elles dans le détail. Les espèces sont distinctes mais il y a des zones limitrophes, comme celles

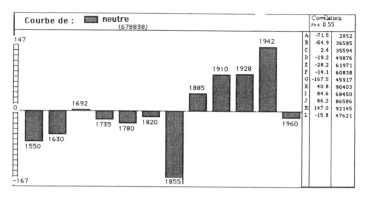

FIGURE 28. Le neutre en français

qui se situent entre les relatifs et les interrogatifs, ou entre les prépositions et les subordonnants. Cela tient au fait que certains des mots-
outils appartiennent à plusieurs classes et qu'ils remplissent plusieurs
fonctions selon le contexte, comme ces couteaux suisses qui ont des
ciseaux, des ouvre-boites, des tire-bouchons et qui ont aussi une lame.
Et pourtant le mot *que*, qui est bien la forme la plus ambigüe de la
langue française, montre un profil d'une pureté surprenante, lorsqu'on
projette son évolution sur un plan [1]. On s'en assurera en considérant le
graphique 9 de la figure 30, où on le montre en exemple dans la courbe
déclinante des subordonnants. Mais, faute de place, il serait difficile de
faire un sort à chaque forme individuelle [2], si essentielle soit-elle, et
nous bornerons notre commentaire aux grandes catégories que reconnait la grammaire traditionnelle. Les histogrammes réunis dans les
figures 29 et 30 sont le reflet des collectivités, même si certaines sont
réduites à quelques individus. À gauche, dans la figure 29, on a groupé
les classes qui connaissent un succès croissant, et à droite (figure 30)
celles que l'usage littéraire tend à abandonner.

   L'article fait l'objet de la première illustration (figure 29.1). Les
10 millions d'occurrences qui sont amoncelées là [3] ne forment nullement cette couche de neige étale qu'aurait produite le hasard, s'il n'y
avait pas eu le vent de l'histoire et le relief accidenté des auteurs et des
thèmes. Sans doute l'article imprègne tout discours et se glisse dans la
moindre phrase, comme l'eau dans les corps vivants. Mais le dosage
diffère et sur cinq siècles on voit qu'il augmente (coefficients de progression : +0,64 pour l'article défini et +0,90 pour l'indéfini). En cela la
langue française poursuit une évolution qui l'éloigne de ses origines
latines. On pouvait penser que les progrès de l'article n'avaient plus de
raison d'être, au-delà du XVIᵉ siècle, quand son usage s'est généralisé,
imposé par la perte des cas et l'affaiblissement dans la prononciation

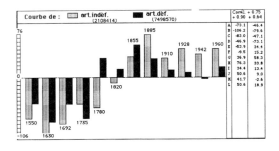

1. Articles

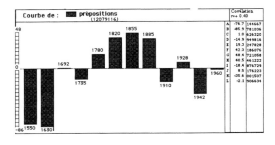

2. Prépositions

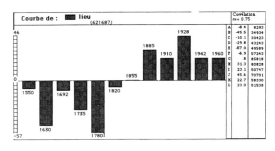

3. Adverbes de lieu

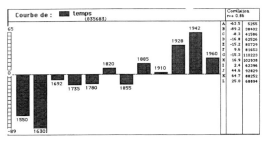

*4. Adverbes
de temps*

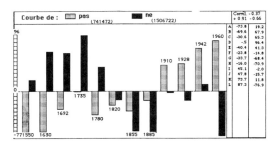

5. Négation « ne » et « pas »

FIGURE 29. **Catégories en progression**

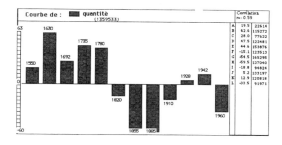

6. *Adverbes*
   de quantité

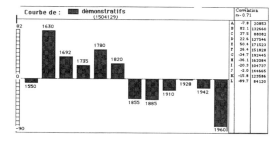

7. *Démonstratifs*

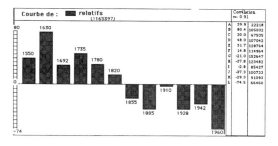

8. *Relatifs*

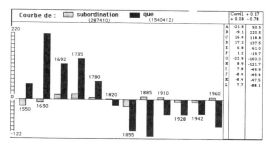

9. *Subordination*

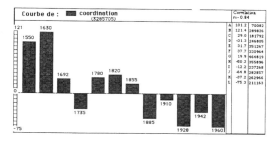

10. *Coordination*

FIGURE 30. **Catégories en régression**

des *s* du pluriel et des *e* du féminin. Mais une fois lancés, les grands mouvements d'une langue courent longtemps sur leur erre et la tendance analytique du français ne cesse de se renforcer. Cependant une tendance plus précise accompagne et explique ce recours croissant à l'article. C'est celle qui privilégie la classe nominale au détriment du verbe. Si l'état actuel de notre corpus, privé de code grammatical, ne nous permet que des mesures indirectes ou incomplètes, toutes sont convergentes et s'accordent d'ailleurs avec l'intuition que peuvent avoir là-dessus les usagers de la langue. On peut entendre au journal télévisé de longues suites de phrases quasiment dépourvues de verbe, comme celle-ci : *La question du pouvoir d'achat des classes ouvrières a fait l'objet d'un débat houleux à l'Assemblée nationale.* Tout le monde reconnaitra un énoncé moderne dans cette phrase et les expressions datées comme *pouvoir d'achat, classes ouvrières* ou *Assemblée nationale* (et peut-être aussi *débat houleux*) sont des indices aussi certains que le carbone 14. Mais la tournure de la phrase l'est aussi, avec l'abondance des substantifs et la réduction du verbe à une simple copule logique (*a fait l'objet*).

L'histogramme 29.2 qui rend compte des prépositions confirme cette présomption. La fonction principale d'une préposition étant de relier un groupe nominal à la proposition, le sort de cette classe d'outils est évidemment lié à celui des substantifs. On objectera que certaines prépositions, en particulier celles qui portent sur le temps, n'ont pas de contrat d'exclusivité et peuvent offrir leurs services à un infinitif ou s'associer à *que* (ou *de*) pour introduire une proposition et donc un verbe. Aussi bien avons-nous mis à part cette catégorie et observé qu'elle évoluait en sens inverse (−0,63). Voir la figure 31. Avant d'accepter qu'une liaison trop étroite avec le verbe explique cette régression, on peut se demander s'il ne s'agirait pas plutôt d'un désintérêt progressif pour la catégorie du temps. Le graphique 29.4 répond par la négative à cette hypothèse. Car les adverbes de temps dont il rend compte ont une évolution positive (+0,86), comme les adverbes de lieu (+0,75, figure 29.3). Et nous verrons plus loin que, dans le domaine du contenu lexical, tout ce qui a trait aux notations et aux mesures temporelles, de la seconde à l'éternité, occupe une place croissante dans le discours littéraire.

Avant de passer aux catégories qui déclinent, le cas des négations servira de transition (graphique 29.5). Car il réunit deux particules *ne* et *pas* qui sont en principe solidaires dans le discours et qui se croisent dans le graphique en suivant deux destins diamétralement opposés. La première subit une forte régression (r = 0,66), quand la seconde bénéficie d'une promotion remarquable (r = +0,91). On avait observé depuis

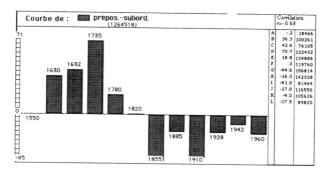

FIGURE 31. Les prépositions conjonctives

longtemps la raréfaction de la négation *ne* dans le discours oral et même sa disparition presque complète dans la conversation des Québécois. On voit que la même tendance se rencontre aussi dans l'écrit.

Il y a une certaine cohérence dans la figure 30 qui recense les classes en difficulté. Qu'il s'agisse des subordonnants (r = −0,78 pour le principal d'entre eux : *que*), des coordinations (−0,84) ou des relatifs (−0,91), il s'agit toujours des articulations du discours et de la gestion des propositions dans la phrase ou du rapport des phrases entre elles. L'économie de la phrase tend donc à se transformer et à se simplifier et cela n'est pas sans rapport avec le temps et le mode des verbes, et notamment avec le déclin du subjonctif. Les constructions architecturales dont s'honorait la rhétorique du Grand Siècle semblent passées de mode. L'heure est à la phrase plate, sans étage, où les circonstances d'espace ou de temps ont recours à la classe nominale et sont ajoutées librement, sous le toit unique, comme les communs des fermes basses de Bretagne.

Les démonstratifs – dont la régression apparait dans la figure 30.7 – relèvent-ils de la même logique ? Partiellement. Ceux qui figurent ici appartiennent à deux lots, celui de l'adjectif (*cet*, *cette*, *ces*) et celui du pronom (*celui*, *celle*, *celles*, *ceux*). Cette deuxième espèce est le plus souvent associée aux relatifs et partage leur sort. Quant à l'adjectif, les pertes subies sont compensées par les gains de *ce*, qu'on a fait figurer ailleurs – un peu illégitimement – parmi les neutres (figure 28).

Reste une catégorie, qui est la plus sensible aux conditions de l'énoncé et à laquelle nous avons réservé le graphique 32. On a souvent remarqué que, de tous les mots auxquels s'applique la statistique, les pronoms personnels sont les plus violents à réagir au milieu qui les entoure. Les écarts, stylistiques ou thématiques, qu'on observe parmi eux ont tendance à se porter aux extrêmes (un regard attentif jeté sur l'échelle du graphique 32 montre un espace énorme, de −100 à +300, dévolu ici à l'écart réduit) et il convient parfois de les faire taire si l'on veut entendre d'autres voix plus discrètes. Au reste ils s'accordent rarement entre eux, comme le montrent les courbes divergentes de *vous* et de *tu* (derrière ces têtes de liste il faut comprendre toutes les formes de la seconde personne, possessifs inclus, de même que toutes les formes de la première sont représentées par *je* et *nous*). Le progrès de *tu* au détriment du *vous* est l'indice d'un changement de ton en littérature, et d'une plus grande familiarité. *Tu* est le seul élément en progrès − d'ailleurs faiblement. Tous les autres voient leur emploi baisser, même le *moi* que les classiques disaient haïssable et dont la faveur se maintient du XVIIe siècle au XVIIIe et ne survit pas au romantisme.

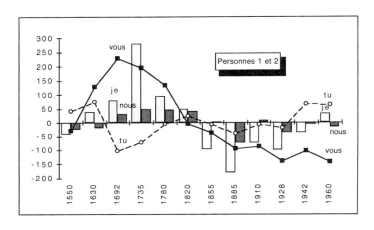

FIGURE 32. Personnels et possessifs

Au total l'analyse factorielle réalisée à partir des mots de relation (figure 33) met face à face deux univers. À droite c'est l'Ancien Régime, où comptent surtout les personnes, les relations, la hiérarchisation dans la phrase comme dans la société. À gauche le cadre a éclaté, l'individu se disperse et la phrase se dilue dans les choses, dans le milieu, dans les circonstances, dans le temps, dans l'espace. Deux acteurs cachés tirent les ficelles en coulisse. À droite c'est le verbe qui pousse sur la scène les personnels, les négations, et toutes les articulations de la phrase : relatifs, subordonnants et coordinations. À gauche le substantif a partie liée avec les articles, les prépositions et les circonstances qui fixent le lieu et le temps et c'est là que s'oriente le XXe siècle.

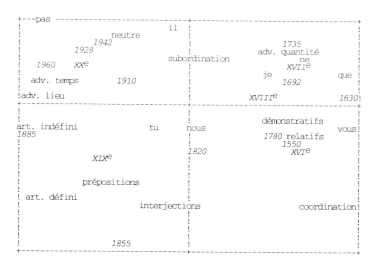

FIGURE 33. Analyse factorielle des mots grammaticaux

LE RYTHME DU DISCOURS. LA PONCTUATION

La ponctuation est liée à la structure du discours. Si la phrase est complexe, elle n'aura pas la même segmentation qu'une phrase simple, et le dosage des virgules et des points sera différent. Comme on vient de constater que les constructions phrastiques avaient tendance à se simplifier, on peut prévoir qu'un raccourcissement de la phrase accompagne ce mouvement. C'est ce que l'on vérifie en effet quand on compte les points. Avec 4 millions de points et 8 millions de virgules, la figure 34 évolue là où se plait la statistique, c'est-à-dire dans les grands nombres. Au surplus la série compte peu d'éléments différents et il n'y a pas d'homographie à redouter. Mais les fonctions d'un même signe peuvent être diverses (comme celles du point) ou variables, et même diverses et variables. Ainsi la valeur du point-virgule s'est affaiblie au cours du temps : de signe fort qu'il était à l'origine, au XVIIᵉ siècle, il est devenu la marque d'une pause moyenne dans l'énoncé. Mais la difficulté la plus grande vient de ce qu'on ne sait pas toujours si les signes qu'on lit et qu'on compte sont ceux de l'auteur ou de l'éditeur. Quand une édition d'un texte ancien est modernisée, l'éditeur est amené à normaliser l'orthographe et plus encore la ponctuation, afin de ne pas heurter les habitudes du lecteur. Lorsqu'il s'agit d'un texte contemporain, le rôle de l'éditeur ne consiste guère qu'à surveiller la ponctuation et à ajouter la pagination. Cependant les résultats montrent une évolution si nette qu'on est en droit de négliger ces incertitudes. La courbe du

point est particulièrement claire : avec un coefficient de +0,85, elle rend
compte à elle seule d'une progression régulière. Si l'on définit grossiè-
rement la phrase comme l'espace textuel compris entre deux points, on
voit que cet espace se réduit au cours des siècles.

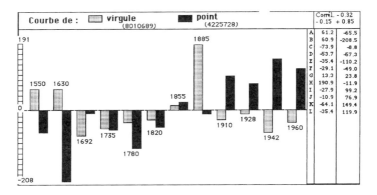

FIGURE 34. Le point et la virgule

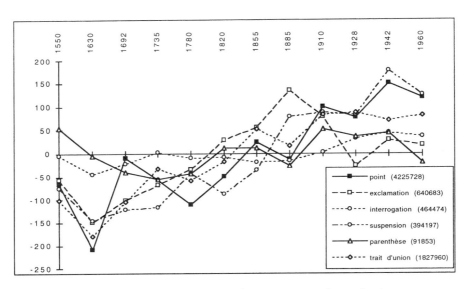

FIGURE 35. La croissance des ponctuations fortes

Pour conclure plus surement au raccourcissement de la phrase, il
convient de tenir compte aussi des autres ponctuations fortes qui peuvent finir la phrase. Or toutes sont également en progrès : le point d'exclamation +0,66, le point d'interrogation +0,77, et les points de sus-

pension +0,91. Les parenthèses qui sont aussi en hausse (+0,25) et sans doute aussi les tirets qu'on n'a pas pu distinguer du trait d'union (+0,92) participent aussi à la segmentation croissante du discours. Tout cela converge et produit le faisceau de diagonales montantes de la figure 35.

Mais il est une autre segmentation, plus courte, un autre rythme, interne à la phrase, qu'on peut traduire aussi en oscillations. La virgule permet de le mesurer. Dans les différentes études que nous avons menées jusqu'ici (sur Proust, Giraudoux, Rousseau, Hugo ou Zola), nous avons généralement observé l'indépendance de la virgule qui ne cherche ni à suivre docilement le point, ni à lui offrir un contrepoint, si l'on peut dire, systématique. Ce signe (qui à lui seul représente la moitié de l'effectif des ponctuations) est relativement stable et le coefficient (−0,15) est trop faible pour être significatif. Il en va de même pour les deux points, dont le signe est certes négatif mais la baisse peu accentuée (−0,30). Une ponctuation pourtant donne des signes manifestes d'épuisement : le point-virgule. Elle n'est pas la plus ancienne du système (le point, la virgule, le point d'interrogation et les deux points l'ont précédée). Elle n'est pas non plus la plus jeune (les points d'exclamation et de suspension sont apparus après). Mais sa place a toujours été flottante et sa survie n'est pas assurée. Une enquête récente menée parmi les écrivains montrent qu'ils ne savent guère lui trouver un emploi et que l'oubli dont le point-virgule est victime n'est pas inconscient.

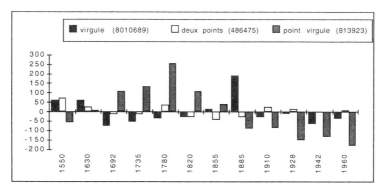

FIGURE 36. Les ponctuations faibles

Pour confirmer les lignes de force qui structurent le système des ponctuations, nous avons recouru une fois encore à l'analyse factorielle de la figure 37.

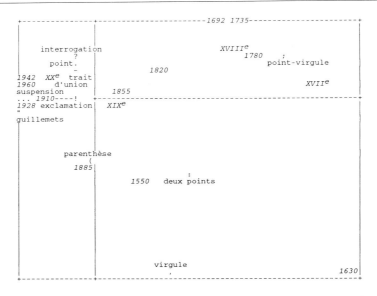

FIGURE 37. Analyse factorielle du système des ponctuations

On n'attachera pas grande attention au XVIe siècle qui se trouve désemparé au bas du graphique. Ce débat ne le concerne guère en effet puisque les signes de ponctuation venaient à peine de naitre et que certains étaient encore inconnus, notamment les guillemets (progression de +0,74). Les autres tranches s'ordonnent dans l'ordre chronologique, de droite à gauche, en abandonnant les signes faibles pour les ponctuations fortes, toutes concentrées dans la zone d'influence du XXe siècle.

LE CONTENU LEXICAL

La statistique peut nous mener plus loin, du côté du contenu lexical, et considérer les mots individuellement et non plus dans des classes anonymes où leur chair disparait. La classe des mots grammaticaux une fois constituée, avec deux ou trois centaines d'éléments, rien n'empêchait de rendre la liberté à chacun d'eux et de réaliser une étude d'ensemble, sans groupement d'aucune sorte, *que* voisinant avec *le* et *de* avec *et*. Cette expérience a été tentée dans une analyse globale, dont on fera grâce au lecteur parce que le vote des individus confirme en tous points celui des catégories. Mais on risque l'émiettement et la dispersion si l'on suit à la trace les 500 000 formes qui constituent les classes ouvertes de *Frantext*.

Ainsi en s'en tenant à la seule lettre A et en ne considérant que les formes point trop rares (fréquence > 100), on recueille plus de

3 000 mots dont chacun joue son rôle dans l'analyse factorielle quoiqu'il soit impossible de les représenter tous dans le graphique
(figure 38), où seules prennent place les colonnes, c'est-à-dire les
tranches. La courbe chronologique est d'une admirable pureté qui
dessine le mouvement continu de l'histoire. Et on obtient sensiblement la même quand on se promène dans le dictionnaire entier,
en faisant entrer dans le calcul les 6 720 formes qui ont plus de
1 000 occurrences. Mais en dehors de cette confirmation du mouvement, les éléments ont disparu qui permettraient de caractériser cette
évolution.

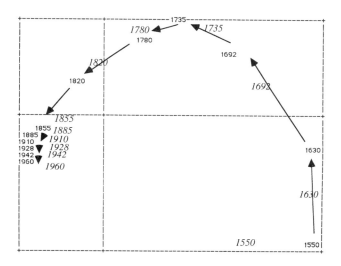

FIGURE 38. Analyse factorielle du contenu lexical
(en italique un échantillon de 3 000 formes (lettre A, fréquence > 100 ;
en romain tous les mots de fréquence supérieure à 1 000 (6 720 formes)

Pour n'être pas submergé dans l'océan des mots, il y a deux ou
trois moyens qui permettent une coupe, une perspective ou une synthèse. Le premier consiste à jeter des sondes, aux bons endroits, dans la
dérive des mots. Il ne s'agit plus d'une mesure globale mais d'une série
d'études locales. L'ancre étant fixée dans un endroit précis du courant,
on délimite une zone de recherches, qui peut être un mot unique, mais
plus souvent une famille de mots, une notion ou un thème. Ce n'est pas
le lieu pour développer de telles monographies, et nous renvoyons le
lecteur à celles qui ont été tentées sur l'ennui, la raison, l'imagination,
les sentiments, le temps[1] et auxquelles la statistique a apporté une
contribution utile.

Le deuxième moyen fourni par la statistique sert moins à focaliser l'attention, comme un téléobjectif, sur un détail révélateur qu'à construire une perspective, selon l'optique du grand angle. Comme pour tous les effets d'optique, cet accessoire (il s'agit du coefficient de corrélation chronologique) ne va pas sans déformation : il exagère les mouvements réguliers qui suivent une pente rectiligne, à la baisse ou à la hausse, mais il est impuissant à filtrer les mouvements désordonnés ou contradictoires, qu'on rencontre aussi dans les faits de langage, par exemple une hausse suivie d'une décrue, ce qui produit une courbe en cloche, ou l'inverse qui prend la forme d'une cuvette. En de tels cas le coefficient de Bravais-Pearson est désorienté et ne pipe mot.

On ne le regrettera pas trop, ayant déjà une matière trop abondante. Pour en rendre la lecture possible, on a dû se limiter aux substantifs et aux adjectifs et ne retenir que les fréquences hautes (supérieures à 10 000). Les adjectifs sont rares dans ces listes (tableau 39). Ceux qu'on voit dans celle des gains désignent une entité souvent politique (*gauche*, *droite*, *français*, *libre*), précisent une couleur, qui peut d'ailleurs être politique (*noir*, *rouge*, *blanche*) ou situent un objet ou un évènement (*première*, *dernière*). L'adjectif qui grandit le plus dans l'usage est le mot *petit* sous toutes ses formes (*petit*, *petite*, *petits*) et l'opposition est forte avec la liste des pertes où figurent *grand*, *bons* et *belles*.

Les choix des substantifs sont plus clairs encore. Le coefficient souligne bien sûr la perte d'influence des grands de l'Ancien Régime (*seigneur*, *prince*, *roy*) et le déclin des préoccupations religieuses (*dieu*, *dieux*). Mais il accuse surtout la chute des valeurs, morales ou sociales (*honneur*, *vertu*, *justice*, *devoir*, *digne*) et des aspirations à la *puissance*, à la *gloire*, à la *beauté*. La question du bien et du mal n'a plus la même acuité (*mal*, *bien*, *malheur*, *bons*, *mauvais*, *heureux*), non plus que celle de la raison (*esprit*, *raison*, *âme*) et du cœur (*amour*, *amitié*, *cœur*, *amant*, *passion*, *mariage*, *crainte*, *pitié*). Si le cours des valeurs et des sentiments baisse, c'est au profit d'un regard jeté sur le monde, sur les réalités concrètes du milieu physique (*route*, *rue*, *place*, *porte*, *table*, *lit*, *fenêtre*), sur l'épaisseur palpable du corps (*corps*, *tête*, *lèvres*, *nez*, *voix*, *silence*, *regard*) et sur la présence tangible du temps (*midi*, *nuit*, *journées*, *ans*, *années*). Sans s'attarder aux changements technologiques qui expliquent la promotion du *train*, de la *voiture* et de l'*hôtel*, ou aux modifications de la famille bourgeoise qui bénéficient aux *enfants*, au *garçon*, et à la *mère*, on notera la banalisation croissante des mots courts, presque vides, qui servent à tous les usages et entrent dans beaucoup d'expressions figées. À travers le progrès de *bout*, *bord*, *fond*, *coin*, *côté*, *coup*, *fois*, *suite*, *pièce*, *air*, on devine comment un substantif peut se vider à la longue de sa substance et comment s'usent les mots. Ils servent plus souvent dans les échanges, mais leur charge utile diminue.

On pourrait s'arrêter là, sur la frontière qui sépare et unit la linguistique et la littérature. Si la sémantique appartient à la première, la thématique relève de la seconde. La statistique peut inspirer bien d'autres commentaires, oiseux ou pertinents, non seulement sur l'évolution des mots, mais sur l'histoire des mentalités, les variations du gout, la réception des œuvres. Elle réserve ces commentaires à une

EN PROGRESSION

Coeff.	Fréqu.	Mot	Coeff.	Fréqu.	Mot	Coeff.	Fréqu.	Mot	Coeff.	Fréqu.	Mot
+ 0,94	82 613	fois	+ 0,93	13 102	midi	+ 0,92	47 595	nuit	+ 0,90	17 855	route
+ 0,89	13 934	années	+ 0,89	11 782	marche	+ 0,88	11 303	fenêtre	+ 0,88	11 973	libre
+ 0,88	23 124	lit	+ 0,88	34 707	place	+ 0,87	12 429	droite	+ 0,87	61 526	tête
+ 0,86	16 710	lumière	+ 0,86	25 515	silence	+ 0,85	14 932	français	+ 0,85	13 072	gauche
+ 0,84	15 918	question	+ 0,83	21 444	regard	+ 0,83	13 086	rouge	+ 0,83	22 228	suite
+ 0,82	46 243	coup	+ 0,82	28 017	première	+ 0,82	17 750	travail	+ 0,81	10 718	coin
+ 0,81	11 620	lèvres	+ 0,81	21 438	table	+ 0,80	12 179	bord	+ 0,80	34 620	côté
+ 0,80	10 987	mesure	+ 0,80	59 123	petit	+ 0,80	10 798	train	+ 0,79	55 655	air
+ 0,79	23 695	enfants	+ 0,79	24 965	nouveau	+ 0,79	12 240	salle	+ 0,79	10 459	voiture
+ 0,78	11 702	journée	+ 0,78	15 611	noir	+ 0,78	53 166	porte	+ 0,78	25 365	rue
+ 0,78	50 550	voix	+ 0,77	23 682	bout	+ 0,77	12 951	froid	+ 0,77	49 649	mère
+ 0,77	42 792	petite	+ 0,77	21 852	petits	+ 0,76	11 923	garçon	+ 0,75	14 639	dernière
+ 0,75	13 077	pièce	+ 0,74	43 389	ans	+ 0,74	10 326	blanche	+ 0,74	34 575	fond
+ 0,74	10 536	nez	+ 0,73	13 083	chef	+ 0,73	10 187	hôtel	+ 0,73	23 318	mot

EN RÉGRESSION

Coeff.	Fréqu.	Mot	Coeff.	Fréqu.	Mot	Coeff.	Fréqu.	Mot	Coeff.	Fréqu.	Mot
– 0,92	10 092	bons	– 0,92	26 050	honneur	– 0,90	15 509	moyen	– 0,89	89 598	toutes
– 0,88	34 920	lieu	– 0,86	11 004	digne	– 0,85	17 088	fortune	– 0,85	11 403	pitié
– 0,85	11 142	repos	– 0,85	16 286	seigneur	– 0,85	16 450	vertu	– 0,82	71 316	amour
– 0,81	10 137	armes	– 0,81	17 240	gloire	– 0,80	10 957	conseil	– 0,80	16 902	douleur
– 0,79	38 388	belle	– 0,79	54 826	esprit	– 0,78	89 054	cœur	– 0,78	15 868	nouvelles
– 0,77	10 840	crainte	– 0,77	15 590	malheur	– 0,76	14 754	mauvais	– 0,76	138 131	point
– 0,75	10 483	amant	– 0,75	14 022	justice	– 0,75	13 086	mariage	– 0,75	20 158	nouvelle
– 0,75	13 174	passion	– 0,75	22 925	prince	– 0,75	35 812	raison	– 0,74	17 035	amitié
– 0,74	14 057	devoir	– 0,74	90 085	grand	– 0,74	11 088	roy	– 0,73	19 182	garde
– 0,73	25 908	heureux	– 0,73	12 033	personnes	– 0,73	10 053	puissance	– 0,72	11 977	belles
– 0,72	318 200	bien	– 0,72	75 875	dieu	– 0,71	14 826	ame	– 0,71	15 541	beauté
– 0,71	14 573	dieux	– 0,71	40 027	nom						

TABLEAU 39. Substantifs et adjectifs en progression et en régression (f > 10 000)

éventuelle histoire de la littérature, s'il advenait qu'une telle entreprise eût besoin de son concours.

Avant d'achever cette exploration du contenu lexical, il convient d'essayer une troisième méthode apte à évaluer le débit et les variations du flux verbal. Cette méthode, très classique, consiste à calculer les spécificités pour chacune des tranches considérées. On obtient une série de portraits, chacun mettant en relief les mots, les tournures ou les thèmes caractéristiques de l'époque considérée. La place nous manque pour disposer cette galerie en enfilade, et nous nous contenterons du dernier portrait de la série, en espérant que l'image un peu vulgaire qu'il donne de la langue contemporaine n'est due qu'aux aléas de la composition du corpus. Il se trouve en effet que le corpus qui devait servir de fondement au *TLF* a été arrêté dans les années 60. Depuis lors les ajouts de textes, aux deux bouts de la chronologie, n'ont plus eu comme but

Écart	Corpus	Époque	Mot	Écart	Corpus	Époque	Mot	Écart	Corpus	Époque	Mot
426,3	98 940	42 811	c'	62,6	530	420	manivelle	49,8	36 008	5 203	jusqu'
258,6	76 636	24 643	ça	61,5	36 167	5 807	étais	49,3	959	475	cinéma
126,0	394 197	50 513	...	60,1	459	374	flic	49,3	466	316	mômes
119,9	4 225 728	382 877	. (point)	59,1	436	358	fric	49,2	540	342	marre
95,8	1 706	1 172	merde	58,7	669	451	trucs	48,3	768	411	métro
89,4	699	676	hippo	58,5	248 484	26 388	ai	48,2	32 780	4 769	as
87,3	741 472	75 603	pas	58,1	298	287	rock	48,2	859	437	p'
86,9	1 248	904	con	57,8	438	352	bagnole	48,1	2 255	772	vacances
85,1	796	693	mec	57,0	275	270	blouson	47,9	378	274	z'
80,9	1 827 960	166 351	–	56,5	436	344	pote	47,8	680	380	boulot
80,1	306 548	34 759	était	56,2	63 217	8 482	t'	47,8	21 510	3 467	derrière
74,1	52 437	8 420	avais	55,7	440	341	cons	47,4	1 737	652	cigarette
73,0	436	435	y'	55,6	301	277	ze	47,1	331	251	super
72,0	522	473	mémé	55,3	292	271	dingue	47,1	10 798	2 102	train
70,9	599	503	flics	55,0	364	304	tronche	47,0	936	450	radio
70,4	882	618	libération	54,7	347	295	samba	46,5	50 645	6 569	va
69,3	454 107	46 482	j'	54,5	2 127	823	cul	46,4	210	193	combattante
68,2	1 856	914	téléphone	54,2	714	436	britanniques	46,3	780	400	putain
68,0	3 155	1 244	gueule	54,1	354	295	mecs	46,2	2 256	749	alliés
67,8	691	522	ouais	52,0	222	221	artisse	46,1	222	198	piges
67,1	254 486	28 069	avait	51,1	1 377	604	britannique	46,0	211	192	prof
66,7	210 093	23 872	tu	50,5	1 109	527	foutre	45,9	614	346	photo
65,6	982	616	truc	50,4	651	388	immeuble	45,8	15 768	2 702	vite
64,9	4 259	1 438	type	50,3	1 144	535	copains	45,6	721	377	copain
64,8	344	343	télé	49,8	1 973	732	comité				

Tableau 40. Spécificités de la dernière tranche (1960)

exclusif de fournir des exemples nouveaux et distingués aux rédacteurs du dictionnaire mais plutôt de constituer une base de données représentative du français à travers les siècles.

Et c'est pourquoi la dernière tranche bénéficie d'une ouverture plus large au français non conventionnel, et aux expériences hardies où la littérature s'est engagée depuis Céline. Le vocabulaire familier, voire ordurier, qui émerge comme une écume sale de la liste 40, n'est pas dû seulement à Céline ou au Queneau de *Zazie dans le métro*, mais à bien d'autres écrivains, moins soucieux que leurs aînés de beau langage. Le roman policier et le roman populaire n'y sont plus victimes d'ostracisme et l'on y accueille Simonin (*Touchez pas au grisbi*), Japrisot, Forlani, Vautrin, Chabrol et jusqu'aux *Valseuses* de B. Blier. On ne s'étonnera pas dès lors que le mot de Cambronne figure en tête de liste [1].

Il est toujours prudent de retenir d'abord les explications les plus simples, la plus triviale étant d'attribuer à la composition du corpus les particularités observées, ce qu'on vient de faire. Mais il y aurait quelque lâcheté méthodologique à s'en tenir là. Le tableau 40 est si provocant qu'il exige quelque approfondissement. Il évoque immédiatement les caractéristiques du style parlé. Et pourtant les textes dont il rend compte appartiennent principalement au genre romanesque, rarement au théâtre ou à la correspondance, dont le statut se rapproche de l'oral, et rien n'autorise à penser que la part du dialogue est plus grande dans le roman contemporain que chez Balzac, Flaubert ou Zola. Pour comprendre ce qui se passe, il devient nécessaire de comparer, chiffres à l'appui, l'écrit et l'oral, ces deux variétés de français qu'on a l'habitude d'opposer et qui semblent se rejoindre dans la production littéraire de notre temps. C'est qu'en réalité une troisième variété, qu'on peut appeler utilitaire, technique ou communicationnelle, s'installe dans les usages, en s'éloignant de l'oral expressif comme de l'écrit littéraire. Dans un champ de forces devenu triangulaire, s'ouvre le jeu mouvant des oppositions et des alliances, et il peut se produire que l'oral et l'écrit ne soient plus face à face, mais côte à côte.

Pour étudier ce jeu, *Frantext* n'est pas d'un grand secours. Certes des textes techniques ont été incorporés dans la base, et la distance du littéraire à l'utilitaire pourrait y être mesurée mais l'oral manque absolument. On a donc eu recours à une base spécifique, que nous avons constituée dans le cadre du projet FRANCIL de l'AUPELF-UREF et avec le concours des équipes qui étudient le français dans l'ensemble de la francophonie [2]. Les variables diachroniques ont été cette fois neutralisées au profit de la variabilité géographique et sociolinguistique. Au lieu d'isoler la littérature à travers les siècles, on a cherché à isoler le français contemporain à travers l'espace et dans ses emplois multiples, où la littérature a sa place à côté de l'oral et des journaux. La base ainsi constituée n'a ni l'ampleur, ni l'homogénéité de *Frantext*. Avec plus de 4 millions d'occurrences, elle donne cependant une image de ce qui se dit ou s'écrit en français dans les pays francophones, y compris l'Afrique noire et le Maghreb. Il a fallu harmoniser les conventions de transcription, qui différaient d'un laboratoire à l'autre, et en particulier adopter un système de ponctuation qui traduise les pauses et la segmentation du discours oral.

L'étude est en cours et nous n'en donnerons que certains résultats fragmentaires. Reprenons par exemple l'étude du verbe. On a coutume de dire que c'est là un des critères qui distinguent le mieux l'oral de l'écrit. Encore faut-il préciser de quel écrit il s'agit. C'est l'écrit de la communication technique qui refuse l'emploi du verbe ou du moins le réduit au rôle de simple copule, comme le signe de l'égalité dans une formule mathématique. L'utilisation littéraire du verbe est beaucoup plus riche. Même si les temps et les modes ont perdu de leur complexité, comme nous l'avons vu, le verbe se maintient, au moins dans ses temps simples, aussi bien dans le discours oral que littéraire. La figure 41, qui porte sur la totalité des verbes rencontrés dans la base étudiée (soit près de 1 million d'occurrences), montre que l'oral (à gauche) et la littérature (à droite) se rangent dans la moité supérieure du graphique où le verbe concentre ses excédents. En revanche, les textes qui représentent la presse et le discours technique (au centre gauche) révèlent un sous-emploi manifeste de la catégorie verbale. Une exception est à signaler qui concerne le courrier des lecteurs dans un journal populaire d'Alger et qui précisément se rapproche de l'usage oral et spontané de la langue. Inversement un texte d'un type particulier fait défection dans la zone orale. Le code O_BE recouvre des interviews d'hommes politiques belges, dont le discours, oral ou écrit, obéit aux mêmes contraintes de la propagande électorale. Pareillement dans la zone littéraire, le récit de voyage fait bande à part et se situe dans les déficits, comme si le style descriptif recourait aux mêmes catégories que le style des journaux et des essais, la description comme l'information recourant principalement aux catégories nominales.

L'étude des verbes (soit un mot du corpus sur quatre) peut donner lieu à une analyse factorielle, où l'on distinguera les séries fermées : verbes en *re*, *oir* et *ir* (*ant*), et les séries ouvertes : en *er* et *ir* (*issant*). Certains verbes qui ont une fréquence exceptionnelle et des emplois modaux ont été traités individuellement, à savoir *être*, *avoir*, *pouvoir*, *voir*, *savoir*, *faire*, *dire* et *aller*. Les verbes en *ir* ont été séparés, suivant le groupe auquel ils appartiennent (*ir* pour le 3e groupe, *ir2* pour le 2e).

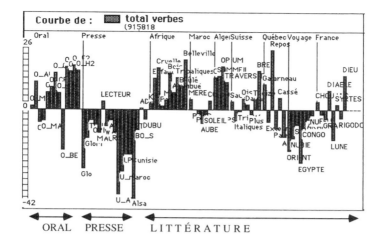

FIGURE 41. Les verbes dans la base FRANCIL

Quant à la série en *er*, qui représente plus de la moitié de l'ensemble, les verbes fréquents (symbole *er*) ont été distingués des autres (*er2*). Le résultat (dans la figure 42) prend la forme attendue d'un croissant où se répartissent les trois sommets du triangle. Les deux cornes du croissant opposent l'oral et la presse, non seulement parce que la proportion des verbes est inégale, mais aussi parce que le dosage des espèces verbales y

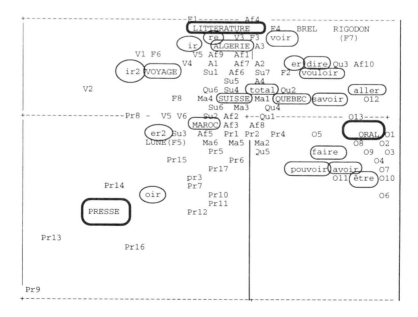

FIGURE 42. Analyse factorielle des verbes dans la base FRANCIL

diffère d'un genre à l'autre. L'oral attire les auxiliaires et les verbes à tout faire et à tout dire, quand le discours technique préfère les outils rares et spécialisés. Le choix de la littérature est intermédiaire, mais il penche à droite, du côté de l'oral et du verbe. La faille principale n'est donc pas entre l'écrit et l'oral ; elle fend le bloc de l'écrit, opposant le littéraire et l'utilitaire. Ici aussi le récit de voyage se rapproche de la presse et des essais techniques, comme le fait aussi un texte de Jules Verne (symbole *Lune*), tandis qu'à l'opposé le texte de Céline *Rigodon* s'avance loin à droite dans la zone de l'oral.

La décantation des genres obéit aux mêmes forces quand on observe le plus fréquent des mots français : la préposition *de*, y compris les formes élidées ou contractées. Les tendances dont rend compte la figure 43 donnent l'image inversée de la figure 41.

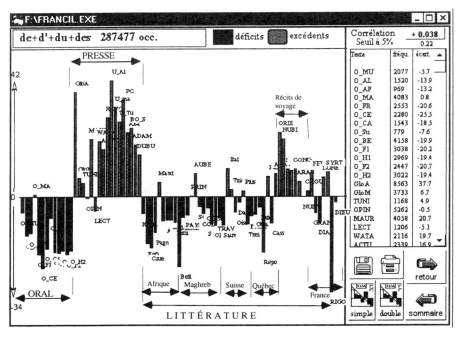

FIGURE 43. La préposition *de* (+ *d'*, *du* et *des*) dans le corpus FRANCIL

Cette fois les déficits apparaissent dans le corpus oral et les excédents dans la presse, dans les exposés techniques et les récits de voyage. Les textes littéraires en grande majorité font le même choix que l'oral et manifestent peu de gout pour cet outil prépositionnel qui sert à la détermination, à la caractérisation et à l'analyse et qui a partie liée avec les substantifs, spécialement lorsqu'ils sont abstraits. Si l'on compare cette distribution à celle de l'article *la* qui accompagne tant de suffixes abtraits (en *tion*, en *ie*, en *té*, etc.), le parallélisme est presque parfait. Pour 79 paires d'observation, le coefficient de corrélation ($r = 0,80$) est très élevé.

C'est d'ailleurs l'ensemble des articles qui lie son sort à l'ensemble des prépositions parce que, en réalité, l'une et l'autre catégorie sont associées au substantif. C'est ce que tend à montrer une dernière analyse factorielle qui enveloppe tous les mots grammaticaux, mis à part les pronoms ou adjectifs personnels ou possessifs qui ont des préférences si marquées, si exclusives et si possessives qu'ils imposeraient leur influence trop prévisible. Là encore le français des journaux et de l'information s'écarte violemment sur la gauche, en entrainant dans son sillage prépositions et articles (symbole P dans la figure 44). À l'opposé, les subordonnants (*que* en premier lieu), les négations, et les adverbes de temps, de lieu et d'intensité, prennent position à droite dans le voisinage des textes oraux (symbole O). Nul doute que les personnels de la 1re et 2e personne se trouveraient là, si on les avait admis dans l'analyse. Et c'est là aussi que se cache le verbe en filigrane.

Or la littérature occupe l'espace intermédiaire. Comme précédemment, les récits de voyage (symbole V) se mêlent à la prose journalistique, et c'est le cas aussi du roman de Jules Verne *De la terre à la lune*. Mais nombreux sont les textes littéraires, surtout ceux qui viennent d'Afrique, d'Algérie ou du Québec (et aussi un texte de Céline et les chansons de Brel), à franchir la ligne médiane et à se confondre avec les représentants de l'oral. Les lignes de force ne sont pas sans rapport avec celles qui animent la figure 33. On voit bien que les traits syntaxiques dont les mots grammaticaux portent témoignage sont structurés dans les deux cas par l'opposition classes nominales-classes verbales. L'analyse diachronique de la figure 33 montrait le progrès du clan nominal au cours des siècles. La coupe synchronique de la figure 44 montre à quel emploi dominant il faut attribuer cette tendance : non pas à la littérature, qui résiste autant qu'elle peut à ce déséquilibre des parties du discours, encore moins au français tel qu'on le parle dans la conversation de tous les jours.

La substantification croissante du français vient du langage qu'on utilise quand on transmet une information, situation commune à la presse, à l'édition scientifique, à la littérature politique, économique ou technique et à beaucoup de médias. Le langage de l'information, comme les langages de programmation, tend à n'être plus qu'un jeu de variables emboitées (de substantifs), la préposition *de* jouant le rôle qu'ont les parenthèses dans les formules mathématiques. Peu de place pour le verbe ou l'action, la principale opération étant celle de l'équi-

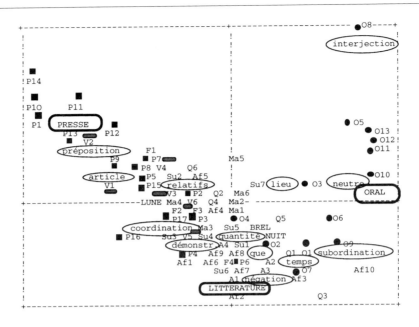

FIGURE 44. Analyse factorielle des mots de relation dans le corpus FRANCIL

valence et du transfert, ce qui peut se faire avec des mots, mais aussi bien avec le signe de l'égalité. Pas de personnes, pas de formulation expressive, pas de modalités, pas de temps, pas de modes. Au moment où l'on admet, avec Searle et la pragmatique, que toute parole est une action, le discours paradoxalement efface les traces perlocutoires et se fige dans le présent intemporel et impersonnel, comme les livres de recettes culinaires ou les notices d'emploi des appareils domestiques, où tous les verbes sont à l'infinitif. L'abus des constructions nominales peut obscurcir le message en prétendant le réduire à l'essentiel. Combien de titres sibyllins dans la presse qui mettent en jeu la combinatoire étriquée des constructions nominales et n'aboutissent qu'à un rébus opaque. On peut voir des affiches où noms et adjectifs sont distribués presque au hasard, comme les *beaux yeux*, l'*amour* et la *marquise* de Monsieur Jourdain. On verrait mieux la fonction et l'utilité d'un *Centre linguistique d'apprentissage accéléré* (cette affiche est bien réelle), si l'on précisait en sous-titre, comme au commencement des chapitres dans les livres anciens : *où l'on apprend les langues par une méthode accélérée*. Les publicitaires les mieux avertis flairent l'impasse et l'on a vu récemment un livre à succès prendre pour titre une longue phrase où la surprise syntaxique s'ajoute au paradoxe sémantique : *Ne dites pas à ma mère que je suis dans la publicité : elle me croit pianiste dans un bordel*. Pourrait-on dire la même chose en supprimant les verbes et les personnes ?

Osera-t-on, après Hugo, parodier la Bible ? Le verbe c'est la chair, c'est le gout, c'est la variété des nuances et des modalités. Les chiffres bien entendu n'autorisent pas ce genre de plaidoyer. Mais ils inquiètent et rassurent à la fois. Ce qu'on peut craindre, c'est que l'évolution s'engage plus avant dans la voie dangereuse qu'on a constatée sur plusieurs siècles. Mais on peut penser aussi que l'évolution n'est pas nécessairement linéaire ; de Rabelais à Malherbe et de Voltaire à Céline, le chemin va en serpentant. Au reste l'usage utilitaire et, pensons-nous, un peu dégradé du français, a la vie courte des choses destinées à la poubelle, comme le papier biodégradable qui le véhicule. Le français spontané, le français parlé, qui est fait de rupture, de surprise et d'expressivité, offre plus de garanties, d'autant qu'une alliance avec le français littéraire tend à s'affirmer de nos jours. Sur d'autres terrains on voit aussi artisans et artistes s'opposer aux industriels.

Ce qui peut rassurer enfin sur l'avenir du français, c'est précisément sa défaite face à l'anglais. Si le français avait gagné le marché des échanges linguistiques, il aurait dû payer le prix et sacrifier ce qui n'est pas strictement utilitaire et passe-partout. Il aurait perdu ses difficultés, ses conjugaisons, ses subtilités et ses nuances. Le monde aurait parlé petit nègre, petit français. Faut-il le regretter ?

CONCLUSIONS

Jacques Chaurand

CONCLUSION GÉNÉRALE

Le temps de la langue est un temps chargé et mêlé. La langue est difficile à cerner parce qu'elle reste dans une large mesure de l'ordre du possible et du seulement disponible. Son image et ses mythes ont tendance à ne faire qu'un avec elle : l'histoire se propose de faire un tri. N'avons-nous pas souvent entendu parler de la clarté de la langue française, comme si la clarté venait de la langue elle-même et non des discours qu'une société raffinée a tenus en se servant d'elle ? Plus près de nous, et à un niveau plus ordinaire, n'avons-nous pas été témoins de ce que Nina Catach appelle les « délires » d'une orthographe travaillée par un désir d'éternité ? L'histoire est démythifiante parce qu'elle cherche à dégager, selon ses méthodes, ce qu'elle juge en droit de présenter comme des faits.

Ces faits ne sont pas des créations *ex nihilo*. Ils n'arrivent pas non plus isolés mais s'insèrent dans de vastes mouvements d'ensemble. Les vocabulaires, dont on a l'habitude de dire qu'ils sont les reflets d'une société, apparaissent comme la partie la plus instable de l'édifice et, de ce fait même, les plus riches de signification temporelle. Outre qu'ils révèlent des choix individuels, inévitables, les éléments lexicaux offrent des signes de reconnaissance pour une collectivité de contemporains, dans la mesure où les modes ont leur temps, les spécialités ou les techniques des phases de développement, le langage comme les arts un style d'époque. Tous les éléments lexicaux ne sont pas aussi exposés au changement. Certains sont même remarquablement stables, en particulier ceux qui participent à une structuration grammaticale ; ceux qui comportent une appréciation sont au contraire plus portés à modifier leur sens. Il n'y a plus de honte à être un *garçon* ; le mot qui suggérait au Moyen Âge un jeune inexpérimenté a trouvé une solide implantation dans les références au sexe et à l'âge. Les changements, dans le lexique, peuvent être radicaux. Par rapport aux unités de mesure de l'Ancien Régime, le système métrique a créé sans aucun doute une rupture totale, mais cette rupture, pas plus que les apports dus à la néologie ou à l'emprunt, n'affecte les structures profondes de la langue.

Dans les structures que nous appelons profondes, et qui risquent de passer inaperçus tant que la réflexion ne se porte pas sur elles, règne une continuité qui n'exclut pas le mouvement dans la longue durée. Ainsi se poursuit une évolution qui permet à la langue de faire partie d'une histoire caractérisée et à notre ouvrage de ne pas être une suite de discours hétérogènes. Il a fallu plusieurs siècles pour que l'ordre sujet-verbe-complément, gagnant du terrain pied à pied, éclipse les tournures concurrentes dans la phrase assertive ; l'ordre, qualifié de direct, est devenu un motif de fierté à l'époque classique. L'inversion du sujet, comme marque de l'interrogation, a reculé à son tour. Elle est menacée, même dans les incises, au niveau le plus bas où *il dit* peut supplanter *dit-il*. Le mouvement implique un traitement de l'opposition verbo-nominale et la convergence dans un même ensemble phrastique de deux catégories distinctes, remplissant chacune une fonction grammaticale et référentielle. Face à ces mouvements de fond, les incidents mineurs sur lesquels s'attardent parfois des grammaires prescriptives sont de peu de poids.

Si une continuité se découvre, ce n'est pas que le développement soit parfaitement linéaire. La langue écrite commune que nous appelons tantôt « ancien français », tantôt « langue d'oïl » ne correspond pas au même objet que ce que nous appelons « français ». Le plus ancien français, dont nous avons tenté l'approche, n'était pas auréolé du même prestige que celui que la langue acquerra par la suite. Aux yeux des clercs, il avait trop d'instabilité, d'irrégularité, de diversité pour ne pas être taxé d'infériorité. Il baignait trop dans le concret qu'il ne permettait pas de tenir à distance et n'ouvrait pas à la spéculation. Son usage avait un caractère négatif : il fallait toucher les *illitterati*, ceux qui n'avaient pas appris les Lettres, donc le latin, et qui étaient la masse. La dichotomie n'est toutefois pas absolue. Les clercs, qui sont pénétrés de la supériorité de la langue apprise, sont aussi ceux qui ont œuvré pour la promotion de la langue naturelle, et qui, en particulier, ont contribué à la doter d'une écriture. Le schéma n'est pas seulement une rétrospective archaïsante. Des situations du même genre se sont reproduites, à cela près que le moule de la langue apprise pouvait ne pas avoir le même degré d'hétérogénéité.

L'établissement, au cœur du domaine d'oïl, d'une royauté qui a réussi à s'imposer, et dont le prestige ne se dissociait pas des moyens d'expression qui lui permettaient, à elle ainsi qu'à ses représentants, de s'identifier comme telle, a joué un rôle décisif dans le développement du français. Au XVIe siècle, les discours sur la langue commencent à compléter les productions dans la langue dont il avait fallu se contenter pour le Moyen Âge, ce qui nécessite d'autres approches. À la même époque, les insuffisances et les infériorités que les lettrés du royaume de France croyaient percevoir dans leur langue, n'ont fait que les inciter à l'illustrer et à l'enrichir. À l'âge classique, l'ardeur sur le plan linguistique a moins tenu de l'esprit de conquête que de la résolution à maintenir une perfection, jugée acquise, et dont les milieux les plus cultivés donnaient le modèle. À la Révolution, ce qui apparaissait comme la règle, la raison, la clarté devait être introduit ou même imposé en dépit des résistances qui trahissaient, pensait-on, l'attachement à un ordre ancien.

À partir de là surgissent des questions que nous connaissons bien. La langue, après avoir été considérée comme la propriété d'une élite, a tendu à devenir un bien à partager entre tous les citoyens. La paysannerie, laissée pendant des siècles en marge du pouvoir central, a eu ses patois. Elle est aujourd'hui décimée, mais son langage, enraciné dans le terroir, nourrit de légitimes nostalgies. Nous devons tenir compte aussi des langues régionales ; elles n'ont pas disparu et le substrat peut encore exercer une influence. Au moment de lancer l'entreprise de l'*Atlas linguistique de la France* à la fin du siècle dernier, Gaston Paris avait mis l'accent sur l'unité de la Galloromania obtenue de dégradé en dégradé selon une conception peu acceptable pour un homme de terrain. Que dire des zones où la langue n'était pas romane ? Cependant, le mouvement semble irréversible. Bien connaitre le parler de sa petite patrie est une source de joie identifiante, mais à ne connaitre que lui, l'individu ne serait pas capable de faire face aux situations auxquelles il se trouvera sans cesse confronté. Toutes les conditions sont réunies pour généraliser l'uniformisation. Et pourtant que de variété ! Une orthographe qui calquerait de trop près une phonétique standard serait toujours en désaccord avec ce que prononcent en fait une bonne partie des locuteurs.

Notre histoire n'a pas de dénouement. Est-il permis d'envisager ce que sera le français du troisième millénaire ? De la part des scrutateurs de passé, ce serait une prétention excessive que de vouloir tracer ce que réserve un avenir toujours changeant et, nous l'espérons, toujours vivace. Les prospectives sont souvent pessimistes. Quand nous évoquons le français dans tout son éclat, nous pensons à Versailles, au triomphe de Voltaire. Mais il est bon de se reporter aussi aux dénombrements de l'abbé Grégoire et de comparer à l'état de 1790 celui que nous connaissons. Que de travail accompli ! La langue qui résultait d'une imprégnation quasi naturelle dans des milieux privilégiés a nécessité dans d'autres une acculturation. Le cloisonnement des milieux a subi depuis un siècle bien des relâchements. L'évolution n'a pas été que positive. Elle a été souvent marquée par la rigidité : chasse aux parlers locaux, volonté d'imposer une norme implacable qui donnait la tentation de l'indocilité. Une souplesse, dont bénéficiait encore le français classique, qui donnait la primauté à ce que le locuteur veut dire, a été combattue. Une latitude orthographique était, on l'oublie trop souvent, une caractéristique du Grand Siècle.

Nous avons relativisé quelques motifs d'inquiétude qui font partie des lieux communs. L'emprunt, tout d'abord, fait partie des tendances universelles des langues, comme le pensait A. Meillet. L'emprunt étranger, et particulièrement l'anglais, fait beaucoup parler de lui. Néanmoins il ne pénètre pas au même rythme et avec la même abondance suivant les domaines, les milieux, les familles. On emprunte, on abandonne, sans jamais que soient atteintes les structures de base de la langue. D'autre part, l'écart jugé grandissant entre l'écrit plus conservateur, et l'oral, dont l'instabilité semble impossible à maitriser, ne signifie pas que le divorce entre les deux codes est inéluctable. Nous ne connaissons pas, sur ce point, les états passés de la langue, et la prise de conscience toute récente de ce qu'est l'oral a peut-être exagéré ce qui est redevable à notre siècle. À certains égards, le français populaire se caractérise par des tendances qui ont toujours existé, tandis que la langue littéraire cherche parfois la source de ses effets dans la parole contemporaine toute chaude. Ce qui est sûr est que les mouvements de fond continueront sur leur lancée : nous renvoyons sur ce point aux pages consacrées au français du XXe siècle.

Sur un point au moins, l'inquiétude n'a pas lieu de se manifester. Le français reste une langue de culture internationale. Voici ce que disait un fin connaisseur dans la première moitié du siècle, E. Pichon : « Le français est une grande langue de culture. C'est à cette fonction même que se rattachent son unité et sa diversité. Sa puissante unité est la condition même de son rôle de véhicule universel. Quant à sa diversité qui colore son unité sans la rompre, elle procède de la variété des milieux dans lesquels il est parlé. Chaque Français a son français et c'est cependant toujours du français. »

E. Pichon ne manquait pas de mentionner les « usances » françaises régionales, les deux étages des classes sociales, celui des gens cultivés et celui du menu peuple, enfin « toute une série de langues techniques abondant en précieuses ressources ». Et il terminait en disant : « Toutes ces langues partielles font une langue une, car elles interfèrent sans cesse, s'enrichissent les unes les autres et donnent le meilleur d'elles-mêmes à la langue générale [1]. »

Il est inévitable et il est profitable que des langues partielles soient vivantes et productives. La perspective est à élargir à toutes les francophonies. Par-delà même on appelle, dans certains pays, « francophiles » les personnes attachées à la langue et à la culture françaises. Pourquoi l'élargissement ne s'étendrait-il pas jusqu'à elles ?

Ainsi s'achève une histoire que nous avons voulue aussi ouverte que possible aux variabilités et aux continuums : nous souhaitons qu'elle trace des espaces de rencontre et d'accueil pour toutes les francophonies et toutes les francophilies du monde.

Jacques Chaurand

QUELQUES REGARDS JETÉS VERS L'AVENIR

« Parlera-t-on encore français dans dix ans ? » Cette question a été posée par une visiteuse de l'exposition « Parlez-vous français ? » qui s'est tenue à Paris au Centre Pompidou en 1987. Dix années se sont écoulées. Nous n'avons pas constaté l'effondrement de la construction qui s'était édifiée au cours d'une histoire de plus d'un millénaire. Nous sommes en droit d'envisager l'avenir.

Le français a été la langue véhiculaire des élites aristocratiques de l'Europe. Il ne l'est plus. Le rôle qu'il a joué n'a cependant pas été sans laisser quelques traces dans les fonctions qu'il continue à assumer et il n'a pas cessé d'être l'une des grandes langues de culture au monde. Il est doué d'une historicité forte qui fait que, même de nos jours, les locuteurs n'ont pas jeté par-dessus bord une tradition de réflexion sur le langage. L'illusion de fixité, qui allait de pair avec un mythe de perfection, a fait son temps. La langue se modifie, mais dans les changements qui l'affectent il y a lieu de faire le départ entre des phénomènes de surface et des structures ou des tendances profondes qui échappent au regard immédiat. La mobilité des unités lexicales est une façon pour la langue de faire peau neuve et de s'adapter aux besoins de communication. En revanche, la gamme de sons qui entrent dans la formation des mots sujets aux changements, constitue un système que les changements n'ébranlent pas et qui est propre à chaque langue. Sur le plan des structures phoniques ou grammaticales, des modifications dans la longue durée sont concevables, mais non un bouleversement brutal et absolu.

Les combinaisons nouvelles sont puisées dans les éléments d'un ensemble capable d'en fournir indéfiniment. Sur le plan grammatical, nous avons vu que l'ordre déterminé-déterminant fait partie depuis le Moyen Âge des structures de notre langue. Si nous avons en regard *bread basket* et *panier à pain*, nous constatons que les deux structures s'opposent. Quand nous passons d'un type de langue à l'autre, nous sommes obligés de nous adapter à une construction en dehors de laquelle les éléments se juxtaposent sans s'organiser. On peut penser que le français n'abandonnera pas l'ordre déterminé-déterminant qui continuera à marquer les combinaisons qui se sont formées dans son sein. On peut penser aussi que le français ne cessera pas d'être une langue aux tendances analytiques comme elle l'est depuis sa formation. Selon toute probabilité l'évolution se fera dans le prolongement de tendances profondes dont nous avons déjà observé les manifestations.

Les décalages entre code écrit et code oral continueront sans doute à être une source de préoccupations. Les rectifications de l'orthographe de 1990 ont montré le chemin dans la mesure où elles se sont appuyées sur des séries et des analogies plutôt que sur des mots isolés, et où elles ont rappelé qu'une plage de tolérance n'était pas incompatible avec la tradition orthographique française.

UNE NÉOLOGIE FOISONNANTE

Le français ne risque pas de ressembler à une langue morte. Nous vivons à une époque où beaucoup d'activités, de techniques, de sensations inconnues de nos prédécesseurs nous sont devenues familières. À côté de milieux tout disposés à entendre l'appel du fait nouveau et à accueillir les essais acceptables pour y répondre, d'autres ont eu tendance à se crisper sur le passé. Le refus du temps et des modifications qu'il apporte a créé parfois à l'égard du lexique un malthusianisme qui risquait d'acculer les locuteurs à l'emprunt. Certains mots ont connu bien des tribulations avant d'être acceptés en toute sérénité. Le verbe *démissionner*, si courant dans le langage politique actuel, ne se fait pas du tout remarquer. La première attestation est ancienne puisqu'elle remonte au révolutionnaire Gracchus Babeuf. Et pourtant, que n'en disait-on pas encore dans la première moitié de notre siècle ! On rappelait encore volontiers la parole adressée par Gambetta à Mac-Mahon en 1877 : « Il faut se soumettre ou se démettre. » Le mot devait être bien formé, n'être ni trop court ni trop long, ne pas risquer d'être superflu.

En fait une autorégulation se fait à l'intérieur de la langue elle-même qui ne retient en fin de compte que ce qui lui est nécessaire. Un jeu limité de suffixes, de types de composition, de modes de formation est à la disposition des créateurs de mots. Dans ce cadre, bien des créations, même non répertoriées, se comprennent immédiatement grâce à la reconnaissance du mode de formation et au contexte. Les néologismes qui reposent sur une combinaison d'éléments préparent la voie à d'autres et avec eux se regroupent en familles paradigmatiques. Ainsi le suffixe -*iser* dont il a été question dès qu'a été envisagée la formation de la langue n'a rien perdu de sa fécondité comme en témoignent de nombreux exemples (*marginaliser*, *robotiser*) dont certains sont destinés à rester occasionnels. Il sert à former des verbes à partir de noms et d'adjectifs et a une valeur aspectuelle ; il marque l'aboutissement d'un procès. L'ajout d'un second suffixe, *-ation*, nominalise la formation en maintenant la valeur contenue dans le verbe.

La naissance de certaines formations est liée à l'histoire. Dans la première moitié du XIXe siècle, la terminologie médicale avait combiné à un suffixe *-ite* le nom d'une partie du corps pour désigner la maladie qui a son siège dans celle-ci (*bronchite*, *méningite*, etc.). Dans les années 68, la fréquence des réunions de toutes sortes, mangeuses de temps et d'énergie, a donné naissance au nom *réunionnite* qu'ont suivi *espionnite*, *téléphonite* et que suivront probablement bien d'autres à venir. Un premier exemple a fait sortir la formation du monde médical. Le parallélisme entre les deux séries n'est pas absolu car le radical ne suggère pas dans la seconde comme dans la première l'organe affecté par la maladie, mais ce qui la provoque ; la valeur du suffixe a été prédominante.

Comme la suffixation, la composition se prête à l'établissement de séries paradigmatiques. Ainsi, dans les années 70, les confectionneurs offraient à leur clientèle des productions qui économisaient les essayages : ils les appelaient « prêt à porter ». Sur ce modèle, A. Collinot et Fr. Mazière, analysant le discours lexicographique, ont fait du dictionnaire un « prêt à parler », et le composé trouve sa justification dans leur livre : *Un prêt à parler : le dictionnaire* (Paris, 1997). La langue fournit à la fois les matériaux et les modèles pour les construire. Bien d'autres processus entrent en action dont le néologisme de sens, le changement de catégorie grammaticale (le suivi, le bougé). La réserve qu'affichaient beaucoup de locuteurs cultivés a fait place à une plus grande ouverture même si les situations de communication sélectionnent encore, à juste titre, le contenu de nos propos. D'innombrables enrichissements sont à prévoir. Les séries sont ouvertes ; elles sont à compléter.

Les langages de spécialité regorgent de néologismes qui sont inventoriés dans de nombreux ouvrages, mais leur contenu s'adresse de préférence aux gens qui sont de la partie. Cependant nous participons tous au grand mouvement de néologie. L'histoire objective du vocabulaire se double d'une histoire de l'appropriation individuelle des mots ainsi créés. Tout porte à penser que le mouvement impétueux du lexique ne se ralentira pas et qu'une tendance forte au rajeunissement tendra à se manifester.

L'EMPRUNT : MARQUE D'AFFAIBLISSEMENT
OU MANIFESTATION DE VIE ?

Une langue qui se replie sur elle-même court le risque de se scléro-
ser. Les contacts qui se multiplient de nos jours créent une situation
favorable aux emprunts d'une langue à l'autre. Toutefois les voies
d'emprunt ne sont pas également fréquentées. Pour celle qui relie la
France à l'Angleterre, le courant s'est trouvé inversé dans la deuxième
moitié du XVIIIᵉ siècle : après plusieurs siècles où les mots passaient
habituellement du français vers l'anglais, l'emprunt à l'anglais, surtout
vers la fin de la Seconde Guerre mondiale, quand s'est affirmée la
suprématie économique et industrielle des États-Unis, a pris une importance impressionnante et a inquiété. Le fait est que le phénomène est
sans précédent : il est à l'échelle planétaire et, avec la puissance que
donnent les médias, les vagues d'emprunt pénètrent dans tous les
milieux, et aucun domaine n'est épargné.

Nous livrerons deux séries d'arguments, la première en faveur
d'une stabilisation de l'influence de l'anglais, la seconde en faveur de
son accroissement. Parmi les arguments en faveur d'une stabilisation,
en voici deux :

— Une politique linguistique consciente est une arme contre l'influence abusive. Plus que toute autre langue européenne, le français a
une tradition de politique linguistique qui agit sur l'évolution de la
langue et sur l'incorporation des éléments étrangers. Le fait que le taux
d'anglicisation de l'allemand et de l'italien soit plus élevé que celui du
français montre que cette politique n'est pas inutile. On peut s'attendre
à ce que la vigilance se perpétue.

— Les industries de la langue, en particulier la traduction automatique, sont une garantie du plurilinguisme.

Mais voici des arguments en faveur d'un accroissement :

— Il n'est pas impossible qu'un nombre croissant d'Européens,
dont les Français, se voient obligés de travailler, au moins en partie, en
anglais.

— Le nombre de films de langue anglaise projetés sur les écrans des
pays francophones, comme celui des interviews en anglais, est en augmentation constante, même si le phénomène est moins accentué en
France que dans les pays du Nord de l'Europe.

— Une élite est en contact direct avec l'anglais du fait de son travail et de ses déplacements. Elle offre un modèle pour ceux qui désirent
y appartenir et qui tendent à y adapter leur langage.

— L'anglais n'est pas seulement appris à l'école. La chanson en anglais, la *pop music* remplissent pour la jeunesse un rôle symbolique qui favorise l'interférence dans la langue maternelle.

– L'influence de l'anglais continuera à se faire sentir dans les domaines où il est depuis longtemps implanté, comme dans les sports ou l'audiovisuel où il est même devenu une source de créativité linguistique française comme le montrent des exemples tels que *recordman*, *cableman*, *perchman*.

Les arguments de la deuxième série sont de poids. Il est raisonnable de penser que la pression de l'anglais ne faiblira pas. Toutefois c'est le français qui semble le plus apte et le mieux armé pour affronter une concurrence car des dispositifs existent et les francophones sont plus que les autres enclins à défendre leur langue.

L'emprunt à l'anglais est si prédominant qu'il tend à accaparer toute l'attention. Il y a lieu d'apporter quelques nuances. Les voies d'emprunt anciennes n'ont pas cessé d'exister, comme celles par lesquelles arrivent des apports des pays de langue romane, des pays arabes, des pays des autres continents. Nous ferons aussi état d'un jeu croisé d'emprunts entre l'italien et le français :

– Le suffixe *-issime* (*-issimo*, *-issima*), en dépit de son ancienneté dans la langue, a gardé une relation avec la langue source. Il peut accompagner des noms propres (*godardissime*) ou des emprunts d'autres langues (*starissime*). Le nom bien connu *spaghetti* apparait comme deuxième élément dans des lexies composées, sur le modèle *western-spaghetti*, créant ainsi un paradigme qui est aujourd'hui en pleine vitalité. Les emprunts à l'italien sont bien représentés dans plusieurs domaines : dans celui de la cuisine avec *panini*, *ristretto* « condensé », parfois francisé en *ristrette* ; celui des arts avec *dolce vita*, *paparazzi* ; *maestro* et *diva* ne sont plus limités au domaine musical. Un paradigme de désignations commodes permet de référer aux artistes d'un siècle, ex. *seicentistes*. Le langage des sports fait surgir des italianismes tels que *tifosi* dont le sens est voisin de « supporter » quand il s'agit du football et qui est parfois réduit à *tifo*. Enfin, dans le domaine politique et socio-économique, on note, en plus d'emprunts d'unités, des calques dont certains sont devenus si répandus que le modèle est oublié : *argent sale*, *compromis historique*, *stratégie de la tension*. On n'observe rien de comparable à ce qui se passe pour l'anglais, mais le courant est régulier et constant, lié aux domaines où ont lieu les innovations et les échanges. Parallèlement, des gallicismes pénètrent en italien, notamment dans les domaines de la gastronomie, des sciences, des techniques, des sports.

L'importance du recours à l'emprunt est un trait de notre époque qui ne fera sans doute que s'accentuer. Mais ce processus n'est jamais absolument unilatéral : les emprunts au français ne sont pas rares dans les pays anglo-saxons.

LA LANGUE ET LA CONSCIENCE D'UNE IDENTITÉ

En même temps que se manifestent des tendances très fortes à la planétarisation avec, pour effet, un nivellement qui s'insinue du dehors, des résistances s'affirment. Selon Paul Wijnands, auteur d'un *Dictionnaire des identités culturelles de la francophonie*, le rôle du discours identitaire est appelé à s'accroître dans les années qui viennent et il ajoute : « Pour qui la notion de culture équivaut à diversité, il y a lieu de se réjouir. » En Belgique, en Suisse, partout où les milieux francophones vivent dans des pays plurilingues, un discours identitaire se développe. Il a selon les lieux une forme, une évolution, un vocabulaire propres puisqu'il repose sur l'affirmation d'une différence. Il est particulièrement vivace au Québec. Jean-Claude Boulanger, professeur à l'Université Laval, nous a communiqué ses réflexions sur « la symbolique identitaire de la langue du Québec ». Nous en proposons quelques extraits, faute de place pour reproduire le texte *in extenso*.

> « Au XVIIᵉ siècle, le français de France a commencé d'irradier, d'essaimer vers l'ouest [...] Depuis, sous le nom de français du Canada, puis, plus récemment, de français du Québec, il n'a cessé d'intriguer tous ceux qui l'ont étudié pour tenter d'en promouvoir la pérennité ou d'en prévoir l'éradication. Pourtant, contre vents et marées, la vitalité du français québécois se maintient [...] La langue anglaise, le francocentrisme normatif exacerbé, la francophonie puissamment hiérarchisée n'ont pas entamé la force identitaire que porte en lui le français québécois. »

Dans un paragraphe qu'il intitule « Les bougés de la langue », l'auteur poursuit :

> « Tout le monde sait pertinemment que c'est une impossibilité [...] que tous les francophones parlent et écrivent exactement la même langue française. Le mimétisme total, la norme unique sont devenus des utopies. La norme idéale est un concept théorique, une abstraction d'école qui recouvre une infinité de faits et qui permet de soutenir un édifice qui ne fut jamais stable et monolithique, justement parce qu'il prenait des figures diversement colorées selon les écologies dans lesquelles l'idiome s'épanouissait et se personnalisait. "À chaque époque, dans chaque milieu, selon chaque situation, un système de règles et un ensemble mouvant de signes

que ces règles mettent en œuvre construisent une identité" (Rey, 1992, p. 829). Dans sa spatialité, le français a toujours été fragmenté, irradiant, ondoyant. [...] chaque variation a quelque chose à voir avec la culture dans laquelle elle ondoie et avec les territoires sur lesquels elle se déploie [...] Pour les Québécois, être de quelque part, c'est accepter que le français d'Amérique possède une légitimité et une américanité qui lui soient propres, que celles-ci soient reconnues à l'intérieur même du territoire, ensuite par les autres francophones. [...] Nier l'histoire de la dynamique de la langue française parlée et écrite au Québec, nier la conquête anglaise de 1760 et ses conséquences linguistiques, c'est se refuser à admettre qu'une société francophone ait pu faire évoluer différemment et légitimement une part de la langue qui rassemble tous les parlants français. La peur bien entretenue de la séparation linguistique d'avec la France doit être domptée. "De manière comparable à l'anglais des États-Unis par rapport à celui d'Angleterre, le français du Québec, passablement écarté de celui d'Europe, tend depuis 1960 à se normaliser, et donc à se stabiliser, et souvent à réduire cet écart" (Rey, 1992, 1685) [...] Toutes les normes du français sont identitaires et elles se valent, mais elles ne valent pas toutes en même temps sur un même territoire. Émergeant de mille combats périlleux, le français québécois a le droit d'être légitimé [...] »

L'auteur termine ainsi sa réflexion :

« Un regard rétrospectif fait clairement distinguer que, depuis une génération, l'ouverture socioculturelle ainsi que la recherche d'une personnalité nationalitaire nord-américaine et identitaire au sein de la francophonie ont redonné la parole aux gens. Cet arrière-plan a préparé une meilleure saisie de la symbolique de la langue et des nuances de la norme, tout en posant des balises pour mener à l'identification et à la valorisation d'un standard québécois, puis à sa légitimation. Fait observable parmi de nombreux autres, les Québécois ont collectivement pris en main et assuré la gestion de leurs ressources linguistiques, lexicales en priorité, y inclus la part commune héritée du rameau européen du français et le patrimoine que quatre siècles et demi d'histoire ont permis de façonner, d'accumuler et d'accroître des nouveautés indispensables à l'expression. Il est désormais évident que la définition des référents doit s'élaborer et s'évaluer de l'intérieur, attendre que c'est la perception que l'on a de soi qui guide les réflexions, construit la réalité et dessine un profil du monde original et intégrateur. Peu d'intervenants rejettent l'idée que la référence initiale doit se faire à travers un usage linguistique national, organisé, valorisé et validé en conséquence. »

La réflexion dépasse singulièrement le cadre du Québec : des aspirations qui commencent à s'exprimer ne tarderont pas à se révéler dans toute leur ampleur.

UNE FRANCOPHONIE AUX VISAGES MULTIPLES

La première attestation du mot *francophonie* apparait sous la plume du géographe Onésime Reclus en 1880. L'image que Reclus se faisait alors de cet ensemble ne correspond plus à celle que nous nous en faisons aujourd'hui. Dans son énumération, la colonisation n'était pas passée sous silence pour les Arabes et les Berbères du Tell. Les habitants du Gabon, au même titre que ceux de la Cochinchine et du Cambodge, étaient des francophones en puissance dont l'avenir dirait s'ils maintiendraient leur appartenance. Pour ceux du Sénégal, la participation semblait la plus probable. La répartition s'est sensiblement modifiée en un peu plus d'un siècle. On remarque en particulier l'élargissement de la place de l'Afrique, encore modeste en 1880.

Aujourd'hui le mot « francophonie » s'applique à l'ensemble des locuteurs qui font usage du français et aussi à une organisation qui regroupe 36 États membres et 5 États associés et a, entre autres missions, celle de maintenir la cohésion culturelle et linguistique des « pays qui ont le français en partage ». L'avenir du français ne se prépare plus et ne se joue plus seulement dans l'Hexagone.

LES PAYS ARABES. Nous commencerons par jeter les yeux sur le français dans les pays arabes. La vivacité de la présence de notre langue dans le Maghreb et le Proche-Orient a de quoi surprendre, quel que soit le mode de manifestation de cette présence qui varie selon les milieux et les niveaux de culture. La décolonisation et les indépendances, associées à des déchirements douloureux, ont été suivies de campagnes d'arabisation en Algérie, et plus tard en Tunisie. En Égypte, la situation de l'enseignement du français s'est dégradée depuis 1956, date de la guerre israélo-arabe. L'époque que nous vivons est marquée par une modification dans les tendances. Si le français a reculé dans l'enseignement secondaire maghrébin, il se maintient dans l'enseignement supérieur scientifique comme langue véhiculaire au Maroc et en Tunisie. Au Maroc il reste la langue privilégiée dans les grandes sociétés privées et mixtes – à capitaux nationaux et étrangers. On assiste également au

Maroc à la création de sections franco-arabes de baccalauréats internationaux, non seulement dans les lycées français mais également dans les établissements nationaux. Dans les dernières années ont apparu des agrégations marocaines de français, des classes préparatoires aux grandes écoles françaises, etc. En Égypte, les établissements tenus par les jésuites forment des dizaines de milliers de francophones. Dans l'enseignement supérieur, les filières francophones subsistent, non seulement dans les sections de langue et de littérature française, mais aussi en pédagogie, en sciences, en économie, en droit, en sciences politiques. Depuis une quinzaine d'années, on assiste à un regain d'activité des centres culturels et des instituts de recherche français qui créent de nouveaux départements. En Égypte, le français est une « langue de distinction » qui est parlée en famille dans les milieux dirigeants. Des journaux, revues, publications diverses en français circulent notamment au Maroc, en Algérie, en Égypte, au Liban. À la presse écrite s'ajoutent des journaux télévisés et des coproductions cinématographiques ou télévisées.

Ce panorama sommaire invite à reconnaitre, sur le plan linguistique et culturel, l'existence de liens dont on n'a peut-être pas suffisamment apprécié la profondeur et la solidité. Il fait espérer un afflux de ressources nouvelles succédant à une période de crise qui avait été défavorable à l'enseignement du français et à son utilisation.

L'AFRIQUE NOIRE. S'il est exceptionnel que le français soit devenu langue maternelle, il joue le rôle de médium usuel dans le paysage linguistique de l'Afrique de l'Ouest et du Centre. Un modèle d'emploi du français dans sa variété mésolectale s'est banalisé. La fonction et la qualité du médium varient suivant qu'une langue locale a réussi à acquérir une position dominante ou que le pays est plurilingue. Dans les années qui viennent de s'écouler, beaucoup d'exilés de pays en guerre se sont réfugiés de préférence dans les pays francophones, ce qui marque l'importance accordée à la possession d'une langue commune interafricaine. Cependant une suite de mesures et d'évènements malheureux a détérioré, à tort ou à raison, l'image de la France et créé un sentiment d'abandon vis-à-vis de l'Afrique. Il faut tenir compte aussi de l'attrait exercé par la superpuissance américaine qui profite à l'anglais et aux universités américaines.

L'école est un élément déterminant et la baisse significative de la scolarité dans certaines régions est un phénomène inquiétant. Dans les mégalopoles où se retrouvent des populations diverses, les langues vernaculaires ne sont plus en usage qu'au sein de la famille. Les contacts de la rue se font dans les diverses variétés de véhiculaire urbain dominant, c'est-à-dire bien souvent d'une variété de français. La rue est lieu d'apprentissage de ce français véhiculaire pour les nouveaux venus en même temps que lieu de rencontre privilégié de beaucoup de jeunes désœuvrés qui ont leur code crypté.

Les argots africains du français sont en expansion. Pour maintenir l'intercompréhension et la cohésion il serait nécessaire qu'un enseignement de qualité répande une variété de français commun à la fois normé et adapté à la communication quotidienne, tant écrite qu'orale, pour éviter les tendances à l'éclatement.

Les perspectives se résument dans l'alternative suivante :

– soit le français saura développer sa modernité technique et scientifique et ainsi conserver un rôle de langue africaine privilégiée pour l'enseignement, grâce à la consolidation de sa complémentarité avec les langues africaines nationales ;

– soit la francophonie africaine, fragile et menacée, ne cessera de reculer.

La Roumanie. En plus de la francophonie organisée, il existe une « francophonie d'appel » à laquelle se rattache avec force la Roumanie. Le peuple roumain, qui n'a pas oublié ses racines romanes, fait depuis longtemps du français une langue seconde. Tous les intellectuels le parlent. Le nombre d'élèves qui apprenaient notre langue dès l'école primaire s'élevait à plus de 1 million et demi en 1993. De nombreux lycées ont des classes bilingues où l'enseignement de matières telles que histoire et géographie de la France, biologie, physique, mathématiques est dispensé en français. Dans l'enseignement supérieur, 3 000 étudiants font des études de français. L'une des originalités des douze universités de Bucarest est l'enseignement du français en tant que « langue instrumentale », c'est-à-dire comme instrument dont dépend l'accès à la science. Cet enseignement a lieu dans une douzaine d'établissements, où se forment des spécialistes dans divers domaines. Ainsi l'Académie des études économiques groupe plus de 5 000 étudiants qui apprennent le français comme « langue instrumentale ».

La Hongrie n'est pas un pays de langue romane mais elle a elle aussi une longue tradition de recherche philologique française. Isolée linguistiquement au milieu de peuples germanophones ou slavophones, elle était classée parmi les peuples d'Europe centrale appartenant à l'aire culturelle allemande mais elle est en train de marquer un virage vers les pays anglo-saxons et, en second lieu, vers la France. Depuis 1970, le nombre d'enseignants français envoyés en Hongrie a été multiplié par vingt. Le nombre de départements d'études françaises dans les établissements d'enseignement supérieur est passé de trois en 1965 à douze, entraînant une augmentation considérable du nombre des professeurs de français, environ 1 700 à l'heure actuelle. La francisation d'une partie des intellectuels hongrois est en voie de se réaliser. La création d'un réseau de lycées bilingues et de plusieurs filières dites « francophones » dans les universités témoigne de l'expansion du français. L'implantation de plusieurs centaines de sociétés françaises en Hongrie a créé des besoins en langue et en formation linguistique. L'image de marque du français langue « futile » est train de changer en une image de langue « utile ». La francophilie traditionnelle des Hongrois assure un arrière-fond solide pour une présence durable du français en Europe centrale.

Nous n'avons fait que donner quelques exemples ; ils montrent que les paysages linguistiques sont singulièrement contrastés. Une histoire qui se poursuit a forgé des liens ainsi que des besoins et des aspirations auxquels il serait désolant de ne pas répondre. Si çà et là dans le monde des écrivains qui ne sont pas francophones de souche choisissent d'écrire en français, c'est qu'une rencontre s'est faite entre leur désir d'expression et des aspects de la tradition culturelle de notre pays qui n'a pas cessé d'exercer son attrait, et qui est en relation inaltérable avec la langue.

UNE TÂCHE QUI S'OFFRE AU FRANÇAIS : DIRE D'AUTRES CULTURES

Dans une francophonie diversifiée et plus libre de ses mouvements, il n'est plus possible d'imposer à ceux qui prennent la parole ou la plume les seuls modèles qui ont été construits dans un espace éloigné d'eux à tous égards. Une langue de culture française favorise le développement d'une communauté de sensibilité et une rencontre sur la perception du réel.

L'enchevêtrement de la langue française et de la culture arabe dans la production littéraire en français en provenance d'écrivains du Maghreb, d'Égypte ou du Liban est sous-tendu par une problématique qui se reflète dans les appellations mêmes ; la désignation de la culture est associée à celle de la langue à laquelle l'écrivain a recours : « littérature arabe de langue française » – ou littérature marocaine, égyptienne, libanaise, etc., d'expression, ou de langue véhiculaire, « d'écriture » ou même « de graphie française ».

Envisageant l'Afrique noire sur ce plan, Suzanne Lafage écrit :

« Il est indéniable que de nombreux Africains – peut-être faute d'un autre médium permettant la diffusion internationale de leurs écrits – choisissent notre langue par leurs œuvres. Désormais la plupart d'entre eux revendiquent une certaine africanité de leur écriture qui leur permette de mieux exprimer une pensée nourrie à d'autres sources et à d'autres visions du monde. Ainsi la langue française, en devenant "transculturelle" cesse d'être le véhicule rigide d'une culture unique un peu trop tentée de se croire supérieure, pour y gagner souplesse, richesse et créativité. Il est certain que le nombre et la qualité de ces ouvrages constituent un important facteur d'espoir pour l'avenir africain du français. »

Nous relevons une situation comparable dans les iles créoles de la Caraïbe et de l'océan Indien où une situation de diglossie (ou de multiglossie) ne pouvait manquer de se refléter dans l'expression littéraire qui s'y est développée pour la plus grande part dans la langue dominante, le français. Les délices de l'écriture sont venues souvent avec le français. Patrick Chamoiseau nous aide à nous en faire une idée.

« Enclos sur ses pages d'écriture, il vivait, nous dit-il, de vrais bonheurs : la plume qui crisse, son ouverture sur une courbe, la lettre qui nait, qui hésite, qui ferme et emprisonne son sens, la refaire, la voir naitre autrement, la tenter encore, la voir blessée, la réussir un peu » (*Une enfance créole*, II : *Chemin d'école*, coll. « Folio », 1994, p. 202).

Le contact permanent et l'imbrication du français et du créole, qui constituent une réalité linguistique, n'étaient pas immédiatement transposables. Quand l'écrivain devait faire parler des personnages, une solution était d'ouvrir en style direct un discours censé reproduire leur parlure même. Le romancier haïtien Justin Lhérisson (1873-1907), lorsqu'il veut restituer la familiarité de la vie populaire à Port-au-Prince dans *La Famille des Pitite-Caille* (1905), fait parler ses personnages dans un créole mis en italique, sans même faire de traduction. Les choses ici sont claires : il y a deux langues bien séparées par l'alternance typographique.

La distinction est moins nette quand les formulations créoles entrent dans le fil même du récit. Parfois la typographie maintient la distance ; l'italique exhibe la déviance créole. Jacques-Stéphen Alexis écrit dans *Compère général Soleil* (1955) : « Elle se dodeline tant qu'elle peut dans sa grande dodine de rotin, comme une grande dame. »

Dodeline, dodine : les deux mots s'appellent. Le verbe *dodeliner*, attesté depuis longtemps en français, n'est pas souligné, même s'il renvoie probablement ici à une valeur créole. Il n'est plus guère employé en France que lorsqu'on dodeline de la tête, mais Flaubert évoquait encore des enseignes de sages-femmes « représentant une matrone en bonnet dodelinant un poupon dans une courte pointe garnie de dentelles ». Au contraire le nom *dodine* n'a pu s'imposer en français face à « rocking-chair » introduit par les touristes anglomanes.

Dans un très grand nombre de textes, par volonté délibérée de l'auteur ou parce que cela paraissait aller de soi, les créolismes ne sont pas signalés par la typographie. On ne saurait s'en étonner dans le cas de *La Rue Cases-Nègres* (1955) de Joseph Zobel : le narrateur a réussi à échapper au sort misérable des ouvriers agricoles sur les champs de canne grâce à sa réussite scolaire ; son diplôme en poche il décide de raconter, dans le français que l'école lui a appris à maitriser, l'histoire de ceux qui n'ont pas eu la même chance que lui : mais il arrive que les créolismes se dissimulent sous l'apparence d'énoncés d'une parfaite orthodoxie française. Saint-John Perse (né en Guadeloupe en 1887) évoque, dans le poème XIV de « Pour fêter une enfance » (*Éloges*), quelques figures qui ont frappé son imagination d'enfant, les bouchers (« nègres porteurs de bêtes écorchées »), un homme « glabre » qui criait qu'il était Dieu et un autre, envahi par le gout de tuer, se met en marche vers le château-d'eau avec trois billes de poison : rose, verte, indigo.

« Pour moi, j'ai retiré mes pieds. »

La dernière phrase n'est guère acceptable en français. Ce n'est que lorsque la critique antillaise a entrepris de replacer Saint-John Perse dans sa mouvance créole natale que l'on s'est aperçu que le poète se contentait de transposer en langue française l'expression créole usuelle qui signifie « quant à moi, je suis parti ».

Le mouvement de la créolité est représenté par un nombre important d'écrivains, pour la plupart romanciers, qui se sont sentis irrésistiblement conduits à prendre pour thème la vie de la communauté à laquelle ils appartiennent, sa situation inférieure et malheureuse, et par là même à offrir à leurs lecteurs une écriture métissée où s'entrelacent citations directes, transpositions de mots, d'expressions, de proverbes créoles, fabrication parfois de néologismes du même cru. Carl de Souza a proposé en 1996 dans *La maison qui marchait vers le large* une image subtile du multilinguisme mauricien. Patrick Chamoiseau se désigne comme un « marqueur de paroles » : à l'articulation de l'oral et de l'écrit, il fait de la langue française une langue capable de dire d'autres cultures. C'est une revendication générale, latente dans l'expression littéraire de la francophonie.

Quand nous passons d'un objet présent à décrire à un objet à projeter dans l'avenir, les contours sont forcément plus flous. L'histoire externe soumet la langue à ses appels et ces appels sont imprévisibles. Nous sommes au mieux capables de formuler quelques objectifs qui répondent à un horizon d'attente :

— le maintien de la qualité d'un langage technique et scientifique ;

— l'avènement d'une orthographe plus simple et plus logique ;

— l'accueil de cultures diverses qui, dans leur rencontre avec l'écriture française, font émerger une expression où l'une et l'autre s'entrelacent ;

— une connaissance de plus en plus fine de l'histoire de notre langue et la conscience de ce qui fait sa valeur.

Les choses à dire en français ne manqueront pas, et les mots pour les dire ne manqueront pas non plus.

Jacques CHAURAND avec le concours de Francine MAZIÈRE

Ce texte a été écrit grâce à l'aide précieuse de spécialistes et de témoins :

Jean-Claude Boulanger (Université Laval, Québec) pour le français québécois

John Humbley (Paris-XIII) pour l'emprunt à l'anglais

Jean-Louis Joubert (Paris-XIII) pour les créoles

Gilles Ladkany (ENS de Fontenay-Saint-Cloud) pour le français dans les pays arabes

Suzanne Lafage (Paris-III) pour le français en Afrique noire

Maria Gracia Margarito (Université de Turin) pour l'emprunt à l'italien

Tibor Olah (Université de Budapest) pour le français en Hongrie

Mariana Tutescu (Université de Bucarest) pour le français en Roumanie

Ils nous ont fait profiter de leur expérience et de leur réflexion personnelles : qu'ils en soient remerciés de tout cœur.

NOTES

Introduction

Page 10

1. *Journal de Jean Héroard* publié sous la direction de Madeleine Foisil, Paris, 1989.

I. Préhistoire, protohistoire et formation de l'ancien français

Page 17

1. La diffusion du latin ne s'est pas faite au même rythme dans toutes les parties de la Gaule. Dans celles qui étaient écartées des grands axes et d'accès difficile, le gaulois a pu se maintenir jusqu'au VIe siècle. Voir P.F. Fournier, « La persistance du gaulois au VIe siècle », *Recueil de travaux offerts à W. Clovis Brunel*, t. I, Paris, Société de l'École des chartes, 1955.

Page 20

1. F. Lot, « À quelle époque a-t-on cessé de parler latin ? », *Archivum Latinitatis mediiaevi*, 6, 1931, 97-159. J. Herman, *Le Latin vulgaire*, 1967, Paris, PUF, coll. « Que sais-je ? ».

Page 22

1. Voir M. Pfister, « La répartition des éléments franciques en gallo-roman », *Revue de linguistique romane*, 37, 1973, 126-140.

2. FEW XVII 566a.

Page 25

1. On fait remonter l'apparition de ces sons au Ve siècle.

Page 27

1. Montpellier, École de médecine, manuscrit H 409, f. 344-344 v. Le titre du passage est « Hymnus dominicae dei. Litania sanctorum ». Voir P. Zumthor, « Une formule galloromane du VIIIe siècle », *Zeitschrift für Romanische Philologie*, 75, 1959, 216-217, et B. Cerquiglini, *La Naissance du français*, PUF, Paris, 1991, p. 57.

Page 28

1. Voir, entre autres, J. Batany, « L'amère maternité du français médiéval », in *Langue française*, 54, 1982, p. 29-39.

Page 33

1. Jane L. Nelson, *Charles le Chauve*, 1992, traduit de l'anglais par Denis Armand Canal, Aubier Histoire, 1994, p. 218. Voir aussi p. 65, 81, 90, 229 : Charles le Chauve a fait de la langue un instrument de pouvoir.

Page 36

1. L'éditeur E.R. Labande rapproche le fait de l'habitude qu'avaient les Flamands de venir faire leurs études aux écoles de Laon. Ainsi, le français constituerait une propédeutique au latin pour les jeunes gens qui se destinaient à la théologie. Il existait probablement une tradition de l'enseignement du français dans les abbayes du Laonnois : un épisode du même genre se reproduit au temps de Saint Louis (J. Le Goff, *Saint Louis*, Paris, 1996, p. 240).

Page 38

1. La *Chanson de Roland* commentée par Joseph Bédier, éd. Piazza, Paris. Rééd. 1968, p. 250. Voir G. Hilty, « Les plus anciens textes français et l'origine du standard », et M. Pfister, « Scripta et koinè en ancien français aux 12ᵉ et 13ᵉ siècles », p. 9-16 et 17-41 dans *Écriture, langues communes et koinès*, Neuchâtel, 1993.

2. J. Chaurand, « La qualité de la langue au Moyen Âge », dans *La Qualité de la langue ? Le cas du français*, p. 25-35, Paris, Champion, 1995.

Page 42

1. La palatalisation est une avancée du point d'articulation vers la partie antérieure du palais.

Page 49

1. Il existait un jeu de variantes à initiale *i*, *icil* / *icist*, moins courantes en ancien français. Voir Marchello-Nizia, 1995.

Page 51

1. Chr. Marchello-Nizia, 1995. Le mouvement qui impose progressivement une typologie de groupe comme principe d'organisation est en harmonie à la fois avec une accentuation de groupe et une tendance à substituer des expressions plutôt analytiques aux unités synthétiques.

Page 54

1. *La Prise de Cordres et de Sébille*, éd. Densusianu, 756 et 1555.

Page 57

1. Éd. Lepage, rédaction AB, 2138 et rédaction C, 1653.

Page 60

1. L'empereur Justinien avait demandé au roi de Perse la reddition de sa province : le roi aurait répondu *Non dabo* « Je ne donnerai pas ». L'empereur aurait répliqué *Daras* « Tu donneras ». Cette forme serait devenue le nom de la ville où la rencontre eut lieu (Bonnard-Régnier, *Petite grammaire de l'ancien français*, p. 86).

Page 67

1. Les jussifs expriment un ordre.

Page 83

1. En vertu de l'hommage lige, le vassal s'engageait à un dévouement total envers son seigneur. La seigneurie de la dame devait être elle aussi sans restriction.

Page 84

1. *Atlas linguistique et ethnographique de la Champagne et de la Brie.*

2. *Théâtre d'agriculture*, 1611, p. 212, cité dans Godefroy.

Page 85

1. Une hiérarchie s'esquisse : à *échalas* peut correspondre une représentation figurée suggérée par la définition ; les mots « vieux » et « dialectaux » sont définis à leur tour par *échalas*.

Page 86

1. Patrice Brasseur, *Dictionnaire patois du canton de Blain de Louis Bizeul* (1785-1861), p. 103, s.v. JOTTE.

III. LE FRANÇAIS AU XVIᵉ SIÈCLE

Page 149

1. Pour les modalités précises de sa rédaction par le chancelier Poyet, les dates exactes de son enregistrement, à Paris et en province, ses innombrables éditions, les lieux actuels de consultation des exemplaires de référence, voir les précieux commentaires du volume des *Ordonnances des rois de France. Règne de François Iᵉʳ*, publ. de l'Académie des sciences morales et politiques, t. IX, 3ᵉ partie, mai-août 1539, Éd. du CNRS, 1983.

Page 150

1. F. Brunot, *HLF*, t. II, p. 30-31. Auguste Brun, 1923. Id., « En langage maternel françois », *Le Français moderne*, nº 19, 1951. P. Fiorelli : « Pour l'interprétation de l'ordonnance de Villers-Cotterêts », *Le Français moderne*, nº 18, 1950, p. 277-288. H. Peyre, *La Royauté et les langues régionales*, thèse, Paris, 1933. Cécile Souchon : « L'ordonnance de Villers-Cotterêts », publié pour le 450ᵉ anniversaire par le Conseil régional de Picardie, de l'Aisne et la ville de Villers-Cotterêts, 1989. D. Trudeau, « L'ordonnance de Villers-Cotterêts et la langue française : histoire ou interprétation ? », *BHR*, t. XLV, nº 3, p. 461-472. Id. *Les Inventeurs du bon usage (1529-1647)*, Paris, Éd. de Minuit, 1992. Voir surtout les données et les analyses en notes de l'éd. du CNRS citée ci-dessus.

2. Le commentateur de l'édition du CNRS des *Ordonnances des rois de France*, se fondant sur un nombre important de données, soutient que, « à partir des pays baignés par le cours inférieur de la Loire jusqu'aux limites de la langue d'oc, les bureaux d'écriture notariaux avaient été gagnés insensiblement à l'usage exclusif du français selon un processus dont il serait possible de suivre les étapes depuis l'orée du XIVᵉ siècle [...]. Ce mouvement continu avait la puissance nécessaire, dans le deuxième tiers du XVIᵉ siècle, pour atteindre les régions méditerranéennes et franchir le cours du Rhône, fût-ce sans l'appui de décisions réglementaires et législatives » (p. 589).

Page 151

1. Ph. Blanchet, *Le Provençal. Essai de description sociolinguistique et différentielle*, Peeters, Louvain, 1992, p. 57 *sq.* Les ordonnances des états de Provence sont en français en 1523. Le ralliement des parlementaires à la langue du roi se fait entre 1523 et 1536. À Aix, le Conseil de ville qui écrit ses délibérations en latin à la fin de 1536 passe au français un an plus tard.

Page 152

1. Alain Croix, 1981, t. I, p. 29. Dans son étude des registres paroissiaux de Haute et Basse-Bretagne, cet historien a constaté une soixantaine d'années de décalage dans le passage au français selon que l'on se trouve à l'ouest ou à l'est de la frontière linguistique du breton celtisant et du breton gallo : la Basse-Bretagne, qui ignore majoritairement le français, continue à tenir ses registres en latin pratiquement jusqu'au XVIIᵉ siècle. Voir les convaincants graphiques donnés p. 30.

Page 153

1. Michel Antoine, « Genèse de l'institution des intendants », *Journal des savants*, 1982, p. 283-317. A. Jouanna, 1996, p. 204. Hélène Michaud, *La Grande Chancellerie et les écritures royales au XVIᵉ siècle*, Paris, PUF, 1967. S. Charton-Le Clech, *Chancellerie et culture au XVIᵉ siècle. Les notaires et secrétaires du roi de 1515 à 1547*, Toulouse, Presses de l'Université du Mirail, 1993.

Page 154

1. Valeur des signes utilisés par J. Peletier du Mans : e fermé [e] est transcrit *e* ou *è* ; e « clair » ou ouvert [ɛ] est orthographié *ei*, *e* ou *ę* (*e* cédille) ; e « féminin » ou caduc [ə] est noté *¢* (*e* barré). En finale de mot, un accent graphique aigu note les voyelles fermées longues, et l'accent grave les voyelles longues ouvertes.

2. « Dans une situation telle que... »

Page 155

1. Cl. Longeon a recensé un certain nombre de ces textes épars dans ses *Premiers combats pour la langue française*.

Page 156

1. Cl. de Seyssel, préface à la traduction des *Histoires universelles de Trogue Pompée* (écrite en 1509, publiée en 1559), in Longeon, p. 22 (orth. modernisée).

2. Cf tous les auteurs qui avaient fait l'objet de commentaires dans l'étude de Cl.-G. Dubois, *Celtes et Gaulois* (1972), et qui ont été remis en lumière dans le travail de M.L. Demonet-Launay (1992), qui intègre leurs propos dans un large environnement européen, et dans des perspectives philosophico-religieuses qui leur donnent sens.

3. Voir D.R. Kelley, 1970, et M. Fumaroli, 1977.

Page 157

1. C. Demaizière, « La langue à la recherche de ses origines : la mode des étymologies grecques », *RHR*, n° 15, juin 1982.

Page 158

1. Voir l'analyse de ce texte, « partiel et partial », par C. Lauvergnat-Gagnière, « Snobs et lettrés à la cour d'Henri III », *RHR*, n° 15, juin 1982, p. 48-55. L. Sozzi, 1972 ; Smith, 1966 ; Balsamo, 1992.

Page 162

1. Préface de la trad. de 1535, p. III v°. La recherche d'une langue neutre débarrassée de particularismes régionaux était d'une importance particulière dans la perspective de prosélytisme des réformés, d'autant que les auteurs d'ouvrages de catéchèse venaient d'origines linguistiques bien affirmées et bien différentes : Olivétan et son éditeur P. de Wingle étaient picards ; G. Farel venait de Gap. S. Baddeley signale, p. 178, un certain nombre de traits savants, archaïques et dialectaux propres à cette traduction.

Page 163

1. Cette liste témoigne d'une précision technique dont on aimerait savoir si elle relève du seul esprit d'observation personnelle, ou si elle est l'écho de connaissances bien attestées alors. Ce texte a été commenté par R. Lafont, 1970, chap. V ; voir aussi, du même : « Que le gascon y aille si le français n'y peut aller. Réflexions sur la situation linguistique et stylistique de l'œuvre de Montaigne », in *Le Français moderne*, avril 1968, p. 98-104 ; « Montaigne et l'ethnotype gascon », in *Bulletin de la Société des amis de Montaigne*, juill.-sept. 1968, ainsi que l'éd. italienne des *Essais* de Montaigne, par F. Garavini, Milan, 1966, t. II, p. 1538. Floyd Gray, 1991.

2. G. Le Menn, *RHR*, n° 15, 1982, p. 30-37. On aimerait la rediffusion du petit recueil dont parle ce chercheur, publié à Toulouse l'année suivante, et intitulé : *Poesies en diverses langues*, où se trouvent, dit-il, des textes en grec, latin, français, béarnais, basque, etc., et en particulier un sonnet en breton écrit par Moeam, un Quimpérois qui obtint en 1553 l'une des trois fleurs aux Jeux floraux de Toulouse.

3. F. Garavini, *La letteratura occitanica moderna*, Sansoni / Éd. Accademia, Firenze / Milano, 1970.

Page 164

1. Voir la traduction du *De differentia* par C. Demaizière, les Actes du colloque international de Noyon (sept. 1979) : *Charles de Bovelles en son cinquième centenaire, 1479-1979*, Paris, Tredaniel, 1982 ; en particulier, dans ce volume, C. Demaizière : « Bovelles, historien de la langue », p. 237-245 ; et C. Schmitt, « Bovelles, linguiste », p. 247-263.

Page 166

1. Le texte dit exactement : « que le gascon y arrive... »

2. *Brode* : mot que le contexte, et l'avis des occitanistes d'aujourd'hui, permettent d'interpréter de façon fort péjorative, par analogie avec une impression de « bouillon » dans la bouche (cf. le *brodo* italien), autrement dit un langage mal articulé, bredouillant, visiblement désagréable à l'audition et manquant de netteté. L'autre métaphore, celle de la « foire » ou diarrhée, est plus explicite...

Page 167

1. Le *Thresor* de Nicot (1606) définit ainsi ce mot : « C'est vn passage soit par mer, soit par terre, estranglé, serré, estroit & courté. Le mot vient de *Districtus*, qui signifie contraint. »

Page 168

1. Lettre adressée vers 1560 à un correspondant breton, M. de Kerquifinen. *Les Lettres d'Estienne Pasquier* (1586), fol. 511r°.

2. Voir, sur ce sujet, D. Trudeau, 1992, p. 62 *sq.* N.D. Davis, « L'imprimé et le peuple », in *Les Cultures du peuple. Rituels, savoirs et résistances au XVIᵉ siècle* [1965], trad. fr. 1979, Paris, Aubier-Montaigne, p. 308-365.

Page 172

1. Dans un autre texte, consacré au « jour juge de tous les autres », celui de la mort, Montaigne écrit (I, 19, p. 80) : « à ce dernier rolle de la mort et de nous, il n'y a plus que faindre, *il faut parler François*, il faut montrer ce qu'il y a de bon et de net dans le fond du pot ». « Parler François » n'est point ici mis en opposition, au sens strict du terme, avec d'autres langues quelles qu'elles soient. C'est un équivalent métaphorique de « parler clair », « parler le langage de la vérité », ce qui, en soi, n'est pas insignifiant.

Page 173

1. Le *coudignac* est une spécialité de la région d'Orléans, faite de gelée de coings et de pommes. Un commentaire sur l'« eau bénite de cave » ne parait pas s'imposer ! Les *vedeaux* sont des hybrides de *veaux* et de *bedeaux*, et les *maistres inertes*, des maistres *in artes* (pour maistres *in artibus*, avec faute de déclinaison)... *Campane*, du latin *campana*, « cloche ».

Page 174

1. O. Millet, 1992.

Page 175

1. Voir l'importante étude de P. Aquilon, 1983.

2. Le règlement intérieur du collège de Guyenne, institué par A. Gouvéa, stipule que les écoliers « ne parleront entre eux d'autre langue que le latin, à moins qu'ils ne soient encore ignorants et "abécédaires" ; auquel cas ceux qui confèreront avec eux parleront latin, puis leur expliqueront en français ce qu'ils auront dit, afin que par ce moyen ils prennent l'habitude d'entendre et de parler le latin » (cité in Floyd Gray, p. 14).

3. Voir J.-Cl. Chevalier, 1968, p. 71 *sq.*

Page 176

1. *auxd.* = auxdits, *dud.* = dudit, *desd.* = desdits, *esd. esdits* = en les dits <lieux>.

2. À partir de l'usage de l'étamine, « morceau d'estoffe claire dont les Apothicaires & autres se servent pour passer ou filtrer leurs medecines ou autres liqueurs », « on dit figurement q'un homme a passé par l'estamine, quand il a esté bien purgé, bien nettoyé, bien examiné » (Furetière). La « grosse étamine » symbolise ici un examen grossier, sans rigueur ni exactitude, des connaissances de ces écoliers.

Page 177

1. Texte commenté par M.M. Compère, p. 32-34. L'insistance sur les faits de diction et d'accentuation est frappante.

2. Voir James K. Farge, 1992, préface de M. Fumaroli. Ce dernier conteste que cette création « ait été conçue de concert par le roi et Budé comme un cheval de Troie dressé sur la colline Sainte-Geneviève et imposé par le roi à une Université hostile » (p. 13).

3. « La greffe des lecteurs royaux sur l'Université, dont ils ne troublaient pas le curriculum ordinaire, ni le privilège de collation des grades, et à qui ils offraient, au-dessus du niveau "secondaire" de la faculté des arts, une amorce d'enseignement supérieur libre, n'a donc pas été aussi dramatique et conflictuelle qu'on l'a cru » (Fumaroli, *ibid.*, p. 13).

Page 178

1. *Au Roy, de la grandeur de son regne et de l'excellence de la langue françoyse* (1555).

2. *Advis et Devis…*, p. 47. Citations extraites de l'épisode de l'écolier limousin, et qui se trouvaient déjà dans le *Champfleury* de 1529.

Page 181

1. *Le Pater noster et le Credo en françoys*, de Guillaume Farel, insiste sur la nécessité de « prier en langaige qu'on entendist, et non pas ainsy seulement barbouter des levres sans rien entendre. Car comme dit sainct paul, Si je prie de la langue, mon entendement est sans fruict […] ». Tout ce qui se dit en l'église, « qu'on le die en langaige que tous entendent, autrement qu'on se tayse […] ». L'oraison dominicale et les articles de la foi contenus dans le *Credo* sont ainsi proposés sous une forme réduite qui permet de le « porter en la main partout », « affin que plus facilement puissent estre entendus dez simples gens, qui ne sont point exercités en la saincte escriture » (p. 36 et 37 de l'éd. de F. Higman, Genève, Droz, 1982).

2. Son *Miroir de l'ame pecheresse*, en 1533, est attaqué par la Sorbonne, mais sans succès grâce à la protection royale. Progressivement, les évangélistes sont assimilés aux luthériens. Louis Berquin, tiré d'affaire une première fois en 1526 par le Grand Conseil et le roi, est exécuté en 1529. Toute la vie de Marot est marquée par une réputation d'hérétique, la menace permanente de poursuites, la nécessité de l'exil. Sa traduction des *Psaumes* est d'une immense importance sur tous les plans, religieux, militant, esthétique, éthique. J. Roubaud la dit « lumineuse », le travail poétique en profondeur ayant conduit à une magnifique adaptation en langue vulgaire du texte de David.

3. Plaidoierie de Pierre Lizet à l'encontre de l'évêque Guillaume Briçonnet, cité in Farge, p. 69 *sq.*

4. Sur le rôle de la censure, son efficacité ou non, voir L. Febvre et H.-J. Martin, 1971, p. 425 *sq.* Les auteurs y étudient les différentes mesures prises par le pouvoir civil pour enrayer la diffusion des livres réformés.

Page 182

1. Comme l'affirme M.M. Compère, « dans la confrontation qui dégénère en conflits armés, les collèges occupent une position stratégique, chaque camp voyant en eux les pépinières de ses propres rangs » (p. 36). Voir aussi S. Baddeley, 1993, chap. XI : « La pédagogie réformée ».

2. Fr. Higman et S. Baddeley signalent la multiplication des livres consacrés aux apprentissages élémentaires, « a b c », « Instruction des enfants », « Doctrine des bons enfants », etc., écrits par des catholiques inquiets de ce que « en tous livres, mesmes de grammaire, dialectique, médecine, de droict civil et canon, et en alphabetz que l'on a imprime pour les petitz enffans, sont nouvellement imprimez quelques postilles, prefaces, argumens ou epistres liminaires [...] contenans aulcunes erreurs de la secte lutherienne [...] <pour> en imbuer [imprégner] des jeunesse les enfans » (texte cité par É. Droz et repris par S. Baddeley, p. 331).

3. J.-Cl. Margolin, dans un autre contexte, traduit le surnom de « Tyro » par « Bizuth »... Tout le passage de l'*HLF* de F. Brunot sur les sciences médicales en français (chap. V), les sciences mathématiques (chap. VI), la philosophie (chap. VII) et les sciences historiques (chap. VIII) est riche en références sur les progrès du français dans les disciplines techniques et scientifiques. Cela nous tiendra lieu d'excuse pour ne pas livrer ici un catalogue ou un inventaire exhaustif de ces publications.

Page 183

1. Texte étudié in Brunot, II, p. 37, et éd. Longeon, p. 58 *sq.*

2. Le style d'A. Paré a une beauté, un souffle quasi pascaliens : « Pource il ne faut que le Chirurgien doute aucunement, que lesdictes playes se puissent glutiner & clorre, par ce que la chair si grandement contuse et laceree ne se peut consolider que premierement la contusion & meurdrisseure ne soit suppuree & mondifiee, etc. » (*Dix livres de la chirurgie*, Paris, 1564, réèd. en fac-similé, Paris, Tchou, 1964, p. 15 v°).

3. Éditions et rééditions en 1553, 1554, 1555, 1588, etc. Voir, du même, *L'Histoire de la nature des oyseaux, avec leurs descriptions, & naïfs portraicts retirez du Naturel* (1555); *Portraits d'oyseaux, animaux, serpens, herbes, arbres, hommes et femmes d'Arabie & Égypte, le tout enrichy de Quatrains, pour plus facile cognoissance des Oyseaux, & autres Portraits* (1557).

Page 186

1. *Premier Solitaire* (1552), *Second Solitaire* (1555), *L'Univers ou Discours des parties et de la nature du monde* (1557), *Mantice* (1558), *Premier Curieux, Second Curieux* (ces deux derniers morceaux publiés dans l'édition de 1587 des *Discours philosophiques*).

2. Parmi les quelque 80 romans médiévaux qui furent ainsi imprimés avant 1550, ceux qui rencontrèrent le plus grand succès furent sans doute *Les Quatre Fils Aymon* (18 éd. avant 1536, 25 environ dans le siècle), *Fierabras* (à peu près autant), *Pierre de Provence* (19 impressions avant 1536). On voit en plein XVIe siècle et bien au-delà grandir la vogue des légendes médiévales concernant l'histoire de Troie, dont Raoul Le Fèvre a regroupé les récits sous le titre de *Recueil des histoires de Troyes*. Les *Faits merveilleux* de Virgile continuent à faire apparaitre Virgile sous l'aspect d'un enchanteur médiéval. Le *Roman de la Rose* est réédité encore 14 fois durant les 40 premières années du siècle. Renseignements recueillis in L. Febvre et H.-J. Martin, p. 360 *sq.*

3. Pour les effets de la Réforme sur la diffusion du livre, on renverra faute de place à l'étude de L. Febvre et H.-J. Martin, ainsi qu'à un article bien documenté de Fr. Higman, in Gilmont, 1990, p. 105-154, qui donne une chronologie des publications réformées, précise les centres de production en France, la présentation physique du livre réformé (format, illustration, caractères typographiques, etc.), les circuits de diffusion, les sources de financement, les auteurs et les textes.

Page 187

1. Voir Meigret (1542 et 1550), Peletier du Mans (1549 et 1550), Ramus (1562 et 1572), Rambaud (1578).

Page 188

1. Fabri (1521), Sebillet (1548), Peletier du Mans (1555), Ronsard (1565) pour ne citer que les plus importants.

2. Voir Palsgrave (1530), Du Wés (1532), Cl. de Sainliens (1580), ainsi que les auteurs mentionnés par Kibbee in Swiggers et Van Hoecke, pour l'enseignement du français aux Anglais, et Th. de Bèze, *De francicae linguae recta pronuntiatione* (1584) à l'usage des jeunes Allemands.

3. Th. de Bèze note qu'on entend un E suivi d'un O dans *eau, seau, vaisseau*, etc.

Page 194

1. Et Ramus de citer, au sein même de sa *Grammaire*, deux poèmes de Jodelle, le premier « Elegiaque », le second « Saphique », p. 44. Il reste un peu surprenant que Ramus qui, en matière de sons, a proposé une description du français extrêmement originale et détachée des traditionnelles répartitions valant pour le latin, n'ait pas entrepris de même de dégager les lois différentes qui régissent les deux langues du point de vue prosodique. La perplexité s'accroit encore si l'on songe à l'importance de ses écrits rhétoriques, qui tendent à infléchir l'héritage gréco-latin pour l'adapter à une poétique des langues vulgaires. Voir sur ce point les travaux de K. Meerhoff, 1986. Voir, dans cette étude, des éléments de bibliographie pour la poésie française « à l'antique », p. 302-303. C'est principalement le poète Baïf qui a attaché son nom à ce type de poésie. À propos de Ramus « phonéticien », voir G. Clerico, « Ramus et le matériau sonore de la langue », in K. Meerhoff et J.-Cl. Moisan éds., 1997, p. 53-86.

2. La différence fondamentale entre la place de l'accent en latin (généralement sur la pénultième, sauf données particulières) et sur la dernière en français, explique qu'Érasme (1529) reproche à tous ceux qui « reviennent après un séjour en France » d'être à peine compris lorsqu'ils parlent latin, du fait d'une *volubilitas linguae* et de la confusion des accents (*confusos accentus*), termes qui doivent précisément renvoyer à l'absence de respect des accents de mots dans la prononciation du latin, par analogie avec les lois prosodiques du français. Th. de Bèze, en 1584, emploie le même qualificatif de « volubile » pour l'articulation du français, en parlant de cet enchainement des mots les uns aux autres par le mécanisme de la liaison, de telle sorte que la phrase tout entière est énoncée comme s'il ne s'agissait que d'un mot.

3. Sur ce sujet, voir le texte de J. Chaurand, « La découverte de l'accent tonique français », *Verbum. Texte et parole. Mélanges en hommage au professeur Carton*, XIV, 1991, p. 217-226 ; et Ch. Marchello-Nizia, chap. 6 de l'*Évolution du français*, 1995, « Le français désaccentué ? ».

Page 195

1. Voir le travail de S. Baddeley, entièrement consacré à ce sujet, 1990.

2. Voir à ce propos les travaux de Ch. Beaulieux, de N. Catach et du groupe HESO.

3. S. Baddeley explique que les conditions de production des textes écrits à la main correspondaient en fait à deux impératifs apparemment contradictoires : « la vitesse et l'économie d'une part, et la lisibilité de l'autre » (p. 20).

Page 198

1. Unités graphiques constituées de deux lettres.

2. R. Estienne, *Traicte de la grammaire Francoise*, p. 9 : « L est quelquesfois superflue, et l'escrit on seulement pour aider à la prolation, à fin de ne mesler les lettres de la syllabe precedente auec la subsequente, comme aucuns escriuent *peult, moult*, et plusieurs aultres, à fin qu'on ne die *pe-ut*, en deux syllabes, *mo-ut*. »

3. Analyse très convaincante de ce phénomène in S. Baddeley, p. 24 *sq.* : « Il s'agissait non pas d'une lecture phonologique, mais d'une lecture lexicale, fondée non sur le décodage signe écrit / signe oral, mais sur la reconnaissance globale du mot en tant que

signe [...] renvoyant directement à un contenu dans une autre langue écrite. » Cette orthographe était lisible par des érudits latinisants qui pouvaient comprendre le français écrit grâce à leur connaissance du latin. S. Baddeley insiste encore sur le fait qu'une orthographe de ce type, en partie indépendante des réalisations orales, n'en « favorisait aucune en particulier, avantage important dans un pays où les différences régionales de prononciation étaient très marquées » (p. 25).

Page 199

1. Paradoxal retournement : c'est la charge étymologique qui pèse sur la graphie du français qui est taxée de rustrerie et de sauvagerie...

2. *Proësme*, p. 3. La « puissance » des lettres, c'est la sonorité à laquelle elles correspondent.

3. Les propositions varient selon les auteurs, et aucun ne parvient à imposer son propre système. Ramus, suggérant trois nouvelles lettres pour les sons [ʃ], [ʎ] et [ɲ], à savoir Ç, Ļ, Ņ, va jusqu'à leur donner aussi de nouveaux noms, qu'il veut intégrer dans l'alphabet lui-même : dans une première version ces noms sont quelque chose comme *ECH, *EILL et *EGN, puis, dans sa phase gallophile ultérieure, « sigmation », « lambdacion » et « nuon », autrement dit « petit sigma », « petit lambda » et « petit nu », conformément à l'idée que ce sont les Gaulois qui ont donné leurs lettres aux Grecs.

Page 201

1. En toute cohérence, Peletier écrit donc *e* pour *et*.

Page 202

1. L'un des développements les plus pertinents pour contester cette idée est celui de Meigret dans son *Commun usage*..., p. 24 *sq.* La thèse des « messieurs les observateurs de differences », qui « estiment la superfluité des letres estre non seulement tollerable : mais d'auantage necessaire [...] pour monstrer la difference des vocables [...] », par crainte que « le lecteur ne prenne quelque mauuais sens pour [= du fait de] la mesme semblance des vocables en l'escriture » est vigoureusement contrée. Cette même « semblance » est le lot de l'oral où les « escotans » sont exposés au même inconvénient, sans que personne ait jamais admis l'idée d'ajouter des sons supplémentaires à des fins de différenciation. C'est la « raison du propos » [la compréhension du sens grâce au contexte] qui fait « discerner les diuerses significations des vocables » à l'oral. Il devrait en aller de même à l'écrit.

Page 203

1. Unités graphiques n'ayant pas principalement pour fonction de correspondre à un son, mais de noter des séries morphologiques et lexicales.

2. Pour le détail de toutes les propositions avancées, les variantes adoptées selon les éditeurs, les formes graphiques successives pour un même mot, les datations consacrant de nouveaux usages, voir le *Dictionnaire historique de l'orthographe française*, sous la direction de N. Catach, Larousse, 1995.

Page 205

1. La « rareté » des vocables ou leur longévité sont en soi des notions subjectives. F. Brunot relève, comme exemple de « mot appartenant à la langue d'oc, peut-être au gascon », le *caleil* utilisé par Rabelais au sens de « lampe ». Une visite dans les hautes vallées pyrénéennes aujourd'hui confirmerait que c'est encore le terme en usage, lorsqu'il s'agit de la lampe à huile ancienne dont les générations d'aïeuls se servaient au début du XXᵉ siècle.

2. L'*Art poëtique* de Peletier consacre le huitième chapitre au même thème : « Des moz e dɇ l'eleccion d'iceu ». Texte qui recommande de façon permanente la discrétion, et fait l'inventaire des procédés admissibles.

3. Cl. Fauchet juge en effet qu'« il y a beaucoup de bons mots qui meritent le renouveller ». Tout comme Ronsard invitant au « provignement », terme employé dans la Préface de la *Franciade* par une métaphore empruntée au lexique des vignerons (« provigner, amender et cultiver ») pour suggérer un procédé de rajeunissement de mots du fonds ancien de la langue, moins sous leur forme de « mot-racine » que sous des formes dérivées.

Page 206

1. Les linguistes les plus avertis du temps sont conscients de la distinction nécessaire entre ces deux types de rattachement à une base ancienne, ainsi Peletier : « Il faut prandɾ͎ gardɛ a cɛrteins moz qui vienɛt du Latin ʃans moyen, e nompas du Françoɛ́s. Commɛ *Prononciacion* et *prolacion*, ne vienɛt pas dɛ *prononcer* e *proferer*, mɛs dɛ *Pronunciatio* e *prolatio* » (*Dialogue*, p. 97).

2. Nous nous sommes fiée pour les datations au travail cité ci-dessus d'A. Rey et de son équipe.

Page 207

1. *Potion* n'est pas un néologisme du XVIe siècle, il est attesté dès le XIIe au sens de « breuvage ». Mais c'est R. Estienne, en 1549, qui lui donne sa signification actuelle. *Poison*, de son côté, toujours au sens de « boisson », se rencontre au XIe siècle. Il a son sens moderne dès le XIIe siècle. Cet exemple confirme bien que la notion même de réfection savante ne date pas de l'époque qui nous concerne, mais on peut dire que cette dernière a eu recours massivement à ce procédé.

2. « La relatinisation du vocabulaire français », *Annales de l'Université de Paris*, n° 29, 1959, p. 5-18.

3. Sans doute par l'intermédiaire du latin, mais comment établir de façon assurée que c'est au mot latin plutôt qu'au mot grec qu'il faut attribuer un pouvoir d'attraction ?

4. Le mot est encore présent chez Furetière, avec une évolution sensible vers une sorte d'argot : « Miquelot : petit garçon qui va en pelerinage à St. Michel sur la mer, & qui se sert de ce pretexte pour gueuser. On le dit par extension de ceux qui affectent une mine hypocrite & necessiteuse : Cet homme croit faire pitié en faisant le miquelot. »

Page 208

1. En l'absence de dénombrements fiables, il nous semble que le jugement, assez répandu aujourd'hui (chez D. Trudeau, qui ne compte que 500 de ces emprunts, là où B. Wind, *Les Mots italiens introduits en français* [Deventer, 1928], en donne 2 000, ou chez Ch. Marchello-Nizia et J. Picoche selon lesquelles ils ne sont « ni très nombreux ni très fréquents » [*Hist. de la langue fr.*, p. 145]), mériterait d'être nuancé, en tenant compte plutôt de la fréquence des contextes où ils apparaissent que de leur nombre statistique général. Il est certain que si l'on s'en tient aux italianismes pratiqués par Philausone dans les *Deux dialogues du langage françoys italianizé* de H. Estienne, la plupart d'entre eux n'ont eu qu'une existence éphémère et ont disparu au même titre que toutes les inventions liées à l'affectation des courtisans. Mais le phénomène est beaucoup plus général. On ne saurait parler musique ou art militaire en français sans qu'un emprunt à l'italien soit nécessaire.

2. Faute de place on ne pourra faire état ici d'autres emprunts lexicaux à d'autres langues : espagnol, arabe, etc., alors que l'on tiendrait là des documents de première main sur l'élargissement des horizons géographiques et culturels de la France du XVIe siècle. À l'heure des grands voyages outre-mer, certains termes de la marine espagnole entrent en français comme *écoutille* et *mousse*. Voir H. Walter, 1996.

Page 209

1. Il existait auparavant de nombreux lexiques destinés à aider les Anglais dans leurs relations commerciales avec les Français, à une époque où les liens se distendaient entre les deux langues, même si le français reste un parler de prestige pour les nobles de la cour d'Angleterre. On considère que l'un des ouvrages de ce type est l'*Introductorie* de Du Wes en 1532, manuel de conversation offrant des modèles de dialogues pour la vie courante et mondaine.

2. Sur Palsgrave et son travail de lexicographe, voir D.A. Kibbee, 1985, 1987, 1989, ainsi que les travaux de Woolridge.

Page 210

1. Tous ces termes trouveront leur place dans le Furetière (1690).

2. B. Quemada oppose les dictionnaires « bilingues réels, dans lesquels la langue d'"entrée" n'est jamais utilisée dans le corps des articles, rédigés exclusivement dans la langue de description ("de sortie"), et les "dictionnaires semi-bilingues", dans lesquels la langue objet est utilisée aussi pour des commentaires ou des exemples plus ou moins étendus » (p. 52). Il donne comme illustration de ce dernier type d'ouvrages les rééditions du *Dictionnaire* de R. Estienne par J. Thierry (1573) et J. Dupuys (1584), qui font la liaison entre R. Estienne et J. Nicot. À travers ces rééditions successives, on voit bien que l'ouvrage est de moins en moins destiné au thème latin et de plus en plus à la connaissance du français. Le nombre d'« infinies dictions françaises » qui ne possèdent pas d'équivalents latins augmente sans cesse.

3. B. Quemada donne, pour la période 1536-1598, une liste de dictionnaires bilingues (flamand-français ou l'inverse, espagnol-français ou l'inverse, italien-français, sans compter le vocabulaire des langues amérindiennes publié en 1545 par J. Cartier), p. 48-49.

4. Pour n'en retenir qu'un exemplaire, citons le travail mené par l'humaniste français J. Passerat, qui participe à la réédition d'un *Calepinus octolinguis* comportant la traduction simultanée du latin, du grec, de l'hébreu, du français, de l'italien, de l'anglais, de l'allemand et de l'espagnol (1609).

5. Sur les débuts de la lexicographie française, consulter aussi *La Lexicographie française du XVIe au XVIIIe siècle*, 1982, cf. dans ce vol. K. Baldinger, « Estienne 1531 et son importance pour l'histoire du vocabulaire français », p. 9-20, et G. Roques, « Les régionalismes de Nicot 1606 », p. 81-101. T.R. Woolridge, « Sur la trace du *Grand Dictionaire Francoys Latin* : impressions et exemplaires connus », *Cahiers de lexicologie*, 17/2, 1970, p. 87-99. Id., « Pour une exploration du français des dictionnaires d'Estienne et de Nicot (1531-1628). Notes lexicographiques et bibliographiques », *Français moderne*, 46, 1978, p. 210-225. In Swiggers et Van Hoecke, 1989, voir G. Roques, « Les régionalismes dans les premiers dictionnaires français, d'Estienne (1539) à Nicot (1606) », p. 100-115 et T.R. Woolridge, « Les sources des dictionnaires d'Estienne et de Nicot », p. 78-99.

Page 211

1. La règle d'accord des participes passés énoncée par Marot : *La chanson fut bien ordonnée/ Qui dit : M'amour vous ay donnée* (cité in Gougenheim, p. 251 et Brunot, p. 469), serait incompréhensible si l'on ne tenait compte du genre féminin du mot « amour », même au singulier.

Page 213

1. Pour une étude récente du système des démonstratifs en français, voir Ch. Marchello-Nizia, *L'Évolution du français*, Armand Colin, 1995, chap. 5. L'auteur y traite des conditions de disparition des formes (*i*)*cist* et (*i*)*cil*, de la conservation comme pronom des seules formes en L : *celui, celle, ceus, celles*, et comme déterminants des formes

en ST : *cest, ceste*. Voir p. 172 le résumé de toutes les hypothèses avancées pour aborder les retards divers avec lesquels certaines formes sont éliminées.

2. L'échantillon de faits signalés est très incomplet, cela va de soi. Pour un traitement plus complet des faits morphosyntaxiques, voir G. Gougenheim, *Grammaire de la langue française du XVIe siècle*, Paris, Picard, rééd. 1984.

3. On trouve dans le *Tretté* de Meigret, qui classe les verbes français en quatre groupes selon le radical de l'infinitif, un développement très détaillé sur cette question. Une foule de verbes sont envisagés à tous les temps et à tous les modes.

Page 214

1. *Évolution du français*, chap. 2 et 3. L'auteur renvoie aux travaux de B. Combettes, 1988, *Recherches sur l'ordre des éléments de la phrase en moyen français* (thèse pour le doctorat d'État, dact.), P. Clifford, 1973, *Inversion of the Subject in the French Narrative Prose from 1500 to Present Day*, Oxford, et M. Papic, 1970, *L'Expression et la place du sujet dans les « Essais » de Montaigne*, Paris, PUF.

Page 215

1. Les tours proverbiaux *vaille que vaille* ou *advienne que pourra* sont la survivance de cet état de langue.

2. Voir le texte de P. Guiraud sur « Le relatif en français populaire », *Langages*, n° 3, 1966.

3. Voir Swiggers et Van Hoecke, 1989, pour une bibliographie commentée de la production grammaticale au XVIe siècle (sources primaires et études critiques) dans les domaines phonétique, orthographique et grammatical proprement dit. Voir par ailleurs les travaux de Chevalier (1968 et 1994), Hausman (1980), G. Clerico et I. Rosier éds. (1982), Demaizière (1983), Padley (1985).

Page 216

1. Voir la typologie proposée par J. Julien, 1988, « La terminologie française des parties du discours et de leurs sous-classes au XVIe siècle », *Langages*, déc. 1988, n° 92. Y sont analysés non seulement les traités en bonne et due forme, mais tous les ouvrages comportant des remarques grammaticales éparses parmi d'autres considérations sur la langue (Tory, Dolet, Du Bellay, H. Estienne, A. Matthieu). La seconde catégorie d'ouvrages est principalement illustrée par le travail de R. Estienne, 1557 (préface : «<La Grammaire> pourra beaucoup seruir principalement a ceulx qui saident de nos Dictionaires Latinfrançois et Françoislatin, et sentremettent de traduire de Latin en François »). Les grands traités d'envergure pour l'analyse du français sont ceux de Meigret (1550) et de Ramus (1562 et 1572). Pour J.-Cl. Chevalier, les quelques ouvrages de la seconde moitié du siècle n'atteignent pas dans leurs ambitions théoriques le niveau de ces deux derniers auteurs.

2. Voir les travaux de Hausman, 1980 et M. Glatigny, « La notion de règle dans la "grammaire" de Meigret », *Histoire Épistémologie Langage*, IV/2, 1982, p. 93-106.

3. Du fait principalement de son orthographe personnelle.

Page 217

1. Kibbee, « L'enseignement du français en Angleterre au XVIe siècle », 1989, cite une quarantaine de titres, éditions ou rééditions, anonymes ou non, grammaires complètes ou partielles, dialogues ou manuels portant sur la prononciation, ou la morphologie du français. Dans *The French Method, wherein is contained a perfit ordre of Grammar for the French Tongue*, London, 1588, J. Bellot compare « les Instructeurs irreguliers aux edifians qui plantent leurs bastimens, non sur le Tuc ferme et asseuré, Mais sur le Sable mouuant et Insolide » (cité in *Histoire des idées linguistiques*, Auroux éd., 1992, p. 362 après Kibbee).

2. La création d'une terminologie grammaticale en langue vulgaire au XVIᵉ siècle a été étudiée par J. Julien, *op. cit.*, qui fait toutes les distinctions nécessaires entre importation de termes et importation de concepts, et note tous les degrés entre calque (« degré zéro de l'invention ») et création vraiment innovante. « Dans la période 1530-1550, le nationalisme aidant, apparait l'urgence de traduire vraiment au lieu de calquer. Entre 1550 et 1558, la métalangue s'organise en système complet dans deux grands "bâtiments" de grammaire française : Meigret et R. Estienne. Pendant la période 1558-1586, le radicalisme terminologique d'un A. Matthieu le dispute au radicalisme conceptuel de Ramus. »

IV. LA LANGUE FRANÇAISE AUX XVIIᵉ ET XVIIIᵉ SIÈCLES

Page 231

1. On développera ce point dans le 2ᵉ chapitre de cette partie, p. 276.

Page 232

1. C'est bien ce que signifie l'équivalence implicite contenue dans le titre d'un ouvrage fort documenté : J.-P. Caput, *La Langue française, histoire d'une institution*, Paris, Larousse, 1972. Seul l'aimable parodiste Moncrif a défendu l'idée « qu'on ne peut ni ne doit fixer une langue vivante ».

2. *Histoire de l'Académie française*, par Pellisson et d'Olivet, éd. de Ch.-L. Livet, Paris, Didier, 1858.

Page 233

1. « Établissement de l'Académie », *op. cit.*, p. 8-9. Dans les citations suivantes, on indiquera entre parenthèses la page de cet ouvrage. Les éléments révélateurs sont mis en caractères gras.

Page 234

1. F. Brunot, *Histoire de la langue française des origines à nos jours*, Paris, Armand Colin, à partir de 1966. On notera désormais en abrégé *HLF*, puis le tome et la page.

Page 235

1. *HLF* III, 32.
2. Pellisson, *op. cit.*, p. 23.
3. In J.-P. Caput, *op. cit.*, t. I, p. 225.

Page 237

1. *Obs. sur le Cid*, 351, in *HLF* III, 583.
2. Il faudrait mettre à l'arrière-plan de cette description un résumé de l'histoire de la grammaire. Je citerai seulement ici J.-C. Chevalier, *Histoire de la syntaxe. Naissance de la notion de complément*, Genève, Droz, 1968, et pour le XVIIᵉ siècle un recueil d'excellentes études portant entre autres sur la *Grammaire* de Port-Royal, sur les ouvrages de Maupas, Oudin et Chifflet, et sur la Rhétorique de B. Lamy : *Grammaire et méthode au XVIIᵉ siècle*, sous la direction de P. Swiggers, Leuven, Peeters, 1984.
3. Peut-être serions-nous moins crispés aujourd'hui par notre obsession défensive si nous relisions Vaugelas en son temps tel qu'il est. Quelques lignes ne sauraient y suffire, et ce sont les spécialistes qu'il faut interroger, de Z. Marzys, auteur d'une remarquable édition commentée de *La Préface des « Remarques sur la langue françoise »*, Neuchâtel et Genève, Droz, 1984, à W. Ayres-Bennett, *Vaugelas and the Development of the French Language*, London, 1987.
4. Dans la Préface des *Remarques*.

5. Cet aspect d'étude relevant d'une conception sociale du langage a été récemment rappelé par l'ouvrage de W. Ayres-Bennett. On s'y reportera, ainsi qu'au très bon compte rendu de Georg Kremnitz dans *Le Français moderne* de décembre 1991 (n° 2).

Page 238

1. Dans cette citation, comme dans toutes, je respecterai les italiques des *Remarques*, et soulignerai en gras les éléments d'une façon de penser qui, et pour cause, ressemble à ce qu'est souvent la nôtre.

2. « On fait [...] des paquets de lettres, quand on en envoye plusieurs ensemble à une même personne », *Dictionnaire universel* d'A. Furetière, s.v. PAQUET.

3. Le numéro de la page est celui du fac-similé de l'édition Streicher, lui-même reproduit dans le reprint de Slatkine, *Remarques sur la langue françoise*, Slatkine Reprints, Genève, 1970.

4. F. de Callières, *Du bon et du mauvais usage dans les manieres de s'exprimer. Des façons de parler bourgeoises. Et en quoy elles sont differentes de celles de la Cour*, Barbin, 1693, Slatkine Reprints, Genève, 1972.

Page 241

1. Au chapitre VII du Premier Livre du t. IV de l'*HLF*.

2. M. Cohen, *Histoire d'une langue : le français*, 4ᵉ éd., Paris, Éditions Sociales, 1973, chap. IX : « Au siècle de l'autorité (1594-1715) », § 7 : « La langue fixée », p. 197.

3. Il est employé par J.-P. Camus en 1628 (voir *Trésor de la langue française*) et par Chapelain.

4. Dans l'édition de la *Bibliothèque de Cluny*, Armand Colin, 1962, p. 75.

Page 242

1. M. Cohen, *op. cit.*, p. 182.

Page 243

1. Sur Lavoisier, lire l'article d'H. Cottez, « Les bases épistémologiques et linguistiques de la nomenclature chimique de 1787», dans la revue canadienne *META*, numéro spécial, *Hommage à B. Quemada. Termes et textes*, Presse de l'Université de Montréal, 1994 (sous la dir. de D. Candel, M.-J. Cormier et J. Humbley), p. 676-691.

2. Cité in *HLF* III, 329.

3. On peut commencer par les exemples accumulés dans *HLF* III, 330-332.

Page 244

1. *HLF* III, 329, n. 2.

2. *HLF* VI, 1492. Une première publication semble antérieure. La rédaction est située par certains dès 1732.

Page 246

1. In *HLF* III, 39.

2. C'est la définition de *phrase* la plus couramment donnée dans les dictionnaires du temps.

3. Voir *infra* l'exemple de PHRASE.

Page 248

1. Factum cité par F. Brunot, *HLF* IV, p. 37.

Page 249

1. Parmi les travaux récents qui traitent de cette question, on pourra se reporter à l'article de F. Mazière, « Le *Dictionnaire de l'Académie française* (1694). Initiation d'une pratique normative », Archives et documents de la SHESL, seconde série, n° 11, juin 1995, p. 12-17, et à sa bibliographie.

Page 254

1. Voltaire, *Œuvres historiques*, éd. de R. Pomeau, Paris, Gallimard, La Pléiade, p. 1017.

2. Loin d'une métaphysique qu'il redoute autant que son illustre élève, il part de constatations formelles simples. À propos de l'article il écrit : « cet Adjectif est tiré de la classe des *Pronoms*. Quand il précède un substantif, on le nomme *Article : la Piece nouvelle se joue demain* ; & quand il précède ou suit le verbe, *je la verrai, voyez-la*, on l'appelle *pronom*» (*Essais de grammaire*, éd. de 1771, p. 141).

Page 255

1. A. François, *La Grammaire du purisme et l'Académie française au XVIIIᵉ siècle*, Genève, Slatkine Reprints, 1973.

2. L'auteur du fameux « Projet de paix perpétuelle ».

3. In A. François, *op. cit.*, p. 36.

Page 256

1. Le commentaire sur *Athalie* sera intégré plus tard dans une édition de Racine par La Harpe, et *Les Remarques de l'Académie française sur le « Quinte-Curce » de Vaugelas* ont été publiées, en 1996, par W. Ayres-Bennett et Ph. Caron, sous l'égide du GEHLF (Groupe d'étude en histoire de la langue française), aux Presses de l'École normale supérieure (PENS).

2. Allaient dans le même sens certaines des *Remarques sur Racine*.

3. Voir l'important travail de Ph. Caron, *Des « Belles-Lettres » à la « Littérature »*, Louvain, Peeters, BIG, 1992.

4. Édition Lanson-Rousseau, Paris, Didier, 1964, t. II, p. 176.

Page 257

1. On en trouve un bref extrait à partir de la p. 886 du t. VI de l'*HLF*, qui permet de se faire un avis. Mais il est maintenant possible de les lire intégralement dans l'édition mentionnée à la note 1 de la page 256.

Page 258

1. Diderot, *Œuvres politiques*, Paris, Garnier, éd. de P. Vernière, p. 44.

2. G. von Proschwitz. *Gustave III par ses lettres*, Stockholm, Norstedts et Paris, Touzot, 1986, p. 10.

3. Lettre au baron de Scheffer, du 8 avril 1757. Les soulignements sont du Prince.

4. Cette précision explique que je ne retienne pas ici le nom du plus grand : Beauzée.

Page 259

1. De Wailly, *Principes généraux et particuliers de la langue française*, 8ᵉ éd., Paris, Barbou, 1777, p. 10.

2. *Op. cit.*, p. 282. Voir aussi la notion d'*ouvrages de gout*, « productions où prédomine l'agrément » (p. 301), et l'idée d'une « vision de plus en plus hédoniste et réductrice du concept » (p. 303).

3. Cf. aussi le passage sur « la beauté des Belles-Lettres » (p. 314).

Page 260

1. J.F. Féraud, *Dictionaire critique de la langue française*, Marseille, Mossy, 1787, Reproduction Max Niemeyer Verlag, Tübingen, 1994, t. I, Préface, p. J.

2. W. Busse et F. Dougnac, *François-Urbain Domergue : le grammairien patriote (1745-1810)*, Tübingen, Gunter Narr Verlag, 1992, p. 48.

Page 261

1. Rivarol, *De l'universalité de la langue française*, texte établi et commenté par Th. Suran, Paris, Didier, 1930, fac-similé donné à la p. 84.

2. J'ai cité, dans *La Langue française au XVIIIe siècle*, Paris, Bordas, 1972, p. 16, quelques annotations au crayon de l'exemplaire de F. Brunot, qui fulmine contre ce qu'il appelle « énorme bévue », « absurde et faux », etc.

3. C'est le début du *Discours*, éd. Suran, p. 167-168.

Page 263

1. G. von Proschwitz, « Le vocabulaire politique du XVIIIe siècle avant et après la Révolution. Scission ou continuité ? », *Le Français moderne*, avril 1966, n° 2.

2. Voir par exemple l'ouvrage récent de J. Guilhaumou, D. Maldidier et R. Robin, *Discours et archive*, Liège, Mardaga, 1994.

Page 264

1. On consultera à ce sujet, de S. Branca-Rosoff et N. Schneider, *L'Écriture des citoyens*, Publications de l'INALF, coll. « Saint-Cloud », Klincksieck, 1994.

Page 265

1. *HLF* IX, 186.

2. In Caput, *op. cit.*, p. 111.

Page 266

1. Assemblée nationale, 10 sept. 1791 (*HLF* IX, 13-14).

2. In Caput, *op. cit.*, p. 108.

Page 268

1. In *HLF* IX, 136.

2. Simple et jugé rigoureux, le petit manuel de Lhomond est choisi le 14 brumaire an IV, 4 novembre 1795.

3. In *HLF* IX, 215.

Page 269

1. A. Gazier, *Lettres à Grégoire sur les patois de France*, 1790-1794, Paris, 1880, et Genève, Slatkine Reprints, 1969, p. 8-10. Consulter également : M. de Certeau, D. Julia et J. Revel, *Une politique de la langue. La Révolution française et les patois*, Gallimard, 1975.

Page 270

1. In *HLF* X, 5.

Page 272

1. *Op. cit.*, p. 79.

2. Cet exemplaire est toujours visible à la Bibliothèque de l'Institut de France.

Page 273

1. J.-P. Seguin, « Lexicographie et conformisme en 1798», *La Licorne*, Poitiers, 1978.

2. *Dictionnaire de l'Académie française*, 5e éd., an VII, 1798, Discours prélimi-naire, p. IX-X.

Page 274

1. Nouv. éd., Paris, Ledentu, 1834.

Page 275

1. Notamment dans le fameux *Commentaire sur Desportes*. Sur ce point, on se reportera à F. Brunot, *La Doctrine de Malherbe*, Armand Colin, 1969 (1re éd. Masson, 1891).

2. Son *Dictionnaire néologique de Pantalon-Phoebus* est de 1726. On en lira un passage dans le chapitre suivant.

Page 277

1. Voir *infra* p. 287 : « Les marges refusées ».

2. Digramme : séquence de deux lettres. La notation /wɛ/ représente la prononciation « ouè » et la notation /wa/ la syllabe « oua ».

3. C'est bien un passage, et non une évolution. Les prononciations /wɛ/ et /wa/ coexistent depuis le XIIIᵉ siècle, mais pas chez les mêmes locuteurs.

4. Comme précédemment, le texte est cité dans l'édition Slatkine, et mes soulignements sont en caractères gras.

Page 278

1. Cf. Croyance-creance, p. 541.

2. *HLF* IV, 174.

3. Ce linguiste américain, pionnier de la sociolinguistique, a montré entre autres comment dans une société donnée les particularités de langage d'un groupe social pouvaient devenir, pour des raisons de prestige ou d'affirmation d'identité, le modèle suivi par tous les autres groupes. Voir William Labov, *Sociolinguistique*, Éd. de Minuit, 1976.

Page 279

1. Cette métaphore s'applique à toutes sortes d'autres prononciations montrées du doigt, celle des gens du Nord pour un Méridional par exemple.

2. Le titre complet est *Instructions cretiennes mises en ortografe naturelle pour faciliter au peuple la Lecture de la Sience du Salut*, Paris, Lamesle, 1715, Slatkine Reprints, 1973.

3. Elle a fait l'objet d'études de M. Cohen et de H. Walter, et intéresse évidemment les fonctionnalistes.

4. On le voit à propos de l'*l mouillée* à laquelle il est naturellement fidèle : « Quand *les Artisans de Paris* disent une Fi-ie, de la Pa-ie... ils prononcent parfaitement la Diphtongue -ie ; & ils ne retranchent de ces mots que la seule Consone L... » (p. 14). Ce que Vaudelin note comme « diphtongue *i-e*» est à comprendre comme *i-y-e*. On trouvait déjà cette prononciation à l'époque des Mazarinades : on y lit « cayou » pour *caillou*, ce qui indique bien que l'*l* mouillée n'était pas réalisée.

Page 281

1. Je renvoie aux travaux de N. Catach et de son équipe de recherche.

Page 282

1. Sur ce point on consultera avec profit l'article de L. Pasques : « L'écriture de nos mots selon la théorie orthographique de Dangeau, 1694, un académicien réformateur », *Ces mots qui sont nos mots*, Mélanges d'histoire de la langue française, de dialectologie et d'onomastique offerts au professeur Jacques Chaurand, textes réunis par M. Tamine, *Parlure*, nº 7-8-9-10, Paris, Institut Charles-Bruneau, 1995.

Page 283

1. On a déjà parlé de l'opposition Malherbe-Gournay. Il faut rappeler ici la place du *Commentaire sur Desportes*, et renvoyer le lecteur à F. Brunot, *La Doctrine de Malherbe*, Armand Colin, 1969, 1ʳᵉ éd. Masson, 1891.

Page 284

1. Voir *supra*, p. 232.

2. L'expression est de F. Deloffre : *Une préciosité nouvelle. Marivaux et le marivaudage*, Paris, Les Belles Lettres, 1955.

3. *Dictionnaire néologique à l'usage des beaux Esprits du siécle, avec l'éloge historique de Pantalon-Phoebus*, nouv. éd., Amsterdam, 1748 (œuvre de Desfontaines).

4. FEW XIII, 2, 406a s.v. TUMB-

Page 285

1. *Dictionnaire de l'Académie*, 4ᵉ éd., 1762, désormais A₄.

Page 286

1. Je souligne en gras dans le texte de la Remarque, cité intégralement, les marques de cette pression.

Page 289

1. *La Vie de Marianne*, Paris, Garnier, 1957, éd. de F. Deloffre, p. 94.

2. P. Dumonceaux, « Comment interroger, pour l'histoire de la langue, les corpus non littéraires ? », *Actualité de l'histoire de la langue française*, Trames, Limoges, 1984, p. 61.

Page 290

1. Voir Jamerey-Duval, *Mémoires*, présentés par J.-M. Goulemot, Paris, Le Sycomore, 1981 ; *Pierre Prion, scribe*, présenté par É. Leroy-Ladurie et O. Ranum, Paris, Gallimard-Julliard, « Archives », 1985 ; Jacques-Louis Menetra, *Journal de ma vie*, présenté par D. Roche, Paris, Montalba, 1982.

Page 291

1. F.-J. Haussmann, « L'âge du français parlé actuel : bilan d'une controverse allemande », in *Grammaire des fautes et français non conventionnel*, Paris, PENS, 1992.

2. G. Ernst, *Gesprochenes Französisch zu Beginn des 17. Jahrunderts, Histoire particulière de Louis XIII (1605-1610)*, Tübingen, Niemeyer, 1985 (Beihefte zur Zeischrift für Romanische Philologie 204).

3. Sous la dir. de Madeleine Foisil, *Journal de Jean Héroard, médecin de Louis XIII*, Paris, Fayard, 1989 (voir notamment le chap. IV, « Le langage du prince », p. 189-214).

4. Lire «12 février 1608, page 1383» dans l'édition de M. Foisil. Comme elle, je citerai en italiques les paroles du Dauphin, pour les distinguer du discours du médecin. Héroard ajoute à sa transcription des équivalents écrits que je ne reproduis pas ici. Il suffira de dire que « couvi » représente *couvrir*. En général le Dauphin escamotait vraisemblablement presque tous les « r ». Mais d'autres à l'époque disaient « couvri » !

Page 292

1. Est-ce bien l'enfant de 4 ans qui a seul tenu la plume ?

2. Signe des flottements de la graphie, le « v » intérieur aux mots est de nouveau noté « u », comme il l'était naguère.

3. F.-J. Haussmann observe qu'il n'en est pas de même sur tous les points de syntaxe. L'exemple de la négation est un appel à la révision de vieux jugements. Ce n'est pas la substitution d'une vérité générale à une autre vérité générale.

4. Lire dans le n° 107 de la revue *Langue française* l'article de Cl. Blanche-Benveniste, « De quelques débats sur le rôle de la langue parlée dans les évolutions diachroniques ».

Page 293

1. Déjà citée dans J.-P. Seguin, *La Langue française au XVIIIᵉ siècle*, Paris, Bordas, 1972.

2. Mot illisible, peut-être pour « marquant » ou « mandant », suggérait G. Roth.

3. Lire « pelisse ».

4. In *Correspondance* de Diderot, éd. G. Roth, Paris, Minuit, 1959, t. V, p. 105-106.

Page 294

1. Au début de la période révolutionnaire, on retrouve encore ce genre d'utilisation du français écrit, par exemple chez un Français de l'île Bourbon qui débarque sur le continent en 1790. Je le cite d'après l'étude de N. Fournier (« Accord et concordance dans le journal parisien de Henri Paulin Panon Desbassayns (1790-1792) », in *Gram-*

maire des fautes et français non conventionnel, Paris, PENS, 1992) : « les troupes que lon vouderez faire marcher aufrontiere ou **est nos Enemis** » (24/7/92) (p. 43) ; « Cela fait fermanter lepeuples **il cet** atroupé autuillery **est sesontransporté** alhotel de Mr de Castre » (13/10/90) (p. 44) ; « **les** troupes National **fait** tout la Nation » (10/7/90) (p. 45), etc.

2. *Agréables conférences de deux paysans de Saint-Ouen et de Montmorency sur les affaires du temps* (1649-1651), éd. critique par F. Deloffre, Paris, Belles Lettres (Annales de l'Université de Lyon). F. Deloffre dit à juste titre que cette « langue » est pour nous « aussi intéressante par ce qu'elle apprend du langage populaire du XVIIᵉ siècle que par les documents qu'elle fournit sur les patois d'Ile de France et sur la place qu'ils occupent par rapport à d'autres dialectes mieux connus (picard, normand) » (p. 23).

Page 295

1. La prononciation sans consonne finale permet seule à Suzanne de jouer sur fi-fi-Figaro. Ce sera encore la prononciation recommandée par Littré un siècle plus tard.

Page 296

1. J.-P. Seguin, *op. cit.*, p. 27.

2. *Lettres de la Grenouillère*, in *Romans d'amour par lettres*, éd. B. Bray et I. Landy-Houillon, Paris, GF, 1983. Le texte de cette édition suit le texte de 1758.

Page 297

1. Beaumarchais, *Parades*, éd. de P. Larthomas, Paris, SEDES-CDU, 1977.

Page 300

1. P. Larthomas, « Sur des lettres de soldats », in *Grammaire des fautes et français non conventionnel*, Paris, PENS, 1992. On indiquera successivement la page de référence donnée par P. Larthomas, puis la page de l'article cité.

Page 301

1. J. Chaurand, « Orthographe et morphologie verbale chez les villageois du Soissonnais à la fin du XVIIIᵉ siècle », *Le Français moderne*, décembre 1992, n° 2, p. 171-178.

2. Jacques-Louis Menetra, *Journal de ma vie*, présenté par D. Roche, Paris, Montalba, 1982.

3. C'est le manuscrit 678 de la Bibliothèque historique de la Ville de Paris.

Page 302

1. P. Guiraud, *Le Français populaire*, PUF, coll. « Que-sais-je ? » n° 1172, 1965.

2. « Demander la calistade » veut dire « demander la charité », et semble en rapport avec l'apprentissage de la mendicité (« mandier »). D'après l'éditeur moderne du *Journal*, ce mot « vient vraisemblablement de *carista* (italien) ou de *carestié* (provençal) ; son usage est signe de la circulation des mots sur le tour de France, Menetra ayant séjourné en Provence » (p. 30).

Page 303

1. J. Chaurand remarque que « je ne pas voulue prendre » est une transcription très fréquente de « je n'ai pas voulu prendre » dans le corpus de lettres du conscrit du Soissonnais.

Page 305

1. Les quelques mots commentés ici ne donnent qu'un fragment de la réalité. Le lecteur complètera en se reportant à F. Brunot, M. Cohen, Ch. Bruneau et R.-L. Wagner, qui présente de passionnantes monographies dans *Les Vocabulaires français*, Didier, 1970 ; ou, plus près de nous, à l'*Introduction à l'histoire du vocabulaire français* de J. Chaurand, Bordas, 1977, p. 89-126.

Page 306

1. Le titre complet est *Dictionnaire françois contenant les mots et les choses, plusieurs nouvelles remarques sur la langue françoise, ses expressions propres figurées et burlesques, la prononciation des mots les plus difficiles, le genre des noms, le régime des verbes, avec les termes les plus connus des arts et des sciences, le tout tiré des bons auteurs de la langue françoise.* Il est facile à consulter dans l'édition des Slatkine Reprints, Genève, 1970.

2. Suit la liste de tous les domaines du savoir du temps : « Et enfin les noms des Auteurs qui ont traitté des matieres qui regardent les mots, expliquez avec quelques Histoires, Curiositez naturelles, & Sentences morales, qui seront rapportées pour donner des exemples de phrases & de constructions, *Le tout extrait des plus excellens Auteurs anciens & modernes* ».

3. Par l'intermédiaire de sa réédition de 1702, revue et corrigée par Basnage.

4. Publié à Marseille, chez Mossy, en 3 vol. Reproduction fac-similé, Tübingen, Max Niemeyer Verlag, 1994.

5. Voltaire, *Dictionnaire philosophique*, éd. de J. Benda et R. Naves, « Classiques Garnier », Garnier, 1961.

Page 307

1. Simple faute d'impression, ou recopiage inconscient d'une graphie archaïque ?

2. Dans le *Dictionaire critique*.

3. Pascal, *Pensées*, « Classiques Garnier », Bordas, 1991.

Page 308

1. *Op. cit.*, p. 475 et 476.

2. Dans le *Dictionnaire des richesses de la langue française*, 1770, et Slatkine Reprints, Genève, 1968, l'auteur, P.-A. Alletz, cite Mme de Graffigny : « Une jeune personne en épousant un homme âgé, devient une personne *intéressante*. »

3. À l'autre extrémité de notre période, nous trouverons un peu plus bas, chez Mercier, les *intéressants*.

4. Ce dernier exemple est cité d'après *HLF* VI, 1487.

5. Fénelon, *Télémaque*, éd. de J.-L. Goré, Classiques Garnier, Dunod 1994, p. 324.

6. Sur cet emploi « subduit », c'est-à-dire vidé d'une part de sa substance sémantique (ici l'intention et la conscience), qui aurait été favorisé par Andry de Bois-Regard, voir *HLF*, IV, 740.

7. Crébillon (fils), *Les Égarements du cœur et de l'esprit*, éd. de J. Dagen, Garnier-Flammarion, 1985, p. 111 et 159.

Page 309

1. Éd. citée, p. 127.

Page 310

1. *Les Égarements*, éd. citée, p. 185 et 219.

2. L.-S. Mercier, *Tableau de Paris*, éd. établie sous la dir. de J.-C. Bonnet, Mercure de France, 1994, t. 1, p. 1362.

Page 311

1. Voir J.-P. Seguin, « Le sens du mot *étonner* dans la langue classique et postclassique. Essai de réajustement », *L'Information grammaticale*, n° 10, mai 1981.

2. Pierre Dumonceaux, *Langue et sensibilité au XVIIe siècle*, Genève, Droz, 1975.

Page 313

1. Les citations sont prises dans le *Tableau de Paris* de Mercier, éd. citée.

2. *Op. cit.*, p. 370. Les italiques sont dans le texte. Les citations suivantes sont, dans l'ordre, aux pages 765, 412, 414 et 476.

3. Voir la rubrique FORTUNE du Glossaire de l'éd. citée de *Manon Lescaut*, p. 325.

4. *Op. cit.*, p. 189.

Page 314

1. Citation prise dans Littré, qui au § 14° de FORTUNE (richesses, biens) aligne une longue liste d'exemples, de La Fontaine à l'abbé Raynal, à l'extrême fin du XVIIIe siècle.

2. Destouches, *Le Glorieux*, in *Répertoire du théâtre françois*, t. XI, Paris, Foucault, 1817. La pièce est de 1732.

3. « J'aime fort la liberté et le libertinage de votre vie et de vos repas, et qu'un coup de marteau ne soit pas votre maître » (SÉV. in Littré, s.v. LIBERTINAGE).

Page 315

1. Voir J.-P. Seguin : « Le mot *libertin* dans le *Dictionnaire de l'Académie*, ou Comment une société manipule son lexique », *Le Français moderne*, juillet 1981.

2. On dispose aujourd'hui d'excellents instruments de travail comme *Le Vocabulaire du sentiment dans l'œuvre de J.-J. Rousseau*, sous la dir. de M. Gilot et J. Sgard, Genève-Paris, Slatkine, 1980.

3. Condillac, *Dictionnaire des synonymes*, vol. III de l'édition des *Œuvres philosophiques*, PUF, 1951.

Page 316

1. Les exemples cités sont pris dans la 3e éd., de 1740.

Page 317

1. Dans les *Bijoux indiscrets* de Diderot en effet on peut lire : « La femme sage, par exemple, serait celle dont le bijou est muet, ou n'en est pas écouté » ; « La prude, celle qui fait semblant de ne pas écouter son bijou » ; « La galante, celle à qui le bijou demande beaucoup, et qui lui accorde trop » ; etc. (p. 84-85).

Page 318

1. M. Foucault, *Les Mots et les choses*, Gallimard, 1966, p. 217.

2. *HLF* VI, p. 1017.

3. S. Mercier, *Néologie ou Vocabulaire de mots nouveaux*, Paris, 1801.

4. Notamment celui de F. Mackenzie, *Les Relations de l'Angleterre et de la France d'après le vocabulaire*, Droz, 1939, et les recherches de G. von Proschwitz sur le vocabulaire politique français. Je renverrai ici à son *Introduction à l'étude du vocabulaire de Beaumarchais*, Nizet, 1956, et à l'article du *Français moderne* d'avril 1966, « Le vocabulaire politique du XVIIIe siècle avant et après la Révolution. Scission ou continuité ? »

Page 319

1. Balzac écrit *comfortable*.

2. J.-P. Seguin, *La Langue française au XVIIIe siècle*, Bordas, 1972, p. 177.

Page 320

1. C'est par l'évocation d'une opération de la cataracte faite par Réaumur que commence la *Lettre sur les aveugles* de Diderot en 1749.

Page 321

1. Après F. Brunot, on peut citer entre autres les travaux du Centre de recherches de Saint-Cloud, et dans son sillage plusieurs numéros des *Cahiers de lexicologie*, la revue *MOTS*, l'article déjà cité de G. von Proschwitz, les 3 volumes du *Dictionnaire des usages socio-politiques (1770-1815)*, Klincksieck, 1986, 1987, 1988 (DUSP), etc.

2. Et bien entendu, celle, éphémère et qu'on regrette de ne pas développer, du calendrier.

3. Voir *supra* la note 4 p. 318.

4. J. Cellard, *Ah! ça ira, ça ira... Ces mots que nous devons à la Révolution*, Balland, 1989.

Page 322

1. Cité in DUSP 3, p. 169.

2. Cité par A. Lantoine, *Les Lettres philosophiques de Voltaire*, p. 135.

Page 323

1. Beaumarchais, *Œuvres*, éd. de P. Larthomas, Bibliothèque de la Pléiade.

2. Dans le n° 16 de la revue *MOTS*.

Page 324

1. M. Cohen, *Histoire d'une langue : le français*, Éditions Sociales, 1973 (rééd.).

Page 326

1. Pour la syntaxe du français des XVIIe et XVIIIe siècles, on se reportera d'abord à l'*HLF*, puis on consultera l'ancienne et toujours valable *Syntaxe française du XVIIe siècle*, de A. Haase, trad. Obert, Paris, Delagrave, 1969 (7e éd.), et la *Grammaire de la langue française du XVIIe siècle* de G. Spillebout, Paris, Picard, 1985. Voir enfin et surtout la *Grammaire du français classique*, de N. Fournier, Belin, 1998.

2. Ce texte, ainsi que d'autres récits contemporains, a fait l'objet d'un travail de recherche du Groupe d'étude en histoire de la langue française (GEHLF).

Page 327

1. Cité dans Brunot-Bruneau, *Précis de grammaire historique de la langue française*, Masson, 1949 (5e éd.), p. 227.

2. J. Rey-Debove, *Sémiotique*, PUF, 1979, p. 94.

3. Comme l'a montré G. Guillaume dans *Le Problème de l'article et sa solution dans la langue française*, Nizet, 1975 (1re éd. en 1919).

Page 328

1. Y. Galet, *L'Évolution de l'ordre des mots dans la phrase française de 1600 à 1700. La place du pronom personnel complément d'un infinitif régime*, PUF, 1971. Sur ce point, et sur d'autres, on consultera le livre de A. Sancier-Château : *Une esthétique nouvelle : Honoré d'Urfé correcteur de « L'Astrée » (1607-1625)*, Genève, Droz, 1995.

2. Rousseau, *Œuvres complètes*, Bibliothèque de la Pléiade, t. I, p. 88.

Page 329

1. Arnauld et Lancelot, *Grammaire générale et raisonnée*, Republications Paulet, 1969. La première édition est de 1660. Celle qui est reproduite ici date de la fin du XVIIIe siècle.

Page 330

1. *Op. cit.*, p. 475.

2. On en trouve des exemples jusqu'au XXe siècle, mais chez A. France ou A. Gide. Voir Grevisse, *Le Bon Usage*, 9e éd., § 1014.

3. Cité par D. Droixhe, *La Linguistique et l'appel de l'histoire (1600-1800)*, Genève, Droz, 1978, p. 146.

4. Édition Lanson-Rousseau, Didier, 1964, I, 88.

Page 331

1. Sur ce point, il faut se référer aux travaux de P. Guiraud (*Le Français populaire*, PUF, coll. « Que-sais-je ? » n° 1172, 1965), et depuis à ceux de F. Gadet, notamment *Le Français ordinaire*, Armand Colin, 1989.

2. C'est le titre d'un intéressant article de C. Delhay et C. Wimmer dans *L'Information grammaticale*, n° 69, de mars 1996 ; j'y emprunte quelques-uns de mes exemples.

Page 333

1. Cité dans les *Œuvres* de Beaumarchais, La Pléiade, p. 1023-1024.

2. Pour la pratique orale réelle du passé simple aux XVIIᵉ et XVIIIᵉ siècles, on est réduit aux conjectures. Il est probable que dans beaucoup de régions il n'était déjà qu'occasionnel ou parodique.

3. Il faut souligner ce que nous devons à É. Benveniste, et à l'article fondateur « Les relations de temps dans le verbe français », paru dans le *Bulletin de la Société de linguistique*, LIV (1959) fasc. 1, et repris dans *Problèmes de linguistique générale* (chap. XIX), Paris, Gallimard, 1966, p. 237-250.

Page 334

1. J. Stéfanini, « Méthode et pédagogie dans les grammaires françaises de la première moitié du XVIIᵉ siècle », *Grammaire et méthode au XVIIᵉ siècle*, Leuven, Peeters, 1984, p. 42.

Page 335

1. 1ʳᵉ éd. en 1730. La 1ʳᵉ éd. de De Wailly est de 1754.

2. J'ai moi-même esquissé une partie de cette description dans *L'Invention de la phrase au XVIIIᵉ siècle. Contribution à l'étude du sentiment linguistique français*, éd. Peeters, coll. « Bibliothèque de l'Information grammaticale », Louvain-Paris, 1993.

3. Il faudrait mettre à l'arrière-plan de cette description un résumé de l'histoire de la grammaire. Je citerai seulement ici J.-C. Chevalier, *Histoire de la syntaxe. Naissance de la notion de complément*, Droz, 1968, et pour le XVIIᵉ siècle le recueil d'excellentes études portant entre autres sur la *Grammaire* de Port-Royal, sur les ouvrages de Maupas, Oudin et Chifflet, et sur la *Rhétorique* de B. Lamy, cité à la note 1 de la p. 334.

Page 337

1. Dans une représentation du *Menteur*, on appréciait une intéressante restitution de voyelles finales longues.

2. Elles ont été mentionnées dans le précédent chapitre, auquel je renvoie ici.

3. Notamment par M. Cohen et par H. Walter. Voir chapitre précédent.

4. Pour une réflexion approfondie, il faudrait se reporter à Hindret, à la *Prosodie* de l'abbé d'Olivet.

5. Il n'y a pas si longtemps qu'on prononce le « s » de *festoyer*. Si les puristes voulaient garder la prononciation *fêtoyer*, ils n'avaient qu'à réformer l'orthographe.

Page 338

1. Je retranscris ici des textes donnés par Gile Vaudelin p. 37 et p. 70 des *Instructions crétiennes*, déjà citées. Je n'ai pas reproduit son alphabet, dont la typographie est très particulière : j'ai gardé la trancription normale des mots, en ne faisant varier que ce qui indique une prononciation différente de la nôtre.

2. J'ajouterai aux rapides indications du précédent chapitre une mention du beau livre de Liselotte Biedermann-Pasques, *Les Grands Courants orthographiques au XVIIᵉ siècle et la formation de l'orthographe moderne*, Tübingen, Max Niemeyer Verlag, 1992.

Page 339

1. On se reportera aussi à J.-C. Pellat, « L'évolution de l'orthographe des imprimés au XVIIᵉ siècle (libraires français et hollandais) » dans les *Mélanges Chaurand* (réf. p. 282, note 1), p. 83-96. Dans le même recueil, on lira aussi, toujours de L. Pasques, « L'écriture de nos mots selon la théorie orthographique de Dangeau 1694, un académicien réformateur ».

2. Ce n'est pas encore le cas pour la ponctuation, qui oscille entre ce que les théoriciens eux-mêmes croient souvent être la notation de pauses respiratoires, un système de démarcation logique (très souvent démenti par les pratiques réelles. Et de quelle

logique s'agit-il ?), et ce que je crois être une représentation visuelle de l'organisation du discours sur la matérialité de la page. Parmi les travaux les plus récents, on peut se reporter à l'article de S. Branca-Rosoff, « Deux-points, ouvrez les guillemets : notes sur la ponctuation du discours rapporté au XVIIIe siècle », *Le Gré des langues*, 1993, n° 5, L'Harmattan, p. 178 à 202, et à la très utile bibliographie donnée à la page 202.

VI. La langue française au XIXe siècle

Page 383

 1. On appelle ici *épilinguistique*, en un sens légèrement différent de celui défini par Antoine Culioli, le discours qui exprime le savoir naïf de la langue que possède – à des degrés divers – tout locuteur ; ce savoir conduit souvent à des conduites hypercorrectives et à des jugements normatifs d'autant plus exclusifs qu'ils sont rationnellement inexplicables. *Métalinguistique*, au-delà du seuil de conscience, correspond au discours analytique qui s'applique à la langue instituée comme objet.

Page 386

 1. Petitot, Conclusion de l'*Essai sur l'origine et les progrès de la langue française*, Préface de la réédition de la *Grammaire générale et raisonnée* de Port-Royal, Paris, an XI, 1803, p. 246, BN X 9750 in-8°.

Page 387

 1. A. Hatzfeld, A. Darmesteter et A. Thomas, *Dictionnaire général de la langue française* [1890-1900], Introduction, éd. Delagrave, 1964, p. II.
 2. *Ibid.*, p. v.

Page 388

 1. B. Jullien, *Cours supérieur de grammaire*, 1re partie : « Grammaire proprement dite », Paris, Hachette, 1849, extrait du *Cours complet d'éducation pour les filles*, p. 2.
 2. Bernard Cerquiglini, *La Naissance du français*, PUF, 1991, p. 118.

Page 389

 1. Ferdinand Brunot, *Histoire de la langue française*, Paris, Armand Colin, 1968, t. V, p. 48-49.

Page 390

 1. Brigitte Schlieben-Lange, *Idéologie, révolution et uniformité du langage*, Mardaga, 1996, p. 243-244.

Page 391

 1. Ce texte est cité d'après la transcription et l'analyse qu'en donne Hans-Erich Keller dans son article des Mélanges offerts à Mgr Gardette, « Une comédie en patois auvergnat », in *Revue de linguistique romane*, t. 39, n° 153, p. 49-55.

Page 393

 1. Dans le volume des *Actes* du IVe colloque international du Groupe d'étude en histoire de la langue française, Paris, 1989, intitulé : *Grammaire des fautes et français non conventionnel*, Presses de l'École normale supérieure de jeunes filles, 1992, voir successivement : N. Fournier, « Accord et concordance dans le journal parisien de Henri Paulin Panon Desbassayns [1790-1792] », p. 39-57 ; et S. Branca, « Constantes et variantes dans l'appropriation de l'écriture chez les *mal-lettrés* pendant la période révolutionnaire », p. 59-76.

Page 394

 1. Sur les points suivants, consulter *Le Français moderne*, 44e année, janvier 1976, n° 1, *L'Orthographe et l'histoire*, numéro coordonné par J.-M. Klinkenberg, qui

traite particulièrement de cette période du XIXe siècle, de la tentative de réforme de l'orthographe souhaitée par Marle et de l'incidence des aspects socio-culturels et politiques sur l'orthographie française à cette époque.

Page 395

1. Michelot, « Prononciation », *Journal grammatical, littéraire et philosophique de la langue française et des langues en général*, 1835, p. 25. BN in-8° X 13398.

2. « À propos du *Dictionnaire de la prononciation française* d'Alberti », *Journal grammatical, littéraire et philosophique de la langue française*, 2e série, 1836, p. 211, BN in-8° X 13399.

3. De Wailly, *Principes généraux et particuliers de la langue française*, Paris, Barbou, 11e éd., 1807, p. 438. En 1849, le *Cours supérieur de grammaire*, 1re partie : « Grammaire proprement dite », Paris, Hachette, de B. Jullien, reprend la même formulation pour la commenter : « En français, comme dans la plupart des langues, il y a deux prononciations différentes : l'une pour les vers et le discours soutenu ; l'autre pour la conversation. La première est le véritable modèle dont on doit toujours chercher à se rapprocher ; elle fait sentir exactement le son et l'accentuation des lettres, les relations des mots indiquées par leurs terminaisons, le caractère et le sens des phrases », p. 24 a. Ce qui nous ramène en un sens à *L'Art de lire à haute voix* de Du Broca, Paris, 1800, dont J. Stéfanini a lumineusement analysé naguère les caractéristiques ; voir son article « Un manuel de diction en l'an XI », dans *Mélanges de langue et de littérature française* offerts à Pierre Larthomas, Paris, Presses de l'École normale supérieure de jeunes filles, n° 26, 1985, p. 451-462.

Page 396

1. *Mémoires de la Société royale des antiquaires de France*, texte du baron Dupin, en date du 19 décembre 1814, p. 222.

Page 397

1. Le linguiste Dufriche-Desgenette utilise le terme de *phonème* pour la première fois le 24 mai 1873, à la Société de linguistique de Paris, comme équivalent de l'allemand *Sprachlaut*. Le terme sera ensuite repris par Louis Havet, à qui Saussure l'emprunte en 1878, dans son *Mémoire sur le système primitif des voyelles en indo-européen*. Ce dernier en fait alors un prototype unique à l'origine d'une multiplicité de sons dans les langues dérivées. *Dérivation, filiation*, ce sont là des concepts clefs dans l'élaboration d'une théorie des dialectes et des patois.

2. Michel Bréal est considéré comme le père français de la discipline, pour avoir introduit le terme même en 1883 dans l'*Annuaire de l'Association pour l'encouragement des études grecques en France* (p. 132-142). Mais il ne faudrait pas oublier les travaux précurseurs des grands lexicographes du XIXe siècle, qui, à l'instar de M. Jourdain, faisaient déjà sans le savoir de la sémantique historique. Ainsi Littré, dont l'opuscule *Comment les mots changent de sens*, primitivement intitulé *Pathologie verbale ou lésions de certains mots dans le cours de l'usage*, et publié dans *Études et glanures pour faire suite à l'histoire de la langue française*, Paris, Didier, 1880, voit son contenu assimilé et développé par le dialectologue Gilliéron (1854-1926) dans son travail sur les atlas linguistiques et les changements de sens auxquels sont soumises les formes lexicales à travers l'espace social et géographique, comme le montre sa *Généalogie des mots qui désignent l'abeille d'après l'Atlas linguistique de la France*, Paris, Bibliothèque de l'EHESH, Champion, 1918.

3. Jean-Pierre Leduc-Adine a très pertinemment étudié ce phénomène dans « Paysan de dictionnaire, paysan de roman, ou un modèle textuel pour une représentation sociale de la paysannerie au milieu du XIXe siècle », in *Au bonheur des mots. Mélanges en l'honneur de Gérald Antoine*, Presses universitaires de Nancy, 1984, p. 91-106. Et note en particulier : « Il y a tout un travail d'objectivation des ruraux auquel roman-

ciers, peintres, journalistes, lexicographes, etc., contribuent puissamment. Ces paysans ne parlent pas, ils "sont parlés". Ce travail de représentation se construit dans et par un schéma lexical, sémantique et rhétorique permettant de donner une définition significative que les contemporains se font de la campagne et de ses travailleurs » (p. 102). On ne saurait mieux dire.

4. Les catégories du patois, du langage populaire et de la langue standard y étaient effectivement joyeusement mêlées ; Paris, 1873. L'ouvrage de R.A. Lodge, *French, from Dialect to Standard*, London, Routledge, 1993, trad. française par Cyril Veken, *Le Français : histoire d'un dialecte devenu langue*, Paris, Fayard, 1997, fait le point de manière magistrale sur cette question.

5. Voir notamment J. Pignon, « Les parlers régionaux dans *La Comédie humaine*», in *Le Français moderne*, XIIᵉ année, p. 176-200 et 265-280. Et, aux limites indistinctes des régionalismes et du populaire, R. Dagneaud, *Les Éléments populaires dans le lexique de la « Comédie humaine » de Balzac*, Quimper, 1954.

6. Voir J.-Ph. Saint-Gérand, « Les normandismes de Barbey d'Aurevilly : fonction poétique, fonction politique ? » (à propos de *L'Ensorcelée*), in *L'Information grammaticale*, 1988/37, p. 25-33.

Page 398

1. Sophie Dupuis, *Traité de prononciation ou Nouvelle prosodie française*, Paris, 1836, p. IV, BN X 24550.

2. *La France grammaticale*, Ch. Durazzo, n° 1, 15 octobre 1838, p. 6.

Page 400

1. Voir l'article d'A. Porquet, « Le pouvoir politique et l'orthographe de l'Académie au XIXᵉ siècle », in *Le Français moderne*, 44ᵉ année, janvier 1976, n° 1, p. 6-27.

2. J.-Ph. Saint-Gérand, « La question de la réforme de l'orthographe entre 1825 et 1851», in *Le Français moderne*, 44ᵉ année, janvier 1976, n° 1, p. 28-56.

3. *Dictionnaire de la prononciation de la langue française, indiquée au moyen des caractères phonétiques*, Paris, 1851, p. 11-12.

Page 403

1. J.-Ch. Thiébault de Laveaux, *Dictionnaire des difficultés grammaticales et littéraires de la langue française*, Discours préliminaire, Paris, 1816, p. III-IV ; *id.* 2ᵉ éd. 1822 et 3ᵉ éd. 1846.

Page 404

1. *Ibid.*, p. 327b.

2. De Wailly, *Principes généraux et particuliers de la langue française*, Paris, Barbou, 11ᵉ éd., 1807 (1ʳᵉ éd. en 1754).

Page 405

1. *Ibid.*, p. 120.

2. Rapport de Touvenel à la Société grammaticale sur le livre de Sophie Dupuis, *Traité de prononciation ou Nouvelle prosodie française*, 1836, p. IX-X, BN X 24550.

Page 406

1. B. Jullien, *Cours supérieur de grammaire*, 1ʳᵉ partie : « Grammaire proprement dite », Paris, Hachette, 1849, extrait du *Cours complet d'éducation pour les filles*, p. 9. Après avoir d'ailleurs procédé en tête de son ouvrage à une brève histoire de la grammaire, qui s'est réduite à la liste des grammairiens ayant influencé le cours des transformations de la discipline, Jullien note : « Quoique bien resserrée, cette notice n'avait pas encore été faite, et nous avons cru que nous ne pouvions mieux introduire nos lecteurs à l'étude de la grammaire raisonnée qu'en leur présentant le tableau des progrès que la science a faits, et les noms de ceux qui les ont fait faire » (*ibid.*, p. 24).

2. Bescherelle frères, et Litais de Gaux, *Grammaire nationale ou Grammaire de Voltaire, de Racine, de Bossuet, de Fénelon, de J.-J. Rousseau, de Buffon, de Bernardin de Saint-Pierre, de Chateaubriand, de Casimir Delavigne*, Paris, Bourgeois-Maze, 1836, p. 35-36.

Page 407

1. Bescherelle frères, et Litais de Gaux, *ibid.*, p. 42.

2. Bescherelle frères, et Litais de Gaux, *ibid.*, p. 81.

Page 408

1. Voir par exemple la rubrique exemplaire que lui consacrent les auteurs du *Bio-Bibliographisches Handbuch der Grammatiker, Sprachtheoretiker und Lexicographen des 18. Jahrhunderts im Deutsprachigen Raum*, Herbert E. Brekle, E. Dobnig-Jülch et H. Wei, Niemeyer, Band 5, 1996.

2. Paris, 1836, chez l'Auteur, rue Saint-Honoré, n° 291.

Page 409

1. L'ouvrage de Michel Glatigny, *Les Marques d'usage dans les dictionnaires français monolingues du XIXe siècle*, Niemeyer, Tübingen, 1998, fait sur cette question et ses prolongements le point définitif.

Page 410

1. Caminade, *Premiers élémens de la langue française ou Grammaire usuelle*, Paris, 1798, p. 1. BU Sorbonne, Lpf 85 in-8°.

2. Bescherelle Aîné, *La France grammaticale*, n° 1, 1838, p. 6.

3. De Wailly, *Principes généraux et particuliers de la langue française*, Paris, Barbou, 11e éd., 1807, p. 162, où l'auteur explique : « les adjectifs qui se placent après leur substantif sont [...] 5° Les adjectifs qui peuvent s'employer seuls comme nom de personne, tels que : *l'aveugle, le boiteux, le bossu, le riche*, etc. *Un homme aveugle, un cheval aveugle, boiteux ; la peinture est une poésie muette*. Ainsi, n'imitez pas l'auteur qui a dit : *Sénèque était le plus riche homme de l'Empire*. 6° Les adjectifs que les qualités morales ont produits soit en bien, soit en mal, se placent assez indifféremment avant ou après le substantif. Tels sont *aimable, admirable, charitable, cruel, fidèle, détestable, arrogant*, etc. Cependant, comme il n'y a point de règle absolument certaine sur ces deux dernières remarques, c'est l'oreille et l'harmonie qu'il faut consulter. Par exemple, l'harmonie demande ordinairement que les adjectifs d'une syllabe comme *beau, bon, grand, gros*, soient placés avant le substantif. [...] Quand plusieurs adjectifs modifient un nom, on les place presque toujours après ce nom. [...] Toutefois, dans le style relevé, on place quelquefois l'adjectif loin de son substantif. »

Page 411

1. Jean-Pons Coust, abbé de Lévizac, *Art de parler & d'écrire correctement la langue française ou Grammaire philosophique et littéraire de cette langue*, Paris, Rémont, 1799, 2 tomes, t. II, p. 1-2.

2. Voir : *Des tropes ou des différents sens. Figure et vingt autres articles de l'« Encyclopédie » suivis de l'« Abrégé des tropes »* de l'abbé Duclos, présentation, notes et traduction par Françoise Douay-Soublin, Paris, *Critiques*, Flammarion, 1988, p. 48-50.

Page 412

1. Ceux-là mêmes que vise Simonnin, en 1819, en leur dédiant un *Code* qui donne accès aux célèbres *Leçons de littérature et de morale* de Noël et De Le Place, constamment publiées depuis 1804.

2. *Traité théorique et pratique de littérature*, Paris, 1841, 4e éd., Librairie classique de Périsse Frères, 442 p., in-12.

Page 413

1. *Journal grammatical, littéraire et philosophique de la langue française et des langues en général*, par G.N. Redler, 1836, p. 24.

Page 414

1. M.-M. Münch, *Le Pluriel du Beau. Genèse du relativisme esthétique en littérature : du singulier au pluriel*, Centre de recherche littérature et spiritualité de l'Université de Metz, 1991, notamment p. 319.

2. Tzvetan Todorov : *Théorie du symbole*, Paris, Le Seuil, 1977, p. 136-138 ; et Chaïm Perelman : *L'Empire rhétorique*, Paris, Vrin, 1977, principalement p. 21, qui fait remonter à la fin du XVIᵉ siècle le début de ce déclin.

Page 415

1. Edgar Quinet : *Histoire de mes idées. Autobiographie, Œuvres complètes*, t. X, éd. Germer-Baillière, Paris, 1880, p. 166-167.

2. On pourra se reporter à des affirmations telles que : « Il faut écrire sur nos livres des *devises d'épée*, car tout livre n'est qu'un *glaive* après tout, le *glaive tordu et flamboyant de la pensée*, et jusqu'à la garde inextinguible », *Correspondance générale*, éd. J. Petit, Belles Lettres, 1985, t. 3, p. 13 ; ou la référence au « moule à balle », *ibid.*, t. 2, p. 141.

Page 416

1. Simonnin, *Code des rhétoriciens ou Choix des meilleurs préceptes d'éloquence et de style, pour servir d'introduction aux « Leçons de morale, et de littérature »* par MM. *Noël et Delaplace*, de Pélafol, 1819, p. I-IJ.

Page 417

1. *Loc. cit.*, Moutardier, Libraire-Éditeur, rue Gît-le-Cœur, n° 4, p. 427.

2. Il écrivait en effet : « Le commentaire littéraire se fera largement, sans rhétorique exclamative, sans prétention de forcer le sentiment des jeunes auditeurs... Point de rhétorique surtout ni de dogmatisme : n'offrons pas comme modèles absolus les chefs d'œuvre que seules les relations au temps et au milieu éclaircissent : n'endoctrinons pas nos auditeurs comme s'ils devaient refaire ou copier ce qu'ils ont seulement besoin d'aimer », in *Essais de méthode de critique et d'histoire littéraire*, textes rassemblés et présentés par Henri Peyre, Paris, Hachette, 1965, p. 59.

Page 418

1. Serreau et Boussi, *La Grammaire ramenée à ses principes naturels, ou Traité de grammaire générale appliquée à la langue française*, Paris, Dauthereau, Libraire, 1829, p. 85.

Page 419

1. L'auteur de la *Grammaire des grammaires*, Paris, 1811, Porthmann, déclarait en effet : « Cette Grammaire offre d'ailleurs un nouveau degré d'utilité. Bien convaincu que *la religion et la morale sont les bases les plus essentielles de l'éducation* ; que les règles les plus abstraites sont mieux entendues lorsqu'elles sont développées par des exemples ; et qu'à leur tour les exemples se gravent mieux dans la mémoire, lorsqu'ils présentent une pensée saillante, un trait d'esprit ou de sentiment, un axiome de morale, ou une sentence de religion, je me suis attaché à choisir de préférence ceux qui offrent cet avantage. J'ai en outre multiplié ces exemples autant que je l'ai pu, et je les ai *puisés dans les auteurs les plus purs, les plus corrects* ; de sorte que, si dans certains cas, nos maîtres sont partagés d'opinion ; si certaines difficultés se trouvent résolues par quelques-uns d'entre eux d'une façon différente, et qu'on soit embarrassé sur le choix que l'on doit faire, sur l'avis que l'on doit suivre, on éprouvera du moins une satisfaction, c'est qu'on aura pour se déterminer l'autorité

d'un grand nom ; car, comme l'a dit un auteur, *Il n'y a de Grammairiens par excellence que les grands écrivains*» (p. VI-VII).

2. Bescherelle frères, et Litais de Gaux, *Grammaire nationale ou Grammaire de Voltaire, de Racine, de Bossuet, de Fénelon, de J.-J. Rousseau, de Buffon, de Bernardin de Saint-Pierre, de Chateaubriand, de Casimir Delavigne*, Paris, Bourgeois-Maze, 1836, p. V-VI.

Page 420

1. De Wailly, *Principes généraux et particuliers de la langue française*, Paris, Barbou, 11ᵉ éd., 1807, p. 194.

2. Serreau et Boussi, *La Grammaire ramenée à ses principes naturels, ou Traité de grammaire générale appliquée à la langue française*, Paris, Dauthereau, Libraire, 1829, p. 342.

Page 421

1. Serreau et Boussi, *ibid.*, p. 199.

Page 422

1. Philarète Chasles, « De la grammaire en France et principalement de la *Grammaire nationale*, avec quelques observations philosophiques et littéraires sur le Génie, les Progrès et les Vicissitudes de la langue française », en introduction à Bescherelle frères, et Litais de Gaux, *Grammaire nationale...*, *op. cit.*, p. 6. Le texte de Chasles a été initialement publié sous forme de trois articles du *Journal des Débats* de 1836.

2. Voir J.-Ph. Saint-Gérand, « L'étamine des idéologies », in *Grammaire des fautes et français non conventionnel*, Actes du IVᵉ colloque international du GEHLF, Paris, 1989, Presses de l'ENS J.-F., 1992, p. 153-170.

Page 423

1. Voir J.-Cl. Chevalier et Simone Delesalle, *La Linguistique, la grammaire et l'école, 1750-1914*, Paris, Armand Colin, 1986, p. 323. J.-Cl. Chevalier cite alors le texte inoubliable à cet égard qui clôt en 1901 la leçon inaugurale prononcée à la Sorbonne par le futur maire du XIVᵉ arrondissement, Ferdinand Brunot.

Page 424

1. *Journal de la langue française et des langues en général*, rédigé par M. Mary Lafon et G.-N. Redler, 3ᵉ série, 1ʳᵉ année, décembre 1837, Paris, Au Bureau du Journal, quai Saint-Michel, n° 15, p. 282-283.

Page 425

1. Philarète Chasles, « De la grammaire en France... », *op. cit.*, p. 9.

Page 439

1. Même dans un ouvrage rigoureux et spécialisé comme celui de P.-H. Nysten, *Dictionnaire de médecine, de chirurgie, de pharmacie, des sciences accessoires et de l'art vétérinaire*, Paris, J.-B. Baillière et fils, 1858 (11ᵉ éd. revue par MM. É. Littré et Ch. Robin).

Page 440

1. Lyon, Vitte et Perrussel, Briday, et Paris, Lecoffre, 1882.

2. On se rappellera l'extraordinaire succès de la *Maison rustique du XIXᵉ siècle, Encyclopédie d'agriculture pratique*, 5 volumes in-4°, comportant 2 500 gravures, des tables méthodiques et alphabétiques, dont l'influence se laisse sentir dans les allusions auxquelles procèdent par exemple les textes de *Madame Bovary*, *Bouvard et Pécuchet*, etc. Et la non moins grande célébrité de la *Grande encyclopédie illustrée d'économie domestique et rurale*, publiée sous la direction de Jules Trousset, qui associe dans son propos : *Grande cuisine, cuisine bourgeoise, petite cuisine de ménage, art vétérinaire,*

herboristerie, minéralogie, botanique, floriculture, géologie, histoire naturelle, économie rurale, etc.

    3. P.J. Wexler, *La Formation du vocabulaire des chemins de fer en France, 1778-1842*, Genève, Droz, 1955. La thèse de L. Guilbert, *La Formation du vocabulaire de l'aviation*, Paris, Larousse, 1965, ne concerne que l'extrême fin du siècle et la période suivante.

    4. A. Mangin, *L'Air et le monde aérien*, Tours, Mame et fils, 1865.

Page 441

    1. On consultera sur le sujet avec les plus grands profits la thèse de Danielle Bouverot, *Le Vocabulaire de la critique d'art (arts musicaux et plastiques) de 1830 à 1850*, Paris-III, 13 mars 1976, et son article : « Histoire de la langue et histoire de l'art. À propos de quelques termes de musique et de peinture au XIXe siècle », in *Mélanges offerts à André Lanly*, Presses universitaires de Nancy, 1984, p. 421-430. On complètera ses remarques par celles de G. Matoré : « Les notions d'art et d'artiste à l'époque romantique », in *Revue des sciences humaines*, 1951, p. 120-137.

Page 442

    1. Paris, Arthus Bertrand, 1840. Il y est question de *Mélosphlores*, d'*Extaséons*, etc.

    2. J. Devisme, *Pasilogie*, Paris, 1806.

    3. J.-Fr. Sudre, *Travaux linguistiques de M. Sudre*, Paris, 1857.

    4. La thèse de Joseph-Marc Bailbé, *La Musique et la littérature en France sous la Restauration*, Paris, Lettres modernes, Minard, 1969, fournit à cet égard de très utiles renseignements dans ses annexes I et II.

Page 443

    1. Pour de plus amples développements, le lecteur se reportera à l'ouvrage déjà ancien mais toujours bien documenté de F. Mackenzie, *Les Relations de l'Angleterre et de la France d'après le vocabulaire*, Paris, Champion, 1939.

    2. Voir à ce sujet l'article de B. Schlieben-Lange, « L'expérience révolutionnaire des Idéologues et leurs théories sémiotiques et linguistiques », in *Linx*, Université Paris-X Nanterre, 1986, n° 15, *Langue et Révolution*, p. 77-97.

Page 444

    1. Il faut ici se reporter aux travaux de J. Dubois, *Le Vocabulaire politique et social en France de 1869 à 1872, à travers les œuvres des écrivains, les revues et les journaux*, Paris, Larousse, 1962, qui, dans une étroite synchronie, font particulièrement bien ressortir les tensions et les torsions auxquels le vocabulaire français est alors soumis. Cf. M. Tournier, « Éléments pour l'étude quantitative d'une journée de 1848», *Cahiers de lexicologie*, XIV, 1969 [1], p. 77-114, et, à l'autre extrémité du siècle, J.-B. Marcellesi, « Le vocabulaire du congrès socialiste de Tours », *Cahiers de lexicologie*, XIV, 1969 [2], p. 57-69.

Page 445

    1. Exemple, les substantifs *Palixandre* ou *palissandre*, *Spahi* et *Spahis*, chez de Wailly et encore dans le *Dictionnaire de l'Académie* de 1878.

    2. J. Chaurand, « De l'essai d'un mot à sa consécration : l'adjectif *existentiel* [1831] », *Cahiers de lexicologie*, XL, 1982 [1], p. 41-50.

Page 450

    1. Dupiney de Vorepierre, *Dictionnaire français illustré*, 1881, t. II, p. 700c.

    2. Le *Dictionnaire universel d'histoire naturelle*, publié à partir de 1842, en 13 volumes et 3 atlas, sous la direction de Charles d'Orbigny, Paris, Bureau principal des éditeurs, marque assez précisément cette transition.

Page 451

1. Parmi les ouvrages « classiques » susceptibles d'aider à se repérer dans cette production, il conviendrait de revenir à Lorédan Larchey, *Dictionnaire historique, étymologique et anecdotique de l'argot parisien*, 6ᵉ éd. des *Excentricités du langage*, Paris, F. Polo, 1872. Le sous-titre fait directement mention de la marginalité du phénomène.

2. J.-R. Klein, *Le Vocabulaire des mœurs de la « vie parisienne », sous le Second Empire. Introduction à l'étude du langage boulevardier*, Louvain, Nauwelaerts, 1976.

3. Voir J.-Ph. Saint-Gérand, « Raynouard, Michel, Marmier, et Paris : les débuts de la philologie française au XIXᵉ siècle », Actes du Colloque *Mythes et origine* du CRRR, novembre 1993, Paris, Les Belles Lettres, 1996.

Page 452

1. L. de Bercy, « Le Rameneur », in *Le Chat noir*, 16 septembre 1882, p. 4 b.

2. Respectivement *Lettre à Lord ****, et *Réponse à un acte d'accusation* dans *Les Châtiments*.

Page 453

1. P.J. Wexler, « Une pétition de 1827 en argot de typographes », in *Le Français moderne*, XXIXᵉ année, 1962, p. 133-137. Et il faudrait ajouter à cette documentation le *Petit dictionnaire de la langue verte typographique* d'Eugène Boutmy, Paris, 1874, réédité en 1981, Paris, Les Insolites, ainsi que *Le Langage parisien au XIXᵉ siècle* de L. Sainéan, Paris, 1920.

2. M. Dubois, « Argot en usage au bagne de Brest en 1821 », in *Le Français moderne*, XXVIIIᵉ année, 1961, p. 279-288, et XXIXᵉ année, 1962, p. 53-60, 195-205.

Page 454

1. Antoine Laporte, *Le Naturalisme ou l'Immoralité littéraire. Émile Zola, l'homme et l'œuvre*, Paris, 1894, p. 131.

2. Voir notamment leur *Petit traité de littérature naturaliste d'après les Maîtres*, Paris, Vanier, 1880.

3. Paris, 1890, Doublelzévir.

4. G. Gougenheim, « Lexicologie du XIXᵉ siècle », in *Le Français moderne*, 13ᵉ année, 1946, octobre 1946, p. 251-252.

Page 455

1. Bescherelle frères, et Litais de Gaux, *Grammaire nationale ou Grammaire de Voltaire, de Racine, de Bossuet, de Fénelon, de J.-J. Rousseau, de Buffon, de Bernardin de Saint-Pierre, de Chateaubriand, de Casimir Delavigne*, Paris, Bourgeois-Maze, 1836, p. 157-158.

Page 456

1. B. Combettes a très précisément analysé ce phénomène dans plusieurs articles, notamment : « La construction détachée portant sur l'objet du verbe ; évolution syntaxique et textuelle », *Champs du signe. Sémantique, rhétorique, poétique*, n° 5, 185-198.

2. Étienne Bonnot de Condillac, *Cours d'étude pour l'instruction du prince de Parme*, 16 volumes, t. 1 (1775) ; réédition dans la série « Grammatica universalis », publiée par H.E. Brekle, Frommann-Holzboog, Stuttgart-Bad-Cannstatt.

Page 457

1. Voir plus particulièrement sur ce point, ici, la 4ᵉ partie consacrée à la langue du XVIIIᵉ siècle, et plus largement : J.-P. Seguin, 1993 : *L'Invention de la phrase au XVIIᵉ siècle*, Bibliothèque de l'Information grammaticale, Louvain, Paris, Éditions Peeters, 1993, vol. 26, 480 p.

Page 462

1. D'après Ferdinand Brunot, *Histoire de la langue française*, Armand Colin, 1968, t. IX, 1re partie, p. 444.

Page 463

1. P.-A. Lemare, *Annales de grammaire*, Paris, 1818, n° 1, p. 8.

Page 464

1. L. Liard, *L'Enseignement supérieur en France, 1789-1889*, t. I, Paris, 1924, p. 342-343.

2. B. Jullien, *Cours supérieur de grammaire*, 1re partie : « Grammaire proprement dite », Paris, Hachette, 1849, extrait du *Cours complet d'éducation pour les filles*, p. v.

3. Serreau et Boussi, *La Grammaire ramenée à ses principes naturels, ou Traité de grammaire générale appliquée à la langue française*, Paris, Dauthereau, Libraire, 1829, p. 18.

Page 465

1. Serreau et Boussi, *op. cit.*, p. 31.

2. Bescherelle frères, et Litais de Gaux, *Grammaire nationale ou Grammaire de Voltaire, de Racine, de Bossuet, de Fénelon, de J.-J. Rousseau, de Buffon, de Bernardin de Saint-Pierre, de Chateaubriand, de Casimir Delavigne*, Paris, Bourgeois-Maze, 1836, p. 679.

3. Bescherelle frères, et Litais de Gaux, *op. cit.*, p. 385.

4. Bescherelle frères, et Litais de Gaux, *op. cit.*, p. 135.

5. Bescherelle frères, et Litais de Gaux, *op. cit.*, p. 842.

6. On consultera sur ce point l'article de Christian Nique, « L'appareil syntaxique issu du comparatisme [1836-1882] », in *Le Français moderne*, 51e année, juillet 1983, n° 3, p. 224-243.

Page 466

1. André Chervel, *... Et il fallut apprendre à écrire à tous les petits Français*, Paris, Payot, 1977, p. 148-185.

Page 468

1. Scott de Martinville, « Recherches sur l'origine du Verbe », in *Annales de grammaire*, vol. 4, Paris, 1820, p. 504.

Page 469

1. Hippolyte Taine, préface de l'ouvrage intitulé *De l'intelligence*, Paris, 1870, p. IV.

2. André Chervel, *Les Grammaires françaises, 1800-1914. Répertoire chronologique*, Paris, INRP, 1982. À l'heure de la correction des épreuves de ce volume, le lecteur dispose en outre du très précieux répertoire dressé par Bernard Colombat et ses collaborateurs : *Corpus représentatif des grammaires*, 1re série, HEL Hors Série, Paris, PUF, 1998, dans lequel nos grammaires essentielles du XIXe siècle font l'objet d'un dépouillement et d'une description analytiques.

3. Voir Alain Berrendonner, « Les grammaires du romantisme », in *Romantisme*, Actes du colloque de Sonnenwill, 1979, Éditions universitaires de Fribourg, 1980, p. 33-48.

Page 470

1. Paris, Hachette, 1875.

2. Par ordre chronologique strict : 1851, Ayer, *Grammaire française, ouvrage destiné à servir de base à l'enseignement scientifique de la langue*, Lausanne, Georg. – 1851, Guérard, *Cours complet de langue française. Théorie et exercices*, Paris, Dezobry et Magdeleine. – 1852, Larousse, *La Lexicologie des écoles. Cours complet de langue*

française et de style, divisé en 3 années ; 1re année, *Grammaire élémentaire lexicologique*, Paris, Maire-Nyon ; 2e année, *Grammaire complète syntaxique et littéraire*, Paris, Larousse et Boyer [1868] ; 3e année, *Grammaire supérieure formant le résumé et le complément de toutes les études grammaticales*, Paris, Larousse et Boyer [1868]. – 1875, Brachet et Dussouchet, *Petite grammaire française fondée sur l'histoire de la langue*, Paris, Hachette. – 1893, Dottin et Bonnemain, *Grammaire historique du français, accompagnée d'exercices et d'un glossaire*, Paris, Fouraut.

3. Voir Jean Stéfanini, « Une histoire de la langue française en 1812 », in *Mélanges offerts à Charles Rostaing*, Paris, 1981, t. II, p. 1046.

Page 471

1. Voir Jacques Chaurand, « L'histoire de la langue avant Brunot : *Origine et formation de la langue française* d'Albin de Chevallet [1858] », in *Au bonheur des mots. Mélanges en l'honneur de Gérald Antoine*, Presses universitaires de Nancy, 1984, p. 472.

2. M. Pellissier, *La Langue française depuis son origine jusqu'à nos jours. Tableau historique de sa formation et de ses progrés*, Paris, Librairie académique Didier et Cie, 1866, p. 4.

Page 472

1. A. Chassang, *Nouvelle grammaire française, avec des notions sur l'histoire de la langue et en particulier sur les variations de la syntaxe du XVIe au XIXe siècle*, Paris, Garnier Frères, 1876, p. I-VI.

2. Voir Jacques Bourquin, « Léon Clédat [1850-1930] et la *Revue de philologie française* », in Hélène Huot, éd., *La Grammaire française entre comparatisme et structuralisme, 1870-1960*, Paris, Armand Colin, 1991, p. 25-72.

Page 473

1. Michel Foucault, Préface à la réédition de la *Grammaire générale de Port-Royal*, Republication Paulet, Paris, 1969, p. IX.

Page 474

1. Voir *La Poésie lyrique des troubadours*, Toulouse, Privat, 1934.

2. La seule connue, et qui ait survécu jusqu'à aujourd'hui, en dépit des tentatives de 1837 et de 1851.

Page 475

1. B. Jullien, *Cours supérieur de grammaire*, 1re partie : « Grammaire proprement dite », Paris, Hachette, 1849, extrait du *Cours complet d'éducation pour les filles*, p. 61.

Page 476

1. *Ibid.*, p. 64 b.

2. Brigitte Nerlich, *Semantic Theories in Europe, 1830-1930*, John Benjamins, Amsterdam-Philadelphia, 1992, p. 125-204.

Page 478

1. *Bulletin de la Société des parlers de France*, Paris, H. Welter, 1893, n° 1, p. 2. Dans tous les extraits cités, c'est nous qui soulignons.

2. Sur ce point, on consultera avec profit *De François Raynouard à Auguste Brun. La contribution des Méridionaux aux premières études de linguistique romane*, Lengas, n° 42, 1997, avant-propos du regretté Daniel Baggioni et de Philippe Martel, Université Paul-Valéry, Montpellier-III.

3. *Bulletin de la Société des parlers de France*, op. cit., p. 3.

Page 479

1. *Ibid.*, p. 4.

2. *Ibid.*, p. 4-5.

3. *Ibid.*, p. 6.

4. Il faut bien sûr penser – à cette date – à Paul Passy et à l'alphabet de l'Association phonétique internationale, Paris, 1886.

Page 480

1. *Bulletin de la Société des parlers de France*, *op. cit.*, p. 12-13.

2. En tête de ses *Notions générales sur les origines et sur l'histoire de la langue française*, Paris, Delalain, 1883, celui-ci écrivait : « L'histoire de la langue ne doit pas être confondue avec celle de la littérature. La langue est l'instrument de la littérature ; mais le domaine de la langue est bien plus vaste que celui de la littérature. [...] Tout ce qui est parlé appartient à l'historien de la langue. Le langage du paysan à sa charrue, du soldat dans le camp, de l'ouvrier dans l'atelier, l'intéressent autant, peut-être plus que la plus belle *Oraison funèbre* de Bossuet, écrite en une langue admirable, mais pour ainsi dire idéale, n'ayant jamais été tout à fait vivante, puisqu'elle n'a jamais été usuelle » (p. 3).

3. Armand Weil, « À propos d'un récent Dictionnaire. Notes sur le vocabulaire du XIXe siècle », in *Le Français moderne*, 12e année, janvier-avril 1945, n° 1, p. 109.

4. B. Quemada, *Les Dictionnaires du français moderne (1539-1863). Étude sur leur histoire, leurs types et leurs méthodes*, Paris, Didier, 1968.

Page 481

1. Alain Rey, *Littré, l'humaniste et les mots*, Paris, NRF Gallimard, 1970.

2. André Rétif, *Pierre Larousse (1817-1875) et son œuvre*, Paris, Larousse, 1975. Pour mieux comprendre les implications du social dans la pratique lexicographique, il conviendrait d'ajouter à la précédente référence le volume tout récent publié sous la direction de Jean-Yves Mollier et Pascal Orry, *Pierre Larousse en son temps*, Paris, Larousse, 1995.

3. R. Journet, J. Petit et G. Robert, *Mots et dictionnaires (1798-1878)*, Annales littéraires de l'Université de Besançon, diffusion Les Belles Lettres, Paris, 11 vol., 1966-1978.

4. *Datations et documents lexicographiques*, publiés sous la direction de B. Quemada, *Matériaux pour l'histoire du vocabulaire français*, CNRS, Klincksieck, Paris, 1960 et suivantes. 48 volumes publiés à ce jour.

5. Depuis sa thèse sur *Le Vocabulaire et la société sous Louis-Philippe*, Genève, Droz, et Lille, Giard, 1951, en passant par *La Méthode en lexicologie*, Paris, Didier, 1953, et *Histoire des dictionnaires français*, Paris, Larousse, 1968.

6. Notamment *Les Vocabulaires français*, I : *Définitions*, II : *Les Dictionnaires*, Paris, Didier, coll. « Orientations », 1967-1970, et l'article des *Cahiers de lexicologie*, XXVII, 1975-2, p. 81-104, « À propos des dictionnaires », réédité dans R.-L. Wagner, *Essais de linguistique française*, Paris, Nathan Université, 1980, p. 123-144.

7. *Travaux de linguistique et de philologie*, XXVI, Strasbourg-Nancy, Paris, Klincksieck, 1988, *Actes du Colloque de lexicographie historique de Düsseldorf (23-26 septembre 1986)*; *Lexique*, 9, Presses universitaires de Lille, 1990, « Les marques d'usage... » ; *Langue française*, 106, mai 1995, Paris, Larousse, *L'Exemple dans le dictionnaire de langue. Histoire, typologie, problématique*.

8. *Lexique*, 12/13, Presses universitaires du Septentrion, 1995, *Dictionnaires et littérature, littérature et dictionnaires*, P. Corbin et J.-P. Guillerm, éds.

Page 482

1. Voir *Les Dictionnaires du français moderne (1539-1863)*, p. 596-625.

2. Magnien et Deu, Paris, 1809.

3. Marchant, Paris, 1816.

4. Anonyme, Paris, 1821.

5. Saint-Edme, Paris, 1824.

6. Cousin d'Avallon, Paris, 1826.
7. Baudrillard, Paris, 1829.
8. Cardini, Paris, 1845.
9. *Grammaire des grammaires*, 1re éd., Paris, 1812.
10. Le Mière de Corvey, Rennes, Paris, 1824.
11. Fontanier, Paris, 1825.
12. Le P. Loriquet, Lyon, 1825, ou Rondonneau, Paris, 1821.
13. Barberi, Paris, 1821 ; Letellier, Paris, 1814.
14. Anonyme, Paris, 1830.
15. Legonidec, Paris, 1823 ; Richard des Vosges, Paris, 1824.
16. Régnier, Marseille, 1829 ; Jourdan, Paris, 1834.
17. Alberti de Villeneuve, Bassano, 1811.
18. Landais, Paris, 1834.

Page 483
1. Bescherelle, Paris, 1843.
2. Boiste, Paris 1800-29 ; Verger, Paris, 1822.
3. Mozin, Stuttgart, 1811.
4. Platt, Paris, 1835.
5. Latouche, Paris, 1830 ; Noël et Carpentier, Paris, 1831 ; Eichhoff, Paris, 1840.
6. Laveaux.
7. Godefroy, Metz, 1827.
8. Planche, Paris, 1819 ; Carpentier, Paris, 1822.
9. *Dictionnaire de la conversation et de la lecture*, Paris, 1832.
10. Émile Blanc, *Le Dictionnaire logique de la langue française, ou Classification naturelle et philosophique des mots, des idées et des choses*, Paris, Lyon, Boyer, 1882.
11. G. Gusdorf, *Fondements du savoir romantique*, Paris, Payot, 1982, p. 233.

Page 484
1. Voir *Des mots et des mondes. Dictionnaires, encyclopédies, grammaires, nomenclatures*, Hatier, 1991, p. 148.

Page 486
1. Sur ces différents points, j'ai pu rédiger plusieurs articles dans lesquels je tente de mettre en relation l'activité de création littéraire et la définition d'une langue nationale, déclinée en paradigmes par les dictionnaires, qui se trouve en butte aux revendications d'auteurs ressentant le besoin d'élargir leur palette lexicale.
2. Comme le souligne d'ailleurs Jean-Paul Colin dans son article de l'*Encyclopédie internationale de lexicographie* : « Les dictionnaires de difficultés », p.p. F.J. Hausmann *et alii*, Walter de Gruyter, 1990, New York, Berlin, t. I, p. 1210-1217.
3. *La Vérité dans le vin*, 1768.

Page 487
1. *Dictionnaire du langage vicieux*, 1835, p. 260.
2. De la 1re à la 4e éd. du *Dictionnaire* de Boiste, soit en un peu plus de vingt ans, la nomenclature fait presque doubler, passant de 34 800 à près de 63 600 entrées.
3. Pour de plus amples informations sur la conception de ce dernier, on se reportera à l'édition de son traité de 1730, *Des tropes ou Des différents sens*, procurée naguère par F. Douay, Flammarion, 1988, notamment p. 222-231.

Page 491
1. Bernard Jullien, *Thèses de grammaire*, Hachette, 1855, « Coup d'œil sur l'histoire de la grammaire », p. 7.

Page 492

1. *L'Art de parler et d'écrire correctement...*, p. 139.
2. Cf. *loc. cit.*

Page 493

1. Voir J.-Ph. Saint-Gérand, 1998.

Page 495

1. *Journal de la langue française et des langues en général*, 3ᵉ série, 1ʳᵉ année, novembre 1837, p. 198.
2. La référence indirecte aux qualités développées par le *Discours* de Rivarol *sur l'universalité de la langue française* (1784) est – sous cet aspect – particulièrement éclairante.
3. Voir *infra* l'association surprenante de la logique et de la pragmatique au service d'une meilleure adéquation de l'expression aux conditions de son actualisation, bien avant l'éveil d'un intérêt quelconque pour la théorisation moderne de l'énonciation.
4. La 1ʳᵉ édition, publiée à Londres, date de 1797 ; la 7ᵉ, et dernière, de 1822 ; l'ouvrage est diffusé en France depuis 1799 ; le *Journal de la librairie française* en assure régulièrement l'annonce élogieuse.

Page 498

1. On se reportera en particulier au paragraphe 240, p. 544, de son ouvrage, qui présente une remarquable prémonition de la théorie de l'actance telle qu'elle est développée par B. Pottier dans *Linguistique générale*, Klincksieck, 1974, p. 55-56.

Page 499

1. Voir J.-Ph. Saint-Gérand, « Histoire, modèles et style », in *Morales du style*, Presses universitaires du Mirail, coll. « Crible », Toulouse, p. 37-59.
2. *Chrestomathie française*, t. III, 2ᵉ éd., 1836, p. 49, in *Mélanges littéraires*, publiés par P. Kohler, Société d'édition Vinet, Payot, Lausanne, 1955, p. 154-156.

Page 500

1. Voir Danielle Bouverot, « La stylistique restreinte », in *Au bonheur des mots. Mélanges en l'honneur de Gérald Antoine*, Presses universitaires de Nancy, 1984, p. 463-470.
2. Le beau livre de Yannick Portebois, *Les Saisons de la langue. Les écrivains et la réforme de l'orthographe, 1889-1914*, Paris, Champion, 1998, est là pour en témoigner.

VIII. LE FRANÇAIS ET SES PATOIS

Page 548

1. Voir notamment Jacques Chaurand, « Les français régionaux », *Les Parlers et les hommes. Recueil de travaux inédits ou publiés, revus et augmentés*, Paris, SPM, 1992, 2 vol., II, p. 371-417 (1ʳᵉ éd. *HLF [1880-1914]*, *op. cit.*, p. 339-368) ; Pierre Rézeau, « Les variétés régionales du français de France », *HLF (1914-1945)*, *op. cit.*, p. 677-713, et *Matériaux pour l'étude des régionalismes du français*, *op. cit.*

Page 549

1. Bodo Muller, *Le Français d'aujourd'hui*, Paris, Klincksieck, 1985, p. 15.
2. Le catalogue de l'exposition constitue le nᵒ 5 de *Qui-vive international*, 1987.
3. Voir la synthèse d'Andrée Tabouret-Keller, « Le plurilinguisme : revue des travaux français de 1945 à 1973 », in B. Pottier, *Les Sciences du langage en France au XXᵉ siècle*, Paris, Peeters, 1992, p. 381-394.

Page 551

1. J.-C. Bouvier, dir., *Les Français et leurs langues*, Aix-en-Provence, Publications de l'Université de Provence, 1991.

2. A. Gazier, *Lettres à Grégoire sur les patois de France (1790-1794)*, Paris, A. Durand, et Pedone-Lauriel, p. 269.

3. Cité dans Marie-Rose Simoni-Aurembou, « Les noms de l'Enfant prodigue. *Langue, dialecte, patois* au début du XIXᵉ siècle », in J.-C. Bouvier, dir., *Les Français et leurs langues, op. cit.*, p. 503-531.

4. Bernard Pottier, « La situation linguistique en France », *Le Langage*, André Martinet, dir., Paris, Gallimard, 1968, p. 1144-1161.

Page 553

1. Jacques Monfrin, « Les parlers de France », *La France et les Français*, Michel François, dir., Paris, Gallimard, 1972, p. 745-775.

Page 554

1. Les textes publiés par Augustin Gazier en 1880 *(op. cit.)* sont aujourd'hui encore la seule source accessible de l'ensemble des documents, et l'ouvrage de Michel de Certeau *et al.*, *Une politique de la langue* (1974, Gallimard) la meilleure source d'information.

2. Dans le domaine d'oïl, on remarque l'absence de la Normandie, la Bretagne romane, le Val de Loire – sauf Sully –, une bonne partie de la Bourgogne (cf. *Une politique de la langue, op. cit.*, carte p. 36).

Page 557

1. On aura une vue d'ensemble de l'enquête dans : Ferdinand Brunot, « La limite des langues en Belgique sous le premier Empire… », *Académie royale de langue et de littérature françaises*, Bruxelles, s.d. (lecture faite en novembre 1924) ; *HLF*, IX, 1ʳᵉ partie, « Limite de la langue française sous le Premier Empire », p. 525-599 ; Sever Pop, *La Dialectologie*, Louvain-Gembloux, Duculot, 1950, I, p. 19 *sq.*; Marie-Rose Simoni-Aurembou, « La couverture géolinguistique de l'Empire français : l'enquête de la parabole de l'Enfant prodigue », *Espaces romans*, Grenoble, ELLUG, 1989, II, p. 114-139, et « Les noms de l'Enfant prodigue… », in Bouvier, *Les Français et leur langue, op. cit.*, p. 503-531.

Page 559

1. Nous utilisons le texte manuscrit de la Bibliothèque nationale de France, cote NAF 20080, plus complet que celui publié en 1831.

Page 560

1. Nicole Belmont, *Paroles païennes. Mythe et folklore. Des frères Grimm à P. Saintyves*, Paris, Imago, 1986, p. 74. Voir aussi, du même auteur, « L'Académie celtique et George Sand. Les débuts des recherches folkloriques en France », *Romantisme* 9 (1975), p. 29-38.

2. La très intéressante enquête phonologique dirigée par Henriette Walter, *Enquête phonologique et variétés régionales du français*, Paris, PUF, 1982, a un réseau homogène mais lâche qu'H. Walter était la première à déplorer. L'enquête à mailles serrées reste à faire.

3. Jules Gilliéron et Edmond Edmont, *Atlas linguistique de la France*, Paris, Champion, 1902-1910 (1 920 cartes)

Page 561

1. Émile Agnel, *Observations sur la prononciation et le langage rustiques des environs de Paris*, Paris, Schlesinger frères - J.B. Dumoulin, 1855.

2. Jakob Wüest, « Le patois de Paris et l'histoire du français », *Vox Romanica*, 44 (1985), p. 234-258.

Page 562

1. En 1921, Paul Passy a publié une autre étude de terrain sur un autre parler proche de Paris, la Champagne Sud : « Les restes d'un patois champenois à Cunfin-en-

Bassigny (Aube) », *Cinquantenaire de l'École pratique des hautes études*, Bibliothèque des Hautes Études 230, p. 237-251. Ce village est voisin du point 164 de l'*ALCB*, Noé-les-Mallets.

2. Jacques Chaurand, « Pour l'histoire du mot *francien*», *Les Parlers et les hommes*, *op. cit.*, II, p. 350-363 (1re éd. 1983) ; Gabriel Bergounioux, « Le francien. La linguistique au service de la patrie. 1815-1914», *Mots* 19 (1989), p. 23-40 ; Jacqueline Picoche et Christiane Marchello-Nizia, *Histoire de la langue française*, 1994, *op. cit.*, ch. I.VII, « Le français est-il le dialecte de l'Ile-de-France ? ».

Page 563

1. Par exemple Pierre Bec, *Manuel pratique de philologie romane*, II, Paris, Picard, 1971, carte n° 1 « Le français et ses dialectes » ; Henriette Walter, *Le Français dans tous les sens*, Paris, Laffont, 1988, « Divisions dialectales en zone d'oïl », p. 149 ; Anne Lefebvre, « Les langues du domaine d'oïl », *Vingt-cinq communautés linguistiques de la France* I, Paris, L'Harmattan, 1988, carte p. 262.

2. Pierre Fouché, « Les diverses sortes de français au point de vue phonétique », *Le Français moderne*, 1936, p. 199-216.

Page 564

1. G. Straka, « Sur la formation de la prononciation française d'aujourd'hui », *Travaux de linguistique et de littérature*, 19, 1, 1981.

2. G. Straka, « La prononciation parisienne, ses divers aspects et ses traits généraux », *Bulletin de la Faculté des lettres de Strasbourg*, 1952, 45 p. (2e éd.).

3. André Martinet et Henriette Walter, *Dictionnaire de la prononciation française dans son usage réel*, Paris, France-Expansion, 1973.

Page 565

1. Voir Jacques Chaurand, *Introduction à la dialectologie française*, Paris, Bordas, 1972, notamment « Aspects ethnographiques et technologiques », p. 225-240.

2. *Wörter und Sachen*, Klaus Beitl et Isac Chiva, éds., Wien, Osterreichischen Akademie der Wissenschaften, 1992 ; traduction française : *Mots et choses de l'ethnographie de la France. Regards allemands et autrichiens sur la France rurale dans les années 30*, Klaus Beitl, Christian Bromberger et Isac Chiva, éds., Paris, Éd. Maison des sciences de l'homme, 1997.

3. *JATBA* 24, n° 2-3 (1977), *Les Hommes et leurs sols*, voir François Sigaut, « Introduction », p. 69-74, et « Quelques notions de base en matière de travail du sol dans les anciennes agricultures européennes », p. 139-169.

Page 567

1. Une étude reste inégalée, celle de Jean Séguy sur *Les Noms populaires des plantes dans les Pyrénées centrales*, Barcelone, Monografias del Instituto de Estudios Pirenaicos, 1953 ; plus récemment, voir les Actes du 5e colloque *Dialectologie et littérature du domaine d'oïl occidental*, M.-R. Simoni-Aurembou éd., Fontaine-lès-Dijon, ABDO, 1995.

Page 568

1. Nina Catach, dir., *Dictionnaire historique de l'orthographe française*, Paris, Larousse, 1995.

2. Pierre Rézeau, *Dictionnaire des régionalismes de l'Ouest*, Les Sables-d'Olonne, Le Cercle d'Or, 1984.

3. Geneviève Lacambre, « XIXe siècle », *Paysages, paysans. L'art et la terre en Europe du Moyen Âge au XXe siècle*, Paris, BNF / Réunion des Musées Nationaux, 1994, p. 195-239.

Page 570

    1. Richard et Caroline B. Brettel, *Les Peintres et le paysan au XIXe siècle*, Genève, Skira, 1983 (trad. fr.), p. 84.

    2. *Jean-François Millet*, catalogue de l'exposition du Grand-Palais, Paris, Éditions des Musées nationaux, 1975, p. 95.

Page 572

    1. Claude Gauchet, *Le Plaisir des champs...*, Paris, 1583 (1re éd.) ; éd. P. Blanchemain, Paris, A. Franck, p. 304-313.

Page 573

    1. Gaston Tuaillon, « La dialectologie », in B. Pottier, *Les Sciences du langage en France au XXe siècle*, *op. cit.*, p. 395-448.

    2. À titre d'exemple, citons pour le domaine d'oïl, Roger-Jean Lebarbenchon, *Littératures et cultures populaires de Normandie*, Cherbourg, Isoete, 1988 ; *La Grève de Lecq : Guernesey et Jersey*, Cherbourg, Isoete, 1988.

Page 574

    1. Charles Nisard, *Étude sur le langage populaire ou Patois de Paris et de sa banlieue*, Paris, A. Franck, 1872, p. 130.

Page 575

    1. Voir les bibliographies établies pour deux départements par M.-R. Simoni-Aurembou : *Encyclopédies régionales. Eure-et-Loir*, Paris, Bonneton, 1994, p. 228-229 ; *Encyclopédies régionales. Loir-et-Cher*, Paris, Bonneton, 1995, p. 205-212.

Page 578

    1. M.-R. Simoni-Aurembou, « La presse et les parlers locaux : un recueil de chroniques percheronnes du vingtième siècle », in Dieter Kremer et Hans-Joseph Niederehe, éds., *Littératures et langues dialectales françaises*, Hambourg, Helmut Buske, 1981, p. 75-106.

    2. Ces chroniques ont été rassemblées dans André Gilbert, *L'Haritage pardu ou l'Amour de la terre*, Fontaine-lès-Dijon, ABDO, 1995 (2e éd. Saint-Pryve-Saint-Mesmin, Desjardin, 1996).

IX. La langue française au XXe siècle : l'émergence de l'oral

Page 587

    1. On pourrait penser à une autre césure, le centenaire de la Révolution Française : la IIIe République va s'estimer en charge de son héritage, en particulier quant à la diffusion de la langue nationale. Les autres césures ne me paraissent pas avoir d'effets linguistiques (mais sans doute des effets dans la littérature) : l'affaire Dreyfus (le *J'accuse* de Zola est de 1898), et la séparation de l'Église et de l'État (1905), qui contribuent pour longtemps à couper la France en deux. Pour toute cette partie, on s'est appuyé sur Prost (1996).

    2. L'analphabétisme recule, mais pas l'illettrisme, qui concerne 10 % de la population.

Page 588

    1. 8 millions de soldats mobilisés, 1 350 000 morts, en majorité de jeunes hommes qui n'auront pas d'enfants. La perte est lourde aussi dans les élites : quand, au début des années 20, une association d'anciens combattants édite une anthologie d'écrivains disparus, 525 noms y figurent.

    2. À partir de 1924, l'enseignement pour filles est aligné sur celui des garçons : mêmes classes, mêmes horaires, mêmes programmes (sauf pour la couture).

Page 590

  1. Paysans, artisans, travailleurs à façon à domicile, surtout des femmes ; domestiques – presque 1 million en 1906 – souvent chargés de l'éducation des enfants bourgeois.

  2. On évalue les couches moyennes à 18 % de la population active en 1954, et 46 % en 1990.

L'insécurité linguistique est définie par le sociolinguiste américain William Labov comme le comportement de locuteurs issus surtout de la petite et moyenne bourgeoisie, qui savent que certaines formes sont valorisées, cherchent à les utiliser, mais en maitrisent mal le mécanisme. Cette attitude induit des hypercorrections, dont un exemple est une prononciation à l'anglaise de mots qui ne sont pas d'origine anglaise, comme *Beethoven* prononcé [bitovn].

Page 591

  1. En 1900, 60 % des Français vivent à la campagne ; en 1990, 75 % habitent des agglomérations de plus de 2 000 habitants.

  2. Des récits de vie parus depuis les années 60 offrent des témoignages sur les enfances linguistiques d'auteurs d'origine campagnarde. Parmi beaucoup d'autres, outre *Parler croquant* du Corrézien Claude Duneton (1973), *Le Cheval d'orgueil*, du Breton Pier-Jakez Hélias (1975).

Page 592

  1. On peut s'étonner que les historiens en parlent si peu : même ceux qui font de l'histoire sociale ou de l'histoire des mentalités ne traitent pas les individus comme locuteurs.

Page 593

  1. De 1880 à 1910, les tirages de la presse parisienne, très bon marché grâce à la publicité, sont multipliés par deux et demi, ceux de la presse de province par huit (Mayeur, in Antoine et Martin, 1985, p. 17). Quant au nombre de lettres (*id.*, p. 14), il est multiplié par quatre entre 1875 et 1910. Avec le téléphone, l'augmentation du nombre de lettres est désormais due à la correspondance commerciale.

Page 595

  1. Quand, en 1911, Émile Pathé offre à la Sorbonne des machines pour le Laboratoire de phonétique, Ferdinand Brunot appelle à la constitution d'*Archives de la parole*, qu'il aide à enrichir. Voir Veken (1985), pour la description d'une enquête de terrain conduite en 1912 par Ferdinand Brunot et Charles Bruneau.

Page 597

  1. Sans effet de sens péjoratif. Le terme correspond à ce que le linguiste Sapir nomme *drift*, comme dans l'expression technique « dérive des continents ».

Page 599

  1. On en voit les effets dans la différence entre *la petite*, qui peut se prononcer avec ou sans *e*, et *une petite*, où il est obligatoire.

Page 600

  1. Georges Brassens (qui était du Midi) fait rimer : « Non les braves gens n'aiment pas que / l'on suive une autre route qu'eux. »

  2. Qu'elle soit sentie comme fragile, on le voit à certaines anecdotes, comme cette devinette : « Quelle différence y a-t-il entre Paris, l'ours blanc, l'explorateur et Virginie ? » Réponse : aucune, parce que *Paris est métropole, l'ours blanc est maître au pôle, l'explorateur aime être au pôle*, et *Virginie aimait trop Paul*.

Page 601

  1. Il y a relative uniformité en ce point, sauf pour l'usage alsacien où s'affaiblit la distinction entre sourde et sonore. Celui-ci est signalé depuis longtemps (par exemple

chez Mam'zelle Victoire, la cuisinière alsacienne courtisée par le Sapeur Camember), et fait l'objet de « blagues alsaciennes » : Que signifie « SP » sur les voitures de pompiers strasbourgeoises ? Réponse : *Sa Prule*. Et « PF » sur les voitures des morts ? Réponse : *Pon Foyache*.

2. La francisation de graphies de mots empruntés à l'anglais est chez lui un procédé constant : *ouisqui, Nouillorque, coquetèle*.

Page 602

1. Selon Deschanel (1898), Louis XIV écrivait ce mot *ojordui* (p. 53).

Page 603

1. Littré donne pour ce terme une étymologie farfelue en forme d'à-peu-près. Un officier ramasse un mouchoir, et demande à une dame s'il lui appartient : il obtient le cuir en réponse (*pas t à moi*) ; d'une deuxième, il obtient le velours (*point z à moi*). Il s'exclame alors : « Si ce n'est pas t à vous et point z à vous, je ne sais pas t à qu'est-ce ».

Page 604

1. En 1914, Grammont donne comme prononciation « admise » : *est-i(l) allé à Paris ?, sont-i(ls) arrivés ?* (p. 131).

2. Le premier tracé expérimental montrant les accents d'une phrase française date de 1899.

Page 608

1. Passé simple et imparfait du subjonctif donnent lieu à plaisanteries : *vous m'soupçonnâtes / vous m'épiâtes / vous me pistâtes* (chanson de 1935, citée par Bernet, in Antoine et Martin, 1995), ou *il eût fallu d'abord que je l'osasse / que nos mains se mélassent / que vous frissonnassiez* (Fernandel, 1941) ; et à calembour (*vous qui m'épatâtes*, Boby Lapointe).

2. On voit ici à l'œuvre une régularisation du paradigme des conjonctions : sauf *après que*, toutes les conjonctions formées sur le modèle préposition + *que* pouvant être construites avec l'infinitif sont suivies du subjonctif.

Page 609

1. Comme dans cette blague, dialogue entre un gendarme et son chef : G : « Regardez, chef, une hélicoptère » ; C : « UN hélicoptère » ; G : « Ben chef, vous avez de bons yeux ».

2. Deschanel s'émeut (1898, p. 102) de *démissionner* (« se démettre »), *solutionner* (« résoudre »), et d'autres créations qui ne sont pas toutes liées à des difficultés de conjugaison. Une rare exception à cette tendance est *alunir*.

3. Ce qui a pour effet d'aligner oralement la personne 4 sur les personnes semblables, 1, 2, 3 et 6 : *vous* demeure seul distinct, en indiquant la personne en suffixe verbal.

Page 611

1. Cette analyse se trouve par exemple chez Vendryès (1920) avec l'exemple *il l'a ti jamais attrapé, le gendarme, son voleur ?* Mais Blanche-Benveniste, 1997b, montre que le phénomène n'est pas si fréquent, parce que les sujets nominaux sont rares à l'oral, et parce que les dislocations n'excèdent pas 10% des sujets.

Page 614

1. Ces formes font souvent l'objet de réductions phonétiques données par des écrivains, comme Victor Hugo avec *kekseksa*, ou Raymond Queneau et le *doukipudonktan* de *Zazie dans le métro*. Elles déplaisent aux grammairiens, comme Martinon (1927, p. 132) : « [à propos de la forme *qu'est-ce que cela ?*] la langue parlée ne s'en contente pas, et dit *qu'est-ce que c'est que ça ?*, où il y a trois *que*, deux *ce* et deux *est*, et qui fait rire assez justement les étrangers. »

2. Il n'y a aucune raison d'écrire cette forme *t'y*, comme le font les transcriptions ordinaires (par exemple, dans les bandes dessinées). Voir plus bas.

Page 617

1. Jean Giono est un des rares écrivains à s'en servir ailleurs que dans les dialogues. Certains ont voulu y voir l'influence du substrat provençal.

Page 620

1. Rey-Debove et Gagnon (1984) doutent du succès de ce néologisme (p. 91).

Page 621

1. On ne peut considérer qu'il n'y a là que manipulation formelle sans effet sémantique. Ainsi *céfran*, verlan de « français », signifie « français de souche, ni beur ni black », signification pour laquelle le français n'a pas de mot unique. Un autre problème concerne l'orthographe de ces mots, peu stable. Ainsi, le film de Claude Zidi a introduit *ripoux* pour pluriel de *ripou* (verlan de « pourri ») : il faudrait donc ajouter ce mot à la liste *caillou, chou, hibou*...

Page 622

1. C'est un thème d'observation de Proust, avec le personnage de la servante Françoise : « le génie linguistique à l'état vivant, l'avenir et le passé du français, voilà ce qui eût dû m'intéresser dans les fautes de Françoise » (cité par Le Bidois, 1939, p. 205).

2. Voir le grand nombre de devinettes fondées sur des calembours, comme celle donnée en note 2, p. 600. Boby Lapointe y recourt souvent : *Mon père est marinier dans une péniche/ ma mère dit la paix niche dans ce mari niais*, qui suppose de ne pas distinguer *e* ouvert et *e* fermé.

3. Ainsi *PCDF*, « pauvres couillons du front », terme par lequel s'autodésignent ceux qui, revenant du front en 1918, se confrontent à un marché du travail peu enclin à les accueillir.

Page 627

1. En 1939, Maurice Chevalier chante : *i' nous avaient pris déjà/ not'belote et not'java [...] v'là maint'nant qu'i' nous chipent notre argot/ dans toutes les classes de la société/ la langue verte est adoptée* (cité par Bernet, in Antoine et Martin, 1995, p. 199).

2. Désirat et Hordé (1976) soulignent la différence de rythme des glissements lexicaux selon les domaines : « le passage au français neutre ou commun paraît plus rapide pour les termes désignant le travail que pour les synonymes de *voler*» (p. 46). Le tabou demeure sur les activités antisociales.

Page 630

1. Cohen (1967, p. 275) écrit : «À la campagne même, les rapports de "Père un tel" à "Not' maître" ont cédé généralement aux rapports de "Monsieur" à "Monsieur". »

Page 632

1. Forme peu compréhensible pour un Parisien ; au point que, quand Fernand Raynaud a édité le sketch « ça a eu payé », sa maison de disque parisienne a imprimé sur la pochette *ça eut payé*, forme verbale inexistante encore souvent citée de façon fautive, par le pouvoir de l'écrit.

Page 633

1. On dispose de textes qui ont permis d'étudier par exemple les pratiques d'écriture sous la Révolution ; voir aussi les lettres de soldats de l'an II, ou de guerres ultérieures.

Page 637

1. Les manuels du primaire ont constitué ce puissant creuset d'unité. Deux exemples : *Le Tour de la France par deux enfants*, de Bruno, de 1877, 411ᵉ éd. en 1968 ! ; et le *Cours d'orthographe* de Bled (1945 pour la 1ʳᵉ éd.) qui se préoccupe davantage d'inculquer l'orthographe que de faire réfléchir, mais a été vendu à plus de 40 millions d'exemplaires.

Page 638

1. Grammont (1914) écrit dans son introduction : « Cet ouvrage est destiné essentiellement aux étrangers et aux provinciaux qui veulent se perfectionner dans la bonne prononciation française ou se renseigner sur elle. Toutes les personnes compétentes reconnaissent aujourd'hui que cette prononciation française est celle de la bonne société parisienne, constituée essentiellement par les représentants des vieilles familles de la bourgeoisie. » Rappelons que, hors des villes, seuls les bourgeois parlent vraiment français en France à cette époque.

2. Malgré la critique d'André Gide : « Trouveriez-vous décent qu'une personne vous dise : "mon frère et mon mari sont revenus saufs de la guerre ; en revanche, j'y ai perdu mes deux fils" ? » Ici, *par contre* devrait s'imposer, sauf pour les puristes.

Page 639

1. Moufflet persistera dans cette veine dramatique : *Encore le massacre de la langue française*, 1935, et *Au secours de la langue française*, 1947.

Page 640

1. Ce thème est une constante de ce type de littérature. Ainsi lit-on, dans le nᵒ 178 de la revue *Défense de la langue française* (1995, p. 19) : « Elle [la langue anglaise] est probablement plus vulnérable aujourd'hui que ne l'est la nôtre (au demeurant moins menacée par les anglicismes que par ses débâcles internes, dues à l'inculture et au laisser-aller de ses locuteurs naturels). »

2. Wagner écrit ironiquement : « Quatre ans elle mit des hommes bien au contact de paysans, d'ouvriers, de marlous, de fonctionnaires subalternes » (1964, p. 167).

Page 642

1. Il y a toutefois une différence : les attaques contre l'anglais sont assorties d'une mise en garde contre « le gréco-français », zone où nos défenseurs actuels auraient plutôt tendance à se replier.

2. Marcel Proust raille dans la *Recherche* l'anglomanie du début du siècle, avec le personnage de Mᵐᵉ de Forcheville.

3. Pendant longtemps, il a paru élégant d'affecter une prononciation française des emprunts à l'anglais : dans la chanson, Maurice Chevalier et Fernandel s'en étaient fait une spécialité.

Page 643

1. Pour tous ces points, voir Rey-Debove et Gagnon, 1984.

Page 645

1. À part la référence historique au géographe Onésime Reclus, qui en est le créateur dans le dernier quart du XIXᵉ, le terme sera relancé en 1962 par le Sénégalais Léopold Senghor.

2. On retrouve donc, déplacé sur la scène internationale, ce qui semble un cadre permanent de l'idéologie sur le français : d'un côté la belle langue qui exige le raffinement d'esprits supérieurs, de l'autre la communication, bonne pour la masse.

Page 646

1. François (in Antoine et Martin, 1985) passe en revue les documents écrits, littéraires ou non, dont on dispose pour l'histoire de la langue populaire, pour une période qui va jusqu'en 1914.

2. On peut évoquer quelques titres : Frapié, *La Maternelle* ; Pergaud, *La Guerre des boutons* (1912) ; Benjamin, *Gaspard* (1915) ; Barbusse, *Le Feu* (1916), prix Goncourt ; Dorgelès, *Les Croix de bois* (1919) ; Genevoix, *Raboliot* (1925) ; Carco, *L'Équipe* (1926), *Jésus-la-Caille* ; Giono, *Un de Beaumugnes* (1928), *Regain* (1930) ; Dabit, *Hôtel du Nord* (1931) ; Poulaille, *Le Pain quotidien* (1931) ; Aymé, *La Jument verte* (1933) ; Guilloux, *Le Sang noir* (1935).

Page 648

1. Selon Müller (1985, p. 47), ses fonctions de lecteur dans une grande maison d'édition, lui permettant de constater que même les écrivains ne maitrisaient pas l'écrit, ont pu surdéterminer ce point de vue. Antonin Artaud défend un point de vue semblable : « Je suis de ceux qui croient que l'on doit écrire comme l'on parle. »

Page 655

1. Pour une vaste bibliographie, Descamps-Hocquet, 1989.

Page 656

1. Dans la nécrologie de Brunot, dans *Le Français moderne* en 1938, Dauzat écrit : « Sur 265 observations présentées par Brunot, l'Académie tint compte de 240 dans ses éditions ultérieures. Quelle humiliation, que la noble Compagnie aurait pu s'éviter si elle n'avait pratiqué systématiquement le culte de l'incompétence » (p. 98).

Page 659

1. Arrivé, 1993, cite encore quelques tentatives au tournant du siècle, d'une hardiesse devenue impensable de nos jours.

Page 660

1. Un seul exemple : en 1905, l'Académie, avec le rapport Faguet, acceptait d'unifier le pluriel des noms en *-ou* en substituant *-s* à *-x* dans la série *bijou, caillou, chou, genou, hibou, joujou, pou*. Mais elle n'entérine pas cette modification dans l'édition suivante du *Dictionnaire*. Et celle-ci n'est même pas proposée en 1990.

X. LA LANGUE FRANÇAISE AU XXe SIÈCLE : CE QUE DISENT LES CHIFFRES

Page 675

1. On fait partie des optimistes si l'on estime à 5 % la part du français sur *Internet*. Pour mesurer cette présence française sur la « Toile », on peut s'appuyer sur un indice, que beaucoup d'autres confirment : le nombre d'occurrences du mot *homme* dans *Internet* (3 673 le 16 aout 1996), rapporté à la fréquence du correspondant anglais *man* (65 111 occurrences). Les optimistes feront valoir aussi qu'*Internet* s'est développé d'abord aux États-Unis, où l'informatique est plus dense qu'en France dans les foyers et les bureaux, qu'il y a donc lieu d'espérer un rattrapage dans les années qui viennent et qu'ainsi les parts de marché peuvent s'améliorer pour le français.

Page 676

1. Ce sacrifice des accents, imposé naguère dans le courrier électronique par l'incohérence et l'incomplétude du code ASCII, n'a plus de raison d'être, les caractères accentués étant prévus et standardisés sur la « toile » du WEB.

Page 678

1. Charles Muller, *Initiation aux méthodes de la statistique linguistique*, Hachette Université, 1973, et *Principes et méthodes de statistique lexicale*, Hachette Université, 1977. Ces deux ouvrages viennent d'être réédités chez Champion, dans la collection « Unichamp ».

Page 681

1. N'oublions pas que nous ne considérons que le corpus littéraire, qui est moins perméable aux apports nouveaux que le corpus technique. La comparaison des genres a été faite et les calculs confirment cette évidence.

Page 682

1. Sur plus de 10 000 occurrences du subjonctif en *ît*, la forme *fît* en accapare le quart (2 427). Viennent ensuite *prît* (762), *mît* (488), *rendît* (362), *dît* (312), *permît* (301), *entendît* (277), *comprît* (147), etc.

2. On a cependant *dîtes* et *dites* (indicatif et participe).

Page 683

1. Le verbe *faire* est ici devancé par le verbe *voir* : *vîmes* 1 118 contre *fîmes* 814. Mais il garde ici sa suprématie à la seconde personne : *fîtes* 199, devant *vîtes* 88 et *dîtes* 56.

2. Rappelons pour ceux à qui la statistique est peu familière que le coefficient de corrélation évolue entre deux limites − 1 et + 1. Dans le cas présent (avec des séries de 12 éléments) les valeurs qui dépassent 0,57 sont significatives et échappent au hasard.

Page 685

1. En voici quelques-unes, parmi une trentaine de formes : *besoing* (170 occurrences), *coing* (106), *loing* (819), *poing* (2918), *seing* (100), *soing* (583), *tesmoing* (181). Sans ce nettoyage, un seul mot comme *poing* aurait à lui seul compté autant que le reste de la série.

Page 686

1. Voici les articles les plus fréquents d'importation anglaise : *am* 111, *and* 564, *be* 191, *is* 394, *not* 176, *of* 904, *one* 108, *so* 153, *that* 331, *the* 1261, *to* 607, *with* 132, *you* 285.

Page 688

1. Afin d'équilibrer les effectifs on a regroupé certaines classes moins bien représentées : la classe 9 cumule les mots de 9 et 10 lettres, la classe 10 ceux de 11, 12 ou 13 lettres, la classe 11 les mots de 14 lettres ou plus.

Page 693

1. Ce continuum apparaîtrait mieux si l'on disposait d'une place suffisante pour juxtaposer les 9 histogrammes – ce que nous avons fait ailleurs, dans notre *Vocabulaire français de 1789 à nos jours*, Slatkine-Champion, Genève-Paris, 1981. Voir en particulier p. 240-242.

Page 698

1. *Le Vocabulaire français...*, t. 1, p. 415-684.

Page 700

1. *Histoire de la langue française, 1914-1945*, sous la dir. de Gérald Antoine et Robert Martin, CNRS Éditions, 1995, p. 103.

2. Précisons qu'une contrainte supplémentaire a été imposée au filtrage, afin d'écarter les intrus qui peuvent partager par hasard une finale propre à un suffixe sans rien partager d'autre : on a exigé que la base du suffixe ait au moins trois lettres, ce qui a permis d'écarter, par exemple, *prisme* ou *séisme* du suffixe en *-isme* ; *cœur, leur* et *fleur* du suffixe en *-eur* ; *deux, ceux, eux, yeux* de la série en *-eux* ; et ailleurs *cesse, messe, presse* ; *avance, chance, lance* ; *diable, sable, table* ; *bible, faible, foible* ; *ciel, duel, miel, quel, réel, sel* ; *tel* ; *bal, égal, mal* ; *juif, soif, suif* ; *evesque, fresque, presque* ; *bien, chien, mien, rien, sien*, etc.

Page 702

1. Faut-il jeter un coup d'œil indiscret dans la cuisine où les chiffres sont assaisonnés ? Les préparations diffèrent lorsqu'on épluche les occurrences ou les variétés.

Dans le premier cas nous avons utilisé la pondération de l'écart réduit, dans le second celle des logarithmes.

Page 703

1. Comme les classes nominale et verbale ont coutume de s'opposer, on peut en déduire que les substantifs ont tendance à envahir le discours. Sur une longue distance de quatre siècles on devrait retrouver la trace de cette tendance, si la catégorisation complète de *Frantext* pouvait être entreprise.

Page 704

1. Le corpus est toujours celui de *Frantext*, dans son aspect littéraire (textes techniques exclus). Mais la division en tranches est différente, car on a adopté ici la proposition du logiciel d'interrogation qui n'envisage que des tranches égales en durée. Le pas de progression est ici de 30 ans. Limitée aux verbes fréquents, l'observation porte sur 7 000 formes verbales et 8 millions d'occurrences.

Page 705

1. On se gardera de faire des projections dans l'avenir, car il nous semble que les écrivains contemporains résistent mieux que d'autres au déclin de l'emploi du verbe. C'est dans les textes techniques et dans les milieux de l'information que le verbe se raréfie, non dans les romans, encore moins au théâtre ou dans les dialogues de films.

Page 706

1. B. Pottier le dit avec force dans *Systématique des éléments de relation* (Klincksieck, p. 95) : « Nous nous refusons à croire que la langue puisse posséder des mots vides. »

Page 707

1. Il n'est pas le seul. Qu'on songe à *si*, à *comme*, à *en*, à *le*, *la* ou *les*.

2. De très nombreuses courbes individuelles se trouvent réunies dans le tome 3 de notre *Vocabulaire français*. La plupart des mots grammaticaux y figurent, en raison de leur grande fréquence. Deux variables, le genre littéraire et l'époque, s'y trouvent croisées, ce qui permet une interprétation fine. Précisons cependant que le corpus étudié est celui de la littérature contemporaine et ne s'étend pas au-delà de la Révolution.

3. Il y a des impuretés dans cette neige. Les pronoms de rappel *le*, *la*, *les* s'y trouvent mêlés indissolublement, à raison d'un pronom pour sept articles. Mais inversement, les articles qui sont incrustés dans les formes contractes (*au*, *aux*, *du* et *des*) n'ont pas été pris en compte pour ne pas trop diluer le matériau étudié.

Page 717

1. Voir en particulier les publications du *Lessico intellettuale Europeo*, Edizioni dell'Ateneo, Rome, et celles de la collection « Études de Sémantique lexicale », Didier Érudition, Paris.

Page 721

1. On donne ci-dessous la composition de cette tranche, au moins pour la partie romanesque qui forme l'essentiel de la production littéraire. Visiblement une libéralisation s'est produite dans le choix des écrivains, et le style soutenu n'est plus exigé. Certes le succès immédiat sert de critère provisoire, faute de recul suffisant. Mais ce succès même est un signe de la réception des œuvres, du gout des lecteurs et donc de l'orientation de la langue.

AJAR.E, LA VIE DEVANT SOI, 1975. AVENTIN.C, LE CŒUR EN POCHE, 1988. BATAILLE.M, L'ARBRE DE NOEL, 1967. BAYON, LE LYCEEN, 1987. BAZIN.H, LE BUREAU DES MARIAGES, 1951. BEAUVOIR.S DE, LES MANDARINS, 1954. BECK.B, STELLA CORFOU, 1988. BELLOC.D, NEONS, 1987. BELLOC.D, KEPAS, 1989. BENOZIGLIO.J-L, CABINET POR-

TRAIT, 1980. BERGER.Y, LE SUD, 1962. BIENNE.G, LE SILENCE DE LA FERME, 1986. BIENNE.G, LES JOUETS DE LA NUIT, 1990. BLIER.B, LES VALSEUSES, 1972. BOUDARD.A, LA CERISE, 1963. BOUDARD.A, LES ENFANTS DE CHOEUR, 1982. CABANIS.J, LES JEUX DE LA NUIT, 1964. CAMUS.A, LA CHUTE, 1956. CAMUS.A, L'EXIL ET LE ROYAUME, 1957. ICARA-DEC.F, LA COMPAGNIE DES ZINCS, 1986. CAUVIN.P, MONSIEUR PAPA, 1976. CELINE.L-F, RIGODON, 1961. CHABROL.J-P, JE T'AIMERAI SANS VERGOGNE, 1967. CHAREF.M, LE THE AU HAREM, 1983. CLAVEL.B, MALATAVERNE, 1960. DEGAUDENZI.J-L, ZONE, 1987. DJIAN.P, 37.2 LE MATIN, 1985. DROIT.M, LE RETOUR, 1964. DUTOURD.J, PLUCHE OU L'AMOUR DE L'ART, 1967. EMBARECK.M, SUR LA LIGNE BLANCHE, 1984. ERNAUX.A, CE QU'ILS DISENT OU RIEN, 1977. ERNAUX.A, LA FEMME GELEE, 1981. ETCHERELLI.CL, ELISE OU LA VRAIE VIE, 1967. FALLET.R, LE TRIPORTEUR, 1951. FALLET.R, LA GRANDE CEINTURE, 1956. FORLANI.R, GOUTTIERE, 1989. GENEVOIX.M, ROUTES DE L'AVENTURE, 1959. GIRAUD.R, LA COUPURE, 1966. GIRAUD.R, CARREFOUR BUCI, 1987. GRACQ.J, LE RIVAGE DES SYRTES, 1951. GRACQ.J, UN BALCON EN FORET, 1958. GRACQ.J, LA PRES-QU'ILE, 1970. GRACQ.J, LES EAUX ETROITES, 1976. GROULT.B. ET FL., IL ETAIT DEUX FOIS, 1968. GUIBERT.H, VOYAGE AVEC DEUX ENFANTS, 1982. GUIBERT.H, DES AVEUGLES, 1985. GUIBERT.H, A L'AMI QUI NE M'A PAS SAUVE LA VIE, 1990. HANSKA.E, J'ARRETE PAS DE T'AIMER, 1981. HANSKA.E, LES AMANTS FOUDROYES, 1984. JAPRISOT.S, LA DAME DANS L'AUTO, 1966. JARDIN.A, BILLE EN TETE, 1986. JOFFO.J, UN SAC DE BILLES, 1973. KANE.CHEIKH HAMIDOU, L'AVENTURE AMBIGUE, 1961. LANZMANN.J, LE TETARD, 1976. LASAYGUES.F, VACHE NOIRE, HANNETONS, 1985. LE CLEZIO.J-M G, LE DELUGE, 1966. MALET.L, SUEUR AUX TRIPES, 1969. MANOEUVRE.P, L'ENFANT DU ROCK, 1985. MOINOT.P, LE SABLE VIF, 1963. MONESI.I, NATURE MORTE DEVANT LA FENETRE, 1966. MOR-DILLAT.G, VIVE LA SOCIALE, 1981. NOURISSIER.F, LE MAITRE DE MAISON, 1968. PAGE.A, TCHAO PANTIN, 1982. PAYSAN.C, LES FEUX DE LA CHANDELEUR, 1966. PEREC.G, LES CHOSES, 1965. PERRY.J, VIE D'UN PAIEN, 1965. PILHES.R-V, LA RHUBARBE, 1965. POUY. J-B, LA CLEF DES MENSONGES, 1988. QUEFFELEC.Y, LES NOCES BARBARES, 1985. QUE-NEAU.R, ZAZIE DANS LE METRO, 1959. RIVOYRE.CH DE, LES SULTANS, 1964. ROCHANT.E, UN MONDE SANS PITIE, 1990. ROCHEFORT.C, LES PETITS ENFANTS DU SIECLE, 1961. SABATIER.R, LE CHINOIS D'AFRIQUE, 1966. SABATIER.R, LES ALLUMETTES SUEDOISES, 1969. SABATIER.R, TROIS SUCETTES A LA MENTHE, 1972. SABATIER.R, LES NOISETTES SAUVAGES, 1974. SABATIER.R, LES FILLETTES CHANTANTES, 1980. SABATIER.R, DAVID ET OLIVIER, 1985. SAGAN.F, BONJOUR TRISTESSE, 1954. SAGAN.F, LA CHAMADE, 1965. SAR-RAZIN.A, L'ASTRAGALE, 1965. SEGUIN.F, L'ARME A GAUCHE, 1990. SIMON.C, LA ROUTE DES FLANDRES, 1960. SIMONIN.A, TOUCHEZ PAS AU GRISBI !, 1953. SIMONIN.A, DU MOU-RON POUR LES PETITS OISEAUX, 1960. THERAME.V, BASTIENNE, 1985. VAUTRIN.J, BILLY-ZE-KICK, 1974. VAUTRIN.J, BLOODY MARY, 1979. VERGNE.A, L'INNOCENCE DU BOUCHER, 1984. VRIGNY.R, LA NUIT DE MOUGINS, 1963.

1. Il s'agit d'entreprises conçues à l'image de *Frantext* : *Québétext*, *Suistext* ou *Beltext* ou de laboratoires spécialisés dans l'étude de l'oral et des variables sociolin-guistiques : GARS à Aix, VALIBEL à Louvain, BDTL à Sherbrooke, etc.

Conclusion générale

Page 734

1. E. Pichon, 1935, cité par J.-Cl. Chevalier in *HLF*, 1914-1945, p. 919.

INDEX DES NOTIONS ET DES THÈMES

INDEX DES NOMS PROPRES

CONTENUS DANS LE TEXTE

TABLE

IV. LA LANGUE FRANÇAISE
AUX XVIIe ET XVIIIe SIÈCLES

Jean-Pierre Seguin

IX. LA LANGUE FRANÇAISE AU XXᵉ SIÈCLE
I. L'émergence de l'oral
Françoise Gadet

TABLE DES CARTES

TABLE DES ILLUSTRATIONS

ADAGP, Paris, 1999: 651. – Archives Seuil : 381, 399. – BHVP, Paris : 299. – Bibliothèque municipale, Valenciennes / F. Leclercq : 31. – BNF, Paris : 137, 190, 191, 196, 197, 239, 509. – Bridge-
man / Artephot : 529. – J.L. Charmet, Paris : 228, 229, 297. – S. Chirol, Paris : 129. – Cinestar :
653. – D.R. : 184, 185, 201, 596. – Giraudon : 651. – Kharbine - Tapabor / Coll. Jonas : 437. –
F. Martin, Genève : 180. – Museum of the Book / Museum Meermanno Westreenianum, La Haye :
135. – Rapho / R. Doisneau : 589. – RMN, Paris : 569, 571. – Roger Viollet : 605 ; Coll. Boyer -
Viollet : 585 ; L.L. Viollet : 649 ; Coll. Viollet : 245, 247, 252-253, 267. – Iconographie
rassemblée par Catherine Claudot.

RÉALISATION : P.A.O. ÉDITIONS DU SEUIL

IMPRESSION : NORMANDIE ROTO IMPRESSION S.A. (LONRAI)

DÉPÔT LÉGAL : JANVIER 1999. N° 23586 (98-2968)